Berlin · Potsdam

ADAC StadtAtlas

1:20 000

Übersichtskarte und Blattschnitt Großraum Berlin · Potsdam	2 – 3
Die GPS-genauen ADAC StadtAtlanten	4
Informationen – Umweltzonen Deutschland	5
CityPilot® 1:100 000	**6 – 30**
Citypläne 1:10 000	**34 – 41**
Berlin-Charlottenburg	34 – 35
Berlin-Mitte	36 – 37
Berlin-Spandau, Bernau b. Berlin, Bad Freienwalde, Brandenburg a.d. Havel	38
Frankfurt (Oder), Eberswalde, Fürstenwalde/Spree	39
Königs Wusterhausen, Luckenwalde, Oranienburg, Strausberg	40
Potsdam-Stadt, Potsdam-Sanssouci	41
Großraumkarten Berlin · Potsdam 1:20 000	**42 – 365**
Ausflugskarten 1:200 000	**366 – 377**
Sonderkarten	**378 – 385**
Liniennetzplan Regionalverkehr Brandenburg und Berlin	378
Liniennetzplan S+U-Bahn Berlin	379
Flughafenplan Berlin – Brandenburg	380
Messe Berlin	381
Liniennetzpläne Potsdam und Brandenburg a.d. Havel	382 – 383
Liniennetzpläne Frankfurt (Oder) und Eberswalde	384 – 385
Register	
Benutzungshinweise	386, 389
Städte, Stadtteile, Gemeinden und Gemeindeteile des Großraumes Berlin · Potsdam	386 – 388
Straßenverzeichnis	389 – 447

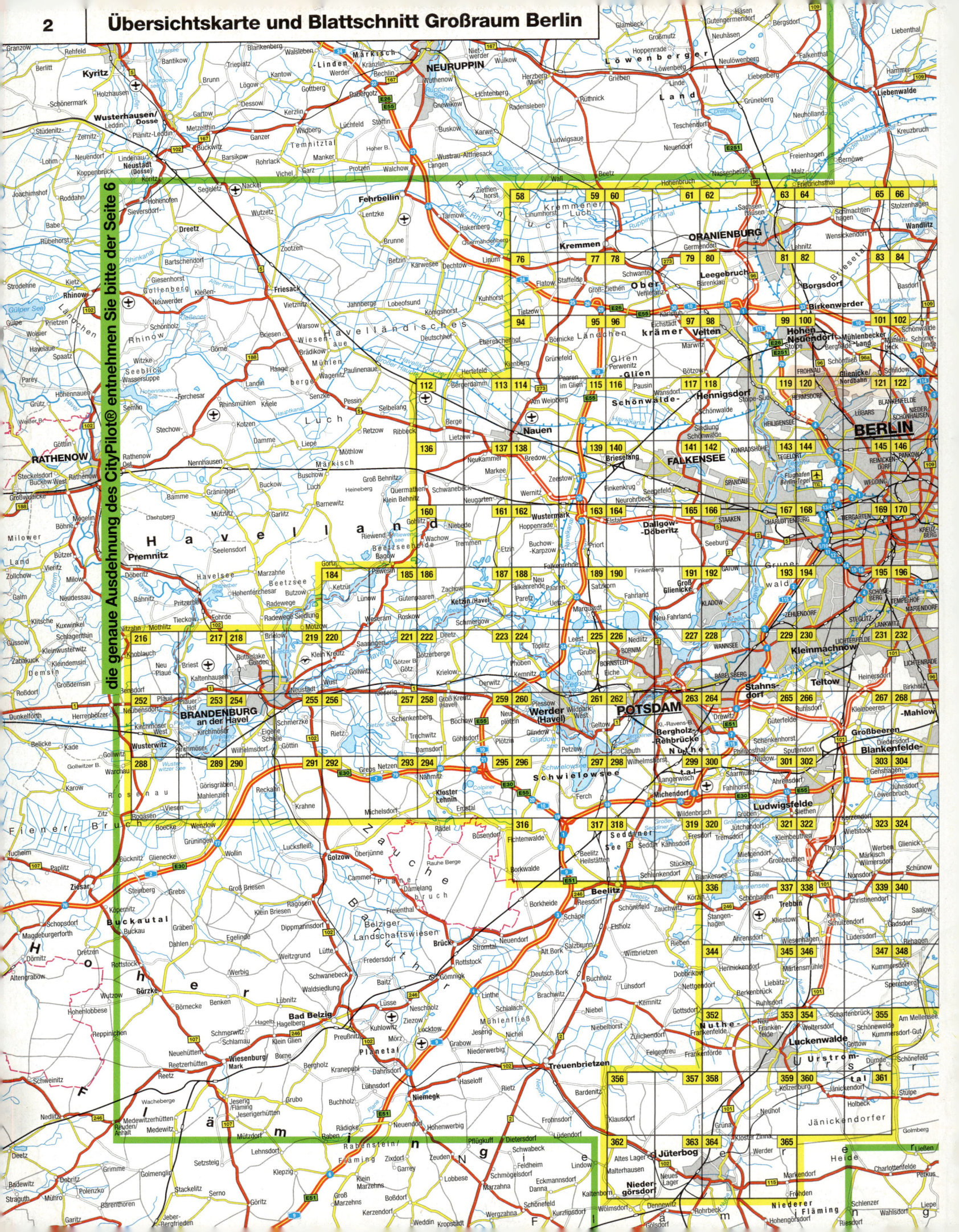

Übersichtskarte und Blattschnitt Großraum Berlin

Blattschnitt Ausflugskarten 1 : 200 000 siehe Umschlagklappe vorn

3

CityPilot® 1 : 100 000 Seite 7-30

Großraumkarten 1 : 20 000

Die GPS-genauen ADAC StadtAtlanten:

Kurzinformation für eilige Nutzer:
- GPS-Handempfänger auf "WGS 84" und "UTM" einstellen.
- Zur GPS-Navigation dient das rote Gitter (Maschenweite 2000 m, Feineinteilung 100 m).
- Die Angaben im Straßenregister beziehen sich auf das blaue Suchgitter.

GPS steht für "Global Positioning System". Gemeint ist damit die exakte Positionsbestimmung mithilfe von Satellitensignalen und einem Empfangsgerät, dem GPS-Handempfänger.
Mit der UTM-Kartenprojektion ("Universale-Transversale-Mercator-Projektion") ist es möglich, die Erdoberfläche zwischen 84° nördlicher und 80° südlicher Breite, in 60 Zonen unterteilt, abzubilden. Deutschland liegt größtenteils in den Feldern 32U und 33U innerhalb der beiden Zonen 32 und 33.
(siehe Abb. unten)

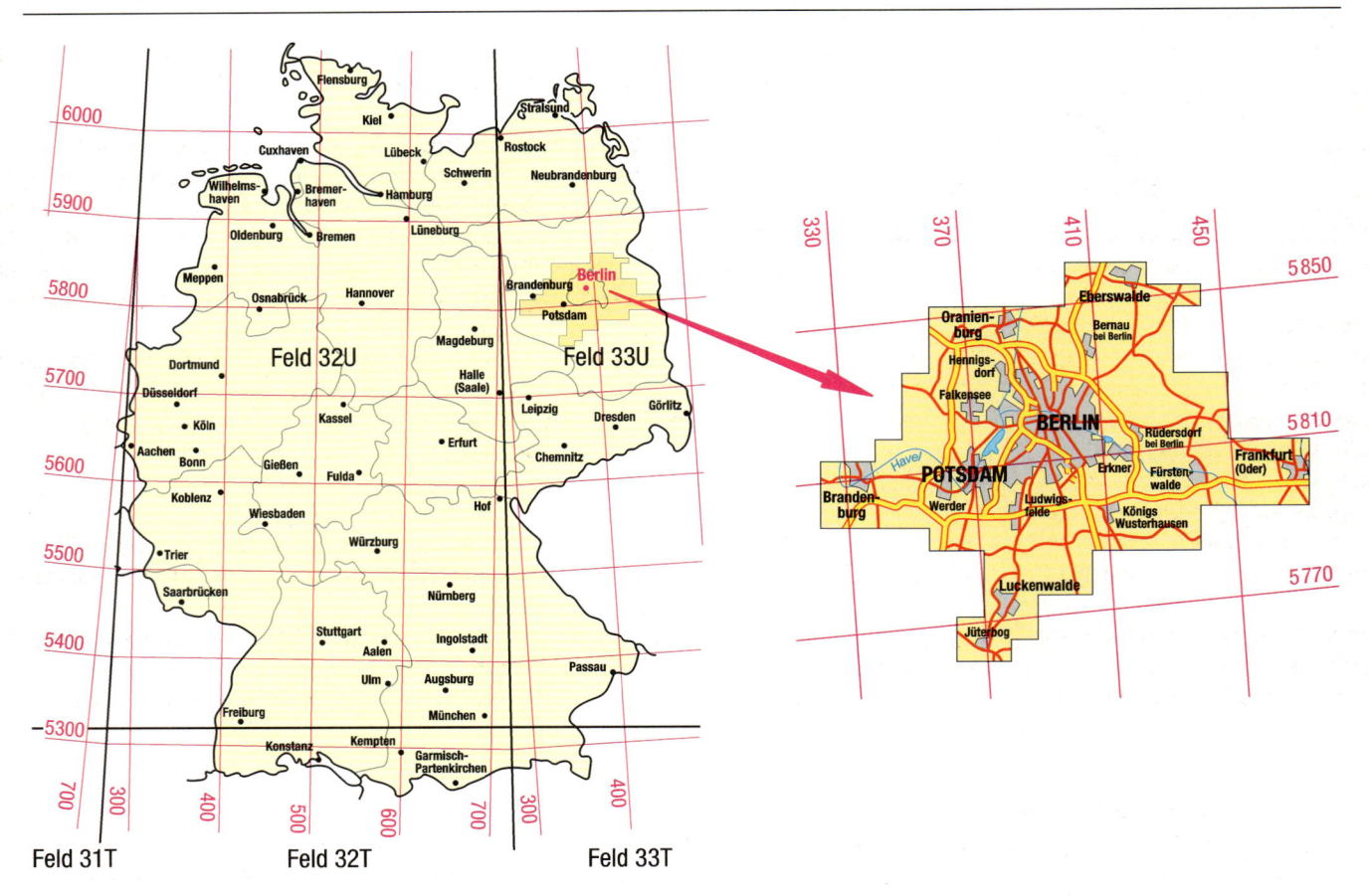

Feld 31T   Feld 32T   Feld 33T

Zur Feinorientierung dient das UTM-Gitter, ein Koordinatensystem, das für einen bestimmten Punkt den Abstand zum Äquator bzw. zum Bezugsmeridian (9° bzw. 15° östl. Länge) in Metern angibt. Dieses UTM-Gitter finden Sie, zusätzlich zum gewohnten blauen Suchnetz des Straßenregisters, in diesen Atlas rot eingedruckt. Bezugsystem ist, gemäß international üblichen Standards bei der GPS-gestützten Navigation, das Rotationsellipsoid "WGS 84" (die Erde ist aufgrund ihrer Rotation um die eigene Achse keine Kugel, sondern leicht abgeplattet). Handelsübliche GPS-Handempfänger ermitteln bei der Positionsbestimmung die UTM-Koordinaten mit einer Genauigkeit von unter 20 Metern.
Diese Koordinaten lassen sich im ADAC StadtAtlas problemlos lokalisieren.

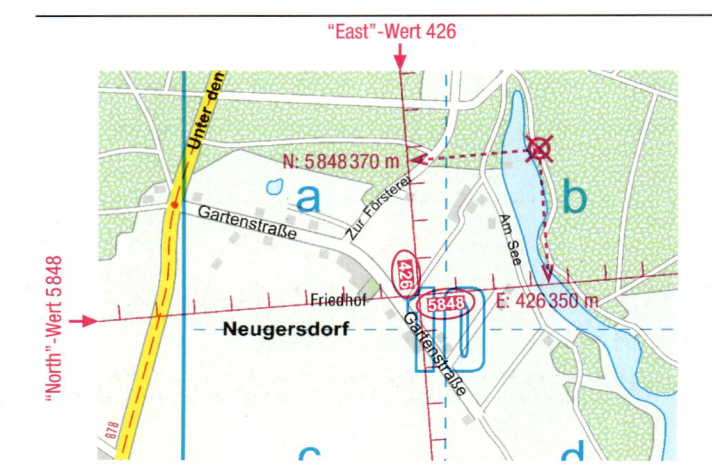

Sie finden in den Großraumkarten im Maßstab 1 : 20 000, neben dem blauen Suchnetz des Straßenregisters, ein rot angelegtes UTM-Gitter mit einer Maschenweite von 2000 Metern.
Die "East"- bzw. Rechtswerte (E), sowie die "North"- bzw. Hochwerte (N) - im Abstand von 2000 Metern- können Sie am Koordinatenschnittpunkt des UTM-Gitters ablesen. Im Beispiel sind diese Zahlenwerte rot markiert. Die Feinorientierung erfolgt mittels der im 100-Meter-Abstand angelegten Skalierung auf den roten Gitterlinien. Ihr Standort befindet sich im Schnittpunkt von Rechts- und Hochwert.
Exemplarisch durchgeführt haben wir das im nebenstehenden Kartenausschnitt für einen Ortspunkt mit den Koordinaten ⊗ E: 426350 m / N: 5848370 m.

Die Umweltzonen – Was Sie als Autofahrer wissen sollten

Eine Umweltzone – warum überhaupt?
Um die Belastungen durch Feinstaub und andere gesundheitsschädliche Luftschadstoffe in den Ballungszentren zu reduzieren, werden seit Januar 2008 bundesweit Umweltzonen eingerichtet. In diesen neu geschaffenen Umweltzonen dürfen also Fahrzeuge, die besonders viel Feinstaub emittieren, künftig nicht mehr fahren.

Wie erkenne ich eine Umweltzone?
Neue Verkehrszeichen der Straßenverkehrsordnung informieren über den Beginn und das Ende einer Umweltzone. Auf einem Zusatzschild werden alle Plaketten farbig abgebildet, mit denen Fahrzeuge in der Umweltzone freie Fahrt haben.

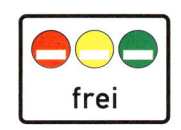

Beginn der Umweltzone | Ende der Umweltzone | Freistellung vom Verkehrsverbot

Wer darf in der Umweltzone fahren?
Nur Fahrzeuge, die eine der angezeigten Plaketten besitzen. Lediglich Oldtimer-Fahrzeuge (gemäß § 2 Nr. 22 FZV) und Fahrzeuge mit befristeten Ausnahmegenehmigungen sind von der Kennzeichnungspflicht ausgenommen; mit diesen Fahrzeugen dürfen die Umweltzonen auch ohne Plakette befahren werden. Für alle anderen Fahrzeuge besteht also grundsätzlich ein Fahrverbot – keine Plakette heißt also, das Auto abstellen und die Innenstadt mit den öffentlichen Verkehrsmitteln, mit dem Fahrrad oder zu Fuß erreichen.

Zu welcher Schadstoffgruppe gehört mein Fahrzeug?
Zwei Ziffern entscheiden darüber, ob Sie die Umweltzone befahren dürfen oder nicht. Die Plakettenzuordnung für die in Deutschland zugelassenen Fahrzeuge ergibt sich aus der Emissionsschlüsselnummer; die Nummer ist in den Fahrzeugpapieren eingetragen oder ggf. in der Zertifizierung der Partikelfilternachrüstung angegeben.
In Fahrzeugpapieren, die vor dem 1. Oktober 2005 ausgestellt wurden, finden Sie die Emissionsschlüsselnummer im Fahrzeugschein im Feld „Schlüsselnummern zu 1" an der 5. und 6. Stelle des 6-stelligen Codes.
In Fahrzeugpapieren, die nach dem 1. Oktober 2005 ausgestellt wurden, ist die Emissionsschlüsselnummer im Feld 14.1 der Zulassungsbescheinigung Teil I zu finden. Es sind die letzten beiden Zahlen der Ziffernreihe.
Sehen Sie hierzu auch die Schlüsselnummernübersicht für die Fahrzeugklasse M1 / Personenwagen.

Wo bekommt man eine Plakette und wo ist sie gültig?
Ausgabestellen für die Plaketten sind die Zulassungsbehörden und die für die Durchführung der Abgasuntersuchung anerkannten Stellen wie z.B. Kfz-Werkstätten, der TÜV oder die DEKRA. Touristen oder Halter von Fahrzeugen, die im Ausland zugelassen sind, können bei den obengenannten Stellen ebenfalls eine Plakette erhalten.
Die Plaketten gelten bundesweit in jeder Umweltzone. Die Internetseite des Umweltbundesamtes (UBA) gibt einen Überblick zu allen bestehenden und geplanten Umweltzonen in Deutschland.
→ http://www.umweltbundesamt.de/umweltzonen/

. . . übrigens
Bei Verstößen gegen das Fahrverbot werden 40 Euro Bußgeld und ein Punkt in Flensburg fällig. Dies gilt auch für parkende Fahrzeuge.

Basis für die Gebietsdarstellungen der Umweltzonen sind die Informationen der Städte und des Umweltbundesamtes:
→ http://gis.uba.de/website/umweltzonen/umweltzonen.php

Schadstoffgruppen

Fahrzeugklasse M 1 / Für die Personenbeförderung ausgelegte und gebaute Kraftfahrzeuge mit höchstens acht Sitzplätzen außer dem Fahrersitz.

	1	2	3	4
Plakette	keine Plakette	2 (rot)	3 (gelb)	4 (grün)
Diesel-Motor Diesel, Biodiesel	Euro 1 oder schlechter	Euro 2 oder Euro 1 mit Partikelfilter	Euro 3 oder Euro 2 mit Partikelfilter	Euro 4 oder Euro 3 mit Partikelfilter
mit Filter		Stufe PM 01 [1.] 19, 20, 23, 24 Stufe PM 0 [1.] 14, 16, 18, 21, 22, 34, 40, 77	Stufe PM 0 [1.] 28, 29 Stufe PM 1 [1.] 14, 16, 18, 21, 22, 25 bis 27, 34, 35, 40, 41, 71, 77	Stufe PM 1 [1.] 27[3], 49 bis 52 Stufe PM 2 [1.] 30, 31, 36, 37, 42, 44 bis 48, 67 bis 70 Stufe PM 3 [1.] 32, 33, 38, 39, 43, 53 bis 66 Stufe PM 4 [1.] 44 bis 70
ohne Filter		25 bis 29, 35, 41, 71	30, 31, 36, 37, 42, 44 bis 52, 72	32, 33, 38, 39, 43, 53 bis 70, 73 bis 75 Stufe PM 5 [1.]
Otto-Motor Benzin, Gas, Ethanol	ohne geregelten Katalysator	wird nicht zugeteilt	wird nicht zugeteilt	Euro 1 mit geregeltem Katalysator oder besser
				01, 02, 14, 16, 18 bis 70, 71 bis 75, 77 [2.]

1. Die Bezeichnungen „PM 0" bis „PM 5" entsprechen den Partikelminderungsstufen (Partikelfilter).
2. Im Falle von Gasfahrzeugen nach Richtlinie 2005/55/EG (vormals 88/77/EWG)
3. Pkw mit Schlüsselnummer „27" bzw. „0427" und der Klartextangabe „96/69/ EG I" mit einer zulässigen Gesamtmasse (zGM) von mehr als 2500 kg ist nach Anhang 2 Abs. 1 Nr. 4 n) der Kennzeichnungsverordnung eine grüne Plakette zuzuteilen. Dies aber nur dann, wenn nachgewiesen wird, dass der Pkw die Anforderungen der Stufe PM 1 der Anlage XXVI StVZO einhält.

Quelle: Bundesgesetzblatt 2007 Teil I Nr. 61 vom 7.12.2007

CityPilot®

Der CityPilot® ist eine Stadtdurchfahrtskarte im Maßstab 1 : 100 000 (grüner Kartenteil Seite 7-30) mit der Sie ohne aufwändiges Blättern schnell und problemlos auf den Durchgangsstraßen in Ihr Zielgebiet gelangen.

Wenn Sie nicht wissen wo Ihr Zielgebiet liegt, suchen Sie im Straßenverzeichnis nach der entsprechenden Gemeinde, bzw. Straße. Die dort angegebene Seitenzahl zeigt im CityPilot® Ihr Zielgebiet. Kennen Sie dagegen die ungefähre Lage Ihres Zielgebietes schon, dann können Sie sofort im CityPilot® -ohne lästiges Blättern- den Durchgangsstraßen bis in das Zielgebiet folgen.

Im Zielgebiet angekommen, schlagen Sie für detaillierte kartographische Informationen die dort angegebene Seite auf. Die gelb unterlegten Seitenzahlen führen Sie zu den Großraumkarten im Maßstab 1 : 20 000 (Seite 42-365), orange-farbig unterlegte Seitenzahlen zu den Cityplänen im Maßstab 1 : 10 000 (Seite 34-41).

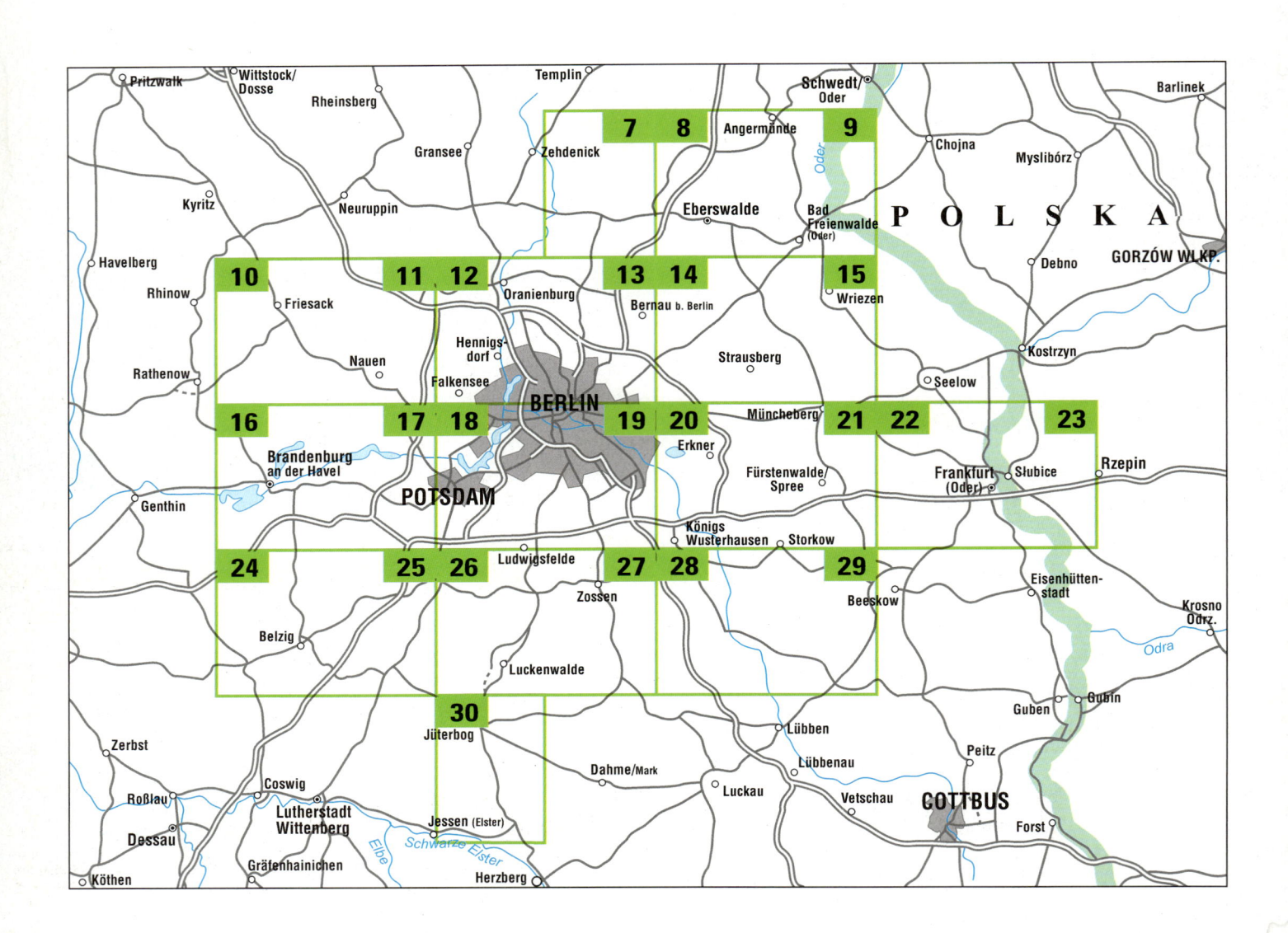

Zeichenerklärung für den CityPilot®

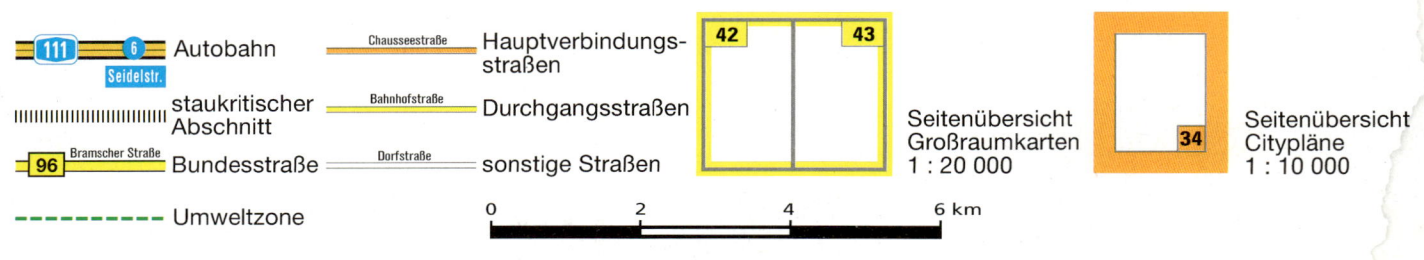

- Autobahn
- staukritischer Abschnitt
- Bundesstraße
- Umweltzone
- Chausseestraße — Hauptverbindungsstraßen
- Bahnhofstraße — Durchgangsstraßen
- Dorfstraße — sonstige Straßen
- Seitenübersicht Großraumkarten 1 : 20 000
- Seitenübersicht Citypläne 1 : 10 000

Maßstab 1 : 100 000

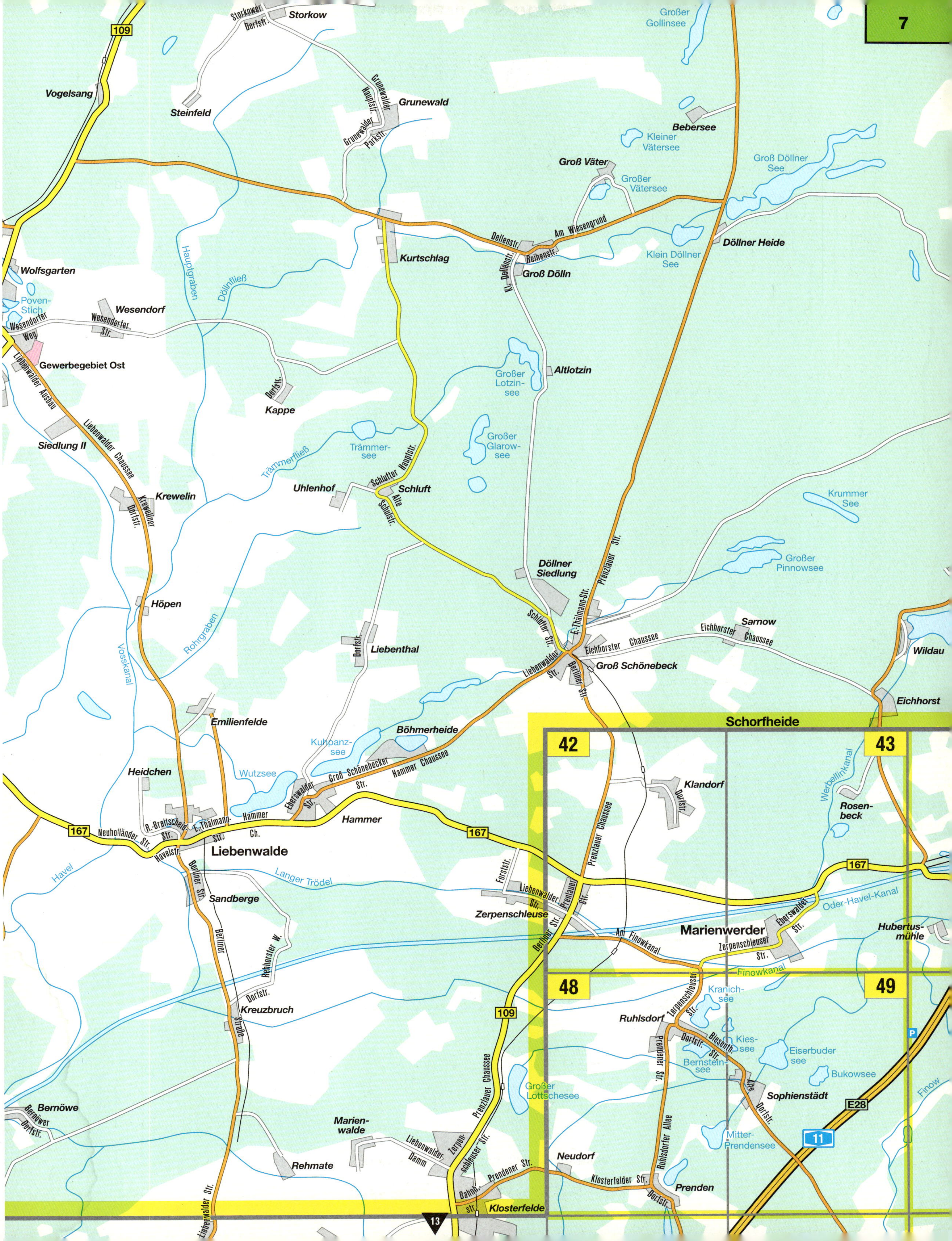
Storkow
Storkower
Dorfstr.
109
Vogelsang
Steinfeld
Grunewald
Grunewalder
Hauptstr.
Grunewalder
Parkstr.
Großer
Gollinsee
Bebersee
Kleiner
Vätersee
Groß Väter
Großer
Vätersee
Groß Döllner
See
Am Wiesengrund
Dellenstr.
Reihenstr.
Kl. Dellenstr.
Groß Dölln
Kurtschlag
Klein Döllner
See
Döllner Heide
Wolfsgarten
Poven-
Stich
Wesendorf
Wesendorfer
Weg
Wesendorfer
Str.
Hauptgraben
Döllnfließ
Gewerbegebiet Ost
Liebenwalder Ausbau
Dorfstr.
Kappe
Altlotzin
Großer
Lotzin-
see
Großer
Glarow-
see
Siedlung II
Liebenwalder Chaussee
Trämmerfließ
Trämmer-
see
Schlufter Hauptstr.
Uhlenhof
Schluft
Alte
Schulstr.
Krewelin
Krewelner
Dorfstr.
Krummer
See
Großer
Pinnowsee
Döllner
Siedlung
Prenzlauer Str.
E.-Thälmann-Str.
Höpen
Rohrgraben
Vosskanal
Schlufter Str.
Liebenthal
Dorfstr.
Sarnow
Eichhorster Chaussee
Eichhorster Chaussee
Wildau
Liebenwalder Str.
Berliner Str.
Groß Schönebeck
Eichhorst
Emilienfelde
Böhmerheide
Kuhpanz-
see
Schorfheide
42
43
Groß Schönebecker Str.
Hammer Chaussee
Wutzsee
Heidchen
Eberswalder Str.
Klandorf
Dorfstr.
Werbellinkanal
Rosen-
beck
Hammer
R.-Breitscheid-Str.
E.-Thälmann-Str.
Hammer Ch.
167
Neuholländer Str.
Havelstr.
Liebenwalde
167
Prenzlauer Chaussee
167
Havel
Berliner Str.
Langer Trödel
Forststr.
Liebenwalder Str.
Prenzlauer Str.
Sandberge
Zerpenschleuse
Berliner Str.
Am Finowkanal
Marienwerder
Eberswalder Str.
Oder-Havel-Kanal
Zerpenschleuser Str.
Hubertus-
mühle
Berliner
Reihorster W.
Finowkanal
Dorfstr.
Kreuzbruch
Straße
48
49
Kranich-
see
109
Ruhlsdorf
Zerpenschleuser Str.
Prendener Str.
Dorfstr.
Biesenth. Str.
Kies-
see
Eiserbuder
see
Bernstein-
see
Bukowsee
Großer
Lottschesee
Alte
Dorfstr.
Sophienstädt
Prenzlauer Chaussee
Bernöwe
Bernöwer
Dorfstr.
E28
Finow
Marien-
walde
Mitter-
Prendensee
11
Liebenwalder
Damm
Zerpen-
schleuser Str.
Rehmate
Neudorf
Prendener Str.
Ruhlsdorfer Allee
Klosterfelder Str.
Prenden
Bahnh.
str.
Klosterfelde
Dorfstr.
13
Liebenwalder Str.

Gr. Präßnick-see
Parlow
Glambeck
Angermünder Str.
Wolletz
Wolletzsee
Friedrichswalde
Dorf-str.
Glambecker Str.
Joachimsthaler Str.
Altkünkendorf
Wolletzer Str.
Dorfstr.
Sternfelde
Zuchenberger Str.
Linden-allee
Zuchenberg
Gr. Grumsin-see
Altkünkendorfer Str.
Grumsin
Schmargen-dorf
Am Waldrand
Waldweg
Dorfanger
Zum
Luisenfelde
198
Hauptgraben
Glambecker Str.
Templiner Str.
Grimnitz.
see
Grimnitz
Töpferstr.
Brunoldstr.
Schönebecker Str.
Chausseestr.
Angermünder Str.
Neue Dorfstr.
Neugrimnitz
Neugrimnitzer Str.
Klein-Ziethen
Ziethen
Groß-Ziethen
Dorfstr.
Farnwerkehrsstr.
Am Rosinberg
Rosin-berg
Joachimsthal
Elsenau
Bahnhofstr.
Dorf-str.
Althüttendorf
Angermünder Chaussee
9
Joachimsthal
Groß Ziethen
Rooinsee
Serwester See
Werbellin-
Flacher Bugsinsee
10
Chorin
Senftenhütte
Buchholz
Serwest
Dorfstr.
Lindenstr.
Waldhof
E28
Schönhof
Senftenthal
Weißensee
11
Kinderland Werbellinsee
Joachimsthaler Str.
Weißer See
Nettelgraben
Hubertusstock
Britzer Str.
Golzow
Ragöser Fließ
Brodowin
Dorf-str.
Joachimsthaler Straße
Chorin
Gorzower Weg
Hüttenweg
see
Altenhof
Kloster
Amt Chorin
Gr. Plage-see
Wildau
Werbellin
Britz
Sandkrug
Angermünder Str.
Werbelliner Dorfstr.
Blütenberg
Joachimsthaler Str.
Eberswalder Str.
Eichhorst
Britzer See
11
Buckowsee
Werbellin
Buckow
Eberswalder Chaussee
44
45
46
Ferdinands-felde
Heegermühler Str.
47
Üder-see
Gr. Buckowsee
Joachimsthaler Chaussee
Lichterfelde
Chaussee
Neuhütte
Liepe
Steinfurter Allee
Clara-Zetkin-Siedlung
Messingwerkstr.
Eberswalder Str.
Lichterfelde Siedlung
Angermünder
Oder-Havel-Kanal
Technologie- und Gew.-park Eberswalde
Nordend
Kahlenberg
Schiffshebewerk Niederfinow
Finowfurt
Walzwerkstr.
Messing-werksiedl.
Machers-lust
Stecherschleuse
Finowkanal
167
Marienwerder-str.
Copper-str.
Britzer Str.
Kupfer-hammer
Breite
Oderberger Str.
Finowfurt
12
Schloßgut-siedlung
Altenhofer Str.
Brückstr.
Finow
Wolfs-winkel
Heegermühler Str.
Eberswalde
Finowstr.
Hebewerkstr.
Niederfinow
Struwenberg
Hubertus-mühle
Hauptstr.
Biesenthaler Str.
167
Eberswalder Straße
Finow Ost
Eisenbahnstr.
Straße
Saarstr.
Ostend
Ostendstr.
Hüben
Sommer-felde
Ringstr.
Branden-burgisches Viertel
Spechthausener Str.
West-end
R.-Breitscheid-Str.
Grabowstr.
39
Freienwalder Str.
167
Karlswerk
Amalienhof
50
51
52
Forst-botanischer Garten
Breite-Str.
53
54
Broichsdorf
Zoologischer Garten
Dorfstr.
Hohenfinow
Tornow
Haupt-str.
Gersdorfer Str.
Cöthener Str.
E.-Thälmann-Str.
Hauptstr.
E28
Specht-hausen
Schwärze
Dorfstr.
11
Schwörze-See
Finow
Großer Samithsee
Cöthen
für Kfz gesperrt
168
Neugersdorf
Eberswalder Str.
Schönholz
Trampe
Dorfstr.
Gersdorfer Str.
Gersdorf
Melchow
14

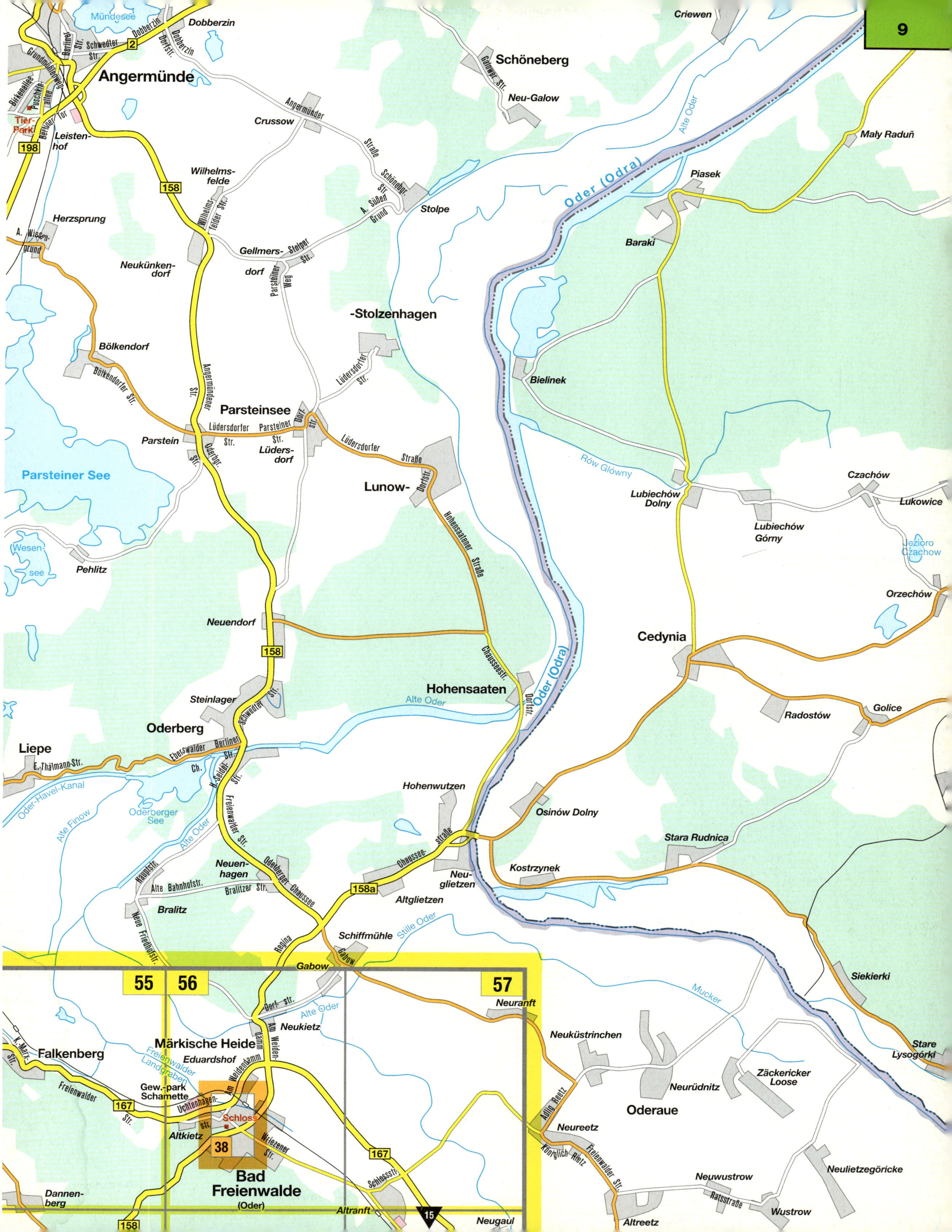

Mündesee
Dobberzin
Schwedter Str.
Berliner Str.
Grundmühlenweg
Dobberzin Dorfstr.
Angermünde
Birkenallee
Puschkinallee
Tier-Park
Berliner Tor
Leisten-hof
198
2
Crussow
Angermünder Straße
Schöneberg
Galower Str.
Neu-Galow
Criewen
Alte Oder
Maly Raduñ
Wilhelms-felde
158
Wilhelms-felder Str.
Schönebgr. Str.
A. Süßer Grund
Stolpe
Oder (Odra)
Piasek
Herzsprung
A. Wiesengrund
Gellmers-dorf
Stolper Str.
Neukünken-dorf
Parsteiner Weg
Baraki
-Stolzenhagen
Bölkendorf
Bölkendorfer Str.
Lüdersdorfer Str.
Bielinek
Angermündener Str.
Parsteinsee
Lüdersdorfer Parsteiner Str.
Dorf-Str.
Lüdersdorfer Straße
Parstein
Oderbgr. Str.
Lüders-dorf
Parsteiner See
Lunow-
Dorfstr.
Rów Główny
Lubiechów Dolny
Czachów
Łukowice
Lubiechów Górny
Jezioro Czachow
Hohensaateiner Straße
Wesen-see
Pehlitz
Orzechów
Neuendorf
Cedynia
158
Chausseestr.
Steinlager
Schwedter Str.
Hohensaaten
Alte Oder
Dorfstr.
Oder (Odra)
Golice
Radostów
Oderberg
Liepe
Eberswalder Berliner Str.
E.-Thälmann-Str.
Ch.
H.-Seidel-Str.
Oder-Havel-Kanal
Hohenwutzen
Osinów Dolny
Oderberger See
Alte Finow
Alte Oder
Freienwalder Str.
Straße
Stara Rudnica
Hauptstr.
Neuen-hagen
Oderberger Chaussee
Chaussee-
Kostrzynek
Neu-glietzen
Alte Bahnhofstr.
Bralitzer Str.
158a
Altglietzen
Bralitz
Neue Friedhofstr.
Schiffmühle
Stille Oder
Regina
Gabow
Gabow
Siekierki
55
56
57
Neuranft
Dorf str.
Alte Oder
Mucker
Neukietz
Am Weidendamm
Neuküstrinchen
Stare Lysogórki
K.-Marx-Str.
Falkenberg
Märkische Heide
Eduardshof
Freienwalder Landgraben
Freienwalder Str.
Gew.-park Schamette
Uchtenhagen-
167
Schloss
Zäckericker Loose
Neurüdnitz
Oderaue
Adlig Reetz
Neureetz
Altkietz
38
Wriezener Str.
167
Königlich Reetz
Freienwalder Str.
Neulietzegöricke
Bad Freienwalde (Oder)
Schlossstr.
Neuwustrow
Ratsstraße
Dannen-berg
Altranft
15
158
Neugaul
Altreetz
Wustrow

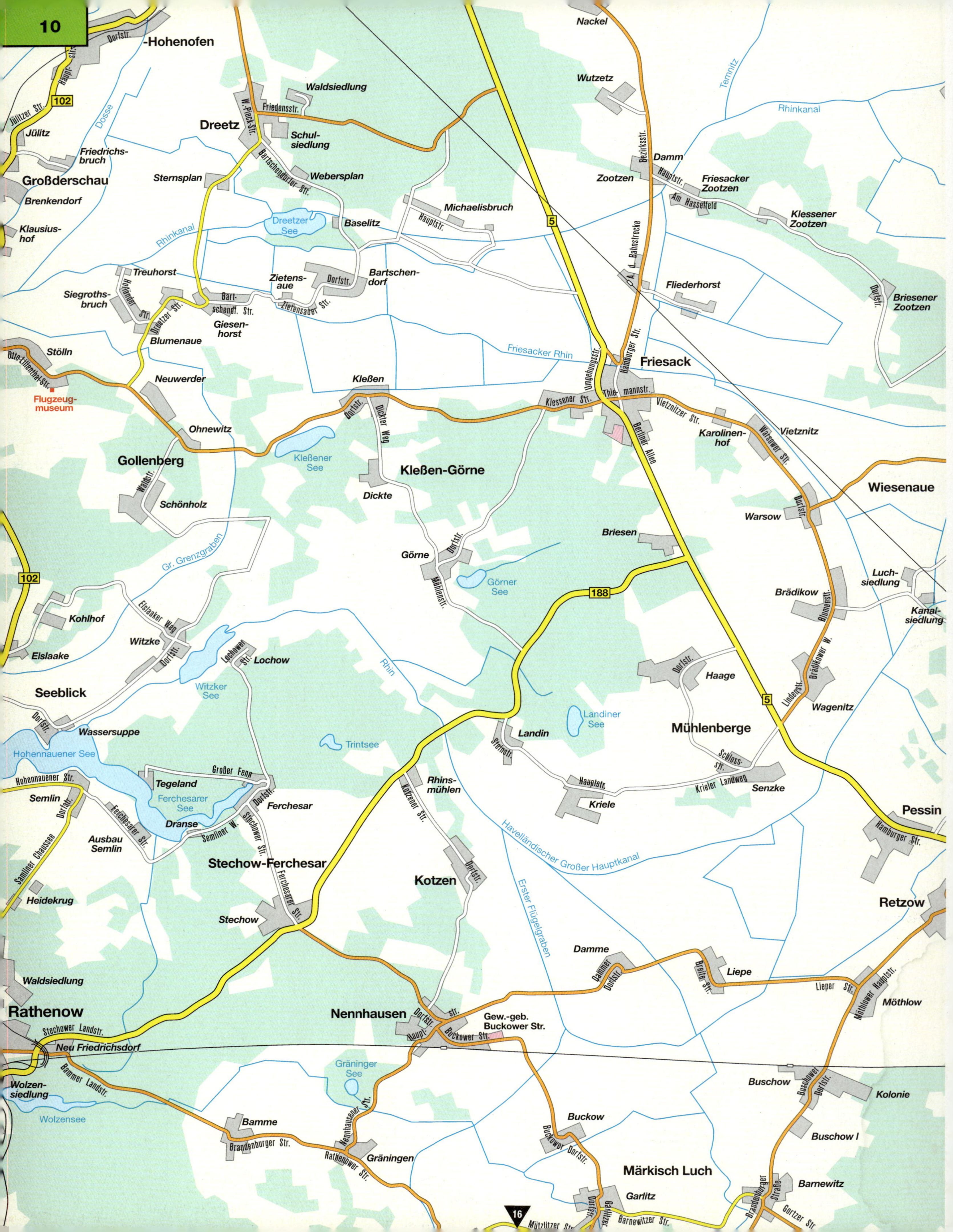
Hohenofen
Dorfstr.
Haupt-str.
Jülitzer Str.
102
Jülitz
Dosse
Friedrichs-bruch
Großderschau
Brenkendorf
Klausius-hof
Dreetz
W.-Pieck-Str.
Friedensstr.
Waldsiedlung
Schul-siedlung
Bartschendorfer Str.
Webersplan
Sternsplan
Dreetzer See
Baselitz
Rhinkanal
Michaelisbruch
Hauptstr.
Treuhorst
Hohenlander Str.
Siegroths-bruch
Bart-schendf. Str.
Dreetzer Str.
Zietens-aue
Dorfstr.
Zietensauer Str.
Bartschen-dorf
Giesen-horst
Blumenaue
Stölln
Otto-Lilienthal-Str.
Flugzeug-museum
Neuwerder
Ohnewitz
Kleßen
Dorfstr.
Dickter Weg
Kleßener See
Gollenberg
Waldstr.
Schönholz
Kleßen-Görne
Dickte
Görne
Dorfstr.
Mühlenstr.
Görner See
Gr. Grenzgraben
Kohlhof
Elslaaker Weg
Witzke
Dorfstr.
Elslaake
Lochower Str.
Lochow
Witzker See
Rhin
Seeblick
Dorfstr.
Wassersuppe
Hohennauener See
Trintsee
Hohennauener Str.
Großer Fenn
Tegeland
Ferchesarer See
Semlin
Dorfstr.
Ferchesarer Str.
Dorfstr.
Ferchesar
Dranse
Semliner W.
Stechower Str.
Ausbau Semlin
Semliner Chaussee
Stechow-Ferchesar
Ferchesarer Str.
Heidekrug
Stechow
Waldsiedlung
Rathenow
Stechower Landstr.
Neu Friedrichsdorf
Bammer Landstr.
Wolzen-siedlung
Wolzensee
Bamme
Brandenburger Str.
Gräninger See
Nennhausener Str.
Rathenower Str.
Gräningen
Nackel
Wutzetz
Temnitz
Rhinkanal
Bezirksstr.
Damm
Zootzen
Hauptstr.
Friesacker Zootzen
Am Hasselfeld
Klessener Zootzen
5
A. d. Bahnstrecke
Fliederhorst
Dorfstr.
Briesener Zootzen
Friesacker Rhin
Ungehungsstr.
Hamburger Str.
Friesack
Thie-mannstr.
Klessener Str.
Vietznitzer Str.
Berliner Allee
Karolinen-hof
Warsower Str.
Vietznitz
Wiesenaue
Dorfstr.
Warsow
Briesen
Luch-siedlung
Brädikow
Blumenstr.
Kanal-siedlung
188
Brädikower W.
Dorfstr.
Haage
Lindenstr.
Wagenitz
5
Landiner See
Landin
Steinstr.
Mühlenberge
Schloss-str.
Senzke
Krieler Landweg
Hauptstr.
Kriele
Rhins-mühlen
Kotzener Str.
Pessin
Hamburger Str.
Havelländischer Großer Hauptkanal
Kotzen
Dorfstr.
Erster Flügelgraben
Retzow
Damme
Dammer Dorfstr.
Breite Str.
Liepe
Lieper Str.
Möthlower Hauptstr.
Möthlow
Nennhausen
Dorfstr.
Haupt-str.
Buckower Str.
Gew.-geb. Buckower Str.
Buschow
Buschower Dorfstr.
Kolonie
Buckow
Buckower Dorfstr.
Buschow I
Märkisch Luch
Barnewitz
Garlitz
Dorfstr.
Garlitzer
Barnewitzer Str.
Brandenburger Straße
Gortzer Str.
Mützlitzer Str.

16

Rhinkanal
Feldbergstr.
Fehrbelliner Str.
Lentzker Siedlung
Fehrbellin
Berliner Allee
Fehrbellin
24
Dorfstr.
Lentzke
Gew.-park "Ländchen"
Brunner Straße
Brunner Str.
Tarmow
Chaussee
Rhinkanal
Zietenhorst
Zietenhorst
58
Kremmener See
Alter Rhin
Alter Rhin
E55
E26
24
Fehrbelliner Str.
Dorfstr.
Hakenberg
Lentzker W.
Brunne
Dechtower Str.
Fehrbelliner Str.
Reglitzgraben
Dorfstr.
P
P
Schlachtdenkmal Aussichtsturm
Zum Sportplatz
Nauener Str.
Brunner Str.
Karwesee
Linum
Gew.-geb. "Am Elsholz"
Hauptstr.
Karweseer Str.
Dorfstr.
76
Betzin
Dechtow
Linumer Bruch
24
E26
273
E55
Straße des Friedens
Flatow
Groß Ziethen
Berlowshof
Seelenhorst
P
P
Staffelde
Kleiner Haupt- und Grenzkanal
Lobeof-sund
Freden-horst
Nordhof
Elsbruchgraben
25
Kremmen
26
Lindenstr.
Neue Str.
Dorfstr.
Dechtower Str.
Nordhofer Str.
Kuh-horst
Str.
Börnicker
Tietzow
Dr. Havelland
29
Jahnberge
Hauptstr.
Linden-str.
Landstr.
Königshorst
Sandhorst
94
Mangels-horst
Deutschhof
Dorfstr.
Ribbecks-horst
Staffelder Str.
Eich-berge
Horster Grenzgraben
Nauener Damm
Dammhorster D.
Königs-
Ebereschen-hof
Mitteldorf
Börnicke
Grünfelder Str.
Wolfslake-
Nauener Ch.
Grünefeld
Dreibrück
Wirtschafts-damm
Paarener Str.
Rupiner Str.
Brädikower Weg
Bahnhofstr.
Paulinenaue
Wolfslake
Bergerdamm Lager
Hauptstr.
Kienberg
273
Dorfstr.
Bienenfarmer Weg
Bergerdamm
Hertefeld
Hertef.
Dorfstr.
Paaren im Glien
Chausseestr.
Brandenburger Allee
Havelländischer Großer Hauptkanal
Garten-str.
Bienen-farm
Teufels-hof
112
113
114
Lindholz-farm
Bergerdamm-Hanffabrik
Perwenitz
Dechtower Damm
Marien-hof
Utershorst
Am Weinberg
P
Selbelang
Siedlung
Hertefelder Chaussee
Hamburger Straße
Birnbaum
Bahnhofstr.
Lietzow
Graf-Arco-Str.
Glien
Falkensee
28
Retzow
Alte Hamburger
Ribbeck
Hamburger Allee
5
Nauen
Havelkanal
Berge
Hamburger Ch.
10
Hamburger Straße
Brandenburger Str.
E55
136
Ketziner Str.
137
138
Brieselang
Brandenburger Ch.
Neukammer
Berliner Str.
Bredow
Sandkrug
Brieselang
Groß Behnitzer See
Am Bahnhof
Brenn
Zeestower Ch.
Dorfstr.
27
Brieselanger Str.
Dorfstr.
Groß Behnitz
Neuhof
Markau
Zeestow
Gr. Behnitzer Str.
Hauptstr.
273
Quer-mathen
Markeer Str.
Markee
Wustermarker Str.
Klein Behnitz
Dorfstr.
Schwane-beck
Wernitz
Wustermarker Straße
26
Berlin-Spandau
Klein Behnitzer See
Rothehof
17
Neu-garten
Wuster-mark
Demex-Park

59
60
61
62
63
64
Sommerfeld
Johannis-thal
Neu-Friedrichsthal
Friedrichsthal
Fichtengrund
Grabowsee
Ruppiner Kanal
Tiergarten-siedlung
Sachsen-hausen
Gew.-park Nord
Schmachten-hagen-West
Gedenkstätte und Museum Sachsenhausen
Gew.-geb. Lehnitzschleuse
Oranienburg
Schloss
Neustadt
Lehnitz-see
Schmachten-hagen-Süd
Lehnitz
Kremmen
Hörstegraben
Gew.-geb. "Am Elsholz"
Germendorf
Eden
40
77
78
79
80
81
82
273
Amalienfelde
Groß Ziethen
Schwante
Oranien-burg Süd
Oranienburger Kanal
Mühlenbecker Weg
Bärenklau
Vehlefanz
Leege-bruch
Borgsdorf
Gew.- und Industriepark Alter Flughafen
Dreieck Kreuz Oranienburg
Pinnow
Klein Ziethen
Gew.-geb. Perwenitzer Chaussee
Ober-krämer
Birkenwerder
Dr. Havelland
Wolfslake
Gew.-geb. Triftweg
10
E26
E55
E251
96
111
95
96
97
98
99
100
Neu-Vehlefanz
Eichstädt
Velten
Velten-Grün
Hohen Neuendorf
Nieder-heide
Hasen-kuhle
Bergfelde
Velten-Süd
Marwitz
Osram-siedlung
Stolpe
Bötzow
Perwenitz
Stolper Heide
Oder-Havel-Kanal
115
116
117
118
119
120
Pausin
Bötzow-West
Wansdorf
Hennigsdorf
Frohnau
Gew.-geb. "Am Rosengarten"
Herms-dorf
Schönwalde-Glien
Schönwalde-Dorf
Mühlgraben
Havelkanal
Schulzen-dorf
Nieder Neuendorf
Alt Brieselang
Heiligensee
Schönwalde-Siedlung
Konrads-höhe
Tegel
139
140
141
142
143
144
Brieselang
Waldheim
Falkenhain
Falkenhagener See
Falken-hagen
Tegeler See
Flughafen-see
Siedlung Falkenhöhe
Haken-felde
Flughafen Berlin-Tegel
Finkenkrug
Seegefeld
Falkenhagener Feld
Falkensee
SPANDAU
38
Zitadelle
Demex-Park
Rohrbeck
18

Zehlendorf
Stolzenhagen
Klosterfelde
Siedlung West
Schmachtenhagen
Rahmer See
Siedlung Hildebrand
Wandlitzer See
Wandlitz
Ützdorf
Lanke
Hellsee
Liepnitzsee
Rahmersee
Wensickendorf
Schmachtenhagen-Ost
Seefeld
Lobetal
Rüdnitz
Waldsiedlung
Zühlsdorf
Zühlslake
Waldheim
Basdorf
Ladeburg
Gew.-park Ladeburg
Waldfrieden
Gew.-gebiet Am Sandweg
Summter See
Summt
Mühlenbecker See
Gorinsee
Gew.-geb. Pappelallee
Nibelungen
Bernau bei Berlin
Blumenhag
Schönow
Friedenstal
Schönwalde
Bergfelde
Feldheim
Mühlenbecker Land
Hobrechtsfelde
Zepernick
Eichwerder
Lindow
Schönerlinde
Mönchmühle
Röntgental
Birkenhöhe
Elisenau
Schönfließ
Katharinensee
Panketal
Birkholzaue
Glienicke/Nordbahn
Schildow
Gew.-geb. Pankow-Nord
Buch
Schwanebeck
Birkholz
Lübars
Blankenfelde
Karow
Märkisches Viertel
Französisch Buchholz
Blankenburg
Lindenberg
Neu Lindenberg
Blumberg
Waidmannslust
Rosenthal
Ahrensfelde
Wittenau
Wilhelmsruh
Niederschönhausen
Malchow
Siedlung Wartenberg
REINICKENDORF
PANKOW
Heinersdorf
Wartenberg
Falkenberg
Mehrow
Eiche
Weißensee
Neu-Hohenschönhausen
Wedding
MARZAHN-HELLERSDORF
Prenzlauer Berg
Moabit
LICHTENBERG
Biesdorf-Nord
Alt-Hohenschönhausen

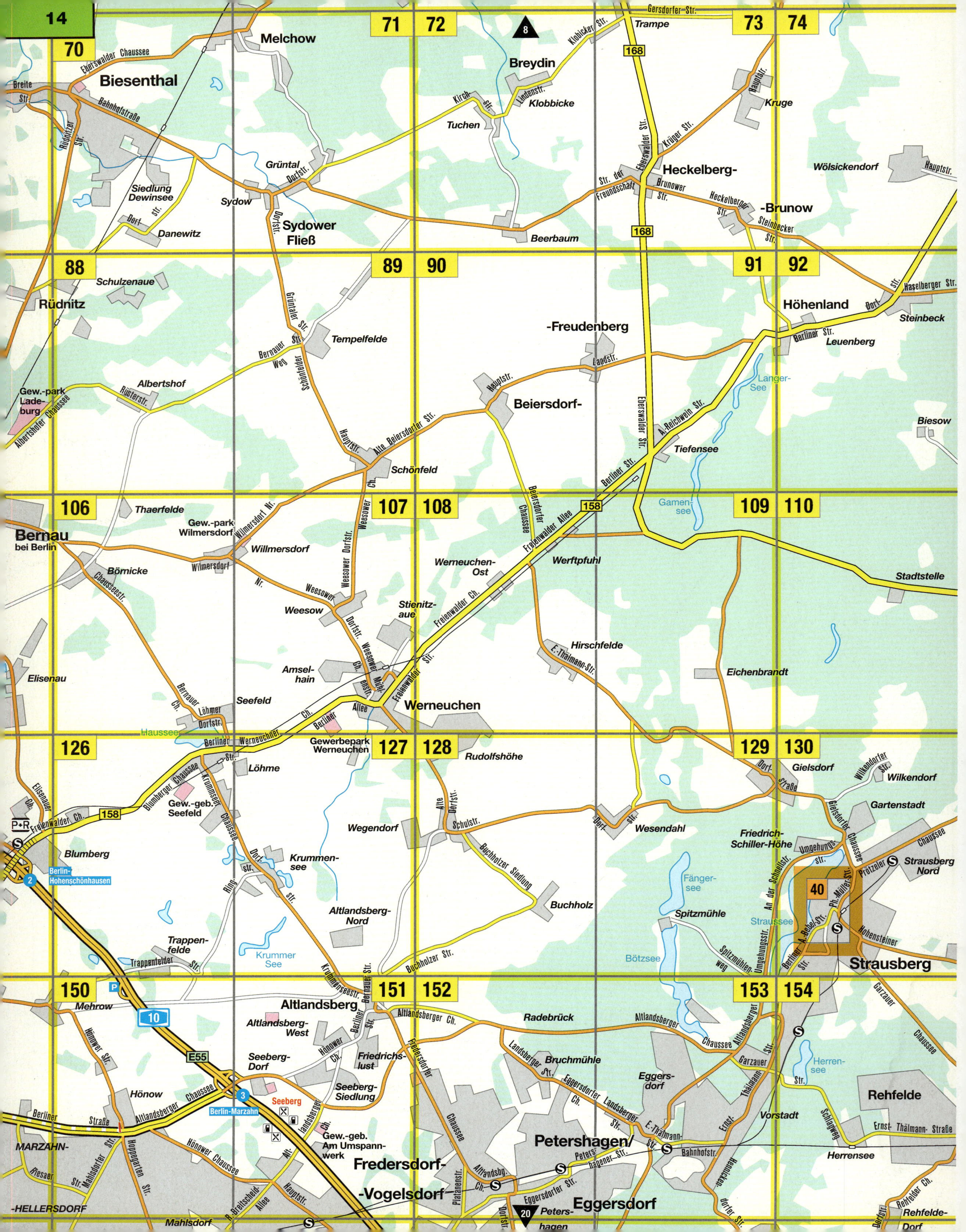
70
71
72
73
74
88
89
90
91
92
106
107
108
109
110
126
127
128
129
130
150
151
152
153
154
Melchow
Biesenthal
Eberswalder Chaussee
Breite Str.
Bahnhofstraße
Rüdnitzer Str.
Breydin
Klobbicke
Trampe
Gersdorfer Str.
Klobbicker Str.
Lindenstr.
Kirch-str.
Tuchen
Kruge
Hauptstr.
Krüger Str.
Heckelberg-
-Brunow
Wölsickendorf
Grüntal
Dorfstr.
Sydow
Siedlung Dewinsee
Sydower Fließ
Danewitz
Dorf str.
Beerbaum
Str. der Freundschaft
Eberswalder Str.
Brunower Str.
Heckelberger Str.
Steinbecker Str.
168
8
Schulzenaue
Rüdnitz
Grüntaler Str.
Tempelfelde
Bernauer Weg
Schönfelder Str.
Albertshof
Rüsterstr.
Gew.-park Ladeburg
Albertshofer Chaussee
-Freudenberg
Landstr.
Hauptstr.
Beiersdorf-
Höhenland
Dorf str.
Haselberger Str.
Steinbeck
Berliner Str.
Leuenberg
Langer-See
Biesow
A.-Reichwein Str.
Tiefensee
Hauptstr.
Alte Beiersdorfer Str.
Schönfeld
Ch.
Gamen-see
Berliner Str.
158
Thaerfelde
Bernau bei Berlin
Gew.-park Wilmersdorf
Wilmersdorfer Nr.
Willmersdorf
Wilmersdorf
Weesower Ch.
Weesower Dorfstr.
Beiersdorfer Chaussee
Freienwalder Allee
Werneuchen-Ost
Werftpfuhl
Stadtstelle
Börnicke
Chausseestr.
Nr.
Weesower
Weesow
Stienitz-aue
Freienwalder Ch.
Elisenau
Hirschfelde
E.-Thälmann-Str.
Eichenbrandt
Amsel-hain
Dorfstr.
Weesower Mühl.
Freienwalder Str.
Bernauer Ch.
Löhmer Dorfstr.
Seefeld
Hausseee
Berliner
Werneuchener
Ch.
Berliner Allee
Werneuchen
Gewerbepark Werneuchen
Rudolfshöhe
Gielsdorf
Dorf Straße
Wilkendorfer Str.
Wilkendorf
Gartenstadt
Löhme
Blumberger Chaussee
Gew.-geb. Seefeld
Krummenseer Chaussee
Elisenauer Ch.
P+R
Freienwalder Ch.
Blumberg
Berlin-Hohenschönhausen
2
Wegendorf
Alte Dorfstr.
Schulstr.
Wesendahl
Dorf Str.
Friedrich-Schiller-Höhe
Umgehungs-str.
Gielsdorfer Chaussee
Prötzeler Chaussee
Strausberg Nord
Krummen-see
Dorf str.
Ring-str.
Buchholzer Siedlung
Buchholz
Fänger-see
Spitzmühle
An der Schnelistr.
40
Ph.-Müller-Str.
Straussee
Altlandsberg-Nord
Trappen-felde
Trappenfelder Str.
Krummer See
Bötzsee
Spitzmühlen-weg
Umgehungsstr.
Berliner Str.
A.-Bebel-Str.
Hohensteiner
Strausberg
Buchholzer Str.
Krummenseestr.
Bernauer Str.
Mehrow
10
Altlandsberg
Altlandsberger Ch.
Radebrück
Altlandsberger Chaussee
Garzauer Chaussee
Altlandsberg-West
Berliner Str.
Hönower Ch.
Hönower Str.
E55
Friedrichs-lust
Fredersdorfer Chaussee
Bruchmühle
Landsberger Str.
Eggersdorfer Ch.
Landsberger Str.
Eggers-dorf
Garzauer Str.
Thälmann Str.
Herren-see
Rehfelde
Seeberg-Dorf
Seeberg-Siedlung
Hönow
Chaussee
3
Berlin-Marzahn
Seeberg
Landsberger Ch.
Gew.-geb. Am Umspann-werk
E.-Thälmann-Str.
Petershagen/
Ernst-Str.
Vorstadt
Schlagweg
Ernst-Thälmann-Straße
Berliner Straße
Altlandsberger Chaussee
MARZAHN-
Hoppegarten Str.
Hönower Chaussee
Alt.
Fredersdorf-
Altlandsbg. Ch.
Petershagener Str.
Bahnhofstr.
Herrensee
Riesaer Str.
Mahlsdorfer Str.
-HELLERSDORF
R.-Breitscheid-Allee
Hauptstr.
-Vogelsdorf
Platanenstr.
Eggersdorfer Str.
Eggersdorf
20
Peters-hagen
Dorfstr.
Mahlsdorf
Dorfstr.
Rehfelder Ch.
Rehfelde-Dorf

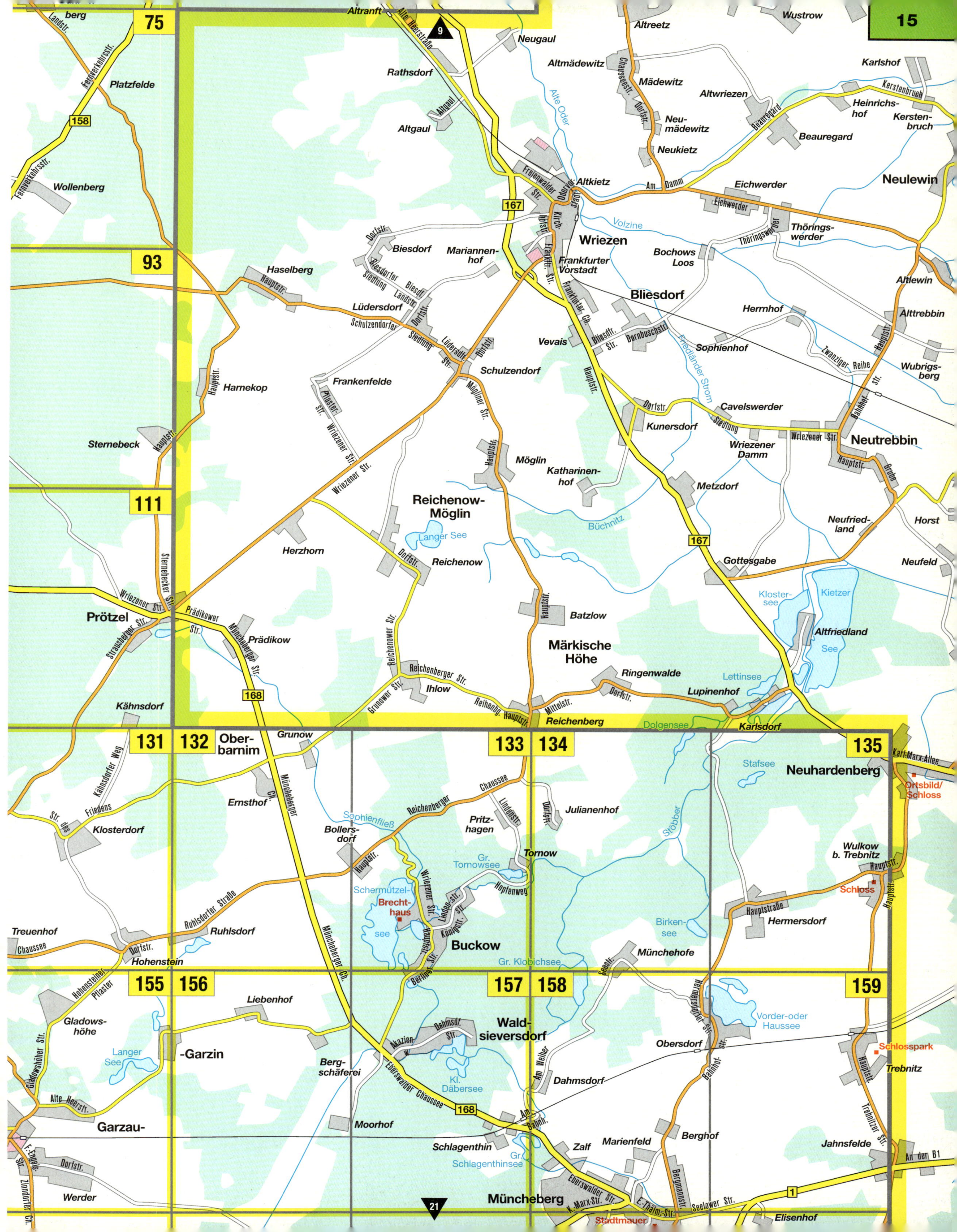
75
93
111
131
132
133
134
135
155
156
157
158
159
9
21
158
167
168
1
Altranft
Alte Heerstraße
Wustrow
Altreetz
Neugaul
Rathsdorf
Altmädewitz
Mädewitz
Altwriezen
Karlshof
Kerstenbruch
Heinrichs-hof
Kersten-bruch
Platzfelde
Altgaul
Alte Oder
Neu-mädewitz
Beauregard
Neukietz
Wollenberg
Altkietz
Am Damm
Eichwerder
Neulewin
Freienwalder Str.
Volzine
Thörings-werder
Thöringswerder
Biesdorf
Mariannen-hof
Wriezen
Bochows Loos
Haselberg
Frankfurter Vorstadt
Altlewin
Bliesdorf
Lüdersdorf
Schulzendorfer
Herrnhof
Alttrebbin
Vevais
Dornbuschstr.
Sophienhof
Friedländer Strom
Zwanziger Reihe
Wubrigs-berg
Schulzendorf
Harnekop
Frankenfelde
Cavelswerder
Kunersdorf
Wriezener Str.
Neutrebbin
Sternebeck
Wriezener Damm
Möglin
Katharinen-hof
Metzdorf
Reichenow-Möglin
Buchnitz
Neufried-land
Horst
Langer See
Herzhorn
Reichenow
Gottesgabe
Neufeld
Kloster-see
Kietzer
Batzlow
Prötzel
Prädikower Str.
Altfriedland
See
Prädikow
Märkische Höhe
Ringenwalde
Lettinsee
Lupinenhof
Ihlow
Kähnsdorf
Reichenberg
Dolgensee
Karlsdorf
Ober-barnim
Grunow
Stafsee
Neuhardenberg
Karl-Marx-Allee
Ortsbild/Schloss
Ernsthof
Julianenhof
Sophienfließ
Pritz-hagen
Bollers-dorf
Klosterdorf
Stöbber
Wulkow b. Trebnitz
Tornow
Gr. Tornowsee
Schermützel-see
Brecht-haus
Schloss
Hermersdorf
Birken-see
Treuenhof
Ruhlsdorf
Buckow
Hohenstein
Gr. Klobichsee
Münchehofe
Liebenhof
Gladows-höhe
Wald-sieversdorf
Vorder-oder Haussee
Langer See
-Garzin
Obersdorf
Schlosspark
Berg-schäferei
Kl. Däbersee
Dahmsdorf
Trebnitz
Garzau-
Moorhof
Berghof
Schlagenthin
Zalf
Marienfeld
Jahnsfelde
Gr. Schlagenthinsee
Werder
Müncheberg
Seelower Str.
Elisenhof
Stadtmauer

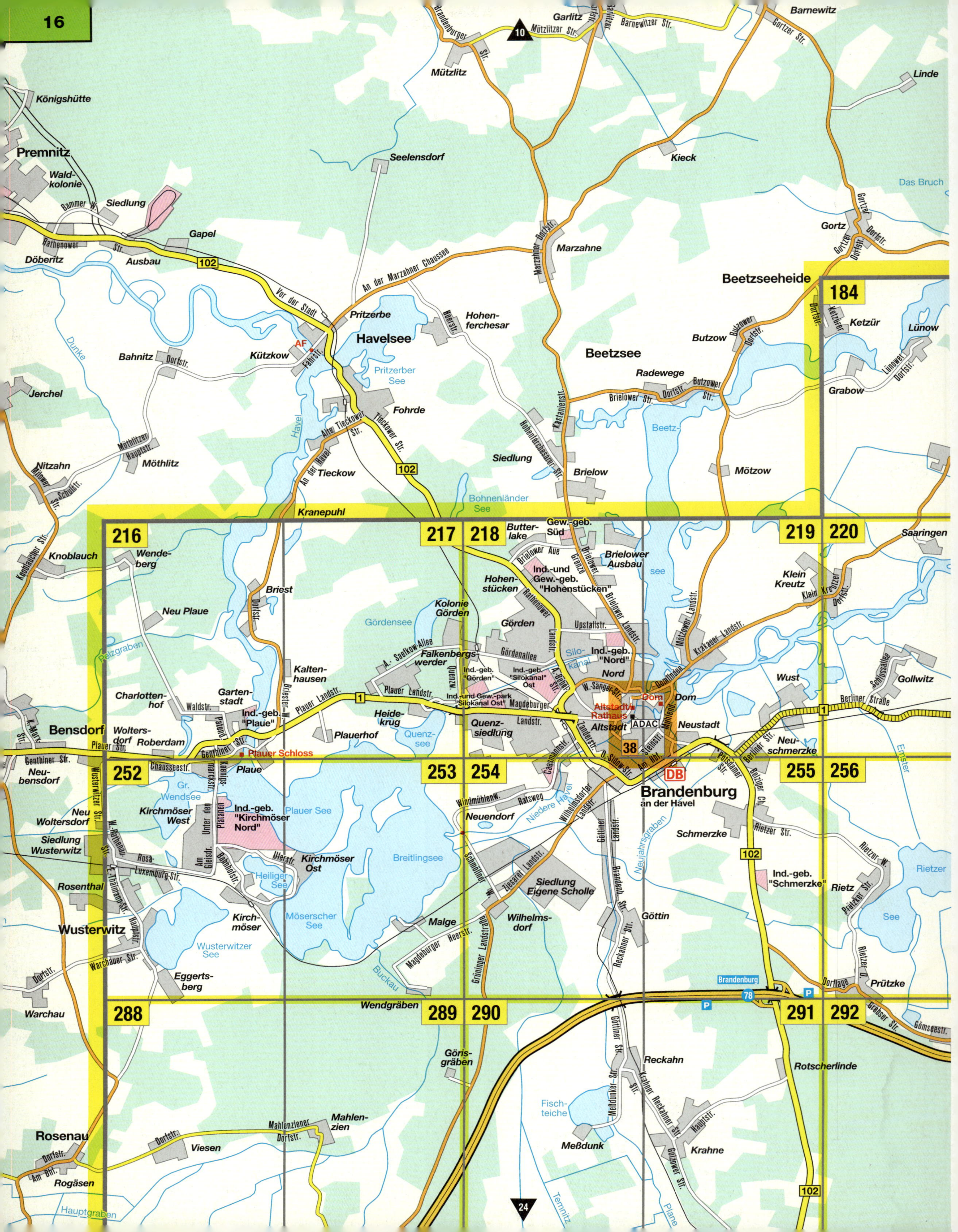

Garlitz
Barnewitz
Mützlitz
Linde
Königshütte
Premnitz
Wald-kolonie
Siedlung
Seelensdorf
Kieck
Das Bruch
Gapel
Döberitz
Ausbau
Marzahne
Gortz
Beetzseeheide
Pritzerbe
Havelsee
Hohen-ferchesar
Beetzsee
Butzow
184
Ketzür
Lünow
Bahnitz
Kützkow
Pritzerber See
Radewege
Grabow
Jerchel
Fohrde
Möthlitz
Nitzahn
Tieckow
Siedlung
Brielow
Mötzow
Bohnenländer See
Kranepuhl
216
217
218
219
220
Butter-lake
Gew.-geb. Süd
Brielower Ausbau
Saaringen
Knoblauch
Wende-berg
Ind.-und Gew.-geb. "Hohenstücken"
Hohen-stücken
Briest
Klein Kreutz
Neu Plaue
Kolonie Görden
Gördensee
Görden
Ind.-geb. "Nord"
Nord
Kalten-hausen
Falkenbergs-werder
Wust
Gollwitz
Charlotten-hof
Garten-stadt
Ind.-geb. "Plaue"
Heide-krug
Ind.-geb. "Görden"
Ind.-geb. "Silokanal" Ost
Ind.-und Gew.-park "Silokanal Ost"
Altstadt
Rathaus
Dom
Dom
ADAC
Neustadt
Bensdorf
Wolters-dorf
Roberdam
Plauerhof
Quenz-see
Quenz-siedlung
38
Neu-schmerzke
Plauer Schloss
Neu-bensdorf
252
Plaue
253
254
255
256
DB
Brandenburg an der Havel
Gr. Wendsee
Kirchmöser West
Ind.-geb. "Kirchmöser Nord"
Plauer See
Neuendorf
Niedere Havel
Neu Woltersdorf
Schmerzke
Siedlung Wusterwitz
Heiliger See
Kirchmöser Ost
Breitlingsee
Ind.-geb. "Schmerzke"
Rietz
Rietzer See
Rosenthal
Siedlung Eigene Scholle
Kirch-möser
Malge
Wilhelms-dorf
Göttin
Wusterwitz
Möserscher See
Wusterwitzer See
Eggerts-berg
Buckau
Brandenburg
Prützke
Warchau
288
Wendgräben
289
290
291
292
Göris-gräben
Reckahn
Rotscherlinde
Fisch-teiche
Rosenau
Mahlen-zien
Viesen
Meßdunk
Krahne
Rogäsen
Hauptgraben
Temnitz
Plane
10
24
102
1
78

11
Rothehof
Neu-garten
160
Gohlitz
Niebede
161
162
Berlin-Spandau
26
Wuster-mark
Demex-Park
Berliner Str.
Tremmener Str.
Tremmen
Hoppenrade
Riewend
Wachow
Haupt-str.
Heerstr.
Priort
Priorter Chaussee
Riewender Dorfstr.
Brandenburger Str.
Vogel-gesang
Riewend-see
Zachower Str.
Etzin
Potsdamer Str.
Priorter Str.
Buchow-Karpzow
Bagow
Bagower Dorfstr.
Brandenburger Str.
Etziner Dorfstr.
Bollmanns-ruh
Pawesin
Vor Ketzin
Ferne-werder
Neu Falkenrehde
Falkenrehde
Kartzow
Beetzsee
185
186
Kliem-siedlung
Nauener Ch.
187
188
Ketziner Str.
E55
Fahrländer Chaussee
Tremmener Landstr.
Potsdamer Allee
Paaren
10
Brandenburger Ch.
Fahrland Nord
Guten-paaren
Dorfstr.
Schumacher-siedlung
Falkenrehder Ch.
Havelkanal
Potsdamer Str.
Zachow
Gutenpaarener Dorfstr.
Ketzin/Havel
Paretz
Uetz
25
Potsdam-Nord
Bergstr.
Satzkorn
Potsdamer Str.
Landstraße
273
Schwarzer Weg
Dorfstr.
Roskow
Trebelsee
Werder Str.
A. d. Mühle
Parkring
Marquardt
Landstraße
AF
Hauptstr.
Sacrow-Paretzer-Kanal
Haupt-str.
Weseram
Fliederhavel
Michel-bogen
Erdelöcher
Ketziner Siedlung
Ketziner Siedl.
Göttin-see
Berliner Ring
Wublitz
Marquardter
Deetzer Chaussee
Dorfstr.
Phöbener Siedlung
Phöbener Chaussee
Schmergow
Weg nach Göttin
Schlänitzsee
Schlänitz-see
221
222
Schmergower Str.
223
224
Göttin
Deetzer Erdelöcher
Götzer Str.
Deetz
Leest
Leest
An der Wublitz
Götzer-berge
Bergstr.
Zum Königsberg
Töplitz
Leester Str.
24
Wublitz
Str.
Chaussee
Grube
Phöben
Havel
Golmer
Haupt-str.
Havelstr.
10
Wachtelbg.
Krielow
Lilienthalstr.
Phöbener Str.
E55
Geiselbergstr.
Eiche
Götzer Dorfstr.
Deetzer W.
Zum
Götz
Groß Kreutz (Havel)
Chausseestr.
Kemnitz
Phöben
Golm
P+R
Hauptgr.
Krielower Str.
23
Kemnitzer Dorfstr.
Reiherbg.-str.
Kuhfort-damm
Brandenburger
Potsdamer Landstr.
Götzer Chausseestr.
Ausbau
Brandenburger Str.
Hohe Str.
Bahn-str.
Potsdamer Str.
An der B1
Derwitzer Dorfstr.
Chaussee
Großer Zernsee
Landstr.
Jeserig
Schenkenberger Str.
Gew.-geb. "Eichenhain"
Lehniner Str.
1
Groß Kreutz
22
Kemnitzer Chaussee
Wildpark West
Siedlung
Bochower Str.
Bochow Bruch
Derwitz
Eisenbahnstr.
Werderscher
257
258
259
260
Plessow
Werder (Havel)
Kirschenallee
Schenken-berg
Neu Bochow
Bochower Dorfstr.
E55
Brandenburger Chaussee
Großer Plessower See
Kemnitzer Str.
Insel-stadt
Am Wasser
Lehniner Chaussee
1
Berliner Str.
Brandenburger Str.
Potsdamer Str.
10
Neu Bochow
Plötziner Str.
Havel
Geltow
Hauffstr.
Trechwitz
Schenkenberger Str.
Bochower W.
Alte
Dr.-Külz-Str.
Berliner Chaussee
Caputher Ch.
Moor-see
Trechwitzer Str.
Göhlsdorf
Dorfstr.
An der Chaussee
Glindow
Glindow-see
Plötzin
Lehniner Straße
Damsdorfer Hauptstr.
Hauptstr.
Plötziner Str.
Bliesendorfer Weg
Schwielowsee
Damsdorf
Lehniner Str.
Am
Petzow
Caputh
Alte Berliner Str.
Plötziner Str.
Netzen
21
Elisabeth-höhe
Str.
Petzower Str.
Blesendorfer Str.
Str.
Schwielowsee Str.
Netzener See
Schwielow-see
Grebs
Lehniner Ch.
293
294
80
E30
2
81
Dreieck Werder
295
296
Poststr.
Fercher
Schwielow-see
Netzener Str.
79
Lehnin
Kloster-see
Bliesendorf
Klaistower Str.
Netzen
An d. A2
Dorfstr.
Nahmitz
21
Flott-stelle
Colpinsee
Damsdorfer Chaussee
Kammeroder Weg
Kammerode
Kloster
10
Kaltenhausen
Beelitzer Str.
Luchgraben
Kalten-hausen
Wald-siedlung
Dorfstr.
Belziger Str.
Lehnin
Glindow
Mühlengrund
Ferch
Lindenstr.
Emstaler Landstr.
20
Beelitzer Str.
18
Belziger Ch.
E30
Michelsdorf
Chausseestr.
Emstaler Hauptstr.
Alte Dorf-stelle
10
Ferch
Gohlitzsee
E55
Rädeler Str.
Kloster Lehnin
Mittel-see
Emstal
25
19
Dr. Potsdam
19
Berliner Ring

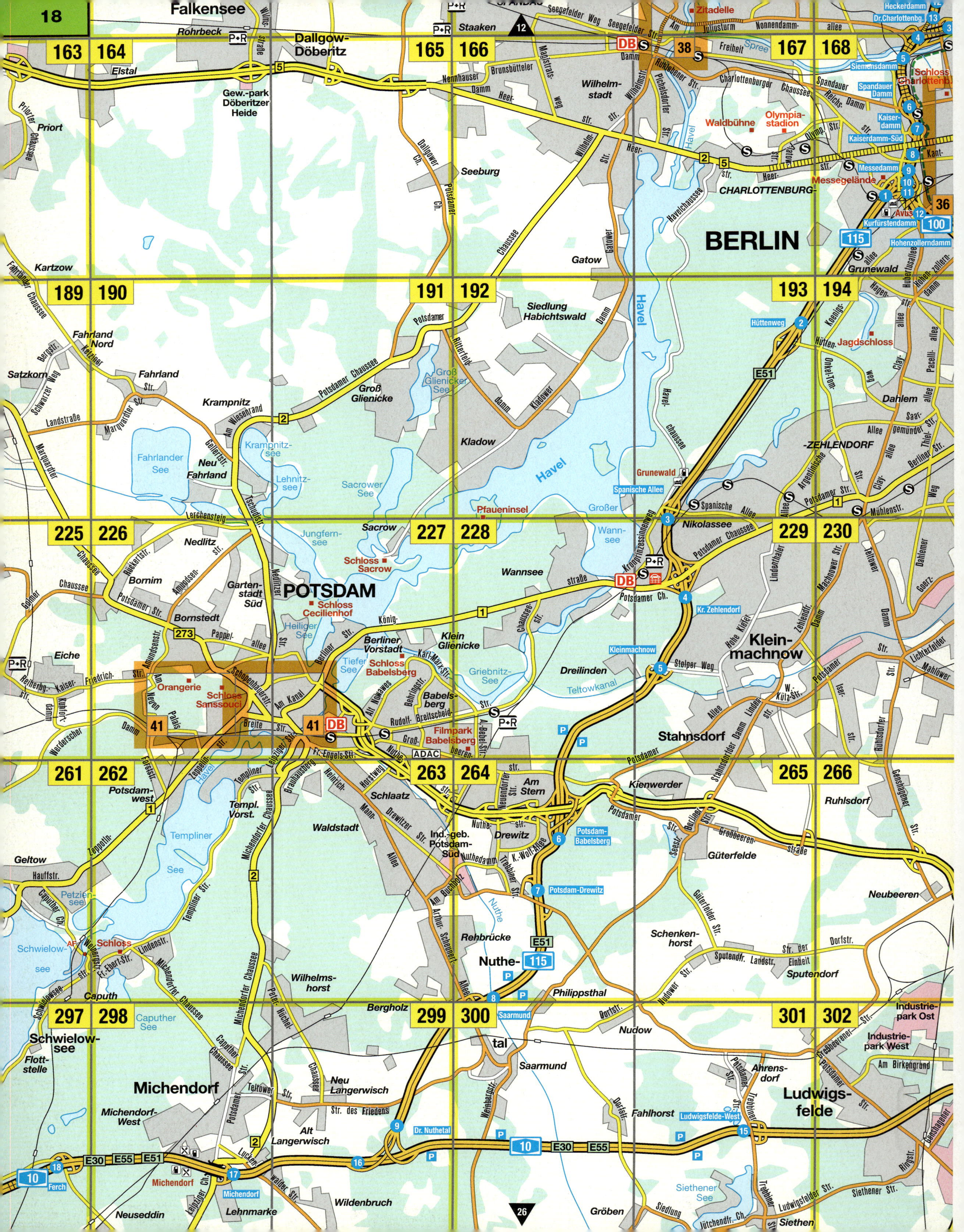
Falkensee
Rohrbeck
Dallgow-Döberitz
Staaken
Zitadelle
Heckerdamm
Dr.Charlottenbg.
Spandau
Elstal
Gew.-park Döberitzer Heide
Priort
Wilhelmstadt
Charlottenburger Chaussee
Schloss Charlottenburg
Siemensdamm
Spandauer Damm
Kaiserdamm
Kaiserdamm-Süd
Waldbühne
Olympiastadion
Messedamm
Messegelände
CHARLOTTENBURG-
Avus
Kurfürstendamm
Hohenzollerndamm
Seeburg
Gatow
BERLIN
Grunewald
Kartzow
Siedlung Habichtswald
Havel
Hüttenweg
Jagdschloss
Fahrland Nord
Fahrland
Satzkorn
Groß Glienicke
Groß Glienicker See
Krampnitz
Neu Fahrland
Fahrlander See
Krampnitzsee
Lehnitzsee
Sacrower See
Kladow
Dahlem
-ZEHLENDORF
Grunewald
Spanische Allee
Pfaueninsel
Großer Wannsee
Nikolassee
Mühlenstr.
Sacrow
Jungfernsee
Schloss Sacrow
Nedlitz
Bornim
Bornstedt
Gartenstadt Süd
POTSDAM
Schloss Cecilienhof
Heiliger See
Wannsee
Kr. Zehlendorf
Eiche
Berliner Vorstadt
Klein Glienicke
Tiefer See
Schloss Babelsberg
Griebnitzsee
Dreilinden
Teltowkanal
Kleinmachnow
Klein-machnow
Orangerie
Schloss Sanssouci
Babelsberg
Filmpark Babelsberg
Stahnsdorf
Potsdam-west
Templiner See
Templ. Vorst.
Waldstadt
Schlaatz
Am Stern
Drewitz
Ind.-geb. Potsdam-Süd
Potsdam-Babelsberg
Kienwerder
Ruhlsdorf
Güterfelde
Geltow
Petzinsee
Potsdam-Drewitz
Neubeeren
Schwielowsee
Schloss
Caputh
Rehbrücke
Nuthe-tal
Schenkenhorst
Sputendorf
Wilhelmshorst
Philippsthal
Bergholz
Saarmund
Caputher See
Schwielow-see
Flottstelle
Nudow
Industriepark Ost
Industriepark West
Michendorf
Neu Langerwisch
Ahrensdorf
Ludwigsfelde
Michendorf-West
Alt Langerwisch
Dr. Nuthetal
Fahlhorst
Ludwigsfelde-West
Ferch
Michendorf
Lehnmarke
Neuseddin
Wildenbruch
Gröben
Siethener See
Siethen
E51
E30
E55
115
10
100
163 164 165 166 167 168
189 190 191 192 193 194
225 226 227 228 229 230
261 262 263 264 265 266
297 298 299 300 301 302
12
26
36
38
41

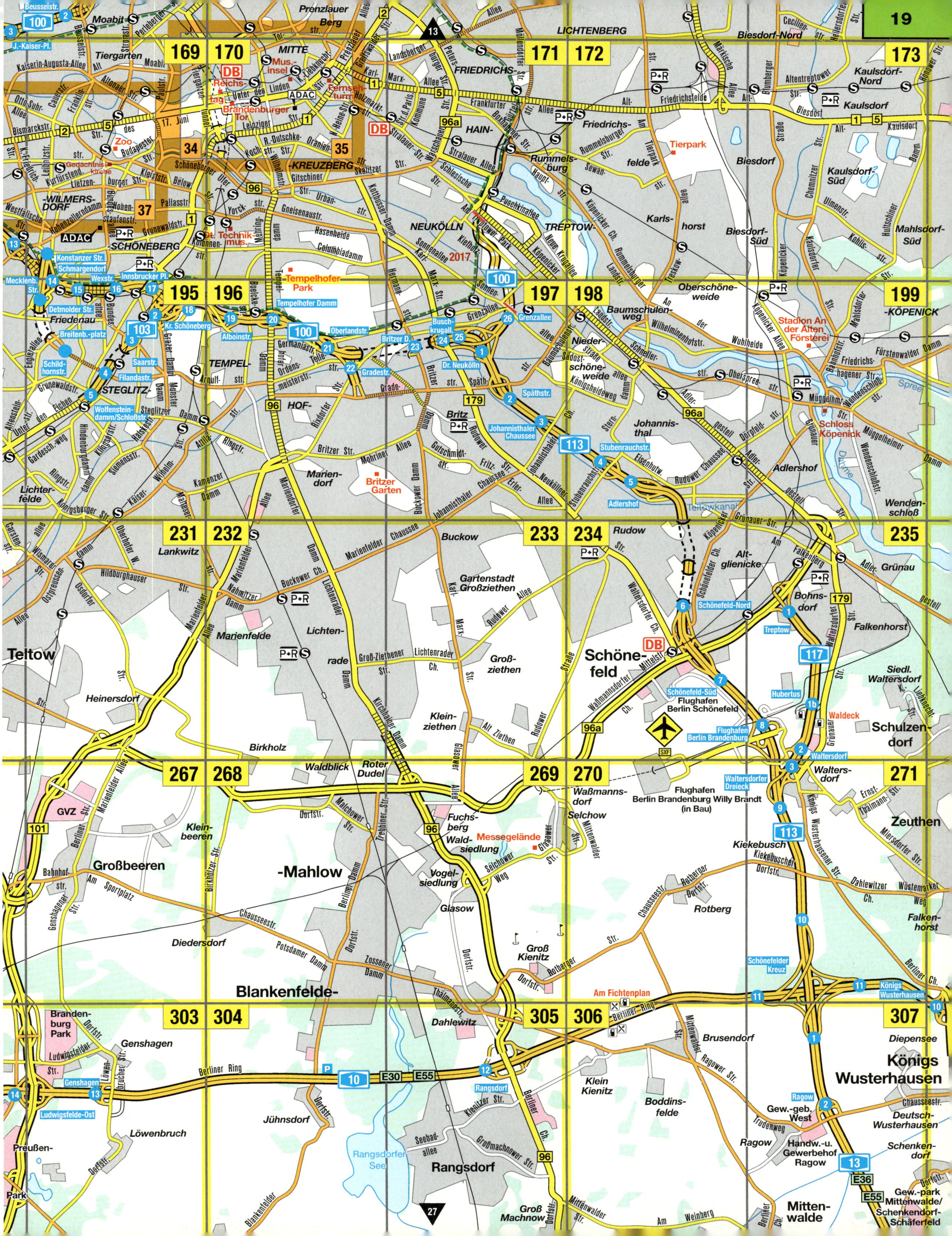
169
170
171
172
173
34
35
37
195
196
197
198
199
231
232
233
234
235
267
268
269
270
271
303
304
305
306
307
Moabit
Tiergarten
MITTE
Prenzlauer Berg
LICHTENBERG
Biesdorf-Nord
FRIEDRICHS-
HAIN-
Reichstag
Brandenburger Tor
Museumsinsel
Fernsehturm
Zoo
Gedächtniskirche
KREUZBERG
WILMERS-DORF
SCHÖNEBERG
Dt. Technik-mus.
Tempelhofer Park
NEUKÖLLN
TREPTOW-
Rummelsburg
Friedrichsfelde
Tierpark
Biesdorf
Kaulsdorf
Kaulsdorf-Nord
Kaulsdorf-Süd
Karlshorst
Biesdorf-Süd
Mahlsdorf-Süd
Oberschöneweide
Baumschulenweg
Niederschöneweide
Johannisthal
-KÖPENICK
Stadion An der Alten Försterei
Schloss Köpenick
Friedrichshagen
Adlershof
Wendenschloß
Friedenau
STEGLITZ-
TEMPEL-
HOF-
Britz
Mariendorf
Britzer Garten
Lichterfelde
Lankwitz
Buckow
Rudow
Altglienicke
Grünau
Gartenstadt Großziethen
Großziethen
Kleinziethen
Bohnsdorf
Falkenhorst
Teltow
Heinersdorf
Marienfelde
Lichtenrade
Birkholz
Schönefeld
Flughafen Berlin Schönefeld
Flughafen Berlin Brandenburg
Waldeck
Schulzendorf
Siedl. Waltersdorf
Waltersdorf
Zeuthen
Flughafen Berlin Brandenburg Willy Brandt (in Bau)
Waßmannsdorf
Selchow
Waldblick
Roter Dudel
GVZ
Großbeeren
Kleinbeeren
-Mahlow
Fuchsberg
Waldsiedlung
Messegelände
Vogelsiedlung
Glasow
Kiekebusch
Rotberg
Falkenhorst
Diedersdorf
Groß Kienitz
Blankenfelde-
Dahlewitz
Am Fichtenplan
Brusendorf
Diepensee
Königs Wusterhausen
Brandenburg Park
Genshagen
Löwenbruch
Jühnsdorf
Rangsdorfer See
Rangsdorf
Klein Kienitz
Boddinsfelde
Gew.-geb. West
Ragow
Handw.-u. Gewerbehof Ragow
Deutsch-Wusterhausen
Schenkendorf
Preußen-
Park
Groß Machnow
Mittenwalde
Gew.-park Mittenwalde/ Schenkendorf-Schäferfeld
Ludwigsfelde-Ost
Schönefelder Kreuz
Königs Wusterhausen
Berliner Ring
E30
E55
E36
100
103
113
117
96
96a
101
179
10
13
27

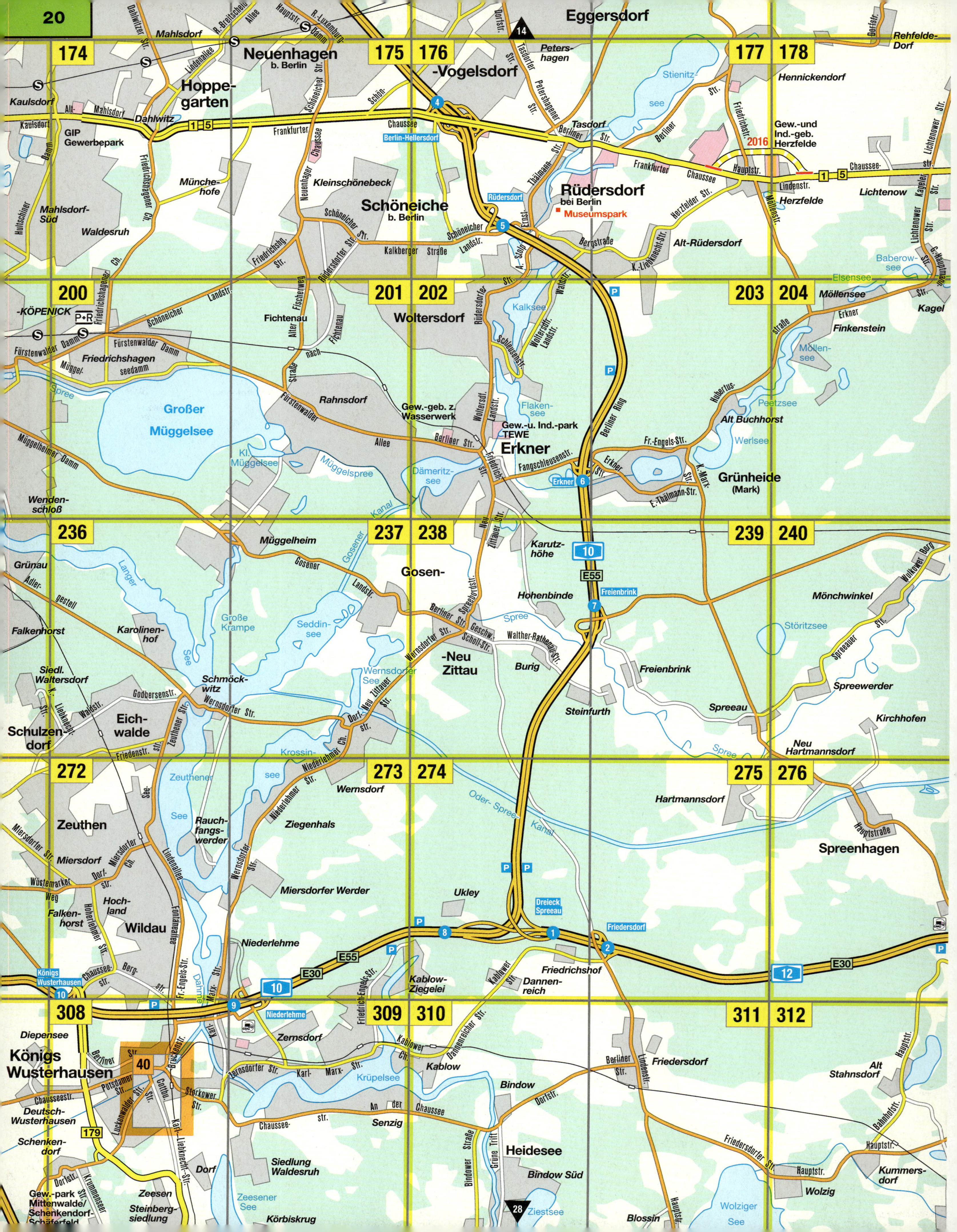
174
175
176
177
178
200
201
202
203
204
236
237
238
239
240
272
273
274
275
276
308
309
310
311
312
Eggersdorf
Mahlsdorf
Neuenhagen b. Berlin
-Vogelsdorf
Petershagen
Rehfelde-Dorf
Hennickendorf
Kaulsdorf
Hoppegarten
Dahlwitz
GIP Gewerbepark
Tasdorf
Gew.- und Ind.-geb. Herzfelde
2016
Münchehofe
Kleinschönebeck
Schöneiche b. Berlin
Rüdersdorf bei Berlin
Museumspark
Lichtenow
Herzfelde
Mahlsdorf-Süd
Waldesruh
Alt-Rüdersdorf
Baberowsee
Elsensee
-KÖPENICK
P+R
Fichtenau
Woltersdorf
Kalksee
Möllensee
Kagel
Finkenstein
Friedrichshagen
Großer Müggelsee
Rahnsdorf
Gew.-geb. z. Wasserwerk
Flakensee
Gew.-u. Ind.-park TEWE
Erkner
Peetzsee
Alt Buchhorst
Werlsee
Grünheide (Mark)
Kl. Müggelsee
Müggelspree
Dämeritzsee
Wendenschloß
Müggelheim
Gosen-
Karutzhöhe
Grünau
Falkenhorst
Karolinenhof
Große Krampe
Seddinsee
Hohenbinde
Freienbrink
Mönchwinkel
Störitzsee
-Neu Zittau
Burig
Siedl. Waltersdorf
Schmöckwitz
Wernsdorfer See
Spreewerder
Eichwalde
Schulzendorf
Steinfurth
Spreeau
Kirchhofen
Neu Hartmannsdorf
Krossinsee
Wernsdorf
Zeuthen
Zeuthener See
Rauchfangswerder
Ziegenhals
Hartmannsdorf
Spreenhagen
Miersdorf
Hochland
Wildau
Miersdorfer Werder
Ukley
Dreieck Spreeau
Friedersdorf
Niederlehme
Kablow-Ziegelei
Friedrichshof
Dannenreich
Königs Wusterhausen
E30
E55
10
12
Diepensee
40
Zernsdorf
Kablow
Krüpelsee
Bindow
Friedersdorf
Alt Stahnsdorf
Deutsch-Wusterhausen
Senzig
179
Schenkendorf
Heidesee
Siedlung Waldesruh
Bindow Süd
Kummersdorf
Wolzig
Gew.-park Mittenwalde/Schenkendorf-Schäferfeld
Zeesen
Steinbergsiedlung
Zeesener See
Körbiskrug
28
Ziestsee
Blossin
Wolziger See

21

Map of Fürstenwalde/Spree region with grid references:

- **179 180** — Zinndorf, Hoppegarten, Bienenwerder, Kienbaum, Liebenberger See, Maxsee, Bauernsee, Gew.-geb. Kagel-Nord
- **181 182** — Müncheberg, Augustenaue, Landhof, Philippinenhof, Eggersdorf-Siedlung, Eggersdorf b. Müncheberg, Schönfelde, Gölsdorf
- **183** — Elisenhof, Friedrichshof, Behlendorf, Heinersdorfer See, Heinersdorf, Tempelberg
- **205 206** — (Berliner Chaussee, Berliner Str., B1/5)
- **207 208** — Jänickendorf, Beerfelde, Buchholz
- **209** — Hasenfelde, Charlottenhof, Hasenwinkel, Vorwerk, Steinhöfel
- **241 242** — Hangelsberg, Trebus, Trebuser See, Ausbau West, Gew.-geb. Pintsch, Braunsdorf, Spree, Oder-Spree-Kanal
- **243 244** — Molkenberg, Fürstenwalde-Nord, Fürstenwalde-Mitte, St.-Marien-Dom **39**, Ausbau Ost, Laubenkolonie Nordost, Margaretenhof
- **245 246** — Neuendorf im Sande, Demnitz, Berkenbrück, Roter Krug, Hauptgraben, Mühlenfließ
- **277 278** — Markgrafpieske, Rauen, Fürstenwalde-Südwest
- **279 280** — Fürstenwalde-Süd, Fürstenwalde-West, Waldrand-Siedlung, Petersdorf, Petersdorfer See, Langewahl, Neu Golm
- **281 282** — Fürstenwalde-Ost, Dehmsee, Streitberg, Alt Golm, Fürstenwalder Spree
- **313 314** — Lebbin, Kolpin, Rieplos, Neu Boston, Storkow (Mark), Philadelphia, Reichenwalde, Großer Storkower See
- **315** — Bad Saarow-Mitte, Therme/Kurpark, Bad Saarow, Saarow Dorf, Saarow-Strand, Scharmützelsee, Pieskow, Annenhof, Kunersdorf, Pfaffendorf, Lamitsch, Sauen, Sandscholle, Wilmersdorf, Görzig, Silberberg, Diensdorf

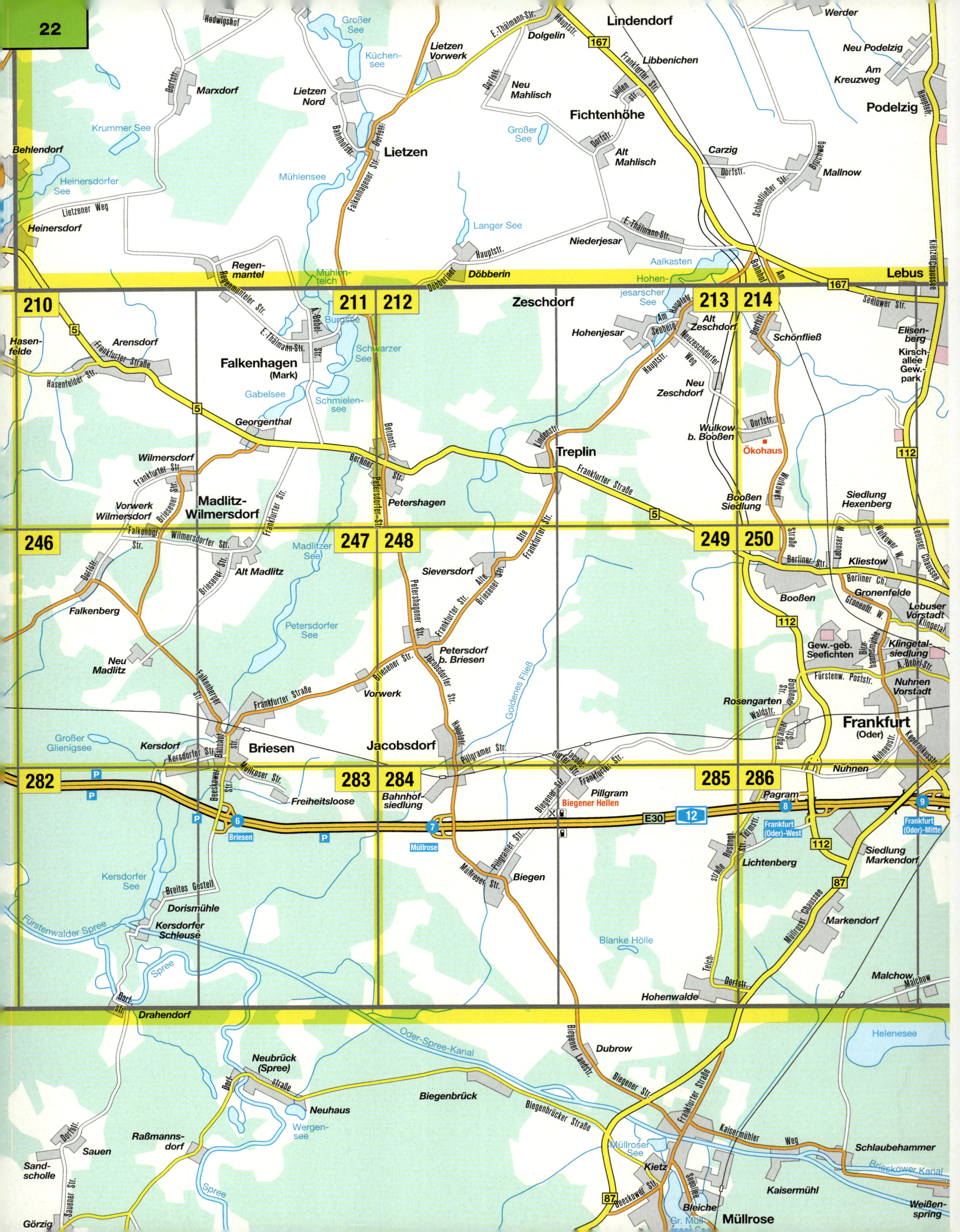
Lindendorf
Dolgelin
Libbenichen
Werder
Neu Podelzig
Am Kreuzweg
Podelzig
Marxdorf
Lietzen Vorwerk
Lietzen Nord
Neu Mahlisch
Fichtenhöhe
Lietzen
Alt Mahlisch
Carzig
Mallnow
Behlendorf
Krummer See
Heinersdorfer See
Heinersdorf
Mühlensee
Langer See
Niederjesar
Regen-mantel
Döbberin
Aalkasten
Lebus
210
211
212
Zeschdorf
213
214
Hohenjesar
Alt Zeschdorf
Schönfließ
Hasen-felde
Arensdorf
Falkenhagen (Mark)
Neu Zeschdorf
Elisen-berg
Georgenthal
Wulkow b. Booßen
Ökohaus
Wilmersdorf
Treplin
Madlitz-Wilmersdorf
Vorwerk Wilmersdorf
Petershagen
Booßen Siedlung
Siedlung Hexenberg
246
247
248
249
250
Alt Madlitz
Sieversdorf
Kliestow
Booßen
Gronenfelde
Falkenberg
Lebuser Vorstadt
Neu Madlitz
Petersdorf b. Briesen
Gew.-geb. Seefichten
Klingetal-siedlung
Vorwerk
Nuhnen Vorstadt
Rosengarten
Frankfurt (Oder)
Großer Glienigsee
Kersdorf
Briesen
Jacobsdorf
282
283
284
285
286
Nuhnen
Freiheitsloose
Bahnhof-siedlung
Pillgram
Biegener Hellen
Pagram
E30
12
Briesen
Müllrose
Frankfurt (Oder)-West
Frankfurt (Oder)-Mitte
Lichtenberg
Siedlung Markendorf
Biegen
Kersdorfer See
Dorismühle
Kersdorfer Schleuse
Fürstenwalder Spree
Markendorf
Blanke Hölle
Malchow
Hohenwalde
Drahendorf
Helenesee
Oder-Spree-Kanal
Dubrow
Neubrück (Spree)
Neuhaus
Biegenbrück
Wergen-see
Schlaubehammer
Sauen
Raßmanns-dorf
Müllroser See
Sand-scholle
Kietz
Kaisermühl
Brieskower Kanal
Spree
Bleiche
Müllrose
Weißen-spring
Görzig

23

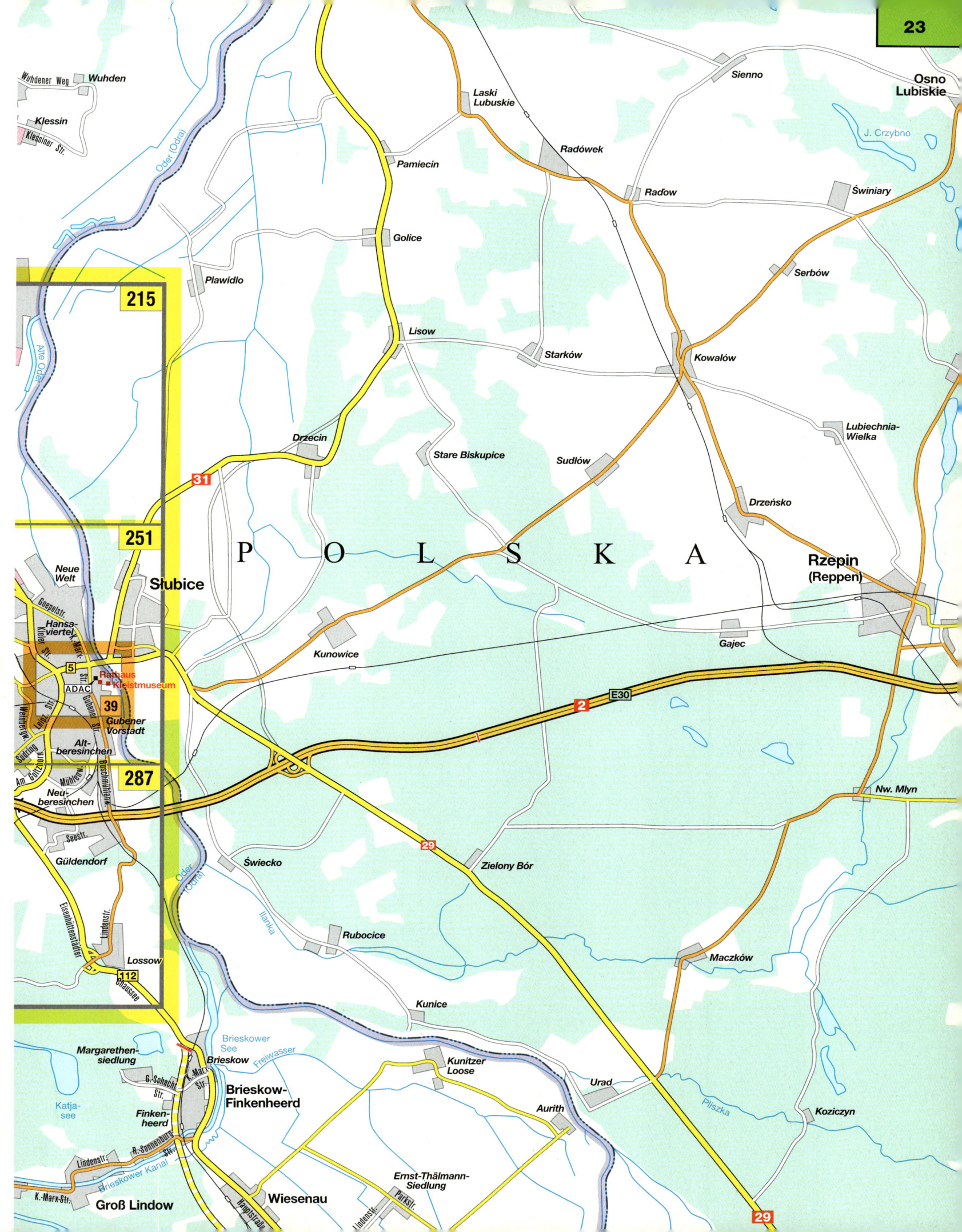

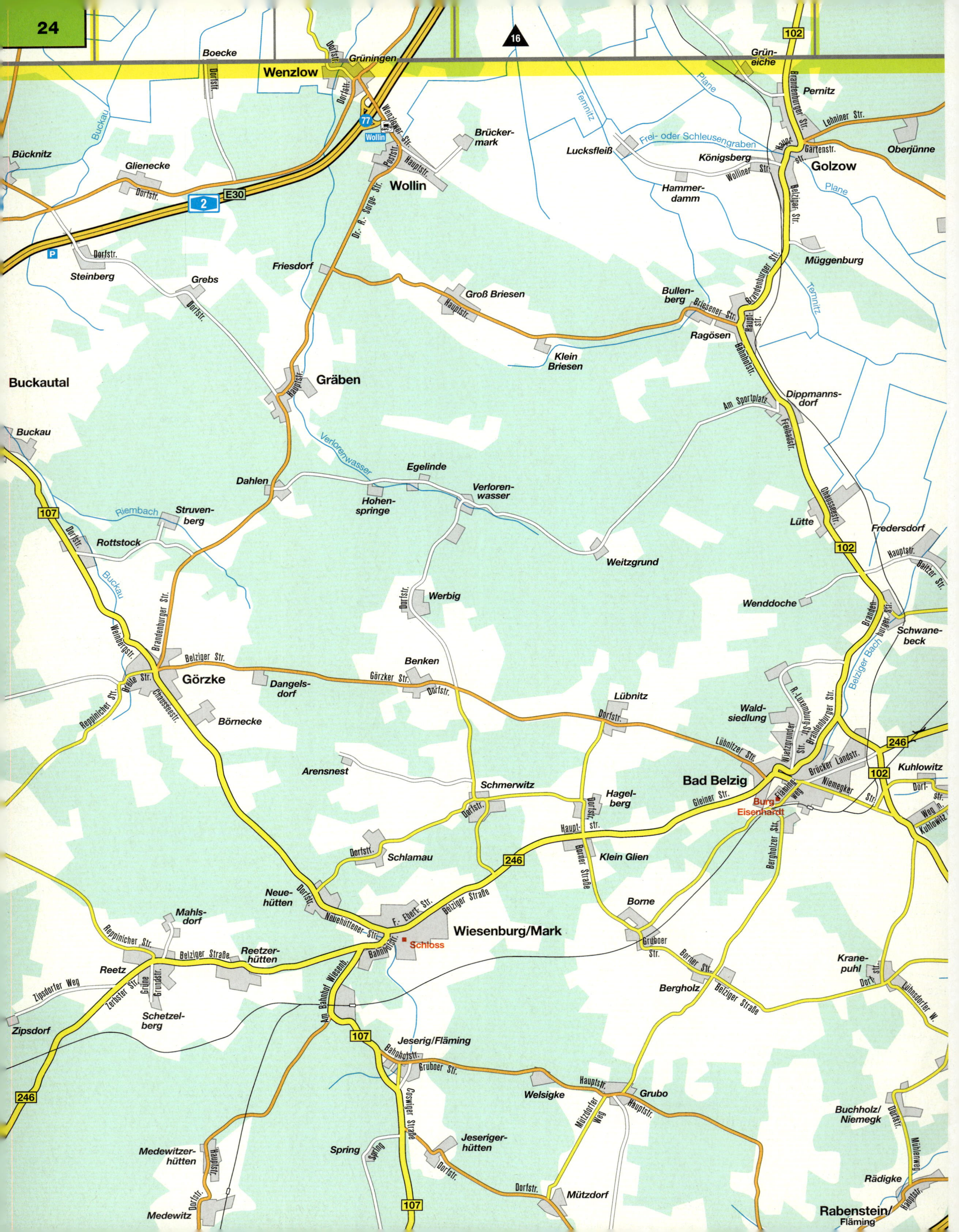
16
Boecke
Wenzlow
Grüningen
Grün-
eiche
102
Pernitz
Lehniner Str.
Oberjünne
Golzow
Königsberg
Lucksfleiß
Frei- oder Schleusengraben
Hammer-
damm
Plane
Temnitz
Brücker-
mark
Wollin
77
Bücknitz
Buckau
Glienecke
E30
2
Steinberg
Grebs
Friesdorf
Groß Briesen
Klein
Briesen
Bullen-
berg
Ragösen
Müggenburg
Buckautal
Gräben
Dippmanns-
dorf
Buckau
Verlorenwasser
Egelinde
Dahlen
Hohen-
springe
Verloren-
wasser
Riembach
Struven-
berg
107
Rottstock
Lütte
Fredersdorf
Weitzgrund
Werbig
Wenddoche
Schwane-
beck
Belziger Bach
Benken
Görzke
Dangels-
dorf
Börnecke
Lübnitz
Wald-
siedlung
246
Kuhlowitz
Bad Belzig
Burg
Eisenhardt
Arensnest
Schmerwitz
Hagel-
berg
Schlamau
Klein Glien
Neue-
hütten
Mahls-
dorf
Wiesenburg/Mark
Schloss
Borne
Reetzer-
hütten
Reetz
Bergholz
Krane-
puhl
Zipsdorfer Weg
Zipsdorf
Schetzel-
berg
Jeserig/Fläming
Welsigke
Grubo
Buchholz/
Niemegk
Medewitzer-
hütten
Spring
Jeseriger-
hütten
Mützdorf
Rädigke
Medewitz
Rabenstein/
Fläming

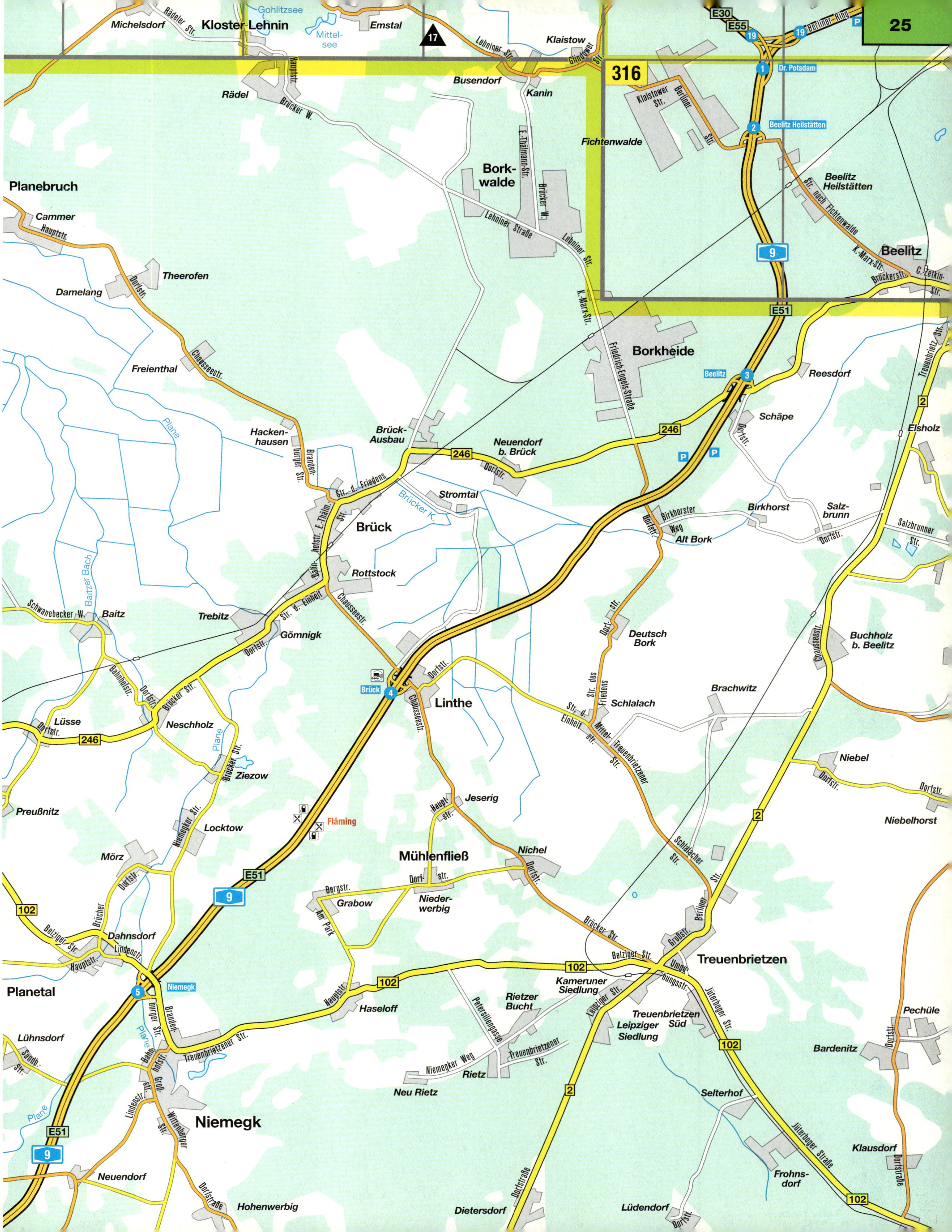

316
Michelsdorf
Kloster Lehnin
Gohlitzsee
Mittel-see
Emstal
17
Klaistow
E30
E55
19
Berliner Ring
P
Rädeler Str.
Lehniner Str.
Glindower Str.
Hauptstr.
Rädel
Brücker W.
Busendorf
Kanin
1
Dr. Potsdam
Klaistower Str.
Berliner Str.
2
Beelitz Heilstätten
Fichtenwalde
E.-Thälmann-Str.
Bork-walde
Brücker W.
Lehniner Straße
Lehniner Str.
Planebruch
Cammer
Hauptstr.
Beelitz Heilstätten
Str. nach Fichtenwalde
9
Beelitz
K.-Marx-Str.
Brückerstr.
C.-Zetkin-Str.
Theerofen
Dorfstr.
Damelang
K.-Marx-Str.
E51
Borkheide
Friedrich-Engels-Straße
Freienthal
Chausseestr.
Beelitz
3
Reesdorf
Treuenbrietz. Str.
Schäpe
Dorfstr.
Plane
Hacken-hausen
Brandenburger Str.
Brück-Ausbau
246
Neuendorf b. Brück
Dorfstr.
Elsholz
2
P
Str. d. Friedens
Stromtal
Brücker K.
Birkhorster Weg
Birkhorst
Salz-brunn
Dorfstr.
Salzbrunner Str.
Brück
E.-Thälm.-Str.
Bahnhofstr.
Dorfstr.
Alt Bork
Rottstock
Baitzer Bach
Schwanebecker W.
Baitz
Trebitz
Str. d. Einheit
Chausseestr.
Dorf-str.
Deutsch Bork
Buchholz b. Beelitz
Chausseestr.
Gömnigk
Dorfstr.
Bahnhofstr.
Dorfstr.
Brücker Str.
Brück
4
Dorfstr.
Chausseestr.
Linthe
Str. des Friedens
Str. d. Einheit
Mittel-str.
Treuenbrietzener Str.
Schlalach
Brachwitz
Lüsse
Dorfstr.
Neschholz
Plane
Brücker Str.
Ziezow
Niebel
Dorfstr.
Dorfstr.
Preußnitz
Fläming
Haupt-str.
Jeserig
Niebelhorst
Locktow
Niemegker Str.
Mörz
Dorfstr.
Mühlenfließ
Nichel
Dorfstr.
Schlalacher Str.
Dorf-str.
Bergstr.
Grabow
Am Park
Nieder-werbig
E51
9
102
Brücher
Belziger Str.
Dahnsdorf
Lindenstr.
Hauptstr.
Brücker Str.
Belziger Str.
Großstr.
Berliner Str.
Umgehungsstr.
Treuenbrietzen
102
Kameruner Siedlung
Leipziger Str.
Planetal
5
Niemegk
Brandenburger Str.
Hauptstr.
Haseloff
Rietzer Bucht
Petersiliengasse
Treuenbrietzen Süd
Leipziger Siedlung
Jüterboger Str.
Pechüle
Lühnsdorf
Sandb. Str.
Plane
Bahnhofstr.
Treuenbrietzener Str.
Niemegker Weg
Rietz
Treuenbrietzener Str.
102
Bardenitz
Dorfstr.
Lindenstr.
Großstr.
Wittenberger Str.
Neu Rietz
2
Selterhof
Plane
E51
9
Niemegk
Jüterboger Straße
Klausdorf
Dorfstraße
Neuendorf
Dorfstraße
Hohenwerbig
Dorfstraße
Dietersdorf
Lüdendorf
Dorfstr.
Frohns-dorf
102

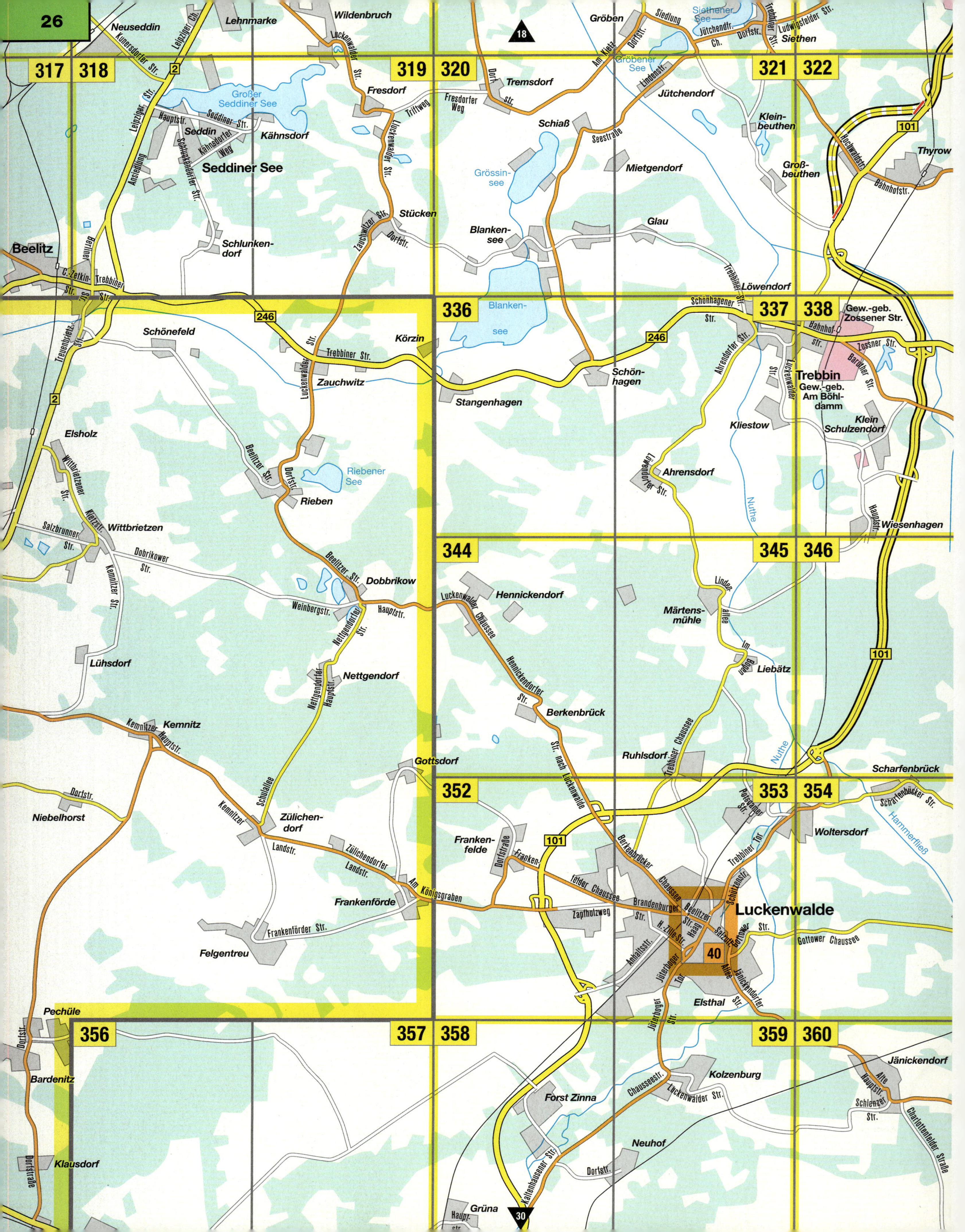

Neuseddin
Lehnmarke
Wildenbruch
Gröben
Siethen
Jütchendorf
Tremsdorf
Fresdorf
Großer Seddiner See
Seddin
Kähnsdorf
Seddiner See
Schiaß
Klein-beuthen
Groß-beuthen
Thyrow
Grössinsee
Mietgendorf
Stücken
Glau
Blanken-see
Beelitz
Schlunken-dorf
Löwendorf
Blankensee
Schönefeld
Körzin
Zauchwitz
Stangenhagen
Schön-hagen
Trebbin
Gew.-geb. Zossener Str.
Gew.-geb. Am Böhl-damm
Kliestow
Klein Schulzendorf
Elsholz
Riebener See
Rieben
Ahrensdorf
Wittbrietzen
Wiesenhagen
Dobbrikow
Hennickendorf
Märtens-mühle
Lühsdorf
Nettgendorf
Liebätz
Kemnitz
Berkenbrück
Gottsdorf
Ruhlsdorf
Scharfenbrück
Niebelhorst
Zülichen-dorf
Franken-felde
Woltersdorf
Frankenförde
Luckenwalde
Felgentreu
Elsthal
Pechüle
Bardenitz
Kolzenburg
Jänickendorf
Forst Zinna
Neuhof
Klausdorf
Grüna
Nuthe
Hammerfließ
317 318 319 320 321 322
336 337 338
344 345 346
352 353 354
356 357 358 359 360
18
30
40
2
101
246

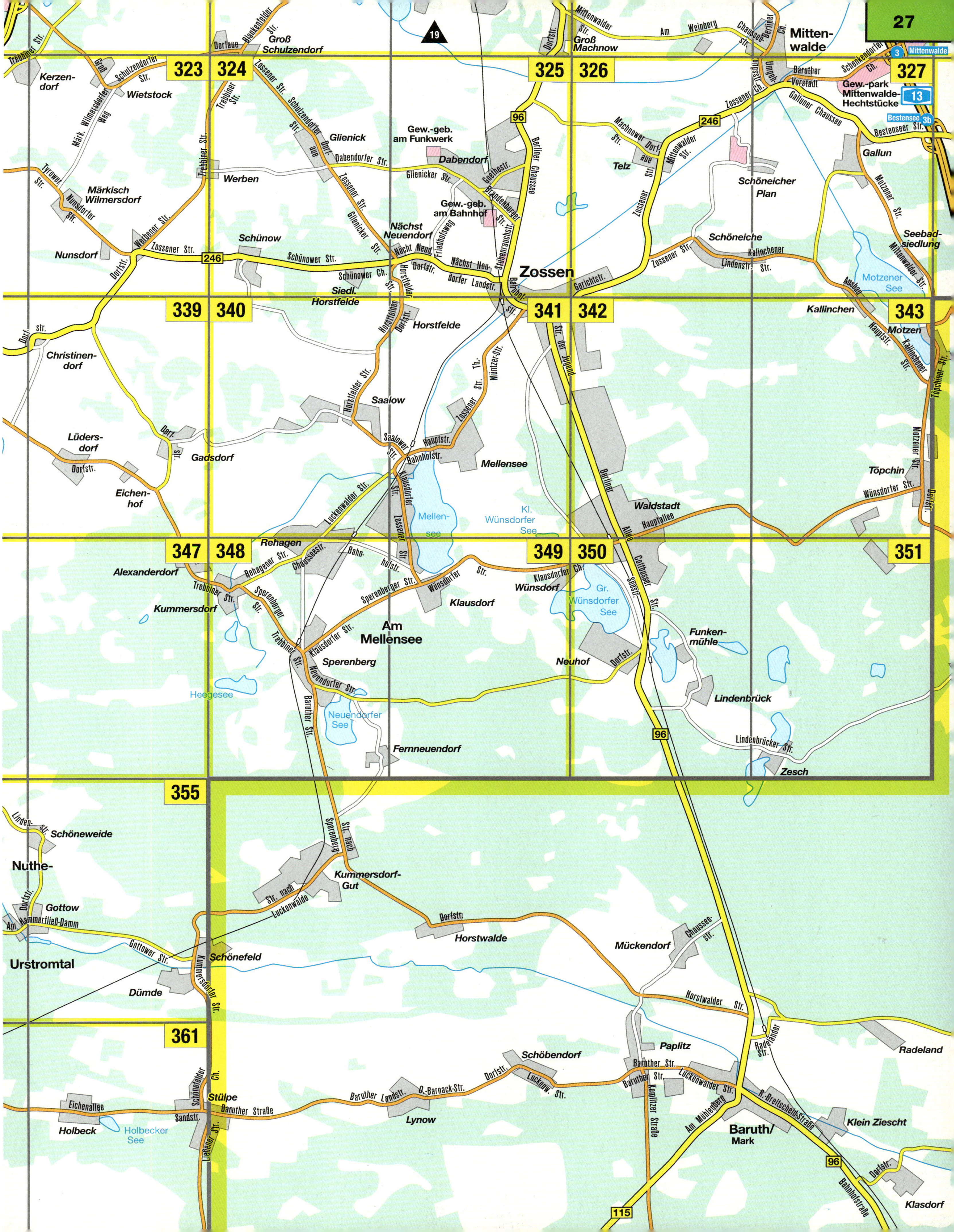
Mitten-
walde
Groß
Machnow
Groß
Schulzendorf
Kerzen-
dorf
Wietstock
Glienick
Gew.-geb.
am Funkwerk
Dabendorf
Telz
Schöneicher
Plan
Gallun
Märkisch
Wilmersdorf
Werben
Gew.-geb.
am Bahnhof
Schünow
Nächst
Neuendorf
Nunsdorf
Zossen
Schöneiche
Seebad-
siedlung
Motzener
See
Siedl.
Horstfelde
Horstfelde
Kallinchen
Motzen
Christinen-
dorf
Saalow
Lüders-
dorf
Gadsdorf
Mellensee
Töpchin
Eichen-
hof
Waldstadt
Kl.
Wünsdorfer
See
Mellen-
see
Rehagen
Alexanderdorf
Wünsdorf
Gr.
Wünsdorfer
See
Klausdorf
Kummersdorf
Am
Mellensee
Funken-
mühle
Sperenberg
Neuhof
Heegesee
Lindenbrück
Neuendorfer
See
Fernneuendorf
Zesch
Schöneweide
Nuthe-
Kummersdorf-
Gut
Gottow
Horstwalde
Mückendorf
Urstromtal
Schönefeld
Dümde
Paplitz
Radeland
Schöbendorf
Stülpe
Holbeck
Holbecker
See
Lynow
Baruth/
Mark
Klein Ziescht
Klasdorf
Gew.-park
Mittenwalde-
Hechtstücke
Mittenwalde
Bestensee
323
324
325
326
327
339
340
341
342
343
347
348
349
350
351
355
361
96
246
13
115
19

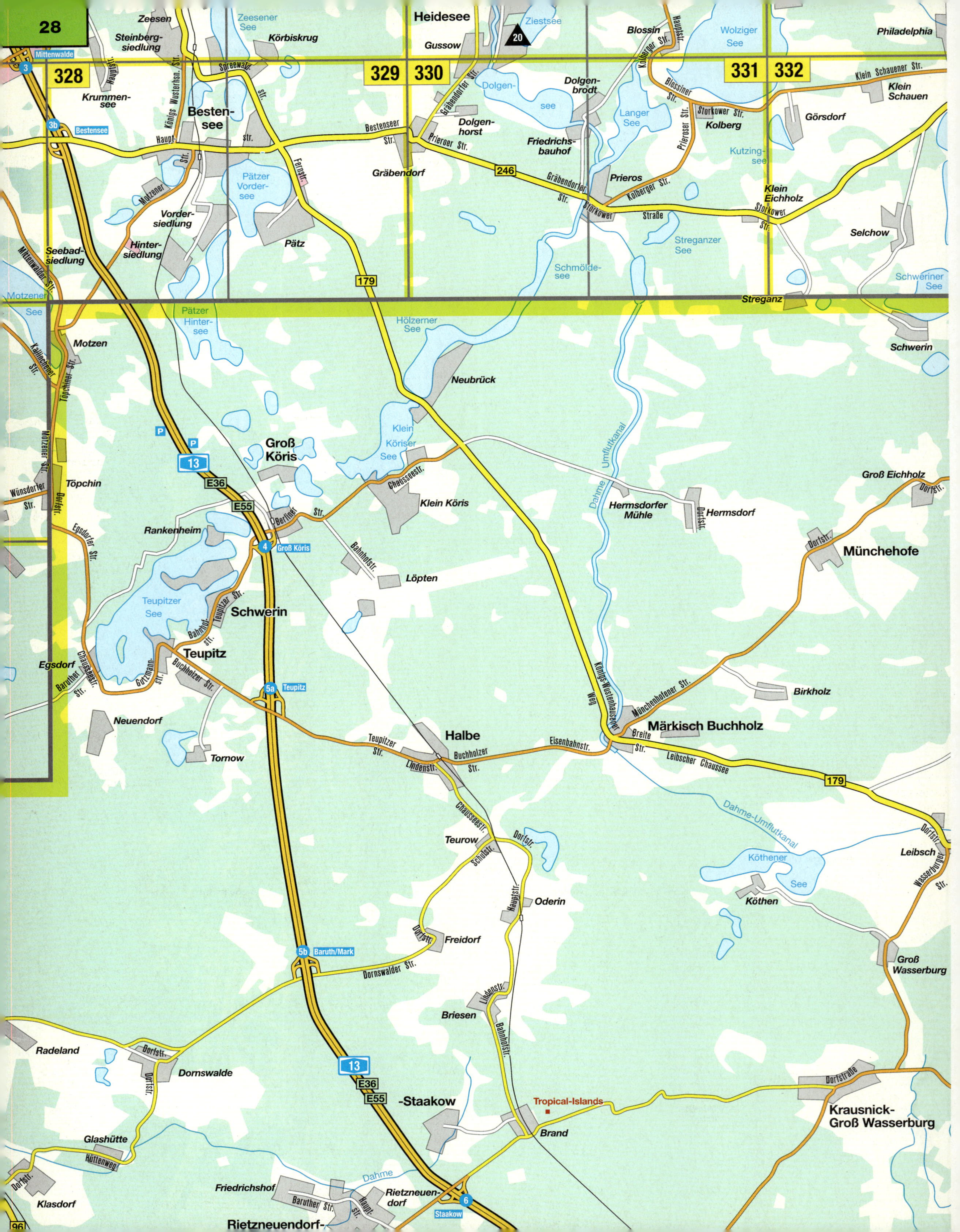
Mittenwalde
328
329
330
331
332
Zeesen
Zeesener See
Körbiskrug
Heidesee
Gussow
Ziestsee
20
Blossin
Wolziger See
Philadelphia
Steinberg-siedlung
Krummen-see
Bestensee
Besten-see
Haupt-str.
Königs Wusterhsn. Str.
Spreewald-str.
Dolgen-see
Dolgen-brodt
Dolgen-horst
Gräbendorfer Str.
Bestenseer Str.
Prieroser Str.
Gräbendorf
Friedrichs-bauhof
Langer See
Blossiner Str.
Storkower Str.
Kolberg
Kolberger Str.
Klein Schauener Str.
Klein Schauen
Görsdorf
Kutzing-see
Klein Eichholz
Prieros
246
Gräbendorfer Str.
Storkower Str.
Straße
Streganzer See
Selchow
Motzener Str.
Pätzer Vorder-see
Fernstr.
Vorder-siedlung
Hinter-siedlung
Seebad-siedlung
Pätz
179
Schmölde-see
Schweriner See
Streganz
Motzener See
Mittenwalder Str.
Pätzer Hinter-see
Hölzerner See
Schwerin
Motzen
Kallinchener Str.
Töpchiner Str.
Neubrück
Motzener Str.
Klein Köriser See
P
13
Groß Köris
Dahme-Umflutkanal
Groß Eichholz
Dorfstr.
Töpchin
E36
Chausseestr.
Klein Köris
Wünsdorfer Str.
Dorfstr.
E55
Berliner Str.
Hermsdorfer Mühle
Hermsdorf
Rankenheim
4
Groß Köris
Bahnhofstr.
Egsdorfer Str.
Münchehofe
Löpten
Teupitzer See
Teupitzer Str.
Schwerin
Bahnhof-str.
Teupitz
Egsdorf
Baruther Str.
Chausseestr.
Gutzmann-str.
Buchholzer Str.
5a
Teupitz
Königs Wusterhausener Weg
Münchehofener Str.
Birkholz
Neuendorf
Märkisch Buchholz
Breite Str.
Halbe
Teupitzer Str.
Buchholzer Str.
Eisenbahnstr.
Lindenstr.
Leibscher Chaussee
Tornow
179
Chausseestr.
Dahme-Umflutkanal
Dorfstr.
Teurow
Schulstr.
Köthener See
Leibsch
Wasserburger Str.
Hauptstr.
Oderin
Köthen
Dorfstr.
Freidorf
5b
Baruth/Mark
Dornswalder Str.
Groß Wasserburg
Lindenstr.
Briesen
Bahnhofstr.
Radeland
Dorfstr.
Dornswalde
13
E36
E55
-Staakow
Tropical-Islands
Dorfstraße
Krausnick-Groß Wasserburg
Brand
Glashütte
Hüttenweg
Dorfstr.
Dahme
Friedrichshof
Rietzneuen-dorf
Klasdorf
Baruther Str.
6
Staakow
96
Rietzneuendorf-

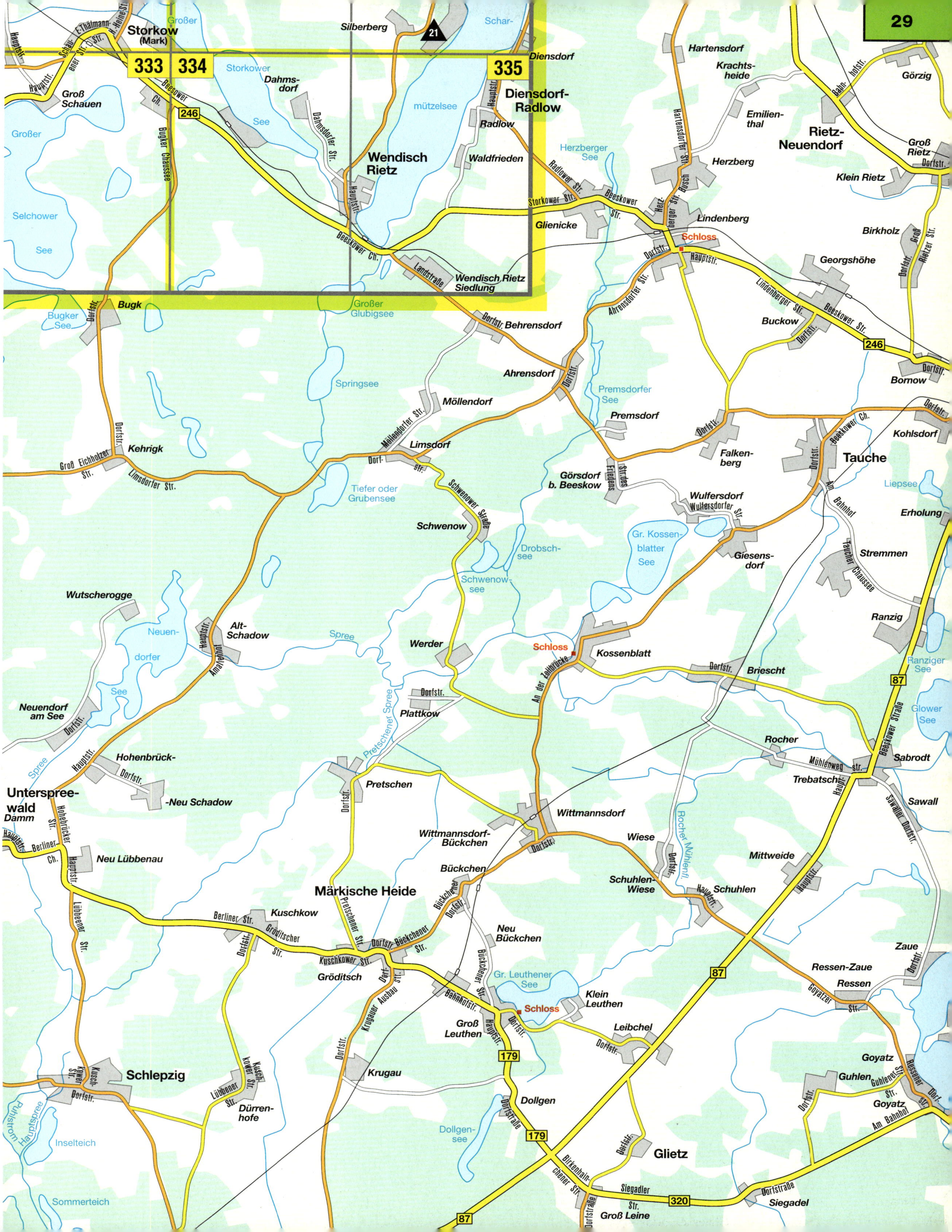

Storkow (Mark)
Großer
Schar-
Silberberg
21
333
334
335
Diensdorf
Storkower
Dahms-dorf
See
mützelsee
Diensdorf-Radlow
Radlow
Groß Schauen
Großer
246
Bugker Chaussee
Dahmsdorfer Str.
Wendisch Rietz
Waldfrieden
Herzberger See
Selchower
See
Hauptstr.
Beeskower Ch.
Landstraße
Wendisch Rietz Siedlung
Glienicke
Storkower Str.
Radlower Str.
Beeskower Str.
Hartensdorf
Krachts-heide
Emilien-thal
Hartensdorfer Str.
Herzberg
Rietz-Neuendorf
Görzig
Groß Rietz
Dorfstr.
Klein Rietz
Lindenberg
Schloss
Birkholz
Georgshöhe
Buckow
Lindenberger Str.
Beeskower Str.
Bornow
Bugk
Bugker See
Großer Glubigsee
Behrensdorf
Ahrensdorf
Ahrensdorfer Str.
Springsee
Möllendorf
Möllendorfer Str.
Premsdorfer See
Premsdorf
Kehrigk
Groß Eichholzer Str.
Limsdorfer Str.
Limsdorf
Dorfstr.
Falken-berg
Tauche
Kohlsdorf
Beeskower Ch.
Görsdorf b. Beeskow
Str. des Friedens
Tiefer oder Grubensee
Schwenow
Schwenower Straße
Wulfersdorf
Wulfersdorfer Str.
Liepsee
Am Bahnhof
Erholung
Gr. Kossen-blatter See
Giesens-dorf
Stremmen
Tauchер Chaussee
Drobsch-see
Schwenow-see
Wutscherogge
Neuen-dorfer See
Alt-Schadow
Amalienhof
Spree
Werder
Schloss
Kossenblatt
Ranzig
An der Zaltbrücke
Briescht
Ranziger See
87
Glower See
Neuendorf am See
Plattkow
Pretschener Spree
Hohenbrück-
-Neu Schadow
Rocher
Beeskower Straße
Sabrodt
Mühlenweg
Trebatsch
Sawall
Sawaller Dorfstr.
Unterspree-wald
Damm
Pretschen
Wittmannsdorf
Hohenbrücker Str.
Berliner Ch.
Neu Lübbenau
Wittmannsdorf-Bückchen
Wiese
Rocher Mühlenfl.
Mittweide
Bückchen
Bückchener Str.
Schuhlen-Wiese
Schuhlen
Märkische Heide
Kuschkow
Berliner Str.
Gröditscher Str.
Neu Bückchen
Zaue
Lübbener Str.
Kuschkower Str.
Gröditsch
Krugauer Ausbau
Gr. Leuthener See
Klein Leuthen
Ressen-Zaue
Ressen
Goyatzer Str.
Bahnhofstr.
Schloss
Groß Leuthen
Leibchel
179
Schlepzig
Kuschkower Str.
Lübbener Str.
Dürren-hofe
Krugau
Dollgen
Dorfstraße
Goyatz
Guhlen
Guhlener Str.
Goyatz Str.
Am Bahnhof
Ressener Dorfstr.
Puhlstrom
Hauptspree
Inselteich
Dollgen-see
Gliet z
Birkenhainchener Str.
Siegadler Str.
320
Siegadel
Groß Leine
Sommerteich

Map 30

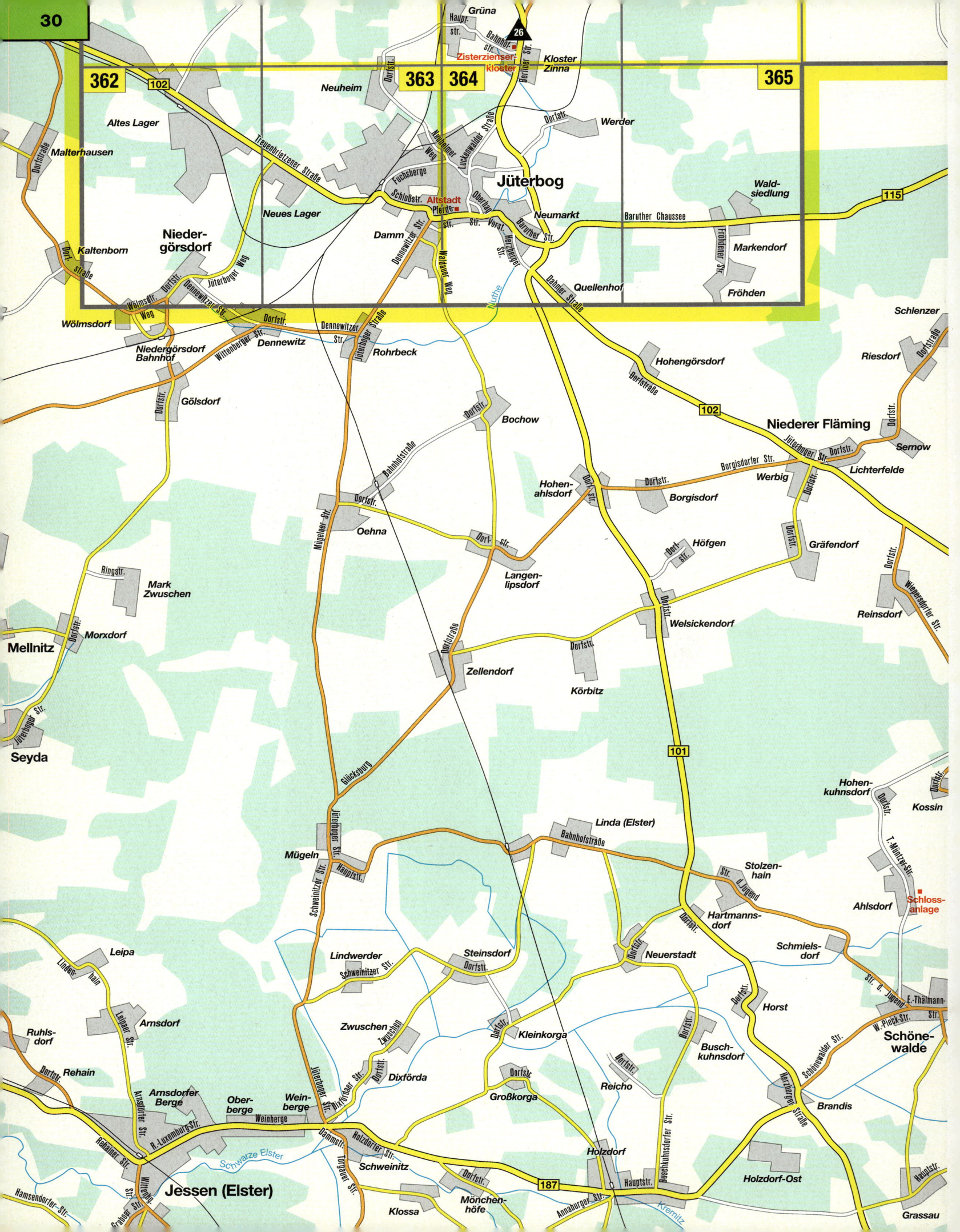

Grid references
- 362
- 363
- 364
- 365

Roads
- 102
- 115
- 101
- 187
- 26

Places and labels

Jüterbog area (top):
- Grüna
- Hauptstr.
- Bahnhofstr.
- Zisterzienserkloster
- Kloster Zinna
- Neuheim
- Dorfstr.
- Werder
- Altes Lager
- Treuenbrietzener Straße
- Luckenwalder Straße
- Waldsiedlung
- Malterhausen
- Dorfstraße
- Fuchsberge
- Aehlsdorfer Straße
- Jüterbog
- Neues Lager
- Schloßstr.
- Altstadt
- Oberhof
- Neumarkt
- Baruther Chaussee
- Kaltenborn
- Niedergörsdorf
- Damm
- Dennewitzer Str.
- Vorst.
- Herzberger Str.
- Baruther Str.
- Frohdener Str.
- Markendorf
- Dorfstraße
- Wölmsdorfer Weg
- Jüterboger Weg
- Nuthe
- Dahmer Straße
- Quellenhof
- Fröhden
- Wölmsdorf
- Dorfstr.
- Dennewitzer Str.
- Dennewitzer Straße
- Schlenzer

Middle section:
- Niedergörsdorf Bahnhof
- Wittenberger Str.
- Dennewitz
- Jüterboger Straße
- Rohrbeck
- Hohengörsdorf
- Dorfstraße
- Riesdorf
- Dorfstraße
- Gölsdorf
- Bochow
- Dorfstr.
- Niederer Fläming
- Bahnhofstraße
- Jüterboger Str.
- Dorfstr.
- Sernow
- Hohenahlsdorf
- Borgsdorfer Str.
- Dorfstr.
- Werbig
- Lichterfelde
- Dorfstr.
- Borgisdorf
- Dorfstr.
- Oehna
- Mügelner Str.
- Dorfstr.
- Höfgen
- Gräfendorf
- Dorfstr.
- Ringstr.
- Mark Zwuschen
- Langenlipsdorf
- Reinsdorf
- Wiepersdorfer Str.
- Mellnitz
- Dorfstr.
- Morxdorf
- Dorfstraße
- Dorfstr.
- Welsickendorf

Lower-middle:
- Zellendorf
- Körbitz
- Jüterboger Str.
- Seyda
- Hohenkuhnsdorf
- Dorfstr.
- Kossin
- T.-Müntzer-Str.
- Glücksburg
- Linda (Elster)
- Bahnhofstraße
- Stolzenhain
- Str. d. Jugend
- Ahlsdorf
- Schlossanlage
- Mügeln
- Hauptstr.
- Schweinitzer Str.
- Hartmannsdorf
- Schmielsdorf
- Leipa
- Lindwerder
- Steinsdorf
- Dorfstr.
- Neuerstadt
- Str. d. Jugend
- Lindenhain
- Schweinitzer Str.
- Dorfstr.
- Horst
- E.-Thälmann-Str.
- Arnsdorf
- Zwuschen
- Kleinkorga
- Dorfstr.
- Buschkuhnsdorf
- Schönewalder Str.
- Schönewalde
- Ruhlsdorf
- Labruer Str.
- Dixförda
- Reicho
- Harzberger Straße
- Rehain
- Arnsdorfer Berge
- Oberberge
- Weinberge
- Großkorga
- Brandis
- Arnsdorfer Str.
- Jüterboger Str.
- Dixförder Str.
- Dammstr.
- Holzdorfer Str.
- Dorfstr.
- Buschkuhnsdorfer Str.
- Hauptstr.
- R.-Luxemburg-Str.
- Schwarze Elster
- Holzdorf
- Holzdorf-Ost
- Rekainer Str.
- Torgauer Str.
- Schweinitz
- Hauptstr.
- Kremitz
- Hamsendorfer Str.
- Wittenb.
- Grabauer Str.
- Jessen (Elster)
- Klossa
- Mönchenhöfe
- Annaburger Str.
- Grassau
- W.-Pieck-Str.

Perfekte Navigation, wie sie im Buche steht

- detaillierte Straßenkarten 1: 300 000: Deutschland und Nachbarregionen (von Jütland zum Gardasee, von Ostende bis zum Plattensee)
- Durchfahrts- und Citypläne für Deutschland
- wichtige Reiseländer Europas 1: 750 000
- Citypläne europäischer Metropolen
- wichtige Länder-Infos, Hotel- und Restaurantanzeigen

Der Große ADAC AutoAtlas Deutschland Europa

ADAC Qualitäts-Garantie

Egal, wohin Ihr Weg Sie führt: Der ADAC AutoAtlas ist einfach perfekt. Ideal für die Planung zu Hause. Erste Wahl als Co-Pilot unterwegs. Mit umfangreichem Kartenteil. Mit vielen cleveren Reiseinformationen.

StadtAtlanten vom ADAC.

Deutschland im Maßstab 1:20 000
(1 cm = 200 m in der Natur)

Berlin · Potsdam

Brandenburg a.d. Havel · Eberswalde · Frankfurt (Oder)
Luckenwalde · Oranienburg · Strausberg

ADAC StadtAtlas

1:20 000

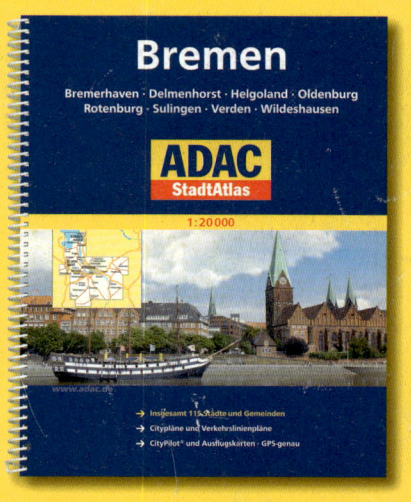

ADAC StadtAtlas Reihe

Bremen
Bremerhaven · Delmenhorst · Helgoland · Oldenburg
Rotenburg · Sulingen · Verden · Wildeshausen
1:20000
Insgesamt 113 Städte und Gemeinden
Citypläne und Verkehrslinienpläne
CityPilot® und Ausflugskarten · GPS-genau

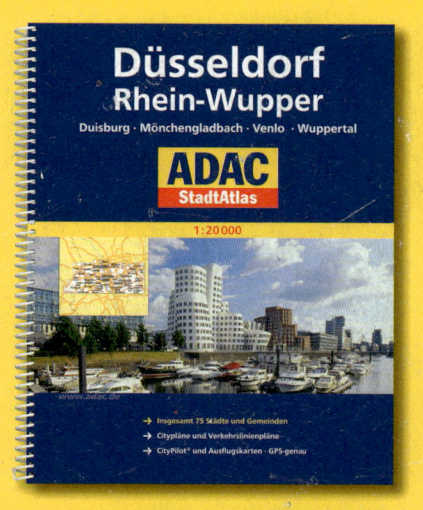

Düsseldorf · Rhein-Wupper
Duisburg · Mönchengladbach · Venlo · Wuppertal
1:20000
Insgesamt 75 Städte und Gemeinden
Citypläne und Verkehrslinienpläne
CityPilot® und Ausflugskarten · GPS-genau

Hamburg
Lübeck · Lüneburg
1:20000
Insgesamt 359 Städte und Gemeinden
Citypläne und Verkehrslinienpläne
CityPilot® und Ausflugskarten · GPS-genau

Hannover · Hildesheim
Celle · Hameln · Nienburg · Peine
1:20000
Insgesamt 138 Städte und Gemeinden
Citypläne und Verkehrslinienpläne
CityPilot® und Ausflugskarten · GPS-genau

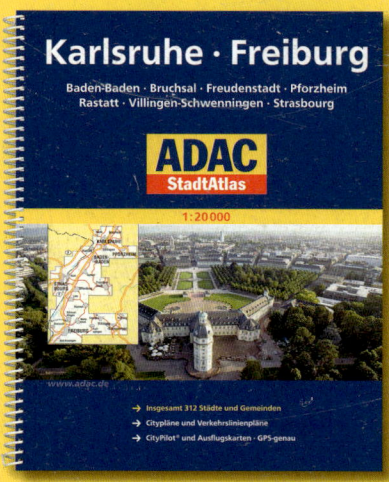

Karlsruhe · Freiburg
Baden-Baden · Bruchsal · Freudenstadt · Pforzheim
Rastatt · Villingen-Schwenningen · Strasbourg
1:20000
Insgesamt 312 Städte und Gemeinden
Citypläne und Verkehrslinienpläne
CityPilot® und Ausflugskarten · GPS-genau

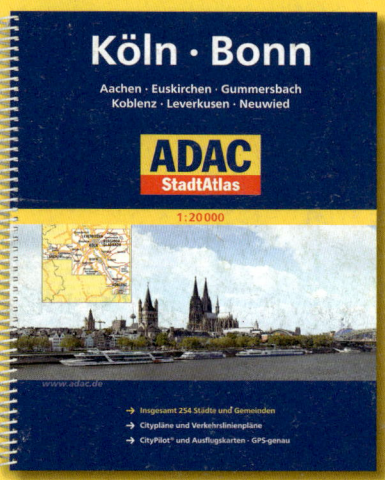

Köln · Bonn
Aachen · Euskirchen · Gummersbach
Koblenz · Leverkusen · Neuwied
1:20000
Insgesamt 254 Städte und Gemeinden
Citypläne und Verkehrslinienpläne
CityPilot® und Ausflugskarten · GPS-genau

München
Augsburg · Dachau · Erding · Freising
Ingolstadt · Landshut · Rosenheim · Wasserburg
1:20000
Insgesamt 244 Städte und Gemeinden
Citypläne und Verkehrslinienpläne
CityPilot® und Ausflugskarten · GPS-genau

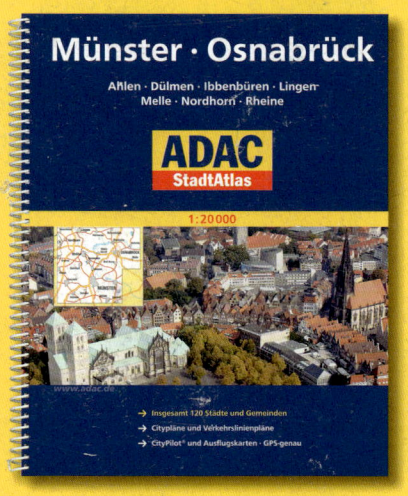

Münster · Osnabrück
Ahlen · Dülmen · Ibbenbüren · Lingen
Melle · Nordhorn · Rheine
1:20000
Insgesamt 120 Städte und Gemeinden
Citypläne und Verkehrslinienpläne
CityPilot® und Ausflugskarten · GPS-genau

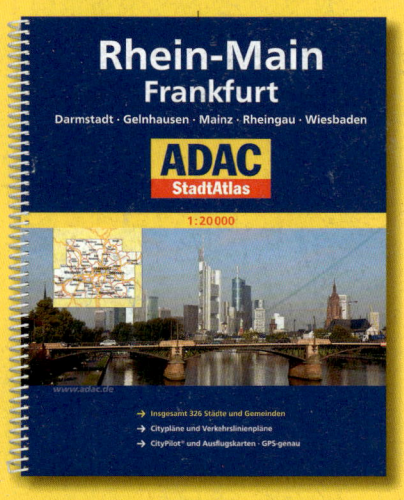

Rhein-Main · Frankfurt
Darmstadt · Gelnhausen · Mainz · Rheingau · Wiesbaden
1:20000
Insgesamt 326 Städte und Gemeinden
Citypläne und Verkehrslinienpläne
CityPilot® und Ausflugskarten · GPS-genau

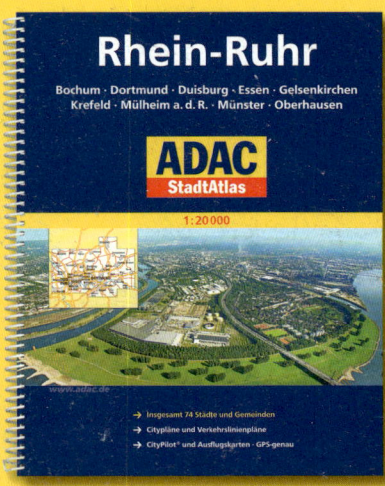

Rhein-Ruhr
Bochum · Dortmund · Duisburg · Essen · Gelsenkirchen
Krefeld · Mülheim a. d. R. · Münster · Oberhausen
1:20000
Insgesamt 74 Städte und Gemeinden
Citypläne und Verkehrslinienpläne
CityPilot® und Ausflugskarten · GPS-genau

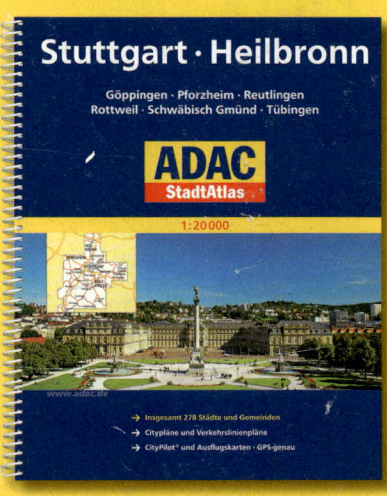

Stuttgart · Heilbronn
Göppingen · Pforzheim · Reutlingen
Rottweil · Schwäbisch Gmünd · Tübingen
1:20000
Insgesamt 278 Städte und Gemeinden
Citypläne und Verkehrslinienpläne
CityPilot® und Ausflugskarten · GPS-genau

Ulm · Augsburg
Biberach · Dillingen · Ehingen · Geislingen a. d. Steige
Königsbrunn · Memmingen
1:20000
Insgesamt 306 Städte und Gemeinden
Citypläne und Verkehrslinienpläne
CityPilot® und Ausflugskarten · GPS-genau

Berlin-Charlottenburg

35

36 Berlin-Mitte

Mitte
Rosenthaler Pl.
Torstr.
Rosenthaler Str.
Schönhauser Allee
Prenzlauer Allee
R.-Luxembg.-Pl.
Prenzlauer Tor
Mollstr.
Vorstadt
Weinmeisterstr.
Oranienburger Str.
Krausnickpark
Monbijoupark
Hackescher Markt
Alexanderpl.
Alexanderstr.
Karl-Marx-Allee
Karl-Liebknecht-Str.
ADAC
Fernsehturm
Museumsinsel
James-Simon-Park
Spandauer Str.
Rathausstr.
Nikolaiviertel
Humboldt-Uni.
Unter den Linden
Staatsoper
Bebelpl.
Humboldtforum
Marstall
Breite Str.
Mühlendamm
Klosterstr.
Jannowitzbr.
Spree
Märkisches Ufer
Märk. Mus.
Köllnischer Park
Gertraudenstr.
Fischerinsel
Spittelmarkt
Hausvogteipl.
Französische Str.
Stadtmitte
Leipziger Str.
Kochstr.
Rudi-Dutschke-Str.
Oranienstr.
Axel-Springer-Str.
Lindenstr.
Wallstr.
Annenstr.
Heinrich-Heine-Str.
Köpenicker Str.
Brückenstr.
Otto-Suhr-Siedl.
Bundesdruckerei
Dönhoffpl.
Checkpoint Charlie
Heinrich-Heine-Pl.
Waldemarstr.

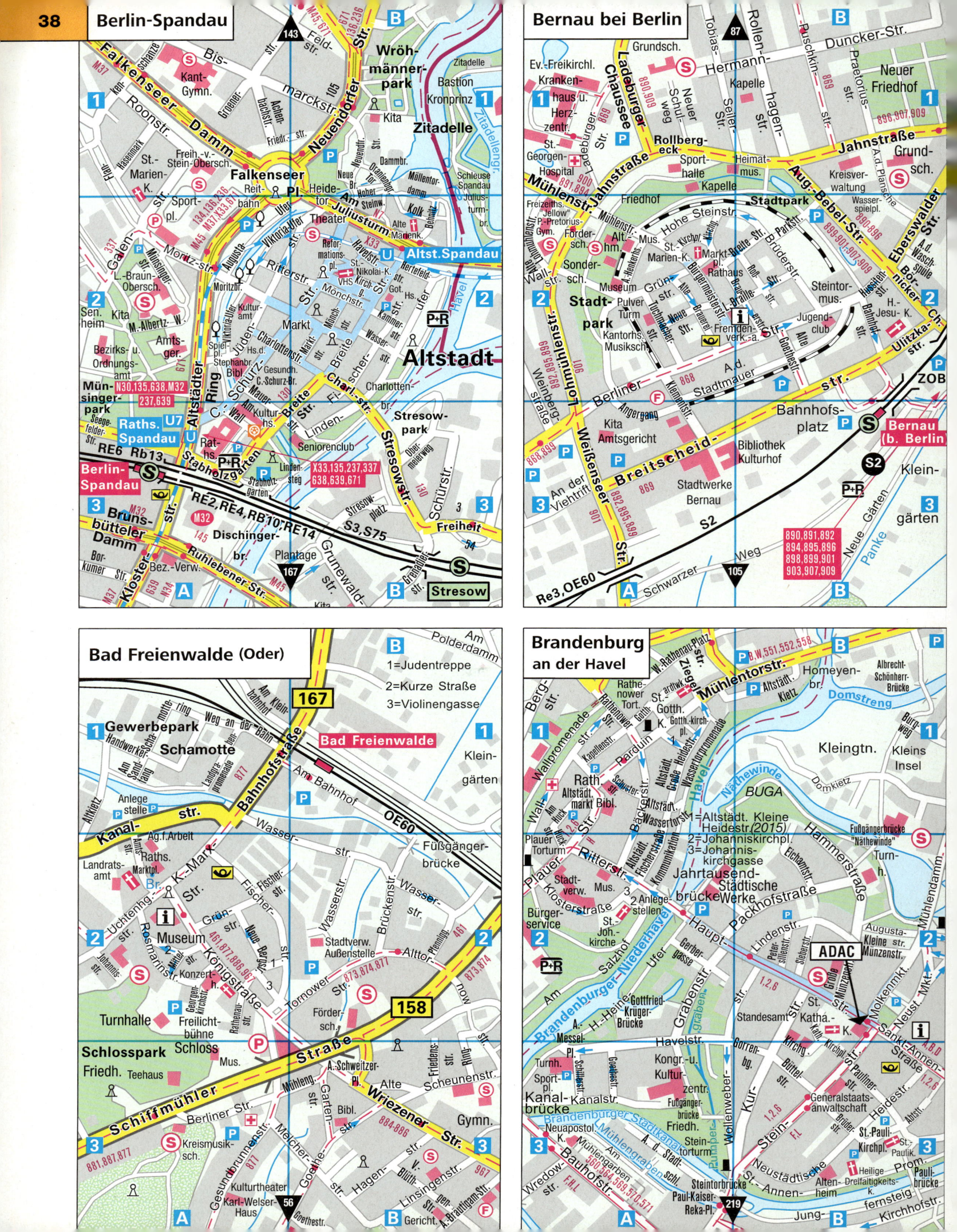

38 | Berlin-Spandau | Bernau bei Berlin
Bad Freienwalde (Oder) | Brandenburg an der Havel

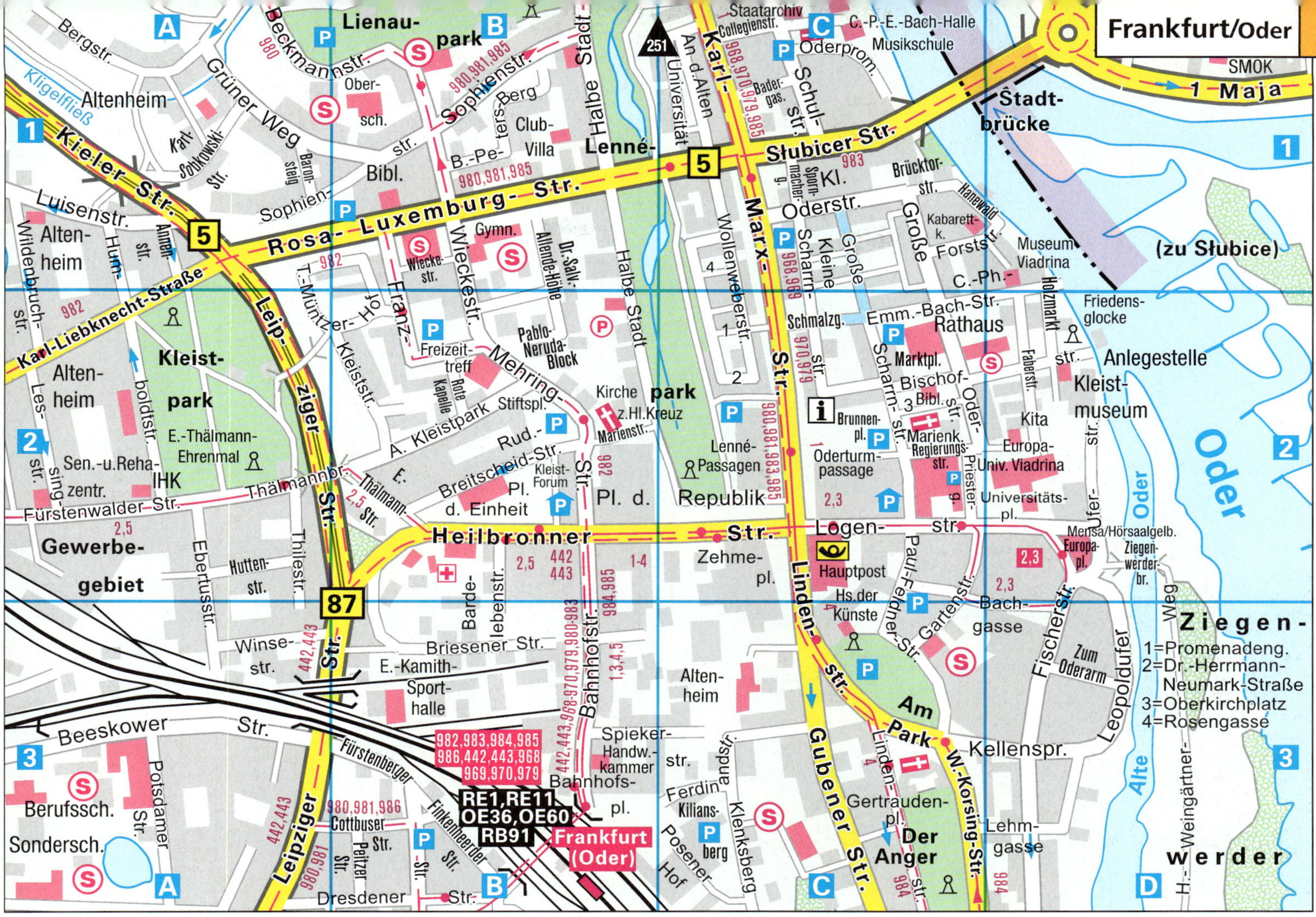

Frankfurt/Oder
Lienau-park
Kieler Str.
Rosa-Luxemburg-Str.
Karl-Liebknecht-Straße
Leipziger Str.
Słubicer Str.
Stadtbrücke
(zu Słubice)
Kleistpark
Lennépark
Karl-Marx-Str.
Heilbronner Str.
Logenstr.
Lindenstr.
Gubener Str.
Am Park
Anlegestelle
Kleist-museum
Rathaus
Marktpl.
Oder
Alte Oder
Ziegenwerder
Kirche z.Hl.Kreuz
Pl. d. Republik
Hauptpost
Gewerbegebiet
Beeskower Str.
Fürstenberger Str.
Dresdener Str.
Cottbuser Str.
Frankfurt (Oder)
RE1,RE11
OE36,OE60
RB91
Museum Viadrina
Europa-Univ. Viadrina
Friedensglocke
Bischofstr.
Berufssch.
Sondersch.
Gertraudenpl.
Der Anger
Kellenspr.
Lehmgasse
Bachgasse
1=Promenadeng.
2=Dr.-Herrmann-Neumark-Straße
3=Oberkirchplatz
4=Rosengasse

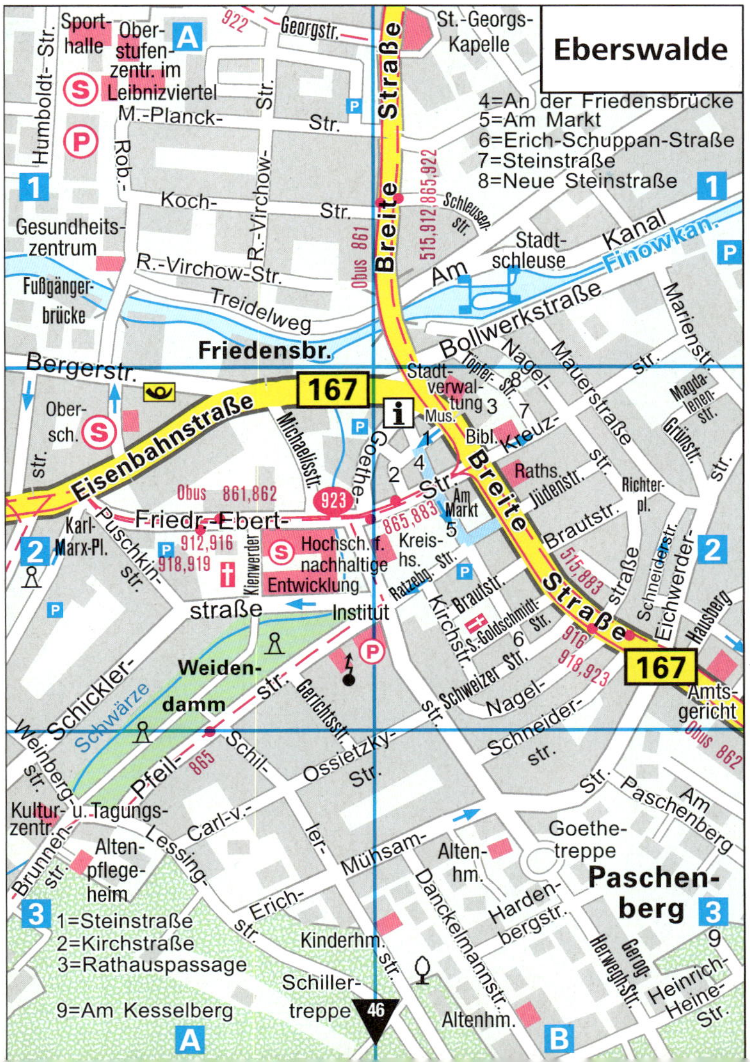

Eberswalde
4=An der Friedensbrücke
5=Am Markt
6=Erich-Schuppan-Straße
7=Steinstraße
8=Neue Steinstraße
Breite Straße
Eisenbahnstraße
Friedensbr.
Finowkanal
Stadtschleuse
Bollwerkstraße
Friedr.-Ebert-Str.
Weidendamm
Schwärze
Schicklerstraße
Georgstr.
Bergerstr.
Treidelweg
R.-Virchow-Str.
Gesundheitszentrum
Fußgängerbrücke
Paschenberg
Goethetreppe
Schillertreppe
Kinderhm.
Altenpflegeheim
Kultur- u. Tagungszentr.
Amtsgericht
1=Steinstraße
2=Kirchstraße
3=Rathauspassage
9=Am Kesselberg

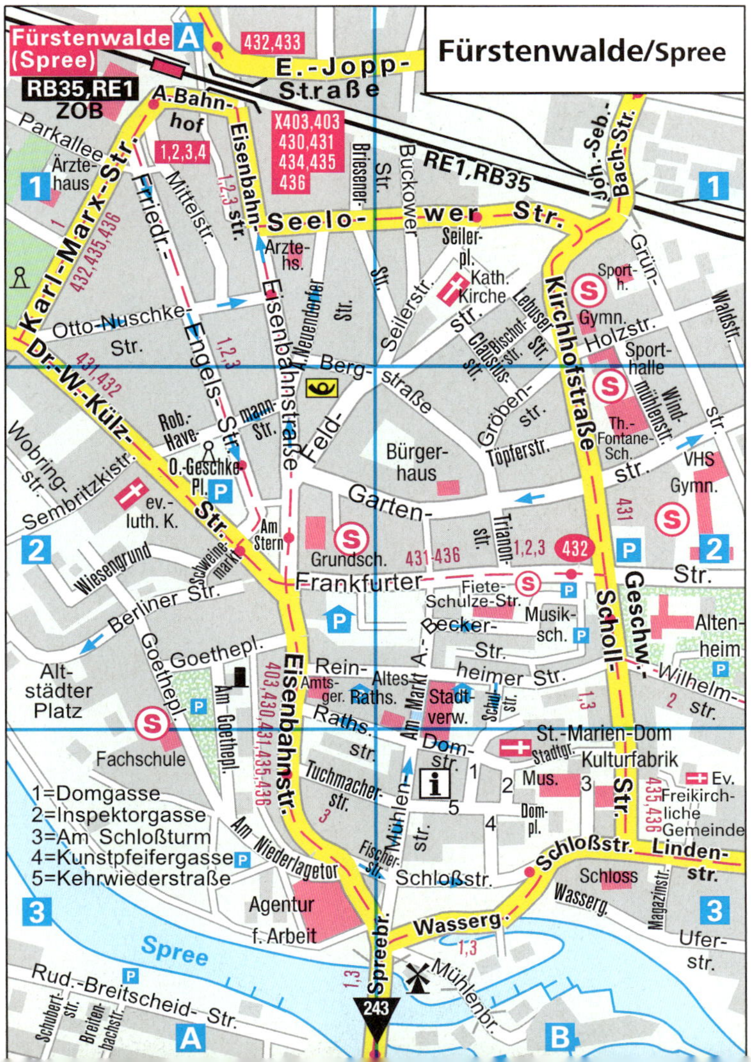

Fürstenwalde/Spree
Fürstenwalde (Spree)
RB35,RE1
ZOB
E.-Jopp-Straße
RE1,RB35
Seelower Str.
Karl-Marx-Str.
Dr.-W.-Külz-Str.
Eisenbahnstraße
Kirchhofstraße
Frankfurter Str.
Gartenstraße
Bergstraße
Bürgerhaus
Schloßstr.
Wasserg.
Spree
Spreebr.
St.-Marien-Dom
Kulturfabrik
Schloss
Altstädter Platz
Fachschule
Agentur f. Arbeit
Rud.-Breitscheid-Str.
Otto-Nuschke-Str.
Berliner Str.
Goethepl.
Parkallee
1=Domgasse
2=Inspektorgasse
3=Am Schloßturm
4=Kunstpfeifergasse
5=Kehrwiederstraße

40

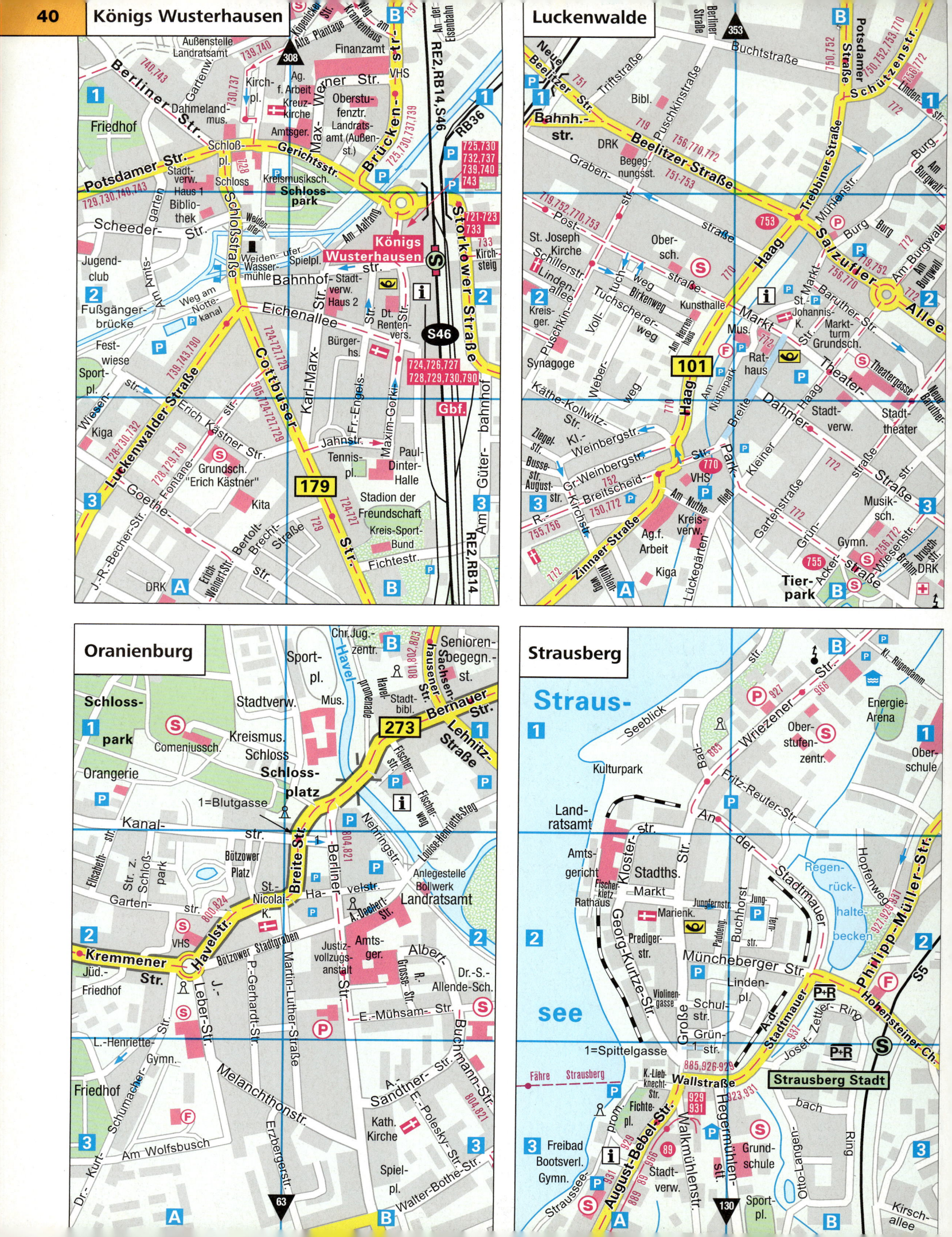

Königs Wusterhausen

Luckenwalde

Oranienburg

Strausberg

Potsdam-Stadt 41

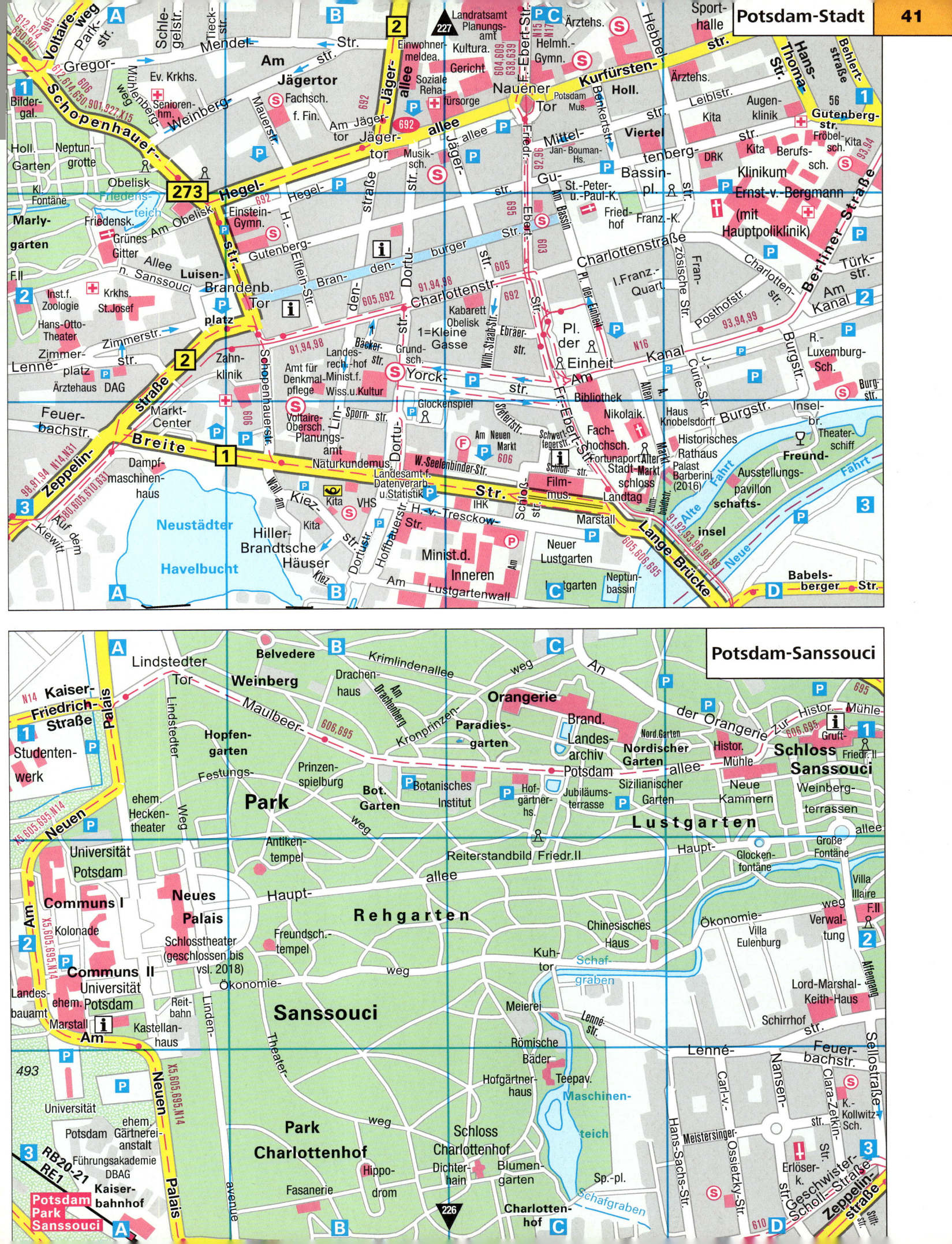

Potsdam-Sanssouci

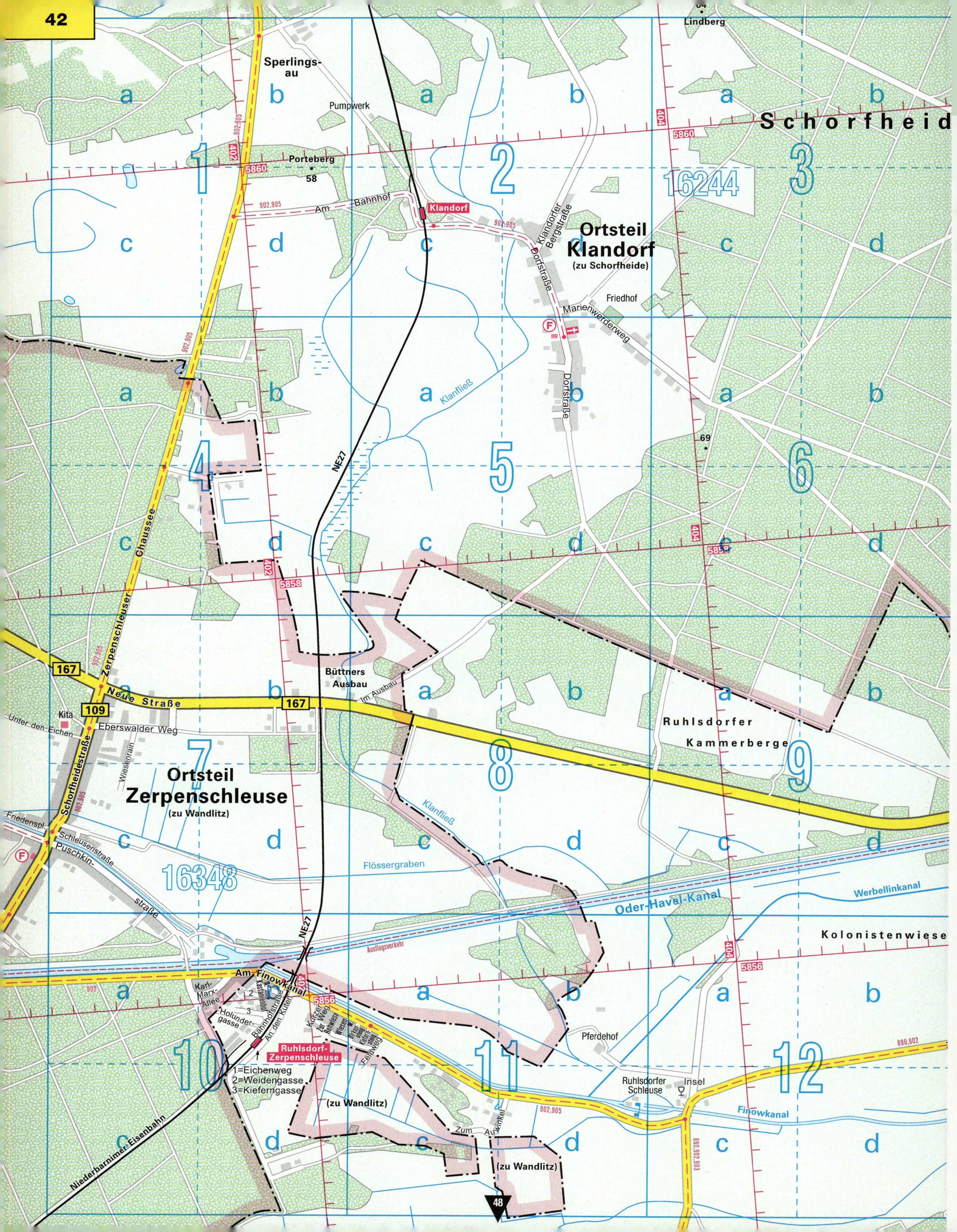
Lindberg
Sperlings-
au
Pumpwerk
Schorfheid
Porteberg
58
5860
402
Am Bahnhof
Klandorf
Ortsteil
Klandorf
(zu Schorfheide)
Klandorfer Bergstraße
Dorfstraße
Friedhof
Marienwerderweg
16244
Klanfließ
NE27
69
404
5858
Chaussee
Zerpenschleuser
Büttners
Ausbau
Im Ausbau
167
109
Neue Straße
Kita
Unter den Eichen
Eberswalder Weg
Ruhlsdorfer
Kammerberge
Schorfheidestraße
Wiesenrain
Ortsteil
Zerpenschleuse
(zu Wandlitz)
Friedenspl.
Schleusenstraße
Puschkin-
straße
16348
Flössergraben
Oder-Havel-Kanal
Werbellinkanal
Kolonistenwiese
Ausflugsverkehr
Am Finowkanal
5856
Karl-Marx-Allee
Holunder-
gasse
Bahnhofstraße
An den Küten
Ruhlsdorf-
Zerpenschleuse
Kurzer Weg
Feldweg
Pferdehof
1=Eichenweg
2=Weidengasse
3=Kieferngasse
(zu Wandlitz)
Zum Auwinkel
Ruhlsdorfer
Schleuse
Insel
Finowkanal
Niederbarnimer Eisenbahn
(zu Wandlitz)
890,902
902,905
48

43

Biosphärenreservat e-Chorin

Werbellinkanal
Schleusenteich
Rosenbeck (zu Schorfheide)
An der Schleuse
Friedh.
Grabowsee
Werbellinkanal
Langer Grund
Lehmkuten
16244 (zu Schorfheide)
Pechteichsee
Pechteich
Oder-Havel-Kanal
Langer Grund
Üdersee Besters Flie
Hirtenweg
Dachs-weg
Reh-winkel
Fuchs
Sperrtor
Am Oder-Havel-Kanal
Hafen
Am Werbellinkanal
Shop-Feldmark
Zur Werft
Eberswalder Straße
Heidaweg
Elbe-weg
Finowkanal
Möllenwiesen
Hirtenweg
Hubertusmühle
An den Feldern
Klandorfer Str.
Akazienweg
Garten-weg
Tannen-
Siedler-weg
Grundschule
Gemeindezentrum
Eberswalder Straße
Klandorfer Str.
Steinfurter Straße
Birkenweg
Friedh.
Eichenweg
Lärchen-weg
Kiefern-weg
Grafenbrück-schleuse
Fahrrad-point
Große Hammerwiese
Zerpenschleuser Straße
Kanalstraße
Schmiede-weg
Biesenthaler Str.
890 902
Zur Leesenbrücker Schleuse
See-Wasser-steg
Schleuse Leesenbrück
Sportplatz
Marienwerder (zu Amt Biesenthal-Barnim)
Grafenbrück
Grafenbrücker Weg
Grafenbrücker Mühle
Alte Finow
16348

Biosphärenreservat
Schorfheide-
Chorin
Großer
Buckowsee
Kleiner
Buckow-
see
Am Kleinen Buckowsee
Am Üder-
see
Üder-
see
Konratshöhe
Karlshöhe
Sport-
pl.
63
Bei den Buchen
Zum Oder-Havel-Kanal
Clara-Zetkin-
Siedlung
Brunnen
Oder-Havel-Kanal
Naturfreunde-
haus
Pump-
werk
Üder-
see
Üdersee Süd
Udersee Besters Fließ
16244
Ortsteil
Finowfurt
(zu Schorfheide)
Friedhof
Lichterfelder Str.
In den
Sandstücken
Hutenweg
Luckenwalder Str.
Trift-
str.
Zum Krugacker
Walzwerk-
straße
Walzwerk-
straße
Am Heideufer
Parkstr.
Brücken-
Spielpl.
Stein-
furter
Ring
Finow-
furter
Gewerbepark
Kanal-
straße
Pappelweg
Weiden-
weg
Marienwerder-
straße
Hirtenweg
Fuchs-
berg
Karl-Liebknecht-Straße
Dachs-
weg
winkel
Hirtenweg
Anschlussstelle
Finowfurt
Kita
Im Schulzenplan
Wiesenweg
Garten-
weg
Hauptstraße
Magistrale
straße
Ring
Lehnschulzenstr.
Kastanien-
allee
Kiefern-
Birken-
weg
Am Treidelsteig
Finowkanal
Fichtenweg
Sportpl.
Alte Mühle
Kita
Erzberger
Rathaus
Platz
Rathaus
Konzert-
halle
Markt-
platz
Flößerstraße
Sägebarth-
str.
Hauptstraße
Schloßgut-
siedlung
Finowkanal
Hubertusmühle
Hubertusweg
Mühlen-
weg
Maulbeer-
weg
Straße
Querweg
Melchower Str.
Friedhof
Sport-
pl.
Melchower
Wald-
straße
Zum Jugendheim
Ahornstraße
Spechthausener
Str.
Schöpfurter Ring
Sport-
pl.
Am Sportplatz
Gewerbe-
gebiet
Biesenthaler
Gerlachhof
Melchower Ring
Ring
Straße
Steinberge
Biesenthaler Str.
Museums-
str.
Luftfahrtmuseum
Finowfurt
Solarpark
Photovoltaikanlage
Flugplatz Finow
43
50
11
E28
167
12

Moos-pfuhl
Ortsteil Lichterfelde
(zu Schorfheide)
Windpark
Joachimsthaler Chaussee
Kirschen-allee
Oderberger Ordnungs-amt
Eberswalder Straße
Steinfurter Allee
Steinfurter Str.
Sport-platz
Britzer Straße
Koppel-weg
Fried-hof
Ishöhe
Düsterer Winkel
1=Pehlmann-Ring
2=Am Graben
3=Rosenweg
4=Anna-Karbe-Weg
Technologie- und Gewerbepark Eberswalde
1 = Paul-von-Nipkow-Str.
Lichterfelde Siedlung
Messingwerksiedlung
Messingwerkstraße
Altenheim
Lichterfelder Waldstr.
Kieferneck
Wiesenstraße
Westpark
Oder-Havel-Kanal
Wassertor-brücke
Mäckersee-brücke
Mäckersee
Barsch-grube
Mäcker-see
Am Graben
Fichte-straße
Fr.-Reuter-Str.
Ausflugsverkehr
Coppistraße
Angermünder Straße
Eberswalde-Finowfurter EB
ehemaliges Sperrgebiet
Gewerbe-gebiet
Stadtteil Finow
(zu Eberswalde)
Walzwerkstraße
Klär-anlage
Sport-platz
Friedhof
Messingwerksiedl.
Eichamt
Wasserturm
Altenhofer Straße
Pump-werk
Mühlenstraße
Wolfswinkler Str.
Kippe
Wolfswinkler Schleuse
Finowkanal
Drahthammer Schleuse
Familien-garten
Gewerbe-gebiet
Heegermühler Schleuse
Heeger-mühle
Wolfswinkel
Eberswalder Straße
Finow Ost
Heegermühler Straße
Westend-stadion
Westend
Friedhof
Weineck-Straße
Kopernikusring
Prignitzer Straße
Brandenburger Allee
Frankfurter Allee
Spechthausener Straße
Drehnitz-wiesen
Märkische Heide
Karl-Marx-Ring
Waldsport-anlage
Schönholzer Straße
1=Lehnitzseestraße
2=Barnimer Straße
Eberswalde
Brandenburgisches Viertel
Lausitzer Straße
Am Flug-platz
Kapelle
3= Am Waldrand
16225
16227
167
51
46

16230
Britz
(zu Amt Britz-Chorin)
(zu Schorfheide)
Heegermühler Straße
Grundschule
Kippe
Sport-pl.
Eberswalder Straße
Chorinner Straße
1=Glück-Auf-Weg
2=Am Heuweg
Großer Stadtsee
Haus am Stadtsee
Postluch
Angermünder Chaussee
Moorbrücke
Kaltes Wasser
Kleiner Stadtsee
Wasserwerk
W.-C.-Röntgen-Str.
Carl-von-Linde-Straße
Ostpark
Stettiner Bahn
Alte Heegermühler Straße
Eberswalder Wassertorbrücke
Gewerbegebiet
1=Fliederweg
Oder-Havel-Kanal
Kanalbrücke
J.-v.-Liebig-Straße
Binnenhafen
Eberswalde
Britzer Straße
Nordend
Eberswalde
16225
Eberswalde-Finowfurter EB
Angermünder Straße
Friedhof
Martin-Gropius-Krankenhaus
Breite Straße
Finowkanal
Kupferhammer
Wurzelberg
Containerbahnhof
Familiengarten
Rosengrund
Oderberger Straße
Lindenpark
Kleingärten
Berufsförderungsschule
Gewerbegebiet
1=Hindersinstraße
2=Anhöhe Eisengießerei
Heimatstraße
Lichterfelder Weg
Hegel
Weite Umgebung
St.-Georgs-Kapelle
4=An der Friedensbrücke
5=Am Markt
6=Erich-Schuppan-Straße
7=Steinstraße
8=Neue Steinstraße
Westend-stadion
Schwimmbad "baff"
Sportkomplex Westend
Kupferhammer Schleuse
Wasser-u. Schifffahrtsamt
Hafen
Einkaufszentrum
Gesundheitszentrum
Friedensbr.
Schleusenstr.
Westend
Heegermühler Straße
Eisenbahnstraße
Eberswalde Hbf
P+R
Busbf.
Gewerbegebiet
Ehrenfriedhof
Luisenplatz
Drehnitzstraße
Drehnitzwiesen
Kurt-Göhre-Str.
3=Stomfurter Straße
4=Eisenhammerstraße
5=Alte Straße
6=Otto-Nuschke-Straße
Forßmann-krankenhaus
Rudolf-Breitscheid-Str.
Sport-pl.
Fritz-Lesch-Stadion
Humboldt Gymn.
Musiksch.
Forstbotanischer Garten
Waldschule
Brunnenstr.
Freienwalder Str.
1=Steinstraße
2=Kirchstraße
Cityplan S.39
Paschenberg
Goethetreppe
Schillertreppe
3=Am Kesselberg
1=Geschwister-Scholl-Straße
2=P.-Radack-Straße
Tramper Chaussee
Waldfriedhof
Unterheide
Bernauer Heerstraße
45
52
167
168

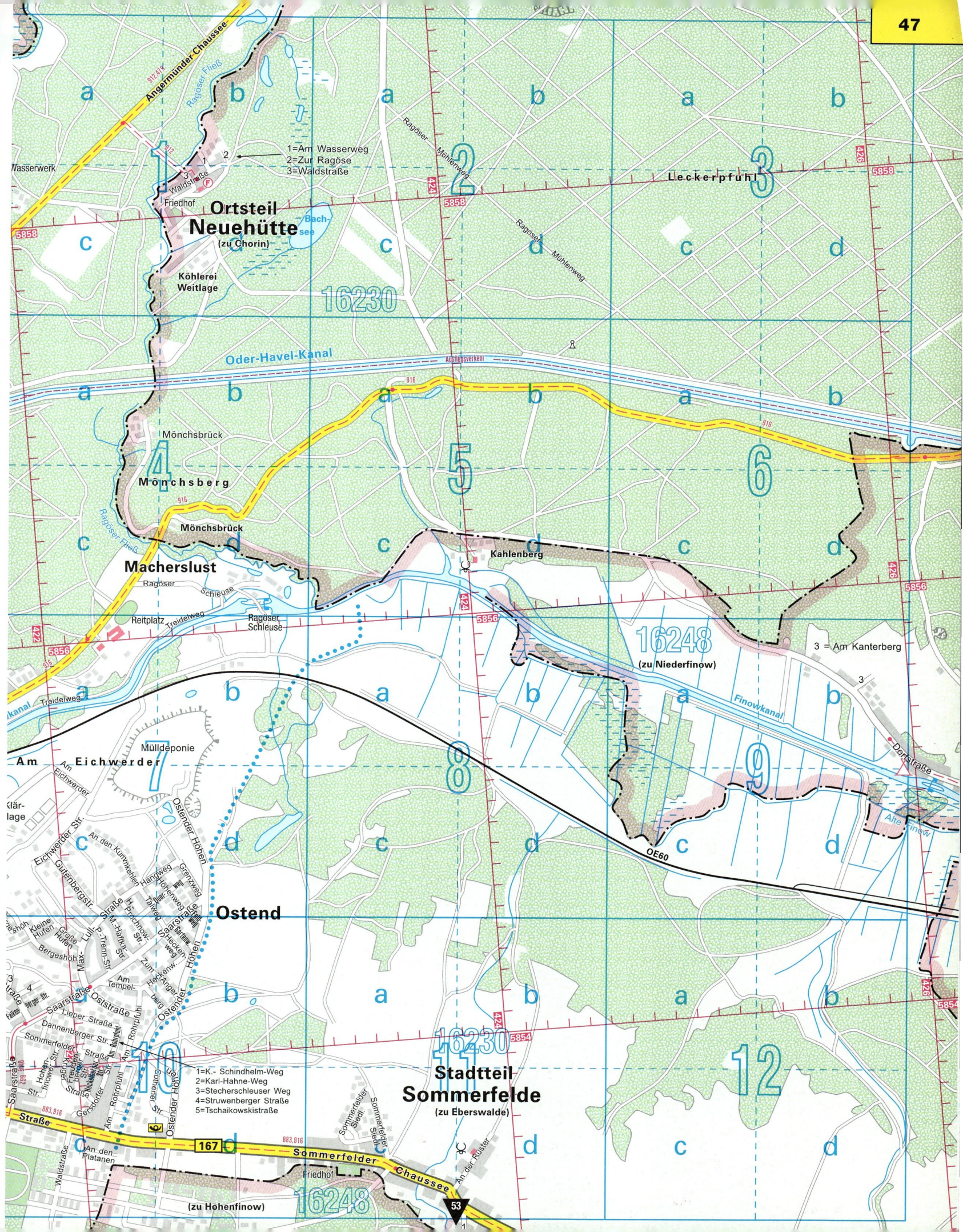

47

Grid 1
1 = Am Wasserweg
2 = Zur Ragöse
3 = Waldstraße

Ortsteil Neuehütte (zu Chorin)

Wasserwerk
Angermünder Chaussee
Ragöser Fließ
Friedhof
Köhlerei Weitlage
Bach-see

Grid 2-3
Ragöser Mühlenweg
Leckerpfuhl

Grid 4-6
Oder-Havel-Kanal
Ausflugsverkehr
Mönchsbrück
Mönchsberg
Mönchsbrück

Grid 5-6
Kahlenberg

Grid 7
Macherslust
Ragöser Schleuse
Reitplatz
Treidelweg
Ragöser Schleuse
16248 (zu Niederfinow)
Finowkanal
Dorfstraße
3 = Am Kanterberg
Alte Finow

Grid 7-8
Am Eichwerder
Mülldeponie
Klär-lage

Grid 10
Ostend
Eichwerder Str.
An den Kurvenehlen
Hainweg
Grenzweg
Hohlenweg
Talweg
Hochborn-str.
Lilli-P.-Tremm-Str.
Saarstraße
Hackenweg
Gutenbergstr.
Kleine Hufen
Große Hufen
Bergeshoh
Zum Tempel
Am Tempel
Ostender Höhen

Grid 10 legend
1 = K.-Schindhelm-Weg
2 = Karl-Hahne-Weg
3 = Stecherschleuser Weg
4 = Struwenberger Straße
5 = Tschaikowskistraße

Saarstraße
Oststraße
Lieper Straße
Dannenberger Str.
Sommerfelder Str.
Hohen Timower Str.
Rohrpfuhl
Gersdorfer Str.
Straße
Waldstraße
An den Platanen

Grid 12
Stadtteil Sommerfelde (zu Eberswalde)
Sommerfelder Chaussee
Sommerfelder Sied.
An der Rüster
167
Friedhof
(zu Höhenfinow)
16248
53

42
(zu Wandlitz)
(zu Wandlitz)
(zu Wandlitz)
Brunnen
Kranich-
see
Blauer
See
Ruhlsdorf
(zu Marienwerder)
Zerpenschleuser Chaussee
Dorfstraße
Biesenthaler Chaussee
Eiserbuder Weg
Feriendorf "Dorado"
Zu den Sandenden
Ahornweg
Kranichweg
Kirchacker
Kita
Spatzenweg
Mühlenweg
Klosterfelder Str.
Prendener Straße
Alter Basdorfer Weg
Am Wald
Am Walde
Gartensteig
Uferweg
Friedhof
Wasserskianl.
Buhle-
see
Kiessee
Tauchschule
Bernstein-
see
Zum Zeltplatz
Ruhlsdorfer Straße
48
Horstberg
Vorderster Graben
Pumpwerk
16348
1=Zum Bernsteinsee
Alte Dorfstraße
Eiserlaake
Prendener Weg
Am Waldrand
Tannenweg
Gemeindehaus
1= Sophiensteig
2= Kirchsteig
Zum Fließ
Pregnitzfließ
Friedh.
Pumpwerk
NSG
Mittel-
prenden-
see
NSG
Bungalowsiedlung
Am Mittelprendener
See
Sparrheide
Kläranlage
Sophienstädter Weg
Ruhlsdorfer Allee
Seeweg
Wasserwerk
Bad
Bauer-
see
Seegrund
Am Bauernsee
Ortsteil
Prenden
(zu Wandlitz)
1=Am Gänseplan
2=Schulstraße
Klosterfelder Damm
Fasanenweg
Sportpl.
Mühlengasse
Prendener Dorfstr.
Waldweg
Am Waldrand
Siedlung
Am Waldweg
Golfclub
Prenden
Mühleng.
Lanker Allee
Biesenthaler Weg
3 = An den Kiefern
Prendener
Stromberge
78
Bauernheide
Strehle-
see
68
16348
E28
11
5854
5852
5850
402
404
850
902
1 2 3 4 5 6 7 8 9 10 11 12

49

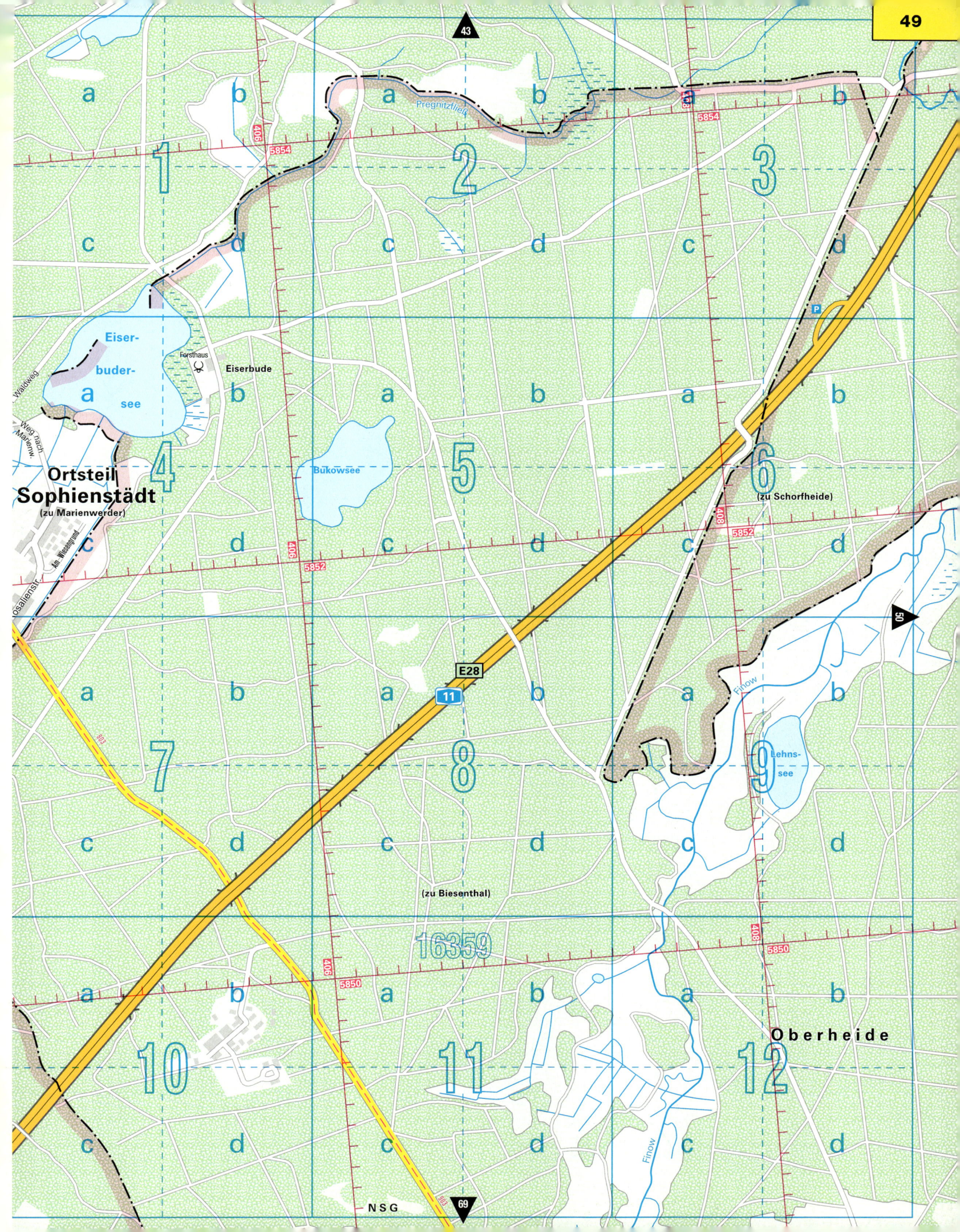

Ortsteil Sophienstädt (zu Marienwerder)

Eiserbudersee

Forsthaus Eiserbude

Bukowsee

(zu Schorfheide)

Lehnssee

Finow

(zu Biesenthal)

16359

Oberheide

Finow

NSG

50

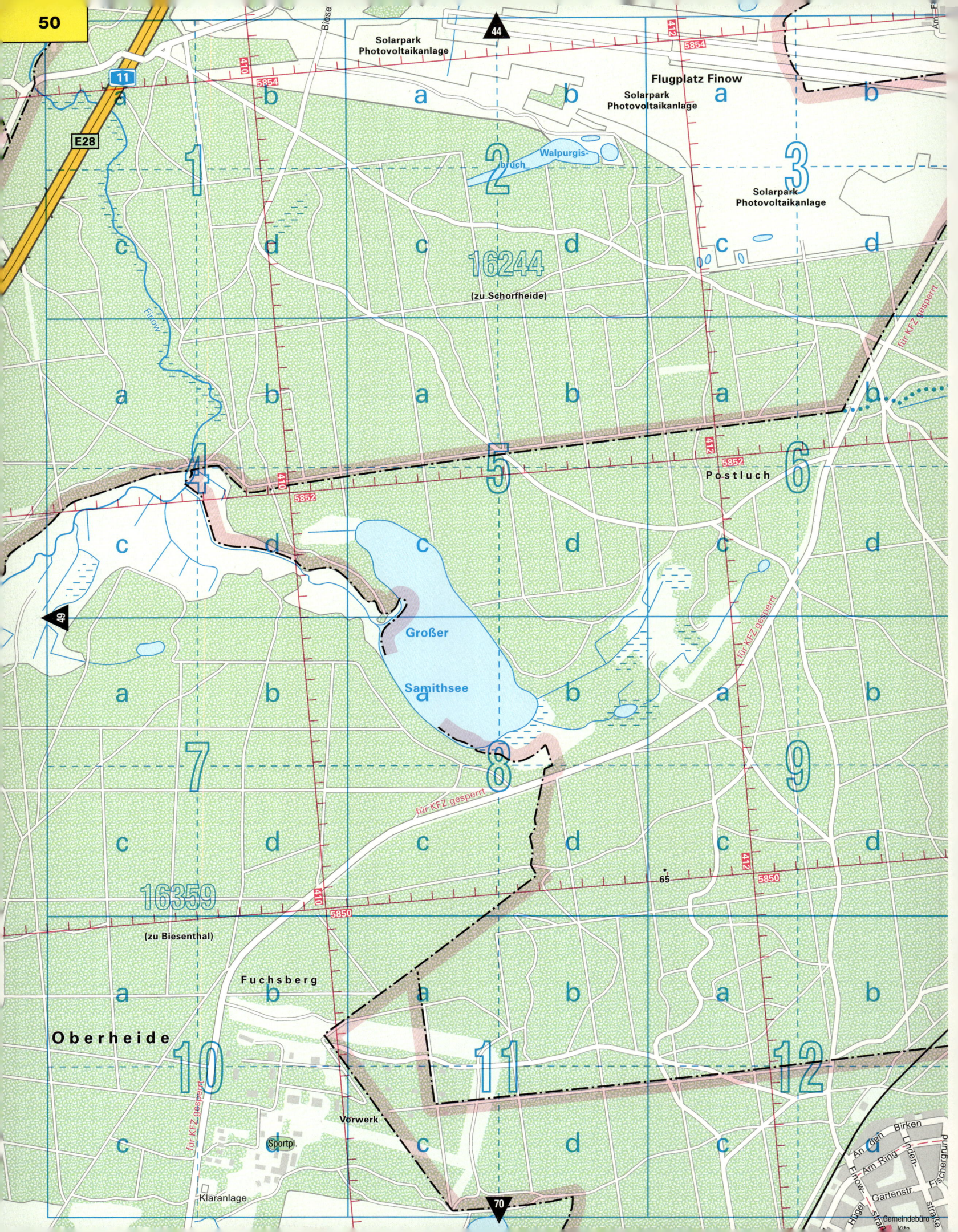

Map labels

- Solarpark Photovoltaikanlage
- Flugplatz Finow
- Solarpark Photovoltaikanlage
- Walpurgisbruch
- Solarpark Photovoltaikanlage
- 16244 (zu Schorfheide)
- Postluch
- Großer Samithsee
- 16359 (zu Biesenthal)
- Fuchsberg
- Oberheide
- Vorwerk
- Sportpl.
- Kläranlage
- An den Birken
- Finow- Am Ring
- Linden- straße
- Hügel- straße
- Fischergrund
- Gartenstr.
- Kita
- Gemeindebüro
- Biese
- Finow
- für KFZ gesperrt

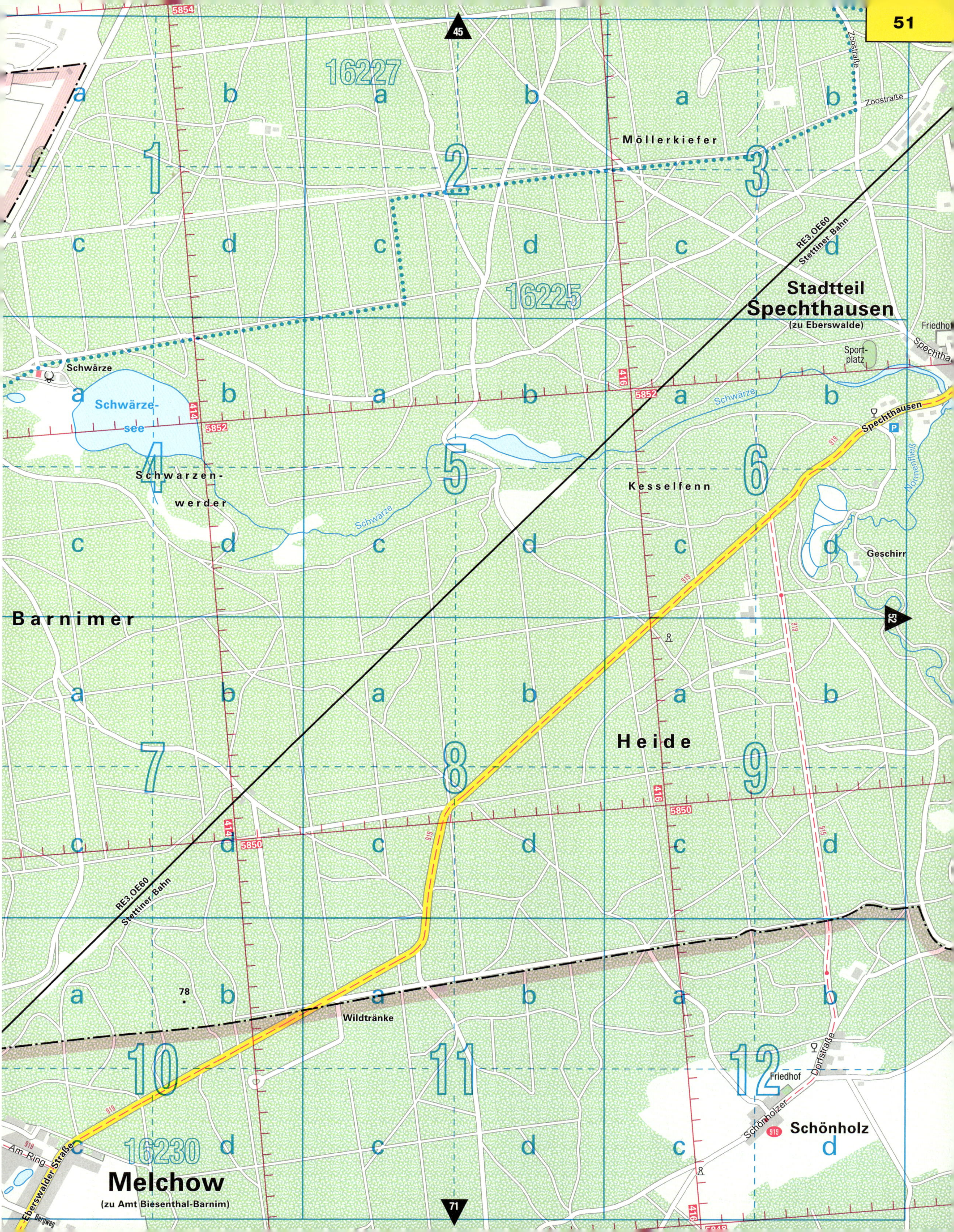
45
16227
Zoostraße
Möllerkiefer
16225
RE3,OE60
Stettiner Bahn
Stadtteil
Spechthausen
(zu Eberswalde)
Friedhof
Sport-
platz
Schwärze
Schwärze-
see
Schwarzen-
werder
Schwärze
Kesselfenn
Spechthausen
Nonnenfließ
Geschirr
52
Barnimer
Heide
Wildtränke
Friedhof
Dorfstraße
Schönholzer
Schönholz
16230
Am Ring
Eberswalder Straße
Bergweg
Melchow
(zu Amt Biesenthal-Barnim)
71
78
414
416
919
5854
5852
5850

52

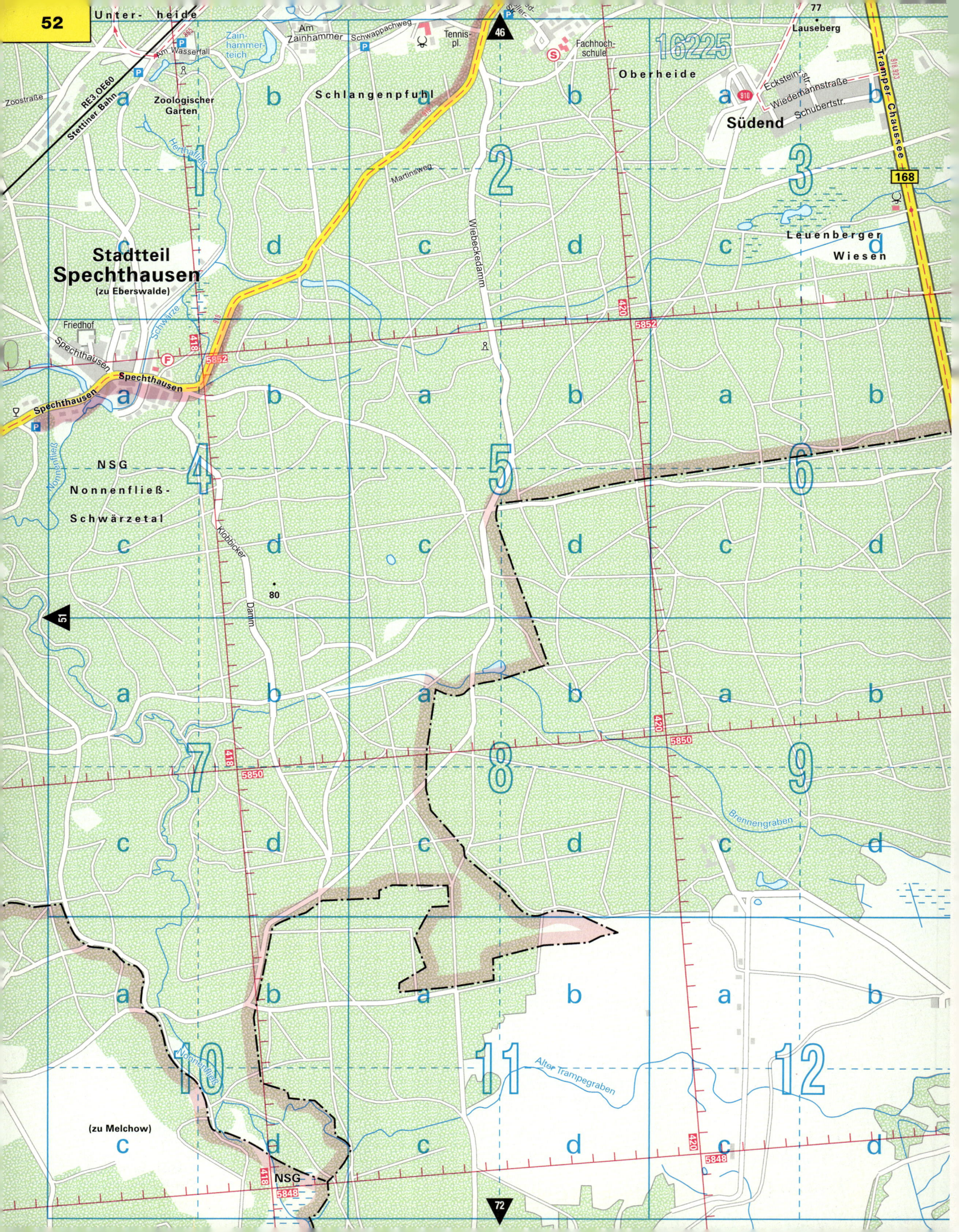

Unter-heide
Am Zainhammer
Schwappachweg
Tennispl.
Zainhammerteich
Schlangenpfuhl
Oberheide
Lauseberg
Fachhochschule
Eckstein-str.
Wiedemannstraße
Schubertstr.
Südend
Leuenberger Wiesen

Am Wasserfall
Zoologischer Garten
Zoostraße
RE3 OE60 Stettiner Bahn
Martinsweg
Wiebeckedamm

Stadtteil Spechthausen
(zu Eberswalde)
Friedhof
Spechthausen
Spechthausen
Spechthausen

NSG Nonnenfließ-Schwärzetal
Kobbicker Damm
80
Brennengraben

Alter Trampegraben

(zu Melchow)
NSG

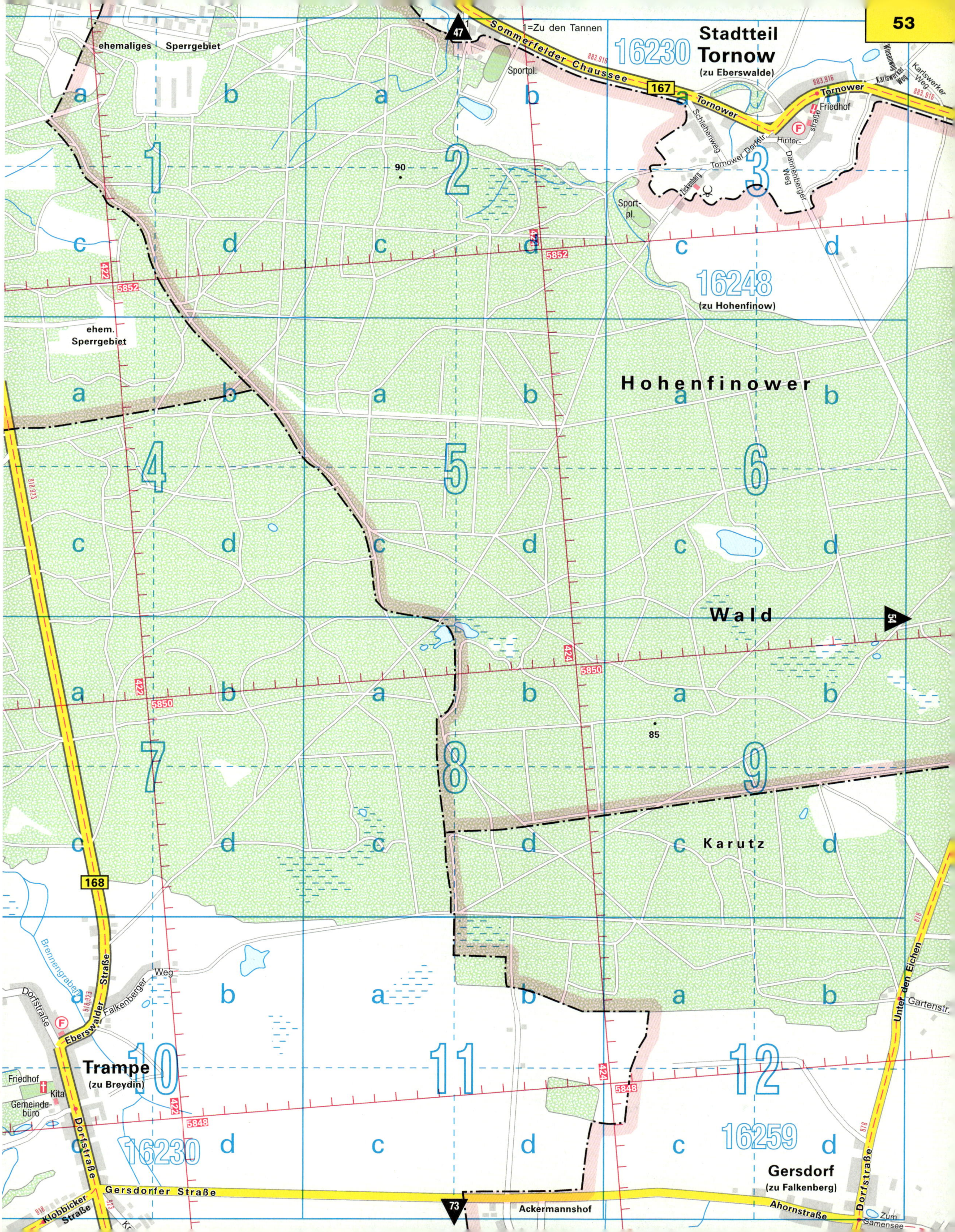

Stadtteil Tornow
(zu Eberswalde)
16230
1=Zu den Tannen
Sommerfelder Chaussee
167
Tornower
Tornower Dorfstr.
Schienenweg
Hinter-
Dannenberger Weg
Friedhof
Karlswerker Weg
Sportpl.
ehemaliges Sperrgebiet
ehem. Sperrgebiet
16248
(zu Hohenfinow)
Hohenfinower
Wald
Karutz
90
85
5852
5850
5848
422
424
168
Brennengraben
Falkenberger Weg
Eberswalder Straße
Dorfstraße
Trampe
(zu Breydin)
Friedhof
Kita
Gemeinde-büro
16230
Gersdorfer Straße
Klobbicker Straße
Ackermannshof
Ahornstraße
Gersdorf
(zu Falkenberg)
16259
Unter den Eichen
Gartenstr.
Zum Gamensee
47
54
73

54

16230
(zu Eberswalde)

Karlswerker Weg
Hauptstraße
167

Schloßberg 51
Amalienhof
Oderbruch
Friedhof
Liebenstein
Weg zum Liebenstein
Niederfi...thower-Straße
Broichsdorf
NSG
Ernst-Thälmann-Straße

Hohenfinow
(zu Amt Britz-Chorin-Oderberg)

16248

Friedhof
Gersdorfer Straße
Feldstraße
Friedhof
1 = Zum Kienberg
Cöthener Straße
Hauptstraße
Eberswalder Straße
Eichholzstr.
Turnhalle Kita
Friedhof
Gewerbegebiet
Mühlenw.
Cöthener Straße
Carlsburg
Burgstraße
1 = Mühlenplatz

Natur-
Mon Choix
schutz-
Paschenberg 76
-geb...

53
Cöthener Weg
Cöthen
Friedhof

Fuchsberg 90

Unter den Eichen

Gartenstraße
Neugersdorf-Friedhof
Zur Försterei
Am See
Gartenstraße

16259

Falkenberg
(zu Amt Falkenberg-Höhe)

Friedhof
Dorfstr.
Am Te...
1 = Zum See

Ortsteil Dannenberg/Mark
(zu Falkenberg)

Gersdorf
(zu Falkenberg)
Zum Gamensee
Gamensee
Krummenpfahl
74

55

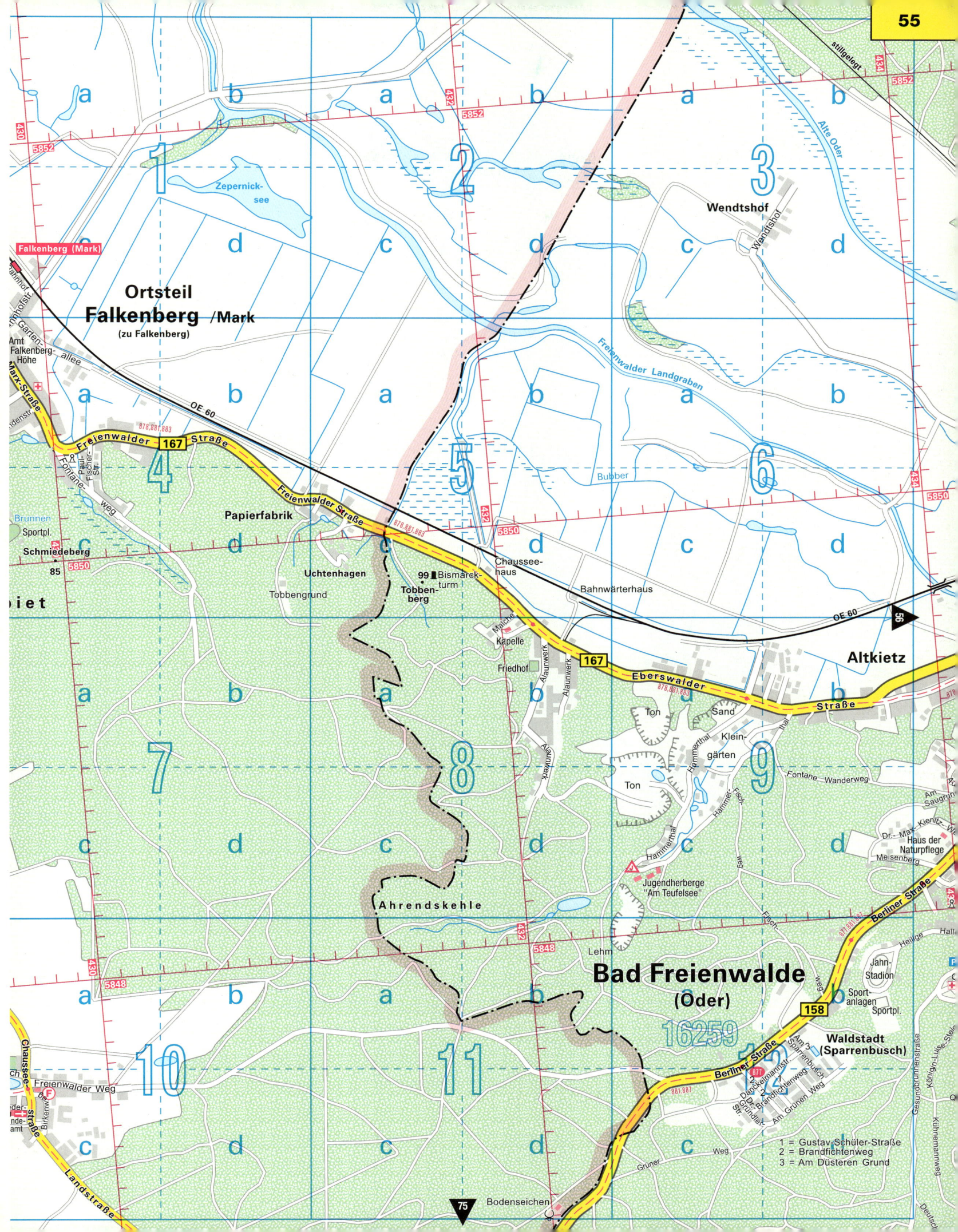

Ortsteil Falkenberg /Mark
(zu Falkenberg)

Falkenberg (Mark)

Zepernicksee

Wendtshof

Freienwalder Landgraben

Papierfabrik

Uchtenhagen

Tobbengrund

Bismarckturm

Tobbenberg

Chausseehaus

Bahnwärterhaus

Altkietz

Kapelle

Friedhof

Alaunwerk

Ahrendskehle

Jugendherberge "Am Teufelsee"

Kleingärten

Ton

Sand

Ton

Hammerthal

Fontane-Wanderweg

Haus der Naturpflege

Dr.-Max-Kienitz-Weg

Meisenberg

Bad Freienwalde (Öder)

Jahn-Stadion

Sportanlagen

Sportpl.

Waldstadt (Sparrenbusch)

Freienwalder Weg

Bodenseichen

Schmiedeberg

1 = Gustav-Schüler-Straße
2 = Brandfichtenweg
3 = Am Düsteren Grund

Ortsteil Schiffmühle
(zu Bad Freienwalde (Oder))
Neutornow
Stille Oder
Pumpwerk
Schleuse
Bergkolonie
Friedhof
Sand
Neukietz
Am Fährkrug
Dorfstraße
Am Weidendamm
An der Alten Oder
Sportpl.
Alte Oder
Kläranlage
stillgelegt
Dammhaus
Eduardshof
Wendishofer Weg
Jungfernloch
Gewerbepark Schamotte
Bahnhofstraße
Altkietz
Kanalstr.
Bad Freienwalde
16259
Bad Freienwalde (Oder)
Lindekes Loos
Deichhof
Kleingärten
Landgraben
Schiffmühler Straße
Wriezener Str.
Schlosspark
Schloss
Turnhalle
Museum
Priesteracker
Platz der Jugend
Landesumweltamt
Cityplan S.38
Frankfurter Straße
Am Bahndamm
Friedhof
Oberschule
Stephanus-Stiftung "Waldhaus"
1=Bauernwinkel
2=Zur Tenne
Altranfter Str.
Alte Heerstr.
Berliner Straße
Haus der Naturpflege
Landhaus
Fachklinik u. Moorbad
Jahn-Stadion
"Spielbau e.V. Herberge auf der Waldhöhe"
Revierförsterei
Von-Diemar-Weg
Freienwalder Forst
Siebenhügelweg
Querweg
OE 60
55
158
167
1 2 3 4 5 6 7 8 9 10 11 12
a b c d

57

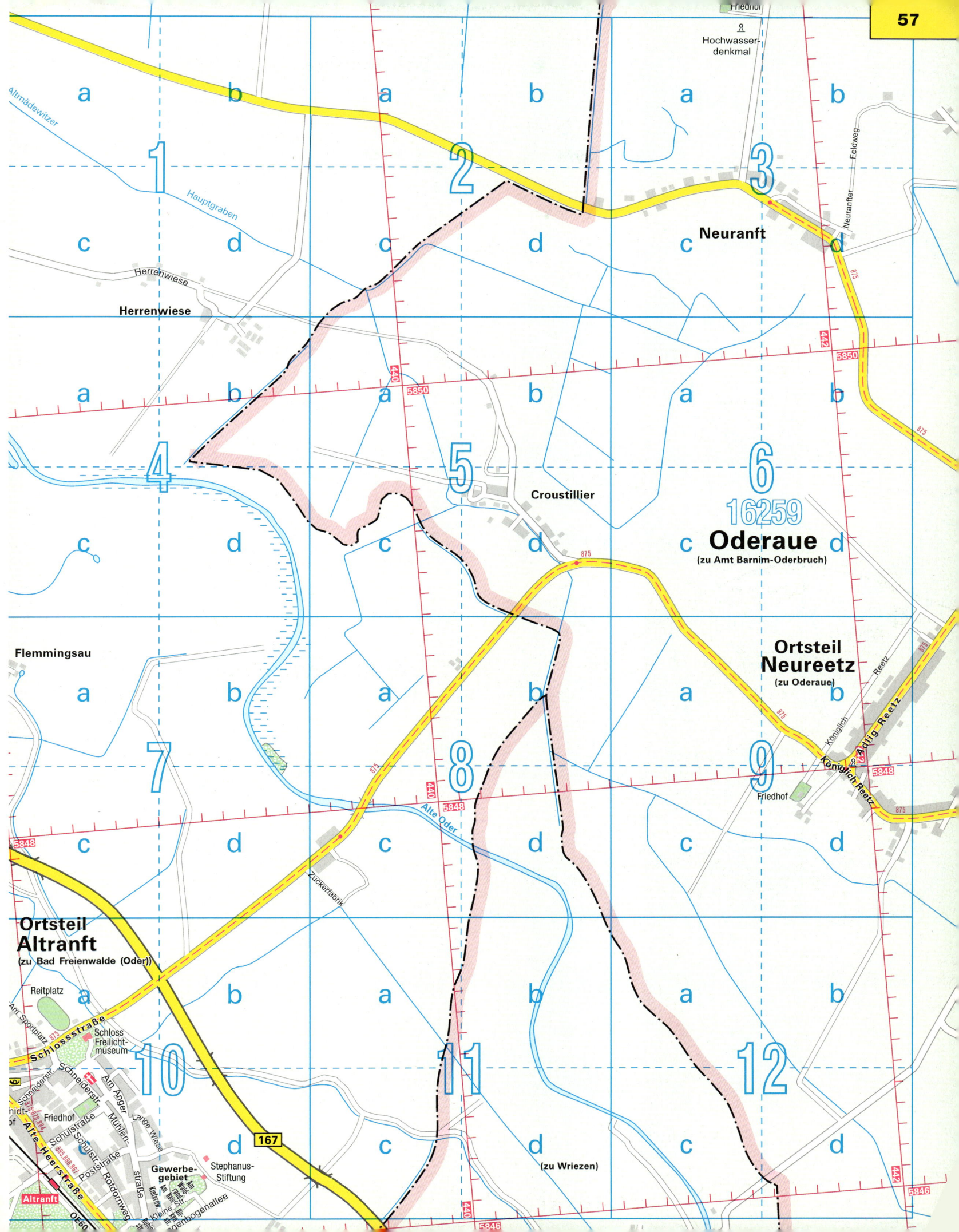

Friedhof
Hochwasser-
denkmal

1 · 2 · 3
Neuranft

Herrenwiese

4 · 5 · 6
Croustillier

16259
Oderaue
(zu Amt Barnim-Oderbruch)

Flemmingsau

Ortsteil
Neureetz
(zu Oderaue)

7 · 8 · 9
Alte Oder
Zuckerfabrik
Königlich-Reetz
Adlig-Reetz
Friedhof

Ortsteil
Altranft
(zu Bad Freienwalde (Oder))

Reitplatz
Schloss
Freilichtmuseum
Schlossstraße

10 · 11 · 12
(zu Wriezen)

Am Sportplatz
Schneiderstr.
Am Anger
Mühlen-
Friedhof
Schulstraße
Große Wiese
Schmidt-
Posiłstraße
Rotdornweg
Alte Heerstraße
Altranft
OE60
Gewerbe-
gebiet
Stephanus-
Stiftung
167
Kleine Str.
Regenbogenallee

58

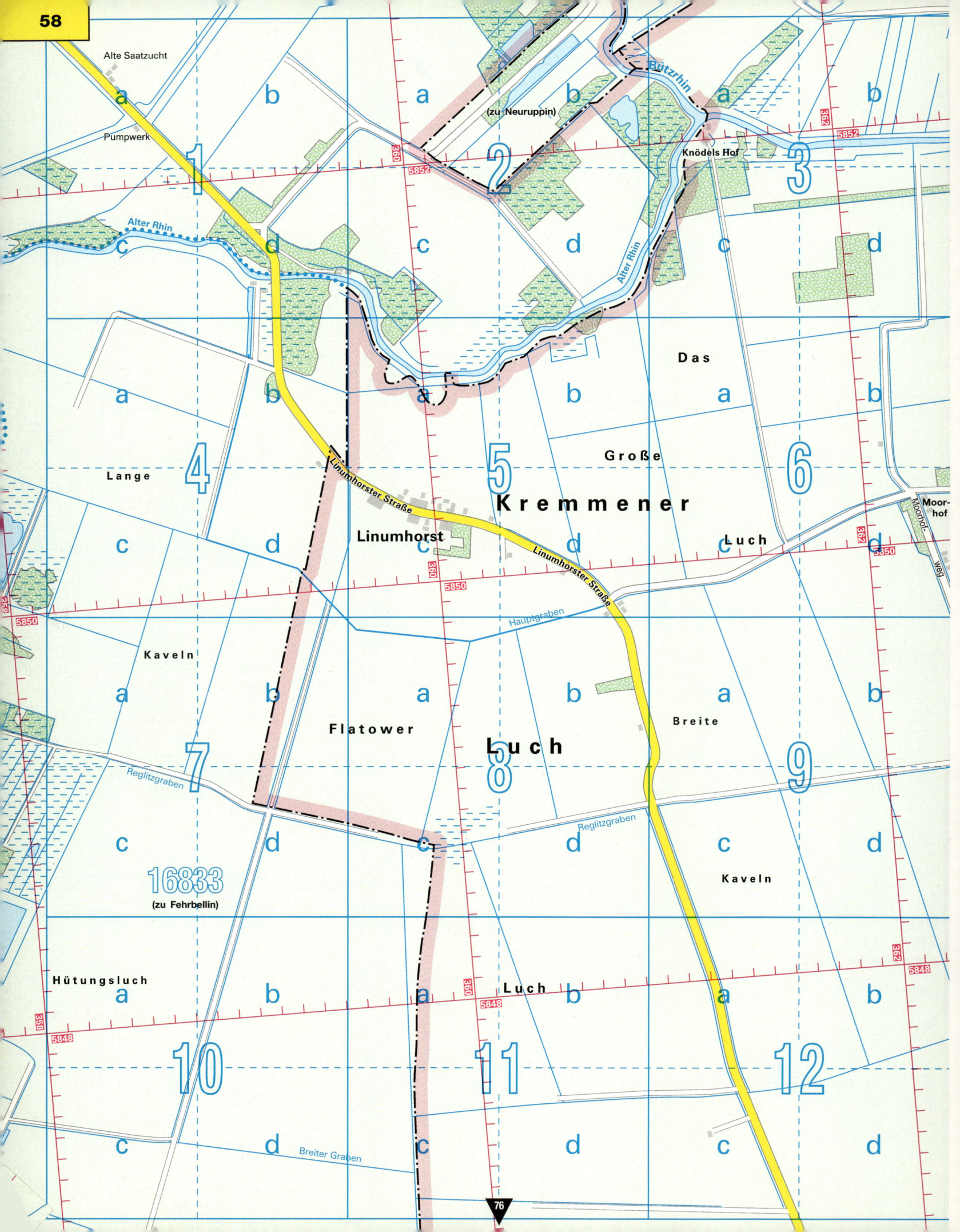

- Alte Saatzucht
- Pumpwerk
- Alter Rhin
- (zu Neuruppin)
- Bützrhin
- Knödels Hof
- Alter Rhin
- Das Große Kremmener Luch
- Lange
- Linumhorster Straße
- Linumhorst
- Moorhof-weg
- Kaveln
- Hauptgraben
- Flatower Luch
- Breite
- Reglitzgraben
- Reglitzgraben
- Kaveln
- 16833 (zu Fehrbellin)
- Hütungsluch
- Luch
- Breiter Graben

59

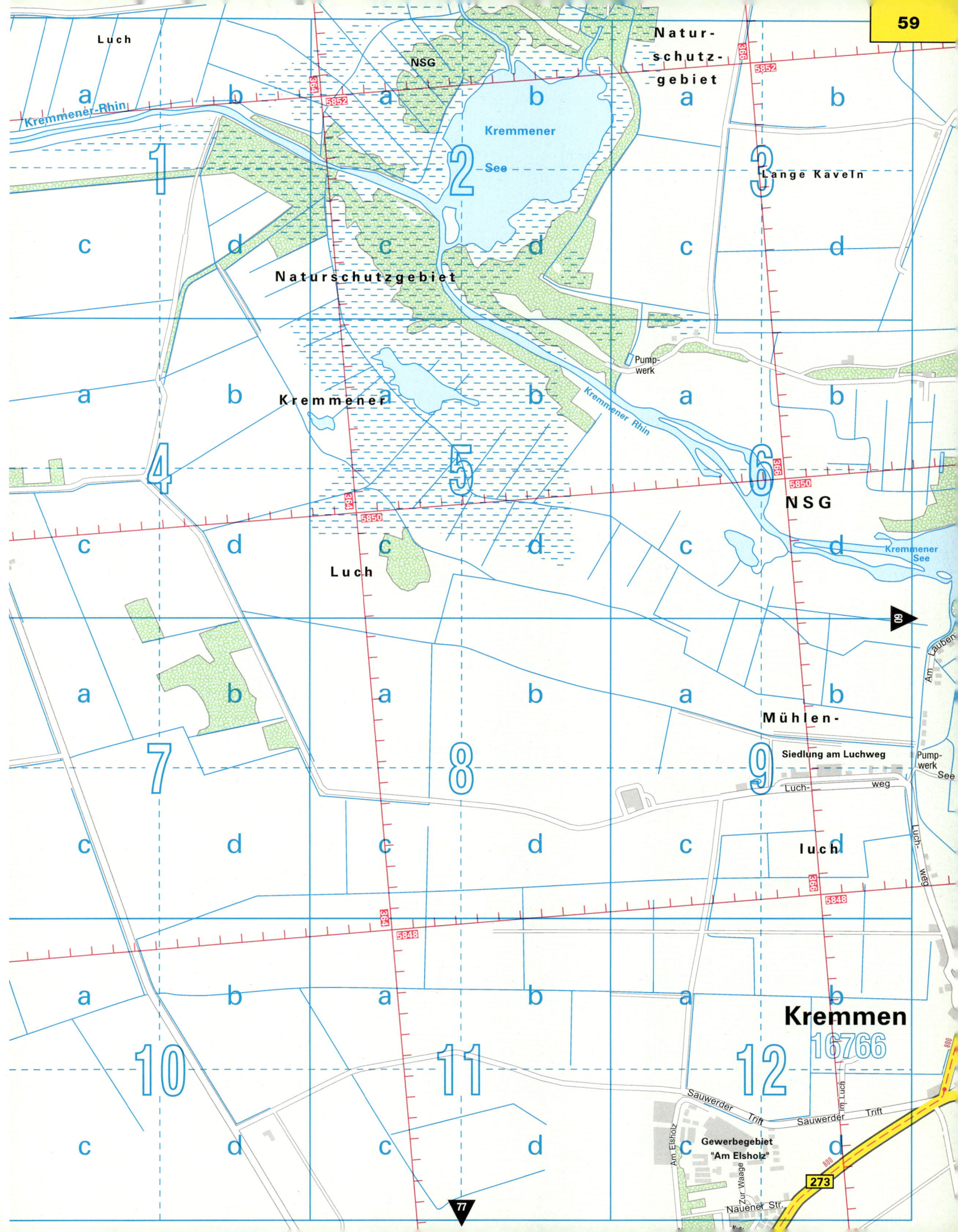

Luch

Kremmener-Rhin

NSG

Naturschutzgebiet

Natur-
schutz-
gebiet

Kremmener See

Lange Kaveln

Kremmener Luch

Pumpwerk

Kremmener Rhin

NSG

Kremmener See

Luch

Mühlen-
Siedlung am Luchweg
Luch-weg

Pumpwerk

luch

Kremmen
16766

Sauwerder Trift
Sauwerder Trift
Am Elsholz
Gewerbegebiet "Am Elsholz"
Zur Waage
Nauener Str.
273

Sommerfeld

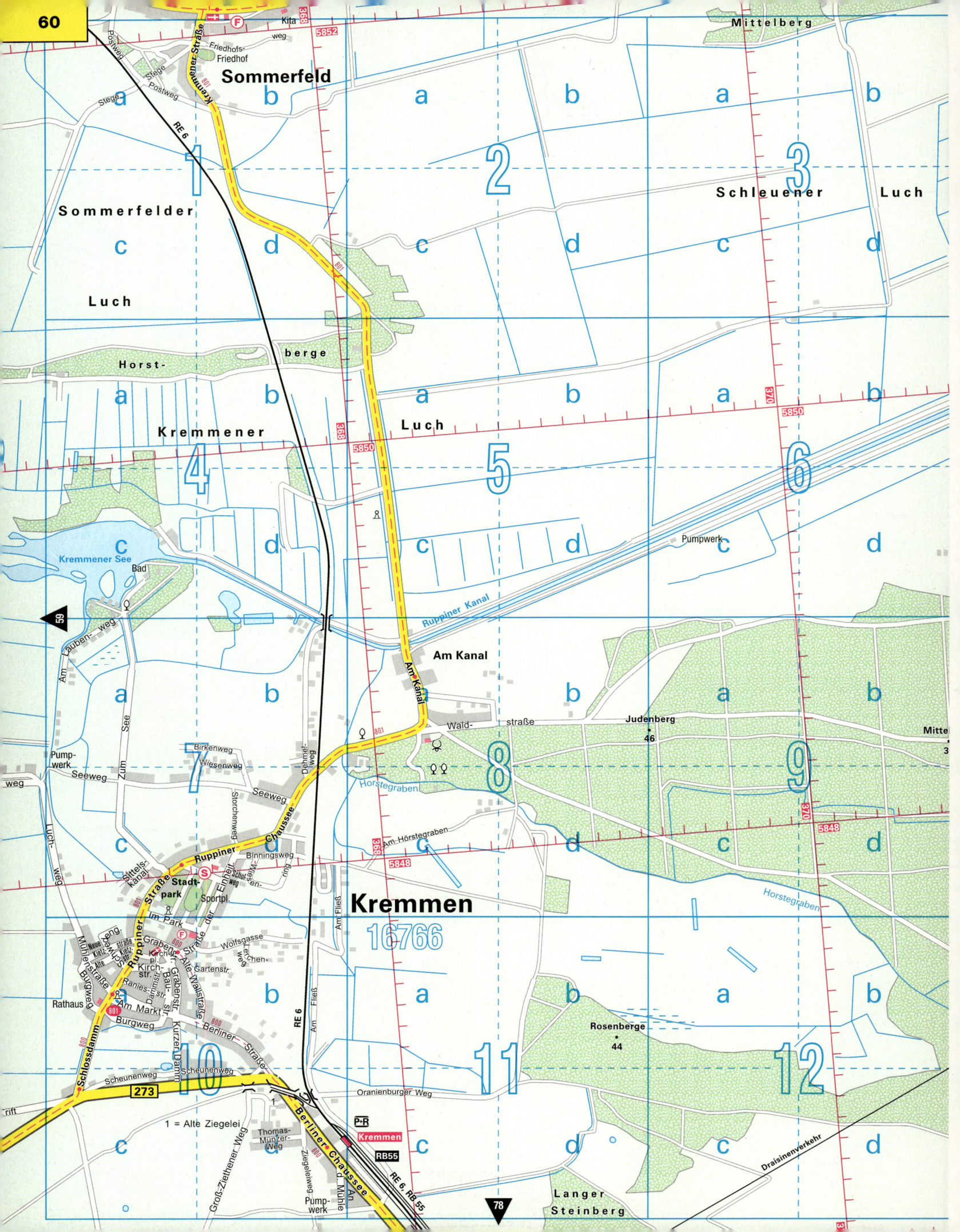

Kremmen 16766

Sommerfelder Luch
Schleuener Luch
Mittelberg
Horstberge
Kremmener Luch
Kremmener See
Am Kanal
Pumpwerk
Ruppiner Kanal
Judenberg 46
Horstegraben
Rosenberge 44
Langer Steinberg

1 = Alte Ziegelei

61

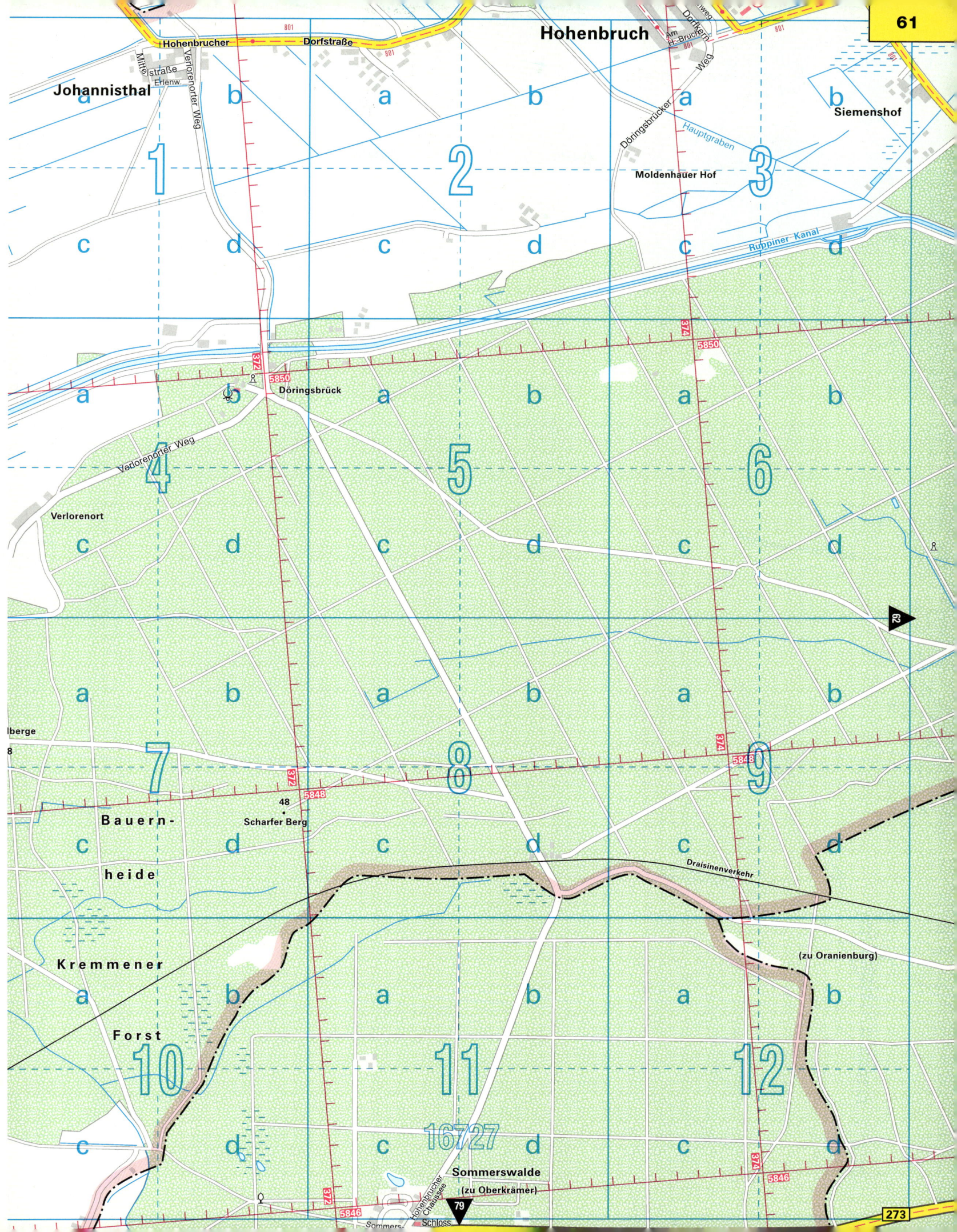

Hohenbruch

Johannisthal — Hohenbrucher Dorfstraße — Mittelstraße — Erlenw. — Verlorenoter Weg — Döringsbrücker — Am H.-Bruc... Weg — Siemenshof — Hauptgraben — Moldenhauer Hof — Ruppiner Kanal

Döringsbrück — Verlorenort — Verlorenoter Weg

Bauernheide — Scharfer Berg — Draisinenverkehr — (zu Oranienburg)

Kremmener Forst — Sommerswalde (zu Oberkrämer) — Hohenbrucher Chaussee — Schloss

Grid labels: 1 (a,b,c,d) 2 (a,b,c,d) 3 (a,b,c,d) 4 (a,b,c,d) 5 (a,b,c,d) 6 (a,b,c,d) 7 (a,b,c,d) 8 (a,b,c,d) 9 (a,b,c,d) 10 (a,b,c,d) 11 (a,b,c,d) 12 (a,b,c,d)

Road numbers: 801, 372, 374, 273, 5850, 5848, 5846

Reference: 79, 16727, 48

62

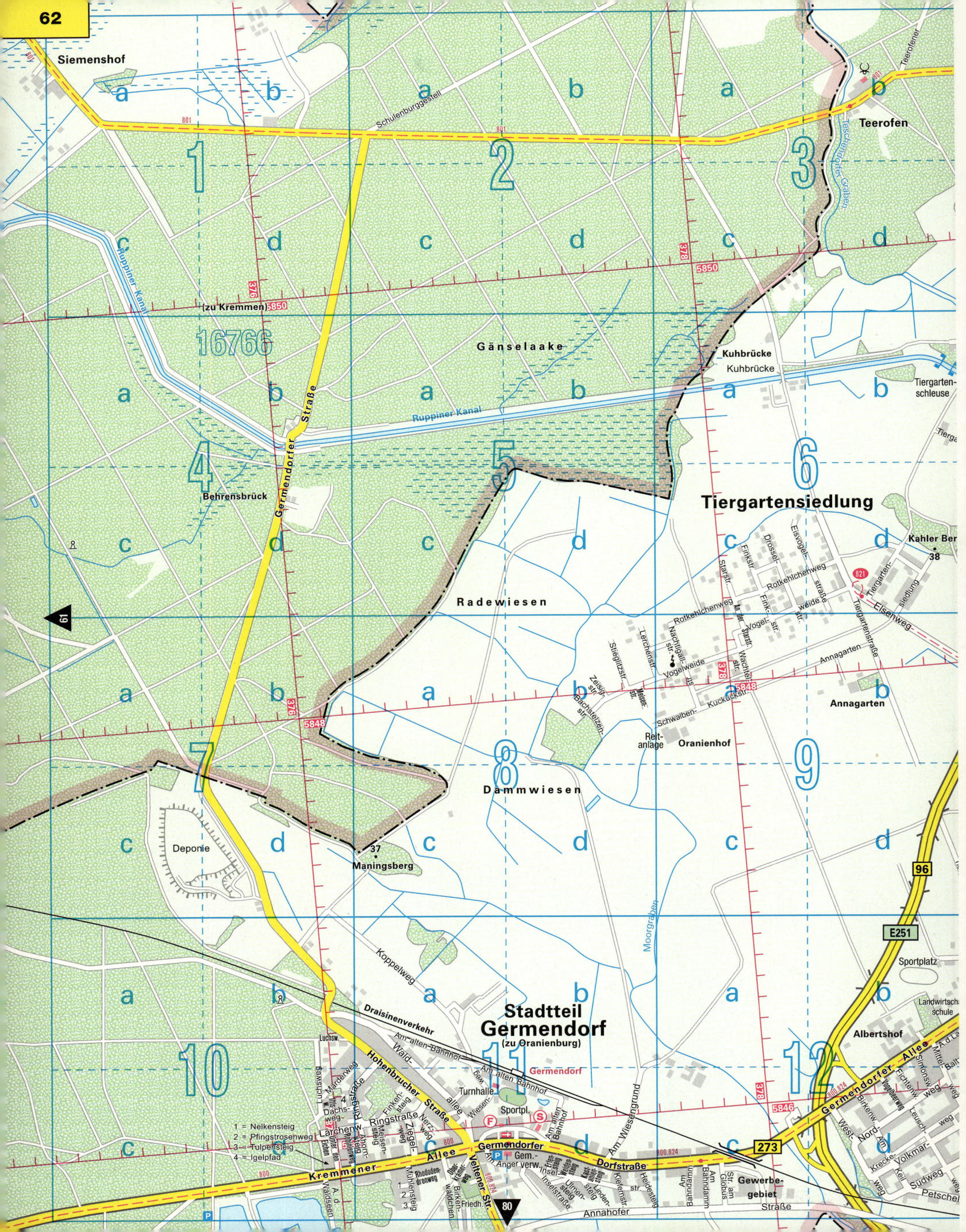

Neu-Friedrichsthal
Fichtengrund
Stadtteil
Sachsenhausen
(zu Oranienburg)
Tiergartenschleuse
Ruppiner Kanal
Friedhof
Grundsch.-
Sachsenhausen
Glas-
hütte
Gewerbepark
Nord
Sachsenhausen
(Nordb.)
Zum Bahnhof
Carl-Gustav-Hempel-Straße
Friedenthaler
Brücke
Siedlung
Friedenthal
4=Waschbärenring
Oranienburg
16515
Kolonie
Zukunft
Gedenkstätte und Museum
Sachsenhausen
Polizeifach-
hochschule
Wasserschutz-
polizei
1=Auenstraße
Bernauer Straße
273
Kolonie
Eintracht Orania
Kolonie
Havelfreude
1=Maiglöckchenweg
2=Margeritenweg
3=Narzissenweg
4=August-Wilhelm-Steg
Grundschule
"Waldschule"
Liebes-
insel
Freibad
Neuer
Garten
Schlosspark
Neustadt
Yacht-
hafen
Lehnitz-
see
4=von-Thünen-Straße
Luisenhof
Eichen-
siedlung
Orangerie
Schloss-
platz
Oranienburg
RB20
Germendorfer Allee
Kremmener
Altstadt
Mittel-
stadt
Landratsamt
Wasser-u.
Schifffahrtsamt
Turm-Erlebnis
City
Grundschule-
Eden
Amalienhof
Stadtteil
Eden
(zu Oranienburg)
Friedhof
1=Vughter Str.
Cityplan S.40
81
1=Neukirchener
Straße
Klär-
anlage
Stadtwerke
Havel
Oranienburger Kanal
96
E251
64

64

Stadtteil Friedrichsthal
(zu Oranienburg)

Schmachtenhagen-West

Stadtteil Schmachtenhagen
(zu Oranienburg)

Schmachtenhagen-Süd

Stadtteil Lehnitz
(zu Oranienburg)

65

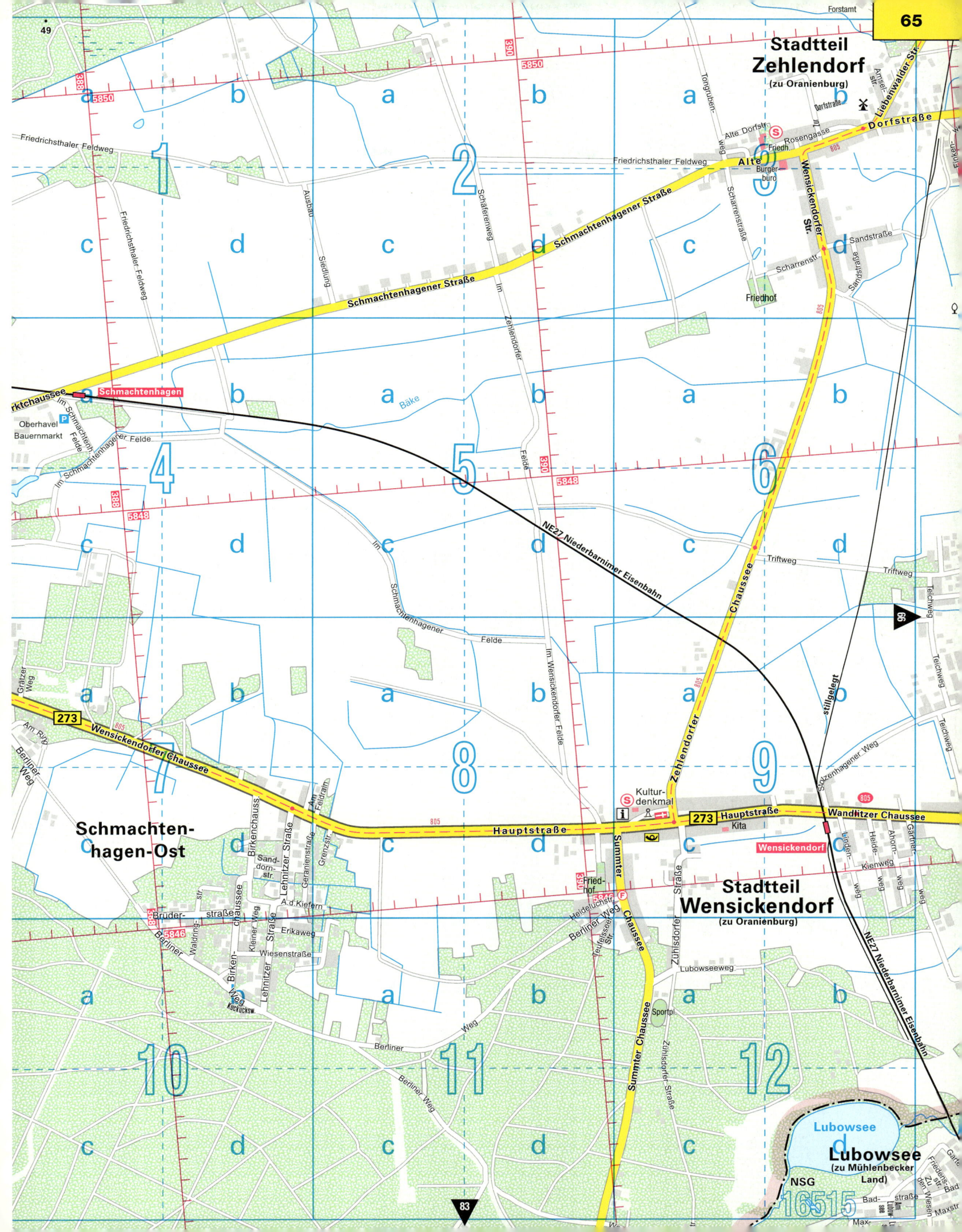

Stadtteil Zehlendorf
(zu Oranienburg)

Schmachtenhagen-Ost

Stadtteil Wensickendorf
(zu Oranienburg)

Lubowsee
(zu Mühlenbecker Land)

Key features visible on map:
- Friedrichsthaler Feldweg
- Schmachtenhagener Straße
- Alte Dorfstraße
- Dorfstraße
- Rosengasse
- Sandstraße
- Scharrenstraße
- Wensickendorfer Straße
- Friedhof
- Bäke
- Im Schmachtenhagener Felde
- Im Wensickendorfer Felde
- NE27 Niederbarnimer Eisenbahn
- Zehlendorfer Chaussee
- Triftweg
- Teichweg
- Wensickendorfer Chaussee (B 273)
- Hauptstraße
- Wandlitzer Chaussee
- Stolzenhagener Weg
- Kienweg
- Gärtnerweg
- Ahornweg
- Lindenweg
- Heideweg
- Kulturdenkmal
- Kita
- Birkenchaussee
- Lehnitzer Straße
- Sanddornstr.
- Grenzstr.
- Geranienweg
- A.d. Kiefern
- Brüderstraße
- Berliner Chaussee
- Waldringstr.
- Kleiner Weg
- Erikaweg
- Wiesenstraße
- Kuckucksw.
- Berliner Weg
- Heideluchstr.
- Zühlsdorfer Straße
- Summter Chaussee
- Lubowseeweg
- Teufelsseestr.
- Sportpl.
- NSG
- Am Ring
- Oberhavel Bauernmarkt
- Schmachtenhagen
- Marktchaussee
- Forstamt
- Anselm...walder Str.
- Liebenwalder Str.
- Tongruben
- Ausbau Siedlung
- Schäferenweg
- Bürgerbüro

Stadtteil Zehlendorf (zu Oranienburg)
Mäschwiesen
Stolzenhagener Chaussee
Zehlendorfer Chaussee
Ortsteil Stolzenhagen (zu Wandlitz)
Liebenwalder Ende
Klosterfelder Straße
Lanker Chaussee
Am Anger
Stolzensee
Siedlung Stolzenfeld
Stolzenhagener Heide
Siedlung West
Wensickendorfer Straße
Friedh. Kapelle
Basdorfer Straße
Dorfstraße
Stolzenhagener See
Wandlitzer See
Rahmer See
Siedlung Hildebrand
Schullandheim Weißensee
Wandlitzer Chaussee
Oranienburger Chaussee
Stadtteil Wensickendorf (zu Oranienburg)
16515
Siedlung am Rahmersee
Zühlsdorfer Chaussee
Ortsteil Zühlsdorf (zu Mühlenbecker Land)
Seefeld
Strandbad
Ferienlager
Jünemann Platz
Reiterhof
Gut Annenhof
Basdorfer Weg
Wensickendorfer Chaussee
Oranienburger Straße
NE27 Niederbarnimer Eisenbahn
Briese
273
Bad
Sportpl.
Uferstraße
Philipp-Müller-Straße
Seepromenade
Zur Waldpromenade
Akazienhain
Tannenweg
Brunhildeweg
Siegfriedweg
Muldestraße
Birkengrund
Teichweg
Triftweg
Oderstal
Talstraße
Netzetal
Haveltal
Saalestraße
Kastanienallee
Platanenweg
Tennisplatz
Waldgasse
Eintrachtstraße
Seefeld-Straße
Maxstraße
Badstr.
69
84

Ortsteil Klosterfelde
(zu Wandlitz)
Arendsee
Wandlitz
16348
Kehlheide
Liepnitz-
see
Großer Werder
Kiesberg
72
Drei
Heilige
Pfühle
Waldsiedlung
(zu Bernau bei Berlin)
16321
Liepnitz
Oberförsterei
Bernau
Pumpwerk
Sportpl.
Mennegraben
Niederbarnimer Eisenbahn
Berliner Chaussee
Prenzlauer Chaussee
Prenzlauer Allee
Stolzenhagener Chaussee
Wandlitzer Chaussee
Bernauer Chaussee
Bahnpromenade
Lanker Weg
Lanker Straße
Am Liepnitzsee
Personenfähre
Wandlitzsee
Wandlitz
Rathaus
Freibad
Bahnhofsplatz
Schullandheim
1=An der Sporthalle
2=An der Kegelbahn
109
273
NE27
65
80
85
69

Prendener
Bauernheide
Am
Ützdorfer Straße
Kläranlage
Ützdorfer Weg
48
Strehlesee
Lanker Allee
Bogensee
Sportpl.
Nikolai-Ostrowski-Str.
Platz der Freundschaft
Waldschule Jugendwaldheim
Revierförsterei Prenden
Pumpwerk
Bogensee
86
Strehlefließ
Anschlussstelle Lanke
13
Kies
Krumme Lanke
Prendener Allee
Sportpl.
Kläranlage
Krumme Lanke
1=Baggerberg
Revierförsterei Lanke
Feldweg
Friedh.
Am Obersee
Obersee
Freibad
Am Obersee
Biesenthaler Straße
Hellmühler
Ortsteil Lanke
(zu Wandlitz)
16348
Lanker Dorfstr.
Bernauer Straße
Küsterfleck
Lust-
Hell-
Ützdorf
Prendener Weg
Wandlitzer Straße
Revierförsterei Ahrendsee u. Ützdorf
E28
11
Am Liepnitzsee
Zum Seechen
Seechen
Weg
Kieferng.
A.d.Eichen
Am Waldhang
2 = Eichenhain
Liepnitz-see
Personenfähre
Schönower Berg
80
Wiesenweg
85
(zu Bernau bei Berlin)
86
16321
1
2
3
4
5
6
7
8
9
10
11
12

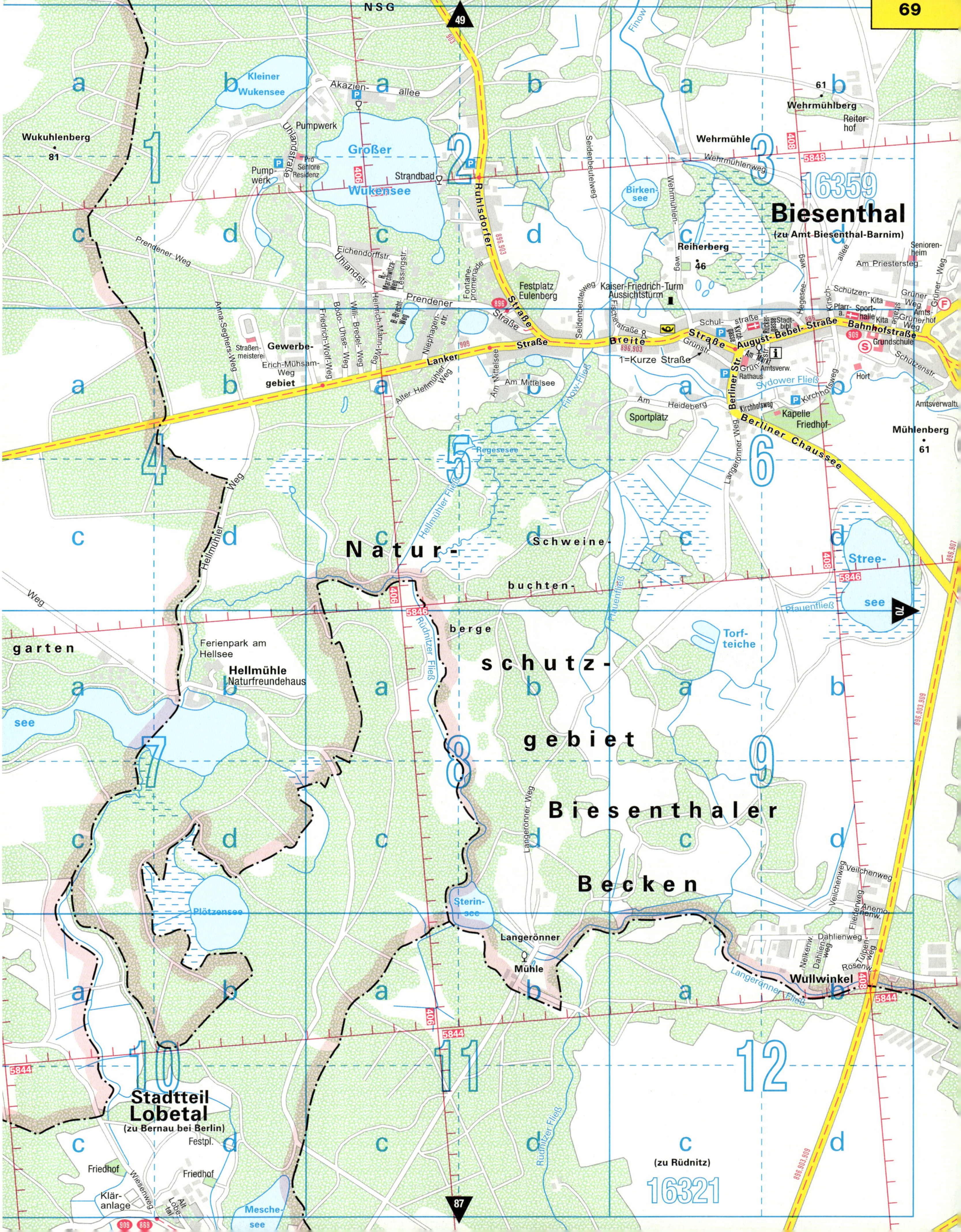
NSG
49
Kleiner Wukensee
Großer Wukensee
Wukuhlenberg
81
Pumpwerk
Akazienallee
Uhlandstraße
Pro Seniore Residenz
Strandbad
Rüdnitzer Straße
Prendener Weg
Eichendorffstr.
Lessingstr.
Fontanepromenade
Festplatz Eulenberg
Prendener Straße
Anna-Seghers-Weg
Straßenmeisterei
Gewerbegebiet
Erich-Mühsam-Weg
Friedrich-Wolf-Weg
Bodo-Uhse-Weg
Willi-Bredel-Weg
Heinrich-Mann-Weg
Niephagenstr.
Lanker Straße
Alter Hellmühler Weg
Am Mittelsee
Seidenbeutelweg
Kaiser-Friedrich-Turm Aussichtsturm
Breite Straße
Fischerstraße
1=Kurze Straße
Grünstr.
Wehrmühle
Wehrmühlenweg
Birkensee
Reiherberg
46
Wehrmühlberg
61
Reiterhof
16359
Biesenthal
(zu Amt Biesenthal-Barnim)
Seniorenheim
Am Priestersteg
Schützenstraße
Kita
Sporthalle
Grüner Weg
Amtshof
August-Bebel-Straße
Bahnhofstraße
Grundschule
Am Markt
Rathaus
Amtsverw.
Sydower Fließ
Kirchstraße
Kirchhofsweg
Kapelle
Friedhof
Berliner Str.
Berliner Chaussee
Am Heideberg
Sportplatz
Regesesee
Hellmühler Fließ
Finow-Fließ
Langerönner Weg
Hort
Amtsverwaltung
Mühlenberg
61
Naturschutzgebiet Biesenthaler Becken
Schweinebuchtenberge
Hellmühler Weg
garten
Weg
Ferienpark am Hellsee
Hellmühle
Naturfreundehaus
see
Pfauenfließ
Torfteiche
Streesee
70
Rüdnitzer Fließ
Plötzensee
Sterinsee
Langerönner Mühle
Veilchenweg
Fliederweg
Nelkenweg
Dahlienweg
Tulpenweg
Rosenweg
Wullwinkel
Langerönner Fließ
Stadtteil Lobetal
(zu Bernau bei Berlin)
Festpl.
Friedhof
Kläranlage
Wiesenweg
Alt Lobetal
Meschesee
87
(zu Rüdnitz)
16321
5848
5846
5844
406
408
909
896

Biesenthal
(zu Amt Biesenthal-Barnim)
16359

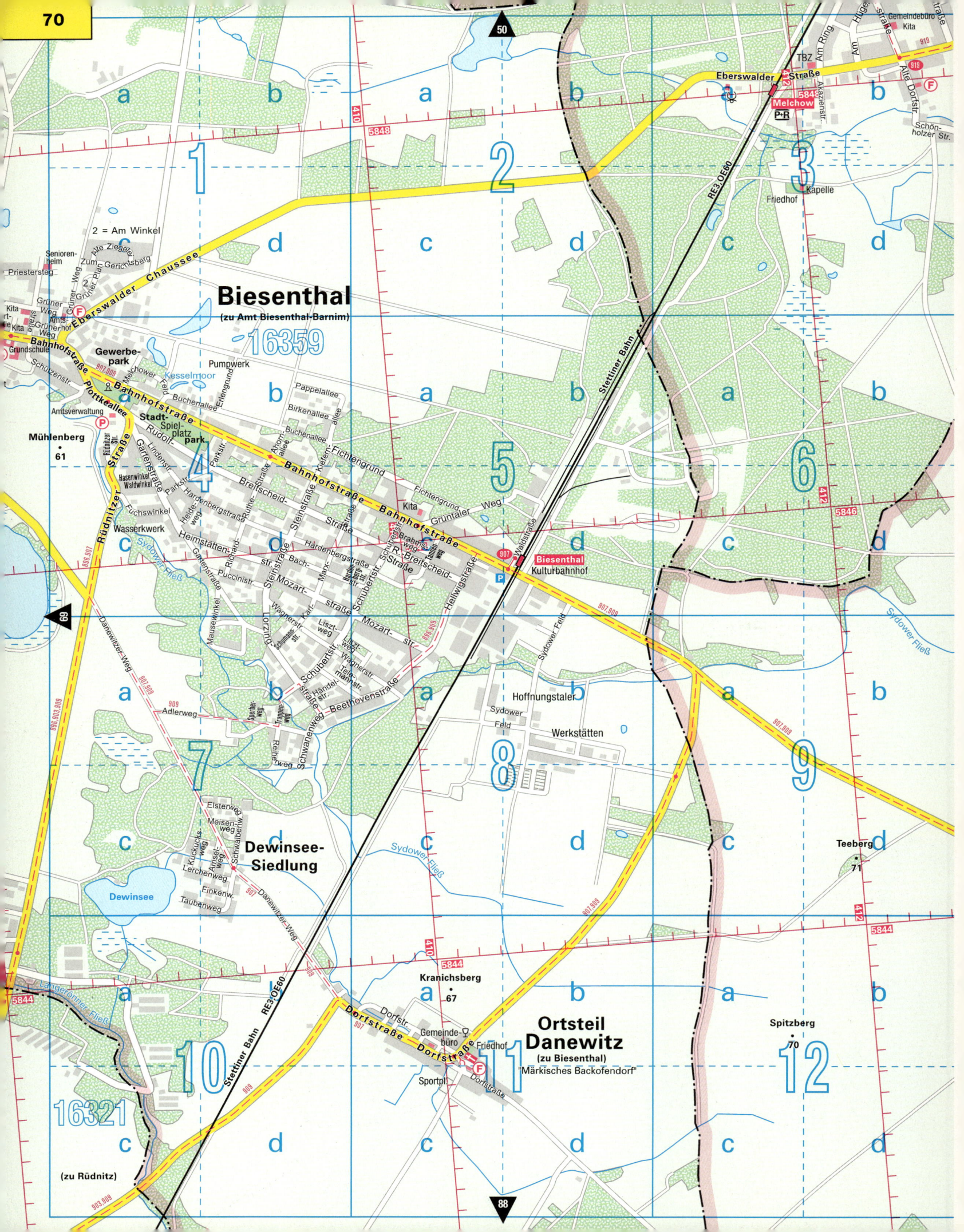

Dewinsee-Siedlung

Ortsteil Danewitz
(zu Biesenthal)
"Märkisches Backofendorf"

71

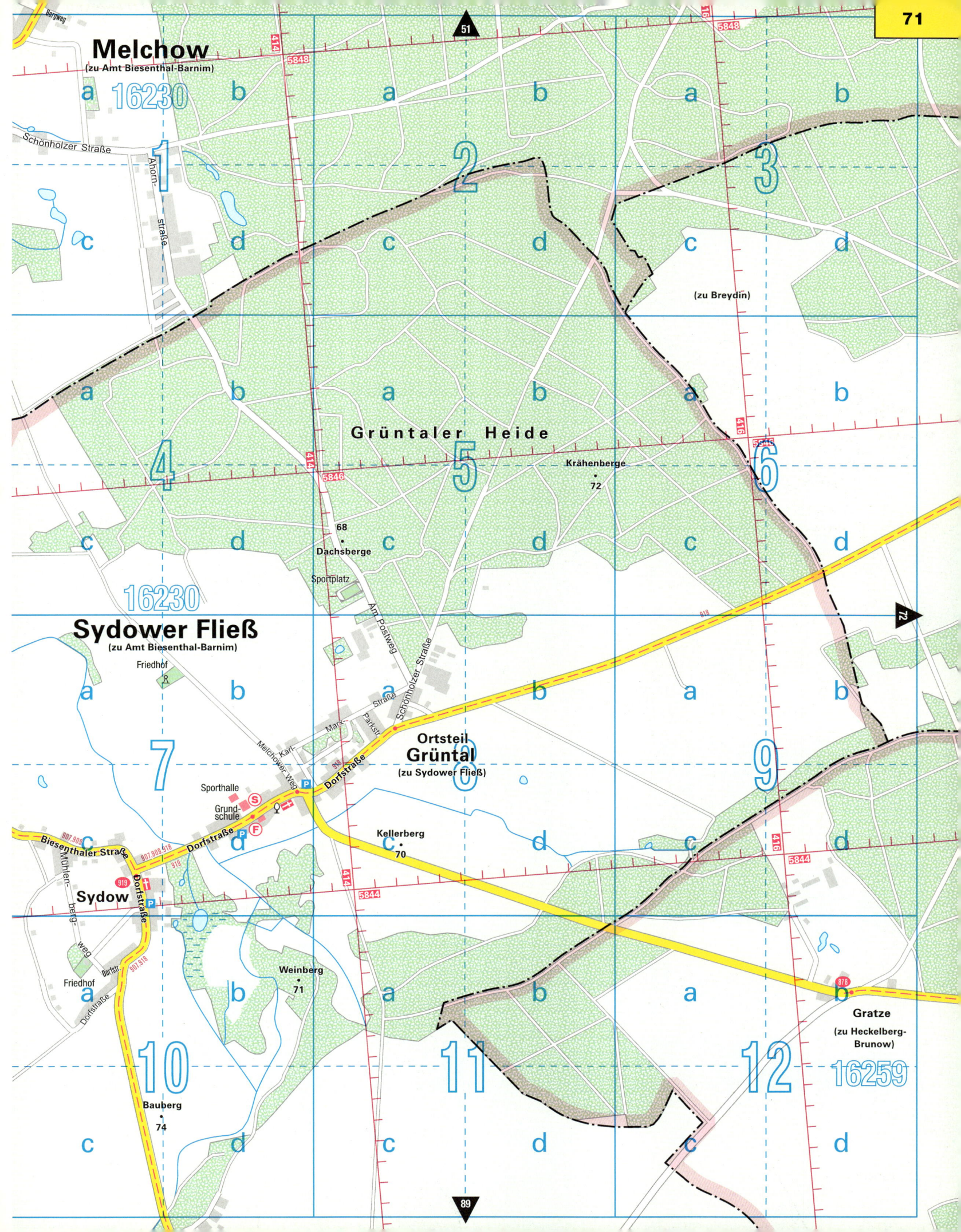

Melchow
(zu Amt Biesenthal-Barnim)

Grüntaler Heide

Krähenberge 72

(zu Breydin)

Dachsberge 68

Sportplatz

Sydower Fließ
(zu Amt Biesenthal-Barnim)

Friedhof

Sporthalle
Grundschule

Ortsteil **Grüntal**
(zu Sydower Fließ)

Kellerberg 70

Sydow
Friedhof

Weinberg 71

Bauberg 74

Gratze
(zu Heckelberg-Brunow)

72

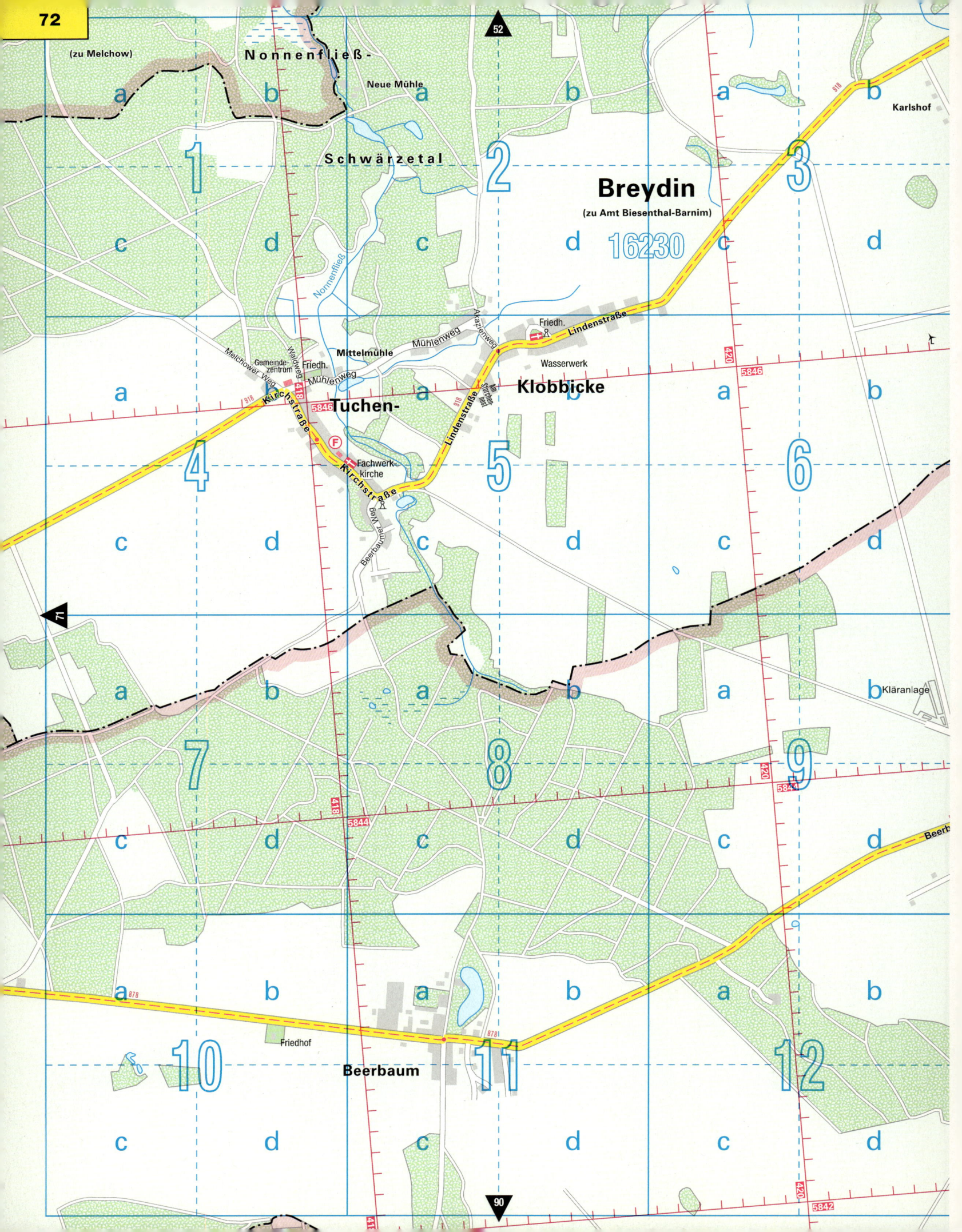

(zu Melchow) Nonnenfließ-
Neue Mühle
Schwärzetal
Karlshof

Breydin
(zu Amt Biesenthal-Barnim)
16230

Mittelmühle Mühlenweg Friedh. Lindenstraße
Gemeinde- Friedh. Wasserwerk
zentrum Mühlenweg **Klobbicke**
Melchower Weg Tuchen-
Waldweg Kirchstraße Lindenstraße
Fachwerk-
kirche Kirchstraße

Kläranlage

Friedhof
Beerbaum

73

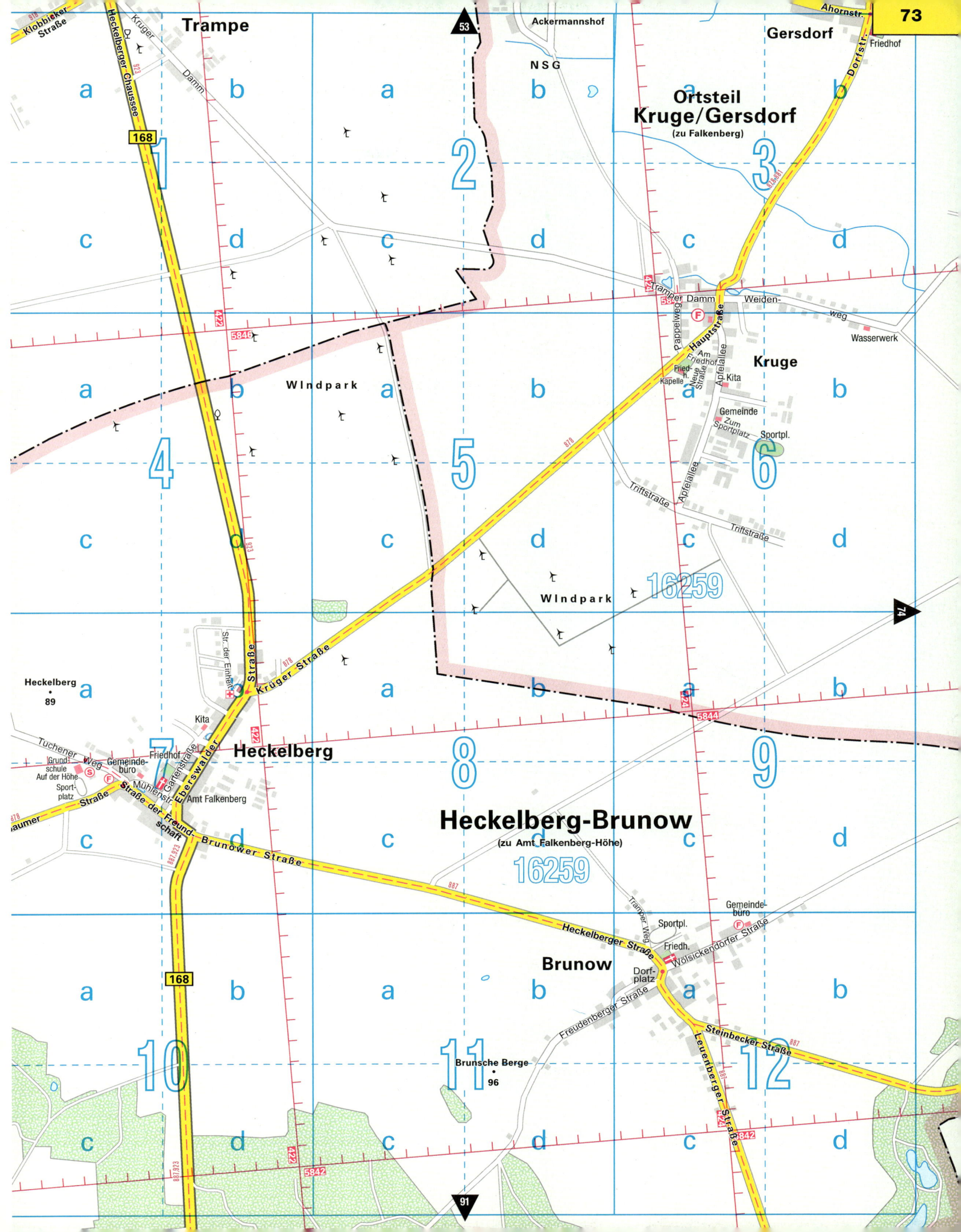

Trampe
Gersdorf
Ortsteil Kruge/Gersdorf (zu Falkenberg)

Kruge

Heckelberg

Heckelberg-Brunow
(zu Amt Falkenberg-Höhe)

Brunow

74

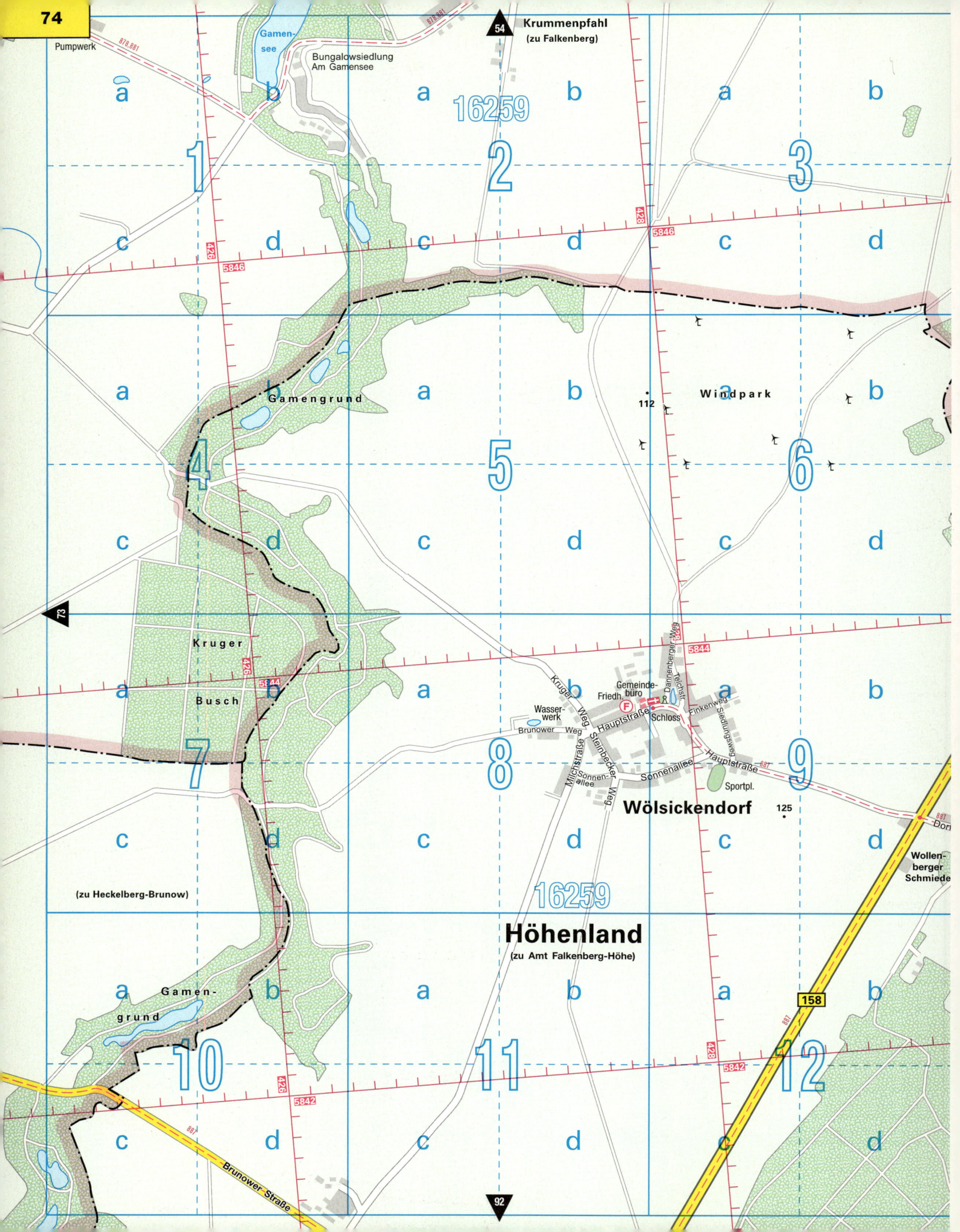

Pumpwerk
Gamensee
Bungalowsiedlung Am Gamensee
Krummenpfahl (zu Falkenberg)

16259

Gamengrund

Windpark

Kruger Busch

Wasserwerk
Brunower Weg
Kruger Weg
Milchstraße
Steinbecker Weg
Sonnenallee
Hauptstraße
Dannenberger Weg
Gemeindebüro
Friedh.
Schloss
Teichstr.
Finkenweg
Siedlungsweg
Hauptstraße
Sportpl.

Wölsickendorf

(zu Heckelberg-Brunow)

Wollenberger Schmiede

16259

Höhenland
(zu Amt Falkenberg-Höhe)

Gamengrund

Brunower Straße

75

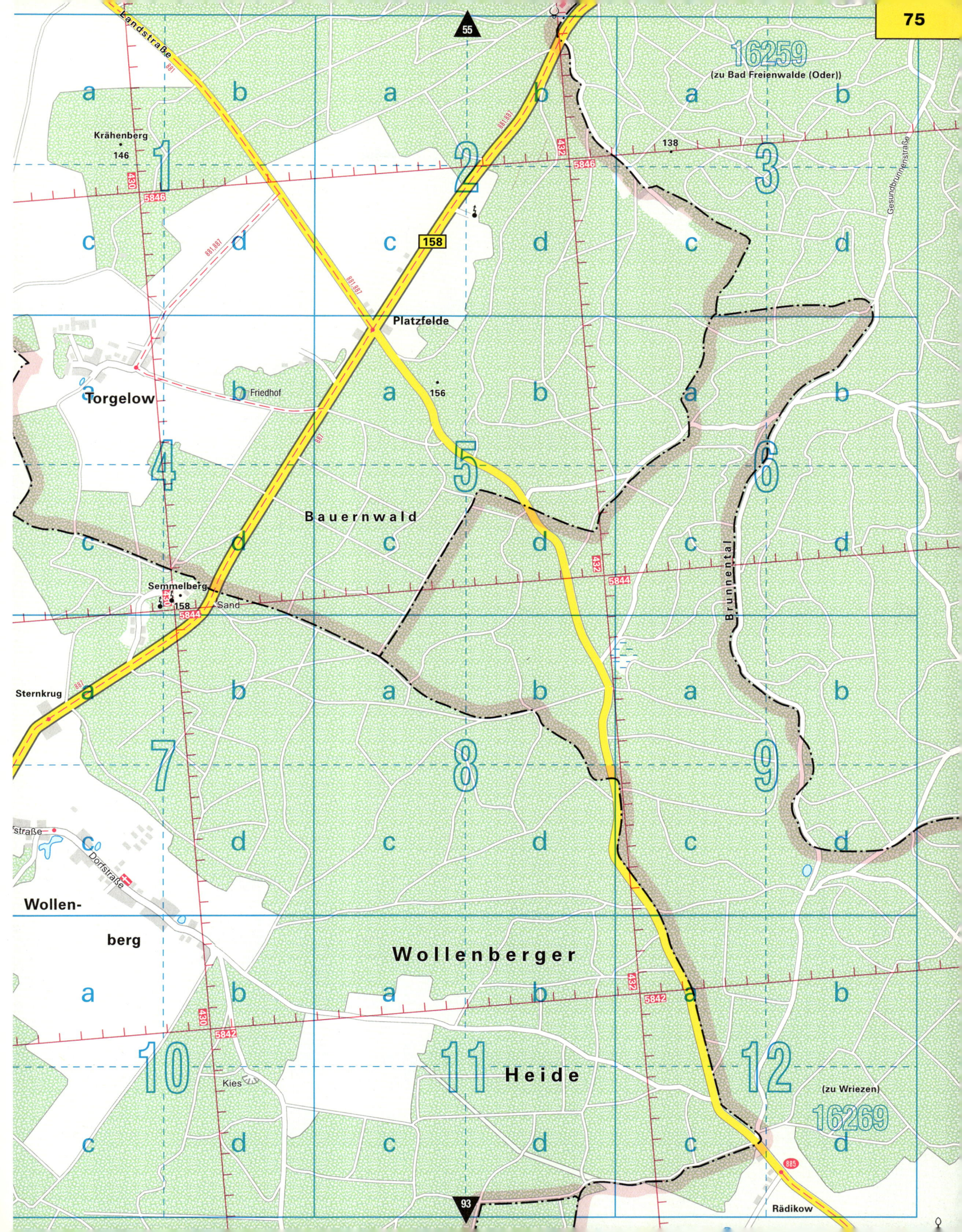

Krähenberg
146

Torgelow

Friedhof

Platzfelde

158

Bauernwald

Semmelberg
Sand

Sternkrug

Wollen-
berg

Wollenberger Heide

Kies

Rädikow

16259
(zu Bad Freienwalde (Oder))

16269
(zu Wriezen)

Landstraße

Brunnental

Gesundbrunnenstraße

Dorfstraße

55

93

138

156

158

76

77

Kremmen 16766

Dorotheenhof
Neuruppiner Straße
Neuruppiner Straße
Kuhsiedlung
Am Eisholz
Nußbaumweg
Friedhof

Charlottenau

273

Sportplatz
Staffelder Triftweg
Frohe Zukunft
Staffelder Dorfstraße
Friedhof
Groß-Ziethener Straße
Groß-Ziethen
(zu Kremmen)
Neuer Weg

Gartenweg
Staffelder Lindenweg
Lindauer Str.
Bergstraße
Chaussee
Flatower Straße
Alte Dorfstraße
Kremmener

Wasserwerk
Staffelder Straße
Friedhof
Auto-kino
Sportpl.
Staffelde
Nauener
Am Speicher
Kita
Wolfslaker Weg
1 = Am Schloßpark
2 = An der Windrose
3 = An der Trabrennbahn
Kuh-Damm
Schl.
Friedh.

Rollberg
1=Am Gutshof
Alte Poststraße
Kita
Am Bahnhof
Heideweg
Lange Stücken
Am Steinberg
Sportplatz

273

Anschlussstelle Kremmen
53 Steinberg
Dreieck Havelland

stillgelegt
25
24 E26 E55
26

Alte Hamburger Poststraße

29

Tietzower Ackerheide

273
(zu Oberkrämer)
95
E55
10

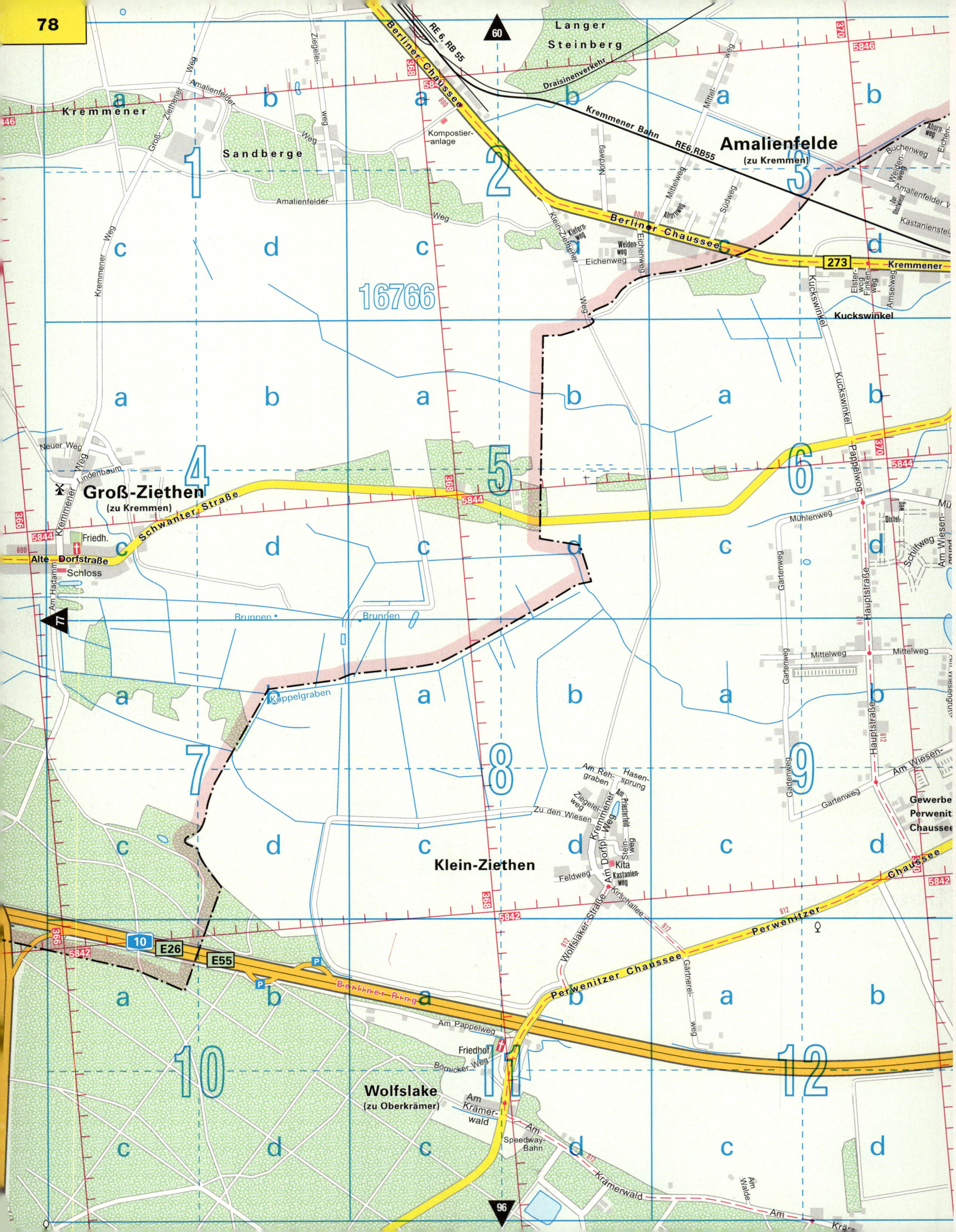
60
Langer
Steinberg
Draisinenverkehr
RE 6, RB 55
Berliner Chaussee
Kremmener
Sandberge
Amalienfelder
Amalienfelder Weg
Groß-Ziethener Weg
Ziegelei-weg
Kompostier-anlage
Kremmener Bahn
RE6,RB55
Amalienfelde
(zu Kremmen)
Mittel-weg
Nordweg
Mittelweg
Ahornweg
Südweg
Buchenweg
Weiden-weg
Amalienfelder W
Kastaniensteig
Eichenweg
Kiefern-weg
Weiden-weg
Klein-Ziethener Weg
273
Kremmener
Kuckswinkel
Elster-weg
Finken-weg
Amselweg
16766
Kremmener Weg
Neuer Weg
Lindenbaum
Groß-Ziethen
(zu Kremmen)
Schwanter Straße
5844
Friedh.
Alte Dorfstraße
Schloss
Am Hadamm
77
Brunnen
Brunnen
Koppelgraben
Pappelweg
Mühlenweg
Distel-
Schilfweg
Am Wiesen-grund
Gartenweg
Hauptstraße
Mittelweg
Mittelweg
Am Wiesen-
Gartenweg
Gewerbe
Perwenit
Chaussee
Am Reh-graben
Hasen-sprung
Ziegelei-weg
Am Priesterfeld
Kremmener Weg
Zu den Wiesen
Am Dorfpl.
Stein-weg
Kita
Kastanien-weg
Feldweg
Kirschallee
Klein-Ziethen
Wolfslaker Straße
Perwenitzer Chaussee
Gärtnerei-weg
10
E26
E55
Berliner Ring
Am Pappelweg
Friedhof
Bötzower Weg
Wolfslake
(zu Oberkrämer)
Am Krämer-wald
Am Speedway-Bahn
Krämerwald
Am Walde
96
1
2
3
4
5
6
7
8
9
10
11
12

Oberkrämer

Ortsteil Schwante (zu Oberkrämer)

Ortsteil Vehlefanz (zu Oberkrämer)

Ortsteil Bärenklau (zu Oberkrämer)

Ortsteil Eichstädt (zu Oberkrämer)

Sommerswalde

Karlsruh

Koppehof

Gewerbegebiet Vehlefanz

Anschlussstelle Oberkrämer

Solarpark

Mühlensee

Wohnanlage Am See

16727

Tier-, Freizeit-
u. Saurierpark
Germendorf
Stadtteil
Germendorf
(zu Oranienburg)
Annahofer Straße
62
273
(zu
Oberkrämer)
Moorgraben
(Muhre)
Eich-
berge
Gewerbe-
gebiet
Veltener Str.
Veltener Str.
Bärenklauer Weg
Birkenallee
Nord-
Am
Wiesenweg
Karl-
Marx-
Kita
Parkstraße
Schulweg
Am Anger
Wiesenweg
ASB
Lindenstraße
Linden-
str.
Am Wasserwerk
Rob.-Koch-Pl.
Rath.
Gewerbe-
gebiet
Eichen-
allee
Eichenhain
Jugendclub
Kita
Fohlen-
weide
Pestalozzi-
schule
Hauptgraben
Havelhausener Str.
Kapelle
Friedhof
Fritzen's Hut
(zu
Oberkrämer)
Leegebruch
Garten-
siedlung
Maxim-Gorki-Straße
Ernst-
Luch
Veltener
Wasserstr.
Grünstraße
16727
Ortsteil
Bärenklau
(zu Oberkrämer)
79
Zu den Pfuhlen
Remonteweg
Remonte-
hof
Vehlefanzer Straße
Alte
Dorfstraße
Friedh.
Sportpl.
Wirus
Leegebrucher Chaussee
Kranichweg
Jug.-
club
1=Meisenweg
2=Schwalbenweg
Sandweg
Am
Feld-
rain
Wendemarker-
Weg
Kita
Zu
den Pappeln
Gew.-
geb.
Kirschenallee
Bahnweg
Pötterberge
Bärenklauer Weg
Germendorfer Chaussee
Adlerstonberg
10
E55
Berliner Ring
E26
31
Berliner Ring
Weg
Eichstädter
Bärenklau
Marwitzer
Weg
Wendemark
Wendemark
Kremmener Bahn
RE6, RB55
Sportplatz
Germendorfer Straße
Sport-
plätze
Veltensche
Luchwiesen
Weidenweg
Moorgraben
111
E26
Germendorfer Str.
Kremmener Straße
Bergstr.
Große
Promenade
Goethe-
straße
Wagnerstr.
Uhland-
Velten
16727
1 = Feierabendweg
2 = Feldblumenweg
3 = Eigenheimgasse
4 = A.-Paris-Straße
98

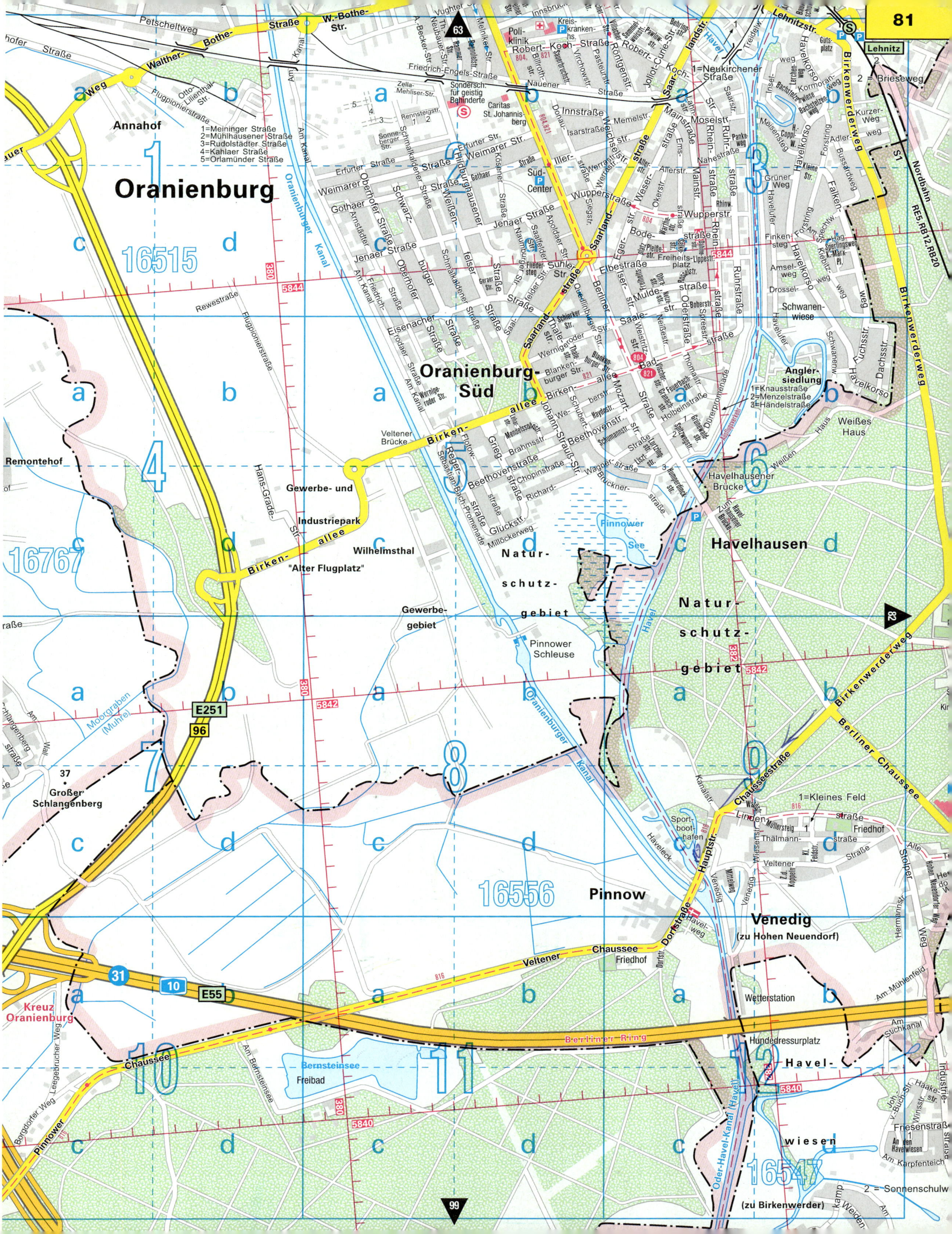
Oranienburg
Annahof
1=Meininger Straße
2=Mühlhausener Straße
3=Rudolstädter Straße
4=Kahlaer Straße
5=Orlamünder Straße
16515
Petscheltweg
Walther-Bothe-Straße
W.-Bothe-Str.
Flugpionierstraße
Otto-Lilienthal-Str.
Oranienburger Kanal
Am Kanal
Friedrich-Engels-Straße
Sondersch. für geistig Behinderte
Caritas St. Johannisberg
Poli-klinik
Kreis-kranken-haus
Robert-Koch-Straße
Röntgenstr.
Robert-Koch-Str.
Joliot-Curie-Str.
Saarlandstr.
Havel
Lehnitzstr.
Lehnitz
Birkenwerderweg
1=Neukirchener Straße
2=Brieseweg
Nauener Straße
Innstraße
Isarstraße
Memelstr.
Moselstr.
Weimarer Str.
Erfurter Str.
Weimarer Straße
Gothaer Straße
Jenaer Straße
Süd-Center
Wupperstraße
Saarlandstraße
Nordbahn
RE5,RB12,RB20
S1
Elbestraße
Suhler Str.
Rewestraße
Flugpionierstraße
Schwanenwiese
Oranienburg-Süd
Birkenallee
Johann-Strauß-Str.
Beethovenstraße
Brahmsstr.
Mozartstraße
Havelhausener Brücke
Angler-siedlung
1=Knausstraße
2=Menzelstraße
3=Händelstraße
Weißes Haus
Remontehof
16767
Gewerbe- und Industriepark "Alter Flugplatz"
Wilhelmsthal
Hans-Grade-Str.
Veltener Brücke
Pinnower See
Naturschutzgebiet
Havelhausen
Gewerbegebiet
Pinnower Schleuse
Birkenwerderweg
Berliner Chaussee
Chausseestraße
E251
96
Moorgraben (Mühre)
37
Großer Schlangenberg
1=Kleines Feld
Lindenstraße
Friedhof
Sport-boot-hafen
Hauptstr.
Dorfstraße
Pinnow
16556
Venedig (zu Hohen Neuendorf)
Veltener Chaussee
Friedhof
31
10
E55
Kreuz Oranienburg
Wetterstation
Berliner Ring
Hundedressurplatz
Havel-wiesen
Bernsteinsee
Freibad
Chaussee
Pinnower Chaussee
Oder-Havel-Kanal (Havel)
16547
(zu Birkenwerder)
2 = Sonnenschulweg
Friesenstraße
Am Karpfenteich
Am Mühlenfeld
Industrie-
63
99
82
5844
5842
5840
380

82

83

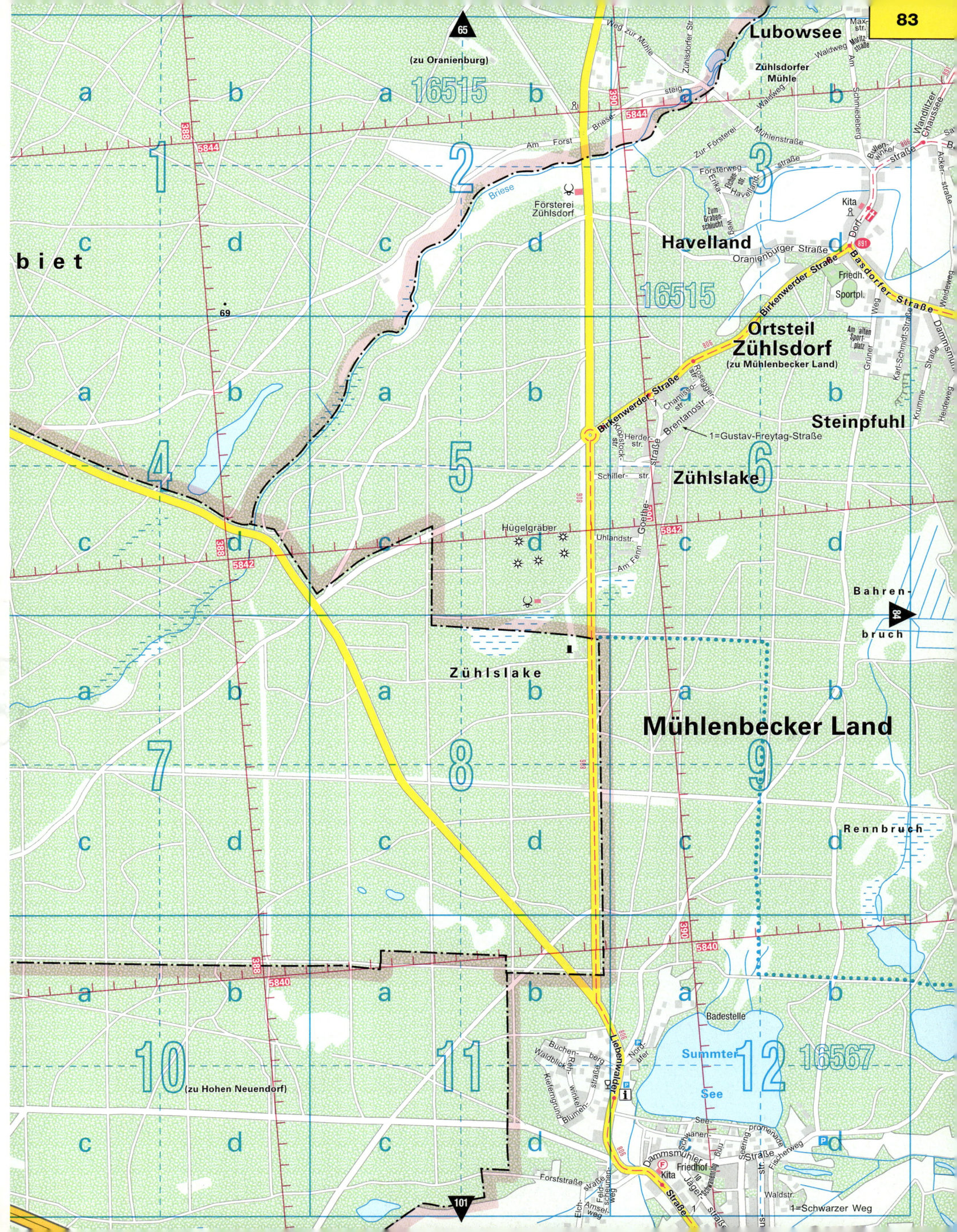

Lubowsee
Zühlsdorfer Mühle
Havelland
Ortsteil Zühlsdorf
(zu Mühlenbecker Land)
Steinpfuhl
Zühlslake
1=Gustav-Freytag-Straße
Hügelgräber
Bahrenbruch
Zühlslake
Mühlenbecker Land
Rennbruch
Badestelle
Summter See
(zu Hohen Neuendorf)
1=Schwarzer Weg

Ortsteil
Zühlsdorf
(zu Mühlenbecker Land)
Fuchswinkel
Am Bahnhof
Zühlsdorf
Heidekrautbahn
Niederbarnimer Eisenbahn
16515
16348
Gut Annenhof
Friedhof
Kapelle
Prenzlauer Allee
Prenzlauer Straße
1=Dornröschenweg
2=Schneewittchenweg
Basdorfer Straße
Zühlsdorfer Straße
Steinpfuhl
Ortsteil
Basdorf
(zu Wandlitz)
Basdorf
Siedlung
Wald-
schlößchen
Mühlenbecker Land
Bahren-
bruch
Fachhochschule
der Polizei
1 = Hasenheide
2 = Igelweg
Gewerbegebiet
am Sandweg
Rennbruch
Mühlen-
teich
Schloss
Dammsmühle
Mühlen-
becker
See
Ortsteil
Schönwalde
(zu Wandlitz)
Hauptstraße
66
83
102
109

85

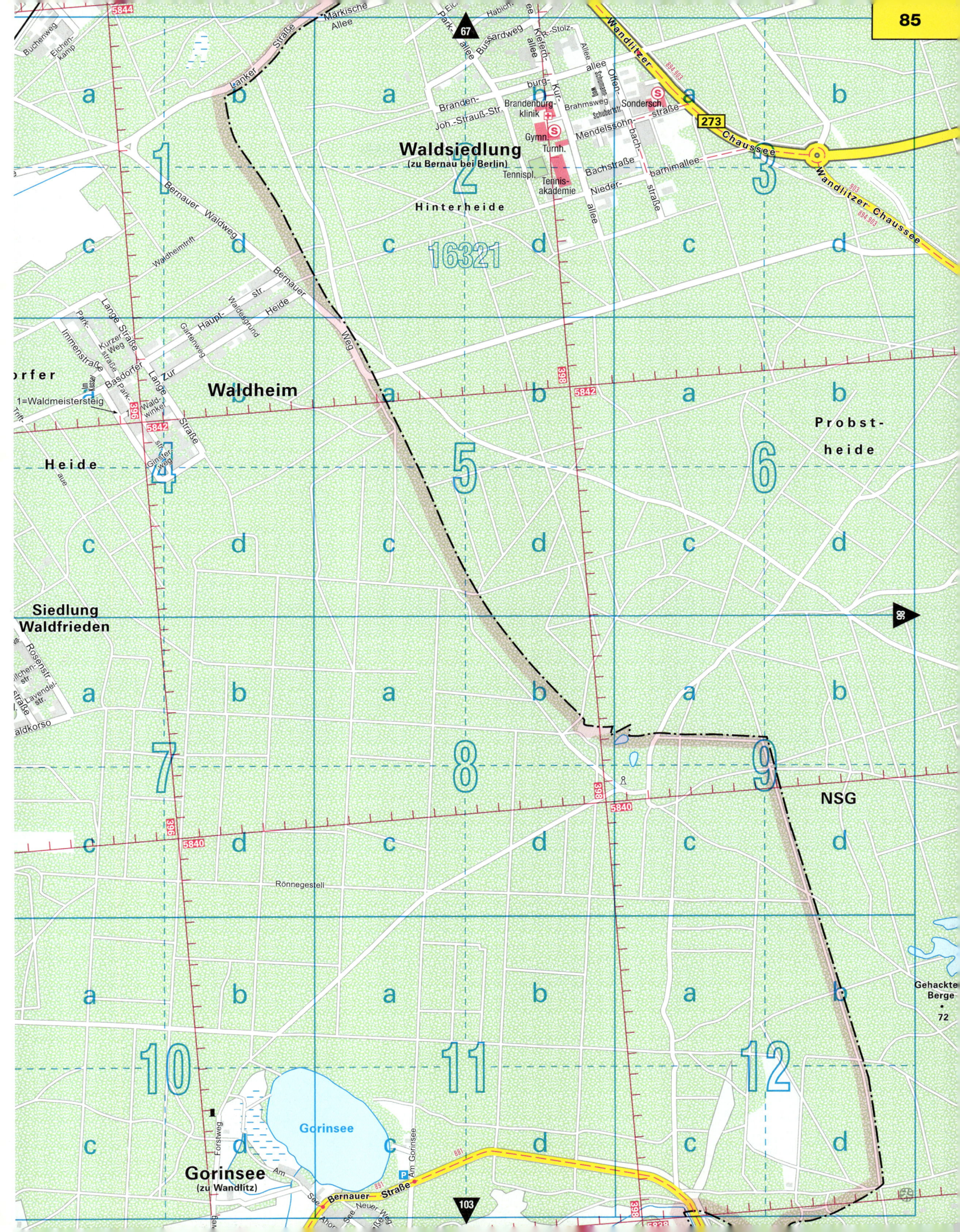

Waldsiedlung (zu Bernau bei Berlin)

Hinterheide

16321

Waldheim

Probstheide

Heide

Siedlung Waldfrieden

NSG

Rönnegestell

Gorinsee

Gorinsee (zu Wandlitz)

Gehackte Berge 72

86

Im Wolterdorf

Stadtteil Waldfrieden (zu Bernau bei Berlin)
1 = Am Amselhorst

Woltersdorf
Kuhberg 84
Sand
Anschlussstelle Wandlitz
Wandlitzer Chaussee
Kläranlage
Brunnen
Kiesgrube
Wittwer-
Gymnasium Damim
Sportpl.
Schule Alig.
Landesbaua.
Sportpl.
Handwerkskammer Berlin
Bildungs- u. Innovationszentrum Waldfrieden
Franz-Mehring-Str.
Fritz-Heckert-Straße
Hans-...
Lanker Straße
Basdorfer Straße
Am Falken-
An der Wildbahn
Am Rehpfad
Autobahnmeisterei
Landweg
Ladeburger
Eichen-
Pütten- straße
weg
Schmetzdorf
Schulweg
Anschlussstelle Bernau-Nord
Wandlitzer Chaussee
Schützenhaus
Rehberge
Karlslust
Gehackte Berge 72
Liekobsche Berge 80
Liekobsche straße
Pappel- allee
Potsdamer Str.
Gewerbegebiet "Pappelallee"
Sportplätze
Gewerbe- geb.
R.-Diesel-Straße
Gottlieb-Däimler-Str.
Werner-von-Siemens-Str.
Carl-Zeiß-Str.
Carl-Friedr.-Benz-Str.
Friedhof Kapelle
Stadtteil Schönow (zu Bernau bei Berlin)
Fischpfuhl
Schönower Ch.
Blumenhag

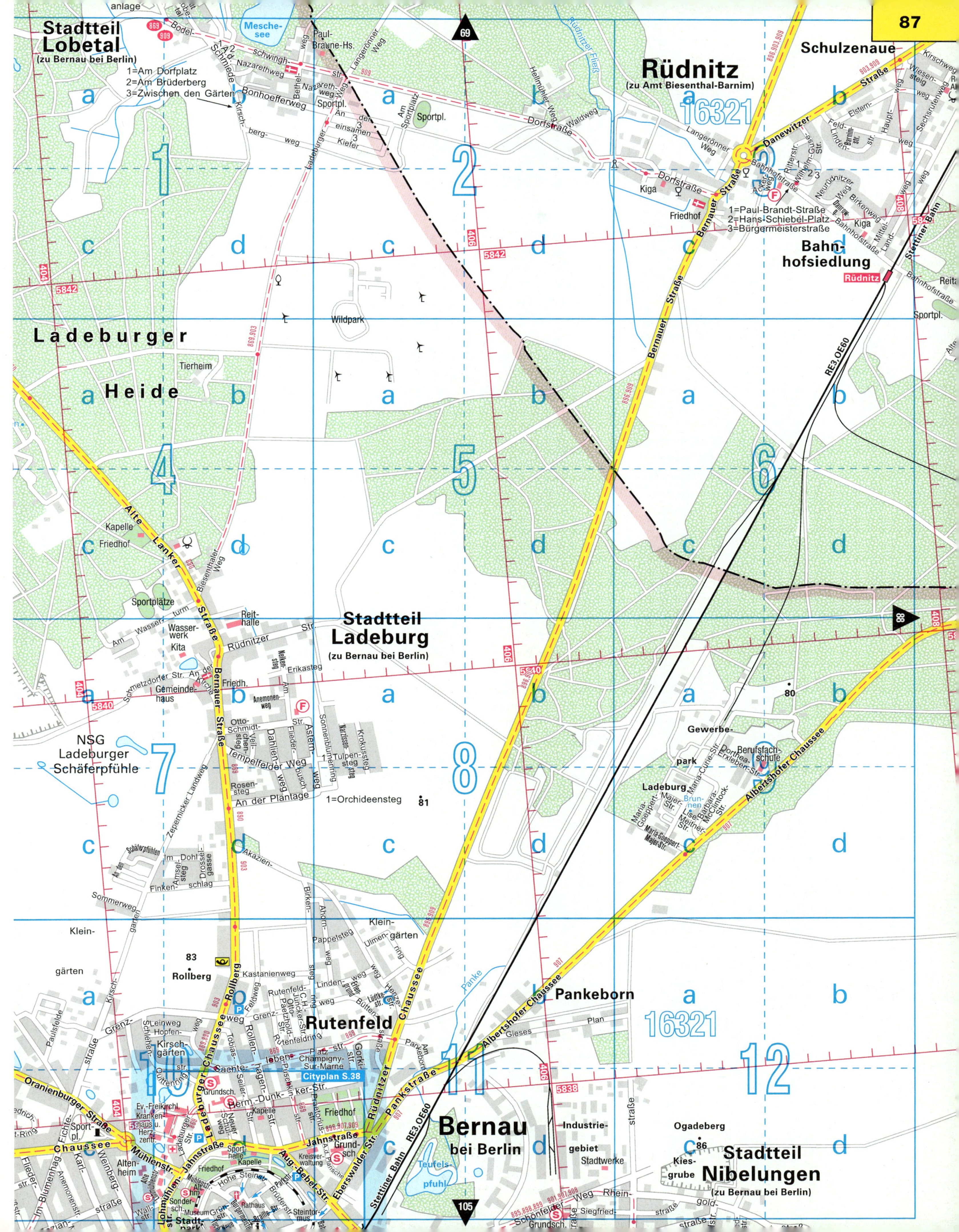
Stadtteil
Lobetal
(zu Bernau bei Berlin)
1=Am Dorfplatz
2=Am Brüderberg
3=Zwischen den Gärten
Mesche-
see
Rüdnitz
(zu Amt Biesenthal-Barnim)
16321
Schulzenaue
Danewitzer
Bernauer Straße
Dorfstraße
Friedhof
Kiga
1=Paul-Brandt-Straße
2=Hans-Schiebel-Platz
3=Bürgermeisterstraße
Bahn-
hofsiedlung
Rüdnitz
Stettiner Bahn
Wildpark
Ladeburger
Heide
Tierheim
Alte Lanker Straße
Kapelle
Friedhof
Sportplätze
RE3,OE60
Stadtteil
Ladeburg
(zu Bernau bei Berlin)
Rüdnitzer Str.
Wasser-
werk
Kita
Gemeinde-
haus
NSG
Ladeburger
Schäferpfühle
Tempelfelder Weg
An der Plantage
1=Tulpen-
steg
1=Orchideensteg
Gewerbe-
park
Ladeburg
Berufsfach-
schule
Albertshofer Chaussee
Klein-
gärten
Rollberg
Kastanienweg
Rutenfeld
Rüdnitzer Chaussee
Pankeborn
16321
Cityplan S.38
Bernau
bei Berlin
Oranienburger Straße
Teufels-
pfuhl
Industrie-
gebiet
Stadtwerke
Ogadeberg
Kies-
grube
Stadtteil
Nibelungen
(zu Bernau bei Berlin)
Pankstraße
Mühlenstr.
Jahnstraße
Friedhof
Champigny-
Sur-Marne
1
2
3
4
5
6
7
8
9
10
11
12
69
88
105

88

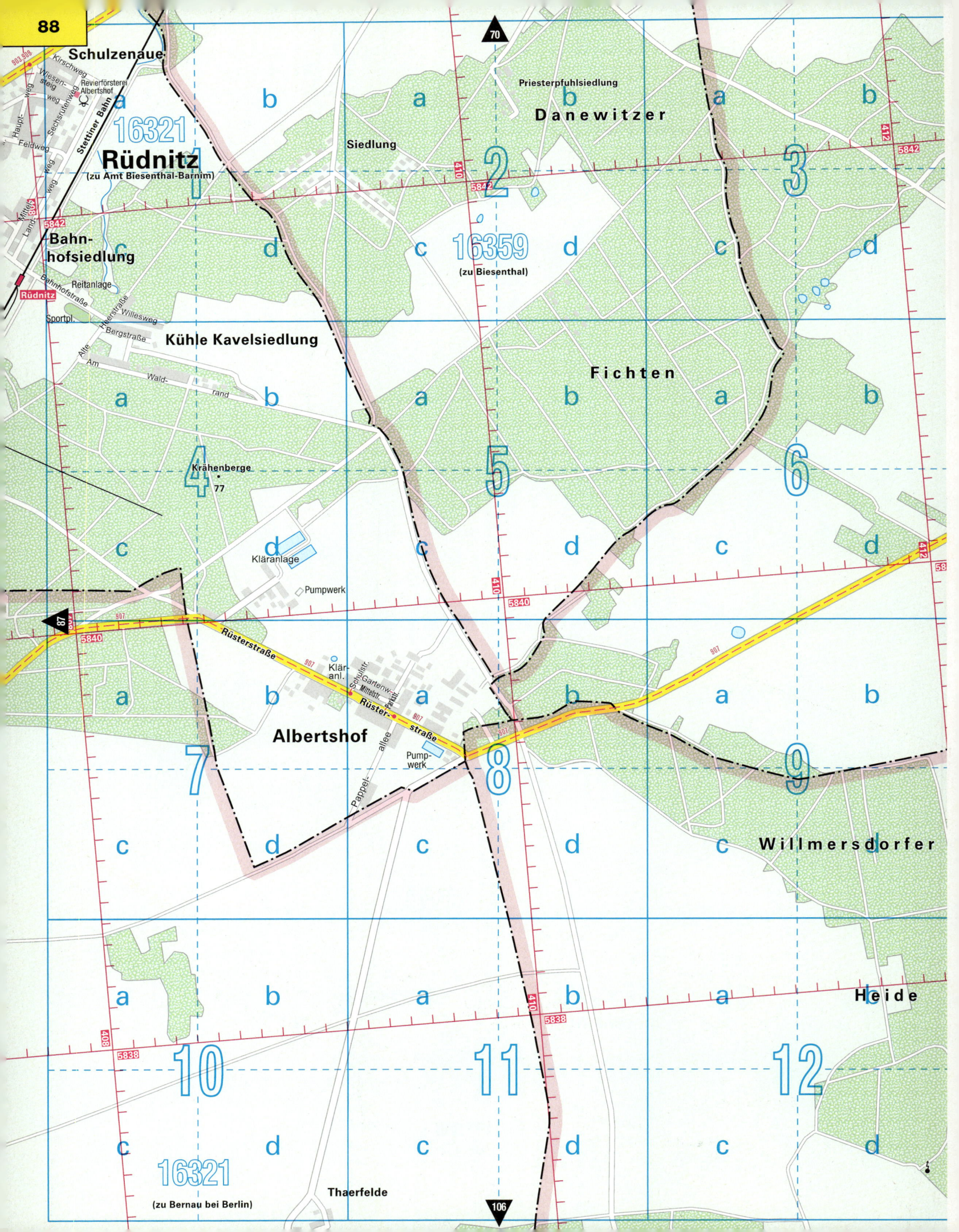

Rüdnitz (zu Amt Biesenthal-Barnim)

16321

Schulzenaue
Kirschweg
Wiesensteig
Revierförsterei Albertshof
Stettiner Bahn
Sechsschulenweg
Hauptstr.
Feldweg
Mittelstr.
Langstr.
Bahnhofsiedlung
Bahnhofstraße
Reitanlage
Rüdnitz
Sportpl.
Heerstraße
Willesweg
Alte Bergstraße
Am Waldrand

Siedlung

Priesterpfuhlsiedlung

Danewitzer

Kühle Kavelsiedlung

16359 (zu Biesenthal)

Fichten

Krähenberge 77

Kläranlage
Pumpwerk

Rüsterstraße
Klär-anl.
Schulstr.
Gartenw.
Mittelstr.
Parkstr.
Rüster-straße
Albertshof
Pumpwerk
Pappel-allee

Willmersdorfer

Heide

16321 (zu Bernau bei Berlin)

Thaerfelde

Sydower Fließ
(zu Amt Biesenthal-Barnim)

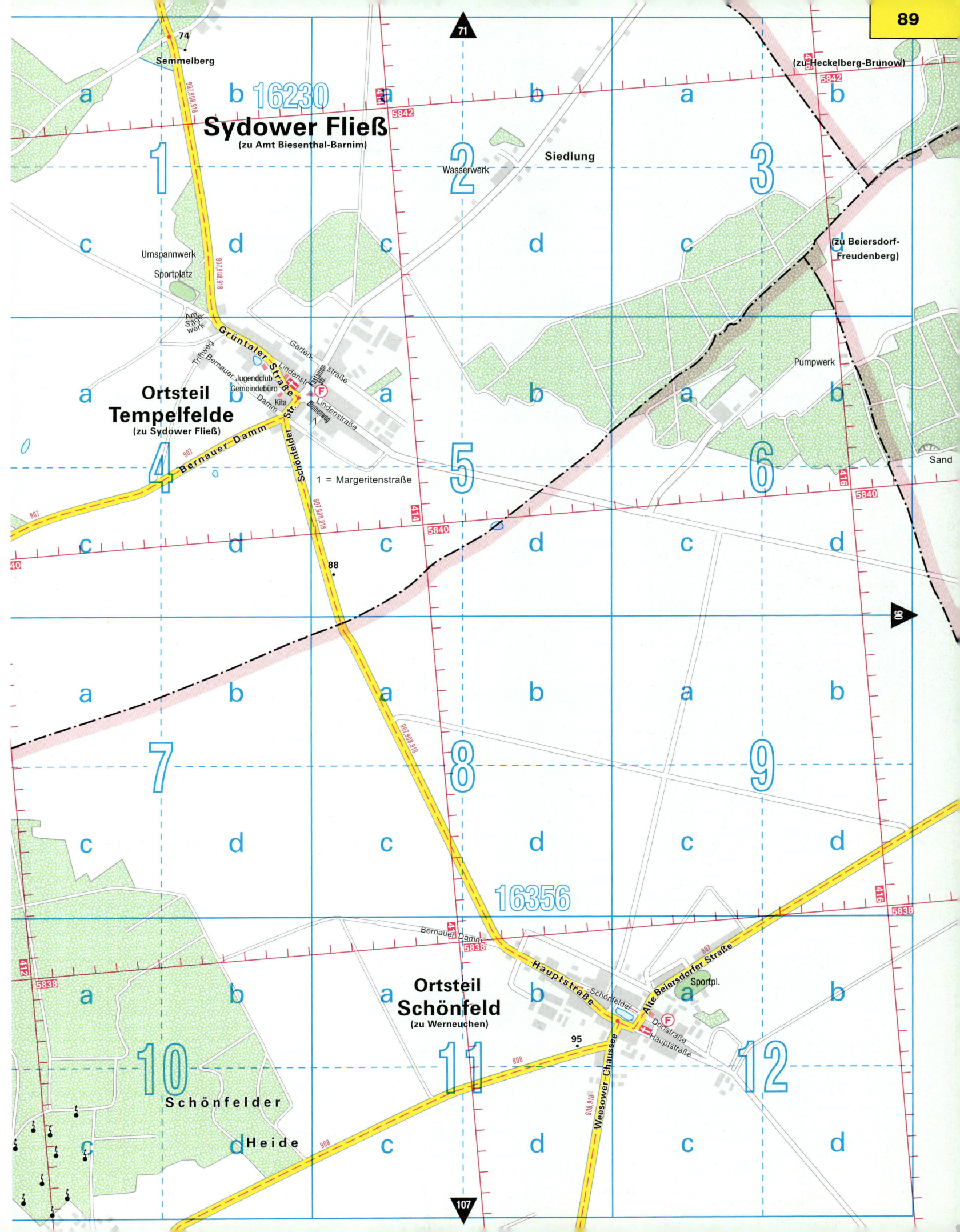

Ortsteil Tempelfelde (zu Sydower Fließ)

1 = Margeritenstraße

Ortsteil Schönfeld (zu Werneuchen)

Schönfelder Heide

Semmelberg
Umspannwerk
Sportplatz
Am Sägewerk
Grüntaler Straße
Triftweg
Bernauer Damm
Jugendclub
Gemeindebüro
Kita
Lindenstraße
Gartenstraße
Kastanienstraße
Blumenweg
Wasserwerk
Siedlung
(zu Heckelberg-Brunow)
(zu Beiersdorf-Freudenberg)
Pumpwerk
Sand
Schönfelder Straße
Bernauer Damm
Bernauer Damm
Hauptstraße
Schönfelder
Alte Beiersdorfer Straße
Sportpl.
Dorfstraße
Hauptstraße
Wesower Chaussee

16230
16356

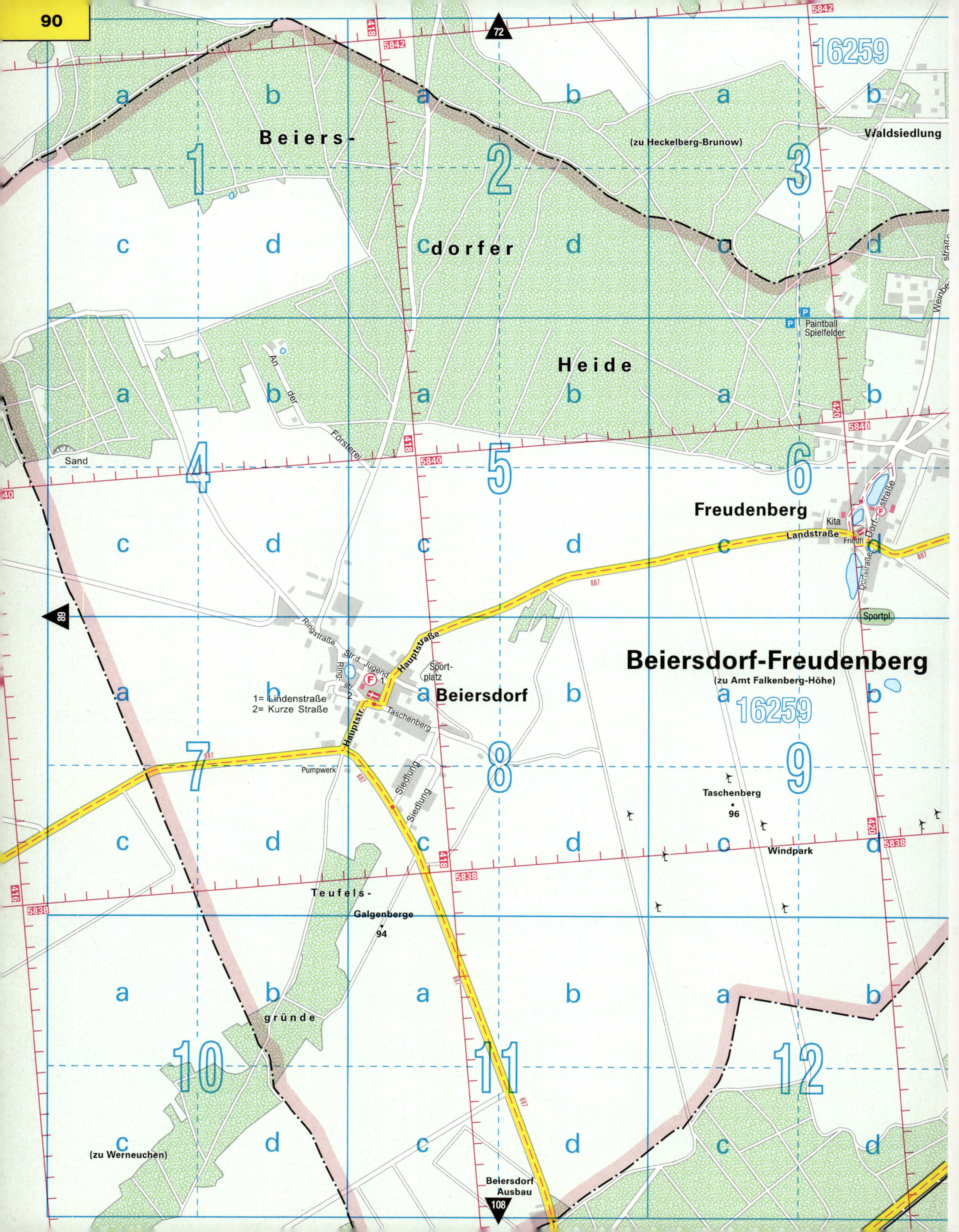
72
16259
Beiers-
dorfer
Heide
(zu Heckelberg-Brunow)
Waldsiedlung
Paintball Spielfelder
An der Försterei
Sand
Freudenberg
Kita
Landstraße
Friedh
Dorfstraße
Sportpl.
89
Ringstraße
Str. d. Jugend
Hauptstraße
Sport-platz
Beiersdorf
1= Lindenstraße
2= Kurze Straße
Taschenberg
Hauptstr.
Pumpwerk
Siedlung
Beiersdorf-Freudenberg
(zu Amt Falkenberg-Höhe)
16259
Taschenberg
96
Windpark
Teufels-
Galgenberge
94
gründe
(zu Werneuchen)
Beiersdorf Ausbau
108
887
5842
5840
5838
416
418
420

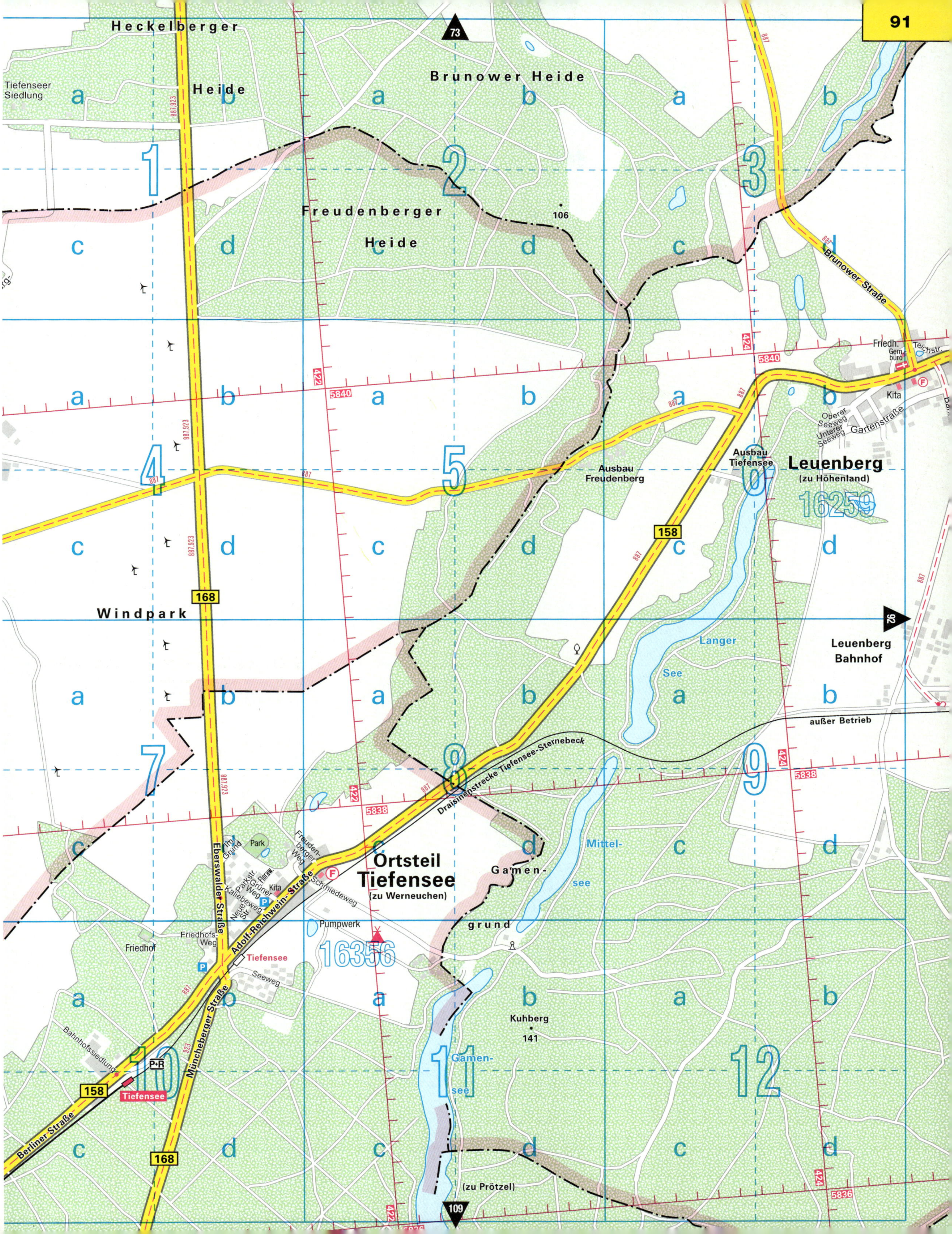

Heckelberger Heide
Tiefenseer Siedlung
Brunower Heide
Freudenberger Heide
106
Brunower Straße
Friedh.
Gem. büro
Teichstr.
Kita
Oberer Seeweg
Unterer Seeweg
Gartenstraße
Ausbau Freudenberg
Ausbau Tiefensee
Leuenberg
(zu Höhenland)
16259
Windpark
Langer See
Leuenberg Bahnhof
außer Betrieb
Draisinenstrecke Tiefensee-Sternebeck
Mittel-see
Ortsteil Tiefensee
(zu Werneuchen)
Gamen-grund
Eberswalder Straße
Adolf-Reichwein-Straße
Freudenberger Weg
Schmiedeweg
Park
Kita
Pumpwerk
16356
Friedhof
Friedhofs-Weg
Tiefensee
Seeweg
Kuhberg
141
Bahnhofssiedlung
Gamen-see
Münchberger Straße
Berliner Straße
P+R
(zu Prötzel)
158
168
73
92
109
5840
5838
5836
887
887.923
422
424
1 2 3 4 5 6 7 8 9 10 11 12

92

Brunower Straße

Haselberger Straße

Steinbeck

Steinb

Berliner Straße

Höhenland
(zu Amt Falkenberg-Höhe)
16259

Leuenberg

Leuenberg Bahnhof

Draisinenstrecke Tiefensee-Sternebeck

außer Betrieb

Forst

Biesow
Friedhof

Leuenberg

Lange Berge

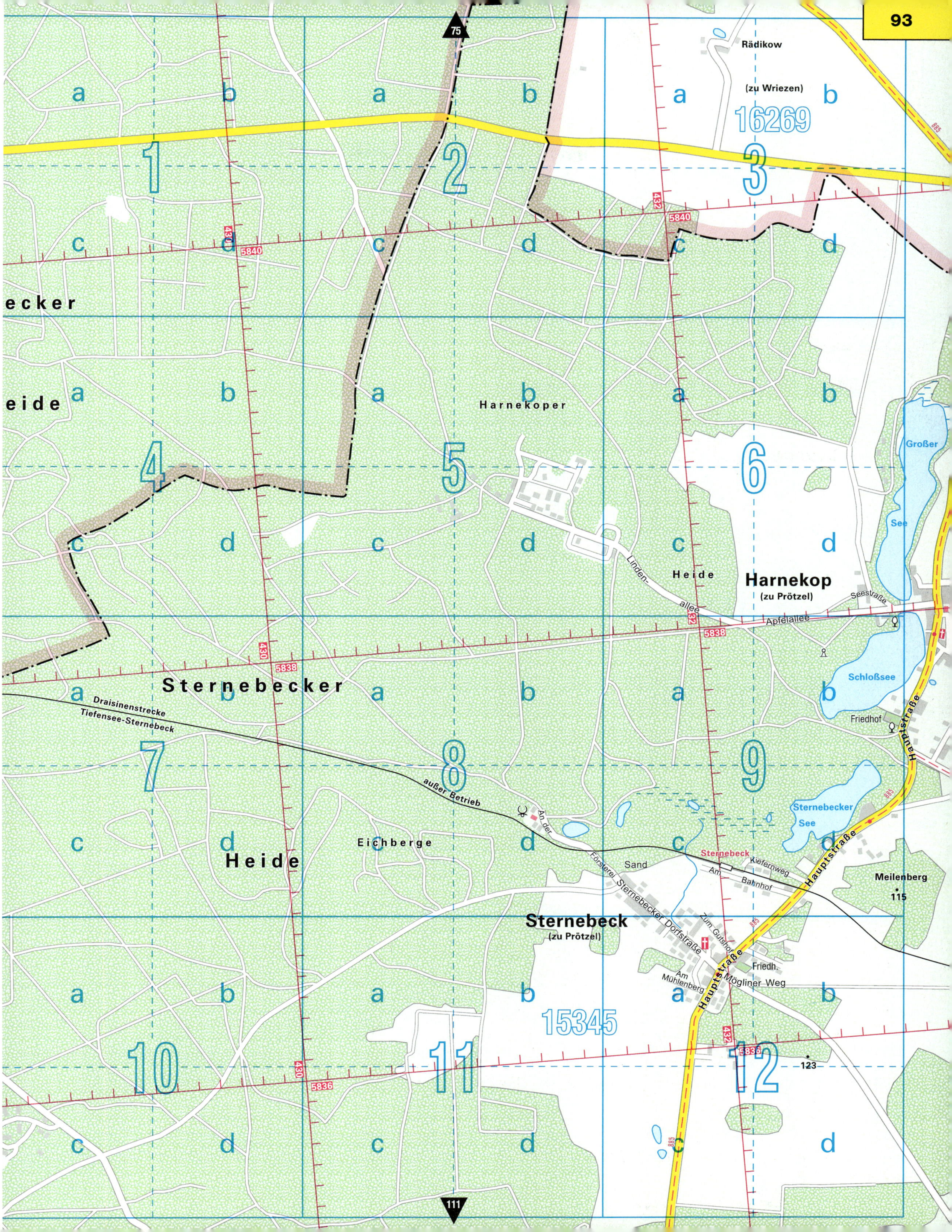
75
Rädikow
(zu Wriezen)
16269
885
432
5840
430
ecker
eide
Harnekoper
Großer
See
Linden-
allee
Heide
Harnekop
(zu Prötzel)
Seestraße
Apfelallee
5838
Schloßsee
Friedhof
Hauptstraße
Sternebecker
Draisinenstrecke
Tiefensee-Sternebeck
außer Betrieb
An der
Försterei
Eichberge
Heide
Sternebecker
See
Sternebeck
Kiefernweg
Am Bahnhof
Sand
Sternebecker Dorfstraße
Zum Gutshof
Meilenberg
115
Sternebeck
(zu Prötzel)
Friedh.
Am Mühlenberg
Mögliner Weg
15345
5836
123
111
1
2
3
4
5
6
7
8
9
10
11
12

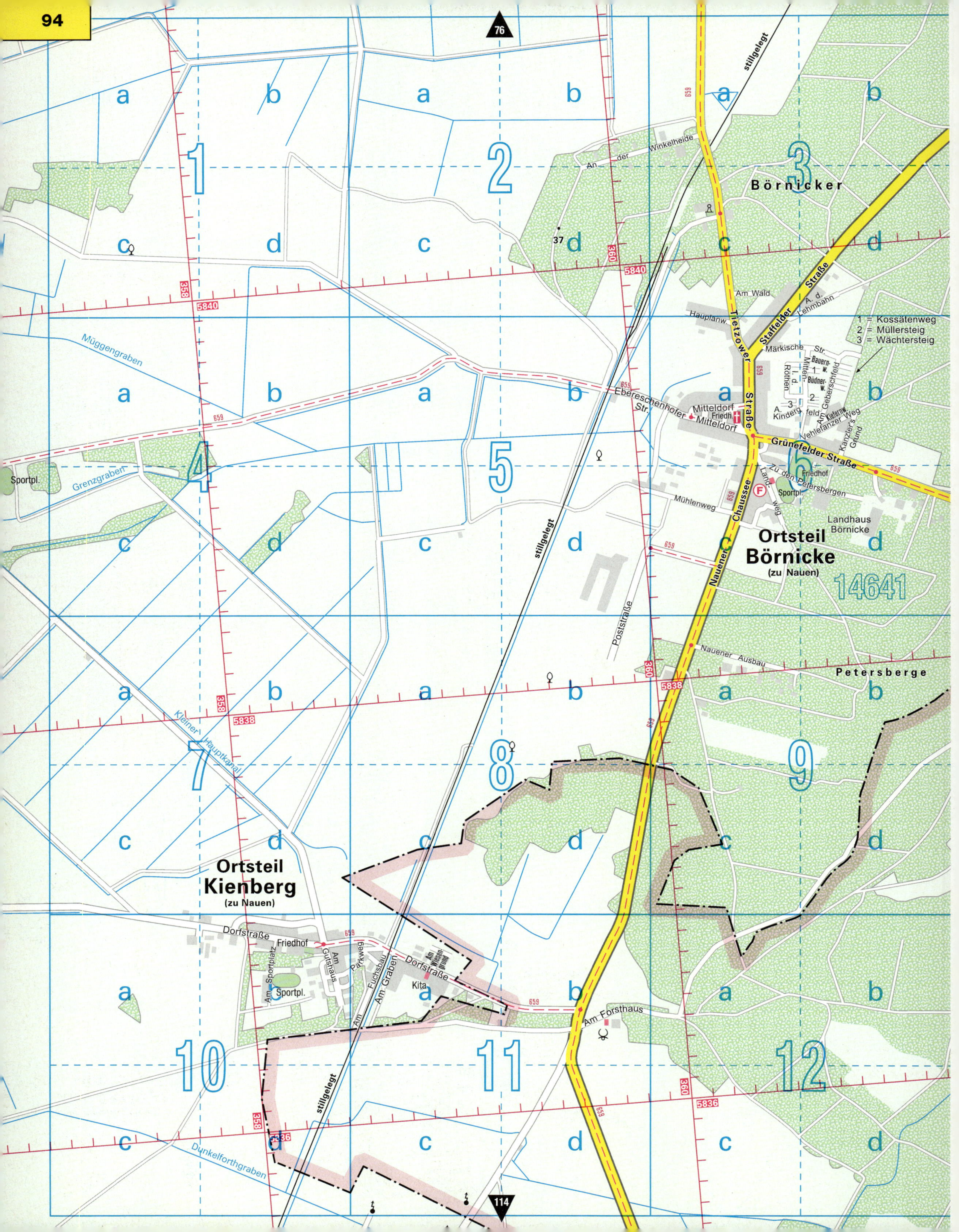
76
114
stillgelegt
An der Winkelheide
Börnicker
Am Wald
Hauptlanw.
Tietzower Straße
Staffelder Straße
A. d. Lehmbahn
1 = Kossätenweg
2 = Müllersteig
3 = Wächtersteig
Märkische Str.
Bauern-w.
Büdner-w.
Mitten-
Rothen
A. Kinderg.
Am Geberschfeld
Vehlefanzer Weg
Kanzlers Grund
Mitteldorf
Friedh.
Ebereschenhofer Str.
Grünefelder Straße
Friedhof
Zu den Petersbergen
Sportpl.
Landweg
Mühlenweg
Nauener Chaussee
Landhaus Börnicke
Ortsteil Börnicke
(zu Nauen)
14641
Poststraße
Nauener Ausbau
Petersberge
Müggengraben
Grenzgraben
Sportpl.
Kleiner Hauptkanal
Ortsteil Kienberg
(zu Nauen)
Dorfstraße
Friedhof
Am Sportplatz
Sportpl.
Am Gutshaus
Parkweg
Fuchsbau
Am Graben
Am Wiesengrund
Dorfstraße
Kita
Am Forsthaus
Dunkelforthgraben
5840
5838
5836
358
360
659
37

95

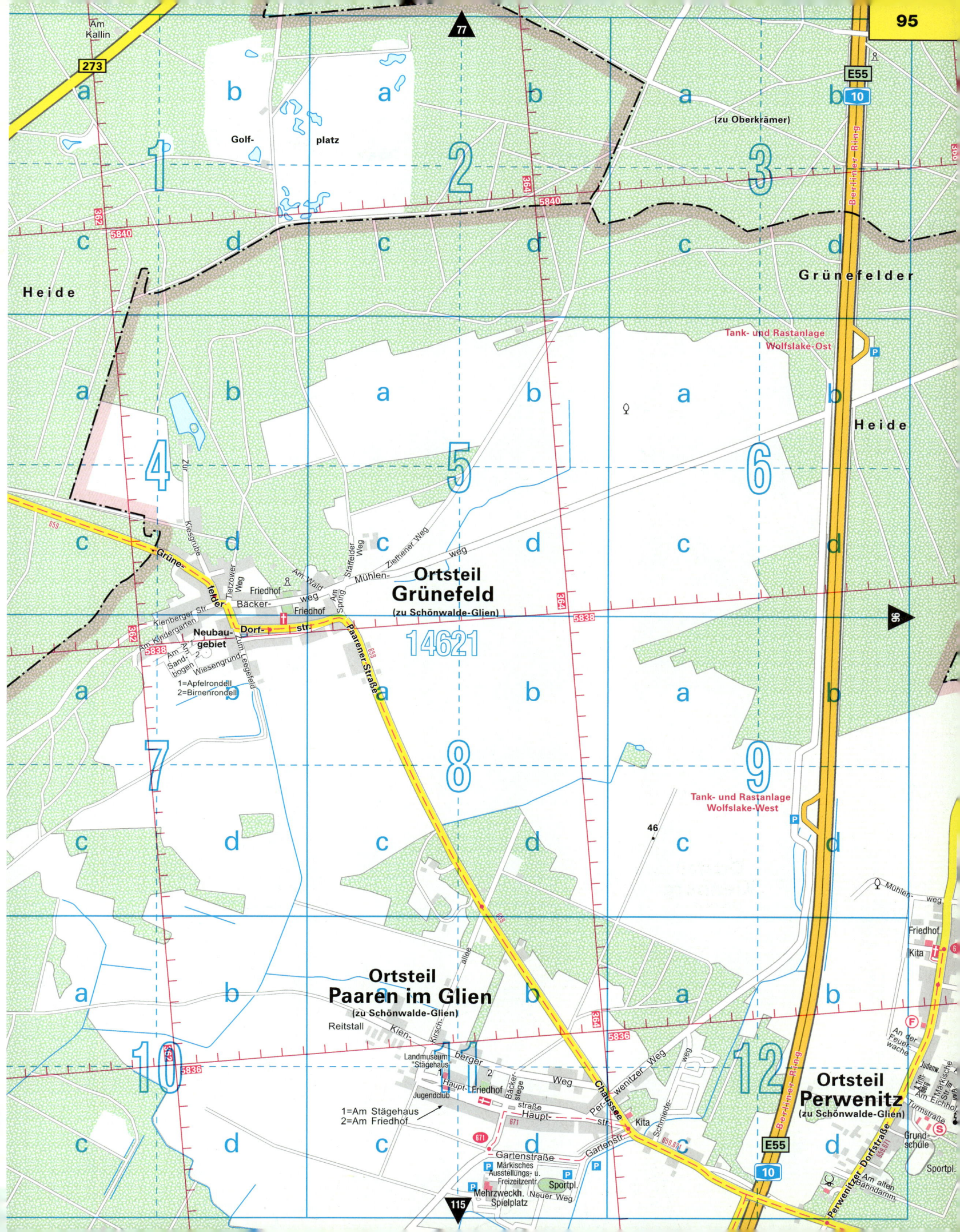

Ortsteil Grünefeld (zu Schönwalde-Glien) 14621

Ortsteil Paaren im Glien (zu Schönwalde-Glien)

Ortsteil Perwenitz (zu Schönwalde-Glien)

1=Apfelrondell
2=Birnenrondell

1=Am Stägehaus
2=Am Friedhof

96

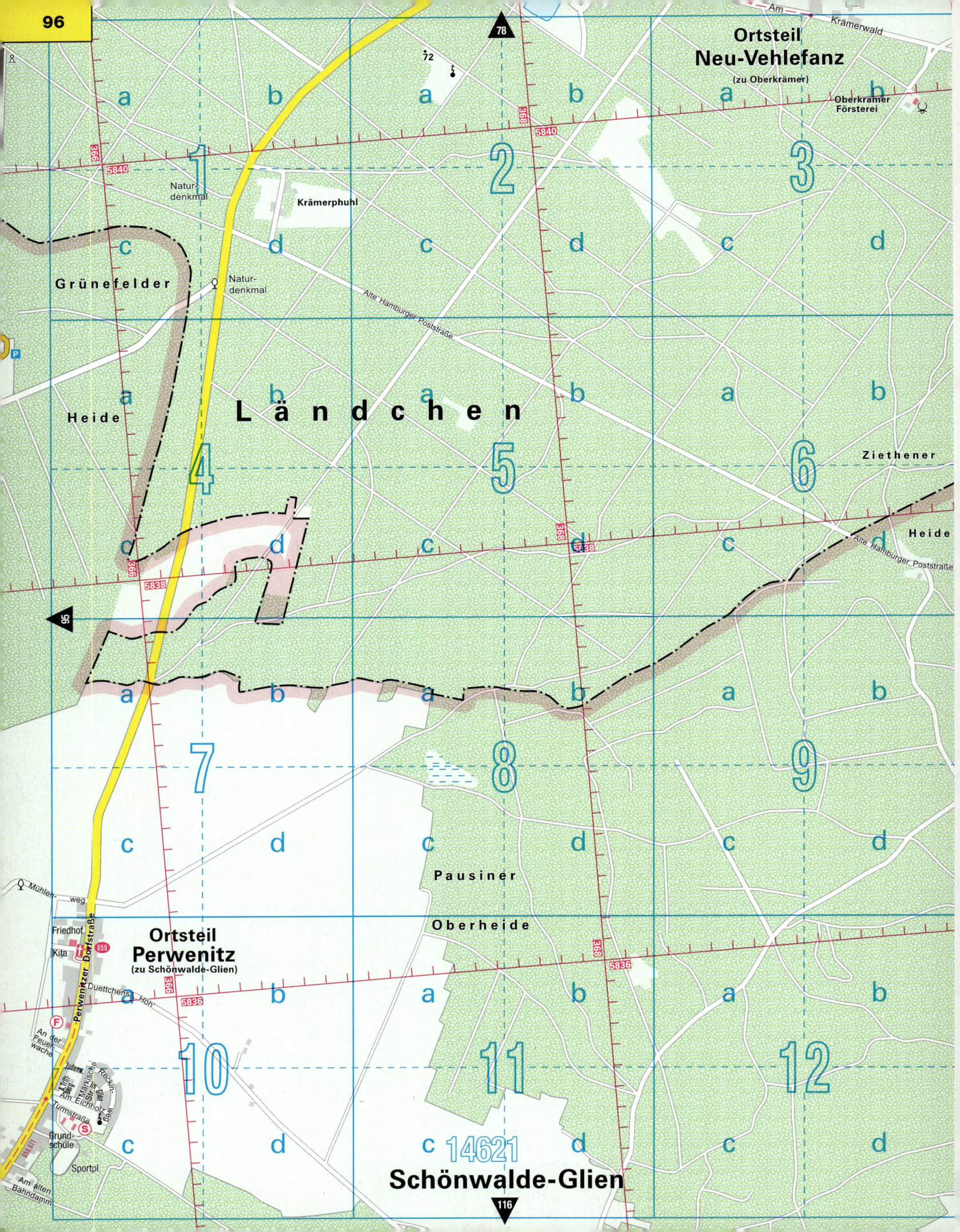

Ortsteil Neu-Vehlefanz (zu Oberkrämer)

Oberkrämer Försterei

Naturdenkmal

Krämerphuhl

Grünefelder

Naturdenkmal

Alte Hamburger Poststraße

Heide

Ländchen

Ziethener Heide

Alte Hamburger Poststraße

Pausiner Oberheide

Mühlenweg

Friedhof
Kita

Ortsteil Perwenitz (zu Schönwalde-Glien)

Perwenitzer Dorfstraße

Düettchens Höh

An der Feuerwache

Grundschule

Sportpl.

Am alten Bahndamm

14621
Schönwalde-Glien

97

Ortsteil Eichstädt (zu Oberkrämer)

Gewerbegebiet Eichstädt Süd

3 = Grüner Weg
4 = Sperlingssteig

Ortsteil Marwitz (zu Oberkrämer)

Staffelder Heide

Marwitzer Heide

Glien

Wansdorfer Oberheide

Ortsteil Wansdorf (zu Schönwalde-Glien)

Neubaugebiet "In den Hufen"

1 = Rotdornallee

Mühlberge

Wansdorfer Chaussee

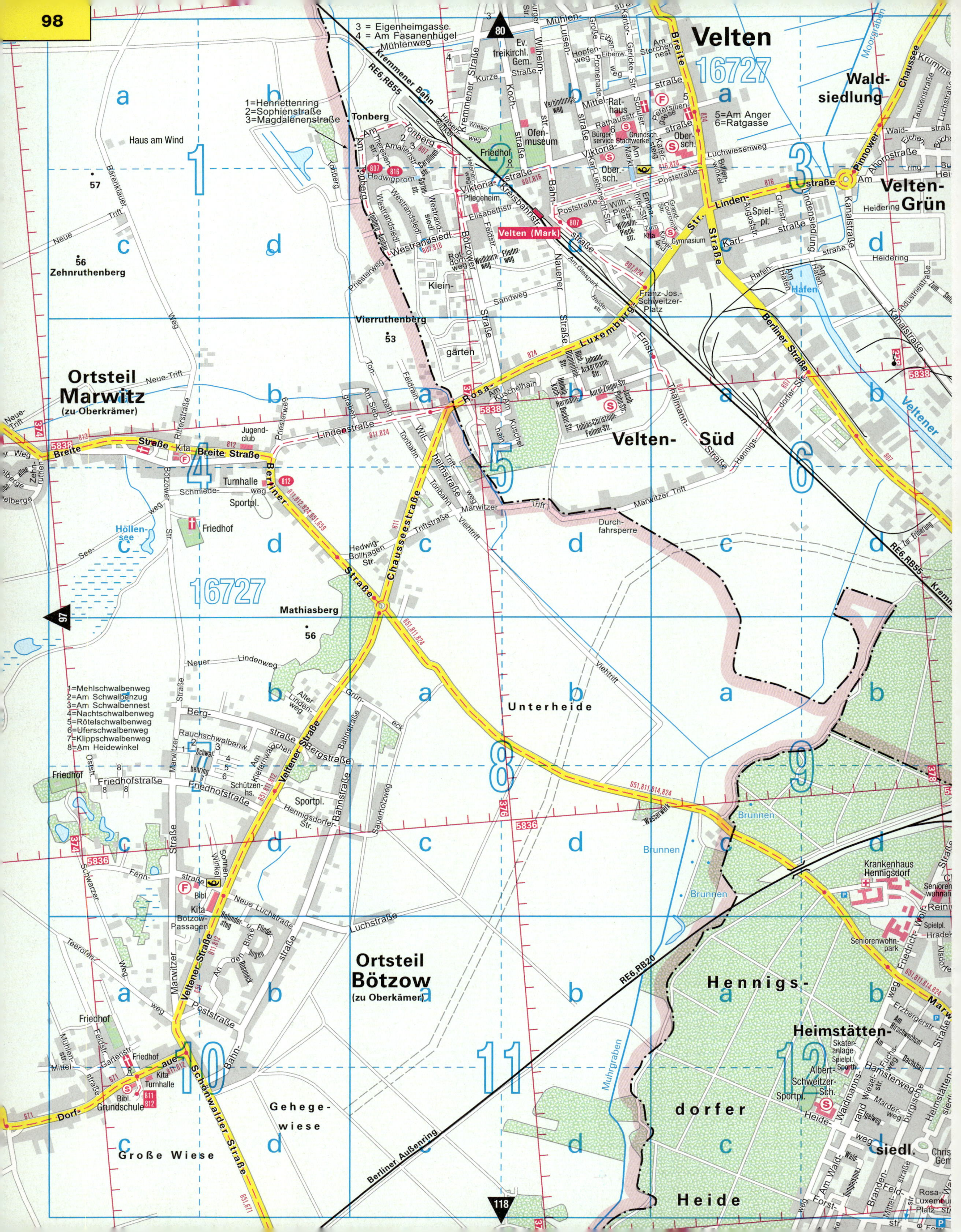
Velten
16727
Wald-siedlung
Velten-Grün
Ortsteil Marwitz
(zu Oberkrämer)
Velten-Süd
16727
Ortsteil Bötzow
(zu Oberkämer)
Hennigs-dorfer Heide
Heimstätten-siedl.
Unterheide
Mathiasberg
Vierruthenberg
Zehnruthenberg
Haus am Wind
Gehege-wiese
Große Wiese
1=Henriettenring
2=Sophienstraße
3=Magdalenenstraße
3 = Eigenheimgasse
4 = Am Fasanenhügel
5=Am Anger
6=Ratgasse
1=Mehlschwalbenweg
2=Am Schwalbenzug
3=Am Schwalbennest
4=Nachtschwalbenweg
5=Rötelschwalbenweg
6=Uferschwalbenweg
7=Klippschwalbenweg
8=Am Heidewinkel
Kremmener Bahn
RE6,RB55
RE6,RB20
Berliner Außenring
Velten (Mark)
Ofen-museum
Friedhof
Rathaus
Gymnasium
Spiel-pl.
Hafen
Luxemburg
Berliner Straße
Breite Straße
Chausseestraße
Veltener Straße
Schönwalder Straße
Berliner Straße
Linden-straße
Luchstraße
Viehtrift
Marwitzer Trift
Durch-fahrsperre
Wasserwerk
Brunnen
Krankenhaus Hennigsdorf
Seniorenwohn-park
Muhrgraben
Veltener
Jugend-club
Turnhalle
Sportpl.
Höllen-see
Kita
Bibl.
Grundschule
Friedhof
Velten Velten
1
2
3
4
5
6
8
9
10
11
12
80
97
118

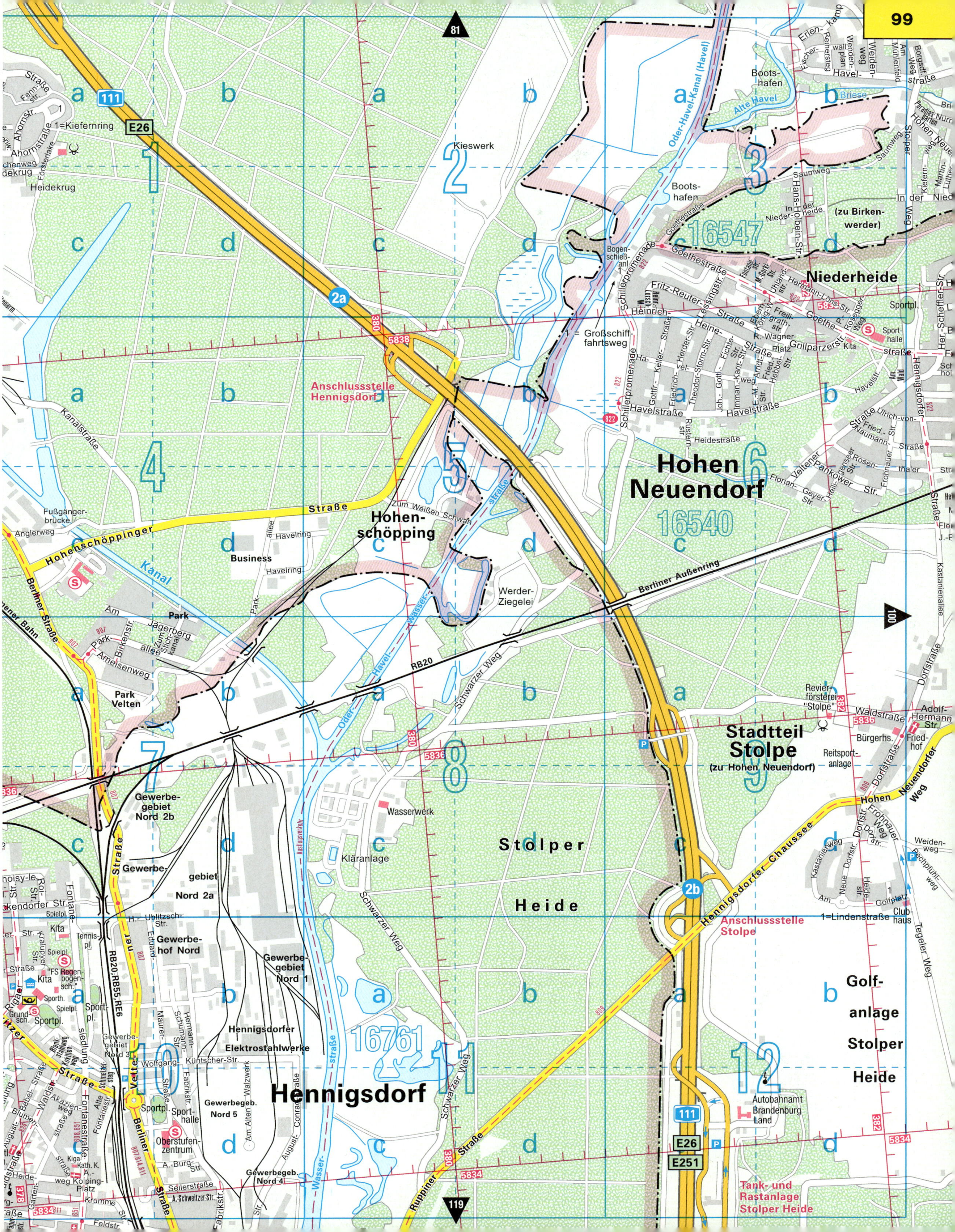
81
Kieswerk
Heidekrug
1=Kiefernring
111
E26
2a
Anschlussstelle Hennigsdorf
Oder-Havel-Kanal (Havel)
Alte Havel
Boots-hafen
Briese
16547
Niederheide
(zu Birken-werder)
Goethestraße
Schillerpromenade
Fritz-Reuter-Straße
Havelstraße
Heidestraße
1 = Großschiff-fahrtsweg
Hohen Neuendorf
16540
Hohen-schöpping
Zum Weißen Schwan
Hohenschöppinger Straße
Business
Havelring
Park
Kanal
Kanalstraße
Fußgänger-brücke
Anglerweg
Berliner Straße
Berliner Außenring
Werder-Ziegelei
RB20
Schwarzer Weg
Park Velten
Ameisenweg
Jägerberg
Gewerbe-gebiet Nord 2b
Gewerbe-gebiet Nord 2a
Gewerbe-hof Nord
Gewerbe-gebiet Nord 1
Wasserwerk
Kläranlage
Stolper Heide
Revier-försterei "Stolpe"
Waldstraße
Stadtteil Stolpe
(zu Hohen Neuendorf)
Reitsport-anlage
Bürgerhs.
Friedhof
Hohen Neuendorfer Weg
Hennigsdorfer Chaussee
2b
Anschlussstelle Stolpe
1=Lindenstraße
Golfanlage Stolper Heide
Club-haus
Tegeler Weg
100
Hennigsdorfer Elektrostahlwerke
16761
Hennigsdorf
Gewerbegeb. Nord 5
Gewerbegeb. Nord 4
Oberstufen-zentrum
Sporthalle
Ruppiner Straße
Autobahnamt Brandenburg Land
E251
Tank- und Rastanlage Stolper Heide
119
Wasserstraße
RB20.RB55.RE6
Fontanestraße
Veltener Straße

Birkenwerder
16547
Birkenwerder (bei Berlin)
Clara-Zetkin-Str.
Bergfelder Straße
Birkenwerder Straße
Karmelitenkloster St. Teresa
Heideplan
Stadtteil Bergfelde
(zu Hohen Neuendorf)
16562
Zühlsdorfer Str.
Wandlitzer Str.
Forsthaus Elseneck
Frauenpfuhle
Flachslake
Helmut-Just-Str.
Am Langen Berg
Friedhof
Dorfstr.
Bergfelde
1 = Sophiensteig
2 = Luisensteig
3 = Finkenwerder Ring
Berliner Außenring
Hohen-Neuendorfer Weg
Sommer-
Hauptstraße
Oranienburger Straße
Nordbahn
Teerofenpfuhl
Zühlsdorfer
Hochlandstraße
Wasserturmsiedl.
Hohen Neuendorf
Wasserturm
3=Niederbarnimer Straße
Himmelspagode
Friedhof
Sportpl.
Sporthalle
Briesestraße
Lindaustraße
Erdmannstraße
Schönstraße
Haubachstraße
Leuschnerstr.
Bästleinstr.
Friedrich-Engels-Str.
Waldmannsluster Straße
Hennigsdorfer Str.
Hohen Neuendorf West
Fried.-Naumann-Str.
Platanenallee
Birken-
K.-Marx-
Wildbergplatz
Schönfließer Straße
Hohen Neuendorf
Thalmannpl.
Bibliothek
Rathaus
Gymn.
Grundsch.
Kita
Mädchenviertel
Kl. Rotpfuhl
Gr. Rotpfuhl
Dichterviertel
4 = Birkfeldstraße
Uhlandstr.
Lessingstraße
Schönfließer Straße
Mittelstr.
Waldstraße
Zetkinstr.
Annemariestr.
Amarita
Lärchenweg
Handels-und Dienstleistungszentrum (HDZ)
Ev. Seniorenheim St. Elisabeth Stiftung
Neuendorfer Str.
Alte Kolonie
Gallberge
66
Eichenallee
Tucholskystraße
Kurt-
Luisenstr.
Emilestr.
Zille-Ad.
Damaschkeplatz
Luxemburg-
Bebelstr.
August-
Rosa
K.-Liebknecht
Stolper
Insel-
platz
Osramsiedlung
Paulstraße
Burghardtstr.
Parkstraße
Gewerbe-u. Handwerkspark
Gewerbestraße
Turm "Deutsche Waldjug."
Kolonie
Hubertussee
Berliner Forst
Utestraße
Rosamunde-
Hubertusgraben
16540
Neuendorfer Weg
Stadtteil Stolpe
(zu Hohen Neuendorf)
Friedhof
Dorfstraße
Invalidensiedlung
Invaliden-sportpl.
Invalidensiedl.
Hubertusweg
Oranienburger Chaussee
Forsthaus Bieselheide
Bieselfließ
1=Ebereschenweg
2=Birkenweg
3=Pfaffenhutweg
4=Roßkastanienweg
5=Goldregenweg
6=Holunderweg
7=Traubenkirschenweg
8=Bergkirschenweg
9=Vogelkirschenweg
10=Hainbuchenweg
Forst
Bieselheide
Fürst-Donnersmarck-Haus Rehabilitationszentr. f. Körperbeh.
Loreleiberge
63
Weidenweg
Golfplatz
Clubhaus
Tegeler Weg
Pechpfuhl-
Golfanlage Stolper Heide
13465
1 = Haflingerpfad
2 = Rappenweg
Senheimer
Bezirksbaumschule
Poloplatz
Sporthalle
Sportpl.
Tennispl.
Jugendclub
Ludwig-Lesser-Park
Tegel
Frohnau
(Bez. REINICKENDORF)
Schwarzkittelweg
Am Pilz
Magdeburger Straße
Hamburger Str.
16548
Zeltinger Str.
Schönfließer Str.
Neubrücker Straße
Friedhof Frohnau Kapelle
Sportfläche
Stolpe
Tegel
96
96a
82
120
RB20
RE5, RB12
S8, RB12, RE5
S1
RB12
S8, RE5

Mühlenbecker Land
Ortsteil Mühlenbeck (zu Mühlenbecker Land)
Ortsteil Schönfließ (zu Mühlenbecker Land)
Ortsteil Schildow (zu Mühlenbecker Land)
Feldheim
Mühlenbecker Viertel
Altes Dorf
Siedlung Großstückenfeld
Katharinensee
Glienicke/ Nordbahn
Großes Winterfeld
Toter See
Gut Kranichberg
Anschlussstelle Mühlenbeck
Gewerbegebiet
Berliner Außenring
16567
16552
1=Am Spitzsee
2=Weidensteg
11=Rotbuchenweg
12=Weidenweg
13=Bergahornweg
14=Spitzahornweg

Ortsteil
Schönwalde
(zu Wandlitz)
1=Am Vogelsang
2=Spechtweg
3=Elstergasse
84
Tegeler
Fließtal
Bullen-
wiese
Schönwalde (Barnim)
Mühlenbecker
Chaussee
Bernauer
Hauptstraße
Landweg
Friedhof
4=Tuchmacherweg
5=Stellmacherweg
Heidekrautbahn
Karl-Schweitzer-Str.
Waldstr.
Parkaue
Neu-Eichen-grund
Wald-siedlung
Kiefernweg
Schloßstraße
109
891
5838
392
Zu den Heubergen
A.d. Heide-bergen
Schönerlinder
Chaussee
Buchhorst
Friedh.
Museumseisenbahn
Berliner Ring
Zehnrutenweg
Ziegeleiweg
Alte Ziegelei
An den Teichen
Buchhorster
Straße
Bahnhofstraße
Gewerbe-
gebiet
Am Hasensprung
Mühlenbeck
Schönerlinder
Chaussee
Mühlenbecker
Straße
Kläranlage
Klär-
werk
NE27
Heidekrautbahn
394
5836
16348
16567
Woltersdorf
Woltersdorfer Straße
Niederbarnimer Eisenbahn
101
Klein-
gärten
Berufsförd.-werk Berlin Brandenburg
Petersberg
61
E55
10
Sport-pl.
Heerstraße
Ortsteil
Schönerlinde
(zu Wandlitz)
1 = Zum hohen Graben
2 = Zur Reitbahn
Mühlenbecker Straße
Schönerlinder Dorfstraße
Mühlenbeck-Mönchmühle
Kies-see
Freibad
Mönchmühle
Schöner-
linder
Fisch-
teiche
Gewerbe-
gebiet
Schönerlinder Bahnhofstraße
Schönerlinde
Gehweg-an-der-Bahn
Industrie-
35
Dreieck
Pankow
Klg.-anl.
An den Teichen
NSG
Kalktuff-
gelände
am
Tegeler
Fließ
Ortsteil
Schildow
(zu Mühlenbecker Land)
16552
13159
Hauptstraße
Arkenberge
Deponie
Klg.-anl. Arkenberge
Kiessee
Arkenberge
S8
RE5, RB12
Berliner Außenring
Straße nach Arkenberge
Blankenfelder Graben
1
Brendegraben
13127
114
Arkenberger Damm
Lindenhof
Vorwerk
Gewerbegebiet
Pankow-Nord
122
5834
Goethestr.
H.-Heine-Str.
Kleist-str.
Schillerstr.
Wagner-Str.
Tschaikowskistraße
Lessingstr.
Mönchmühlenallee
Rosenallee
Kastanienallee
Blankenfelder Straße

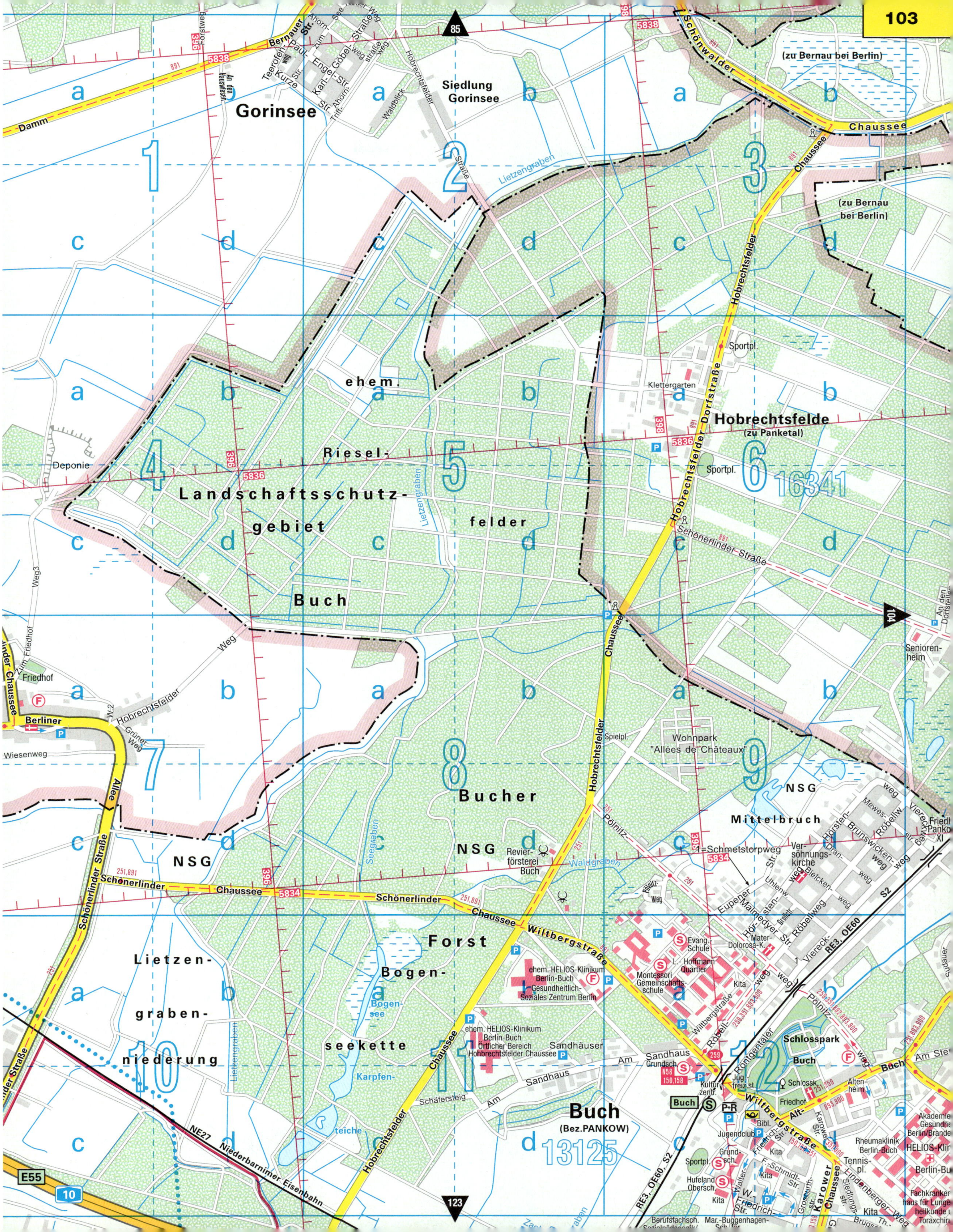
Gorinsee
Siedlung Gorinsee
Bernauer Str.
Damm
Teerofen
Paul-Engel-Str.
Karl-Gobel-Straße
Kurze Str.
Ahorn-
Waldblick
Hobrechtsfelder Straße
Lietzengraben
Schönwalder Chaussee
(zu Bernau bei Berlin)
(zu Bernau bei Berlin)
Chaussee
Deponie
Landschaftsschutz-
gebiet
ehem.
Riesel-
felder
Buch
Kletterarten
Sportpl.
Hobrechtsfelde
(zu Panketal)
Hobrechtsfelder Dorfstraße
Sportpl.
16341
Schönerlinder Straße
Weg3
Zum Friedhof
Friedhof
Berliner
Wiesenweg
Grüner Weg
Hobrechtsfelder Weg
Allee
Schönerlinder Straße
Schönerlinder Chaussee
NSG
Senioren-heim
Spielpl.
Wohnpark "Allées de Châteaux"
NSG
Mittelbruch
Hobrechtsfelder Chaussee
Bucher
NSG
Revier-försterei Buch
Waldgraben
Seegraben
Forst
Bogen-
seekette
Bogen-see
Karpfen-
teiche
Lietzen-
graben-
niederung
Lietzengraben
Wiltbergstraße
ehem. HELIOS-Klinikum Berlin-Buch Gesundheitlich-Soziales Zentrum Berlin
ehem. HELIOS-Klinikum Berlin-Buch Örtlicher Bereich Hobrechtsfelder Chaussee
Sandhäuser
Am Sandhaus
Schäfersteig
Evang. Schule
L.-Hoffmann-Quartier
Montessori Gemeinschafts-schule
Kita
Schmetstorpweg
Ver-söhnungs-kirche
Röbellweg
Viereck-weg
Pölnitzweg
Schlosspark Buch
Schlosskirche
Friedhof
Alten-heim
Am Stener Berg
Rheumaklinik Berlin-Buch
HELIOS-Klinikum Berlin-Buch
Buch
(Bez.PANKOW)
13125
Buch
Jugendclub
Bibl.
Grundsch.
Sportpl.
Hufeland Obersch.
Kita
Karower Chaussee
Lindenberger Weg
Niederbarnimer Eisenbahn
NE27
E55
10
RE3, OE60, S2
S2
85
104
123
5838
5836
5834

Stadtteil Schönow
(zu Bernau bei Berlin)
(zu Panketal)
Friedenstal
Blumenhag
Eichwerder
Röntgental
Lauseberg
Faule Wiese
1=Ueckerstraße
2=Altmarkweg
3=Oderbruchweg
4=Mendelssohnstraße
5=Brixener Straße
Ortsteil Zepernick
(zu Panketal)
Zepernick (b.Bernau)
Bernau-Friedenstal
Röntgental
Natur-schutz-gebiet
Stenerbruch
Bergwalde
Panketal
Gehrenberge
Mülldeponie
Alpenberge
Kl. Heide
Schwanebeck-West
Schwanebeck
Friedrichshof
Buch
(Bez. PANKOW)
Median Klinik
Geriatrie u. Rehabilitation
Wasserturm
Heizkraftwerk
Akademie der Gesundheit Berlin/Brandenburg e.V.
HELIOS-Klinikum
Berlin-Buch
Fachkrankenhaus für Lungenheilkunde u. Thoraxchirurgie
Landeseigener Friedhof XII
Stadt-Friedhof Berlin-Buch
Kapelle
1 = Hohen Tauerner Weg
2 = Dachsteiner Weg
3 = Großglocknerweg
4 = Bregenzer Weg
5 = Bad Ischler Weg
6 = Villacher Weg
7 = Klagenfurter Weg
13125
16341
Schönower Chaussee
Berliner Straße
Schönower Straße
Bernauer Allee
Bernauer Straße
Zepernicker Chaussee
Bucher Straße
Schwanebecker Chaussee
Bernauer Chaussee
Stettiner Bahn
Panke
Dransebach
Oberschule und Grundschule
Mehrzweckhalle
Jugendzentrum
86
103
124
11
16
E28

105

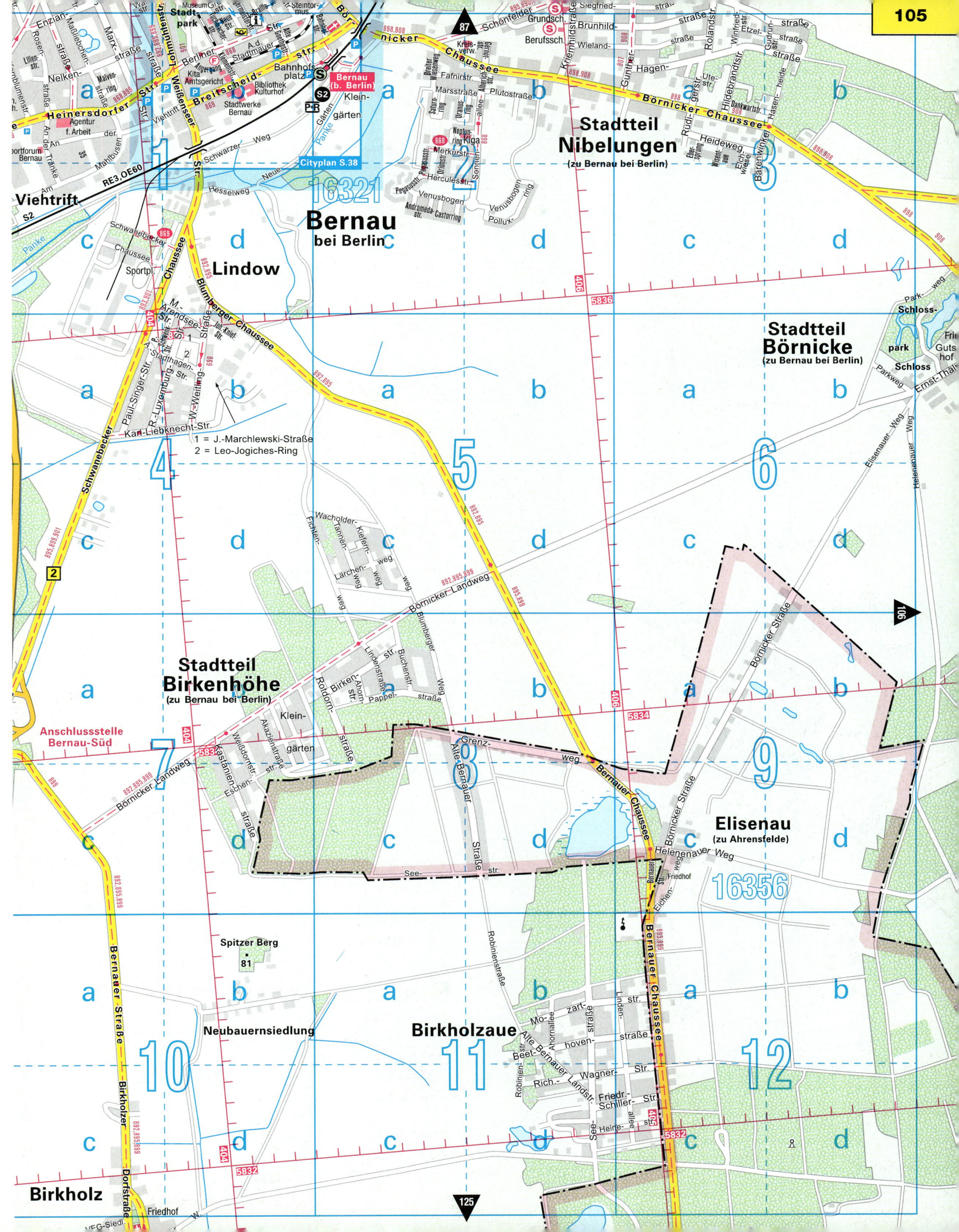

Bernau bei Berlin

Stadtteil Nibelungen
(zu Bernau bei Berlin)

Stadtteil Börnicke
(zu Bernau bei Berlin)

Stadtteil Birkenhöhe
(zu Bernau bei Berlin)

1 = J.-Marchlewski-Straße
2 = Leo-Jogiches-Ring

Viehtrift

Lindow

Anschlussstelle Bernau-Süd

Spitzer Berg 81

Neubauernsiedlung

Birkholzaue

Elisenau (zu Ahrensfelde)

Birkholz

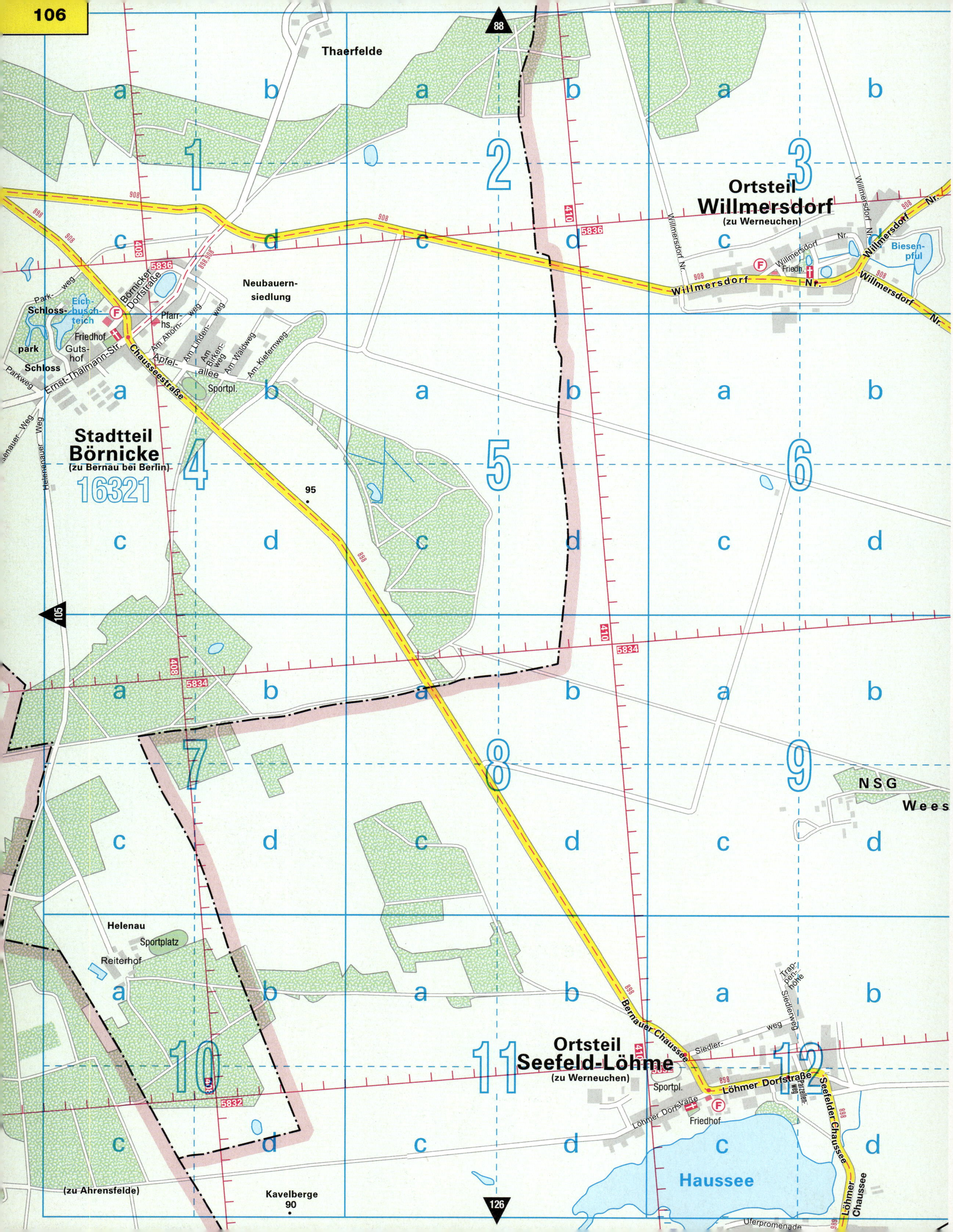
Thaerfelde
88
Ortsteil
Willmersdorf
(zu Werneuchen)
Willmersdorf Nr.
Willmersdorfer Nr.
Biesenpfuhl
Friedh.
Neubauernsiedlung
Schlosspark
Schloss
Eichbuschteich
Friedhof
Gutshof
Pfarrhs.
Börnicker Dorfstraße
Ernst-Thälmann-Str.
Chausseestraße
Parkweg
Am Ahornweg
Am Lindenweg
Am Birkenweg
Am Waldweg
Am Kiefernweg
Apfelallee
Sportpl.
Stadtteil
Börnicke
(zu Bernau bei Berlin)
16321
Helenauer Weg
95
105
NSG
Wees
Helenau
Sportplatz
Reiterhof
Ortsteil
Seefeld-Löhme
(zu Werneuchen)
Bernauer Chaussee
Siedlerweg
Trappenhöhe
Löhmer Dorfstraße
Seefelder Chaussee
Löhmer Chaussee
Sportpl.
Friedhof
Haussee
Uferpromenade
Kavelberge
90
(zu Ahrensfelde)
126
1
2
3
4
5
6
7
8
9
10
11
12

107

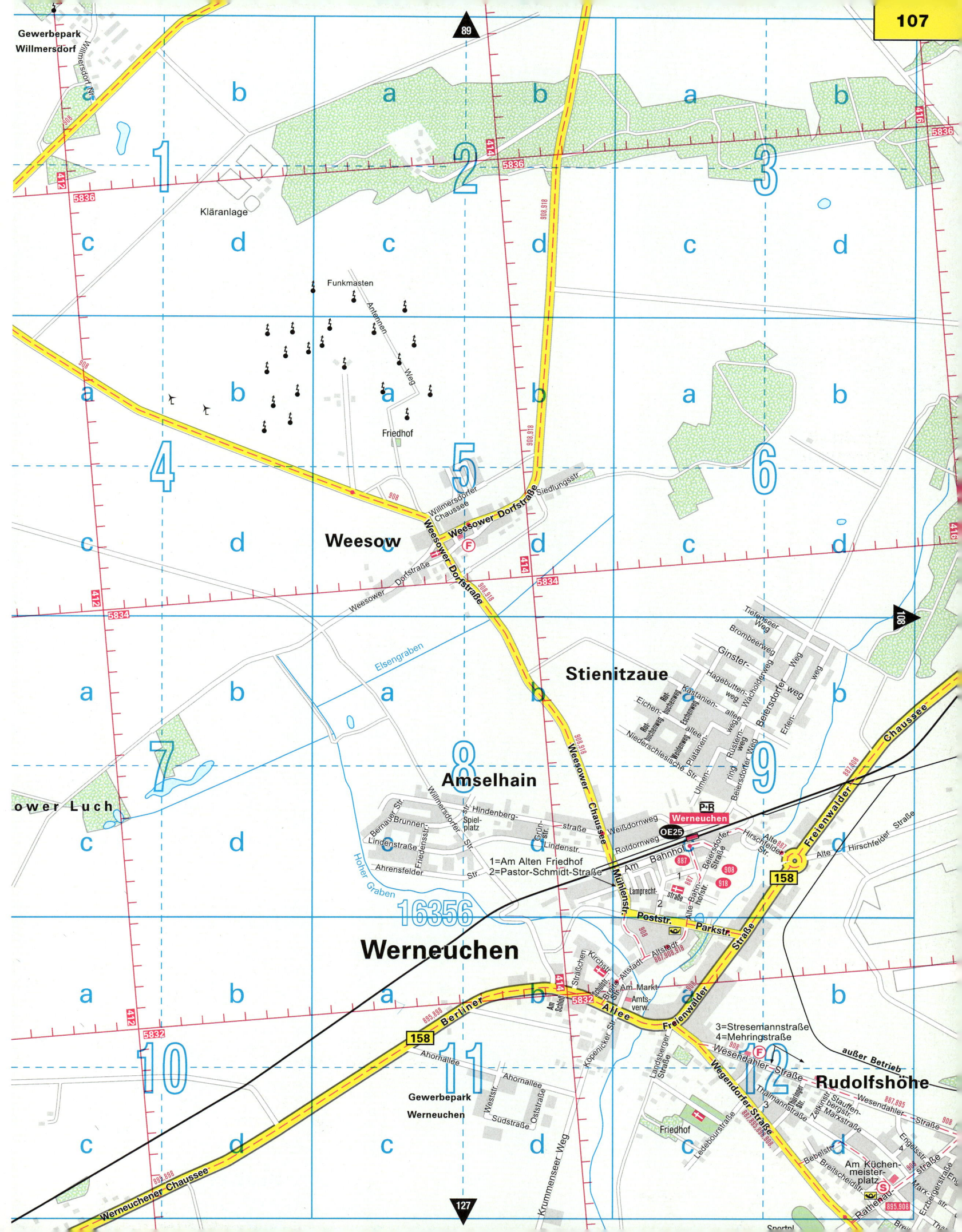

Gewerbepark Willmersdorf

Kläranlage

Funkmasten

Friedhof

Weesow

Stienitzaue

Elsengraben

Amselhain

ower Luch

Hoher Graben

1=Am Alten Friedhof
2=Pastor-Schmidt-Straße

Werneuchen

Gewerbepark Werneuchen

3=Stresemannstraße
4=Mehringstraße

Rudolfshöhe

108

16259
(zu Beiersdorf-Brunow)
Pfingstberg
91

Beiersdorf Ausbau

1 a b 2 a b 3 a b
1 c d 2 c d 3 c d

Jugendbildungsstätte Kurt Löwenstein

Werftpfuhl

Werneuchen-Ost

Waldweg Ring
Schönfelder Weg
Ahornweg

Hirschfelder Straße

Hirschfelder Heide

4 a b 5 a b 6 a b

Freienwalder Allee
Freienwalder Chaussee

Kirschweg
Hirschfelder Weg
Kiefernweg
Gartenweg

Pumpwerk

4 c d 5 c d 6 c d

158

16356

Schönfelder Damm

Heidekruger Weg
Eduard-Arnold-Str.
Akazienallee
Ernst-Thälmann-Straße

7 a b 8 a b 9 a b

Werneuchener Str.

Ortsteil Hirschfelde
(zu Werneuchen)

E.-Arnold-Str.
Gartenstraße
Friedh.
Gartenstraße
Schloss

7 c d 8 c d 9 c d

Alte Hirschfelder Straße

Solarpark

Rosenweg
Bienengasse
Ernst-Thälmann-Straße

Flugplatz Werneuchen

10 a b 11 a b 12 a b

Rudolfshöhe

außer Betrieb

Jugend-Sport-und Freizeitzentrum
Grundschule Goldregenstr.
Am Klee-
Johann-de-Warnow-Str.
Lilienstr.
Anemonenstraße
Klawitter Straße
von-Arnim-Straße

Rosenpark
Rosenplatz

10 c d 11 c d 12 c d

Wesendahler Straße
Reich...
Klee-allee
Rosen-ring
Sanddornstraße
Pommernstraße

Rathenaustraße
Marksfeld
Engels-str.
Sachsenstr.
Goethe-str.
Forster-str.
Thäl...

128

109

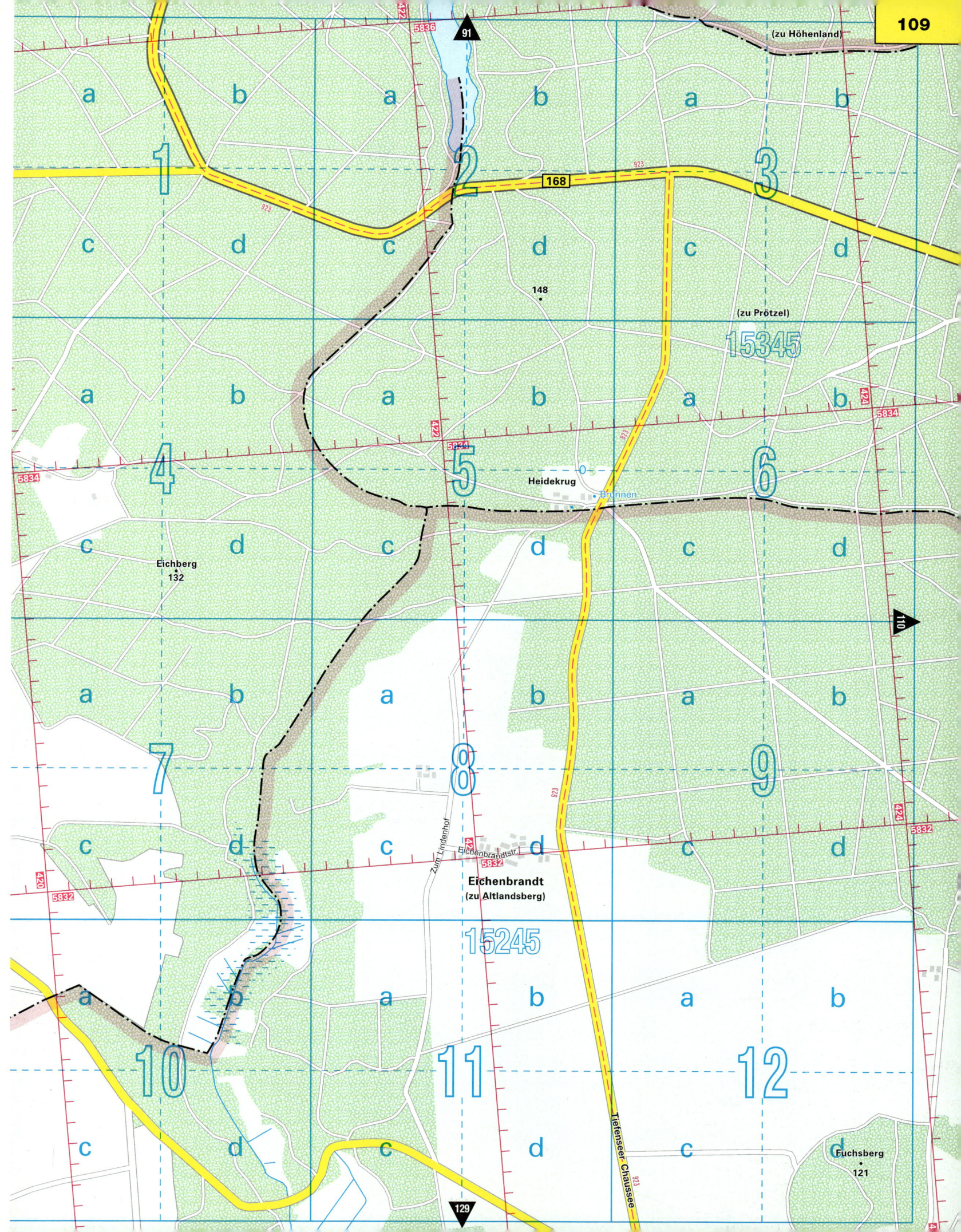

(zu Höhenland)

168

(zu Prötzel)

15345

148

Heidekrug
Brunnen

Eichberg
132

110

Zum Lindenhof
Eichenbrandtstr.
Eichenbrandt
(zu Altlandsberg)

15245

Tiefenseer Chaussee

129

Fuchsberg
121

110

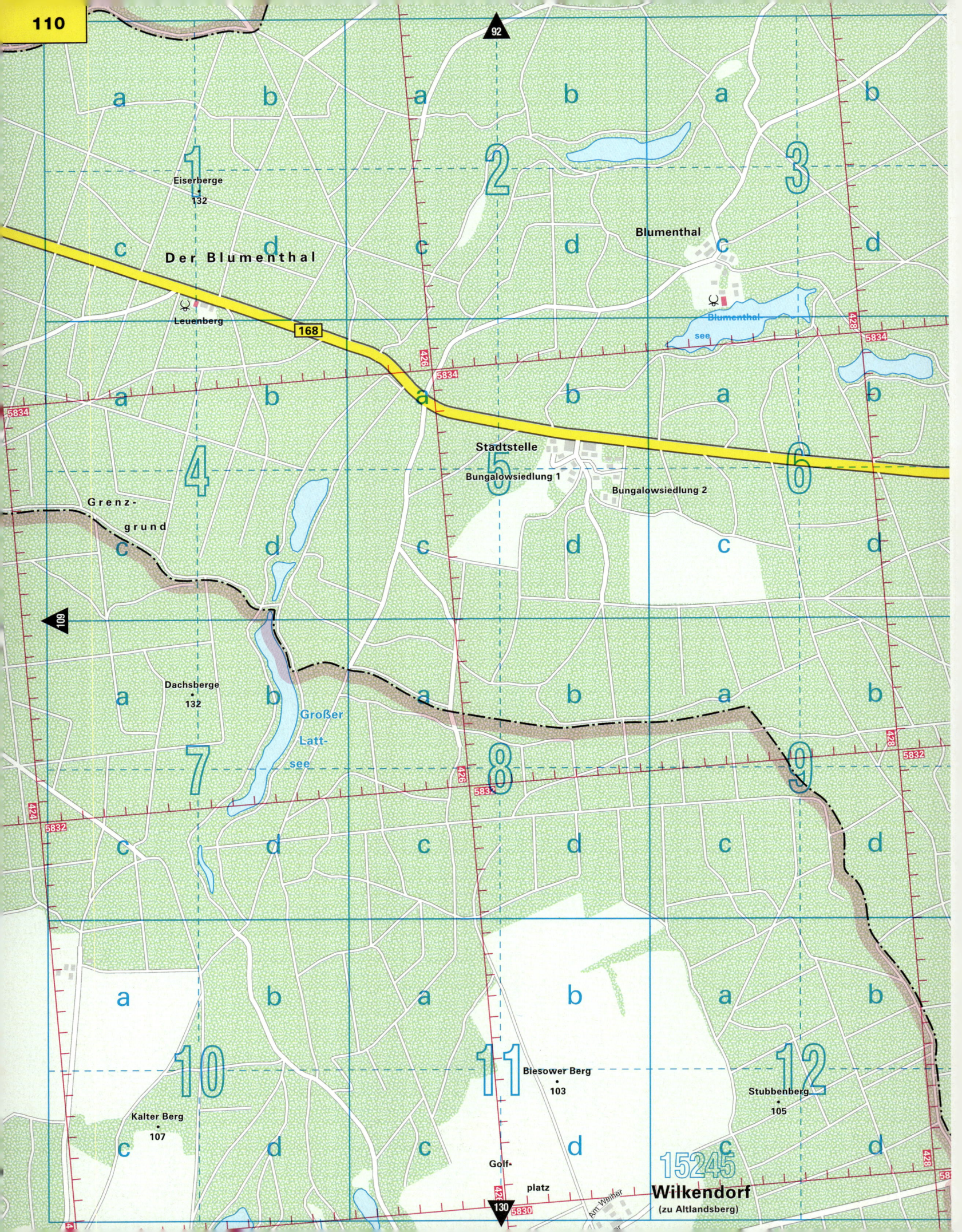

1
Eiserberge
132

Der Blumenthal
Leuenberg
168

2

3
Blumenthal
Blumenthalsee

4
Grenzgrund

5
Stadtstelle
Bungalowsiedlung 1
Bungalowsiedlung 2

6

7
Dachsberge
132
Großer Lattsee

8

9

10

11
Biesower Berg
103

12
Stubbenberg
105

Kalter Berg
107

Golfplatz

15245 Wilkendorf
(zu Altlandsberg)

111

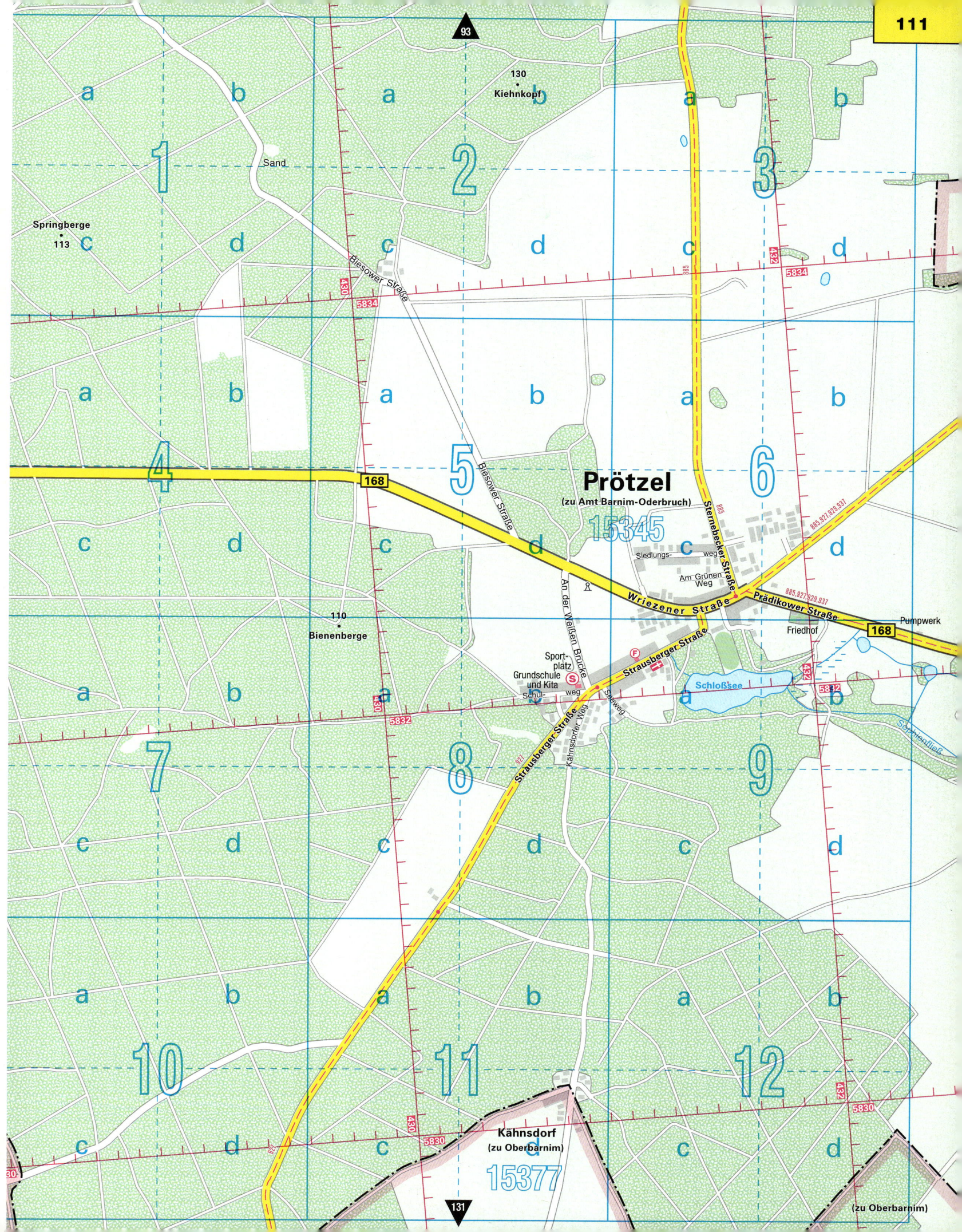

Prötzel
(zu Amt Barnim-Oderbruch)
15345

Kähnsdorf
(zu Oberbarnim)
15377
(zu Oberbarnim)

Bergerdamm-Hanffabrik

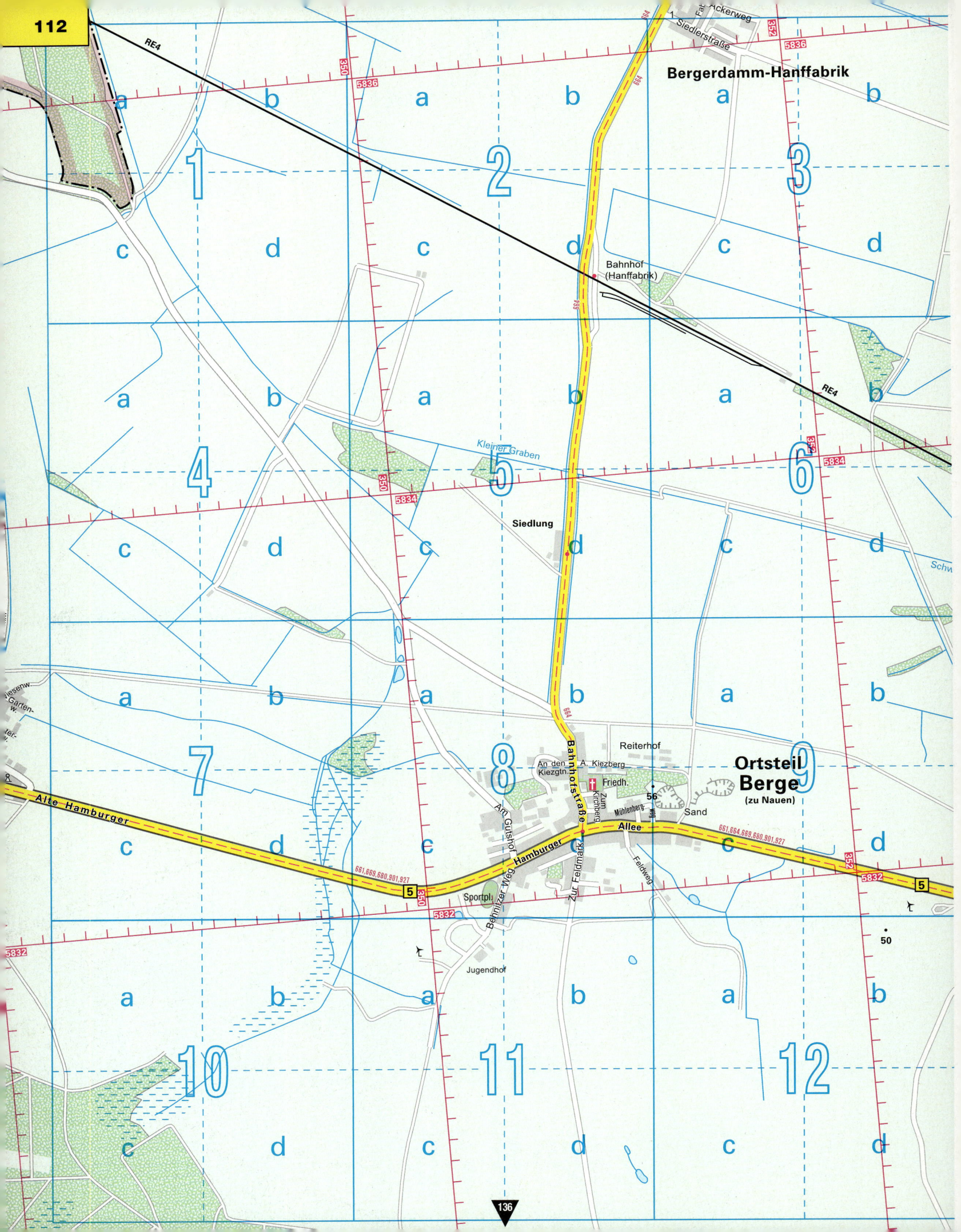

Bahnhof (Hanffabrik)

Kleiner Graben

Siedlung

Reiterhof
An den Kiezgtn. A. Kiezberg
Friedh.
Zum Kirchberg
Mühlenberg Sand

Ortsteil Berge
(zu Nauen)

Alte Hamburger
Bahnhorststraße
Am Gutshof
Hamburger Allee
Bahnitzer Weg
Zur Feldmark
Feldweg
Sportpl.

Jugendhof

Siedlerstraße
Ackerweg

113

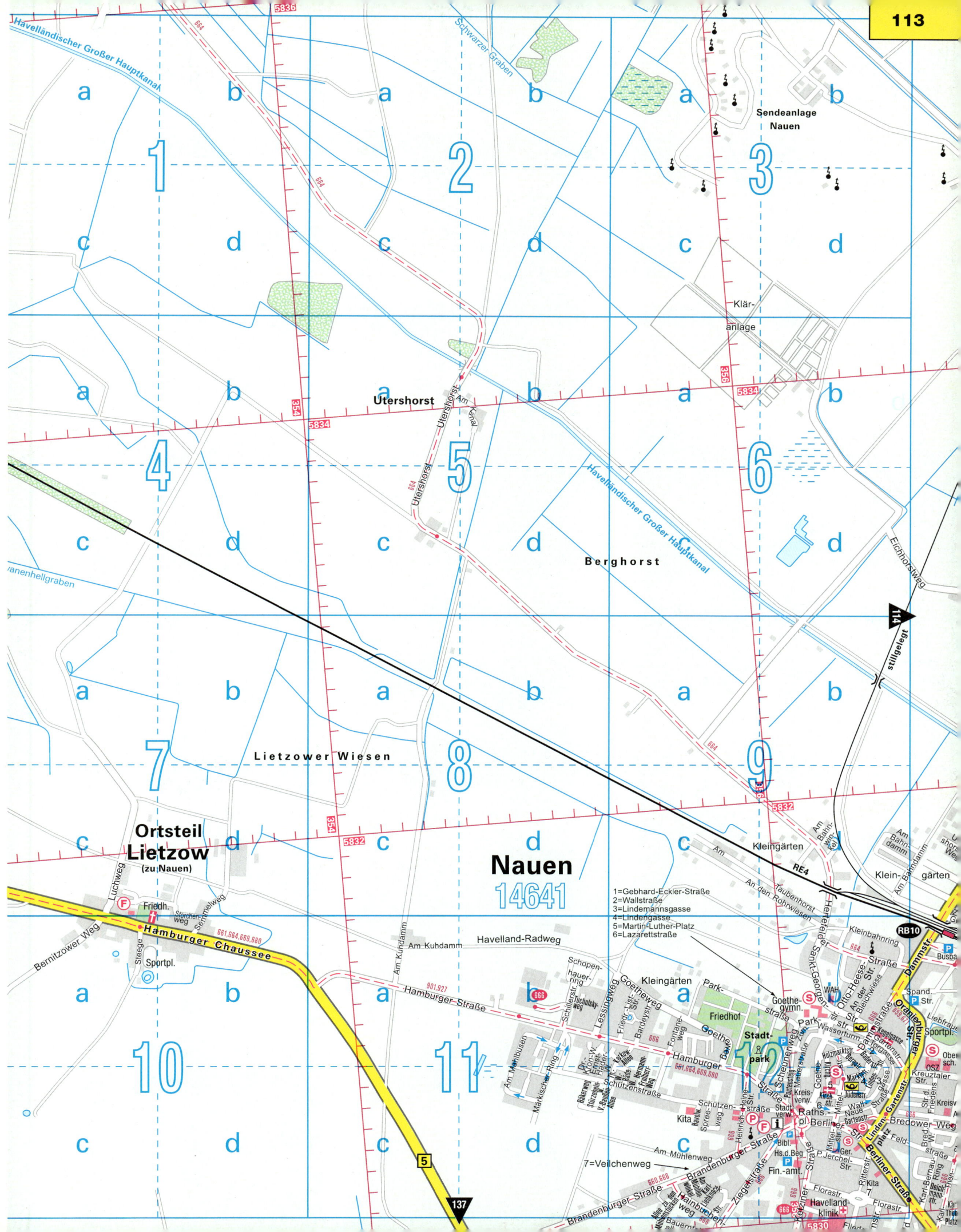

Havelländischer Großer Hauptkanal

Schwarzer Graben

Sendeanlage Nauen

Klär-anlage

Utershorst

Havelländischer Großer Hauptkanal

Berghorst

Eichhorstweg

stillgelegt ▶ 114

Lietzower Wiesen

Ortsteil Lietzow (zu Nauen)

Nauen 14641

1=Gebhard-Eckler-Straße
2=Wallstraße
3=Lindemannsgasse
4=Lindengasse
5=Martin-Luther-Platz
6=Lazarettstraße

Luchweg — Friedh. — Storchenweg — Semmelweg
Bernitzower Weg — Hamburger Chaussee — Steege — Sportpl.
Am Kuhdamm — Havelland-Radweg
Schopen-hauer-ring — Kleingärten — Parkweg
Hamburger Straße — Schiller-str. — Tucholskyweg — Lessingstr. — Fontane-weg — Friedr.-Bademstr. — Goethe-gymn. — Friedhof — Parkstr. — Am Bleichwiese — Otto-Heese-Str.
Am Mühlbusen — Markischer Ring — Kon-r.-K.-Allee — Korkow-str. — Halbe-str. — Fehr-belliner — Freiligrath — Schützen-straße — Havel-Spree-weg — Bäcker-weg — Stür-zelpl. — V.Bauern — Ecker — Hamburger 661,664,669,680 — Kreis-verw. — Stadt-verw. — Raths-pl. — Schützen-str. — Ber-liner Str. — Mittel-str. — Neue Gar-ten-str. — Wasser-turm-Ger.
Am Kuhdamm — Bibl. — Hs.d.Beg. — Fin.-amt. — Brandenburger Straße — Ziegler-str. — Heinrich-Heine-Str. — P.Jerchel-Str. — Ritter-str. — Karl-Thor-Platz — Havelland-klinik — Bredower Str. — Linden- Garten-str. — Florastr. — Kita — Kreuztaler Str. — DSZ — Friedens — Feld-str.

7=Veilchenweg

RB10
Am Bahn-damm — Klein-gärten — Taubenstr. — An den Rohrwiesen — Henfelder Str. — Kleinbahnring — Spand. Str. — Busba.

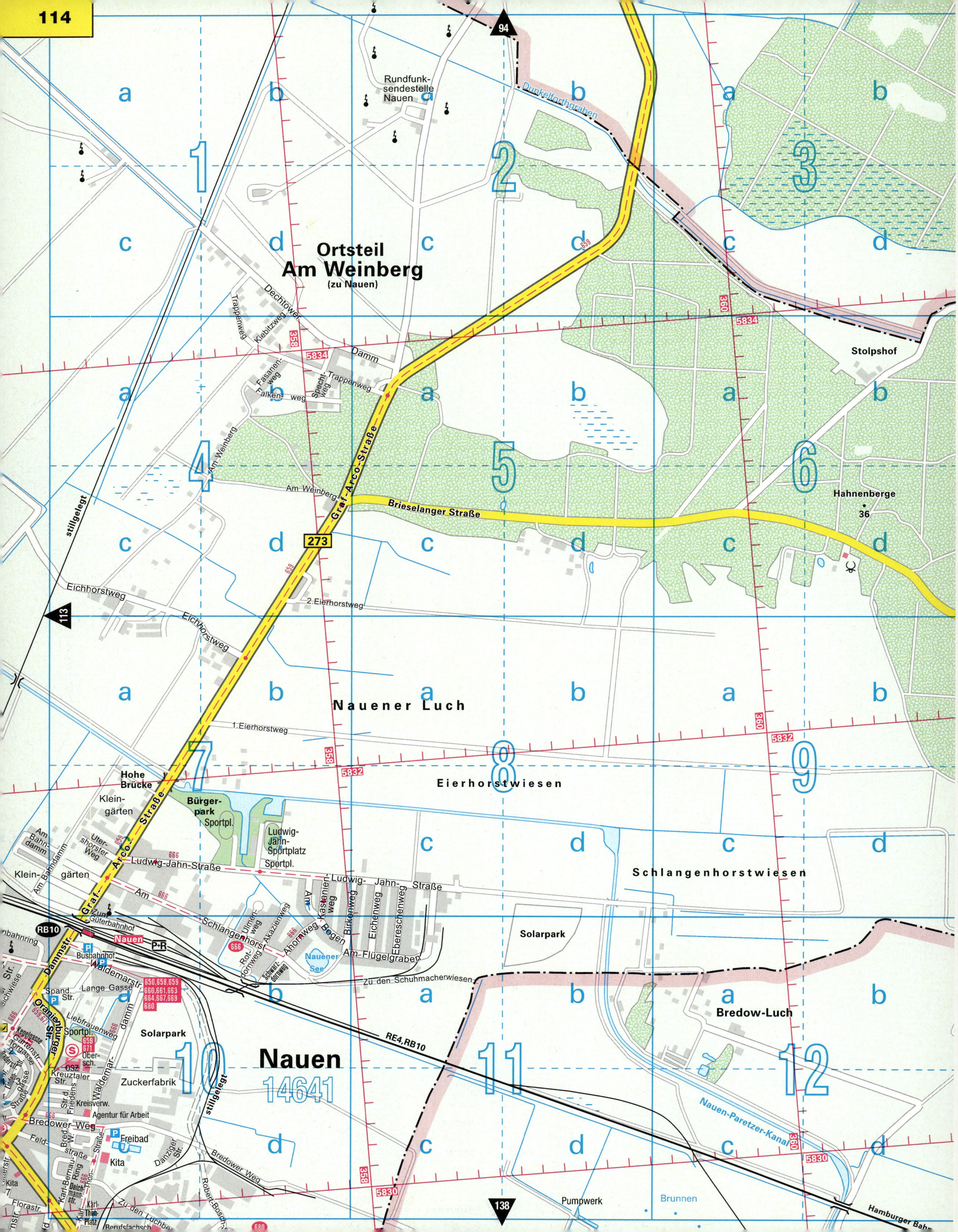

94
Rundfunk-
sendestelle
Nauen
Dunkelforthgraben
1
2
3
Ortsteil
Am Weinberg
(zu Nauen)
Trappenweg
Kiebitzweg
Dechtower
Damm
Fasanen-
weg
Falken-
weg
Specht-
weg
Trappenweg
Stolpshof
5834
358
360
659
4
5
6
Am Weinberg
Am Weinberg
Graf-Arco-Straße
Brieselanger Straße
273
Hahnenberge
36
stillgelegt
Eichhorstweg
Eichhorstweg
2.Eierhorstweg
113
Nauener Luch
1.Eierhorstweg
7
8
9
5832
Hohe
Brücke
Klein-
gärten
Bürger-
park
Sportpl.
Ludwig-
Jahn-
Sportplatz
Sportpl.
Eierhorstwiesen
Schlangenhorstwiesen
Am
Bahn-
damm
Uter-
shorster
Weg
Ludwig-Jahn-Straße
666
Klein-
gärten
Am Bahndamm
Ludwig-
Jahn-
Straße
Am
Kastanien-
weg
Birkenweg
Eichenweg
Ebereschenweg
Solarpark
Zum
Güterbahnhof
RB10
Nauen
P+R
Busbahnhof
Dammstr.
Schlangenhorst
Ulmen-
weg
Akazienweg
Ahornweg
Bogen
Am Flügelgraben
Nauener
See
Rot-
dornweg
Schwarz-
dornweg
Zu den Schuhmacherwiesen
Waldemarstr.
Spand.
Str.
Lange Gasse
650,658,659
660,661,663
664,667,669
680
Oranienburger
Str.
Liebfrauenweg
damm
Sportpl.
Ober-
sch.
OSZ
Kreuztaler
Str.
Waldemar-
Solarpark
Nauen
14641
10
11
12
RE4,RB10
Bredow-Luch
Zuckerfabrik
Kreisverw.
Agentur für Arbeit
stillgelegt
Bredower Weg
Freibad
Kita
Danziger
Str.
Bredower Weg
Nauen-Paretzer-Kanal
5830
Robert-Bosch-
Kita
Florastr.
Karl-Thon-
Platz
Zu den Luchbe
Berufsfachsch
680
138
Pumpwerk
Brunnen
Hamburger Bahn

115

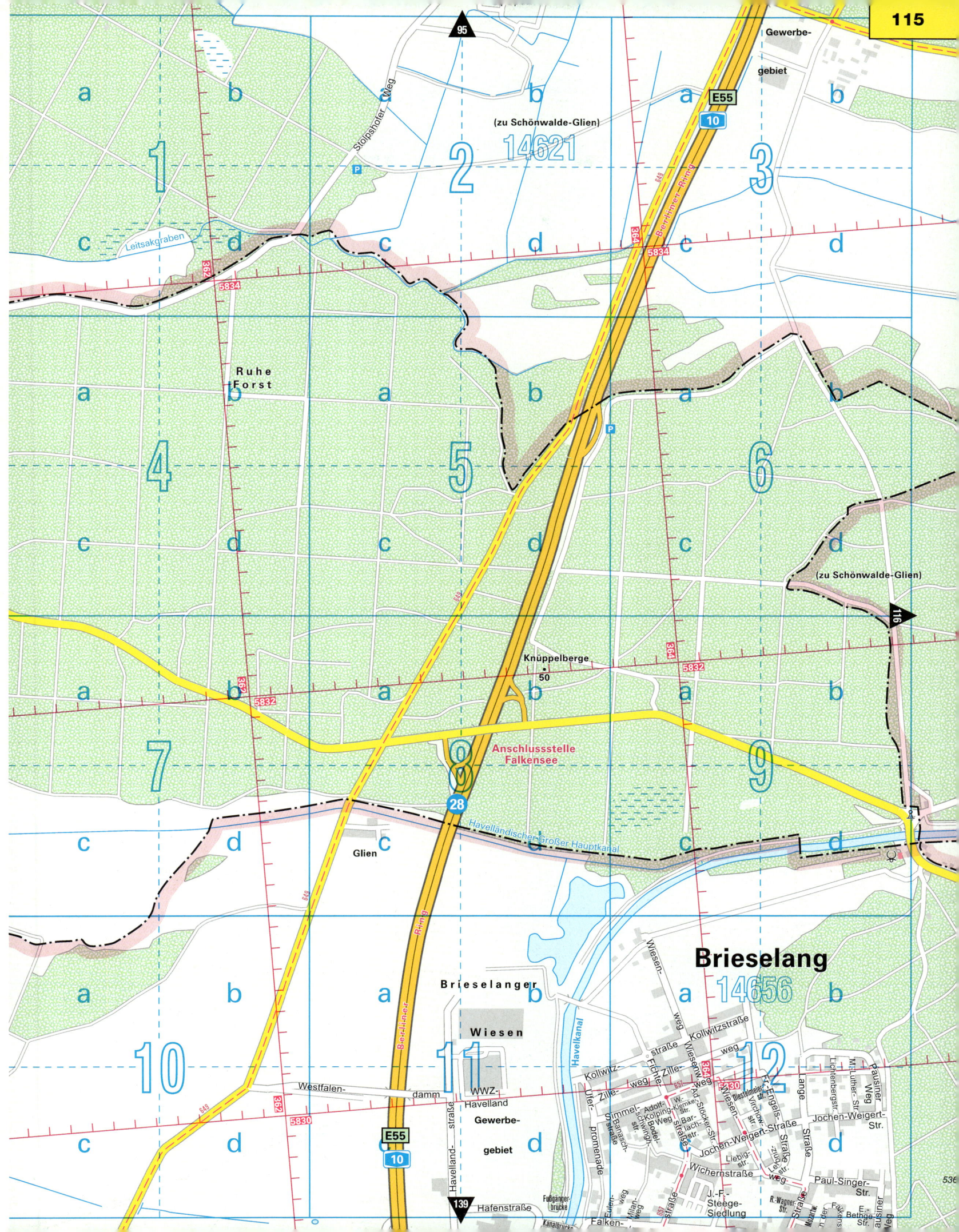

Brieselang 14656

- (zu Schönwalde-Glien) 14621
- Ruhe Forst
- Knüppelberge 50
- Anschlussstelle Falkensee
- Glien
- Havelländischer Großer Hauptkanal
- Brieselanger Wiesen
- WWZ-Havelland Gewerbegebiet
- Gewerbegebiet
- Stolpshofer Weg
- Leitsakgraben
- Havelkanal
- Westfalendamm
- Havellandstraße
- Hafenstraße
- Kollwitzstraße, Fichteweg, Zilleweg, Kollwitz-Ufer-promenade
- Adolf-Stöcker-Weg, Kolping-Lemke-Weg, Simmel-schwingh-str., Banasch-Bar-bach-str., Lach-str.
- Jochen-Weigert-Straße, Diesterweg-str., Virchow-str., Engels-str., Lange Straße
- Wichernstraße
- J.-F.-Steege-Siedlung
- Liebigstr., Paul-Singer-Str.
- Pausiner Weg, M.-Luther-Str., Lichtenbergstr., Bethge-str.
- R.-Wagner-Str.
- Fußgängerbrücke, Kanalbrücke
- Falken-

Schönwalde-Glien

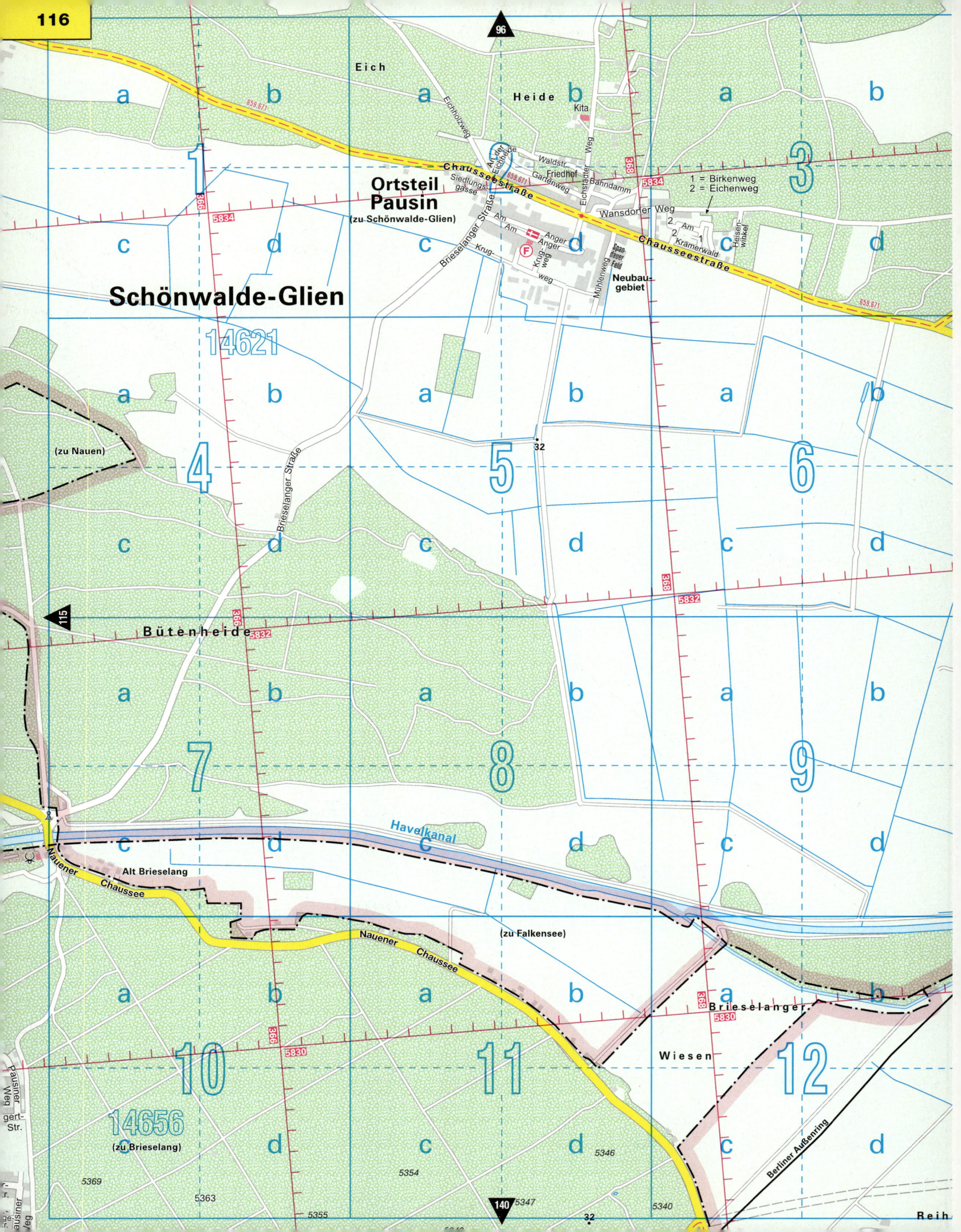

Ortsteil Pausin (zu Schönwalde-Glien)

14621

1 = Birkenweg
2 = Eichenweg

(zu Nauen)

Bütenheide

Havelkanal

Alt Brieselang

Nauener Chaussee

(zu Falkensee)

Brieselanger Wiesen

14656 (zu Brieselang)

Berliner Außenring

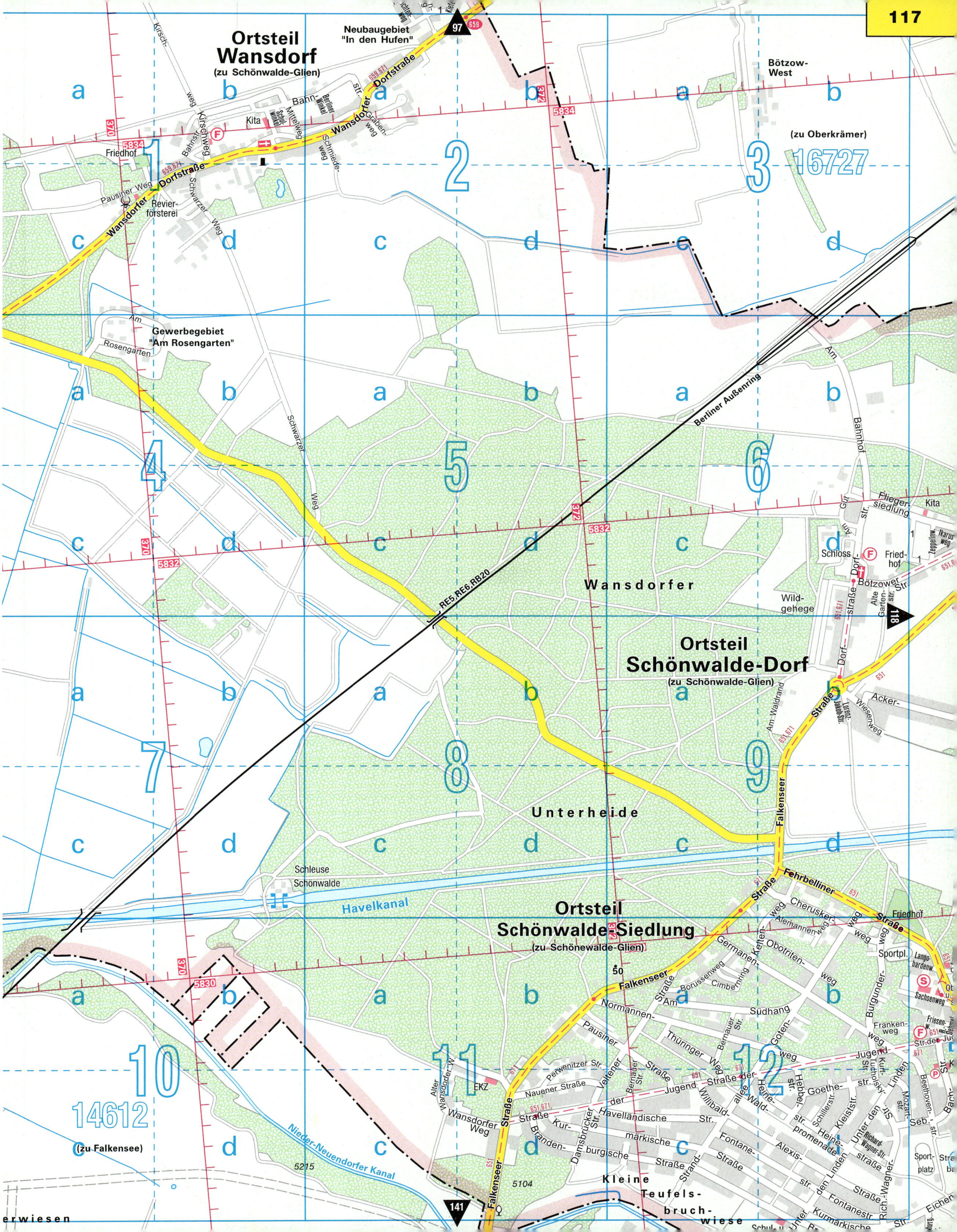
Ortsteil Wansdorf
(zu Schönwalde-Glien)
Neubaugebiet "In den Hufen"
97
Bötzow-West
(zu Oberkrämer)
16727
Friedhof
Kita
Bahn-
Mittelweg
Kirschweg
Bahnstr.
Schmiede-weg
Graben-weg
Wansdorfer Dorfstraße
Dorfstraße
Pausiner Weg
Revier-försterei
Schwarzer Weg
Gewerbegebiet "Am Rosengarten"
Am Rosengarten
Berliner Außenring
Bahnhof
RE5,RE6,RB20
Flieger-siedlung
Kita
Schloss
Fried-hof
Bötzower Str.
Wild-gehege
Wansdorfer
Ortsteil Schönwalde-Dorf
(zu Schönwalde-Glien)
118
Acker-
Wiesenweg
Am Waldrand
Falkenseer Straße
Unterheide
Schleuse Schönwalde
Havelkanal
Fehrbelliner Straße
Friedhof
Ortsteil Schönwalde-Siedlung
(zu Schönewalde-Glien)
Cherusker-weg
Alemannen-weg
Germanen-
Obotriten-weg
Ketten-
Borussenweg
Cimbernring
Südhang
Normannen-
Pausiner Straße
Thüringer Weg
Bernauer Str.
Goten-weg
Burgunder-weg
Franken-weg
Sportpl.
Sachsenweg
Jugend-Str.
Straße der Jugend
Perwenitzer Str.
Veltener
Nauener Straße
Havelländische Str.
Kur-märkische Straße
Branden-burgische Straße
Damsbrücker Str.
Willibald-Alexis-Str.
Fontane-Straße
Hebbel-str.
Goethe-str.
Schillerstr.
Kleiststr.
Heine-promenade
Unter den Linden
Richard-Wagner-Str.
Fontanestr.
Kurmärkische
EKZ
Alter Wansdorfer W.
Wansdorfer Weg
Strand-
Kleine Teufels-bruch-wiese
Sport-platz
Nieder-Neuendorfer Kanal
10
11
12
14612
(zu Falkensee)
141
erwiesen

Hennigsdorf 16761

Ortsteil Schönwalde-Dorf (zu Schönwalde-Glien)

Ortsteil Schönwalde-Siedlung (zu Schönewalde-Glien)

1=Grimnitzstraße
2=Am Silberberg
3=An den Wöhrden
4=Fliegerhorststraße
5=An den Bauernhärsten

1=Lilienthalweg

Neuendorfer Heide

Nieder Neuendorf

Hennigsdorf
Stolpe-Süd
Heiligensee
(Bez. REINICKENDORF)
Schulzendorf
13503
Konradshöhe
(Bez. REINICKENDORF)
13505
Berliner Forst Tegel
Nieder Neuendorfer See
Heiligensee
Havel
Tank- und Rastanlage Stolper Heide
(zu Hohen Neuendorf)
Anschlussstelle Schulzendorfer Str.
Ruppiner Chaussee
Ruppiner Straße
Hennigsdorfer Straße
Heiligenseestraße
Sandhauser Straße
Konradshöher Straße
Spandauer Allee
Spandauer Landstraße
Dorfstraße
Elchdamm
Rote Chaussee
Kiefheider Weg
Technopark
Gewerbegebiet Süd 1
Gewerbegebiet Süd 2
Gewerbegebiet Süd 3
Gewerbegebiet Süd 4
Bombardier
Bio-Tech
Biotop
Schwimmhafenwiesen
Rathenauviertel
Waldpark
Havelpromenade
Papenberge
Baumberge
Walter-May-Schullandheim
Friedhof Heiligensee
Justizvollzugsanstalt Heiligensee
Bürgeramt
Diakoniezentrum
Beyschlag-Siedl.
Kol. Tegel-Forst
1=Diakonieweg
2=Am Dorfteich
3=Martin-Rudolf-Weg
4=Rausendorffweg
1=Eulenhorst
2=Am Starwinkel
1=Schlütersteg
2=Meistergasse
3=Kleine Brüderstraße
4=Erlenweg
5=Fliederweg
7=Zum Busbahnhof
8=Bötzowstr.
9=Peter-Behrens-Str.
99
120
143
E26
E251
111
S25

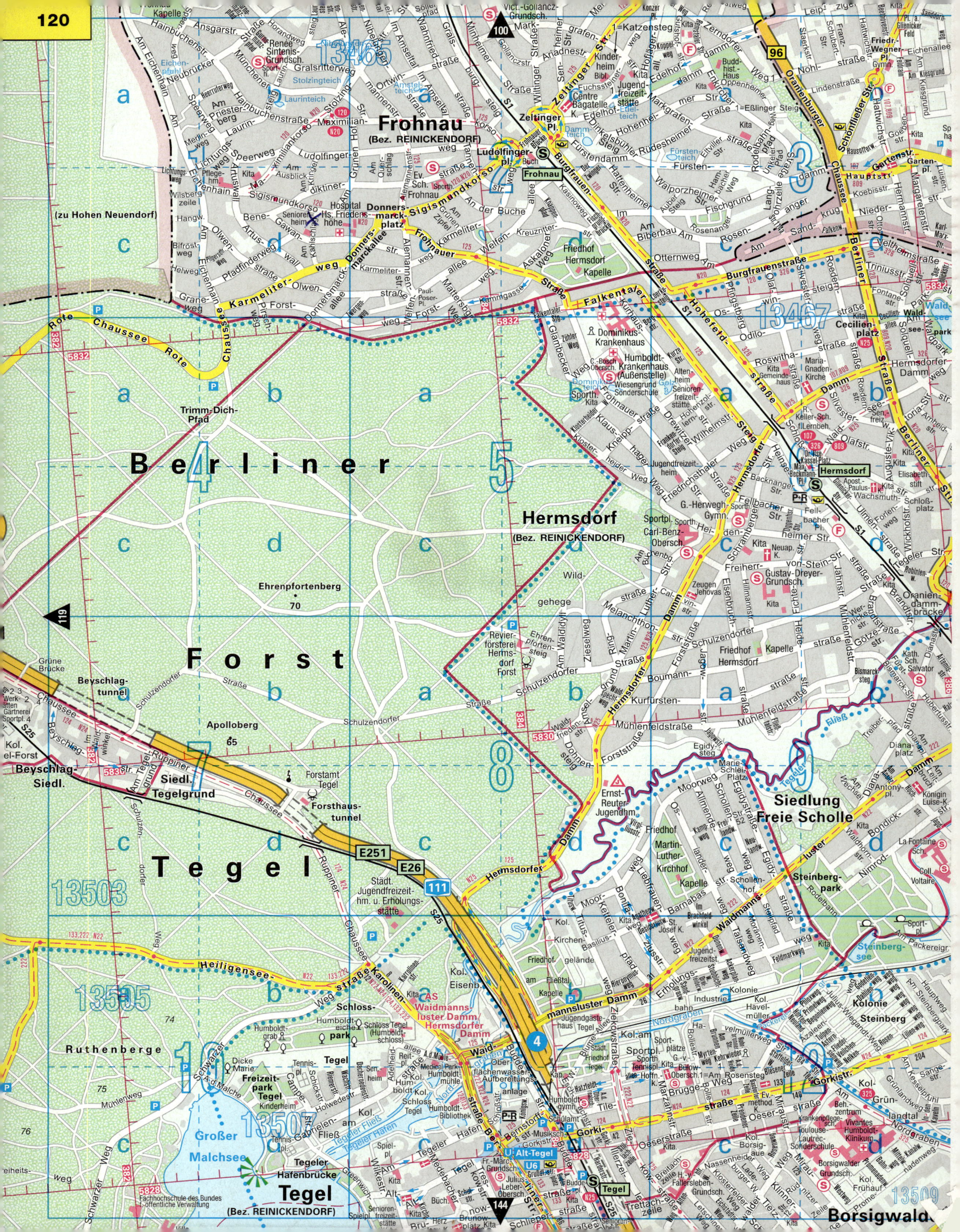
Frohnau
(Bez. REINICKENDORF)
Hermsdorf
(Bez. REINICKENDORF)
Berliner
Forst
Tegel
Tegel
(Bez. REINICKENDORF)
Siedlung
Freie Scholle
Borsigwalde
Großer
Malchsee
Tegeler
Hafenbrücke
13465
13467
13503
13505
13507
13509
(zu Hohen Neuendorf)
Rote Chaussee
Karmeliterweg
Burgfrauenstraße
Oranienburger Chaussee
Berliner Straße
Hermsdorfer Damm
Waidmannsluster Damm
Heiligenseestraße
Ruppiner Chaussee
Schulzendorfer Straße
Mühlenfeldstraße
Gorkistr.
Ehrenpfortenberg
Apolloberg
Ruthenberge
Trimm-Dich-Pfad
Beyschlag-tunnel
Forsthaus-tunnel
Forstamt Tegel
Siedl. Tegelgrund
Beyschlag-Siedl.
Revierförsterei Hermsdorf Forst
Friedhof Hermsdorf
Steinberg-park
Steinberg-see
Kolonie Steinberg
Schloss Tegel
Humboldtmühle
Freizeitpark Tegel
Zeltinger Pl.
Ludolfinger-pl.
Frohnau
Hermsdorf
Alt-Tegel
Tegel
Dominikus-Krankenhaus
Humboldt-Krankenhaus (Außenstelle)
Vivantes Humboldt-Klinikum
Ernst-Reuter-Jugendhm.
E251
E26
111
S25
S1
U6
96
100
119
144

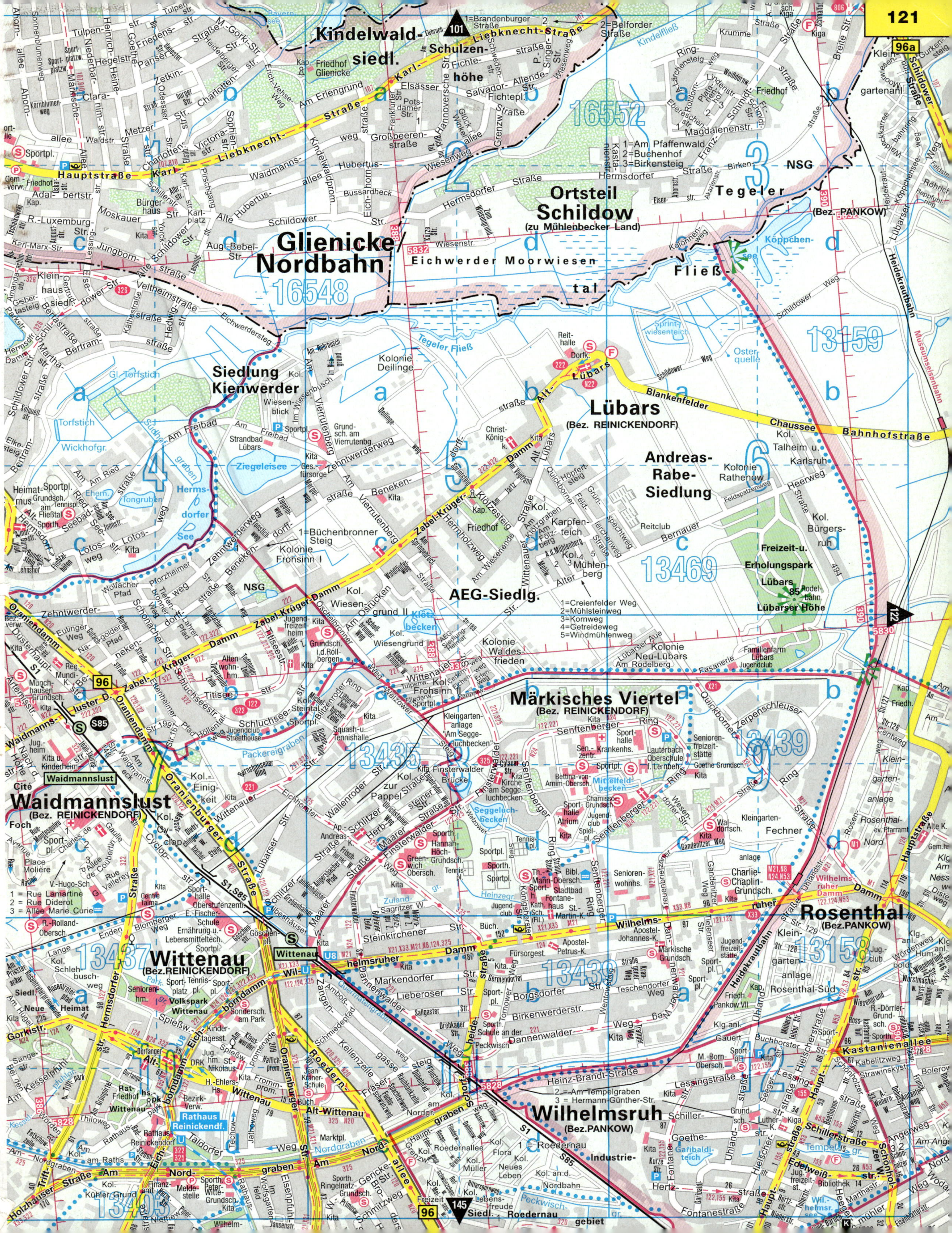

Stadtrandsiedlung
Blankenfelde
(Bez. PANKOW)
Gewerbegebiet
Pankow-Nord
Schwarzwassersee
Möllersfelde
Anschlussstelle
Schönerlinder
Straße
Blankenfelde
(Bez.PANKOW)
13159
Blankenfelde
Bahnhofstraße
Siedlung
Elisabethaue
Siedl.
Martha-
Aue
Krugpfuhl
Französisch-
Buchholz
(Bez.PANKOW)
Viktoria-
park
Kl. Zinger-
teich
Gr. Zinger-
teich
Botanischer
Volkspark
Rosenthal
(Bez.PANKOW)
13158
13127
Nordend
Nordend-
Arena
Rollberg
Die Winkelwiesen
Gewerbegebiet
13156
Nieder-
schönhsn.
(Bez. PANKOW)
AS
Pasew.
Straße
Schildower Straße
Blankenfelder Chaussee
Dietzgenstraße
Schönerlinder Straße
Berliner Straße
Pasewalker Straße
Blankenburger Straße
Kastanienallee
Hauptstraße
Mönchmühler Straße

Buch
(Bez. PANKOW)
Karow Nord
NSG
Karower Teiche
Inselteich
Ententeich
Weidenteich
Schilfteich
Stadtrandsiedlung Karow
Karow
(Bez. PANKOW)
Blankenburg
(Bez. PANKOW)
Malchow
Margaretenhöhe
(Bez. LICHTENBERG)
Anschlussstelle Bucher Straße
Berliner Ring
Niederbarnimer Eisenbahn
HELIOS-Klinikum Berlin-Buch
Robert-Rössle-Klinik
Max-Delbrück-Centrum für molekulare Medizin
Stadtrandpark "Neue Wiesen"
(zu Ahrensfelde)
Teichberg
Sellheimbrücke
Tiergehege
Marderberg
56
Fachhochschule f. Technik u. Wirtschaft
Golfplatz
Fließgraben
Kleingartenanlage Margaretenhöhe- Nord
NSG Malchower Aue
13125
13129
13051
13089
E55
10
103
124
147
1=Rutenzeile
1=Am Graben
1=Hebammensteig

124

Birkholz
(zu Bernau bei Berlin)
16321
Neu-
schwanebeck
Peckberge
Jürgens-
busch
Gut Blumberg
Ortsteil
Blumberg
(zu Ahrensfelde)
1=Spittelweg
2=Hönower Spitze
3=Kleine Mittelstr.
Schloß-
park-
siedlung
Kietz
Lenné-
park
ehem.
Schloss
Blumberg
Blumberg
(b. Berlin)
Friedhof
Chausseedreieck
Anschlussstelle
Berlin-
Hohenschönhausen
Gewerbe-
gebiet
Am Rehhahn
1=Mc-Donalds-Straße
Rehhahn-
siedlung
Bundes-
polizei
Reh-
hahn
Blumberg-Rehhahn
Ahrensfelde-Nord
Ostfriedhof
Ahrensfelde
16356
Ahrensfelde
Ortsteil
Ahrensfelde
(zu Ahrensfelde)
1=Tulpenring
1=Stieglitzweg
2=Amselsteig
3=Wiesenhain
4=Birnenweg
5=Lerchensteig
6=Beerenwinkel
7=Elsternweg
8=Wachtelweg
9=Zeisigweg
Ahrensfelde
Friedhof
Gehrensee-
park
Schleusen-
see
Sport
platz
Sportplatz
Berliner Ring
Birkholzer Straße
Bernauer Chaussee
Elisenauer Straße
Freienwalder Chaussee
Blumberger Chaussee
Wriezener Bahn
Schwanebecker Straße
Dorfstr.
Mehrower Str.
Wuhlgraben
Schleusengraben
105
126
149
E55
10
158
OE25

126

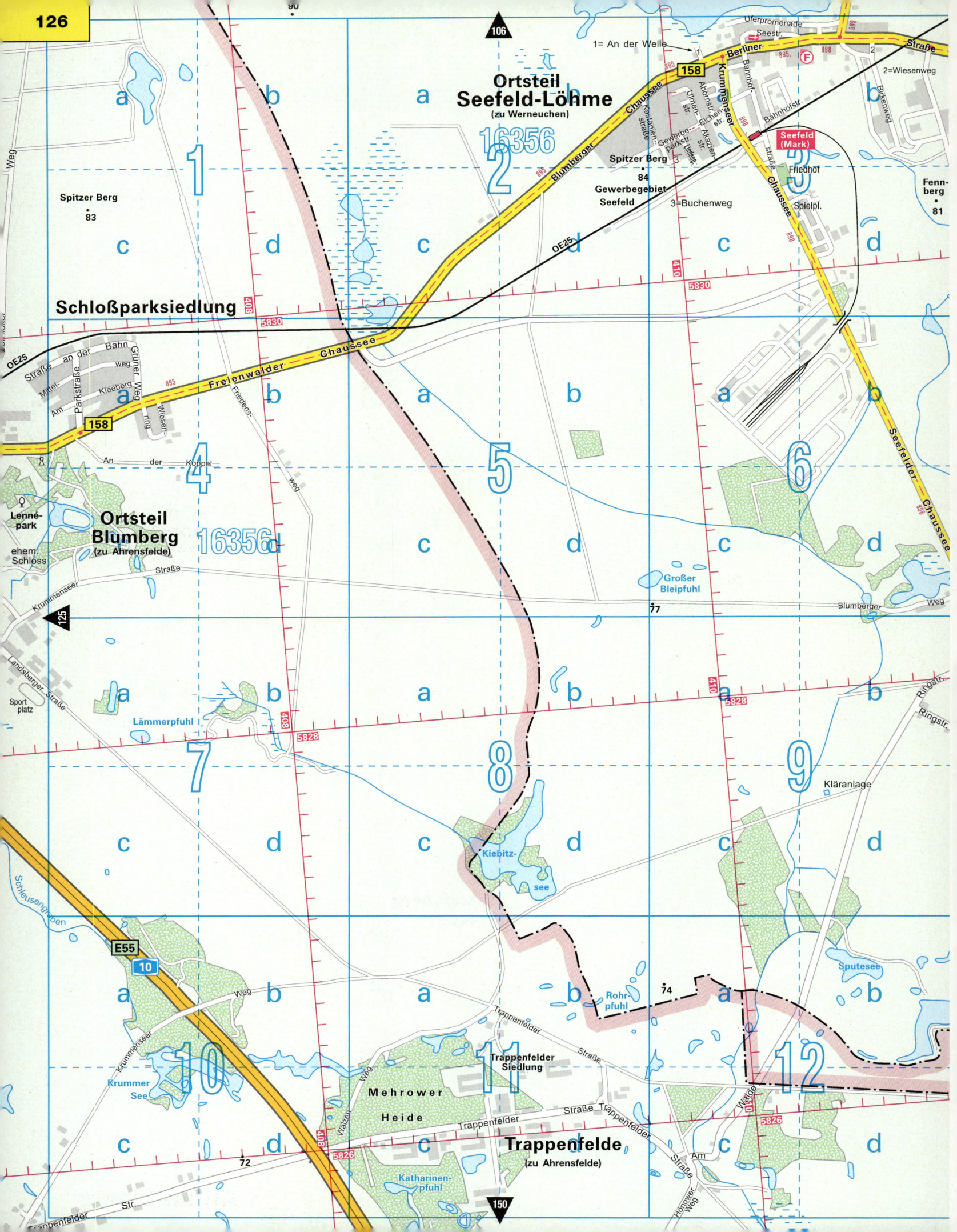

Ortsteil Seefeld-Löhme
(zu Werneuchen)

16356

Spitzer Berg
83

Schloßparksiedlung

Spitzer Berg 84
Gewerbegebiet Seefeld
3=Buchenweg

Seefeld (Mark)

Friedhof
Spielpl.
Fennberg 81

1= An der Welle
2=Wiesenweg

Berliner Straße
Uferpromenade Seestr.
Bahnhof
Bahnhofstr.
Birkenweg

Blumberger Chaussee
Krummenseer Chaussee
Seefelder Chaussee

Freienwalder Chaussee

Straße an der Bahn
Mittel- Parkstraße
Am Kleeberg Grüner Weg
Friedens- ring
Wiesen- weg

Lenné-park
ehem. Schloss

Ortsteil Blumberg
(zu Ahrensfelde)

16356

Straße
An der Koppel
Krummenseer Straße

◄ 125

Landsberger Straße
Sport platz

Lämmerpfuhl

Großer Bleipfuhl
77
Blumberger Weg

Ringstr.
Ringstr.
Kläranlage

Schleusengraben

E55
10

Krummer See

Kiebitz- see

Rohr- pfuhl
74
Sputesee

Trappenfelder Weg
Walzen Weg
Trappenfelder Straße

Mehrower Heide

Trappenfelder Siedlung

Trappenfelde
(zu Ahrensfelde)

Katharinen- pfuhl

Am Walde
Hannover Weg

72
▼ 150

127

Rudolfshöhe

Steinau

Ortsteil Wegendorf
(zu Altlandsberg)

Steinau

Ortsteil Krummensee
(zu Werneuchen)

Altlandsberg Nord

Neuhönow

Paulshof

Altlandsberg

15345

128

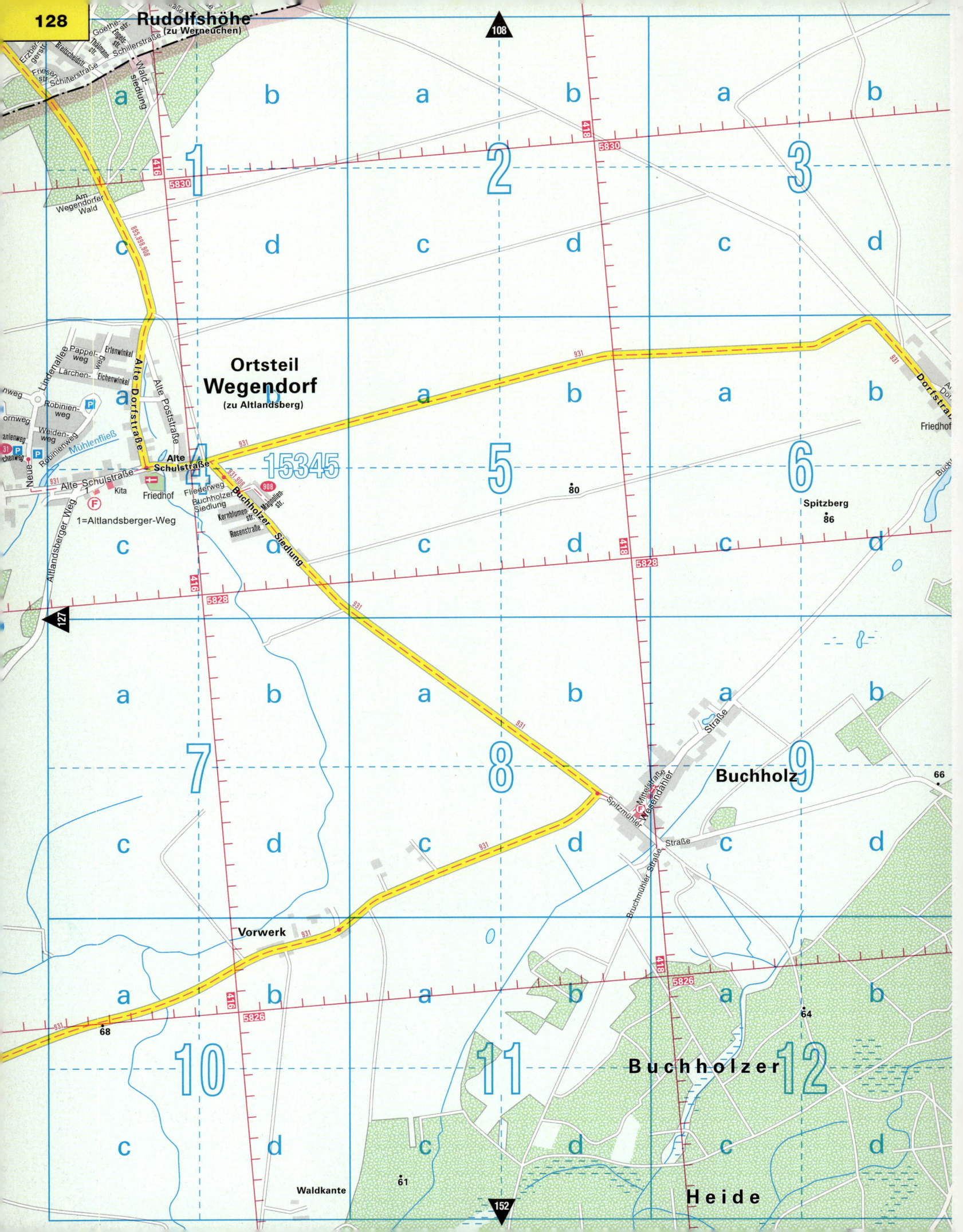

Rudolfshöhe (zu Werneuchen)

Ortsteil Wegendorf (zu Altlandsberg)

15345

Spitzberg 86

Buchholz

Vorwerk

Buchholzer Heide

Waldkante

129

Gielsdorf
(zu Altlandsberg)

1 = Am Uhrenturm

Wesendahl

Wesendahler Mühle
Tierheim
Heide
Fänger-
see
Spitzmühle
Spitzheide
Jenseits des Sees
Heidehaus
Bodendenkmal Burgwall
Neue Spitzmühle

Breites
Luch
Bötz-
see

Strausberg

15344

Straus-

Wilkendorf
(zu Altlandsberg)
Übung
Petersilienberg
101
Gielsdorf
98
Pieselberg
107
Schwarze Berge
Inland-
see
Schloss
15345
Alt-Gielsdorf
Friedrich-Schiller-
Höhe
1=Richardsdorfer Straße
Gartenstadt
Tiergehege
Roter Hof
(Kinderbauernhof)
Akademie der Bundeswehr
für Information und
Kommunikation
Gesundheits-
zentrum
Kommando Heer
Schlächter-
berg
Stadtteil
Strausberg Nord
(zu Strausberg)
Strausberg Nord
Agentur
f. Arbeit
Finanz-
amt
Provinzialsiedlung
Umgehungsstraße
Prötzeler Chaussee
15344
Strausberg
Straus-
see
Gewerbe-
gebiet
Verkehrslande-
platz
Flugplatzstraße
Stadtwerke
Energie-
Arena
Kulturpark
Land-
ratsamt
Amts-
gericht
Stadths.
Markt
Sportkomplex
Hohensteiner
Chaussee
Strausberg Stadt
1 = An den Ahorngärten
Cityplan S.40
Klein-
garten-
anlage
Mühlen-
grund
Friedhof
Museum
Weinberge
84
Kleingarten-
anlage
Am Wäldchen
Am Weiher
Garzauer Chaussee
Hohensteiner Chaussee
Treuenhof
Altes
Steuerhaus
Wilhelmshof
Hortenberge
88
Igel-
pfuhl
110
129
154
S5
5830
5828
5826

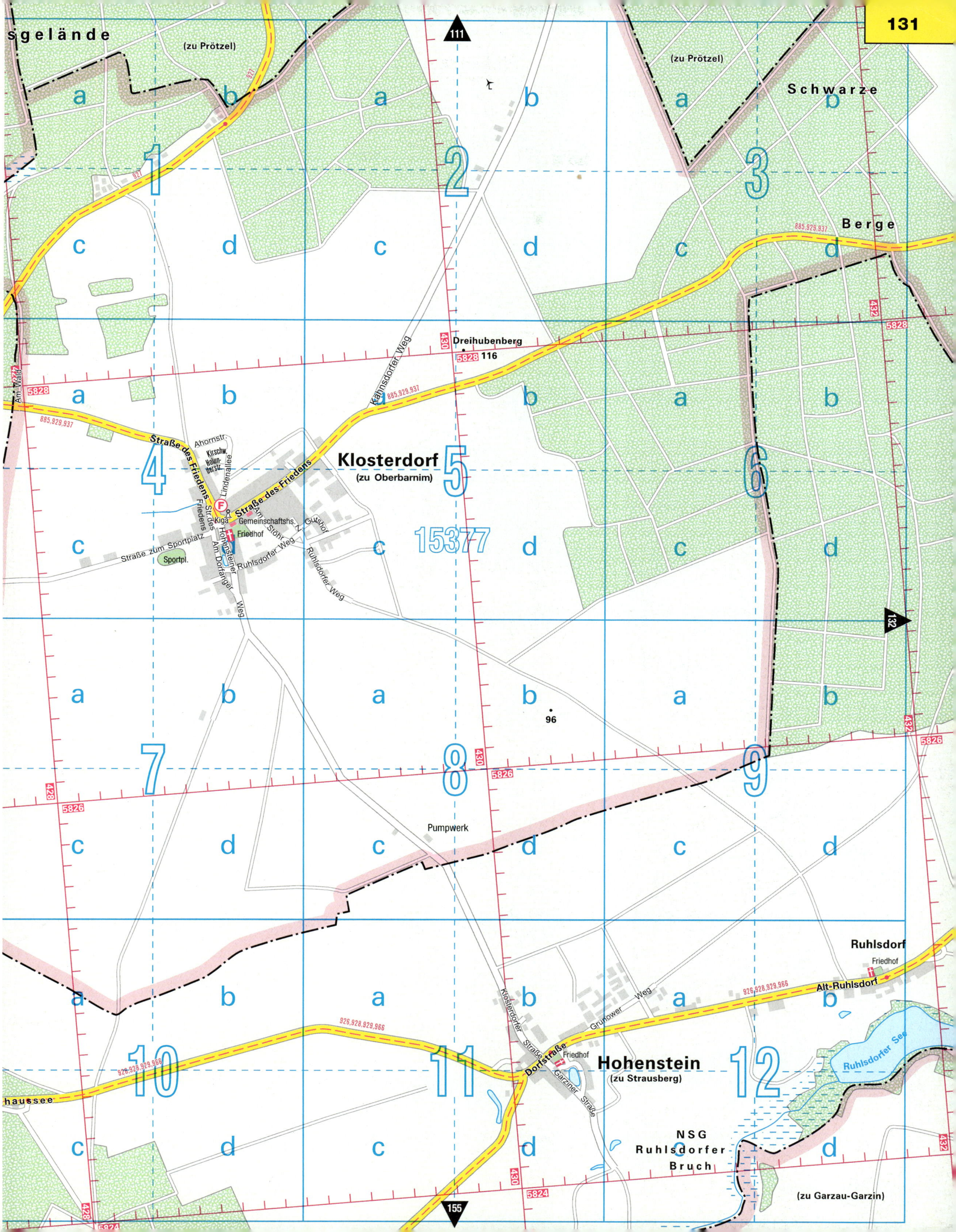
sgelände
(zu Prötzel)
(zu Prötzel)
Schwarze
Berge
111
927
885,929,937
Dreihubenberg
116
430
432
5828
Kähnsdorfer Weg
Am Wald
885,929,937
Straße des Friedens
Ahornstr.
Kirschw.
Holunderstr.
Lindenallee
Straße des Friedens
Klosterdorf
(zu Oberbarnim)
15377
Kiga
Gemeinschaftshs.
Friedhof
Am Storch
Z. Gutshof
Str. des Friedens
Hohensteiner Weg
Am Dorfanger
Ruhlsdorfer Weg
Ruhlsdorfer Weg
Straße zum Sportplatz
Sportpl.
132
96
428
5826
Pumpwerk
Ruhlsdorf
Friedhof
926,928,929,966
Alt-Ruhlsdorf
925,928,929,966
926,928,929,966
Klosterdorfer Straße
Grunower Weg
Dorfstraße
Friedhof
Hohenstein
(zu Strausberg)
Garziner Straße
Ruhlsdorfer See
haussee
NSG
Ruhlsdorfer
Bruch
(zu Garzau-Garzin)
5824
155
1
2
3
4
5
6
7
8
9
10
11
12

132

Grunow
Ernsthof
Oberbarnim
(zu Amt Märkische Schweiz)
15377
Kleiner Weesenberg
Bollersdorf
15344
(zu Strausberg)
Ruhlsdorf
Langer Grund
Buchenfried
Hasenholz
(zu Garzau-Garzin)

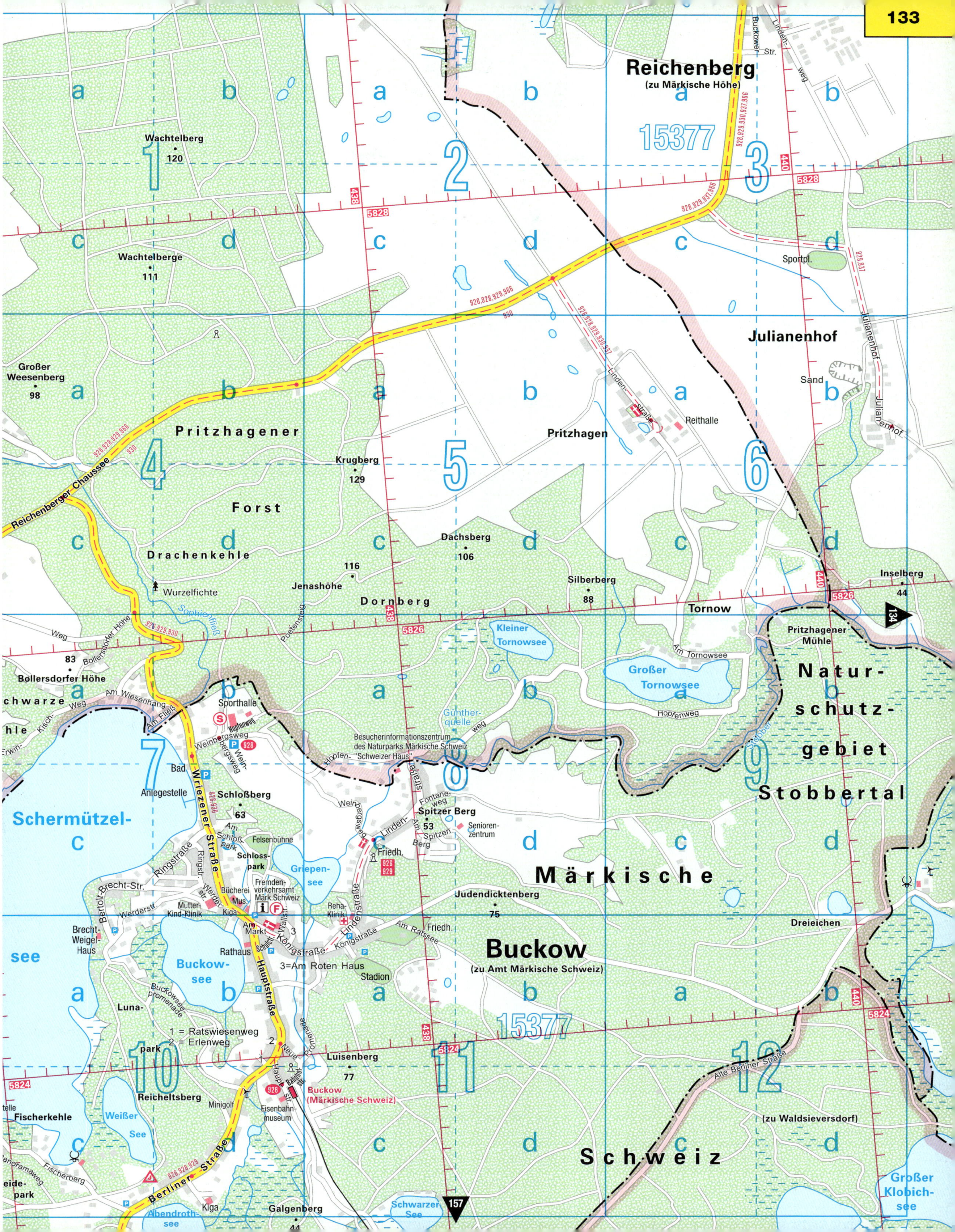
Reichenberg
(zu Märkische Höhe)
15377
Wachtelberg
120
Wachtelberge
111
Großer Weesenberg
98
Pritzhagener
Forst
Reichenberger Chaussee
Drachenkehle
Wurzelfichte
Krugberg
129
Jenashöhe
116
Dornberg
Dachsberg
106
Pritzhagen
Reithalle
Julianenhof
Sportpl.
Sand
Silberberg
88
Tornow
Inselberg
44
134
Bollersdorfer Höhe
83
Kleiner Tornowsee
Großer Tornowsee
Am Tornowsee
Hopfenweg
Pritzhagener Mühle
Naturschutzgebiet
Stobbertal
Sporthalle
Hopfenweg
Weinbergsweg
Gunther-quelle
Besucherinformationszentrum des Naturparks Märkische Schweiz "Schweizer Haus"
Bad
Anlegestelle
Wriezener Straße
Schloßberg
63
Schermützelsee
Felsenbühne
Schlosspark
Griepensee
Spitzer Berg
53
Seniorenzentrum
Friedh.
Märkische
Judendicktenberg
75
Dreieichen
Fremdenverkehrsamt Märk.Schweiz
Bücherei
Mus.
Kiga
Mutter-Kind-Klinik
Reha-Klinik
Brecht-Weigel-Haus
Buckowsee
Rathaus
Am Markt
Königstraße
Hauptstraße
3=Am Roten Haus
Stadion
Friedh.
Buckow
(zu Amt Märkische Schweiz)
15377
Luna-park
1 = Ratswiesenweg
2 = Erlenweg
Luisenberg
77
Reicheltsberg
Buckow (Märkische Schweiz)
Eisenbahnmuseum
Minigolf
Weißer See
Fischerkehle
Fischerberg
Berliner Straße
Abendrothsee
Klga
Galgenberg
Schwarzer See
157
Alte Berliner Straße
(zu Waldsieversdorf)
Schweiz
Großer Klobichsee

134

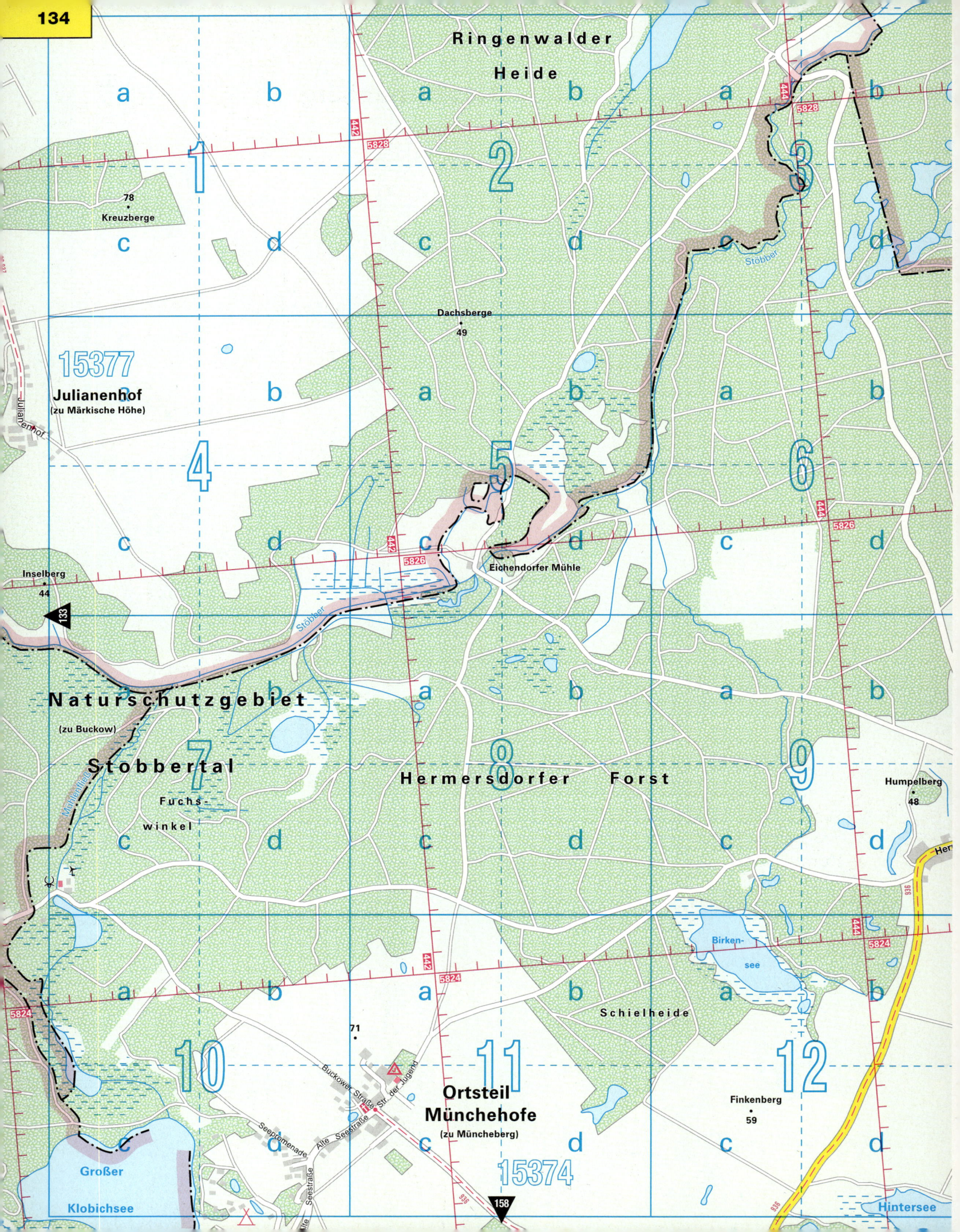

Ringenwalder Heide

- Kreuzberge 78
- 15377 Julianenhof (zu Märkische Höhe)
- Dachsberge 49
- Inselberg 44
- Eichendorfer Mühle
- Naturschutzgebiet (zu Buckow) Stobbertal
- Fuchswinkel
- Hermersdorfer Forst
- Humpelberg 48
- Birkensee
- Schielheide
- Finkenberg 59
- Ortsteil Münchehofe (zu Müncheberg)
- 15374
- Großer Klobichsee
- Hintersee

Neuhardenberg
15320

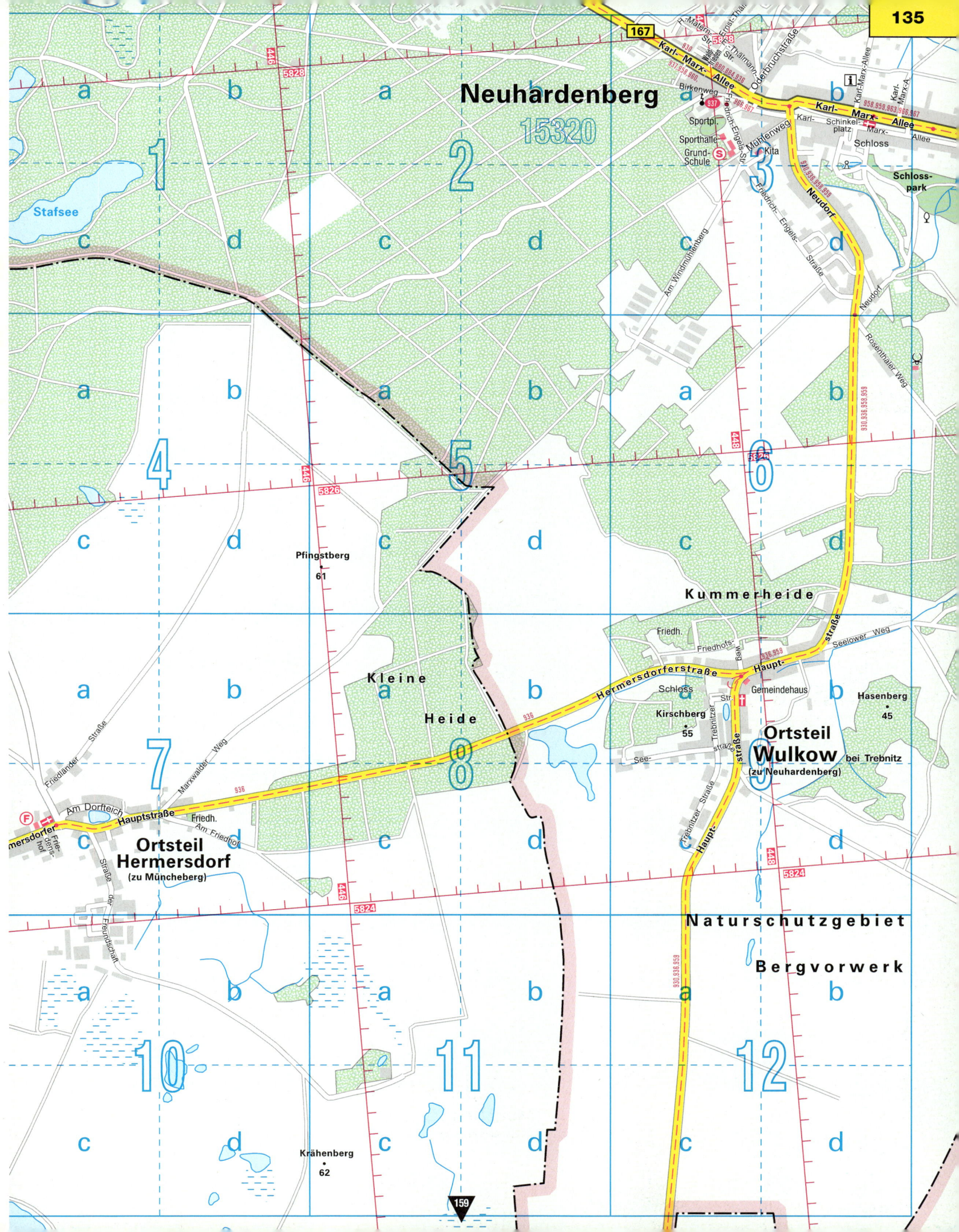

Stafsee

Sportpl.
Sporthalle
Grund-Schule
Kita
Schinkel-platz
Schloss
Schlosspark

Neudorf

Am Windmühlenberg

Rosenthaler Weg

Pfingstberg
61

Kummerheide

Friedh.
Friedhofs-
Seelower Weg

Kleine Heide

Schloss
Kirschberg
55
Gemeindehaus
Hasenberg
45

Ortsteil Wulkow bei Trebnitz
(zu Neuhardenberg)

Am Dorfteich
Hauptstraße
Marxwalder Weg
Friedh. Am Friedhof

Ortsteil Hermersdorf
(zu Müncheberg)

Naturschutzgebiet

Bergvorwerk

Krähenberg
62

136

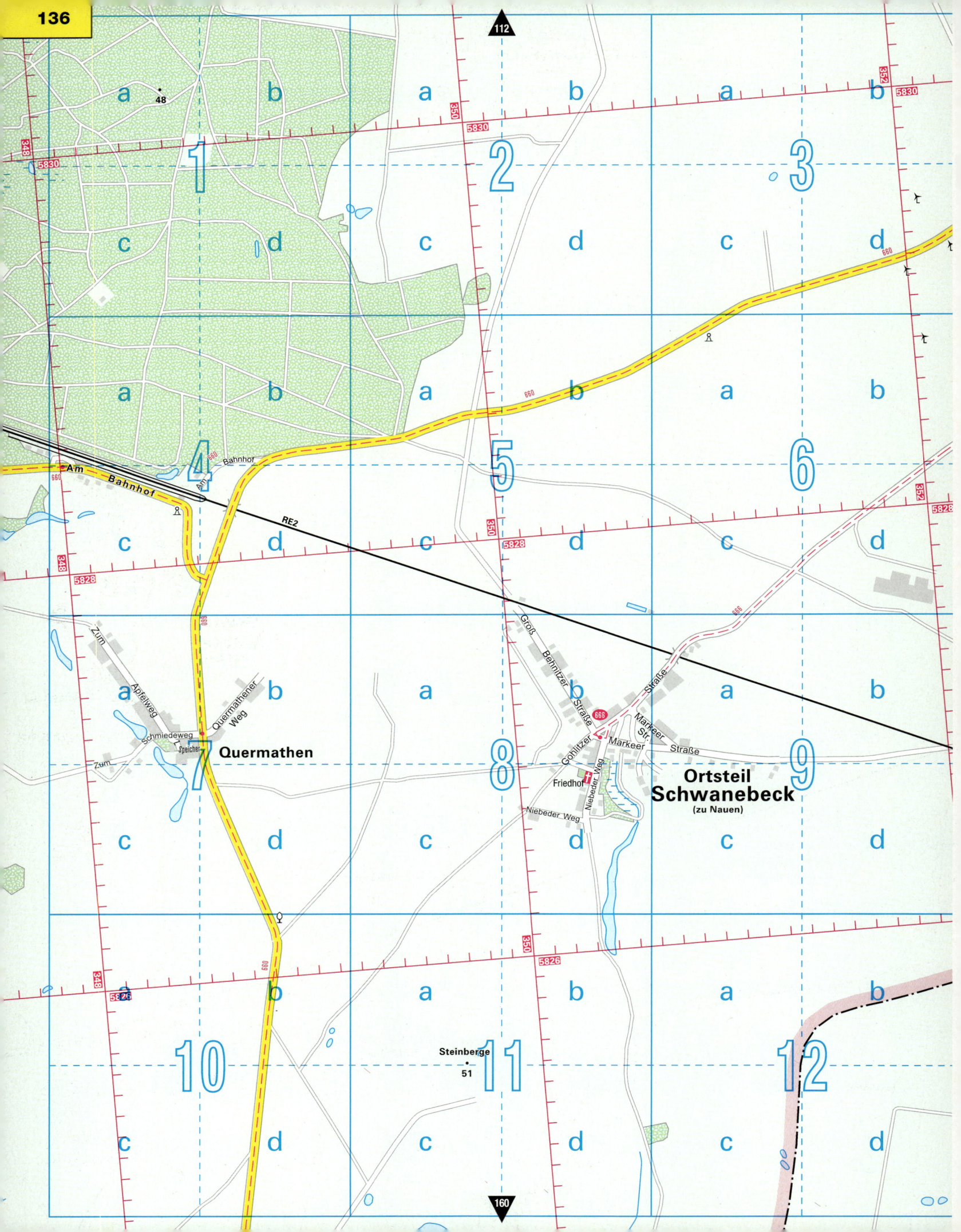

Quermathen

Ortsteil
Schwanebeck
(zu Nauen)

Steinberge
51

137

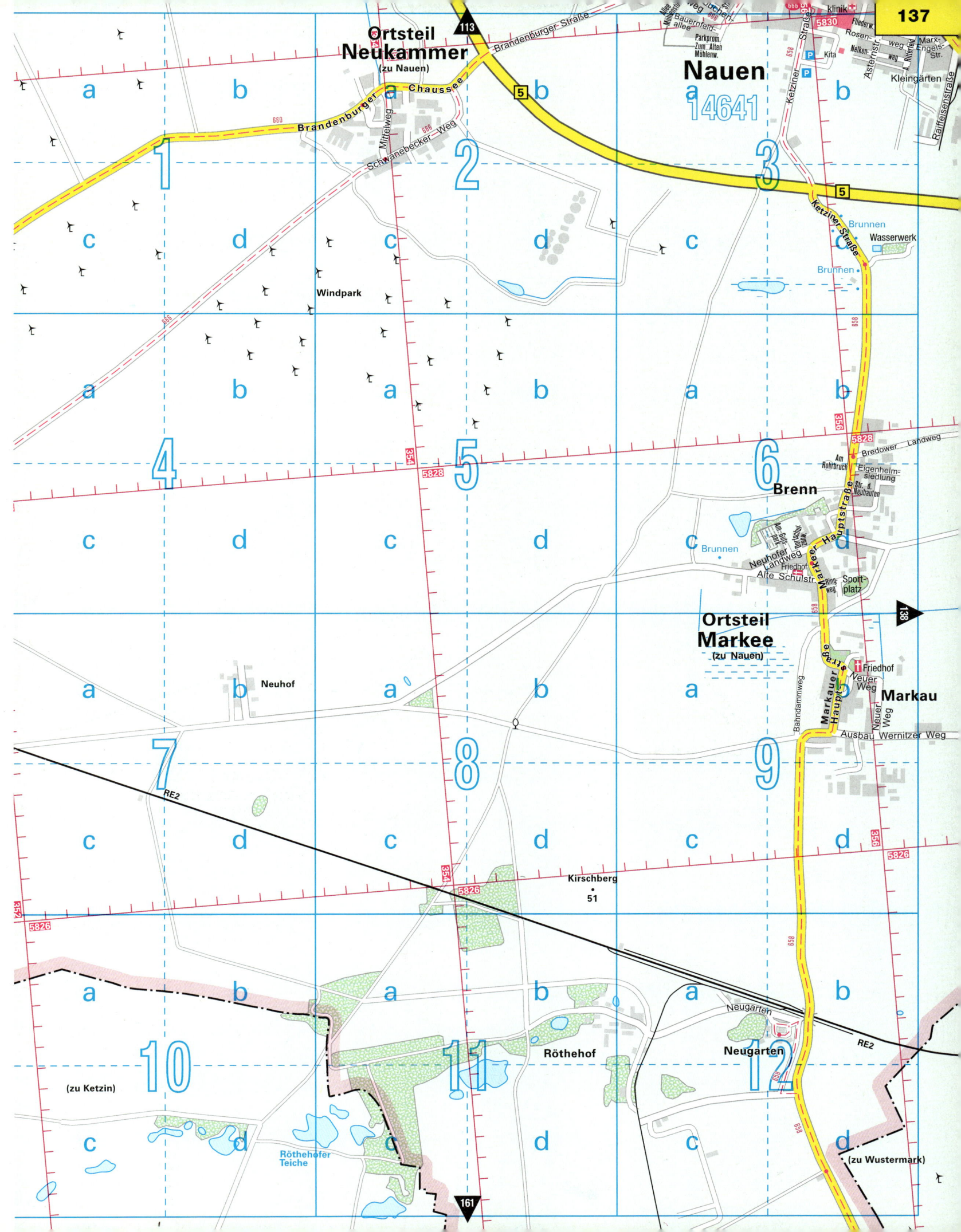

Ortsteil Neukammer (zu Nauen)

Nauen
14641

Windpark

Brenn

Neuhof

Ortsteil Markee (zu Nauen)

Markau

Kirschberg 51

Röthehof

Neugarten

(zu Ketzin)

Röthehofer Teiche

(zu Wustermark)

Nauen
14641
Ortsteil
Bredow
(zu Brieselang)
Markau
Mühlenberg
Schallberge
Niederhof
Wernitz
Am Weiler
Wustermark
14641
Gewerbe-
gebiet
Gewerbe-
gebiet
Nauen Ost
Berliner Straße
Wustermarker Straße
Ketziner Straße
Hamburger Straße
Hamburger Bahn
Nauen-Paretzer-Kanal
Pumpwerk
Brunnen
Friedhof
Sieggraben
Bredower Weg
Niederhofer Weg
Ausbau Wernitzer Weg
Markauer Weg
Dorfstraße
Gewerbering
Kirschenweg
Zeestower Weg
Pelsterlake-Graben
Am Speicherbecken
Kleingärten
Raiffeisenstraße
Siemensring
Zu den Luchbergen
Berufsfachsch. f. Wirtsch.
Sportpl.
stillgelegt
Aufbaustr.
RE2
1
2
3
4
5
6
7
8
9
10
11
12
114
137
162

Bredow-Vorwerk
RE4,RB10
Hafenstraße
Siedlung
E55
10
115
Rigips Str.
Falken-
Karl-Marx-Straße
Jahnstr.
Kantstraße
Promenaden-
Fichtestraße
Janchthonstr.
Mendelssohn-Str.
Tschaikowski-Str.
Uthmannstraße
Bachstr.
Lisztstraße
Amselweg
Drosselweg
Meisenweg
Birkenallee
1=Schwalbengasse
2=Sperlingsgasse
Neuap. K.
Grund-u. Ober-schule
Sport-pl.
Sporth.
Damm
Mewes-
Hermann-Hesse-Weg
Paul-
Bahnstraße
Am Winkel
Schlangenhorst
Am Bredower
Fußgänger-tunnel
Rotdornallee
Blumensteg
Ulmenweg
Aug.-Bebel-Hs.
Thälmann-
Verw.
RE4,RB10
Platz d. Friedens
Bahn-
Fußgänger-tunnel
P+R
Zum Boots-hafen
Am Kanal
Weidenweg
Allee
Nest
Forstweg
Schillerstraße
Märkische Str.
Gewerbe-geb.
Klakow-Str.
Markt
August-Bebel-
Querstr.
1=N.-Kopernikus-Str.
2=Werner-von-Siemens-Str.
Wohn-und Gewerbepark Zeestow
Carl-Friedrich-Benz-Straße
Vorholzstr.
Stormstr.
Lenaustr.
Hauffstraße
Sudermannstr.
Fontanestr.
Kleiststr.
Goethestr.
Lessingstr.
Reuterstr.
Uhlandstr.
Heinr.-Heine-Str.
Jugend-club
Kita
Südstr.
Forst-
Wustermarker Str.
Tolstoistr.
Erich-Mühsam-Str.
Zeestower Chaussee
3=Haslacher Straße
4=Marktplatz
Stallweg
Nauen-Paretzer-Kanal
Havelkanal
Berliner Ring
Marie-Curie-Str.
G.-Daimler-Str.
Sport-halle
Spiel-pl.
Hölderlinstr.
Freytag-str.
Biotop
Arndt-
Körnerstr.
Wieland-
Dahnstraße
Kita
Adolf-Diesel-Str.
Ahornweg
Lindenstr.
Freiligrath-
Zeestower Chaussee
Brieselanger Straße
Brieselang
5=Joachim-Ringelnatz-Straße
14656
Anschlussstelle Brieselang
27
Zeestower Str.
Mühlenweg
Friedhof
Bredower
1=Schnitterweg
Sp.-pl.
Brieselanger Straße
Wernitzer Weg
Friedhof
Kita
Neuer Weg
Ortsteil Zeestow (zu Brieselang)
Wustermarker Straße
Wiesengrund
Seilerw.
Kirschenweg
Pump-werk
Mittelgr.
Schlaggraben
140
Bremer Ring
GVZ
Kurt-Nagel-Straße
Königsgraben
Dresdener Str.
Berliner Außenring
RB20
Umspann-werk
Kuhdammweg
Kuh-dammweg
Güterverkehrs-zentrum
Hafenstraße
Rostocker Straße
Magdeburger Straße
Hanse-str.
Wustermark
Chaussee
Am Umspannwerk
Dyrotzer Weg
Am Wald
Pappelweg
Klein-gärten
Mittelweg
Luchweg
Dyrotz-Luch
Pappelweg
Königsgraben
26
5
Anschlussstelle Berlin-Spandau
Zeestower
Zeestower Straße
Leipziger Straße
Duisburger Straße
RB13
RB21
Wustermark
RE2,RB13,RB21
P+R
Lehrter Bahn
Lade-str.
Zeestower Straße
RE2,RB13
RB21
E55
10
Elstal
P+R
Neue Bahnhofstr.
Hamburger Str.
Grund-schule
Friedhof
Friedr.-Rumpf-Str.
Verw.
Kietz-str.
163
Ortsteil Elstal (zu Wustermark)
Lindenstr.
Kita
Schulstr.
Brunnen
Kap.
Bahnhofstraße
E.-Thälmann-

140

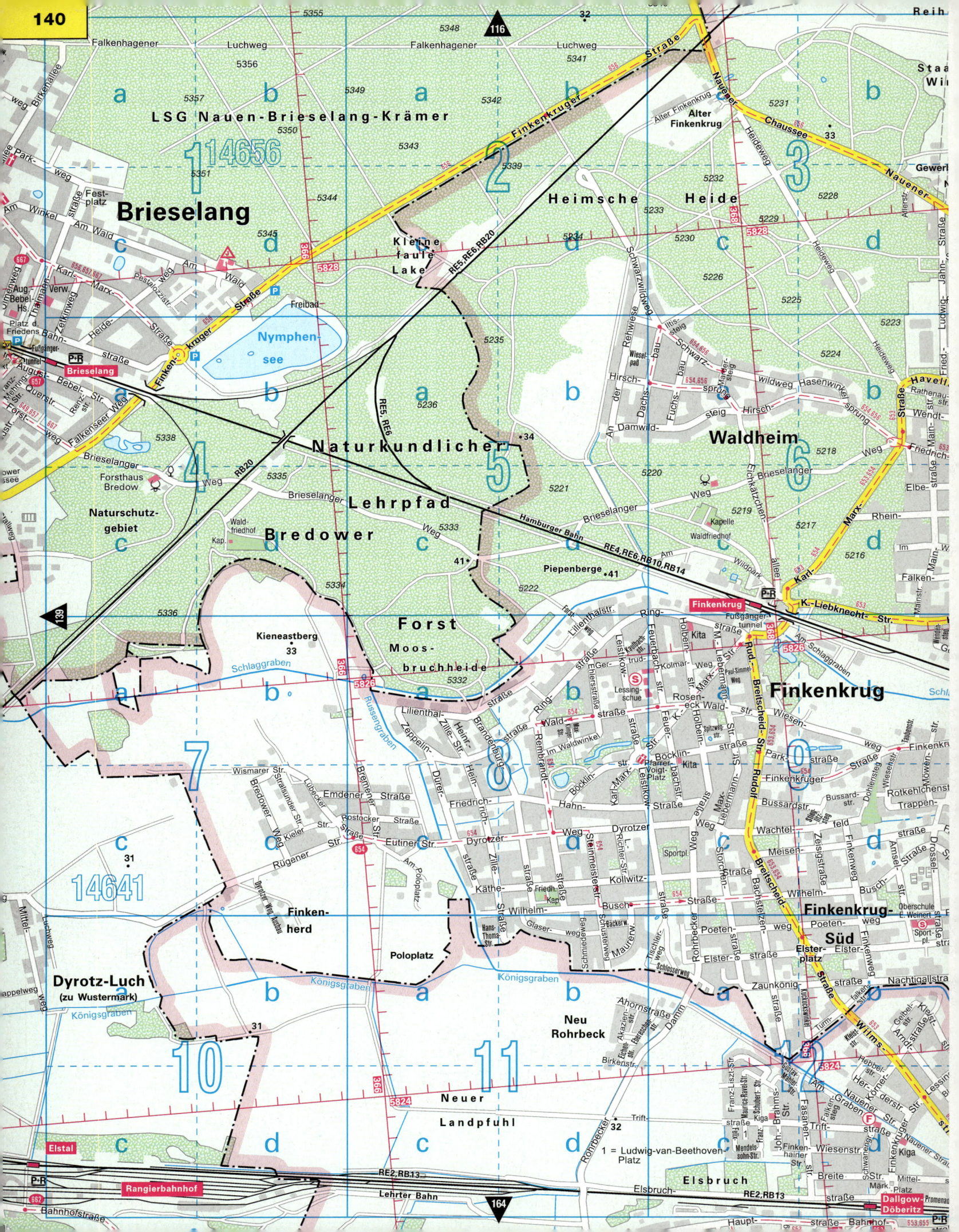

Berliner Forst
Lehmkutenberge
Konradshöhe
(Bez. REINICKENDORF)
13505
Reiherberg
Tegel
Tegelort
Tegeler See
Luft u. Freibad Tegeler See
Scharfenberg
Schule
Sportpl.
Bibliothek
Baumwerder
Wasserwerk Tegel
Valentinswerder
Maienwerder
Saatwinkel
Havel
Aalemannkanal
Aalemann-ufer
Teufelsseekanal
Teufelsbruch
NSG
Waldsiedlung
Evangelisches Johannesstift
Wichern Krankenhaus
Heinrich-Böll Oberschule
Hakenfelde
(Bez. SPANDAU)
1 = Boca-Raton-Straße
2 = Ashdodstraße
3 = Iznikstraße
1 = Langer-See-Straße
2 = Schwielowseestraße
3 = Zernseestraße
4 = Röddelinseeweg
5 = Templiner-See-Str.
6 = Wolzenseeweg
7 = Dabelowseestraße
8 = Wittweseeweg
9 = Kindelseeweg
10 = Zeuthener-See-Weg
18 = Beetzseeweg
19 = Quenzseeweg
Wasserstadt
13587
Maselakepark
Kleiner Wall
Hohenzollernkanal
Kleine Malche
Siemenswerke
Gartenfeld
Spandauer See
11 = Strausseeweg
12 = Kölpinseeweg
13 = Scharmützelseeweg
14 = Stolpseeweg
15 = Dambecker-See-Weg
16 = Rheinsberger-See-Weg
17 = Woblitzseeweg
SPANDAU
13585
Pionierinsel
Eiswerder
Krienicke Park
1 = Lasiuszeile
2 = Predigergarten
3 = Paula-Hirschfeld-Steig
4 = Rosa-Reinglass-Steig
5 = Frieda-Arnheim-Promenade
Neustadt
Cityplan S.38
Zitadelle
13599
Haselhorst
(Bez. SPANDAU)
Paulstern
13583
Altst. Spandau

Tegel
(Bez. REINICKENDORF)
13507
Borsigwalde
13509
Tegeler
See
Reiherwerder
Hasselwerder
Gänsewerder
Lindwerder
Reiswerder
Jungfern-
heide
Siedl. Waldidyll
Flughafen-
see
Flughafen Berlin-Tegel
"Otto Lilienthal"
Berlin
13405
Cité Pasteur
Terminal
Tower
Siedlung
Mäckeritzwiesen
Justizvollzugsanstalt
Tegel
Borsigwerke
Am Borsigturm
Gewerbegebiet
Bernauer Straße
Saatwinkler Damm
Volkspark
Jungfernheide
(Bez. CHARLOTTENBURG-
WILMERSDORF)
Jungfern-
heideteich
Siemensstadt
(Bez. SPANDAU)
13629
Anschlussstelle
Flughafen
Tegel
Anschlussstelle
Am Festplatz
AS Holzhauser Str.
AS Seidelstr.
AS Eichbornd.
AS K.-Schumacher-Pl.
AS Saatwinkler Damm
AS Heckerdamm
AS J.-Kaiser-Pl.
Cité Guynemer
Hertz-
Siedlung
Paul-
Wilhelm-von-
Siemens-Park
Old Texas Town
Siemensdamm
Halemweg
Rohrdamm
Paulsternstr.
Jak.-Kaiser-Platz
Holzhsr. Str.
Otisstr.
Borsighafen
E26
111
120
143
168

REINICKEN-
DORF
Wedding
(Bez.MITTE)
Schiller-
park
Volkspark
Rehberge
Volks-
park
Wilhelmsruh
Eichborndamm
Karl-Bonhoeffer-Nervenklinik
Lindauer Allee
Paracelsus-Bad
Residenzstr.
Franz-Neumann-Pl.
Osloer Str.
Nauener Pl.
Leopoldpl.
Seestr.
Rehberge
Afrikanische Str.
Kurt-Schumacher-Pl.
Scharnweberstr.
Amrumer Str.
Westhafen
Beusselstr.
Reinickendorfer Str.
Alt-Reinickendorf
Güterbhf. Reinickendorf
Anschlussstelle Kurt-Schumacher-Platz
Anschlussst. Seestr.
Julius- Leber- Kaserne
Plötzensee
Westhafen
Charité Campus Virchow-Klinikum
Berliner Großmarkt
(Bez.PANKOW)
13403
13407
13409
13437
13158
13349
13351
13347
13357
13627
13353
10553
10557
10559
Schäfersee
Humboldt-Kliniken
Friedhof Reinickendorf
Goethe-park
Friedhof am Plötzensee
Berlin-Spandauer Schiffahrtskanal

146

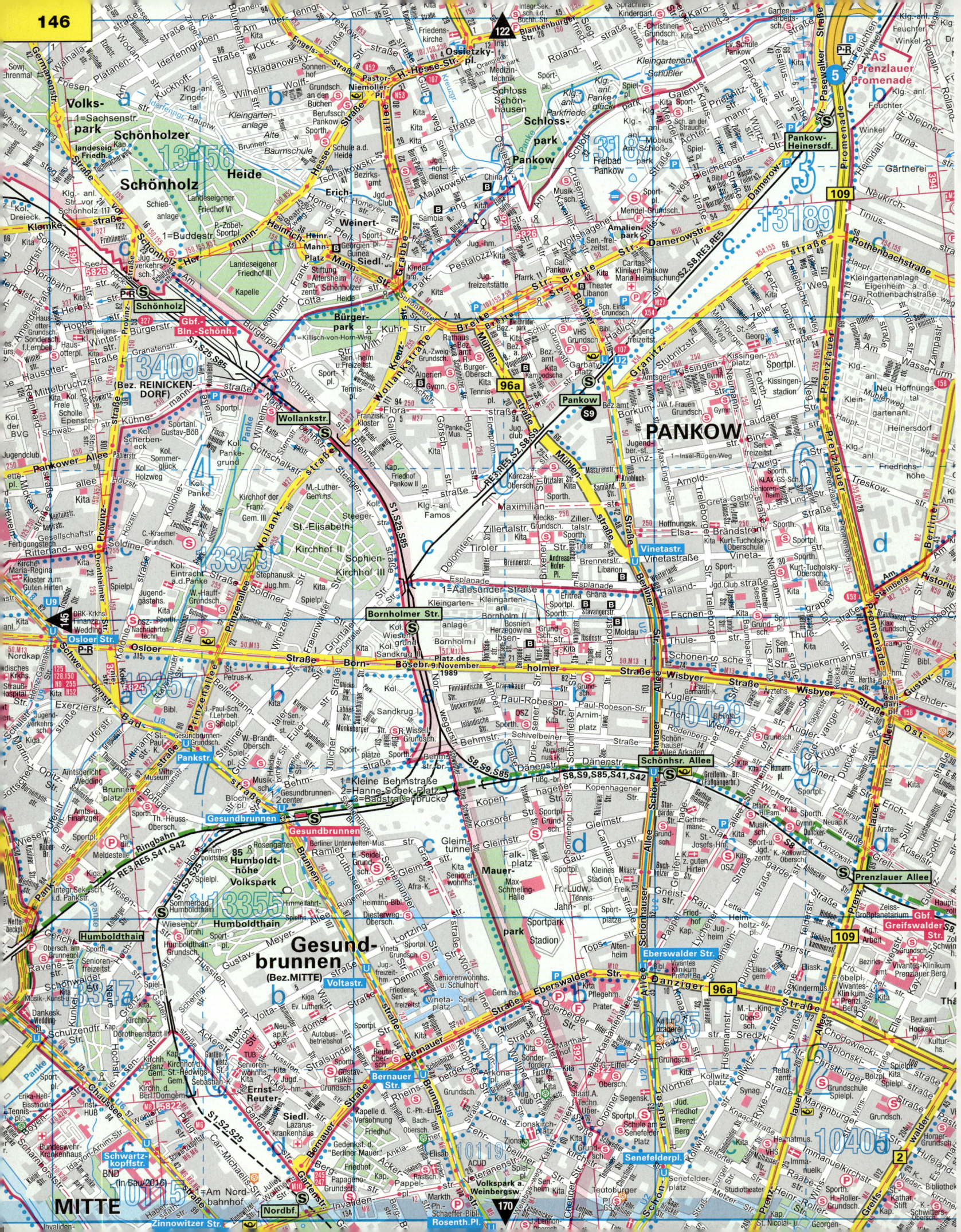

123
Malchow
(Bez. LICHTENBERG)
Stadtrandsdlg.
Malchow
(Bez. PANKOW)
Niles-
siedlung
Neu-
Hohenschönhausen
(Bez.LICHTENBERG)
Heinersdorf
(Bez.PANKOW)
Weißensee
(Bez.PANKOW)
Weißer
See
Alt-
Hohenschönhausen
(Bez.LICHTENBERG)
Prenzlauer
Berg
(Bez.PANKOW)
Fennpfuhl
(Bez.LICHTENBERG)
Volkspark
Fauler
See
Volks-
park
Obersee
Orankesee
Greifswalder Str.
Landsberger Allee
Velodrom
Europa-Sport-Park
Sportforum
Stadion
Berlin
Jüdischer
Friedhof
"Weißensee"
Märchen-
land
Darßer
Straße
Hansastraße
Berliner
Allee
Buschallee
Suermondt-
straße
Rennbahn-
straße
Michelangelo-
straße
Konrad-
Wolf-
Straße
Landsberger
Allee
Weißen-
Straße
Chaussee-
straße
Dorfstr.
Wartenberger
Straße
Rolland-
Straße
Blankenburger
Straße
13129
13051
13089
13088
13086
13053
10409
10407
13055
10365
148
171

124
Falkenhöhe
13059
Wartenberg
(Bez.LICHTENBERG)
13057
NSG Wartenberger/
Falkenberger Luch
Falkenberg
(Bez.LICHTENBERG)
Stadtrand-
siedl.
13051
Bln.-Hohenschönhsn.
Neu-
Hohenschönhausen
(Bez.LICHTENBERG)
Falkenberger
Krugwiesen
Gewerbe-
park
Gewerbe-
gebiet
Klärwerk
Gartenstadt
Gehrenseestr.
Bitterfelder Str.
Mehrower Allee
Raoul-Wallenberg-Str.
Bitterfelder
Teiche
NSG
Park-
friedhof
Marzahn
147
13053
Alt-
Hohenschönhausen
(Bez.LICHTENBERG)
12681
Gbf. Nordost
Marzahn
(Bez. MARZAHN-HELLERSDORF)
Bürknersfelde
13055
Gewerbe-
zentrum
Landsberger Allee
158
Poelchaustr.
LICHTENBERG
10365
12681
Springpfuhl
Allee der Kosmonauten
172

Ortsteil Mehrow
(zu Ahrensfelde)
1 = An der Schmiede
1=Eichner Spitze
Hoheneiche
Ortsteil Eiche
(zu Ahrensfelde)
16356
Solarpark
Herrendike
(zu Hoppegarten)
Eiche-Süd A
1 = Ahornzeile
Eiche-Süd B
Kaufpark Eiche
Landsberger Chaussee
Berliner Straße
Mehrower Chaussee
Ahrensfelder Chaussee
Eichner Chaussee
Havemannstraße
Dorfstraße
Eichepark
12689
Wuhletal-park
Landschafts-park
Ahrensfelder Berge 112
Wuhletal
12687
12679
12685
12629
12627
12619
12683
12621
Marzahn
Wiesen-park
Erholungspark Marzahn
Chinesischer Garten
Jap. Garten
MARZAHN-HELLERSDORF
Kienberg 102
Am Kienberg
Wuhleteich
Jelena-Santic-Friedenspark
Hellers-dorf
(Bez. MARZAHN-HELLERSDORF)
Hönower Weiherkette
Cottbusser Platz
Cottbusser Pl.
Neue Grottkauer Str.
Louis-Lewin-Str.
Hellersdorf
Stadtteil Hellersdorf
Markt
Liberty-park
1 = Rudolf-Filter-Weg
1=Kurt-Weill-Platz
2=Kurt-Weill-Gasse
3=Lil-Dagover-Gasse
4=Fritz-Lang-Platz
5=Alice-Salomon-Platz
6=Peter-Weiss-Platz
7=Kokoschkastraße
8=Kokoschkaplatz
9=Lyonel-Feininger-Straße
Ahrens-felde
Bürger-Nachbarschafts-zentrum
Clara-Zetkin-Park
Borkheider Teich
Cecilienstraße
Elisabethstraße
Blumberger Damm
Hellersdorfer Straße
Stadt-rand-siedl.
125
150
158
173

Ortsteil Mehrow
(zu Ahrensfelde)
16356
Binsenpfuhl
Heidesee
Blakesee
126
Altlandsberger Weg
Pumpwerk
Wendtsee
E55
10
Hönow-Nord
Schmaler See
Steinhövelsee
Herrendike
Anschlussstelle Berlin-Marzahn
Teichgraben
Retsee
Mittelsee
Gewerbegebiet
1=Neue Mehrower Straße
15366
Ortsteil Hönow
(zu Hoppegarten)
Hönower Weiherkette
Hausee
Altlandsberger Chaussee
Berliner Straße
Fischpfuhl
1 = Wuhleweg
2 = Erpeweg
3 = Hagebuttenweg
4 = Mistelweg
5 = Veilchenweg
6 = Sperlingsweg
7 = Drosselgasse
8 = Schlehenweg
Neuenhagener Chaussee
Neuenhagener Trainierbahn
Louis-Lewin-Str.
12627
Hönow-Süd
Zochegraben
Hönower Chaussee
Riesaer Straße
Mahlsdorf
(Bez. MARZAHN-HELLERSDORF)
Kleingartenanlage Dahlwitzer Heide
12623
1 = Birkensteinweg
Trainierbahn
Birkenstein
(zu Hoppegarten)
174
149

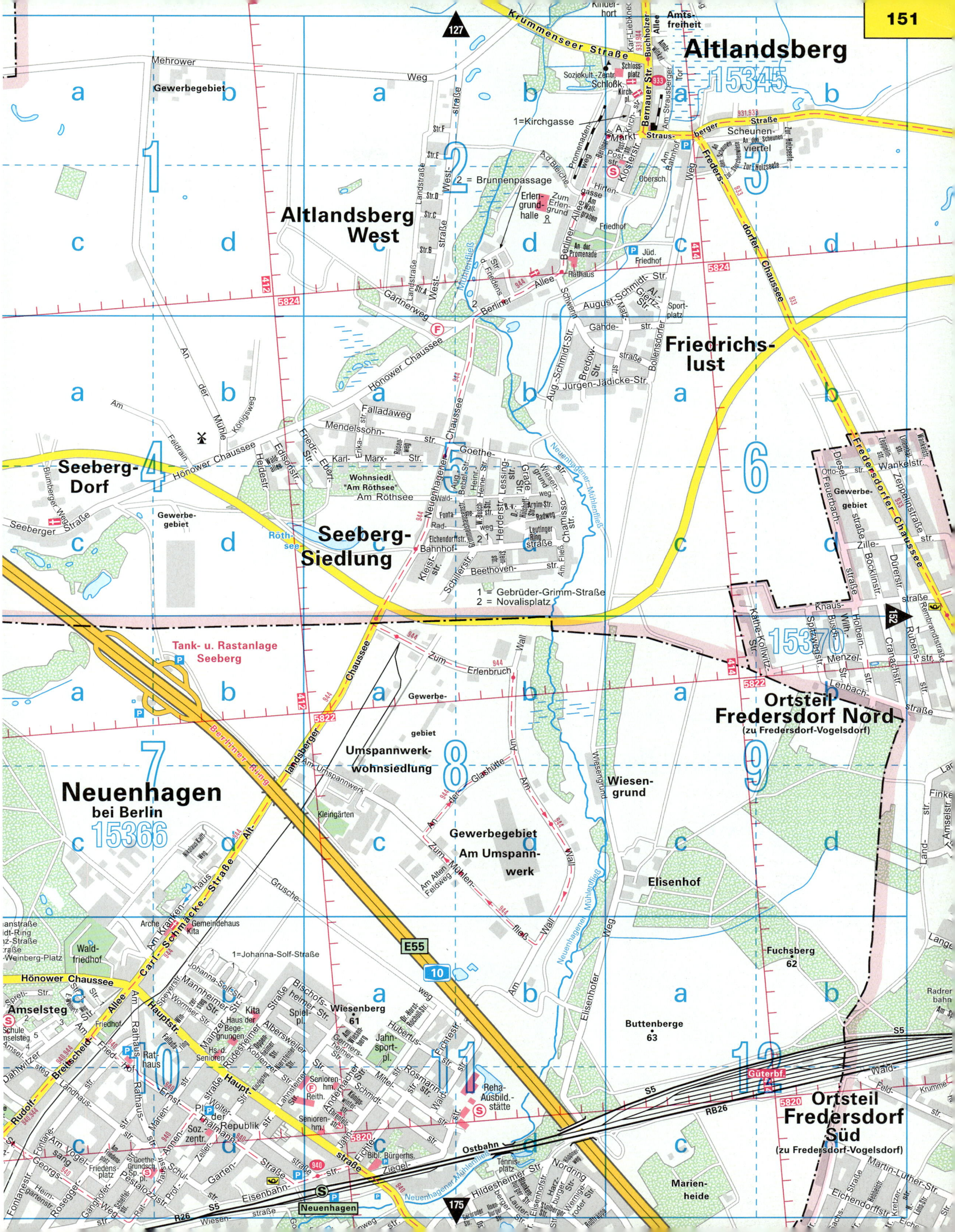
Altlandsberg
15345
Altlandsberg West
Friedrichs-lust
Seeberg-Dorf
Seeberg-Siedlung
Neuenhagen bei Berlin
15366
15370
Ortsteil Fredersdorf Nord
(zu Fredersdorf-Vogelsdorf)
Ortsteil Fredersdorf Süd
(zu Fredersdorf-Vogelsdorf)
Wiesengrund
Elisenhof
Fuchsberg 62
Buttenberge 63
Wiesenberg 61
Marienheide
Tank- u. Rastanlage Seeberg
Gewerbegebiet
Gewerbegebiet Am Umspannwerk
Umspannwerkwohnsiedlung
Wohnsiedl. "Am Röthsee"
Röthsee
Kleingärten
Waldfriedhof
Krummenseer Straße
Mehrower Weg
Hönower Chaussee
Neuenhagener Chaussee
Altlandsberger Chaussee
Fredersdorfer Chaussee
Berliner Ring
Carl-Schmäcke-Straße
Hauptstraße
Eisenbahnstraße
Ostbahn
Neuenhagener Mühlenfließ
Neuenhagen
Güterbf.
Reha-Ausbild.-stätte
1=Kirchgasse
2 = Brunnenpassage
1 = Gebrüder-Grimm-Straße
2 = Novalisplatz
1=Johanna-Solf-Straße
E55
127
152
175

128
Wolfshagen
Kleingartenanlage
Köhlergrund
Radebrück
Radebrück
15345
Landsberger Straße
Bruchmühle
(zu Altlandsberg)
Kleingartenanl.
Kiefernhain
Friedhof
1 = Gartenweg
Fredersdorfer Mühlenfließ
Mühlenfließ
Eggersdorfer Str.
Eggersdorfer Chaussee
Landsberger
Fredersdorfer Chaussee
Goethestraße
Posentsche Str.
Friedhof
Markt
1 = H.-Behrens-Hangeler-Weg
Ortsteil
Fredersdorf Nord
(zu Fredersdorf-Vogelsdorf)
15370
Landsberger Chaussee
Petershagen/
Eggersdorf
Pohrtsche
Siedlung
Petershagen
Nord
Giebelpfuhl
Petershagen Nord
Ostbahn
RB26
S5
Fredersdorf
1=Wilhelm-Abel-Weg
Bahnhofstraße
Am Bahnhof
Peters-
hagen
Dorf
Straße Eggersdorfer
Schillerteich
Waldsportplatz
Sportplatz
Ortsteil
Fredersdorf
Süd
(zu Fredersdorf-Vogelsdorf)
Ernst-Thälmann-Straße
Petershagener
Peters-
hagen
Süd
176
151
Teilungssee
a
b
c
d
1
2
3
4
5
6
7
8
9
10
11
12

Freibad
129
Bötz-
see
Postbruch
Strausberg
15344
Marienberg
Wasser-
turm
Umgehungsstraße
Chaussee
Berliner-
Straße
Herrensee
Bungalow-
siedlung
am Bötzsee
Mühlenfließ
Seebad
Bötzsee
Boots-
verleih
Altlandsberger
Chaussee
Seniorenzentr.
"Clara Zetkin"
Kultur- u.
Tagungszentr.
Haus Bötzsee
Stadt-
weg
Hegermühle
Garzauer Straße
Garzauer Str.
Ruhe
forst
Eggersdorf Nord
Eggersdorfer
Strausberger Straße
Wald-
friedhof
Sporthalle
Sport- und
Erholungspark
Förderschule
Ernst-Thälmann-Straße
Strausberger Eisenbahn
Alte
Schlagmühle
Mittel-
heide
Eggersdorf
Dorf
Landhaus-Str.
Bahnhofstraße
Strausberg
Stadtteil
Vorstadt
(zu Strausberg)
Schneide-
mühle
RB26
S5
15345
Friedhof
Eggersdorf
Süd
Barnim-
Kaserne
Sport-
platz
Kaserne
Barnim / Strausberg
Heizwerk
Alte Walkmühle
Lange Damm-
wiesen
Neue Mühle
Rollberge
61
NSG
Sand
Hennickendorfer
Chaussee
Kläranlage
Klär-
anlage
Torfhaus
Stranggraben
(zu Rüdersdorf bei Berlin)
15378
154
177
1
2
3
4
5
6
7
8
9
10
11
12

130
Johanneshof
Fasanenpark
Strausberg
15344
Annatal
Umspannwerk
Collegenberge
86
Naturschutzgebiet
Herrensee
Hegermühle
Ruheforst
Garzauer Straße
Garzauer Chaussee
NSG
Rehfelder Heide
Schlagweg
Herrensee
Rehfelde Siedlung
Ernst-Thälmann-Straße
Karl-Liebknecht-Straße
Strausberger Straße
Kleingärten Herrenhorst
Amt Märk. Schweiz (Außenst.)
Ostbahn RB26
Herrensee
Rehfelde
Rehfelde
(zu Amt Märkische Schweiz)
Fuchsberg
63
15345
Gewerbegebiet
Pumpwerk
Friedhof
Kapelle
Kompostieranlage
15378
(zu Rüdersdorf bei Berlin)
Rehfelde-Dorf
Klumsberg
62
Kläranlage
Mühlenfließ
153
178

155

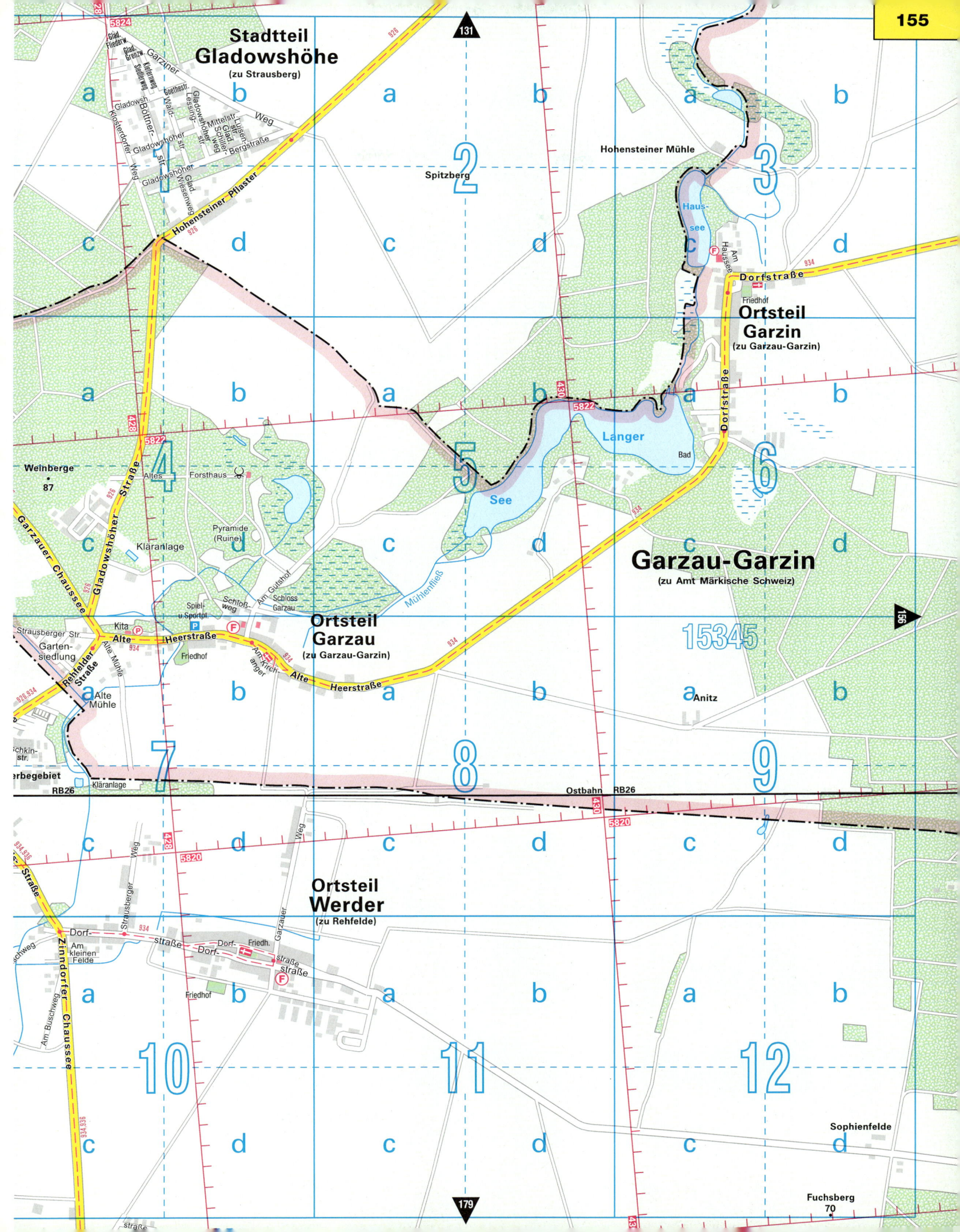

Stadtteil Gladowshöhe
(zu Strausberg)

Ortsteil Garzin
(zu Garzau-Garzin)

Garzau-Garzin
(zu Amt Märkische Schweiz)

15345

Ortsteil Garzau
(zu Garzau-Garzin)

Ortsteil Werder
(zu Rehfelde)

156

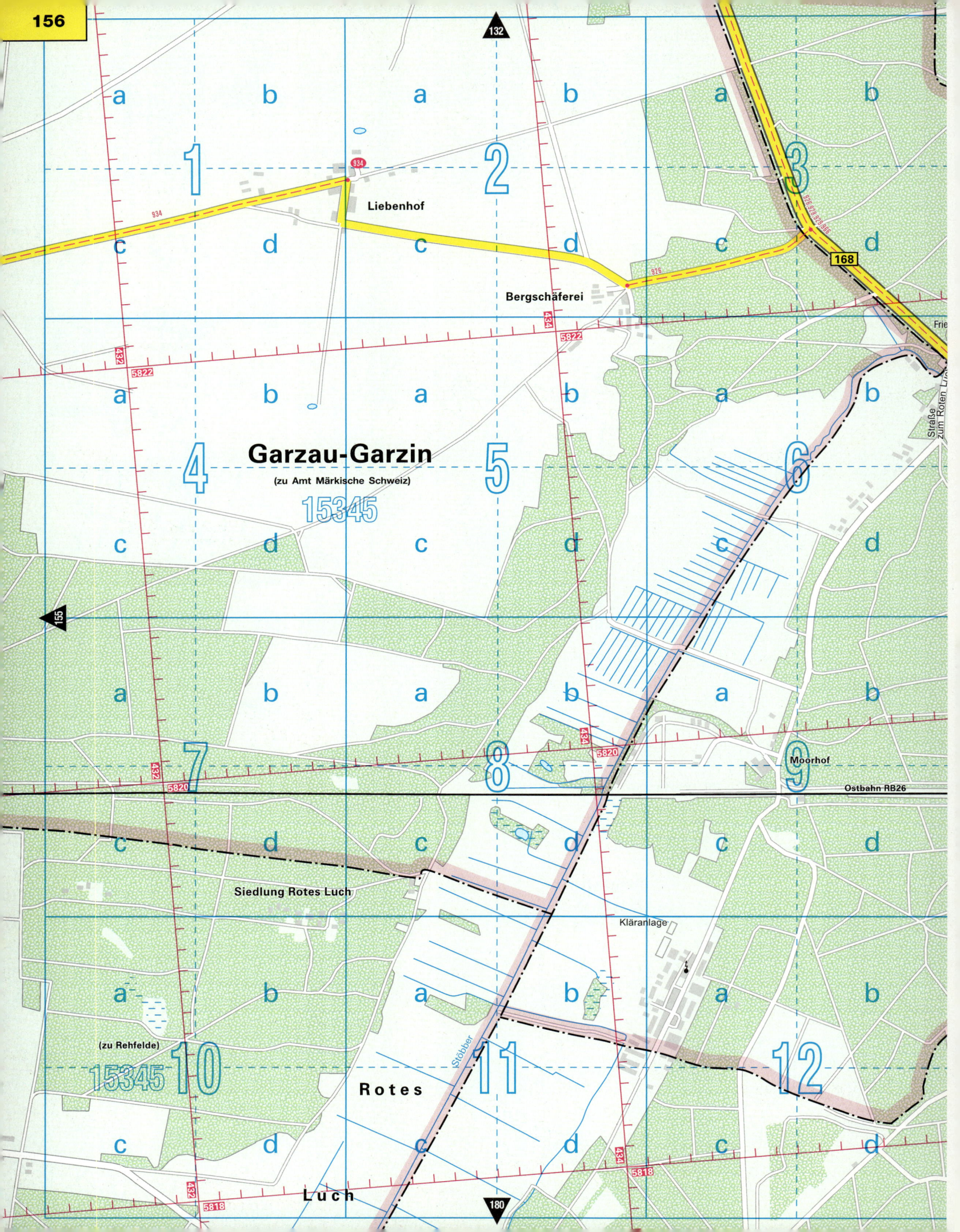

Liebenhof

Bergschäferei

Garzau-Garzin
(zu Amt Märkische Schweiz)
15345

Moorhof

Ostbahn RB26

Siedlung Rotes Luch

Kläranlage

(zu Rehfelde)
15345

Rotes

Luch

Waldsieversdorf

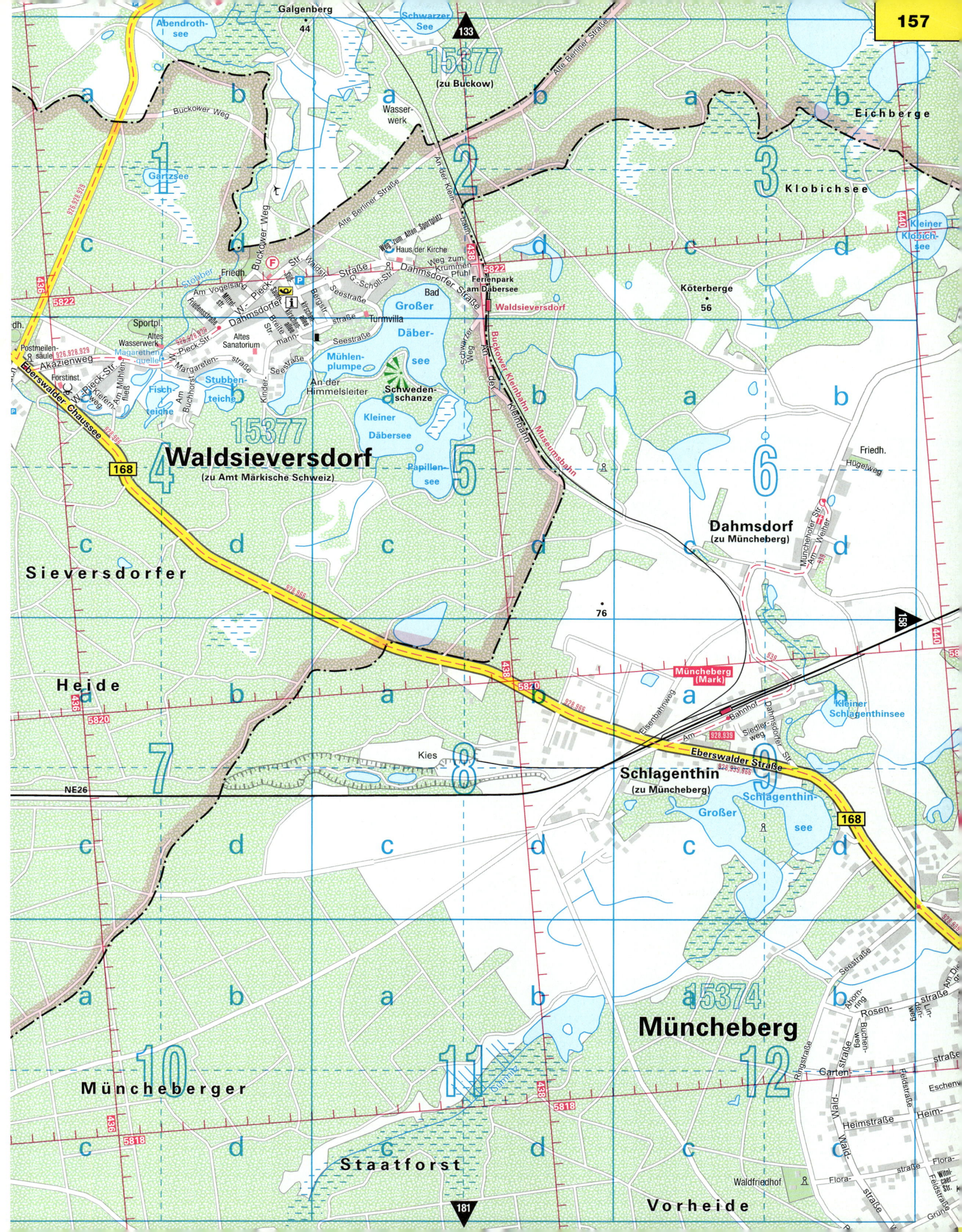

158

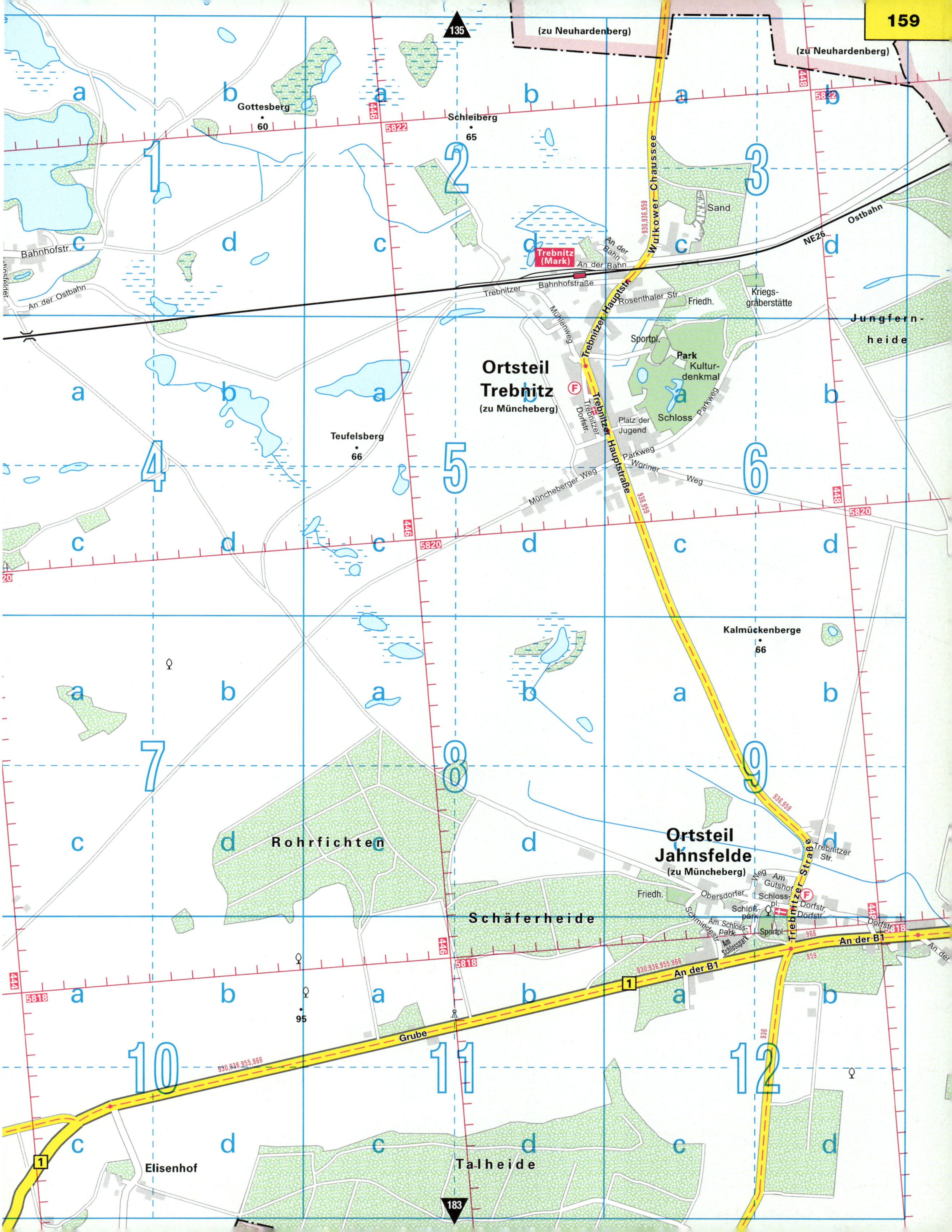
135
(zu Neuhardenberg)
(zu Neuhardenberg)
Gottesberg
60
Schleiberg
65
Wulkower Chaussee
Sand
Ostbahn
NE26
Bahnhofstr.
Trebnitz (Mark)
An der Bahn
Bahnhofstraße
Trebnitzer
An der Ostbahn
Trebnitzer Hauptstr.
Rosenthaler Str.
Friedh.
Kriegs-gräberstätte
Jungfern-heide
Mühlenweg
Sportpl.
Park
Kultur-denkmal
Ortsteil Trebnitz
(zu Müncheberg)
Schloss
Parkweg
Trebnitzer Dorfstr.
Platz der Jugend
Trebnitzer Hauptstraße
Teufelsberg
66
Müncheberger Weg
Woriner Weg
Kalmückenberge
66
Rohrfichten
Ortsteil Jahnsfelde
(zu Müncheberg)
Trebnitzer Str.
Trebnitzer Straße
Friedh.
Obersdorfer Weg
Am Gutshof
Schloss-pl.
Schloßpark
Dorfstr.
Schäferheide
Schmiedestr.
Am Schlosspark
Sportpl.
An der B1
Grube
95
Elisenhof
Talheide
183

160

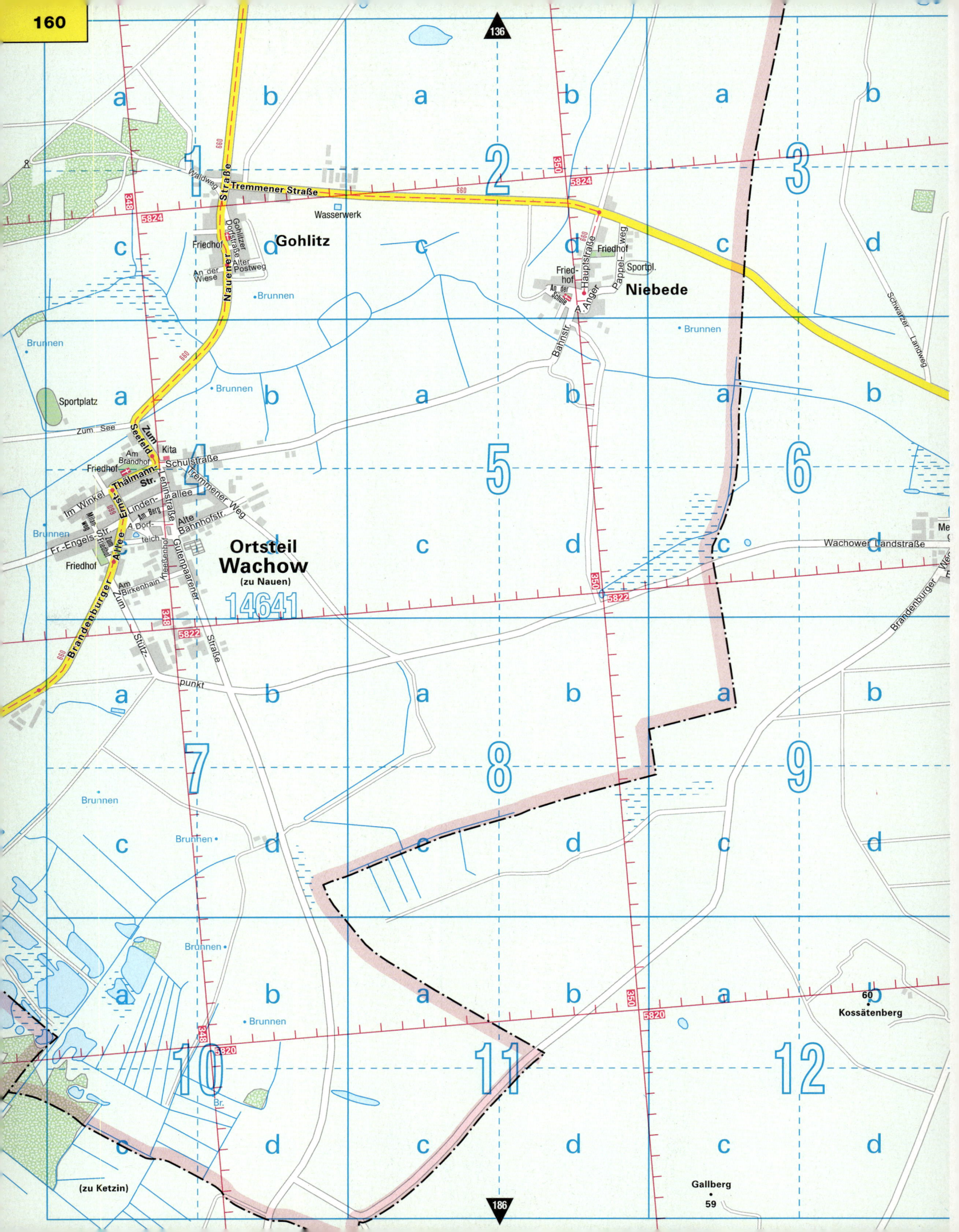

Gohlitz
Niebede
Ortsteil Wachow (zu Nauen)
14641
Kossätenberg
(zu Ketzin)
Gallberg 59

161

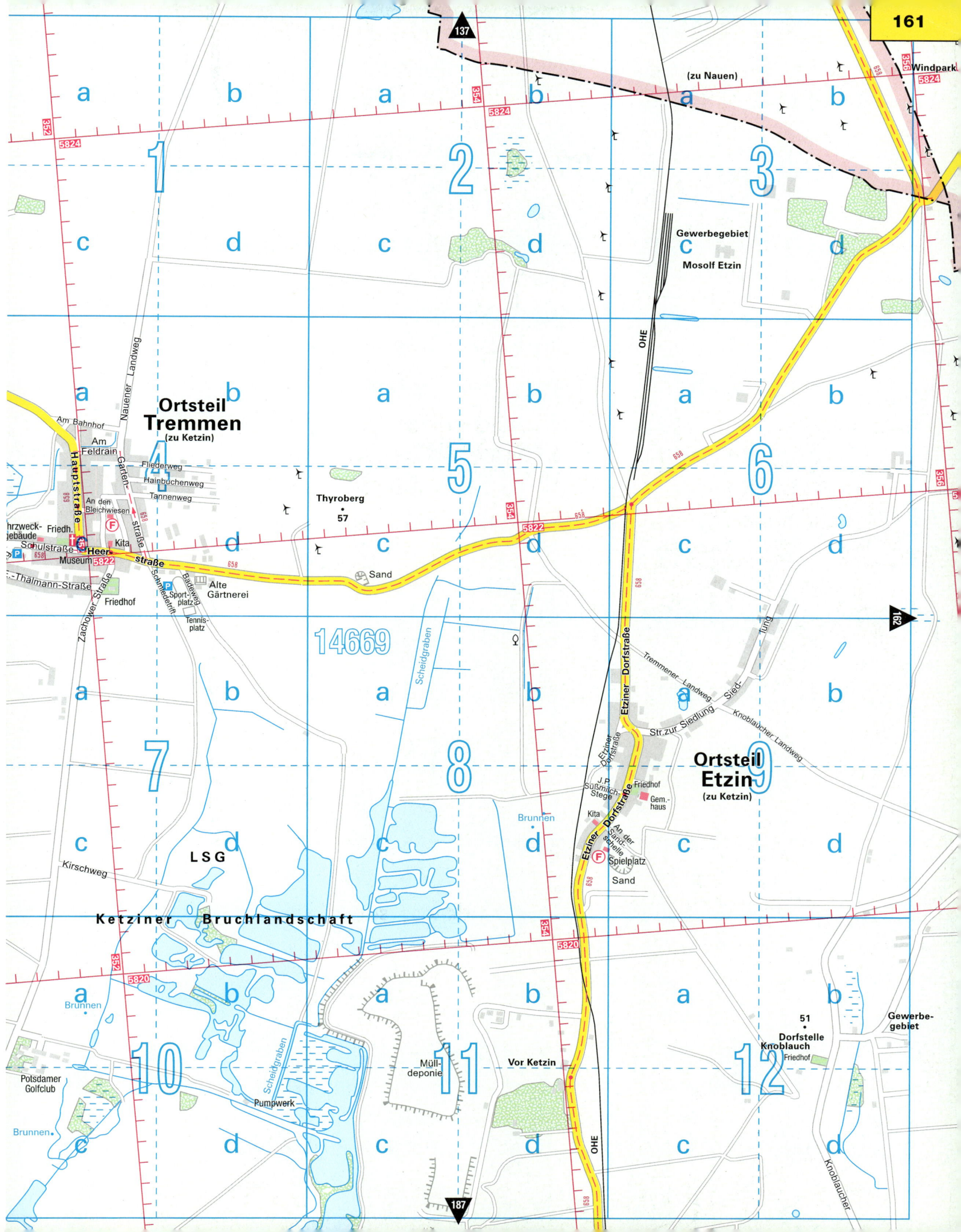

Windpark

(zu Nauen)

Gewerbegebiet
Mosolf Etzin

OHE

Ortsteil
Tremmen
(zu Ketzin)

Nauener Landweg
Am Bahnhof
Am Feldrain
Hauptstraße
Gartenstraße
Fliederweg
Hainbuchenweg
Tannenweg
An den Bleichwiesen
Friedh.
Kita
Heerstraße
Museum
Schulstraße
Thälmann-Straße
Zachower Straße
Friedhof
Schmiedetrift
Badeweg
Sportplatz
Tennisplatz
Alte Gärtnerei
Sand
Thyroberg 57

14669

Scheidgraben

Tremmener Landweg
Etziner Dorfstraße
Str. zur Siedlung
Siedlung
Knoblaucher Landweg

Ortsteil
Etzin
(zu Ketzin)

J.P. Süßmilch-Stege
Kita
Gem.-haus
Friedhof
An der Sandscholle
Spielplatz
Sand
Brunnen
Etziner Dorfstraße

L S G
Kirschweg

Ketziner Bruchlandschaft

Scheidgraben
Pumpwerk

Potsdamer Golfclub
Brunnen

Müll-deponie
Vor Ketzin

OHE

51
Dorfstelle Knoblauch
Friedhof
Gewerbegebiet
Knoblaucher

187

162

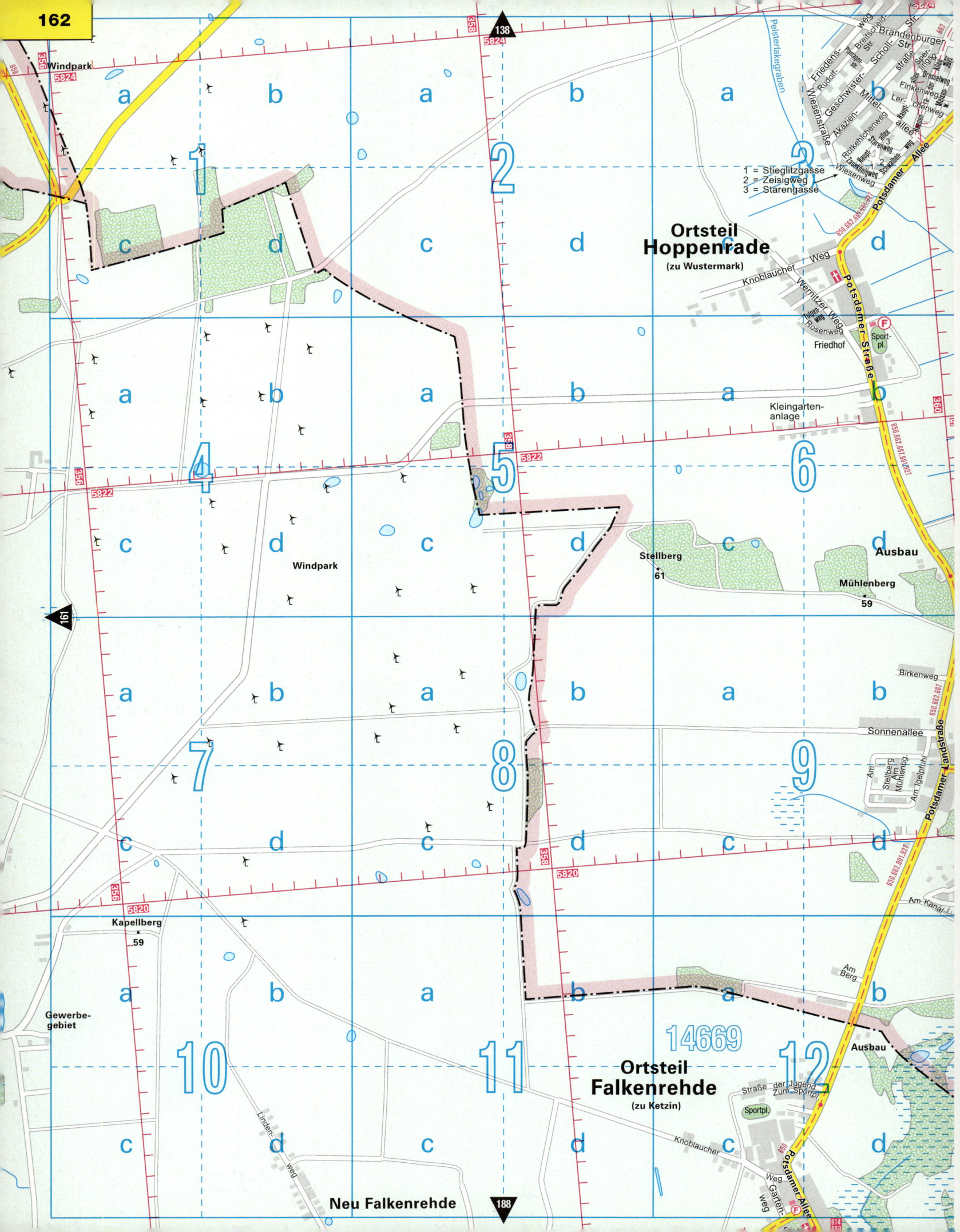

Windpark

Ortsteil Hoppenrade
(zu Wustermark)

1 = Stieglitzgasse
2 = Zeisigweg
3 = Starengasse

Friedhof

Kleingartenanlage

Windpark

Stellberg
61

Ausbau
Mühlenberg
59

Kapellberg
59

Gewerbegebiet

14669

Ortsteil Falkenrehde
(zu Ketzin)

Ausbau

Neu Falkenrehde

163

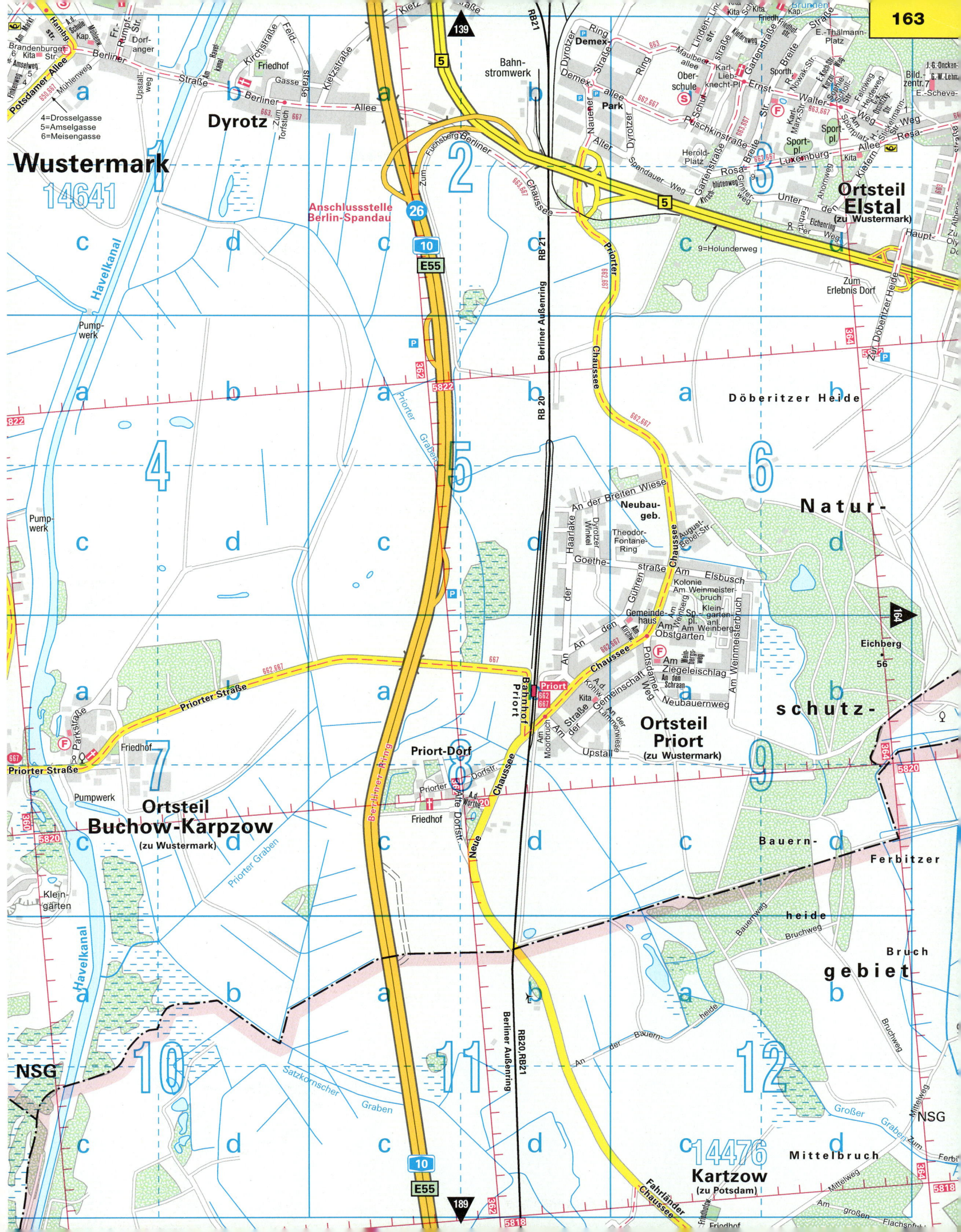

Ortsteil
Elstal
(zu Wustermark)
Hakenberg
Rohrbeck
Neu Döberitz
Reiterhof
Rhins-
lake
ehem.
Mülldeponie
56
Galgenberg
ehem.
Olympisches
Dorf
Sperlingshof
Gewerbepark
Döberitzer H
Löwen- und
Adler-
Kaserne
2 = Berta-Gieselbusch-Weg
3 = Amsterdamer Straße
4 = Londoner Straße
5 = Pariser Straße
6 = Freystraße
7 = Julius-Köbner-Straße
Naturschutz-
zentrum
1 = Rotdornweg
2 = Werner-Heisenberg-Str.
3 = Schlehenweg
4=Ulanenweg
5=Dragonerweg
6=Gardeweg
7=Regimentweg
8=Jägerweg
9=Grenadierweg
ehem.
Kesselbruch
Rüh-
bruch
Kief-
bruch
14641
Höllen-
fenn
Hadeln-
weg
44
47
Jungfernheide
NSG
Rämelberg
43
Burg-
fenn
Buchower
Weg
Wolfsberg
66
Weinberg
69
Alter Mühlenberg
Döberitzer
Buchower
Weg
Ferbitzer
Bruch
14476
(zu Potsdam)
Schwarzes
Fenn
Pröhl
Rund-
pfuhl
NSG
Ferbitzer
Werder
Schäfer
Wiese
Großer Graben
Brocken-
Standort
75
Eichberg
56
46
31
140
163
190
1
2
3
4
5
6
7
8
9
10
11
12

Dallgow-Döberitz 14624

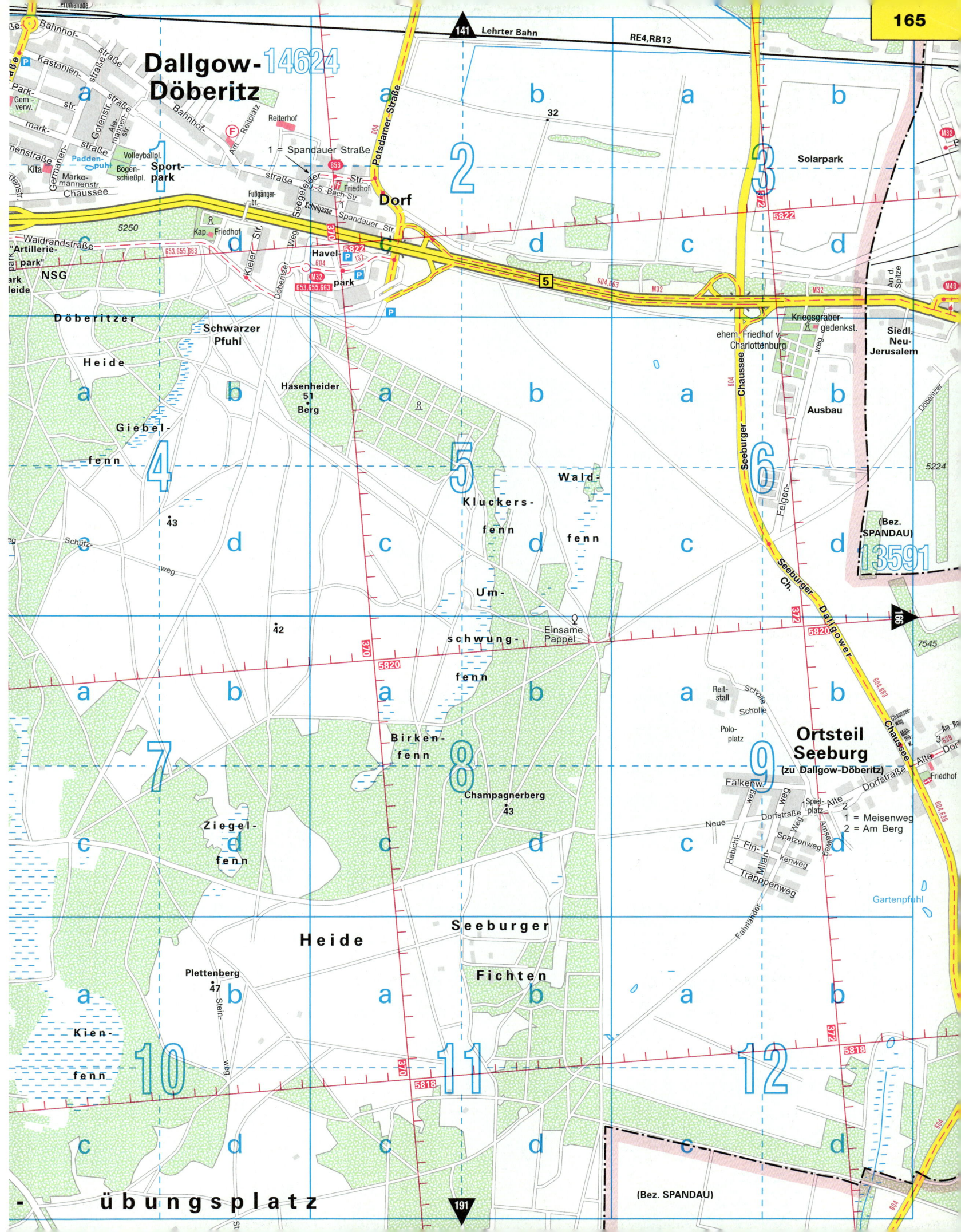

165

166

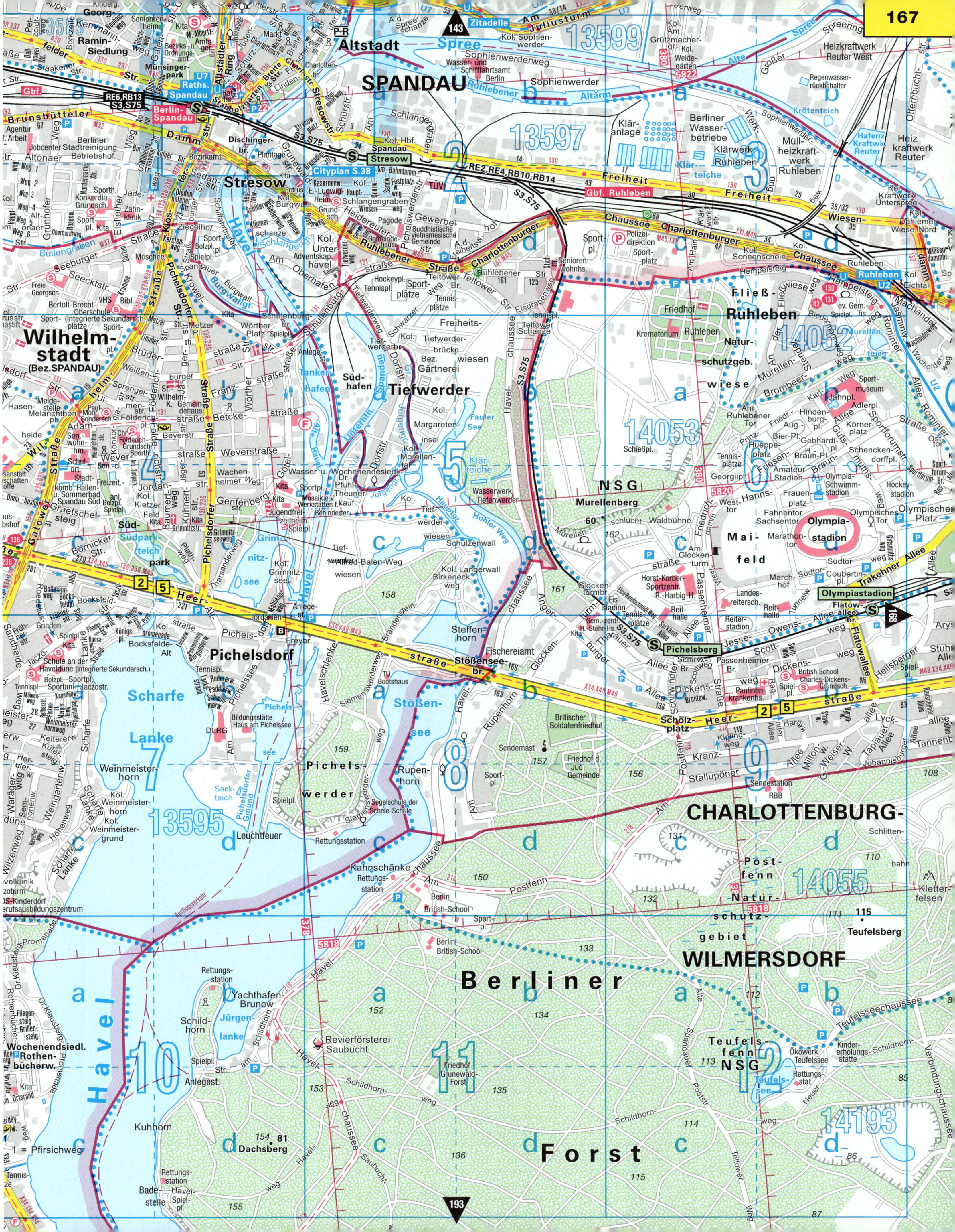

Altstadt
SPANDAU
Zitadelle
Juliusturm
Spree
Sophienwerder
Ruhlebener
Altarm
13599
13597
Berliner Wasserbetriebe
Klärwerk Ruhleben
Müllheizkraftwerk Ruhleben
Heizkraftwerk Reuter
Heizkraftwerk Reuter West
Krötenteich
Rathaus Spandau
Berlin-Spandau
Gbf.
Brunsbütteler Damm
Stresow
Cityplan S.38
Freiheit
Gbf. Ruhleben
Charlottenburger Chaussee
Ruhleben
Wilhelmstadt
(Bez.SPANDAU)
Tiefwerder
Südhafen
Schulenburgpark
Fließwiese Ruhleben
Naturschutzgeb.
14052
14053
Murellenberg
NSG
Olympiastadion
Maifeld
Glockenturm
Olympia-stadion
Trakehner Allee
Heerstraße
Pichelsdorf
Pichelsberg
Scharfe Lanke
13595
Stößensee
Pichelswerder
Rupenhorn
Britischer Soldatenfriedhof
Sendemast
CHARLOTTENBURG-
WILMERSDORF
Postfenn
Naturschutzgebiet
Teufelsberg
14055
Teufelsfenn NSG
Teufelssee
Teufelsseechaussee
14193
Havel
Berliner Forst
Havelchaussee
Schildhorn
Jürgenlanke
Yachthafen Brunow
Revierförsterei Saubucht
Friedhof Grunewald-Forst
Kuhhorn
Dachsberg
Pfirsichweg
Wochenendsiedl. Rothenbücherw.
Kahnschänke
Berlin British-School
Leuchtfeuer
Weinmeisterhorn
Sacktteich
Kalkteich
143
193
168

168

169

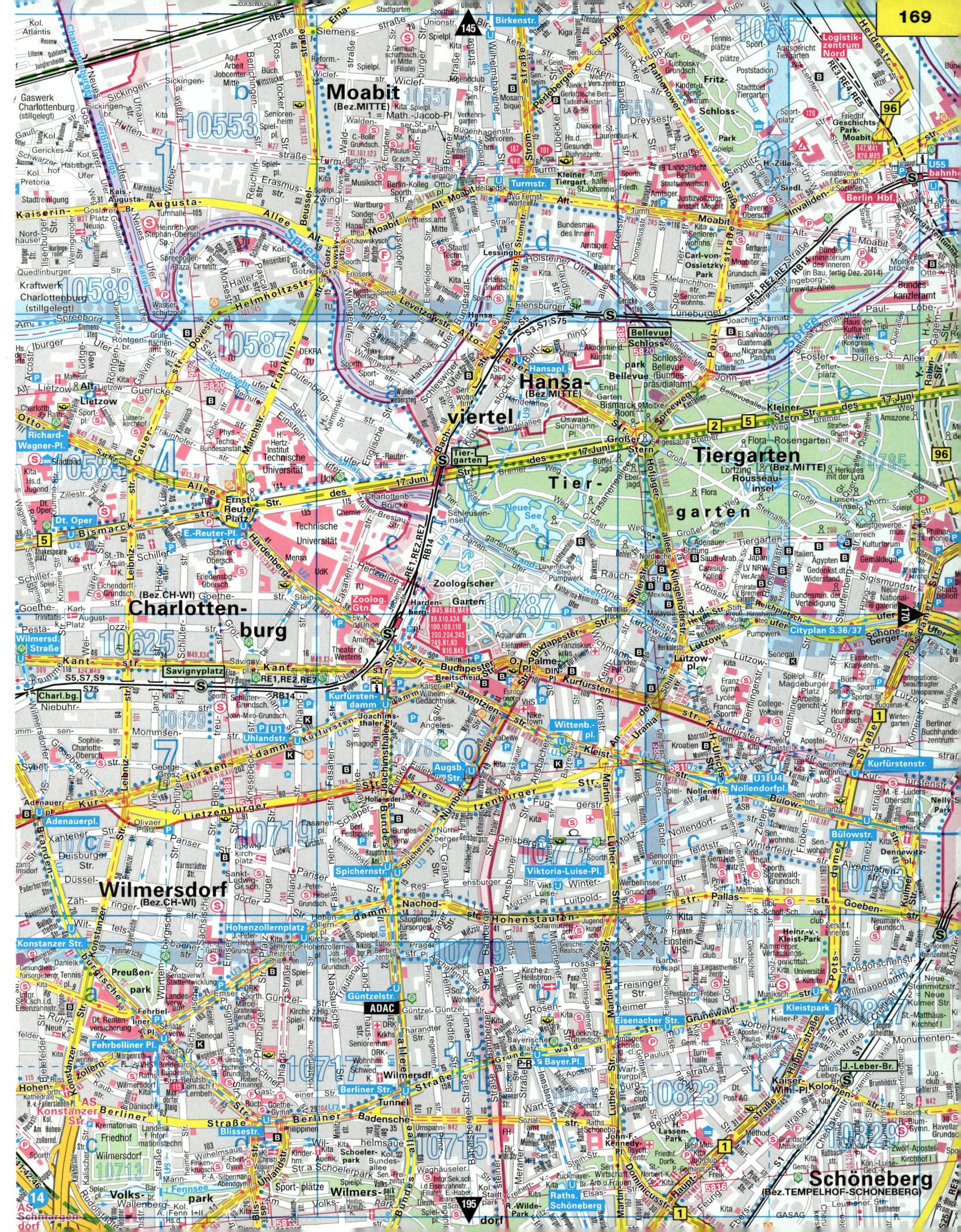

170

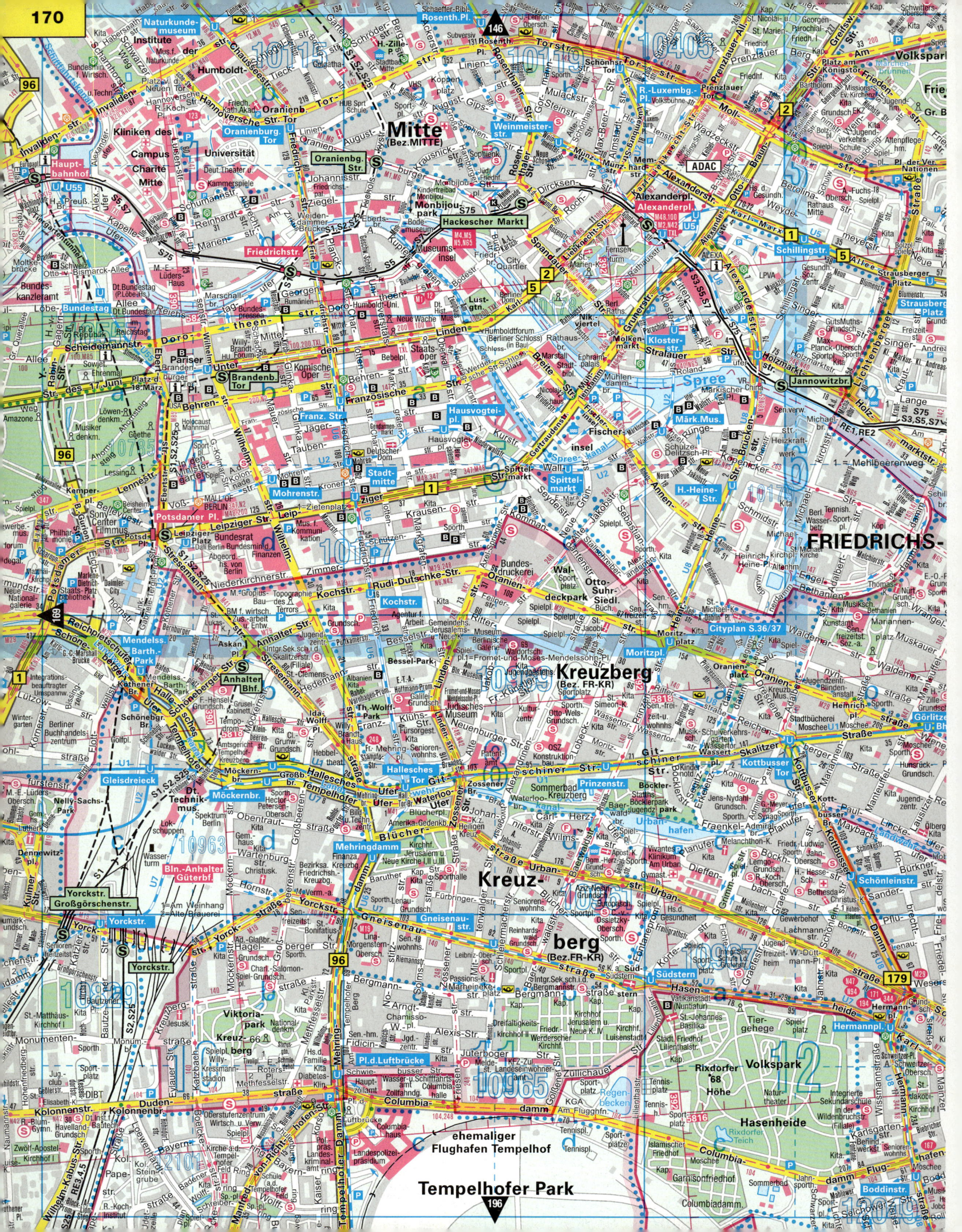

171

LICHTENBERG
Friedrichsfelde
(Bez. LICHTENBERG)
Biesdorf
(Bez. MARZAHN-HELLERSDORF)
Karlshorst
(Bez. LICHTENBERG)
Waldsiedlung Wuhlheide
Tierpark
Berlin-Friedrichsfelde
Spreepark Vergnügungs-und Freizeitpark (geschlossen)
Plänter-wald
LSG
(Bez. TREPTOW-KÖPENICK)
Trabrenn-bahn Karlshorst
Friedrichsfelde Ost
Bln.-Lichtenberg
Bln.-Karlshorst
Biesdorf-Süd
Betriebsbhf. Rummelsburg
DB-Werk Rummelsburg
Frankfurter Allee
Allee der Kosmonauten
Alt-Friedrichsfelde
Am Tierpark
Treskowallee
Köpenicker Chaussee
Rummelsburger Landstraße
Märkische Allee
Rhinstraße
Sewanstraße
Biesdorfer Baggersee
Gewerbe-gebiet
Zentral-friedhof
148
171
198
158
10365
12681
10315
12683
10319
10317
10318
12437
12459
1
2
9
10
11
12
1=Nibelungenring
2=Rumoldstraße
3=Alzeyweg
4=Giselherstieg
5=Hadburgpfad
1 = Schmiedeberger Weg
1=Krähenwinkel
2=Wiedeplan
3=Rohrlake
4=Am Birkenrevier
5=Theatergasse
6=Binnendüne
7=Joh.-Fest-Platz

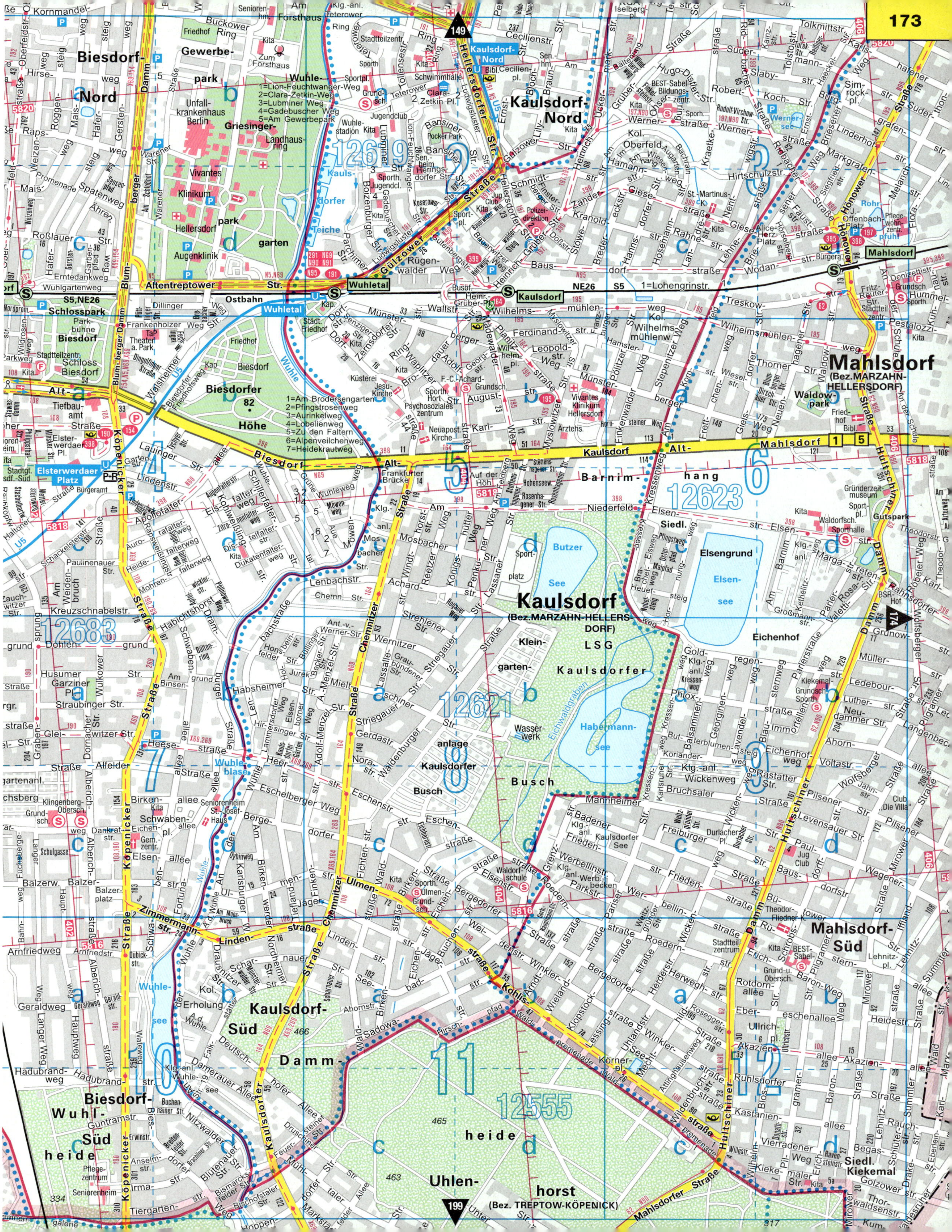
Biesdorf-Nord
Kaulsdorf-Nord
Unfall-krankenhaus Berlin
Griesinger-Landhaus-ring
Vivantes Klinikum Hellersdorf
Augenklinik
Wuhlegarten
Wuhletal
Schlosspark
Schloss Biesdorf
Biesdorfer Höhe
Elsterwerdaer Platz
Alt-Kaulsdorf
Kaulsdorf (Bez.MARZAHN-HELLERSDORF)
Mahlsdorf (Bez.MARZAHN-HELLERSDORF)
Butzer See
Elsensee
Elsengrund
Habermannsee
LSG Kaulsdorfer Busch
Eichenhof
Kaulsdorf-Süd
Mahlsdorf-Süd
Biesdorf-Süd
Wuhlheide
Uhlenhorst (Bez. TREPTOW-KÖPENICK)
Köpenicker Straße
Hönower Str.
Hultschiner Damm
Chemnitzer Straße
Mahlsdorfer Straße
12619
12623
12621
12683
12555
149
174
199

Birkenstein
Hoppegarten
Gartenstadt Neu-Birkenstein
1=Erdmännchenweg
2=Teichsängerweg
3=Terwestenstraße
Birkenstein
Hoppe-garten
Renn-bahn
15366
Gewerbegebiet Nord
1 = Zimmermannsgasse
Gewerbegebiet Dahlwitz-Hoppegarten
Mahlsdorf
(Bez. MARZAHN-HELLERSDORF)
GiP Gewerbepark
Dahlwitz
Alt-Mahlsdorf
Frankfurter Chaussee
12623
Wernergraben
Mönchsheim
Median-Klinik
Friedhof
Eisengrund
Bullenwiese
Kläranlage
Dahlwitzer Forst
Nesselgrund
Krummendammbrücke
Rohrbrücke
Neuenhagener Mühlenfließ
Ortsteil Münchehofe
(zu Hoppegarten)
Münchehofer Heide
Landstraße
Dahlwitzer Landstraße
Friedrichshagener Chaussee
Im süßen Grund
Eichwall
Waldesruh
Heidemühle
Mühlenwiesen
15366
Der Machnow
Krummendammer Heide
(Bez. TREPTOW-KÖPENICK)
Sperlingsberg
Ravensteinmühle
Revierförsterei Friedrichshagen
150
173
200
1
2
3
4
5
6
7
8
9
10
11
12

Fredersdorf-Vogelsdorf
Ortsteil Vogelsdorf
(zu Fredersdorf-Vogelsdorf)
15370
Kolonie Fredersdorf
Marienheide
Schönebecker Heide
Der große Werder
Der kleine Werder
Kleinschönebeck
Birkenheim
Gewerbegebiet
Solaranlage
Schöneiche bei Berlin
15566
Grätzwalde
Siedlung an den Fuchsbergen
Die Griebelpfuhle
Giebelpfuhl
Die Helle
Weidensee
Mühlenfließ
Fredersdorfer Mühlenfließ
Frankfurter Chaussee
Schöneicher Straße
Kalkberger Straße
Neuenhagener Chaussee
Dorfstraße
Rahnsdorfer Straße
Friedrichshagener Straße
Tasdorfer Straße
Berliner Ring
Schöneicher Allee
Aug.-Borsig-Ring
Am Holländer
Rauhfutter Speicher
Alte Dorfkirche
Schlosspark
Rathaus
Alter Friedhof
Waldfriedhof
Sportplätze
151
176
201
E55
10

Peters-
hagen
Süd
152
Ortsteil
Vogelsdorf
(zu Fredersdorf-Vogels-
dorf)
Rohr-
wiesen
Rieselfelder
Schäferei
Solar-
park
Fredersdorf-
Vogelsdorf
Anschlussstelle
Berlin-Hellersdorf
Gewerbe-
gebiet
Frankfurter
Chaussee
Berliner Ring
Autohof
Multi-
center
E55
10
Industrie-
gebiet
Tasdorf
Friedhof
Berliner Str.
Altlandsberger Str.
Petershagener Straße
Tasdorfer Straße
Gewerbe-
gebiet
Industrie-
gebiet
Kriensee
Industrie-
gebiet
Schöne-
becker
Heide
175
Grünelinde
Klein-
Schönbecker-
Straße
Schulzenhöher
Weg
Vogelsdorfer Str.
Ernst-Thälmann-Straße
Umspann-
werk
Kalksteintagebau
Museumspark
der Baustoffindustrie
Schulzenhöhe
Rüdersdorf bei Berlin
Hinter-
berge
Kessel-
see
Anschlussstelle
Rüdersdorf
5
Museum-
park
Rüders-
dorfer
Grund
Landstraße
Schöneicher
Landhof
Berghof
Weiche
Berg-
hof
Hohler
See
Bergmanns-
glück
Kalk-
see
Stolpkanal
Lessing-
(zu Schöneiche
bei Berlin)
Siedlung
an den
Fuchsbergen
(zu Woltersdorf)
202
(zu Petershagen/
Eggersdorf)
15370
15566
15562

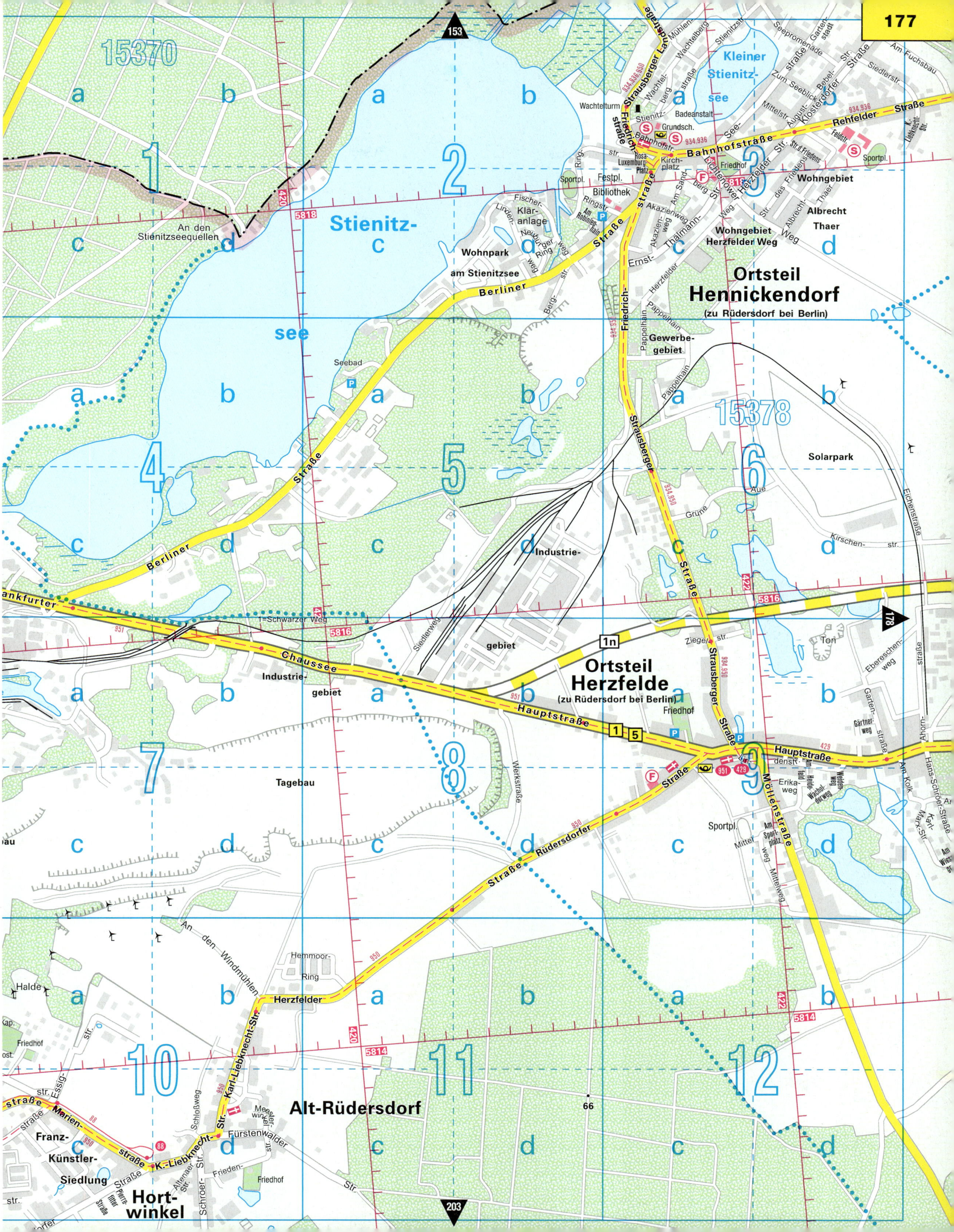
15370
15378
Stienitz-
see
Kleiner
Stienitz-
see
An den Stienitzseequellen
Wohnpark
am Stienitzsee
Kläranlage
Seebad
Berliner Straße
Ortsteil
Hennickendorf
(zu Rüdersdorf bei Berlin)
Wohngebiet
Wohngebiet Herzfelder Weg
Albrecht Thaer
Bahnhofstraße
Rehfelder Straße
Strausberger Landstraße
Friedrichstraße
Strausberger Straße
Bibliothek
Festpl.
Sportpl.
Friedhof
Badeanstalt
Wachtelturm
Gewerbegebiet
Solarpark
Industriegebiet
Frankfurter Chaussee
Hauptstraße
Ortsteil
Herzfelde
(zu Rüdersdorf bei Berlin)
Friedhof
Tagebau
Ton
Möllenstraße
Rüdersdorfer Straße
Hemmoor-Ring
An den Windmühlen
Herzfelder
Karl-Liebknecht-Str.
Alt-Rüdersdorf
Halde
Friedhof
Franz-Künstler-Siedlung
Hortwinkel
Fürstenwalder Str.
Schlossweg
Schröer-Str.
Marienstraße
Eichenstraße
Kirschenstr.
Hans-Schröer-Straße
Am Kolk
Werkstraße
1=Schwarzer Weg
Siedlerweg
Zieglerstr.
Erikaweg
Mittelweg
Sportpl.
153
178
203
1
2
3
4
5
6
7
8
9
10
11
12
66

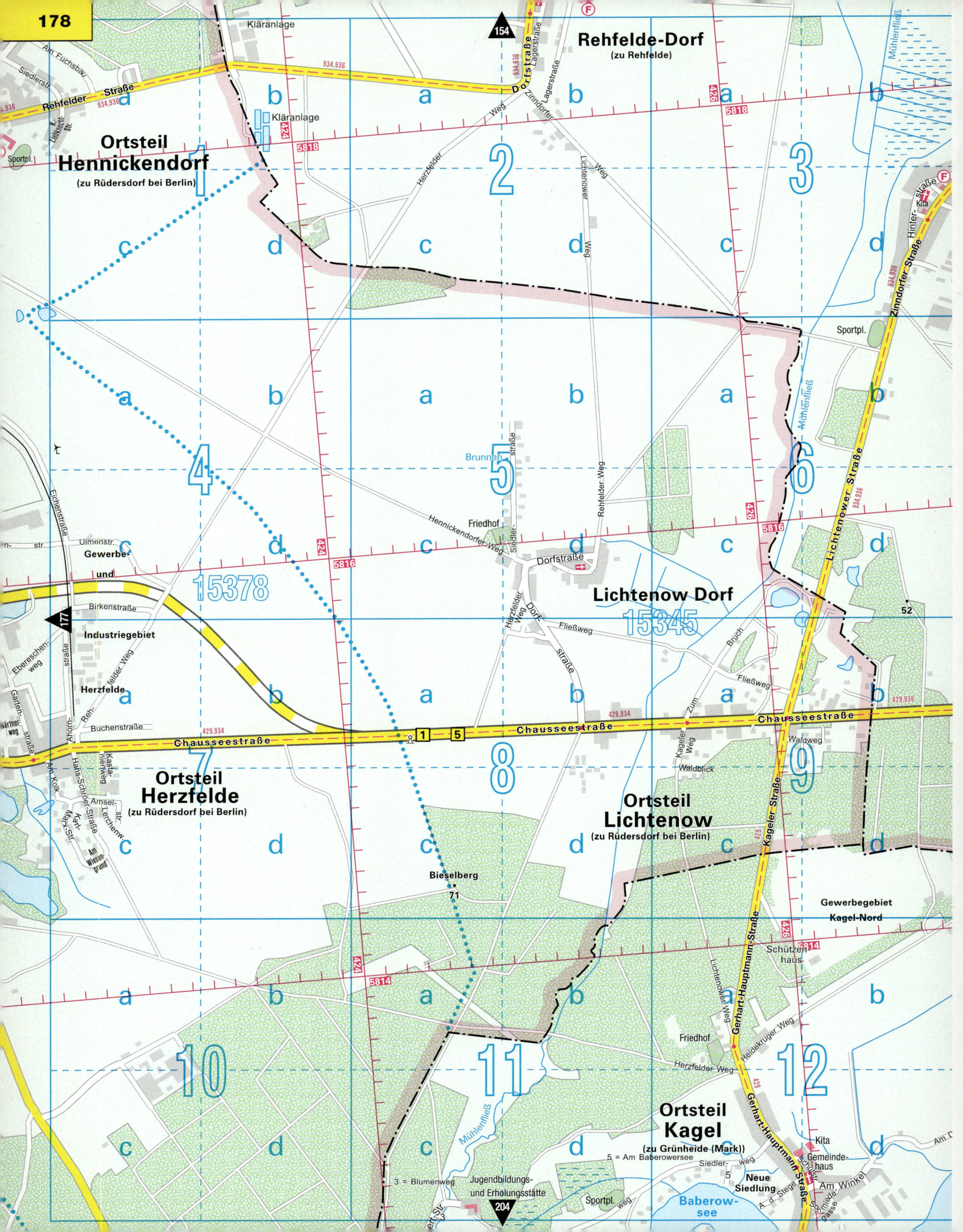
Rehfelde-Dorf
(zu Rehfelde)
Kläranlage
Ortsteil
Hennickendorf
(zu Rüdersdorf bei Berlin)
Rehfelder Straße
Am Fuchsbau
Siedlerstr.
Sportpl.
Dorfstraße
Lagerstraße
Zinndorfer Weg
Herzfelder Weg
Lichtenower Weg
Mühlenfließ
Hinterstraße
Kita
Zinndorfer Straße
Sportpl.
Lichtenower Straße
Brunnen
Friedhof
Hennickendorfer Weg
Siedlerstraße
Rehfelder Weg
Dorfstraße
Lichtenow Dorf
15345
15378
Eichenstraße
Ulmenstr.
Gewerbe- und Industriegebiet Herzfelde
Birkenstraße
Ebereschenweg
Herzfelder Weg
Dorfstraße
Fließweg
Bruch
Zum Kageler Weg
Buchenstraße
Chausseestraße
Waldweg
Waldblick
Ortsteil
Herzfelde
(zu Rüdersdorf bei Berlin)
Ortsteil
Lichtenow
(zu Rüdersdorf bei Berlin)
Kageler Straße
Kastanienweg
Amselstr.
Lerchenw.
Hans-Schröter-Straße
Karl-Marx-Str.
Am Wiesengrund
Am Kolk
Bieselberg
71
Gewerbegebiet
Kagel-Nord
Schützenhaus
Gerhart-Hauptmann-Straße
Lichtenower Weg
Friedhof
Heidekruger Weg
Herzfelder Weg
Mühlenfließ
Ortsteil
Kagel
(zu Grünheide (Mark))
5 = Am Baberowersee
Siedlerweg
Neue Siedlung
3 = Blumenweg
Jugendbildungs- und Erholungsstätte
Sportpl.
Baberowsee
Kita
Gemeindehaus
Schulstr.
Am Winkel
A. d. Stege
Schmiedegasse
154
177
204
1
2
3
4
5
6
7
8
9
10
11
12

179

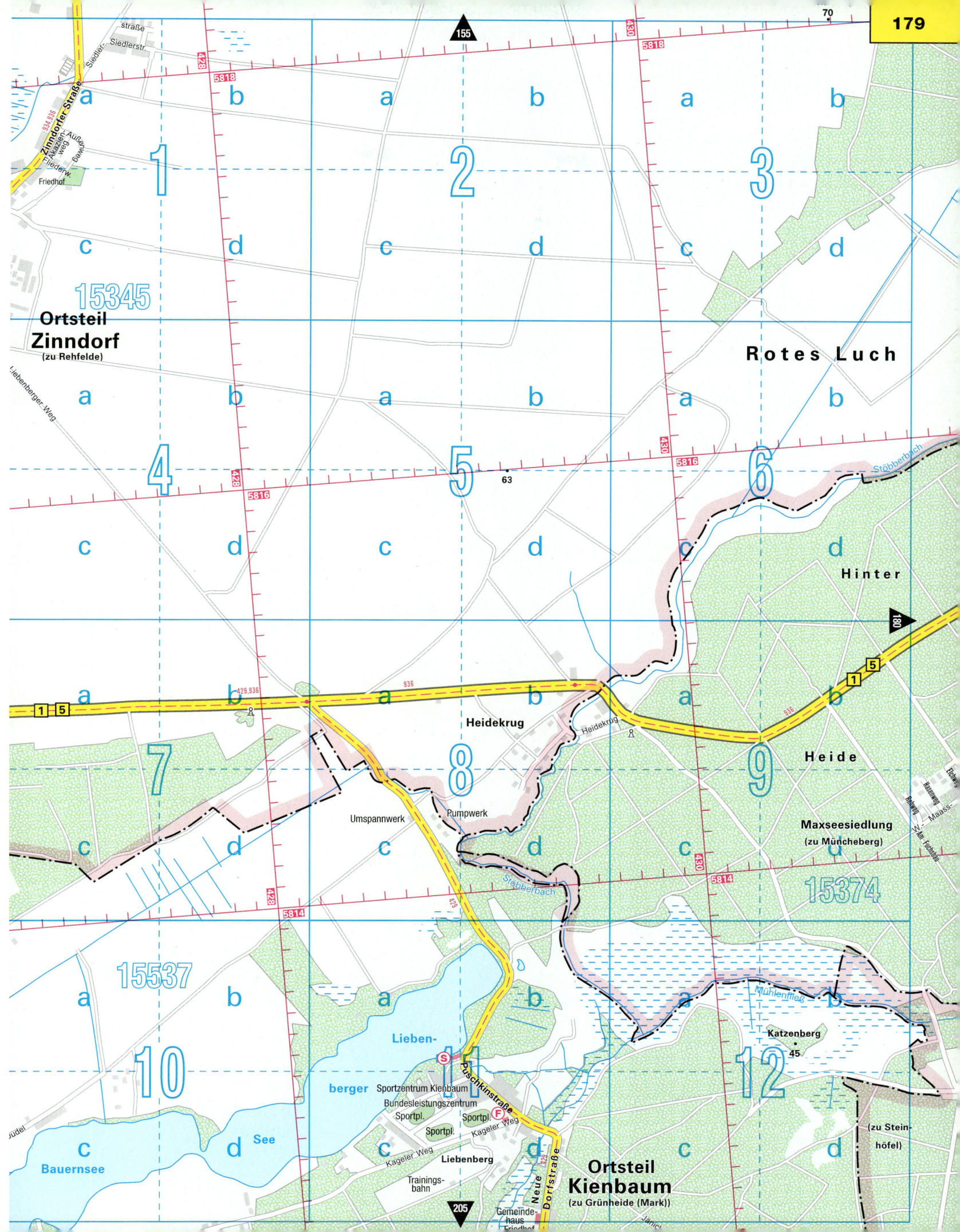

Ortsteil Zinndorf (zu Rehfelde) — 15345

Rotes Luch

Heidekrug

Hinter Heide

Umspannwerk

Pumpwerk

Maxseesiedlung (zu Müncheberg)

15374

15537

Bauernsee

Liebenberger See

Sportzentrum Kienbaum
Bundesleistungszentrum
Sportpl. Sportpl.
Kageler Weg

Liebenberg

Trainingsbahn

Ortsteil Kienbaum (zu Grünheide (Mark))

Katzenberg 45

(zu Steinhöfel)

Rotes Luch

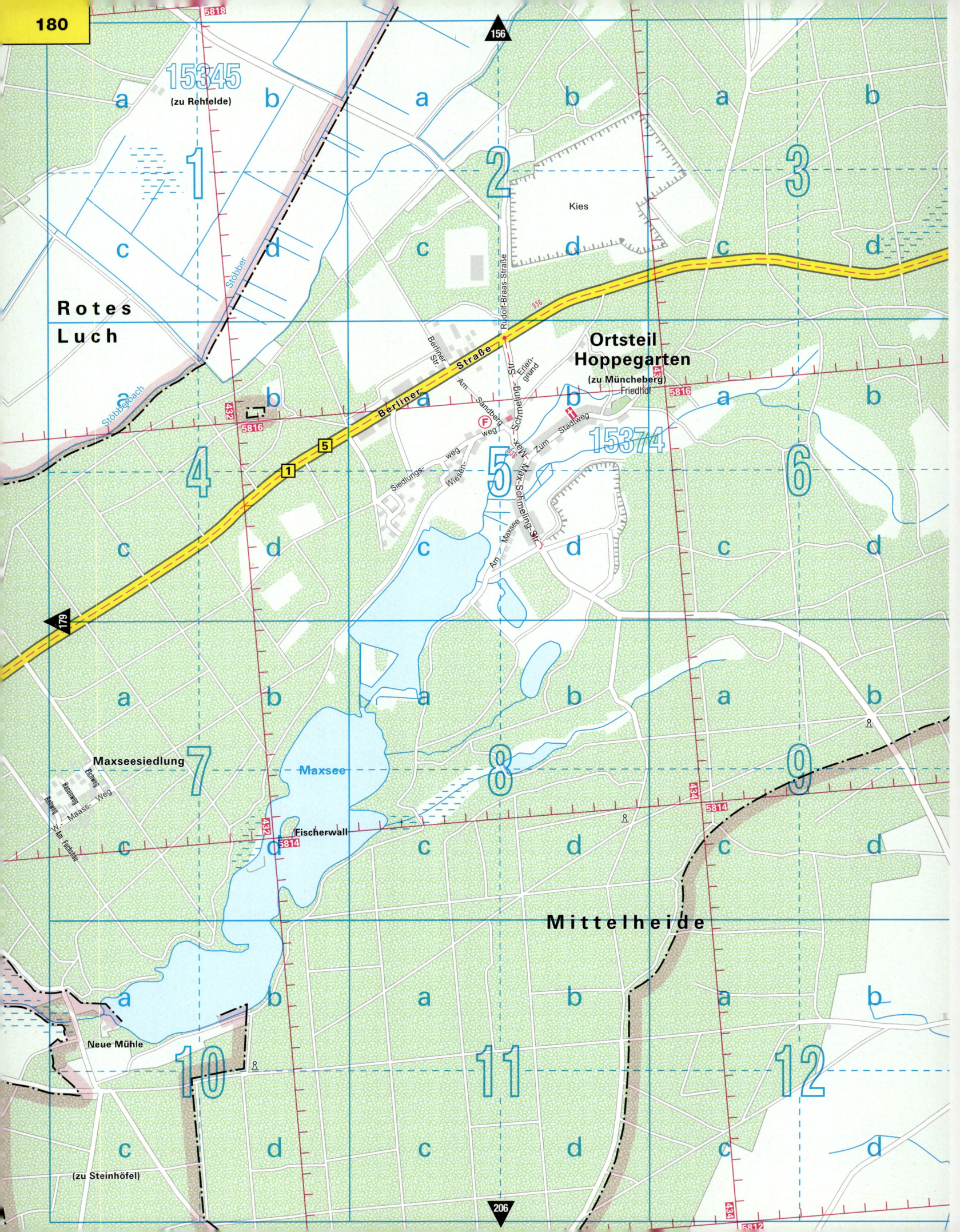

Ortsteil Hoppegarten
(zu Müncheberg)

Maxseesiedlung

Maxsee

Fischerwall

Mittelheide

Neue Mühle

(zu Steinhöfel)

181

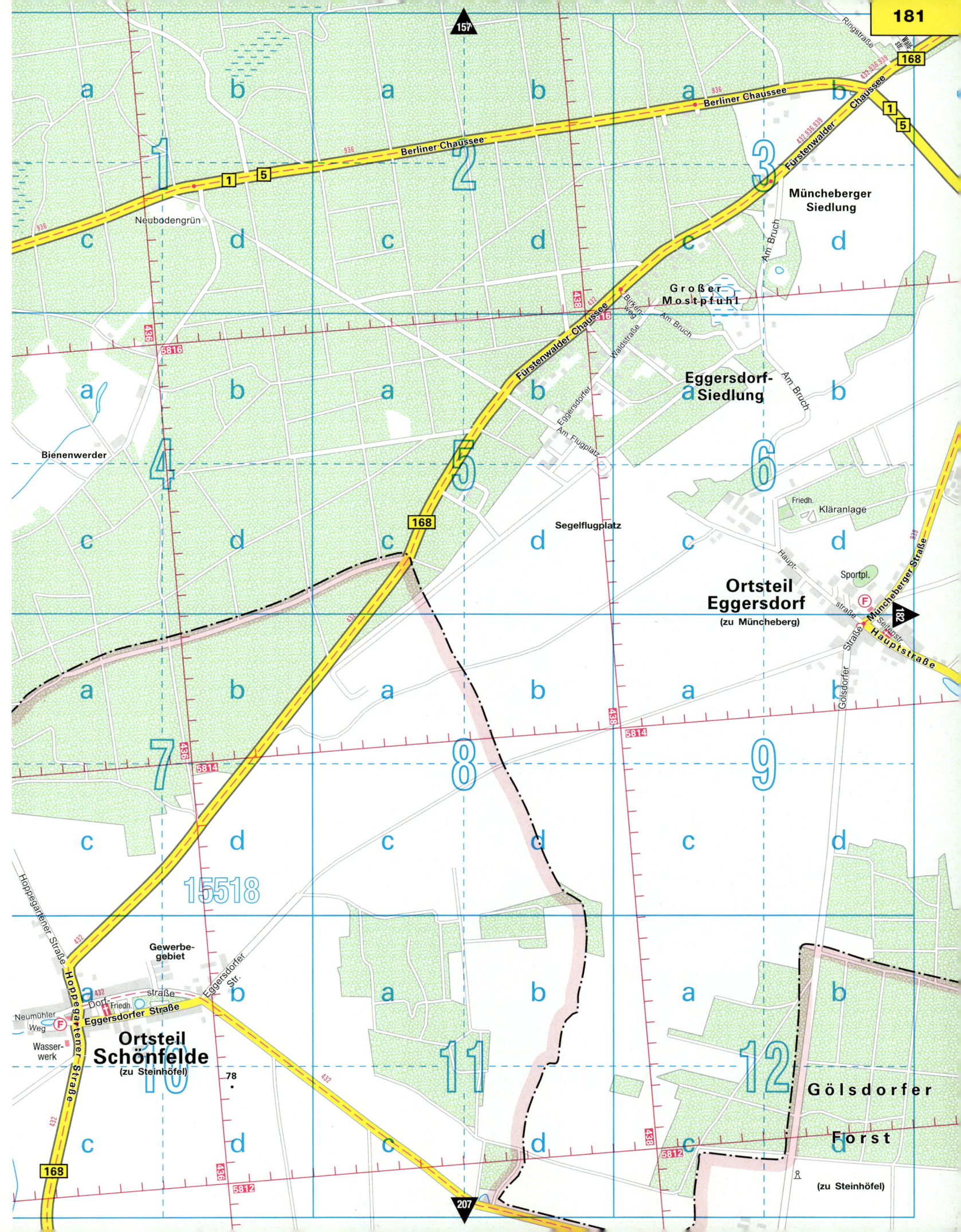

Neubodengrün
Berliner Chaussee
Fürstenwalder Chaussee
Müncheberger Siedlung
Großer Mostpfuhl
Am Bruch
Eggersdorf-Siedlung
Waldstraße
Bitkener Weg
Eggersdorfer
Am Flugplatz
Bienenwerder
Segelflugplatz
Friedh.
Kläranlage
Sportpl.
Ortsteil Eggersdorf
(zu Müncheberg)
Haupt-straße
Müncheberger Straße
Seilersdorf
Hauptstraße
Gölsdorfer Straße

15518

Hoppegartener Straße
Gewerbegebiet
Eggersdorfer Straße
Eggersdorfer Str.
Dorf- Friedh.
Neumühler Weg
Wasserwerk
Ortsteil Schönfelde
(zu Steinhöfel)

Gölsdorfer Forst

(zu Steinhöfel)

Müncheberg

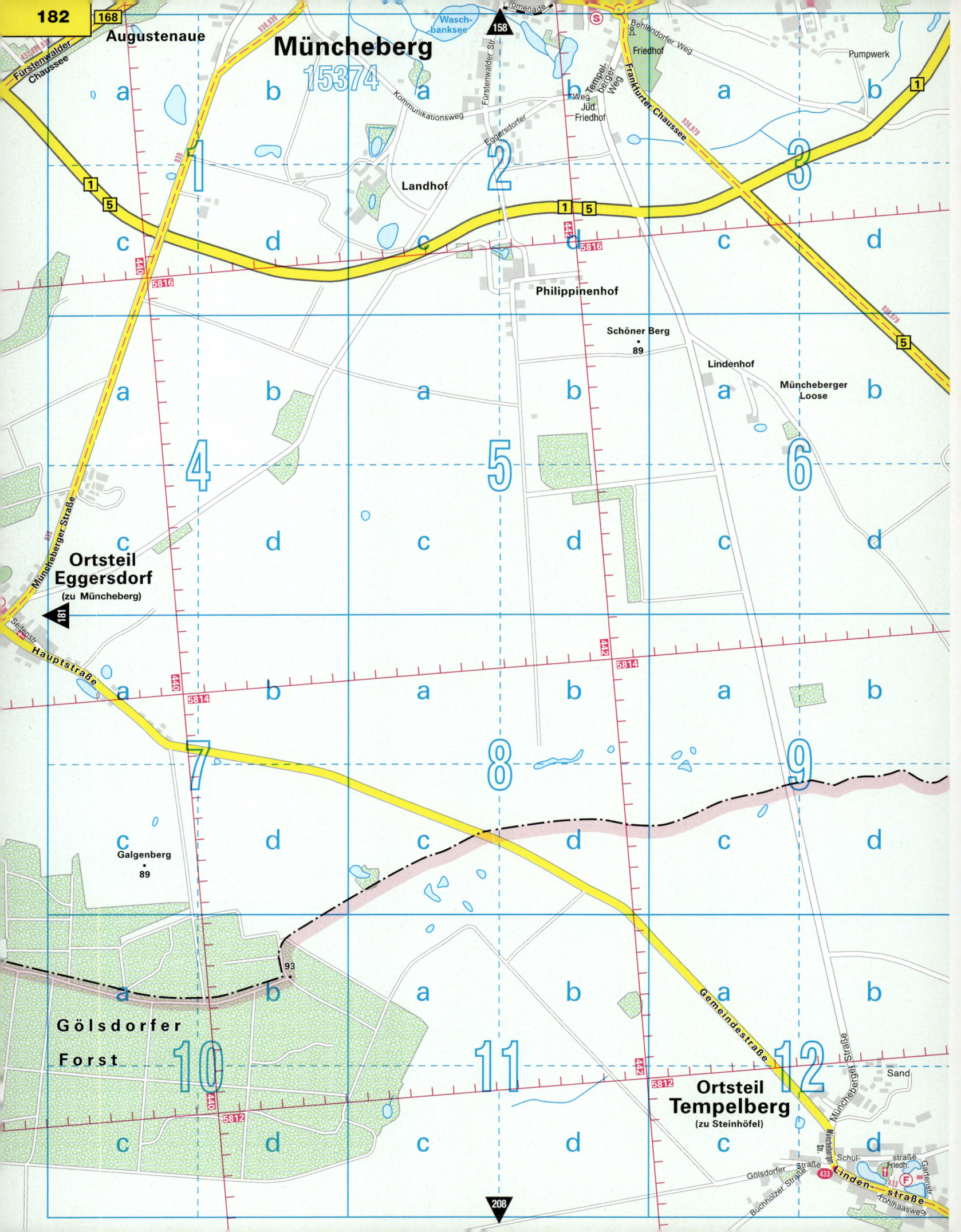

182 [168]

Augustenaue

15374

Waschbanksee

Landhof

Eggersdorfer

Kommunikationsweg

Fürstenwalder Str.

Tempelberger Weg

Jüd. Friedhof

Frankfurter Chaussee

Behlendorfer Weg

Friedhof

Pumpwerk

Philippinenhof

Schöner Berg · 89

Lindenhof

Müncheberger Loose

Ortsteil Eggersdorf (zu Müncheberg)

Müncheberger-Straße

Seilerstr.

Hauptstraße

Galgenberg · 89

Gölsdorfer Forst

Gemeindestraße

Ortsteil Tempelberg (zu Steinhöfel)

Müncheberger Straße

Gölsdorfer Straße

Buchholzer Straße

Schulstraße

Lindenstraße

Gartenstr.

Friedh.

Kohlhaasweg

Sand

183

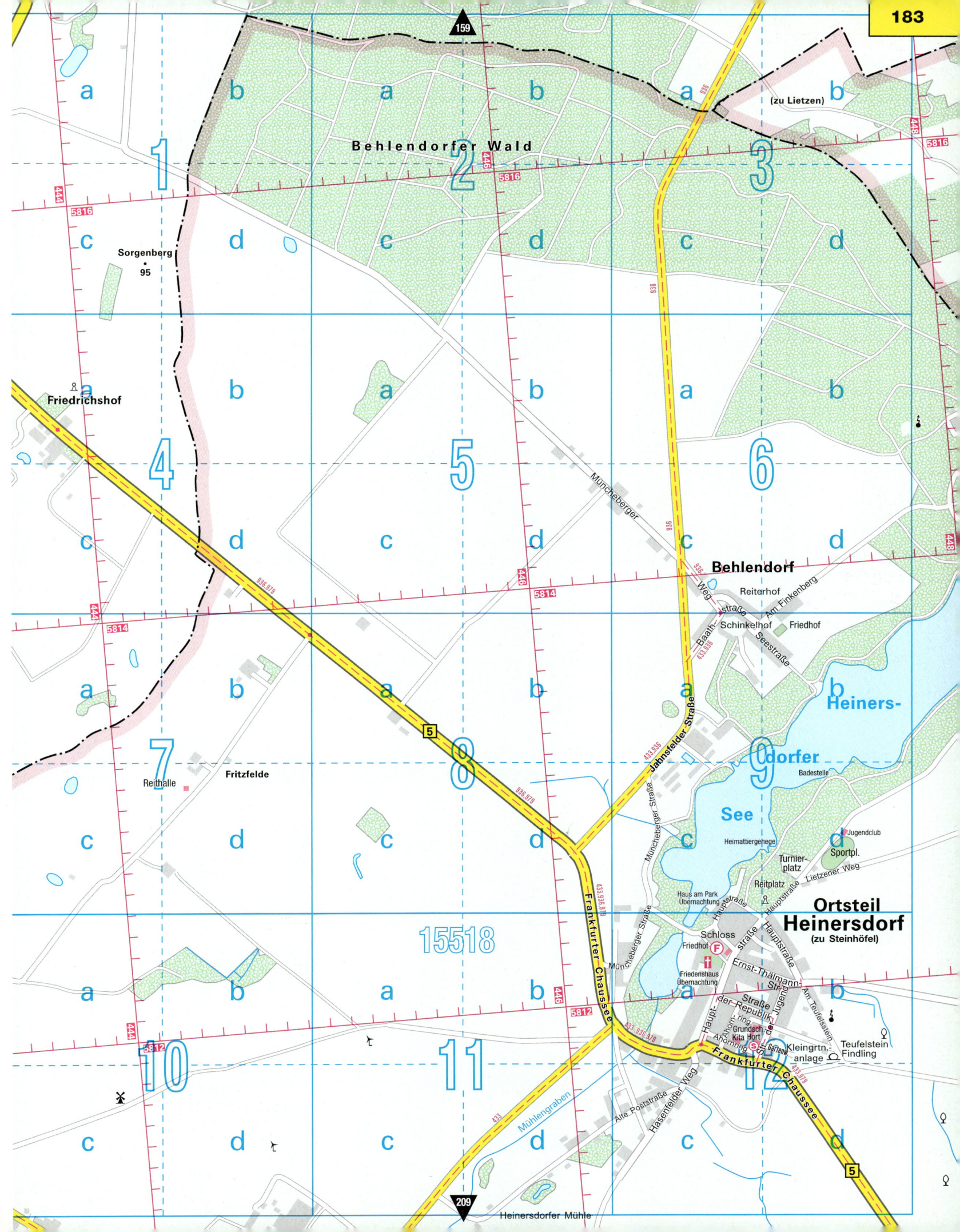

Behlendorfer Wald

(zu Lietzen)

Sorgenberg
95

Friedrichshof

Müncheberger

Behlendorf
Reiterhof
Am Finkenberg
Baath- straße
Schinkelhof Friedhof
Seestraße

Jahnsfelder Straße

Heiners-
dorfer
Badestelle

See

Reithalle Fritzfelde

Müncheberger Straße

Jugendclub
Heimattiergehege Sportpl.
Turnier-
platz
Reitplatz Lietzener Weg

Haus am Park
Übernachtung Hauptstraße Hauptstraße

Ortsteil
Heinersdorf
(zu Steinhöfel)

Schloss
Friedhof
Friedenshaus
Übernachtung Ernst-Thälmann-

15518

Frankfurter Chaussee

Straße der Republik
Jugend Am Teufelstein
Haupt- ring Grundsch Teufelstein
Gärten Kita Hort Findling
Ahornring Kleingrtn.-
anlage

Frankfurter Chaussee

Mühlengraben
Alte Poststraße
Hasenfelder Weg

Heinersdorfer Mühle

184

Ortsteil Ketzür (zu Beetzseeheide)

Hasselberg 52

Flachsberg 64

Beetz- see

NSG

Grabow

Ortsteil Lünow (zu Roskow)

Gallenberg 33

Schreiberg 35

Ortsteil Weseram (zu Roskow)

(zu Brandenburg an der Havel)

Horster Hutung (zu Brandenburg an der Havel)

185

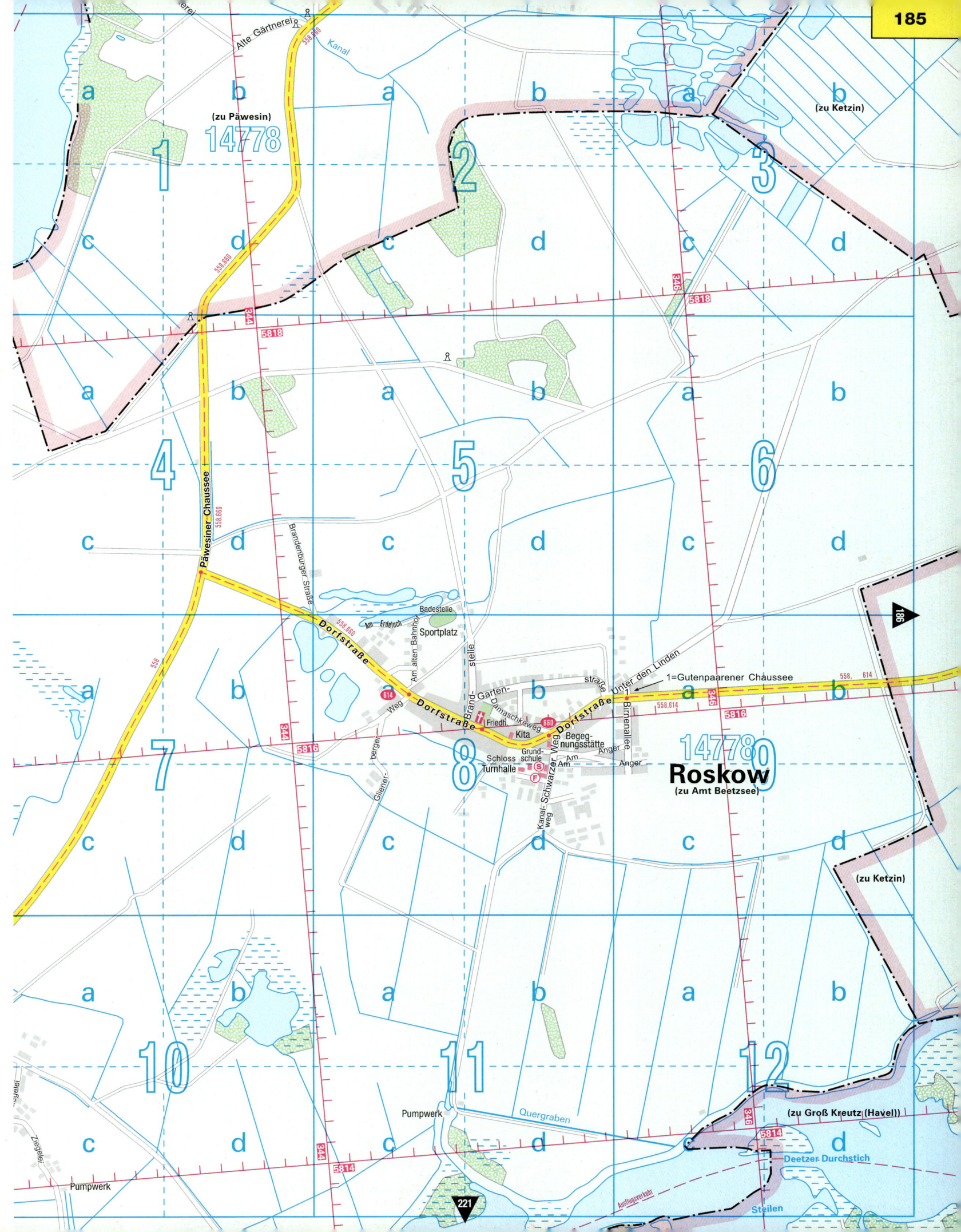

160
185
222
Ortsteil
Zachow
(zu Ketzin)
Gutenpaaren
14778
(zu Roskow)
Trebelsee
Havel
Große
Kreuzbrüche
Rosenhavel
Michelbogen
Fliederhavel
Bauern-
insel
Sandrüche
Deetzer Knie
Kahler Berg
79
Sand
Gewerbe-
gebiet
Golf-
platz
Wasser-
werk
Herrenberg
52
Windelberg
63
Friedhof
Sportplatz
Kulturhaus
Kita
Deponie
Trebelberg
68
Pumpwerk
Badestelle
Brandenburger
Chaussee
Gutenpaarener
Dorf-
straße
Klinkerdamm
Bergstraße
Berg-
straße
Gutenpaarener Havelweg
Wachower
Weg
Zachower
Feld-
straße
Zachower Havelweg
Am Tre-
belsee
Pferde-
werderw.
Tremmener Landstraße
Zachower Ausbau
Am Berg
Fischerstraße
Ziegelei-
Deetzer
Am Deich
Ausflugsverkehr
1
2
3
4
5
6
7
8
9
10
11
12

161
OHE
Mühlberg
Fernewerder
Schwarzer Weg
Kliemsiedlung
Knoblaucher Chaussee
Gas-
speicherwerk
Umspannwerk
Barsch-
weg
Karpfenweg
Hecht-
weg
Ukeleiweg
1=Forellenweg
Schlei-
weg
Plötzen-
weg
Bruch-
weg
Fernewerder Weg
Seeblickweg
2=Rallenweg
3=Möwenweg
4=Taucherweg
5=Lietzenweg
Baumschule
Apfelchaussee
Reiher-
Enten-
Schwanen-
weg
Brückenkopf
Schumachersiedlung
Brandenburger Chaussee
Upstallweg
Nauener Chaussee
Nauener Straße
Falkenrehder Chaussee
Grüner Weg
Kiekelberg
43,5
Pappelhain
Havelweg
Schumacherstr.
Weidenweg
Havelstraße
Uferstr.
An der Brücke
10=Seerosenweg
11=Asternweg
12=Nelkenweg
13=Veilchenweg
14=Rosenweg
15=Ketziner Fliederweg
16=Wickenweg
6=Pappelhain
7=Anneliesensteg
8=Birkenweg
9=Im Winkel
Deich
Stadt-
verw.
Am Mühlenweg
Sporthalle
Mühlenw.
Europa-
schule
Gartengasse
Jugend-
zentr.
Freilicht-
bühne
Rathaus
Feldstraße
Feldstr.
Wasserturm
Rathausstraße
Ketzin/Havel
14669
Anlege-
stelle
Havelpromenade
1=An der Stege
2=Grabenstraße
3=Karl-Liebknecht-Straße
4=Kirchstraße
5=Auguststraße
6=Adolf-Diesterweg-Straße
Mus.
Am
Markt
Plantagenstr.
Breitscheidstr.
Friedrichstraße
Fischerstr.
Wilhelmstr.
Ober-
schule
Am Schmahl
Potsdamer Straße
Friedhofs-
weg
Friedhof
Seniorenzentr.
Naturschutz-
gebiet
Grüner Weg
Schützen-
platz
188
Havel
NSG
Schilfwerder
Langer
Werder
Sportplatz
Jahn-Weg
Werdersche Straße
Am alten Wasserwerk
Potsdamer Straße
An der Mühle
Mittelbruch
Strand-
bad
Liebes-
insel
F.-L.-Jahn-Weg
Friedrich-Ludwig-Jahn-
Weg
Brunnen-
str.
Am Stadt-
park
Steinstraße
6 = Blumenweg
7 = Am Fährberg
Theod.-Fontane-Straße
Zaunkönigweg
Rotkehlchen-
weg
Amselweg
Lerchen-
weg
Elster-
weg
Uferweg
A.d.Fähre
An der Havel
Pumpwerk
Pump-
werk
Ausflugsverkehr
Erde-
löcher
14550
Ketziner Siedlung
Stege
Kita
Dorfstraße
Ketziner Siedlung
Phöbener Chaussee
Friedhof
Gem.-
haus
Friedhof
Sportplatz
1=Schmiedegasse
2=Am Sportplatz
Blumenweg
Siedlung
Schmiedegasse
Chaussee
Phöbener
Siedlung
Zum Kompostplatz
Ortsteil
Schmergow
(zu Groß Kreutz (Havel))
Deetzer
Siedlung
(zu Werder (Havel))
223

188

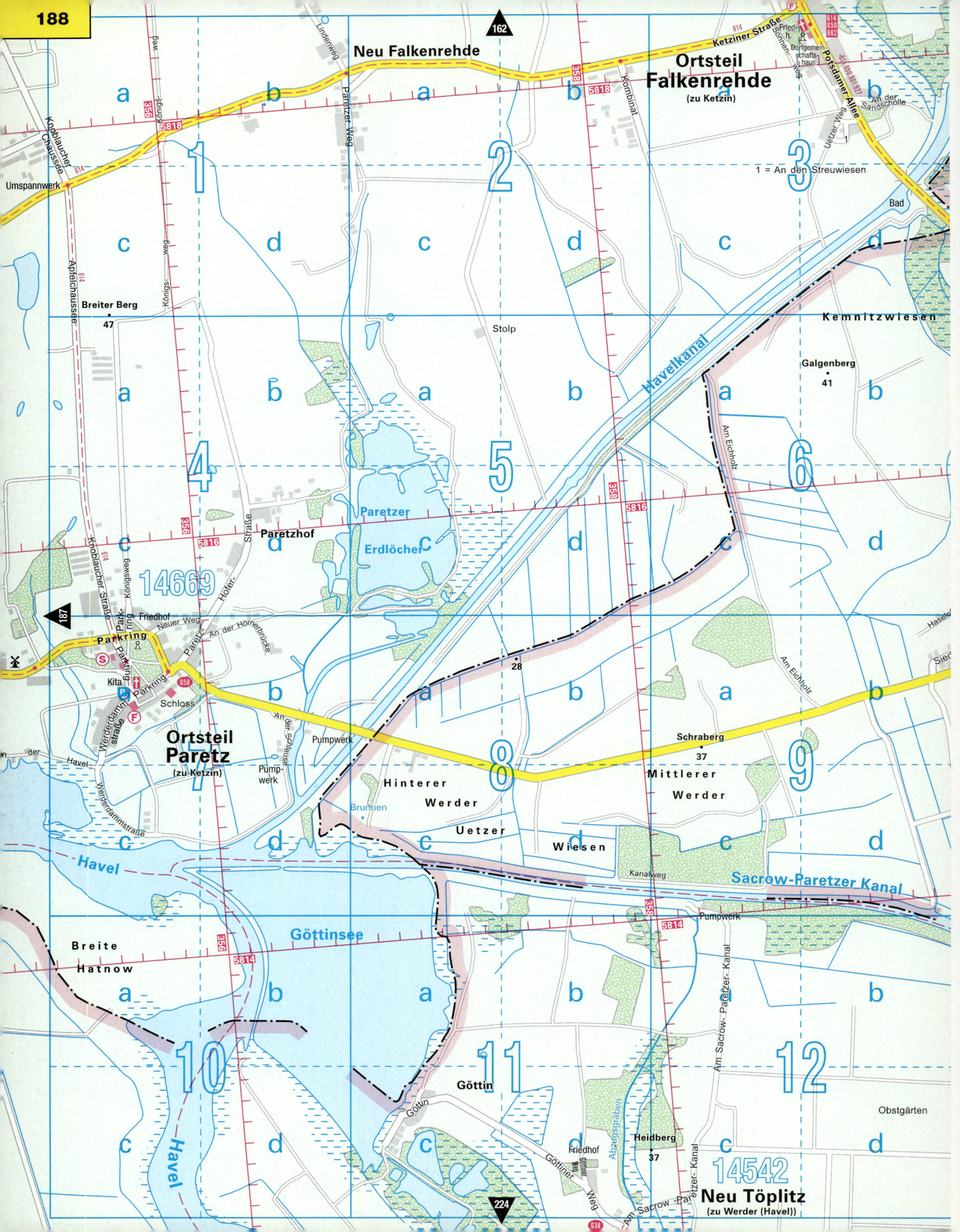

Neu Falkenrehde
Ortsteil Falkenrehde (zu Ketzin)

Ketziner Straße
Potsdamer-Allee
An der Sandscholle
1 = An den Streuwiesen
Bad
Umspannwerk
Knoblaucher Chaussee
Apfelchaussee
Lindenweg
Paretzer-Weg
Kombinat
Friedh.
Dorfgemeinschaftshaus
Uetzer Weg

Breiter Berg 47
Stolp
Kemnitzwiesen
Havelkanal
Galgenberg 41
Am Eichholz

Paretzer Erdlöcher
Paretzhof
Königs-weg
Bewegungs-weg
Höfer- Straße

14669
Knoblaucher Straße
Friedhof
Neuer Weg
Parkring
An der Hörnerbrücke
Parking
Kita
Schloss
Werderdammstraße

Ortsteil Paretz (zu Ketzin)

An der Schleuse
Pumpwerk
Pumpwerk
Schraberg 37
Mittlerer Werder
Am Eichholz
Haselb.
Sied.

Hinterer Werder
Uetzer Wiesen
Brunnen
Kanalweg
Sacrow-Paretzer Kanal
Pumpwerk

Havel
Breite Hatnow
Göttinsee
Am Sacrow-Paretzer-Kanal

Göttin
Abzuggraben
Göttiner Weg
Friedhof
Heidberg 37
Obstgärten

14542
Neu Töplitz (zu Werder (Havel))

Havel

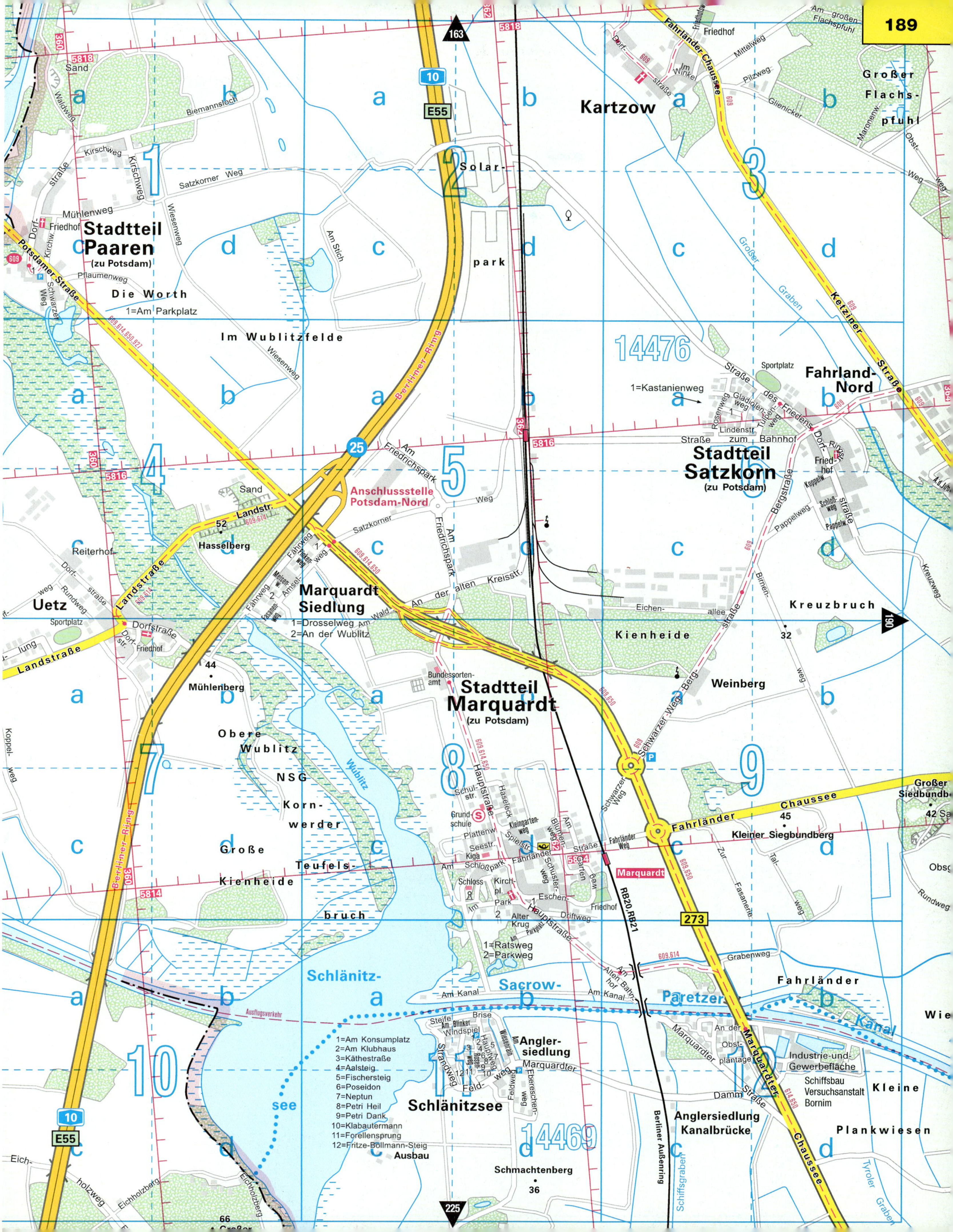
Stadtteil Paaren (zu Potsdam)
Kartzow
Solar-park
Die Worth
1=Am Parkplatz
Im Wublitzfelde
14476
Fahrland-Nord
1=Kastanienweg
Stadtteil Satzkorn (zu Potsdam)
Uetz
Hasselberg
Reiterhof
Anschlussstelle Potsdam-Nord
Marquardt Siedlung
1=Drosselweg
2=An der Wublitz
Kienheide
Kreuzbruch
Weinberg
Mühlenberg
Stadtteil Marquardt (zu Potsdam)
Bundessortenamt
Obere Wublitz NSG Kornwerder
Große Teufels-Kienheide bruch
Wublitz
Kleiner Siegbundberg
Großer Siedlbundberg
Marquardt
1=Ratsweg
2=Parkweg
Schlänitz-see
Sacrow-Paretzer Kanal
Fahrländer Plankwiesen
Kleine Plankwiesen
Anglersiedlung
1=Am Konsumplatz
2=Am Klubhaus
3=Käthestraße
4=Aalsteig
5=Fischersteig
6=Poseidon
7=Neptun
8=Petri Heil
9=Petri Dank
10=Klabautermann
11=Forellensprung
12=Fritze-Bollmann-Steig
Schlänitzsee
Ausbau
Schmachtenberg
14469
Anglersiedlung Kanalbrücke
Industrie-und-Gewerbefläche
Schiffsbau Versuchsanstalt Bornim
Obstplantage
Berliner Ring
Berliner Außenring
Fahrländer Chaussee
Ketziner Straße
Potsdamer Straße
Landstraße
Marquardter Chaussee
Großer Graben
Schiffsgraben
Tyroler Graben
Großer Flachs-pfuhl
Am großen Flachspfuhl
Ausflugsverkehr
RB20,RB21
163
190
225
10
E55
25
273

Großer Flachspfuhl
Kleiner Flachspfuhl
Sprengselberg
38
Ferbitzer Bruch
Brockenpfuhl
37
Standortübun
43
67
Großer Graben
Königsweg
Spitzberg
39
34
Fahrland-Nord
Ketziner Straße
Wohnpark "Königsweg"
Gartenstraße
Ober-schule
Fried-hof
Mitte
Jubelitzsee
1 = Hölderlinplatz
Friedhof
2 = Marquardter Straße Ausbau
Wohngebiet
Sportplatz
Märkerring
"Eisbergstücke"
Kienhorststraße
14476
Stadtteil Fahrland (zu Potsdam)
Langer Berg
59
Kasernen
Sportplatz
Krampnitz
Pumpwerk
Hüllwiesen
Marquardter
Weinberg
40
Großer Siedbundberg
42 Sand
Obsgärten
Hegehorn
Großer Rohrbruch
Fahrländer See
Gellertstraße
Wiesenrand
Kramp see
1 = Bassewitzstraße
2 = Gärtner-Schmidt-Straße
Heineholz
Stadtteil Neu Fahrland (zu Potsdam)
Drei Mohren
85 Kirchberg
Wohngebiet Am Stinthorn II
Fahrländer Wiesen
Siegbundwiesen
Sacrow-Paretzer Kanal
Kleine Plankwiesen
14469
Badestelle
Weißer See
Anglerkolonie
Nedlitz Nordbrücke
Tschudistr.
164
189
226
5816
5814
5812
1
2
3
4
5
6
7
8
9
10
11
12

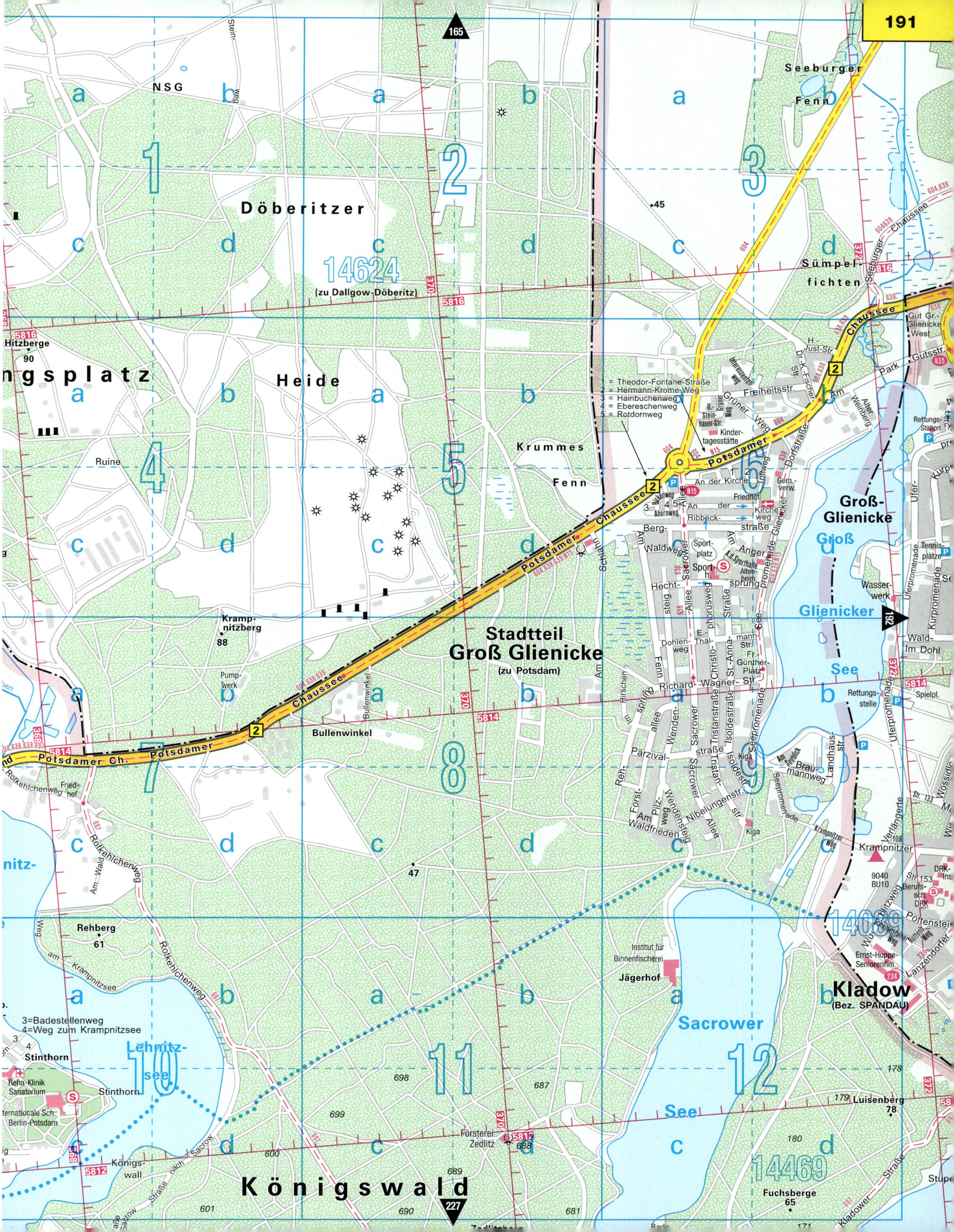

NSG
Döberitzer
Heide
14624
(zu Dallgow-Döberitz)
Hitzberge
90
ngsplatz
Ruine
Krampnitzberg
88
Pumpwerk
Bullenwinkel
Potsdamer Chaussee
Potsdamer Ch.
Friedhof
Rotkehlchenweg
Am Waldrand
Rehberg
61
am Krampnitzsee
3=Badestellenweg
4=Weg zum Krampnitzsee
Stinthorn
Reha-Klinik Sanatorium
Internationale Sch. Berlin-Potsdam
Lehnitzsee
Königswall
Straße nach Sacrow
Königswald
Försterei Zedlitz
47
698
699
600
601
687
689
690
681
688
Stadtteil
Groß Glienicke
(zu Potsdam)
Krummes
Fenn
Seeburger
Fenn
Sümpelfichten
45
Seeburger Chaussee
Chaussee
Gut Gr.-Glienicke West
H.-Just-Str.
Dr.-Fischer-Str.
Freiheitsstr.
Grüner Weg
Am Park
Alter Weinberg
Gutsstr.
1 = Theodor-Fontane-Straße
2 = Hermann-Krome-Weg
3 = Hainbuchenweg
4 = Ebereschenweg
5 = Rotdornweg
Kindertagesstätte
An der Kirche
Friedhof
Ribbeck-straße
Kirchweg
Gem.-verw.
Dorfstraße
Ahornweg
Birkenweg
Berg-
Am Waldweg
Sportplatz
Sport-halle
Altenheim
Am Anger
Sprung
Seepromenade
Glienicker See
Groß-Glienicke
Groß
Glienicker
See
Hechtsteig
Sacrower Allee
Dohlenweg
E.-Thälmann-Str.
Christophorusweg
Fr.-Günther-Platz
Richard-Wagner-Str.
Hirschensprung
Fennallee
Wendenstraße
Tristanstraße
Isoldestraße
St.-Anna-Str.
Parzival-straße
Rehsprung
Forst-
Am Pilzweg
Waldfrieden
Wendensteig
Nibelungenstr.
Tristan-Allee
Isoldestr.
Kiga
Am Spielplatz
Brau-mannweg
Landhausstr.
Krampnitzer Weg
Verlängerte Krampnitzer
Rettungs-stelle
Spielpl.
Uferpromenade
Wasserwerk
Kurpromenade
Wald-Im Dohl
Rettungs-Station
Tennisplätze
Institut für Binnenfischerei
Jägerhof
Sacrower
See
14089
Kladow
(Bez. SPANDAU)
Ernst-Hoppe-Seniorenheim
Potsdamer
Lanzendorfer
178
179
Luisenberg
78
180
14469
Fuchsberge
65
Kladower Straße
Stupe
9040 BU10
DRK
Berufs-sch. DRK
165
227
192

Groß Glienicker Heide
Waldsiedlung
Preußenhalle
Papenpfuhlenden
Hüllenpfuhlenden
Richtstücke
Siedl. Windmühlenberg
Heinungsstücke
Siedlung Habichtswald
Fliegerhorstsiedl.
Landschaftspark Gatow
ehemaliger Flugplatz Gatow
Luftwaffenmuseum
Gatower Heide
Die Achtruthen
Hohengatow
Helleberge
Die Bergstücke
Revierförsterei Gatow
Groß-Glienicke
Landstadt Gatow
1 = Dädaluspfad
2 = Ikaruspfad
3 = Thea-Rasche-Zeile
4 = Käthe-Paulus-Zeile
5 = Amelie-Beese-Zeile
Golfplatz
Berliner-Golfclub Gatow e.V.
General-Steinhoff-Kaserne
Kläranlage
Alte Schanze
Finnenhaussiedl.
Gutspark Neukladow
Kladow (Bez. SPANDAU)
Fuchsberge
Havel
Imchen
NSG
Schwanenwerder
Klare Lanke
Blücher-Kaserne
Hottengrund
Quastenhorn
Schwemmhorn
Kälberwerder
Erdzunge
Gr. Tiefehorn
Kl. Tiefehorn
Kutscherhaus
Pfaueninsel
Stupeecke
Luisenberg
(zu Potsdam)
14089
14109
14469
1447
166
191
228

Havel
Gatow
(Bez. SPANDAU)
Tennisplätze
Kol. Havelmathen
Kl. Breitehorn
Breitehorn
Rettungsstation
Badestelle
Karlsberg
79
Grunewaldturm
Minigolf
Dachsgrund
Saubucht-weg
NSG
Pechsee
Natur-
schutz-
gebiet
Saubucht
Barssee
Forsthaus
Alte Saubucht
Schwarzer Weg
14193
(Bez. CHARLOTTENBURG-WILMERSDORF)
Parforceweg
Verbindungschaussee
Teltower Weg
Forst
Anschlussstelle
Hüttenweg
Hüttenweg
Großer Stern
Königsweg
Avus
Lieper Bucht
Spielpl.
Wasserwacht
Lindwerder
Kleine Steinlanke
Havelchaussee
Havelberg
97
Spreng-
platz
Grunewald
Schlängelpfad
Kronprinzessinnenweg
Fischerhüttenweg
Gestell
Alte Poststraße
Grunewald
Wasserskigebiet
E51
115
RE1,RE7
S7
BWB
Wasserwerk
Riemeisterfenn
Lanke
FKK-Badest.
14163
STEGLITZ-ZEHLENDORF
1 = Bürstadter Weg
Rettungsstation
Große Steinlanke
Großes Fenster
Krumme Lanke
Waldspielpl.
Badestelle
ehem.
Schießplatz
Polizei-
Reiterstaffel
Alte Fischerhütte
Paul-Ernst-Park
Krankenh. Waldfriede
Schwanenwerderweg
Versehrtenbad
Strandbad Wannsee
Wannseebadweg
Revierförsterei Nikolassee
Schlachtensee
Nikolassee
(Bez. STEGLITZ-ZEHLENDORF)
Schlachtensee
Ev. Hospital
14129
Mexikoplatz
Argentinische Allee
AS Spanische Allee
167
194
229
1
2
3
4
5
6
7
8
9
10
11
12

Grunewald
(Bez. CHARLOTTENBURG-WILMERSDORF)
CHARLOTTENBURG-
WILMERSDORF
Schmargendorf
(Bez. CHARLOTTENBURG-WILMERSDORF)
STEGLITZ-
ZEHLENDORF
Dahlem
(Bez. STEGLITZ-ZEHLENDORF)
NSG
Hundekehle-
fenn
Hundekehlesee
Grunewaldsee
Langes
Luch
NSG
Riemeister-
fenn
Krumme
Lanke
14193
14199
14195
14163
14169
14167
Argentinische Allee
Clayallee
Hüttenweg
Königin-Luise-Str.
Podbielskiallee
Hohenzollerndamm
Onkel-Tom-Str.
Saargemünder Str.
Unter den Eichen
Berliner Str.
Potsdamer Str.
Onkel-Toms-Hütte
Oskar-Helene-Heim
Thielpl.
Dahlem-Dorf
Lichterfelde West
Sundgauer Str.
Freie Universität
Freie Universität (FU)
Jagdschloss Grunewald
Rodelbahn
Fischtal
Thielpark
Messelpark
Finkenpark
Wilden Eber
Pl. am
Breitestr.
Hundekehlestraße
Hagen-
straße
Forstamt Grunewald
Trimm-Dich-Pfad
Schlachtensee
Kleiner Stern
Weddigen-
Finckenstein-
allee
168
193
230
E51
115
2

Friedenau
(Bez.TEMPELHOF-SCHÖNEBERG)
Steglitz
(Bez.ST-ZE)
Lankwitz
(Bez.STEGLITZ-ZEHLENDORF)
Lindenhof
Siedl.
AS Schmargendorf
AS Detmolder Str.
AS Wexstr.
AS Innsbr. Pl.
AS Sachsendamm
AS Mecklenb. Str.
AS Breitenb. Pl.
AS Schildhornstr.
AS Saarstr.
AS Filandastr.
AS Wolfensteind. Schloßstr.
Kreuz Schöneberg
Heidelberger Pl.
Bundespl.
Innsbrucker Pl.
Innsbrucker Platz
Schöneberg
Südkreuz
Rüdeshmr. Pl.
F.-Wilh.-Pl.
Friedenau
Breitenbachpl.
W.-Schreiber-Pl.
Feuerbachstr.
Schloßstr.
Rath. Stegl.
Raths. Steglitz
Priesterweg
Südende
Attilastr.
Botan. Garten
Lankwitz
Lichterfelde-Ost
Gbf. Marienfelde
Botanischer Garten
1 = Zeunepromenade
2 = Rösnerstraße
2 = Kuhligkshofstr.
Friedhof Steglitz Bergstr.
Stadtpark Steglitz
Der Insulaner
Planetarium
Wilhelm-Foerster-Sternwarte
Universitätsklinikum Benjamin Franklin der FU Berlin
Teltowkanal
Detmolder Str.
Bundesallee
Südwestkorso
Wilhelmshöher Str.
Hauptstr.
Rheinstr.
Schloßstr.
Grunewaldstr.
Steglitzer Damm
Munsterdamm
Thorwaldsenstr.
Prellerweg
Sachsendamm
Vorarlberger Damm
Bismarckstr.
Birkbuschstraße
Klingsorstr.
Hindenburgdamm
Ostpreußendamm
Siemensstr.
Kaiser-Wilhelm-Straße
Paul-Schneider-Straße
Malteserstr.
Kamenzer Damm
Finckensteinallee
Hortensienstr.
Ringstr.
Drakestr.
Karwendelstr.
12157
12159
12161
12163
12165
12167
12169
12203
12207
12247
12249
10715
10829
14197
169
196
231
100
103

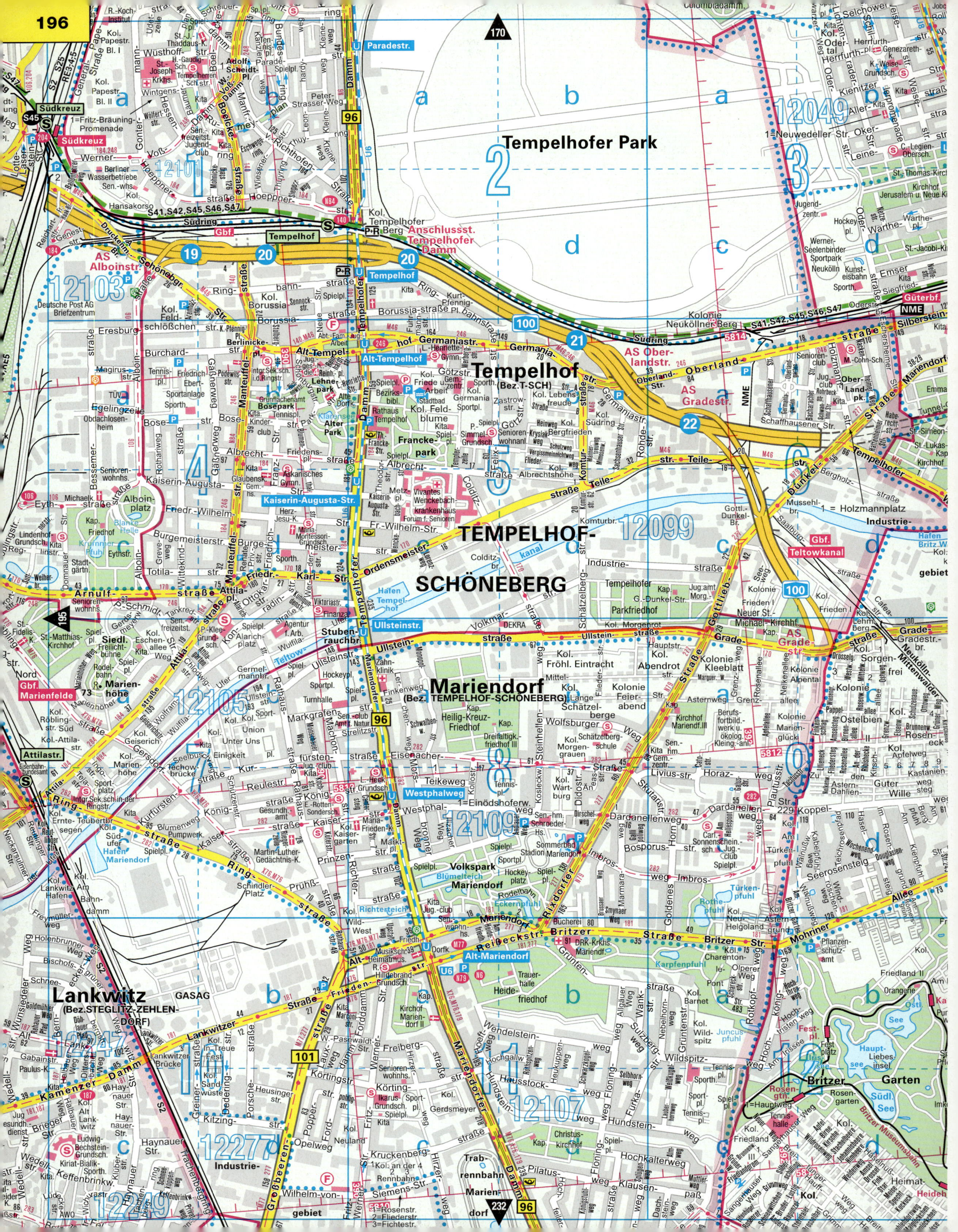
Tempelhofer Park
Tempelhof
(Bez.T-SCH)
TEMPELHOF-
SCHÖNEBERG
Mariendorf
(Bez. TEMPELHOF-SCHÖNEBERG)
Lankwitz
(Bez.STEGLITZ-ZEHLEN-
DORF)
Britzer
Garten
Südkreuz
Paradestr.
Tempelhof
Alt-Tempelhof
Kaiserin-Augusta-Str.
Ullsteinstr.
Westphalweg
Alt-Mariendorf
Anschlussst.
Tempelhofer
Damm
AS Alboinstr.
AS Oberlandstr.
AS Gradestr.
Teltowkanal
Volkspark
Mariendorf
Franckepark
Alter Park
Germaniastr.
Ordensmeisterstr.
Ringstr.
Mariendorfer Damm
Tempelhofer Damm
Britzer Str.
Reißeckstr.
Rixdorfer Str.
Gottlieb-Dunkel-Str.
Attilastr.
Hafen Tempelhof
Hafen Mariendorf
Marienfelde
Trabrennbahn
Mariendorf
12101
12103
12049
12099
12105
12109
12107
12247
12277
12249
12347
170
195
232

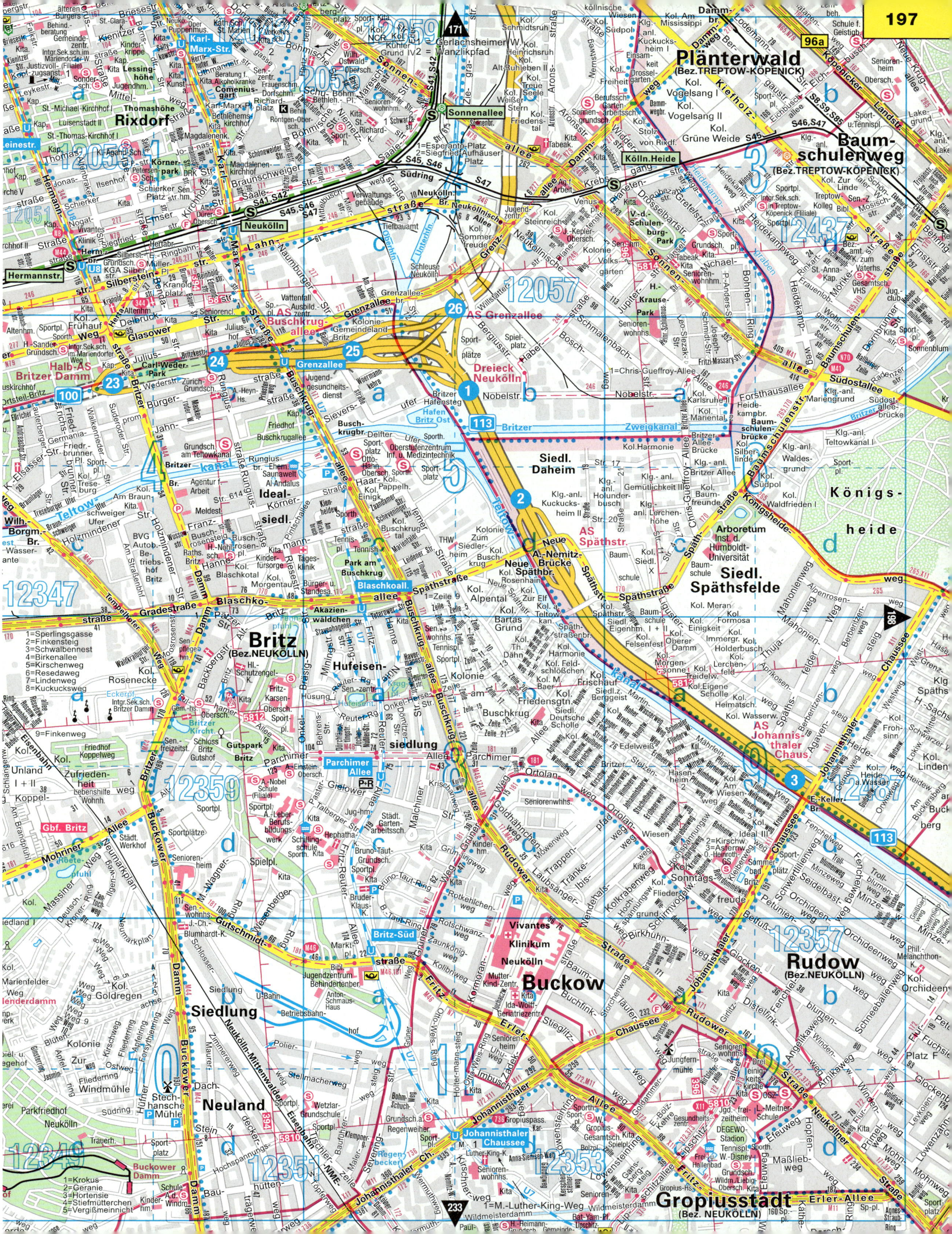
Plänterwald
(Bez.TREPTOW-KÖPENICK)
Baumschulenweg
(Bez.TREPTOW-KÖPENICK)
Rixdorf
Neukölln
Hermannstr.
Sonnenallee
Köllnische Heide
12057
12059
12051
12053
12055
12437
12347
12359
12357
12349
12351
12353
Dreieck Neukölln
AS Grenzallee
Grenzallee
Britzer Damm
Teltowkanal
Britzer Zweigkanal
Siedl. Daheim
Ideal-siedl.
Königsheide
Arboretum Inst. d. Humboldt-Universität
Siedl. Späthsfelde
AS Späthstr.
Britz
(Bez.NEUKÖLLN)
Hufeisen-siedlung
Blaschkoallee
Parchimer Allee
AS Johannisthaler Chaus.
Rudow
(Bez.NEUKÖLLN)
Buckow
Vivantes Klinikum Neukölln
Britz-Süd
Siedlung
Neuland
Johannisthaler Chaussee
Gropiusstadt
(Bez. NEUKÖLLN)
Buckower Damm
Rudower Str.
Neuköllner Str.
Buschkrugallee
Späthstr.
Gradestraße
Mohriner Allee
Fritz-Erler-Allee
Zwickauer Damm
1=Sperlingsgasse
2=Finkensteig
3=Schwalbennest
4=Birkenallee
5=Kirschenweg
6=Resedaweg
7=Lindenweg
8=Kuckucksweg
9=Finkenweg
1=Krokus
2=Geranie
3=Hortensie
4=Stiefmütterchen
5=Vergißmeinnicht
1=M.-Luther-King-Weg
171
196
233

Trabrenn-
bahn
Karlshorst
(Bez. LICHTENBERG)
Volkspark
Wuhlheide
Wuhl-
heide
Ober-
schöneweide
(Bez. TREPTOW-KÖPENICK)
Baum-
schulenweg
(Bez. TREPTOW-KÖPENICK)
Baumschulenweg
Nieder-
schöneweide
(Bez. TREPTOW-KÖPENICK)
Kultur-
und
Kunsthaus
Technologie-
zentr.
Neuer
Städt.
Friedhof
Alter
Städt.
Friedhof
Königsheide
Breites
Fenn
Spree
Oberspree
Bln.-Schöneweide
Betriebsbhf.
Schöneweide
S-Bahn
Hauptwerkstatt
Schöneweide
Köllnische
Heide
FEZ-Berlin
Berliner Parkeisenbahn 600mm
Johannisthal
(Bez.TREPTOW-KÖPENICK)
Natur- und
Landschaftspark
Adlershof
Stadt für
Wissenschaft
Wirtschaft
und Medien
Adlershof
Media City
Studio Berlin
Adlershof
Wissen-
schafts-
und
Wirtschafts-
standort
Adlershof
Siedlung
Johannes-
thal
Rudow
(Bez.NEUKÖLLN)
AS
Stuben-
rauchstr.
AS
Adlershof
Teltowkanal
1=Alice-Archenhold-Weg
1 = Pfingstberggasse
1=H.-Mirbach-Str.
2=Am Rundling
1=Str.206(Priesterweg)
1 = Kiefwiesensteig
7=Zum Trudelturm
3=Am Glinigk
4=Zur Rothen Laake
5=Iselersteig
12437
10318
12439
12487
12357
12524

173
Uhlenhorst
12555
Mittelheide
Wolfsgarten
Damm-feld
Innovations-park
Wuhlheide
12459
Elsengrund
12587
Köpenick
(Bez. TREPTOW-KÖPENICK)
Hirschgarten
Damm-Vorstadt
Hirsch-garten
LSG Erpetal
Friedrichs-hagen
(Bez.TREPTOW-KÖPENICK)
Spindlersfeld
Spindlers-feld
Altstadt
Kietzer Vorstadt
Salvador-Allende-Viertel I
Salvador-Allende-Viertel II
Siedlung Kämmerei-heide
Kölln. Vorstadt
12557
Berliner
Stadt-
forst
12559
Kietzer Feld
Stadtrand-siedlung
Adlershof
(Bez.TREPTOW-KÖPENICK)
TREPTOW-KÖPENICK
12489
Marien-hain
12527
Grünau
(Bez.TREPTOW-KÖPENICK)
Wendenschloss
Müggelheimer Str.
Dahme
Spree
Teltowkanal
200
235
96a

Krummendammer Heide
Schöneicher Landstraße
Dahlwitzer Landstraße
Dahlwitzer Heuweg
Friedrichshagen
Friedrichshagen (Bez. TREPTOW-KÖPENICK)
Fürstenwalder Damm
Bölschestraße
Müggelseedamm
Müggelspree
Großer Müggelsee
Kämmereiheide
Berliner Stadtforst
Köpenicker heide
Bürgerheide
LSG Neue Wiesen
Müggelheimer Damm
Wasserwerk Friedrichshagen
Museum f. Wasserwirtschaft
Seebad Friedrichshagen
Spreetunnel (Fußg.)
DLRG Rettungsstation
Rübezahl
Revierförsterei Teufelssee
Teufelssee
Kanonenberge 70
Berliner Forsten
Der Thyrn
Jugenddorf Müggelsee
Freilichtbühne
Landesforstamt Forstamt Köpenick
Kurpark Friedrichshagen
Erpetal
Erpe
12587
12559
S3, RE1
S3
RE 1
174
199
236

Schöneiche
bei Berlin
15566
Grätzwalde
(zu Schöneiche bei Berlin)
Fichtenau
Berliner
Stadtforst
Schönblick
(zu Woltersdorf)
15569
Fuchsberge
1 = Butterblumenweg
12 = Zu den Eichen
Rahnsdorf
12589
Rahnsdorfer Mühle
Wilhelmshagen
Wilhelmshagen
Rahnsdorf
(Bez. TREPTOW-KÖPENICK)
Neu-Venedig
Hessenwinkel
Grenzberge
Naturschutzgebiet
Püttberge
Seebad Müggelsee
Müggeleck
Müggelwerder
Die Bänke
Kl. Müggelsee
Neu-helgoland
Insel am Bauersee
Bauersee
LSG Müggelheimer Wiesen
Müggelheim
(Bez. TREPTOW-KÖPENICK)
Die Apfelbaumstücken
Berliner Stadtforst
Krumme Lake
Krumme Lake
Dämeritzsee
Siedlung Schönhorst
Fürstenwalder Damm
Fürstenwalder Allee
Müggelspree
Spreearm
Walloch
Hubertussee
4 = Winkelsteg
175
237
202

Stolp
Kalk-
see
Seebad Rüdersdorf
Fuchsberge
Schönblick
Fuchsberg
Bauersee
Eichberg
Beckers Höhe
Kranichsberge
Aussichtsturm
Liebesquelle
Woltersdorf
15569
Flakensee
Springeberg
Woltersdorfer Schleuse
(Bez. TREPTOW-KÖPENICK)
12589
Rüdersdorfer
Schwarzer Stubben
Bahnhofsiedlung
Industriegebiet
Erkner
15537
Dämeritzsee
Neuseeland
Spreeeck
Fürstenwalder Allee
Fangschleusenstraße
Wupatzsee
Heideleutersee
Löcknitz
Kröniehen
Oberförsterei Erkner
Anschlussstelle Erkner
Sowjetisches Denkmal
Autobahnmeisterei
Berliner Ring
Rüdersdorfer Straße
Woltersdorfer Landstraße
Friedrichstraße
Ethel-und-Julius-Rosenberg-Str.
Schleusenstraße
Kalkseestraße
Waldstraße
1 = Sperlingsgasse
2 = Carl-Bechstein-Weg
3 = Falkstraße
4 = Winkelsteg
13 = Hans-Knoch-Straße
14 = Zoozmannsteig
15 = Hannemannsteig
6 = Spreewälder Straße
7 = Müggelweg
3 = Eichbergstr.
9 = Sanddornweg
10 = Rapsweg
11 = Wacholderweg
(zu Schöneicke)
4 = Rebhuhnweg
5 = Feldmausweg
6 = Dachsweg
7 = Wieselweg
8 = Igelweg

Hort-
winkel
(zu Rüdersdorf)
15562
Hans-Schroer-Str.
Grünheider Weg
177
Fuchsberg
65
71
5812
420
422
Wurzel-
berge
10
E55
Berliner Ring
Alt Buchhorst
Spiegel-
quelle
Möllen-
see
204
Sprudel
5810
Wohn-
park
Hubertusstraße
Burgwallstraße
Buchhorster
Peetzseestraße
Rosenberg
Charlotten-Str.
Heide
Weg
Rüdersdorfer
40
15537
Grünheide (Mark)
1 = Mönchwinkler Weg
2 = Hangelsberger Weg
3 = Am Marktplatz
4 = An der REHA-Klinik
Schullandheim
Luisenstraße
Feld-
weg
Straße
horst
Reiher-
Peetz-
See
Chr.-
Schreiber-
Haus
Waldpromenade
Waldeck
Rathaus
Kienbaumer Weg
Spreeauer-
Heide-
Würzelberg-
Karl-Marx-Straße
Friedrich-Engels-Straße
429
Stephanus-
stiftung
Median-
klinik
Walther-Rathenau-
Straße
Haus am
Werlsee
Badestrand
Herzfelder
Körperstraße
Neue
Rüdersdorfer
Str.
Priester-
see
Werl-
see
Lindwall
Liebesinsel
Lindwall-
Stein-
weg
Klubhs.
Festplatz
Fried-
hof
Schule
Schlangenluch
Am Schlangenluch
Bergluch
Friedhof
5808
Straße
Eichenallee
Gewerkschafts-
schule
Erlenstraße
Mielenzstraße
Werlsee-
straße
Fr.-Ebert-Str.
Ernst-Thälmann-Straße
Eich-
brand
Fangschleuse
Kinderheim
Löcknitztal
Kita
Sportplatz
Gymnasium
Gerh.-
Hauptmann-
Schule
Sport-
halle
Löcknitz
Löcknitztal-
weg
Gottesbrücke
Gottesbrück
239
Große
Wallbrücke
Denkmal gegen
Krieg, Faschismus
und Gewalt

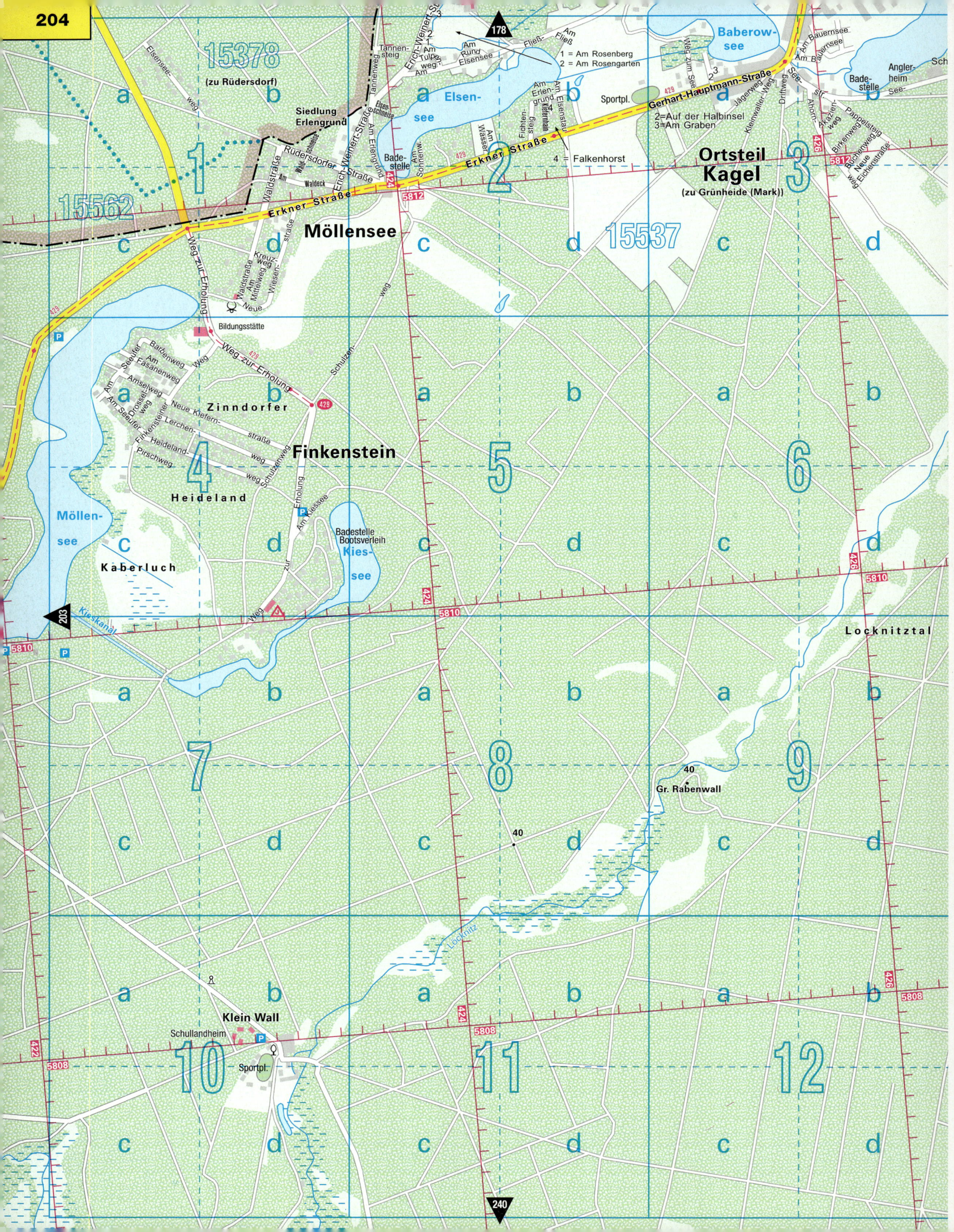
15378
(zu Rüdersdorf)
Siedlung Erlengrund
15562
Möllensee
Elsensee
Baberowsee
Erkner Straße
Gerhart-Hauptmann-Straße
Rüdersdorfer Straße
Erich-Weinert-Straße
Waldstraße
Weg zur Erholung
1 = Am Rosenberg
2 = Am Rosengarten
2=Auf der Halbinsel
3=Am Graben
4 = Falkenhorst
Ortsteil Kagel
(zu Grünheide (Mark))
15537
Sportpl.
Badestelle
Anglerheim
Bildungsstätte
Zinndorfer
Finkenstein
Heideland
Kaberluch
Badestelle Bootsverleih
Kiessee
Kieskanal
Locknitztal
Locknitz
Gr. Rabenwall
40
Klein Wall
Schullandheim
Sportpl.
Schulzenweg
Heidelandweg
Pirschweg
Finkensteiner
Lerchenweg
Neue Kiefernstraße
Amselweg
Drosselweg
Am Fasanenweg
Am Seeufer
Jägerweg
Kleinwaller Weg
Driftweg
Birkenweg
Pappelsteig
Akazienweg
Ahornweg
Am Bauernsee
Erlengrund
Am Elsensee
Tannensteig
Fichtensteig
Am Wasser
429
424
426
422
5812
5810
5808
178
203
240
1 2 3 4 5 6 7 8 9 10 11 12
a b c d

205

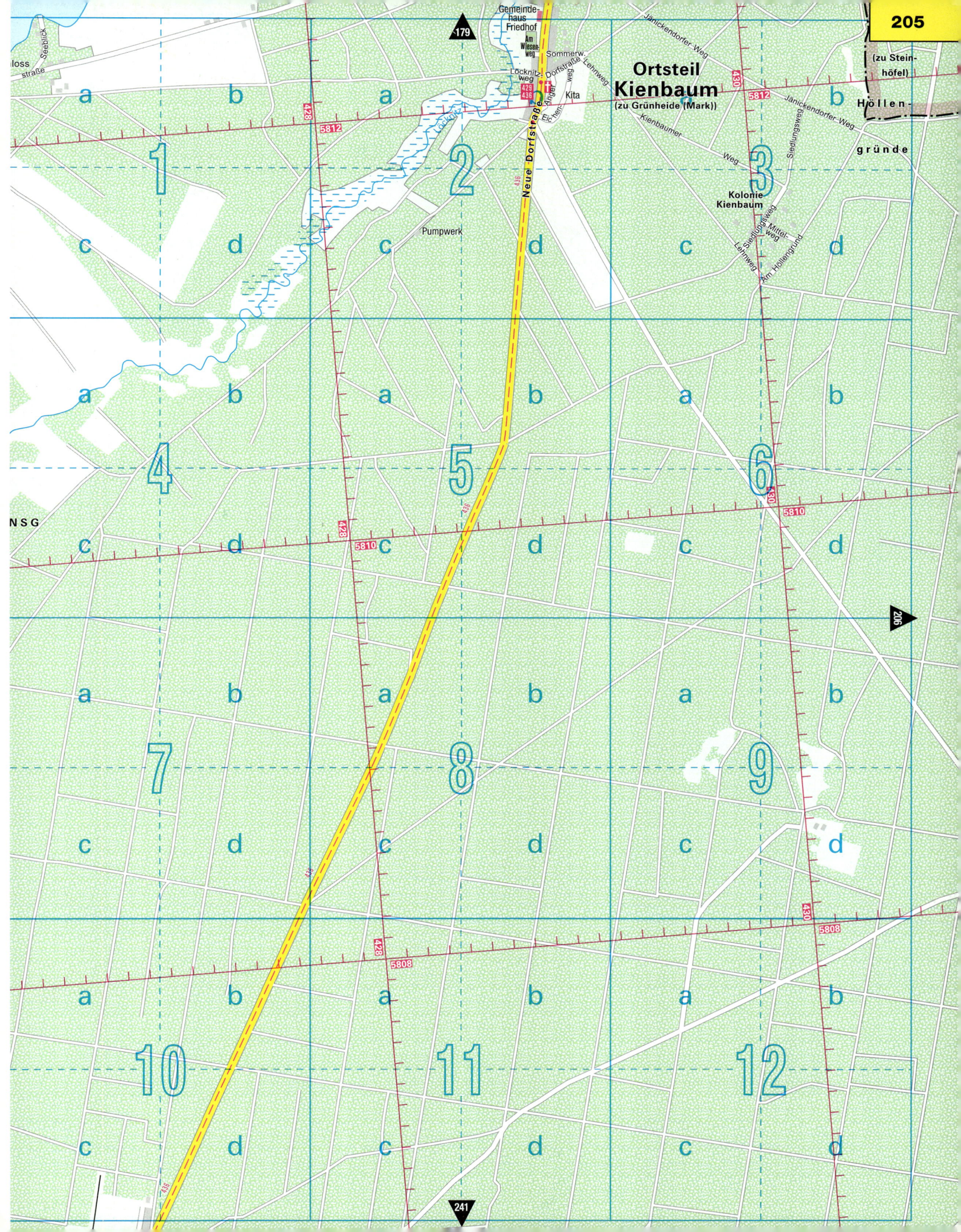

Ortsteil **Kienbaum**
(zu Grünheide (Mark))

(zu Steinhöfel)

Höllengründe

Gemeindehaus Friedhof
Am Wiesenweg
Löcknitzweg
Sommerw.
Dorfstraße Lennweg
Anger
Kita
Kienbaumer Weg
Janickendorfer Weg
Kolonie Kienbaum
Siedlungsweg
Mittelweg
Lennweg
Am Höllengrund
Neue Dorfstraße
Pumpwerk
NSG

206

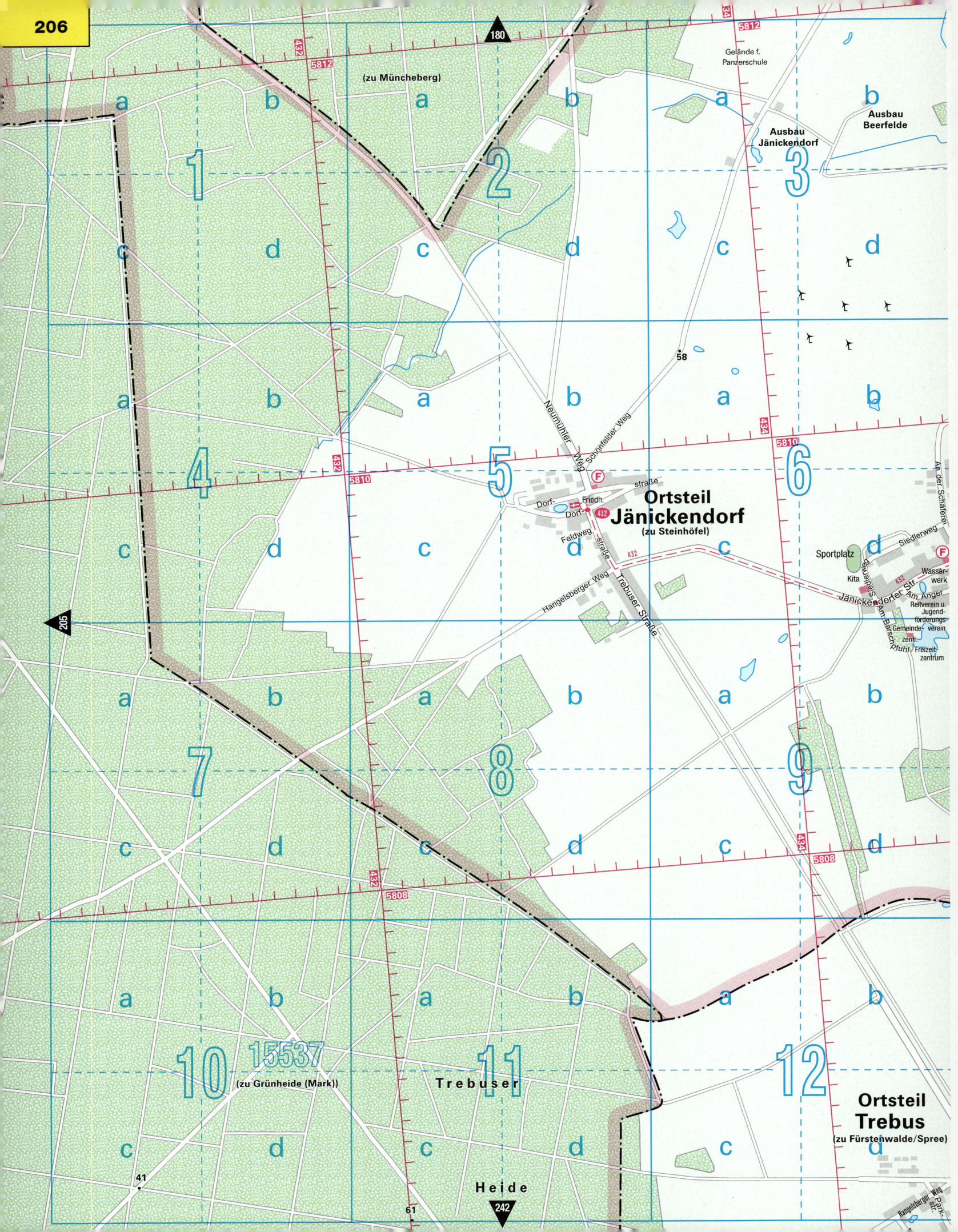

(zu Müncheberg)

Gelände f. Panzerschule

Ausbau Jänickendorf

Ausbau Beerfelde

Ortsteil Jänickendorf (zu Steinhöfel)

Neumühler Weg
Schönfelder Weg
Dorf-Friedh.
Dorf-straße
Feldweg
Hangelsberger Weg
Trebuser Straße

Sportplatz
Kita
Wasserwerk
Reitverein u. Jugendförderverein
Gemeindezentr.
Freizeitzentrum
Siedlerweg
Am Anger
Jänickendorfer Str.
Am Barschpfuhl
Apf. der Schäferei

15537 (zu Grünheide (Mark))

Trebuser

Ortsteil Trebus (zu Fürstenwalde/Spree)

Heide

Hangelsberger Weg

207

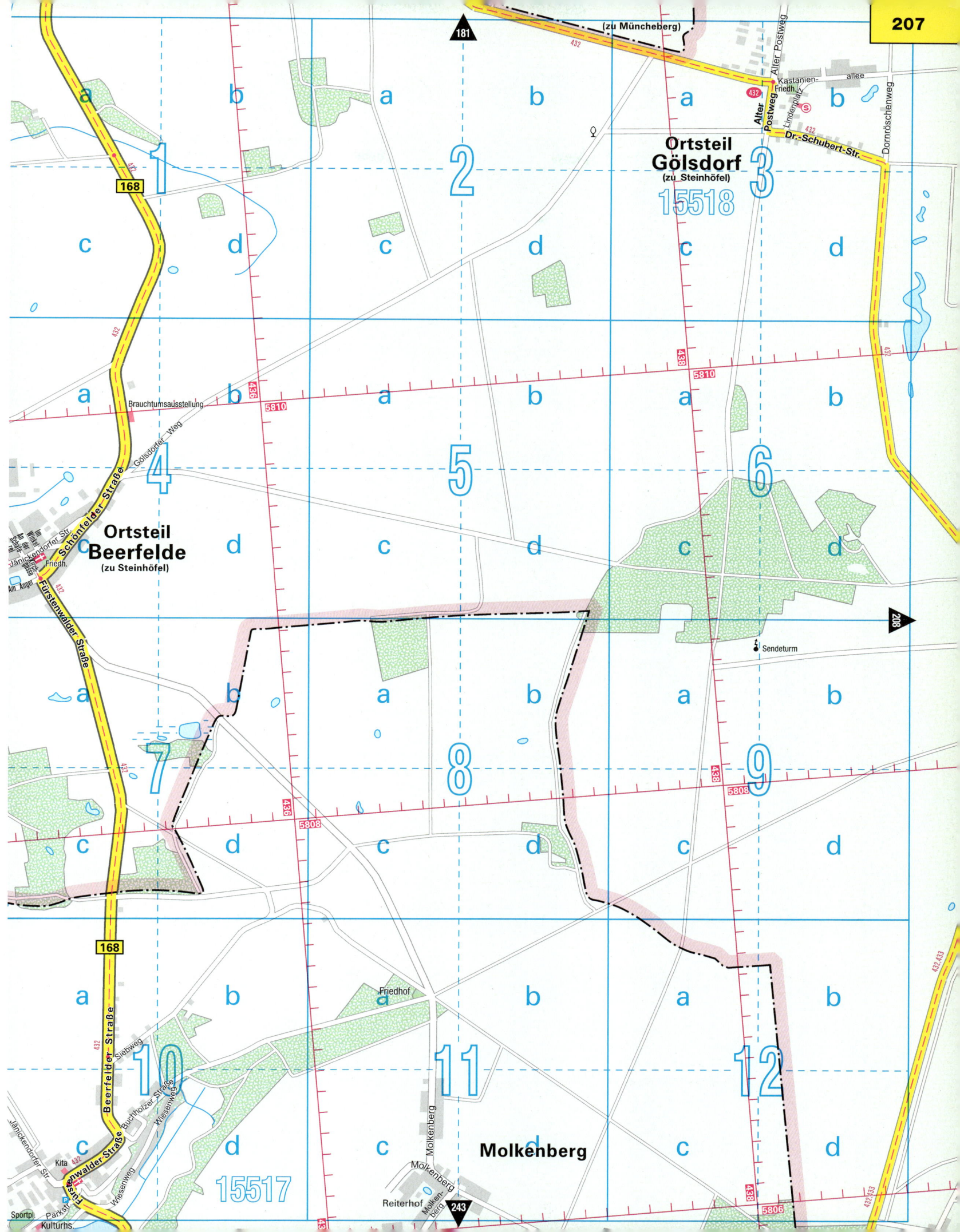

Ortsteil Gölsdorf (zu Steinhöfel)
15518

Ortsteil Beerfelde (zu Steinhöfel)

Sendeturm

Friedhof

Molkenberg

15517

182
Dornröschenweg
Buchholzer Straße
Tempelberger
Forst
5810
440
442
432
207
Dorfstr.
Friedh.
Angelweg
Ortsteil
Buchholz
(zu Steinhöfel)
Charlottenhof
Steinhöfeler Straße
Fürstenwalder Straße
432,433
433
58
5808
Sendeturm
Charlottenhofer
Vorwerk
Altes Vorwerk
Bahnhof
5806
244
1
2
3
4
5
6
7
8
9
10
11
12

209

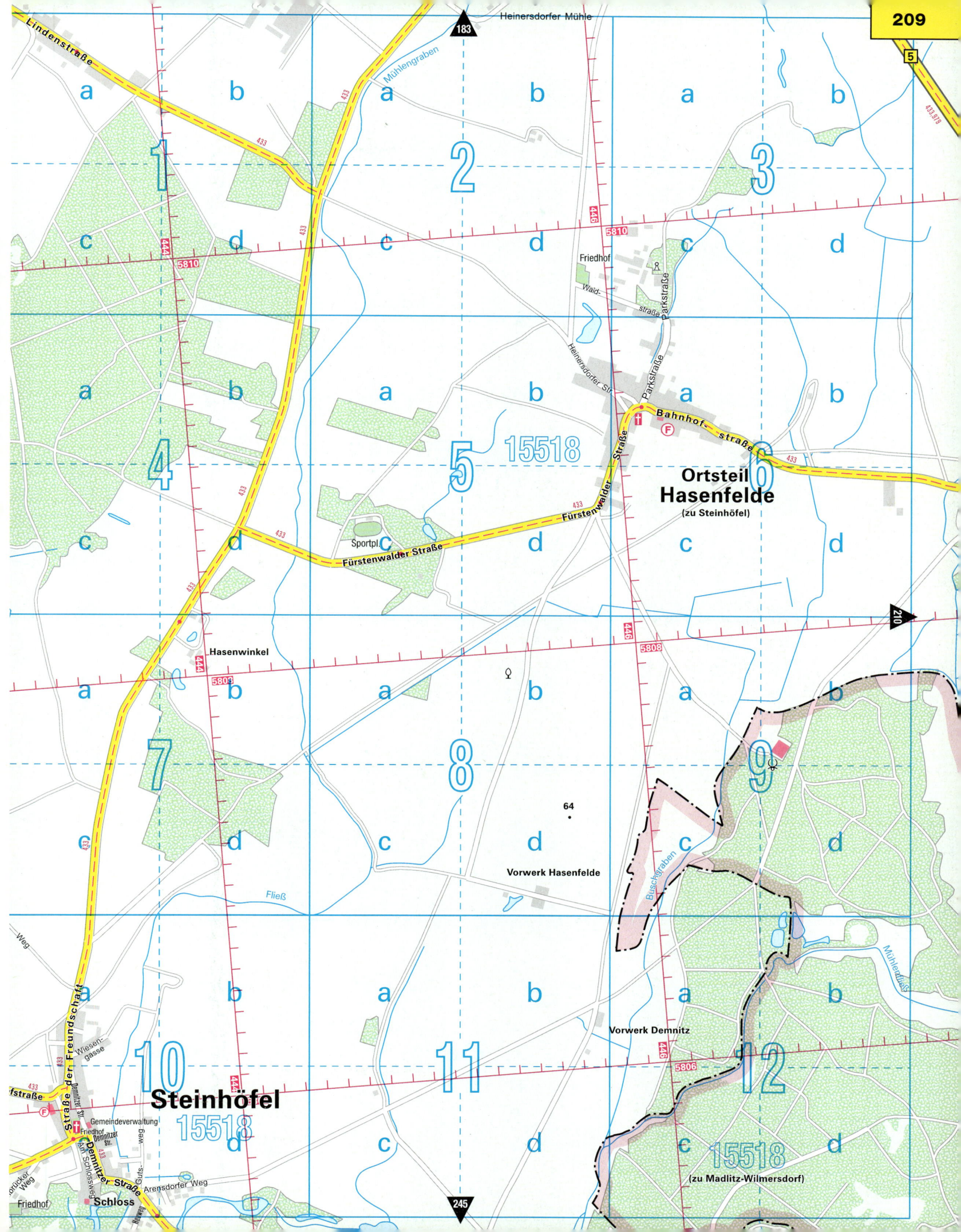

Heinersdorfer Mühle

Ortsteil **Hasenfelde** (zu Steinhöfel)

Hasenwinkel

Vorwerk Hasenfelde

Vorwerk Demnitz

Steinhöfel
15518

(zu Madlitz-Wilmersdorf)

210

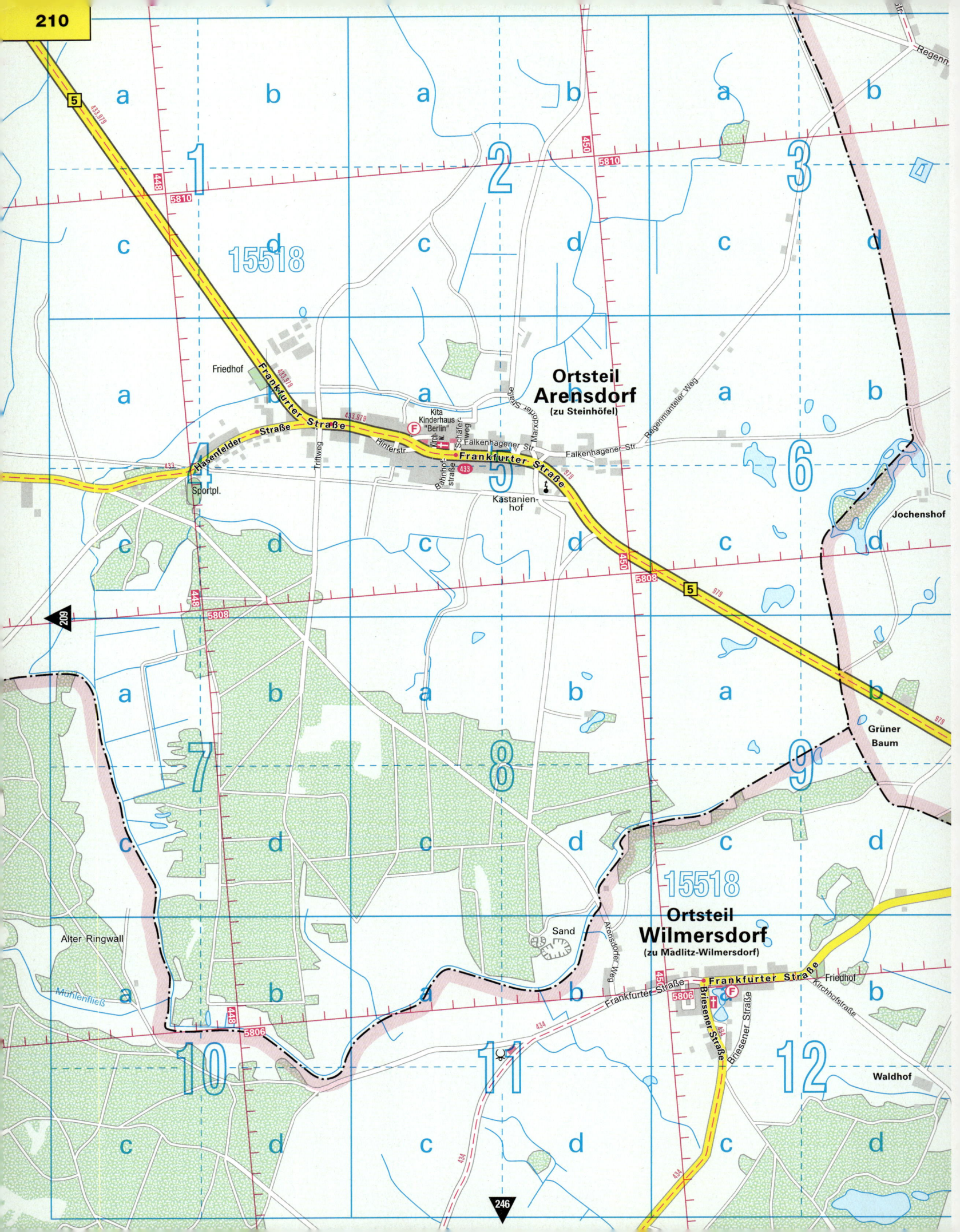

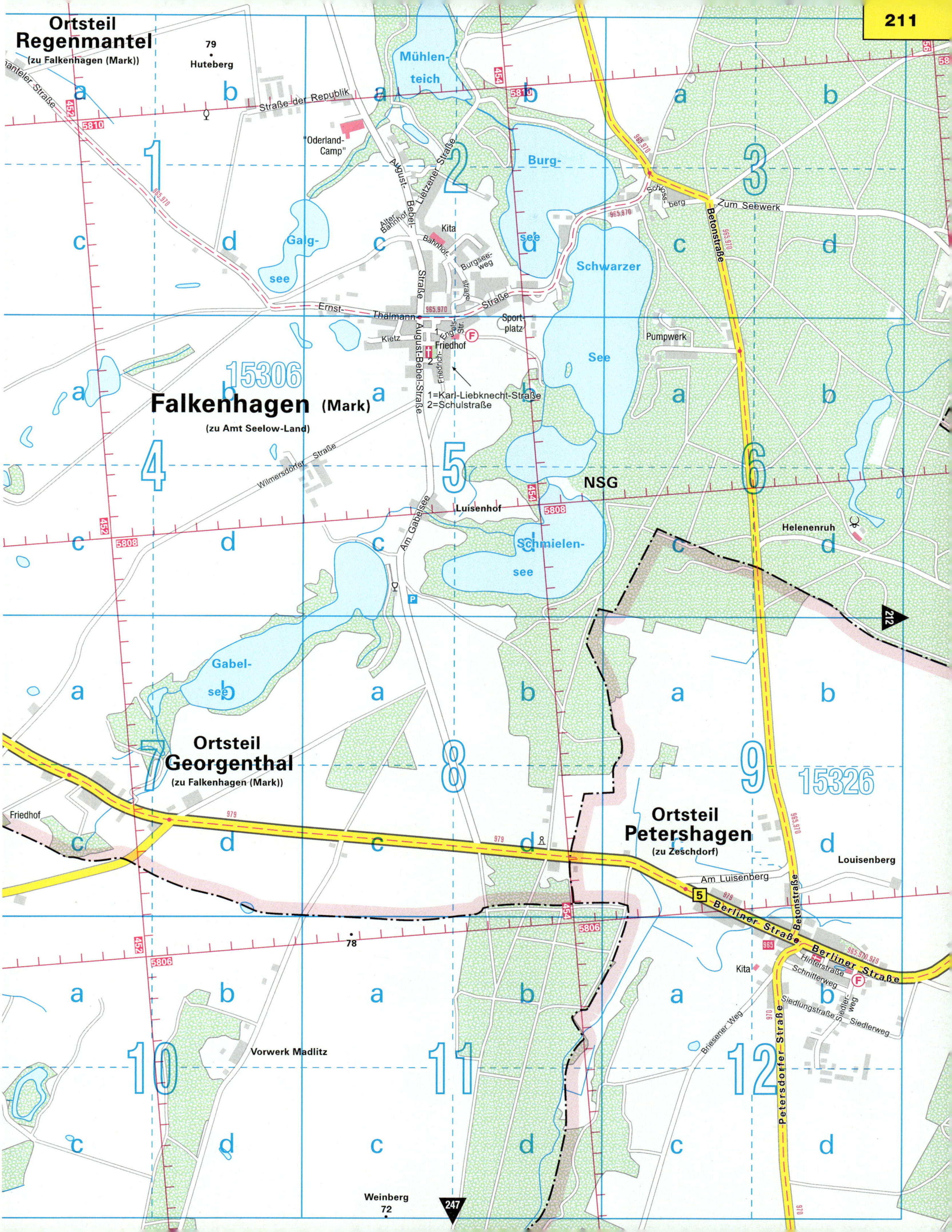
Ortsteil Regenmantel
(zu Falkenhagen (Mark))
79
Huteberg
Regenmanteler Straße
Straße der Republik
"Oderland-Camp"
Mühlenteich
Burgsee
Galgsee
August-Bebel-Straße
Lietzener Straße
Alter Bahnhof
Bahnhof
Kita
Burgseeweg
Ernst-Thälmann-Straße
Schloßberg
Zum Seewerk
Betonstraße
Schwarzer See
Sportplatz
Kietz
Engels-Str.
Friedhof
Friedrich-
1=Karl-Liebknecht-Straße
2=Schulstraße
Pumpwerk
15306
Falkenhagen (Mark)
(zu Amt Seelow-Land)
Wilmersdorfer Straße
NSG
Luisenhof
Am Gabelsee
Schmielensee
Helenenruh
212
Gabelsee
Ortsteil Georgenthal
(zu Falkenhagen (Mark))
Friedhof
15326
Ortsteil Petershagen
(zu Zeschdorf)
Louisenberg
Am Luisenberg
Berliner Straße
Betonstraße
78
Kita
Hinterstraße
Schnitterweg
Siedlerweg
Siedlungsstraße
Briesener Weg
Petersdorfer Straße
Vorwerk Madlitz
Weinberg
72
247

212

Falkenhagener Heide

Hohenjesarsche Heide

Helenenruh

Zeschdorf (zu Amt Lebus)
15326

(zu Falkenhagen (Mark))
15306

NSG

Friedhof

Kleiner Trepliner See
Bad
Bad
Bad

Louisenberg

Mühlenweg
Schleepweg
Lindenstraße
15236
Treplin (zu Amt Lebus)
Hinterstraße
Friedh. Kita
Gemeindeverw.
Naglers Berg

Berliner Straße
Siedlerweg

15326 (zu Zeschdorf)
Seeberg 86

Großer Trepliner See

Frankfurter Straße
Petershagener Str.
Lindenstraße
Siedlerweg

211
248

213

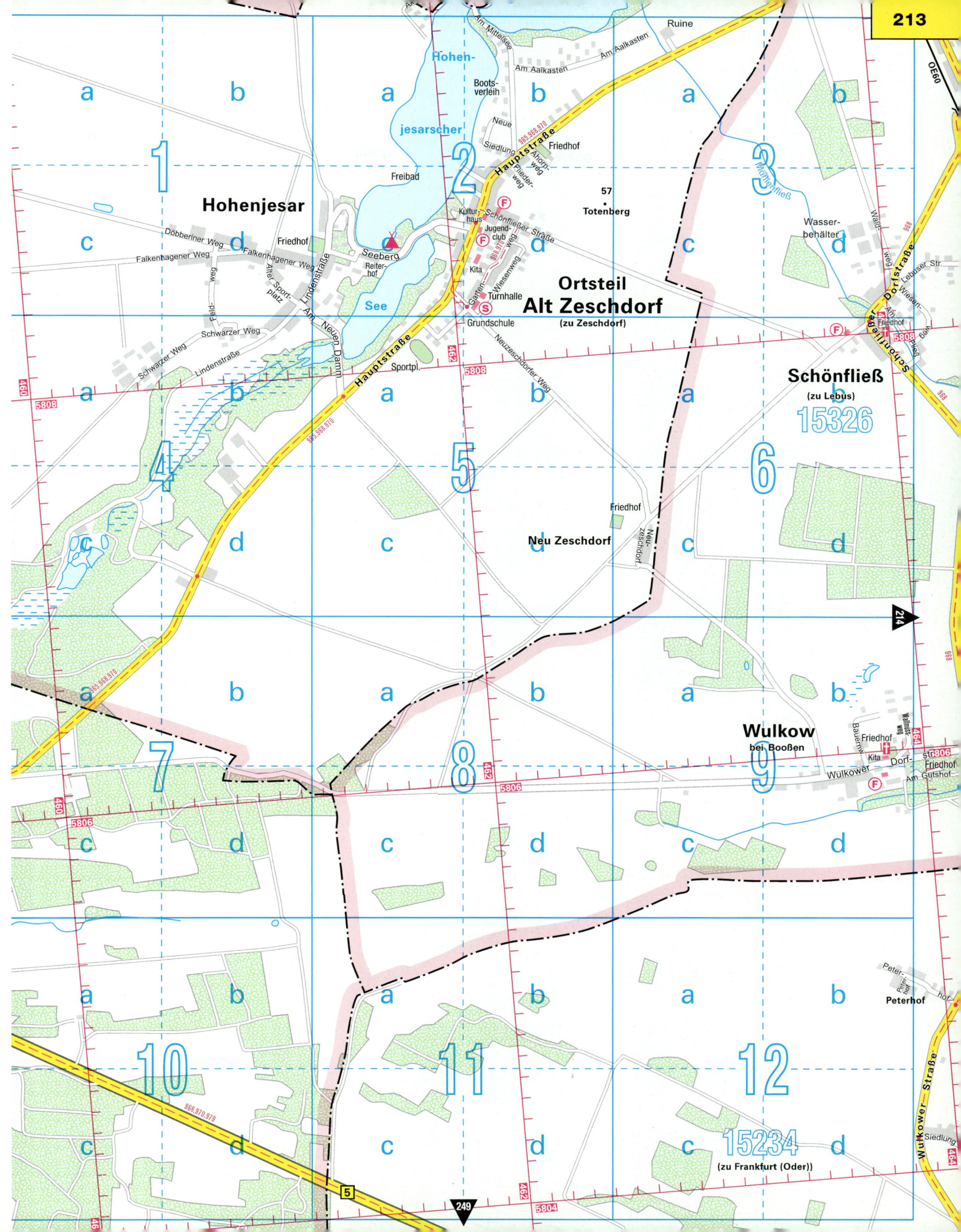

Hohenjesar

Ortsteil Alt Zeschdorf
(zu Zeschdorf)

Schönfließ
(zu Lebus)

15326

Neu Zeschdorf

Wulkow
bei Booßen

Peterhof

15234
(zu Frankfurt (Oder))

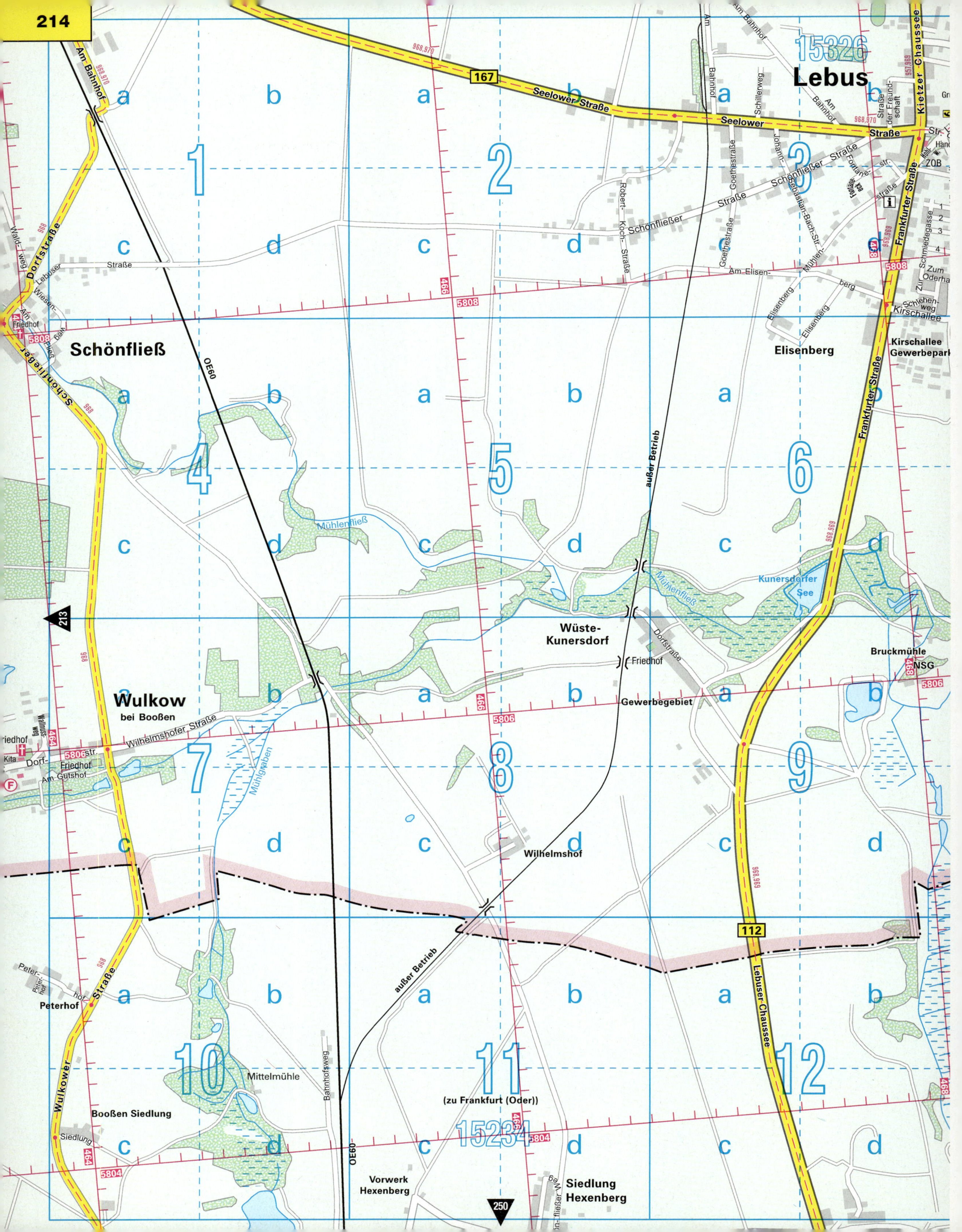

Lebus
15326
Seelower Straße
167
Am Bahnhof
Schillerweg
Goethestraße
Johann-Sebastian-Bach-Str.
Schönfließer Straße
Robert-Koch-Straße
Kietzer Chaussee
Frankfurter Straße
ZOB
Am Elisenberg
Elisenberg
Mühlen-
Schlehenweg
Kirschallee
Kirschallee Gewerbepark
Zum Oderhang
Schmiedegasse
Schönfließ
Dorfstraße
Lebuser Straße
Wiesenweg
Am Friedhof
Waldweg
Schönfließer Straße
OE60
Mühlenfließ
Kunersdorfer See
Wüste-Kunersdorf
Dorfstraße
Friedhof
Gewerbegebiet
Bruckmühle
NSG
außer Betrieb
Wulkow
bei Booßen
Wilhelmshofer Straße
Friedhof
Dorfstr.
Am Gutshof
Kita
Mühlgraben
Wilhelmshof
112
Lebuser Chaussee
Peterhof
Wulkower Straße
Mittelmühle
Booßen Siedlung
Siedlung
Bahnhofsweg
(zu Frankfurt (Oder))
15234
Vorwerk Hexenberg
Siedlung Hexenberg
5808
5806
5804
466
464
213
250

215

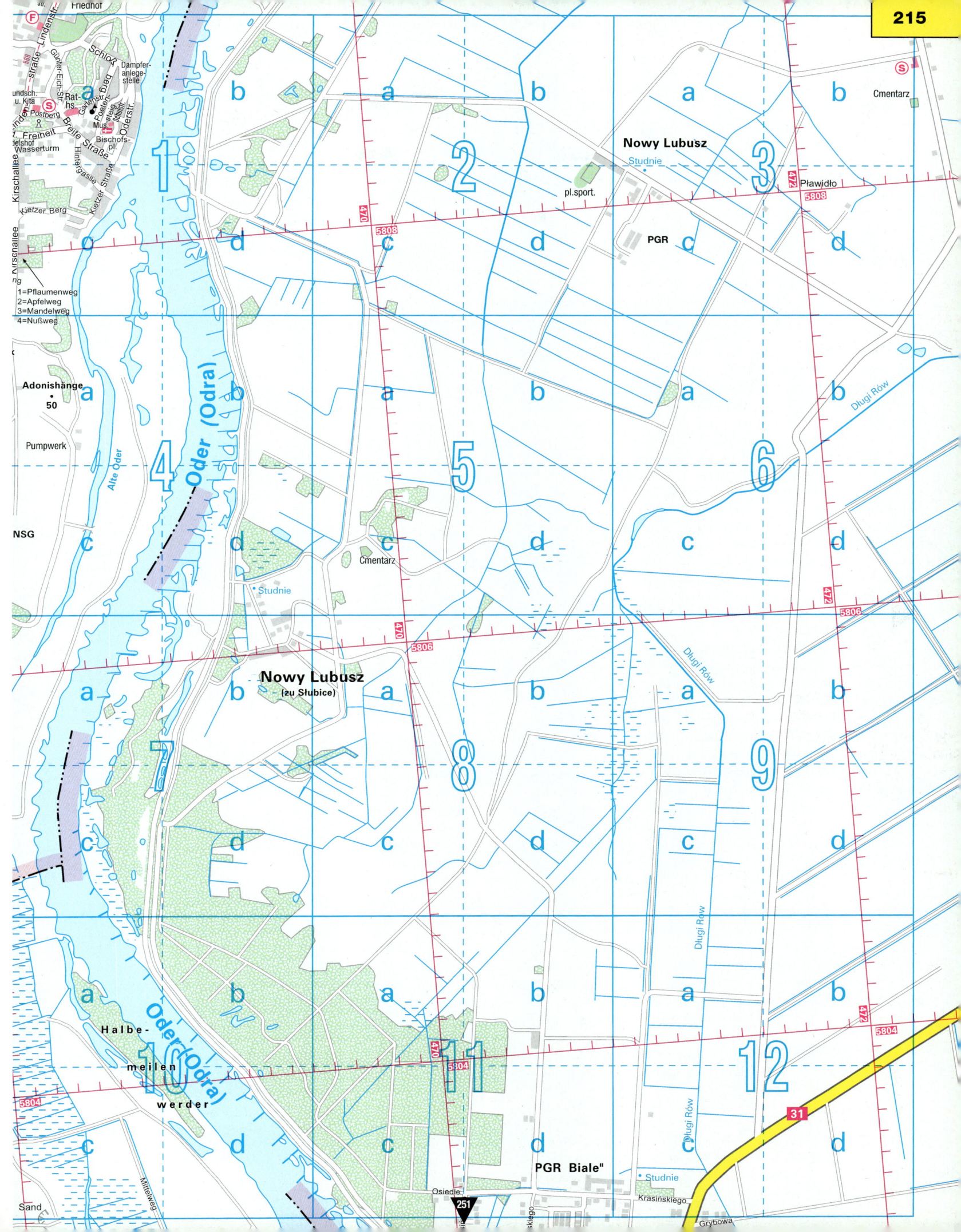

Nowy Lubusz
Studnie
pl.sport.
Pławidło
PGR

1=Pflaumenweg
2=Apfelweg
3=Mandelweg
4=Nußweg

Adonishänge
50
Pumpwerk
NSG
Oder (Odra)
Alte Oder
Długi Rów

Cmentarz
Studnie

Nowy Lubusz
(zu Słubice)
Długi Rów

Cmentarz

Halbe-
meilen-
werder
Oder (Odra)

PGR "Białe"
Studnie
Osiedle
Krasińskiego
Grybowa
Mittelweg
Sand

Lutze
Insel Lutze
Plauer Grenzgraben
14715
(zu Milower Land)
Schnehens Heide
Wendeberg
Friedhof
Neu-
Plauer
Forst
Charlottenhof
Neu-Plaue
Neu Plaue
Neu-Plauer-Weg
Pelzgraben
Zum Alten Dorf
Havel
Schwarzer Weg
Parkstraße
Dorfstraße
Triftweg
Havelstraße
Ortsteil
Briest
(zu Havelsee)
Mühlenweg
Brake
Am Mühlenberg
Neu-Plauer-Weg
14774
Schinder-
fichten
Zu den Schinderfichten
Ausbau
Triftstraße
Waldstraße
1=Havelbogen
2=Anglersteig
Der Werder
Industrie-
gebiet
"Plaue"
Westhavelland-
Brücke
Charlottenhof
14789
(zu Bensdorf)
Große Freiheit
Gartenstadt
Stadtteil
Plaue
(zu Brandenburg a. d. Havel)
NSG
252
Am Görneweg
Am Ochsenberg
Rathaus
Alte Plauer
Brücke
(Fußgängerbr.)
Plauer Landstr.
Gartenweg
Post-Straße
Kiefzstr.

217

Kranepuhl
Kranepuhl
14798
Brandenburger
Altstädtische
14772
Solarpark
Heide
Landschaftsschutzgebiet
Bohnenländer See
und
Gördensee

Briester Vorwerk
Solarpark
Solarpark
Gördensee
Badstelle
Kolonie
Görden
SOS Kinderdorf
Altenheim

Kaltenhausen
Kaltenhausen
Kaltenhauser Weg
Kaltenhausen Wasserwerk
Sportplatz
M.-J.-Metzger-Str.
Max-Josef-Metzger-Str.
Saefkow-Anton-Allee
Asklepios Fachklinikum Brandeburg
Justizvollzugsanstalt
Reitanlage
Friedhof
Schenkendorfweg

Klär-anlage
Kuhdammgraben
Plauer Landstraße
Brandenburg an der Havel
Heidekrug
Kleingtn.
Anlegestelle
Quenzbrücke

Plauerhof
Margaretenstraße
Münchwerder
Totenkopfsee
Falkenbergswerder
Quenzsee
14770

Münchwerder

14778
Butterlake
Gewerbegebiet Süd
(zu Beetzsee)
Sportplatz
Bungalowsiedlung I und II
Brielower Aue
Freiheitsweg
Brielower Ausbau
Schindelbruch
Kleingärten
Rathenower Landstraße
Stadtteil Hohenstücken
(zu Brandenburg a. d. Havel)
14772
Industrie- und Gewerbegebiet "Hohenstücken"
Friedrichshafener Straße
Brielower Grenze
Brielower Landstraße
Kläranlage
Friedhof Görden
Stadtteil Görden
(zu Brandenburg a. d. Havel)
Kolonie Görden
SOS Kinderdorf
Rosa-Luxemburg-Allee
Kolonie Feierabend
Straßenbahndepot
Industriegebiet "Nord"
Beetzseecenter
Upstallstraße
Industriegelände
Kopenhagener Str.
Görden
Gördenallee
Silokanal
Gördenbrücke
Industrie- "Silokanal Ost"
14770
August-Bebel-Straße
Sängerstraße
Kultur- und Erholungspark Marienberg
Cityplan S. 38
Ind.- geb. "Görden"
1=Am Alten Gutshof
2=Oskar-Wiederholz-Straße
3=Otto-Metzenthin-Straße
Industriemuseum
SWB Industrie- u. und Gewerbepark
Carl-Reichstein-Straße
Magdeburger Landstraße
Friedrich-Franz-Str.
Br.Altstadt
Gbf
Zanderstraße
Fontanestraße
Stadt. Klinikum Brandenburg
Stadtt. Altstadt
(zu Brandenburg a. d. Havel)
Puschkinpark
Quenzsiedlung
Klingenberg-siedlung
Brandenburg an der Havel
Brandenburger Niederhavel
Luckenberger Brücke
Jakobsgraben
Krematorium
Marienbad
Altstädt. Friedhof
102
1
RB51
217
254

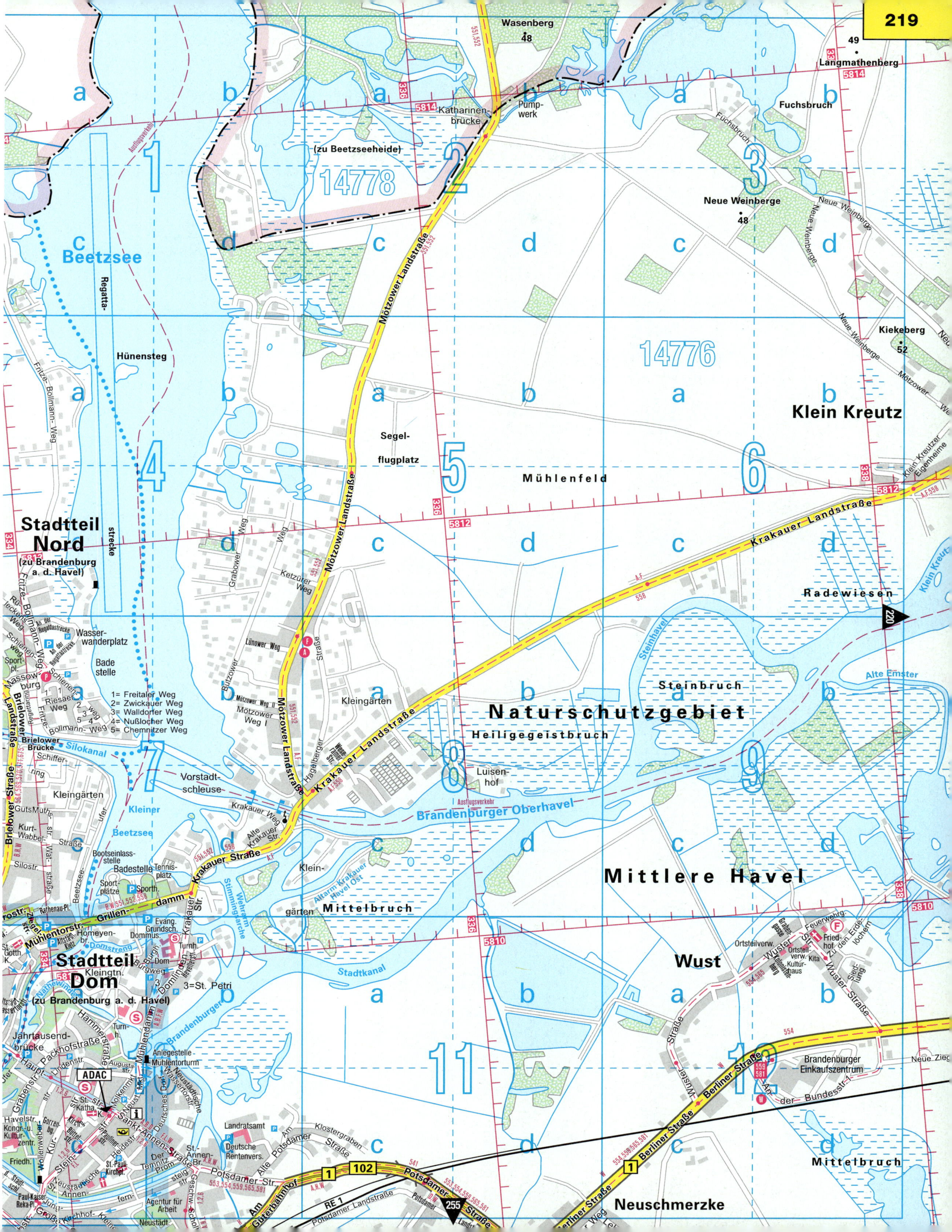
Wasenberg
48
49
Langmathenberg
Fuchsbruch
Katharinenbrücke
Pumpwerk
(zu Beetzseeheide)
14778
Neue Weinberge
48
Beetzsee
Regatta-
strecke
Hünensteg
14776
Kiekeberg
52
Klein Kreutz
Segel-
flugplatz
Mühlenfeld
Mötzower Landstraße
Krakauer Landstraße
Stadtteil
Nord
(zu Brandenburg a. d. Havel)
Radewiesen
Wasserwanderplatz
Bade
stelle
Steinbruch
Naturschutzgebiet
Heiligegeistbruch
Kleingärten
Alte Emster
1= Freitaler Weg
2= Zwickauer Weg
3= Walldorfer Weg
4= Nußlocher Weg
5= Chemnitzer Weg
Silokanal
Vorstadt-
schleuse
Luisenhof
Brandenburger Oberhavel
Kleiner Beetzsee
Mittlere Havel
Mittelbruch
Stadtteil
Dom
(zu Brandenburg a. d. Havel)
3=St. Petri
Stadtkanal
Wust
Brandenburger Einkaufszentrum
Berliner Straße
Landratsamt
Deutsche Rentenvers.
Potsdamer Str.
Mittelbruch
Neuschmerzke
220
255

Krauseberg
Saaringen
Saaringer
Dorfstr.
Sport-
platz
Brunnen
Alte Weinberge
63
Weinberg
Großes
Ohr
Saaringer Havel
Köhninge
Großes
Bruch
Kiekeberg
52
Neue Weinberge
Mötzower
Weg
Gut
Zum
Str.
Ortsteil-
verw.
Rosengasse
Klein Kreutzer Dorfstraße
Kita
Sand
Kl. Kreutzer Berg
Alte Weinberge
Alte Weinberge
Straße
zum
Wassersportheim
Klein Kreutz
(zu Brandenburg an der Havel)
Friedhof
Klein Kreutzer Dorfstr.
Klein Kreutzer Havelstr.
Eigenheime
Yachthafen
Havelradweg
Pump-
werk
Ausflugsverkehr
Branderburger Oberhavel
Klein Kreutzer Havel
Saaringer Weg
Pump-
werk
Kirch-
bruch
Alte Emster
Krumme Havel
Haveluferweg
Haveluferweg
Schloss
Schloss-
Zum
Friedhof
Gutshof
allee
Saaringer Weg
Jeseriger Weg
Ortsteil-
verwaltung
Sportplatz
Emsterkanal
Küsterstraße
Schloss-
allee
Im
Diek
Mühlenweg
Schepperssteig
37
Steinberg
Wuster Erdelöcher
Gollwitz
14776
Schlossallee
Sommer-
weg
Berliner Straße
Berliner Straße
Berliner Straße
RE 1
Neue Ziegelei
Neue Ziegelei
Pump-
werk
Emsterkanal
Kläranlage
184
219
256
1
2
3
4
5
6
7
8
9
10
11
12
558
5814
5812
5810
338
340
342
554,565

221

186
Pumpwerk
Zur Ziegelei
Alte Dorfstraße
Konsumgasse
Am Park
Voigt-sche Park
Fest-platz
Sandbruch
Am Yachthafen
Zur Ziegelei
1=Zum Deetzer Knie
2=Schmiedebusch
1=Am Kirchplatz
2=August-Bebel-Platz
Schmergower Straße
Badestelle
Sportpl.
Am Kanal
Mus.
Gem.-hs.
Bibl.
Kl. Bergstr.
Große Bergstr.
Eichelberg
90
Kita
Götzer Straße
Groß Kreutzer Straße
Friedhof
Ortsteil Deetz
(zu Groß Kreutz (Havel))
Zum Königsberg
Alter Schmergower Weg
Freibad
Deetzer Erdelöcher
Am Wald
Dorfrandsiedlung
Bergstraße
Obsthof Leue
Sand
221
Chausseestraße
Schmergower Weg
A. Weinberg
Siedlerweg
Lilienthal-straße
Ortsteil Krielow
(zu Groß Kreutz (Havel))
RE1
Groß Kreutz
P+R
Am Bahnhof
Bahnhof-straße
Hauptgraben
14550
Groß Kreutz (Havel)
Ausbau
Sportplatz
Am Kleinbahndamm
Oberstufen-zentrum
Kap.
Dorf-aue
Am Gutshof
Branden-burger Str.
Potsdamer Straße
Halde
Am Eichenhain
Rotdorn-weg
Kita
Friedhof
Gewerbegebiet "Eichenhain"
A. Scheunen-platz
Bochower
Mus.
Bibl.
Alte Gartenstraße
Alte Schulstr.
Wolfsberg
Laken-weg
Zu den Weiden
Neue Straße
Tulpen-weg
Rosenw.
Ahornstraße
Tannen-weg
Birkenstr.
Kl. Lindenstraße
Grund-schule
Mühlenstr.
Sportplatz
Neue Chaussee
Alte Lehniner Str.
1=Lehniner Siedlung
Straße
258
An

223

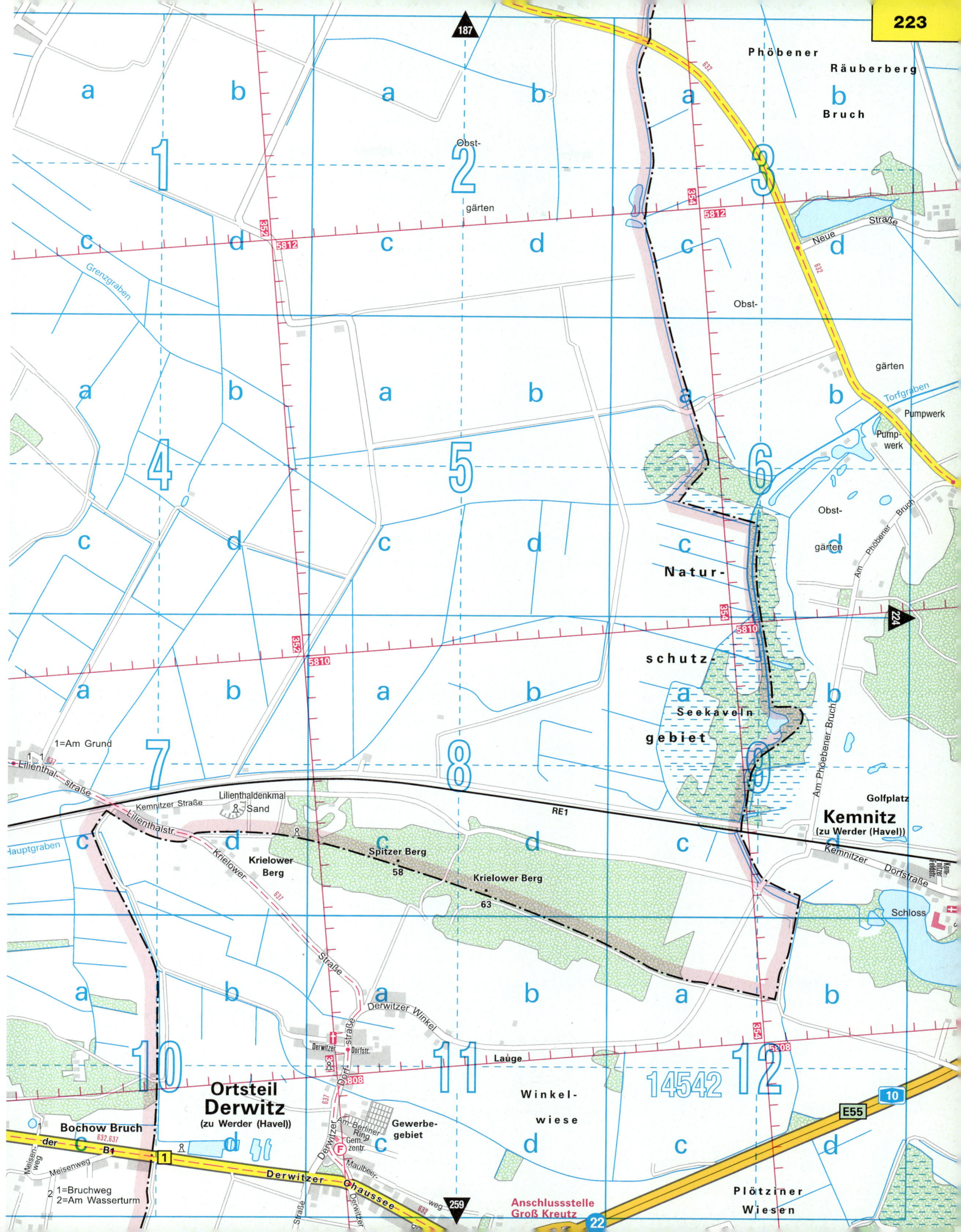

Phöbener Räuberberg Bruch

Neue Straße

Obstgärten

Torfgraben

Pumpwerk
Pumpwerk

Obstgärten

Am Phöbener Bruch

Naturschutzgebiet
Seekaveln

Golfplatz

Kemnitz
(zu Werder (Havel))

Kemnitzer Dorfstraße
Kemnitzer Feldstr.

Schloss

Grenzgraben

1 = Am Grund
Lilienthalstraße
Kemnitzer Straße
Lilienthaldenkmal
Sand
Krielower Berg
Spitzer Berg 58
Krielower Berg 63

Hauptgraben

Bochow Bruch
Meisenweg
1 = Bruchweg
2 = Am Wasserturm

Ortsteil Derwitz
(zu Werder (Havel))

Derwitzer Winkel
Derwitzer Dorfstr.
Maulbeerweg
Am Berliner Ring
Gem. zentr.
Gewerbegebiet

Lauge
Winkelwiese

14542

Derwitzer Chaussee

Anschlussstelle Groß Kreutz

Plötziner Wiesen

224

Map labels

Räuberberg
Neu Töplitz
Breite Wiese
Alter Weinberg
Havel
Ortsteil Töplitz (zu Werder (Havel))
Hasselberg
Heineberg
Alt Töplitzer Wiesen
Am Alten Weinberg
Weinberg
Mittelbruchweg
1 = Ligusterweg
2 = Am Hollerbusch
3 = Birkenhain
Mühlenberg
Sportplatz
Kanalweg
Leester Straße
Neue Straße
Zur alten Fähre
Mühlenberg-straße
Auf dem Mühlenberg
Sportplatz
Dorfstraße
Ortsverw.
Friedhof
Kirschweg
Alt Töplitz
Gärtnerei
Phöbener Fähre
Zur Badestelle
Heidesteig
Marrar-tenweg
Zur Sandscholle
Gärtnerei
Mittelsteig
Heidestraße
Torfgraben
Ortsteil Phöben (zu Werder (Havel))
Kleiner
Pumpwerk
Pumpwerk
Schmergower Straße
1 = Phöbener Bergstraße
Friedhof
Alt der Kirche
Fährstr.
Haupt-straße
Phöbener Havelweg
Ortsverw.
Sandgrube
Phöbener Seestraße
Erlen-ring
Birkenweg
Zu den Havelwiesen
Havelblick
Wildrosenweg
An der Havel
Am Gänsehorn
Kieferweg
Haakberg
Phöbener Heide
Bundesschul-straße
Am Wald
Wachtelberg
Phöbener Chausseestraße
Zern-see
Schwarzer Berg
Am Phöbener Bruch
Schmiedeweg
Obstgärten
Kläranlage
Kemnitz
Kemnitzer Schmiedeweg
Golfplatz
Kleingärten
Fuchsberg
Anschlussstelle Phöben
Gewerbegebiet Havelauen
Kemnitzer Heidestraße
Apfelallee
Kolonie Röske
Zur Elka-Werft
Zum Uferweg
Fischerei
Kolonie Zern
Golfplatz
Kemnitzer Dorfstraße
Fuchs-str.
Berliner Ring
Chaussee
Zweiradmuseum
Gewerbegebiet
Uferweg
Im Wallgrund
Am Lilienhafen
Schiffer-weg
Forellen-steig
Rohrkolben-weg
Zum Havelstrand
Sailerstück
Hainbuch-weg
Wohngebiet Havelauen
Schloss
Seestr.
Kemnitzer Waldstr.
Friedhof
Burgruine Zolchow
Dicke Eiche
Phöbener Straße
Otto-Lilienthal-Straße
Graf-Zeppelin-Str.
An der Bahn
Werder (Havel)
14542
Zolchower Wiesen
Zernowsee
Dahlien-straße
Astern-straße
Kemnitzer Chaussee
Zernow-weg
Nelkenstr.
Chaussee-siedlung
Stadtrand-siedlung
Sportplatz
Rosen-straße
A.-Hagemann-weg
Birkengrundweg
Förderschule
Brün...
Fr.-Förster-Straße
Veranstalt.-Center
Kiga
Elsastr.
Eisenbahnweg
Phöbener Straße
Luisenstr.
Gärtnerei

Grid (blue letters a b c d, numbers 1–12)

225

190
Max-Eyth-Institut für Agrar-und Umwelttechnik
Persiusturm
Weißer See
14476
Tschudistr.
Lerchensteig
Nedlitz
Kleiner Heineberg
45
Marquardter Chaussee
Historischer Obstweg
TÜV Berlin/Brandenburg
Kläranlage
Schäferremise
Sozialdorf Lerchensteig (AWO)
Schneiderremise
Nedlitzer Holz
Upstall
Augustenruh
Amundsenstraße
Golfplatz
Am Vogelherd
Grenzallee
273
Rückertstraße
Reiherstand
Gartenstadt Süd
Remisenpark
Volkspark
8 = Friedrich-Kunert-Weg
10 = Nietnerstraße
12 = Gustav-Meyer-Str.
13 = Luzernstraße
14 = Opolestraße
Heckenstr.
Bornim
Mitschurinstraße
Kolonie Am Beerenbusch
Kolonie Eintracht
Bornimer Feldflur
Windmühlenberg
74
Forst
Pannenberg
448
Katharinenholz
Potsdamer Straße
Bornstedt
1 = Zum Reiherstand
2 = Bussardweg
3 = Herta-Hammerbacher-Str.
4 = Walter-Funcke-Str.
5 = Herm.-Göritz-Str.
6 = Heisenbergstr.
7 = Von-Klitzing-Str.
ehem. BUGA-Gelände
Potsdam
225
Großer Herzberg
73
Potsdam
Altes Rad
1 = Wildkirschenweg
2 = Vogelbeerenweg
3 = Schlehenstieg
4 = Kirschenstieg
5 = Wacholderstieg
6 = Marktplatz
Großer Düsterer Teich
453
Kleiner Herzberg
67
7 = Eichenring
8 = Baumhaselring
9 = Mehlbeerenweg
10 = Rosenstieg
11 = Brombeerstieg
12 = Siedlungsweg
Institut f. Gerichtl. Medizin
Schloss Lindstedt
14469
Bornstedter See
Stadtteil Jägervorstadt (zu Potsdam)
Ruinenberg
74
1=Moritz-von-Egidy-Str.
2=An den Garten
3=An der Einsiedelei
4=Ulanenweg
Einsiedelei
Belvedere
Orangerie
Weinberg
Kaiser-Friedrich-Straße
5808
Landeseinsatzeinheit
Studentenwerk
Park
Schloss Sanssouci
Lustgarten
Universität Potsdam
Communs I
Neues Palais
Communs II
Rehgarten
Sanssouci
Stadtteil Brandenburger Vorstadt (zu Potsdam)
Eiche
Wasserwerk
Werderscher Damm
RE1,RB20,RB21
10
14471
Park Charlottenhof
Schloss Charlottenhof
Kaiserbahnhof
Geschwister-Scholl-Str.
Cityplan S.41
Potsdam Park Sanssouci
Potsdam Charlottenhof
Forsthaus Sanssoucitor (Tierheim)
Peter-Kühne-Siedlung
Forsthaus Nordtor
262
Kiewitt
Tornow
Neustädter Havelbucht
Breite Str.
Zeppelinstraße
Marlygarten

Königswald
Zedlitzberg 66
Großes Horn
Jungfern-
see
Sacrower
See
Weinberg
Gr. Hämphorn
Sacrow
Kl. Hämphorn
Havel
Sacrower Lanke
Meedehorn
Appelhorn
Schiffgraben
Krampnitzer
Schloss Sacrow
Schlosspark Sacrow
Schwarzer Berg 59
Krughorn
Römerbank
Riesterhorn
Jägertor
Jägerhof
Moorlake
Moorlakeweg
Kanonenberg
Persiusbr.
Volkspark
Klein-Glienicke
(Bez. STEGLITZ-ZEHLENDORF)
14109
Finkenberg 81
Nedlitzer Straße
15=An der Roten Kaserne
16=Fritz-von-der-Lancken-Straße
17=Friedrich-Klausing-Straße
18=Bruno-Taut-Straße
Stadtteil
Nauener Vorstadt
(zu Potsdam)
Schloss Cecilienhof
Grünes Haus
Neuer Garten
Pfingstberg
Belvedere
Pomona Tempel
Wald-park
Neuer Garten
Heiliger
See
Kapellenberg
Russische Kolonie
Alexandrowka
Stadtteil
Berliner
Vorstadt
(zu Potsdam)
Glienicker Br.
Königstraße
Schloss Glienicke
Jagdschloss Glienicke
Böttcherberg
Glienicker Horn
Babelsberger Enge
Glienicker Lake
Schloss Babelsberg
Kleines Schloss
Park
Universität Potsdam
Griebnitzsee
Tiefer
See
14467
14482
Flatowturm
Babelsberg
Friedr.-Wilhelm-Höhe
Siegessäule
Sternwarte
Karl-Marx-Straße
Berliner Straße
Hans-Otto-Theater
Fabrik Potsdam
Humboldtbrücke
Strandbad Babelsberg
Kindermann-See
Kurfürstenstr.
Nauener Tor
Klinikum Ernst-v.-Bergmann
Nuthe-park
Zentrum-Ost
Weber-viertel
1 = Kleine Fischerstr.
2 = Eltesterstr.
Breitscheid-straße
Babelsberg
Potsdam Hbf.
Friedrich-List-Straße
Friedrich-Engels-Straße
Potsdam
Küssel
14473
Hinzenberg
Lange Brücke
Leipziger Straße
Heinrich-Mann-Allee
Rudolf-Breitscheid-Str.
Stahnsdorfer Str.
1 = Bergholzer Str.
191
228
263

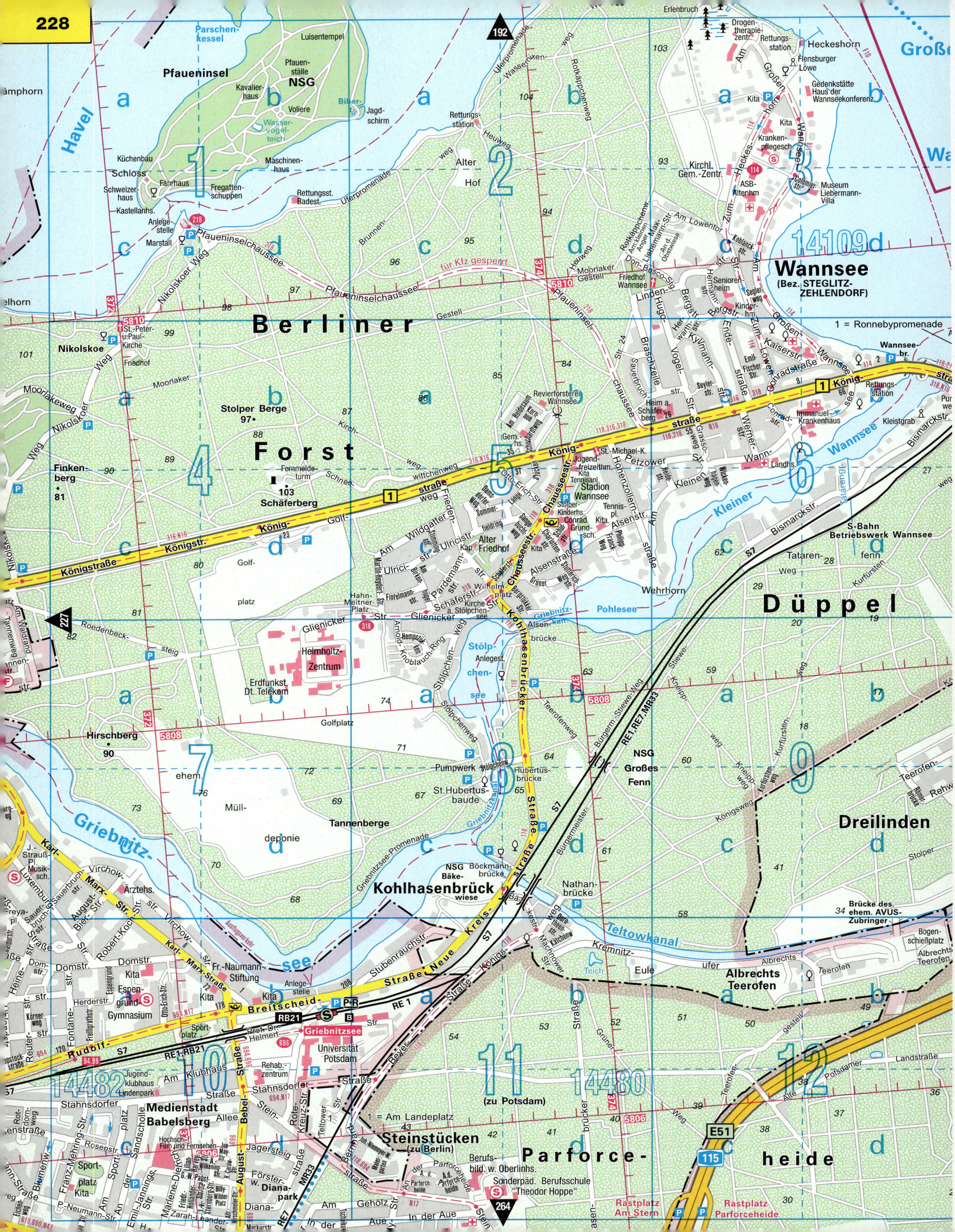
Pfaueninsel
NSG
Havel
Schloss
Parschenkessel
Luisentempel
Pfauenställe
Kavalierhaus
Voliere
Wasservogelteich
Jagdschirm
Küchenbau
Fährhaus
Fregattenschuppen
Maschinenhaus
Schweizerhaus
Kastellanhs.
Marstall
Rettungsst. Badest.
Rettungsstation
Alter Hof
Uferpromenade
Pfaueninselchaussee
Nikolskoer Weg
Nikolskoe
St.-Peter-u.-Paul-Kirche
Friedhof
Moorlakeweg
Moorlaker Gestell
Berliner
Forst
Stolper Berge
97
Finkenberg
81
Fernmeldeturm
103
Schäferberg
Königstraße
Wittchenweg
Revierförsterei Wannsee
Golfplatz
Glienicker Str.
Hahn-Meitner-Platz
Helmholtz-Zentrum
Erdfunkst. Dt. Telekom
Hirschberg
90
ehem. Mülldeponie
Tannenberge
Griebnitzsee
Pumpwerk
St. Hubertusbaude
Hubertusbrücke
Kohlhasenbrück
Kohlhasenbrücker Straße
Böckmannbrücke
NSG Bäkewiese
Stölpchensee
Stölpchenweg
Alter Friedhof
Stadion Wannsee
Pohlesee
Wehrhorn
Kleiner Wannsee
S-Bahn Betriebswerk Wannsee
Düppel
NSG Großes Fenn
Dreilinden
Nathanbrücke
Teltowkanal
Albrechts Teerofen
Brücke des ehem. AVUS-Zubringer
Kremnitzufer
Eule
Parforceheide
Steinstücken
(zu Berlin)
Neue Kreisstraße
Stubenrauchstr.
Breitscheidstr.
Griebnitzsee
Universität Potsdam
Medienstadt Babelsberg
Karl-Marx-Straße
Rudolf-Breitscheid-Str.
August-Bebel-Straße
Dianapark
Berufsbild. w. Oberlinhs.
Sonderpäd. Berufsschule "Theodor Hoppe"
Rastplatz Am Stern
Rastplatz Parforceheide
Wannsee
(Bez. STEGLITZ-ZEHLENDORF)
1 = Ronnebypromenade
1 = Am Landeplatz
Heckeshorn
Flensburger Löwe
Gedenkstätte Haus der Wannseekonferenz
Museum Liebermann-Villa
Kirchl. Gem.-Zentr.
Am Großen Wannsee
Immanuel Krankenhaus
Kleistgrab
Königstraße
Chausseestr.
Bismarckstr.
Kurfürstenweg
Königsweg
Potsdamer Chaussee
Großer Wannsee
14109
14482
14480
E51
115
192
227
264
1
2
3
4
5
6
7
8
9
10
11
12

Nikolassee
(Bez. STEGLITZ-ZEHLENDORF)
Klein-
machnow
Stahnsdorf
Machnower See
Teltowkanal
Waldfriedhof Zehlendorf
Waldfriedhof
Wilmersdorf
Südwestkirchhof
der Berliner
Synode
Upstall-
wiesen
Museumsdorf
Düppel
Gut
Düppel
Spanische Allee
Potsdamer Chaussee
Königsweg
Stahnsdorfer Damm
Zehlendorfer Damm
Wilhelm-Külz-Straße
Potsdamer Allee
Anschlussstelle
Zehlendorf
Anschlussst.
Kleinmachnow
Zollamt
Dreilinden
Nikolassee
Wannsee
Hubertus
Krankenhaus
Hakeburg
Seeberg
Weinberg
Europarc
Düppelteich
Krummes Fenn
Nikolassee
Rehwiese
14129
14163
14532
193
230
265

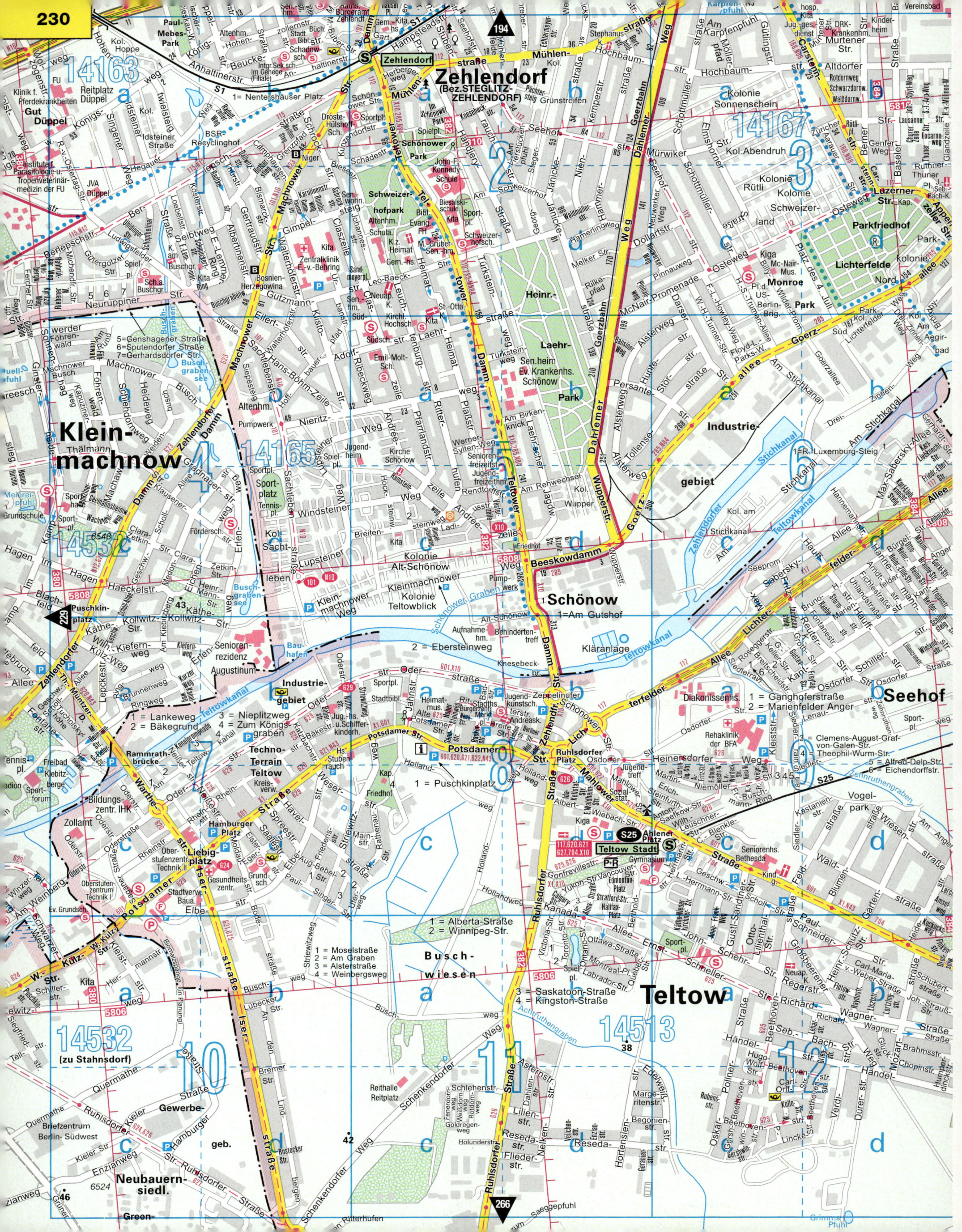

Zehlendorf
(Bez.STEGLITZ-ZEHLENDORF)
Zehlendorf
194
14163
14167
14165
14532
14532 (zu Stahnsdorf)
14513
Klein-machnow
Schönow
Teltow
Seehof
Lichterfelde
Parkfriedhof Lichterfelde
Kolonie Sonnenschein
Kolonie Rütli
Kolonie Schweizerland
Monroe Park
Industriegebiet
Stichkanal
Teltowkanal
Zehlendorfer Stichkanal
Buschgraben
Buschwiesen
Heinr.-Laehr-Park
Schweizerhof Park
Schönower Park
Reitplatz Düppel
Gut Düppel
Teltower Damm
Machnower Str.
Goerzallee
Goerzbahn
Dahlemer Weg
Zehlendorfer Damm
Potsdamer Str.
Ruhlsdorfer Str.
Mahlower Str.
Lichterfelder Allee
Beeskowdamm
Osteweg
Hochbaumstr.
Mühlenstraße
Kolonie Alt-Schönow
Kleinmachnower Weg
Kolonie Teltowblick
Kläranlage
Rehaklinik der BFA
Diakonissenhs.
Teltow Stadt
S25
Techno-Terrain Teltow
Gewerbe-geb.
Neubauern-siedl.
Briefzentrum Berlin-Südwest
Bildungs-zentr. IHK
Zollamt
Hamburger Platz
Liebig-platz
Rammrath-brücke
Friedhof
Thälmann
1 = Nentershauser Platz
5=Genshagener Straße
6=Spudendorfer Straße
7=Gerhardsdorfer Str.
1 = Am Gutshof
2 = Ebersteinweg
1 = Lankeweg
2 = Bäkegrund
3 = Nieplitzweg
4 = Zum Königsgraben
1 = Puschkinplatz
1 = Alberta-Straße
2 = Winnipeg-Str.
1 = Moselstraße
2 = Am Graben
3 = Alsterstraße
4 = Weinbergsweg
3 = Saskatoon-Straße
4 = Kingston-Straße
1 = Ganghoferstraße
2 = Marienfelder Anger
3 = Clemens-August-Graf-von-Galen-Str.
4 = Theophil-Wurm-Str.
5 = Alfred-Delp-Str.
6 = Eichendorffstr.
229
266

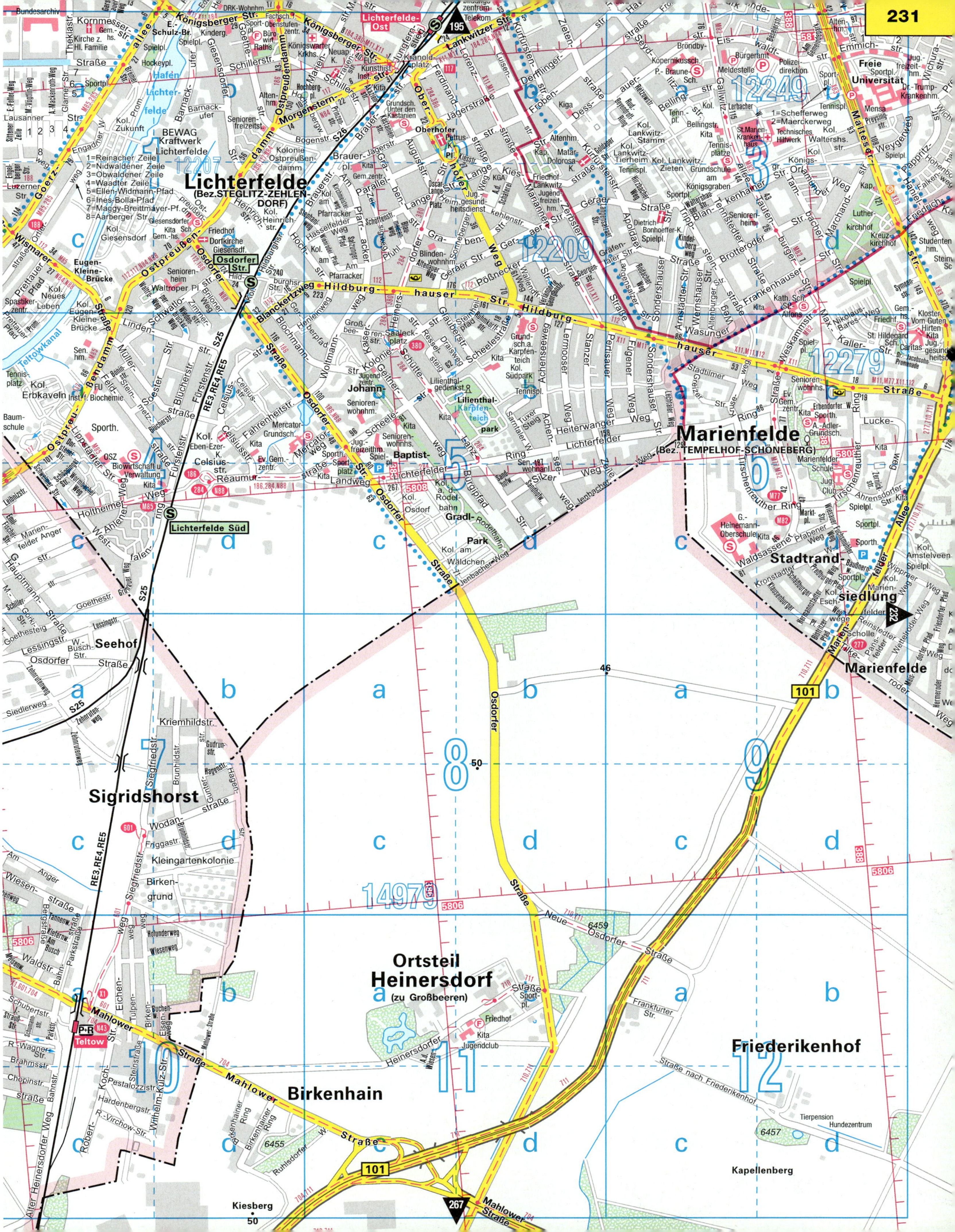
Lichterfelde
(Bez.STEGLITZ-ZEHLENDORF)
Marienfelde
(Bez. TEMPELHOF-SCHÖNEBERG)
Stadtrand-siedlung Marienfelde
Seehof
Sigridshorst
Ortsteil Heinersdorf
(zu Großbeeren)
Birkenhain
Friederikenhof
Kapellenberg
Kiesberg
Teltow
Lichterfelde Süd
Lichterfelde-Ost
Osdorfer Str.
Freie Universität
Lilienthal-park
Gradl-Park
Kleingartenkolonie Birkengrund
Hildburghauser Str.
Osdorfer Straße
Mahlower Straße
Ostpreußendamm
Königsberger Str.
Lankwitzer Str.
Marienfelder Allee
Goerzallee
Neue Osdorfer Straße
Straße nach Friederikenhof
Frankfurter Str.
Lichterfelder Ring
Malteserstr.
12207
12209
12249
12279
14979
195
232
267
101
Bundesarchiv
BEWAG Kraftwerk Lichterfelde
Teltowkanal
Hafen Lichterfelde

Marienfelde
(Bez. TEMPELHOF-SCHÖNEBERG)
Lichtenrade
(Bez.TEMPELHOF-SCHÖNEBERG)
Daheim
Siedlung
Heimstatt
Freizeitpark
Marienfelde
Gutspark
Marienfelde
Industriegebiet
Berliner Wasserbetriebe
Klärwerk
Marienfelde
Wäldchen
am
Königs-
graben
Nachtbucht
Marienfelder Allee
Marienfelder Chaussee
Buckower Damm
Nahmitzer Damm
Lichtenrader Damm
Daimlerstraße
Großbeerenstraße
Kirchhainer Damm
Marienfelde
Buckower Ch.
Schichauweg
Lichtenrade
12249
12279
12277
12107
12305
12309
12307
14979
(Bez. ST-ZE)
(zu Großbeeren)
(zu Blankenfelde-Mahlow)
101
96
196
231
268
S2

Großziethen
(zu Schönefeld)
Kleinziethen
Waßmannsdorf
(zu Schönefeld)
Gartenstadt
Großziethen
Luchwiesen
Landschaftspark
Langer
Grund
Bellevue
ehemalige
Rieselfelder
Siedl. am
Zwickauer
Damm
Waldrand-
siedlung
Post-
siedlung
Großklärwerke
Waßmannsdorf
(Bez. NEUKÖLLN)
Am Querweg
52
Weinberg
49
Klagenberge
49
Berliner
Kirchhainer
Damm
Karl-Marx-Straße
Rudower Allee
Groß-Ziethener Chaussee
Lichtenrader Chaussee
Landstraße
Johannisthaler Chaussee
Buckower Damm
Rudower Straße
Wutzkyallee
Lipschitzallee
Zwickauer D.
Berliner Außenring
RE7, RB22
12353
12349
12355
12529
1= Grenzstraße
1=Landschöppenpfad
2=Pfarrer-Vogelsang-Weg
3=Buckower Weg
4=Am den Feldern
1 = Gernotweg
2 = Brunhildstraße
3 = Siegfriedstraße
4 = Gieselherring
1=Krokus
2=Geranie
3=Hortensie
4=Stiefmütterchen
5=Vergißmeinnicht
197
234
269
1
2
3
4
5
6
7
8
9
10
11
12

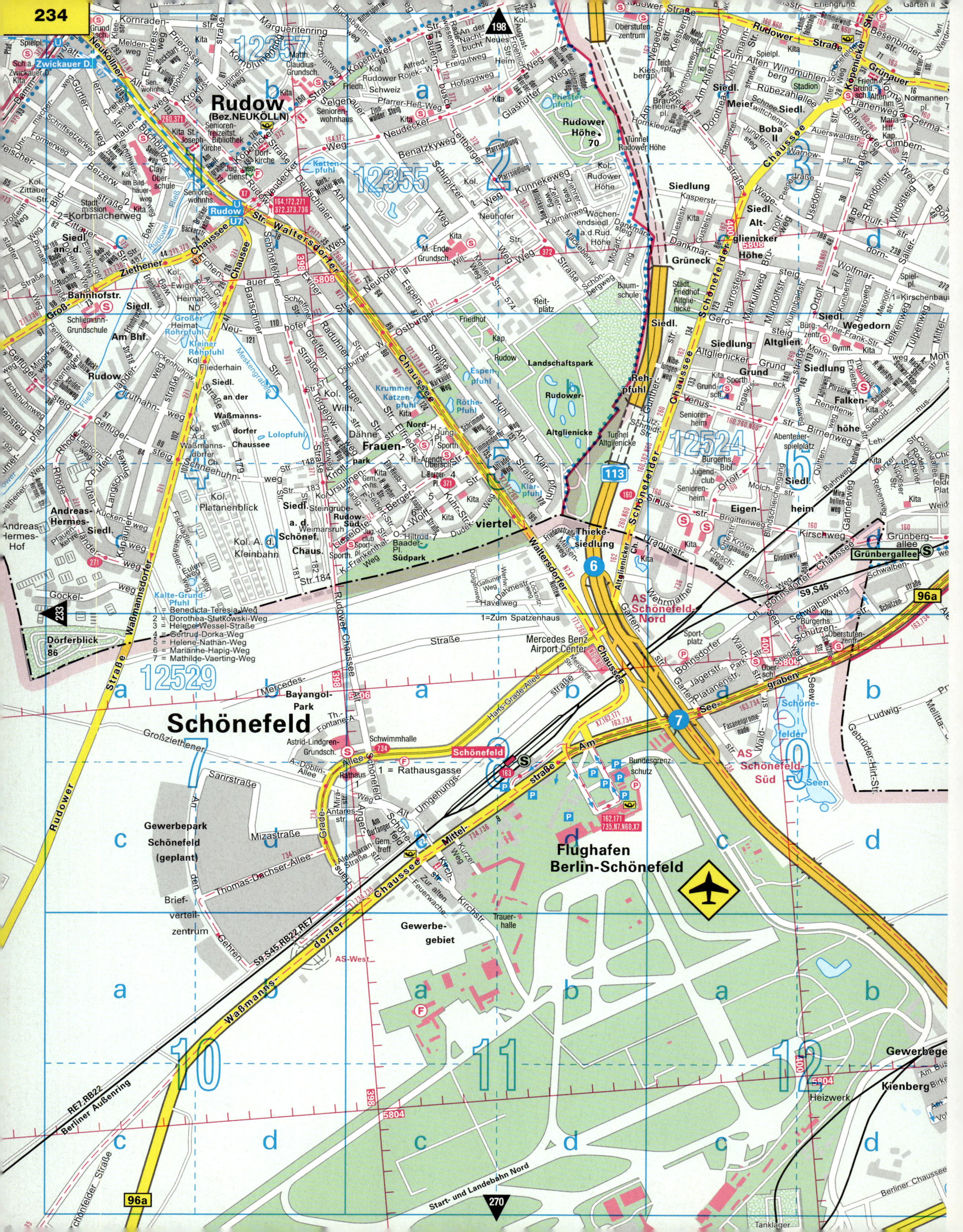
Rudow
(Bez.NEUKÖLLN)
Schönefeld
Flughafen
Berlin-Schönefeld
12357
12355
12524
12529
Rudower Höhe
70
Landschaftspark
Rudower-
Altglienicke
Frauen-
park
Thiekesiedlung
Altglienicke
Siedl.
Grüneck
Glienicker
Höhe
Gewerbepark
Schönefeld
(geplant)
Brief-
verteil-
zentrum
Gewerbe-
gebiet
Heizwerk
Tanklager
Kienberg
Dörferblick
86
Bayangol-
Park
Schwimmhalle
Rathaus
Schönefeld
Waltersdorfer Chaussee
Neuköllner Str.
Waßmannsdorfer Straße
Rudower Chaussee
Schönefelder Chaussee
Mittelstraße
Sportplatz
AS Schönefeld-Nord
AS Schönefeld-Süd
AS-West
Mercedes Benz
Airport Center
Start- und Landebahn Nord
Berliner Außenring
Grünbergallee
Seegraben
Schönefelder Seen
Kol. Platanenblick
Kol. A. d. Schönef. Chaus.
Kol. Kleinbahn
Kalte-Grund-Pfuhl
Krummer Katzenpfuhl
Lolopfuhl
1 = Benedicta-Teresia-Weg
2 = Dorothea-Stutkowski-Weg
3 = Helene-Wessel-Straße
4 = Gertrud-Dorka-Weg
5 = Helene-Nathan-Weg
6 = Marianne-Hapig-Weg
7 = Mathilde-Vaerting-Weg
1 = Zum Spatzenhaus
1 = Rathausgasse
1 = Kirschenbaum
2 = Korbmacherweg
198
233
270
96a
113

Grünau
(Bez.TREPTOW-KÖPENICK)
12527
Wendenschloss
12557
Langer See
Dahme
Falkenberg
Alt-glienicke
(Bez.TREPTOW-KÖP)
Coloniapark
Anschlussstelle Treptow
Airport Berlin Business Center
Bohnsdorf
(Bez.TREPTOW-KÖP.)
Falkenhorst
Berliner Stadt-forst
Gewerbegebiet Bohnsdorf
Business Park Berlin (in Bau)
12526
Siedlung Hubertus
Heideberg
Siedlung Waltersdorf
Kahlhorst
Tank-u. Raststanlage Waldeck-West
Tank-u. Raststanlage Waldeck-Ost
Anschlussstelle Flughafen BBI
Vorwerk
Airport-Center
Lilienthal-Park
Waltersdorf
15732
Siedl. Eichberg
(zu Schulzendorf)
Regattastrecke
Freibad Wendenschloß
Freibad Grünau
Grünau-Ost
Altglienicke
Grünau
Adlergestell
Grünauer Straße
Waltersdorfer Straße
Parchwitzer Straße
1=Kleiner Mohnweg
4=Rosenrotweg
5=Vergissmeinnichtweg
6=Heidelbeerweg
1=Mandelblütenweg
2=Sternblütenweg
3=Lindenblütenstr.
1 = Atlantisring
1
2
3
4
5
6
7
8
9
10
11
12
199
236
271

Müggelberge
Müggelturm
Müggelheim
(Bez. TREPTOW-KÖPENICK)
Langer See
Schmetterlingshorst
Freibad Grünau
Bammelecke
Spreeheide
Berliner Stadtforst
Richtershorn
Gr. Rohrwall
Kl. Rohrwall
Fischerheide
Hirtenwiese
Bootshaus Karolinenhof
Karolinenhof
Große Krampe
Krampenburg
Kl. Krampe
Werderchen
Windecke
Eichwalde
Schmöckwitz
(Bez. TREPTOW-KÖPENICK)
Kahlhorst
Grimnitz
Dahme
Teikyo-Universität Campus-Berlin
Mühlenberg
Revierförsterei Müggelheim
Adlergestell
12557
12527
15732
5732
15738
(zu Schulzendorf)
(zu Zeuthen)
200
235
272

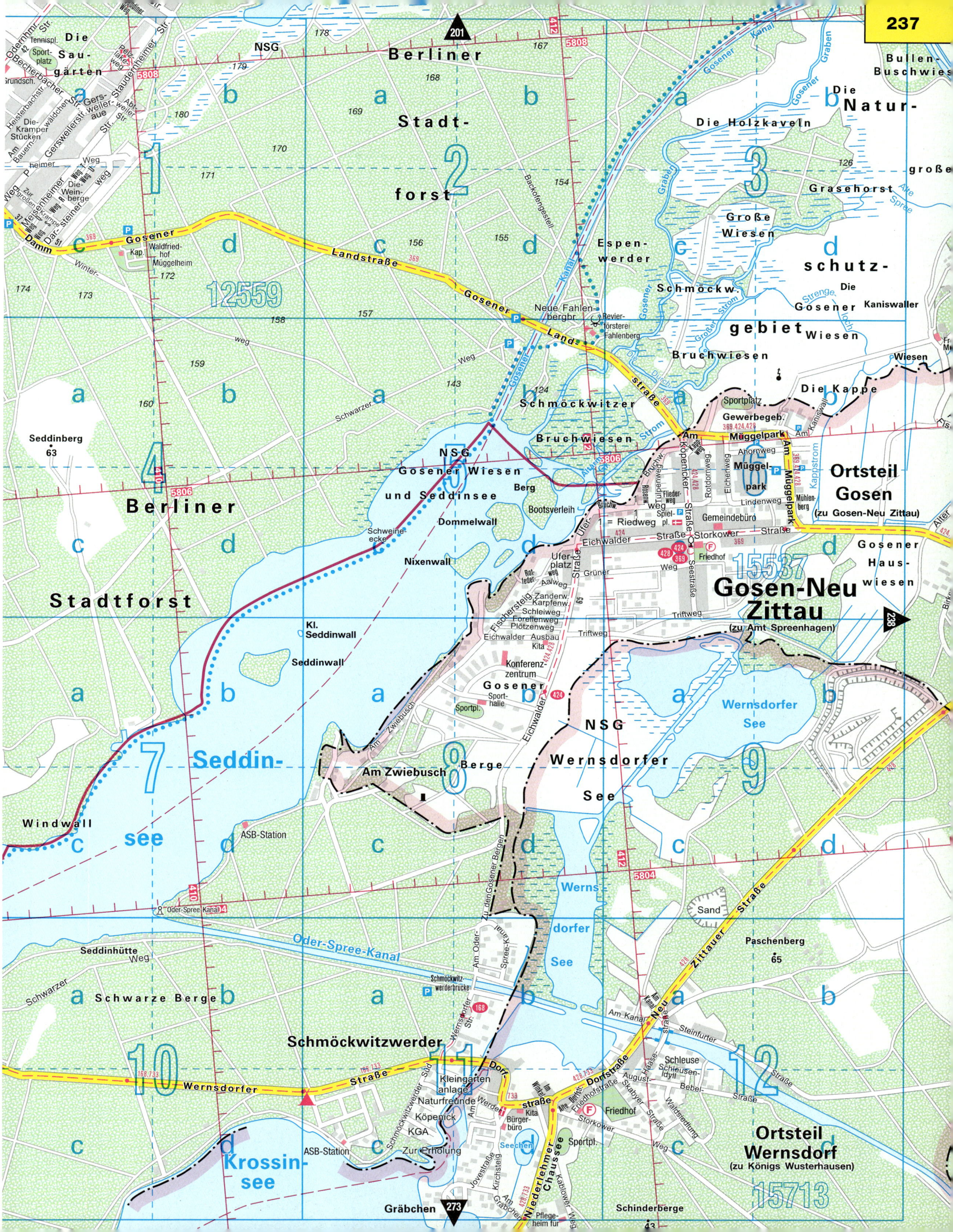
Die Saugärten
NSG
Berliner Stadtforst
Die Natur-
Die Holzkavelen
große
Grasehorst
Große Wiesen
schutz-
Espenwerder
Schmöckw.
Gosener Landstraße
12559
Neue Fahlenbergbr.
Die Gosener Wiesen
Kaniswaller
gebiet
Wiesen
Bruchwiesen
Die Kappe
Seddinberg
63
Schmöckwitzer Bruchwiesen
Sportplatz
Gewerbegeb.
Müggelpark
NSG Gosener Wiesen und Seddinsee
Berg
Bootsverleih
Ortsteil Gosen
(zu Gosen-Neu Zittau)
Berliner
Dommelwall
Riedweg
Gemeindebüro
Storkower Straße
Eichwalder Straße
Nixenwall
Gosener Hauswiesen
15537
Gosen-Neu Zittau
(zu Amt Spreenhagen)
Stadtforst
Kl. Seddinwall
Seddinwall
Konferenzzentrum
Gosener
Wernsdorfer See
Seddin-
see
Am Zwiebusch
Berge
NSG Wernsdorfer See
Windwall
ASB-Station
Oder-Spree-Kanal
Wernsdorfer See
Sand
Paschenberg
65
Seddinhütte
Schwarze Berge
Schmöckwitzwerder
Wernsdorfer Straße
Zittauer Straße
Kleingartenanlage
Naturfreunde Köpenick
KGA Zur Erholung
Schleuse
Friedhof
Krossinsee
Niederlehmer Chaussee
Ortsteil Wernsdorf
(zu Königs Wusterhausen)
15713
Gräbchen
Schinderberge
201
238
273

238

Neu Buchhorst

Karutzhöhe

Erkner
15537

Gosen-Neu Zittau
(zu Amt Spreenhagen)
15537

Hohenbinde

Ortsteil Neu Zittau
(zu Gosen-Neu Zittau)

Burig

Steinfurth

Paschen Feld
15537
(zu Königs Wusterhausen)

15528
(zu Spreenhagen)

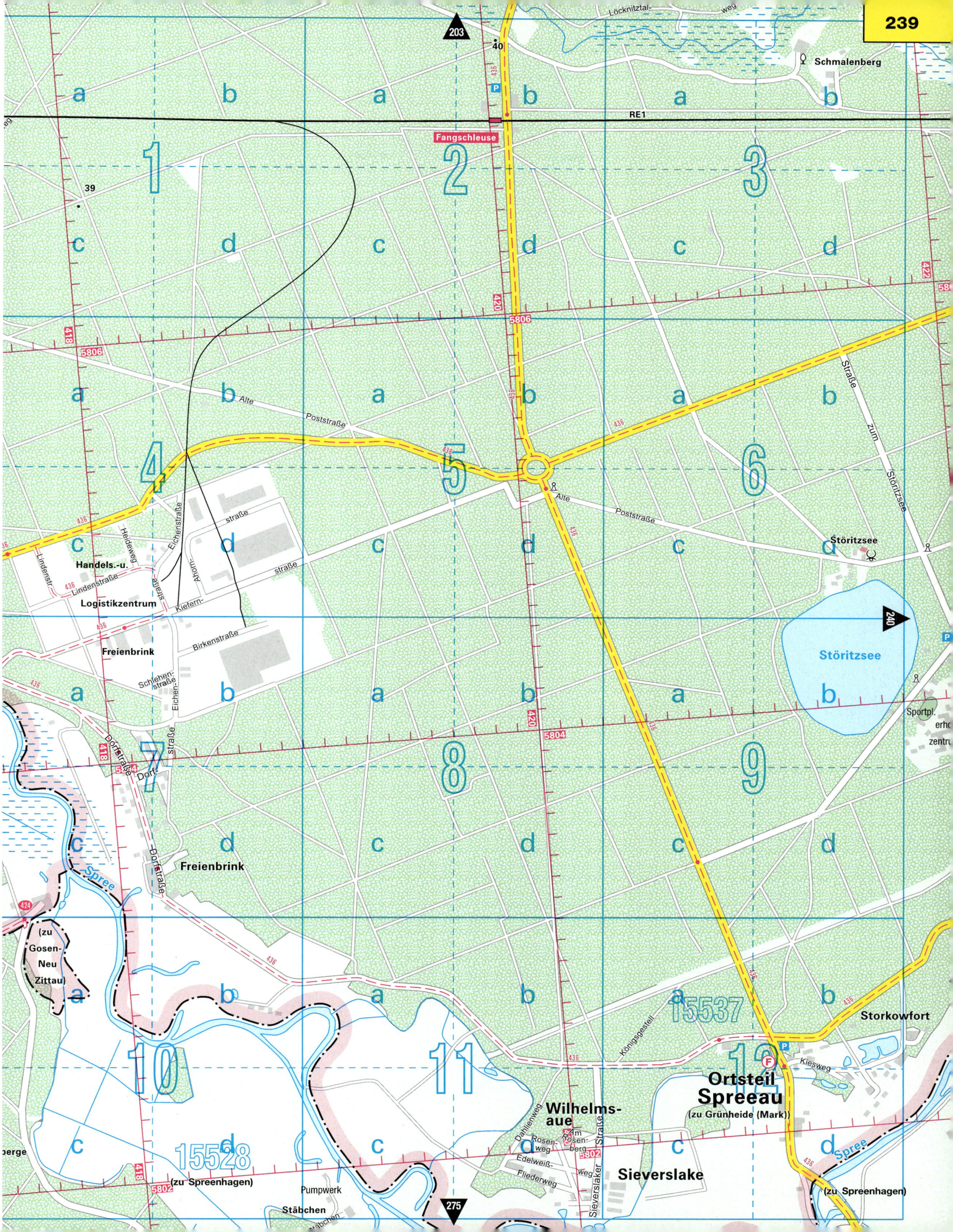
Löcknitztal-weg
Schmalenberg
203
40
RE1
Fangschleuse
39
5806
418
420
436
422
Alte Poststraße
Straße zum Störitzsee
Störitzsee
240
Handels-u.
Logistikzentrum
Freienbrink
Lindenstr.
Lindenstraße
Heideweg
Eichenstraße
Ahornstraße
Kiefernstraße
Birkenstraße
Schlehenstraße
Dorfstraße
5804
Sportpl.
Freienbrink
Spree
424
(zu Gosen-Neu Zittau)
15537
Storkowfort
Königsgestell
Kiesweg
Ortsteil Spreeau
(zu Grünheide (Mark))
Wilhelmsaue
Dahlienweg
Rosenweg
Am Rosenberg
Edelweißweg
Fliederweg
Sieverslaker Straße
Sieverslake
5802
15528
(zu Spreenhagen)
Pumpwerk
Stäbchen
275
(zu Spreenhagen)

240

241

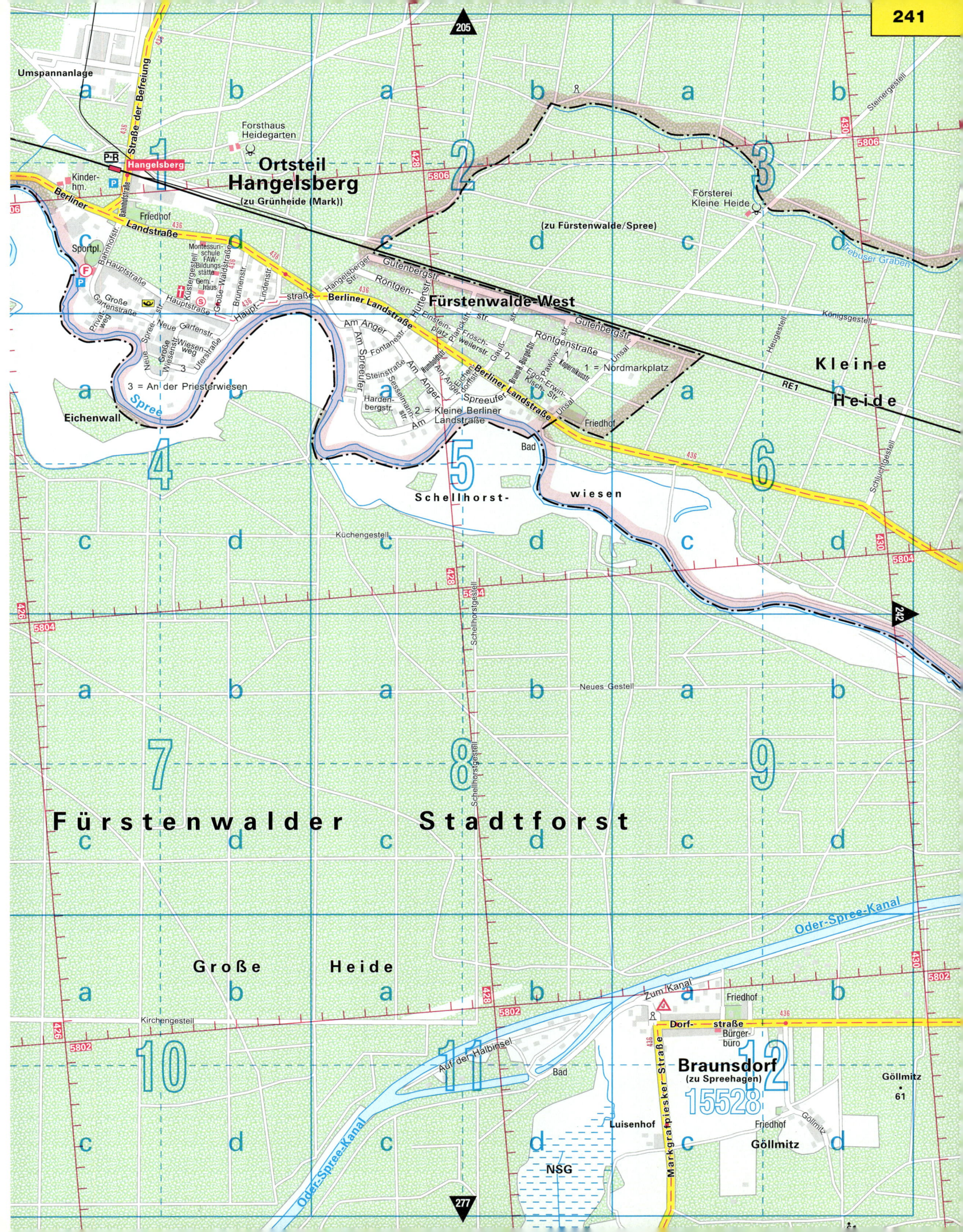

Ortsteil Hangelsberg
(zu Grünheide (Mark))

Umspannanlage
Forsthaus Heidegarten
Försterei Kleine Heide

(zu Fürstenwalde/Spree)

Fürstenwalde-West

Kleine Heide

1 = Nordmarktplatz
2 = Kleine Berliner Landstraße
3 = An der Priesterwiesen

Eichenwall
Schellhorst-wiesen
Küchengestell
Neues Gestell

Fürstenwalder Stadtforst

Große Heide

Oder-Spree-Kanal

Braunsdorf
(zu Spreehagen)
15528

Luisenhof
NSG
Göllmitz
Göllmitz 61

242

Map grid showing the area around Fürstenwalde/Spree with the following labeled features:

- **Stadtteil Trebus** (zu Fürstenwalde/Spree)
- Heide
- Trebuser Heuweg
- (zu Grünheide (Mark))
- Waitzenberg 61
- Dachsberg 47
- Trebuser See
- Kleine Heide
- Trebuser Graben
- Kavelberge
- Königsgestell
- Wilhelmsbrück
- Onkel-Toms-Hütte
- Pankenkiete
- Kienbaumer Weg
- Piepergestell
- Schluchtgestell
- Steingestell
- RE1
- Klärwerk
- Bahnhaus
- Rieselfelder
- Ausbau West
- Clematisweg
- Distelweg
- Krautweg
- Brombeerweg
- Erika-weg
- Ampferweg
- Heidenelkenweg
- Kleingärten
- Friedrich-Friesen-Stadion
- Reithof
- Hangelsberger Chaussee
- Spree
- Brunnen
- Große Tränke
- Schleuse
- Oder-Spree-Kanal
- Kleine Heide
- Pumpwerk
- Kreuzgestell
- Brandgestell
- Braunsdorfer Chaussee
- Rudolf-Breitscheid-Str.
- Göllmitz 61
- (zu Spreehagen)
- Fürstenwalde Südwest
- Spreehagener Straße
- Luchweg
- Hagelweg
- Grauer Esel
- Wald-weg
- Biermannsberg 68
- (zu Rauen)

Grid references: 1–12 with subdivisions a, b, c, d

Road numbers: 206, 432, 434, 436, 5802, 5804, 5806, 241, 278

Stadtteil Fürstenwalde-Nord
(zu Fürstenwalde/Spree)
Stadtteil Fürstenwalde-Mitte
(zu Fürstenwalde/Spree)
Fürstenwalde /Spree
Laubenkolonie Nordost
Nordost
Ausbau Ost
Siedlung
Weinberge
Solarpark
Schanzengrabenberg
Windkraft-anlagen
Palmnicken
Teufelspfuhl
Trebuser See
Oberstufen-zentrum
Umspann-werk
Halde
Kippe
(zu Steinhöfel)
Fürstenwalder Straße
Trebuser Straße
Molkenberger Straße
Buchholzer Chaussee
Steinhöfeler Chaussee
K.-Liebknecht-Straße
Weinbergsgrund
Trift-straße
Hegelstraße
Gewerbe-gebiet Hegelstraße
Gewerbe-gebiet Pintsch
Gewerbe-gebiet
Heimat-tiergarten
Stadtpark
Freilicht-bühne
Fürstenwalde (Spree)
E.-Jopp-Straße
Joh.-Seb.-Bach-Straße
Seelower Str.
Hangelsberger Chaussee
Dr.-Wilhelm-Külz-Straße
Rudolf-Breitscheid-Straße
Erich-Weinert-Straße
August-Bebel-Straße
Langewahler Straße
Lindenstraße
Spreebrücke
Altstadt-brücke
Schleuse
Cityplan S.39
11 = Henry Hall
9 = Melanchthonstraße
Gewerbegeb. Lindenstraße
Gewerbegebiet Lindenstraße-Süd
Gewerbegeb. Langewahler Str.
Gewerbegeb. Tränkeweg
St.-Marien-Dom Kulturfabrik
Friedhof
Lützowring
Karlshöhe
(Fürstenwalder Spree)
15517
15518
168
207
244
279
RE 1
RB 35

244

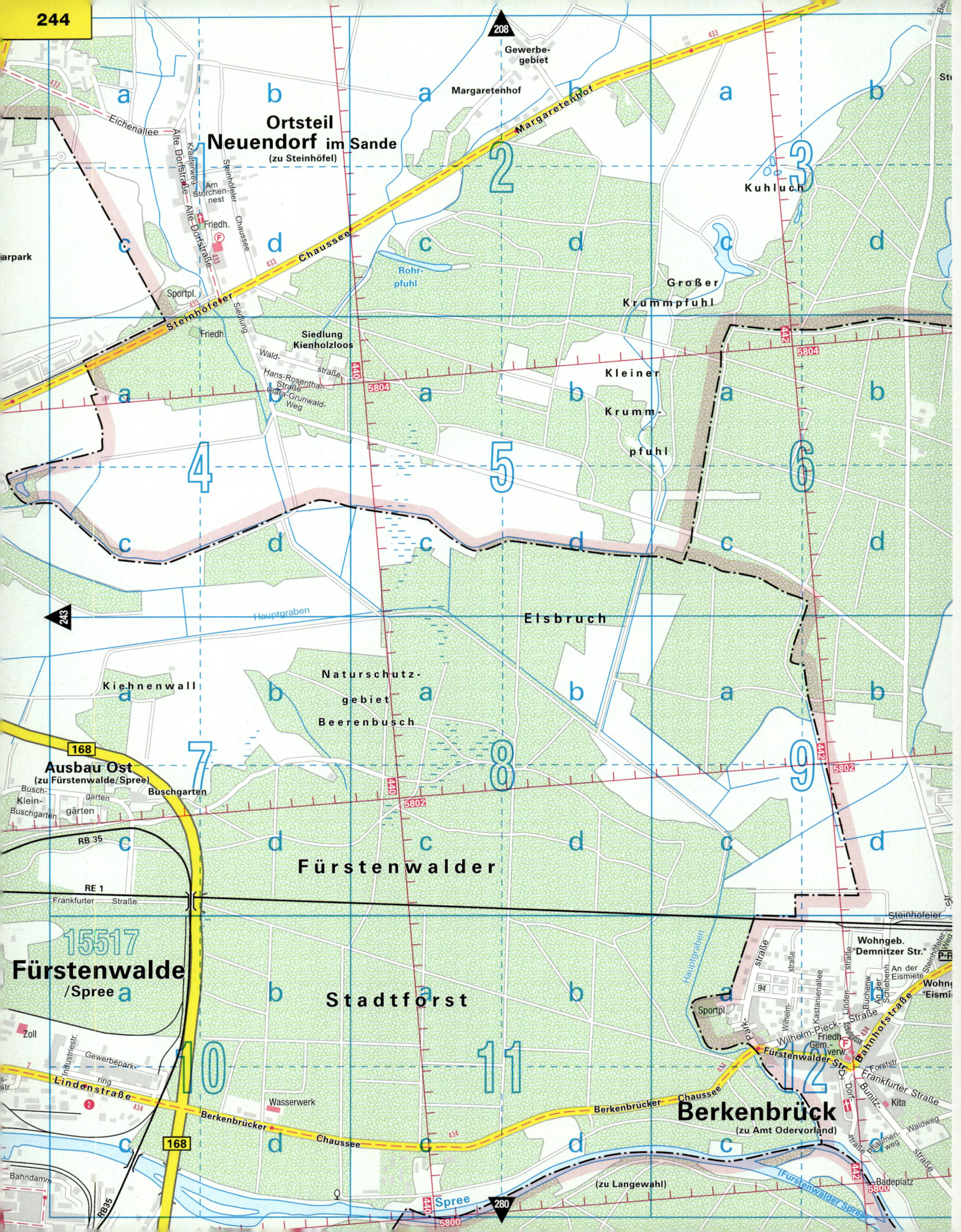

Ortsteil Neuendorf im Sande
(zu Steinhöfel)

Margaretenhof

Kuhluch

Großer Krummpfuhl

Rohrpfuhl

Siedlung Kienholzloos

Kleiner Krummpfuhl

Kiehnenwall

Naturschutzgebiet Beerenbusch

Elsbruch

Ausbau Ost
(zu Fürstenwalde/Spree)

Buschgarten

15517 Fürstenwalde /Spree

Fürstenwalder Stadtforst

Wasserwerk

Berkenbrück
(zu Amt Odervorland)

Spree

245

Müncheberger Pfuhl

Rohrteich-wiese

Museum zum Gutshof

Kleine Allee
Siedlungsweg
Schulweg
Krugweg
Am Teich
Dorfstraße
Friedhof

Ortsteil Demnitz
(zu Steinhöfel)

15518

(zu Madlitz-Wilmersdorf)

15518

Sportplatz

Mühlenfließ

Verlorenes Wasser

246

Demnitzer Mühle

Haasenloos

Demnitzer Landstraße

Berkenbrück
Bahnhofstraße
P·R
RE 1

15518

Langes Luch

Wild-

Naturschutz-gebiet

heide

(zu Briesen (Mark))

(zu Berkenbrück)

Mühlenfließ

281

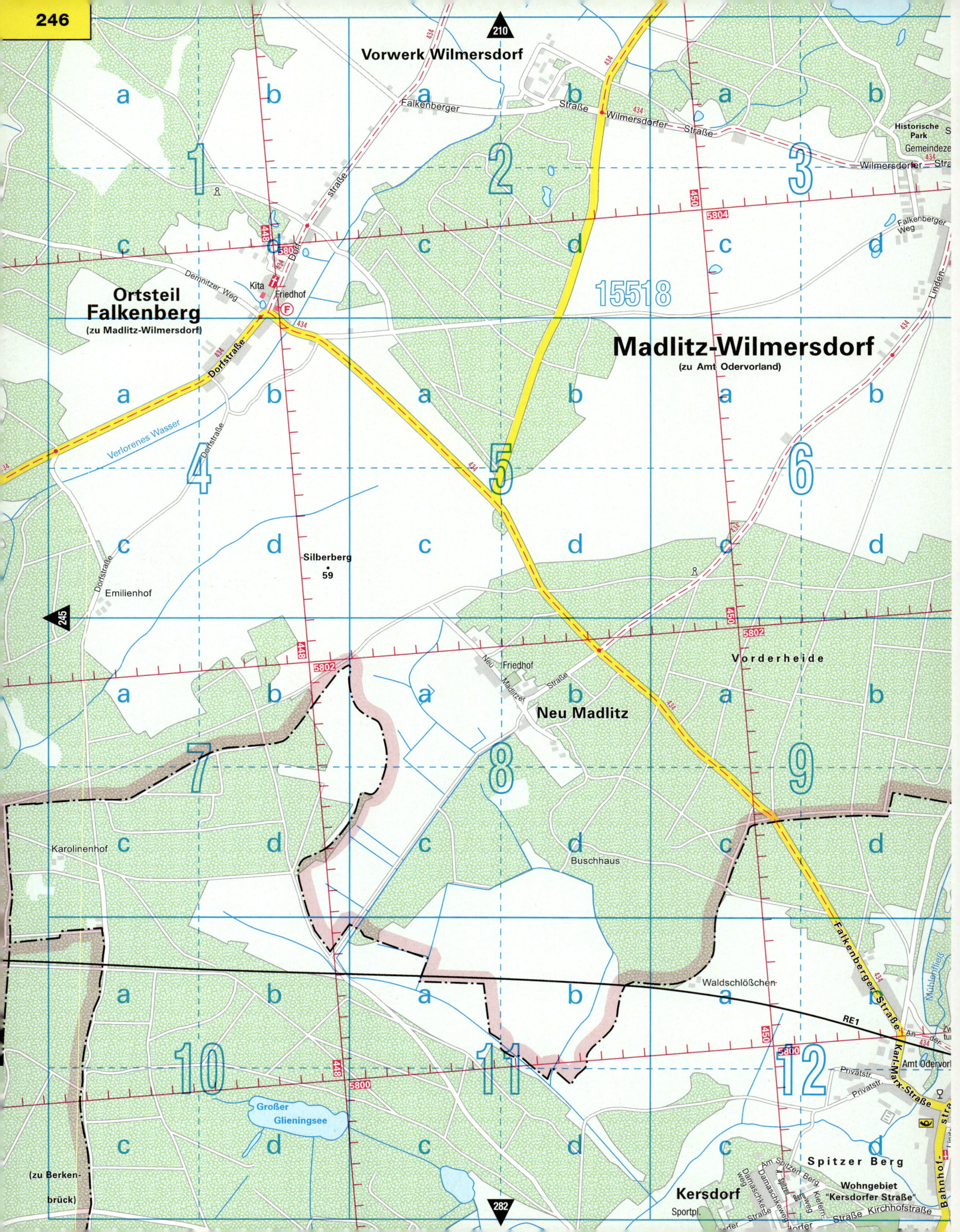

210
Vorwerk Wilmersdorf
Falkenberger Straße
Wilmersdorfer Straße
Wilmersdorfer Str
Historische Park
Gemeindeze
Falkenberger Weg
Ortsteil Falkenberg
(zu Madlitz-Wilmersdorf)
Kita
Friedhof
Demnitzer Weg
Dorfstraße
Dorfstraße
15518
Madlitz-Wilmersdorf
(zu Amt Odervorland)
Linden-
Verlorenes Wasser
Silberberg
59
Dorfstraße
Emilienhof
245
Vorderheide
Friedhof
Neu Madlitzer Straße
Neu Madlitz
Karolinenhof
Buschhaus
Waldschlößchen
RE1
Falkenberger Straße
Karl-Marx-Straße
Amt Odervorland
Mühlenfließ
Privatstr.
Privatstr.
Großer Glieningsee
(zu Berkenbrück)
Spitzer Berg
Wohngebiet "Kersdorfer Straße"
Kersdorf
Sportpl.
Kirchhofstraße
Bahnhofstraße
282

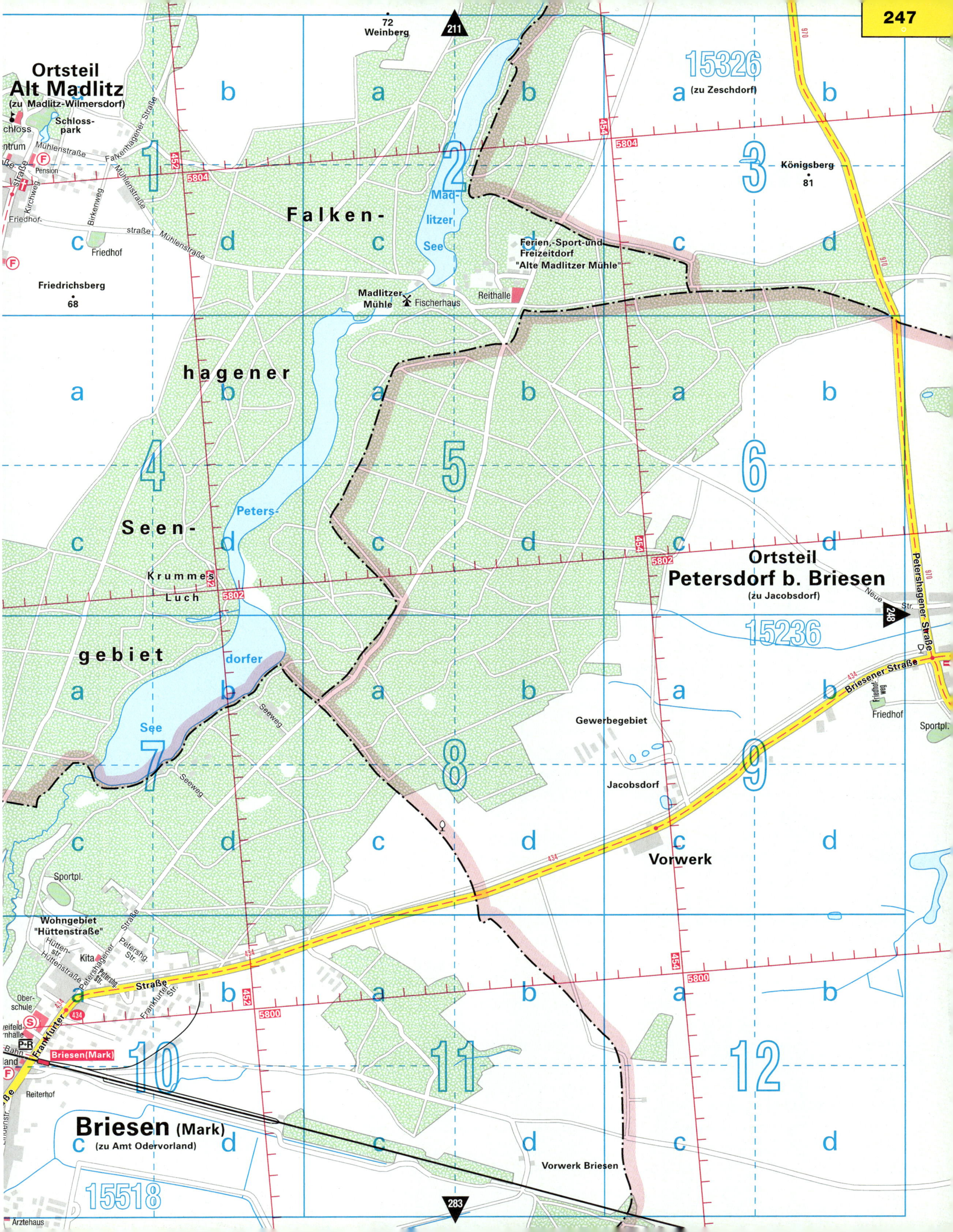

72
Weinberg
211
Ortsteil
Alt Madlitz
(zu Madlitz-Wilmersdorf)
Schloss
Schloss-
park
Mühlenstraße
Pension
Falkenhagener Straße
Mühlenstraße
Kirchweg
Birkenweg
Friedhof-
straße
Mühlenstraße
Friedhof
Friedrichsberg
68
15326
(zu Zeschdorf)
Königsberg
81
970
Falken-
hagener
Seen-
gebiet
Mad-
litzer
See
Ferien,-Sport-und
Freizeitdorf
"Alte Madlitzer Mühle"
Madlitzer
Mühle
Fischerhaus
Reithalle
5804
452
454
Peters-
dorfer
See
Krummes
Luch
5802
Seeweg
Seeweg
Ortsteil
Petersdorf b. Briesen
(zu Jacobsdorf)
Neue
Str.
248
15236
Petershagener Straße
Briesener Straße
434
Friedhof
Friedhof
Sportpl.
Gewerbegebiet
Jacobsdorf
Vorwerk
Sportpl.
Wohngebiet
"Hüttenstraße"
Hütten-
str.
Hüttenstraße
Petershagener
Str.
Petersh.
Str.
Kita
Straße
Frankfurter
Str.
Frankfurter
Ober-
schule
5800
Briesen(Mark)
P+R
Bahn
Reiterhof
Briesen (Mark)
(zu Amt Odervorland)
Vorwerk Briesen
15518
283
Ärztehaus
1
2
3
4
5
6
7
8
9
10
11
12

248

15326 (zu Zeschdorf)

15236 (zu Treplin)

Ortsteil Sieversdorf (zu Jacobsdorf)

Ortsteil Petersdorf b. Briesen (zu Jacobsdorf)

Jacobsdorf (zu Amt Odervorland)

Ortsteil Pillgram (zu Jacobsdorf)

15236

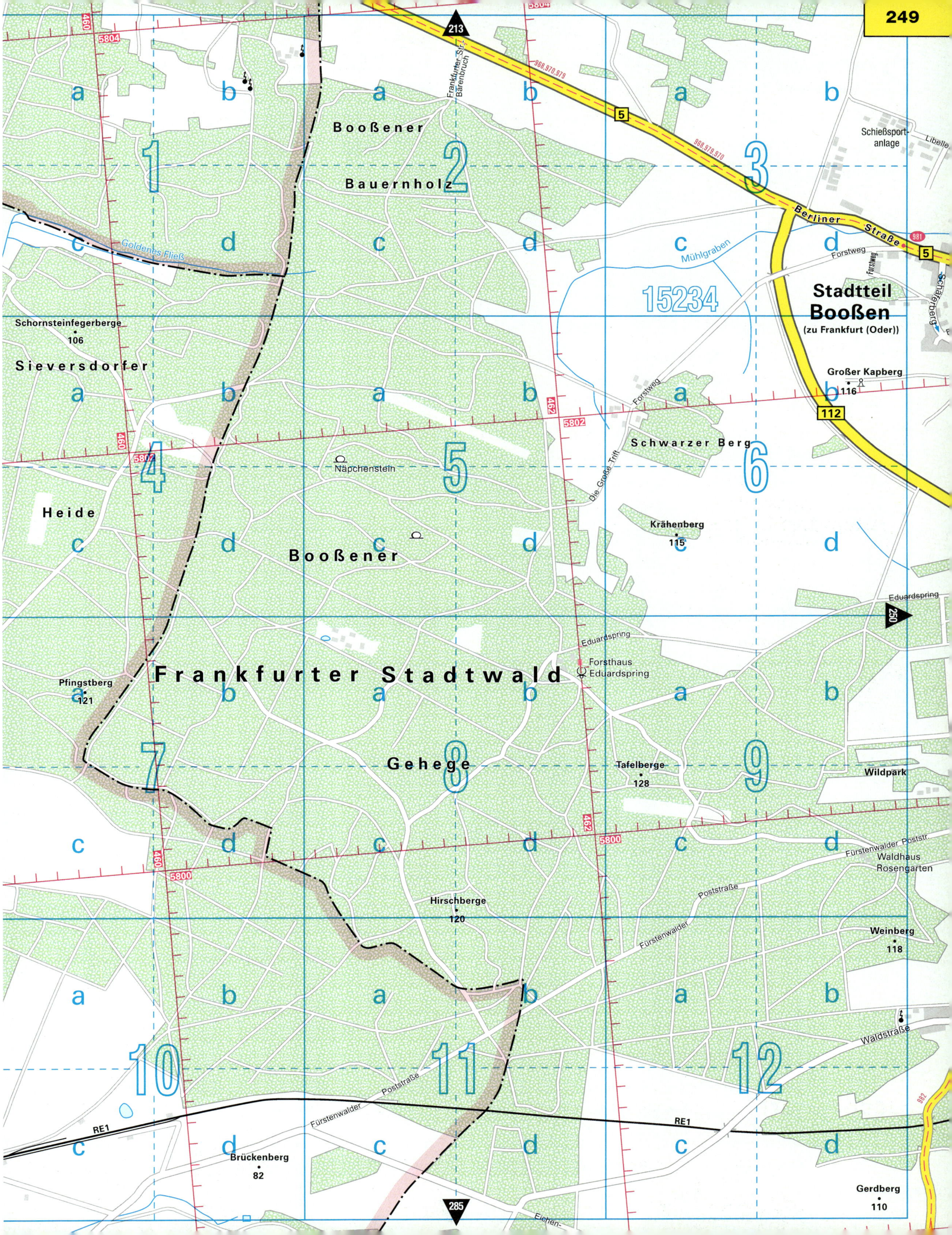

Booßener
Bauernholz
Frankfurter Str. Bärenbruch
Schießsport-anlage
Libelle
Berliner Straße
Goldenes Fließ
Mühlgraben
Forstweg
Schäferberg
15234
Stadtteil Booßen
(zu Frankfurt (Oder))
Schornsteinfegerberge
106
Sieversdorfer
Großer Kapberg
116
Forstweg
Schwarzer Berg
Näpchenstein
Heide
Die Große Trift
Krähenberg
115
Booßener
Eduardspring
Eduardspring
Forsthaus Eduardspring
Frankfurter Stadtwald
Pfingstberg
121
Gehege
Tafelberge
128
Wildpark
Fürstenwalder Poststr.
Waldhaus Rosengarten
Poststraße
Hirschberge
120
Fürstenwalder
Weinberg
118
Waldstraße
Fürstenwalder
Poststraße
RE1
RE1
Brückenberg
82
Gerdberg
110
Eichen-

214
286
249
Siedlung Hexenberg
Stadtteil Kliestow
(zu Frankfurt (Oder))
1=Zeisigweg
2=Bussardweg
3=Schmetterlingsweg
Waisenberg
Ragoser Mü
Großer Kliestower See
Bad
Stadtteil Booßen
(zu Frankfurt (Oder))
Großer Butterberg
93
Schießsportanlage
Libellenweg
Zum Bienenberg
Friedhof
Mühlgraben
Berliner Straße
Berliner Chaussee
Sowj. Ehrenmal
Kita
Gronenfelder Weg
Pumpwerk
Gronenfelde
Sportpl.
Solarpark
Mülldeponie
Seefichten
4=Adonisröschenweg
5=Windröschenweg
6=Am alten Bahndamm
Rohrpfuhl
Kliestower See
Spitzkrug-Center
Frankfurt (Oder)
Heimkehrsiedlung
5 = Hahnendornweg
Klingetal
Klingefließ
6=Max-Hannemann-Straße
RV-Terminal
Eduardspring
Gewerbegebiet
Ausbildungszentrum Bauwirtschaft
Bildungszentrum des Handels
Lillihof
Nuhnen Vorstadt
7=Zschokkestraße
8=Fritz-Lindemann-Ring
10=Dr.-Ernst-Ruge-Straße
Kleingärten
Sprachenzentrum/ Seminargebäude der EUV
Gewerbegebiet
Kleist-theater
8=Peter-Tschaikowski-Ring
Wildpark
Fürstenwalder Poststraße
1=Rudolf-Grunemann-Straße
2=C.-A.-Brendel-Straße
3=Karl-Kleindienst-Straße
4=Hugo-Mühle-Straße
5=Fürstenwalder Poststraße
Messegelände
Westkreuzteich
Polizeipräsidium
Wasserschutzpolizei
August-Bebel-Straße
Nuhnenstraße
Weinberg
118
Stadtteil Rosengarten
(zu Frankfurt (Oder))
Ff.(O.)-Rosengarten
15234
15236
Kleingärten
Obstplantage
Schwarzberg
112
Sandgrund
9=Merkurweg
10=Jupiterweg
11=Marsweg
12=Am Großen Stern
Bundesvermögensamt
Bundespolizeiamt
Kopernikusstraße
Altenheim
1=Asternweg
100
erdberg
110

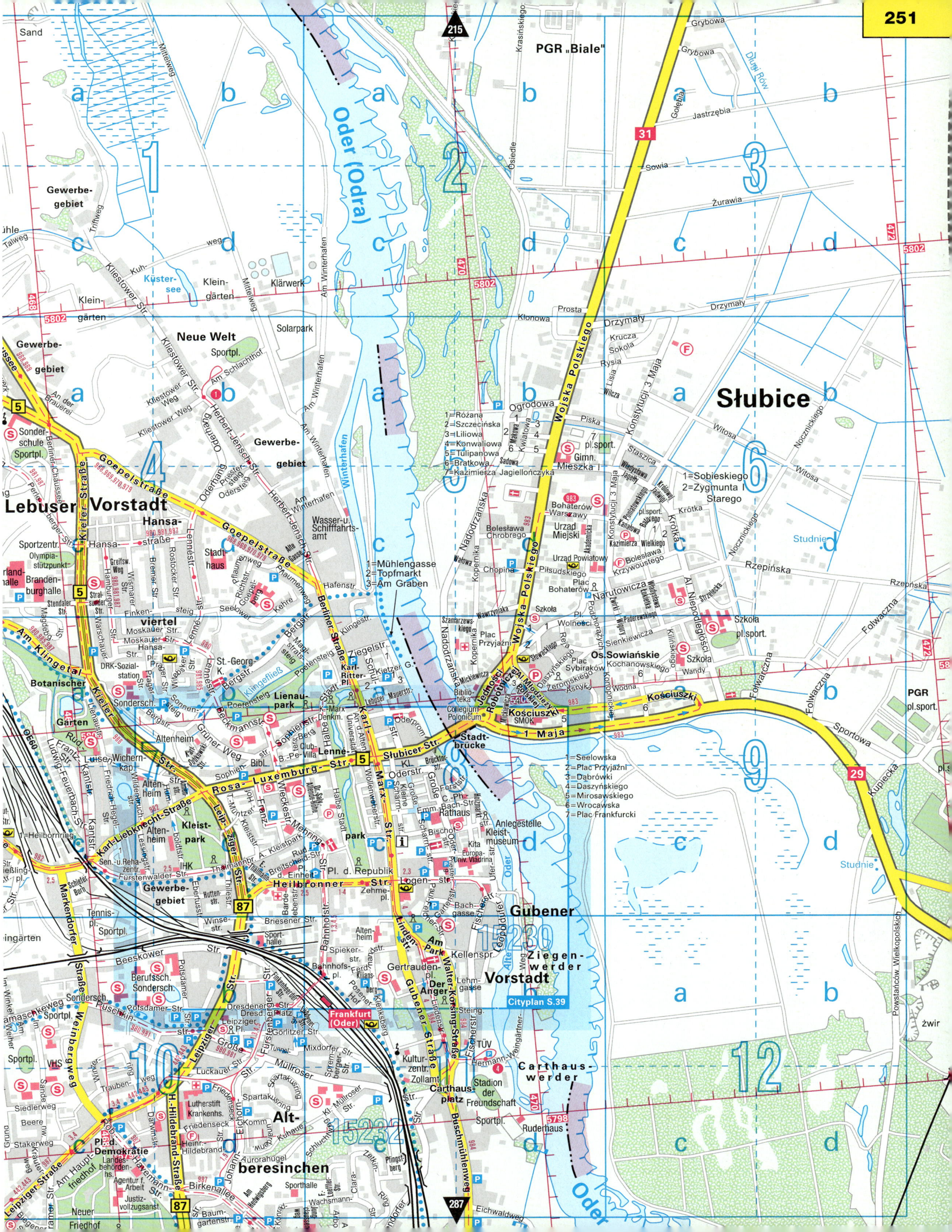

Sand
PGR „Biale"
Oder (Odra)
Gewerbe-gebiet
Küster-see
Klein-gärten
Klärwerk
Solarpark
Neue Welt
Sportpl.
Am Winterhafen
Winterhafen
Mittelweg
Kliestower Str.
Kliestower Weg
Herbert-Jensch-Str.
Grybowa
Jastrzębia
Sowia
Żurawia
Drzymały
Klonowa
Prosta
Krucza
Sokola
Rysia
Wilcza
Konstytucji 3 Maja
Słubice
Witosa
Ogrodowa
Piska
Wojska Polskiego
1=Różana
2=Szczecińska
3=Liliowa
4=Konwaliowa
5=Tulipanowa
6=Bratkowa
7=Kazimierza Jagiellończyka
pl.sport.
Gimn.
Mieszka I
1=Sobieskiego
2=Zygmunta I Starego
Bohaterów Warszawy
Urząd Miejski
Urząd Powiatowy
Bolesława Chrobrego
Nadodrzańska
Kopernika
Chopina
Piłsudskiego
Narutowicza
Rzepińska
Szkoła
Folwaczna
Studnie
Lebuser Vorstadt
Hansa-straße
Goepelstraße
Sportzentr.
Olympia-stützpunkt
Branden-burghalle
Stadt-haus
Wasser-u. Schifffahrts-amt
1=Mühlengasse
2=Topfmarkt
3=Am Graben
Hafenstr.
Berliner Straße
Hansa-viertel
St.-Georg K.
Botanischer Garten
Am Klingetal
Kieler Straße
Lienau-park
Karl-Ritter-Pl.
Karl-Marx-Str.
Lenné-park
Collegium Polonicum
Stadt-brücke
Kościuszki
1 Maja
Os.Sowiańskie
Plac Przyjaźni
Plac Sybiraków
Wolności
PGR
Sportowa
1=Seelowska
2=Plac Przyjaźni
3=Dąbrówki
4=Daszyńskiego
5=Mirosawskiego
6=Wrocawska
7=Plac Frankfurcki
Rosa-Luxemburg-Str.
Słubicer Str.
Karl-Liebknecht-Straße
Kleist-park
Rathaus
Anlegestelle
Kleist-museum
Pl. d. Republik
Heilbronner Str.
Gubener Vorstadt
Ziegen-werder
Alte Oder
Cityplan S.39
Frankfurt (Oder)
Gubener Straße
Walter-Korsing-Straße
Lindenstr.
Leipziger Str.
Markendorfer Straße
Weinbergweg
Beeskower Str.
Berufssch.
Gewerbe-gebiet
Kultur-zentr.
Carthaus-platz
Carthaus-werder
Stadion der Freundschaft
Ruderhaus
Alt-beresinchen
Pl. d. Demokratie
H.-Hildebrand-Straße
Lutherstift Krankenhs.
Müllroser Str.
Buschmühlenweg
Eichwaldweg
Powstańców Wielkopolskich
Kupiecka
żwir
Neuer Friedhof

Roberdam
Plauer Straße
Chausseestraße
216
Woltersdorf
(zu Bensdorf)
14789
Friedhof
Dorfstr.
Gemeindehaus
Wusterwitzer Straße
Margaretenhof
Rathaus
Schloss-str.
Plauer Schloss
Genthiner Straße
Sport-pl.
Turnh.
Friedhof
Schlosspark Plaue
Sportplatz
Chaussee-
Carl-Ferd.-Wiesike-Str.
Wendseeufer
Puschkinstr.
Koenigsmarckstraße
Stadtteil Plaue
(zu Brandenburg a. d. Havel)
Bootseinlassstelle
Plauer Schleuse
Schleusenw.
Woltersdorfer Altkanal
Am Alten Kanal
Zum Dorotheenhof
Dorotheenhof
Neuwoltersdorfer Weg
Anlegestelle
Großer
Wendsee
Ausflugsverkehr
See-garten-brücke
Anlege-stelle
Tennis-platz
Ortsteil-verwaltung
Seegarten
Sportpl.
Hafenstr.
Hafen
Kirchmöser West
Brandenburger Allee
Damm
Plauer
Ahornstr.
Parkstraße
Markt-platz
Markt-str.
Wusterwitzer Straße
Industriegebiet
Bahntechnikerring
Heideberg
36
Am Neuen Kanal
Elbe-Havel-Kanal
Tiergarten
Altenheim
Falkenstr.
Finkenweg
Adlerstr.
Unter den Platanen
Schleuse
Kanalstraße
Walther-Rathenau-Straße
Am Wendsee
Schul-str.
Amt Wusterwitz
Liebknecht-Str.
F.-Engels-Str.
A.-Bebel-Str.
A.-Bebel-Straße
Teich-str.
Karl-
R.-Breitscheid-Str.
Gem.-zentr.
Bibliothek
Rosa-Luxemburg-Straße
Bahnhofstraße
Wusterwitz
RE1
Kita
An den Teichen
Seestraße
Umspann-werk
Kl. Wendsee
An der Pulver-fabrik
Am Feuerwerks-laboratorium
Ind.- und Gew.Geb.
Kirchmöser Süd
Lokwerk
Schulstr.
Am Sudtor
Drehscheibe
Am Gleisdreieck
Kirchmöser Nord
Bahnhofstraße
Signalstr.
Platz der Einheit
Uferstraße
Solarstrom-anlage
Heiliger See
An der Eisenbahn
Waldstraße
Gollwitzer Weg
Müggenbusch
Fahrtenbrücke
Froschallee
Stadtteil Kirchmöser
(zu Brandenburg a. d. Havel)
Siedlungsstraße
Erich-Baron-Str.
Rathaus
Paul-Röstel-Straße
Friedhofstr.
Friedhof
Büdner-
Ernst-Thälmann-Straße
Grundschule
Sportpl.
Rosenthaler Weg
Grenzgraben
Kirchmöser
Ufer-
Werder
Hauptstraße
Fest-platz
Wusterwitzer See
Lankenweg
Aussichts-turm
Hl. Geist Kirche
Gemeindezentrum
Wusterwitz
(zu Amt Wusterwitz)
14789
Warchauer Str.
Kita
Gartenstr.
Uferpromenade
Boots-haus
Bergenhof
Mühlenberg
61
Friedhof
Warchauer Straße
Mühlenstraße
Lankenweg
Auf dem Zolchberg
Zolchberge
Viesener Straße
Eggertsberg
Am See
Mühlenweg
Hohlweg
Mahlenzierer Straße
288
5806
5808
5804
322
324
563

253

Plauer See

14774 • 14772 • 14770

Margaretenhof • Münchwerder

Breitlingsee

Buhnenwerder — NSG
Wusterau — NSG
Havelgemünde
Kirchmöser Ost — Furt
Kiehnwerder — LSG
Kaninchen- insel — LSG
Badestelle
Malge — Anlegestelle — Wasserwanderplatz — Bootseinlassstelle

Möserscher See

Steinberg • Friedhof • Nord-Hang • Turmstraße • Wusterauer Anger • Kurze Straße • Nordring • Grenzstraße • Uferstraße • Turnhalle • Sportpl. • Südring • Vogtweg • Strand- • Im Winkel • Uferstraße • Badestelle • Bootseinlassstelle • Kälber Werder

14776

Gränert • Werftwiese • Gränertweg • für Kfz gesperrt • Magdeburger • Wendgräben • Gut Wendgräben • Heerstraße • Malge • Friedh.

Mahlenzienerstraße

217 • 289 • 254
326 • 328 • 5804 • 5806 • 5808
RE1

Stahl- und
Walzwerk
Brandenburg
Solarpark
Industrie-
gebiet
"Caasmannstraße"
14770
Brandenburg
an der Havel
Caasmannstraße
Niedere Havel
Sportplatz
Recycling-
anlage
Tierheim
Caasmann-
Rats-
weg
Am Windmühlen-
berg
Am Anger
Windmühlenweg
Binsen-
kute
1=Baebenrothufer
Otto-
Sidow-
Straße
Wilhelmsdorfer-
Franz-Ziegler-Straße
Sportplatz
Sporthalle
Klein-
gärten
Havel-
brücke
Göttiner-Str.
Landstraße
Rochowstraße
Büttelhandfaßgraben
Neuendorf
Seechen
Havel
Anlegestelle
Buhnen-
haus
Plane
Neuendorfer Wiesenweg
Brandenburger Niederhavel
Wilhelmsdorfer
Planeweg
Rohr-
bruch
Hagelberg
31
Feldstraße
Am Breiten
Bruch
Sportpl.
Schmöllner
Libellenweg
Immenweg
Grüner
Weg
Sandfurthweg
Pfefferländer Weg
Ziesarer
Landstraße
Wittstocker
Kleingärten
Siedlung Eigene Scholle
Birken-
weg
Mittel-
Kleingärten
Eichspitz-
brücke
Tierheim
Eichhorstweg
Brandenburger Straße
Göttiner Landstraße
außer Betrieb
Gänschen
Sandfurthweg
Schmöllner Weg
Am Sonneneck
Friedhof
Kapelle
Wilhelmsdorf
Turnhalle
Ortsteilverwaltung
Bildungswerk
VHS
Kita
Sportpl.
Seniorenheim
Krug-
park
Wilhelmsdorf
Am Rehhagen
Akazien-
Erlenweg
Rustern-
Binnen-
Eichhorstweg
Göttiner
Steig
Neumanns
Vorwerk
Heerstraße
Magdeburger
Landstraße
Grüninger
Alte Plane
Sandfurtgraben
Sand
Göttiner Bahnhofstr.
Reckahner-Straße
Ortsteil-
verw.
Göttiner
Schulstraße
Kiga
Friedh.
Dorfstraße
Am Mühlen-
berg
Brandenburger
Neustädtische
Heide
218
253
290
1
2
3
4
5
6
7
8
9
10
11
12
5808
5806
5804
330
332
102
RE1
RB51

255

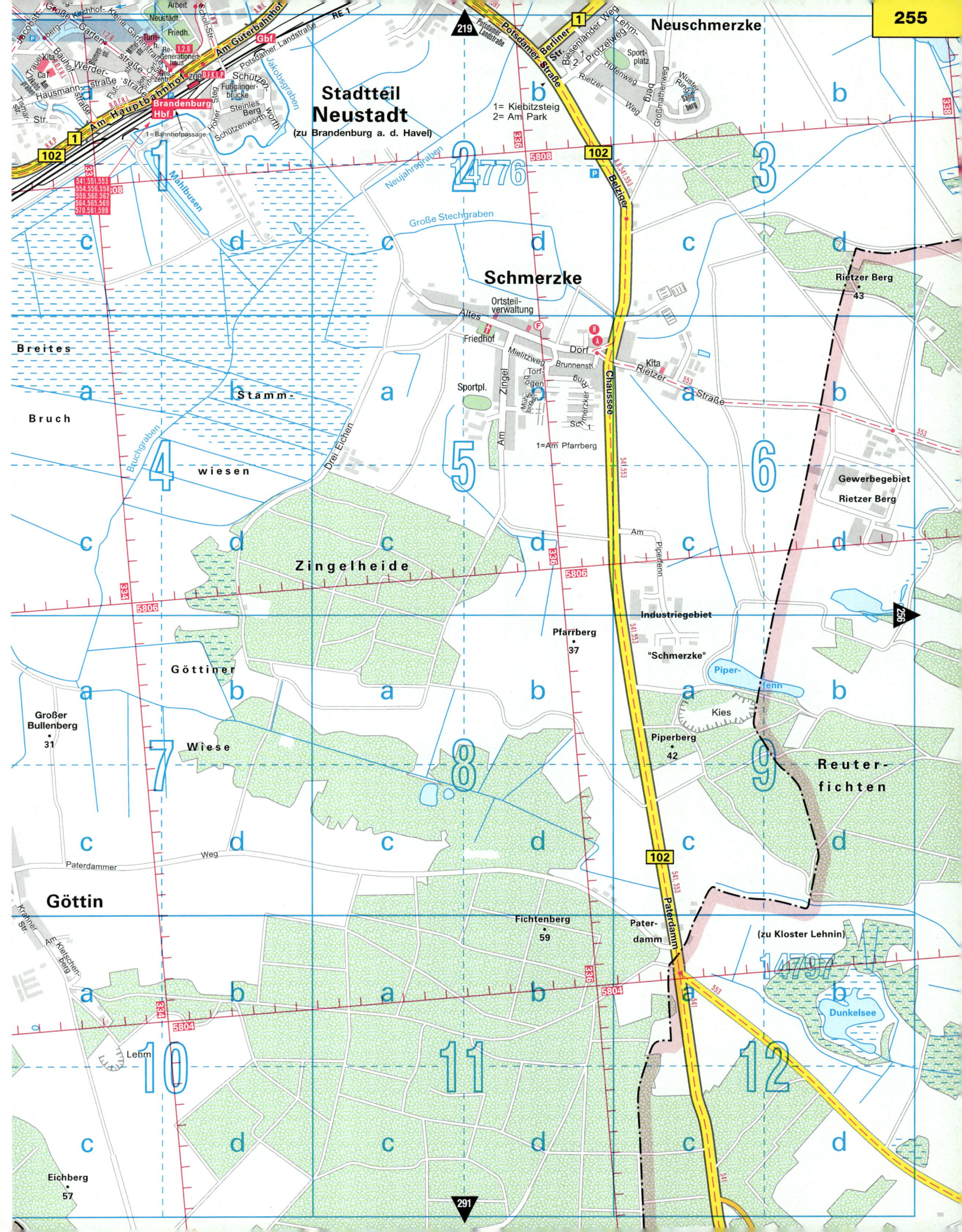

Neuschmerzke

Stadtteil Neustadt (zu Brandenburg a. d. Havel)

1 = Kiebitzsteig
2 = Am Park

Schmerzke

Rietzer Berg 43

Ortsteilverwaltung
Altes Friedhof
Sportpl.
Zingel
Mielitzweg
Torfofen
Brunnenstr.
Dorf
Kita Rietzer Straße

1 = Am Pfarrberg

Gewerbegebiet Rietzer Berg

Zingelheide

Pfarrberg 37

Industriegebiet "Schmerzke"

Großer Bullenberg 31

Göttiner Wiese

Piperfenn
Kies
Piperberg 42

Reuterfichten

Paterdammer Weg

Göttin

Fichtenberg 59

Paterdamm

(zu Kloster Lehnin)

Dunkelsee

Eichberg 57

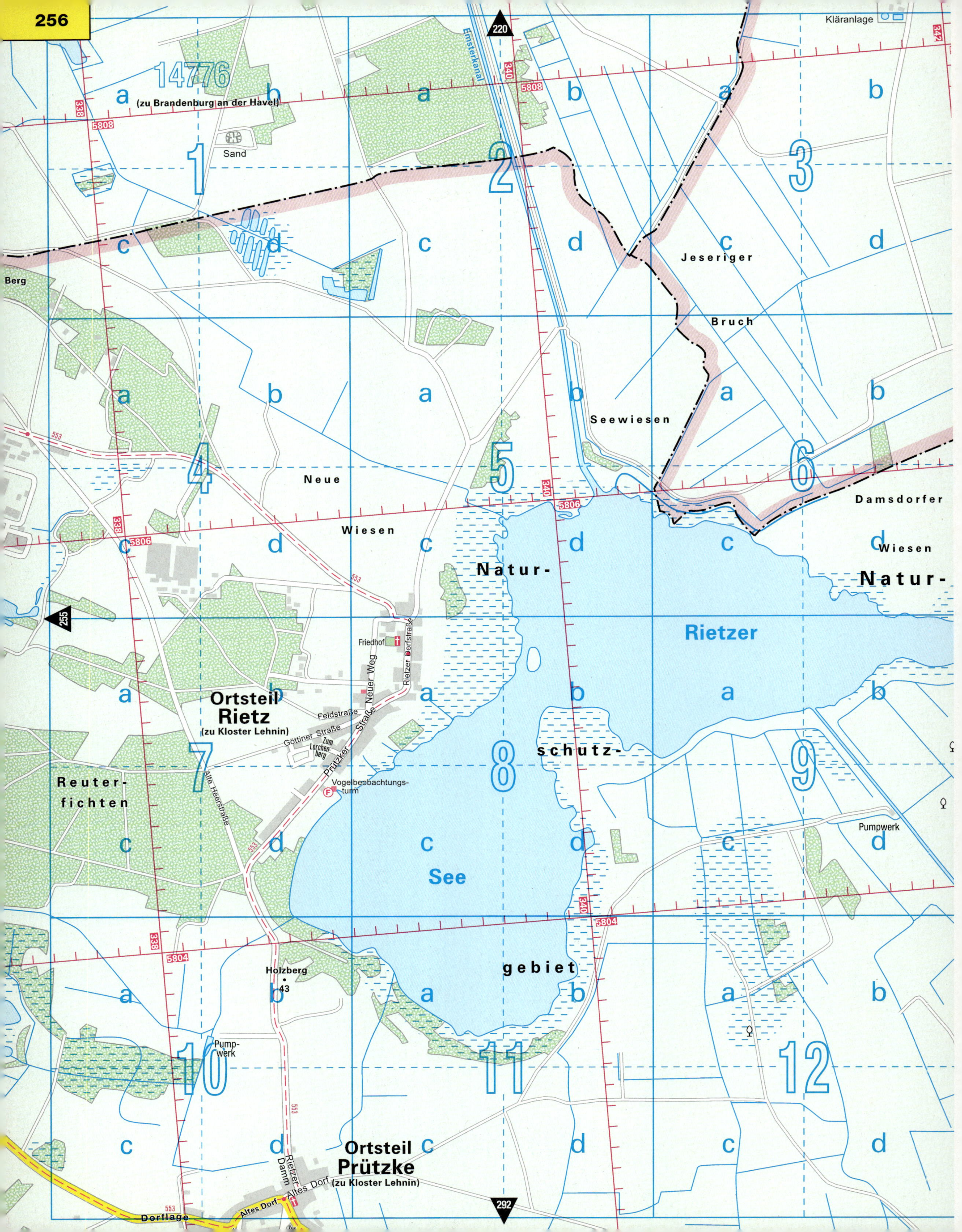

14776
(zu Brandenburg an der Havel)
Sand
Kläranlage
Emsterkanal
Berg
Jeseriger
Bruch
Seewiesen
Neue
Wiesen
Damsdorfer
Wiesen
Natur-
schutz-
gebiet
Rietzer
See
Friedhof
Rietzer Dorfstraße
Neuer Weg
Ortsteil
Rietz
(zu Kloster Lehnin)
Feldstraße
Göttiner Straße
Zum Lerchenberg
Prützker Straße
Vogelbeobachtungs-
turm
Alte Heerstraße
Reuter-
fichten
Pumpwerk
Holzberg
43
Pump-
werk
Ortsteil
Prützke
(zu Kloster Lehnin)
Rietzer Damm
Altes Dorf
Dorflage
220
255
292
553
340
338
342
5808
5806
5804

257

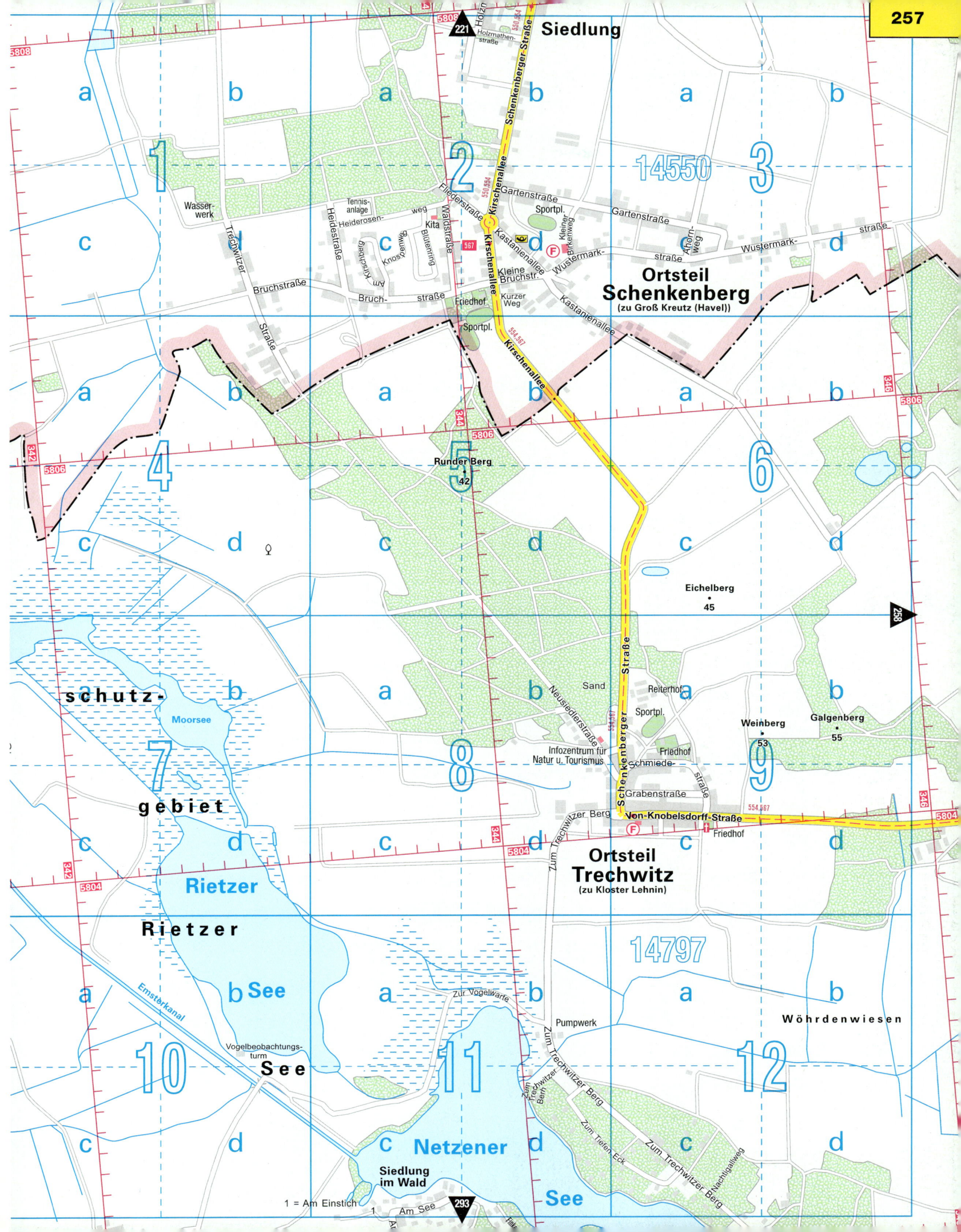

Ortsteil Schenkenberg
(zu Groß Kreutz (Havel))

Siedlung

- Wasserwerk
- Tennisanlage
- Heiderosenweg
- Heidestraße
- Trechwitzer Straße
- Bruchstraße
- Bruchstraße
- Kita
- Knospenweg
- Blütenring
- Am Kirschsteig
- Waldstraße
- Friederstraße
- Kirschenallee
- Schenkenberger Straße
- Holzmathenstraße
- Kastanienallee
- Gartenstraße
- Sportpl.
- Kleine Bruchstr.
- Kleiner Birkenweg
- Kurzer Weg
- Friedhof
- Sportpl.
- Wustermarkstraße
- Ahornweg

14550

Runder Berg 42

Eichelberg 45

Moorsee

schutz-

gebiet

Naturschutzgebiet

Neusiedlerstraße

Sand

Reiterhof

Weinberg 53

Galgenberg 55

Sportpl.

Infozentrum für Natur u. Tourismus

Schmiedestraße

Schenkenberger Straße

Friedhof

Grabenstraße

Zum Trechwitzer Berg

Von-Knobelsdorff-Straße

Friedhof

Ortsteil Trechwitz
(zu Kloster Lehnin)

Rietzer

Rietzer

See

Emsterkanal

Vogelbeobachtungsturm

Zur Vogelwarte

Pumpwerk

14797

Wöhrdenwiesen

Netzener

Siedlung im Wald

Zum Trechwitzer Berg

Berthastraße

Zum Tiefen Eck

Zum Trechwitzer Berg

Nachtigallweg

See

1 = Am Einstich

222
Bochower Straße
Gewerbegebiet
Am Frucht-und Frachthof
Solarpark
Ortsteil Bochow
(zu Groß Kreutz (Havel))
Pumpwerk
Trinkweg
Bochower
Am Dorf
Graben
Derwitzer Straße
Neu-Bochower Straße
Stollberge
58
Gewerbehöfe
Friedhof
Plötziner Straße
Damsdorfer Straße
Klosterweg
Möllendorfer Weg
Bochower Plan
Birkenweg
Bergweg
Stadtweg
Plantagesweg
Lehniner Chaussee
Neu Bochow
Kiefernweg
Sand
257
Lehniner Straße
Am Hang
Bergstraße
Wohnpark Havelland
Neue Bochower Straße
Vogelstangenberg
Bliesenberg
50
Stadtweg
Mühlenstraße
Friedhof
Alte Schulstraße
Trechwitzer Str.
Damsdorfer Hauptstraße
Grundschule
Damsdorfer Hauptstr.
Göhlsdorfer Str.
Kita
Damsdorfer
Stellmachermuseum
Lindenstraße
Wasserwerk
Berliner Straße
Ortsteil Damsdorf
(zu Kloster Lehnin)
Zum Sportplatz
Waldbühne
Sportpl.
Alte
Zum Fenn
Sommerweg
Weidenpalast
Damsdorfer Fenn
14797
Sportpl.
An der Zelstr.
Lehniner Allee
Kiefernweg
1=Am Chausseehaus
Berliner Straße
294
5806
5804
5802
346
348
350

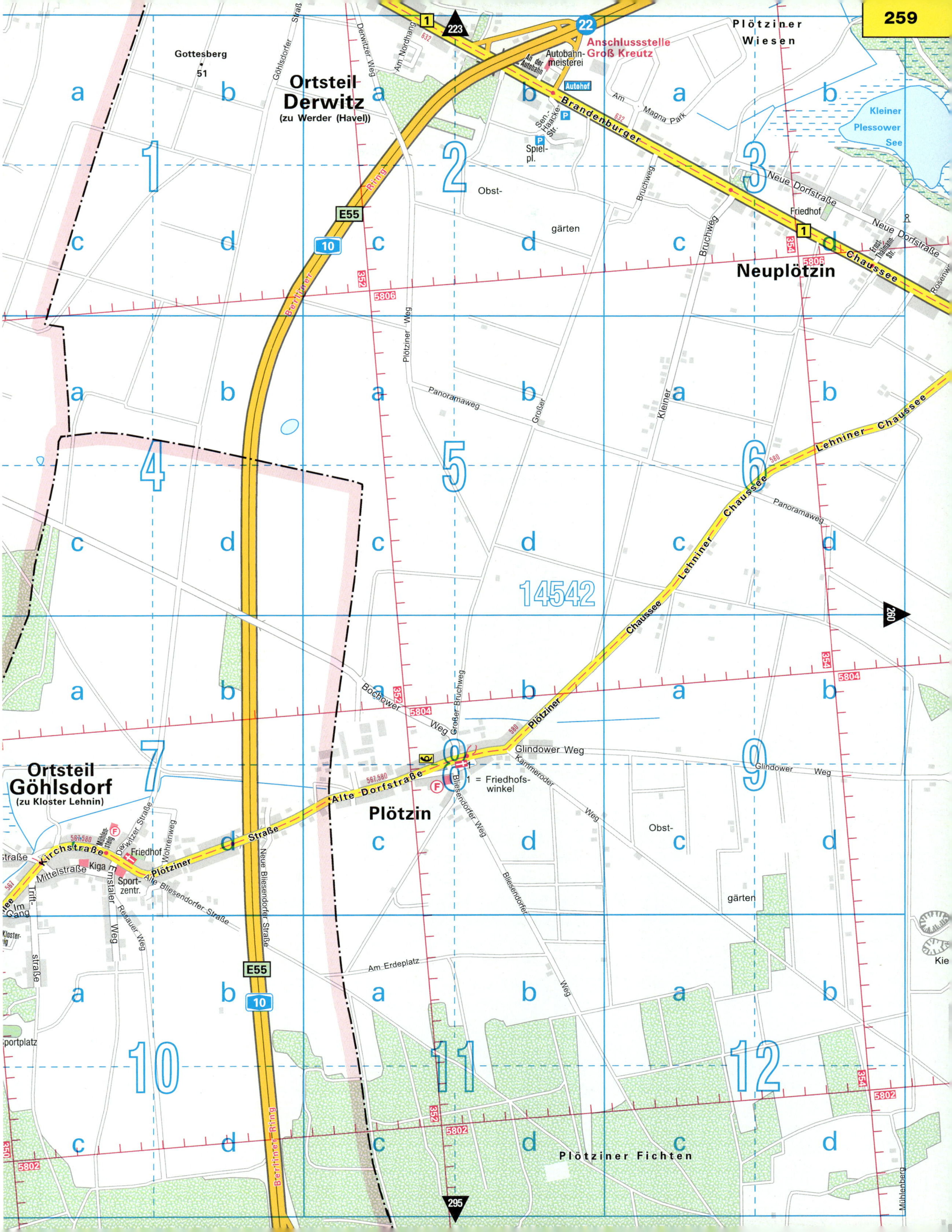
Ortsteil Derwitz
(zu Werder (Havel))
Gottesberg
51
Göhlsdorfer Straße
Derwitzer Weg
Am Nordhang
223
22
Anschlussstelle Groß Kreutz
Autobahn-meisterei
An der Autobahn
Autohof
Brandenburger
Am Magna Park
Sen.-Haacke-Str.
Spiel-pl.
Plötziner Wiesen
Kleiner Plessower See
Neue Dorfstraße
Friedhof
Neuplötzin
Chaussee
Ernst-Thälmann-Str.
Bruchweg
Obst-
gärten
Berliner Ring
E55
10
5806
352
354
Plötziner Weg
Panoramaweg
Großer
Kleiner
Lehniner Chaussee
14542
260
Bochower Weg
Großer Bruchweg
Plötziner
Glindower Weg
Kammeroder Weg
Bliesendorfer Weg
5804
Ortsteil Göhlsdorf
(zu Kloster Lehnin)
Kirchstraße
Mittelstraße
Kiga
Friedhof
Sport-zentr.
Plötziner Straße
Alte Bliesendorfer Straße
Neue Bliesendorfer Straße
Emstaler Weg
Resauer Weg
Wohrenweg
Derwitzer Straße
Mühlensteig
Trift-
Im Gang
Klosterweg
straße
Alte Dorfstraße
567,580
Plötzin
1 = Friedhofswinkel
Am Erdeplatz
Sportplatz
Plötziner Fichten
5802
295
Mühlenberg
Kie
Rosenw
1
2
3
4
5
6
7
8
9
10
11
12

224
296
259
Pumpwerk
Kleiner
Plessower
See
Plessower Ausbau
Plessow
Neuplötzin
Neue Dorfstraße
Zolchower Weg
Plessower Hauptstraße
Bundesfinanzmin.
Weinberg
40
Zum Weinberg
Großer
Plessower
See
Brandenburger Chaussee
Am Plessower Eck
Lehniner Chaussee
An der Autobahn
Glindower Chausseestraße
Stadtteil
Glindow
(zu Werder (Havel))
Gärtnerei
Havelobstallee
Karfunkelberg
69
Fuchsberg
Panoramastraße
Grenzstraße
Werder Frucht
Obstgärten
Plötziner Weg
Strebenberg
72
Schützenplatz
Kleingärten
Glindower
Mühlenberg
Triftstraße
Lange Straße
Holzweg
Kies
Birkenstraße
Ulmenstraße
Elsenstraße
Eichenstraße
Bliesendorfer Straße
Karl-Liebknecht-Straße
Weserstraße
Ziemensstraße
Obstgärten
Heinrichstraße
Hermannstraße
Glindower Marienstraße
Springeweg
Springesee
Schönfiehtenberg
60
Klaistower Straße
Rosa-Luxemburg-Str.
Fr.-Ebert-Str.
Heinrich-Heine-Straße
Finkenweg
Langer Grund
Koloniestr.
NSG
Glindower
Alpen
Elisabethhöhe
Obstgärten
Elisabethstraße
Goethestraße
Schillerstraße
Weststraße
Heideplatz
Fichtestraße
Waldstraße
Gärtnerei
Heidestraße
Wildbahnstraße
Samoastraße
Togostraße
Zum Lindentor
Mühlenberg
Werdersche
64
Kesselgrund
Gymn.
Kemnitzer Chaussee
Hagenstraße
Obstgärten
Kesselberg
74
14542
Am Plessower See
Schwalbenberg
Margarethenstraße
Wohngebiet
"Am Schwalbenberg"
Stadtpark
Erdeberg
52
Strandbad
Wasserwerk
Werder
(Havel)
Kleingärten
1=Eichenweg
Freilichtbühne
Brandenburger Str.
Berliner Straße
Sportpl.
Friedhof
Wiesensteig
Kita
Friedhof
Turnpl.
Anlegestelle
Ortsverw.
Jahn-Str.
Glindower Dorfstraße
Dr.-Külz-Straße
1=Holunderweg
2=Schlehenweg
3=Weißdornweg
Rahdener Pl.
Förderschule f. Körperbeh.
5 = Friedensstraße
6 = Marktplatz
7 = Zum Strandbad
Porta Helena
(Yachthafen)
Schwarzer Weg
Wasserwerk
Strandbad
Friedrichstraße
Mühlensteig
Mühlenstraße
Der Hügel
Alpenstraße
Ziemensstraße
Jahnufer
Weidenweg
Am Wasser
Glindower Seestraße
5806
5804
5802

Werder (Havel)
Wildpark West
14476
(zu Potsdam)
Entenfang
Henning-von-Tresckow-Kaserne
Großer Entenfänger-berg
82
14471
Gr. Entenfänger See
Werderscher Damm
Berliner Außenring
Gewerbe-gebiet
Eisenbahn-str.
Adolf-Damaschke-Str.
Marienweg
1=Mathildeweg
2=Mozartstraße
Jugend-höhe
1=Weißdornweg
Kleingärten
Maria Meeresstern
Inselstadt
Anlegestelle
3 = Michaelisstraße
4 = Schützengasse
Altes Rath.
Heilig-Geist-K.
Altes Pfarrhaus
Friedhof
Stadt-verwaltung
Kindergarten
Scharfrichter-haus
Kemnitzer Str.
Friedhof
Brandenburger Straße
Potsdamer Straße
Turn-halle
Wachtelburg
1=Mainzer Straße
2=Siegburger Straße
Havel
Am Wasser
Sportplatz
14548
Ortsteil Geltow
(zu Schwielowsee)
Friedhof
Handweberei-museum
Baumgartenbrück
Hauffstraße
Chausseestraße
Grund-schule
Kita
Moos-weg
Schafereiberg
86
1 = Zur Bergmeierei
Berg-meierei
Friedhof
Richterberg
55
Berliner Chaussee
Berliner Straße
Werder-park
Streng-feld
Strengbrücke
Riegel-bucht
Riegelspitze
Riegelberg
44
Fercher Straße
Boots-verleih
1 = Himbeerweg
2 = An der Gärtnerei
3 = Eschenweg
4 = Auf dem Strengfeld
Glindow-see
Baum-gartenbr.
Brücken-park
Hohe Warte
Tierpark
Franzens-berg
Schill-Gedenkstein
Caputher Chaussee
Petzinstraße
1 = Rud.-Oehlschläger-Str.
2 = Daniel-Schönemann-Str.
Auf dem Franzensberg
Baumgartenbrück
Ferienanlage
Mirenberg
53
Am Schwielowsee
Groß Wentorf
Geltower Chaussee
Alpenstraße
Ziegelei-mus.
Tongruben
Am Rüsterhorn
Feriensiedlung Inselparadies
Freilicht-bühne
Grell-bucht
Schinkel-Kirche
Friedhof
Stadtteil Petzow
(zu Werder (Havel))
Schloss Petzow
Schlosspark
Haussee
Lenné-Gedenkstein
Fischer-hütte
Anlegestelle
Schilftürme Tor
Zum Lindentor
Zum Hasenheide
Langer Grund
Schwielow-see
Klein Wentorf
1 = Nachtigallenweg
2 = Möwenweg
Strandbad
Boots-verleih
Schwielowseestr.
Caputh-Schwielowsee
225
262
297
1
2
3
4
5
6
7
8
9
10
11
12

Potsdam-West
Templiner Vorstadt
Tornow
Hermannswerder
Havel
Templiner See
Hinterkappe
Biotechnologiepark
Kellerberg
Siedlg. Sonnenland
Berliner Außenring
Zeppelinstraße
Potsdam Pirschheide
Sparkassenakademie
Wasserschutzpolizei
Olympiastützpunkt
Luftschiffhafen
Stadion
Stud. heim
Obersch. Fr.-Ludw.-Jahn
Militärgesch. Forschungsamt
Yachthafen
Wasserturm
Krankenhaus Hofbauerstiftung
Fachsch. f. Sozialwesen
Evang. Gymn.
Stadtverw. Bildung, Kultur u. Sport
Fußgängerbr.
Bootshäuser
Kieskutenberg
Kiesgrube
Schafereiberg
Forsthaus Südtor
Bergmeierei
Friedhof
Gaisberg
Forsthaus Gaisberg
Freibad Templin
Forsthaus Templin
Klaßkreuz
Petzinsee
Groß Wentorf
Klein Wentorf
Himmelreich
Caputh-Geltow
Schloss
Ortsteil Caputh (zu Schwielowsee)
Caputher See
Krähenberg
Saugartenberg
Saugartensee
Gewerbegebiet
Neuer Friedhof
Wohnpark Havelseen
Quelle
Heuweg
Jungfernweg
Michendorfer Chaussee
Potsdamer Straße
Lindenstraße
Weinbergstraße
Friedrich-Ebert-Straße
Schwielowseestr.
Geltower Chaussee
Am Bahnhof
1 = Akazienweg
1 = Nachtigallenweg
2 = Möwenweg
3 = Alte Ladestraße
4 = Fliederweg
14471
14548
RB22
226
261
298

Küssel
Stadtteil
Teltower Vorstadt
(zu Potsdam)
Telegrafenberg
Wissenschaftspark
"Albert Einstein"
Einsteinturm
Potsdam
Schlaatz
Babelsberger
Nuthewiesen
Siedl. Nuthestrand
Stadtrandsdlg.
Forst
Siedlung
Eigenheim
Kahle Berge
Sowjetischer Friedhof
Ravensberge
Potsdam
Waldstadt II
Waldstadt I
Deutscher Wetterdienst
Kleiner Ravensberg
Potsdam-Rehbrücke
NSG
Moosfenn
Großer Ravensberg
Gartenstadt
"Am Rehgraben"
1 = Biberweg
2 = Wieselsteig
3 = Fahlhorster Weg
Teufelssee
Kindertouristenzentrum
Springbruch
Schlangenfenn
Landesumweltamt Brandenburg
Berliner Außenring
14557
14558
Nuthetal
Buschberg
3 = Am Stichgraben
Schöne Berge
Ortsteil
Wilhelmshorst
(zu Michendorf)
Bergholz
Michendorfer Chaussee
Leipziger Str.
Heinrich-Mann-Allee
Nuthestraße
Drewitzer Straße
Arthur-Scheunert-Allee
Johannes-R.-Becher-Str.
Saarmunder Straße
1=Tulpenweg
2=Rosenweg
3=An der Nuthe
4=Wiesenweg
14473
14482
14478
227
264
299

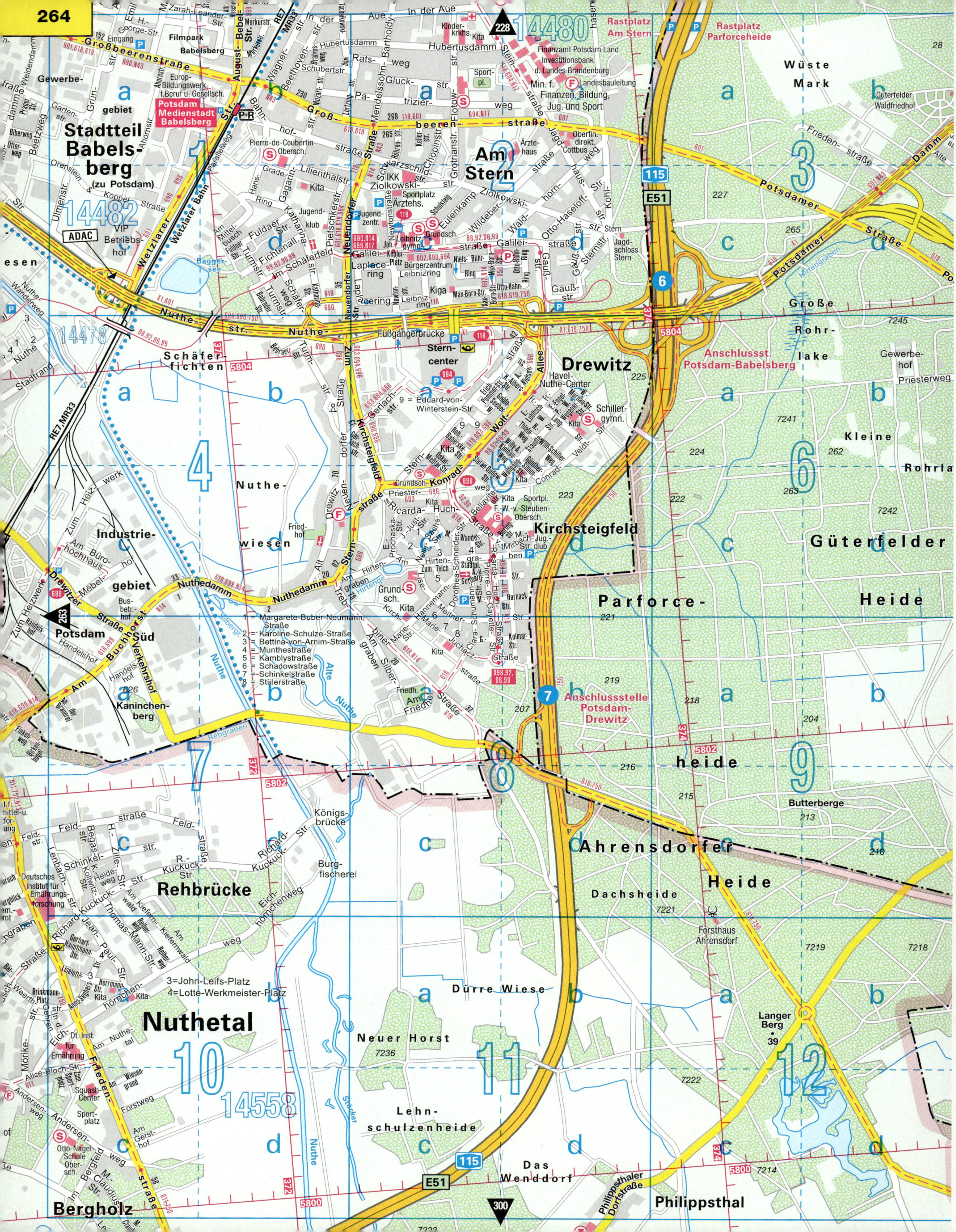

Stadtteil Babelsberg (zu Potsdam)
Filmpark Babelsberg
Potsdam Medienstadt Babelsberg
Großbeerenstraße
Am Stern
Drewitz
Stern-center
Fußgängerbrücke
Havel-Nuthe-Center
Kirchsteigfeld
Parforce-heide
Güterfelder Heide
Wüste Mark
Große Rohrlake
Kleine Rohrlake
Anschlussst. Potsdam-Babelsberg
Anschlussstelle Potsdam-Drewitz
Rastplatz Am Stern
Rastplatz Parforceheide
Schäferfichten
Nuthewiesen
Industriegebiet Potsdam Süd
Kaninchenberg
Königsbrücke
Burgfischerei
Rehbrücke
Nuthetal
Ahrensdorfer Heide
Dachsheide
Forsthaus Ahrensdorf
Butterberge
Langer Berg
Dürre Wiese
Neuer Horst
Lehnschulzenheide
Das Wenndorf
Philippsthal
Bergholz
Nuthestr.
Potsdamer Straße
Konrad-Wolf-Allee
Nuthedamm
1 = Margarete-Buber-Neumann-Straße
2 = Karoline-Schulze-Straße
3 = Bettina-von-Arnim-Straße
4 = Munthestraße
5 = Kamblystraße
6 = Schadowstraße
7 = Schinkelstraße
8 = Stülerstraße
9 = Eduard-von-Winterstein-Str.
3=John-Leifs-Platz
4=Lotte-Werkmeister-Platz
14480
14482
14478
14558
115
E51
228
263
300

Kienwerder
Stahnsdorf
14532
Ortsteil Güterfelde (zu Stahnsdorf)
Güter-felder Haussee
Riesel-felder
Parforceheide
Große Wendemark
Ortsteil Schenkenhorst (zu Stahnsdorf)
Ortsteil Sputendorf (zu Stahnsdorf)
Rieselfelder
Bluteгel-teich
Potsdamer Allee
Potsdamer Straße
Stahnsdorfer Damm
Güterfelder Damm
Großbeerenstraße
Berliner Str.
Seestraße
Güterfelder Straße
Dorfstraße
Nudower Straße
Sputendorfer Landstraße
Straße der Einheit
Ernst-Thälmann-Pl.
Wilhelm-Pieck-Straße
Potsdamer Landstraße
Ruhlsdorfer Straße
Stolper Weg
Kienwerder
Am Heideplatz
Seematenweg
Bahnhofstraße
1 = Am Pfarracker
6 = Pfingstrosenweg
7 = Hibiskusweg
8 = Kornblumenweg
9 = Fuchsienweg
10 = Kamelienweg
11 = Begonienweg
12 = Akeleiweg
13 = Nelkenweg
14 = Albersstraße
15 = Schlemmerweg
16 = Kandinskyplatz
17 = Glockenblumenweg
Friedhof
Bürgerhaus
Reithalle
Kita
Sportplatz
Gewerbehof
Moto-cross-strecke
229
266
301

Ruhlsdorf
(zu Teltow)
Mühlenberg
Green-
Park
Kläranlage
Reithalle
Kapelle
Friedhof
Stahnsdorfer
Teltower
Straße
Genshagener
Straße
Dorf-
straße
Alter
Heinersdorfer
Weg
Staedtler-
siedlung
Schweine-
museum
Fried-
hof
Güterfelder
Webersiedl.
Sathaten-
weg
Sputendorfer
Str.
Waldweg
Sportpl.
Sport-
platz
Senger-
siedlung
1=Weinbergsenden
Schenkendorfer
Grüner
Weg
14513
14532
Riesel-
felder
Erweiterung
GVZ
(geplant)
KV-
Terminal
Großbeerenstraße
Marggraffs-
hof
Marggraffshof
Neubeerener
Straße
Neubeeren
Gewerbehof
Koppelweg
Zum
Pferdehof
Reit-
pl.
Am Golfplatz
Golfclub
GolfRange
Berlin-
Großenbeeren
Sputendorfer
Straße
Ernst-Stargardt-Allee
Großbeeren
P+R
JVA
Heidering
Ortsteil
Sputendorf
(zu Stahnsdorf)
Lärchen-
ring
Kiefern-
weg
W.-Pieck-
Str.
Modell-
flugplatz
Berliner Außenring
RE3,RB22
RE3,RE4,RE5
14974
(zu Ludwigsfelde)
Gottlieb-
Daimler-
Str.
230
265
302
101
5804
5802
5800
5300
380
382

267

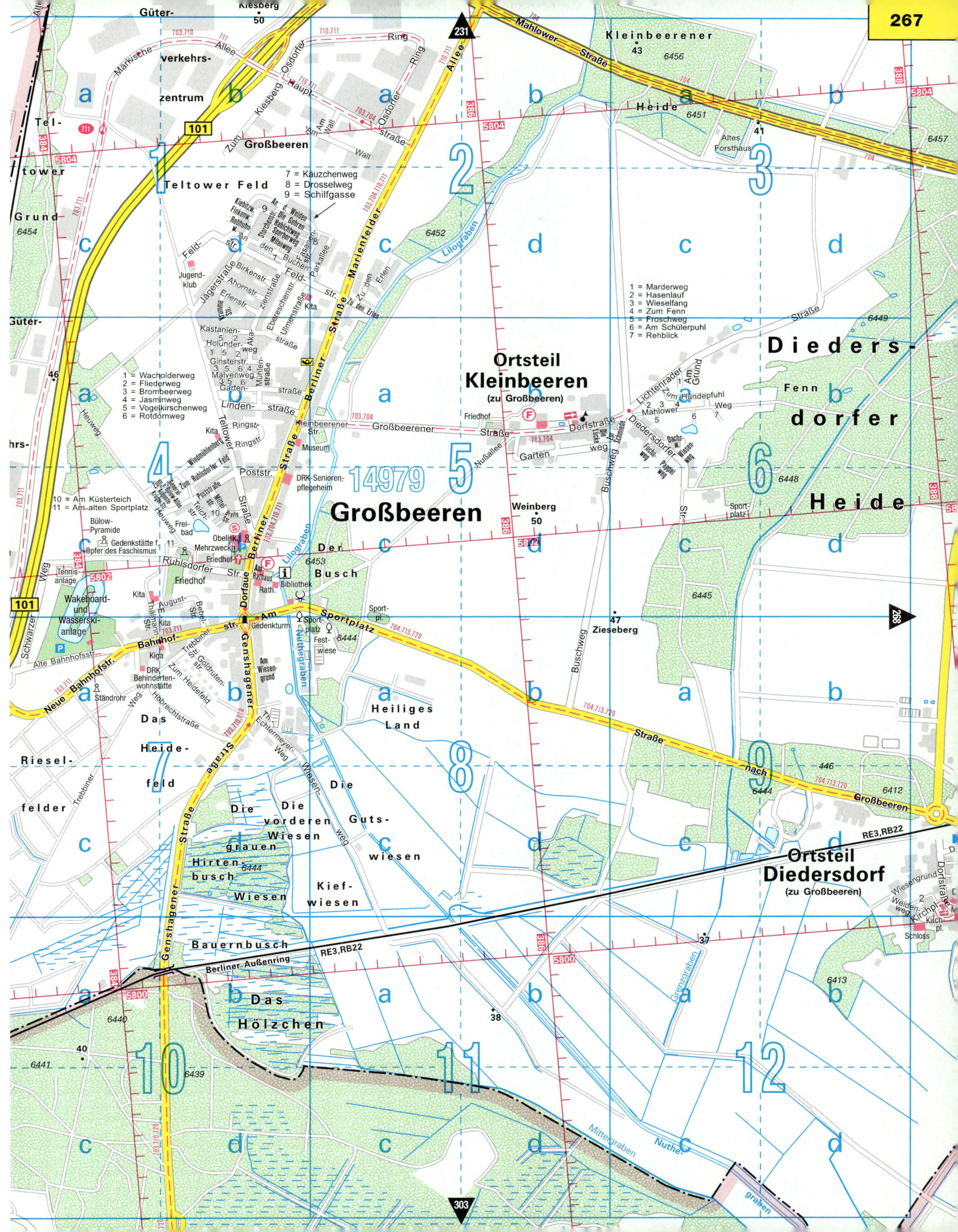

Großbeeren

Ortsteil Kleinbeeren (zu Großbeeren)

Ortsteil Diedersdorf (zu Großbeeren)

Diedersdorfer Heide

Straßenverzeichnis Teltower Feld
7 = Kauzchenweg
8 = Drosselweg
9 = Schilfgasse

Straßenverzeichnis (Bereich 4)
1 = Wacholderweg
2 = Fliederweg
3 = Brombeerweg
4 = Jasminweg
5 = Vogelkirschenweg
6 = Rotdornweg
10 = Am Küsterteich
11 = Am-alten Sportplatz

Straßenverzeichnis Kleinbeeren
1 = Marderweg
2 = Hasenlauf
3 = Wieselfang
4 = Zum Fenn
5 = Froschweg
6 = Am Schülerpuhl
7 = Rehblick

14979 Großbeeren

Birkholz
Roter Dudel
Waldblick
Diedersdorfer Heide
Ortsteil Mahlow (zu Blankenfelde-Mahlow)
Ortsteil Blankenfelde (zu Blankenfelde-Mahlow)
Ortsteil Diedersdorf (zu Großbeeren)
Hitzfichten
Mühlenberg 49
Papenpfuhl
Lüttkesee
Seebad
Seegraben
Mahlower Seegraben
Grenzgraben
Mahlow
15831
14979
Berliner Außenring
RE3,RB22
Birkholzer Straße
Teltower Straße
Dorfstraße
Lichtenrader Straße
Diedersdorfer Straße
Blankenfelder Chaussee
Postdamer Damm
Berliner Damm
Zossener Damm
Dorfstraße
Trebbiner Straße
Ziethener Straße
Grenzstraße
1 = Eichenhof
2 = Weidenhof
3 = Buchenhof
4 = Ahornhof
5 = Marillenhof
6 = Lindenhof
7 = Birkenhof
8 = Ulmenhof
9 = Kirschenhof
10 = Kastanienhof
1=Bizetstraße
2=Rossinistraße
3=Schumannstraße
4=Bartokstraße
5=Gershwinstraße
6=Berliozstraße
7=Rimski-Korsakow-Straße
8=Mussorgskiweg
1=Brentanoweg
1=Weißdornstraße
2=Feuerdornweg
3=Fichtenweg
4=Tannenweg
5=Weidenweg
6=Erlenweg
7=Ulmenstraße
8=Espenweg
1 = Mühlensteig
2 = Schlehenweg
3 = Zu den Hitzfichten
1 = Löwenzahnweg
2 = Rainfarnweg
Friedhof
Schloss
Sportplatz
Kita
Kinderhort
Goethe-Kopernikus-Gymnasium

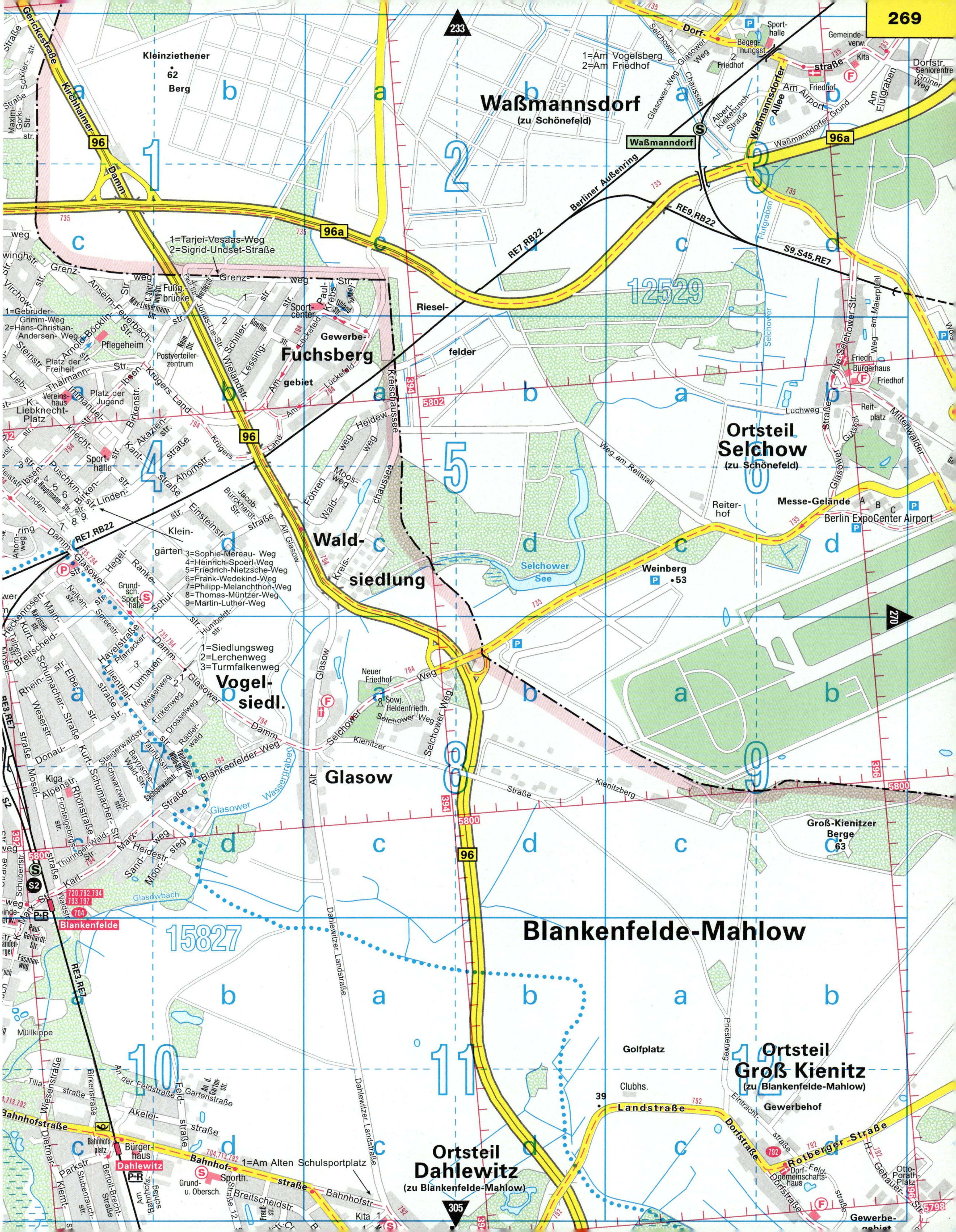

Waßmannsdorf
(zu Schönefeld)
Fuchsberg
Wald-
siedlung
Vogel-
siedl.
Glasow
Ortsteil
Selchow
(zu Schönefeld)
Blankenfelde-Mahlow
Ortsteil
Groß Kienitz
(zu Blankenfelde-Mahlow)
Ortsteil
Dahlewitz
(zu Blankenfelde-Mahlow)
Kleinziethener
62
Berg
Riesel-
felder
Gewerbe-
gebiet
12529
15827
Selchower
See
Weinberg
53
Messe-Gelände
Berlin ExpoCenter Airport
Reiter-
hof
Groß-Kienitzer
Berge
63
Golfplatz
Clubhs.
Gewerbehof
Müllkippe
Blankenfelde
Dahlewitz
Waßmanndorf
Berliner Außenring
RE7,RB22
RE9,RB22
S9,S45,RE7
RE3,RE7
96
96a
233
270
305
5800
5802
1=Am Vogelsberg
2=Am Friedhof
1=Tarjei-Vesaas-Weg
2=Sigrid-Undset-Straße
1=Gebrüder-Grimm-Weg
2=Hans-Christian-Andersen-Weg
3=Sophie-Mereau-Weg
4=Heinrich-Spoerl-Weg
5=Friedrich-Nietzsche-Weg
6=Frank-Wedekind-Weg
7=Philipp-Melanchthon-Weg
8=Thomas-Müntzer-Weg
9=Martin-Luther-Weg
1=Siedlungsweg
2=Lerchenweg
3=Turmfalkenweg
1=Am Alten Schulsportplatz
Kirchhainer Damm
Glasower Damm
Kreischaussee
Dahlewitzer Landstraße
Kienitzer Straße
Landstraße
Dorfstraße
Rotberger Straße
Bahnhofstraße
Blankenfelder Weg
Selchower Weg
Luchweg
Weg am Reitstall
Mittenwalder
Priesterweg
Glasower Graben
Glasowbach

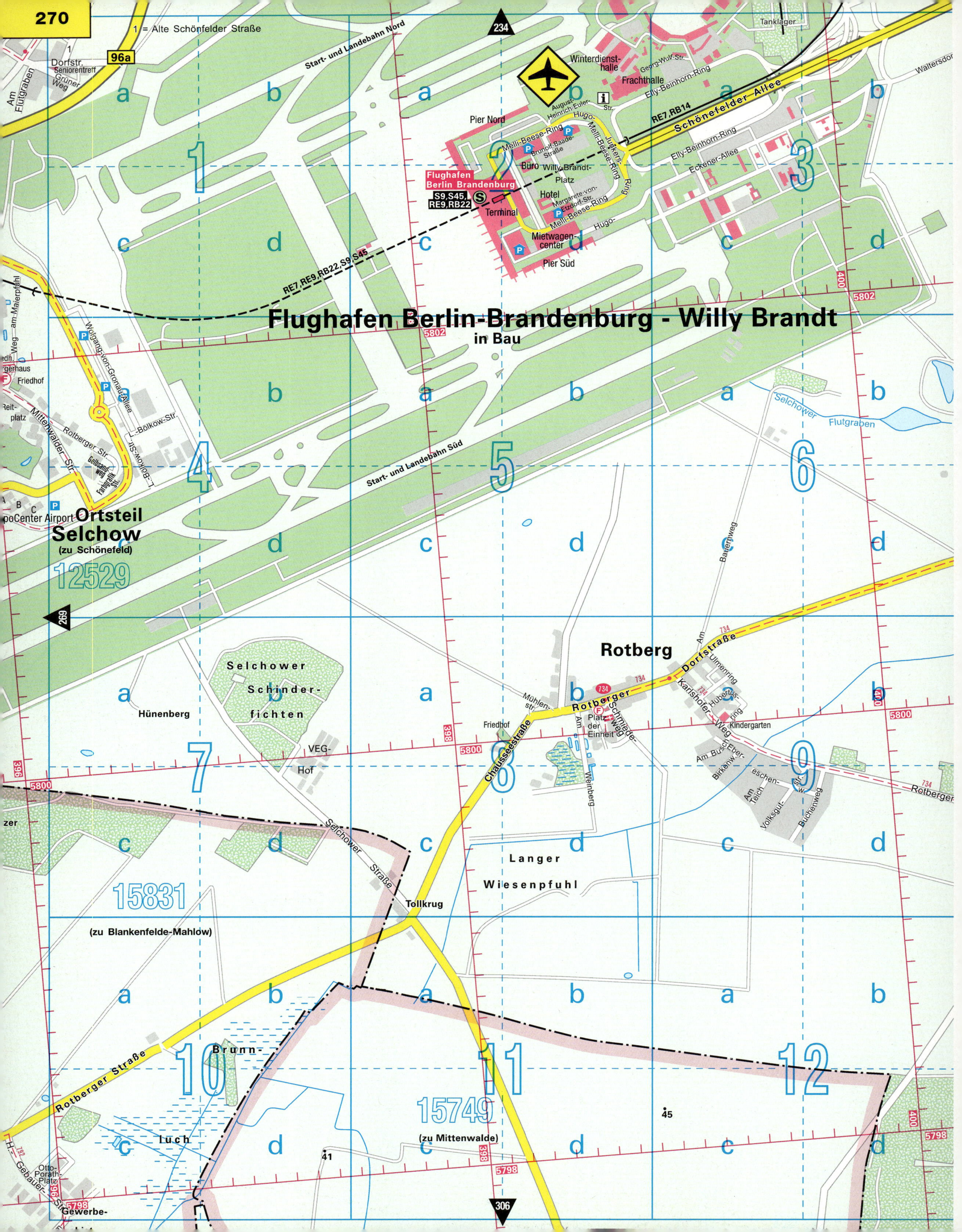
1 = Alte Schönfelder Straße
96a
Dorfstr.
Seniorentreff
Grüner Weg
Am Flutgraben
Start- und Landebahn Nord
234
Winterdiensthalle
Frachthalle
Georg-Wulf-Str.
Elly-Beinhorn-Ring
Tanklager
Waltersdorf
August-Heinrich-Euler-Str.
Pier Nord
Hugo-Junkers-Ring
Melli-Beese-Ring
Brunolf-Baade-Straße
Büro
Willy-Brandt-Platz
Flughafen Berlin Brandenburg
S9,S45, RE9,RB22
Terminal
Hotel
Margarete-von-Etzdorf-Str.
Mietwagencenter
Pier Süd
RE7,RB14
Schönefelder Allee
Eckener-Allee
RE7,RE9,RB22,S9,S45
Flughafen Berlin-Brandenburg - Willy Brandt
in Bau
5802
400
Wolfgang-von-Gronau-Allee
Bolkow-Str.
Rotberger Str.
Mittenwalder Str.
Friedhof
Selchower Flutgraben
Start- und Landebahn Süd
Bauernweg
ExpoCenter Airport
Ortsteil Selchow
(zu Schönefeld)
12529
269
Rotberg
Dorfstraße
734
Selchower Schinder-fichten
Hünenberg
VEG-Hof
Mühlen-str.
Rotberger Str.
Platz der Einheit
Schmiede-weg
Friedhof
Chausseestraße
Karlshofer Weg
Ulmenring
Hubertus-ring
Kindergarten
Am Busch
Eber-eschen-weg
Birkenweg
Am Teich
Volksgut
Buchenweg
Rotberger
Am Weinberg
5800
398
396
Selchower Straße
Langer Wiesenpfuhl
Tollkrug
15831
(zu Blankenfelde-Mahlow)
Brunn-Luch
Rotberger Straße
15749
(zu Mittenwalde)
45
41
Otto-Porath-Platz
H.-Gebauer-Str.
Gewerbe-
5798
306

271

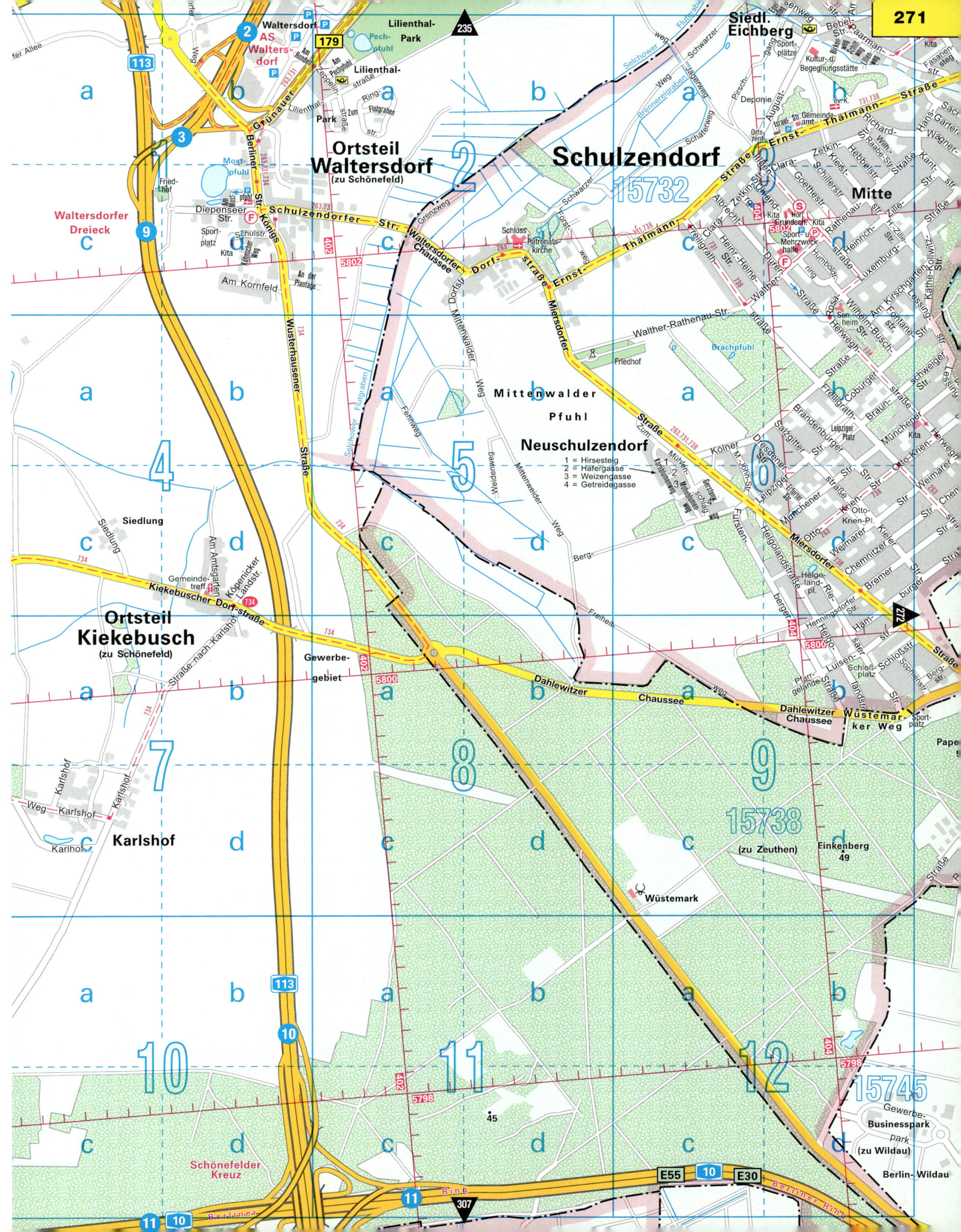

Zeuthen
Zeuthener Heide
Schmöckwitzer Werder
Heideberg
Miersdorf
Nord-
Rauchfangswerder
(Bez. TREPTOW-KÖPENICK)
Süd-
Miersdorfer Werder
Zeuthener See
Großer Zug
Dahme
Niederlehmer Werder
Klein-gärten
Falkenhorst
Hochland
Wildau
Ortsteil Niederlehme
(zu Königs Wusterhausen)
15732
15738
(zu Schulzendorf)
(zu Eichwalde)
12527
15713
15745
Galgenberg 67
Papenberg 50
Weinberg 72
Zeuthener Wall
Die Baabe
Kienpfuhl
Miersdorfer See
Rothepfuhl
Regenrückhaltebecken
Seltenzugsee
Gewerbe-geb.
Industrie-gebiet
Businesspark
Berlin-Wildau
Kleingewerbegebiet
Distributa
1 = Am Rosenbogen
2 = Forsythienweg
3 = Maiglöckchenweg
1=Margarethenstraße
1=Bahnhofplatz
1=An der Fähre
236
271
308

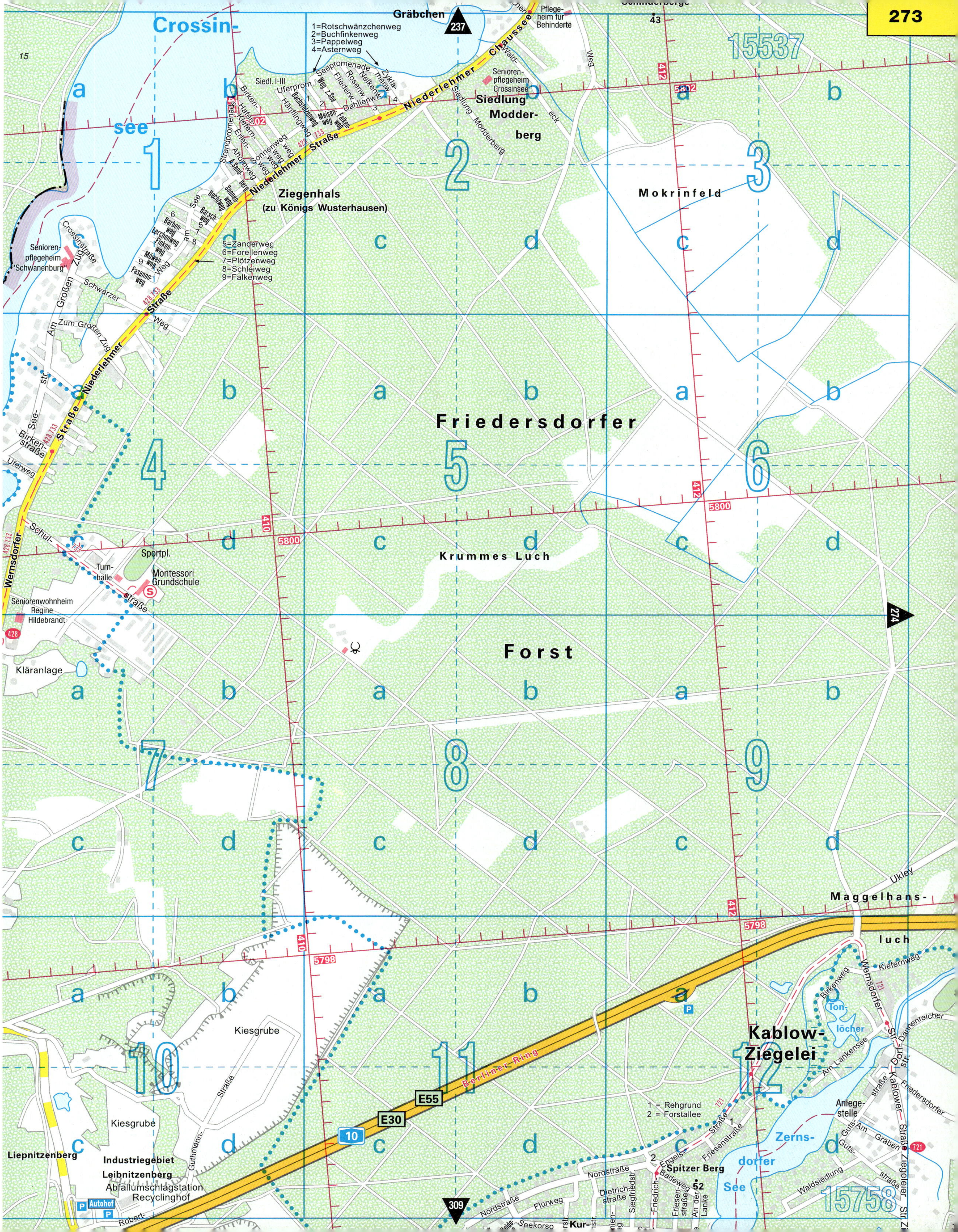
Crossin-
see
Gräbchen
237
1=Rotschwänzchenweg
2=Buchfinkenweg
3=Pappelweg
4=Asternweg
Pflege-heim für Behinderte
Schmöckwitz
15537
Senioren-pflegeheim Crossinsee
Siedlung Modder-berg
Niederlehmer Chaussee
Siedl. I-III
Seepromenade
Uferprom.
Niederlehmer Straße
Ziegenhals
(zu Königs Wusterhausen)
Mokrinfeld
5=Zanderweg
6=Forellenweg
7=Plötzenweg
8=Schleiweg
9=Falkenweg
Senioren-pflegeheim "Schwanenburg"
Crossinstraße
Schwarzer Weg
Zum Großen Zug
Am Großen Zug
Niederlehmer Straße
Friedersdorfer
Birkenstraße
Uferweg
Wernsdorfer
Schul-straße
Sportpl.
Turn-halle
Montessori Grundschule
Seniorenwohnheim Regine Hildebrandt
Krummes Luch
Forst
Kläranlage
274
Ukley
Maggelhans-
luch
Kiesgrube
Kablow-Ziegelei
Ton-löcher
Birkenweg
Kiefernweg
Wernsdorfer Str.
Am Lankensee
Dorfstr.
Kablower Str.
Friedersdorfer
Anlege-stelle
Berliner Ring
E55
E30
10
1 = Rehgrund
2 = Forstallee
Kiesgrube
Liepnitzenberg
Industriegebiet Leibnitzenberg
Abfallumschlagstation Recyclinghof
Autohof
Guhmann-Straße
Nordstraße
Flurweg
Spitzer Berg
Zerns-dorfer See
Friesenstraße
Waldsiedlung
Ziegeleistr.
309
15758
Seekorso
5800
5798
5802
410
412

274

1
a | b

2
a — 15537 (zu Gosen-Neu Zittau) — b
Oder-Spree-Kanal

3
a | b
Stahlberg 85

c | d | c | d | c | d

4
a | b
5800

5
a | b
E55
10

6
a | b
5800

◄ 273

c | d | c | d | c | d

15537
Langes Luch

7
a | b
Uckley
Ukley
Ukleysee
Sportzentrum Ukley e.V.
Sport-pl.

8
a | b
Berliner Ring
8

9
a | b
5798

Maggelhans-luch
10 — Berliner Ring — 8 — 1 — 12 — E30
Dreieck Spreeau

Friedrichshof
Chausseestraße
Friedhof
723

Sportpl.
Friedhof
Dannenreicher Weg
Ziesingsberg

10
a | b
Kablow-Ziegelei (zu Königs Wusterhausen)

11
a | b
Hasenweg
Kablow-Ziegeleier-Straße
Friedhof
Kablower Dorfstraße
Gem.-verw.
Ortsteil Dannenreich (zu Heidesee)

12
a | b
Eichenweg
Lange
Brunnen
15754

c | d | c | d | c | d
15758
310
721 723

275

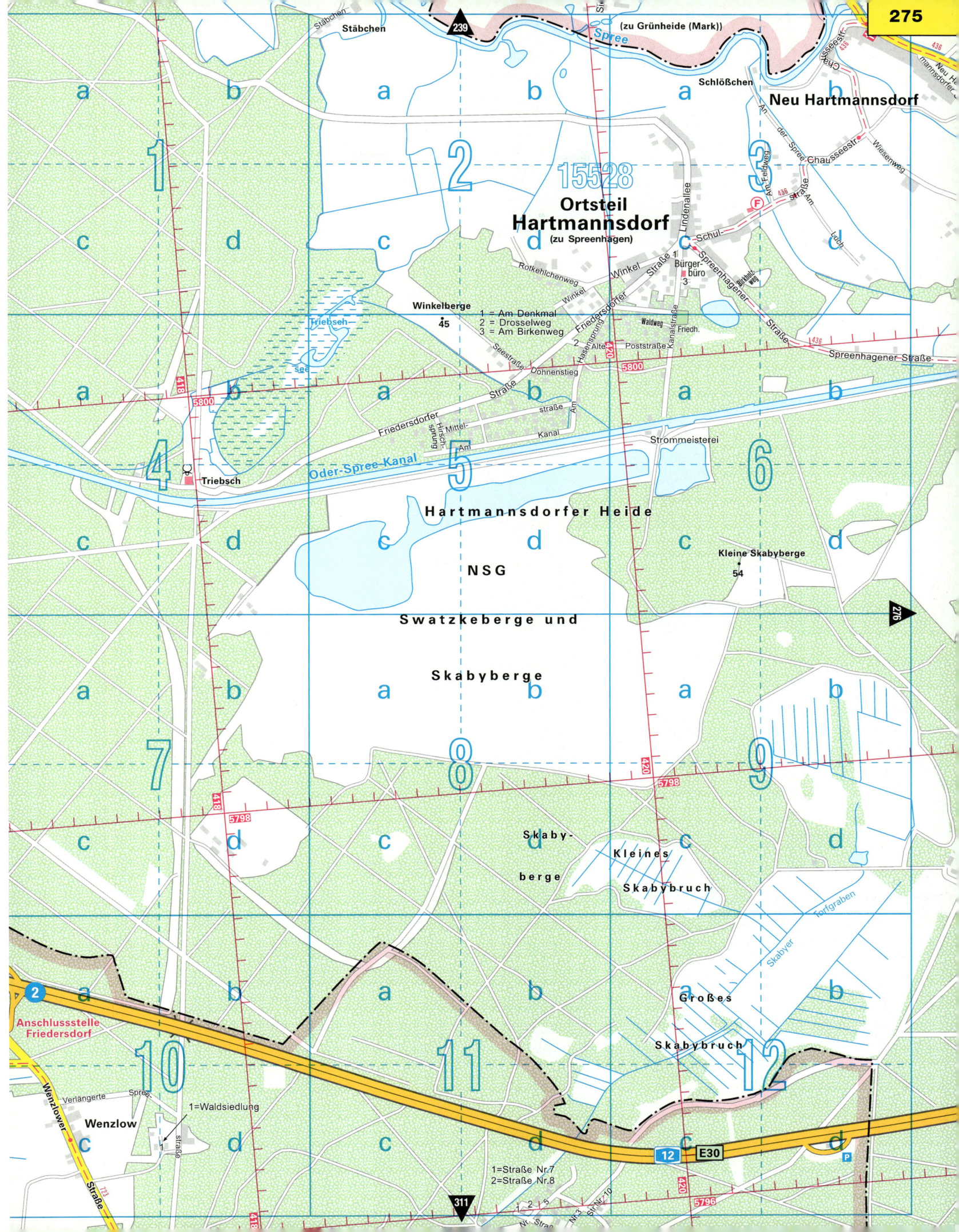

240
Neu Hartmannsdorf
Latzwall
Neu Hartmannsdorfer Str.
Friedhof
Latzwall
Röthen
Wallweg
Chaussee
Wiesenweg
Kirchhofener Straße
Grundschule
Kita
Friedhof
Oder-Spree-Kanal
Hartmannsdorfer
Spreenhagener Straße
Alt Hartmannsdorfer Straße
Kanalweg
Neue Birkenweg
Siedlerweg
Ahornweg
Kanalstraße
Hauptstraße
Siedlung
Lindenring
Feldweg
Friedersdorfer Weg
Amt
Hauptstraße
Alte Dorfstr.
Hirsegarten
Spreenhagen
15528
5800
424
436
Storkower Straße
Fürstenwalder Straße
Schießplatz
Pudel
Hirsegarten
NSG
Swatzkeberge und Skabyberge
275
Kerring
Winkel
Storkower Straße
Industrie-u. Gewerbegebiet "Storkower Straße"
Am Winkel
Autohof
5798
422
Skaby
E30
12
Försterei Dickdamm
406
5796
15859
Friedhof
Neu Stahnsdorf (zu Storkow Mark))
312

277

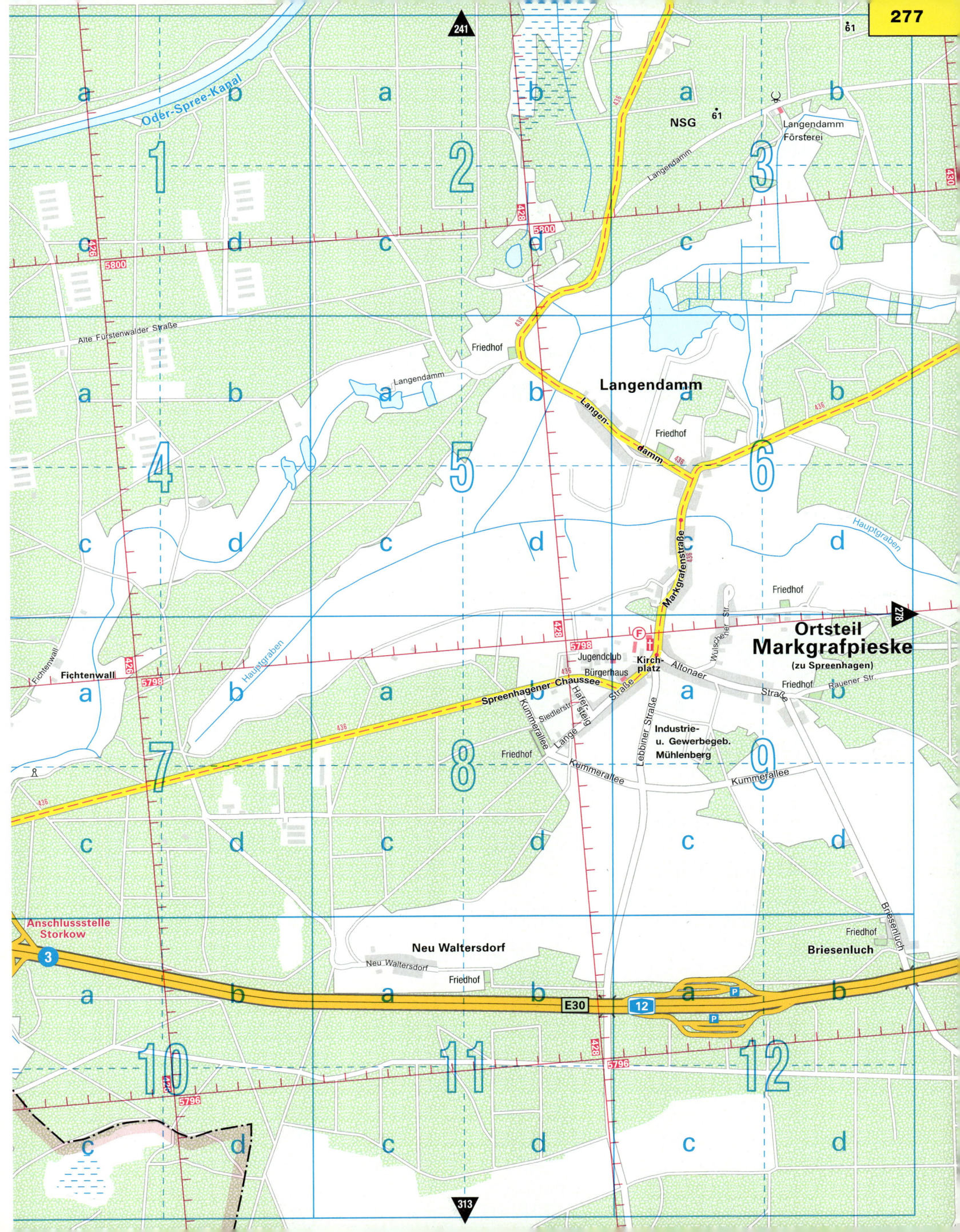

278

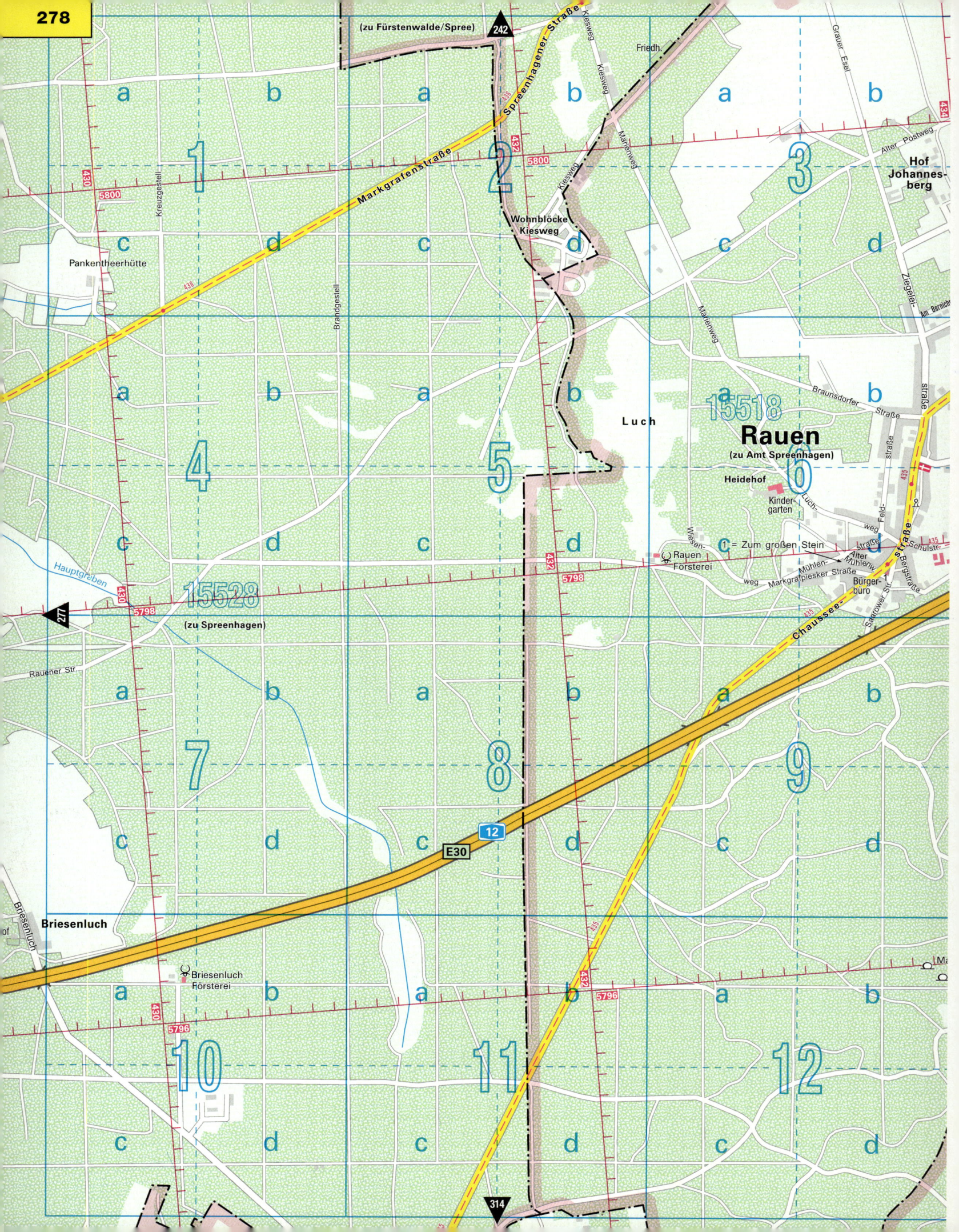

Stadtteil
Fürstenw.-Süd
(zu Fürstenwalde/Spree)
Ortsteil
Petersdorf
(zu Bad Saarow)
Ortsteil
Neu Golm
(zu Bad Saarow)
Rauener Berge
Anschlussstelle
Fürstenwalde-West
Fürstenwalde Süd
Petersdorfer See
Karlshöhe
Bernichenberg
72
Wolfsschluchten
Mühlenberg
119
153,8
Soldatenberge
113
Sand
Industriegebiet
Markgrafensteine
15517
15518
(zu Langewahl)
15526
8 = Clara-Grunwald-Weg
1 = Splettstößerstraße
2 = Platz der Republik
3 = Smetanastraße
4 = Szymanowskistraße
5 = Platz der Solidarität
6 = Puschkinplatz
Rauener Chaussee
Ketschendorfer Straße
Beeskower Chaussee
Alte Langewahler Chaussee
Saarower Chaussee
Fürstenwalder Chaussee
Golmer Straße
Umgehungsstraße
Am See
E30
12
4
243
280
315
RB 35

280

15517
- Gewerbegebiet Pionierpark
- Umspannwerk
- Lise-Meitner-Straße
- Gewerbegebiet
- (zu Fürstenwalde/Spree)
- Waldrand-Siedlung
- Anschlussstelle Fürstenwalde-Ost

15518 Langewahl
(zu Amt Scharmützelsee)
- Forsthaus Langewahl
- Chausseestraße
- Schulstraße
- Streitberger Straße
- Petersdorfer Weg
- Neu Golmer Winkelmannstraße
- Sportpl.
- Langes Gestell
- Kerngestell
- Industriegebiet
- Dubrower Berge 150

15848 Ortsteil Alt Golm
(zu Rietz-Neuendorf)
- Spitzberg 106
- Alt-Golmer-Chaussee
- Park-str. Kita
- Neue Straße
- Ahornweg
- Lindenweg
- Kirschw. Friedhofsrosenweg
- Dorfstraße
- Neugolmer Str.
- Friedh.
- 1=Kastanienweg
- 2=Buschweg
- 3=Meisenweg
- Lauseberge 125

15526 Ortsteil Neu Golm
(zu Bad Saarow)
- Heideweg
- Fürstenwalder Str.
- Bergstraße
- Ausbau
- Chausseestraße
- Alte Straße
- Gewerbegebiet
- Antenholer Weg
- Schloßberg
- Gartenring

281

- Roter Krug
- Tempelberger
- (zu Madlitz-Wilmersdorf)
- Fischwerder
- Dehmsee
- Burgwall
- Streitberger Siedlung
- Forst
- Kies
- Streitberg
- Friedh.
- 15518 (zu Berkenbrück)
- Spree
- 15518 (zu Briesen (Mark))
- Bunterschütz
- Fürstenwalder Spree
- ...zmühle

282

Großes Stadtluch · Kersdorf · Friedhof

Kersdorfer Straße · Beeskower Straße · Kirchhorstraße

Weg zum Forsthaus an der Spree · Umspannwerk · Wasserwerk · Mühlgraben

Anschlussstelle Briesen

Pumpwerk

Kersdorfer See · Am Kersdorfer See Weg · Hirschdenkmal

Weg z. Erh. Schleusen · Breites Gestell · Weg z. Erholung · Dorismühle

Kersdorfer Schleuse · An der Kersdorfer Schleuse

Forsthaus an der Spree · NSG

Drahendorfer Spree · Spree

15848

(zu Rietz-Neuendorf)

Briesen (Mark)
(zu Amt Odervorland)

248
Thomasaue
Sportplatz
Pillgramer Straße
Hauptstraße
Am Bahndamm
Jacobsdorf (Mark)
Bahnhofsiedlung
RE1
Jacobsdorf
(zu Amt Odervorland)
15236
Ortsteil Pillgram
(zu Jacobsdorf)
Jacobsdorfer Straße
Frankfurter Straße
"Pflaumenweg"
Wohngeb.
Freizeithalle
Kita
Spielpl.
Biegener Straße
Heimatmuseum
Expopark
Gewerbegebiet "Expopark"
Anschlussstelle Müllrose
Tank- u. Rastanlage Biegener Hellen
Autobahnpolizei
12
E30
7
Ausbau Autobahn
Galgenberg 59
283
Schwarzer Weg
Siedlerweg
Müllroser
Landstraße
Friedhof
Pillgramer Straße
Ortsteil Biegen
(zu Briesen (Mark))
15518
Dorfclub
Sportpl.
Dorfstraße
Friedensstr.
Weg der Freundschaft
Hasenberg 60
15299
(zu Müllrose)
(zu Müllrose)
5798
5796
5794
1
2
3
4
5
6
7
8
9
10
11
12

285

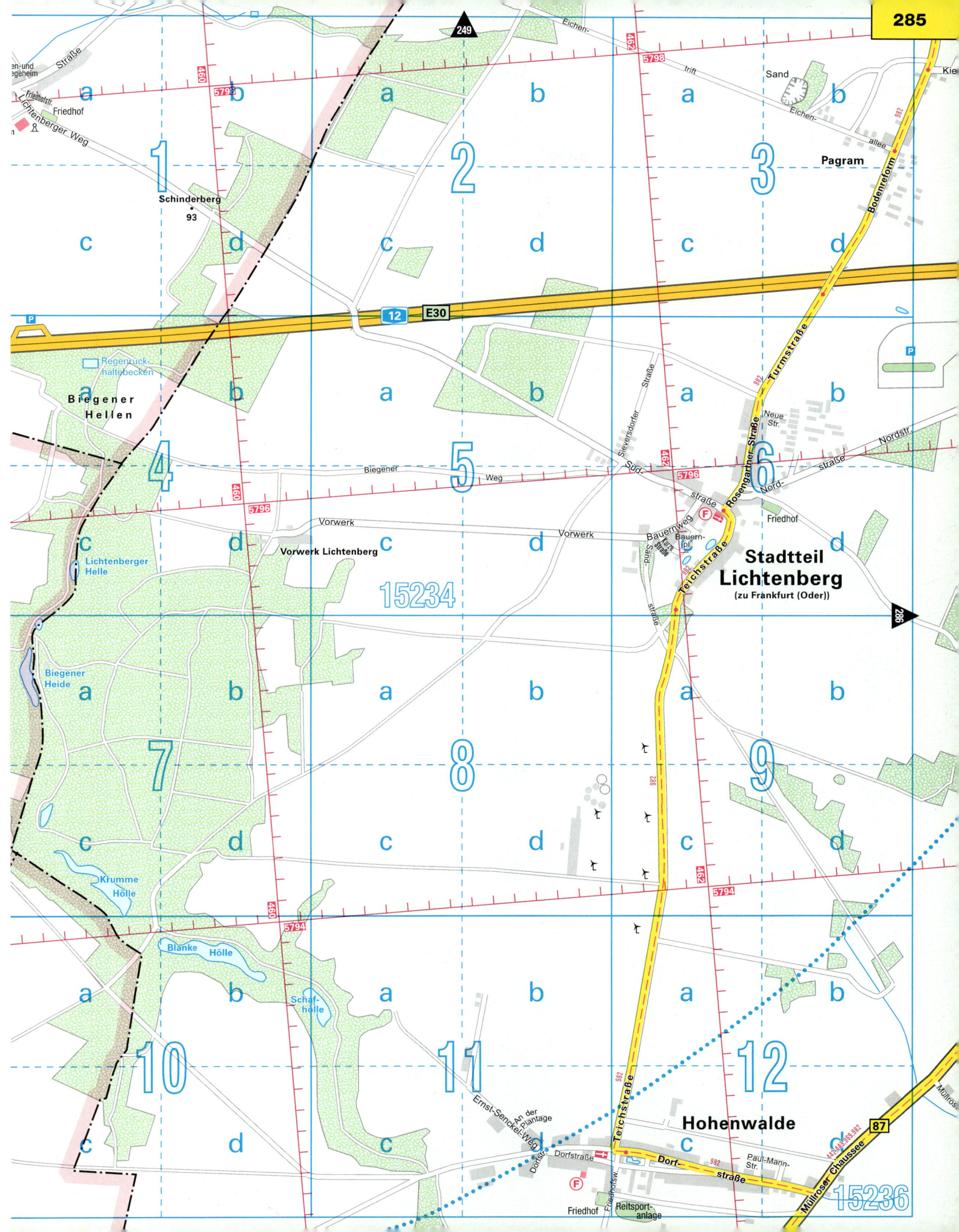

15234
250
285
Pagram
Nuhnen
Kiesweg
Bodenreform
Amsterdamer Straße
Litauische Straße
Finnische Str.
Brüsseler Str.
Kanzelstein
Napfchenstein
Alte Nuhnenstraße
Buckower Straße
Conergy-Straße
13=Eibenweg
14=Mahonienweg
15=Dubrower Weg
Pappelweg
Feuerdornstr.
Weißdornstr.
Sandgrund
Kopernikusstraße
Juri-Gagarin-Ring
A.-Leonow
Südring
Landesbehördenzentr.
Brandenb. Straßenbauamt
Finanzamt
Landesumweltamt/MUNR
Arbeits-
Frankfurter Höhe
Elsenhüttenstädter Chaussee
Müllroser Chaussee
Bremsdorfer Str.
Saarower Str.
An der Autobahn
Lossower Str.
Hohenwalder Str.
Anschlussstelle Frankfurt (Oder)-West
Anschlussstelle Frankfurt (Oder)-Mitte
Schießsportanlage
E30
Bierweg
Siedlung Markendorf
Technologiepark
Im Technologiepark
Frankfurter Innovations- u. Transferzentrum
Lehmweg
Maulbeerweg
Stachelbeerweg
Erdbeerweg
Neubauernweg
Stiller Weg
Fuchsbau
Tannenweg
Zollabfertigung ETTC
Belgische Str.
Lettische Str.
Frankfurter Tor
Polnische Straße
Nordstr.
Marie-Curie-Straße
Lise-Meitner-Str.
LVA
Gewerbegebiet
Bertha-von-Suttner-Straße
Nic.-August-Otto-Straße
Th.-A.-Edison-Str.
Konrad-Zuse-Straße
Fauler See
Klinikum
Stadtteil Markendorf
(zu Frankfurt (Oder))
Bauernhilfe
Dorfplatz
Friedhof
Sportpl.
Wildbahn
Am Waldrand
Sperlingsweg
Igelweg
Georg-Simon-Ohm-Str.
Landesamt f. Verbraucherschutz u. Landwirtschaft
Gerhard-Neumann-Str.
Werner-von-Siemens-Str.
John-Bardeen-Str.
Tobias-Magnus-Str.
Georg-Quincke-Str.
Lindower Weg
Birnenweg
Otto-Hahn-Straße
Markendorfer Wald
1=Hirschwinkel
2=Jägersteig
3=Am Halbleiterwerk
4=Goldammerweg
5=Grünfinkenweg
OE36
Dachsberge
Malchow
Forsthaus Malchow
Lossower
1=Rehwiese
An den Dachsbergen
Kaisermühler W.
Müllroser
Lichtenberger
Markendorfer Graben
Helenesee
Waldweg
Küstr

Stadtteil Güldendorf (zu Frankfurt (Oder))

Stadtteil Lossow (zu Frankfurt (Oder))

288

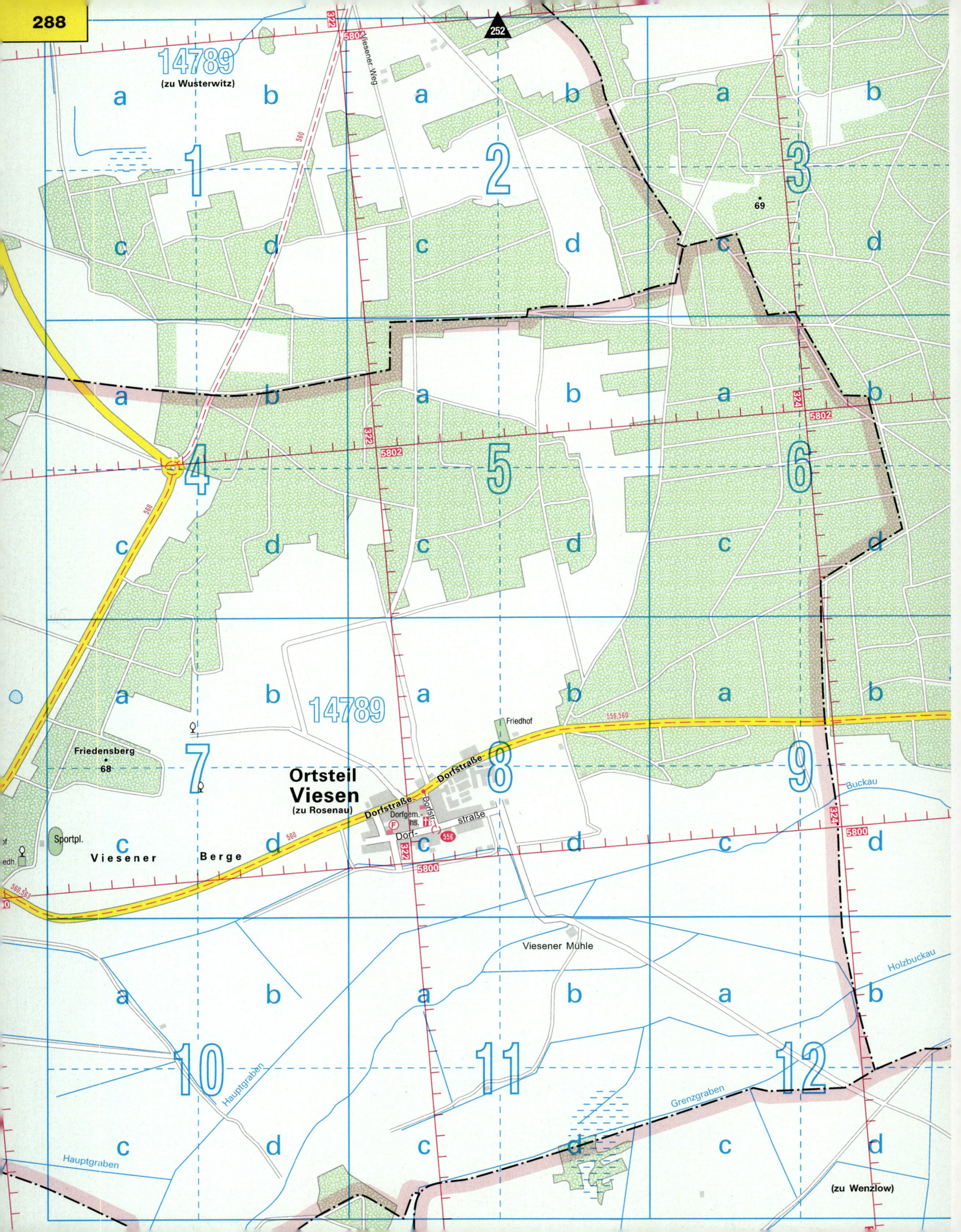

14789
(zu Wusterwitz)

a | b | a | b | a | b

1 | 2 | 3

c | d | c | d | c | d

a | b | a | b | a | b

4 | 5 | 6

c | d | c | d | c | d

a | b | 14789 a | b | a | b

Friedhof

Friedensberg
68

7 | 8 | Buckau | 9

Ortsteil
Viesen
(zu Rosenau)

Dorfstraße · Dorfstraße

Sportpl.
Viesener Berge
Dorfgem.-hs.
Dorf- straße

c | d | c | d | c | d

Viesener Mühle

Holzbuckau

a | b | a | b | a | b

10 | 11 | 12

Hauptgraben

Grenzgraben

c | d | c | d | c | d

Hauptgraben
(zu Wenzlow)

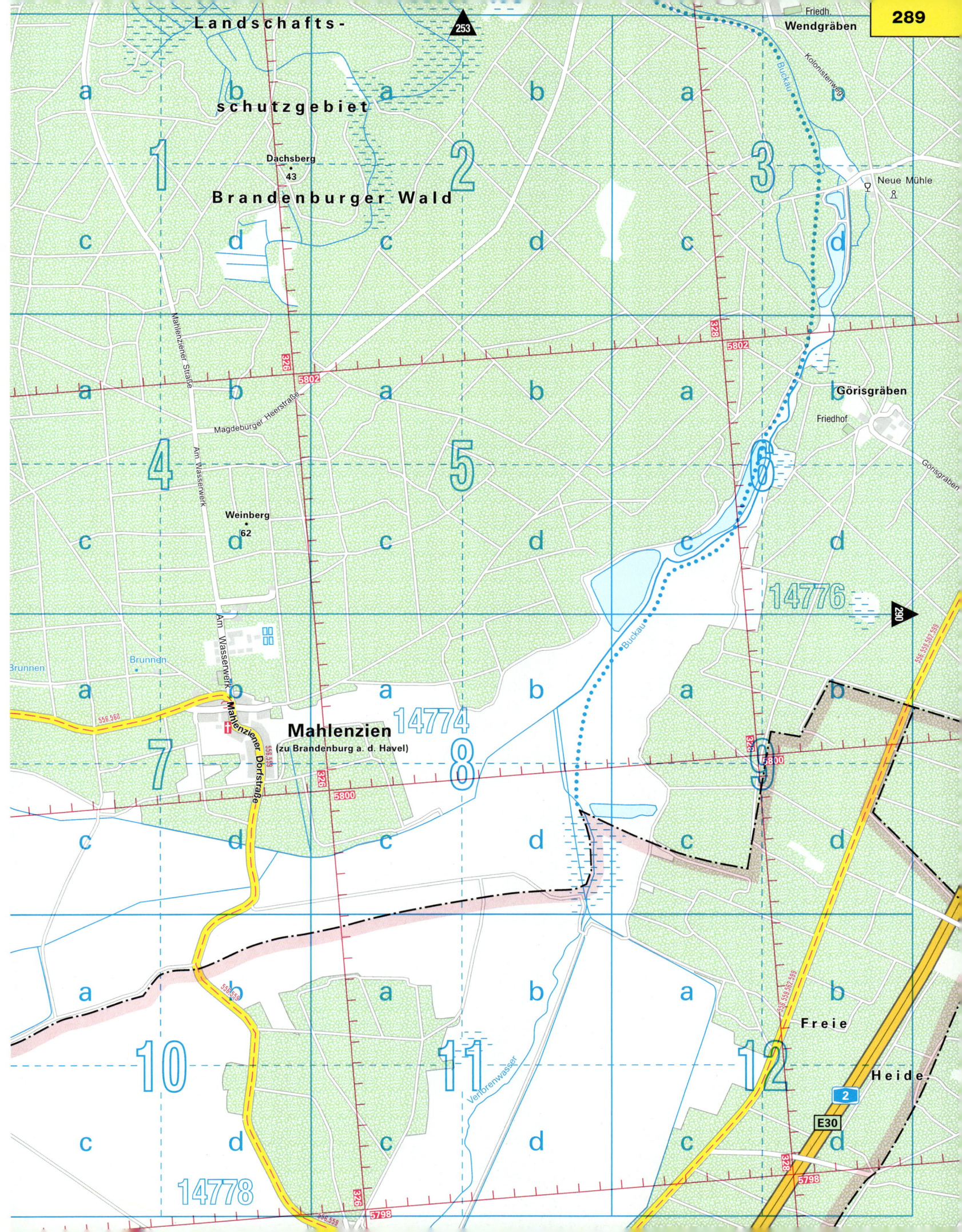

289

Landschafts-schutzgebiet Brandenburger Wald

- Dachsberg 43
- 253
- Friedh. Wendgräben
- Kolonistenweg
- Neue Mühle
- Mahlenziener Straße
- Magdeburger Heerstraße
- Am Wasserwerk
- Weinberg 62
- Buckau
- Görisgräben
- Friedhof
- 14776
- Brunnen
- Mahlenzien (zu Brandenburg a. d. Havel)
- Mahlenziener Dorfstraße
- 14774
- 14778
- Verlorenwasser
- Freie Heide
- E30

290

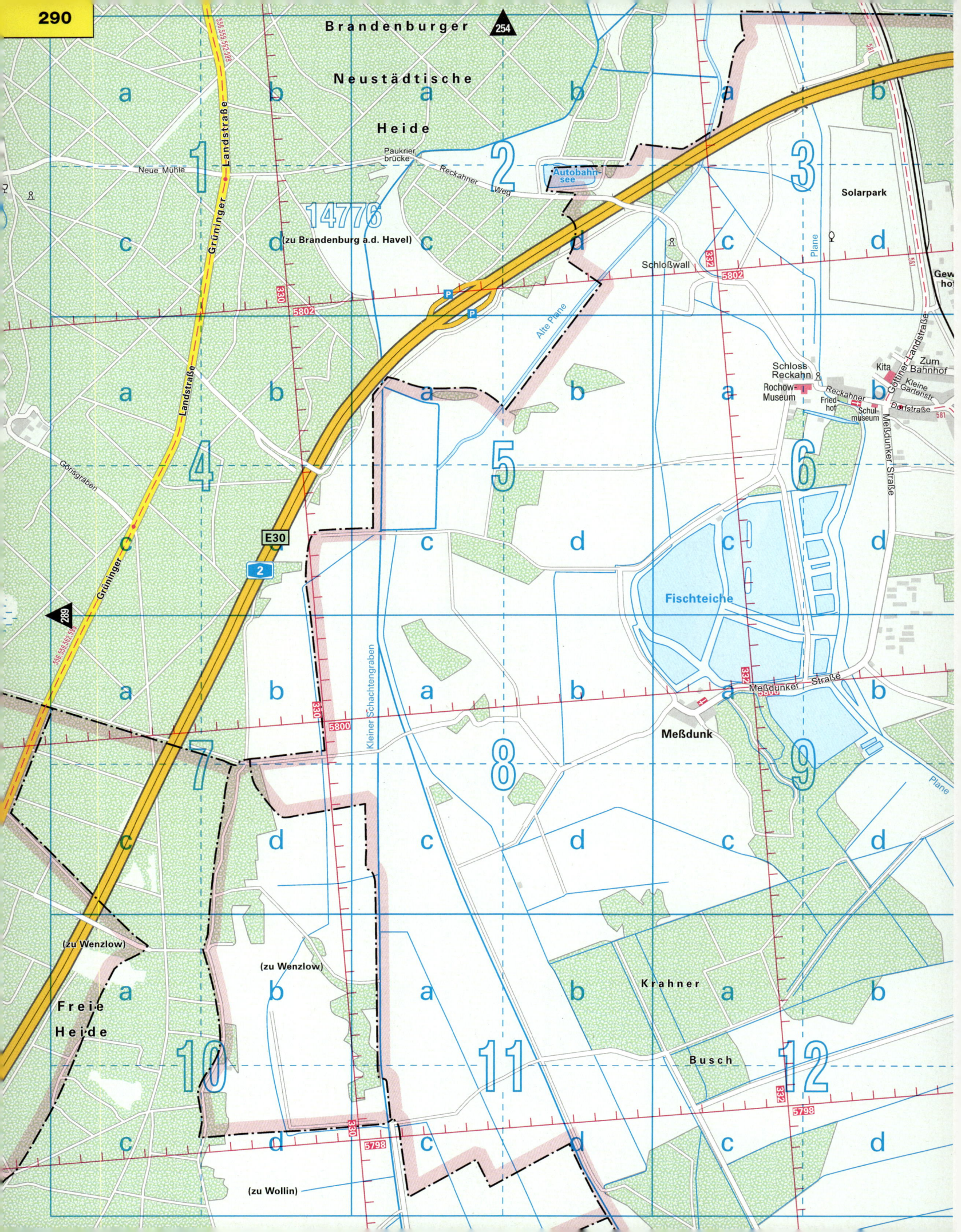

291

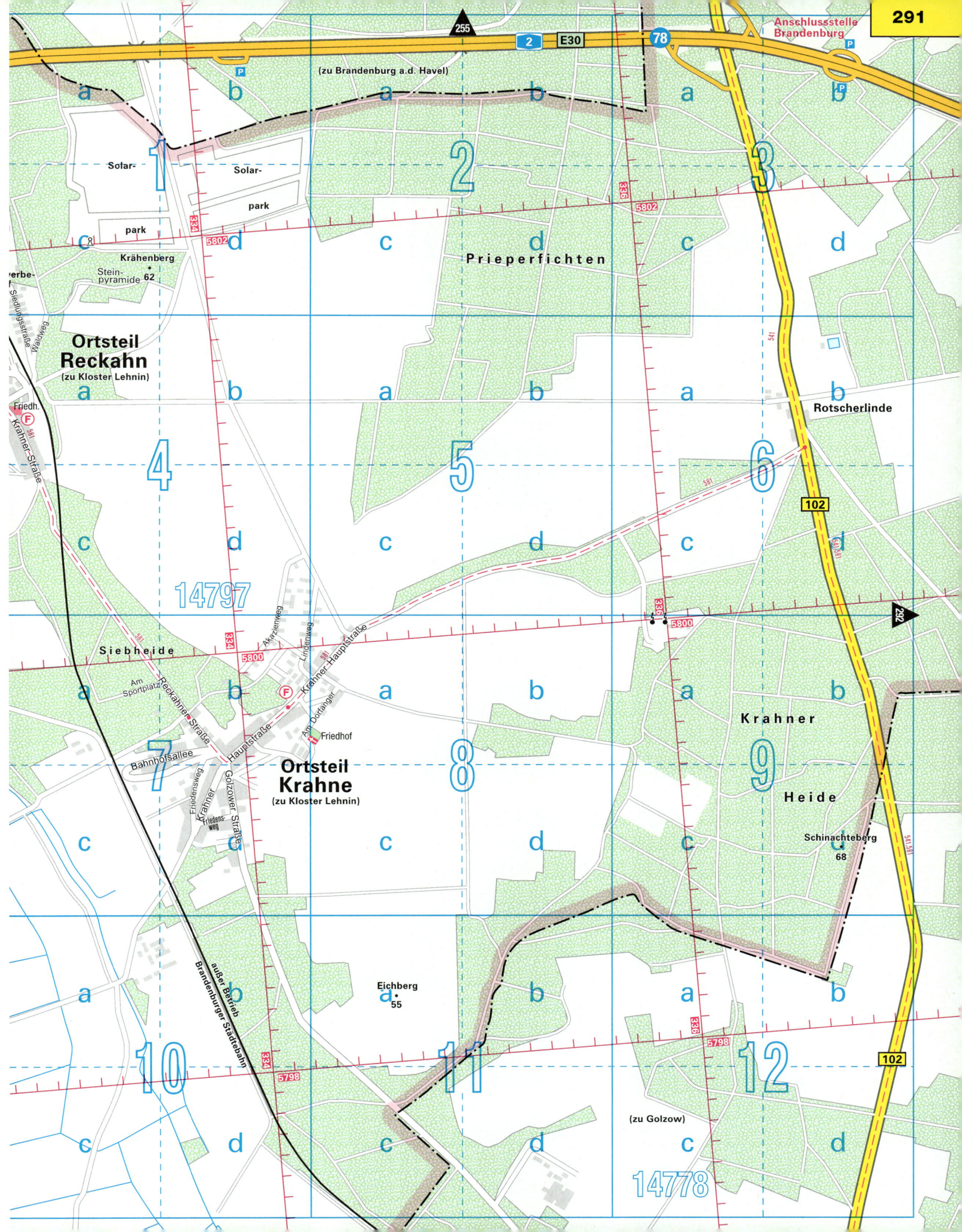

(zu Brandenburg a.d. Havel)

Anschlussstelle Brandenburg

Solarpark

Krähenberg
Steinpyramide 62

Prieperfichten

Ortsteil Reckahn
(zu Kloster Lehnin)

Rotscherlinde

14797

Siebheide

Akazienweg
Lindenweg
Krahner Hauptstraße

Am Sportplatz
Reckahner Straße
Hauptstraße
Am Dorfanger
Friedhof

Krahner Heide

Bahnhofsallee
Friedensweg
Golzower Straße
Krahner Friedensweg

Ortsteil Krahne
(zu Kloster Lehnin)

Schinachteberg 68

außer Betrieb
Brandenburger Stadtebahn

Eichberg 55

(zu Golzow)

14778

292

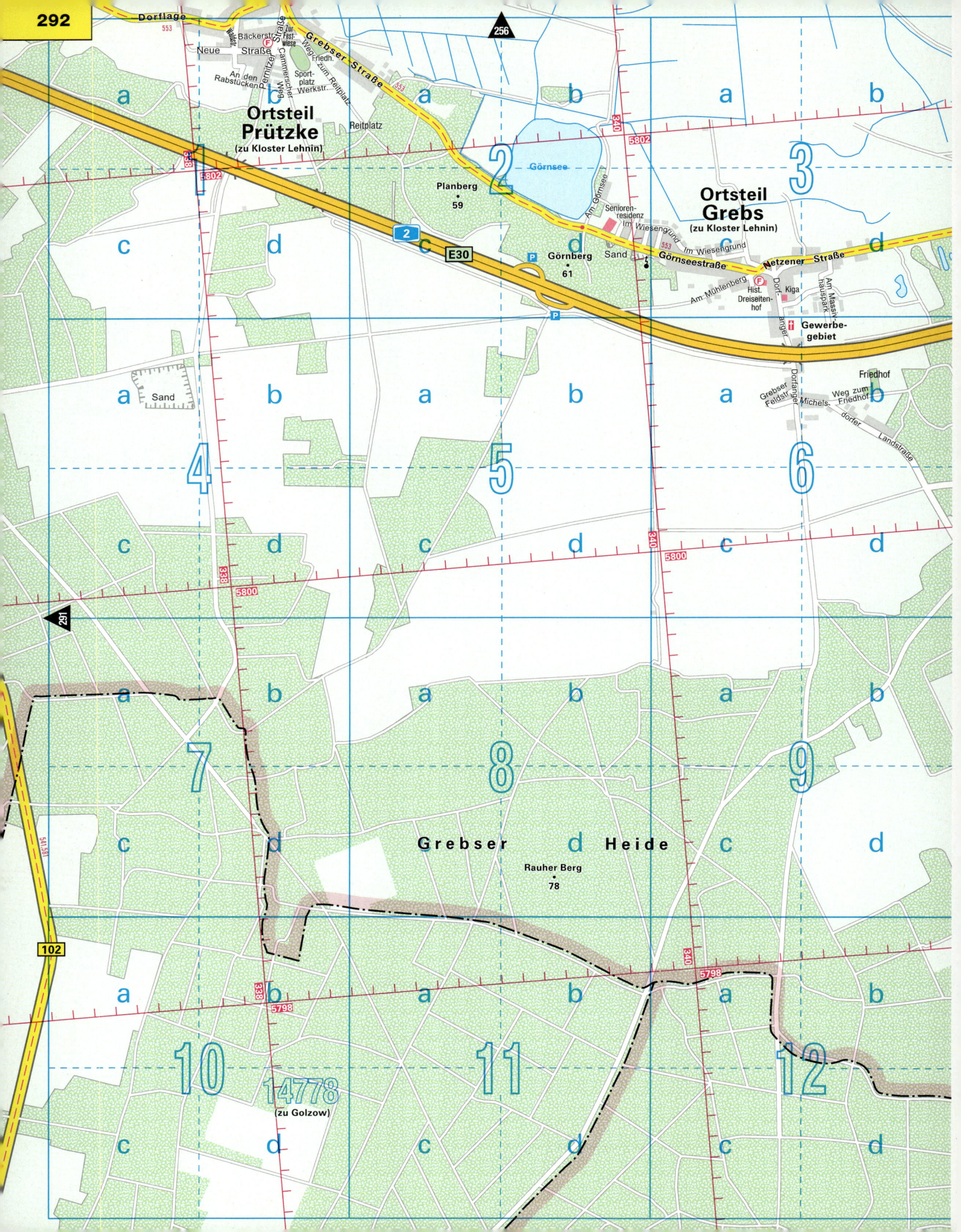

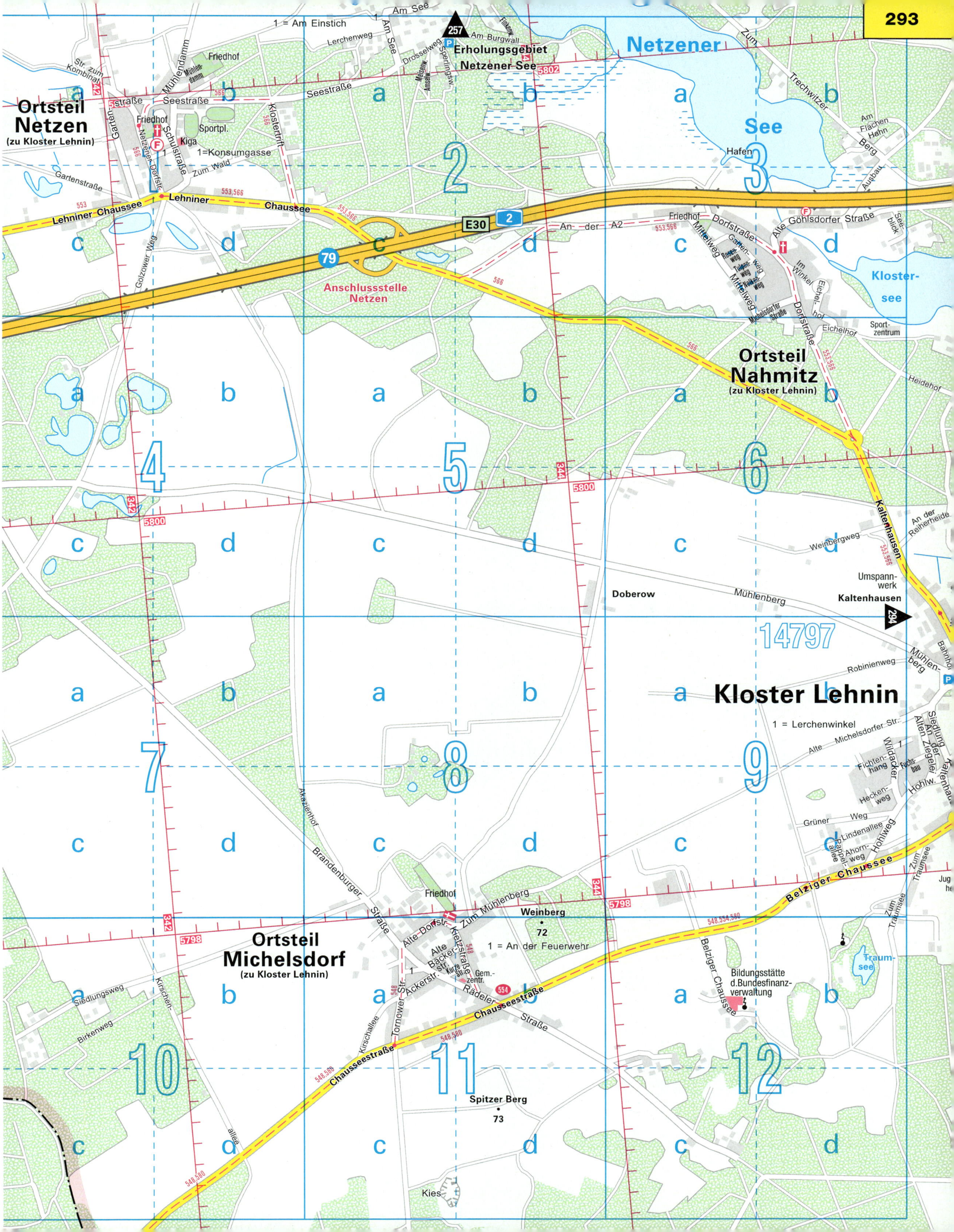
Ortsteil Netzen
(zu Kloster Lehnin)
Netzener See
Erholungsgebiet Netzener See
Anschlussstelle Netzen
Ortsteil Nahmitz
(zu Kloster Lehnin)
Kloster-see
Doberow
Umspann-werk
Kaltenhausen
14797
Kloster Lehnin
1 = Lerchenwinkel
Ortsteil Michelsdorf
(zu Kloster Lehnin)
1 = An der Feuerwehr
Weinberg
72
Spitzer Berg
73
Bildungsstätte d.Bundesfinanz-verwaltung
Traum-see
Kies
1 = Am Einstich
1=Konsumgasse
Lehniner Chaussee
Belziger Chaussee
Chausseestraße
Brandenburger Straße
Mühlenberg
Kaltenhausen
E30
2
79
257
294

Klosterheide
Alte Berliner Straße
E30
2
80
Anschlussstelle Lehnin
Heidehaus
Siebgraben
Kloster-
see
Sport-zentrum
Heidehof
Kellner Fenn
Strand-bad
Institut für Kunst und Handwerk
Skulpturen-park
Ortsteil Lehnin
(zu Kloster Lehnin)
Damsdorfer Chaussee
Am Klostersee
Am Fischersberg
Potsdamer Straße
Sport-zentrum
Schamp-see
Kolpi
Schampgraben
Kläranlage
Waldsiedlung
Spargelhof
Kaltenhausen
Altenheim
Altenhilfs-zentr.
Kloster
Kurfürstenstraße
Neuhäuserstr.
Friedhof
Beelitzer Straße
Hasenkampstraße
Am Hasenkamp
Deichstr.
Mühlen-
teich
Fließgraben
Markt-pl.
Bahnhofstraße
Friedensstraße
Emstaler Landstraße
Grundsch. Emsterlandh.
Ober-schule
Rat-haus
Kloster Lehnin
14797
Belziger Straße
Lindenstraße
Gohlitzstraße
Jugend-heim
Friedhof
Mittelsee
Gohlitz-
see
Gohlitzhof
Großheide
Kinder- u. Jugendeinrichtung "Alte Ziegelei"
Am Gohlitzsee
Naturschutz-gebiet
Emstaler Schlauch
Gem.-zentr.
Friedhof
Emstaler
Hauptstraße
Alte Lehniner Straße
Bliesendorfer Straße
Backofen-mus.
Am Waldrand
Brücker Str.
Ortsteil Emstal
(zu Kloster Lehnin)

295

- Dreieck Werder
- Bliesendorfer Fichten
- Ortsteil **Bliesendorf** (zu Werder (Havel))
- 14542
- Krummahdberg 78
- Berliner Ring
- Luchgraben
- Salzleckenberge 41
- Resau
- Plessower Heide
- Hohes Steinfeld
- Hohes Steinfeld 61
- Kaniner Luch
- (zu Schwielowsee)
- 14547 (zu Beelitz)

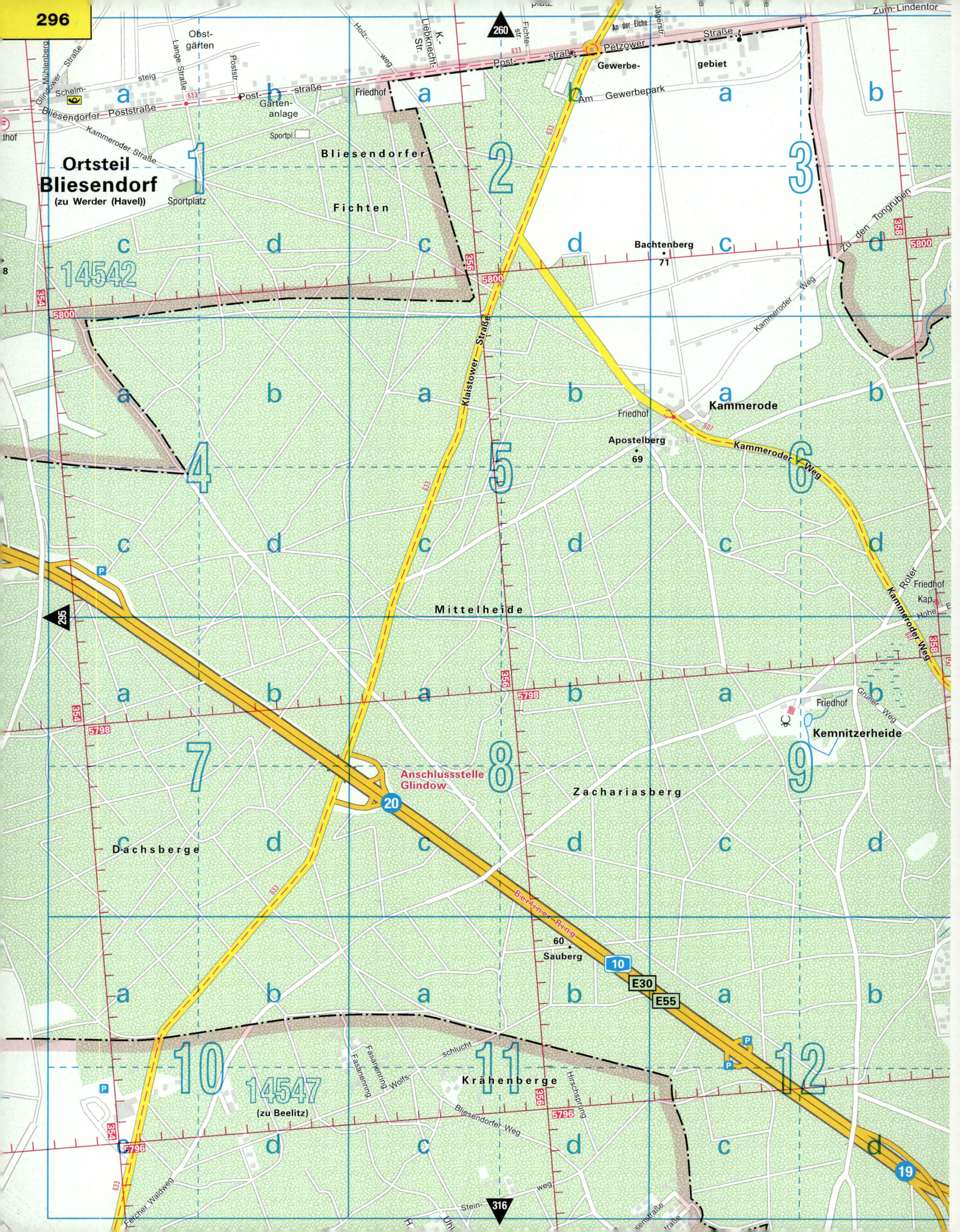
Ortsteil Bliesendorf
(zu Werder (Havel))
14542
14547
(zu Beelitz)
Obstgärten
Gartenanlage
Sportplatz
Sportpl.
Friedhof
Bliesendorfer Poststraße
Post- straße
Kammeroder Straße
Lange Straße
Poststr.
Glindower Straße
Mühlenberg
Schelm- steig
Holz- weg
K.-Liebknecht-Str.
Fichte- str.
Jägerstr.
An der Eiche
Petzower Straße
Post- straße
Zum Lindentor
Gewerbe- gebiet
Am Gewerbepark
Bliesendorfer Fichten
Bachtenberg
71
Zu den Tongruben
Kammeroder Weg
Klaistower Straße
Kammerode
Friedhof
Apostelberg
69
Mittelheide
Roter Kammeroder Weg
Friedhof
Kap.
Hohe
Friedhof
Grüner Weg
Kemnitzerheide
Anschlussstelle Glindow
20
Zachariasberg
Dachsberge
Berliner Ring
60
Sauberg
10
E30
E55
19
Krähenberge
Fasanenring
Wolfs- schlucht
Hirschsprung
Bliesendorfer Weg
Ferner Waldweg
Stein- weg
260
295
316
5800
5798
5796
354
356
358
633
807
1
2
3
4
5
6
7
8
9
10
11
12
a
b
c
d

261
(zu Werder (Havel))
Zu den Tongruben
Kesselberg
62
Bullen-
wiese
Fercher Straße
Löcknitz
Gänsehorn
Schwielow-
see
5800
Wende-
platz
Kastanienallee
Ortsteil
Caputh
(zu Schwielowsee)
Schwielowseestraße
RB 22
Flottstelle
Zur Roten Brücke
Müll-
deponie
Am Luch
Kiefernweg
Flottstelle
Hasensprung
Jägersteig
Rohrweg
Gärtnerei
Mittelbusch
Japanischer
Bonsaigarten
1=An der Apfelplantage
2=An der Nerzfarm
3=Zum alten Landrat
Sportplatz
Fontane-
park
Neue
Scheune
Wasserwerk
Glindower Weg
Heideweg
Anlegestelle
14548
Schwielowsee
Fercher Berge
Strand-
bad
5798
1 = Karl-Schuch-Weg
2 = An den Eichen
Bergsiedlung
Großer
Lienewitz-
see
298
Kl.
Liene-
witz-
see
Lienewitz
(zu Michendorf)
14557
Gemeinde-
verw.
Dorfstraße
Potsdamer
Platz
Museum der Havelländischen Malerkol.
Senioren-
heim
Friedhof
Mühlen-
grund
Beelitzer Straße
Burgstraße
Lienewitzweg
Wietkiekenweg
Wietkikenberg
125
Ortsteil
Ferch
(zu Schwielowsee)
Karl-Göbel-W.
H.-Wacker-W.
Alex-v.-Monno-W.
A.-Borghard-Weg
E.-W.-Mertens-W.
Erich-Schultz-Weg
Fercher Waldstr.
Dorfstelle
Alte Dorfstelle
Seddiner Weg
Anschlussstelle
Ferch
18
Ferch-Lienewitz
Am Bahnhof
Schmerberg
RB22
E55
E51
E30
10
5796
Dreieck
Potsdam
19
14554
(zu Seddiner See)
317
RE7, RB22, RB33
1
2
3
4
5
6
7
8
9
10
11
12

298

Caputher Heide

Ortsteil Caputh (zu Schwielowsee) 14548

Caputher See

Michendorf 14557

Siedlung Willichslust

Siedlung Michendorf West

1 = Ulmenallee
2 = Saarmunder Stichweg
3 = Michendorfer Gartenstr.

Großer Lienewitzsee

Tank- und Rastanlage Michendorf

Anschlussstelle Michendorf

Siedlung Bergheide

Ortsteil Neuseddin (zu Seddiner See) 14554

1 = Zum Sportplatz
2 = Am Apfelweg
3 = Am Birnenweg
4 = Am Quittenweg

Lehnmarke

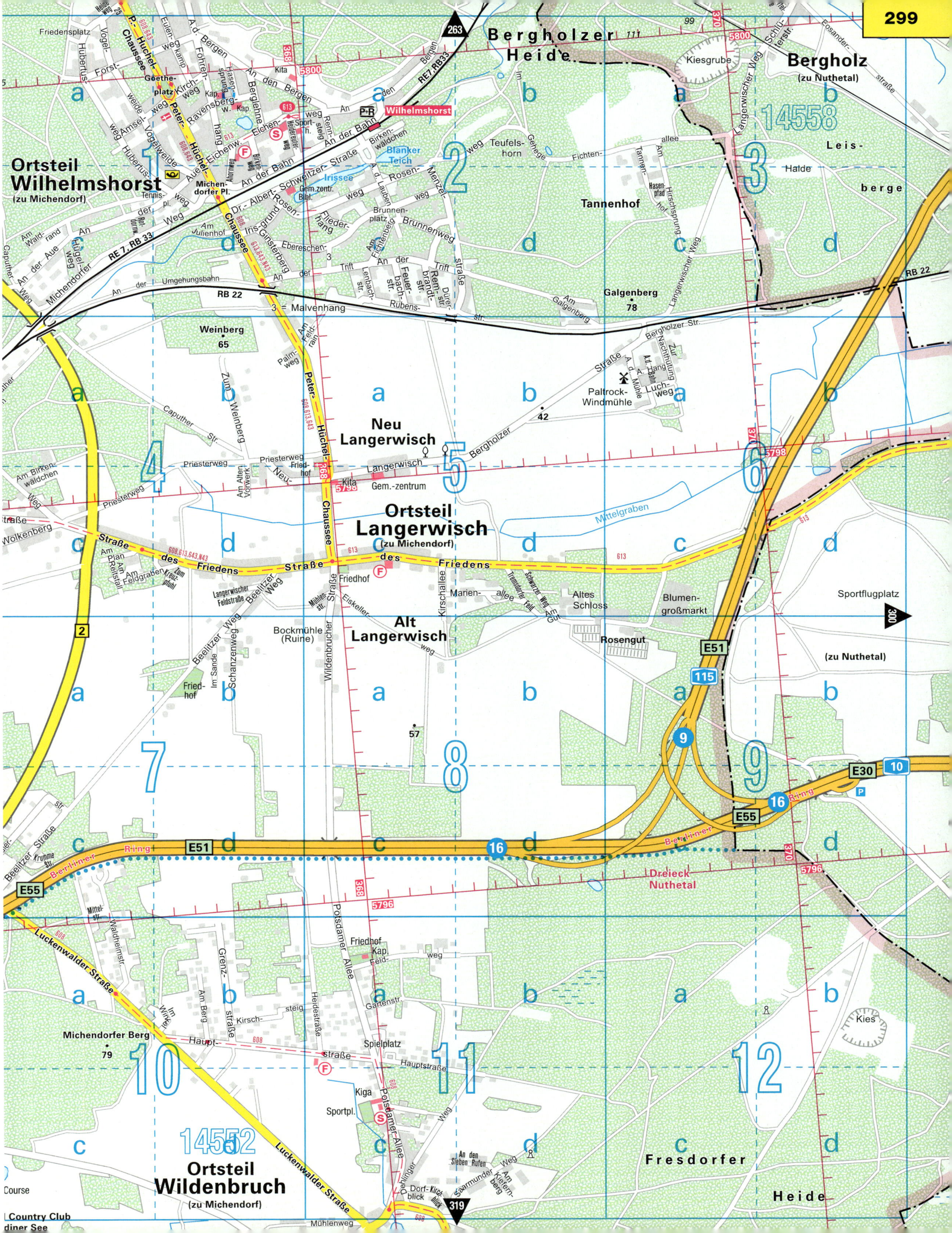
Bergholzer Heide
Bergholz
(zu Nuthetal)
14558
Leis-berge
Halde
Kiesgrube
Ortsteil Wilhelmshorst
(zu Michendorf)
Wilhelmshorst
Teufelshorn
Tannenhof
Galgenberg
78
Blanker Teich
Irissee
Weinberg
65
Neu Langerwisch
Paltrock-Windmühle
42
Ortsteil Langerwisch
(zu Michendorf)
Gem.-zentrum
Mittelgraben
Straße des Friedens
Friedhof
Alt Langerwisch
Bockmühle (Ruine)
Altes Schloss
Rosengut
Blumengroßmarkt
Sportflugplatz
(zu Nuthetal)
57
Berliner Ring
Dreieck Nuthetal
Michendorfer Berg
79
14552
Ortsteil Wildenbruch
(zu Michendorf)
Luckenwalder Straße
Potsdamer Allee
Hauptstraße
Spielplatz
Sportpl.
Kiga
Fresdorfer Heide
Kies
Country Club
Mühlenweg
Peter-Huchel-Chaussee
Dr.-Albert-Schweitzer-Straße
Bergholzer Straße
Priesterweg
Caputher Str.
Beelitzer Weg
Wildenbrucher Straße
Kirschallee
Marienallee
RE 7, RB 33
RB 22
E51
E55
E30
115
10
9
16
2
263
300
319

Bergholz
(zu Nuthetal)
Anschlussstelle Saarmund
Friedenstraße
E51
115
14558
Leis-
berge
Berliner Außenring
RB 22
Philippsthal
Philippsthaler Dorfstr.
Friedhof
Nudow Ausbau
Nudow
1=Fliederweg
Nudower Dorfstraße
Krumlingsbrücke
Stöckerhaus
Stöckerbrücke
Saarmund
Nuthe
Stöcker
Torfgraben
Torfbrücke
Potsdamer Straße
(zu Michendorf)
Bibliothek
Kindertagesstätte
Am Markt
Saarmund
(zu Nuthetal)
Grundschule
Sportplatz
Eichberg
95
Saarmunder Berg
97
Beelitzer Straße
Weinberg-straße
Waldkolonie
Rieselfelder
Baumschule
Fahlhorster Dorfstr.
Große Wiese
Berliner Ring
10
E30
E55
Saarmunder Elsbruch
Ziebchenberg
81
(zu Michendorf)
Saarmunder Nuthe-Wies
Saugraben
Alte Nuthe
264
299
320

14532
(zu Stahnsdorf)
Nudower Dorfstraße
Im Wiesengrund
Zur Mühle
Mühle
Luchwiesen
Berliner Außenring
Jahnsberg
Potsdamer Str.
Lf.-Struv
1 = Am Ahrensdorfer Bahnhof
2 = Sandbirkenweg
3 = Blaumeisenweg
Potsdamer Straße
Potsdamer Landstraße
Großbeerener Str.
Friedhof
Gem.-verw.
Am Sportpl.
An den Kopfweiden
Gröbener Straße
Trebbiner Landstraße
Siethener
Elsbruch
Ortsteil Ahrensdorf
(zu Ludwigsfelde)
Ahrensdorfer Heide
Waldsiedlung
AS Ludwigsfelde-West
Fahlhorst
E30
E55
Leopoldsgraben
Schiefer Berg
14974
1=Seestückeweg
Ortsteil Siethen
(zu Ludwigsfelde)
Hageberg
Weinberg
Potsdamer Chaussee
Zum Wiesenberg
Seeblick
Birkengasse
Berliner Weg
Feldweg
Ludwigsfelder Chaussee
Siethener Dorfstr.
Trebbiner Chaussee
Robinienweg
Ebereschenallee
Kirschallee
Sportplatz
Siethener See
Am Siethener See
Ortsteil Gröben
(zu Ludwigsfelde)
Gröbener Allee
Friedhof
Kaiserdamm
Priestersteig
1 = Ahornhof
2 = Eschenhof
3 = Kastanienhof
4 = Ulmenhof
5 = Weidenhof
6 = Erlenhof
7 = Birkenhof
8 = Am Schniederluch
Gröbener Dorfstr.
Kleine Potsdamer Str.
Uppstallweg
Saugraben
Gröbener See
Jütchendorfer Chaussee
265
302
321

14532
(zu Stahnsdorf)
Riesel-
felder
Großbeerener Landstraße
Kleingartenanl. Heidegrund
Berliner Außenring
Genshagener
Industrie-
park
West
Heide
Robert-Bosch-Str.
Rudolf-
Diesel-
Daimler-
Otto-
Wilh.-Maybach-
Gottlieb-
Nikolaus-
Carl-Benz-Str.
Zum Industriepark
Industriepark
Ost
Lf. Genshagener Heide (außer Betrieb)
Gottlieb-Daimler-Str.
Anhalter Bahn
Eichspitze
Ludwigsfelde-Nord Brandenburg-Park
Oberstufenzentrum Teltow-Fläming
Sport-plätze
LISUM Landesinstitut für Schulen u. Medien
Struveshof
Sputendorfer
Weg
Lf.-Struveshof
Potsdamer
Straße
Gröbener
Ruhrstr.
Werra-
Fuldastr.
Isarstraße
Rhein-
Weser-
Elbe-
Neckar-
Oder-
Moselstraße
Ahrensdorfer
Heide
Wilhelmstr.
Treidelw.
Neckarstr.
LSG
Pechpfuhl
Siethener
Heide
Brandenburgische
Brandenburgische Straße
Birkengrund
Am Birkengrund
Oberstufen-zentrum
Kommunal-service Stadtverw.
Bau- und Gewerbehof
14974
Ludwigsfelde
Damsdorfer
Heide
Albert-Schweitzer-
Straße
Gesundheits-amt
Alten-pflegeheim
Altersger. Wohnen
Wald-stadion
Sport-platz
Tennis-pl.
Wasser-werk
Ostverbinder
Kristall-Saunatherme Freizeit-zentr.
Jagd-
Wiesel-
Dachsw.
Hirsch-
Fuchsweg
Iltis-
Jägerstr.
Dachsweg
Sozial-station
Clara-Zetkin-Str.
Friedr.-Engels-Str.
Allende-Str.
Erich-Weinert-Straße
Markisches Kinderdorf
Altersger. Wohnen
Förderschule
Salvador-
R.-Luxemburg-Str.
Karl-Liebknecht-Straße
Sport-halle
Kita
Grundsch.
Sport-platz
Bebel-Str.
August-
Berliner Ring
E55
10
E30
Ring
Ludwigsfelder Damm
Joliot-Curie-Platz
Gewerbe-gebiet
Märkersteig
Genshagener Straße
Gewerbe-
gebiet
Alfred-Kühne-Straße
Ludwigsfelde-Nord Preußenpark
4 = Alte-Ladestraße
PreußenPark
Ring
1 = Zur Hagelschonung
2 = Templiner Weg
3 = Baruther Str.
Klär-anlage
Weinbergs-
weg
Landstraße
Zossener
PreußenPark
Süd
Ludwigsfelde-Süd
Ludwigsfelde
Museum
Kulturh.
Musiksch.
Rathaus
Fontane-
Sozial-station
Michael Kirche
Potsdamer Straße
Theaterstr.
Schulstr.
Bibl.
Gymn.
Sporthalle
Bolzpl.
Walther-Rathenau-Platz
Rosen-
weg
Tauben-
straße
Ludwigsfelder
Heide
1 = Jasminweg
2 = Wacholderweg
3 = Rotdornweg
4 = Blumenweg
5 = Heideweg
6 = An den Fuchsbergen
7 = Drosselweg
Westverbinder
Rathenau-
Meisen-
Wald-
straße
Rehstr.
Thälmann-
Gartenstr.
Eschen-
allee
Ring-
straße
Alte
Landstr.
Kiefernweg
Asternweg
Birkenweg
Bahnstraße
Kollwitz-Str.
Klein-gärten
Friedhof
Siethener
Straße
Heinrich-
Zille-
Thyrower
Im Bogen
Anhalter Bahn
RE4, RE5
101
12
10
11
5794
266
301
322

303

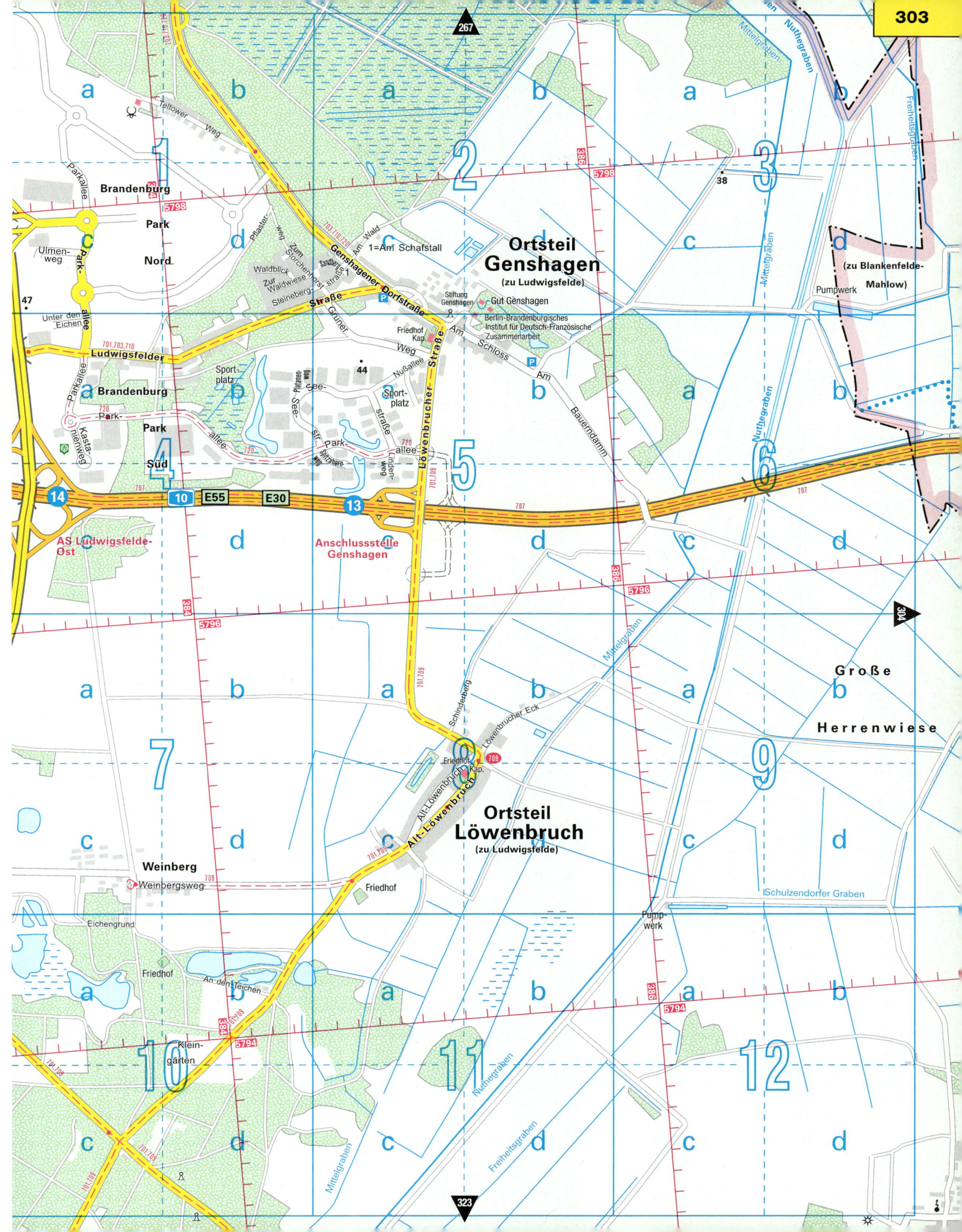

304

Ortsteil Blankenfelde
(zu Blankenfelde-Mahlow)

Gewerbe- und Milchviehanlage

Schieferberge 61

Kesselberge 66

Berliner Ring — 10 E30 E55

Sand
Schäferei
Friedhof
Löwenbrucher Weg
Am Anger
Gemeindezentr.
Kiga
Am Kohlhof
Lankeweg

Weinberg 68

Lanke

Ortsteil Jühnsdorf
(zu Blankenfelde-Mahlow)

15831

Große Herrenwiese

Lindenberg 57

Brunnen

Natur-

Pumpwerk

Rangsdorfer

See

schutz-

gebiet

10
14974
(zu Ludwigsfelde)

Wasserwerk

11

12

Blankenfelder Straße

(zu Zossen)

Kita

Ortsteil Dahlewitz
(zu Blankenfelde-Mahlow)
15827
Ortsteil Groß Kienitz
(zu Blankenfelde-Mahlow)
15831
Dahlewitzer
Heide
Gewerbegebiet Eschenweg
Anschlussstelle Rangsdorf
Berliner Ring
Autobahnmeisterei
Pumpwerk
Krumme
Südring-Center
Spitzberg
59
Gewerbegebiet Theresenhof
Galgenberg
58
Gerichtsfichtenberg
57
Rangsdorf
15834
Klein Venedig
Langer Berg
65
Zülowseen
Nymphensee
Zabelsberg
58
Weinberg
54
Strandbad
Seebad Casino
ehemaliges Sperrgebiet
Pramsdorfer Berg
46
Pramsdorf
Kiessee
Naturschutzgebiet
Machnower See
Mühlenberg
53
Ortsteil Groß Machnow
(zu Rangsdorf)
"Altes Pfarrhaus" Hort
(zu Zossen)
1=Am Alten Schulsportplatz
1=Sassnitzer Straße
2=Kirchweg
1 = Reiherweg
2 = Kranichweg
3 = Milanweg
269
306
325
96
10
12
E30
E55

306

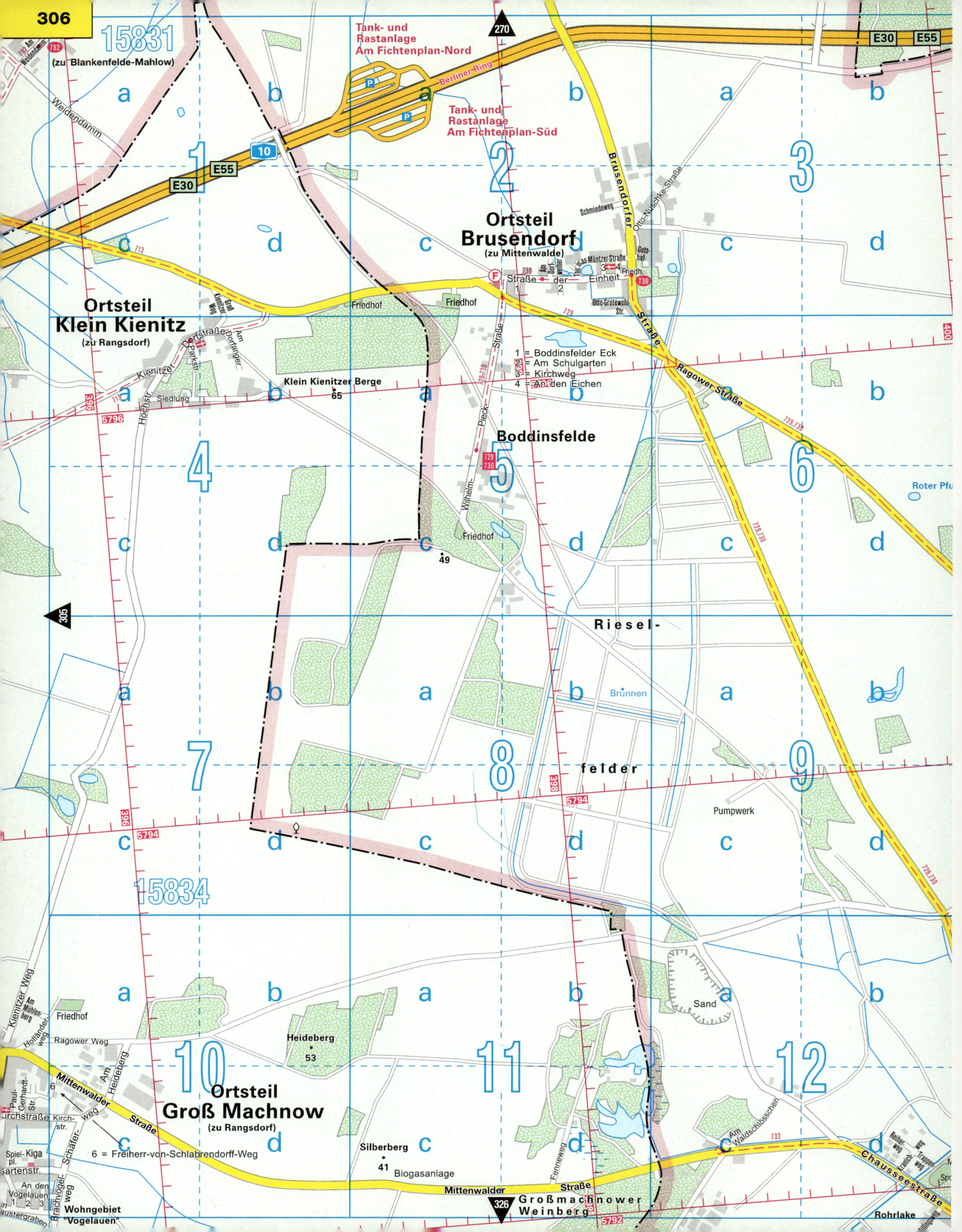

Ortsteil Brusendorf (zu Mittenwalde)

Ortsteil Klein Kienitz (zu Rangsdorf)

Tank- und Rastanlage Am Fichtenplan-Nord

Tank- und Rastanlage Am Fichtenplan-Süd

Boddinsfelde

1 = Boddinsfelder Eck
2 = Am Schulgarten
3 = Kirchweg
4 = An den Eichen

Riesel-felde r

Ortsteil Groß Machnow (zu Rangsdorf)

6 = Freiherr-von-Schlabrendorff-Weg

Großmachnower Weinberg

Wohngebiet "Vogelauen"

307

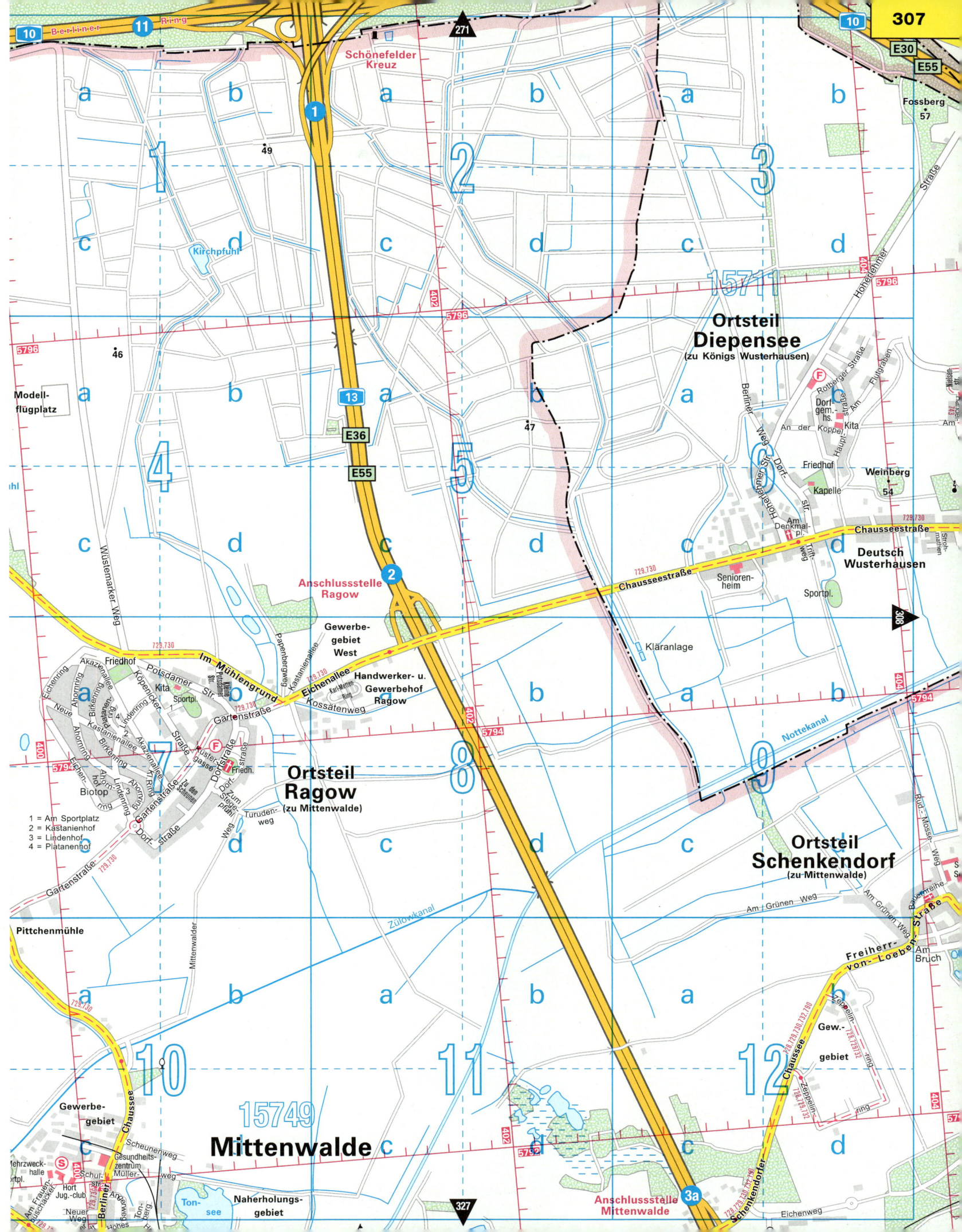

Schönefelder Kreuz

Ortsteil Diepensee (zu Königs Wusterhausen)

Modellflugplatz

Anschlussstelle Ragow

Gewerbegebiet West

Handwerker- u. Gewerbehof Ragow

Deutsch Wusterhausen

Kläranlage

Ortsteil Ragow (zu Mittenwalde)

1 = Am Sportplatz
2 = Kastanienhof
3 = Lindenhof
4 = Platanenhof

Ortsteil Schenkendorf (zu Mittenwalde)

Pittchenmühle

Mittenwalde

Gewerbegebiet

Naherholungsgebiet

Anschlussstelle Mittenwalde

Wildau
15745
Lauseberge
Einkaufszentrum A10 Center
A10 Erlebniswelt
Anschlussstelle Königs Wusterhausen
Fossberg 57
Berliner Ring
Berliner Chaussee
E30
E55
Neue Ziegelei
15751
1 = Amselweg
2 = Meisenring
Werftstr.
Gewerbegebiet
Binnenhafengelände
Niederlehme
Wilhelmshöhe
Wohn- und Gewerbepark Königs Wusterhausen-Nord
Funkerberg
Königs Wusterhausen
15711
Sender-und Funktechnik-Museum
Achenbach-Krankenhaus
Tierklinik
1 = Schwarzer Weg
Potsdamer Straße
Chausseestraße
Storkower Straße
Luckenwalder Straße
Cottbuser Str.
Karl-Liebknecht-Straße
Bahnhofstr.
Schloss
Königs Wusterhausen
Gbf.
Cityplan S.40
Krebssee
Weinberg 54
Deutsch Wusterhausen
Nottekanal
Pritzelgraben
Tiergarten
Neue Mühle
Wasserwerk
Ruderheim
NSG
Senziger Luch
Pumpwerk
Dorf
Ziegenluch
Im Gewerbepark
Draisinenstrecke
Ortsteil Schenkendorf (zu Mittenwalde)
Schloss Schenkendorf
1 = Am Pritzelgraben
Freiherr-von-Loeben-Straße
Ortsteil Zeesen (zu Königs Wusterhausen)
Kläranlage
Am Krummen See
Krummer See
15749
Krummensee
Am Steinberg
Steinbergsiedlung
1=Margeritenweg
2=Apfelweg
3=Am Feldrain
4=Kornblumenweg
5=Mohnblumenweg
6=Mittelstraße
Zeesener See
Zeesen
Bürgerswalde
179
10
272
307
328

Anschlussstelle Niederlehme
Kies
Schmulangsberg
72
Kurpark
Drachenberge
51
1=Rosensteg
2=Dahliensteg
3=Asternsteg
4=Nelkensteg
5=Ukleisteg
6=Lankensteg
Friedhof
Gewerbe- und Industrie-
zentrum (GIZ)
Triftberg
Sporthalle
Kita
Bürgerbüro
Lanken-
see
Sportpl.
Wasserturm
Kablower Chaussee
Mellenfichten
Zernsdorfer Straße
2 = Im Eck
Segelfliegerdamm
Zernsdorf
Karl-Marx-Str.
Ortsteil
Zernsdorf
(zu Königs Wusterhausen)
15712
Ortsteil
Kablow
(zu Königs Wusterhausen)
Krüpel-
see
Badestelle
Kiga
Strand-
bad
Husareneck
1=Clara-Zetkin-Straße
Krimnick-
see
Seglersteg
Seebrücke
1=Hasensprung
2=Fontaneallee
3=Wachtelweg
An der Chaussee
Chausseestraße
Ortsteil
Senzig
(zu Königs Wusterhausen)
Friedhof
Kap.
Sportplatz
Kies
Spitzberg
65
Siedlung
Waldesruh
Weißer Berg
66
Senziger Heide
Hukatzberg
60
Kessel-
luch
Camping-
dorf
15754
(zu Heidesee)
Gräbendorfer Heide
273
310
329

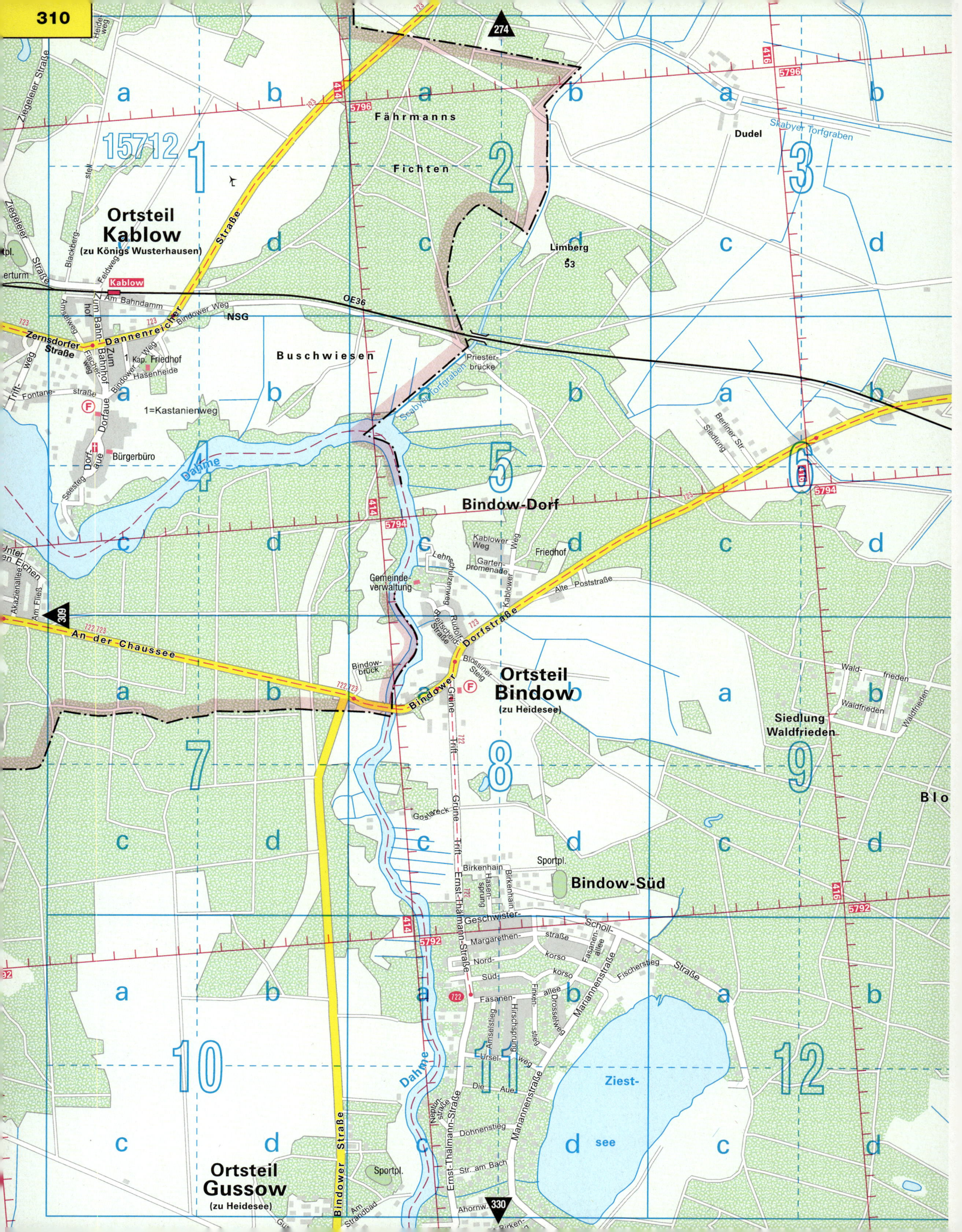

274
15712
Ortsteil Kablow
(zu Königs Wusterhausen)
Kablow
Fährmanns
Fichten
Dudel
Skabyer Torfgraben
Limberg
53
NSG
OE36
Buschwiesen
Priester-brücke
Skabyer Torfgraben
Dahme
Zernsdorfer Straße
Dannenreicher Straße
Am Bahndamm
Bindower Weg
Kap. Friedhof
Hasenheide
Fontanestraße
1=Kastanienweg
Bürgerbüro
Dorfaue
Seesteg
Berliner Str.
Siedlung
Bindow-Dorf
Kablower Weg
Gartenpromenade
Friedhof
Alte Poststraße
Gemeindeverwaltung
Dorfstraße
Blossiner Steig
Ortsteil Bindow
(zu Heidesee)
Bindowbrück
An der Chaussee
Akazienallee
Am Fließ
309
Siedlung Waldfrieden
Waldfrieden
Grüne Trift
Goslareck
Birkenhain
Hasensprung
Sportpl.
Bindow-Süd
Geschwister-Scholl-Straße
Margarethenstraße
Nordkorso
Südkorso
Fasanenallee
Mariannenstraße
Fischersteig
Fasanenweg
Amselsteig
Hirschsprung
Finkensteig
Drosselweg
Ursel-Weg
Die Aue
Ernst-Thälmann-Straße
Neptunstraße
Dohnensteig
Str. am Bach
Ziest-see
Bindower Straße
Ortsteil Gussow
(zu Heidesee)
Sportpl.
Am Strandbad
Ahornw.
330
Blo
5796
5794
5792
414
416
722
723

311

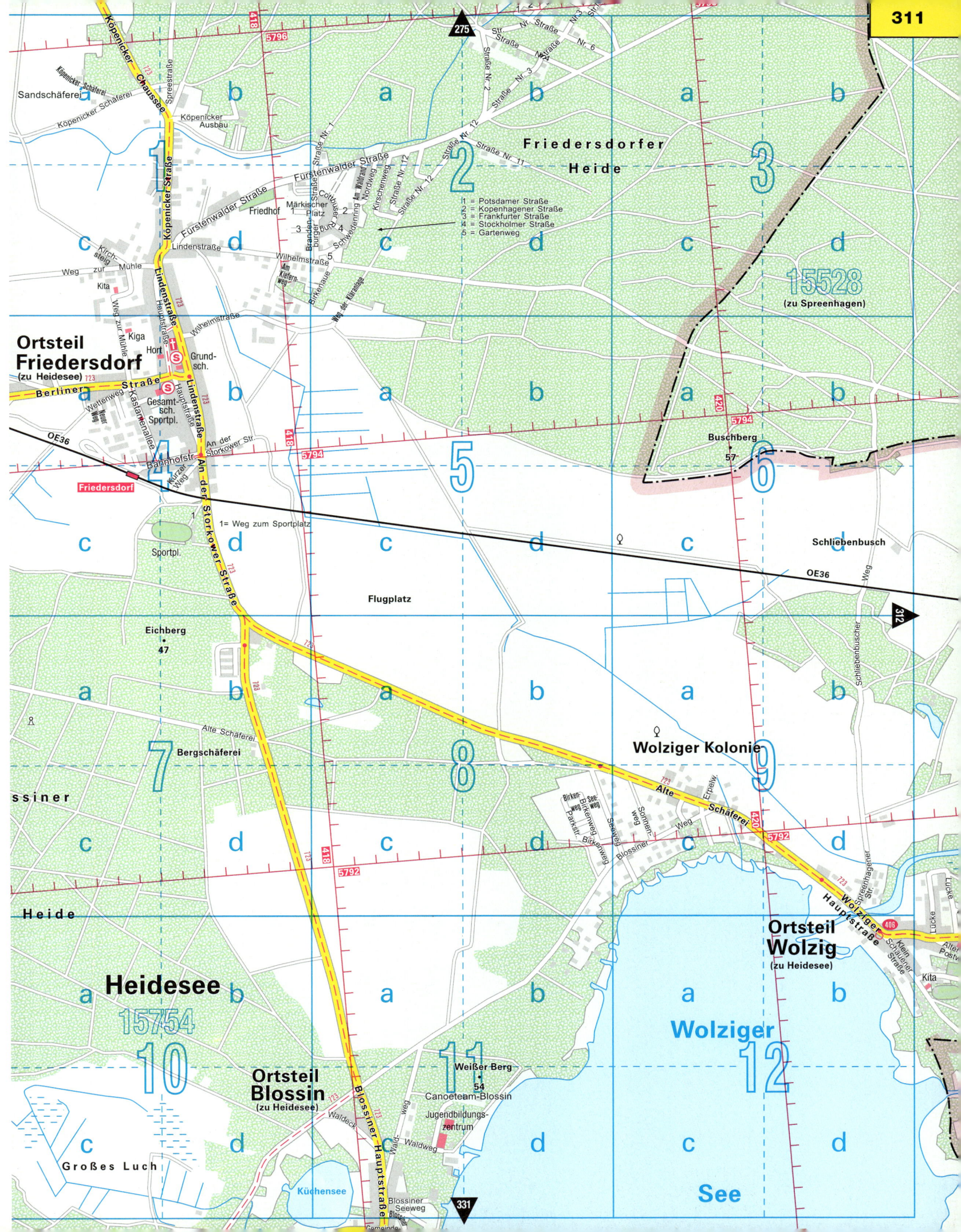

Ortsteil Friedersdorf (zu Heidesee)

Friedersdorfer Heide

1 = Potsdamer Straße
2 = Kopenhagener Straße
3 = Frankfurter Straße
4 = Stockholmer Straße
5 = Gartenweg

15528 (zu Spreenhagen)

Buschberg 57

Schliebenbusch

Flugplatz

Eichberg 47

Bergschäferei

Wolziger Kolonie

Ortsteil Wolzig (zu Heidesee)

Heidesee 15754

Ortsteil Blossin (zu Heidesee)

Weißer Berg 54
Canoeteam-Blossin
Jugendbildungszentrum

Wolziger See

Großes Luch

Küchensee

312

Neu Stahnsdorf
Klaranlage

15528
(zu Spreehagen)

Geflügelfarm

Stahns-
dorfer
See

Ortsteil
Alt Stahnsdorf
(zu Storkow(Mark))

1 = Straße des Sports
2 = Alt Stahnsdorf

Sportplatz
Friedhof
Mühle
Am Gro...
Berghof

Schliebenbusch

Kummersdorf

Kummersdorfer Hauptstraße
Bahnhofstraße

Ortsteil
Kummersdorf
(zu Storkow(Mark))

Siedlung West
Storkower Kanal
Friedhof
Wolziger Hauptstraße
Kolonie Ost
Kita
Sportplatz

Ortsteil
Wolzig
(zu Heidesee)

15754

Am Park

Am Dudel

Ortsteil
Philadelphia
(zu Storkow(Mark))

Friedhof

313

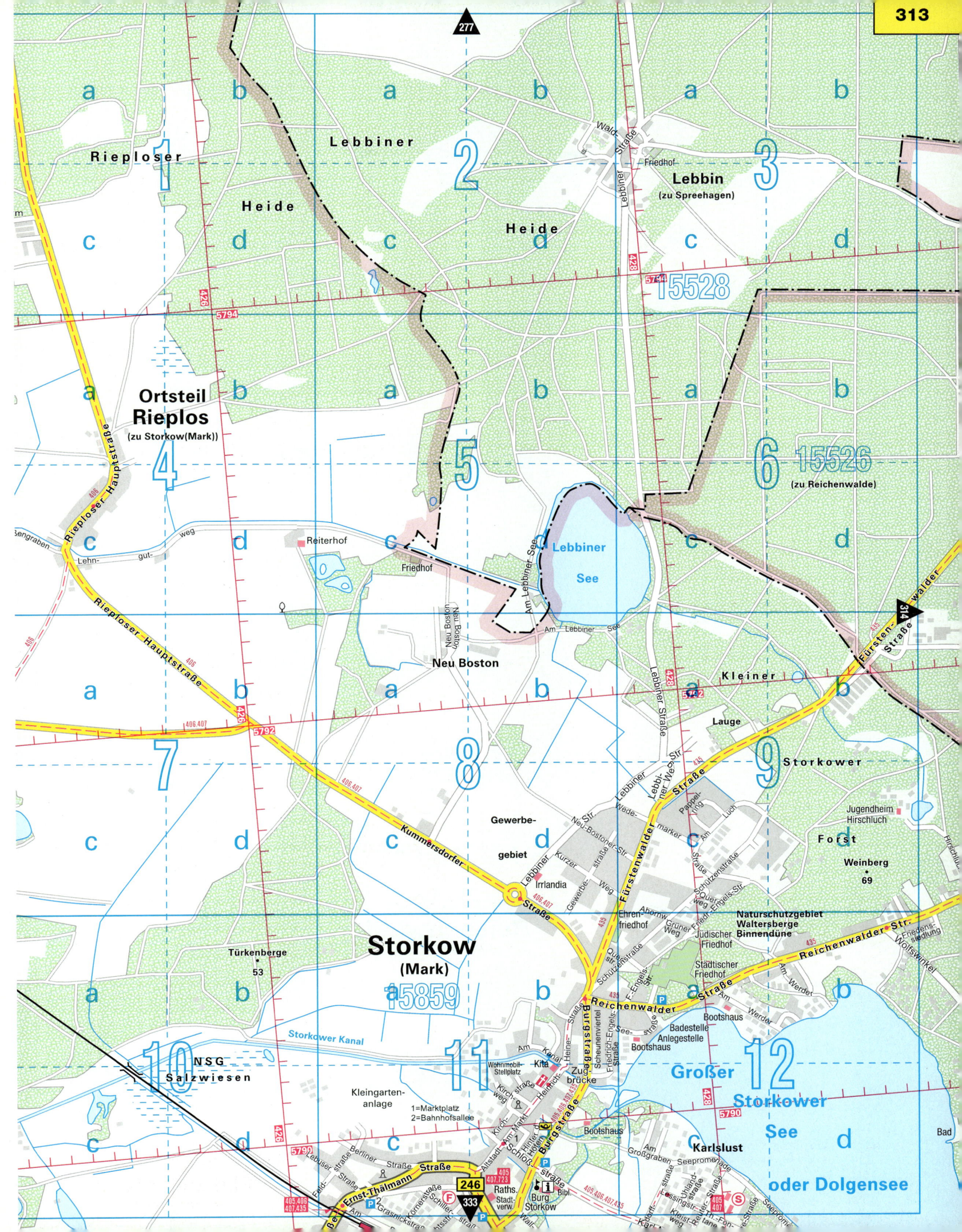

314

Ortsteil Kolpin
(zu Reichenwalde)

1 = Großer Seeweg

Neu Reichenwalde

Reichenwalde
(zu Amt Scharmützelsee)

Wolfswinkel
(zu Storkow Mark)

279
Bad Saarow-Mitte
1 = Bahnhofsplatz
Bad Saarow
(zu Amt Scharmützelsee)
15526
Bad Saarow-Pieskow
Bad Saarow Klinikum
Theater am See
Am Kurpark
Saarow Therme
Thermalbad
Freilicht-bühne
Fontanepark
Kleist-park
Cecilien-park
Helios-Klinik
Amt Scharmützelsee
Sporthalle
Museum
Lärchen-grund
ehemaliges Sperrgebiet
außer Betrieb
Marienhöhe
Tongruben
Friedhof
Saarow Dorf
Großer Werl
Kleiner Werl
Regattaplatz
Eibenhof
Wasserschutzpolizei
Sportboothafen
Badestelle
Badestelle (Lustgarten)
Schar-
mützel-
see
Pieskow
1 = Meckerndorfer Ring
2 = Zum Schwedenhaus
Theresienhof
Neptun Strandbad
Saarow Strand
Fasanen- und Wildpark
Seerosenteich
Hafen
Anlegestelle
Dachsberg
95
Silberberg
Reitanlage
Tennisplatz
Spitzberg
Sportpl.
15864
(zu Diensdorf-Radlow)
Silberberger Straße
Silberberger Chaussee
Pieskower Straße
Diensdorfer Straße
Karl-Marx-Damm
Friedrich-Engels-Damm
Alte Reichenwalder Straße
Kolpiner Straße
Golmer Straße
Wilmersdorfer Straße
Hauptstraße
Umgehungsstraße
Seestraße
Ulmenstraße
Lindenstraße
Goethestraße
Kastanienallee
Annenhofer Weg
Strandstraße
Seeallee
Dürerstraße
335

316

Klaistow

Klaistower Heide

Stadtteil Fichtenwalde (zu Beelitz)

Kaniner Heide

14822 (zu Borkheide)

Reesdorfer Heide

1 = Kastaniensteg
2 = Tannenweg
3 = Am Steingarten
4 = Am Markt
5 = Weidenweg

317

Dreieck Potsdam

14548 (zu Schwielowsee)

Ortsteil Neuseddin (zu Seddiner See)

14554

Friedrich-Karl-Höhe 85

Paracelsus Reha-Klinik
Neurologische Reha-Klinik f. Kinder

Bibernallenberge 45

Beelitz-Heilstätten
Heizkraftwerk techn. Denkmal

Stadtteil Beelitz-Heilstätten (zu Beelitz)

Standortübungsplatz Beelitz

Pflegeheim Beelitz-Heilstätten
Finkenhaus

Hans-Joachim-Zieten-Kaserne

Sportplatz

14547

Beelitz

Sportplatz
Wasserwerk
Kapelle
Wasserturm
Kita

1=Kiebitzweg
2=Rotkehlchenweg
3=Schwälbenweg
4=Meisenweg
5=Sperberweg
6=Käuzchenweg
7=Rebhuhnweg
8=Fritz-Reuter-Straße
9=Th.-Storm-Straße

Beelitz Stadt

Siebenbrüderweg

Brücker Straße

Lehnmarke
Wohnsiedlung
Training Area
Driving Range
Golf-Club
Country-Club
Großer Seddiner See
Golf- und
Spiegelberg
52
Ortsteil
Neuseddin
(zu Seddiner See)
Kunersdorfer Straße
Pappelallee
Am Fuchsbau
Birken-weg
Ernst-Kamieth-Platz
Kirchweg
Sanddornweg
Breiten-bachpl.
Karl-Marx-Straße
Waldstraße
Kap.
Friedhof
Wasserturm
Eichenweg
Försterei
Kunersdorf
Kunersdorf
Kleiner Seddiner See
14554
Bahnhofstraße
Leipziger Straße
Hauptstraße
Kita
Kirch-platz
Weinbergstr.
Strandbad
Sportpl.
Seddiner Straße
Freilichtmuseum-Findlingsgarten
Seddiner See
Fenn
Fenn-weg
Am Fenn
Beelitzer Str.
Friedhofstr.
Kapelle
Friedhof
Kornblumen-weg
Schlunkendorfer Straße
Blumesiedlung
Stückener Str.
Kahnsdorfer Weg
Erlkaweg
Am Waldessaum
Ortsteil
Seddin
(zu Seddiner See)
Wiesenweg
Gartenstr.
Feldstraße
Am Waldrand
Rüdigerweg
Schuppesiedlung
Schuppe-siedlung
Leipziger Str.
Kahnsdorfer Straße
Krumme Str.
Schlunkendorf Siedlung
Siedlung
Kemmeler Weg
Ansiedlung
Damfeld
Kahnsdorfer Weg
Kies
Lärchen-weg
Rüdickenberg
50
Mühlenberg
48
Spargelmuseum
Reiterhof
Gemeindehaus
Kietz
Friedhof
Schluckendorfer Dorfstraße
Schlunkendorf
Reiterhof
Fercher Weg
Löns-Straße
Schlunkendorfer Straße
Erlengrund
Zur Feldscheune
Weinbergstraße
Berliner Straße
Beelitz
14547
Ober-schule
Sportplatz
Ring-Spiel-platz
Kita
Bekker-str.
Virchowstraße
Jahnstraße
Friedhof
Anger
Friedhof
Schlunkendorfer Weg
1 2 3 4 5 6 7 8 9 10 11 12
298
317
246

319

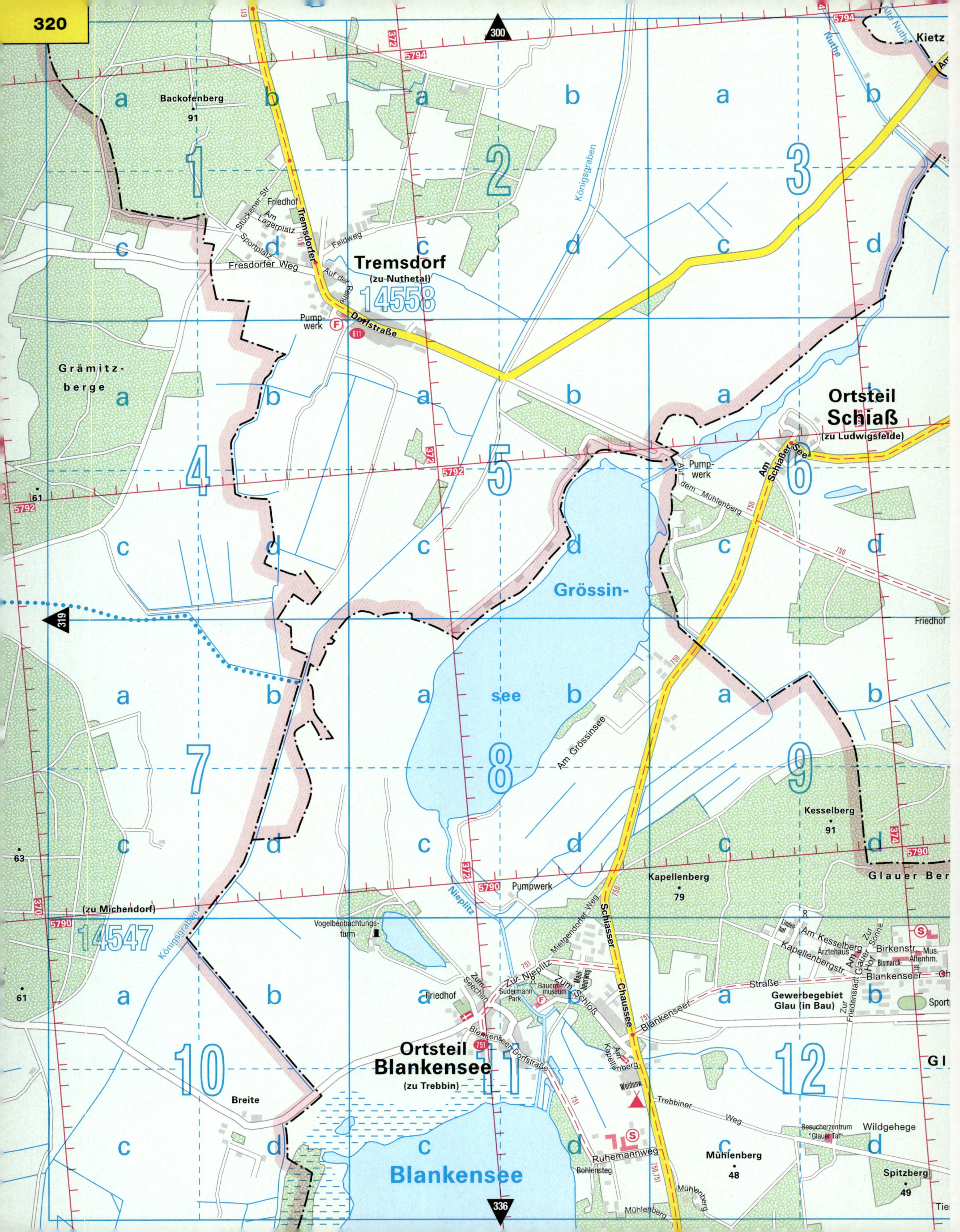
Backofenberg
91
Tremsdorf
(zu Nuthetal)
14558
Tremsdorfer
Dorfstraße
Friedhof
Stückener Str.
Am Lagerplatz
Sportplatz
Feldweg
Fresdorfer Weg
Auf der Heide
Pump-werk
Königsgraben
Kietz
Alte Nuthe
Nuthe
Grämitz-berge
61
63
Ortsteil
Schiaß
(zu Ludwigsfelde)
Am Schiaßer See
Auf dem Mühlenberg
Pumpwerk
Grössin-
see
Am Grössinsee
Friedhof
Kesselberg
91
Glauer Ber
Kapellenberg
79
Schiasser Chaussee
Pumpwerk
Nieplitz
(zu Michendorf)
14547
Vogelbeobachtungs-turm
Mietgendorfer Weg
Zur Nieplitz
Zum Seechen
Sudermann Park
Bauern-museum
Zum Schloß
Friedhof
Ortsteil
Blankensee
(zu Trebbin)
Blankensee Dorfstraße
Am Kapellenberg
Blankenseer Straße
Weidenw.
Trebbiner Weg
Am Kesselberg
Ärztehaus
Kapellenbergstr.
Birkenstr.
Zur Friedenstadt
Glauer Hof
Zur Sonne
Bismarck-
Altenhm.
Mus.
Blankenseer
Gewerbegebiet
Glau (in Bau)
Sport
Gl
Breite
Blankensee
Ruhemannweg
Bohlensteg
Mühlenberg
48
Mühlenberg
Besucherzentrum
"Glauer Tal"
Wildgehege
Spitzberg
49
Tie
300
319
336
372
370
374
5794
5792
5790
611
750
751
750.751

321

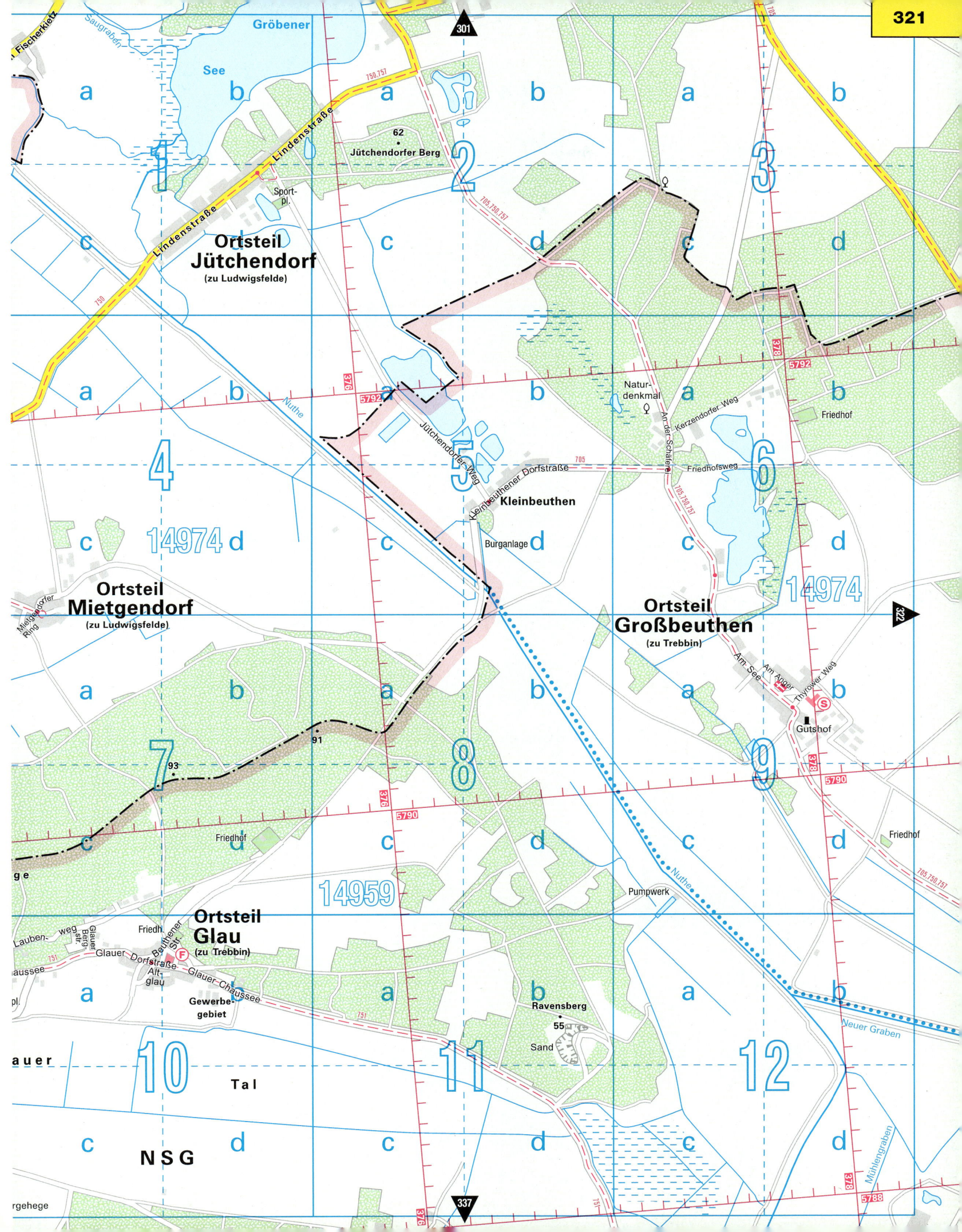

Ortsteil Jütchendorf
(zu Ludwigsfelde)

Jütchendorfer Berg

Kleinbeuthen
Burganlage

Ortsteil Mietgendorf
(zu Ludwigsfelde)

Ortsteil Großbeuthen
(zu Trebbin)

Ortsteil Glau
(zu Trebbin)

Ravensberg

NSG

322

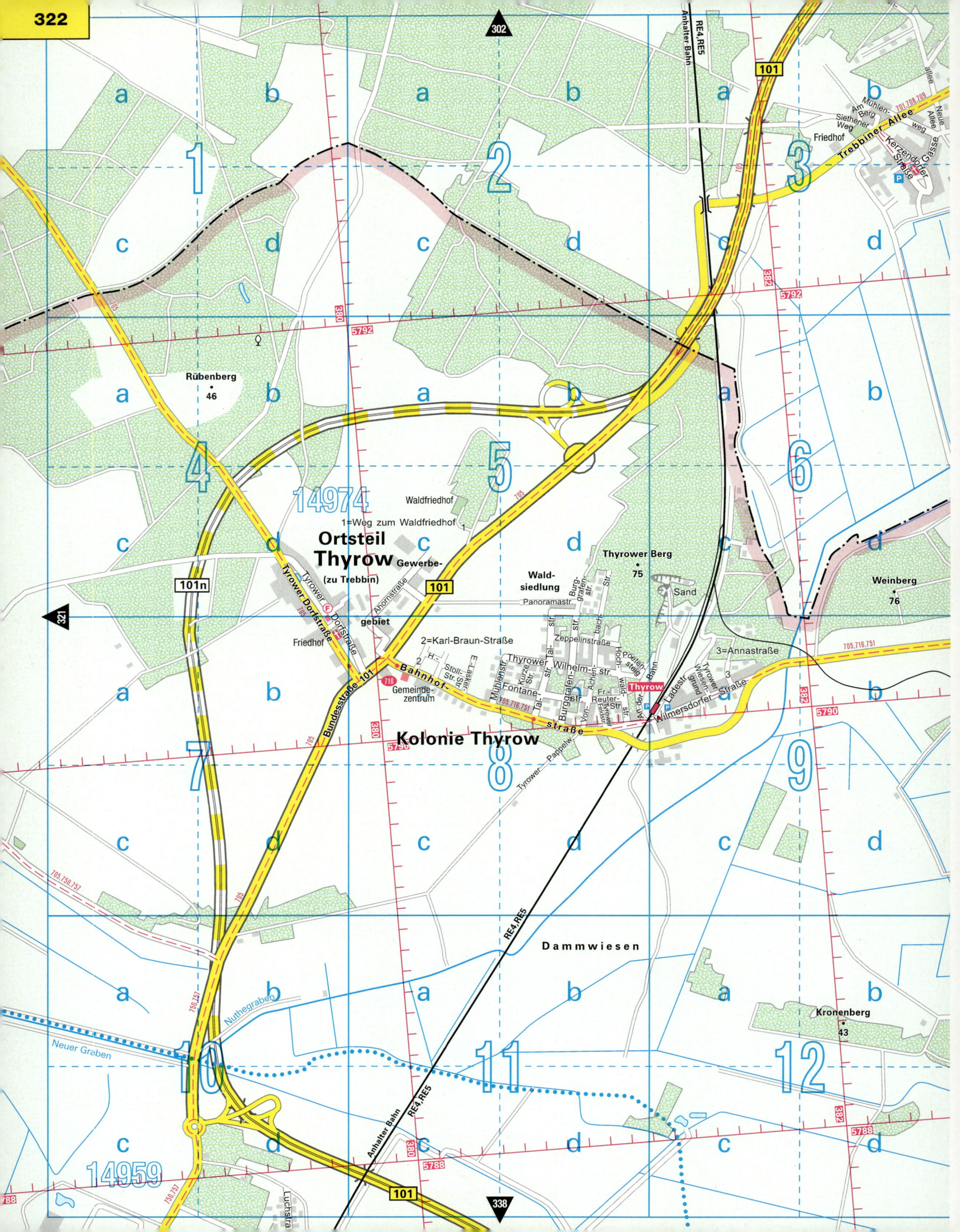

Ortsteil Thyrow (zu Trebbin)

14974

Waldfriedhof
1=Weg zum Waldfriedhof

Thyrower Berg 75
Waldsiedlung
Weinberg 76

Tyrower Dorfstraße
Gewerbegebiet
Anromstraße
101
2=Karl-Braun-Straße
Friedhof
Bahnhof
Gemeindezentrum
Panoramastr.
Burggrafenstr.
Zeppelinstraße
Hochstr.
Mühlenstr.
Stollestr.
E.-Lasker-Str.
Kurzestr.
Talstr.
Fontane-str.
Fr.-Reuter-Str.
Von-Achenbach-Str.
Wilhelm-E.-str.
Poelerstieg
Sand
3=Annastraße
Thyrow
Ladestr.
Tyrower Wiesengrund
Wilmersdorfer Straße
Tyrower Pappelweg

Kolonie Thyrow

Bundesstraße 101

Rübenberg 46

14959

Dammwiesen
Kronenberg 43

Neuer Graben
Nuthegraben
Anhalter Bahn
RE4, RE5

101
321
338
302

323

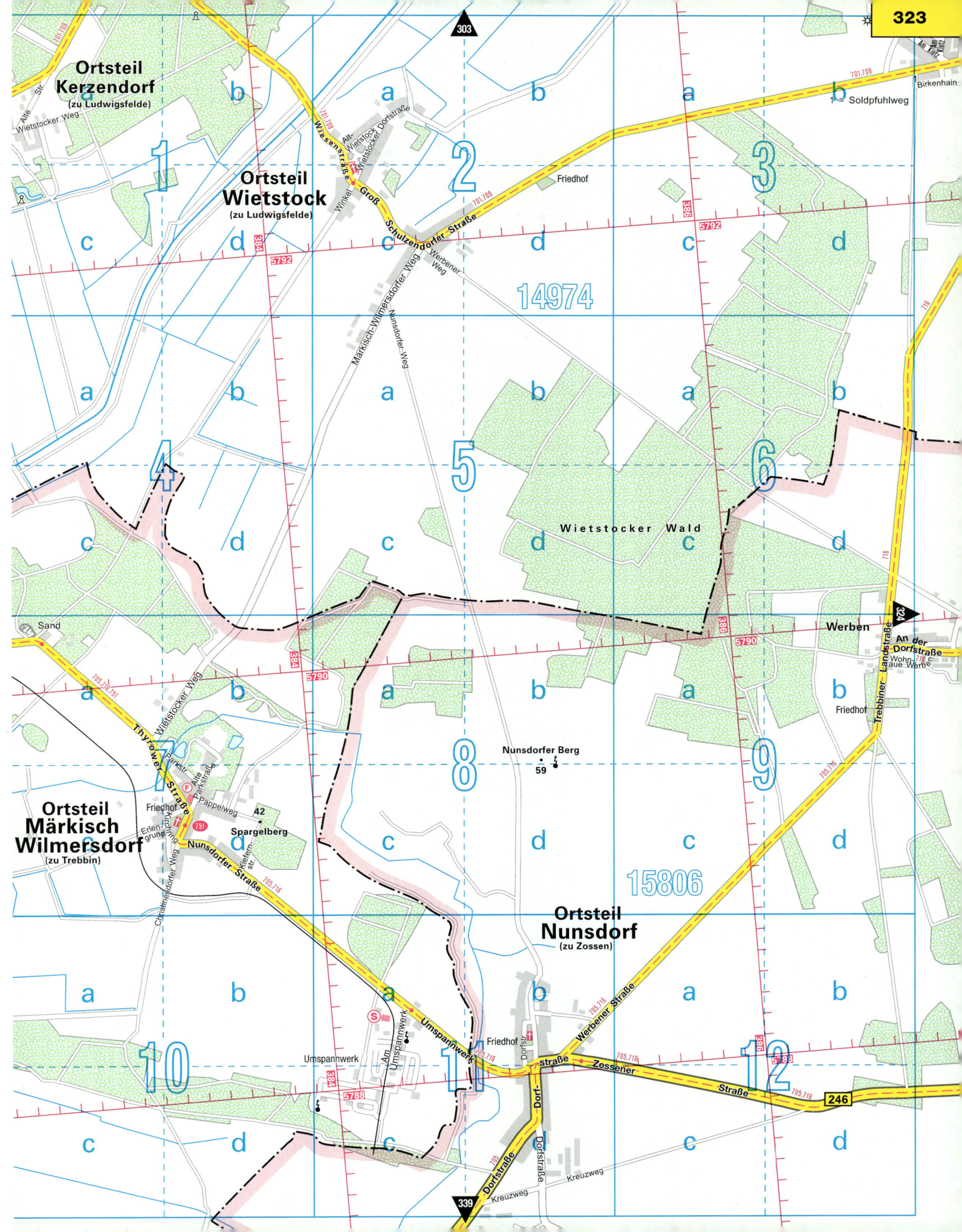

Ortsteil Kerzendorf (zu Ludwigsfelde)

Ortsteil Wietstock (zu Ludwigsfelde)

14974

Wietstocker Wald

Werben

Nunsdorfer Berg 59

Ortsteil Märkisch Wilmersdorf (zu Trebbin)

Spargelberg

15806

Ortsteil Nunsdorf (zu Zossen)

324

Ortsteil Groß Schulzendorf (zu Ludwigsfelde)

Ortsteil Glienick (zu Zossen)

Schünow

Siedlung Horstfelde

325

Ortsteil Groß Machnow (zu Rangsdorf)

15834

15749

Ortsteil Dabendorf (zu Zossen)

Pfählingsee

Prierowsee

Naturschutzgebiet

Ortsteil Nächst Neuendorf (zu Zossen)

Zossen 15806

Märkisches Wohnen

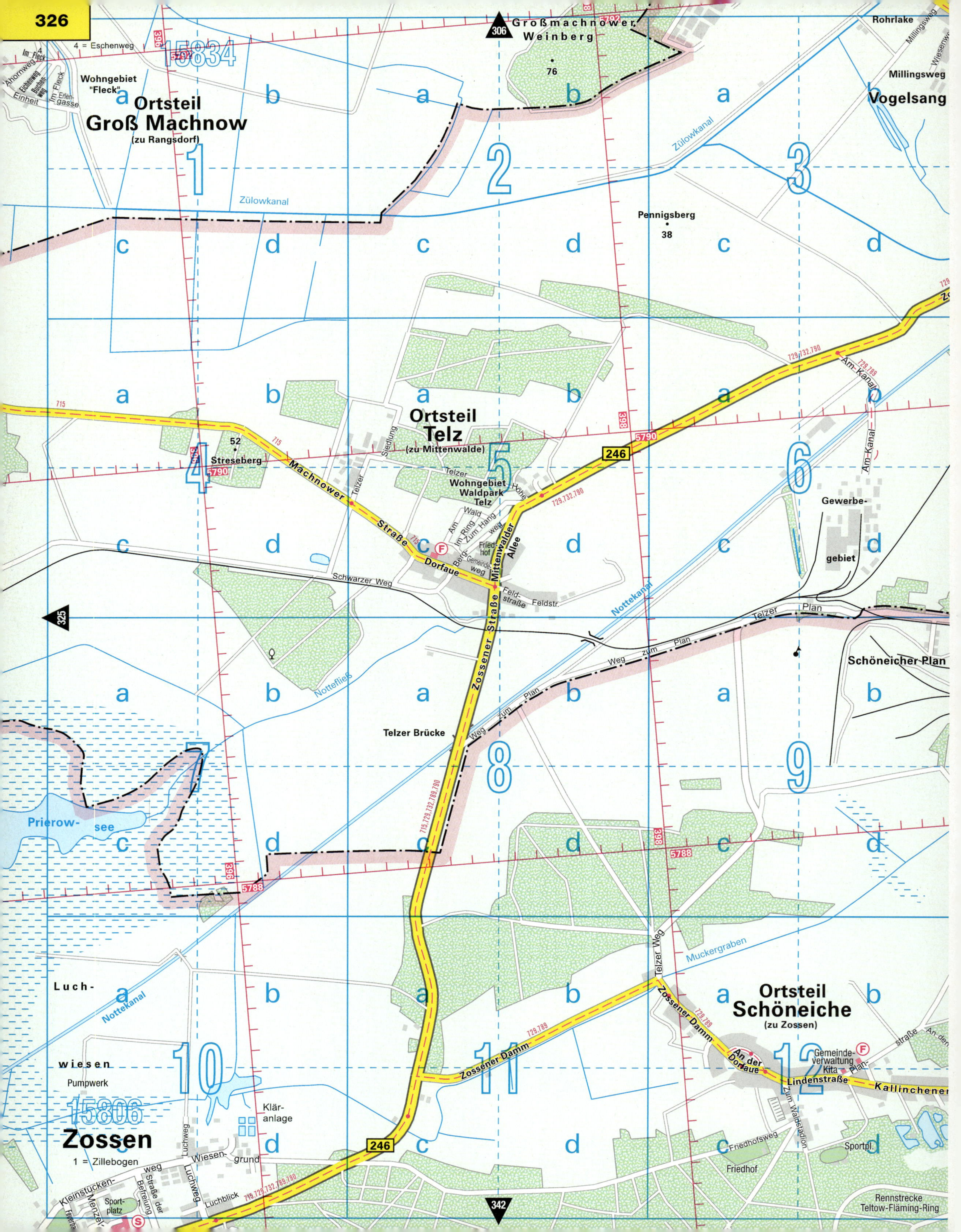
Großmachnower Weinberg
306
76
Rohrlake
Millingsweg
Vogelsang
15834
4 = Eschenweg
Wohngebiet "Fleck"
Ortsteil Groß Machnow
(zu Rangsdorf)
Zülowkanal
Pennigsberg
38
Ortsteil Telz
(zu Mittenwalde)
Machnower Straße
Streseberg
52
5790
246
Am Kanal
Gewerbe-gebiet
Wohngebiet Waldpark Telz
Mittenwalder Allee
Dorfaue
Schwarzer Weg
Feldstr.
Nottekanal
Telzer Plan
Weg zum Plan
Schöneicher Plan
325
Nottefließ
Zossener Straße
Telzer Brücke
Prierow-see
5788
Muckergraben
Telzer Weg
Zossener Damm
Luch-wiesen
Pumpwerk
15806
Zossen
1 = Zillebogen
Klär-anlage
Wiesengrund
Luchweg
Luchblick
Ortsteil Schöneiche
(zu Zossen)
An der Dorfaue
Lindenstraße
Kallinchener
Gemeinde-verwaltung
Kita
Zum Waldstadion
Friedhofsweg
Friedhof
Sportpl.
Rennstrecke Teltow-Fläming-Ring
342
1
2
3
4
5
6
7
8
9
10
11
12

Mittenwalde 15749

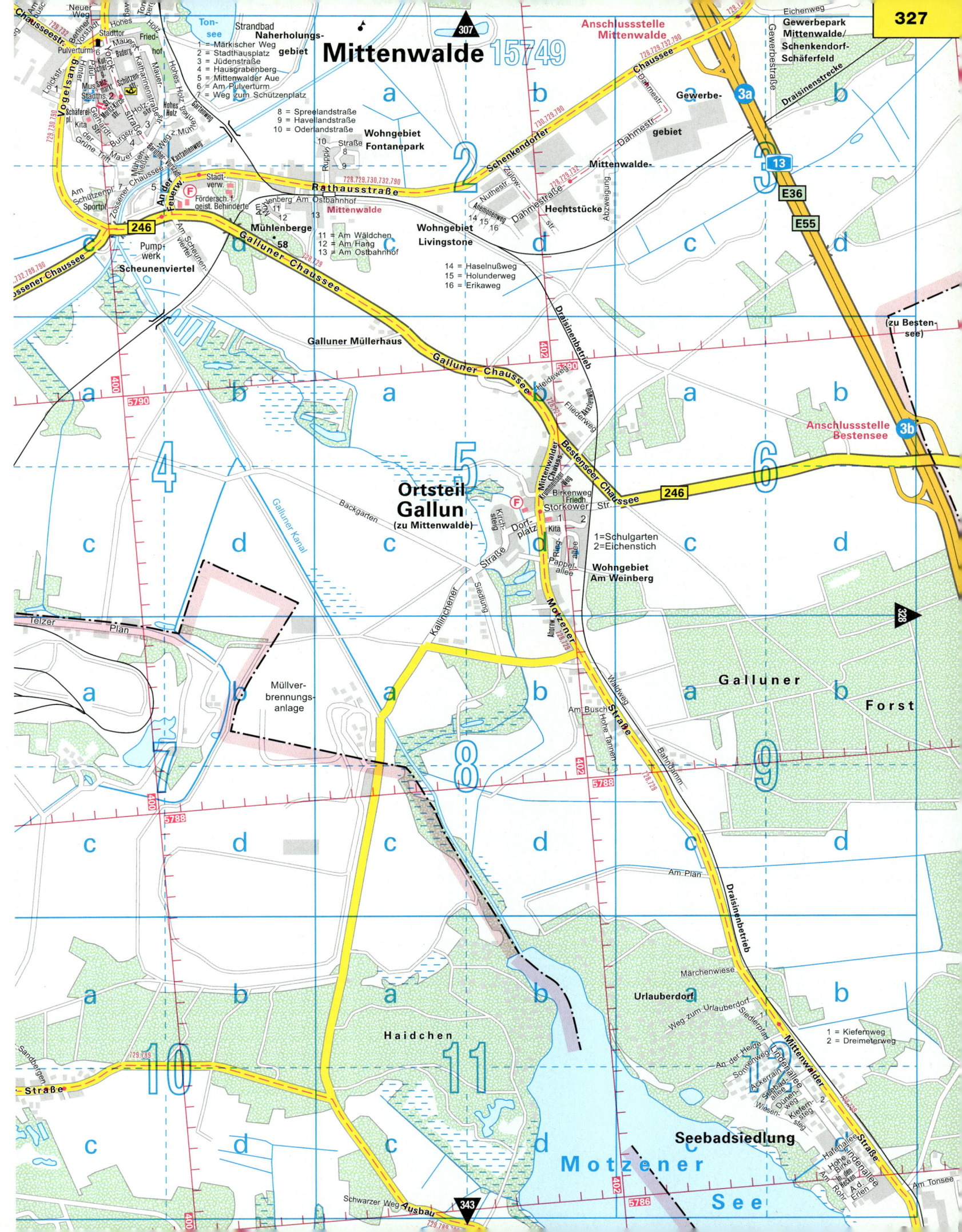

Naherholungsgebiet
1 = Märkischer Weg
2 = Stadthausplatz
3 = Jüdenstraße
4 = Hausgrabenberg
5 = Mittenwalder Aue
6 = Am Pulverturm
7 = Weg zum Schützenplatz
8 = Spreelandstraße
9 = Havellandstraße
10 = Oderlandstraße

11 = Am Wäldchen
12 = Am Hang
13 = Am Ostbahnhof

14 = Haselnußweg
15 = Holunderweg
16 = Erikaweg

Ortsteil Gallun (zu Mittenwalde)

1 = Schulgarten
2 = Eichenstich

Wohngebiet Am Weinberg

Galluner Forst

Seebadsiedlung

1 = Kiefernweg
2 = Dreimeterweg

Motzener See

327

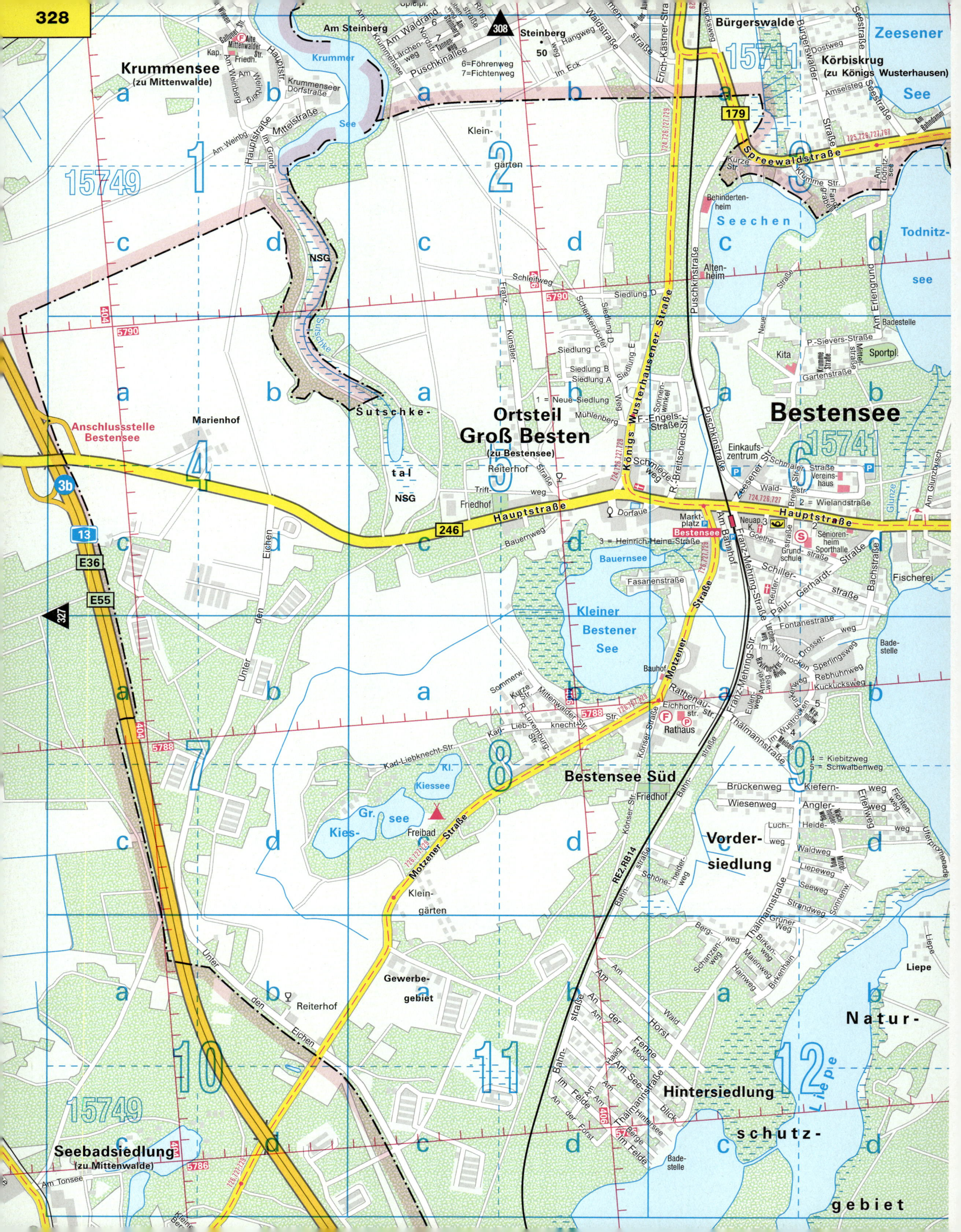
Krummensee
(zu Mittenwalde)
Krummer
See
Am Steinberg
Steinberg
50
308
Bürgerswalde
Zeesener
See
Körbiskrug
(zu Königs Wusterhausen)
15711
15749
179
Spreewaldstraße
Seechen
Todnitz-
see
Behinderten-
heim
Alten-
heim
Klein-
gärten
NSG
Sutschke
Sutschke-
tal
NSG
Schleifweg
Franz-
Künstler-
5790
404
Siedlung D
Siedlung C
Siedlung B
Siedlung A
Siedlung E
1 = Neue-Siedlung
Mühlenberg
Königs Wusterhausener Straße
Anschlussstelle
Bestensee
Marienhof
Ortsteil
Groß Besten
(zu Bestensee)
Reiterhof
Trift-
weg
Friedhof
Hauptstraße
246
3b
13
E36
E55
327
Bestensee
15741
Einkaufs-
zentrum
Kita
P.-Sievers-Straße
Sportpl.
Gartenstraße
Am Erlengrund
Badestelle
Schmale Straße
Vereins-
haus
2 = Wielandstraße
Wald-
str.
Markt-
platz
Bestensee
Am Bahnhof
Neuapo
Goethe-
Senioren-
heim
Sporthalle
Grund-
schule
Dorfaue
3 = Heinrich-Heine-Straße
Bauernsee
Fasanenstraße
Kleiner
Bestener
See
Schiller-
Paul-Gerhardt-
straße
Bachstraße
Fischerei
Fontanestraße
Drossel-
weg
Sperlingsweg
Rebhuhnweg
Kuckucksweg
Bade-
stelle
Glunze
Bauhof
Motzener
Straße
Puschkinstraße
Franz-Mehring-Straße
Rathenau-
str.
Eichhorn-
str.
Rathaus
Thälmannstraße
Unter
den
Eichen
5788
Sommerw.
Kurze
R.-Luxemburg-
Str.
Mittenwalder
Karl-
Lieb-
knecht-
Str.
Karl-Liebknecht-Str.
Kl.
Kiessee
Gr.
Kies-
see
Freibad
Motzener Straße
Klein-
gärten
Bestensee Süd
Friedhof
4 = Kiebitzweg
5 = Schwalbenweg
Brückenweg
Kiefern-
weg
Wiesenweg
Angler-
Heide-
Luch-
weg
Vorder-
siedlung
Waldweg
Liepeweg
Seeweg
Strandweg
Grüner
Weg
Berg-
weg
Schanzen-
weg
Birken-
weg
Maienweg
Hainweg
Birkenhain
Erlenweg
Uferpromenade
Liepe
Natur-
schutz-
gebiet
Liepe
RE2,RB14
Gewerbe-
gebiet
Reiterhof
Unter
den
Eichen
Am
Horst
Wald
Fenne
Moor
Am See-
blick
Thälmannstraße
Hintersee
Hintersiedlung
Bahn-
straße
Im Felde
An der Forst
Bade-
stelle
15749
Seebadsiedlung
(zu Mittenwalde)
5786
Am Tonsee
1
2
3
4
5
6
7
8
9
10
11
12

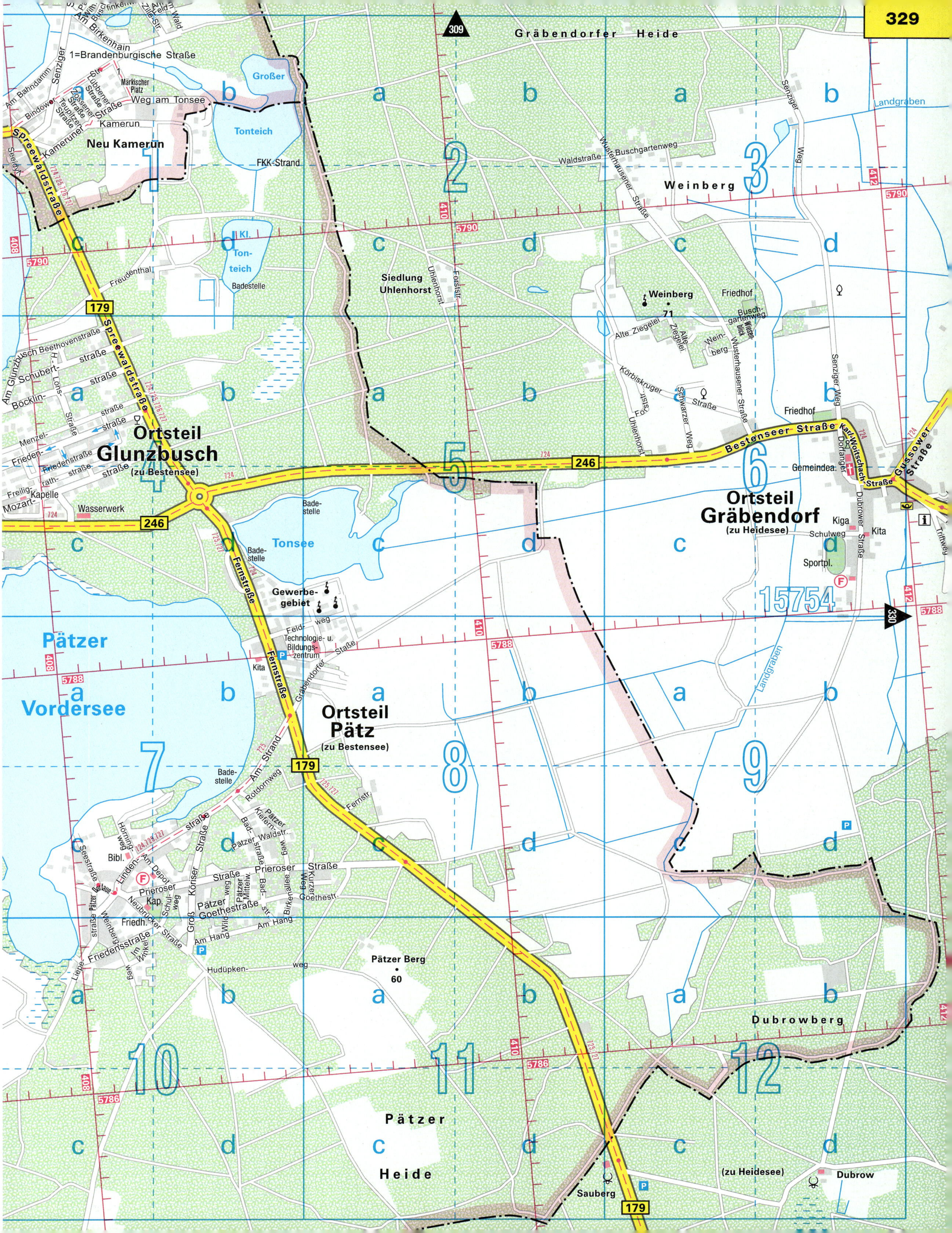
309
Gräbendorfer Heide
Großer
Tonteich
FKK-Strand
Kl. Tonteich
Badestelle
1=Brandenburgische Straße
Am Birkenhain
Märkischer Platz
Weg am Tonsee
Kamerun
Neu Kamerun
Spreewaldstraße
Freudenthal
Siedlung Uhlenhorst
Uhlenhorst
Forststr.
Waldstraße
Buschgartenweg
Wusterhausener Straße
Weinberg
71
Friedhof
Alte Ziegelei
Körbiskruger
Schwarzer Weg
Wusterhausener Straße
Senziger Weg
Landgraben
Ortsteil Glunzbusch
(zu Bestensee)
Beethovenstraße
Schubert-straße
Böcklin-straße
Menzel-
Frieden-
Friedenstraße
Mozart-
Kapelle
Wasserwerk
246
179
Bestenseer Straße
Karl-Woltschacht-Straße
Gussower Straße
Gemeindea.
Ortsteil Gräbendorf
(zu Heidesee)
Kiga
Kita
Schulweg
Dubrower Straße
Sportpl.
Triftweg
15754
330
Tonsee
Badestelle
Fernstraße
Gewerbegebiet
Feldweg
Technologie- u. Bildungszentrum
Gräbendorfer Straße
Kita
Pätzer Vordersee
Ortsteil Pätz
(zu Bestensee)
Am Strand
Rotdornweg
Pätzer Waldstr.
Prieroser Straße
Goethestraße
Körser Straße
Seestraße
Bibl.
Linden-
Am Depot
Kap.
Friedh.
Friedersdorfer Straße
Neubrücker Straße
Am Hang
Hudüpkenweg
Pätzer Berg
60
Dubrowberg
Pätzer Heide
Sauberg
(zu Heidesee)
Dubrow
Landgraben
5790
5788
5786
410
408
412

Ortsteil
Gussow
(zu Heidesee)
Gutshof Gussow
Senziger Straße
Gussower Feldweg
Bindower Str.
Am Strandbad
Gussower Dorfstraße
Schulstraße
1=Am Kindergarten
Gräbendorfer Straße
Prieroser Straße
Friedh.
Kindergarten
Landgraben
Weinberg
43
310
Ahornweg
Birkenweg
Mariannenstraße
E.-Thälmann-Str.
Siedlung West
Dolgen-
oder
Trüber See
Ortsteil
Dolgenbrodt
(zu Heidesee)
Friedhof
Bindower Allee
Blossiner
Am Gutshof
Park
Hase
Dahme-Ufer
Am der Dorfaue
Wiesenweg
Seekorso
Fahrweg
Forstweg
An der Dahme
Friedhof
Nach Friedrichsbauhof
Friedrichsbauhof
Waldweg
Dolgenhorst
Am Dolgenhorst
Gussower Heide
Gussower Straße
Ortsteil
Gräbendorf
(zu Heidesee)
Lange Stücke
1= Platanenweg
Prieroser Landstraße
Triftweg
Frauenseestraße
Am Schmiedeluch
Fischweg
329
246
Gräbendorfer Allee
Storkower
Am Birkenweg
Prierosbrück
Dahmestraße
Ziegelstraße
Am der Dubrow
An der Dahmebrücke
Heimatmus.
Poststraße
Sportpl.
Gem.-büro
Bootsverleih
Kinderheim
Dahmewinkel
Frauensee
Kläranlage
Haus des Waldes
Frauen-
see
Camping-
platz
Huschtesee
Prieros
Richters Berg
65
Badestelle
5790
5788
5786
412
414
416
724
1 2 3 4 5 6 7 8 9 10 11 12
a b c d

Heidesee
15754
Ortsteil Blossin
(zu Heidesee)
Wolziger See
Langer See
Ortsteil Kolberg
(zu Heidesee)
Kolberger Ablage
Kolberger Dorfstraße
Kolberger Straße
Storkower Straße
Prieroser Straße
Friedhof
Camping-platz
1 = Am Campingplatz
Spitzberg 73
Kolberg 90
(zu Storkow(Mark))
15859
Kutzing-see
Sportpl.
Briesenitzberg 54
Ortsteil Prieros
(zu Heidesee)
Prieroser Klein-eichholzer Heide
Ziest-see
Tiefer See
Klein Eichholz
Klein Eichholzer Straße
Kolberger Allee
1=Leistikowweg
2=Sperlingsgasse
3=Mühlenweg
Prieroser Mühle
Bio- und Botanischer Garten
Schleuse
Bibliothek
Dahme
Stre-ganzer See
Heide
246
311
332

Ortsteil Philadelphia
(zu Storkow(Mark))
Kolberger Chaussee
Kolberger Straße
Friedhof
Zum Weinberg
Klein Schauener Straße
Schauener Straße
Görsdorfer Str.
Storkower Straße
Alte Dorfstraße
Alt Dorf-
Klein Schauen
Mühlenfließ
Kölnitzer Fließ
Am Mühlenfließ
Ortsteil Görsdorf
(zu Storkow(Mark))
Buscher Weg
Zum Kutzingsee
Am Kutzingsee
Birkenhof
Busch
Erlebniswelt Fischerei Köllnitz
Kutzingsee
Kolonie Ausbau
Schau
Streitberg
54
15754
246
Großer Wochowsee
Sportplatz
Buscher Straße
Görsdorfer Weg
Weidenweg
Ortsteil Selchow
(zu Storkow(Mark))
Selchower Dorfstraße
(zu Heidesee)
Eichholzer Weg
Am Osterberg
Wiesenweg
Stregantzer Weg
Seeweg
1 = An der Gärtnerei
Klein-Eichholzer-Straße
Pläns
Friedhof
Gutssee
Selchower Str.
1 = Schweriner Straße
Schweriner See
Wolziger Str.
Wolziger Weg
Hauptstraße Philadelphia
312
331
1 2 3 4 5 6 7 8 9 10 11 12

333

Storkow (Mark) 15859

Ortsteil Groß Schauen (zu Storkow(Mark))

Ortsteil Wochowsee (zu Storkow(Mark))

Schaplowsee
Küchensee
Alter Wochowsee
Großer Selchower See
Großer Storkower Stadtforst
Theodor-Storm-Viertel
Liepenberg
Kurmarkkaserne
Birkengrund

334

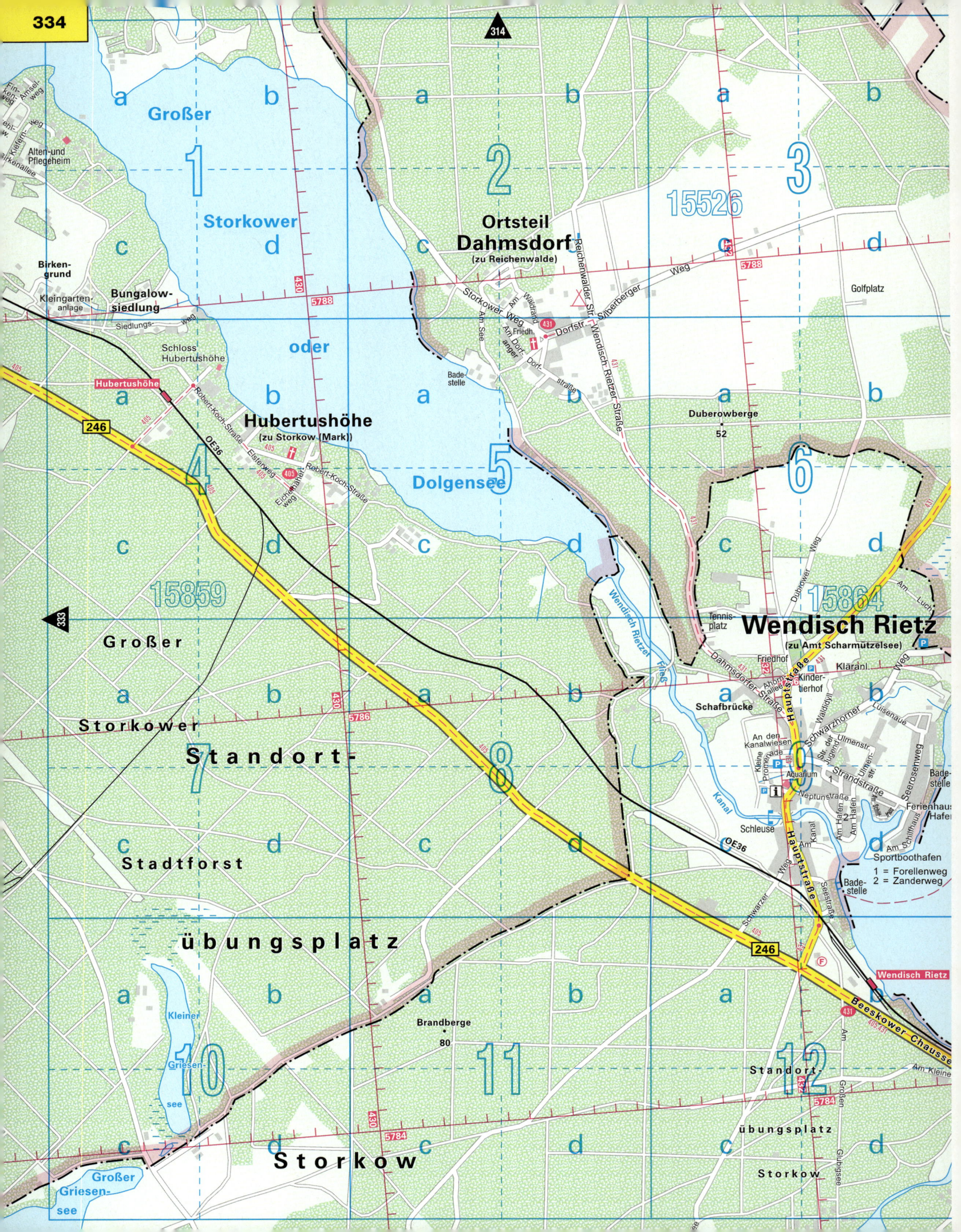

335

Schar-mützel-see

Diensdorf

Diensdorf-Radlow (zu Amt Scharmützelsee) 15864

Radlow

15526 (zu Bad Saarow)

Spitzberg
Bullenberg
Golfplatz
Campingplatz
Seeallee
Parkallee
Yachthafen
Sportboothafen
Badestelle
Am Wiesenweg
Hauptstraße
Bergstraße
Birkenweg
Eichenweg
Waldweg
Herzberger Weg
Friedhof
Schulweg
Badestelle
Radlow-Dorf
Friedhof
Radlower Straße

Waldfrieden (zu Wendisch Rietz)

15864 (zu Rietz-Neuendorf)

Am See
Badestelle
Im Wald
Waldfrieden
Storkower Straße

Ausbau

Badestelle
Hüsareninsel
Am Scharmützeleck
Am Berg

Neue Mühle

Wendisch Rietz Siedlung (zu Wendisch Rietz)

Beeskower Chaussee
Kleiner Glubigsee
Am Glubigsee
Landstraße
Kiefern-grund
Birkenweg
Waldweg
Drosselweg
Amsel-weg
Sonnenwinkel
Buchenweg
Eschenweg
Heideweg
Friedhof
Sportplatz
Jägersteig
Pappelallee
An der Eiche
In der Heide
OE 36

336

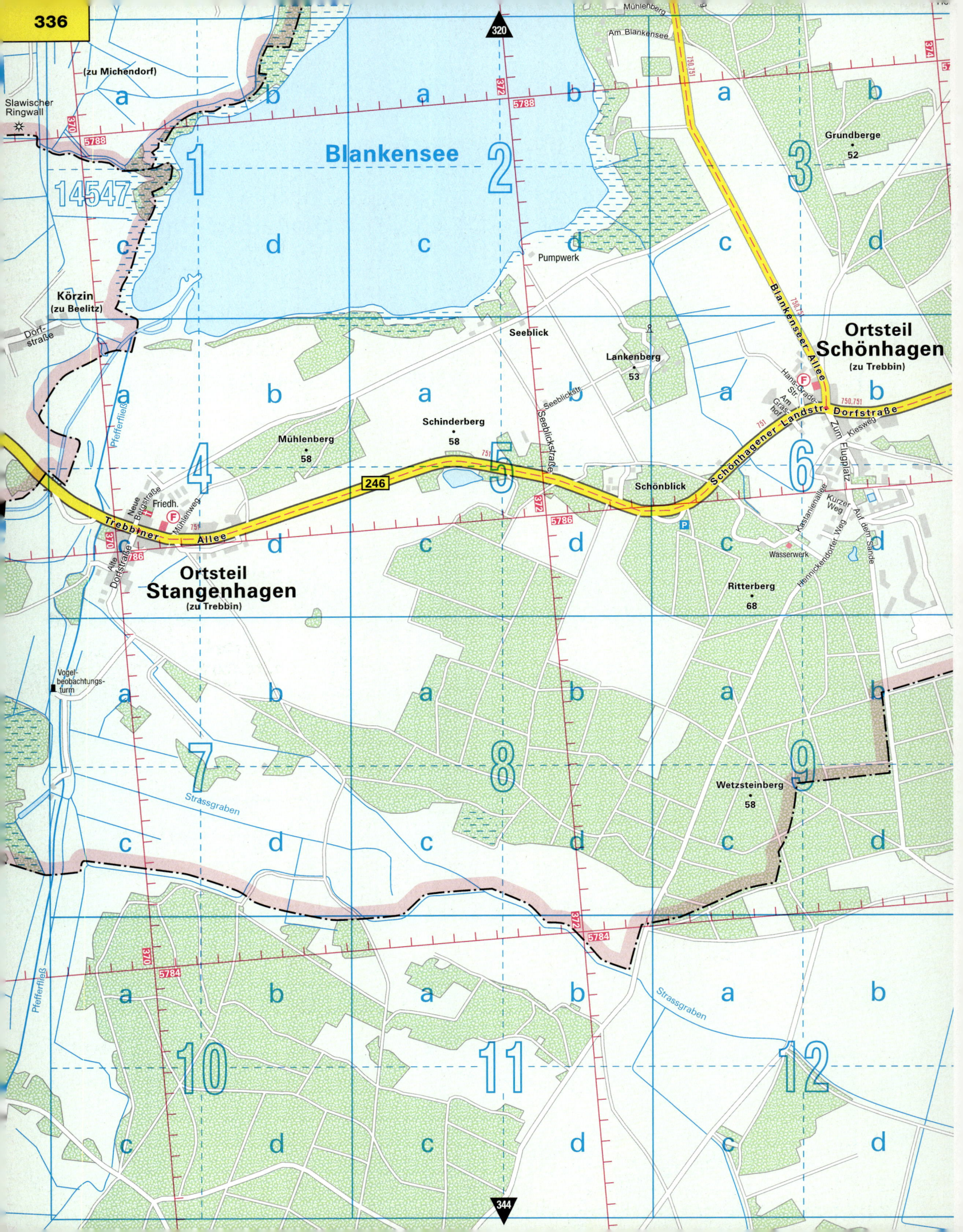

Blankensee

- (zu Michendorf)
- Slawischer Ringwall
- 14547
- Körzin (zu Beelitz)
- Dorfstraße
- Pfefferfließ
- Pumpwerk
- Seeblick
- Seeblickstraße
- Lankenberg 53
- Ortsteil Schönhagen (zu Trebbin)
- Hans-Grade-Str.
- Am Gasthof
- Blankenseer Allee
- Mühlenberg 58
- Schinderberg 58
- Schönhagener Landstr.
- Dorfstraße
- Zum Flugplatz
- Kiesweg
- Neue Poststraße
- Friedh.
- Mühlenweg
- 246
- Schönblick
- Kastanienallee
- Kurzer Weg
- Auf dem Sande
- Trebbiner Allee
- Alte Dorfstraße
- Ortsteil Stangenhagen (zu Trebbin)
- Wasserwerk
- Ritterberg 68
- Hennickendorfer Weg
- Vogelbeobachtungsturm
- Strassgraben
- Wetzsteinberg 58
- Pfefferfließ
- Strassgraben

344

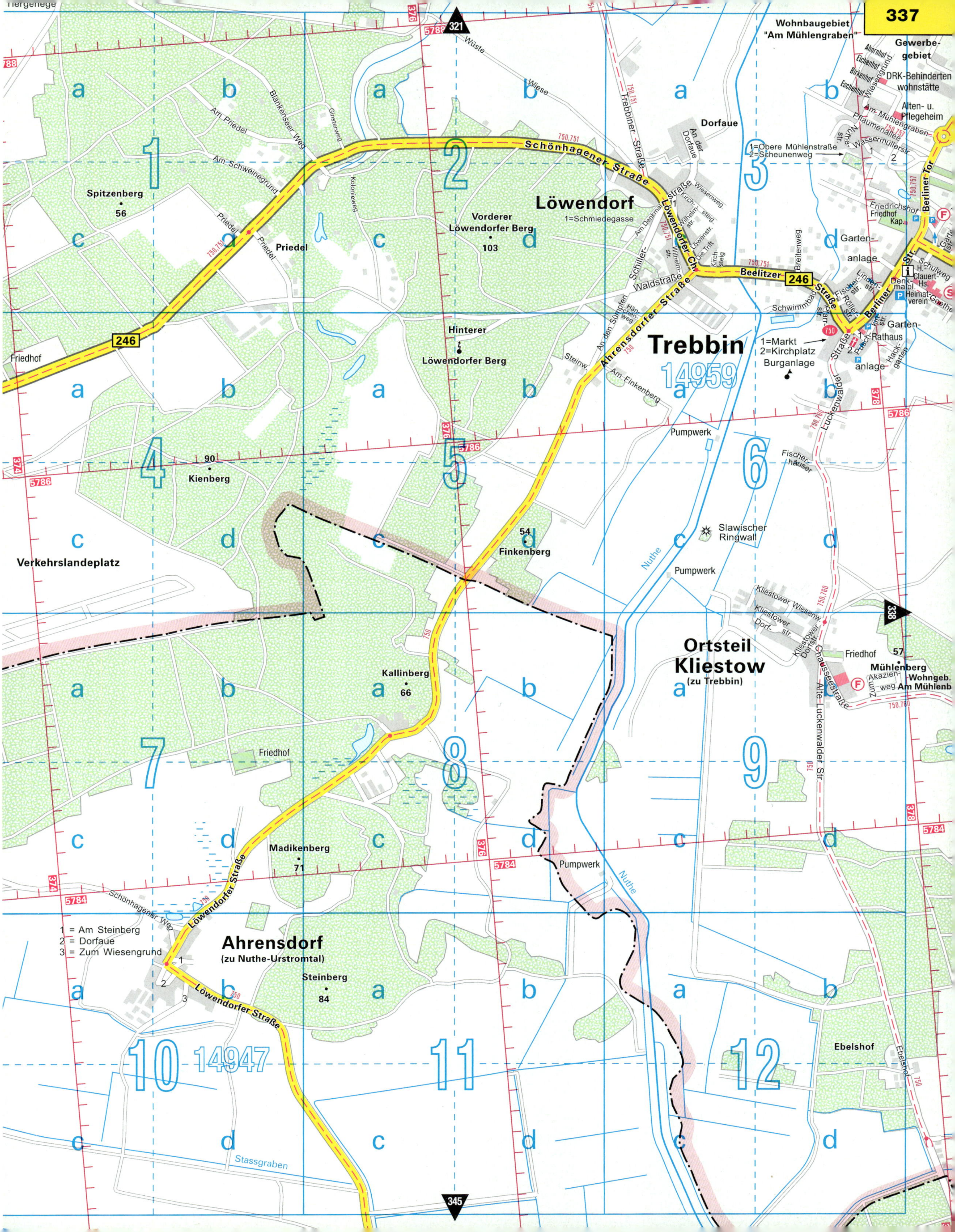

Löwendorf
1=Schmiedegasse
Trebbin
14959
1=Markt
2=Kirchplatz
Burganlage
Ortsteil Kliestow
(zu Trebbin)
Ahrensdorf
(zu Nuthe-Urstromtal)
14947
1 = Am Steinberg
2 = Dorfaue
3 = Zum Wiesengrund
1=Obere Mühlenstraße
2=Scheunenweg
Wohnbaugebiet "Am Mühlengraben"
Gewerbegebiet
DRK-Behindertenwohnstätte
Alten- u. Pflegeheim
Dorfaue
Spitzenberg 56
Priedel
Vorderer Löwendorfer Berg 103
Hinterer Löwendorfer Berg
Kienberg 90
Verkehrslandeplatz
Finkenberg 54
Slawischer Ringwall
Pumpwerk
Fischerhäuser
Kallinberg 66
Madikenberg 71
Steinberg 84
Friedhof
Mühlenberg 57
Wohngeb. Am Mühlenb
Ebelshof
Nuthe
Stassgraben
Schönhagener Straße
Beelitzer Straße
Ahrensdorfer Straße
Löwendorfer Straße
Löwendorfer Ch.
Berliner Str.
Berliner Tor
Chausseestraße
Alte Luckenwalder Str.
Luckenwalder Straße
Kliestower Wiesenw.
Kliestower Dorfstr.
Schönhagener Weg
Blankenseer Weg
Am Priedel
Am Schweinegrund
Koloniewg
Ginsterweg
Trebbiner Straße
Waldstraße
Schillerstr.
Am Denkmal
An den Sümpfen
Am Finkenberg
Steinw.
Breitenweg
Schwimmbad
Gartenanlage
Rathaus
Heimatverein
Kap.
Friedrichshof
Wiese
Wüste
246
750
321
338
345
1 2 3 4 5 6 7 8 9 10 11 12

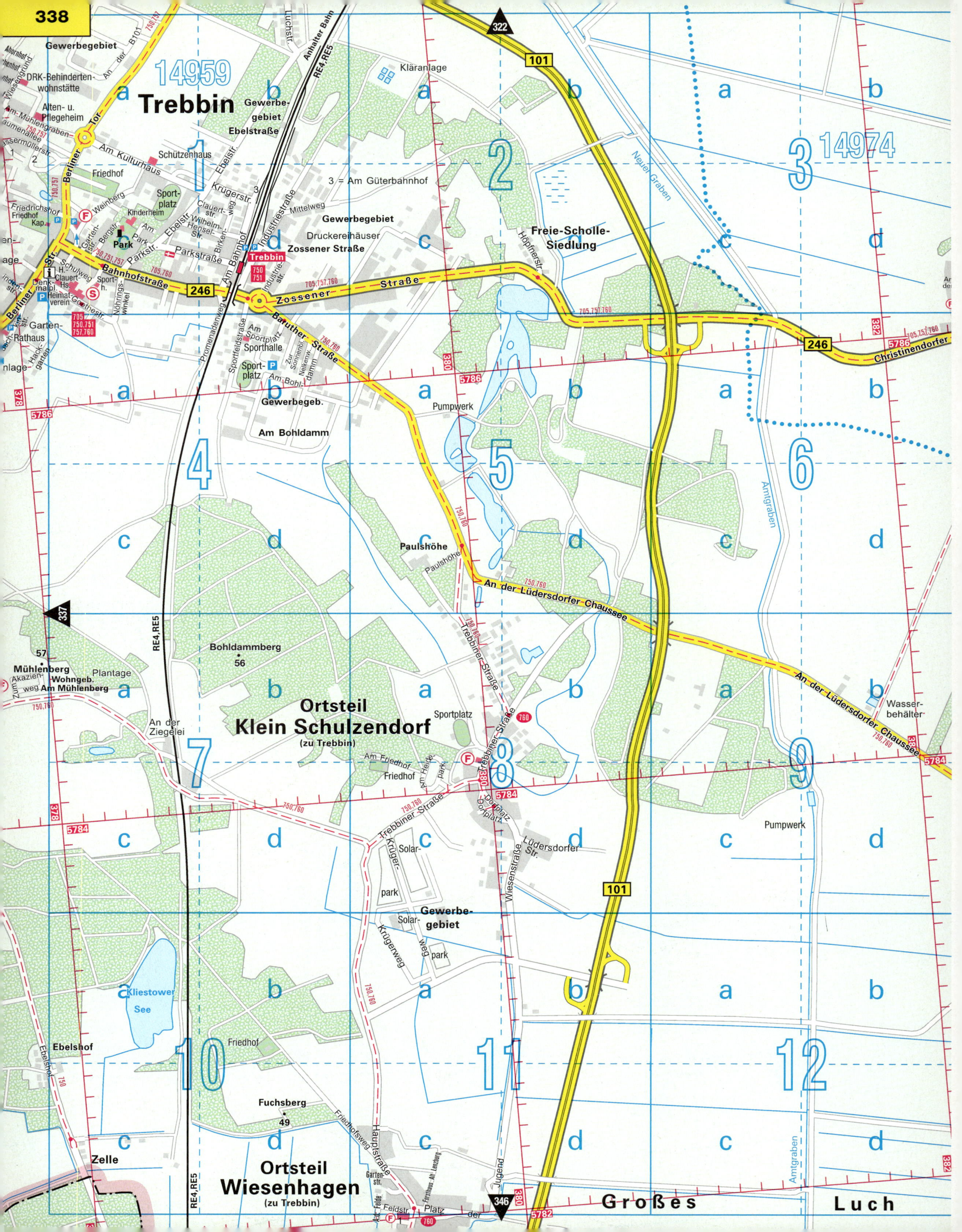
Trebbin
14959
14974
Gewerbegebiet
DRK-Behinderten-wohnstätte
Alten- u. Pflegeheim
Schützenhaus
Am Kulturhaus
Friedhof
Sport-platz
Kinderheim
Park
Parkstraße
Bahnhofstraße
Berliner Str.
Berliner Tor
Trebbin
Gewerbe-gebiet Ebelstraße
Anhalter Bahn
RE4,RE5
Kläranlage
3 = Am Güterbahnhof
Mittelweg
Industriestraße
Krügerstr.
Gewerbegebiet
Druckereihäuser
Zossener Straße
Freie-Scholle-Siedlung
Höpfnerstr.
Neuer Graben
Zossener Straße
Baruther Straße
Sporthalle
Sport-platz
Am Bohldamm
Gewerbegeb.
Promenadenweg
Rathaus
Christinendorfer
Pumpwerk
Amtgraben
Paulshöhe
An der Lüdersdorfer Chaussee
Bohldammberg
56
57
Mühlenberg
Wohngeb. Am Mühlenberg
Plantage
An der Ziegelei
Ortsteil
Klein Schulzendorf
(zu Trebbin)
Trebbiner Straße
Sportplatz
Am Friedhof
Friedhof
Dorfplatz
Lüdersdorfer Str.
Wiesenstraße
Wasser-behälter
Pumpwerk
Solar-park
Krügerweg
Gewerbe-gebiet
Kliestower See
Ebelshof
Friedhof
Fuchsberg
49
Friedhofsweg
Hauptstraße
Zelle
Ortsteil
Wiesenhagen
(zu Trebbin)
Großes Luch
101
246
322
337
346
1
2
3
4
5
6
7
8
9
10
11
12

339

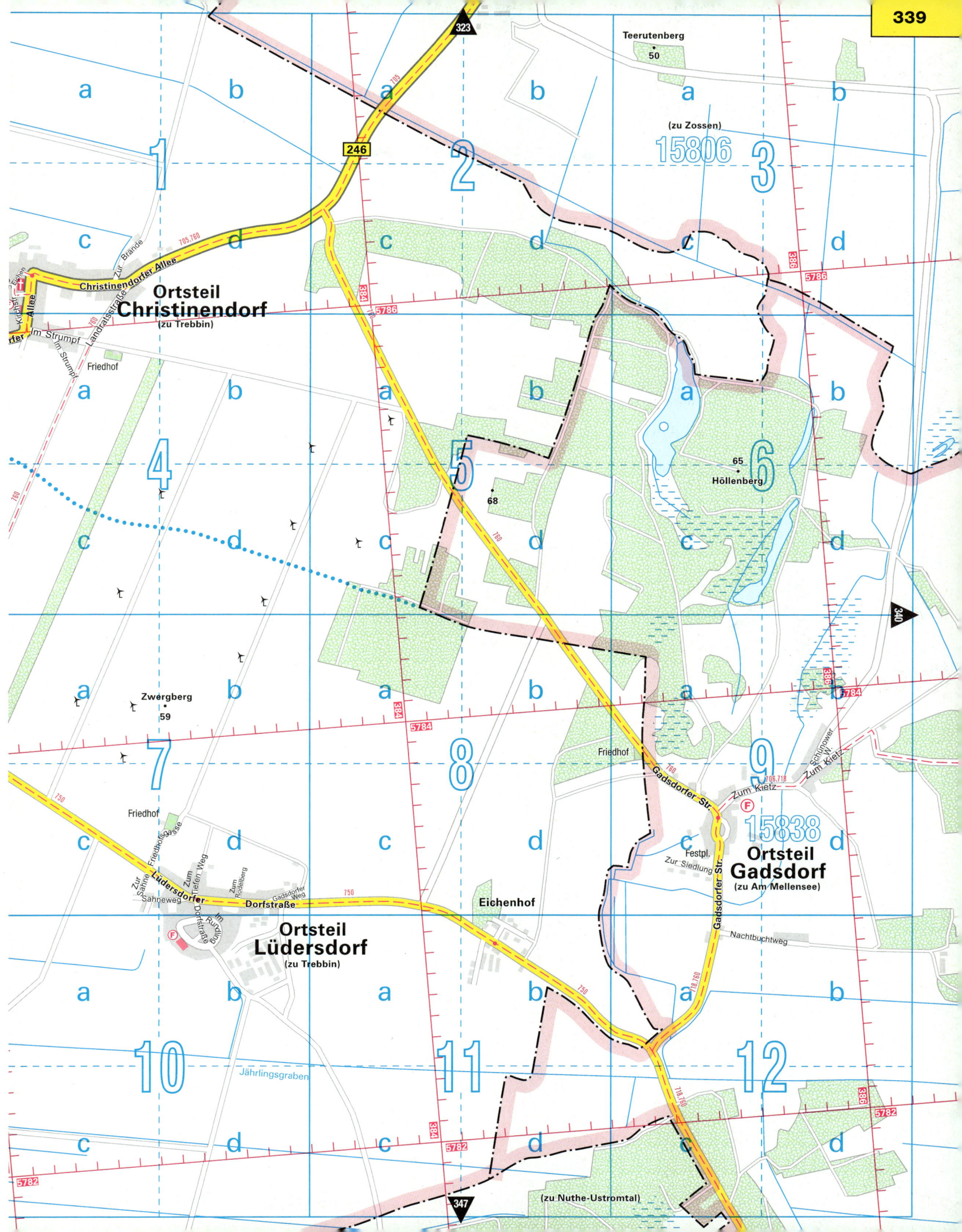

Teerutenberg
50

(zu Zossen)

15806

Ortsteil **Christinendorf** (zu Trebbin)

Höllenberg
65

Zwergberg
59

Friedhof

Eichenhof

Ortsteil **Gadsdorf** (zu Am Mellensee)

15838

Ortsteil **Lüdersdorf** (zu Trebbin)

Jährlingsgraben

(zu Nuthe-Urstromtal)

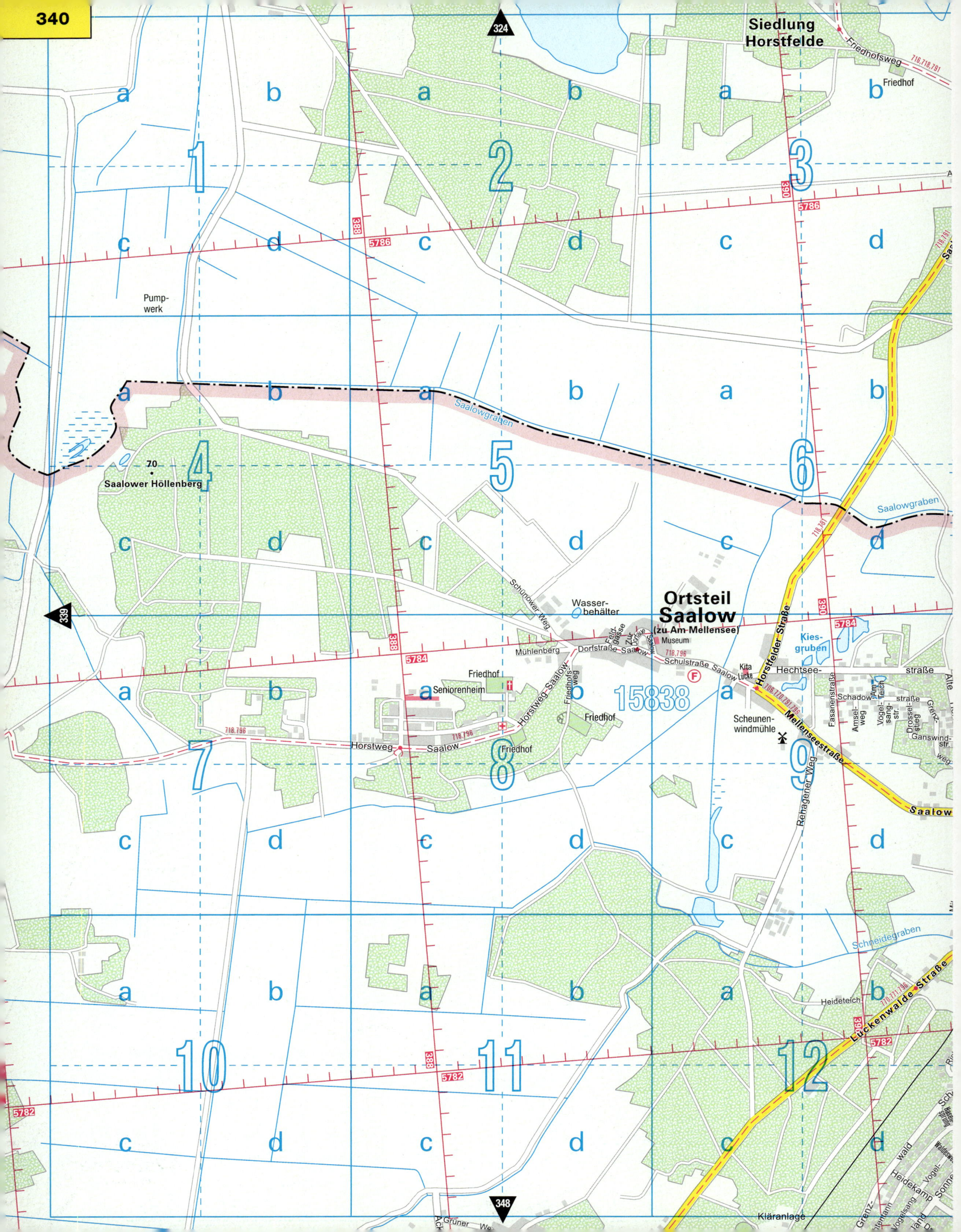

324
Siedlung Horstfelde
Friedhofsweg
Friedhof
Pumpwerk
Saalowgraben
70
Saalower Höllenberg
Schünower Weg
Wasserbehälter
Ortsteil Saalow
(zu Am Mellensee)
Museum
Kiesgruben
Mühlenberg
Dorfstraße Saalow
Schulstraße Saalow
Kita Lücke
Horstfelder Straße
Hechtsee-straße
Friedhof
Seniorenheim
15838
Horstweg Saalow
Friedhofsweg
Friedhof
Scheunenwindmühle
Mellenseestraße
Fasanenstraße
Schadow
Amselweg
Am Teich
Vogelsangstr.
Drosselsteg
Grenzstr.
Ganswindweg
Horstweg
Saalow
Friedhof
Rehagener Weg
Schneidegraben
Heideteich
Luckenwalder Straße
Heidekamp
Vogelsang
Kläranlage
Grüner Weg
339
348

341

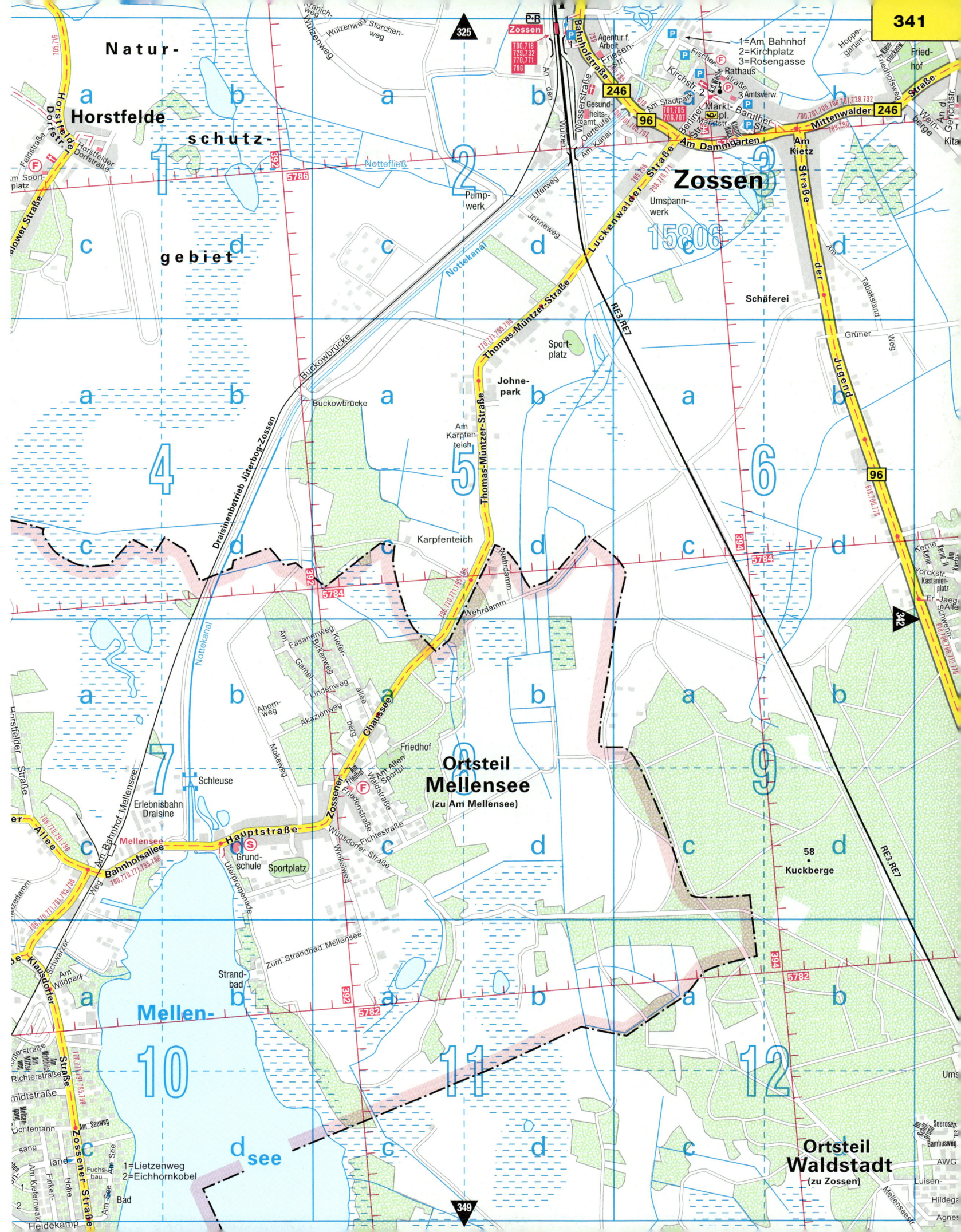

342

Zossen 15806

Residenz "Am Scheunenviertel"
1=Löracher Straße
2=Westenholzer Straße
3=Joachimstraße
4=Delbrücker Straße

Mühlenberge 77

Heimatmus. "Alter Krug"

Gerlachshof

Neue Galerie Motorradmus. Garnisonsmus.

Veranstaltungsort Waldstadion
1=Heidelerchenweg
2=Drosselstieg

Solarpark "Fotovoltaikanlage"

ehemalige Kasernen

Jägers Berg

Zossener

Ortsteil Waldstadt (zu Zossen)

Umspannwerk

Kläranlage

Landesverwaltungszentrum A

Landesverwaltungszentrum B

Teltow-Fläming-Ring

343

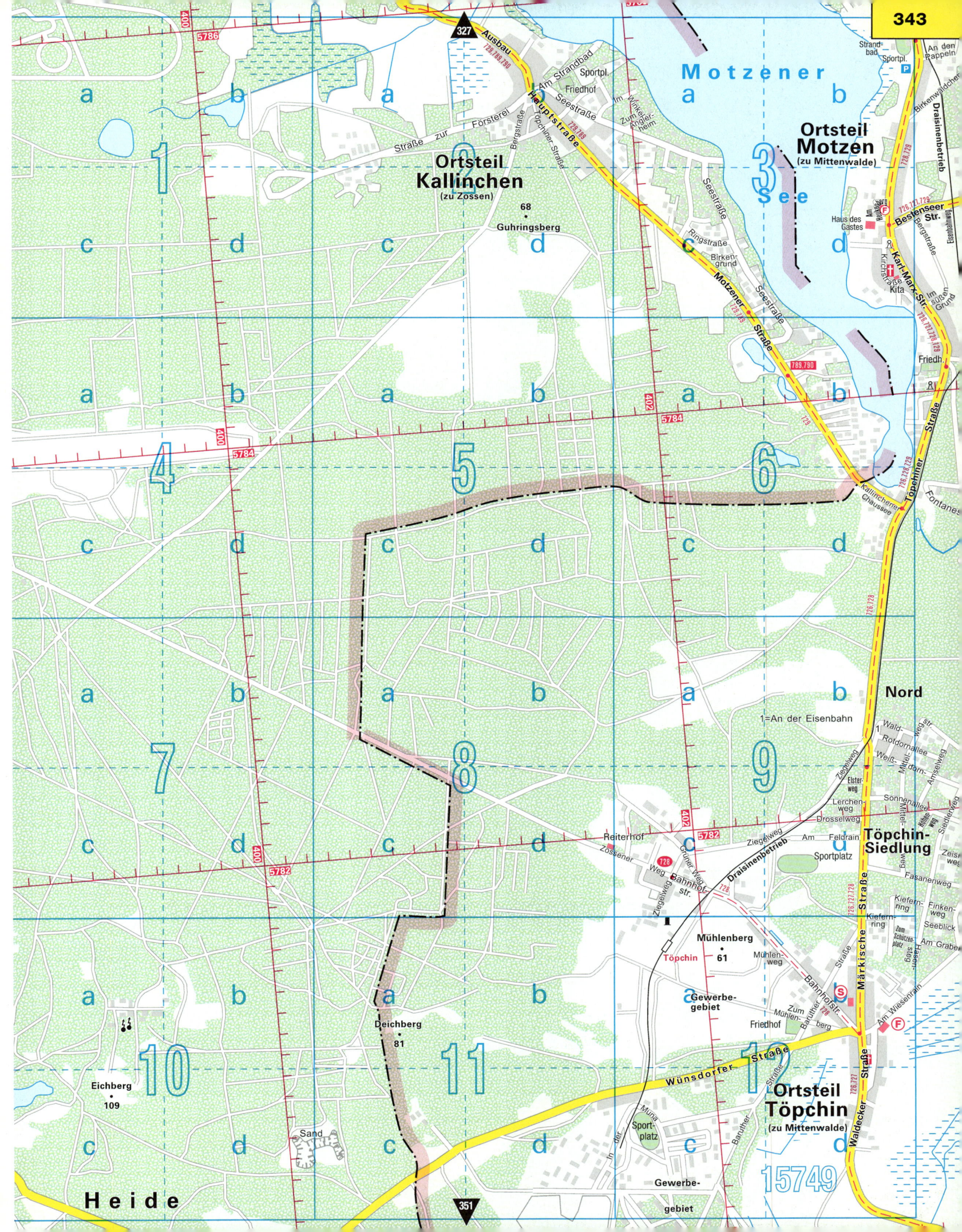

Motzener

Ortsteil Kallinchen
(zu Zossen)

Ortsteil Motzen
(zu Mittenwalde)

See

68 Guhringsberg

Nord

Töpchin-Siedlung

1=An der Eisenbahn

Reiterhof

Mühlenberg 61

Töpchin

Gewerbegebiet

Deichberg 81

Eichberg 109

Ortsteil Töpchin
(zu Mittenwalde)

Sand

Sportplatz

Gewerbegebiet

HEIDE

15749

344

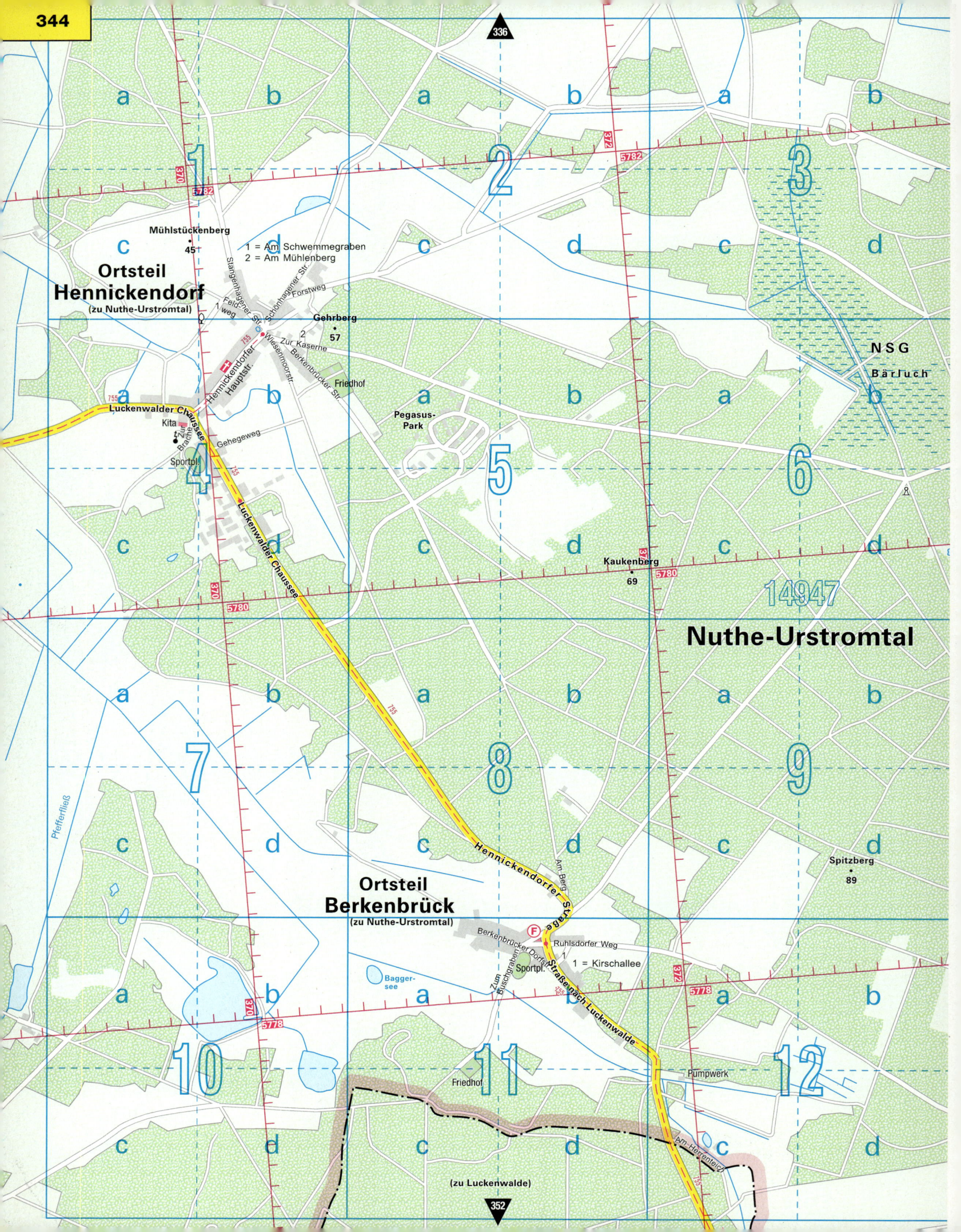

Ortsteil Hennickendorf (zu Nuthe-Urstromtal)

Mühlstückenberg 45

1 = Am Schwemmegraben
2 = Am Mühlenberg

Stangenhagener Str.
Schönhagener Str.
Forstweg
Feldweg
Hennickendorfer Hauptstr.
Zur Kaserne
Gehrberg 57
Wiesenmoorstr.
Berkenbrücker Str.
Friedhof
Kita
Sportpl.
Gehegeweg
Luckenwalder Chaussee

Pegasus-Park

NSG Bärluch

Kaukenberg 69

Nuthe-Urstromtal

Pfefferfließ

Hennickendorfer Str.
Am Berg

Spitzberg 89

Ortsteil Berkenbrück (zu Nuthe-Urstromtal)

Berkenbrücker Dorfstr.
Zum Buschgraben
Sportpl.
Ruhlsdorfer Weg
1 = Kirschallee
Straßenbach
Luckenwalde

Baggersee

Friedhof

Pumpwerk

Am Herrenteich

(zu Luckenwalde)

345

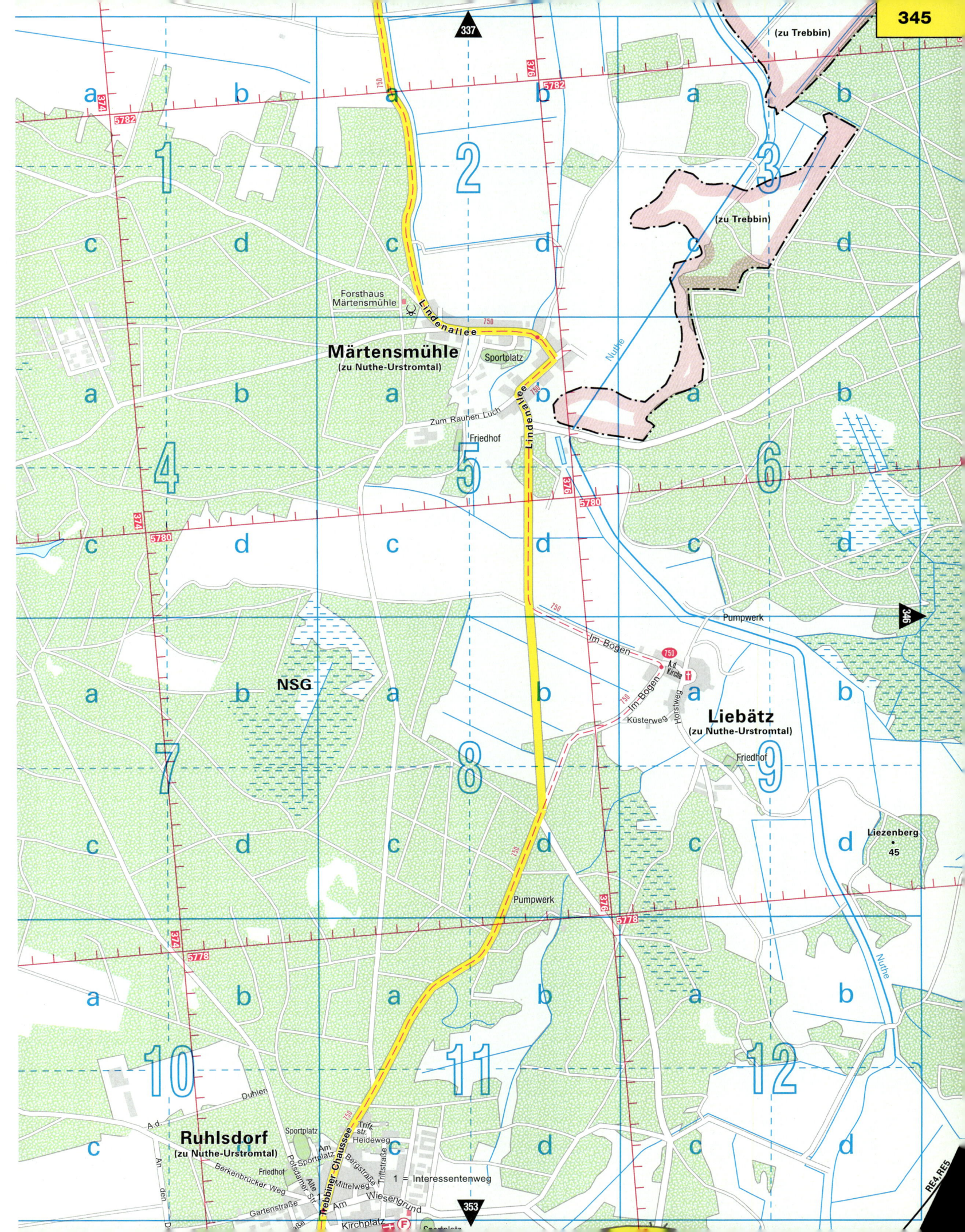

(zu Trebbin)

Forsthaus Märtensmühle

Märtensmühle
(zu Nuthe-Urstromtal)

Sportplatz

Lindenallee

Zum Rauhen Luch

Friedhof

Nuthe

Pumpwerk

Im-Bogen

A.d. Kirche

Im-Bogen

Küsterweg

Holstweg

Liebätz
(zu Nuthe-Urstromtal)

Friedhof

NSG

Liezenberg
· 45

Pumpwerk

Nuthe

Duhlen

Ruhlsdorf
(zu Nuthe-Urstromtal)

A.d. Sportplatz
Am Sportplatz
Berkenbrücker Weg
Friedhof
Potsdamer Str.
Bergstraße
Mittelweg
Trift- str.
Heideweg
Triftstraße
Alte Trebbiner Chaussee
An den...
Gartenstraße
Am Wiesengrund
Kirchplatz

1 = Interessentenweg

346

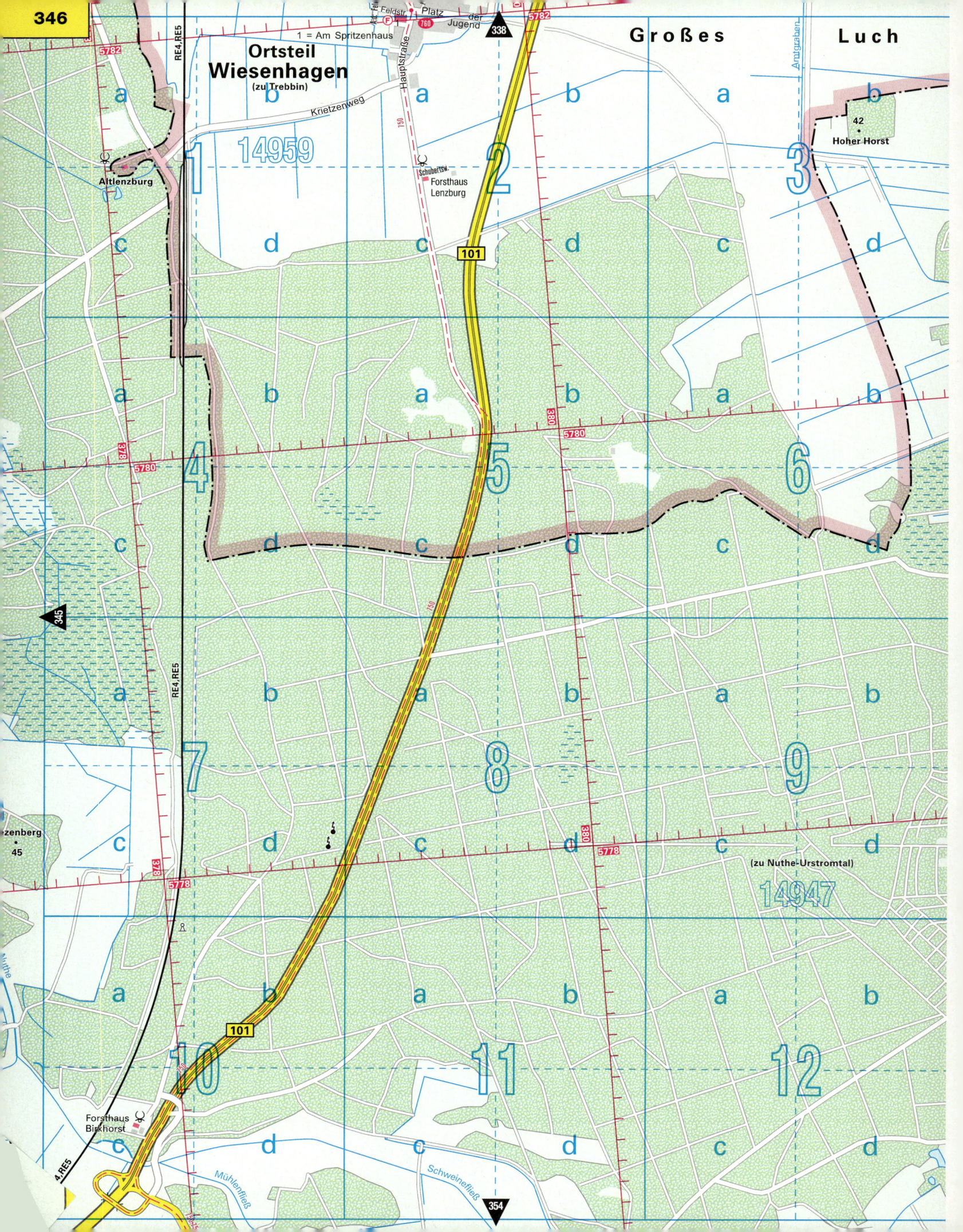

Ortsteil
Wiesenhagen
(zu Trebbin)

Großes Luch

Hoher Horst

Altlenzburg

14959

Forsthaus
Lenzburg

Platz der Jugend

1 = Am Spritzenhaus

Krietzenweg

Hauptstraße

Feldstr.

(zu Nuthe-Urstromtal)

14947

Forsthaus
Birkhorst

zenberg
45

Nuthe

Mühlenfließ

Schweinefließ

347

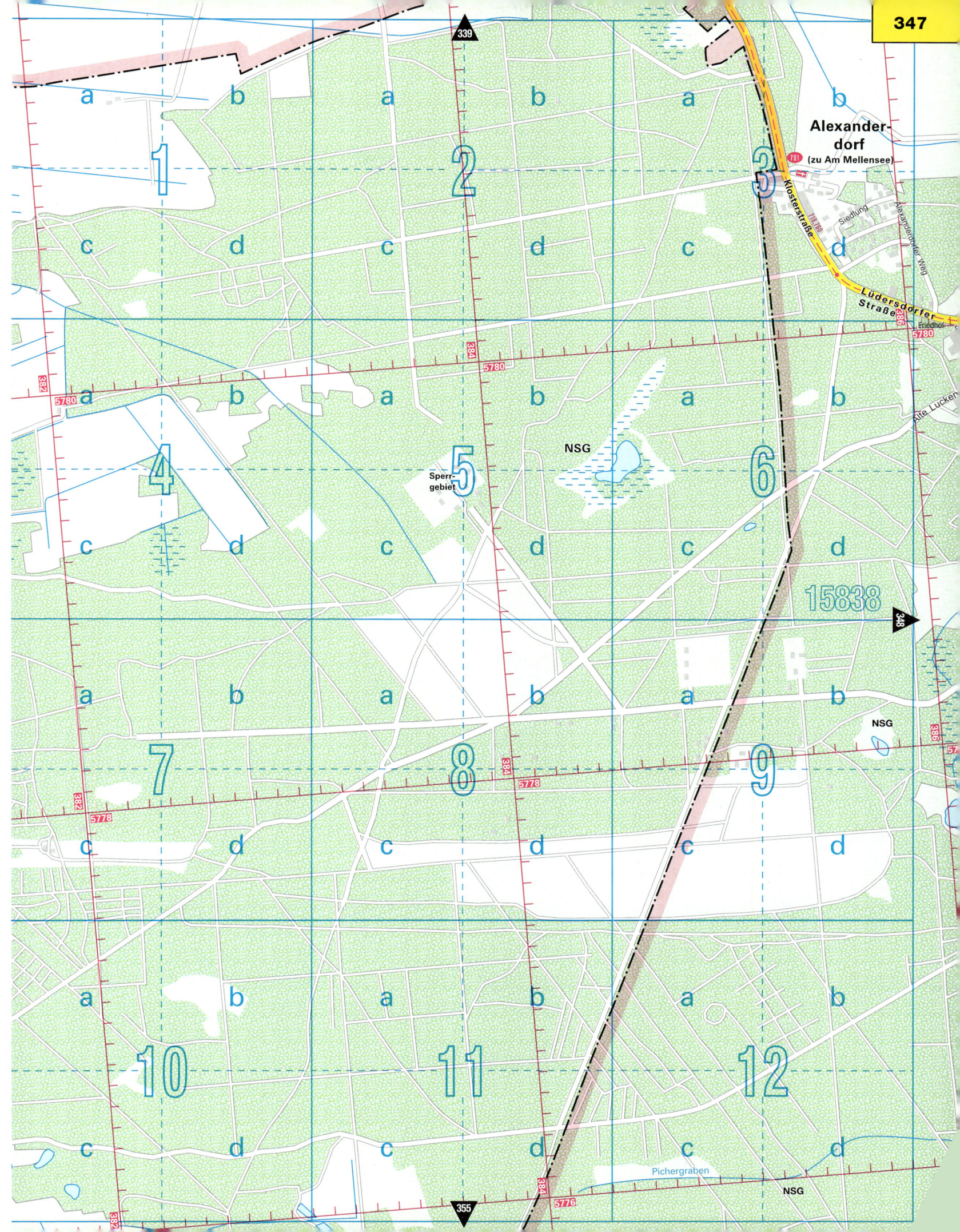

Alexander-
dorf
(zu Am Mellensee)

Klosterstraße
Alexanderdorfer Weg
Lüdersdorfer Straße
Friedhof
Alte Lucken

NSG
Sperr-
gebiet

NSG

15838

Pichergraben
NSG

348

349

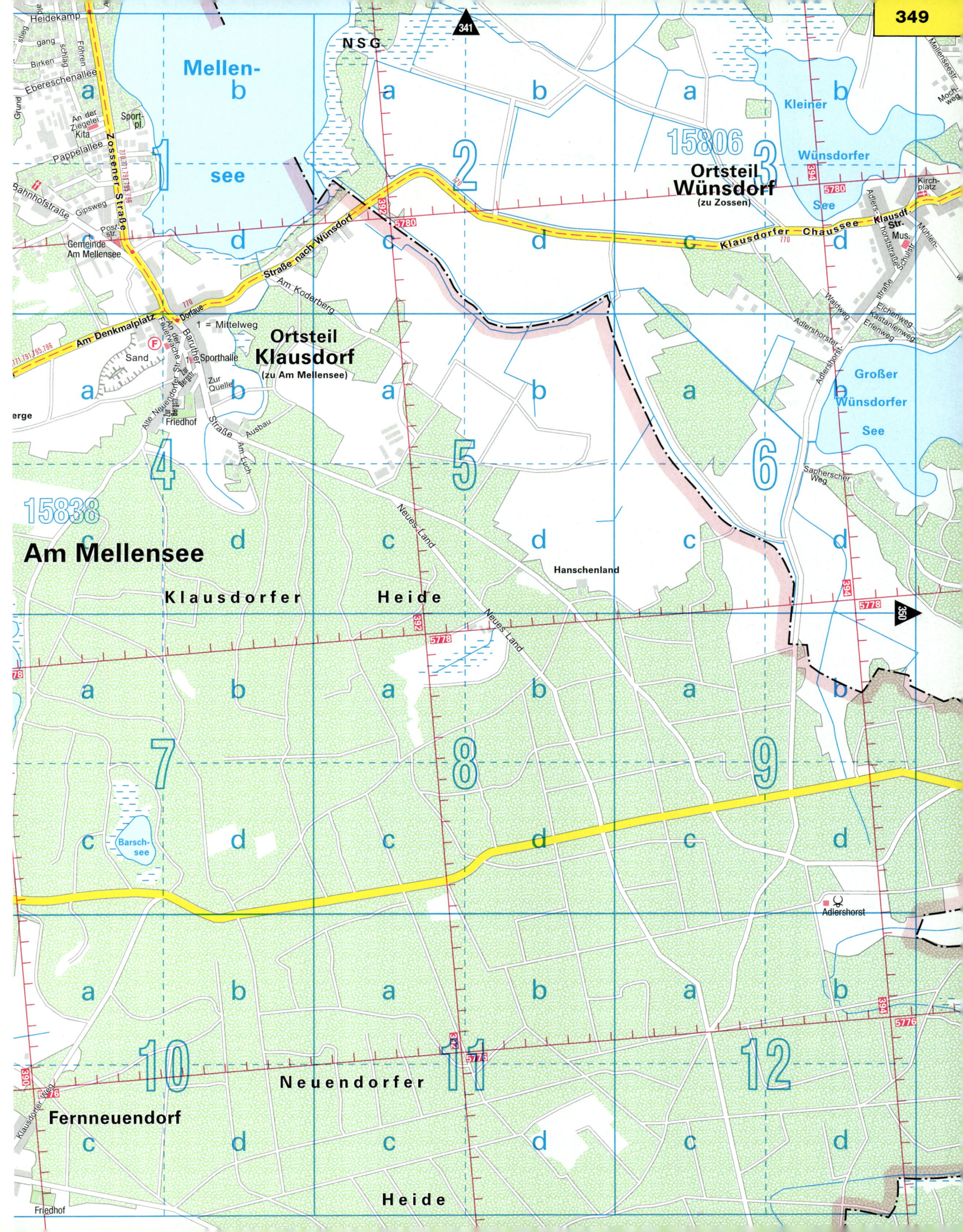

Mellensee

Ortsteil Wünsdorf (zu Zossen)

Kleiner Wünsdorfer See

Klausdorfer Chaussee

Ortsteil Klausdorf (zu Am Mellensee)

Großer Wünsdorfer See

Am Mellensee

Klausdorfer Heide

Hanschenland

Barschsee

Adlershorst

Fernneuendorf

Neuendorfer Heide

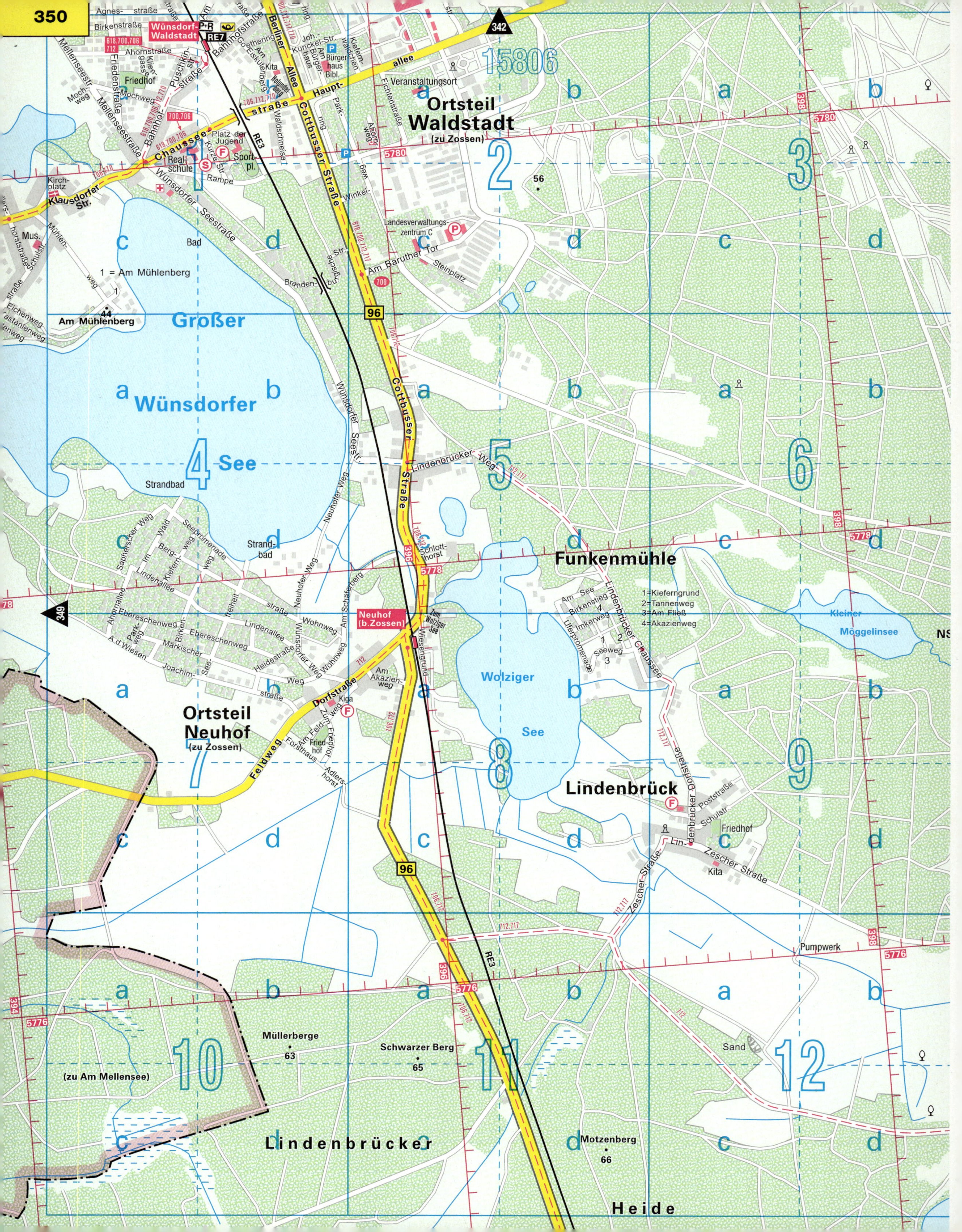
Ortsteil Waldstadt
(zu Zossen)
15806
Wünsdorf-Waldstadt
RE7
RE3
Agnes-straße
Birkenstraße
Ahornstraße
Friedhof
Mochweg
Mellenseestraße
Friedenstraße
Bahnhofstraße
Puschkinstraße
Chaussee
Platz der Jugend
Real-schule
Sport-pl.
Rampe
Kirchplatz
Klausdorfer Str.
Wünsdorfer Seestraße
Hauptstraße
Berliner Allee
Cottbusser Straße
Veranstaltungsort
Bürgerhaus
Bibl.
Fichtenstraße
Landesverwaltungszentrum C
Am Baruther Tor
Steinplatz
Mus.
Mühlenweg
Bad
1 = Am Mühlenberg
Am Mühlenberg
44
56
Großer
Wünsdorfer
See
Strandbad
Strand-bad
Wünsdorfer Seestr.
Neuhofer Weg
Lindenbrücker Weg
Schlott-horst
Funkenmühle
Lindenbrücker Chaussee
1=Kieferngrund
2=Tannenweg
3=Am Fließ
4=Akazienweg
Kleiner Möggelinsee
Neuhof (b.Zossen)
Am Schäferberg
Wohnweg
Lindenallee
Ebereschenweg
Märkischer Weg
Heidestraße
Joachimstraße
A.d.Wiesen
Wiesengrund
Am Akazienweg
Dorfstraße
Kiga
Ortsteil Neuhof
(zu Zossen)
Feldweg
Wolziger See
Lindenbrück
Poststraße
Schulstr.
Friedhof
Zescher Straße
Kita
Pumpwerk
Müllerberge
63
Schwarzer Berg
65
(zu Am Mellensee)
Sand
Lindenbrücker
Heide
Motzenberg
66
96
396
342
349
5780
5778
5776
398
394
1 2 3 4 5 6 7 8 9 10 11 12

351

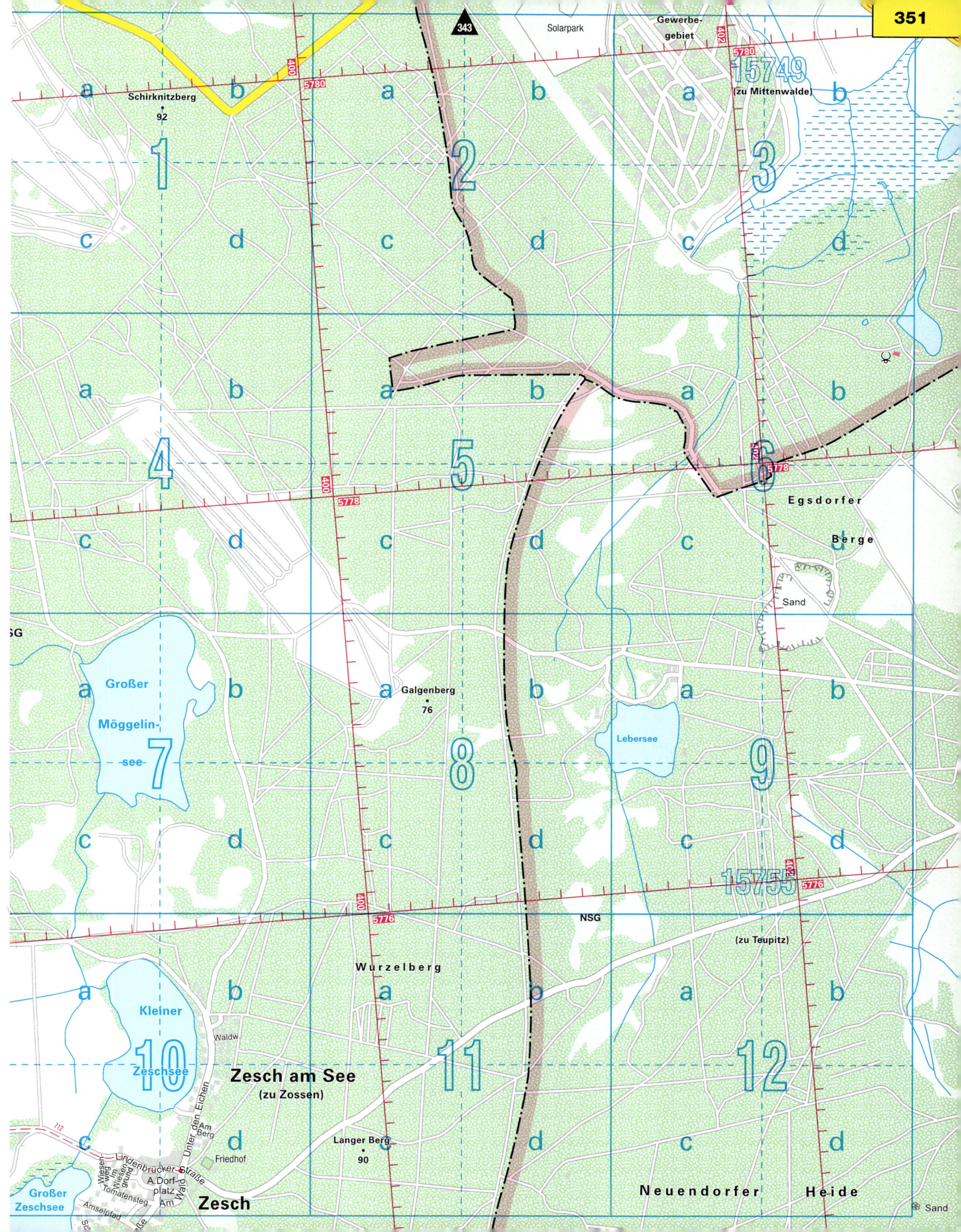

Schirknitzberg 92

Solarpark
Gewerbegebiet
15749
(zu Mittenwalde)

1 | 2 | 3

Egsdorfer Berge

Sand

4 | 5 | 6

Großer Möggelinsee

Galgenberg 76

Lebersee

7 | 8 | 9

15755
(zu Teupitz)

NSG

Kleiner Zeschsee

Wurzelberg

10 | 11 | 12

Zesch am See (zu Zossen)

Langer Berg 90

Großer Zeschsee

Zesch

Neuendorfer Heide

Sand

352

Ortsteil Frankenfelde (zu Luckenwalde)

Heldenberge

Friedhof

Dorfstraße

Frankenfelder Chaussee

Gewerbegebiet Frankenfelder Chaussee

1=Ulmenweg
2=Erlenweg
3=Robinienweg
4=Kastanienweg
5=Buchsbaumweg

Kiesweg
Akazien-
Eichen-
Buchen-
str.-allee
Ahornallee
Birkenstr.
Brandweg
Felgentreuer Str.
Kieferstr.
Mehlsdorfer
Am Wa...
Sand

Eschen-
Hainbuchen-
weg

THW

Zapfholzweg

Industriegebiet Zapfholzweg

Biotechnologiepark

Louis-Pasteur-Str.

Zum Stalag-Friedhof

Kriegsgräberstätte Stalag

Weinberge

Bauhof

Grüner Weg

An den Ziegeleien

Ernst-Kloß-Stadion

Müllverbrenner...

(zu Nuthe-Urstromtal)

14947 (zu Nuthe-Urstromtal)

14913 (zu Jüterbog)

344
358

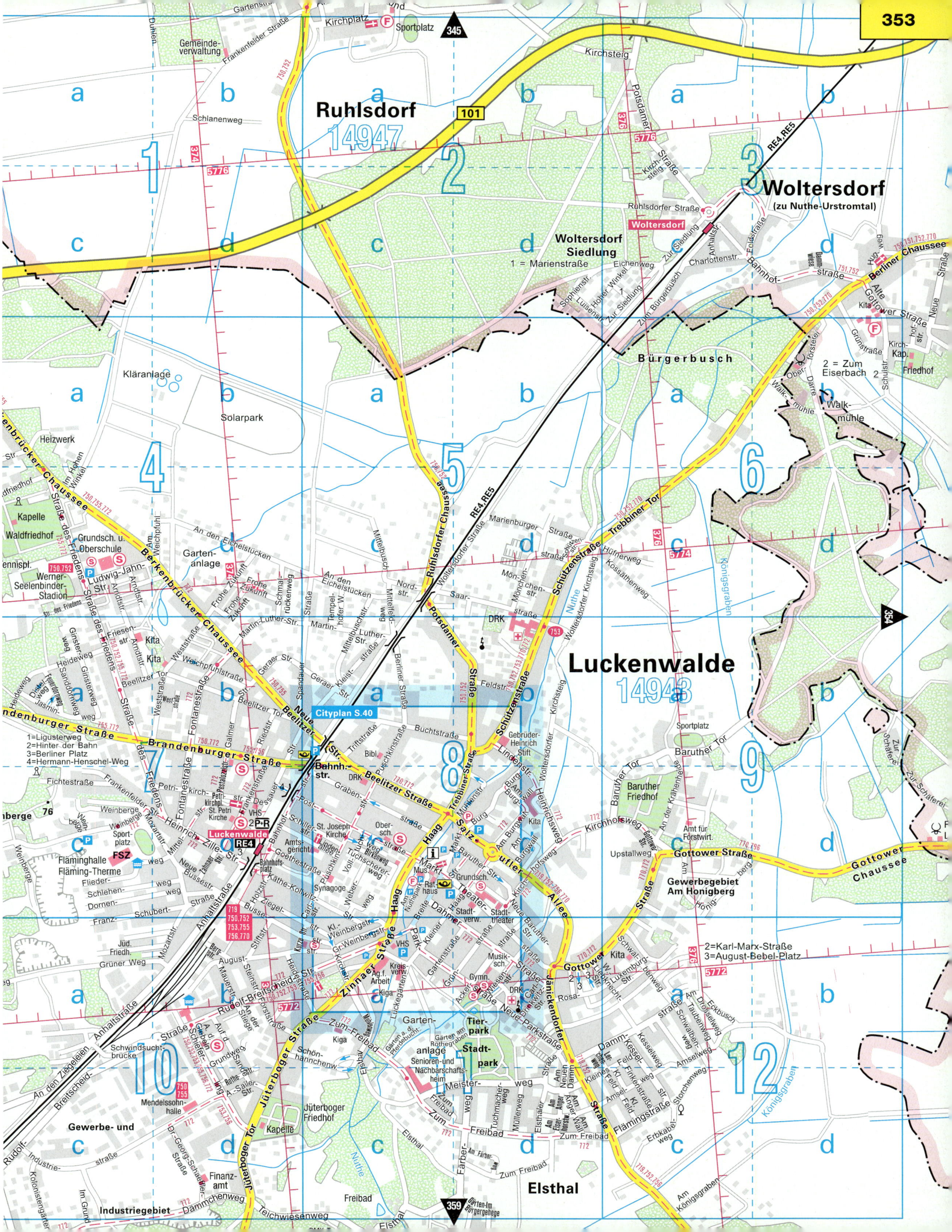
Ruhlsdorf
14947
Woltersdorf
(zu Nuthe-Urstromtal)
Woltersdorf Siedlung
1 = Marienstraße
Bürgerbusch
2 = Zum Eiserbach
Walkmühle
Luckenwalde
14943
Elsthal
Kläranlage
Solarpark
Heizwerk
Kapelle
Waldfriedhof
Gemeindeverwaltung
Sportplatz
Kirchplatz
Kirchsteig
Schlanenweg
Potsdamer Straße
Ruhlsdorfer Straße
Bahnhofstraße
Berliner Chaussee
Alte Gottower Straße
Friedhof
Berkenbrücker Chaussee
Straße des Friedens
Grundsch. u. Oberschule
Werner-Seelenbinder-Stadion
Ludwig-Jahn-Str.
Garten-anlage
An den Eichelstücken
Ruhlsdorfer Chaussee
Woltersdorfer Straße
Marienburger Straße
Schützenstraße
Trebbiner Tor
Woltersdorfer Kirchsteig
Königsgraben
Nuthe
DRK
Cityplan S.40
Brandenburger Straße
Beelitzer Str.
Buchtstraße
Gebrüder-Heinrich Stift
Baruther Tor
Baruther Friedhof
Amt für Forstwirt.
Gottower Straße
Gottower Chaussee
Gewerbegebiet Am Honigberg
1=Ligusterweg
2=Hinter der Bahn
3=Berliner Platz
4=Hermann-Henschel-Weg
Luckenwalde
RE4
Flaminghalle
Fläming-Therme
FSZ
St. Joseph Kirche
Synagoge
Markt
Rathaus
Stadtverw.
Stadttheater
Zinnaer Straße
Haag
Dahmer Str.
Gymn.
Jüd. Friedh.
Grüner Weg
Rudolf-Breitscheid-Str.
Anhaltstraße
Schwindsuchtbrücke
Jüterboger Straße
Jüterboger Tor
Jüterboger Friedhof
Mendelssohn-halle
Gewerbe- und Industriegebiet
Finanz-amt
Dämmchenweg
Teichwiesenweg
Tierpark
Stadtpark
Gartenanlage
Senioren- und Nachbarschaftsheim
Meisterweg
Zum Freibad
Freibad
Jänickendorfer Straße
Flämingstraße
2=Karl-Marx-Straße
3=August-Bebel-Platz
Am Königsgraben
Upstallweg
RE4,RE5
101
345
354
359

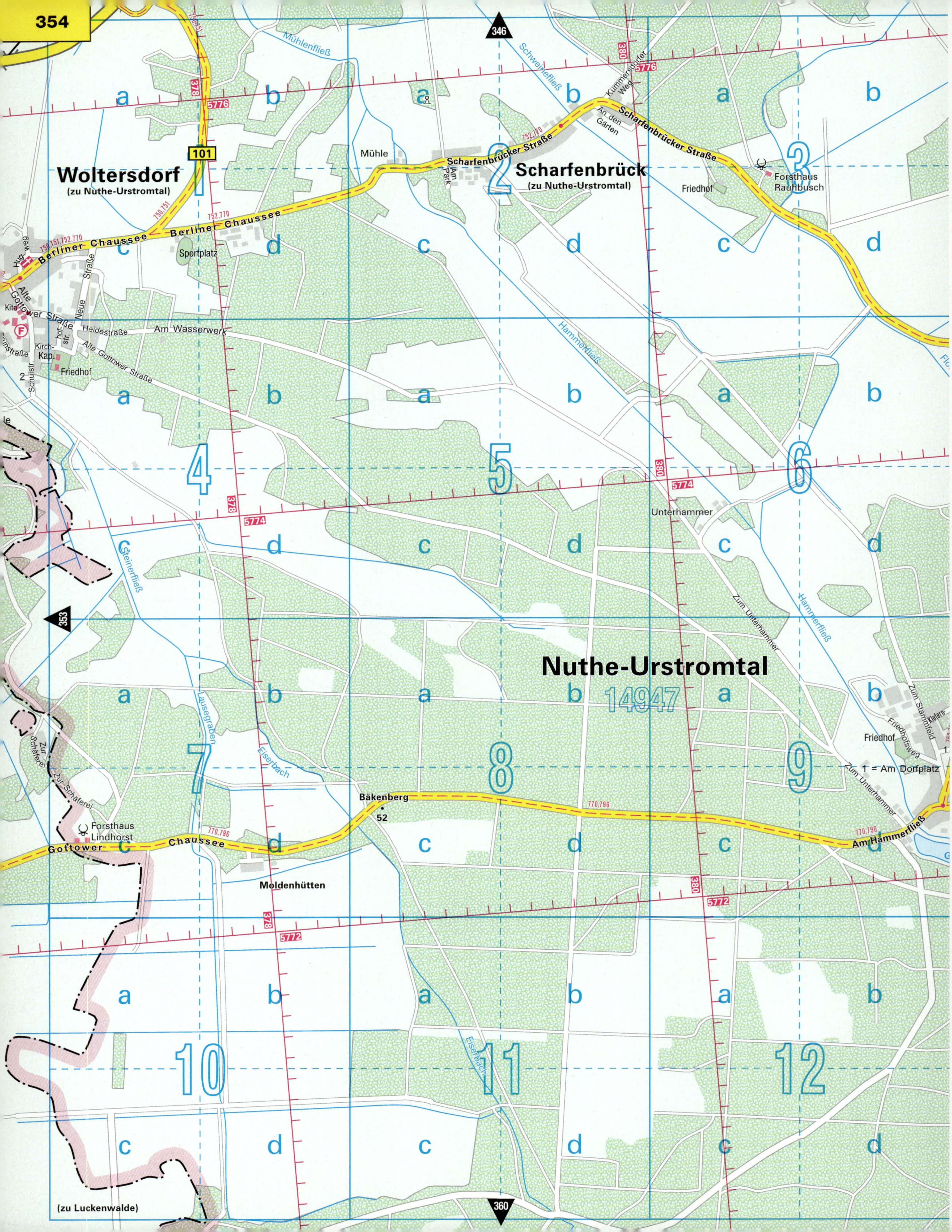
346
Mühlenfließ
Schweinefließ
Kummersdorfer Weg
101
Woltersdorf
(zu Nuthe-Urstromtal)
Mühle
Scharfenbrücker Straße
Am Park
An den Gärten
Scharfenbrück
(zu Nuthe-Urstromtal)
Friedhof
Forsthaus Rauhbusch
Berliner Chaussee
Sportplatz
Hug.-weg
Alte Gottower Straße
Neue Straße
Kita
Heidestraße
Am Wasserwerk
Kirch-hof-str.
Kirch-Kap.
Schulstr.
Friedhof
Hammerfließ
Unterhammer
Steinerfließ
353
Zum Unterhammer
Nuthe-Urstromtal
14947
Lausegraben
Eiserbach
Zur Schäferei
Forsthaus Lindhorst
Gottower Chaussee
Bäkenberg
52
Moldenhütten
Zum Stammfeld
Friedhofsweg
Friedhof
1 = Am Dorfplatz
Am Hammerfließ
Eiserbach
360
(zu Luckenwalde)
5776
5774
5772
378
380

355

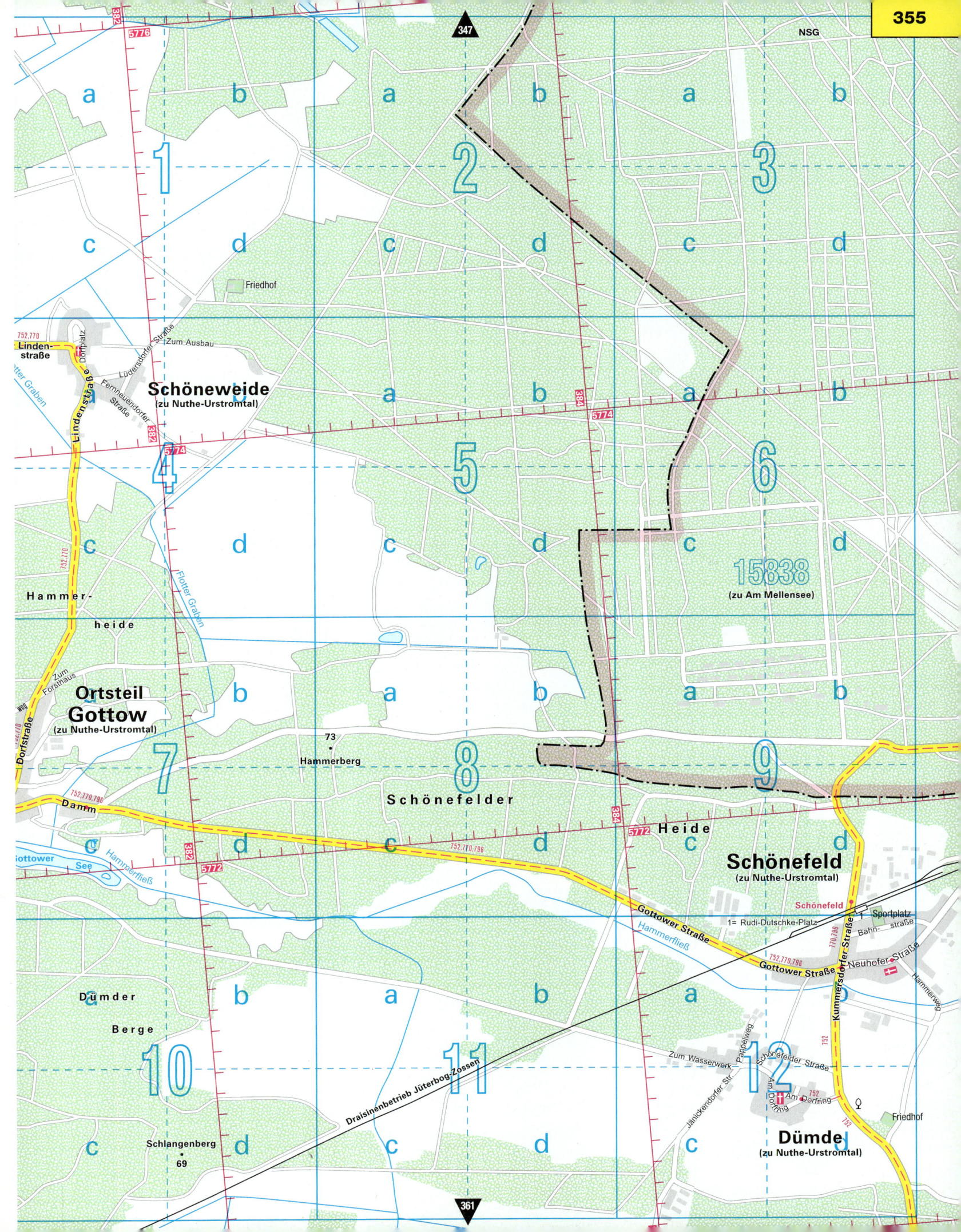

Schöneweide (zu Nuthe-Urstromtal)

Ortsteil Gottow (zu Nuthe-Urstromtal)

Hammerheide

Hammerberg

Schönefelder Heide

15838 (zu Am Mellensee)

Schönefeld (zu Nuthe-Urstromtal)

1= Rudi-Dutschke-Platz

Dümder Berge

Schlangenberg

Dümde (zu Nuthe-Urstromtal)

Draisinenbetrieb Jüterbog-Zossen

356

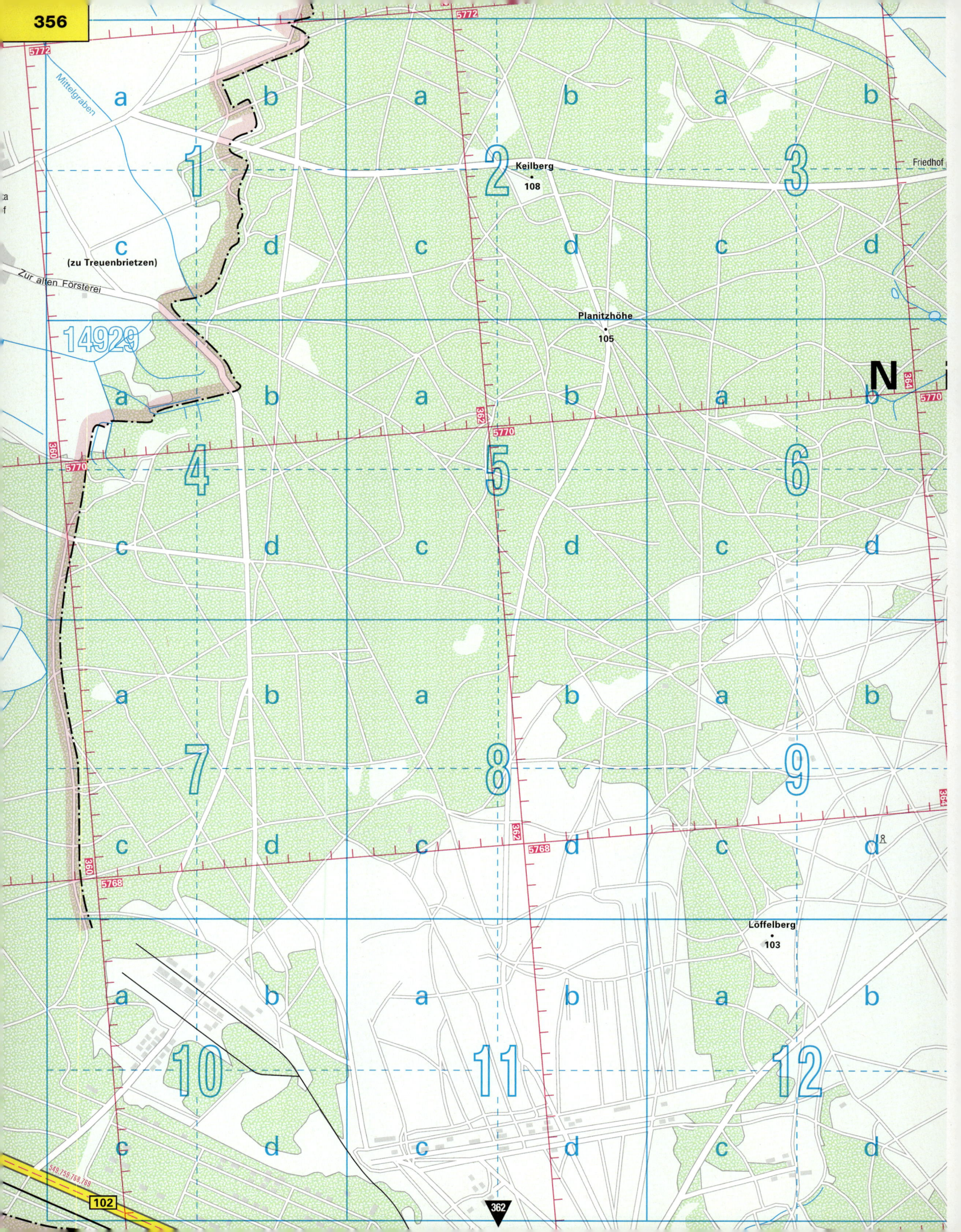

Mittelgraben
(zu Treuenbrietzen)
Zur alten Försterei
14929
Keilberg
108
Planitzhöhe
105
Friedhof
N
Löffelberg
103

357

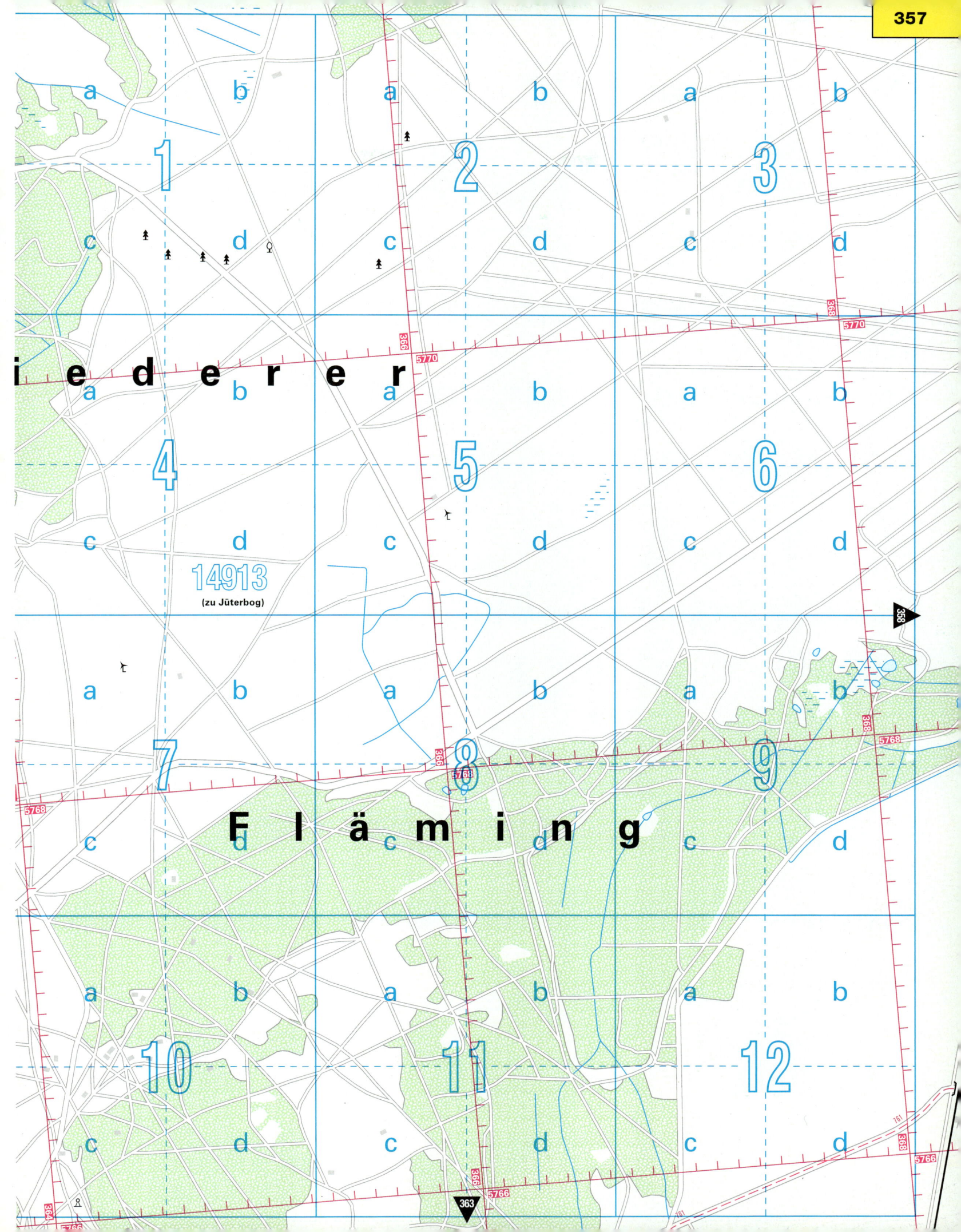

iederer

14913
(zu Jüterbog)

Fläming

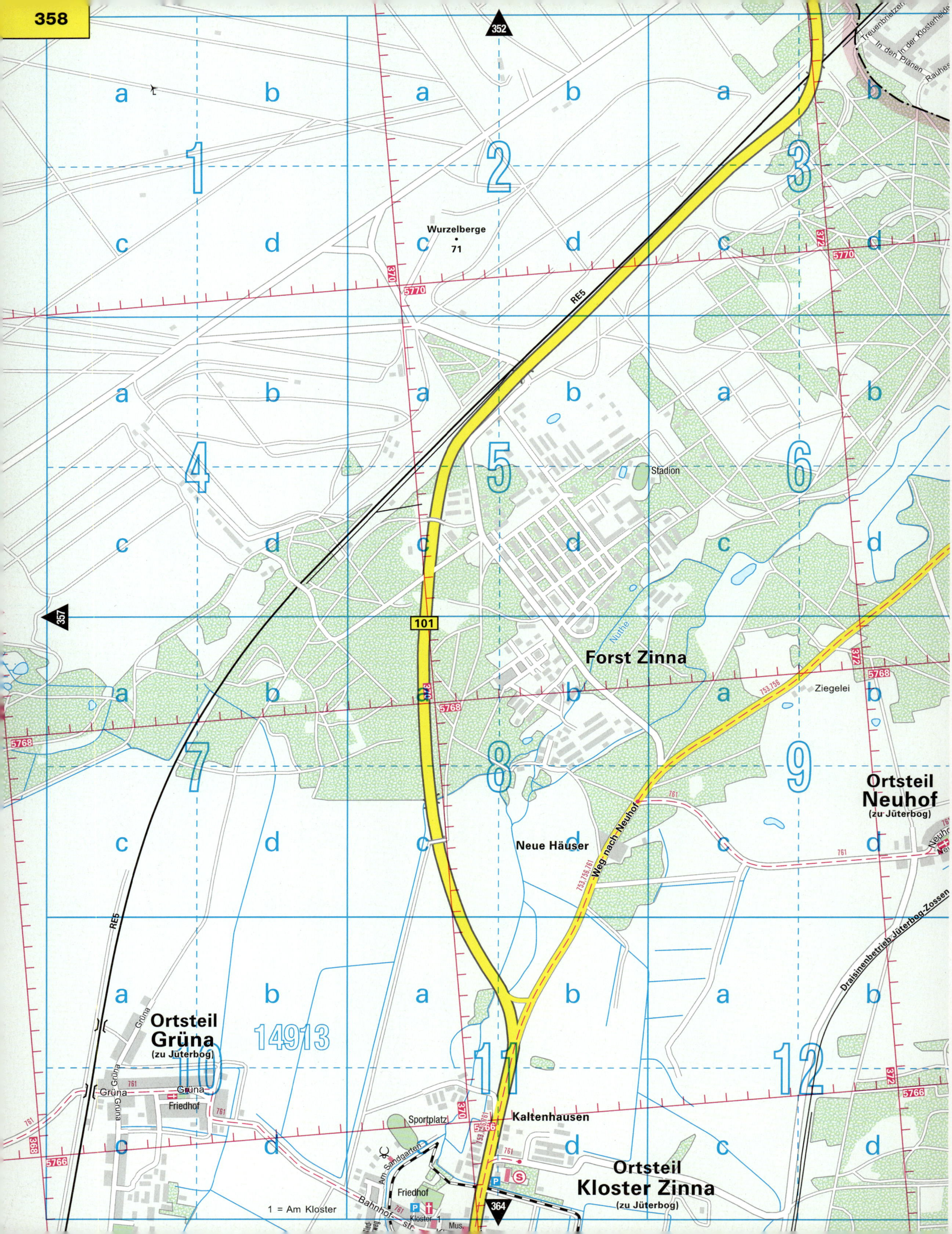
352
357
364
Wurzelberge
71
RE5
101
Stadion
Nuthe
Forst Zinna
Ziegelei
Ortsteil
Neuhof
(zu Jüterbog)
Neue Häuser
Weg nach Neuhof
Draisinenbetrieb Jüterbog-Zossen
Ortsteil
Grüna
(zu Jüterbog)
14913
Grüna
Friedhof
Sportplatz
Am Sandgarten
Kaltenhausen
Ortsteil
Kloster Zinna
(zu Jüterbog)
Friedhof
Kloster 1
Mus.
Bahnhofstr.
1 = Am Kloster
Treuenbrietzener
In der Klosterheide
In den Plänen
5770
5768
5766
370
372
368
761
753,756
1
2
3
4
5
6
7
8
9
10
11
12

359

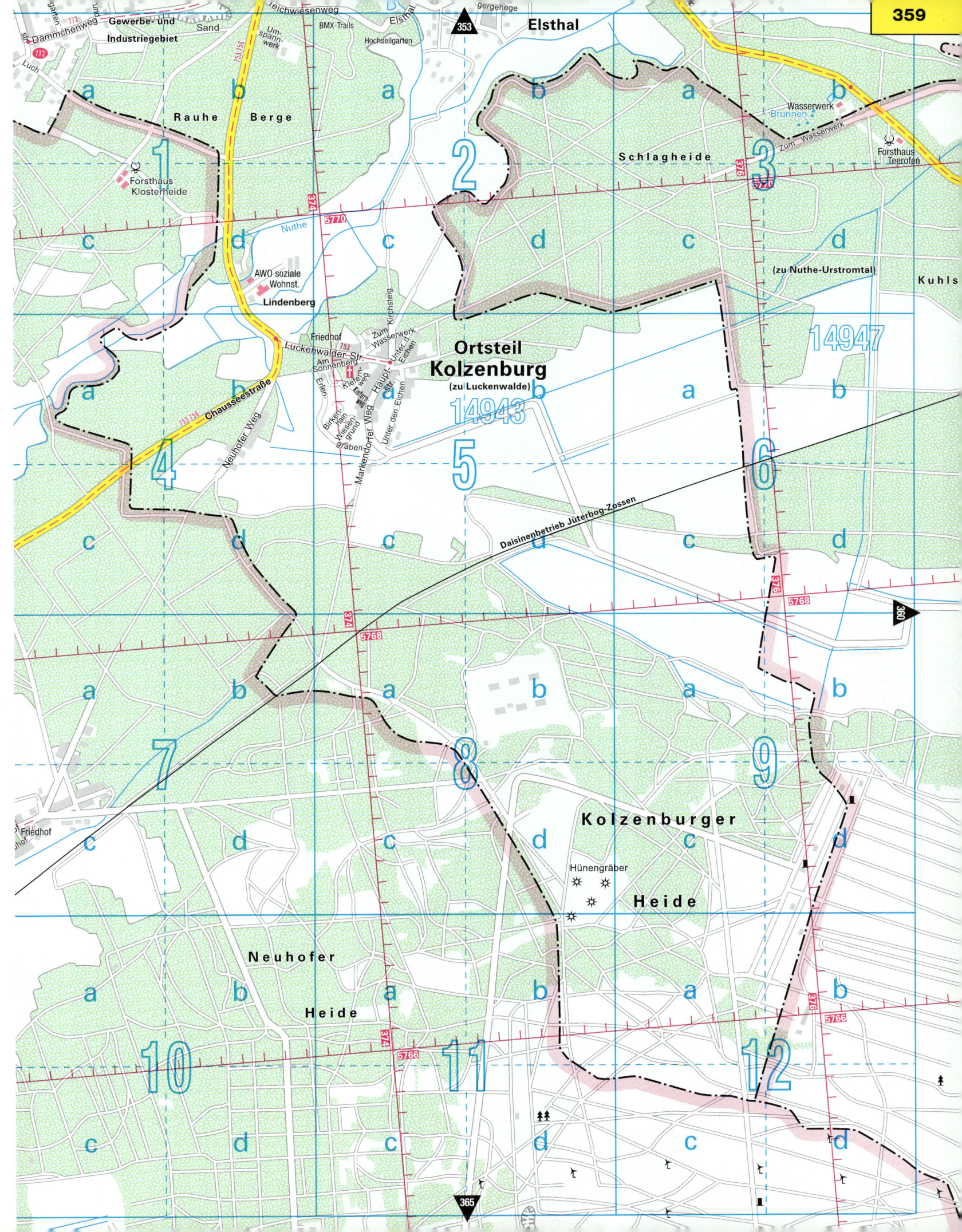

Elsthal

Gewerbe- und Industriegebiet

Rauhe Berge

Forsthaus Klosterheide

Schlagheide

Wasserwerk
Brunnen
Zum Wasserwerk
Forsthaus Teerofen

Nuthe

AWO-soziale Wohnst.
Lindenberg

(zu Nuthe-Urstromtal)

Kuhls

Friedhof Luckenwalder-Str.
Am Sonnenberg
Zum Wasserwerk
Kirchsteig

Ortsteil Kolzenburg
(zu Luckenwalde)

14947

14943

Chausseestraße
Neuhofer Weg
Birken Wiesen gräben
Kiefer Weg
Haupt. str.
Unter den Eichen
Markendorfer Weg

Daisinenbetrieb Jüterbog-Zossen

Kolzenburger

Hünengräber

Heide

Friedhof

Neuhofer

Heide

365

360

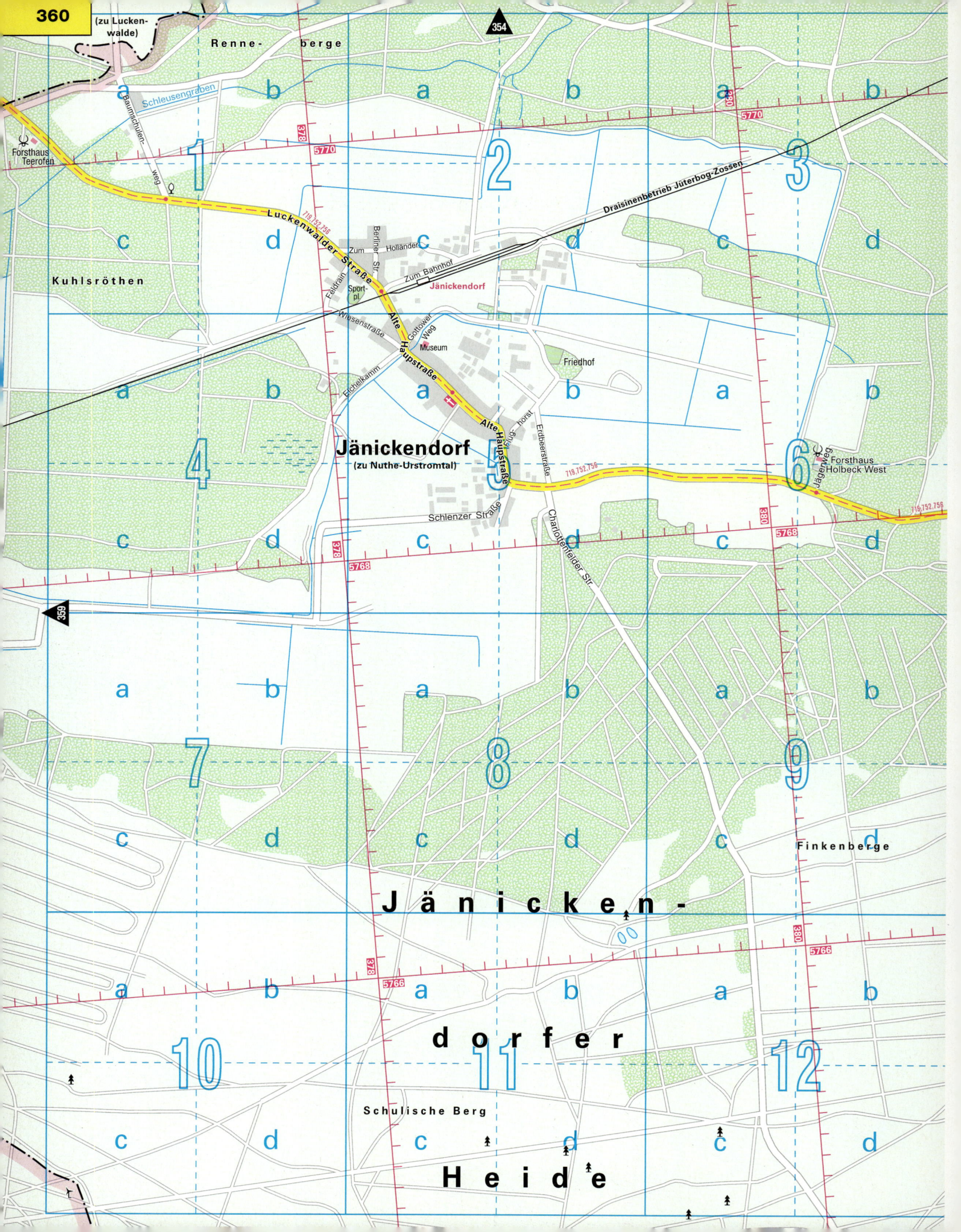

(zu Luckenwalde)

Renneberge

Forsthaus Teerofen

Schleusengraben

Baumschulenweg

Luckenwalder Straße

Draisinenbetrieb Jüterbog-Zossen

Kuhlsröthen

Zum Holländer
Berliner Str.
Zum Bahnhof
Jänickendorf
Sport-pl.
Feldrain
Wiesenstraße
Gottower Weg
Alte Hauptstraße
Museum
Friedhof
Eichelkamm

Jänickendorf
(zu Nuthe-Urstromtal)

Schlenzer Straße
Erdbeerstraße
Charlottenfelder Str.
Jägerweg
Forsthaus Holbeck West

Finkenberge

Jänicken-
dorfer
Heide

Schulische Berg

361

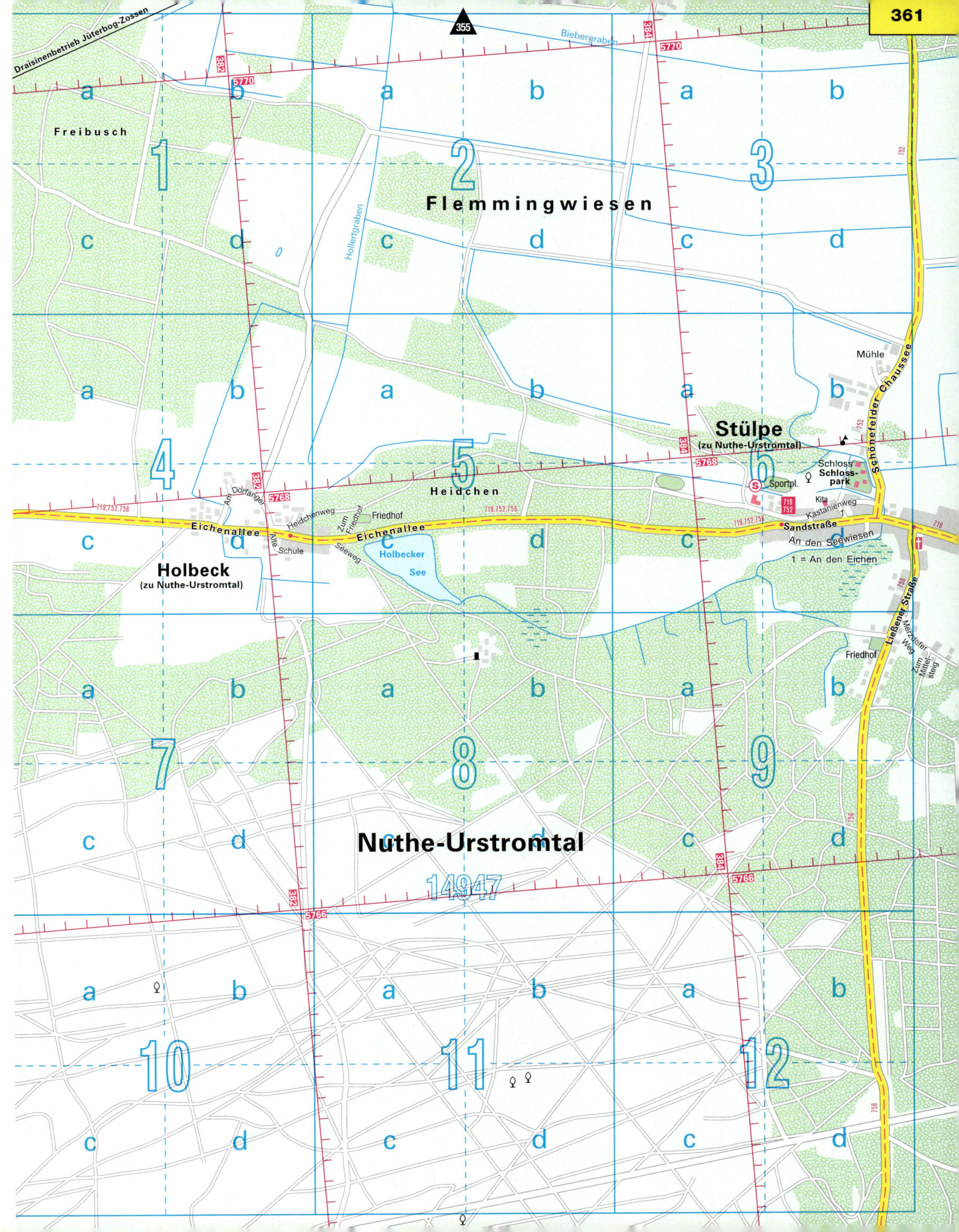

Draisinenbetrieb Jüterbog-Zossen

Biebergraben

Freibusch

1 | 2 Flemmingwiesen | 3

Hollertgraben

4 | 5 Heidchen | 6 Stülpe (zu Nuthe-Urstromtal)

Mühle

Schönefelder Chaussee

Schloss Schlosspark
Sportpl.
Kita Kastanienweg

Eichenallee — Am Dorfanger — Heidchenweg — Zum Friedhof — Eichenallee — Sandstraße
Alte Schule — Seeweg — Friedhof — An den Seewiesen
1 = An den Eichen

Holbeck (zu Nuthe-Urstromtal)

Holbecker See

Friedhof
Ließener Straße
Merzdorfer Weg
Zum Mittelsteig

7 | 8 | 9

Nuthe-Urstromtal

14947

10 | 11 | 12

Ortsteil Altes Lager
(zu Niedergörsdorf)

1 = Theodor-Körner-Straße
2 = Heinrich-von-Kleist-Straße
3 = Georg-Büchner-Ring
4 = Bebelweg
5 = Friedrich-Ebert-Platz
6 = Am Bahnhof

Kaltenborn

Niedergörsdorf

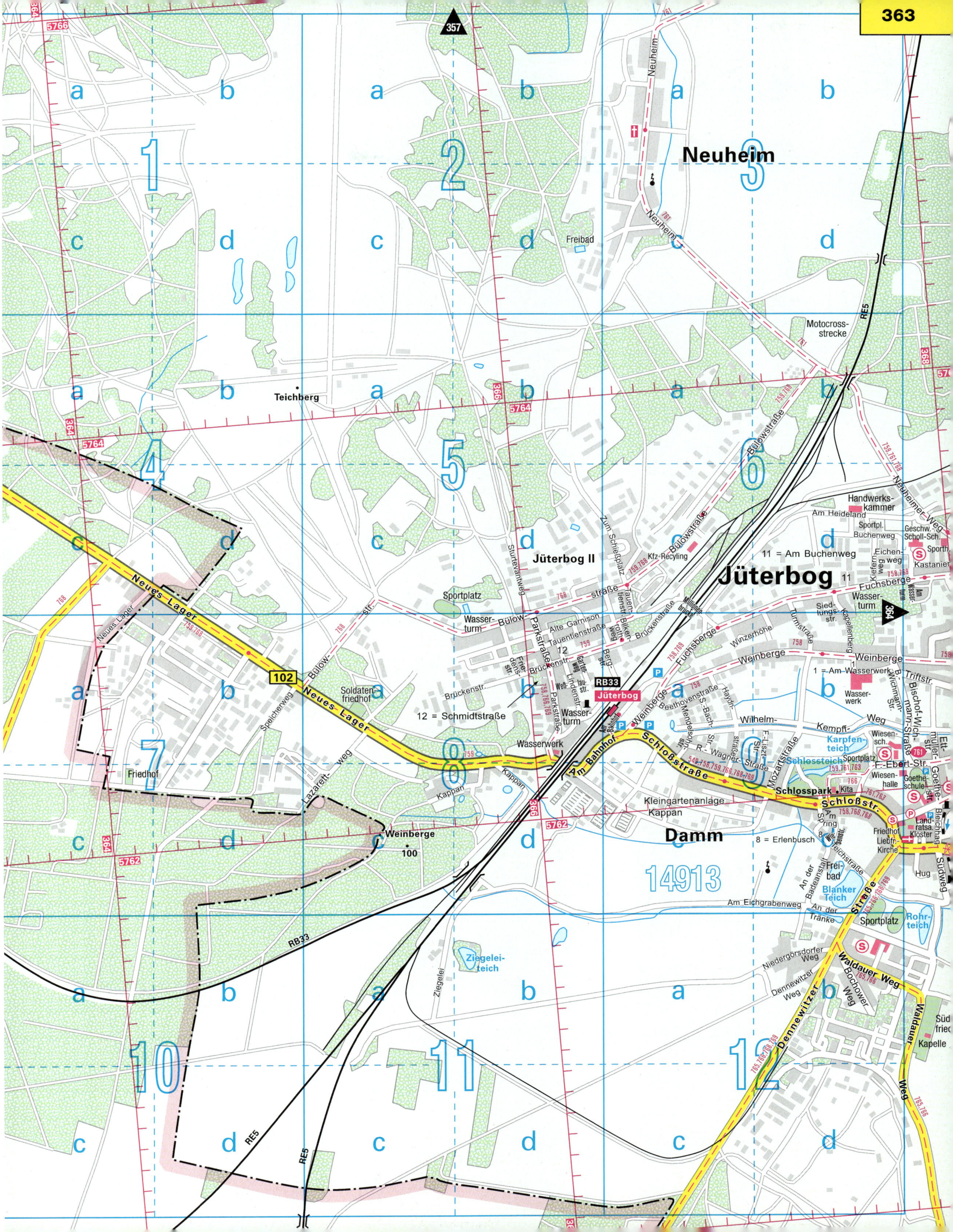
Neuheim
Jüterbog
Jüterbog II
Damm
14913
Teichberg
Motocross-strecke
Freibad
Neues Lager
Sportplatz
Wasserturm
Soldatenfriedhof
Friedhof
Weinberge
Kappan
Kleingartenanlage Kappan
Schlossstraße
Schlosspark
Schlossteich
Karpfenteich
Blanker Teich
Rohrteich
Ziegeleiteich
Dennewitzer Straße
Waldauer Weg
Am Eichgrabenweg
Bülowstraße
Fuchsberge
Weinberge
Handwerkskammer
Am Heideland
Kapelle
Zum Schießplatz
Kfz-Recyling
Wasserwerk
Am Bahnhof
12 = Schmidtstraße
11 = Am Buchenweg
1 = Am Wasserwerk
8 = Erlenbusch
Mozartstraße
Beethovenstraße
Brückenstraße
Parkstraße
Sturtevantweg
Lazarettweg
Speicherweg
Niedergörsdorfer Weg
Dennewitzer Weg
Bochower Weg
Freibad
Sportplatz
Kloster
Liebfr.-Kirche

364

Ortsteil Kloster Zinna
(zu Jüterbog)

Ortsteil Werder
(zu Jüterbog)

Jüterbog
14913

365

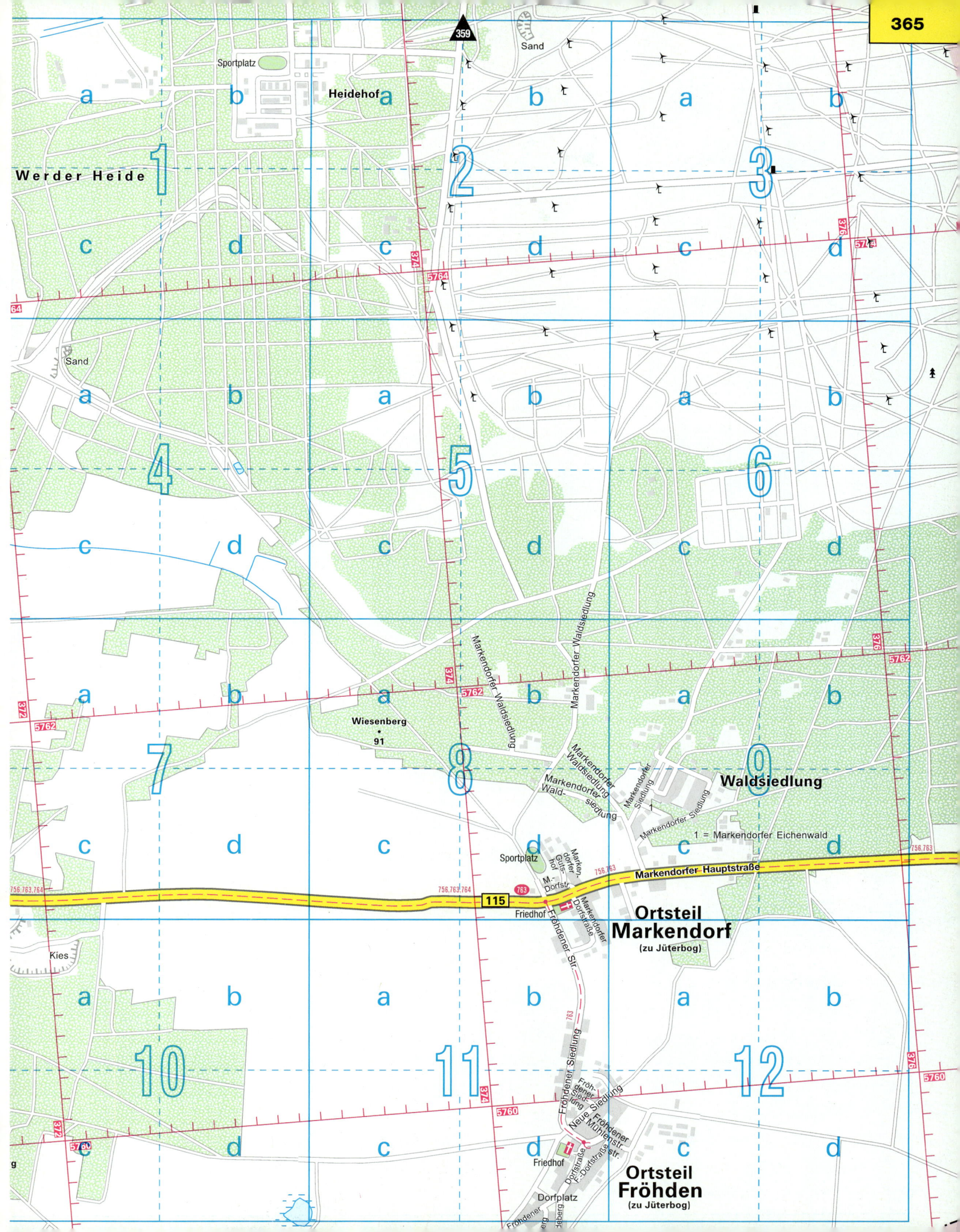

Werder Heide

Sportplatz

Heidehof

Sand

Sand

Wiesenberg
91

Markendorfer Waldsiedlung
Markendorfer Waldsiedlung
Markendorfer Waldsiedlung
Markendorfer Waldsiedlung

Waldsiedlung

1 = Markendorfer Eichenwald

Sportplatz

Markendorfer Hauptstraße

Markendorfer Dorfstraße
Fröhdener Str.

Friedhof

Ortsteil Markendorf
(zu Jüterbog)

Kies

Fröhdener Siedlung
Fröh- dener Sied- lung
Neue Siedlung
Mühlenstr.
F.-Dorfstraße

Friedhof
Dorfstraße
Dorfplatz
Fröhdener

Ortsteil Fröhden
(zu Jüterbog)

366

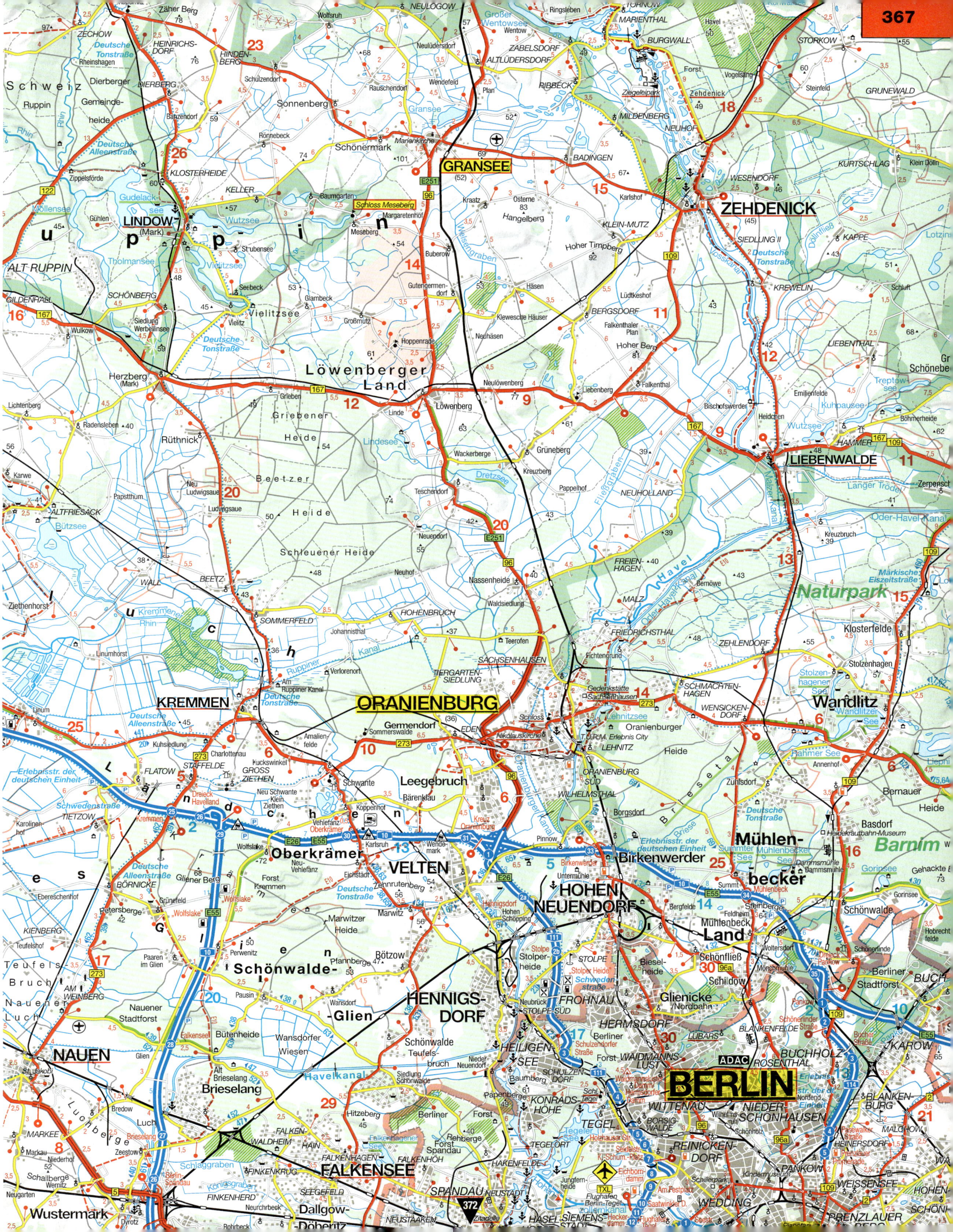

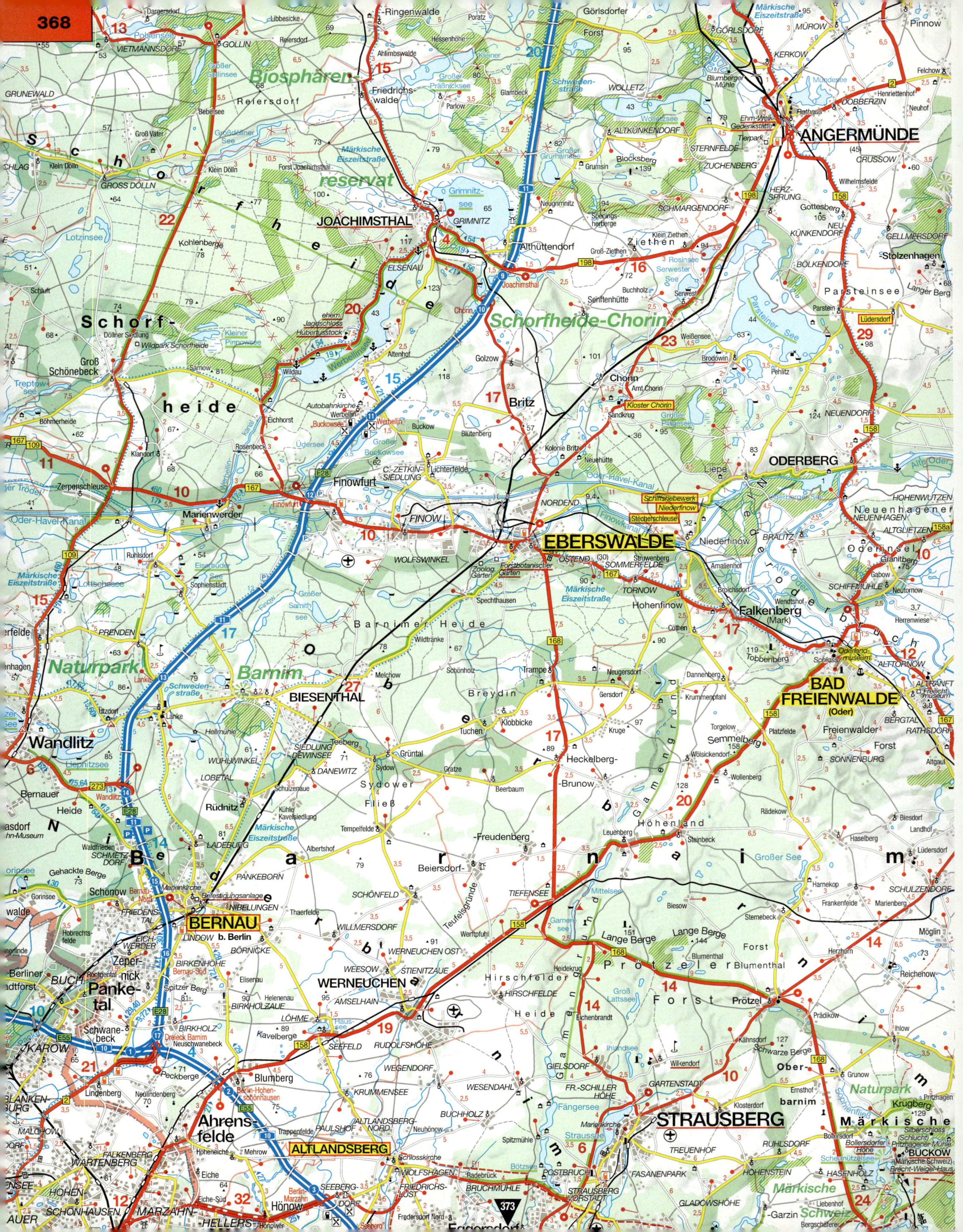

ANGERMÜNDE
EBERSWALDE
BERNAU b. Berlin
STRAUSBERG
BAD FREIENWALDE (Oder)
ALTLANDSBERG
JOACHIMSTHAL
BIESENTHAL
WERNEUCHEN
ODERBERG
Wandlitz
Panketal
Ahrensfelde
Falkenberg (Mark)
Finowfurt
Britz
Chorin
Kloster Chorin
Biosphärenreservat
Schorfheide-Chorin
Schorfheide
Naturpark Barnim
Barnimer Heide
Oberbarnim
Märkische Schweiz
Naturpark Märkische Schweiz
Märkische Eiszeitstraße
Oder-Havel-Kanal
Werbellinsee
Grimnitzsee
Parsteinsee
Lüdersdorf
Schiffshebewerk Niederfinow
Stecherschleuse
Zoolog. Garten
Forstbotanischer Garten
Heckelberg-Brunow
Höhenland
Prötzeler Forst
Hirschfelder Heide
Lange Berge
Blumenthal
Prötzel
Gorlsdorf
Groß Schönebeck
Klosterdorf
Hönow
Marzahn
Karow
Buch
Zepernick
Schwanebeck
373

SCHWEDT
/Oder
Berkholz-
-Meyenburg
Schlangenberge
Naturpark
Unteres
Odertal
Landschaftspark
CRIEWEN
ZÜTZEN
Flemsdorf
Schöneberg
Neu-Galow
Stützkow
Alt-Galow
STOLPE
Oder
Odra
Friedrichsthal
Hohensaaten-
Krajnik Dln.
Krajnik Dolny
Górki Krajnickie
Krajnik Górny
Las Grabów
Grabowo
Garnowo
Zatoń Dolna
Radun
Mały Raduń
Krzymówek
Krzymów
Droga Tysiąca Jezior (północna)
Piasek
Buraki
Kuropatniki
Rynica
Polesiny
Lisie Pole
Nawodna
Pustki
Graniczna
Rurka
Kol. Lisie Pole
Bara
Chojna
(Königsberg i.d.N.)
Małe Stoki
Wilkoszyce
Stoki
Puszcza Piaskowa
Cedyński Park
Bielinek
Lunow-
Markocin
-Dolny
Czachów
Lubiechów-
-Górny
Łukowice
Łaziszcze
Metno
Metno Mł.
Dolsko
J. Metno
Nowiny
Młyny
Kaliska
Ostrów
Rów Głowny
Parchnica
Kolonia Lubiechów
J. Orzechów
Orzechów
Cedynia
(Zehden)
Czachów
J. Gorka
Godków
Mirowo
Godków-Osiedle
Młynary
Siedlung
Neuenzoll
Hohensaaten
Alte Schleuse
Radostów
Golice
Klępicz
Stare Objezierze
Przyjezierze
Moryń
(Mohrin)
Jez. Morzycko
Nowe Objezierze
Skotnica
Żelichów
Osinów Dolny
Stary Kostrzynek
Stara Rudnica
Neuglietzen
Moryń-Dwór
Słubia
Gądno
Jez. Bielin
POLSKA
Bielin
Macierz
Odra
Oder
Rüdnitzer Ausbau
Paulshof
Neuranft
Bienen-werder
Neukustrinchen
Siekierki
Cmentarz Wojenny 1945 r.
Krajobrazowy
J. Kaczorze
Stare Łysogórki
Zollbrücke
Zäckericker Loose
Croustillier
Neurüdnitz
Oderaue
Neureetz
Ferdinandshof
Altreetz
Altwustrow
Neulietze-
-göricke
Neuwustrow
NEUGAUL
Altmädewitz
ALTWRIEZEN
Neumädewitz
Heinrichsdorf
Kerstenbruch
BEAUREGARD
Karlshof
Güstebieser Loose
Neulewin
Alte Oder
Karlsbiese
Neukietz
EICHWERDER
Neulewin
WRIEZEN
Thöringswerder
Bochows Loos
Gozdowice
Stary Błeszyn
Siegniew
Mieszkowice
(Bärwalde)
Czelin
Zelliner Loose
Gieshof
Ortwiger Loose
Graben
Neubarnim
Altlewin
Ortwig
Groß Neuendorf
Hermhof
Bliesdorf
Sophienhof
Alttrebbin
Großbarnim
Altbarnim
Vevais
Kunersdorf
Katharinenhof
Metzdorf
Neutrebbin
Schlaanhof
Neufriedland
Wuschewier
Sietzing
Horst
Solikante
Kienitz Nord
Klein Neuendorf
Posedin
Kienitzer Loose
Kienitz
Wilhelmsaue
Forstacker
Wilhelmsauer Loose
Letschin
Sophienthal
Sydowswiese
Rehfeld
Gottesgabe
Neufeld
Kiehnwerder
Quappendorf
Letschiner Loose
Voßberg
Wollup
Zechiner
Henriettenhof
Märkische Höhe
Altfriedland
Ringenwalde
Kietzer See
Karlsdorf
Neu Rosenthal
Barwinkel
Steintoch
Hauptgraben
Zechin
Reichenberg
Neuhardenberg
Schloss
Dolgensee
Gusower Loose
Buschdorf
Friedrichsaue
Dachsberge
Julianenhof
Eichendorfer Mühle
Platkow
Altlangsow
Golzow
Wulkow b. Trebnitz
Vorgeschichtliche Fundstelle
Münchehofe
HERMERSDORF
Gusow-
Neulangsow
WERBIG
SEELOWER LOOSE
Seelow
Kobichsee
Schweiz
Vorderer
oder Haussee
OBERSDORF
Altrosenthal
SEELOW
Oderbruch
Żelechowo
Długie
Zielone
Górnowo
Tetyń
L. Żelechowo
Swobnica
Piaski
J. Grodziskie
Dłusko Gryfińskie
Grzybno
J. Grzybno
Niesłusz
Kruszе
Czeczewo
Strzelczyn
J. Krzywe
J. Długie
J. Lesne
Kamienny Jaz
Grzybno
Strzeszów
J. Strzeszowskie
J. Trzcińskie
Cieplikowo
Czyste
Rów
Kierzków
L. Kamienny Jaz
J. Miejskie
Czarnołęka
Trzcińsko-Zdrój
(Bad Schönfließ)
Górałice
Lisi Kąt.
Kol. Rów
Droga Tysiąca Jezior (północna)
Ustrzewka
Rosnowo
Czartoryja
Szarpatki
Drzesz
Klasztorna
Dobropole
J. Dobropolskie
Golczew
Rosnówek
Antoniewice
-Dolny
Smuga
Górczyn-
Osiecze
Tchórzno
Jelonki
Drozdowo
Brwice
Stołeczna
J. Czerników
Czerników
Jelenin
J. Jeleńskie
L. Brwice
Gogolice
Piaseczno
L. Godkówy
Cichowo
Mierno
J. Mierno
J. Wilnickie
J. Narost
Narost
L. Głębokie
Lubomyśl
Pniów
Babin
Chełm Górny
Chłopowo
Witnica
J. Białęgi
Chełm Dolny
Ferdynów
Różańsko
Białęgi
Junczewo
Wisław
Goszków
Goszkówek
Krężelin
Warnice
Radzicz
J. Warnickie
Kol. Grzybno
Wierzchlas
Kamionka
Kiwity
Nowiny
Starzyn
Dyszno
Przyłaszczka
Borowno
J. Czaple
Bielin
Zielin
Chwalęcice
Chosczówko
Plany
Plany II
Kępa Troszyńska
Smolnica
Grzymiradz
Barnówko
Klępin
Mirogniew
Troszyn
Wilkowo
Hajnówka
Kurzycko
Planyill
Sitno
Wysoka-Mała
Kosa
Więcław
Mostno
Oborzany
Wysoka
Kłosów
Nowy Kłosów
Wicin
Wierutno
Dębno
Neudamm
Boleszkowice
(Fürstenfelde)
Dargomyśl
Porzecze
Wielopole
Chwarszczany
Cychry
Bogusław
Namyślin
Suchlica
Porzecze
Beczyce
Gudzisz
Kolonia Sarbinowo-Bucze
Sarbinowo
Krześnica
Kol. Krześnica
Chlewice
Mysla
Mlyniska
Kamień Mł.
Zachód
Odra
Oder
Krześniczka
Kaleńsko
Szumiłowo
Niesch[en]
Os. Drzewice
Dąbroszyn
-Genschmar
Park
Ostrówek
Narodowy
Os. Leśne
Neudrewitz
Schäferei
Bleyen-
Warnik
Wyspa Krolewska
Kostrzyn n.Odrą
(Küstrin)
Ujście
Küstriner
Alte Oder
Gorgast
Küstrin-Kietz
Chyrzyno
Warty
Vorland
Manschnow
Neu Manschnow
Neu Tucheband
Alt Tucheband
Zabczyn
Lugi Górzyckie
Postomia

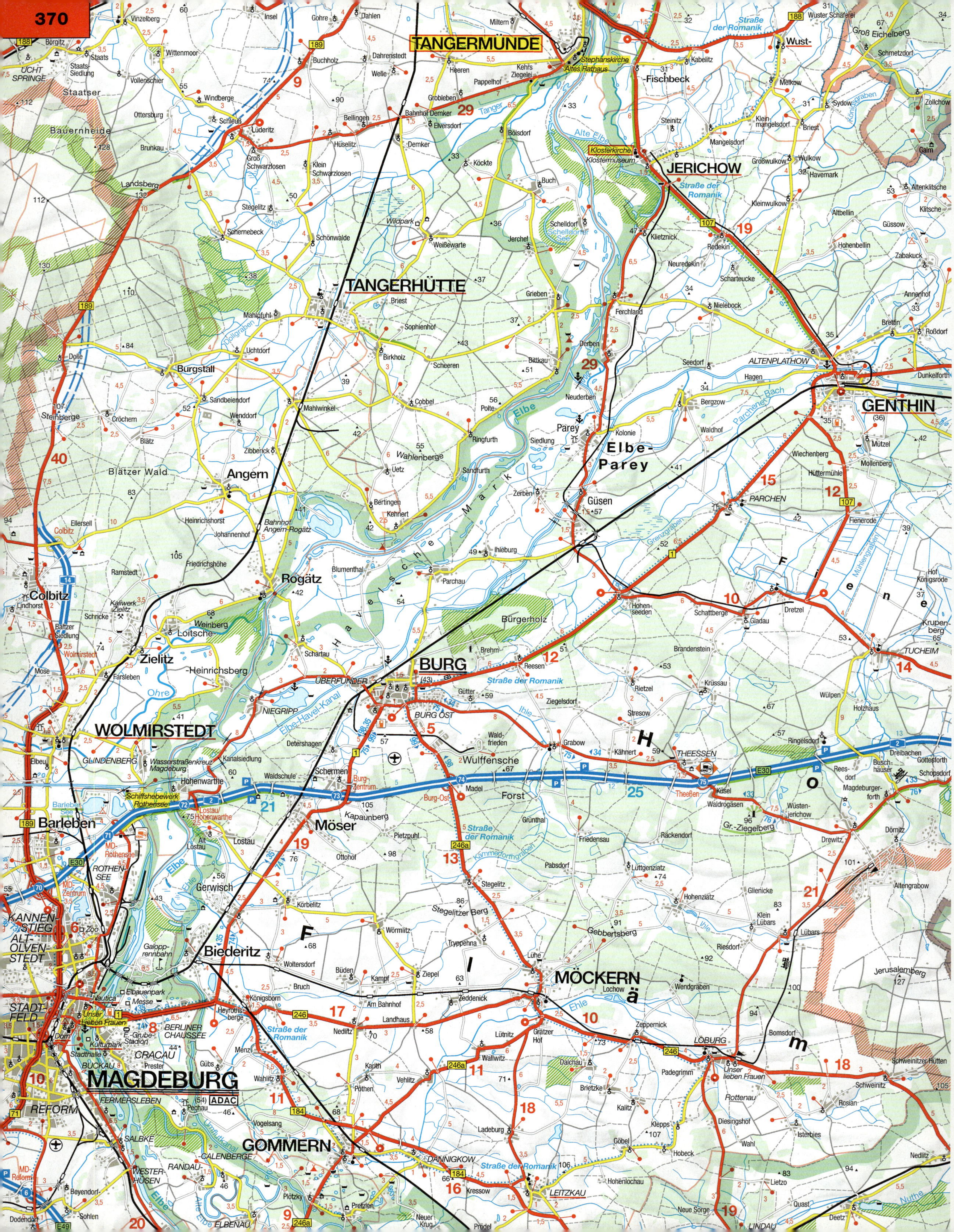

371

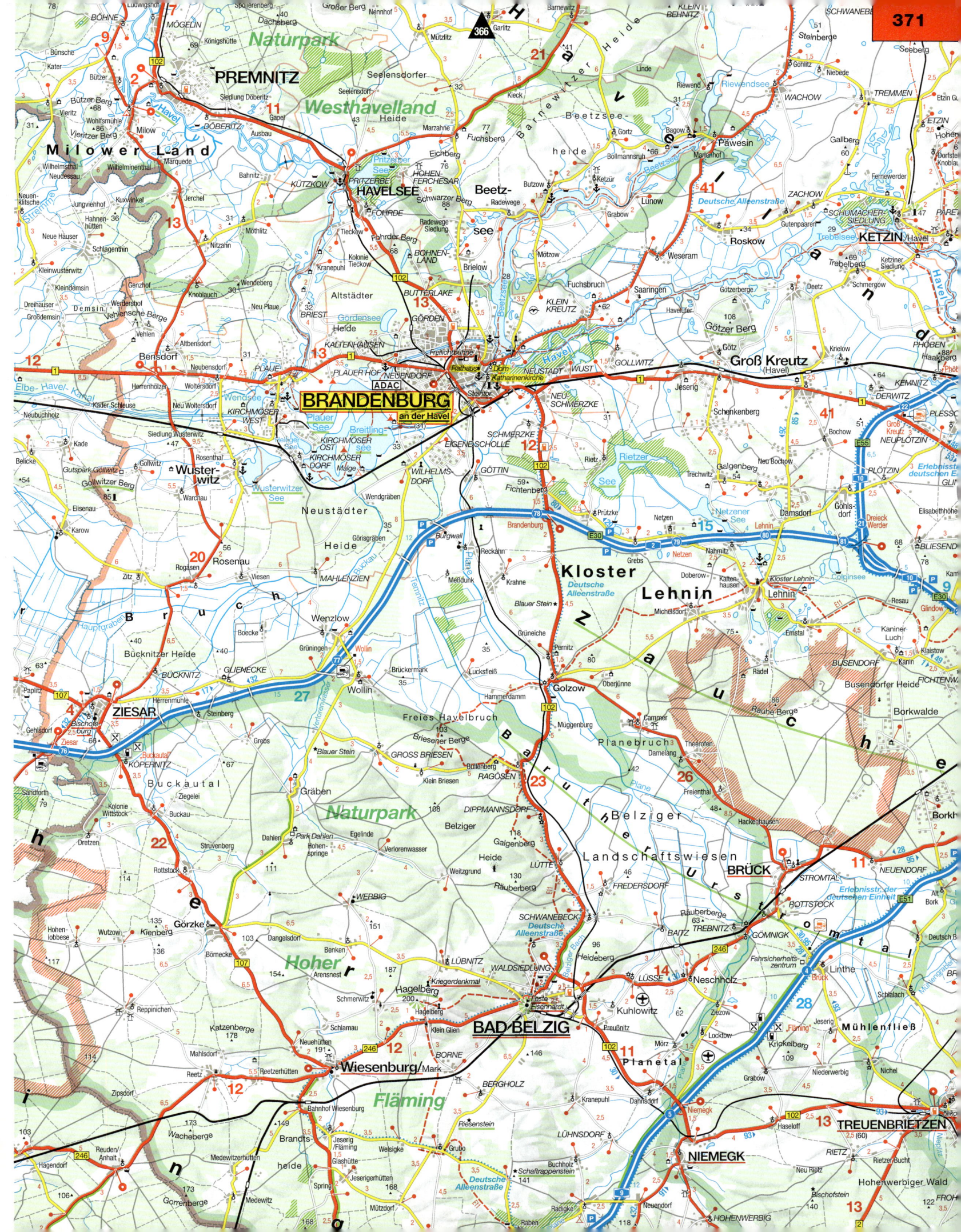

FALKENSEE
Wustermark
Dallgow-Döberitz
SPANDAU
WEDDING
PANKOW
WEISSENSEE
PRENZLAUER BERG
MITTE
TIERGARTEN
FRIEDRICHSHAIN
CHARLOTTENBURG
BERLIN
KREUZBERG
SCHÖNEBERG
WILMERSDORF
NEUKÖLLN
TEMPELHOF
FRIEDENAU
STEGLITZ
ZEHLENDORF
DAHLEM
GRUNEWALD
MARIENDORF
LICHTERFELDE
LANKWITZ
BRITZ
BUCKOW
KETZIN
POTSDAM
WERDER (Havel)
Geltow
Caputh
Schwielowsee
Wilhelmshorst
Michendorf
Kleinmachnow
TELTOW
Stahnsdorf
Nuthetal
Rehbrücke
Bergholz
Großbeeren
Blankenfelde-Mahlow
Schönefeld
LUDWIGSFELDE
Fresdorfer Heide
Seddiner See
BEELITZ
TREBBIN
Rangsdorf
ZOSSEN
Naturpark Nuthe-Nieplitz
Am Mellensee
Woltersdorf
Nuthe-Urstromtal
TREUENBRIETZEN
LUCKENWALDE
Baruther Urstromtal
Havelland
Teltow
367
376

Neuenhagen
Fredersdorf
Eggersdorf
Petershagen
Vogelsdorf
Rehfelde
Müncheberg
Hoppegarten
Schöneiche bei Berlin
Rüdersdorf bei Berlin
Woltersdorf
Köpenick
Erkner
Grünheide (Mark)
Berliner Urstromtal
Gosen
Neu Zittau
Eichwalde
Zeuthen
Schulzendorf
Wildau
Königs Wusterhausen
Spreenhagen
Fürstenwalde
Rauen
Bad Saarow
Rauensche Berge
Storkow (Mark)
Heidesee
Mittenwalde
Bestensee
Wendisch Rietz
Beeskower Platte
Naturpark Dahme-Heideseen
Groß Köris
Teupitz
Halbe
Märkisch Buchholz
Märkische Heide
Baruth/Mark
Zossener Heide
Staakow
Forst
Scharmützelsee
Märkische Schweiz
Naturpark

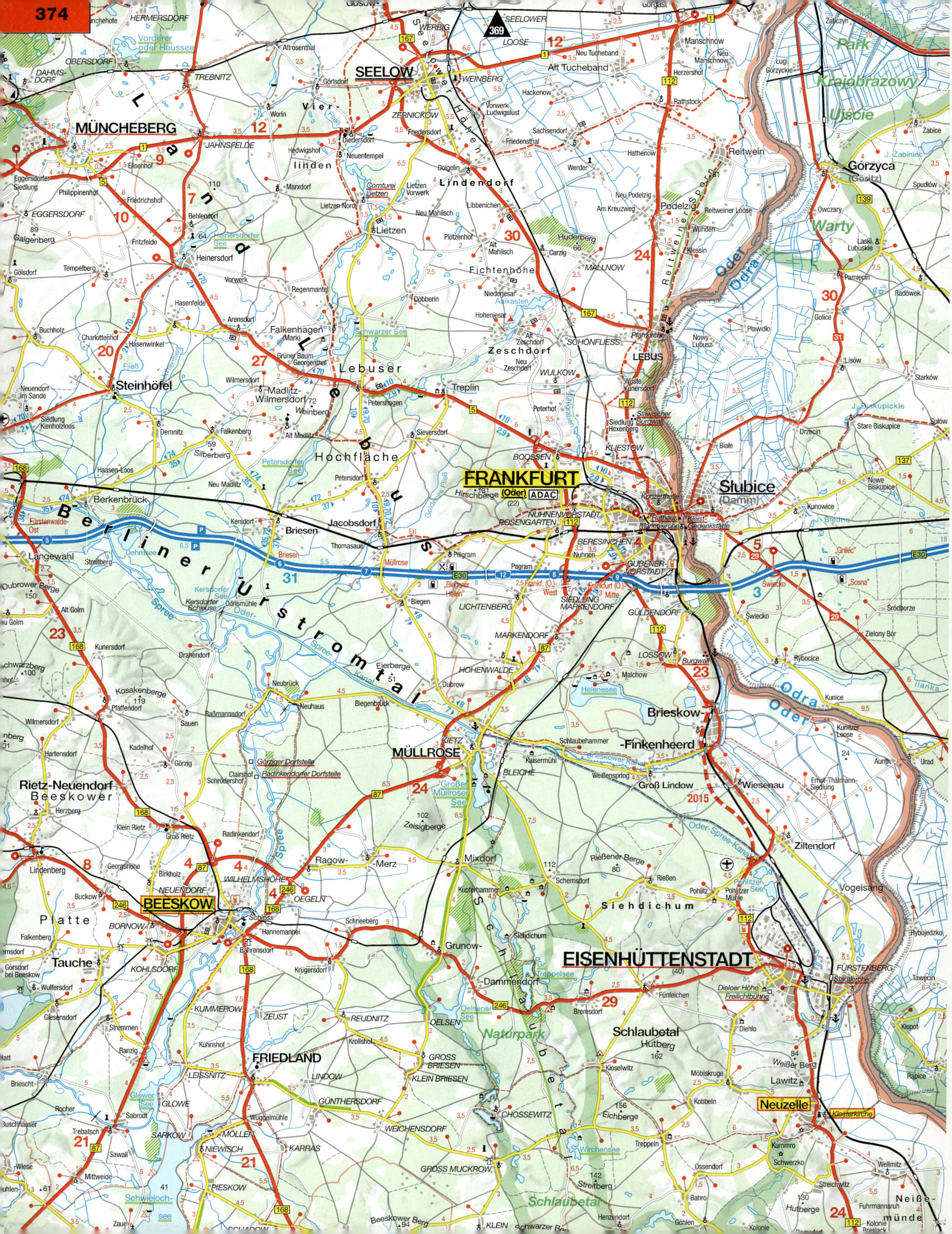
SEELOW
MÜNCHEBERG
FRANKFURT (Oder)
ADAC
Słubice (Damm)
EISENHÜTTENSTADT
BEESKOW
MÜLLROSE
FRIEDLAND
Neuzelle
Schlaubetal
Naturpark
Schlaubetal
Land Lebus
Vier- linden
Lindendorf
Fichtenhöhe
Zeschdorf
Lebuser Hochfläche
Berliner Urstromtal
Rietz-Neuendorf
Beeskower
Platte
Tauche
Steinhöfel
Briesen
Jacobsdorf
Treplin
LEBUS
Brieskow-Finkenheerd
Siehdichum
Grunow-Dammendorf
Ragow-Merz
Mixdorf
Schlaubetal
Groß Lindow
Wiesenau
Ziltendorf
Vogelsang
Lawitz
Neiße-münde
Reitwein
Podelzig
Górzyca (Göritz)
Park Krajobrazowy Ujście Warty
Oder
Odra
Spree
Oder-Spree-Kanal
Alt Tucheband
Falkenhagen (Mark)
Madlitz-Wilmersdorf
Hochfläche
Langewahl
Hutberg
Weißer Berg
Eichberge
Streitberg
Schwielochsee
Großer Müllroser See
Helenesee
Pohlitzer See
Heinersdorfer See
Petersdorfer See
Schwarzer See
Wirchensee
Glower See
Trappelsee
Oelsener See

Słońsk (Sonnenburg)
Pojezierze Pojezierze
Lubniewice Königswalde
Ośno Lubuskie (Drossen)
Sulęcin Zielenzig
Łagowskie
Puszcza
POLSKA
Lubuska
Rzepin (Reppen)
Łagów Lagow
Torzym Sternberg
Puszcza Rzepińska
Lubuskie
Cybinka (Ziebingen)
Bytnica Bernitz
Gryżyński Park Krajobrazowy
Krzesiński Park Krajobrazowy
Maszewo Messow
Krosno Odrzańskie Crossen (Oder)
Odra
Oder
Ratzdorf
Park Krajobrazowy
Buczyna Łagowska
Zamek Joannitów
Pałac Waldów
Droga Tysiąca Jezior (południowa)
Muszkowo
Rudna
Trzebów
Długoszyn
Ostrów
Lubin
Mierczany
Debrznica
Gądków Wielki
Kępiny
Dobrosułów
Budachów
Radomicko
Bielice
Boczów
Grabów
Koryta
Gronów
Stok
Toporów
Sądów
Białków
Drzeńsko
Kowalów
Serbów
Grabno
Lubień
Smogóry
Radachów
Lipienica
Chartów
Czarnów
Sienno
Podośno
Raców
Świniary
Maniszewo
Lubiechnia Wielka
Połęcko
Lubów
Wystok
Przęślice
Rychlik
Kownaty
Maszków
Wędrzyn
Glisno
Trzemeszno Lubuskie
Grochowo
Templewo
Wielowieś
Długopole
Bukowiec
Jemiołów
Żelechów
Bucze
Zagórze
Przełazy
Łaziska
Kalinowo
Błonie
Węgrzynice
Zawisze
Grabin
Sycowice
Radnicka
Nietkowice
Będów
Laski
Chyże
Marcinowice
Strumienno
Retno
Połęcko
Maszewo
Łomy
Kosarzyn
Krzesin
Bytomiec
Miłów
Rybaki
Granice
Czetowice
Bielów
Łochowice
Morsko
Radnica
Gostchorze
Osiecznica
Korczyców
Skórzyn
Dąbrówka
Rybaków
Struga
Baron
Gęstowice
Chlebów
Drzeniów
Rzeczyca
Siedlisko
Trzebiechów
Przewodowo
Drzewica
Smolary Bytnickie
Nowe Obory
Gryżyna
Augustynka
Kosobudz
Troszki
Kosobudki
Zamęt
Kłodnica
Niedźwiedź
Czyste
Pożrzadło
Toporek
Drzewce-Kolonia
Drzewce
Kijewo
Pliszka
Koziczyn
Bargów
Gądków Mały
Radzików
Maczków
Nowy Młyn
Rzepinek
Gajec
Staroście
Tarnawa Rzepińska
Bielice-Kolonia
Pniów
Kol. Poręby
Rożnówka
Osiny Kol.
Jeleniów
Garbicz
Augustynów
Szarłatka
Turzk
Małuszów
Walewice
Kol. Rakow
Podgórna
Osada
Sieniawa
Fabryczka
Osiedle Górnicze
Łagówek
Czernichów
Wielopole
Gorzyca
Pniewo
Osiecko
Nowy Świat
Sokola Dąbrowa
Strużyny
Kol. Gorzyca
Nowa Wieś
Podbiele
Kryl
Osieczyce
Pamiątkowice
Kol. Glisno
Dębowiec
Rybakówka
Sobieraj
Jarnatów
Trzcińce
Stary Młyn
Suszec
Miechów
Zubrów
Osiedle
Brzeźno
Wysokie Dęby
Drogomin
Trześniów
Radachów
Spudłów
Staniak
Gronów
Owńice
Lubiechnia Mł.
Rożkowo
Syberia
Winna G.
Bobrówko
Łysa Góra
Rzepin
A2
E30
E11
49
52
22
29
25
134
136
137
138
139
276
278

JÜTERBOG
Neuhof
Grüna
Kloster Zinna
Werder
Neuheim
Altes Lager
Neues Lager
Lindow
Malterhausen
Eckmannsdorf
Ziegelberg
Danna
Kaltenborn
Dalichow
Niedergörsdorf
Kurzlipsdorf
Wölmsdorf
Dennewitz
Rohrbeck
Damm
Waldau
Neumarkt
Markendorf
Fröhden
Wald-siedlung
Blönsdorf
Seehausen
Gölsdorf
Melinsdorf
Bochow
Hohengörsdorf
Oehna
Hohenahlsdorf
Borgisdorf
Werbig
Lichterfelde
Schlenzer
Riesdorf
Semow
Mark Friedersdorf
Naundorf
Schwarzer Berg
Mark Zwuschen
Weidmannsruh
Langenlipsdorf
Gräfendorf
Höfgen
Niederer
Fläming
Nonnendorf
Waltersdorf
Reinsdorf
Welsickendorf
Körbitz
Zellendorf
Moxdorf
Mellnitz
Gadegast
Glücksburger
Heide
Seyda
Schadewalde
Zemnick
Meltendorf
Lüttchenseyda
Genthin
Glücksburg
Mügeln
Bahnhof Linda
Linda
Busch-dörfer
Stolzenhain
Hohenkuhnsdorf
Kossin
Wiepersdorf
Schloss
Bärwalder
Ländchen
Herbersdorf
Meinsdorf
Weißen
Ahlsdorf
Schmielsdorf
Bärwalde
Rinow
Hartmannsdorf
Neuerstadt
Lindwerda
Steinsdorf
Leipa
Arnsdorf
Ruhlsdorf
Listerfehrda
Rehain
Arnsdorfer Berge
Weinberge
Dixförda
Kleinkorga
Buschkuhnsdorf
Reicho
Großkorga
Schweinitzer Fließ
Horst
Brandis
SCHÖNEWALDE
Weinberg
Frey-Walde
Gut Knippelsdorf
Knippelsdorf
Wiepersdorf
Grauwinkel
Alter Wiesengraben
Gorsdorf-Hemsendorf
JESSEN (Elster)
Schweinitz
Klossa
Mönchenhöfe
Holzdorf
Grabo
Rettig
Battin
Purzien
Löben
Kremitz
Grassau
Dubro
Wildenau
Werchau
Gerbisbach
Gerbisbach
Rade
Schöneicho
Selbstflussgraben
Meuselko
Premsendorf
Arnsnesta
Bernsdorf
Jessnigk
Borken
ANNABURG
Pfarrkirche
Jagdschloss
Schöne Aussicht
Annaburger Siedlung
Fürstenstraße der Wettiner
Düßnitz
Lebien
Gehmen
Kolonie Naundorf
Axien
Hohndorf
Plossig
Trift
Groß Naundorf
Bethau
Annaburger
Heide
Mahdel
Grochwitz
Frauenhorst
Kaxdorf
Schwarze Elster
HERZBERG (Elster)
Bicking
Rahnisdorf
Alt Herzberg
Neunaundorf
Friedersdorf
Osteroda
Redlin
Buckau
Gräfendorf
Fermerswalde
Waldmühle
Friedrichsluga
Kleinrössen
Neuhof
Bahnsdorf
Grossrössen
Züllsdorf
Beyern
Löhsten
Schurigshof
Dautzschen
Labrun
Schloss Lichtenburg
Prettin
Wörblitz
Proschwitz
DOMMITZSCH
Mahlitzsch
Lindenmühle
Thomas-Müntzer-Siedlung
Polbitz
Drebligar
Alte Elbe
Elbe
Elsnig
Mockritz
Vogelgesang
Waldsiedlung
Strichmühle
Neiden
Döbern
Neubleesern
Döhlen
Rosenfeld
Großtreben
Anbau
Last
Maasdorf
Deutsche Alleenstraße
Welsau
Dreiheide
Weidenhain
Ziethenhof
Zinna
Süptitz
Großwig
Repitz
Zwethau
Kreischau
Beilrode
Eulenau
Falkenstruth
TORGAU
Marienkirche
Schloss Hartenfels
Werdau
Gräditz
Schloss Graditz
Neusorge
Prausitz
Heidehäuser
Elsterberg
Nichtewitz
Kötten
Arzberg
Triestewitz
Pülswerda
Kunzwerda
Losswig
Großer Teich
Langer Dammgraben
Schwarzer Graben
Gräfendorf
Melpitz
Ober Naundorf
FALKENBERG (Elster)
Rehfeld
Kölsa
Döbrichau
Siedlung
Schmerkendorf
Beiersdorf
Marxdorf
Lönnewitz
Bönitz
UEBIGAU-WAHRENBRÜCK
Kiebitz
Langennaundorf
Bomsdorf
Wiederau
Neudeck
München
Beutersitz
Neumühl
Zinsdorf
Wildgrube
Domsdorf
Rothstein
Winkel
Prestewitz
Maasdorf
Thalberg
Theisa
Knissen
Schilda
Tröbitz
Eichwald
Siedlung
Schadewitz
Drasdo
Nexdorf
Buchhain
Bärfang
Weißhaus
Naturpark
Priessen
Dübrichen
Großberg
Oelsig
Jagsal
Malitschkendorf
Frankenhain
Stechau
Wehrhain
Langer Berg
SCHLIEBEN
Kremitzaue
Kolochau
Polzen
Berga
Weißenburg
Fichtwald
Naundorf
Krassig
Hohenbucko
Striesa
Freileben
Körba
Hutberg
Lebusa
Schöna
Kolpien
Austenberg
Bollensdorf
Mehlsdorf
Feld-Schlösschen
Schweinitzer Fließ
DAHME/Mark
Zagelsdorf
Schlosspark
Marienkirche
Rosenthal
Schwebendorf
Niendorf
Ihlow
Rietdorf
Illmersdorf
Hohenseefeld
Gebersdorf
Prensdorf
Kahler Berg
Niebendorf-Heinsdorf
Heinsdorf
Buckow
Schenkendorf
Gliening
Wahlsdorf
Weinberg
Liepe
Lochow
Damsdorf
Charlottenfelde
Petkus
Merzdorf
Liessen
Golmberg
Kemlitz
Stülpe
Lynow
Birkberge
Paplitz
Herbersdorf

BARUTH/Mark
Unter-
spreewald
Märkische Heide
Spreewald
Spreewald-heide
LÜBBEN (Spreewald)
LUBIN
Biosphären-
reservat
oberspreewald
LÜBBENAU /Spreewald
LUBNJOW
Spreewald
VETSCHAU /Spreewald
WĚTOŠOW
LUCKAU
Naturpark
Niederlausitzer
Landrücken
Heideblick
Nieder-
lausitzer
Grenzwall
CALAU
KALAWA
SONNEWALDE
KIRCHHAIN
FINSTERWALDE
Massen-Niederlausitz
DOBERLUG-
Kirchhain
Schönborn
Niederlausitzer
Heidelandschaft
lausitz
Altdöbern
Altdöberner See
GROSS-RÄSCHEN
Großräschner See
SENFTENBERG
Sedlitzer See
Golßen
Dahmetal
Rochauer Heide
Uckro
Sallgast
Lichterfeld-
Schacksdorf
Rückersdorf
Gorden-Staupitz
Luckaitztal
Neu-Seeland
Bronkow
Crinitz
Freilandmuseum
EuroSpeedway Lausitz (Lausitzring)

378

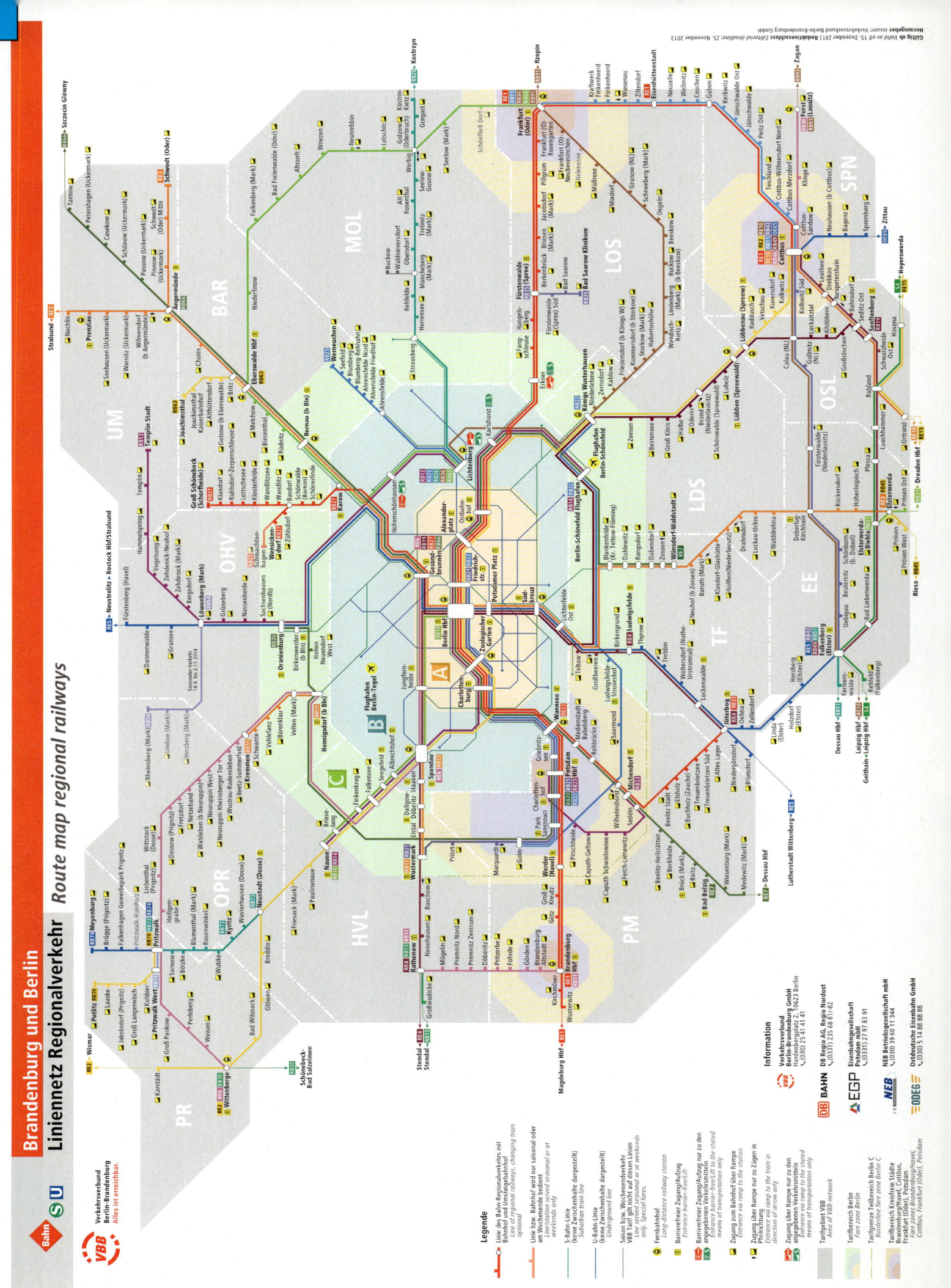

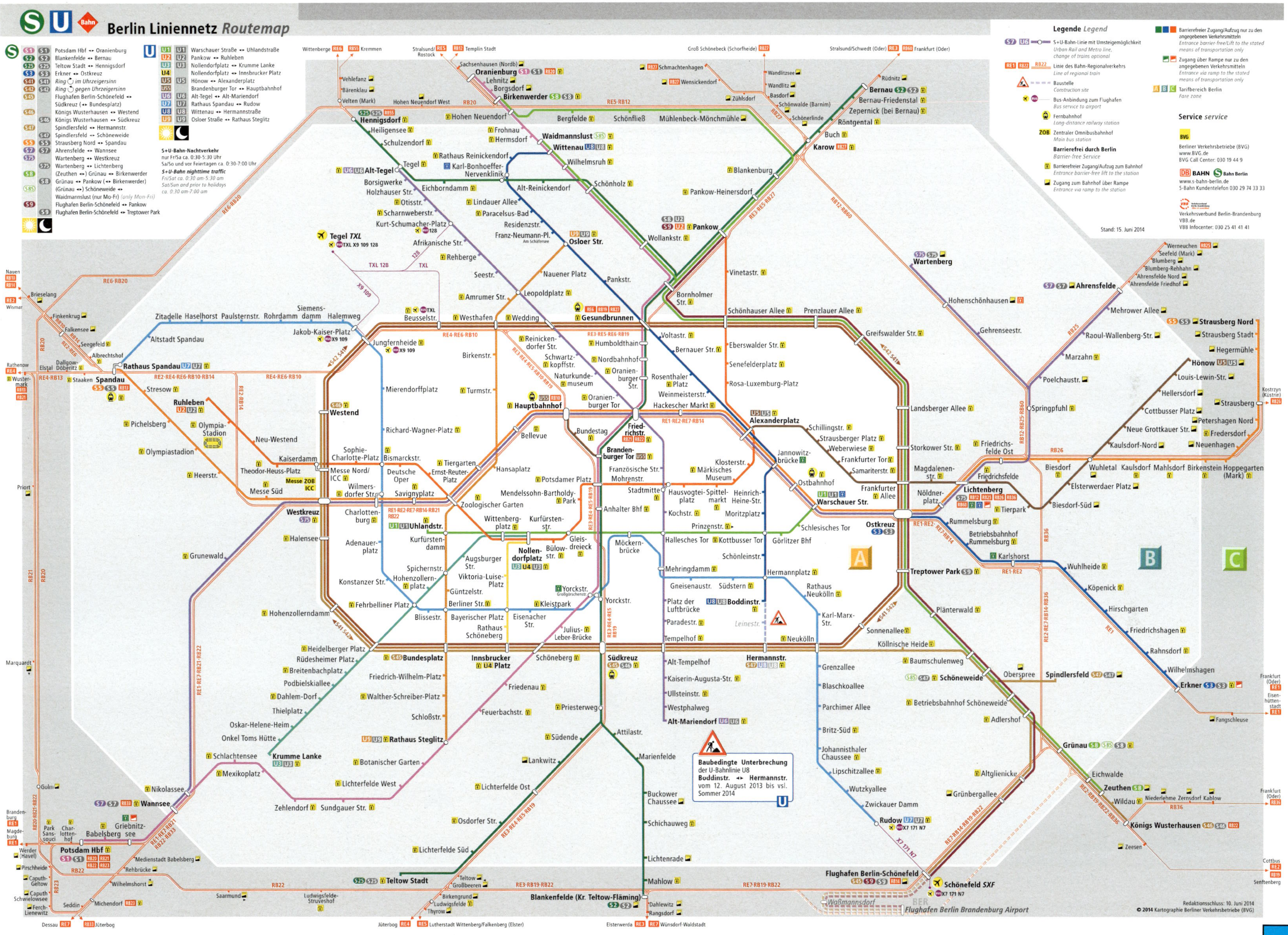
Berlin Liniennetz Routemap
S1 Potsdam Hbf ↔ Oranienburg
S2 Blankenfelde ↔ Bernau
S25 Teltow Stadt ↔ Hennigsdorf
S3 Erkner ↔ Ostkreuz
S41 Ring im Uhrzeigersinn
S42 Ring gegen Uhrzeigersinn
S45 Flughafen Berlin-Schönefeld ↔ Südkreuz (↔ Bundesplatz)
S46 Königs Wusterhausen ↔ Westend
Königs Wusterhausen ↔ Südkreuz
S47 Spindlersfeld ↔ Hermannstr.
Spindlersfeld ↔ Schöneweide
S5 Strausberg Nord ↔ Spandau
S7 Ahrensfelde ↔ Wannsee
S75 Wartenberg ↔ Westkreuz
Wartenberg ↔ Lichtenberg
(Zeuthen ↔) Grünau ↔ Birkenwerder
S8 Grünau ↔ Pankow (↔ Birkenwerder)
S85 (Grünau ↔) Schöneweide ↔ Waidmannslust (nur Mo-Fr) (only Mon-Fri)
S9 Flughafen Berlin-Schönefeld ↔ Pankow
Flughafen Berlin-Schönefeld ↔ Treptower Park
U1 Warschauer Straße ↔ Uhlandstraße
U2 Pankow ↔ Ruhleben
U3 Nollendorfplatz ↔ Krumme Lanke
U4 Nollendorfplatz ↔ Innsbrucker Platz
U5 Hönow ↔ Alexanderplatz
U55 Brandenburger Tor ↔ Hauptbahnhof
U6 Alt-Tegel ↔ Alt-Mariendorf
U7 Rathaus Spandau ↔ Rudow
U8 Wittenau ↔ Hermannstraße
U9 Osloer Straße ↔ Rathaus Steglitz
S+U-Bahn-Nachtverkehr
nur Fr/Sa ca. 0:30-5:30 Uhr
Sa/So und vor Feiertagen ca. 0:30-7:00 Uhr
S+U-Bahn nighttime traffic
Fri/Sat ca. 0:30 am-5:30 am
Sat/Sun and prior to holidays ca. 0:30 am-7:00 am
Legende Legend
S+U-Bahn-Linie mit Umsteigemöglichkeit
Urban Rail and Metro line, change of trains optional
Linie des Bahn-Regionalverkehrs
Line of regional train
Baustelle
Construction site
Bus-Anbindung zum Flughafen
Bus service to airport
Fernbahnhof
Long-distance railway station
ZOB Zentraler Omnibusbahnhof
Main bus station
Barrierefrei durch Berlin
Barrier-free Service
Barrierefreier Zugang/Aufzug zum Bahnhof
Entrance barrier-free lift to the station
Zugang zum Bahnhof über Rampe
Entrance via ramp to the station
Barrierefreier Zugang/Aufzug nur zu den angegebenen Verkehrsmitteln
Entrance barrier free/Lift to the stated means of transportation only
Zugang über Rampe nur zu den angegebenen Verkehrsmitteln
Entrance via ramp to the stated means of transportation only
Tarifbereich Berlin
Fare zone
Service service
Berliner Verkehrsbetriebe (BVG)
www.BVG.de
BVG Call Center: 030 19 44 9
DB BAHN S-Bahn Berlin
www.s-bahn-berlin.de
S-Bahn Kundentelefon 030 29 74 33 33
Verkehrsverbund Berlin-Brandenburg
VBB.de
VBB Infocenter: 030 25 41 41 41
Stand: 15. Juni 2014
Baubedingte Unterbrechung der U-Bahnlinie U8 Boddinstr. ↔ Hermannstr. vom 12. August 2013 bis vsl. Sommer 2014
Redaktionsschluss: 10. Juni 2014
© 2014 Kartographie Berliner Verkehrsbetriebe (BVG)
Tegel TXL
Flughafen Berlin-Schönefeld
Schönefeld SXF
Flughafen Berlin Brandenburg Airport
Potsdam Hbf
Spandau
Rathaus Spandau
Westkreuz
Westend
Hauptbahnhof
Friedrichstr.
Alexanderplatz
Ostkreuz
Warschauer Str.
Gesundbrunnen
Südkreuz
Schöneweide
Lichtenberg
Oranienburg
Hennigsdorf
Bernau
Strausberg Nord
Erkner
Königs Wusterhausen
Blankenfelde (Kr. Teltow-Fläming)
Teltow Stadt
Wannsee
Ahrensfelde
Wartenberg
Hönow
Rudow
Alt-Tegel
Wittenau
Osloer Str.
Pankow
Krumme Lanke
Innsbrucker Platz
Ruhleben
Alt-Mariendorf
Hermannstr.
Rathaus Steglitz
Zoologischer Garten
Olympia-Stadion
Treptower Park
Grünau
Spindlersfeld
Zeuthen

FLUGHAFEN SCHÖNEFELD

Fluggastinformation | Airport information
Parkplatz | Ground parking
Kurzzeitparkplatz | Short-term parking
Parkhaus | Multi-storey parking
Behinderten-Parkplätze | Disabled parking area
Park-Information | Parking information
Busparkplatz | Coach parking
Mietwagenparkplatz | Rental car park
Parkplatz online buchbar | Parking – bookable online: http://parken.berlin-airport.de
Treffpunkt Flughafentouren Airport tours meeting point

Bushaltestelle | Bus stop
164, 171, N7, N60, X7
BerlinLinienBus Dresden, Polski Bus 742, SXF2
+734, 735, 736, 741
+163, 741
Taxi
Fahrscheinautomat | Ticket machine
Fahrscheinverkauf | Ticket sales
S-Bahn | Suburban train
Bahn Regionalverkehr | Regional traffic
Fußweg | Footpath

FLUGHAFEN TEGEL

Fluggastinformation | Airport Information | informacja dla pasażerów
Parkplatz | Ground parking | parking
Kurzzeit-Parkplatz | Short-term parking | parking krótkiego parkowania
Parkhaus | Multi-storey parking | parking kryty
Behinderten-Parkplätze | Disabled parking area | miejsca parkingowe dla niepełnosprawnych
Park-Information | Parking information | informacja parkingowa
Taxi | taksówki

Fahrscheinautomat | Ticket machine | automat biletowy
Bushaltestelle | Bus stop | przystanek autobusowy
128
TXL
X9
109
Shuttlebus Polen u.a. | Shuttle bus Poland etc. | autokary kursujące do Polski
BEX Linienbus Dresden | BEX Regular bus Dresden | autokar linii BEX do Drezna

Messe Berlin

Geländeplan
Exhibition grounds

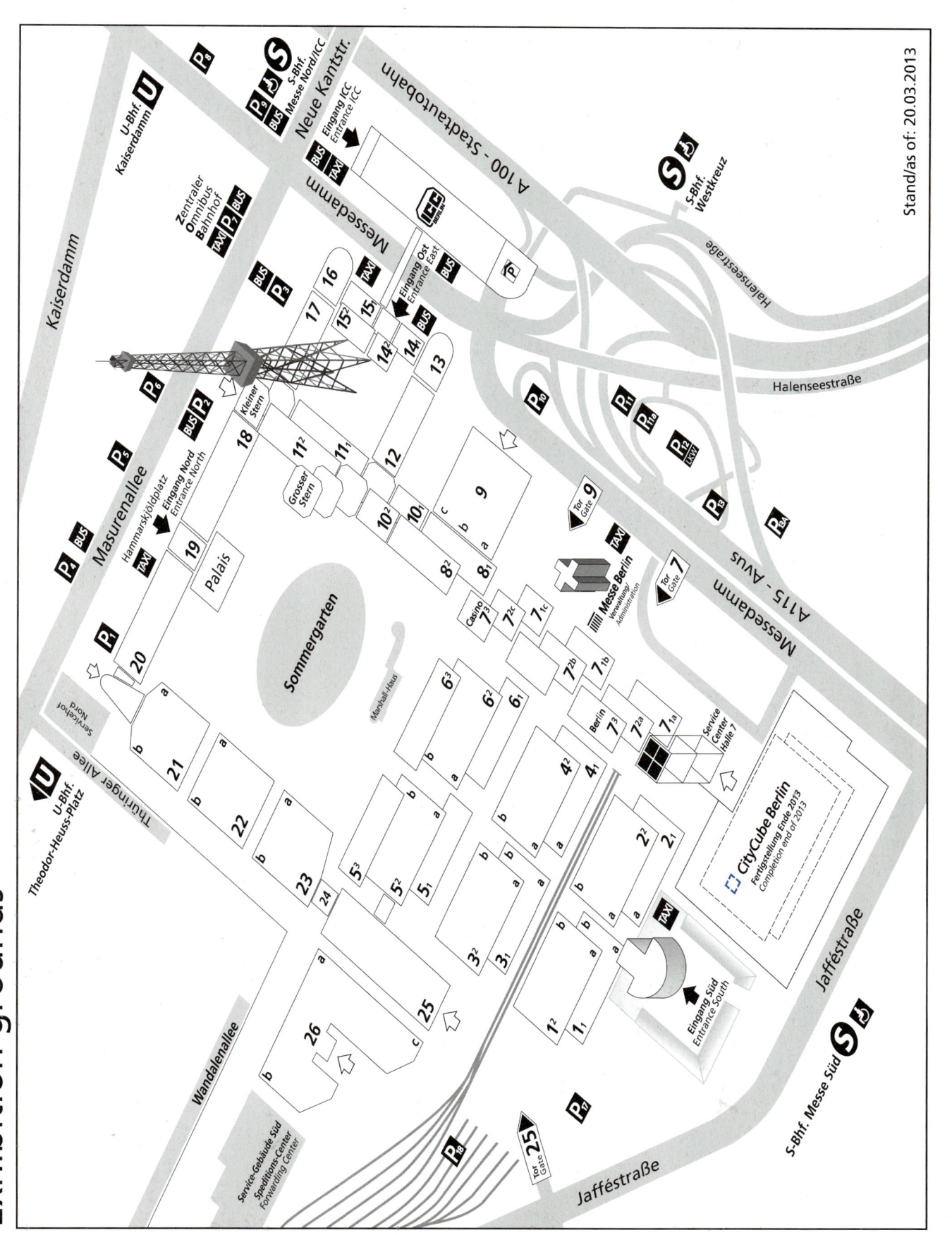

381

Messe Berlin GmbH · Messedamm 22 · 14055 Berlin · Germany
Telefon +49 (0)30 / 3038-0 · Fax +49 (0)30 / 3038-2325
www.messe-berlin.de · central@messe-berlin.de

Stand/as of: 20.03.2013

◀ Haupteingänge / Main entrances
⇦ Bedarfseingänge / Reserve entrances

Potsdam
Tagesliniennetz / Daytime Network

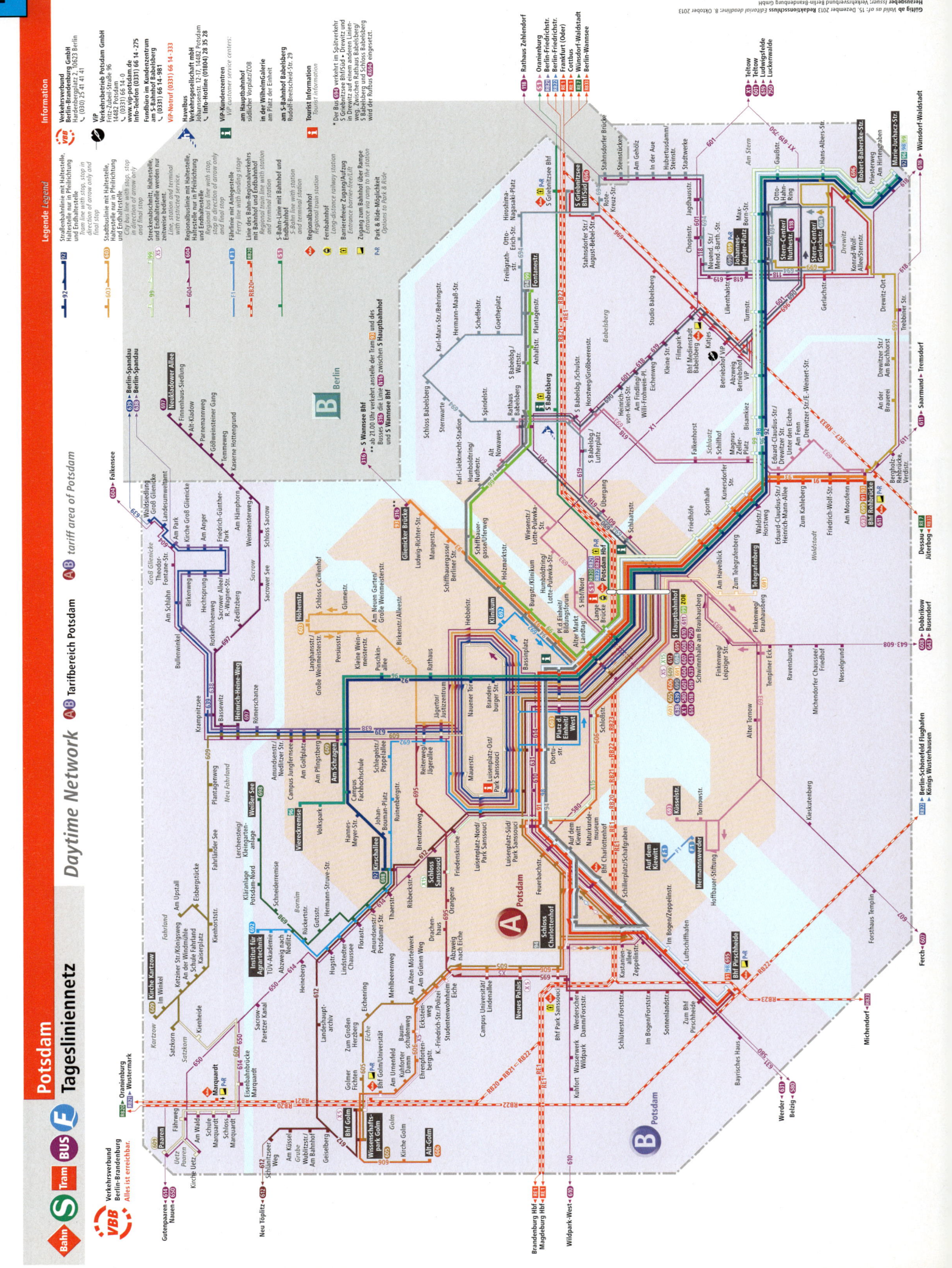

Bahn Tram BUS

Brandenburg an der Havel

Stadtverkehr Liniennetz

VBB Verkehrsverbund Berlin-Brandenburg
Alles ist erreichbar.

Legende

- 6 Straßenbahnlinie mit Haltestelle, Haltestelle nur in Pfeilrichtung und Endhaltestelle
- B Buslinie mit Haltestelle, Haltestelle nur in Pfeilrichtung und Endhaltestelle
- E Linie bzw. Haltestelle wird nicht regelmäßig bedient
- 541 Regional-Buslinie mit Haltestelle, Haltestelle nur in Pfeilrichtung und Endhaltestelle
- RE1 Linie des Regionalverkehrs mit Bahnhof und Endbahnhof
- Fernbahnhof
- Barrierefreier Zugang/Aufzug nur zu den angegebenen Verkehrsmitteln
- Zugang zur Haltestelle über Rampe
- Zugang zum Bahnhof über Rampe nur zu den angegebenen Verkehrsmitteln
- P+R Park & Ride-Möglichkeit

Information

VBB Verkehrsverbund Berlin-Brandenburg GmbH
Hardenbergplatz 2, 10623 Berlin
(030) 25 41 41 41

VBB Verkehrsbetriebe Brandenburg an der Havel GmbH
Upstallstr. 18
14772 Brandenburg an der Havel
(03381) 53 40

Über die Verkehrszeiten informieren Sie sich bitte in den Fahrplänen

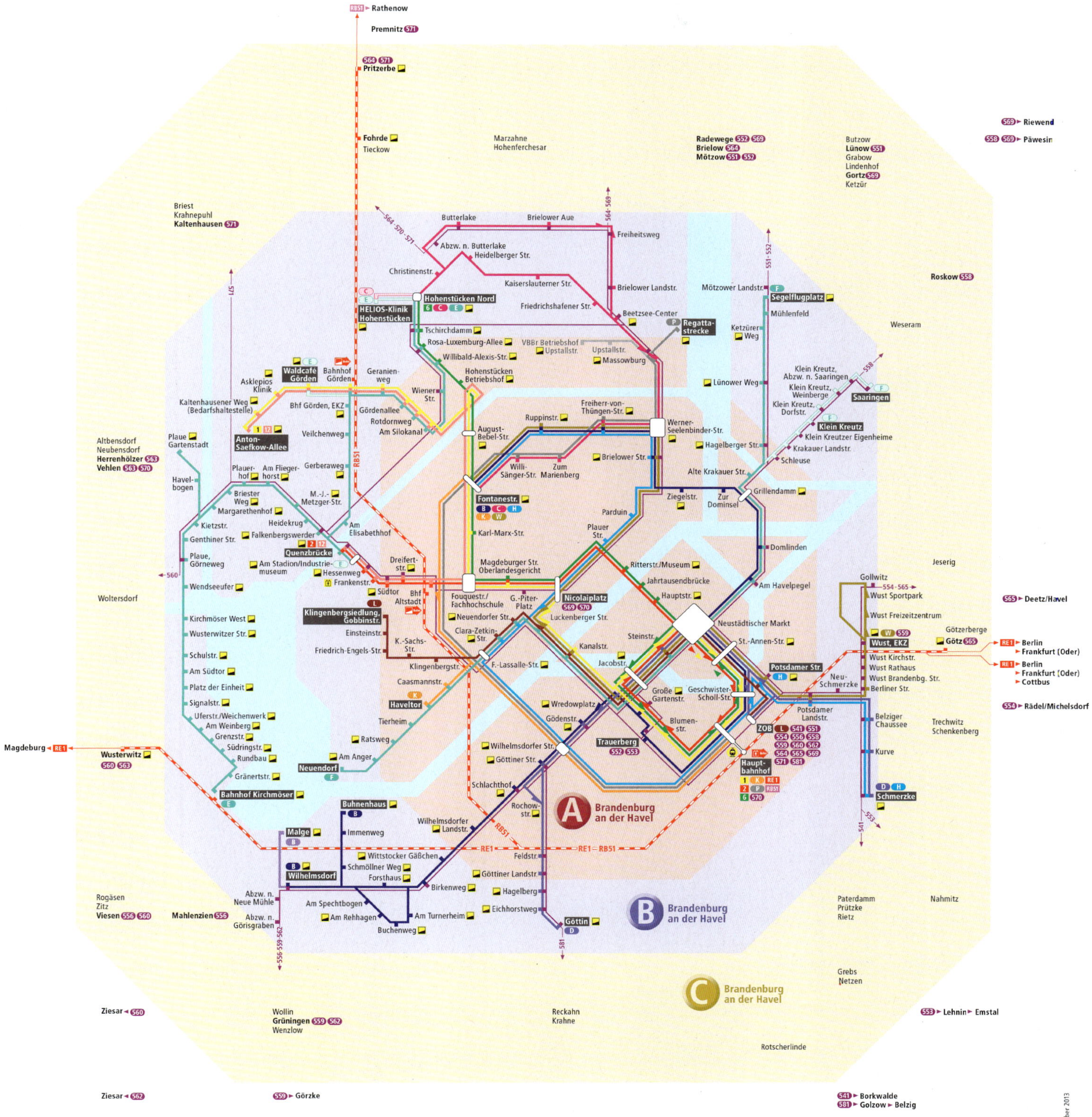

Gültig ab: 3. November 2013 Redaktionsschluss: 10. Oktober 2013
Herausgeber: Verkehrsverbund Berlin-Brandenburg GmbH

Frankfurt (Oder)
Stadtverkehr Liniennetz

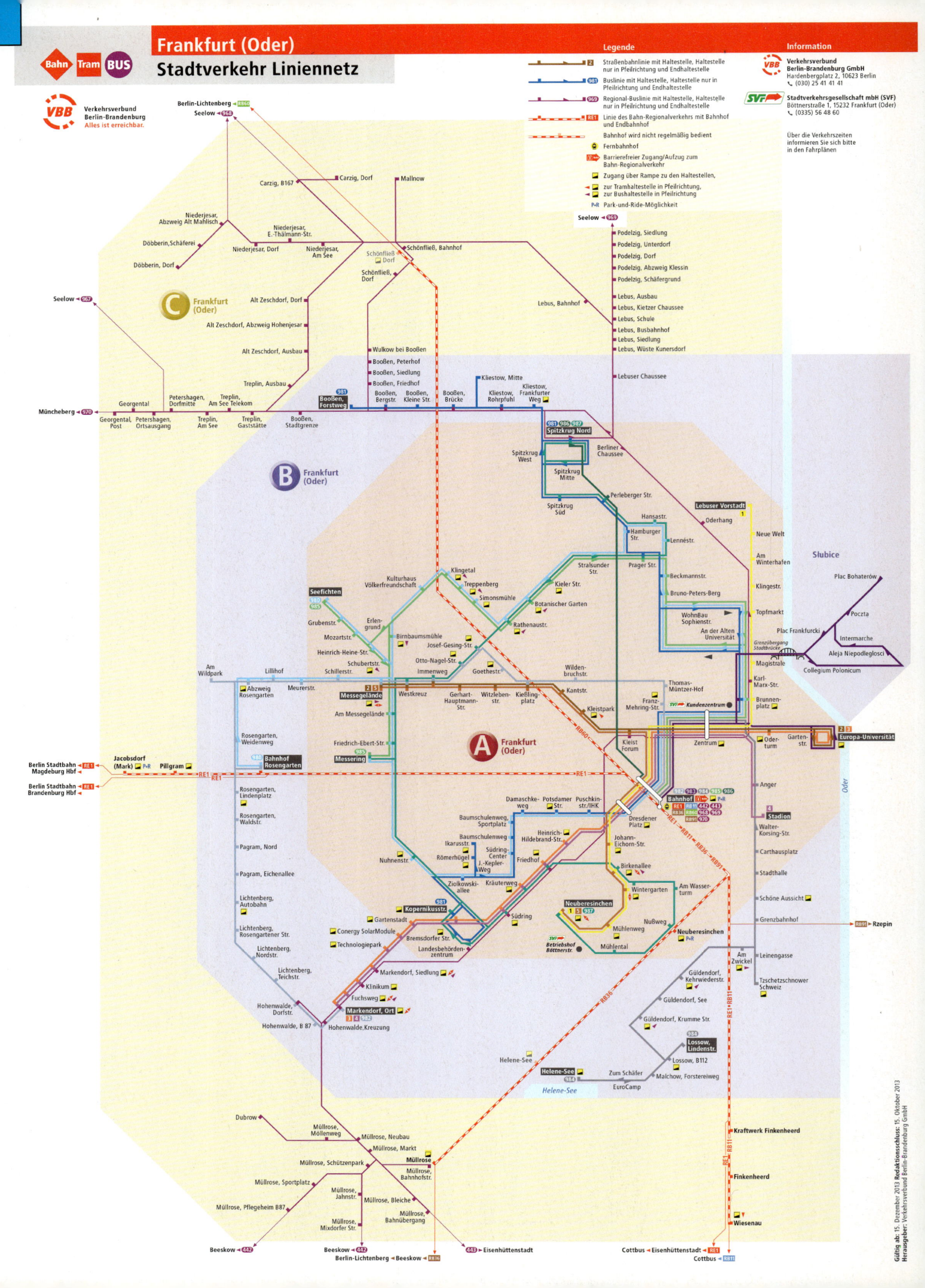

Eberswalde
Liniennetz Stadtverkehr

BUS Bahn

VBB Verkehrsverbund Berlin-Brandenburg
Alles ist erreichbar.

Legende

- 864 Buslinie mit Haltestelle, Haltestelle nur in Pfeilrichtung und Endhaltestelle
- 864 910 Buslinie verkehrt nur im Abendverkehr (ca. 20.00–0.00 Uhr)
- 883 Regional-Buslinie mit Haltestelle, Haltestelle nur in Pfeilrichtung und Endhaltestelle
- RB63 Linie des Bahn-Regionalverkehrs mit Bahnhof und Endbahnhof
- Fernbahnhof
- Barrierefreier Zugang/Aufzug
- P+R Park-und-Ride-Möglichkeit

Information

Barnimer Busgesellschaft BBG
Barnimer Busgesellschaft mbH
Poratzstraße 68
16225 Eberswalde
(033 34) 23 50 03

VBB
Verkehrsverbund Berlin-Brandenburg GmbH
Hardenbergplatz 2
10623 Berlin
(030) 25 41 41 41

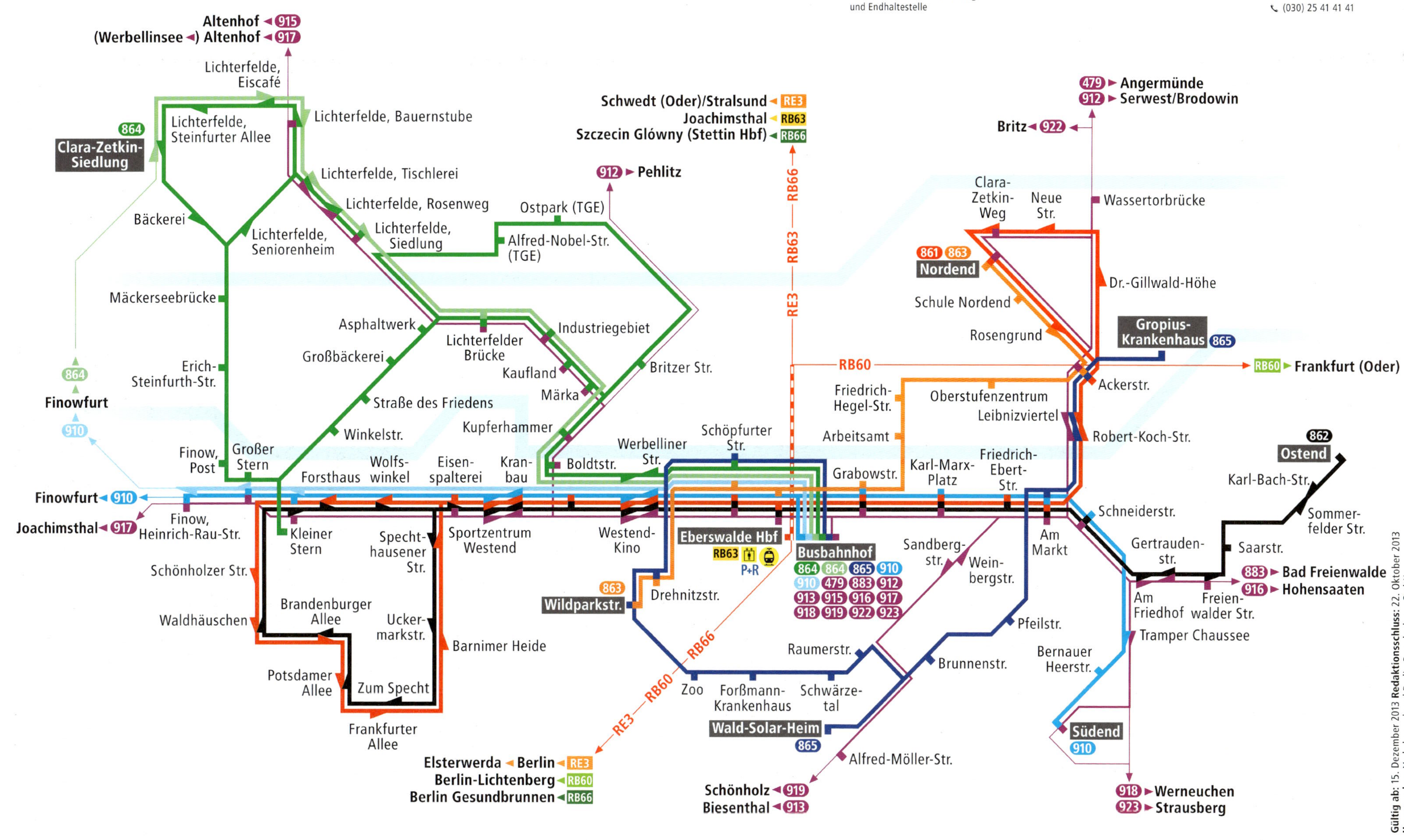

Gültig ab: 15. Dezember 2013 **Redaktionsschluss:** 22. Oktober 2013
Herausgeber: Verkehrsverbund Berlin-Brandenburg GmbH

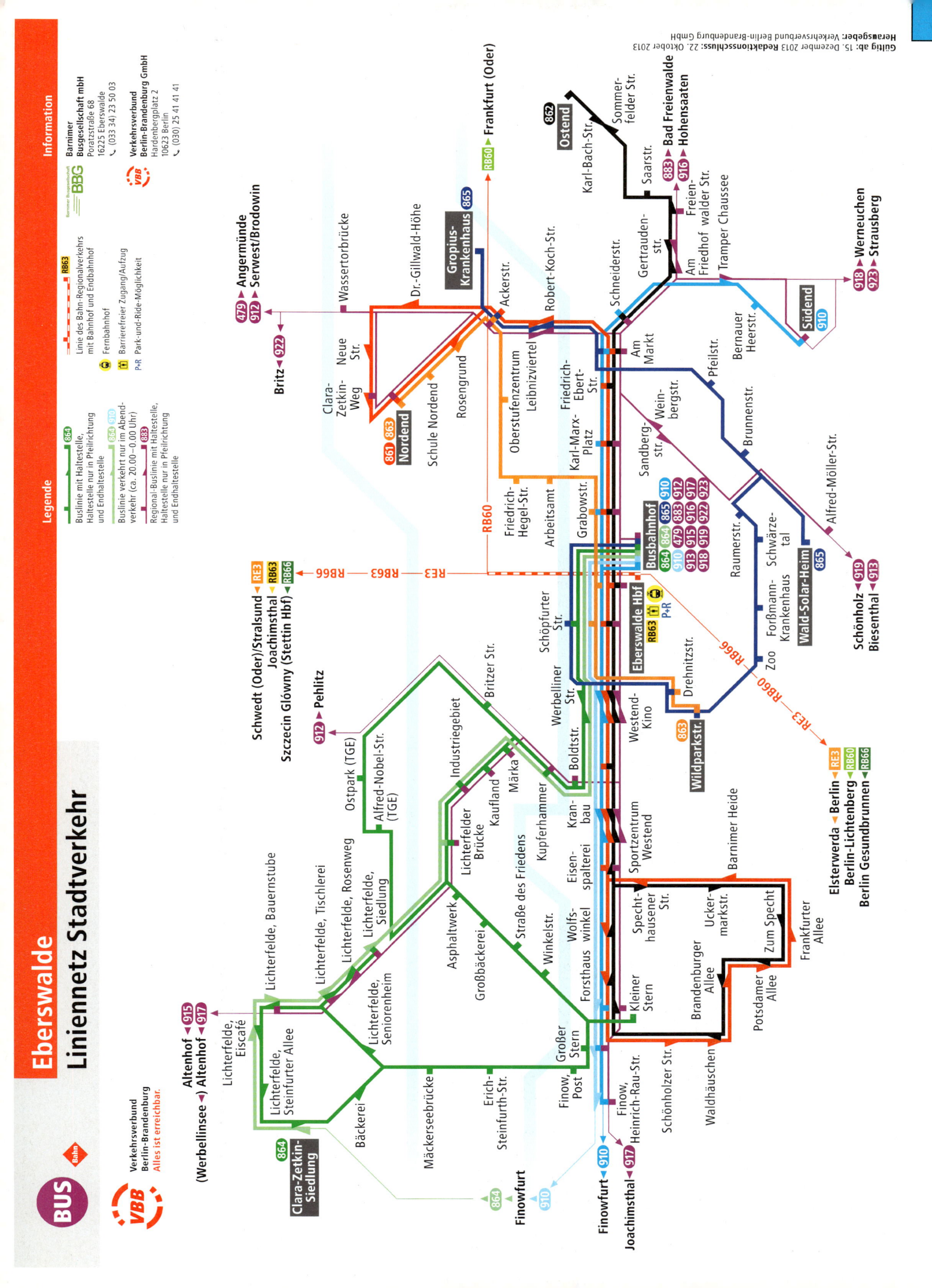

Städte, Stadtteile, Gemeinden und Gemeindeteile des Großraumes Berlin · Potsdam

Die in halbfett gedruckten Ortsnamen sind Städte oder selbstständige Gemeinden. Gemeinde- und Ortsteile sind in normaler Schrift aufgeführt. Hinter ihnen steht in Klammern jeweils der Hauptort.

Im Anschluß daran erscheinen die Seitenzahlen auf denen Sie die jeweiligen Orte oder Ortsteile im Atlas wiederfinden.

Beispiele:	Stadt/Gemeinde	Seitenangabe
	Ahrensfelde	105, 124, 125
	Kreuzberg (Berlin)	170

Adlershof (Berlin) 199
AEG-Siedlung (Berlin) 121
Ahrensdorf (Ludwigsfelde) 301
Ahrensdorf (Nuthe-Urstromtal) 337
Ahrensfelde 105, 124, 125
Albertshof (Rüdnitz) 88
Albrechtshof (Berlin) 142
Albrechts Teerofen (Berlin) 228
Alexanderdorf (Mellensee) 347
Alpenberge (Panketal) 104
Altberesinchen (Frankfurt (Oder)) 251
Alt Buchhorst (Grünheide (Mark)) 203
Alte Dorfstelle (Schwielowsee) 297
Alte Kolonie (Hohen Neuendorf) 100
Altes Dorf (Hohen Neuendorf) 101
Altes Rad (Potsdam) 225, 226
Altes Vorwerk (Steinhöfel) 208
Altglienicke (Berlin) 234
Alt-Hohenschönhausen (Berlin) 147, 148
Altkietz (Bad Freienwalde (Oder)) 55, 56
Altlandsberg 109, 110, 127
Altlandsberg Nord (Altlandsberg) 127
Altlandsberg West (Altlandsberg) 151
Alt Langerwisch (Michendorf) 299
Alt-Lietzow (Berlin) 169
Alt Madlitz (Madlitz-Wilmersdorf) 247
Altranft (Bad Freienwalde) 57
Alt-Rüdersdorf (Rüdersdorf bei Berlin) 177
Altstadt (Berlin) 38, 167, 199
Altstadt (Brandenburg an der Havel) 218
Altstadt (Oranienburg) 63
Alt Stahnsdorf (Storkow (Mark)) 312
Alt Töplitz (Werder (Havel)) 224
Alt-Treptow (Berlin) 171
Alt Zeschdorf (Zeschdorf) 213
Amalienfelde (Kremmen) 78
Amalienhof (Falkenberg) 54
Am Bahnhof (Mühlenbecker Land) 84
Am Gehrensee (Berlin) 124
Am Kanal (Kremmen) 60
Am Krummen See (Mittenwalde) 308
Am Mellensee 341, 349
Amselhain (Werneuchen) 107
Am Stern (Potsdam) 264
Am Weinberg (Nauen) 114
Am Zwiebusch (Gosen-Neu Zittau) 237
Andreas-Rabe-Siedlung (Berlin) 121
Anglersiedlung (Potsdam) 189
Anglersiedlung Kanalbrücke (Potsdam) 189
Annahof (Oranienburg) 81
Ansiedlung (Beelitz) 318
Arendsee (Wandlitz) 67
Arensdorf (Steinhöfel) 210
Augustenaue (Müncheberg) 158
Augustenaue (Müncheberg) 158, 182
Ausbau (Wendisch Rietz) 335
Ausbau (Wustermark) 162
Ausbau Ost (Fürstenwalde/Spree) 243
Ausbau West (Fürstenwalde/Spree) 242

Bad Freienwalde (Oder) 55, 56
Bad Saarow 279, 280, 315
Bad Saarow-Mitte (Bad Saarow) 315
Bärenklau (Oberkrämer) 79, 80
Bahnhofsiedlung (Jacobsdorf) 284
Bahnhofsiedlung (Rüdnitz) 87, 88
Basdorf (Wandlitz) 84
Baumgartenbrück (Schwielowsee) 261
Baumschulenweg (Berlin) 197, 198
Beelitz 316, 317, 318
Beelitz-Heilstätten (Beelitz) 317
Beerbaum (Heckelberg-Brunow) 72
Beerfelde (Steinhöfel) 207
Beetzseeheide 184
Behlendorf (Steinhöfel) 183
Beiersdorf (Beiersdorf-Freudenberg) 90
Beiersdorf-Freudenberg 90
Bensdorf 252
Berge (Nauen) 112
Bergenhof (Brandenburg an der Havel) 252
Bergerdamm-Hanffabrik (Nauen) 112
Bergfelde (Hohen Neuendorf) 100
Bergholz-Rehbrücke (Nuthetal) 264
Bergluch (Grünheide (Mark)) 203
Bergschäferei (Garzau-Garzin) 156
Bergsiedlung (Schwielowsee) 297
Bergwalde (Panketal) 104
Berkenbrück 244
Berkenbrück (Nuthe-Urstromtal) 344
Berlin 34, 35, 37, 38, 100, 102, 103, 119-124, 142-149, 166-174, 191-199, 201, 228-237, 272
Berliner Vorstadt (Potsdam) 227
Bernau bei Berlin 67, 69, 85, 86, 87
Bestensee 328
Bestensee Süd (Bestensee) 328
Beyschlag-Siedlung (Berlin) 119
Biegen (Briesen (Mark)) 284
Biesdorf (Berlin) 172
Biesdorf-Nord (Berlin) 173
Biesdorf-Süd (Berlin) 173
Biesenthal 69
Biesow (Prötzel) 92
Bindow (Heidesee) 310
Bindow-Dorf (Heidesee) 310
Bindow-Süd (Heidesee) 310
Birkenhain (Großbeeren) 231
Birkenheim (Schöneiche bei Berlin) 175
Birkenhöhe (Bernau bei Berlin) 105
Birkenstein (Hoppegarten) 150, 174
Birkenwerder 82
Birkholz (Bernau bei Berlin) 104
Birkholz (Großbeeren) 268
Birkholzaue (Bernau bei Berlin) 105
Blankenburg (Berlin) 123
Blankenfelde (Berlin) 122
Blankenfelde (Blankenfelde-Mahlow) 268
Blankenfelde-Mahlow 268, 269
Blankensee (Trebbin) 320
Bliesendorf (Werder (Havel)) 295
Blossin (Heidesee) 311, 331
Blumberg (Ahrensfelde) 125, 126
Blumenhag (Bernau bei Berlin) 86, 104
Blumenthal (Prötzel) 110
Bochow (Groß Kreutz (Havel)) 258
Bochow Bruch (Groß Kreutz (Havel)) 223
Boddinsfelde (Mittenwalde) 306
Börnicke (Bernau bei Berlin) 105, 106
Börnicke (Nauen) 94
Bötzow (Oberkrämer) 98
Bogensee (Wandlitz) 68
Bohnsdorf (Berlin) 235
Bollersdorf (Oberbarnim) 132
Booßen (Frankfurt (Oder)) 249, 250
Borgsdorf (Hohen Neuendorf) 82
Bornim (Potsdam) 225, 226
Bornstedt (Potsdam) 226
Borsigwalde (Berlin) 144
Brandenburg an der Havel 216, 217
Brandenburger Vorstadt (Potsdam) 226
Brandenburgisches Viertel (Eberswalde) 45
Braunsdorf (Spreenhagen) 241
Bredow (Brieselang) 138
Bredow-Luch (Brieselang) 114
Bredow-Vorwerk (Brieselang) 139
Brenn (Nauen) 137
Breydin 53, 72
Brielower Ausbau (Brandenburg an der Havel) 218
Briese (Birkenwerder) 82
Brieselang 114, 138, 139
Briesenluch (Spreenhagen) 277
Briesen (Mark) 282, 283
Briest (Havelsee) 216
Britz 46
Britz (Berlin) 197
Britzer Garten (Berlin) 196
Broichsdorf (Falkenberg) 54
Bruchmühle (Altlandsberg) 152
Brückenkopf (Ketzin) 187
Brunow (Heckelberg-Brunow) 73
Brusendorf (Mittenwalde) 306
Buch (Berlin) 103, 123
Buchholz (Altlandsberg) 128
Buchholz (Steinhöfel) 208
Buchhorst (Mühlenbecker Land) 102
Buchow-Karpzow (Wustermark) 163
Buckow (Berlin) 197
Buckow 133
Bürgerswalde (Königs Wusterhausen) 308, 328
Bungalowsiedlung (Storkow (Mark)) 334
Bunkerberg (Müncheberg) 158
Burig (Gosen-Neu Zittau) 238
Busch (Storkow (Mark)) 332
Butterlake (Brandenburg an der Havel) 218

Caputh (Schwielowsee) 262, 298
Charlottenburg (Berlin) 34, 169
Charlottenburg-Wilmersdorf (Berlin) 194
Charlottenhof (Brandenburg an der Havel) 216
Charlottenhof (Steinhöfel) 208
Chorin 47
Christinendorf (Trebbin) 339
Clara-Zetkin-Siedlung (Eberswalde) 44
Cöthen (Falkenberg) 54
Croustillier (Oderaue) 57

Dabendorf (Zossen) 325
Dahlem (Berlin) 194
Dahlewitz (Blankenfelde-Mahlow) 269, 305
Dahlwitz (Hoppegarten) 174
Dahmsdorf (Müncheberg) 157
Dahmsdorf (Reichenwalde) 334
Dallgow-Döberitz 140, 164, 165
Damm (Jüterbog) 363
Dammfeld (Berlin) 199
Damsdorf (Kloster Lehnin) 258
Danewitz (Biesenthal) 70
Dannenreich (Heidesee) 274
Deetz (Groß Kreutz (Havel)) 222
Deetzer Siedlung (Groß Kreutz (Havel)) 187
Demnitz (Steinhöfel) 245
Derwitz (Werder (Havel)) 223, 259
Deutsch Wusterhausen (Königs Wusterhausen) 307, 308
Dewinsee-Siedlung (Biesenthal) 70
Dichterviertel (Hohen Neuendorf) 100
Diedersdorf (Großbeeren) 267, 268
Diensdorf (Diensdorf-Radlow) 335
Diensdorf-Radlow 335
Diepensee (Königs Wusterhausen) 307
Dolgenhorst (Heidesee) 330
Dom (Brandenburg an der Havel) 219
Dorf (Dallgow-Döberitz) 165
Dorf (Königs Wusterhausen) 308
Dreilinden (Kleinmachnow) 228
Drewitz (Potsdam) 264
Dümde (Nuthe-Urstromtal) 355
Dyrotz (Wustermark) 163
Dyrotz-Luch (Wustermark) 139, 140

Eberswalde 39, 44, 45, 46
Eden (Oranienburg) 63
Eggersdorf bei Müncheberg (Müncheberg) 181, 182
Eggersdorf Nord (Petershagen/Eggersdorf) 153
Eggersdorf-Siedlung (Müncheberg) 181
Eggersdorf Süd (Petershagen/Eggersdorf) 153
Eggertsberg (Wusterwitz) 252
Eiche (Ahrensfelde) 149
Eiche (Potsdam) 225, 226
Eichenbrandt (Altlandsberg) 109
Eichenhain (Hennigsdorf) 119
Eichenhof (Lüdersdorf) (Trebbin) 339
Eiche-Süd A (Ahrensfelde) 149
Eichholz (Werder (Havel)) 225
Eichstädt (Oberkrämer) 79, 97
Eichwalde 236
Eichwerder (Bernau bei Berlin) 104
Eigenheimsiedlung (Berlin) 142
Eiskeller (Berlin) 142
Elisabethhöhe (Werder (Havel)) 260
Elisenau (Ahrensfelde) 105
Elisenberg (Lebus) 214
Elisenhof (Müncheberg) 159
Elisenhof (Neuenhagen bei Berlin) 151
Elsengrund (Berlin) 199
Elstal (Wustermark) 139, 163, 164
Elsthal (Luckenwalde) 353, 359
Emstal (Kloster Lehnin) 294
Engelsfelde (Dallgow-Döberitz) 166
Erkner 202
Ernsthof (Oberbarnim) 132
Etzin (Ketzin) 161

Fahlhorst (Nuthetal) 301
Fahrland (Potsdam) 190
Fahrland-Nord (Potsdam) 189
Falkenberg (Berlin) 148, 235
Falkenberg 53, 54
Falkenberg (Madlitz-Wilmersdorf) 246
Falkenhagen (Falkensee) 141
Falkenhagener Alpen (Falkensee) 141
Falkenhagener Feld (Berlin) 142
Falkenhagen (Mark) 211
Falkenhagen Ost (Falkensee) 141
Falkenhain (Falkensee) 140
Falkenhöhe (Berlin) 124, 148
Falkenhorst (Berlin) 235
Falkenrehde (Ketzin) 162, 188
Falkensee 140, 141
Fangschleuse (Grünheide (Mark)) 202
Fasanenpark (Strausberg) 154
Feldheim (Mühlenbecker Land) 101
Fennpfuhl (Berlin) 147
Ferch (Schwielowsee) 297
Fernewerder (Ketzin) 187
Fernneuendorf (Mellensee) 349
Fichtenau (Schöneiche bei Berlin) 201
Fichtengrund (Oranienburg) 63
Finkenherd (Falkensee) 140
Finkenkrug (Falkensee) 140
Finkenkrug-Süd (Falkensee) 140
Finkenstein (Grünheide (Mark)) 204
Finnenhaussiedlung (Berlin) 192
Finow (Eberswalde) 45
Finowfurt (Schorfheide) 44
Finow Ost (Eberswalde) 45
Flachslake (Hohen Neuendorf) 100
Flatow (Kremmen) 76
Flemmingsau (Bad Freienwalde (Oder)) 57
Flottstelle (Schwielowsee) 297
Frankenfelde (Luckenwalde) 352
Frankfurt (Oder) 214, 249, 250
Französisch Buchholz (Berlin) 122
Frauenpfuhle (Hohen Neuendorf) 100
Frauenviertel (Berlin) 234
Fredersdorf Nord (Fredersdorf-Vogelsdorf) 151, 152
Fredersdorf Süd (Fredersdorf-Vogelsdorf) 151
Fredersdorf-Vogelsdorf 151, 152, 175
Freienbrink (Grünheide (Mark)) 239
Freie-Scholle-Siedlung (Trebbin) 338
Fresdorf (Michendorf) 319
Freudenberg (Beiersdorf-Freudenberg) 90
Friedenau (Berlin) 195
Friedenstal (Bernau bei Berlin) 104
Friederikenhof (Großbeeren) 231
Friedersdorf (Heidesee) 311
Friedrichsbauhof (Heidesee) 330
Friedrich-Schiller-Höhe (Strausberg) 130
Friedrichsfelde (Berlin) 172
Friedrichshagen (Berlin) 199
Friedrichshain (Berlin) 171
Friedrichshain-Kreuzberg (Berlin) 170
Friedrichshof (Heidesee) 274
Friedrichshof (Müncheberg) 183
Friedrichslust (Altlandsberg) 151
Fröhden (Jüterbog) 365
Frohnau (Berlin) 100, 120
Fuchsberg (Blankenfelde-Mahlow) 269
Fuchswinkel (Mühlenbecker Land) 84
Fürstenwalde-Mitte (Fürstenwalde/Spree) 243
Fürstenwalde-Nord (Fürstenwalde/Spree) 243
Fürstenwalde/Spree 206, 207, 242, 243, 279, 280
Fürstenwalde-Süd (Fürstenwalde/Spree) 279
Fürstenwalde Südwest (Fürstenwalde/Spree) 242
Funkenmühle (Zossen) 350

Gadsdorf (Mellensee) 339
Gallun (Mittenwalde) 327
Gartenfeld (Berlin) 143
Gartensiedlung (Leegebruch) 80
Gartenstadt (Brandenburg an der Havel) 216
Gartenstadt (Strausberg) 130
Gartenstadt „Am Rehgraben" (Nuthetal) 263
Gartenstadt Falkenhöh (Falkensee) 142
Gartenstadt Großziethen (Schönefeld) 233
Gartenstadt Hohenschönhausen (Berlin) 148
Gartenstadt Neu-Birkenstein (Berlin) 174
Gartenstadt Staaken (Berlin) 142
Gartenstadt Süd (Potsdam) 226
Garzau (Garzau-Garzin) 155
Garzau-Garzin 155, 156
Garzin (Garzau-Garzin) 155
Gatow (Berlin) 166, 192
Gehrenberge (Panketal) 104
Geltow (Schwielowsee) 261
Genshagen (Ludwigsfelde) 303
Georgenthal (Falkenhagen) 211
Germendorf (Oranienburg) 62, 80
Gersdorf (Falkenberg) 53, 54, 73
Gesundbrunnen (Berlin) 146
Gielsdorf (Altlandsberg) 129
Gladowshöhe (Strausberg) 155
Glashütte (Oranienburg) 63
Glasow (Blankenfelde-Mahlow) 269
Glau (Trebbin) 321
Glienick (Zossen) 324
Glienicke/Nordbahn 121
Glindow (Werder (Havel)) 260
Glunzbusch (Bestensee) 329
Göhlsdorf (Kloster Lehnin) 259
Göllmitz (Spreenhagen) 241
Gölsdorf (Steinhöfel) 207
Görden (Brandenburg an der Havel) 218
Görisgräben (Brandenburg an der Havel) 289
Görsdorf (Storkow (Mark)) 332
Göttin (Brandenburg an der Havel) 255
Göttin (Werder (Havel)) 188
Götz (Groß Kreutz (Havel)) 221
Götzerberge (Groß Kreutz (Havel)) 221
Gohlitz (Nauen) 160
Gollwitz (Brandenburg an der Havel) 220
Golm (Potsdam) 225
Gorinsee (Wandlitz) 85, 103
Gosen (Gosen-Neu Zittau) 237
Gosen-Neu Zittau 237
Gottesbrück (Grünheide (Mark)) 203
Gottow (Nuthe-Urstromtal) 355
Grabow (Roskow) 184
Gräbendorf (Heidesee) 329, 330
Grätzwalde (Schöneiche bei Berlin) 175, 201
Gratze (Heckelberg-Brunow) 71
Grebs (Kloster Lehnin) 292
Gröben (Ludwigsfelde) 301
Gropiusstadt (Berlin) 197
Großbeeren 231, 266, 267
Groß Besten (Bestensee) 328
Großbeuthen (Trebbin) 321
Groß-Glienicke (Berlin) 191
Groß Glienicke (Potsdam) 191
Groß Kienitz (Blankenfelde-Mahlow) 269
Groß Kreutz (Havel) 187, 221, 222, 223, 257, 258
Groß Machnow (Rangsdorf) 305, 306, 325, 326
Groß Schauen (Storkow (Mark)) 333
Groß Wentorf (Schwielowsee) 261
Groß-Ziethen (Kremmen) 77, 78
Großziethen (Schönefeld) 233
Grube (Potsdam) 225
Grüna (Jüterbog) 358
Grünau (Berlin) 199, 235
Grünefeld (Schönwalde-Glien) 95
Grünelinde (Rüdersdorf bei Berlin) 176
Grünheide (Mark) 178, 179, 202, 203
Grüntal (Sydower Fließ) 71
Grunewald (Berlin) 168, 194
Grunow (Oberbarnim) 132
Gubener Vorstadt (Frankfurt (Oder)) 251
Güldendorf (Frankfurt (Oder)) 287
Güterfelde (Stahnsdorf) 265
Gussow (Heidesee) 310, 330
Gut Blumberg (Ahrensfelde) 125
Gutenpaaren (Ketzin) 186
Gut Waldau (Jüterbog) 364

Hakenfelde (Berlin) 143
Hangelsberg (Grünheide (Mark)) 241
Hansaviertel (Berlin) 35, 169
Hansaviertel (Frankfurt (Oder)) 251
Harnekop (Prötzel) 93
Hartmannsdorf (Spreenhagen) 275
Haselhorst (Berlin) 143
Hasenfelde (Steinhöfel) 209
Hasenholz (Buckow) 132
Havelhausen (Hohen Neuendorf) 81
Havelland (Mühlenbecker Land) 83
Havelsee 216, 217
Heckelberg (Heckelberg-Brunow) 73
Heckelberg-Brunow 71, 72, 73
Heideberg (Zeuthen) 272
Heidehof (Jüterbog) 365
Heidekrug (Brandenburg an der Havel) 217
Heidekrug (Rehfelde) 179
Heideplan (Hohen Neuendorf) 100
Heidesee 274, 275, 310, 311
Heiligensee (Berlin) 119
Heimstättensiedlung (Hennigsdorf) 98
Heinersdorf (Berlin) 147
Heinersdorf (Großbeeren) 231
Heinersdorf (Steinhöfel) 183
Hellersdorf (Berlin) 149
Hellmühle (Biesenthal) 69
Hennickendorf (Nuthe-Urstromtal) 344
Hennickendorf (Rüdersdorf bei Berlin) 177, 178
Hennigsdorf 98, 118
Hermannswerder (Potsdam) 262
Hermersdorf (Müncheberg) 134
Hermsdorf (Berlin) 120
Herrensee (Rehfelde) 154
Herrenwiese (Bad Freienwalde (Oder)) 57
Herzfelde (Rüdersdorf bei Berlin) 177, 178
Hessenwinkel (Berlin) 201
Hintersiedlung (Bestensee) 328
Hirschfelde (Werneuchen) 108
Hirschgarten (Berlin) 199
Hobrechtsfelde (Panketal) 103
Hochland (Zeuthen) 272
Höhenland 74, 75, 91, 92
Hönow (Hoppegarten) 150
Hönow-Nord (Hoppegarten) 150
Hof Johannesberg (Rauen) 278
Hohenbinde (Erkner) 238
Hohenbruch (Kremmen) 61
Hoheneiche (Ahrensfelde) 149
Hohenfinow 54
Hohengatow (Berlin) 192
Hohenjesar (Zeschdorf) 213
Hohen Neuendorf 81, 82, 99, 100
Hohenschöpping (Velten) 99
Hohenstein (Strausberg) 131
Hohenstücken (Brandenburg an der Havel) 218
Hohenwalde (Frankfurt (Oder)) 285
Holbeck (Nuthe-Urstromtal) 361
Hoppegarten 150, 174
Hoppegarten (Müncheberg) 180
Hoppenrade (Wustermark) 162
Horstfelde (Zossen) 341

Städte, Stadtteile, Gemeinden und Gemeindeteile des Großraumes Berlin · Potsdam 387

Hortwinkel (Rüdersdorf bei Berlin) 177, 203
Hottengrund (Berlin) 192
Hubertushöhe (Storkow (Mark)) 334
Hufeisensiedlung (Berlin) 197

Idealsiedlung (Berlin) 197
Inselstadt (Werder (Havel)) 261
Invalidensiedlung (Berlin) 100

Jacobsdorf 247, 248, 284
Jägervorstadt (Potsdam) 226
Jänickendorf (Nuthe-Urstromtal) 360
Jänickendorf (Steinhöfel) 206
Jahnsfelde (Müncheberg) 159
Jenseits des Sees (Strausberg) 129
Jeserig (Groß Kreutz (Havel)) 221
Johannisthal (Berlin) 198
Johannisthal (Kremmen) 61
Jühnsdorf (Blankenfelde-Mahlow) 304
Jütchendorf (Ludwigsfelde) 321
Jüterbog 358, 363, 364
Jüterbog II (Jüterbog) 363
Jugendhöhe (Werder (Havel)) 261
Julianenhof (Märkische Höhe) 133, 134

Kablow (Königs Wusterhausen) 309, 310
Kablow-Ziegelei (Königs Wusterhausen) 273, 274
Kähnsdorf (Oberbarnim) 111
Kähnsdorf (Seddiner See) 319
Kagel (Grünheide (Mark)) 178, 204
Kallinchen (Zossen) 343
Kaltenhausen (Jüterbog) 358
Kammerode (Schwielowsee) 296
Karlshöhe (Schorfheide) 44
Karlshof (Schönefeld) 271
Karlshorst (Berlin) 172
Karlslust (Storkow (Mark)) 313
Karlsruh (Oberkrämer) 79
Karolinenhof (Berlin) 236
Karow (Berlin) 123
Karow Nord (Berlin) 123
Kartzow (Potsdam) 163, 189
Karutzhöhe (Erkner) 238
Katharinensee (Mühlenbecker Land) 101
Kaulsdorf (Berlin) 173
Kaulsdorf-Nord (Berlin) 173
Kaulsdorf-Süd (Berlin) 173
Kemnitz (Werder (Havel)) 223, 224
Kemnitzerheide (Schwielowsee) 296
Kersdorf (Briesen (Mark)) 282
Kersdorfer Schleuse (Briesen (Mark)) 282
Kerzendorf (Ludwigsfelde) 323
Ketzin 161, 162, 186, 187
Ketziner Siedlung (Groß Kreutz (Havel)) 187
Ketzür (Beetzseeheide) 184
Kiekebusch (Schönefeld) 271
Kienbaum (Grünheide (Mark)) 179, 205
Kienberg (Nauen) 94
Kienwerder (Stahnsdorf) 265
Kietz (Beelitz) 318
Kietz (Ludwigsfelde) 320
Kietzer Feld (Berlin) 199
Kietzer Vorstadt (Berlin) 199
Kiewitt (Potsdam) 226
Kindelwaldsiedlung (Glienicke/Nordbahn) 121
Kirchhofen (Spreenhagen) 240
Kirchmöser (Brandenburg an der Havel) 252
Kirchmöser Ost (Brandenburg an der Havel) 253
Kirchmöser West (Brandenburg an der Havel) 252
Kirchsteigfeld (Potsdam) 264
Kladow (Berlin) 191, 192
Klaistow (Beelitz) 316
Klandorf (Schorfheide) 42
Klausdorf (Am Mellensee) 349
Kleinbeeren (Großbeeren) 267
Kleinbeuthen (Trebbin) 321
Klein Eichholz (Heidesee) 331
Klein-Glienicke (Potsdam) 227
Klein Kienitz (Rangsdorf) 306
Klein Kreutz (Brandenburg an der Havel) 219
Kleinmachnow 228
Klein Schauen (Storkow (Mark)) 332
Kleinschönebeck (Schöneiche bei Berlin) 175
Klein Schulzendorf (Trebbin) 338
Klein Venedig (Rangsdorf) 305
Klein Wall (Grünheide (Mark)) 204
Klein Wentorf (Schwielowsee) 261
Klein-Ziethen (Oberkrämer) 78
Kleinziethen (Schönefeld) 233
Kliemsiedlung (Ketzin) 187
Kliestow (Frankfurt (Oder)) 250
Kliestow (Trebbin) 337
Klingenbergsiedlung (Brandenburg an der Havel) 218
Klingetalsiedlung (Frankfurt (Oder)) 250
Klosterdorf (Oberbarnim) 131
Klosterfelde (Berlin) 166
Klosterfelde (Wandlitz) 67
Kloster Lehnin 256-259, 290-294
Kloster Zinna (Jüterbog) 358, 364
Köllnische Vorstadt (Berlin) 199
Königs Wusterhausen 237, 272-274, 307, 308
Köpenick (Berlin) 199
Körbiskrug (Königs Wusterhausen) 328
Körzin (Beelitz) 336
Kohlhasenbrück (Berlin) 228
Kolberg (Heidesee) 331
Kolberger Ablage (Heidesee) 331
Kolonie am See (Falkensee) 141, 142
Kolonie Eintracht Orania (Oranienburg) 63
Kolonie Görden (Brandenburg an der Havel) 217
Kolonie Havelfreude (Oranienburg) 63
Kolonie Marx (Oranienburg) 64
Kolonie Thyrow (Trebbin) 322
Kolonie Zern (Werder (Havel)) 224
Kolonie Zukunft (Oranienburg) 63
Kolpin (Reichenwalde) 314
Kolzenburg (Luckenwalde) 359
Konradshöhe (Berlin) 119, 143
Konratshöhe (Schorfheide) 44
Koppehof (Oberkrämer) 79
Krahne (Kloster Lehnin) 291
Krampnitz (Potsdam) 190
Kranepuhl (Havelsee) 217
Kremmen 58, 59
Kreuzberg (Berlin) 170
Krielow (Groß Kreutz (Havel)) 222
Kruge (Falkenberg) 73
Kruge/Gersdorf (Falkenberg) 73
Krummenpfahl (Falkenberg) 54, 74
Krummensee (Mittenwalde) 308, 328
Krummensee (Werneuchen) 127
Kühle Kavelsiedlung (Rüdnitz) 88
Küssel (Potsdam) 227, 262
Kuhsiedlung (Kremmen) 77
Kummersdorf (Mellensee) 348
Kummersdorf (Storkow (Mark)) 312
Kummersdorf-Alexanderdorf (Mellensee) 348
Kunersdorf (Seddiner See) 318
Kupferhammer (Eberswalde) 46

Ladeburg (Bernau bei Berlin) 87
Landhof (Müncheberg) 182
Landstadt Gatow (Berlin) 192
Langendamm (Spreenhagen) 277
Langerwisch (Michendorf) 299
Langewahl 281
Lanke (Wandlitz) 68
Lankwitz (Berlin) 195
Latzwall (Spreenhagen) 276
Laubenkolonie Nordost (Fürstenwalde/Spree) 243
Lebbin (Spreenhagen) 313
Lebus 213, 214
Lebuser Vorstadt (Frankfurt (Oder)) 250
Leegebruch 80
Leest (Werder (Havel)) 225
Lehnin (Kloster Lehnin) 294
Lehnitz (Oranienburg) 64
Lehnmarke (Michendorf) 298, 318
Leuenberg (Höhenland) 91, 92
Leuenberg Bahnhof (Höhenland) 91, 92
Lichtenberg (Berlin) 148, 172
Lichtenberg (Frankfurt (Oder)) 285
Lichtenow (Rüdersdorf bei Berlin) 178
Lichtenow Dorf (Rüdersdorf bei Berlin) 178
Lichtenrade (Berlin) 232
Lichterfelde (Berlin) 231
Lichterfelde (Schorfheide) 45
Lichterfelde Siedlung (Schorfheide) 45
Liebätz (Nuthe-Urstromtal) 345
Liebenhof (Garzau-Garzin) 156
Lietzow (Nauen) 113
Lindenberg (Ahrensfelde) 124
Lindenbrück (Zossen) 350
Lindenhof (Buch) (Berlin) 102
Lindow (Bernau bei Berlin) 105
Linumhorst (Kremmen) 58
Lobetal (Bernau bei Berlin) 69, 87
Löwenbruch (Ludwigsfelde) 303
Löwendorf (Trebbin) 337
Lossow (Frankfurt (Oder)) 287
Lubowsee (Mühlenbecker Land) 65, 83
Luckenwalde 352, 353
Ludwigsfelde 301, 302
Lübars (Berlin) 121
Lüdersdorf (Trebbin) 339
Lünow (Roskow) 184

Macherslust (Eberswalde) 47
Madlitz-Wilmersdorf 210, 246
Mädchenviertel (Hohen Neuendorf) 100
Märkische Heide (Eberswalde) 45
Märkische Höhe 133, 134
Märkisches Viertel (Berlin) 121
Märkisches Wohnen (Zossen) 325
Märkisch Wilmersdorf (Trebbin) 323
Märtensmühle (Nuthe-Urstromtal) 345
Mahlenzien (Brandenburg an der Havel) 289
Mahlow (Blankenfelde-Mahlow) 268
Mahlsdorf (Berlin) 173
Mahlsdorf-Süd (Berlin) 173
Malchow (Berlin) 147
Malchow (Frankfurt (Oder)) 286
Malge (Brandenburg an der Havel) 253
Margaretenhöhe (Berlin) 123
Margaretenhof (Brandenburg an der Havel) 252
Mariendorf (Berlin) 196
Marienfeld (Müncheberg) 158
Marienfelde (Berlin) 231, 232
Marienhöhe (Bad Saarow) 315
Marienwerder 43
Markau (Nauen) 137, 138
Markee (Nauen) 137
Markendorf (Frankfurt (Oder)) 286
Markendorf (Jüterbog) 365
Markgrafpieske (Spreenhagen) 277
Marquardt (Potsdam) 189
Marquardt Siedlung (Potsdam) 189
Marwitz (Oberkrämer) 97, 98
Marzahn (Berlin) 148
Marzahn-Hellersdorf (Berlin) 149
Maxseesiedlung (Müncheberg) 179, 180
Medienstadt Babelsberg (Potsdam) 228
Mehrow (Ahrensfelde) 149, 150
Melchow 51, 71
Mellensee (Am Mellensee) 341
Meßdunk (Kloster Lehnin) 290
Messingwerksiedlung (Schorfheide) 45
Michelsdorf (Kloster Lehnin) 293
Michendorf 263, 298
Miersdorf (Zeuthen) 272
Miersdorfer Werder (Zeuthen) 272
Mietgendorf (Ludwigsfelde) 321
Mitte (Berlin) 37, 146, 170
Mitte (Potsdam) 190
Mitte (Schulzendorf) 271
Mittelbusch (Schwielowsee) 297
Mittelstadt (Oranienburg) 63
Mittenwalde 306-308, 326, 327
Moabit (Berlin) 169
Möllensee (Grünheide (Mark)) 204
Mönchmühle (Mühlenbecker Land) 102
Mönchsheim (Hoppegarten) 174
Mönchwinkel (Grünheide (Mark)) 240
Molkenberg (Fürstenwalde/Spree) 207
Motzen (Mittenwalde) 343
Müggelheim (Berlin) 236
Mühlenbeck (Mühlenbecker Land) 101
Mühlenbecker Land 65, 66, 83, 84, 101
Mühlenbecker Viertel (Hohen Neuendorf) 101
Müncheberg 134, 157, 158
Müncheberger Siedlung (Müncheberg) 181
Münchehofe (Hoppegarten) 174
Münchehofe (Müncheberg) 134

Nächst Neuendorf (Zossen) 325
Nahmitz (Kloster Lehnin) 293
Nattwerder (Potsdam) 225
Nauen 76, 94, 112, 113, 114, 136, 137, 138
Nauener Vorstadt (Potsdam) 227
Nedlitz (Potsdam) 226
Netzen (Kloster Lehnin) 293
Neubauernsiedlung (Stahnsdorf) 230
Neubauernsiedlung (Birkholz) (Bernau bei Berlin) 105
Neubeeren (Großbeeren) 266
Neuberesinchen (Frankfurt (Oder)) 287
Neu Bochow (Groß Kreutz (Havel)) 258
Neu Boston (Storkow (Mark)) 313
Neu Buch (Panketal) 124
Neu Buchhorst (Erkner) 238
Neue Häuser (Jüterbog) 358
Neuehütte (Chorin) 47
Neue Mühle (Königs Wusterhausen) 308
Neue Mühle (Strausberg) 153
Neue Mühle (Wendisch Rietz) 335
Neuendorf (Brandenburg an der Havel) 254
Neuendorf im Sande (Steinhöfel) 244
Neuenhagen bei Berlin 151
Neuer Garten (Potsdam) 227
Neue Scheune (Schwielowsee) 297
Neue Welt (Frankfurt (Oder)) 251
Neu Fahrland (Potsdam) 190
Neu Falkenrehde (Ketzin) 162, 188
Neu-Friedrichsthal (Oranienburg) 63
Neugarten (Nauen) 137
Neugersdorf (Falkenberg) 54
Neu Golm (Bad Saarow) 279, 280
Neuhardenberg 135
Neu Hartmannsdorf (Spreenhagen) 275, 276
Neuheim (Jüterbog) 363
Neuhönow (Altlandsberg) 127
Neuhof (Jüterbog) 358
Neuhof (Zossen) 350
Neu-Hohenschönhausen (Berlin) 147, 148
Neukammer (Nauen) 137
Neukietz (Bad Freienwalde (Oder)) 56
Neukölln (Berlin) 171
Neu Langerwisch (Michendorf) 299
Neu Lindenberg (Ahrensfelde) 124
Neu Madlitz (Madlitz-Wilmersdorf) 246
Neumarkt (Jüterbog) 364
Neu Mönchwinkel (Grünheide (Mark)) 240
Neu-Plaue (Brandenburg an der Havel) 216
Neuplötzin (Werder (Havel)) 259, 260
Neureetz (Oderaue) 57
Neu Reichenwalde (Reichenwalde) 314
Neurohrbeck (Dallgow-Döberitz) 140
Neuschmerzke (Brandenburg an der Havel) 219, 255
Neuschulzendorf (Schulzendorf) 271
Neuschwanebeck (Panketal) 124
Neu-Seegefeld (Falkensee) 141
Neuseeland (Erkner) 202
Neustadt (Berlin) 143
Neustadt (Brandenburg an der Havel) 255
Neustadt (Oranienburg) 63
Neu Stahnsdorf (Storkow (Mark)) 276, 312
Neu Töplitz (Werder (Havel)) 224
Neutornow (Bad Freienwalde (Oder)) 56
Neu-Vehlefanz (Oberkrämer) 96
Neu-Venedig (Berlin) 201
Neu Waltersdorf (Spreenhagen) 277
Neu Zeschdorf (Zeschdorf) 213
Neu Zittau (Gosen-Neu Zittau) 238
Nibelungen (Bernau bei Berlin) 87, 105
Niebede (Nauen) 160
Niederheide (Hohen Neuendorf) 99
Niederhof (Wustermark) 138
Niederlehme (Königs Wusterhausen) 272
Nieder Neuendorf (Hennigsdorf) 118
Niederschöneweide (Berlin) 198
Niederschönhausen (Berlin) 122
Nikolassee (Berlin) 193, 229
Nilessiedlung (Berlin) 147
Nord (Brandenburg an der Havel) 218
Nord (Mittenwalde) 343
Nordend (Berlin) 122
Nordend (Eberswalde) 46
Nord-Rauchfangswerder (Berlin) 272
Nowy Lubusz (Słubice) 215
Nudow (Nuthetal) 300
Nuhnen Vorstadt (Frankfurt (Oder)) 250
Nunsdorf (Zossen) 323
Nuthetal 263
Nuthe-Urstromtal 337, 344

Oberbarnim 111, 131, 132
Oberkrämer 61, 78
Oberschöneweide (Berlin) 198
Obersdorf (Müncheberg) 158
Oderaue 57
Oranienburg 62, 63
Oranienburg-Süd (Oranienburg) 81
Osramsiedlung (Hohen Neuendorf) 100
Ostend (Eberswalde) 47

Paaren (Potsdam) 189
Paaren im Glien (Schönwalde-Glien) 95
Pätz (Bestensee) 329
Pagram (Frankfurt (Oder)) 285, 286
Palmnicken (Fürstenwalde/Spree) 243
Pankeborn (Bernau bei Berlin) 87
Panketal 103, 104
Pankow (Berlin) 146
Papierfabrik (Falkenberg) 55
Paretz (Ketzin) 188
Paretzhof (Ketzin) 188
Paschenberg (Eberswalde) 39, 46
Paul-Hertz-Siedlung (Berlin) 144
Paulstern (Berlin) 143
Pausin (Schönwalde-Glien) 116
Perwenitz (Schönwalde-Glien) 95, 96
Petersdorf (Bad Saarow) 279
Petersdorf bei Briesen (Jacobsdorf) 247, 248
Petershagen Dorf (Petershagen/Eggersdorf) 152
Petershagen/Eggersdorf 152
Petershagen Nord (Petershagen/Eggersdorf) 152
Petershagen Süd (Petershagen/Eggersdorf) 152, 176
Petzow (Werder (Havel)) 261
Pfaueninsel (Berlin) 192, 228
Philadelphia (Storkow (Mark)) 312, 332
Philippinenhof (Müncheberg) 182
Philippsthal (Nuthetal) 264, 300
Phöben (Werder (Havel)) 224
Phöbener Siedlung (Groß Kreutz (Havel)) 187
Pichelsdorf (Berlin) 167
Pieskow (Bad Saarow) 315
Pillgram (Jacobsdorf) 248, 284
Pinnow (Hohen Neuendorf) 81
Plänterwald (Berlin) 171, 197
Platzfelde (Falkenberg) 75
Plaue (Brandenburg an der Havel) 216, 252
Plauerhof (Brandenburg an der Havel) 217
Plessow (Werder (Havel)) 260
Plötzin (Werder (Havel)) 259
Postbruch (Strausberg) 153
Potsdam 163, 189-191, 225-228, 262-264
Potsdam-West (Potsdam) 262
Pramsdorf (Rangsdorf) 305
Prenden (Wandlitz) 48
Prenzlauer Berg (Berlin) 147
Prieros (Heidesee) 331
Prierosbrück (Heidesee) 330
Prieroser Mühle (Heidesee) 331
Priort (Wustermark) 163
Priort-Dorf (Wustermark) 163
Pritzhagen (Oberbarnim) 133
Prötzel 92, 93, 110
Prützke (Kloster Lehnin) 256, 292
Pudel (Spreenhagen) 276

Quellenhof (Jüterbog) 364
Quenzsiedlung (Brandenburg an der Havel) 218
Quermathen (Nauen) 136

Radebrück (Altlandsberg) 152
Radlow (Diensdorf-Radlow) 335
Ragow (Mittenwalde) 307
Rahmer See (Wandlitz) 66
Rahnsdorf (Berlin) 201
Rahnsdorfer Mühle (Berlin) 201
Rangsdorf 305
Rauchfangswerder (Berlin) 272
Rauen 278
Reckahn (Kloster Lehnin) 291
Regenmantel (Falkenhagen) 210
Rehagen (Mellensee) 348
Rehberge (Bernau bei Berlin) 86
Rehfelde 154
Rehfelde-Dorf (Rehfelde) 154, 178
Rehfelde Siedlung (Rehfelde) 154
Rehhahnsiedlung (Ahrensfelde) 125
Reichenberg (Märkische Höhe) 133
Reichenwalde 314
Reinickendorf (Berlin) 145
Rieplos (Storkow (Mark)) 313
Rietz (Kloster Lehnin) 256
Rietz-Neuendorf 280, 335
Rixdorf (Berlin) 197
Roberdam (Brandenburg an der Havel) 252
Röntgental (Panketal) 104
Röthehof (Nauen) 137
Rohrbeck (Dallgow-Döberitz) 164
Rosenau 288
Rosenbeck (Schorfheide) 43
Rosengarten (Frankfurt (Oder)) 250
Rosenthal (Berlin) 121
Roskow 184
Rotberg (Schönefeld) 270
Roter Dudel (Blankenfelde-Mahlow) 268
Roter Krug (Berkenbrück) 281
Rotscherlinde (Kloster Lehnin) 291
Rudolfshöhe (Werneuchen) 107, 108, 127
Rudow (Berlin) 197, 198, 234
Rüdersdorf bei Berlin 176
Rüdersdorfer Grund (Rüdersdorf bei Berlin) 176
Rüdnitz 87, 88
Ruhleben (Berlin) 167
Ruhlsdorf (Marienwerder) 48
Ruhlsdorf (Nuthe-Urstromtal) 345, 353
Ruhlsdorf (Strausberg) 131, 132
Ruhlsdorf (Teltow) 266
Rummelsburg (Berlin) 171
Rutenfeld (Bernau bei Berlin) 87

Saalow (Mellensee) 340
Saaringen (Brandenburg an der Havel) 220
Saarmund (Nuthetal) 300
Saarow Dorf (Bad Saarow) 315
Saarow Strand (Bad Saarow) 315
Sachsenhausen (Oranienburg) 63
Sacrow (Potsdam) 227
Satzkorn (Potsdam) 189
Scharfenberg (Berlin) 143
Scharfenbrück (Nuthe-Urstromtal) 354
Schenkenberg (Groß Kreutz (Havel)) 257
Schenkendorf (Mittenwalde) 307, 308
Schenkenhorst (Stahnsdorf) 265
Schiaß (Ludwigsfelde) 320
Schiffmühle (Bad Freienwalde (Oder)) 56
Schildow (Mühlenbecker Land) 101, 102, 121
Schlaatz (Potsdam) 263
Schlänitzsee (Potsdam) 189
Schlagenthin (Müncheberg) 157
Schloßparksiedlung (Ahrensfelde) 125, 126
Schlunkendorf (Beelitz) 318
Schlunkendorf Siedlung (Beelitz) 318
Schmachtenhagen (Oranienburg) 64
Schmachtenhagen-Ost (Oranienburg) 65
Schmachtenhagen-Süd (Oranienburg) 64
Schmachtenhagen-West (Oranienburg) 64
Schmargendorf (Berlin) 194
Schmergow (Groß Kreutz (Havel)) 187
Schmerzke (Brandenburg an der Havel) 255
Schmetzdorf (Bernau bei Berlin) 86
Schmöckwitz (Berlin) 236
Schmöckwitzwerder (Berlin) 237
Schönblick (Woltersdorf) 201
Schöneberg (Berlin) 169
Schönefeld (Nuthe-Urstromtal) 355
Schönefeld 233, 235, 269, 270, 271
Schöneiche (Zossen) 326
Schöneiche bei Berlin 175, 176, 201
Schöneicher Plan (Zossen) 326
Schönerlinde (Wandlitz) 102
Schöneweide (Nuthe-Urstromtal) 355
Schönfeld (Werneuchen) 89
Schönfelde (Steinhöfel) 181
Schönfließ (Lebus) 213, 214
Schönfließ (Mühlenbecker Land) 101
Schönhagen (Trebbin) 336
Schönholz (Berlin) 146
Schönholz (Melchow) 51
Schönow (Berlin) 230
Schönow (Bernau bei Berlin) 86, 104
Schönwalde (Wandlitz) 84, 102
Schönwalde-Dorf (Schönwalde-Glien) 117
Schönwalde-Glien 95, 96, 116
Schönwalde-Siedlung (Schönwalde-Glien) 117, 118
Schorfheide 42-45, 50
Schünow (Zossen) 324
Schulzenaue (Rüdnitz) 87, 88
Schulzendorf (Berlin) 119
Schulzendorf (Ludwigsfelde) 324
Schulzendorf 235, 271
Schulzenhöhe (Rüdersdorf bei Berlin) 176
Schumachersiedlung (Ketzin) 187
Schwanebeck (Nauen) 136
Schwanebeck (Panketal) 104, 124
Schwanebeck-West (Panketal) 104
Schwanenwerder (Berlin) 192
Schwante (Oberkrämer) 79
Schwielowsee 261, 262, 296, 297
Seddin (Seddiner See) 318
Seddiner See 318
Seebad Rüdersdorf (Rüdersdorf bei Berlin) 202
Seebadsiedlung (Mittenwalde) 327, 328
Seeberg-Dorf (Altlandsberg) 151
Seeberg-Siedlung (Altlandsberg) 151
Seeburg (Dallgow-Döberitz) 165, 166
Seefeld (Mühlenbecker Land) 66
Seefeld-Löhme (Werneuchen) 106, 126
Seegefeld (Falkensee) 141
Seegefeld-Ost (Falkensee) 141, 142
Seehof (Berlin) 231
Seehof (Teltow) 230
Selchow (Schönefeld) 269
Selchow (Storkow (Mark)) 332
Senzig (Königs Wusterhausen) 309
Siedlung (Biesenthal) 88
Siedlung (Groß Kreutz (Havel)) 221, 257
Siedlung (Sydower Fließ) 89
Siedlung am Rahmersee (Wandlitz) 66
Siedlung am Zwickauer Damm (Berlin) 233
Siedlung an den Fuchsbergen (Schöneiche bei Berlin) 175, 176
Siedlung Bergheide (Michendorf) 298
Siedlung Daheim (Johsth.) (Berlin) 197
Siedlung Daheim (Mardf.) (Berlin) 232
Siedlung Eichberg (Schulzendorf) 235, 271
Siedlung Eichkamp (Berlin) 168
Siedlung Eigene Scholle (Brandenburg an der Havel) 254
Siedlung Eigenheim (Potsdam) 263
Siedlung Falkenhöhe (Falkensee) 142
Siedlung Freie Scholle (Berlin) 120
Siedlung Friedenthal (Oranienburg) 63
Siedlung Gorinsee (Wandlitz) 103
Siedlung Großstückenfeld (Mühlenbecker Land) 101
Siedlung Habichtswald (Berlin) 192
Siedlung Heerstraße (Berlin) 168
Siedlung Hexenberg (Frankfurt (Oder)) 214, 250
Siedlung Hildebrand (Wandlitz) 66
Siedlung Horstfelde (Zossen) 324, 340
Siedlung Hubertus (Schönefeld) 235

Siedlung Kämmereiheide (Berlin) 199
Siedlung Kienwerder (Berlin) 121
Siedlung Lindenhof (Berlin) 195
Siedlung Mäckeritzwiesen (Berlin) 144
Siedlung Markendorf (Frankfurt (Oder)) 286
Siedlung Michendorf West (Michendorf) 298
Siedlung Modderberg (Königs Wusterhausen) 273
Siedlung Neuland (Berlin) 197
Siedlung Nuthestrand (Potsdam) 263
Siedlung Rotes Luch (Rehfelde) 156
Siedlung Späthsfelde (Berlin) 197
Siedlung Stolzenfeld (Wandlitz) 66
Siedlung Tegelgrund (Berlin) 120
Siedlung Waldesruh (Königs Wusterhausen) 309
Siedlung Waldfrieden (Heidesee) 310
Siedlung Waldfrieden (Wandlitz) 85
Siedlung Waldidyll (Berlin) 144
Siedlung Waldschlößchen (Wandlitz) 84
Siedlung Waltersdorf (Schönefeld) 235
Siedlung Wartenberg (Berlin) 124
Siedlung West (Heidesee) 330
Siedlung West (Wandlitz) 66
Siedlung Willichslust (Michendorf) 298
Siedlung Windmühlenberg (Berlin) 192
Siemenshof (Kremmen) 61, 62
Siemensstadt (Berlin) 144
Siethen (Ludwigsfelde) 301
Sieversdorf (Jacobsdorf) 248
Sieverslake (Grünheide (Mark)) 239
Sigridshorst (Teltow) 231
Silberberg (Bad Saarow) 315
Six (Michendorf) 298
Słubice (PL) 251
Sommerfeld (Kremmen) 60
Sommerfelde (Eberswalde) 47
Sommerswalde (Oberkrämer) 61, 79
Sophienstädt (Marienwerder) 48
Spandau (Berlin) 143, 167
Spandauer Vorstadt (Berlin) 37
Spechthausen (Eberswalde) 51, 52
Sperenberg (Mellensee) 348
Sperlingsau (Schorfheide) 42
Spindlersfeld (Berlin) 199
Spitzmühle (Strausberg) 129
Spreeau (Grünheide (Mark)) 239
Spreenhagen 240, 241, 275, 276

Spreetal (Grünheide (Mark)) 240
Spreewerder (Grünheide (Mark)) 240
Sputendorf (Stahnsdorf) 265
Staaken (Berlin) 166
Stadtrandsiedlung (Berlin) 148
Stadtrandsiedlung (Potsdam) 263
Stadtrandsiedlung Blankenfelde (Berlin) 122
Stadtrandsiedlung Karow (Berlin) 123
Stadtrandsiedlung Malchow (Berlin) 147
Stadtrandsiedlung Marienfelde (Berlin) 231
Stadtrandsiedlung (Spand.) (Berlin) 142
Stadtstelle (Prötzel) 110
Staffelde (Kremmen) 77
Stahnsdorf 230, 265
Stangenhagen (Trebbin) 336
Steglitz (Berlin) 195
Steglitz-Zehlendorf (Berlin) 193
Steinbeck (Höhenland) 92
Steinbergsiedlung (Königs Wusterhausen) 308
Steinfurth (Gosen-Neu Zittau) 238
Steinhöfel 181, 182, 183, 206, 207, 208, 209
Steinpfuhl (Mühlenbecker Land) 83, 84
Steinstücken (Berlin) 228
Sternebeck (Prötzel) 93
Stienitzaue (Werneuchen) 107
Stolp (Woltersdorf) 202
Stolpe (Hohen Neuendorf) 99, 100
Stolpe-Süd (Hennigsdorf) 119
Stolzenhagen (Wandlitz) 66
Storkowfort (Grünheide (Mark)) 239, 240
Storkow (Mark) 276, 312, 313
Stralau (Berlin) 171
Strausberg 129, 130
Strausberg Nord (Strausberg) 130
Streitberg (Langewahl) 281
Strengfeld (Werder (Havel)) 261
Stresow (Berlin) 167
Struveshof (Ludwigsfelde) 302
Stücken (Michendorf) 319
Stülpe (Nuthe-Urstromtal) 361
Südend (Eberswalde) 52
Süd-Rauchfangswerder (Berlin) 272
Sydow (Sydower Fließ) 71
Sydower Fließ 71, 89

Tannenhof (Michendorf) 299
Tasdorf (Rüdersdorf bei Berlin) 176
Teerofen (Oranienburg) 62
Tegel (Berlin) 120, 144
Tegelort (Berlin) 143
Teltow 230
Teltower Vorstadt (Potsdam) 263
Telz (Mittenwalde) 326
Tempelberg (Steinhöfel) 182
Tempelfelde (Sydower Fließ) 89
Tempelhof (Berlin) 196
Tempelhof-Schöneberg (Berlin) 196
Templiner Vorstadt (Potsdam) 262
Thaerfelde (Bernau bei Berlin) 88, 106
Theodor-Storm-Viertel (Storkow (Mark)) 333
Thyrow (Trebbin) 322
Tiefensee (Werneuchen) 91
Tiefwerder (Berlin) 167
Tiergarten (Berlin) 169
Tiergartensiedlung (Oranienburg) 62
Tietzow (Nauen) 76
Töplitz (Werder (Havel)) 224
Torfhaus (Strausberg) 153
Torgelow (Falkenberg) 75
Tornow (Eberswalde) 53
Tornow (Oberbarnim) 133
Tornow (Potsdam) 226, 262
Trampe (Breydin) 53, 73
Trappenfelde (Ahrensfelde) 126
Trebbin 320-323, 336-338
Trebnitz (Müncheberg) 159
Trebus (Fürstenwalde/Spree) 206, 242
Trechwitz (Kloster Lehnin) 257
Tremmen (Ketzin) 161
Tremsdorf (Nuthetal) 320
Treplin 212
Treptow-Köpenick (Berlin) 171, 199
Treuenhof (Strausberg) 130
Tuchen-Klobbicke (Breydin) 72

Uetz (Potsdam) 189
Ützdorf (Wandlitz) 68
Uhlenhorst (Berlin) 173, 199
Ukley (Königs Wusterhausen) 274
Umspannwerkwohnsiedlung (Neuenhagen bei Berlin) 151
Utershorst (Nauen) 113

Vehlefanz (Oberkrämer) 79
Velten 80, 98
Velten-Grün (Velten) 98
Velten-Süd (Velten) 98
Venedig (Hohen Neuendorf) 81
Viehtrift (Bernau bei Berlin) 104
Viesen (Rosenau) 288
Vogelsang (Mittenwalde) 326
Vogelsdorf (Fredersdorf-Vogelsdorf) 175, 176
Vogelsiedlung (Blankenfelde-Mahlow) 269
Vordersiedlung (Bestensee) 328
Vorstadt (Berlin) 199
Vorstadt (Strausberg) 153
Vorwerk (Altlandsberg) 153
Vorwerk (Jacobsdorf) 247
Vorwerk Wilmersdorf (Madlitz-Wilmersdorf) 246

Wachow (Nauen) 160
Waidmannslust (Berlin) 120
Waldblick (Blankenfelde-Mahlow) 268
Waldesruh (Hoppegarten) 174
Waldfrieden (Bernau bei Berlin) 86
Waldfrieden (Wendisch Rietz) 335
Waldheim (Falkensee) 140
Waldheim (Wandlitz) 85
Waldrand-Siedlung (Fürstenwalde/Spree) 280
Waldsiedlung (Berlin) 143
Waldsiedlung (Bernau bei Berlin) 67, 85
Waldsiedlung (Blankenfelde-Mahlow) 269
Waldsiedlung (Heckelberg-Brunow) 90
Waldsiedlung (Jüterbog) 365
Waldsiedlung (Kloster Lehnin) 294
Waldsiedlung (Velten) 98
Waldsiedlung Wuhlheide (Berlin) 172
Waldsieversdorf 157
Waldstadt (Zossen) 342, 350
Waldstadt I (Potsdam) 263
Waldstadt II (Potsdam) 263
Waldstadt (Sparrenbusch) (Bad Freienwalde (Oder)) 55
Waltersdorf (Schönefeld) 271
Wandlitz 42, 48, 66, 67
Wannsee (Berlin) 228
Wansdorf (Schönwalde-Glien) 117

Wartenberg (Berlin) 148
Wasserstadt (Berlin) 143
Wasserturmsiedlung (Hohen Neuendorf) 100
Waßmannsdorf (Schönefeld) 233, 269
Weberviertel (Potsdam) 227
Wedding (Berlin) 145
Weesow (Werneuchen) 107
Wegendorf (Altlandsberg) 127, 128
Weinberg (Ludwigsfelde) 303
Weinberg (Potsdam) 189
Weinmeisterhöhe (Berlin) 166
Weißensee (Pankow) (Berlin) 147
Wendemark (Oberkrämer) 80
Wendenschloss (Berlin) 199, 235
Wendgräben (Brandenburg an der Havel) 253, 289
Wendisch Rietz 334
Wendisch Rietz Siedlung (Wendisch Rietz) 335
Wendtshof (Bad Freienwalde (Oder)) 55
Wensickendorf (Oranienburg) 65, 66
Wenzlow (Heidesee) 275
Werben (Zossen) 323, 324
Werder (Jüterbog) 364
Werder (Rehfelde) 155
Werder (Havel) 188, 223-225, 259, 260
Werftpfuhl (Werneuchen) 108
Werneuchen 89, 91, 106, 107
Werneuchen-Ost (Werneuchen) 108
Wernitz (Wustermark) 138
Wernsdorf (Königs Wusterhausen) 237
Wesendahl (Altlandsberg) 129
Weseram (Roskow) 184
Westend (Berlin) 168
Westend (Eberswalde) 45
Wiesengrund (Neuenhagen bei Berlin) 151
Wiesenhagen (Trebbin) 338, 346
Wietstock (Ludwigsfelde) 323
Wildau 272, 308
Wildenbruch (Michendorf) 299, 319
Wildpark West Schwielowsee) 261
Wilhelmsaue (Grünheide (Mark)) 239
Wilhelmsdorf (Brandenburg an der Havel) 254
Wilhelmshagen (Berlin) 201
Wilhelmshorst (Michendorf) 263, 299
Wilhelmsruh (Berlin) 121

Wilhelmstadt (Berlin) 167
Wilkendorf (Altlandsberg) 110, 130
Willmersdorf (Werneuchen) 106
Wilmersdorf (Berlin) 34, 169
Wilmersdorf (Madli-Wilmersdorf) 210
Wittenau (Berlin) 121
Wochowsee (Storkow (Mark)) 333
Wölsickendorf (Höhenland) 74
Wolfsgarten (Berlin) 199
Wolfslake (Oberkrämer) 78
Wolfswinkel (Eberswalde) 45
Wolfswinkel (Storkow (Mark)) 314
Wollenberg (Höhenland) 75
Woltersdorf (Bensdorf) 252
Woltersdorf (Mühlenbecker Land) 102
Woltersdorf (Nuthe-Urstromtal) 353, 354
Woltersdorf 201, 202
Woltersdorf Siedlung (Nuthe-Urstromtal) 353
Wolzig (Heidesee) 311, 312
Wolziger Kolonie (Heidesee) 311
Wünsdorf (Zossen) 349
Wüste-Kunersdorf (Lebus) 214
Wulkow (Grünheide (Mark)) 240
Wulkow (Neuhardenberg) 135
Wulkow bei Booßen (Lebus) 213, 214
Wullwinkel (Biesenthal) 69
Wust (Brandenburg an der Havel) 219
Wustermark 138-140, 162, 163
Wusterwitz 252

Zachow (Ketzin) 186
Zalf (Müncheberg) 158
Zeesen (Königs Wusterhausen) 308
Zeestow (Brieselang) 139
Zehlendorf (Berlin) 230
Zehlendorf (Oranienburg) 65, 66
Zelle (Trebbin) 308
Zentrum-Ost (Potsdam) 227
Zepernick (Panketal) 104
Zernsdorf (Königs Wusterhausen) 309
Zerpenschleuse (Wandlitz) 42
Zesch (Zossen) 351
Zeschdorf 212
Zeuthen 272
Ziegenhals (Königs Wusterhausen) 273
Zinndorf (Rehfelde) 179
Zossen 323-326, 340, 341
Zühlsdorf (Mühlenbecker Land) 83, 84
Zühlslake (Mühlenbecker Land) 83

Straßenverzeichnis

Zunächst erscheint die Postleitzahl (PLZ). Bei Städten/Gemeinden, die nur eine PLZ besitzen, steht diese jeweils unterhalb des Ortsnamens. Besitzt eine Stadt/Gemeinde mehrere PLZ, so stehen diese vor den Straßennamen. Ein Strich (-) erscheint vor den Namen, die keine PLZ besitzen, weil sie z.B. ohne Bebauung sind.

Auf die Straßennamen folgen Seitenzahl und Suchfeldangabe. Die Suchfeldangaben von Straßen in den Innenstadtplänen werden in Klammern dargestellt.

Aus Platzgründen können in der Karte nicht alle Namen ausgeschrieben werden. Bei enger Bebauung wird anstatt des Namens eine Zahl als Platzhalter gesetzt. Die im Register angegebene Suchfeldangabe bezieht sich auf diese Zahl in Klammern direkt hinter dem Straßennamen (siehe Beispiel unten).

Beispiele:

Postleitzahl

12681

10178

Straßenname

Frank-Zappa-Straße

Am Nußbaum (2)

Seitenzahl-Suchfeldangabe

148-11a

(37-G3)

Ahrensfelde
PLZ 16356

Ahornring 125-6c
Ahornweg 125-10c
Ahornzeile (1) 149-5d
Ahrensfelder Chaussee (Eiche) 149-2a
Ahrensfelder Chaussee (Mehrow) 149-3a
Ahrensfelder Dreieck 125-10d
Ahrensfelder Straße 124-8a
Ahrensfelder Weg 125-4c
Albrecht-Thaer-Straße 125-5b
Alte Bernauer Straße 105-8a
Alte Schulstraße 124-7b
Alter Schwanebecker Weg 125-7b
Altlandsberger Weg (Mehrow) 150-1a
Altlandsberger Weg (Trappenfelde) 150-2b
Am Ährenfeld (11) 125-10d
Am Alten Kiesberg 125-10d
Am Bahnhof 126-5c
Amboßweg 124-5c
Am Busch 125-9a
Am Dorfteich 149-3b
Am Feldrain 124-8d
Am Gehrenberg 149-2b
Am Graben 149-2c
Am Kleeberg 126-4a
Am Luch 149-9a
Am Roggenschlag 149-1a
Amselgrund 124-6d
Amselsteig (2) 125-10d
Amselweg 149-6c
Am Walde 126-12c
Am Wiesenrain 125-10d
Am Wiesenrund 124-8c
Am Wuhlegrund 125-10d
An der alten Post (10) 149-1b
An der alten Post (12) 149-1b
An der Koppel 126-4a
An der Lake 150-1a
An der Schmiede (1) 149-3b
An der Wiese 149-2b
An der Wuhle 149-1b
Apfelsteig 125-10d
Asternstraße 125-10a
Asternweg 125-10b
August-Bebel-Straße 125-10d
Ausbau Mühle 124-7c

Bahnhofstraße 125-6c
Bahnstraße 125-10d
Bebelstraße 124-6d
Beerenwinkel (6) 125-10d
Bergstraße 149-1b
Berliner Platz 125-6d
Berliner Straße (Blumberg) 125-6c
Berliner Straße (Eiche) 149-8a
Bernauer Chaussee 105-8d + 125-3a
Bernauer Straße 124-5c
Bernhard-Lichtenberg-Straße 125-11a
Bertolt-Brecht-Straße 125-10c
Biberstraße 149-5c
Birkenring 149-5d
Birkholzer Allee 124-12a
Birkholzer Straße 125-2c
Birnenweg (4) 125-10d
Blumberg 125-6a + 126-4c
Blumberger Chaussee (Ahrensfelde) 125-11c
Blumberger Chaussee (Blumberg) 125-8b
Blumberger Weg 125-12d + 149-3b
Börnicker Chaussee 105-9c
Börnicker Weg 125-3d
Brunhildstraße 125-2c
Bucher Weg 124-4b
Bundesgrenzschutzallee (Ahrensfelde) 125-7a

Chausseedreieck 125-6c
Clara-Zetkin-Straße 125-7d

Dahlienstraße 124-9a
Dietrichstraße 124-9b
Dorfstraße 125-10d + 149-1a
Druckerweg 124-5c

Ehrig-Hahn-Straße 125-8a
Eiche 149-2d
Eichendorffstraße (1) 125-10a
Eichenweg 105-9c
Eichner Chaussee 149-5c
Eichner Dorfstraße 149-5b
Eichner Grenzweg 149-2c
Eichner Spitze (1) 149-2b
Eisenhüttstraße (7) 124-9a
Elisenauer Straße 125-3d
Elsternweg (7) 125-10d
Erich-Kästner-Straße (10) 125-10c
Erlengrund 149-5a
Ernst-Thälmann-Straße 125-10d

Fasanenstraße 125-10d
Feldstraße 149-1b
Fichtestraße 124-12b
Finkensteig 125-10d
Finkenweg 124-6d
Fliederstraße 125-10b
Florastraße (1) 124-11b
Fontanestraße (2) 125-10c
Freienwalder Chaussee 125-6c
Freiligrathstraße 125-10a
Friedenstraße 125-10b
Friedensweg 126-4b
Friedhofsweg 149-2d

Gärtnerstraße 149-2b
Gartenstraße 125-6d
Gartenweg 149-1b
Gebrüder-Grimm-Straße 125-10c
Gernotstraße (5) 124-9a
Geschwister-Scholl-Straße 125-10b
Gewerbegebiet Am Rehhahn 125-8b
Ginsterstraße 125-10b
Glaserwinkel 124-5c
Goethestraße 124-12b
Goldrutenweg (4) 124-9a
Grenzweg 105-8a
Grüner Weg 126-4a
Grünstraße 125-6d
Gudrunstraße 124-9b
Guntherstraße 124-9b
Gut Blumberg 125-5b
Gutshof 125-5b

Hafersteig 125-10c
Hagenstraße 124-9b
Hasenwinkel (13) 125-10c
Heideweg 124-8d
Heinestraße 125-10c
Helenenauer Weg 105-9c
Helgolandstraße 149-2a
Hellersdorfer Weg 149-5d + 8b
Henry-Kruse-Straße 125-8a
Herderstraße 125-10d
Hölderlinweg (6) 125-10c
Hönower Spitze (2) 125-9b
Hönower Straße 105-1a
Hönower Weg 126-12c + 150-2d

Immenweg 149-2d
Im Winkel 124-7b
In den Wörden 149-5a

Jahnstraße 125-10c

Karl-Marx-Straße 124-7b
Karower Weg 123-6d + 124-7a
Kiebitzweg 124-6d
Kietz 125-6b

Kirchstraße 125-6d
Kirchweg 149-2c
Kirschenallee 125-10b
Klarahöh 124-8c
Kleine Bahnhofstraße 125-6b
Kleine Mittelstraße (3) 125-6d
Kleingartenanlage Ahrensfelder Berg 149-2c
Kleistraße (3) 124-12d
Kornblumenweg (1) 124-9a
Krimhildstraße 124-9a
Krummenseer Straße 125-6d
Krummenseer Weg 149-3b
Kuckucksweg 124-9b
Kutschersteig 149-1a

Landsberger Chaussee 149-8a
Landsberger Straße 125-9b
Lennépark 125-6d
Lerchensteig (5) 125-10d
Lessingstraße 125-10c
Lilienstraße 124-9a
Lindenberg 124-5c
Lindenberger Straße 124-12b
Lubigstraße 125-5d

Maiglöckchenstraße 124-6d
Margaritenstraße (2) 124-9a
Mc-Donalds-Straße (1) 125-8b
Mehrow 149-3a + 150-1a
Mehrower Dorfstraße 149-3b
Mehrower Landweg 125-9b
Mehrower Straße 125-11c
Meisenweg 149-9a
Mittelstraße 125-6d
Mittelweg 125-6b
Möbel-Hübner-Straße 125-8b
Mohnblumenweg 125-10c
Mühlenstraße 149-2a

Nelkenstraße 124-9a
Nelkenweg 125-11a
Neuer Schwanebecker Weg 125-7c
Neu Lindenberg 124-5d
Nikolai-E.-Bersarin-Brücke 149-5c
Novalisstraße 125-10c

Ortwinstraße 124-9a

Parkstraße 126-4a
Primelweg (8) 124-9a

Quittenhag 125-10d

Rebhuhnwinkel 125-10d
Rehhahn 125-8b
Rheinstraße 149-2b
Rilkestraße (4) 125-10c
Ringstraße 124-8d
Robert-Stock-Straße 150-1a
Rodelbergweg 125-10d
Rosenweg 124-8d
Rudolf-Breitscheid-Straße 125-11c
Rudolf-Diesel-Straße 124-5c
Ruhrstraße 149-2a

Saarstraße 149-2b
Sackgasse 149-3b
Scheunengasse 125-5b
Schillerstraße 124-12d
Schleifweg 125-11c
Schloßstraße 125-6d
Schneeglöckchenstraße (3) 124-9a
Schulstraße 124-8d
Seestraße 105-8c
Siegfriedstraße 124-9a
Sonnenblumenstraße (6) 124-9a
Sonnenwinkel 125-10d
Spenglerstraße 124-5c
Spittelweg (1) 125-6d

Stefan-Zweig-Straße 125-10c
Steinstraße 124-8d
Stiefmütterchenweg (9) 124-9a
Stieglitzweg (1) 125-10d
Straße am Walde 125-8c
Straße an der Bahn 125-6b
Straße der Arbeit 149-2a
Straße der Einheit 149-2c
Straße der Freundschaft 149-2c
Straße der Jugend 149-2c
Straße der Jugend 149-2c
Straße des Friedens 149-2c

Thälmannstraße 124-8c
Thomas-Mann-Straße (8) 125-10c
Thomas-Müntzer-Straße 124-6c
Trappenfelde 126-11c
Trappenfelder Siedlung 126-11a
Trappenfelder Straße 126-11d
Treidelweg 124-6d
Tucholskystraße (9) 125-10c
Tulpenring (1) 125-10b
Tulpenstraße 124-9b
Turnerstraße 124-6d

Ulmenallee 149-1a

Veilchenstraße 125-11a
Verbindungsweg 149-5d
Volkerstraße 124-9b

Wachtelstraße 124-6d
Wachtelweg (8) 125-10d
Walzen Weg 126-10d
Wartenberger Straße 124-7b
Wickenweg (10) 124-9a
Wiesenhain (3) 125-10d
Wiesenring 151-4b
Wiesenweg 125-12d
Wilhelm-Busch-Weg (7) 125-10c
Wilhelm-Hauff-Weg (5) 125-10c
Wilhelm-Külz-Straße 125-10b
Wuhlesteg 125-10d

Zeisigstraße 124-6d
Zeisigweg (9) 125-10d
Zeppelinstraße 125-8b
Zur Rehwiese 125-11d
Zur Tränke 149-5b
Zur Wuhle 149-2c

Altlandsberg
PLZ 15345

Ahornweg 127-6b
Akazienstraße 127-11a
Alexander-Giertz-Straße 151-3c
Alte Dorfstraße 128-4a
Alte Poststraße 128-4a
Alte Schulstraße 128-4c
Alt-Gielsdorf 129-3d + 3a + 130-1c
Altlandsberger Weg 128-4c
Altlandsberger-Weg (1) 128-4c
Alt-Wilkendorf 130-2b
Am Anger 130-2b
Am Bahnhof 131-3c
Am Bötzsee 129-10b
Am Dorfanger 128-6b
Am Feldrain 151-4a
Am Fließ 151-5d
Am Gewerbepark 152-2c
Am Hang 130-2b
Am Markt 151-3a
Am Park 149-4a
Am Röthsee 151-4c
Am Rötseetal 130-1c
Am Schloßsee 130-2a
Am Strausberger Tor 151-3a
Am Teich 129-3d
Amtsfreiheit 127-12c

Amtswinkel 151-3a
Am Uhrenturm (1) 129-3b
Am Wald 152-5c
Am Wallgraben 151-2d
Am Wegendorfer Wald 128-1c
Am Weiher 110-11d + 130-2b
Am Wiesengrund 152-2c
Am Winkel 129-3d
An den Scheunen 151-3a
An der Babe 129-3d
An der Bleiche 151-2d
An der Kirche 129-3d
An der Mühle 151-4b
An der Promenade 151-2d
An der Spitzmühle 129-10b
Andreas-Hofer-Straße 152-5d
August-Bebel-Straße 151-5d
August-Schmidt-Straße 151-5b

Bahnhofstraße 151-5c
Balkenweg 129-3d
Beethovenstraße 151-5d
Bergauf 127-12c
Berliner Allee 151-2d
Berliner Straße 151-2d
Bernauer Straße 151-3a
Bettina-von-Arnim-Straße 151-5d
Birkenhain 152-5a
Birkenweg 129-3d
Blumberger Weg 151-4c
Bollensdorfer Weg 151-6a
Bredowstraße 151-2d
Bruchmühler Straße 128-11b
Brunnenpassage (2) 151-2d
Buchenallee 151-3a
Buchenstraße 129-5b
Buchenstraße 127-11a
Buchholzer Allee 151-3a
Buchholzer Siedlung 128-4c + 4d
Buchholzer Straße 152-5c
Buchholzer Weg 128-6d
Bungalowsiedlung am Bötzsee 153-1b

Chamissostraße 151-5d

Dachsweg 129-3b
Dorfstraße 128-6b
Droste-Hülshoff-Straße 151-5d

Ebereschenstraße 127-11b
Edisonstraße 151-4b
Eggersdorfer Straße 152-5d
Eichenbrandtstraße 109-8c
Eichendorffstraße 151-5c
Eichenwinkel 128-4a
Erikastraße 151-5a
Erlenweg 129-3c
Erlenwinkel 128-4a
Eschenstraße 127-11b
Eschenweg 127-6b

Falladaweg 151-5a
Feldstraße 127-11a
Feldweg 127-6b
Feuerwehrweg 127-11a
Fichtenweg 129-3c
Fichtestraße 152-5b
Fliederweg 128-4c
Fließstraße 151-5c
Fontanestraße 151-5c
Fredersdorfer Chaussee 151-3a
Fredersdorfer Straße 151-3a
Friedrich-Ebert-Straße 151-4b
Fuchsbergstraße 129-3b

Gähdestraße 151-5b
Gärtnerweg 151-2c
Gartenweg (1) 151-5b
Gebrüder-Grimm-Straße (1) 151-5d
Ginsterweg 129-3c
Goethestraße 151-5b

Grade Straße 151-5b
Grimmelshausenstraße 151-5d

Heidestraße 151-4b
Heinrich-Heine-Straße 151-5d
Herderstraße 151-5d
Heuweg 152-5d
Hinter dem Gutshof 129-3d
Hirtengasse 151-2d
Hönower Chaussee 151-4d
Holunderweg 129-3c

Ihlandstraße 130-1d

Jürgen-Jädicke-Straße 151-5b

Karl-Liebknecht-Straße 151-3a
Karl-Marx-Straße 151-5a
Kastanienallee 152-2c
Kastanienpfad 151-5b
Kastanienstraße 127-11b
Kastanienweg 127-6b
Kiefernweg 152-5a
Kirchgasse (1) 151-3a
Kirchplatz 151-3a
Kirchstraße 151-3a
Kleingartenanlage Am Mühlenfließ 127-9c
Kleingartenanlage Kiefernhain 152-5a
Kleingartenanlage Köhlergrund 152-2c
Kleingartenanlage „Schau ins Land" 127-9a
Kleinsiedlung 127-6b
Kleinsiedlung Platz 127-6b
Kleiststraße 151-5c
Klosterstraße 151-3c
Königsweg 151-4b
Kornblumenstraße 128-4d
Krummenseer Straße 127-11c
Krummenseer Weg 127-6d
Kurze Straße 152-5a

Lärchenweg 128-4a
Landsberger Straße 152-2c
Landstraße 151-2c
Laubenweg 130-2b
Lessingstraße 151-5d
Leutinger Ring 151-5d
Lindenallee 127-6b + 152-5b
Lindenstraße 127-11b
Lindenweg 129-3c

Magnolienstraße 128-4d
Matzstraße 151-3c
Mehrower Weg 151-1a
Mendelssohnstraße 151-5a
Mittelstraße 128-8d
Mühlenstraße 129-4a
Mühlenweg 152-5a

Neue Lindenallee 127-6d
Neuenhagener Chaussee 151-5c
Neuhönow 127-12a
Nordweg 130-2a
Novalisplatz (2) 151-5d
Nußbaumweg 129-2d

Pappelweg 128-4a
Paulshof 127-10b
Poststraße 151-3a
Prötzeler Straße 130-2b
Promenadenweg 151-2d

Radebrück 152-2c
Ringstraße 152-2c
Robinienweg 127-6b
Rosenstraße 128-4d
Rosenweg 151-5a

Schäferweg 127-12c
Scheunenviertel 151-3a

Schilfweg 129-3d
Schillerstraße 151-5c
Schlehenpfad 129-2d
Schlehenweg 129-3c
Schlossplatz 151-3a
Schulstraße 152-5a
Schwerinstraße 151-2d
Seeberger Straße 151-4c
Sonnenweg 152-5a
Spitzmühler 128-8d
Spitzmühler Straße 128-8d
Stadtsteig 130-4a
Steinau 127-5d
Steinstraße 151-5d
Straße A 151-2c
Straße B 151-2c
Straße C 151-2c
Straße D 151-2c
Straße der Friedens 151-2d
Straße E 151-2a
Straße F 151-2a
Strausberger Straße 151-3a

Tiefenseer Chaussee 109-12c + 129-3a
Triftweg 127-12c

Ulmenweg 127-6b

Waldallee 151-4b
Waldkante 128-10d
Waldring 152-5b + 5a
Waldsiedlung 128-1a
Waldstraße 129-4a
Waldweg 151-5c
Weidenstraße 127-11a
Weidenweg 127-6b
Weißdornstraße 127-11b
Werneuchener Weg 127-11b
Wesendahler Chaussee 129-3c
Wesendahler Mühle 129-4d
Wesendahler Straße 128-8d
Weststraße 151-2c
Wiesengrund 151-5b
Wiesenring 152-5d
Wilhelm-Busch-Straße 151-5d
Wohnsiedlung „Am Röthsee“ 151-5c
Wolfshagen 152-1a

Ziegeleistraße 129-3d
Zum Erlengrund 151-2d
Zum Lindenhof 109-8c
Zum Mühlenfließ 152-2c
Zum Roggenfeld 152-4b
Zur Holzseefe 151-3a
Zur Storchenwiese 151-3c

Am Mellensee
PLZ 15838

Ackerstraße 340-11c
Ahornweg 341-7b
Akazienweg 341-7b
Alexanderdorfer Weg 347-3d
Alte Horstfelder Straße 340-9b
Alte Luckenwalder Straße 347-6b
Alte Neuendorfer Straße 349-4a
Am Alten Sportplatz 341-8c
Am Bahnhof Mellensee 341-7c
Am Bahnhof Rehagen 348-3a
Am Busenberg 348-3c
Am Denkmalplatz 349-4a
Am Friedhof 341-8c
Am Gamelberg 341-7b
Am Grenzwald 348-3b
Am Kaffeegraben 348-4b
Am Kiefernwald 341-10c
Am Koderberg 349-1d
Am Luch 349-4b
Am Mittelweg 341-10a
Am Mühlenberg 348-1c
Am Neuendorfer See 348-9c
Am Niederfließ 348-8a
Am Park 348-3b
Am See 341-10c
Am Seeweg 341-10c
Amselweg 340-9b
Am Sportplatz 348-1d
Am Teich 340-9b
Am Umspannwerk 1 348-6b
Am Waldblick 341-10a
Am Wildpark 341-10a
An der Dorfaue 348-12d
An der Feuerwache 349-4a
An der Reheide 348-2b
An der Wolfsheide 348-5d
An der Ziegelei 349-1a
Ausbau 349-4b

Bahnhofsallee 341-7c
Bahnstraße 348-8a
Baruther Landstraße 348-8d
Baruther Straße 349-4b
Bergstraße 348-4a
Birkenstrauchweg 348-5c
Birkenweg 341-8a

Chausseestraße 348-2b

Dorfaue (Klausdorf) 349-4b
Dorfaue Saalow 340-8b
Dorfstraße (Fernneuendorf) 348-12d
Dorfstraße Saalow 340-8b
Drosselgang 348-3b
Drosselstieg 340-9b
Dümpelweg 348-8c

Ebereschenallee 348-3b
Eichhornkobel (2) 341-10c
Elsternstieg 348-3b

Fasanenstraße 340-9b
Fasanenweg 341-7b
Feldgasse 340-8b
Feldweg 348-1c
Fernneuendorfer Straße 348-12d
Fichtestraße 341-8c
Finkenschlag 341-10c
Friedenstraße 341-8c
Friedhofsweg 340-8b
Fuchsbau 341-10c

Gadsdorfer Straße 339-9c
Ganswindstraße 340-9b
Gipsstraße 348-8b
Gipsweg 349-1c
Goethestraße 348-8b
Gottower Weg 348-11d
Grenzweg 340-9b
Grüner Weg 348-2a

Hanschenland 349-5d
Hasensprung 340-12d
Hauptstraße 341-7d
Hechtseestraße 340-9a
Heidekamp 340-12d
Heideteich 340-12b
Hohe Föhren 341-10c
Horstfelder Straße 340-9a
Horstweg 348-2b
Horstweg Saalow 340-8b

Jugendheimweg 348-4a

Karl-Fiedler-Straße 348-8b
Kieferallee 341-8a
Klausdorfer Chaussee 348-8b
Klausdorfer Straße 341-10a
Klausdorfer Weg 348-12d + 349-10c
Klosterstraße 347-3d
Kühler Grund 348-3b
Küsterweg (1) 348-8a

Lichtentann 341-10c + 348-3b
Lietzenweg (1) 341-10c
Lindenweg 341-7b
Luchstückenweg 348-5d
Luckenwalde Straße 340-12b
Lücke 340-9a
Lüdersdorfer Straße 347-3d

Meisengang 341-10c
Mellenseestraße 340-9a
Milzedamm 340-9d
Mittelweg (Klausdorf) (1) 349-4b
Mokeweg 341-7b
Mühlenberg 340-8b
Mühlenweg 348-8b

Nachtbuchtweg 339-12a
Neuendorfer Straße 348-8d
Neues Land 349-5c
Neue Zossener Straße 348-2b

Pappelallee 349-1a
Parkstraße 348-4a
Postlücke 348-8b
Poststraße 349-1c
Puschkinstraße 348-8a

Rehagener Bahnhofstraße 348-2b
Rehagener Dorfaue 348-2a
Rehagener Hauptstraße 348-2a
Rehagener Straße 348-4b
Rehagener Weg 340-9c
Richterstraße 340-12d + 12b

Saalower Allee 340-9d
Saalower Straße 348-2a
Schadowstraße 340-9b
Schmidtstraße 340-12d
Schünower Weg (Gadsdorf) 339-9d
Schünower Weg (Saalow) 340-5d
Schulstraße (Kummersdorf-Alexanderdorf) 348-4a
Schulstraße Saalow 340-9a
Schumkastraße 348-4a
Schwarzer Weg 341-10a
Seestraße (Sperenberg) 348-8d
Seeweg 348-12a
Siedlung 347-3d
Sonnenland 348-3b
Sperenberger Straße 348-4b
Straße der Freundschaft 348-8b
Straße nach Wünsdorf 349-1d

Trebbiner Straße 348-5c

Uferpromenade 341-7d
Unter Birken 348-3b

Vogelsang 348-3b
Vogelsangstraße 340-9b

Waldesweben 340-12d
Waldkater 348-2c
Waldstraße 341-8c
Waldweg 348-4a
Wehrdamm 341-5d
Weinbergsweg (2) 348-8b
Wiesenweg 348-8a
Winkelweg 341-8c
Wünsdorfer Straße 341-8c

Ziegelstraße 348-2b
Zossener Allee 348-5d
Zossener Chaussee 341-8c
Zossener Straße 341-10c
Zum Kietz 339-9c
Zum Strandbad Mellensee 341-10b
Zur Bergstraße 349-4b
Zur Quelle 349-4b
Zur Siedlung 339-9c

Bad Freienwalde (Oder)
PLZ 16259

Ackerbürgerring 56-11b
Adolf-Bräutigam-Straße 56-7d
Alaunwerk 55-8b
Albert-Schweitzer-Platz (38-B3)
Alte Heerstraße 57-10c
Altkietz 56-7a
Altkietzer Brücke (38-A1)
Altranfter Straße 56-12a
Alttornow 56-7b
Alttornower Ausbau 56-8a
Alttornower Siedlung 56-8a
Am Alten Bushof 56-8d
Am Alten Reiterplatz 56-11b
Am Anger 57-10c
Am Bahndamm 56-8b
Am Bahnhof 56-4d
Am Düsteren Grund (3) 55-12b
Am Fährkrug 56-1d
Am Finkenberg 56-7c
Am Grünen Weg 55-12d
Am Hain 57-10d
Am Kleinbahnhof 56-4d
Am Polderdamm 56-4d
Am Ranfter Feld 56-8c
Am Sandfang (38-A1)
Am Saugrund 56-7c
Am Scheunenberg 56-8a
Am Schlosspark 56-7c
Am Schwimmbad 56-8c
Am Sparrenbusch 55-12b
Am Sportplatz 57-10a
Amtsstraße (38-A2)
Am Waldrand 57-10d
Am Weidendamm 56-4d
Am Weidendamm (Neukietz) 56-1d
An der Alten Oder 56-1d
An der Königshöhe 56-7c
August-Bebel-Straße 56-7c
August-Heese-Straße 56-7c

Bahnhofstraße 56-7b
Bahnwärterhaus 55-5d
Bauernwinkel (1) 56-11b
Beethovenstraße 56-8c
Bergkolonie 56-2b
Bergschmidthof 56-12d
Berliner Straße 55-12c + 56-7d
Birkenstraße 57-10d
Birnbaumweg 56-11b
Brandfichtenweg 55-12c
Brandfichtenweg (2) 55-12c
Brückensteg 56-8d
Brückenstraße 56-7b

Chausseehaus 55-5d

Dachsbau 56-11b
Dammhaus 56-5a
Danckelmannstraße 55-12c
Deichhof 56-8b + 8a
Deutschmannsgrund 56-10c
Dr.-Gründler-Straße 55-12c
Dr.-Max-Kienitz-Weg 55-9d
Dorfstraße (Neukietz) 56-1d

Eberswalder Straße 55-9a
Eduardshof 56-4d

Feldstraße 56-12a
Fichtenweg 56-9c
Fischerstraße 56-7b
Fischweg 55-9c
Fliederweg 56-11b
Fontaneplatz 56-7d
Fontanestraße 56-7c
Fontane Wanderweg 55-9d
Frankfurter Straße 56-8d
Frankfurter Straße Ausbau 56-8d
Friedensstraße 56-7b
Friedensstraße (Altranft) 56-12b
Fürstensteig 56-10a

Gärtnereiweg 56-12d
Gartenstraße 56-7d
Georgenkirchstraße (38-A2)
Gesundbrunnenstraße 56-7d + 10a
Gewerbepark Schamotte 56-4c
Goethestraße 56-7d (38-B3)
Grüner Weg 55-12c
Grünstraße 56-7b
Gustav-Schüler-Straße (1) 55-12d

Hagenstraße 56-7d
Hainbuchenweg 56-12d
Hammerthal 55-9c
Handwerkerweg 56-4c
Heilige Hallen 55-12b
Herrenwiese 57-1c

Johannisstraße (38-A2)
Judentreppe (1) (38-A2)
Jungfernloch 56-4d

Kanalstraße 56-7a
Karl-Marx-Straße 56-7b
Karl-Weise-Straße 56-7d
Kiefernweg 57-10c
Kleine Straße 57-10c
Königin-Luise-Steig 56-10c
Königstraße 56-7b
Kühnemannweg 56-10c
Kurze Straße (2) (38-A2)

Landgrabenpromenade (38-A1)
Lange Wiese 57-10c
Lindekes Loos 56-5c
Linsingenstraße 56-7d

Malche 55-8b
Maltzanstraße 56-7c
Marktplatz 56-7a
Meisenberg 55-9d
Melcherstraße 56-7d
Mittelstraße (38-A2)
Mühlengasse (38-A3)
Mühlenstraße (Altranft) 57-10c

Neue Bergstraße (38-A2)
Neukietz 56-2c
Neutornow 56-3a

Pappelweg 56-11b
Pfennigasse (38-B2)
Platz der Jugend 56-8c
Poststraße 57-10c

Querweg 56-10c

Rathenaustraße (38-A2)
Ringstraße 56-8a
Robinienstraße 57-10c
Rosmarinstraße 56-7a
Rotdornweg 57-10c

Schamottering (38-A1)
Scheunenstraße 56-7d
Schiffmühle 56-2b
Schiffmühler Straße 56-5c + 7c
Schlosspark 56-7a
Schlossstraße 57-10a
Schneiderstraße 57-10a + 10c
Schulstraße (Altranft) 57-10c
Siebenhügelweg 56-10a
Sonnenburger Straße 56-7d
Stadtrandsiedlung 56-11b

Tornower Straße 56-7b

Uchtenhagenstraße 56-7a

Victor-Blüthgen-Straße (38-B3)
Violinengasse (3) (38-A2)
Von-Diemar-Weg 56-11b + 7d

Waldstraße 56-11a
Wasserstraße 56-7b
Weg an der Bahn (38-A1)
Weinbergstraße 56-7a
Wendtshof 55-3c
Wendtshofer Weg 56-4c
Wiesengrund 56-8c
Wriezener Straße 56-7d

Zuckerfabrik 57-7d
Zur Eiche 56-12b
Zur Tenne (2) 56-11b

Bad Saarow
PLZ 15526

Ahornallee 315-2a
Akazienweg 315-2d
Alte Dorfstraße 279-8d
Alte Eichen 315-4d
Alte Fürstenwalder Straße 279-8d
Alte Reichenwalder Straße 315-7a
Alte Saarower Straße 279-11b
Alte Straße 280-10a
Am Dachsberg 315-10d
Am Dorfberg 279-8d
Am Dudel 279-11c
Am Fuchsbau 279-6c
Am Golfplatz 315-10c
Am Graben 315-2b
Am Güterbahnhof 315-2b
Am Karpfenteich 279-9a
Am Kurpark 315-2b
Am Schloßberg 279-12d
Am See 279-8d
Amselweg 315-10b
Am Theresienhof 315-9c
Am Weinberg 315-4b
Am Zaunberg 314-6d
An den Rehwiesen 315-1a
Annenhofer Weg 315-9a
Ausbau 280-10b

Bahnhofsplatz (1) 315-2b
Bahnhofstraße 315-9a
Beethovenstraße 315-7d
Bergstraße 280-10a
Birkenring 279-12d
Birkenweg 315-4b
Büdnerweg 279-8b

Cecilienpark 315-5b
Chausseestraße 279-12d

Diensdorfer Straße 315-9a
Diensdorfer Weg 315-9c
Dorfstraße 315-8b
Drosselweg 315-7d
Dürerstraße 315-10d

Edisonstraße 315-11a

Fasanenstraße 315-7b
Faunstraße 315-11a
Fontanepark 315-4b
Forsthausstraße 315-5b
Franz-Schubert-Straße 315-7b
Friedhofsweg 315-1c
Friedrich-Engels-Damm 315-7b
Fürstenwalder Chaussee 279-11b
Fürstenwalder Straße 280-10a

Geschwister-Scholl-Straße 315-3a
Goethestraße 315-5d
Golmer Straße 279-12d + 315-2b

Heidestraße 315-1d
Heideweg 279-12b
Hermann-Duncker-Straße 315-9a
Hubertusweg 315-5b
Humboldtstraße 315-11a

Jägerstraße 315-3a

Karl-Marx-Damm 315-2d
Kastanienallee 315-9a
Kirchstraße 315-2a
Kleistpark 315-4b
Kolpiner Straße 314-3b

Langewahler Straße 280-7c
Lindenstraße 315-1d

Marie-Luise-Steg 315-2a
Marienhöher Weg 314-3d
Maxim-Gorki-Straße 315-2d
Meckerndorfer Ring (1) 315-9a
Meckerndorfer Straße 315-9a
Meckerndorfer Weg 315-9c
Moorstraße 315-2b
Mozartweg 315-4d

Neue Straße 315-1d
Neu Golmer Straße 279-8d
Neu Golmer Waldweg 315-9a
Neu Golmer Weg 279-6d
Nymphenstraße 315-11a

Parkallee 335-1c
Parkstraße 315-1d
Petersdorfer Weg 279-12a
Philipp-Müller-Straße 315-3a
Pieskower Straße 315-2b
Platanenstraße 315-1d + 4b

Rabenfelde 280-7c
Regattastraße 315-4d
Reichenwalder Straße 315-4c
Ringstraße 315-2b
Robert-Koch-Straße 315-5b

Saarower Chaussee 279-11b
Schliemannweg 315-8b
Schulstraße 315-2d
Schwarzer Weg 315-8b
Seeallee 335-1b
Seestraße 315-2a
Silberberg 315-10c
Silberberger Chaussee 315-10c
Silberberger Straße 315-1d
Steinstraße 315-2d
Strandstraße 315-10b

Thälmannstraße 315-7b
Theresienhof 315-9c
Trift 315-9c

Uferstraße 315-4b
Uferweg 315-9c
Ulmenstraße 315-2a
Umgehungsstraße 315-2a

Waldweg 315-3a
Weinbergsring 315-4c
Wendenstraße 315-11c
Werlstraße 315-7d
Wilmersdorfer Eck 315-9a
Wilmersdorfer Straße 315-9a

Zum Schwedenhaus (2) 315-9c
Zum Seebad 279-9a
Zum Weinberg 279-9a

Beelitz
PLZ 14547

Ahornstraße 316-2c
Ahornweg 317-7a
Akazienweg 317-7d
Alferter Straße 318-10c
Amalienstraße 316-5c
Am Buchensteig 317-7a
Am Kiefernsteig 316-2c
Am Lindensteg 317-7b
Am Lönsberg 316-1b
Am Markt(4) 316-2c
Am Robiniensteg 317-7a
Am Schwarzen Weg 317-7d
Amselweg 317-12b
Am Steingarten (3) 316-2c
Am Waldesrand 316-10c
An der Heilstättenbahn 317-7a
An der Kiesgrube 316-2c
Ansiedlung 318-7d
August-Bebel-Straße 316-3c

Beelitzer Straße 316-5b
Bekkerstraße 318-10c
Bergstraße 317-12a
Berliner Allee 316-2b
Berliner Straße (Beelitz) 318-10c
Birkenweg 316-2c
Bliesendorfer Weg 296-11c
Brücker Straße 316-8a + 317-11d
Buchenweg (Fichtenwalde) 316-2c

Carl-von-Ossietzky-Straße 317-12a
Charlottenburger Straße 316-1d

Damfeld 318-7c
Dr.-Hermann-Straße 317-4c
Drosselweg 317-12a

Ebereschenweg 316-2c
Eckenerstraße 317-12c
Eibenstraße 316-2c
Eichendorff-Straße 316-1b
Eichenstraße 316-2c
Elsterweg 317-11b
Erlengrund 318-10b
Erlenweg 316-2d
Eschenweg 317-7b

Falkenweg 317-12a
Fasanenring 296-11a
Fasanenstraße 317-11b
Fercher 316-10d
Fercher Straße (Fichtenwalde) 316-6a
Fercher Straße (Klaistow) 316-1a
Fercher Weg (Beelitz) 318-10a
Fichtenweg 316-5a
Finkenstraße 317-11b
Finnenhaus 317-7d
Fontaneweg 318-10a
Friedrich-Engels-Straße 316-2d
Friedrichshof 317-11d
Fritz-Reuter-Straße (8) 317-12c
Fuchssteg 317-12b

Glindower Straße 316-1a

Habichtsweg 317-11b
Heidelandstraße 317-12a
Heinrich-Heine-Straße 316-2a
Hermann-Köhl-Straße 317-12c
Hermann-Löns-Straße (Beelitz) 317-12b
Hirschsprung 296-11d
Holunderweg 317-7d
Husarenallee 317-11b

Immanuel-Kant-Straße 316-1b

Jahnstraße 317-12d

Kähnsdorfer Weg 318-7d
Käuzchenweg (6) 317-12a
Kaniner Straße (Fichtenwalde) 316-1c
Kantstraße (Beelitz) 317-11d
Karl-Liebknecht-Straße 317-12d
Karl-Marx-Straße (Beelitz) 317-11b
Kastaniensteg (1) 316-2c
Kemmeter Weg 318-7a
Kiebitzweg (1) 317-12a
Kiefernweg (Beelitz) 317-12c
Klaistower Straße 316-1d
Kleiner Anger 318-10c
Köhlerstraße 316-3c
Krobshof 317-12d
Kuckucksweg 317-11b

Lärchenweg (Beelitz) 318-7c
Lessingstraße 316-1b
Lichterfelder Straße 316-4b
Lindenweg (Fichtenwalde) 316-2c

Marktplatz 316-2c
Meisenweg (4) 317-12a
Mittelstraße 316-5a
Montepulcianoweg 318-10c

Pappelweg 316-2c
Paracelsus Ring 317-4c
Poetenweg 316-2a
Pornicweg 318-10c
Potsdamer Straße 316-2b

Ratinger Straße 318-10c
Rebhuhnweg (7) 317-11b
Ringstraße 318-10c
Robert-Koch-Straße 317-12d
Robinienweg (Fichtenwalde) 316-2c
Rosenstraße 316-2b
Rotkehlchenweg (2) 317-12a
Rüsterweg 316-2d
Rummelsborner Weg 316-4b

Schillerstraße 317-12c
Schlunkendorfer Straße 318-10a
Schlunkendorfer Weg 318-10d
Schmerberger Straße 316-2b
Schöneberger Straße (Fichtenwalde) 316-5c
Schulstraße 316-2d
Schwalbenweg (3) 317-12a
Siebenbrüderweg 317-11c
Siedlung 318-8a
Sperberweg (5) 317-12a
Sperlingsweg 317-12a
Steglitzer Straße 316-1d
Steinweg 296-11c
Straße am Bahnhof 317-7b
Straße der Einheit 316-2d
Straße des Aufbaus 318-10c
Straße nach Fichtenwalde 317-4c

Tannenweg (2) 316-2d
Tempelhofer Straße 316-5d
Thälmannstraße 317-12c
Theodor-Storm-Straße (9) 317-12c
Tulpenstraße 316-2b

Uhlandstraße 296-11c
Uhlandweg 317-12c
Uhlenhorstweg 317-11b
Ulmenweg 316-2c

Virchowstraße 317-12d

Waldstraße 317-12a
Weidenweg (5) 316-2c
Weinbergstraße 318-10a
Wilmersdorfer Straße 316-1d
Wolfsschlucht 296-11c

Zehlendorfer Straße 316-5a
Zeppelinstraße 317-12c
Zum Bahnhof 317-12d
Zur Feldscheune 318-10a

Beetzsee
PLZ 14778

Am Seehof 218-3b
An der Brielower Aue 218-2b
Birkenbruch 218-3c
Buchenweg 218-2b
Bungalowsiedlung I und II 218-3b

Feldweg 218-2a

Gewerbegebiet Süd 218-2b

Kiefernweg 218-3a

Taubenstraße 218-3a

Beetzseeheide
PLZ 14778

Bäckerstraße 184-1c
Bungalowstraße 184-4a

Ketzürer Dorfstraße 184-1c

Unter den Linden 184-1c

Beiersdorf-Freudenberg
PLZ 16259

An der Försterei 90-4b

Beiersdorf Ausbau 90-11c + 108-2b

Dorfstraße 90-6d

Hauptstraße 90-7b

Kurze Straße (2) 90-7b

Landstraße 90-6c
Lindenstraße (1) 90-8a

Ringstraße 90-7b

Siedlung 90-8c
Straße der Jugend 90-7b

Taschenberg 90-8a

Weinbergstraße 90-3d

Bensdorf
PLZ 14789

Am Alten Kanal 252-1c
Am Neuen Kanal 252-4a
Am Wendsee 252-4b

Dorfstraße 252-1a
Dorotheenhof 252-1d

Plauer Straße 252-1a

Tiergarten 252-4a

Wusterwitzer Straße 252-1a

Zum Dorotheenhof 252-1c

Berkenbrück
PLZ 15518

An der Eismiete 244-12b
An der Schlehenhecke 244-12b

Bahnhofstraße 244-12b
Buchenweg 244-12b
Bunitzstraße 244-12d

Demnitzer Landstraße 245-7c
Dorfstraße 244-12d

Forststraße 244-12d
Frankfurter Straße 244-12d
Fürstenwalder Straße 244-12a

Haasenloos 245-7c

Kastanienallee 244-12b

Lindenstraße 244-12b

Parkstraße 244-12a
Pflaumenweg 244-12d

Schulgasse 244-12b
Steinhöfeler Straße 244-12b
Steinhöfeler Weg 244-12b

Waldweg 244-12d
Wilhelm-Pieck-Straße 244-12a
Wilhelmstraße 244-12a
Wohngebiet „Demnitzer Straße" 244-12b
Wohngebiet „Eismiete" 244-12b

Berlin

Abkürzungen:

Adlhf. = Adlershof
Alt.Tr. = Alt-Treptow
Altgl. = Altglienicke
Alt-Hschönhs. = Alt-Hohenschönhausen
Baumsch. = Baumschulenweg
Biesdf. = Biesdorf
Blankenbg. = Blankenburg
Blankfde. = Blankenfelde
Bohnsdf. = Bohnsdorf
Borsigw. = Borsigwalde
Buck. = Buckow
Charlbg. = Charlottenburg
Dahl. = Dahlem
Falkbg. = Falkenberg
Fr. Buchhz. = Französisch Buchholz
Friedhg. = Friedrichshagen
Friedhn. = Friedrichshain
Friedn. = Friedenau
Friedrfde. = Friedrichsfelde
Frohn. = Frohnau
Gesndbr. = Gesundbrunnen
Grün. = Grünau
Grwld. = Grunewald
Halens. = Halensee
Hansav. = Hansaviertel
Haselh. = Haselhorst
Heiligs. = Heiligensee
Heindf. = Heinersdorf
Helldf. = Hellersdorf
Hermsdf. = Hermsdorf
Hesswkl. = Hessenwinkel
Hschönhs. = Hohenschönhausen
Johsth. = Johannisthal
Karlsh. = Karlshorst
Kaulsdf. = Kaulsdorf
Klad. = Kladow
Köp. = Köpenick
Konrdsh. = Konradshöhe
Kreuzbg. = Kreuzberg
Lankw. = Lankwitz
Lichtbg. = Lichtenberg
Lichtfde. = Lichterfelde
Lichtrde. = Lichtenrade
Lüb. = Lübars
Mahlsdf. = Mahlsdorf
Malch. = Malchow
Mardf. = Mariendorf
Marfde. = Marienfelde
Marz. = Marzahn
Moab. = Moabit
Mügghm. = Müggelheim
Nkln. = Neukölln
Nklsee. = Nikolassee
Nschönhs. = Niederschönhausen
Nschönwde. = Niederschöneweide
Oberschönwde. = Oberschöneweide
Pank. = Pankow
Pl'ntw. = Plänterwald
Prenzl.Bg. = Prenzlauer Berg
Rahnsdf. = Rahnsdorf
Reindf. = Reinickendorf
Rosnth. = Rosenthal
Schbg. = Schöneberg
Schmargdf. = Schmargendorf
Schmöckw. = Schmöckwitz
Siemst. = Siemensstadt
Spand. = Spandau
Staak. = Staaken
Stegl. = Steglitz
Steinst. = Steinstücken
Teg. = Tegel
Tiergt. = Tiergarten
Tphf. = Tempelhof
Waidml. = Waidmannslust
Wanns. = Wannsee
Wartbg. = Wartenberg
Wedd. = Wedding
Weißs. = Weißensee
Wilmdf. = Wilmersdorf
Witten. = Wittenau
Zehldf. = Zehlendorf

10713 Aachener Straße 195-1b
13587 Aalemannsteg 143-5b
13587 Aalemannufer 143-5a
10439 Aalesunder Straße (1) 146-8b
12589 Aalstieg 201-7d
12205 Aarauer Straße 230-3b
12205 Aarberger Straße (8) 231-1a
13158 Abajstraße 122-10b
10587 Abbestraße 169-4b
12307 Abendrotweg 232-8d
12489 Abram-Joffe-Straße 198-12a
– Abteibrücke 171-12b
12489 Abtstraße 198-12b
12559 Abtweiler Straße 237-1a
12621 Achardstraße 173-5c
13585 Achenbachstraße 143-10d
12209 Achenseeweg 231-5b
13125 Achillesstraße 123-2d
13187 Achtermannstraße 146-3a
13125 Achtrutenberg 123-2d
13509 Ackerplanweg 120-12a
10115/13355 Ackerstraße (Mitte) 170-2a
13585 Ackerstraße (Spand.) 143-10a
10179/10997/10999 Adalbertstraße 170-9a
14197 Adam-Kuckhoff-Platz 195-1d
13595 Adamstraße 167-4a
13627 Adam-von-Trott-Straße 144-9d
12627 Adele-Sandrock-Straße 150-7c
10117 Adele-Schreiber-Krieger-Straße (36-C3)
13507 Adelheidallee 120-11c
13591 Adelheid-Poninska-Straße 166-1d
10629 Adenauerplatz 169-7c
12685 Adersleber Weg 149-10a
13599 Adickesstraße 143-12a
– Adlerbrücke 169-6c
12439/12489/12527 Adlergestell 198-5d
12107 Adlermühle 232-2b
14053 Adlerplatz 167-6b
12487 Adlershof 199-10a
12557 Adlershofer Straße 199-7b
12526 Adlerstraße 235-5d
13129 Adlerweg (Blankenbg.) 123-10c
13599 Adlerweg (Haselh.) 143-9a
12277 Adlerweg (Marfde.) 232-7a
13629 Adlerweg (Teg.) 144-7d
– Admiralbrücke 170-9c
10999 Admiralstraße 170-9c
– Adolf-Kiepert-Steg 232-7b
12205 Adolf-Martens-Straße 194-12a
12621 Adolf-Menzel-Straße 173-8c
12101 Adolf-Scheidt-Platz 196-1b
12043 Adolf-Scholz-Platz 171-10c
12621 Adolfstraße (Kaulsdf.) 173-5a
12167 Adolfstraße (Stegl.) 195-8a
13347 Adolfstraße (Wedd.) 145-9d
14165 Adolfstraße (Zehldf.) 230-4b
12627 Adorfer Straße 149-12a
12526 Advokatensteig 235-5a
13409 Aegirstraße 145-6d
13469 AEG-Siedlung 121-5c
13469 AEG-Siedlung-Heimat 121-8a
12683 Ährenweg 173-1c
12109 Äneasstraße 196-8d
13158 Affensteinweg 122-7d
13351 Afrikanische Straße 145-5c
10709 Agathe-Lasch-Platz 168-9d (34-A6)
13509 Agathenweg 120-11b
12437 Agavensteig (Baumsch.) 197-9b
10318 Agavensteig (Karlsh.) 172-12c
12524 Agnes-Hacker-Straße 234-6b
12353 Agnes-Straub-Ring 197-12d
10249 Agnes-Wabnitz-Straße 171-2a
10557 Agnes-Zahn-Harnack-Straße (36-A2)
10555 Agricolastraße 169-2c
10437 Ahlbecker Straße 146-9c
13591 Ahlbeerensteig 166-1b
12207 Ahlener Weg 231-4c
13129 Ahornallee (Blankbg.) 123-8c
14050 Ahornallee (Charlbg.) 168-5c
12587 Ahornallee (Friedhg.) 200-4c
14089 Ahornallee (Klad.) 192-4a
12555 Ahornallee (Köp.) 199-4d
12623 Ahornallee (Mahlsdf.) 173-9b
13158 Ahornallee (Rosnth.) 122-11a
Ahornallee (Tiergnt.) (36-A4)
14050 Ahornplatz 168-5a
10785 Ahornsteig 169-6d
12621 Ahornstraße (Kaulsdf.) 173-11a
12589 Ahornstraße (Rahnsdf.) 201-12b
10787 Ahornstraße (Schbg.) 169-9a
12163 Ahornstraße (Stegl.) 195-4d
14163 Ahornstraße (Zehldf.) 194-10d
12587 Ahornweg (Friedhg.) 199-6c
12279 Ahrensdorfer Straße 231-6d
13057/12689 Ahrensfelder Chaussee 148-3c
12689 Ahrensfelder Platz 149-1a
13051 Ahrenshooper Straße 148-1c
14129 Ahrenshooper Zeile 193-12c
14197 Ahrweilerstraße 195-1d
14089 Aiblinger Weg 192-7b
13089 Aidastraße 147-4a
12487 Akademie-Platz 198-12a
14050 Akazienallee (Charlbg.) 168-4b
12623 Akazienallee (Mahlsdf.) 173-12b
13158 Akazienallee (Rosnth.) 122-10b
12524 Akazienhof 235-2c
12207 Akazienstraße (Lichtfde.) 231-2a
10823 Akazienstraße (Schbg.) 169-12a
– Akazienwäldchen 197-5c
14199 Akazienweg (Schmargdf.) 194-3d
13593 Akazienweg (Span.) 166-5d
13587 Akazienweg (Spand.) 143-4d
12487 Akeleiweg 198-10b
13127 Akkordeonweg 122-12a
13088 Aladinweg 147-2a
12105 Alarichplatz 196-7b
12105 Alarichstraße 196-4d
12277 Albanstraße 232-1d
12683 Alberichstraße 173-7c
12349 Albersweilerweg 232-3b
12489 Albert-Einstein-Straße 198-12c
10365 Albert-Hößler-Straße 171-6b
13086 Albertinenstraße (Weißs.) 147-8a
14165 Albertinenstraße (Zehldf.) 230-1d
12627 Albert-Kuntz-Straße 149-12b
12043 Albert-Schweitzer-Platz 170-12b
12587 Albert-Schweitzer-Straße 200-4b
10823 Albertstraße 169-12c
12159 Albestraße 195-2c
14129 Albiger Weg 229-2c
12487 Albineaplatz 198-7b
12105 Alboinplatz 196-4c
12103/12105 Alboinstraße 196-4c
10709 Albrecht-Achilles-Straße 168-12b
14089 Albrecht-Berblinger-Straße 192-4b
12623 Albrecht-Dürer-Straße 174-1a
13591 Albrechtshof 142-10a
13591 Albrechtshofer Weg 142-10b
14109 Albrechts Teerofen 228-12a
10117 Albrechtstraße (Mitte) 170-1d
12165/12167 Albrechtstraße (Stegl.) 195-4d
12099/12103 Albrechtstraße (Tphf.) 196-4b
14195 Albrecht-Thaer-Weg 194-6b
13469 Albtalweg 121-4d
12107 Albulaweg 232-2b
14052 Alemannenallee 168-8a
– Alemannenbrücke 229-1d
13465 Alemannenstraße 120-2c
12524 Alemannenstraße (Altgl.) 235-1c
13465 Alemannenstraße (Frohn.) 100-10d
14129 Alemannenstraße (Nklsee.) 229-1d
12526 Alexander-Meißner-Straße 234-6d
10178 Alexanderplatz 170-2d
10178/10179 Alexanderstraße 170-3c
10117 Alexanderufer 170-1a + 1c
12489 Alexander-von-Humboldt-Weg 198-11b
10969 Alexandrinenstraße 170-8d
10178 Alex-Wedding-Straße 170-3a
12683 Alfelder Straße 172-9d
13591 Alfons-Loewe-Straße 142-10a
13595 Alfred-Balen-Weg (1) 167-4c
10999 Alfred-Döblin-Platz 170-9a
12679 Alfred-Döblin-Straße 148-6d
14169 Alfred-Grenander-Platz 194-10a
10367/10369 Alfred-Jung-Straße 171-3a
10315 Alfred-Kowalke-Straße 172-5c
- Alfred-Lion-Steg 170-10c
12559 Alfred-Randt-Straße 199-9b + 9c
12355 Alfred-Rojek-Weg 234-2a
10318 Alfred-Siggel-Weg (7) 172-12c
10365 Alfredstraße 171-6b
12459 Alice-Archenhold-Weg 198-6a
12439 Alice-Archenhold-Weg (1) 198-6d
10557 Alice-Berend-Straße 169-3c
12623 Alice-Herz-Platz 173-3c
12627 Alice-Salomon-Platz (5) 149-9c
10317 Alice-und-Hella-Hirsch-Ring (5) 171-9b
12527 Alkenweg 199-11c
10315/12681/12683/12685 Allee der Kosmonauten 172-1b
13405 Allée du Stade 144-9d
13469 Allée Marie Curie (3) 121-7c
13469 Allée Pierre de Coubertin 121-7c
13405 Allée Saint Exupéry 144-6a
12559 Allendeweg 199-8b
13053 Allendorfer Weg 148-10b
12049 Allerstraße 196-3b
12107 Allgäuer Weg 196-11b
13509 Allmendeweg 120-9c
12487 Allmersweg 198-5c
13505 Almazeile 143-5b
10119 Almstadtstraße 170-2b
13467 Almutstraße 121-4c
12107 Almweg 196-12c
– Aloisiusweg 166-6b
12347 Alpenhöhe 197-7a
12349 Alpenrose 233-1a
12437 Alpenrosenweg 197-6d
12683 Alpenveilchenweg (6) 173-5c
10589 Alpenweg 168-3b
13089 Alpnacher Weg 147-1d
13159 Alsaceweg (1) 122-8a
14163 Alsbacher Weg 193-9d
– Alsenbrücke 228-8b
12163 Alsenstraße (Stegl.) 195-5c
14109 Alsenstraße (Wanns.) 228-5d
12559 Alsenzer Weg 236-3c
12247 Alsheimer Straße 195-12a
14167 Alsterweg 230-5b
13158 Altarsteinweg 122-7d
12683 Alt-Biesdorf 172-6b
13129 Alt-Blankenburg 123-10b
12359 Alt-Britz 197-7d
13125 Alt-Buch 103-12d
12349 Alt-Buckow 233-1a
13503 Altdammer Weg 119-6a
12205 Altdorfer Straße 230-3b
14055 Alte Allee 168-10b
10965 Alte Brauerei (2) 170-10d
14163 Alte Fischerhütte 193-12a
12629 Alte Hellersdorfer Straße 149-11b
10179/10969 Alte Jakobstraße 170-5d
12555 Alte Kaulsdorfer Straße 199-2c
10117 Alte Leipziger Straße (37-F5)
12209 Altenauer Weg 231-2c
13156 Altenberger Weg 122-11c
12053/12051 Altenbraker Straße 197-1a
14050 Altenburger Allee 168-4b
12249 Altenburger Straße 231-6a
10407 Altenescher Weg 147-11a
13055 Altenhofer Straße 147-12a
13509 Altenhofer Weg 120-12c
14195 Altensteinstraße 194-9d
12683 Altentreptower Straße 173-1c
– Alte Poststraße 193-9b
10785 Alte-Potsdamer-Straße (36-B6)
13469 Alter Bernauer Heerweg 121-5d
12589 Alter Fischerweg 201-4b
12589 Alter Hegemeisterweg 201-4d
12681 Alte Rhinstraße 148-11a
12555 Alter Markt 199-8a
– Alter Park 196-4b
12527 Alter Radelander Weg 235-6a
12524 Alter Schönefelder Weg 234-3b
12487 Alter Segelfliegerdamm 198-7d
13629 Alter Wiesenweg (3) 144-8c
10119 Alte Schönhauser Straße 170-2b
12437 Altes Eierhäuschen 172-10c
14193 Alte Spandauer Poststraße 167-12a
10315/12683 Alt-Friedrichsfelde 172-4b
14089 Alt-Gatow 193-1a
– Altglienicker Brücke 198-12d
12524 Altglienicker Grund 234-6a
12555 Altgrabauer Straße 199-2a
12685 Althansweg 149-10a
12489 Altheider Straße 198-9d
13503 Alt-Heiligensee 119-7d
12629 Alt-Hellersdorf 149-8d
13467 Alt-Hermsdorf 121-4c
12169 Althoffplatz 195-5c
12169 Althoffstraße 195-5c
14163 Altkanzlerstraße 194-7c
– Altkanzlerstraßenbrücke 194-10a
13125 Alt-Karow 123-6c
12621 Alt-Kaulsdorf 173-5a
14195 Altkircher Straße 194-12a
14089 Alt-Kladow 192-8c
12555/12557 Alt-Köpenick 199-8a
12685 Altlandsberger Platz 149-7d
12247 Alt Lankwitz 195-12b
12305/12309 Alt-Lichtenrade 232-6c
10587 Alt-Lietzow 169-4a
13469 Alt-Lübars 121-5b
12623 Alt-Mahlsdorf 173-6a
12107 Alt-Mariendorf 196-11a
12277 Alt-Marienfelde 232-4a
12169/12157 Altmarkstraße 195-5b
12685 Alt-Marzahn 149-7c
10555/10557/10559 Alt-Moabit 169-1d
10555/10557/10559 Alt-Moabit 169-2d + 2c
12559 Alt-Müggelheim 236-3b
10555/10557 Altonaer Straße (Hansav., Tiergt.) 169-5a
12623 Altonaer Straße (Mahlsdf.) 150-10d
13581 Altonaer Straße (Spand.) 166-3b
13595 Alt-Pichelsdorf 167-4d
12355 Altrader Weg 234-5c
13407 Alt-Reinickendorf 145-2d
12357/12355 Alt-Rudow 234-1a
12527 Alt-Schmöckwitz 236-12a
14165 Alt-Schönow 230-8a
13597 Altstädter Ring 167-1b
10245 Alt-Stralau 171-8b
13507 Alt-Tegel 120-11c
12099/12103 Alt-Tempelhof 196-4b
12435 Alt-Treptow 171-12a
14129 Altvaterstraße 229-2a
13437 Alt-Wittenau 121-10a
12307 Alvenslebenplatz 232-12a
12307 Alvenslebenstraße (Lichtrde.) 232-12c
10783 Alvenslebenstraße (Schbg.) 169-9d
12683 Alwineweg 149-10b
10365 Alzeyweg (3) 172-1b
12489 Am Adlergestell 198-9d
13059 Am Ahornweg (Wartbg.) 148-2b
13059 Am Akazienweg (Wartbg.) 148-2b
13581 Amalienhofstraße 166-6b
– Amalienpark 146-2d
12247 Amalienstraße (Lankw.) 195-11d
13086 Amalienstraße (Weißs.) 147-4d
12487 Am Alten Fenn 198-4d
12524 Am Alten Friedhof 234-3a
13591 Am alten Gaswerk 166-1a
10247 Am Alten Schlachthof 171-2a

12559 Am Amtsgraben 199-8b
13467 Amandastraße 121-1c
14195 Am Anger (Dahlem) 194-9a
12685 Amanlisweg 148-12b
13469 Am Ansitz 120-9d
12353 Am Appelhorst 233-2a
– Amateur Stadion 167-6d
13465 Am Ausblick 120-1d
12555 Ambacher Straße 199-2a
12621 Am Bachrain 173-2b
12165 Am Bäkequell 195-7b
13503 Am Bärensprung 119-9b
12555 Am Bahndamm (Köp.) 199-2c
13629 Am Bahndamm (Siemst.) 144-10a
13597 Am Bahndamm (Spand.) 167-2c
14193 Am Bahnhof Grunewald 168-10d
10589 Am Bahnhof Junfernheide 168-3b
13581 Am Bahnhof Spandau 167-1a
14059 Am Bahnhof Westend 168-5b
12459 Am Bahnhof Wuhlheide 199-1a
12621/12619 Am Baltenring 173-2b
12623 Am Barnim 173-6d
12559 Am Bauernwäldchen 237-1a
12559 Am Bauersee 201-10b
14129 Am Beelitzhof 229-1b
12559 Am Berg 199-8b
14089 Am Berghang 192-3b
12347 Am Bergpfuhl 196-9d
13051 Am Berl 148-1a
10969 Am Berlin-Museum 170-8a
13465 Am Biberbau 120-2d
12683 Am Binsengrund 173-7b
14109 Am Birkenhügel 228-5c
14167 Am Birkenknick 230-5b
10318 Am Birkenrevier (4) 172-12c
12621 Am Birkenwerder 173-7d
13589 Am Bogen 142-11a
13587 Am Bootshaus 143-8c
13507 Am Borsigturm 144-2a
13437 Amboßweg 121-11a
13158 Am Botanischen Garten 122-7a
12347 Am Brandpfuhl 197-7c
13053 Am Breiten Luch 148-4b
12347 Am Britzer Garten 196-9c
12683 Am Brodersengarten (1) 173-4d
12524 Am Bruchland 198-12c
13509 Am Brunnen 120-12a
13467 Am Buchenberg 120-5d
12487 Am Buckersberg 198-7c
13507 Am Buddeplatz 120-11d
13156 Am Bürgerpark 146-1c
12353 Am Buschfeld 233-2b
10318 Am Carlsgarten 172-11d
10243 Am Comeniusplatz 171-4b
10367 Am Containerbahnhof 171-6a
13503 Am Dachsbau 119-6c
12587 Am Damm 200-2c
13125 Am Danewend 123-5b
13469 Am Dianaplatz 120-9b
13403 Am Doggelhof 145-4a
14089 Am Donnerberg 192-4d
13437 Am Dorfanger 121-10a
13503 Am Dorfteich (2) 119-9b
14089 Am Dorfwald 192-8c
14055 Am Dornbusch 168-8c
13465 Am Eichenhain 120-1a
12353 Am Eichenquast 233-2a
12167 Am Eichgarten 195-8d
13589 Ameisenweg (Spand.) 142-8a
13405 Ameisenweg (Wedd.) 145-7c
14089 Amelia-Earhart-Straße 192-4b
14089 Amelie-Beese-Zeile (5) 192-4d
13125 Am Elsebrocken 123-3c
12247 Am Elsenbruch 195-11a
13409 Amendestraße 145-6a
14195 Am Erlenbusch 194-6b
12355 Am Espenpfuhl 234-1d
13505 Am Eulenhorst 143-2d
12524 Am Falkenberg 235-1a
10437 Am Falkplatz 146-8d
13053 Am Faulen See 147-9b
12621 Am Feldberg 173-5d
12167 Am Fenn 195-8d
10117 Am Festungsgraben (37-E3)
13189 Am Feuchten Winkel 146-3b
12555 Am Filmlager 199-5d
13589 Am Finkenherd 142-11a
14169 Am Fischtal 194-10b
14055 Am Fliederbusch 168-8c
13129 Am Fließ 123-10b
14089 Am Flugplatz Gatow 192-4a
12435 Am Flutgraben (1) 171-8a
13469 Am Fölzberg 121-5d
13587 Am Forstacker 143-7b
13591 Am Fort 166-4d
12167 Amfortasweg 195-8c
13469 Am Freibad 121-4b
10407 Am Friedrichshain 170-3b
13503 Am Fuchsbau 119-8b
14169 Am Fuchspaß 194-7d
12524 Am Gartenstadtweg 235-2c
12249 Am Gemeindepark 195-12c + 231-3b
12555 Am Generalshof 199-5c
12683 Am Gewerbepark (5) 173-1b
12524 Am Glinigk (3) 198-11d
14053 Am Glockenturm 167-6c
12587 Am Goldmannpark 200-4b
14050 Am Golfweg 168-4b
13129 Am Graben (Blankenbg.) (1) 123-10b
10318 Am Graben (Karlsh.) 172-12d
13088 Am Graben (Malch.) 147-2c
12355 Am Großen Rohrpfuhl 234-1c
14109 Am Großen Wannsee 228-3a
12487 Am Grünen Anger 198-5c
13465 Am Grünen Hof 120-1d
13465 Am Grünen Zipfel 120-2c
13437 Am Grüngürtel 121-10c
10711 Am Güterbahnhof Halensee (34-A6)
14167 Am Gutshof (Lichtfde.) (1) 230-5d
13059 Am Gutshof (Wartbg.) 148-1b
10367 Am Gutspark (3) 171-3c
13597 Am Hain 167-3c
12357 Am Hanffgraben 234-1d
12487 Am Haselbusch 198-4d
13587 Am Haselluch 143-5c
13599 Am Havelgarten 143-9c
14089 Am Havelufer 167-10a
13059 Am Hechtgraben (Wartbg.) 148-2d
14169 Am Hegewinkel 194-7b
13591 Am Heideberg 142-11c
13627 Am Heidebusch 144-12c
12107 Am Heidefriedhof 196-11a
14163 Am Heidehof 229-3a
14109 Am Heidesaum 228-5b
13088 Am Heimenstein 147-2c
13583 Am Heimhort 143-10a
12109 Am Hellespont 196-9c
14195 Am Hirschsprung 194-5b
13503 Am Hirschwechsel 119-9a
13125 Am Hohen Feld 123-6c
12277 Am Horstenstein 232-4b
13437 Am Hügel 121-10a
13589 Am Hüllepfuhl 142-11a
13156 Am Iderfenngraben 146-1a
12349 Am Irissee 196-12a
13469 Am Jartz 121-5d
10961 Am Johannistisch 170-8d
13599/13597 Am Juliusturm 143-10d
13465 Am Kahlschlag 120-1d
13587 Am Kanal (Altgl.) 143-5a
12527 Am Kanal (Grün.) 199-10d
13405 Am Kanal (Siemst.) 144-9c
10785 Am Karlsbad 170-7a
14167 Am Karpfenpfuhl 230-3a
13437 Am Kesselpfuhl 120-12b
13125 Am Kiebitzpfuhl 123-5c
14089 Am Kiefernhang 192-6b
12347 Am Kienpfuhl 196-9d
12524 Am Kiesberg 234-2b
13591 Am Kiesteich 142-11d
12557 Am Kietzer Feld 199-12c
14089 Am Kinderdorf 192-3b
13589 Am Kirchenland 142-11a
13127 Am Kirschgarten 122-9c
12355 Am Klarpfuhl 234-5b
13437 Am Klausenwerder 121-10b
14109 Am kleinen Anger 228-2d
13591 Am Kleinen Platz 142-11c
14109 Am Kleinen Wannsee 228-5d
13469 Am Klötzgraben 121-5d
10179 Am Köllnischen Park 170-6a
13435 Am Koeltzepark 143-10b
13156 Am Konsulat 122-11c
12623/12621 Am Kornfeld 173-6a
13505 Am Krähenberg 143-2b
13465 Am Kringel 120-1d
10179 Am Krögel (3) (37-G4)
13591 Am Krug 142-11c
13591 Am Krummen Weg 142-11c
12555 Am Krusenick 199-5d
12589 Am Küstergarten 201-8c
10117 Am Kupfergraben 170-2c
13591 Am Kurzen Weg 166-2a
14109 Am Landeplatz (1) 228-10d
14089 Am Landschaftspark Gatow 192-4b
12559 Am Langen See 235-3b
13591 Am Langen Weg 142-11c
14169 Am Lappjagen 194-7b
13629 Am Laubwald 144-10b
13467 Am Lehnshof 121-4c
13469 Am Leitbruch 120-9d
10319 Am Lindenplatz 172-4d
13059 Am Lindenweg (Wartbg.) 148-2b
14109 Am Löwentor 228-3c
13051 Am Luchgraben 123-6d
12621/12623 Am Lupinenfeld 149-12d
10178 Am Lustgarten (37-F3)
12557 Am-Maria-Jankowski-Park (1) 199-5c
12557 Am Marienhein 199-8d
13587 Am Maselakepark 143-8c
12527 Ammerseestraße 235-2a
12347 Am Mickelbruch 197-5c
12621 Am Moosbruch 173-7d
12559 Am Müggelberg 236-2d
12559 Am Müggelsee 200-7d
10825 Am Mühlenberg 169-11d
12589 Am Mühlenfließ 201-4d
12621 Am Niederfeld 173-5c
10115 Am Nordbahnhof (1) 146-10d + 170-1b
13509/13437 Am Nordgraben 120-12d
13353 Am Nordhafen 145-12d
10178 Am Nußbaum (2) (37-G3)
10243 Am Oberbaum 171-7b
12057 Am Oberhafen (Nkln.) 197-2c
13597 Am Oberhafen (Spand.) 167-1d
12527 Am Oder-Spree-Kanal 237-11b
13593 Am Omnibushof 167-4c
13587 Amorbacher Weg 143-7b
12526 Amorstraße 235-5d
14089 Am Ortsrand 166-12d
13469 Am Osrücken 121-8a
10243 Am Ostbahnhof 170-6b
13437 Am Packereigraben 120-12b
10115 Am Pankepark 146-10c
10785 Am Park (1) (36-B5)
14195 Am Petersberg 194-8a
12209 Am Pfarracker 231-2c
12357 Ampferweg 198-10c
13467 Am Pfingstberg 120-3c
12209 Am Pfuhl 231-2c
13595 Am Pichelssee 167-7b
13465 Am Pilz 100-12c
12435 Am Plänterwald 171-12c
12526 Am Plumpengraben 235-5b
13465 Am Poloplatz 100-11a
13127 Am Posseberg 122-3b
10243 Am Postbahnhof 171-4c
14055 Am Postfenn 167-8c
13437 Am Priesteracker 121-10a
13465 Am Priesterberg 120-1b
12524 Am Pumpwerk 235-1b
13465 Am Querschlag 120-2c
13591 Am Rain 166-4b
10825 Am Rathaus 169-11d
13437 Am Rathauspark 121-10c
14165 Am Rehwechsel 230-5d
10318 Am Rheinischen Viertel 172-12a
13467 Am Ried 121-4c
14089 Am Ritterholz 192-5c
13469 Am Rodelberg 121-9a
12347 Am Römersgrün 196-9d
12349 Am Rötepfuhl 232-3d
13469 Am Rohrbusch 121-5a
14163 Am Rohrgarten 229-3c
13158 Am Rollberg 122-10b
13465 Am Rosenanger 120-3c
12623 Am Rosenhag 150-10c
13403 Am Rosensteg (1) 120-12a
14089 Am Roten Stein 192-11a
10245 Am Rudolfplatz 171-8a
12355 Am Rudower Waldrand 233-6b
14053 Am Ruhlebener Tor 167-6a
13353 Amrumer Straße 145-11b
12487 Am Rundling (2) 198-8c
14055 Am Rupenhorn 167-8d
10318 Am Sandberg 172-12d
10318 Am Sandberg (1) 172-12d
13125 Am Sandhaus 103-11d
14109 Am Sandwerder 229-1c
13407 Am Schäfersee 145-6c
10625 Am Schillertheater 169-4d
14163/14129 Am Schlachtensee 193-11c
13597 Am Schlangengraben 167-2a
12623 Am Schlehdorn 150-10b
12559 Am Schloßberg 199-8b
12683 Am Schloßhof 173-1c
13187 Am Schloßpark 146-2d
12685 Am Schmeding 148-12a
12589 Am Schonungsberg 201-8a
14195 Am Schülerheim 194-5d
10405 Am Schweizer Garten 170-3b
14167 Am Schweizerhof 230-2c
14089 Am Schwemmhorn 192-10d
12527 Am Seddinsee 236-12a
13599 Am See 143-9c
13467 Am Seeschloß 121-4c
12349 Amsel 196-12d
13467 Amselgrund 120-8b
12685 Amselhainer Weg 149-7d
12347 Amselsteg (Nkln.) 196-9b
13129 Amselsteg (Pank.) 123-10c
14195 Amselstraße (Dahl., Schmargdf.) 194-5b
13125 Amselstraße (Pank.) 123-5b
12526 Amselweg (Bohnsdf.) 235-5a
13599 Amselweg (Haselh.) 143-9c
13403 Amselweg (Reindf.) 144-3d
13589 Amselweg (Spand.) 142-5d
13581 Am Spandauer Wasserturm 166-3b
10245 Am Speicher (1) 171-9a
12559 Am Spielplatz 199-9a
10589 Am Spreebord 169-4a
13469 Am Springebruch 121-5c
10367 Am Stadtpark (Lichtbg.) 171-3c
12167 Am Stadtpark (Stegl.) 195-8d
13409 Am Stand 145-3c
12559 Am Steilhang 236-6b
13086 Am Steinberg 146-6d
13437 Am Steinbergpark 120-12b
13125 Am Stener Berg 104-10a
13347 Amsterdamer Straße 145-9c
14167 Am Stichkanal 230-6c
12589 Am Stieggarten 201-8c
12347 Am Straßenbahnhof 197-4c
12489 Am Studio 198-12b
13503 Am Südfeld 119-9c
13595 Am Südpark 167-4a
13507 Am Tegeler Hafen 120-11c
13503 Am Tegelgrund 120-7c
13158 Am Tempelgraben (2) 121-12d
10965 Am Tempelhofer Berg 170-11a
13587 Am Teufelsbruch 143-5a
12623 Am Theodorpark 174-4c
10315/10319 Am Tierpark 172-5a
12435 Am Treptower Park 171-8c
13437 Am Triftpark 121-10c
14057 Amtsgerichtsplatz 168-9a
12555 Amtsstraße 199-8b
13503 Am Unterholz 119-9a
10247 Am Viehhof (1) 171-2c
14163 Am Vierling 194-7c
13469 Am Vierrutenberg 121-5a
14167 Am Vierstückenpfuhl 230-2b
14055 Am Vogelherd 168-11a
10715 Am Volkspark 169-10d + 195-2a
13127 Am Vorwerk 102-12d
13159 Am Wäldchen (Blankf.) 122-1c
13591 Am Wäldchen (Staak.) 166-4c
13437 Am Waidmannseck 121-7a
12683 Am Waldberg 172-9b
10318 Am Walde 198-1b
14169 Am Waldfriedhof 194-8c
12559 Am Waldhang 201-11b
14129 Am Waldhaus 229-2d
13467 Am Waldidyll 120-8b
13467 Am Waldpark 120-6b
13597 Am Wall 167-1b
13587 Am Wasserbogen 143-8b
13089 Am Wasserturm 146-6b
10365 Am Wasserwerk 148-10c
13469 Am Wechsel 120-9d
12683 Am Weidenbruch 173-4c
10117 Am Weidendamm (36-D3)
10318 Am Weihenhorst 172-10d
10965 Am Weinhang (1) 170-10b
14165 Am Weißen Steg 230-1b
14055 Am Westkreuz 168-8d
14169 Am Wieselbau 194-7d
13469 Am Wiesenende 121-5d
12557 Am Wiesengraben 199-12c
13158 Am Wiesengrund 121-12b
12621 Am Wiesenhang 173-3a
14089 Am Wiesenhaus 193-1a
12587 Am Wiesenrain 199-6a
12524 Am Wiesenweg 235-2c
12559 Am Wildbusch 200-12b
14109 Am Wildgatter 228-5c
12524 Am Winkel 235-1d
10243 Am Wriezener Bahnhof 171-4a
12555 Am Wuhleufer 199-1b
13591 Am Zeppelinpark (ehem. Berolinastraße) 166-1c
10117 Am Zeughaus 170-2c
13156 Am Zingergraben 122-7a
10117 Am Zirkus 170-1d
10178 Am Zwirngraben (37-F2)
13127 Ancillonweg 122-8d
13158 Andanteweg 121-12d
12349 An den Achterhöfen 233-1a
12589 An den Bänken 201-7b
14089 An den Berggärten 192-3b
12349 An den Feldern (4) 233-1c
13088 An den Feldtmanngärten 147-6a
13467 An den Fließtalhöfen 121-4c
13597 An den Freiheitswiesen 167-2c
13599 An den Haselbüschen 143-12a
14129 An den Hubertshäusern 229-3a
12277 An den Klostergärten 232-1c
13053 An den Knabenhäusern 171-9a
13599 An den Rohrbruchwiesen 143-8b
12623 An den Siedlergärten 150-10d
12435 An den Treptowers 171-8d
13156 An den Zingerwiesen 122-10c
10783 An der Apostelkirche 169-9d
13503 An der Aussicht 119-5b
13129 An der Bahn 122-12d
14089 An der Bastion 192-4d
10249 An der Brauerei 171-1b
13465 An der Buche 120-2c
10317 An der Bucht 171-9a
12277 An der Dorfkirche 232-4a
13589 An der Felgenlake 142-11a
12555 An der Filmfabrik 199-5d
14052 An der Fließwiese 167-6b
14089 An der Gatower Heide 192-4a
13503 An der Hasenfurt 119-9a
13587 An der Havelspitze 143-8d
13509 An der Heide 120-12a
12277 An der Heilandsweide 232-1c
12559 An der Himmelswiese 201-10a
13158 An der Industriebahn (Rosnth.) 122-7a
13088 An der Industriebahn (Weißs.) 147-5c
13583 An der Kappe 142-12c
10318 An der Karlshorster Heide 172-12c
13593 An der Karolinenhöhe (6) 166-6c
10115 An der Kieler Brücke 145-12d
10117 An der Kolonnade 170-4d
10117 An der Kommandantur (5) (37-F4)
13403 An der Koppel 145-2c
13505 An der Krähenheide 143-3a
13503 An der Kremmener Bahn 119-9b
12559 An der Krummen Lake 201-10d
13125 An der Laake 123-6d
13629 An der Mäckeritzbrücke 144-7d
13507 An der Malche 120-10d
13051 An der Margaretenhöhe 123-12b
– An der Michaelbrücke 170-6b
13507 An der Mühle 120-11a
10318 Andernacher Straße 172-11d
12355 An der Nachtbucht 234-2a
13509 An der Oberrealschule 120-11d
14109 An der Obstwiese 228-3c
10243 An der Ostbahn 171-4a
13125 An der Panke 123-4b
13158 An der Priesterkoppel 122-7c
13353 An der Putlitzbrücke 145-11d
14129 An der Rehwiese 229-2c
12347 An der Ribishecke 196-9d
12355 An der Rudower Höhe 234-2b
12209 An der Schäferei 231-2d
10243 An der Schillingbrücke 170-6d
13503 An der Schneise 119-9d
12623 An der Schule 173-3d
10439 Andersenstraße 146-8a
12349 Andersenweg (Buck.) 196-12c
13088 Andersenweg (Malch.) 147-2a
12557 Andersonweg 199-11d
10178 An der Spandauer Brücke 170-2d
13591 An der Spitze 165-3d
13599 An der Spreeschanze 167-2a
13589 An der Tränke 142-11a
10787 An der Urania 169-8b
13158 An der Vogelweide 122-7a
12355 An der Werderlake 234-2b
13503 An der Wildbahn 119-8b
12621 An der Wuhle 173-10d
12459/12555 An der Wuhlheide 198-2c
12623 An der Zoche 150-11b
12109 Andlauer Weg 196-8d
13503 Andornsteig 119-6c
12347 Andreasberger Straße 197-4a
12355 Andreas-Hermes-Hof 233-6d
12355 Andreas-Hermes-Siedlung 234-4c
12355 Andreas-Hermes-Straße 233-6d
13187 Andreas-Hofer-Platz 146-5d
10243 Andreasplatz 170-6b
13469 Andreas-Rabe-Siedlung 121-6a
10243 Andreasstraße 171-4a
14165 Andréezeile 230-5a
10318 Anemonensteig 172-12d
12559 Anemonenstraße 199-9a
12357 Angelikaweg 197-12b
14055 Angerburger Allee 167-5d
12305 Angermünder Straße (Lichtrde.) 232-6d
10119 Angermünder Straße (Mitte) (37-G1)
13435 Angersbacher Pfad 121-8c
12555 Angersteinweg 199-4d
13158 Angerweg 121-12d
13503 Anglersiedlung 119-5a
10963 Anhalter Steg 170-7d
10963 Anhalter Straße 170-7b
14163 Anhaltinerstraße 230-1a
13158 Anisweg 122-8c
10115 Anklamer Straße 146-11c
12107 Ankogelweg 232-2d
13127 Anna-Bruseberg-Straße 122-5b
12627 Annaburger Straße 150-10a
13053 Anna-Ebermann-Straße 148-4d
10178 Anna-Louisa-Karsch-Straße 170-2d
12205 Anna-Mackenroth-Weg 231-1a
– Anna-Nemitz-Brücke 197-5d
12353 Anna-Nemitz-Weg 197-11c
12489 Anna-Seghers-Straße 198-9d
12353 Anna-Siemsen-Weg 197-11d
12247 Annastraße 195-11d
12524 Anne-Frank-Straße 234-6b
14050 Anneliese-u-Georg-Groscurth-Platz 168-5a
13053 Annemariestraße 147-9b
12555 Annenallee 199-5a
12683 Annenstraße (Biesdf.) 148-12b
10179 Annenstraße (Mitte) 170-6c
14089 Annenweg 192-3b
12559 Annweilerweg 236-3b
10787/10789/10777 Ansbacher Straße 169-8d
13593 Anschützweg 166-5d
12683 Anselmstraße 173-10c
13465 Ansgarstraße 120-1a
13403 Antonienstraße 144-6b
12459 Antoniuskirchstraße 198-2c
13086 Antonplatz 147-7b
– Anton-Saefkow-Park 147-10a
10369 Anton-Saefkow-Platz 147-11d
10407 Anton-Saefkow-Straße 147-10a
13347 Antonstraße 145-9c
12621 Anton-von-Werner-Straße 173-8a
13158 Anton-Webern-Weg 121-12d
13469 Antonyplatz 120-9d
13353 Antwerpener Straße 145-8d
12043 Anzengruberstraße 171-10c
12349 Apfel 196-12d
13127 Apfelallee (Fr. Buchhz.) 122-5b
12109 Apfelallee (Mardf.) 196-9a
12349 Apfelring 197-10a
12524 Apfelweg (Altgl.) 234-6b
12555 Apfelweg (Baumgarteninsel) 199-5c
12347 Apfelweg (Britz) 196-9b
12359 Apfelweg (Kol.Britzer Wiesen) 197-8b
13629 Apfelweg (Siemst.) 144-10c + 8d
12683 Apfelwicklerstraße 173-4d
12249 Apoldaer Straße 231-3c
12683 Apollofalterallee 173-4c
12526 Apollostraße 235-5d
10823/10825 Apostel-Paulus-Straße 169-11d
12559 Appelbacher Weg 236-3a
12205 Appenzeller Straße 230-3d
12437 Aprikosensteig 197-9b
12359 Aprikosenweg 197-8d
12555 Aprikosenweg (4) (Baumgarteninsel) 199-5c
12357 Arabisweg 198-11c
13158 Aralienweg 122-10b
10318 Arberstraße 172-12a
10315 Archenholdstraße 172-4c
10317 Archibaldweg 171-6d
14195 Archivstraße 194-6d
10587 Arcostraße 169-4a
13055 Arendsweg (Hschönhs.) 148-7c
10365 Arendsweg (Lichtbg.) 148-10b
12103 Arenholzsteig 196-4a
12555 Argenauer Straße 199-1b
14163/14139 Argentinische Allee 194-7d
14163/14169 Argentinische Allee 193-12d
12527 Argoallee 272-5d
13159 Argonnenweg 122-8b
13465 Ariadnestraße 120-2b
13405 Aristide-Briand-Brücke 144-9b
10318 Aristotelessteig 172-8c
13127 Arkenberger Damm 102-12c
10435 Arkonaplatz 146-11c
13189 Arkonastraße 146-5b
13409 Armbrustweg 145-3d
13349 Armenische Straße 145-9a
10551 Arminiusstraße 169-2a
12489 Arndtplatz 199-7c
12489 Arndtstraße (Adlhf.) 199-7c
10965 Arndtstraße (Kreuzbg.) 170-11a
12623 Arndtstraße (Mahlsdf.) 173-11b
12627 Arneburger Straße 149-9c
12683 Arnfriedstraße 173-10a
12683 Arnfriedweg 173-10a
13467 Arnheidstraße 120-6b
12357 Arnikaweg 197-12d
14195 Arnimallee 194-9b
10439 Arnimplatz 146-8b
13053 Arnimstraße 148-4d
12165 Arno-Holz-Straße 195-7a
14109 Arnold-Knoblauch-Ring 228-8a
13088 Arnold-Schönberg-Platz 147-8a
13189 Arnold-Zweig-Straße 146-6c
12683 Arno-Philippsthal-Straße 173-4a
13127 Arnouxstraße 122-6c
12683 Arnsberger Straße 172-9d
12249 Arnstädter Straße 231-6a
13158 Arnsteinweg 122-7d
10407 Arnswalder Platz 147-10c
12105 Arnulfstraße 195-6d + 196-4c
12057 Aronsstraße 197-2b
13407 Aroser Allee 145-5b
13469 Artemisstraße 120-9b
12487 Arthur-Müller-Straße 198-11a
10369 Arthur-Weisbrodt-Straße 171-2a
12623 Arturweg 174-4c
13465 Artuswall 120-1b
14055 Arysallee 168-7a
12349 Asbestweg 232-3b
12309 Aschaffenburger Straße (Lichtrde.) 233-7c
10779 Aschaffenburger Straße (Wilmdf., Schbg.) 169-11a
13507 Ascheberger Weg 144-5a
12555 Aschenbrödelstraße 199-2b
13088 Aschenbrödelweg (1) 147-2a
12349 Aschenputtel 232-3b
12355 Aschersleber Weg 233-3d
13089 Asgardstraße 146-3b
13587 Ashdodstraße (2) 143-8b
13465 Askaloner Weg 120-2d
13585 Askanierring 143-7c
10963 Askanischer Platz 170-7b
13587 Asniersstraße 143-8b
13587 Aspenweg 143-4d

Berlin 393

12557 Asseburgpfad 199-12a
14197 Aßmannshauser Straße 195-1a
12587 Aßmannstraße 200-4c
13189 Asta-Nielsen-Straße 146-6c
12203 Asternplatz 195-7c
13437 Asternweg (Borsigw.) 120-12b
12347 Asternweg (Britz) 196-9d
13599 Asternweg (Haselh.) 143-9c + 9a + 12d
12359 Asternweg (Kol. Ideal III) (3) 197-9c
13629 Asternweg (Kol. Spreewiesen) 168-1a
12109 Asternweg (Mardf.) 196-9a
12589 Asternweg (Rahnsdf.) 201-8c
13158 Asternweg (Rosnth.) 122-7b
13629 Asternweg (Siemst.) 144-10c
13629 Asternweg (Teg.) 144-8d
13437 Asternweg (Wilhr.) 121-11d
13051 Astridstraße 123-12d
12526 Atlantisring (1) 235-5c
13507 Attendorner Weg 144-2c
12105 Attilagarten 196-7a
12103 Attilaplatz 196-4d
12105/12247 Attilastraße 195-9d
12623 Attinghausenweg 173-12c
10365 Atzpodienstraße 172-4a
13465 Auber Steig 120-3c
13127 Aubertstraße 122-5d
12619 Auerbacher Ring 149-12a
14193 Auerbachstraße 168-10d
14193 Auerbachtunnel 168-10d
14169 Auerhahnbalz 194-7d
12685 Auersbergstraße 148-9d
10249 Auerstraße 171-1d
12524 Auerswaldstraße 234-3b
14195 Auf dem Grat 194-8b
13469 Auf dem Mühlenberg 121-5d
12621 Auf der Höh 173-5d
12353 Auf der Planweide 233-2a
13158 Auffacher Weg 122-10b
12683 Augenfalterstraße 173-4d
12309 Augsburger Platz 232-12b
12309 Augsburger Straße (Lichtrde.) 233-10a
10789 Augsburger Straße (Wilmdf., Schbg., Charlbg.) 169-8a
12203 Augustaplatz 195-10a
13053 Augustastraße (Hschönhs.) 147-9b
12203 Augustastraße (Lichtfde.) 195-10a
13597 Augusta-Ufer 143-10d
– August-Bier-Platz 167-6b
10829 August-Druckenmüller-Brücke 196-1c
10785 Auguste-Hauschner-Straße (36-C5)
13353 Augustenburger Platz 145-11b
14089 Auguste-Piccard-Straße 192-4a
14089 August-Euler-Zeile 192-4d
13403 Auguste-Viktoria-Allee 144-6b
14193/14199 Auguste-Viktoria-Straße (Grwld., Schmargdf.) 194-3a
13467 Auguste-Viktoria-Straße (Hermsdorf) 120-6d
12355 August-Froehlich-Straße 234-2b
10247 August-Lindemann-Straße 171-2d
13127 August-Siebke-Straße 123-7a
12621 Auguststraße (Kaulsdf.) 173-5b
12209 Auguststraße (Lichtfde.) 231-2a
10117/10119 Auguststraße (Mitte) 170-2a + 1b
13591 Aumetzer Weg 142-10c
13581 Aumühler Straße 166-2b
12526 Auraser Weg 235-5c
12683 Aurinkelweg (3) 173-4d
12683 Aurorafalterweg 173-4c
14089 Außenweg 192-1b
13469 Avenue Charles de Gaulle 121-7c
13405 Avenue Jean Mermoz 144-6c
10117/10969 Axel-Springer-Straße 170-5c
13089 Axenstraße 147-1d
12559 Azaleenstraße 199-9a
13437 Azaleenweg (Rosnth.) 120-12b
13581 Azaleenweg (Spand.) 166-3a

13503 **B**aaber Steig 119-6a
10715 Babelsberger Straße 169-11d
12099 Bacharacher Straße 196-6b
12161 Bachestraße 195-2a
13129 Bachstelzenweg (Blankbg.) 123-10c
14195 Bachstelzenweg (Dahl.) 194-8b
12589 Bachstelzenweg (Rahnsdf.) 201-8d
12526 Bachstraße (Bohnsdf.) 235-5d
12555 Bachstraße (Köp.) 199-1d
12623 Bachstraße (Mahlsdf.) 174-1c
10555 Bachstraße (Tiergt.) 169-5a
13127 Bachweg 122-5b
12555 Bachwitzer Straße 199-1b
12359 Backbergstraße 197-7b
13467 Backnanger Straße 120-6c
12559 Backofengestell 237-2b
14052 Badenallee 168-4d
12101 Badener Ring 170-10c
12623 Badener Straße 173-8d
10825/10715 Badensche Straße 169-11c
12527 Baderseestraße 235-2b
14129 Badeweg 229-1a
13437 Bad-Steben-Straße 121-10c
13357 Badstraße 146-7a
– Badstraßenbrücke (3) 146-7d
12355 Bäckerstraße 234-1c
13593 Baedekerweg 166-6a
– Bäkebrücke 195-10d
– Bäkepark 195-8c
12207 Bäkestraße (Lichtfde.) 195-10d
14109 Bäkestraße (Wanns.) 228-8d
10247 Bänschstraße 171-2c
13505 Bärbelweg 143-2c
12489 Bärdorfer Zeile 199-7a
12439 Bärenlauchstraße 198-6d
12685 Bärensteinstraße 149-7c
– Baerwaldbrücke 170-8d
10961 Baerwaldstraße 170-11b
12101 Bäumerplan 196-1a
12683 Baggerseestraße 172-6b
– Bahnhofbrücke 166-1b
13129 Bahnhofstraße (Blankenbg.) 123-10a
13159 Bahnhofstraße (Blankfde.) 121-6b
13127 Bahnhofstraße (Buchhz.) 122-9d
12159 Bahnhofstraße (Friedn.) 195-2d
13055 Bahnhofstraße (Hschönhs.) 148-7c
13125 Bahnhofstraße (Karow) 123-5a
12555 Bahnhofstraße (Köp.) 199-5c
12207 Bahnhofstraße (Lichfde.) 195-10d
12305/12307 Bahnhofstraße (Lichtrde.) 232-12a
12277 Bahnstraße 232-1b
12683 Bahnweg 172-9d
12524 Bahnweg (Altgl.) 234-6d
12683 Bahnweg (Biesdf.) 173-10a
13509 Bahnweg (Witten.) 120-12d
12555 Bahrendorfer Straße 199-1b
10245 Bahrfeldtstraße 171-8d
10319 Baikalstraße 172-7b
10319 Balatonstraße 172-7b
14195 Balbronner Straße 194-11b
12349 Baldersheimer Weg 232-6a
12589 Baldurstraße 201-12d
10709 Ballenstedter Straße 169-10a
13583 Ballersdorfer Straße 142-12a
12359 Ballinstraße 197-5a
12101 Ballonfahrerweg 196-1c
13125 Ballonplatz 123-3c
12685 Balsaminenweg 173-9a
12524 Baltenstraße 235-1c
13127 Baltrumstraße 122-6b
13591 Baluschekweg 166-3c
12683 Balzerplatz 173-7c
12683 Balzerstraße 173-7c
12683 Balzerweg 173-7c
12051 Bambachstraße 197-1c
12309 Bamberger Straße (Lichtrde.) 232-12b
10777/10779 Bamberger Straße (Wilmdf., Schbg.) 169-11b
13587 Bamihlstraße 143-8a
13127 Bananenapfelweg 123-7a
12623 Banater Straße 174-7a
10559 Bandelstraße 169-3a
12619 Bansiner Straße 173-2a
14167 Bansiner Weg 230-5b
12489 Barbara-McClintock-Straße 198-11b
12249 Barbarastraße 195-12c
10781 Barbarossaplatz 169-12a
10781/10779 Barbarossastraße 169-11b
12557 Barbenweg 199-12a
– Barbrücke 169-10c
14089 Bardelebenweg 192-4a
14089 Bardeyweg 166-12d
13349 Barfusstraße 145-8b
14163 Barkenhof 229-3c
12277 Barlachweg 232-4b
13591 Barmbeker Weg 166-2a
13509 Barnabasstraße 120-9c
12207 Barnackufer 231-1b
12305 Barnetstraße 232-8b
13585 Barnewitzer Weg 143-10a
14129 Barnhelmstraße 229-5a
– Barnimer Dörferweg 124-7c
12689 Barnimplatz 149-1d
10249 Barnimstraße 170-3b
13505 Barschelplatz 143-6c
12167 Barsekowstraße 195-8a
10713 Barstraße 195-1a
12055 Bartastraße 197-2a
10178 Bartelstraße (37-H2)
13051 Barther Straße 147-6b + 148-4a
13465 Barthstraße 100-11c
10557 Bartningallee 169-5b
12355 Bartschiner Straße 234-1d
14089 Bartschweg 192-7a
10961 Baruther Straße 170-8c
12349 Basaltweg 232-3c
12679 Basdorfer Straße 148-9a
13509 Basdorfer Zeile 120-12c
12205 Baseler Straße (Lichtfde.) 230-3d
13407 Baseler Straße (Reindf.) 145-5b
13158 Basilikumweg 122-7d
13509 Basiliusweg 120-11b
12207 Bassermannweg 195-11c
13158 Basteiweg 122-7d
13357 Bastianstraße 146-7c
12349 Battenheimer Weg 232-3d
12589 Bauernheideweg 201-5c
12359 Bauernweg (Nkln.) 197-9c
13593 Bauersfeldzeile (5) 166-6c
12621 Bauerwitzer Weg 173-2d
12351 Bauführerweg 197-11c
10117 Bauhofstraße 170-2c
12351 Bauhüttenweg 197-10d
13189 Baumbachstraße 146-9a
12159 Baumeisterstraße 195-2d
13595 Baumertweg 167-4d
13597 Baumgartensteg 167-2c
12351 Baumläuferweg 197-11b
13505 Baummardersteig 143-2b
– Baumschulenbrücke 197-6a
12437 Baumschulenstraße 197-6c
12621 Bausdorfstraße (Kaulsdf.) 173-2d
12623 Bausdorfstraße (Mahlsdf.) 173-9d
12279 Baußnernweg 231-6d
10829 Bautzener Platz 170-10a
10829 Bautzener Straße 170-10a
10779 Bayerischer Platz 169-11b
10707 Bayerische Straße 169-10a
14052 Bayernallee 168-4d
12101 Bayernring 170-10d + 10c
10787/10789 Bayreuther Straße 169-8d
13505 Beatestraße 143-6c
13156 Beatrice-Zweig-Straße (Nschönhs.) 146-1d
12347 Bebelallee 197-7c
10117 Bebelplatz 170-5a
12559 Becherbacher Straße 237-1a
13407 Becherweg 145-5b
10713 Bechstedter Weg 168-12d
12349 Bechsteinweg (Buck.) 232-3a
14089 Bechsteinweg (Klad.) 192-7b
12157 Beckerstraße 195-5b
12309 Beckmannstraße 233-7c
13507 Beckumer Straße 144-2b
13125 Bedeweg 123-6b
12524 Beelitzer Weg 234-6c
13125 Beerbaumstraße 123-3c
14163 Beerenstraße 193-12d
10318 Beerfelder Straße 172-9a
12435 Beermannstraße 171-8c
13589 Beerwinkel 142-11b
14167 Beeskowdamm 230-5d
12683 Beethovenstraße (Biesdf.) 172-6b
12247 Beethovenstraße (Lankw.) 195-11a
12307 Beethovenstraße (Lichtrde.) 232-11d
12623 Beethovenstraße (Mahlsdf.) 174-1c
13158 Beethovenstraße (Willhr.) 121-12d
13127 Beethovenweg 122-5b
13599 Beetzseeweg (18) 143-8b
12623 Begasstraße (Mahlsdf.) 173-12d
12157 Begasstraße (Schbg.) 195-2d
12349 Begonie 232-3b
12203 Begonienplatz 195-7a
13437 Begonienweg 120-12b
10585 Behaimstraße (Charlbg.) 168-6b
13086 Behaimstraße (Weißs.) 147-7d
13357/10439 Behmstraße 146-7d
– Behmstraßenbrücke 146-8a
13597 Behnitz 143-11c
10117 Behrenstraße 170-5a + 4a
12437 Behringstraße 198-1c
13437 Bei den Wörden 121-10a
12589 Beiersdorfer Weg 201-8a
12357 Beifußweg 197-9c
12681 Beilsteiner Straße 172-2d
13591 Beim Pfarrhof 166-2a
12355 Beizerweg 234-1a
13503 Bekassinenweg 119-9c
13349 Belfaster Straße 145-5c
10405 Belforter Straße 146-12c
13357 Bellermannstraße 146-7b
10557 Bellevueallee 169-6d + 6a
– Bellevuepark 199-5b
12555 Bellevuestraße (Köp.) 199-6a
10785 Bellevuestraße (Tiergt.) 170-4c
10557 Bellevue-Ufer 169-6a
12249 Bellingstraße 231-3a
13403 Belowstraße 145-4b
12277/12249 Belßstraße 195-12d + 232-1b
12689 Belziger Ring 149-1d
10823 Belziger Straße 169-12c
12205 Bemer Straße 230-3b
12355 Benatzkyweg 234-2a
12051 Bendastraße 197-1d
12489 Bendemannstraße 198-12a
12557 Bendigstraße 199-12c
12355 Benedicta-Teresia-Weg (1) 234-5a
13465 Benediktinerstraße 120-1d
13158 Benediktsteinweg 122-7d
13469 Benekendorffstraße 121-7a
13088 Benfelder Straße 147-8b
14089 Benfeyweg 192-7a
10785 Ben-Gurion-Straße 170-4c
13187 Benjamin-Vogelsdorff-Straße 146-5b
12159 Bennigsenstraße 195-2b
13053 Bennostraße 148-8a
14163 Benschallee 229-3c
12683 Bentschener Weg 172-3d
12167 Benzmannstraße 195-9a
12277 Benzstraße 232-1d
12437 Berberitzenweg 197-9b
10779/10825 Berchtesgadener Straße 169-11b
13403 Berenhorststraße 145-4b
12527 Berg 237-5d
12437 Bergaustraße 197-3a
12621/12623 Bergedorfer Straße 173-7d
13503 Bergemannweg 119-9c
10439 Bergener Straße 146-8b
14129/14163 Bergengruenstraße 193-12c
13465 Bergfelder Stadtweg 100-9c
13465 Bergfelder Weg 100-11d
10969 Bergfriedstraße 170-9a
12559 Berghauser Straße 236-3c
14197 Bergheimer Platz 195-1d
14197 Bergheimer Straße 195-1d
12589 Berghofer Weg 201-8a
12099 Bergholzstraße 196-6d
12057 Bergiusstraße 197-5b
10961 Bergmannstraße (Kreuzbg.) 170-11a
14163 Bergmannstraße (Zehldf.) 194-10d
13158 Bergrutenpfad 122-10a
13467 Bergstraße (Hermsdf.) 120-5b
10115 Bergstraße (Mitte) 146-11c + 170-2a
12599 Bergstraße (Siedl. Schönhorst) 201-11b
13591 Bergstraße (Staak.) 166-5a
12169 Bergstraße (Stegl.) 195-5c
14109 Bergstraße (Wanns.) 228-3c
13403 Bergstraße (Witten.) 144-6b
14109 Bergstücker Straße 228-5d
13627 Bergweg (Charlbg.) 145-10b
14050 Bergweg (Ruhwald) 168-1d
14199 Berkaer Platz 194-3a
14199/14193 Berkaer Straße 194-2b
13055 Berkenbrücker Steig 147-12a
14165 Berlepschstraße 229-3d
12557 Berlewitzweg 199-8d
13587 Berlicher Weg 143-5a
10553 Berlichingenstraße 169-1b
13088 Berliner Allee 147-7d
10785 Berliner Freiheit (36-C5)
– Berliner Stadtgarten 232-4d
13159 Berliner Straße (Blankfde.) 122-4b
13127 Berliner Straße (Buchhz.) 122-9b
13089 Berliner Straße (Heindf.) 146-6d
13467 Berliner Straße (Hermsdf.) 120-3d
13187/13189 Berliner Straße (Pank., Prenzl. Bg.) 146-2d
13507 Berliner Straße (Reindf., Teg.) 120-11d
10715/10713 Berliner Straße (Wilmdf.) 169-10d + 10c
14169 Berliner Straße (Zehldf., Dahl.) 194-11c
12103 Berlinickeplatz 196-4b
12165 Berlinickestraße 195-7b
14193/14195 Bernadottestraße 194-2d
12305 Bernauer Straße (Lichtrde.) 232-6d
10435/13355 Bernauer Straße (Mitte, Gesnbr.) 146-10d
13507/13629 Bernauer Straße (Teg.) 144-7c
10963 Bernburger Straße (Kreuzbg.) 170-7a
12689 Bernburger Straße (Marz.) 148-3d
Bernburger Treppe (36-C6)
12247 Bernecker Weg 196-10a
10367 Bernhard-Bästlein-Straße 147-12c
14109 Bernhard-Beyer-Straße 228-10d
13507 Bernhard-Lichtenberg-Platz 144-3c
13627 Bernhard-Lichtenberg-Straße (Charlbg.) 144-12c
10407 Bernhard-Lichtenberg-Straße (Prenzl. Bg.) 147-10a
13158 Bernhardsteinweg 122-7d
10715 Bernhardstraße 195-2a
10178 Bernhard-Weiß-Straße 170-3c
14193 Bernhard-Wieck-Promenade 194-2a
13088 Bernkasteler Straße 147-5d
13587 Bernkasteler Weg 143-5c
12247 Bernkastler Platz 195-12a
13435 Bernshausener Ring 121-7d
12489 Bernstadter Weg 199-4c
12349 Bernsteinring 232-3b
13507 Bernstorffstraße 120-11c
12353 Berntweg 233-1b
12524 Bernulfstraße 234-3d
10178 Berolinastraße (Mitte) 170-3c
10249 Bersarinplatz 171-1d
13467 Bertastraße (Hermsdf.) 121-1c
13053 Bertastraße (Hschönhs.) 147-9a
12489 Berta-Waterstradt-Straße 199-10a
10557 Bertha-Benz-Straße (2) (36-A3)
12043 Berthelsdorfer Straße 171-10d
13599 Berthold-Schwarz-Straße 143-12d
14167 Bertholdstraße 230-2b
10117 Bertolt-Brecht-Platz (36-D3)
13467 Bertramstraße 121-4a + 4c
13088 Bertricher Weg 147-6a
12683 Beruner Straße 172-6d
12249 Beselerstraße 231-3b
12524 Besenbinderstraße 234-3b
14089 Besingweg 192-6b
14129 Beskidenstraße 229-2a
– Bessel-Park 170-8a
10969 Besselstraße 170-8a
12103 Bessemerstraße 196-4c
13595 Betckestraße 167-4b
10997/10999 Bethaniendamm 170-6d
14193 Bettinastraße 168-10d
10557 Bettina-von-Arnim-Ufer 169-6b
13507 Betzdorfer Pfad (1) 144-5b
14163 Beuckestraße 230-1b
– Beusselbrücke 145-10d
10553 Beusselstraße 169-1d
12527 Beutenweg 236-12a
13125 Beuthener Straße 123-5c
10117 Beuthstraße (Mitte) 170-5d
13156 Beuthstraße (Nschönhs.) 122-11c
10997 Bevernstraße 171-7b
14199 Beverstedter Weg 194-3d
13595 Beyerstraße 167-4b
12167 Beymestraße 195-8a
12277 Beyrodtstraße 232-1c
13503 Beyschlagstraße 120-7a
– Beyschlagtunnel 120-7a
12247 Biberacher Weg 195-9d
12589 Biberpelzstraße 201-12a
14195 Bibersteig 194-5b
12527 Biebersdorfer Weg 236-8b
12053 Biebricher Straße 170-12d
13507 Biedenkopfer Straße 144-2d
14052 Biedermannweg 167-3d
13125 Bielckenweg 103-9d
10709 Bielefelder Straße (Wilmdf.) 169-10c
13407 Bieler Straße 145-5b
13129 Bienenweg (Blankbg.) 123-10a
13589 Bienenweg (Spand.) 142-8c
12349 Bienwaldring 232-3b
14169 Biesalskistraße 194-8c
12683 Biesdorf 172-6d
12683 Biesdorfer Blumenwiese 148-12b
12683 Biesdorfer Friedhofsweg 173-4b
12683 Biesdorfer Promenade 172-3b
12683 Biesdorfer Weg 173-10c
12683 Biesdorf-Nord 173-1a
12683 Biesdorf-Süd 173-10c
13465 Bieselheider Weg 100-12c
13057 Biesenbrower Straße 148-5a
10318 Biesenhorster Weg 172-12b
13359 Biesentaler Straße 146-4d
13055 Biesenthaler Straße 148-10a
14165 Biesestraße 230-1b
13053 Biesterfelder Straße 148-7a
10315 Bietzkestraße 172-4c
13465 Bifröstweg 120-1c
10365 Bildenswinkel 171-3d
12355 Bildhauerweg 234-1c
13507 Billerbecker Weg 144-2c
13591 Billstedter Pfad 166-2a
13503 Bilsenkrautstraße 119-6c
14193 Bilsestraße 194-2a
12349 Bimssteinweg 232-3a
14197 Binger Straße 195-4a
10318 Binnendüne (6) 172-12c
12526 Binswangersteig 235-5a
13189 Binzstraße 146-5b
10717 Birger-Forell-Platz 195-1b
12165 Birkbusch 195-7b
12167 Birkbuschgarten 195-8c
12165/12167 Birkbuschstraße 195-8c
12683 Birkenallee (Biesdf.) 173-7c
10318 Birkenallee (Karlsh.) 172-12d
14089 Birkenallee (Klad.) 192-4c
12347 Birkenallee (Nkln.) (4) 196-9b
12589 Birkenallee (Rahnsdf.) 201-2d
13158 Birkenallee (Rosnth.) 122-10b
10318 Birkenknick 172-12d
14193 Birkenplatz 194-1a
12526 Birkenstraße (Bohnsdf.) 235-6c
12621 Birkenstraße (Kaulsdf.) 173-11a
12559 Birkenstraße (Köp.) 199-6d
10559/10551 Birkenstraße (Moab.) 169-2b
12589 Birkenstraße (Rahnsdf.) 201-12a
12439 Birkenweg (Adlhf.) 198-9b
12526 Birkenweg (Bohnsdf.) 235-9a
14050 Birkenweg (Charlbg.) 168-4b
13599 Birkenweg (Haselh.) 143-9c
13587 Birkenweg (Spand.) 143-4b
13589 Birkenweg (Spand.) 142-8b
13405 Birkenweg (Wedd.) 145-7c
13439 Birkenwerderstraße 121-11b
12527 Birkheidering 235-3c
13059 Birkholzer Weg 124-11c
12351 Birkhuhnweg 197-12a
12559 Birkweilerstraße 236-3b
14089 Birlingerweg 192-7a
12555 Birnbaumer Straße 199-1d
13159 Birnbaumring 122-1a
12349 Birne 196-12d
12347 Birnenallee 196-9b
13591 Birnenpfad 166-1b
12524 Birnenweg (Altgl.) 234-6a
12555 Birnenweg (Baumgarteninsel) 199-5c
12359 Birnenweg (Kol. Am Wiesenweg) 197-9a
12359 Birnenweg (Kol. Britzer Wiesen) 197-8b
13629 Birnenweg (Siemst.) 144-10a
12107 Birnhornweg 232-2a
12247 Bischofsgrüner Weg 195-12b
12555/12683 Bischofstaler Straße 173-10d
14163 Bischweiler Straße 194-10a
14193 Bismarckallee 168-11c
– Bismarckbrücke 168-11d
14193 Bismarckplatz (Grwld.) 168-11b
13585 Bismarckplatz (Spand.) 143-10d
12683 Bismarcksfelder Straße 173-10d
13467 Bismarcksteg 120-9b
10625/10627 Bismarckstraße (Charlbg.) 168-6d + 169-4c
13585 Bismarckstraße (Spand.) 143-10d
12157/12169 Bismarckstraße (Stegl.) 195-8b
14109 Bismarckstraße (Wanns.) 228-6c
14165 Bismarckstraße (Zehldf.) 230-1d
13503 Bisonweg 119-9a
10785 Bissingzeile 170-7a
12279 Bistritzer Pfad 231-9b
13088/13051 Bitburger Straße 147-6a
14195 Bitscher Straße 194-8d
– Bitterfelder Brücke 148-6c
12681 Bitterfelder Straße 148-5d
12355 Bitterfelder Weg 233-3d
14195 Bitterstraße 194-5d
13088 Bizetstraße 147-7d
10439 Björnsonstraße (Prenzl. Bg.) 146-8a
12163 Björnsonstraße (Stegl.) 195-4a
13503 Bläßhuhnweg 119-9c
14055 Bläulingsweg 168-10b
13595 Blakenheideweg 166-9b
13125 Blanchardstraße 123-2d
12209 Blanckertzweg 231-4b
12161 Blankenbergstraße 195-5a
13129 Blankenburg 123-7d
13125 Blankenburger Chaussee 123-8a
13051/13129 Blankenburger Pflasterweg 123-10b
13156/13127 Blankenburger Straße (Fr. Buchhz., Nschönhs.) 146-2b
13089 Blankenburger Straße (Heindf.) 147-4a
13127 Blankenburger Weg 122-12b
13581 Blankeneser Weg 166-2b
13159 Blankenfelde 122-4b
13159 Blankenfelder Chaussee (Blankfde.) 122-4b
13469 Blankenfelder Chaussee (Lüb.) 121-6a
13127 Blankenfelder Straße (Buchhz.) 122-5d
12249 Blankenhainer Straße (Lankw.) 231-3c
13591 Blankensteinweg 166-2d
13403 Blankestraße 145-4d
12359 Blaschkoallee 197-4d
13593 Blasewitzer Ring 166-6a
13127 Blaubeerweg 122-8b
12209 Blaumeisenweg 231-2c
10318 Blaurackenweg 172-10d
12623 Blausternweg 173-9b
13086 Blechenstraße 147-5c
10367 Bleckmannweg 171-3c
10623/10707 Bleibtreustraße 169-7d
13187 Bleicheroder Straße 146-3c
12277 Bleichertstraße 232-1d

394 Berlin

– Bleichröderpark 146-5b
12685 Blenheimstraße 148-9d
13509 Blesener Zeile 120-12c
12524 Blindschleichengang 234-6c
10713 Blissestraße 195-1b
13435 Blitzenroder Ring 121-8a
12209 Blochmannstraße 231-4b
13357 Blochplatz 146-7d
12559 Block Blumenfeld 236-3a
– Blockbrücke 166-2b
10317/10318 Blockdammweg 172-10b
12557 Blockmühlenweg 199-11b
12559 Block Vogelwiese 236-3d
12307 Blohmstraße 232-8c
13437 Blomberger Weg 121-10a
12589 Blossiner Straße 201-8a
10961 Blücherplatz 170-8c
10961 Blücherstraße (Kreuzbg.) 170-8d + 8c
12207 Blücherstraße (Lichtfde.) 231-4a
14163 Blücherstraße (Zehldf.) 194-10c
12349 Blütenachse 197-10a
12683 Blütenauer Straße 173-10d
10709 Blüthgenstraße 169-10a
12683/12685/12679/12687 Blumberger Damm 173-4a
12623 Blumberger Straße 173-6b
12685 Blumenbachweg 148-9d
12107 Blumenstraße (4) (Mardo) 196-11c
10243 Blumenstraße (Friedhn.) 170-3d
13585 Blumenstraße (Spand.) 143-10b
13156 Blumenthalstraße (Nschönhs.) 122-10c
10783 Blumenthalstraße (Schbg.) 169-9d
12103 Blumenthalstraße (Tphf.) 196-4b
14163 Blumenthalstraße (Zehldf.) 194-10c
12105 Blumenweg (Mardf.) 196-7c
12589 Blumes Lake 201-8c
12589 Blumeslake 201-8c
13437 Blunckstraße 145-2a
12051 Boberstraße 197-1c
13587 Boca-Raton-Straße (1) 143-8b
13507 Bocholter Weg 144-4b
10555 Bochumer Straße 169-2c
12357 Bocksbartweg 234-1a
13595 Bocksfeldplatz 167-4c
13595 Bocksfeldstraße 167-4c
12053 Boddinplatz 171-10c
12053 Boddinstraße 170-12d
12437 Bodelschwinghstraße 197-3d
10318 Bodenmaiser Weg 172-9c
10178 Bodestraße 170-2c
12307 Bodmerstraße 232-8d
12619 Bodo-Uhse-Straße 149-11d
10967 Böckhstraße 170-9c
– Böcklerpark 170-8d
10969 Böcklerstraße 170-9a
10245 Böcklinstraße 171-5d
– Böckmannbrücke 228-8c
13629 Bödikersteig 168-2a
10245 Bödikerstraße 171-8b
12627 Böhlener Straße 150-7c
12527 Böhmallee 272-6c
13589 Böhmerwaldweg 142-12b
– Böhmischer Platz 197-2a
12055 Böhmische Straße 197-1b
12101 Boelckestraße 196-1b
13503 Bölkauer Pfad 119-5b
12489 Bölkowstraße 198-9c
12587 Bölschestraße 200-4d
13125 Boenkestraße 123-4d
13595 Börnicker Straße 167-4c
– Bösebrücke 146-8a
12107 Bösensteinweg 232-2d
12555 Böttcherstraße 199-8a
13357 Böttgerstraße 146-7c
14195 Boetticherstraße 194-9c
13125 Böttnerstraße 123-4d
10407 Bötzowstraße 170-3b
12207 Bogenstraße (Lichtfde.) 231-1b
12589 Bogenstraße (Rahnsdf.) 201-12a
14169 Bogenstraße (Zehldf.) 194-11c
14163 Bogotastraße 193-12b
12351 Bohm-Schuch-Weg 197-11c
12349 Bohnenweg 197-9c
13503 Bohnsacker Steig 119-8a
12526 Bohnsdorf 235-5c
12524 Bohnsdorfer Chaussee 234-6c
12527 Bohnsdorfer Straße 199-11c
12524 Bohnsdorfer Weg 234-3b + 235-4a
12309 Bohnstedtstraße 232-9d
12489 Bohrauer Pfad 199-7a
13125 Bohrerzeile 123-6a
12619 Boizenburger Straße 173-2c
14167 Bolchener Straße 194-11d
13158 Boleroweg 122-10c
14050 Bolivarallee 168-4b
12685 Bollersdorfer Weg 149-7d
13509 Bollestraße 120-12a
13595 Bollmannweg 167-4c
13591 Bolteweg 166-2d
13599 Boltonstraße 143-12d
14195 Boltzmannstraße 194-8d
10179 Bona-Peiser-Weg 170-6d
13469 Bondickstraße 120-9d
10589 Bonhoefferufer 168-3d
13509 Bonifaziusstraße 120-8d
12207 Boninstraße 231-4a
14197 Bonner Straße 195-4b
12207 Boothstraße 195-11c
10245 Bootsbauerstraße 171-9c
13599 Bootshausweg 143-9c
10318 Bopparder Straße 172-11b
10967 Boppstraße 170-12b
12249 Boraweg 195-12c
13585 Borchertweg 143-10c
13503 Borgfelder Steig 119-8a
13403 Borggrevestraße 145-2c
12555 Borgmannstraße 199-5b
13439 Borgsdorfer Straße 121-11b
13156 Boris-Pasternak-Weg 146-2a
13507 Borkener Weg 144-5a
12689 Borkheider Straße 149-1d
13581 Borkumer Straße (Spand.) 167-1a
14199 Borkumer Straße (Wilmdf., Schmargdf.) 194-3d
13189 Borkumstraße 146-5b
13583 Borkzeile 167-1a
12355 Bornaer Straße 233-3d
13357 Bornemannstraße 145-9d
13467 Bornepfad 121-4c
13051 Borner Straße 147-6b
12309 Bornhagenweg 232-9d
10439/13359 Bornholmer Straße 146-7b
10711 Bornimer Straße 168-12a
10367/10365 Bornitzstraße 171-3c
12053 Bornsdorfer Straße 197-1a
10711 Bornstedter Straße 168-8d
12163 Bornstraße 195-4b
13088 Borodinstraße 147-7d
13507 Borsigdamm 144-2a
– Borsigdammbrücke 144-2a
13503 Borsigplatz 119-6a
10115 Borsigstraße 170-1b
13509 Borsigwalder Weg 144-3a
12167 Borstellstraße 195-9c + 8d
14129 Borussenstraße 229-1d
12103/12099 Borussiastraße 196-4b
12683 Boschpoler Platz 148-12d
12683 Boschpoler Straße 148-12d
12057 Boschweg 197-5b
– Bosepark 196-4b
12103 Bosestraße 196-4a
12685 Boskoopweg 148-9d
12109 Bosporusstraße 196-8d
10245 Bossestraße 171-8a
– Botanischer Garten (Stegl.) 195-7a
– Botanischer Volkspark 122-7b
13507 Bottroper Weg 144-2c
12059/12435 Bouchéstraße 171-10b
12627 Boulevard Kastanienallee 149-12a
13467 Boumannstraße 120-8b
12489 Boveristraße 198-12a
12526 Bovistraße 235-8c
12681 Boxberger Straße 148-8b
10245 Boxhagener Platz 171-5a
10245 Boxhagener Straße 171-5a
14055 Boyenallee 168-7b
10115 Boyenstraße 145-12d
10825 Bozener Straße 169-11d
10713 Brabanter Platz 195-1b
10713 Brabanter Straße 195-1b
12623 Brachetweg 173-6c
12683 Brachfelder Straße 172-6d
12683 Brachliner Straße 173-10d
10961 Brachvogelstraße 170-8c
10589 Brahestraße 168-3a
14193 Brahmsstraße (Grwld.) 194-2b
12203 Brahmsstraße (Lichtfde.) 195-7d
12307 Brahmsstraße (Lichtrde.) 232-11d
12165 Braillestraße 195-7b
– Brake Altglienicke 235-1c
13589 Bramwaldweg 142-12b
12277 Brandaustraße 232-2c
12167 Brandenburgische Straße (Stegl.) 195-9c
10713/10707 Brandenburgische Straße (Wilmdf.) 169-7c
12555 Brandenburgplatz 199-6a
13629 Brandenburgweg 144-8c
13595 Brandensteinweg 167-8a
10969 Brandesstraße 170-8c
12683 Brandorfer Weg 172-6d
13467 Brandtstraße 120-6d
12627 Branitzer Karree 150-10a
12627 Branitzer Straße 150-10a
10318 Brascheweg 172-8d
14109 Braschzeile 228-5b
12557 Brassenpfad 199-9c
13583 Bratringweg 142-12c
13158 Bratvogelweg 121-12b
13585 Brauereihof 30 143-11a
12209 Brauerplatz 231-2a
12209 Brauerstraße 231-2c
13086 Brauhausstraße 146-6d
10587 Brauhofstraße 168-6b
12623 Braunbärenweg 174-1b
12524 Braunellenplatz 234-3a
12524 Braunellensteig 234-3a
12305/12309 Braunfelsstraße 232-6d
12347 Braunlager Straße 197-4c
12055 Braunschweiger Straße 197-1d
12347 Braunschweiger Ufer 197-4c
12683 Braunsdorfstraße 172-6b
13158 Brausensteinweg 122-7d
12683 Brebacher Weg 173-4b
13507 Breckerfelder Pfad 144-5a
13591 Breddiner Weg 142-10c
12621 Bredereckstraße 173-2d
10551 Bredowstraße 169-2d
14057 Bredtschneiderstraße 168-8b
12587 Breestpromenade 200-4b
10707 Bregenzer Straße 169-7c
13187 Brehmestraße 146-5a
10318 Brehmstraße 172-9c
14195 Breisacher Straße 194-12a
14129 Breisgauer Straße 193-11d
13509 Breitachzeile 120-12c
12557 Breite Gasse 199-8a
14089 Breitehorn 193-4c
14089 Breitehornweg 192-6b
14195 Breitenbachplatz 195-4a
13509 Breitenbachstraße 144-3b
12683 Breitenfelder Straße 173-10d
14165 Breitensteinweg 230-5c
12487 Breiter Weg (Johsth.) 198-4d
12359 Breiter Weg (Nkln.) 197-9a
10178 Breite Straße (Mitte) 170-5b
13187 Breite Straße (Pank.) 146-5a
14199 Breite Straße (Schmargdf.) 194-3c
13597 Breite Straße (Spand.) 167-1b
12167 Breite Straße (Stegl.) 195-8a
13409 Breitkopfstraße 145-3c
10789 Breitscheidplatz 169-8a
12349 Breitunger Weg 196-12c
10318 Brekowweg 172-8b
12207 Bremer Straße (Lichtfde.) 231-1a
12623 Bremer Straße (Mahlsdf.) 150-10d + 174-1b
10551 Bremer Straße (Moab.) 169-2a
– Bremer Weg 169-5d
13187 Brennerstraße 146-5c
12163 Brentanostraße 195-4c
12159 Breslauer Platz 195-2c
13159 Bretagneweg 122-8b
14167 Brettnacher Straße 194-11d
13587 Breubergweg 143-7b
12249 Brieger Straße 195-12d
10713 Brienner Straße 169-10c
13407 Brienzer Straße 145-6c
13589 Brieselangweg 142-9b
12623 Briesener Weg 173-3c
12053 Briesestraße 196-3b
12307 Briesingstraße 232-12a
12247/12249 Brigittenstraße 195-11d
12524 Brigittenweg 234-6c
12207 Briloner Weg 231-1d
12169 Brinkmannstraße 195-9b
13349 Bristolstraße 145-5d
14167 Brittendorfer Weg 194-11d
12359 Britz 197-7b
12057 Britzer Allee 197-6a
– Britzer-Allee-Brücke 197-6a
– Britzer Brücke 197-4b
12347 Britzer Damm 197-4a + 7c
12359 Britzer Hafensteg 197-5a
12109 Britzer Straße (Mariendf.) 196-11b
12439 Britzer Straße (Nschönwde.) 198-5c
12051 Britzkestraße 197-4b
13187 Brixener Straße 146-5d
14052 Brixplatz 168-4a
12059 Brockenstraße 171-11c
13129 Brockenweg 123-11a
12621 Brodauer Straße 173-5a
13088 Brodenbacher Weg 147-5d
13437 Brodersenstraße 121-11c
12679 Brodowiner Ring 149-4d
12207 Bröndbystraße 230-6b
12587 Brösener Straße 200-2c
14052 Brombeerweg (Charlbg.) 167-6b
12359 Brombeerweg (Nkln.) 197-9c
13089 Bromelienweg 147-1d
10997 Brommystraße 171-4c
14055 Bronteweg 167-9a
12489 Brook-Taylor-Straße 198-12a
– Brosepark Pankow 122-11c
12249 Brotteroder Straße 231-3c
12683 Bruchgrabenweg 172-6c
12623 Bruchsaler Straße (Mahlsdf.) 173-9c
10715 Bruchsaler Straße (Wilmdf.) 195-2a
12247 Bruchwitzstraße 195-12a
12247 Brucknerstraße 195-8d
12349 Bruder Lustig 196-12c
– Brücke am Heiligentalhügel 168-8c
10179 Brückenstraße (Mitte) 170-6a
12439 Brückenstraße (Nschönwde.) 198-5a
12589 Brückenstraße (Rahnsdf.) 201-7b
12167 Brückenstraße (Stegl.) 195-8d
13156 Brückenweg 122-11b
10785 Brüder-Grimm-Gasse (36-C6)
12205 Brüderstraße (Lichtfde.) 194-12b
10178 Brüderstraße (Mitte) 170-5b
13595 Brüderstraße (Spand.) 167-4a
12157 Brüggemannstraße 195-6a
14195 Brümmerstraße 194-8d
12159 Brünnhildestraße 195-2a
13353 Brüsseler Straße 145-11b
10829 Brunhildstraße 169-12d
12555 Brunnengalerie 172-12d
13357 Brunnenplatz 146-7c
10115/10119/13355 Brunnenstraße 146-7d
12349 Brunnenweg (Kol. Friedland III) 196-12c
12347 Brunnenweg (Nkln.) 196-9b
13156 Brunnenweg (Nschönhs.) 146-1b
13158 Brunnenweg (Rosnth.) 122-7d
– Brunnenweg (Wanns.) 228-2c
13125 Bruno-Apitz-Straße 123-3a
12051 Bruno-Bauer-Straße 197-1d
12685 Bruno-Baum-Straße 148-12a
12439 Bruno-Bürgel-Weg 198-6c
12524 Brunolfweg 234-3c
12277 Bruno-Möhring-Straße 232-1a
12359 Bruno-Taut-Ring 197-8c
12524 Bruno-Taut-Straße 235-2c
12247 Bruno-Walter-Straße 195-11c
12587 Bruno-Wille-Straße 200-5a
13507 Brunowplatz 120-11c
13507 Brunowstraße 144-2a
13581/13591 Brunsbütteler Damm 166-1b
13125 Brunswickenweg 103-9d
13407 Brusebergstraße 145-2c
12055 Brusendorfer Straße 197-2a
12109 Brussaer Weg 196-8d
10365 Buchberger Straße 171-6c
12355 Buchbinderweg 234-1a
Buchenallee (36-A4)
12683 Buchenhainer Straße 173-10d
12623 Buchenstraße 173-11a
13629 Buchenweg (Siemst.) 144-10a
13587 Buchenweg (Spand.) 143-4d
13125 Bucher Chaussee 123-6a
13125 Bucher Straße 123-1b
13127 Bucher Straße 122-6d
12351 Buchfinkweg 197-11b
13159 Buchholzer Straße (Blankfde.) 122-4b
13156 Buchholzer Straße (Nschönhs.) 122-11d
10437 Buchholzer Straße (Prenzl. Bg.) 146-8d
13627 Buchholzweg 145-10a
13158 Buchhorster Straße 121-12a
12357 Buchsbaumweg 198-10d
12107 Buchsteinweg 232-2b
13353 Buchstraße 145-11b
14195 Buchsweilerstraße 194-12a
14089 Buchwaldzeile 193-1a
12353 Buckow 197-11b
12305/12277 Buckower Chaussee 232-4b
12349 Buckower Damm 197-7c + 233-1b
12683 Buckower Ring 173-1b
12349 Buckower Weg (3) 233-1c
10787 Budapester Straße 169-8b + 8a
13507 Buddeplatz 120-11d
13127 Buddestraße (Nschönhs.) (1) 146-1c
13507 Buddestraße (Teg.) 120-11b
12683 Budsiner Straße 172-6a
13469 Büchenbronner Steig (1) 121-4d
12489 Büchnerweg (Adlhf.) 199-10a
13156 Büchnerweg (Nschönhs.) 122-11a
13409 Büchsenweg 145-3d
13409 Büdnerring 145-3d
12349 Bühler Weg 232-3d
13086 Bühringstraße 147-4c
12621 Büllinger Straße 173-7b
10783 Bülowstraße (Schbg.) 169-9d
14163 Bülowstraße (Zehldf.) 193-12d
12683 Bültenring 173-7b
10365 Bürgerheimstraße 171-6b
14109 Bürgermeister-Stiewe-Weg 228-8b
– Bürgerpark Marzahn 146-1d
– Bürgerpark Pankow 149-4c
12347 Bürgerstraße (Britz) 197-4a
13409 Bürgerstraße (Reindf.) 146-4a
12209 Bürgipfad 231-5d
12681 Bürknersfelde 148-8d
13053 Bürknersfelder Straße 148-8c
12047 Bürknerstraße 170-9d
14163 Bürstadter Weg (1) 193-9d
10249 Büschingstraße 170-3b
12161 Büsingstraße 195-5a
13503 Büssower Weg 119-5b
13503 Büsumer Pfad 119-8c
12623 Bütower Straße 173-9d
12527 Büxensteinallee 235-2d
10551 Bugenhagenstraße 169-2a
12163 Buggestraße 195-4a
12167 Buhrowstraße 195-9c
13127 Buissonstraße 123-7c
12557 Bukesweg 199-12a
12435 Bulgarische Straße 171-12c
13465 Bulgenbachweg 100-12c
– Bullenbruch 172-10c
13086 Bundenbacher Weg 147-4d
10715/10717/10719/12161 Bundesallee 169-11c + 195-2a + 5a + 2c
10715 Bundesplatz 195-2a
– Bundesplatztunnel 195-2a
10555 Bundesratufer 169-5a
12101 Bundesring 196-1b
13465 Bundschuhweg 100-12c
10117 Bunsenstraße (36-C3)
13505 Buntspechtstraße 143-2c
13158 Buntsteinweg (Rosnth.) 122-8c
12526 Buntzelstraße 235-4d
13125 Bunzlauer Straße 123-5c
13629 Buolstraße 144-10a
13583 Burbacher Weg 142-12b
12103 Burchardstraße 196-4a
12099/12103 Burgemeisterstraße 196-4c
13465 Burgfrauenstraße 120-2b
12623 Burggrafenstraße (Mahlsdf.) 173-3b
10787 Burggrafenstraße (Tiergt.) 169-8b
12683 Burghardweg 149-10d
12101 Burgherrenstraße 170-10d
13353 Burgsdorfstraße 145-12b
10178 Burgstraße 170-2c
14129 Burgunder Straße (Nklsee.) 229-1b
14197 Burgunder Straße (Wilmdf.) 195-1b
13595 Burgunderweg 167-7b
13129 Burgwallstraße 123-7c
12589 Buriger Weg 201-8a
13599 Burscheider Weg 143-12c
13088 Buschallee 147-8b
14165 Buschgrabenweg 230-1d
13583 Buschhüttener Weg 142-12b
12683 Buschiner Straße 172-3b
12359 Buschkrugallee 197-4b
– Buschkrugbrücke 197-5a
13591 Buschower Weg 166-4c
12347 Buschrosenplatz 197-4d
12347 Buschrosensteig 197-4d
12526 Buschwindröschenweg 235-4b
13125 Busonistraße 123-5b
14195 Bussardsteig 194-5b
14163 Busseallee 194-10c
12587 Buttenstedtweg 200-4c
12623 Butterblumensteig 173-9a
13357 Buttmannstraße 146-7a
14055 Byronweg 167-9b

10318 Cäsarstraße 172-8d
12347 Cafeastraße 196-6d
12439 Cajamacaplatz 198-5a
10785 Calandrellianlage 169-6c
12247 Calandrellistraße 195-11a
13435 Calauer Straße 121-8b
13086 Caligariplatz 146-9b
13467 Calvinstraße (Hermsdf.) 120-6c
10557 Calvinstraße (Moab.) 169-3c
13349 Cambridger Straße 145-5c
13507 Campestraße 120-10d
14165 Camphausenstraße 230-1b
12157 Canovastraße 195-5b
10437 Cantianstraße 146-8d
12105 Cantorsteig 196-8c
– Caprivibrücke 168-6b
12555 Cardinalplatz 199-5a
12555 Cardinalstraße 199-4b
10709 Carionweg (2) 168-12b
12165 Carl-Heinrich-Becker-Weg 195-7a
10961 Carl-Herz-Ufer 170-8d
14193 Carl-Ludwig-Schleich-Promenade 168-12c
13581 Carlo-Schmid-Platz 166-6b
12489 Carl-Scheele-Straße 198-11b
- Carl-Schurz-Brücke (38-A2)
13597 Carl-Schurz-Straße 167-1b
12309 Carl-Steffeck-Straße 232-9d
– Carl-von-Ossietzky-Park 169-3c
– Carl-Weder-Park 197-4a
10825 Carl-Zuckmayer-Brücke 169-11d
12165 Carmerplatz 195-7b
10623 Carmerstraße 169-7b
10587 Carnotstraße 169-1d
12619 Carola-Neher-Straße 149-11b
10245 Caroline-Herschel-Platz 171-5d
10115 Caroline-Michaelis-Straße 146-10d
10117 Caroline-von-Humboldt-Weg (37-F4)
13587 Carossastraße 143-8a
14169 Carpinusweg 194-8a
12205 Carstennstraße 230-3a
13088 Caseler Straße 147-5d
14193 Caspar-Theyß-Straße 168-11b
12109 Catostraße 196-9c
10587 Cauerstraße 169-4a
13587 Cautiusstraße 143-7b
13467 Cecilienallee 120-6b
12159 Ceciliengärten 195-2d
12619 Cecilienplatz (Helldf.) 173-2b
13467 Cecilienplatz (Hermsdf.) 120-6b
12619/12683 Cecilienstraße (Helldf., Biesdf.) 148-12d
12247 Cecilienstraße (Lankw.) 195-11d
12307 Cecilienstraße (Lichtrde.) 232-8d
12559 Cedernstraße 199-9b
13405 Cedernweg 145-7c
12207 Celsiusstraße 231-4b
13158 Centweg 121-9b
13158 César-Franck-Straße 121-12b
13127 Cevennenstraße 122-9c
13053 Chamierstraße 147-9c
10965 Chamissoplatz 170-11a
13127 Chamissostraße (Fr. Buchhz.) 122-9b
13587 Chamissostraße (Spand.) 143-8a
13159 Champagneweg 122-8b
12526 Champignonstraße 235-7b
13159 Chantalweg 122-8b
13127 Chantiéweg 122-9c
10117 Charitéstraße 170-1c
13351 Charles-Corcelle-Ring 145-7d
13405 Charles-Corcelle-Ring 144-9b
14163 Charles-H.-King-Straße 229-3a
14089 Charles-Lindbergh-Straße 192-4a
12587 Charlotte-E.-Pauly-Straße 200-4c
– Charlottenbrücke 167-2a
14193 Charlottenbrunner Straße 168-12c
– Charlottenburger Brücke 169-5c
13597 Charlottenburger Chaussee 167-2d
13086 Charlottenburger Straße (Weißs.) 146-6d
14169 Charlottenburger Straße (Zehldf.) 194-11c
10587 Charlottenburger Ufer 168-6b
14193 Charlottenburg-Wilmersdorf 194-1c
12683 Charlottenstraße (Biesdf.) 148-12b
10315 Charlottenstraße (Friedrfde.) 172-5b
12557 Charlottenstraße (Köp.) 199-8d
12247 Charlottenstraße (Lankw.) 195-11d
12307 Charlottenstraße (Lichtrde.) 232-11b
10117/10969 Charlottenstraße (Mitte, Kreuzbg.) 170-2c
13156 Charlottenstraße (Nschönhs., Rosnth.) 122-11b
13597 Charlottenstraße (Spand.) 167-1b
14109 Charlottenstraße (Wanns.) 228-5d
10317 Charlotte-Salomon-Hain (7) 171-9a
13127 Chartronstraße 122-9c
10115/13353 Chausseestraße (Mitte, Gesundbr., Wedd.) 170-1b
14109 Chausseestraße (Wanns.) 228-5d
12621 Chemnitzer Straße 173-11a
10829 Cheruskerstraße 169-12d
12527 Chiemseestraße 235-2a
– Chinesischer Garten 149-10b
12105 Chlodwigstraße 196-7a
12203 Chlumer Straße 195-7c
10405 Chodowieckistraße 146-12b
13088 Chopinstraße 147-8c
10119/10435 Choriner Straße 146-11d
12524 Chorweilerstraße 234-6b
12437 Chris-Gueffroy-Allee 197-6c
10405 Christburger Straße 146-12b
12683 Christelweg 149-10b
12349 Christian-Henkel-Straße 233-1c
13053 Christianstraße 148-5c
10119 Christinenstraße 170-2b
14089 Christoph-Kolombus-Straße 192-6a
12349 Christoph-Ruden-Straße 233-1b
13053 Christophstraße 148-4d
13591 Christrosensteig 166-1b
14059 Christstraße 168-6a
13125 Chronisteneck 123-3c
10407 Chrysanthemenstraße 147-11c
12205 Churer Zeile 230-3b
10709 Cicerostraße 168-12b
14129 Cimbernstraße 229-2c
12524 Cimbernstraße (Altgl.) 234-3b
14129 Cimbernstraße (Nklsee.) 229-1d
13469 Cité Foch 121-7c
13405 Cité Guynemer 144-6a

13405 Cité Pasteur 144-9b
10557 Claire-Waldoff-Promenade 169-3a
10117 Claire-Waldoff-Straße (36-D2)
14199 Claire-Waldoff-Weg 194-3d
10317 Clara-Grunwald-Straße (3) 171-9a
10557 Clara-Jaschke-Straße 169-3d
10587 Clara-von-Simson-Straße (Charlbg.) 169-1d
10785 Clara-Wieck-Straße 169-6c
– Clara-Zetkin-Park 149-1c
12619 Clara-Zetkin-Platz 173-2a
12619 Clara-Zetkin-Weg (2) 173-2a
14165 Claszeile 230-1d
10557 Claudiusstraße 169-2d
14163 Clauertstraße 229-3b
10629 Clausewitzstraße 169-7c
14195/14169 Clayallee 194-11c
– Clayalleebrücke 194-8c
13089 Clematisweg 147-1d
13127 Clementweg 122-6c
13507 Coesfelder Weg 144-2c
10409 Cohnstraße 147-7c
10247 Colbestraße 171-5b
– Colditzbrücke 196-5c
12099 Colditzstraße 196-5c
14169 Colmarer Weg 194-11b
14109 Colomierstraße 228-3c
12524 Coloniaallee 234-6b
– Coloniapark 235-4a
10965 Columbiadamm 170-11c
– Comenius-Garten 197-1b
10243 Comeniusplatz 171-4b
10407 Conrad-Blenkle-Straße 147-10d
13509 Conradstraße (Borsigwalde) 144-3a
14109 Conradstraße (Wanns.) 228-6a
14089 Contessaweg 192-10b
10365 Coppistraße 171-6b + 6c
10117 Cora-Berliner-Straße (36-C4)
14055 Cordesstraße 168-8c
10245 Corinthstraße 171-8a
13349 Corker Straße 145-5d
– Corneliusbrücke 169-5d
12247 Corneliusstraße (Lankw.) 195-11b
10787 Corneliusstraße (Tiergt.) 169-5d
14195 Correnspiatz 194-9c
12159 Cosimaplatz 195-2a
13591 Cosmarweg 166-2c
12681 Coswiger Straße 148-11d
10407 Cotheniusstraße 171-1b
13156 Cottastraße 146-1d
12627 Cottbusser Platz 149-11b
12627 Cottbusser Straße 149-8d
14053 Coubertinplatz 167-6d
10787 Courbièrestraße 169-9a
12247 Crailsheimer Straße 195-9d
12157 Cranachstraße 195-5b
13469 Creienfelder Weg (1) 121-5d
10827 Crellestraße 169-12d
10319 Criegernweg 172-5c
13465 Criolloweg 100-11a
13059 Crivitzer Straße 148-1d
13187 Crusemarkstraße 146-2b
14059 Crusiusstraße 168-5b
12277 Culemeyerstraße 232-2d
13127 Cunistraße 122-6c
14193/14199 Cunostraße 194-3d
13158 Cupetiussteinweg 122-7d
12205 Curtiusstraße 194-12c
10997 Cuvrystraße 171-7d
10555 Cuxhavener Straße 169-5a
10407 Cyanenstraße 147-11c
13437/13469 Cyclopstraße 121-7c
10439 Czarnikauer Straße 146-8a
10829 Czeminskistraße 169-12d

13599 **D**abelowseestraße (7) 143-8d
13593 Daberkowstraße 166-9a
12351 Dachdeckerweg 197-10d
13507 Dacheroedenstraße 120-11a
14193 Dachsberg 194-2b
12107 Dachsteinweg 196-12c
14109 Dachsweg 145-7c
14089 Dädaluspfad (1) 192-4b
12589 Dämeritzstraße 201-12b
10439 Dänenstraße 146-8d
12555 Däumlingsweg (Köp.) 199-3c
13088 Däumlingsweg (Malch.) 147-2a
12623 Daffinger Weg 150-11c
12623 Daffingerweg 174-2a
12555 Daheimstraße 199-4d
14195 Dahlem 194-8d
14169/14167 Dahlemer Weg 230-5b
12347 Dahliensteig 196-9d
12559 Dahlienstraße 199-9b
10589 Dahlienweg (Charlbg.) 169-1a
13599 Dahlienweg (Haselh.) 143-12d
13088 Dahlienweg (Malch.) (5) 147-2c
12359 Dahlienweg (Nkln.) 197-9c
12589 Dahlienweg (Rahnsdf.) 201-8c
13587 Dahlienweg (Spand.) 143-5a
13629 Dahlienweg (Teg.) 144-8d
13351 Dahlienweg (Wedd.) 145-7c
13437 Dahlienweg (Witten.) 120-12b + 121-11d
10629 Dahlmannstraße 168-9b
12589 Dahlwitzer Heuweg 174-12c
12587 Dahlwitzer Landstraße 200-1d
12623 Dahlwitzer Straße 150-11a
12526 Dahmestraße (Bohnsdf.) 235-5c
12527 Dahmestraße (Grün.) 199-11d
12681 Dahmeweg 148-11b
13403 Dahnstraße 145-4b
13627 Dahrendorfzeile (1) 144-12c
12277 Daimlerstraße 232-1b
12167 Dalandweg 195-8c
13583 Dallgower Straße 167-1a
14165 Dallwitzstraße 230-1b
13351 Damarastraße 145-7b
10711 Damaschkestraße 168-9d
13599 Dambecker-See-Weg (15) 143-9c
13503 Dambockstraße 119-12a
12621 Damerauer Allee 173-10b
13187 Damerowstraße 146-2d
13503 Damkitzstraße 119-9a
– Dammbrücke (38-B1)
– Dammbrücke (Köp.) 171-12c
– Dammbrücke (Pläntw.) 199-5c
12555 Dammfeld 199-2b
12555 Dammheidestraße 199-2b
13158 Dammsmühler Straße 122-10b
12047/12435/12437 Dammweg (Nkln.) 171-12c + 197-3a + 2b
13593 Dammweg (Spand.) 166-6b
– Dammwegbrücke 197-3a
14109 Damsdorfer Weg 228-5c
13503 Damwildsteig 119-9c
14059 Danckelmannstraße 168-6a
13125 Danewendplatz 123-5b
12355/12524 Dankmarsteig 234-2d
12683 Dankratstraße 173-7c
12683 Dankratweg 172-9d
10365 Dankwartstraße 172-1d
10245 Danneckerstraße 171-8a
12589 Dannenreicher Pfad 201-8a
13439 Dannenwalder Weg 121-11a
10435/10405/10407 Danziger Straße 146-11b
13589 Darbystraße 142-12a
12109 Dardanellenweg 196-8d
10707 Darmstädter Straße 169-7d
14167 Darser Straße 230-3c
13503 Darsiner Weg 119-6a
13088 Darßer Bogen 147-5b
13051/13088 Darßer Straße 147-5a
12559 Darsteiner Weg 237-1c
10589 Darwinstraße 169-1c
13051 Dasburger Weg 147-6b
10319 Dathepromenade 172-8a
13507 Dattelner Weg 144-4b
14055 Dauerwaldweg 168-10b
13599 Daumstraße 143-8b
– Daumstraßenbrücke 143-12a
13587 David-Francke-Straße 143-8b
14199 Davoser Straße 194-3a
12683 Debenzer Straße 172-6d
13158 Debussystraße 121-12d
13156 Dechertstraße 122-12c
14089 Dechtower Steig 192-8c
12107 Dederingstraße 196-10d
13503 Deeper Pfad 119-6a
12435 Defreggerstraße 171-11b
13053 Degnerstraße 147-9d
13156 Dehmelstraße 122-10c
14197 Deidesheimer Straße 195-1d
13469 Deilingeweg 121-5a
14163 Deisterpfad 194-7a
12163 Deitmerstraße 195-5c
14193 Delbrückstraße (Grwld., Schmargdf.) 168-11d
10315 Delbrückstraße (Lichtbg., Friedfde.) 172-4c
12051 Delbrückstraße (Nkln.) 197-4a
12359 Delfter Ufer 197-5a
12349 Delmer Steig 233-1c
12057 Delphinstraße 197-2d
13627 Delpzeile 144-12c
13355 Demminer Straße (Gesndbr.) 146-11a
13059 Demminer Straße (Wartbg.) 148-1d
13591 Deniszeile 166-2b
12167 Denkstraße 195-9c
10783 Dennewitzplatz 169-9d
10785/10783 Dennewitzstraße 170-7c
13507 Der Breite Weg 144-5c
12249 Derfflingerstraße (Lankw.) 231-2b
10785 Derfflingerstraße (Tiergt.) 169-9a
12169 Der Insulaner 195-6c
14057 Dernburgstraße 168-8b
13465 Der Zwinger 120-2d
13509 Desideriusweg 120-11b
12249 Dessauerstraße 231-2b
10963 Dessauer Straße (Kreuzbg., Mitte) 170-7a
12689 Dessauer Straße (Marz.) 148-3d
12349 Dessenheimer Weg 233-1c
13507 Dessinstraße 144-3c
13053 Detlevstraße 148-8a
10715/10713 Detmolder Straße 195-1b + 1a
12459 Deulstraße 198-2c
13407 Deutsche Straße 145-6a
12621 Deutschhofer Allee 173-10b
12349 Deutsch-Kroner-Ring 197-10a
10367 Deutschmeisterstraße 171-3c
12524 Deutzer Steig 235-4a
12207 Devrientweg 195-11a
13086 DGZ-Ring 147-4c
13503 Diakonieweg (1) 119-9b
13469 Dianaplatz 120-9b
13469 Dianastraße 120-9d
14055 Dickensweg 167-9a
12159/12161 Dickhardtstraße 195-5a
12109 Didostraße 196-8d
13581 Diedenhofener Straße 167-1d
10405 Diedenhofer Straße 146-12c
12277 Diedersdorfer Weg 232-7a
10967 Dieffenbachstraße 170-9c
12559 Die Kramper Stücken 237-1a
12305 Dielingsgrund 232-6a
13051 Dierhagener Straße 147-3d
12057 Dieselstraße 171-11d
10249 Diestelmeyerstraße 171-1c
10405 Diesterwegstraße 146-12b
12683 Diethelmweg 149-10d
10365 Dietlindestraße 172-1c
10407 Dietrich-Bonhoeffer-Straße 147-10c
13437 Dietrichinger Weg 121-7d
13053 Dietrichstraße 148-5c
13156 Dietzgenstraße 122-8c + 146-2a
14199 Dievenowstraße 194-3d
12559 Die Weinberge 237-1c
13629 Dihlmannstraße 144-10b
12167 Dijonstraße 195-8b
14199 Dillenburger Straße 195-1c
12247/12249 Dillgesstraße 195-11d
12683 Dillinger Weg 173-1c
13158 Dillweg 122-7d
13053 Dingelstädter Straße 148-8c
12683 Dingolfinger Straße 173-4a
13465 Dinkelsbühler Steig 120-2b
12307 Dinnendahlstraße 232-8c
10787 DIN-Platz 169-8b
10178/10179 Dircksenstraße 170-2d
10245 Dirschauer Straße (Friedhn.) 171-5c
12623 Dirschauer Straße (Mahlsdf.) 173-6b
12109 Dirschelweg 196-8d
– Dischingerbrücke 167-1b
12683 Distelfalterstraße 173-4d
12357 Distelfinkweg (Buck.) 197-12a
13583 Distelfinkweg (Spand.) 142-12c
13591 Distelpfad 166-1b
13627 Distelweg (Charlbg.) 145-10c
13158 Distelweg (Rosnth.) 122-7c
13129 Ditfurter Straße 123-7b
12247 Dittersbacher Weg 196-10c
14199 Doberaner Straße (Charlottenburg-Wilmersdorf) (1) 194-3c
13051 Doberaner Straße (Malch.) 147-3d
12627 Döbelner Straße 149-12b
12355 Döbelner Weg 234-1c
10557 Döberitzer Straße 169-3b
13591 Döberitzer Weg 166-4a
13158 Döbrabergweg 122-11a
12247 Döhlauer Pfad 196-10a
13587 Doehlweg 143-4b
13053 Döhrendahlstraße 148-7a
12689 Döllner Straße 149-1b
12359 Dömitzer Straße 197-8a
10318 Dönhoffstraße 172-11a
13591 Dörbeckweg 166-2d
12359 Dörchläuchtingstraße 197-8a
12305 Dörfelweg 232-5c
13057 Dörferweg 148-3b
10245 Döringstraße 171-5d
12489 Dörpfeldstraße 198-9d
12353 Doevelweg 233-2c
12683 Dohlengrund 172-9b
13505 Dohlenstraße 143-2d
13629 Dohlenweg 144-7d
13351 Dohnagestell 145-7d
13467 Dohnensteig 120-8b
14195 Dohnenstieg 194-5b
13127 Dr.-Dorsch-Allee 122-5b
13467 Dr.-Ilse-Kassel-Platz 120-6b
12279 Dr.-Jacobsohn-Promenade 231-6b
12587 Dr.-Jacoby-Weg 200-1d
14089 Dr.-Kleusberg-Promenade 167-10a
13127 Dr.-Markus-Straße 122-9d
12169 Doldenweg 195-9b
10319 Dolgenseestraße 172-7b + 7a
14167 Dollartstraße 230-2d
13187 Dolomitenstraße 146-5c
10247 Dolziger Straße 171-2d
12277 Domagkstraße 232-1c
10823/10827 Dominicusstraße 169-12c
12527 Dommelwall 237-5c
12105 Domnauer Straße 196-4c
12685 Dompfaffenweg 148-12a
13089 Donarstraße 147-1c
12623 Donathstraße 173-12d
12043 Donaustraße 171-10a
14109 Don-Bosco-Steig 228-2d
12623 Donizettistraße 173-3d
13465 Donnersmarckallee 120-4b
13465 Donnersmarckplatz 120-2c
10245 Dora-Benjamin-Park 171-8d
13437 Dorfanger 121-10a
12526 Dorfplatz 235-4d
12621 Dorfstraße 173-5a
13057 Dorfstraße (Falkbg.) 148-2d
12621 Dorfstraße (Kaulsdf.) 173-5a
13051 Dorfstraße (Malch.) 147-3c
12589 Dorfstraße (Rahnsdf.) 201-7d
13597 Dorfstraße (Spand.) 167-5c
13059 Dorfstraße (Wartbg.) 148-1b
12683 Dornacher Straße 173-7a
12437 Dornbrunner Straße 197-6b
13505 Dorndreherweg 119-11d
13351 Dornenweg 145-7c
12349 Dornröschen 232-3b
12555 Dornröschenstraße 199-2d
13088 Dornröschenweg 147-2a
10117 Dorothea-Schlegel-Platz (36-D3)
10318 Dorotheastraße 172-11a
12355 Dorothea-Stutkowski-Weg (2) 234-5a
12524 Dorothea-Viehmann-Straße 234-3a
13349 Dorotheenstadt 145-5c
12557 Dorotheenstraße (Köp.) 199-8b
10117 Dorotheenstraße (Mitte) 170-1d + 4a
14109 Dorotheenstraße (Wanns.) 228-11b
12207 Dorstener Straße 231-4a
10555 Dortmunder Straße 169-2c
10247 Dossestraße (Friedhn.) 171-6a
12307 Dossestraße (Lichtrde.) 232-8b
12621 Doßstraße 173-2d
10367 Dottistraße 171-6a
12347 Douglasienweg 196-9d
14193 Douglasstraße 168-10d
Dovebrücke (34-D1)
10587 Dovestraße 169-4b
10318 Drachenfelsstraße 172-11b
12587 Drachholzstraße 200-4b
12487 Draesekestraße 198-7d
12209 Draisweg 231-5a
12203 Drakestraße 195-10a
12205 Drakestraße (Lichtfde.) 194-9d
12623 Drakestraße (Mahlsdf.) 173-12d
10787 Drakestraße (Tiergt.) 169-5d
12683 Dramburger Straße 173-4d
13125 Dranweg 103-9d
12621 Drausnitzer Straße 173-10b
13439 Drebkauer Straße 121-11a
12557 Dregerhoffstraße 199-12a
12355 Dreherweg 234-1a
12589 Dreibock 201-10b
13509 Dreifelderweg 120-12a
14109 Dreilindenstraße 229-4a
13125 Drei-Linien-Weg 123-6c
– Dreipfuhlpark 194-8d
12587 Dreiserstraße 200-4d
14167 Drei-Zinnen-Weg 230-6b
13509 Drenziger Zeile 144-3a
10179/10999 Dresdener Straße 170-9a + 6c
14057 Dresselsteg 168-8b
14057 Dresselstraße (1) 168-8b
13467 Drewitzer Straße 120-6a
10559 Dreysestraße 169-3a
10439 Driesener Straße 146-8b
12353 Dröpkeweg 233-1b
12524 Drössestraße 235-1d
13359 Drontheimer Straße 146-4c
12055 Drorystraße 197-2a
12349 Drossel 196-12d
12057 Drosselbartstraße 197-3c
13088 Drosselbartweg 147-2a
12347 Drosselgasse 196-9b
12527 Drosselsteig 199-10d
10318 Drosselstieg 172-10d
14089 Drosselstraße 192-4a
10318 Drosselweg 172-12b
14195 Drosselweg (Dahl.) 194-6c
13599 Drosselweg (Haselh.) 143-9c
12589 Drosselweg (Rahnsdf.) 201-8d
13589 Drosselweg (Spand.) 142-5d
13129 Drosselweg (Weißs.) 123-10a
13053 Drossener Straße 147-6d
13509 Drostestraße 144-3a
10629 Droysenstraße 168-9d
12355 Druckerkehre 234-1c
12059 Drübecker Weg 171-11c
12555/12621 Druschiner Straße 173-10d
12349 Drusenheimer Weg 232-3d
14195 Drygalskistraße 194-6d
13351 Dualastraße 145-8c
12683 Dubickstraße 173-10a
13349 Dubliner Straße 145-8a
14129 Dubrowplatz 193-12c
14163/14129 Dubrowstraße 229-3b
12559 Duchrother Straße 201-10c
10965 Dudenstraße 170-10c
12683 Dudweilerstraße 149-10d
13437 Dübelpfad 121-11c
13507 Dülmener Pfad 144-4b
13509 Dünenweg 120-12a
14195 Dünkelbergsteig 194-2d
12163 Dünther Straße 195-5c
12163 Düppelstraße (Stegl.) 195-5c
14163 Düppelstraße (Zehldf.) 194-10d
12157 Dürerplatz 195-2d
12203 Dürerstraße 195-10c
12247 Dürkheimer Straße 195-12a
12359 Dürtenstraße 197-8a
10719/10707 Düsseldorfer Straße 169-7c
13469 Düsterhauptstraße 121-7a
10707 Duisburger Straße 169-7c
12683 Dukatenfalterweg 173-4d
– Dunckerbrücke 146-9c
10437/10439 Dunckerstraße 146-12a
– Durlacher Platz (Mahlsdf.) 173-9c
12623 Durlacher Straße (Mahlsdf.) 173-9c
10715 Durlacher Straße (Wilmdf.) 195-2a
13187 Dusekestraße 146-5b
13583 Dyrotzer Straße 142-12c

– **E**ast-Side-Gallery 171-4c
12527 Ebelallee 272-6c
10249 Ebelingstraße 171-1b
13125 Ebenrotsteig 123-3d
14197 Eberbacher Straße 195-1c
14050 Ebereschenallee (Charlbg.) 168-4b
12623 Ebereschenallee (Mahlsdf.) 173-12a
10965 Eberhard-Roters-Platz 170-10b
10367 Eberhardstraße 171-3c
12623 Eberleinstraße 174-10c
13581 Ebersdorfer Platz 166-3d
13581 Ebersdorfer Straße 166-3d
10827 Ebersstraße 195-3a
14165 Ebersteinweg (2) 230-5c
10437 Eberswalder Straße 146-11b
– Ebertsbrücke 170-2c
10117 Ebertstraße 170-4c
10249 Ebertystraße 171-1b
14167 Echtermeyerstraße 230-2b
13591 Eckenerweg 142-11c
12683 Eckermannstraße 172-3d
13353 Eckernförder Platz 145-11a
10249 Eckertstraße 171-1d
13585 Eckschanze 143-7c
12487 Ecksteinweg 198-5c
13127 Eddastraße 122-9d
13127 Edelapfelweg 123-4c
13465 Edelhofdamm 120-2b
13505 Edeltrautweg 143-5b
12349 Edelweiß 233-1a
13158 Edelweißstraße 121-12d
13437 Edelweißweg 121-11c
12167 Edenkobener Steg 195-9c
12247 Edenkobener Weg 195-9c
13583 Ederkopfweg 142-12d
12059 Ederstraße 197-2a
10247 Ede-und Unke-Weg 171-6a
13053 Edgarstraße 148-4d
13349 Edinburger Straße 145-8b
12459 Edisonstraße 198-2c
10243 Edith- Kiss-Straße 171-4c
10247 Edith-Stein-Straße 171-2a
14169 Edithstraße 194-8c
14089 Edmund-Rumpler-Straße 192-4a
12051 Edmundstraße 197-1d
13591 Eduard-Bernstein-Weg 166-2d
12051 Eduard-Müller-Platz 197-1c
12207 Eduard-Spranger-Promenade 195-10d
10317 Eduardstraße 172-4c
14163 Edwin-C.-Diltz-Straße 229-3d
14195 Edwin-Redslob-Straße 194-6d
12357 Efeuweg 197-12d
12103 Egelingzeile 196-4a
13507 Egellsstraße 144-2b
13581 Egelpfuhlstraße 166-3c
12555 Egersfelder Allee 199-1b
14193 Egerstraße 194-2b
12307 Egestorffstraße 232-8c
14163 Eggepfad 194-7a
10315 Eggersdorfer Straße 172-4d
13509 Egidysteg 120-9a
13509 Egidystraße 120-9c
10318 Eginhardstraße 172-11d
12349 Egisheimer Weg 233-1a
10317 Egmontstraße 172-4b
13059 Egon-Erwin-Kisch-Straße 148-1a
12307 Egsdorfer Weg 232-11d
12619 Ehm-Welk-Straße 149-11c
14195 Ehrenbergstraße (Dahl.) 194-9c
10245 Ehrenbergstraße (Friedhn.) 171-8a
12524 Ehrenfelder Platz 234-6d
12524 Ehrenfelder Straße 235-4c
10318 Ehrenfelsstraße 172-11b
13467 Ehrenpfortensteig 120-8b
12357 Ehrenpreisweg 198-10c + 234-1a
10318 Ehrlichstraße 172-11a
10825 Ehrwalder Straße 169-11d
10318 Eibenallee 172-12c
12487 Eibenweg 198-4d
12357 Eibischstraße 198-10d
12527 Eibseestraße 235-2b
12589 Eichbergstraße 201-9a
13403/13437 Eichborndamm 145-4a
12437 Eichbuschallee 197-3b
12526 Eichbuschplatz 235-8b
12526 Eichbuschstraße 235-5d
12526 Eichbuschweg 235-9a
13505 Eichelhäherstraße 143-2b
14089 Eichelmatenweg 192-8a
14050 Eichenallee 168-5a
12683 Eichenallee (Biesdf.) 173-7c
14050 Eichenallee (Charlbg.) 168-4b
12355 Eichenauer Weg 234-1d
10115 Eichendorffstraße 170-1b
– Eichengestell 202-7a
– Eichenhof 173-9a
12623 Eichenhofweg 173-9b
13435 Eichenroder Ring 121-8a
12435 Eichenstraße (Alt-Tr.) 171-8c
12623 Eichenstraße (Kaulsdf.) 173-11a
13156 Eichenstraße (Nschönhs.) 122-10d
12589 Eichenstraße (Rahnsdf.) 201-12b
13587 Eichenweg (Spand.) 143-4d
13589 Eichenweg (Spand.) 142-8b
13405 Eichenweg (Wedd.) 145-7c
12459 Eichgestell 198-2a
14193 Eichhörnchensteig 194-2c
13591 Eichholzbahn 166-1a
12621 Eichhornstraße (Kaulsdf.) 173-8c
10785 Eichhornstraße (Tiergt.) 170-4c
12689 Eichhorster Straße 149-1a
13435 Eichhorster Weg 121-7d
14055 Eichkampstraße 168-10d
14055 Eichkatzweg 168-10b
13509 Eichstädter Weg 120-12c
12527 Eichwalder Aue 236-7d
13469 Eichwerdersteg 121-1d
14163 Eiderstedter Weg 229-3a
10178 Eiergasse (37-G3)
13129 Eifelstraße 123-7d
13158 Eigene 122-10a
13158 Eigene Scholle (Rosnth.) 122-10a
12489 Eigenheimgasse 198-9d
13591 Eigenheimsiedlung 142-10c
13089 Eigerstraße 147-4a
12627 Eilenburger Straße 150-7c
12355 Eilenburger Weg 234-1c
14165 Eilertstraße 230-1d
13086 Eilveser Straße 147-7a
10317/10315 Einbecker Straße 172-4a
12057 Einhornstraße 197-2b
12109 Einödshofeweg (1) 196-8c
– Einsteinpark 147-10b
10409 Einsteinstraße 147-10b
10587 Einsteinufer 169-4b
10827 Eintrachtstraße 146-2d
12159 Eisackstraße 195-3a
13407 Eisbärenweg 145-6a
12439 Eisblumensteig 198-6c
12555 Eiselenweg 199-4d
12109 Eisenacher Straße (Mardf.) 196-8a
12629/12685 Eisenacher Straße (Marz., Helldf.) 149-7d
10777/10781/10823 Eisenacher Straße (Schbg.) 169-12a
10997 Eisenbahnstraße 171-7a
13403 Eisenhartsteig 145-1a
12487/12489 Eisenhutweg 198-10b
13158 Eisenkrautweg 122-7d
10318 Eisensteiner Straße 172-9c
10709 Eisenzahnstraße 168-12d (34-C6)
13127 Eiserapfelweg (Fr. Buchhz.) 123-7a
13583 Eiserfelder Ring 142-12d
Eiserne Brücke (37-E3)
12683 Eisfalterweg 173-4d
10789 Eislebener Straße 169-8a
12305 Eisnerstraße 232-5c
14169 Eisvogelweg 194-7d
12249 Eiswaldtstraße 231-3a
12623 Eisweg 173-6c
13585 Eiswerder 143-11a
– Eiswerderbrücke 143-11a
13585 Eiswerderstraße 143-11a
13585 Eiswerderufer 143-11c
14129 Eitel-Fritz-Straße 193-12c
12683 Eitelsdorfer Straße 199-2a
12683 Eitelstraße (Biesdf.) 148-12d
10317 Eitelstraße (Lichtbg.) 172-4c
12305 Ekensunder Platz 232-8b
12305 Ekensunder Weg 232-8b
12557 Ekhofplatz 235-3a
12557 Ekhofstraße 235-3a

12437 Ekkehardstraße 197-3d
10555 Elberfelder Straße 169-2c
12459 Elbeweg 198-1b
12059 Elbingeroder Weg 171-10b
13503 Elchdamm 119-11a
12555 Elcknerplatz 199-5a
10247 Eldenaer Straße 171-2c
13127 Elfenallee 122-9d
12349 Elfenhügel 232-3a
14089 Elfensteig 192-3b
12355 Elfriede-Kuhr-Straße 234-5a
13053 Elfriedestraße 147-9b
10319 Elfriede-Tygör-Straße 172-5c
14193 Elgersburger Straße 194-3a
10557 Elisabeth-Abegg-Straße (36-A3)
– Elisabeth-Bergner-Park 195-4b
13156 Elisabeth-Christinen-Straße 122-12c
12205 Elisabeth-Feller-Weg 231-1a
13599 Elisabeth-Flickenschildt-Straße 143-11b
10115 Elisabethkirchstraße 146-11c
10117 Elisabeth-Mara-Straße 170-5d
13057 Elisabeth-Schiemann-Straße 148-3b
12355 Elisabeth-Selbert-Straße 234-5c
12683 Elisabethstraße (Biesdf.) 149-10a
12247 Elisabethstraße (Lankw.) 195-11d
12307 Elisabethstraße (Lichtrde.) 232-8c
13585 Elisabethstraße (Spand.) 143-10b
13187 Elisabethweg 146-2c
12169 Elisenstraße 195-8b
13587 Elkartweg 143-5b
13467 Elkesteig 121-4a
10405 Ella-Kay-Straße 146-12b
10557 Ella-Trebe-Straße 169-3b
10559 Ellen-Eppstein-Straße 145-11d
12205 Ellen-Widmann-Pfad (5) 231-1a
13357 Ellerbeker Straße 146-8a
12487 Ellernweg 198-7b
13051 Ellistraße 123-12b
10367 Elli-Voigt-Straße 147-12d
12347 Ellricher Straße 197-4a
12247 Ellwanger Straße 195-9d
12355 Elly-Heuss-Knapp-Straße 234-5a
14167 Elmshorner Straße 230-3a
12559 Elmsteiner Weg 236-3c
13589 Elmweg 142-12b
13189 Elsa-Brändström-Straße 146-6c
14089 Elsa-Brändström-Weg 192-4c
14053 Elsa-Rendschmidt-Weg 167-6c
12159 Elsastraße (Friedn.) 195-2c
13053 Elsastraße (Hschönhs.) 147-9b
13599 Elsa-Wagner-Straße 143-12a
– Elsbruch 201-8c
13088 Else-Jahn-Straße 147-8b
10783 Else-Lasker-Schüler-Straße 169-9c
12683 Elsenallee 173-7c
12621 Elsenborner Weg 173-7b
13467 Elsenbruchstraße 120-6c
– Elsenbrücke 171-8d
12555 Elseneck 199-3c
12555 Elsengrund 199-3c
13437 Elsenpfuhlstraße 121-10d
12059 Elsensteg 171-10d
12621 Elsenstraße (Kaulsdf.) 173-8d
12623 Elsenstraße (Mahlsdf.) 173-6c
12059/12435 Elsenstraße (Nkln., Alt-Tr.) 171-8c + 10d
12347 Elsenweg 196-9b
13467 Elsestraße 121-1c
10623 Else-Ury-Bogen 169-7b
13581 Elsflether Weg 167-1c
13597 Elsgrabenweg 167-2d
10781 Elßholzstraße 169-12b
13583 Elstaler Straße (1) 166-3b
13505 Elstergasse 119-11d
12527 Elstergrund 236-10b
14199 Elsterplatz 194-3a
12527 Elstersteg 199-11c
12526 Elsterstraße (Bohnsdf.) 235-5d
12055 Elsterstraße (Nkln.) 197-2a
12589 Elsterweg (Rahnsdf.) 201-8d
13403 Elsterweg (Reindf.) 144-3d
13583 Elsterweg (Spand.) 142-12d
13629 Elsterweg (Teg.) 144-7d
12683 Elsterwerdaer Platz 173-4a
13465 Eltviller Straße 120-3a
12681 Eltzbachweg 172-2d
14163/14129 Elvirasteig 193-12c
10317 Emanuelstraße 171-6d
10551 Emdener Straße 169-2a
13585 Emdenzeile 143-10b
14089 Emil-Basdeck-Straße 166-12d
14109 Emil-Fischer-Straße 228-6a
12277 Emilienstraße 232-1a
– Emil-Schulz-Brücke 231-1b
10557 Emma-Herwegh-Straße (36-A2)
10317 Emma-Ihrer-Straße 171-9a
13407/13409 Emmentaler Straße 145-5b
12249 Emmichstraße 231-3b
13627 Emmy-Zehden-Weg 145-10b
12587 Emrichstraße 200-4d
10719 Emser Platz 169-10b
12051 Emser Straße (Nkln.) 196-3d
10719 Emser Straße (Wilmdf.) 169-10b
13507 Emstaler Platz 144-2c
10969 Enckestraße 170-8a
10319 Enckevortweg 172-5d
14109 Endestraße 228-6a
12207 Engadiner Weg 231-1a
12205 Engelberger Straße 231-1c
10179 Engeldamm 170-6d
12487 Engelhardstraße 198-5c
13403 Engelmannweg 145-4a
13435 Engelroder Weg 121-8c
13595 Enger Steig 167-4c
14195 Englerallee 195-4c
– Englischer Garten 169-5b
10587 Englische Straße 169-5c
12559 Enkenbacher Weg 236-3c
13465 Enkircher Straße 120-3a
12589 Entenwall 201-7c
12203 Enzianstraße 195-7c
10587 Eosanderstraße 168-6b
13409 Epensteinplatz 146-4a
13409 Epensteinstraße 146-4a
14059 Epiphanienweg 168-5d
12559 Eppenbrunner Weg 236-3c
14195 Eppinger Straße 194-12a
10553 Erasmusstraße 169-1d
14193 Erbacher Straße 168-11b
12279 Erbendorfer Weg 231-6b
13158 Erbeskopfweg 122-11a
13591 Erbsenpfad 166-1b
13089 Erdastraße 147-1c
12359 Erdbeerweg (Kol. Britzer Wiesen) 197-9c
12359 Erdbeerweg (Kol. Hasenheim) 197-9a
14193 Erdener Straße 168-11a
12623 Erdmännchenweg (1) 174-1b
14163 Erdmann-Graeser-Weg 193-12b
10827 Erdmannstraße 169-12b
13125 Erekweg 123-3c
13089 Eremitenstraße 146-6b
12103 Eresburgstraße 196-4a
10823 Erfurter Straße 195-2b
13509 Erholungsweg 120-12a
13503 Erich-Anger-Weg 119-9b
12623 Erich-Baron-Weg 173-12a
10407 Erich-Boltze-Straße 147-10c
13053 Erich-Hagen-Straße 148-7b
12307 Erich-Hermann-Platz 232-8d
12619 Erich-Kästner-Straße 149-11d
10319 Erich-Kurz-Straße 172-8a
10367 Erich-Kuttner-Straße 171-2a
12435/12437 Erich-Lodemann-Straße 171-12c
10317 Erich-Müller-Straße 171-9d
10249 Erich-Nehlhans-Straße 171-2a
10243 Erich-Steinfurth-Straße 171-4a
12489 Erich-Thilo-Straße 198-12a
13156 Erich-Weinert-Siedlung 146-1d
10439/10409 Erich-Weinert-Straße 146-9a
10319 Erieseering 172-8a
12439 Erikastraße 198-6c
13503 Erikaweg 119-11b
10999 Erkelenzdamm 170-9c
12589 Erknerstraße 201-6c
12043 Erkstraße 171-10c
12053 Erlanger Straße 171-10c
12559 Erlenbacher Steig 236-6b
12355 Erlenbruchring 234-4a
– Erlenbusch 195-4a
12527 Erlengrund 236-7d
12559 Erlenstraße (Köp.) 199-9b
12167 Erlenstraße (Stegl.) 195-7b
13503 Erlenweg (Heilgs.) (4) 119-7d
13587 Erlenweg (Spand.) 143-4d
12163 Ermanstraße 195-4d
10713 Ermslebener Weg 195-1a
10117 Erna-Berger-Straße (36-C6)
13591 Erna-Sack-Straße 166-1d
10551 Erna-Samuel-Straße 169-2a
13507 Erndtebrücker Weg 144-2d
13593 Ernemannzeile (1) 166-6c
12349 Ernst-Arndt-Weg 233-1c
12489 Ernst-Augustin-Straße 198-12b
13059 Ernst-Barlach-Straße 148-1a
12619 Ernst-Bloch-Straße 173-2b
13591 Ernst-Bruch-Zeile 166-2d
14059 Ernst-Bumm-Weg 168-5b
13125 Ernst-Busch-Straße 123-3a
10407 Ernst-Fürstenberg-Straße 147-10d
– Ernst-Grube-Park 199-4d
12555 Ernst-Grube-Straße 199-4d
12621 Ernst-Haeckel-Straße 149-12d + 173-3b
10997 Ernst-Heilmann-Steg 171-7d
– Ernst-Keller-Brücke 197-9d
12489 Ernst-Lau-Straße 198-11b
14165 Ernst-Lemmer-Ring 230-1c
– Ernst-Liesegang-Ufer 192-9a
13125 Ernst-Ludwig-Heim-Straße 123-3b
10369 Ernst-Reinke-Straße 171-2a
10587 Ernst-Reuter-Platz 169-4d
13355 Ernst-Reuter-Siedlung 146-10d
14129 Ernst-Ring-Straße 229-2a
12683 Ernstroder Weg 172-6b
12489 Ernst-Ruska-Ufer 198-12c
13509 Ernststraße 144-3a
12437 Ernststraße (Baumsch.) 198-1c
13509 Ernststraße (Teg., Witten.) 144-2b
– Ernst-Thälmann-Park 146-12b
– Ernst-Zinna-Weg 171-1a
12683 Erntedankweg 173-1c
12623 Erpetaler Weg 199-3d
12587 Erpeweg 199-6a
14169 Ersteiner Straße 194-11b
- Erwin-Barth-Platz (34-A3)
12435 Erwin-Bennewitz-Weg 171-12c
12559 Erwin-Bock-Straße 199-9a
12683 Erwinstraße 173-10c
12524 Erxlebenstraße 234-6b
13589 Erzgebirgsweg 142-12b
13509 Eschachstraße 120-11d
12621 Eschelberger Weg 173-7d
14050 Eschenallee (Charlbg.) 168-5c
13158 Eschenallee (Nschönhs.) 122-10b
12437 Eschenbachstraße 198-1c
13189 Eschengraben 146-6c
12161 Eschenstraße (Friedn.) 195-2c
12621 Eschenstraße (Kaulsdf., Mahlsdf.) 173-8c
13587 Eschenweg 143-4d
13591 Eschenwinkel 166-2a
14163 Eschershauser Weg 194-7c
12099 Eschersheimer Straße 196-3d
12101 Eschwegering 196-1b
10407 Esmarchstraße 146-12d
12055 Esperanto-Platz (1) 197-2a
13187 Esplanade 146-5c
10555 Essener Straße 169-2c
12555 Essenplatz 199-2d
13465 Eßlinger Steig (1) 120-3a
12277 Estersstraße 232-1a
10969 E.-T.-A.-Hoffmann-Promenade 170-8a
12619 Etkar-André-Straße 149-11d
10777 Ettaler Straße 169-8d
13469 Ettenheimer Pfad 121-7a
13086 Ettersburger Weg 147-7a
13156 Etzelstraße 146-1a
12351 Eugen-Bolz-Kehre 197-12c
– Eugen-Kleine-Brücke 231-1c
12683 Eugen-Roth-Weg 172-3d
10407 Eugen-Schönhaar-Straße 147-10c
14109 Eule 228-11b
13088 Eulenspiegelweg 147-2a
13629 Eulenweg 144-7d
12355 Eulenweg (Rudow) 234-4c
13357 Eulerstraße 146-7b
13125 Eupener Straße 103-9c
10557 Europaplatz 169-3b
13469 Eutinger Weg 121-7a
12159 Evastraße 195-2a
12524 Ewaldstraße 235-4c
13127 Eweststraße 122-12b
13357 Exerzierstraße 146-7a
12355 Exiner Straße 234-1d
10555 Eyke-von-Repkow-Platz 169-5a
10965 Eylauer Straße 170-10c
12105 Eythstraße 195-6d

14195 Fabeckstraße 194-9a
10589 Fabriciusstraße 168-3a
13591 Fachinger Straße 142-10c
14089 Fählmannweg 192-7c
12527 Fährallee 272-5d
13503 Fährstraße 119-7d
13587 Fährweg 143-5d
12555 Färberstraße 199-7b
13437 Fäustelweg 121-11a
13089 Fafnerstraße 123-10c
13127 Fagottstraße 122-12a
13409 Fahlandgasse 145-6d
12589 Fahlenbergstraße 201-12a
13593 Fahremundstraße 166-9a
12207 Fahrenheitstraße 231-4b
13591 Fahrlander Weg 166-4c
10997 Falckensteinstraße (Kreuzbg.) 171-7d
12307 Falckensteinstraße (Lichtrde.) 232-12c
13057 Falkenberg 148-3a
13051/13053/13059/13057 Falkenberger Chaussee 148-4a
13088 Falkenberger Straße 147-5d
12524 Falkenbrunnstraße 235-1d
12557 Falkendamm 199-12c
13585 Falkenhagener Straße 143-10a
13585 Falkenhagener Tor 143-10a
12249 Falkenhausenweg 232-1c
13059 Falkenhöhe 124-11c + 148-2b
13159 Falkenhorst 122-5b
13505 Falkenhorststraße 143-2a
13505 Falkenplatz 143-2b
14195 Falkenried 194-6c
13583/13589 Falkenseer Chaussee 142-8c
13585 Falkenseer Damm 143-10c
13597 Falkenseer Platz 143-10d
13129 Falkensteg 122-12d + 123-10a
14199 Falkensteiner Straße 195-1a
12526 Falkenstraße 235-8b
13467/13465 Falkentaler Steig 120-5b
13589 Falkenweg 142-5c
10117 Falkoniergasse (8) (37-E4)
10437 Falkplatz 146-8c
12621 Falkstätter Straße 173-10b
13593 Falstaffweg 166-9b
14055 Falterweg 168-10d
12589 Fangschleuser Weg 201-8b
10365 Fanningerstraße 172-4a
10963 Fanny-Hensel-Weg 170-7a
12435 Fanny-Zobel-Straße 171-8c
14195 Faradayweg 194-9c
12689 Farmergasse 148-3b
12439 Farnstraße 198-6c
13159 Fasanenplan 122-5b
10719 Fasanenplatz 169-7d
10623/10719 Fasanenstraße 169-8c + 8a
12526 Fasanenstraße (Bohnsdf.) 235-8a
13129 Fasanenweg (Blankbg.) 123-10c
13403 Fasanenweg (Reindf.) 144-3d
13589 Fasanenweg (Spand.) 142-5d
13469 Fasanerie 121-9a
10787 Fasanerieallee 169-5d
13089 Fasoltstraße 147-1c
12685 Fastolfsteg 148-12b
13599 Faucherweg 143-12c
12107 Faulhornweg 232-2b
12623 Fauststraße 173-3d
13127 Favierweg 122-5d
12683 Fechinger Weg 173-4b
10717 Fechnerstraße 169-10b
14089 Feensteig 192-3b
12161 Fehlerstraße 195-1b
12557 Fehleweg 199-11b
12305 Fehlingstraße 232-9a
13353 Fehmarner Straße 145-11b
10707 Fehrbelliner Platz 169-10a
10119 Fehrbelliner Straße (Mitte, Prenzl. Bg.) 146-11c
13585 Fehrbelliner Straße (Spand.) 143-10b
13585 Fehrbelliner Tor 143-7d
12527 Fehrower Steig 236-5d
12621 Feierabendweg 150-10c
13591 Feigensteig 142-10d
10969 Feilnerstraße 170-5c
12619 Feldberger Ring 149-11c
12557 Feldblumenweg 199-12c
13589 Feldgrabensteig 142-11a
13158 Feldkräuterweg 122-7d
13469 Feldlerchenweg 121-5d
13509 Feldmarkweg 120-12a
12623 Feldrain 150-10d
12349 Feldspatweg 232-3c
12305 Feldstedter Weg 232-5b
13158 Feldstieg 145-3b
13159 Feldsteinweg 122-1a
12526 Feldstraße (Bohnsdf.) 235-4d
13355 Feldstraße (Gesndbr.) 146-10d
12207 Feldstraße (Lichtfde.) 231-4a
12559 Feldstraße (Siedl. Schönhorst) 201-11b
13585 Feldstraße (Spand.) 143-10d
13088/13051 Feldtmannstraße 147-5b
12359 Feldweg (Nkln.) 197-8b
13599 Feldzeugmeisterstraße (Haselh.) 143-12d
10557 Feldzeugmeisterstraße (Moab.) 145-12c
12249 Felgentreustraße 232-1a
12099 Felixstraße 196-5c
13467 Fellbacher Platz 120-6d
13467 Fellbacher Straße 120-6c
12357 Fenchelweg 197-9d
– Fennbrücke 145-12c
10369 Fennpfuhl 147-11d
13059 Fennpfuhlweg 148-1b
12439 Fennstraße (Nschönwde.) 198-5c
13347/13353 Fennstraße (Wedd.) 145-12d
13591 Ferbitzer Weg 142-10c
12629 Fercher Straße (Helldf.) 149-8c
14165 Fercher Straße (Zehldf.) 229-3d
13127 Ferdinand-Buisson-Straße. (Fr. Buchhz.) 122-12b
13599 Ferdinand-Friedensburg-Platz 143-12c
14089 Ferdinand-Magellan-Straße 192-6a
13055 Ferdinand-Schultze-Straße 148-7d
12621 Ferdinandstraße (Kaulsdf.) 173-5b
12209 Ferdinandstraße (Lichtfde.) 231-2a
– Fernsehturm 170-2d
13593 Festplatzweg (Spand.) 166-6b
13597 Festplatzweg (Spand.) 167-2c
13437 Fetschowzeile 121-10c
12353 Feuchtwangerweg 233-3b
– Feuerbachbrücke 195-5a
12163 Feuerbachstraße 195-5a
13589 Feuerkäferweg 142-8d
12621 Feuersteiner Straße 173-10d
13403 Feuerweg 145-1b
10823 Feurigstraße 169-12c
12685 Fichtelbergstraße 148-12b
12589 Fichtenauer Straße 201-8a
12165 Fichtenberg 195-7a
12527 Fichtengrund 236-10a
12621 Fichtenstraße 173-8c
13587 Fichtenweg 143-4b
12107 Fichtestraße (3) (Mardo) 196-11c
12526 Fichtestraße (Bohnsdf.) 235-5d
13467 Fichtestraße (Hermsdf.) 120-6c
10967 Fichtestraße (Kreuzbg.) 170-12a
10965 Fidicinstraße 170-11a
12487 Fielitzstraße 198-7d
13089 Figarostraße 146-3d
12305 Fignerweg 232-5b
12169 Filandastraße 195-8a
12555 Filehner Straße 199-2c
13591 Filmwerkeweg 166-2c
12305 Finchleystraße 232-9c
12203 Finckensteinallee 194-12d
12205 Finckensteinallee 194-12c + 195-10c
12357 Fingerhutweg 198-10d
12349 Fink 196-12d
12557 Finkeldeweg 199-8d
12629 Finkelsteinstraße 173-3a
12527 Finkengasse 236-10a
13591 Finkenkruger Weg 142-10b
– Finkenpark 194-6a
12347 Finkenschlag (Britz) 196-9b
12527 Finkenschlag (Trept.) 199-10d
12347 Finkensteig (Nkln.) (2) 196-9b
13595 Finkensteig (Spand.) 167-7a
14195 Finkenstraße (Dahl.) 194-5b
12621 Finkenstraße (Kaulsdf.) 173-8c
12621 Finkenwalder Weg 173-6a
13599 Finkenweg (Haselh.) 143-9c
12109 Finkenweg (Mardf.) 196-8a
12347 Finkenweg (Nkln.) (9) 196-9b
12589 Finkenweg (Rahnsdf.) 201-8d
13629 Finkenweg (Teg.) 144-7d
14089 Finnenhaussiedlung 192-8a
13507 Finnentroper Weg 144-2d
10439 Finnländische Straße 146-8a
10247 Finowstraße (Friedn.) 171-5b
12045 Finowstraße (Nkln.) 171-10d
12621 Finsterberger Straße 173-2d
13435 Finsterwalder Brücke 121-8c
13435 Finsterwalder Straße 121-8c
14109 Fintelmannstraße 228-5c
12459 Firlstraße 198-5b
12355 Fischadlerweg 234-4c
14089 Fischbrunner Weg 192-7b
14163 Fischer-Dieskau-Weg 194-10c
14163 Fischerhüttenstraße 193-9d
14129 Fischerhüttenweg 193-4d
10179 Fischerinsel 170-5b
10317 Fischerstraße (Lichtbg.) 171-9b
13597 Fischerstraße (Spand.) 167-1b
13595 Fischerweg 167-7a
– Fischgrundbrücke 120-2d
13359 Fischhauser Weg 146-4b
14195 Fischottersteig 194-5b
– Fischtalpark 194-8c
10245 Fischzug 171-8b
14129 Flachsweg 193-12a
12689 Flämingstraße 149-1c
12349 Fläzsteinpfad 233-1a
13129 Flaischlenstraße 123-7a
12587 Flakenseestraße 200-5c
14195 Flanaganstraße 194-8a
13585 Flankenschanze 143-10d
12557 Flansweg 199-9c
14055 Flatowallee 167-9b
– Flatowalleebrücke 167-6d
13589 Flatower Straße 142-9b
12355 Fleischerstraße 233-3b
10557 Flemingstraße 169-3c
12555 Flemmingstraße (Köp.) 199-8a
12163 Flemmingstraße (Stegl.) 195-4d
10557 Flensburger Straße 169-2d
14163 Flererhof 229-3c
12277 Fleschweg 232-2c
12349 Flieder 233-1a
12489 Fliederallee 198-9c
12349 Fliederring 197-10a + 10c
12347 Fliedersteg 196-9d
12107 Fliederstraße (2) (Mardo) 196-11c
12559 Fliederstraße (Köp.) 199-9a
12109 Fliederstraße (Mardf.) 196-8b
13587 Fliederstraße (Spand.) 143-5b
13599 Fliederweg (Haselh.) 143-12d
13503 Fliederweg (Heilgs.) (5) 119-7d
12359 Fliederweg (Kol. Hasenheim) 197-9a
13088 Fliederweg (Malch.) (4) 147-2c
12347 Fliederweg (Nkln.) 196-9b
13403 Fliederweg (Reindf.) 144-3d
12527 Fliederweg (Schmöckw.) 236-10b
13595 Fliederweg (Spand.) 167-7a
13629 Fliederweg (Teg.) 144-10a + 8d
12099 Fliederweg (Tphf.) 196-5b
13437 Fliederweg (Witten.) 120-12b + 121-11c
14195 Fliednerweg 194-9d
12526 Fliegenpilzstraße 235-7d
14089 Fliegensteig 167-10a
14089 Fliegerhorstsiedlung 192-2c
12526 Fließstraße (Bohnsdf.) 235-5d
12439 Fließstraße (Nschönwde.) 198-5a
12589 Fließstraße (Rahnsdf.) 201-2a
13467 Fließtalstraße 120-9a
14193 Flinsberger Platz 168-12c
13437 Flötnerweg 145-2a
13507 Flohrstraße 144-6a
12107 Floningweg 196-11d
13187 Florapromenade 146-5a
12526 Florastraße (Bohnsdf.) 235-8b
13125 Florastraße (Karow) 123-5a
12623 Florastraße (Mahlsdf.) 174-1c
13187 Florastraße (Pank.) 146-5a
12163 Florastraße (Stegl.) 195-5c
13469 Florastraße (Waidml.) 121-7a
13051 Florentinestraße 123-12b
12489 Florian-Geyer-Straße 198-9d
10555 Flotowstraße (Hansav.) 169-5a
12203 Flotowstraße (Lichtfde.) 195-7d
12307 Flotowstraße (Lichtrde.) 232-11d
13581 Flottbeker Weg 166-2b
13407 Flottenstraße 145-2b
10785 Flottwellstraße 170-7a
14167 Floyd-L.-Parks-Weg 230-6a
12107 Fluchthornweg 232-2d
– Flughafen Gatow (ehemaliger) 192-5a
12053/12049 Flughafenstraße 170-12d
13405 Flughafen Tegel 144-9c
13589 Flurende 142-11a
12357 Flurweg 197-12d + 198-10c
12439 Flutstraße 198-5a
14195 Föhrenweg 194-8b
13353 Föhrer Brücke 145-11d
13353 Föhrer Straße 145-11b
13595 Földerichplatz 167-4a
13595 Földerichstraße 167-4a
12353 Försterweg (Buck.) 233-2a
13505 Försterweg (Teg.) 119-11b
12277 Föttingerzeile 232-2d
14195 Fohlenweg 194-5b
12487 Fokkerstraße 198-11a
13593 Folkungerstraße 166-9b
10785 Fontane Platz (36-C6)
10967 Fontanepromenade 170-11b
13158 Fontanestraße 121-12c
14193 Fontanestraße (Grwld.) 168-11c
13467 Fontanestraße (Hermsdf.) 120-3d
12305 Fontanestraße (Lichtrde.) 232-8b
12049 Fontanestraße (Nkln.) 170-12d
12459 Fontanestraße (Oberschönwde.) 198-2c
13158 Fontanestraße (Wilhr.) 121-12c
14169 Forbacher Straße 194-11b
13189 Forchheimer Straße 146-6a
10247 Forckenbeckplatz 171-2c
14199 Forckenbeckstraße 194-3b + 195-1a
12107 Forddamm 196-10d
13359 Fordoner Straße 146-4c
12589 Forellensprung 201-7b
13159 Forkensteig 122-1a
13125 Forkenzeile 123-6a
13467 Forlenweg 120-6d
12355 Formerweg 233-3b
14193 Forstamt Grunewald 194-2c
12627 Forster Straße (Helldf.) 150-10a
10999 Forster Straße (Kreuzbg.) 171-7c
12437 Forsthausallee 197-6a
14193 Forsthaus Alte Saubucht 193-2d
– Forsthaustunnel 120-7d
12589 Forstmeisterweg 201-9c
13467 Forststraße (Hermsdf.) 120-8b
12163 Forststraße (Stegl.) 195-4a
14163 Forststraße (Zehldf.) 194-10c
13465 Forstweg (Reindf.) 120-1d
12349 Forsythienring 197-10a
12683 Fortunaallee 173-7d
13403 Foxweg 144-3d
10999 Fraenkelufer 170-9c
13437 Fräsersteig 121-11c
12047 Framstraße 171-10a
– Franckepark 196-5a
14052 Frankenallee 168-8a
12589 Frankenbergstraße 201-9a
13467 Frankendorfer Steig 120-6a
12249 Frankenhauser Straße 231-3c
12683 Frankenholzer Weg 173-4a
13129 Frankensteinstraße 123-4d
12524 Frankenstraße (Altgl.) 235-1c
13129 Frankenstraße (Blankbg.) 123-7a
10781 Frankenstraße (Schbg.) 169-12a
12247 Frankentaler Ufer 195-9c

Berlin 397

13589 Frankenwaldstraße 142-12a
10247/10365/10317 Frankfurter Allee 171-5a
– Frankfurter Brücke 173-5c
10243 Frankfurter Tor 171-4b
14167 Frank-L.-Howley-Weg 230-3c
10587 Franklinstraße 169-4b
12681 Frank-Schweitzer-Straße 148-11b
12681 Frank-Zappa-Straße 148-11a
12623 Frans-Hals-Platz 174-1b
12623 Frans-Hals-Straße 174-1b
12621 Franzburger Straße 173-5b
14197 Franz-Cornelsen-Weg 194-3d
12489 Franz-Ehrlich-Straße 198-12b
14193 Franzensbader Straße 168-12c
14195 Franz-Grothe-Weg 194-6c
12307 Franziusweg 232-8a
10369 Franz-Jacob-Straße 171-2b
10969 Franz-Klühs-Straße 170-8a
12347 Franz-Körner-Straße 197-4d
10969 Franz-Künstler-Straße 170-8a
10243 Franz-Mehring-Platz 171-4a
10319 Franz-Mett-Straße 172-5c
13587 Franz-Meyer-Straße 143-8b
13409 Franz-Neumann-Platz 145-6d
13127 Französisch Buchholz 122-6c
10117 Französische Straße 170-5a
13125 Franz-Schmidt-Straße 103-12d
12679 Franz-Stenzer-Straße 148-9c
10318 Franz-Stimming-Weg 172-12c
12247 Franzstraße (Lankw.) 195-11d
13595 Franzstraße (Spand.) 167-4b
13088 Frau-Elster-Weg 147-2a
10719 Frauenburger Pfad 168-7b
13407 Frauenfelder Weg 145-6c
12437 Frauenlobstraße 197-3d
13158 Frauenmantelweg 122-7d
– Frauenplatz 167-6d
12357 Frauenschuhweg 198-10a
12207 Frauenstraße 231-2a
12349 Frau Holle 232-3b
12555 Frau-Holle-Straße 199-3c
13088 Frau-Holle-Weg 147-2a
10587 Fraunhoferstraße 169-4a
12526 Fraustadter Weg 235-5c
13593 Freddy-Scheinpflug-Allee 166-6b
14059/14050 Fredericiastraße 168-5d
10243 Fredersdorfer Straße 171-4a
12589 Fredersdorfer Weg 201-8a
10365 Freesienweg (1) 171-3d
13503 Freester Weg 119-6a
12159/12161 Fregestraße 195-5a
10365 Freiaplatz 172-1c
10365 Freiastraße 172-1c
12107 Freibergstraße 196-11a
12623 Freiburger Straße 173-9c
12589 Freienbrinker Saum 201-5c
13359 Freienwalder Straße (Gesndbr.) 146-7b
13055 Freienwalder Straße (Hschönhs.) 147-9d
12305 Freiertweg 232-6a
12355 Freigutweg 234-2a
13597 Freiheit (38-B3)
12555 Freiheit (Köp.) 199-5c
13597 Freiheit (Spand.) 167-2d
13407 Freiheitsweg (Reindf.) 145-2d
13467 Freiherr-vom-Stein-Straße (Hermsdf.) 120-6c
10825 Freiherr-vom-Stein-Straße (Schbg.) 169-11d
13509 Freilandweg 120-9c
10967 Freiligrathstraße 170-12a
13129 Freischützstraße 123-7b
10781 Freisinger Straße 169-11b
12355 Freitaler Straße 233-6b
12205 Freiwaldauer Weg 194-12a
12277 Freizeitpark Marienfelde 232-7a
13507 Freizeitpark Tegel 120-10d
13469 Freizeit- und Erholungspark Lübars 121-6c
13627 Freizeit und Erholungszentrum Degenhof 145-10c
12623 Frettchenweg 173-6a
14165 Fretzdorfer Weg 229-3d
13583 Freudenberger Weg 142-12b
13589 Freudstraße 142-8c
– Freybrücke 167-7b
14165 Freyensteinweg (2) 229-3d
12247 Freymüllerweg 195-9d
12489 Freystadter Weg 199-7a
13156 Frickastraße 122-10c
12683 Fridolinweg 149-10d
13585 Frieda-Arnheim-Promenade (5) 143-11a
10318 Frieda-Rosenthal-Straße 198-3a
13086 Frieda-Seidlitz-Straße 147-4c
10317 Friedastraße 172-4a
14057 Friedbergstraße 168-9a
12047 Friedelstraße 170-9d
12159 Friedenauer Brücke 195-5b
12279 Friedenfelser Straße 232-4a
10319 Friedenhorster Straße 172-8c
12103 Friedensplatz 196-4b
13158 Friedensteg 145-3b
12107 Friedenstraße 196-10b
12489 Friedenstraße (Adlhf.) 198-9d
10249 Friedenstraße (Friedhn.) 170-3b
12555 Friedenstraße (Köp.) 199-5a
12623 Friedenstraße (Mahlsdf.) 173-8d
14109 Friedenstraße (Wanns.) 228-5c
12307 Friedensweg (Lichtrde.) 232-8d
13158 Friedensweg (Nordende) 122-8c
– Friedenthalpark 168-11b
12355 Friederike-Nadig-Straße 234-5c
13505 Friederikestraße 143-2d
13053 Friedhofstraße 147-9c
13158 Friedhofsweg 122-8c
12489 Friedlander Straße 198-9d
12349 Friedlandpromenade 196-12c
10117 Friedrich-Ebert-Platz (36-C4)
13351 Friedrich-Ebert-Siedlung 145-4d
13156/13158 Friedrich-Engels-Straße 122-10a
12103 Friedrich-Franz-Straße 196-4d
14053 Friedrich-Friesen-Allee 167-6c
10829 Friedrich-Gerlach-Brücke 195-3b
10829 Friedrich-Haak-Brücke 196-1c
14089 Friedrich-Hanisch-Straße 192-8b
10789 Friedrich-Hollaender-Platz 169-8c
10245 Friedrich-Junge-Straße 171-9c
13403 Friedrich-Karl-Straße (Reindf.) 145-4d
12103 Friedrich-Karl-Straße (Tphf.) 196-4d
12353 Friedrich-Kayßler-Weg 233-3a
13353 Friedrich-Krause-Ufer 145-11d
12487 Friedrich-List-Straße 198-4b
10557 Friedrich-List-Ufer (36-B2)
13627 Friedrich-Olbricht-Damm 145-7c
13125 Friedrich-Richter-Straße 123-3a
12249 Friedrichrodaer Straße 232-1a
10243 Friedrichsberger Straße 171-1c
– Friedrichsbrücke 170-2c
12347 Friedrichsbrunner Platz 197-4a
12347 Friedrichsbrunner Straße 197-4a
10319 Friedrichsfelde 172-5c
10178 Friedrichsgracht (37-F4)
12587 Friedrichshagen 199-6d
12555 Friedrichshagener Straße 199-5c
14199 Friedrichshaller Straße 194-3c
12169 Friedrichsruher Platz 195-5d
14193 Friedrichsruher Straße (Schmargdf.) 168-12b
12169 Friedrichsruher Straße (Stegl.) 195-5d
10117 Friedrichstadtpassagen (37-E5)
10969 Friedrich-Stampfer-Straße 170-8a
10318 Friedrichsteiner Straße 172-11a
13467 Friedrichsthaler Weg 120-6c
10117/10969 Friedrichstraße 170-1d + 1b + 4b + 5c
12205 Friedrichstraße (Lichtfde.) 194-12a
13585 Friedrichstraße (Spand.) 143-10d
12161 Friedrich-Wilhelm-Platz 195-2c
13409 Friedrich-Wilhelm-Straße (Reindf.) 145-6a
12099/12103 Friedrich-Wilhelm-Straße (Tphf.) 196-4c
12489 Friedrich-Wöhler-Straße 198-11d
12527 Friedrich-Wolf-Straße 199-11c
13158 Friensteinweg 122-8c
12623 Friesacker Straße 174-4a
12277 Friesdorfer Pfad 232-7a
12524 Friesenstraße (Altgl.) 235-1c
10965 Friesenstraße (Kreuzbg., Tphf.) 170-11c
13156 Friesenstraße (Nschönhs.) 146-1a
13086 Friesickestraße 147-7a
13435 Frischborner Weg 121-8c
14195 Frischlingssteig 194-2d
13089 Frithjofstraße 146-3b
10585/10627 Fritschestraße 168-6d
12163 Fritschweg 195-4c
12101 Fritz-Bräuning-Promenade (1) 196-1b
10823 Fritz-Elsas-Straße 169-11d
12351/12353 Fritz-Erler-Allee 197-11a
13156 Fritz-Erpenbeck-Ring 122-10d
12057 Fritzi-Massary-Straße 197-6a
12459 Fritz-Kirsch-Zeile 198-2a
12459 Fritz-König-Weg 198-1a
10318 Fritz-Kortner-Straße 172-12c
12526 Fritz-Kühn-Straße 235-7b
12627 Fritz-Lang-Platz (4) 149-9c
12627 Fritz-Lang-Straße 149-9c
13053 Fritz-Lesch-Straße 147-11b
12359 Fritz-Reuter-Allee 197-8a
12623 Fritz-Reuter-Straße (Mahlsdf.) 173-3d
13156 Fritz-Reuter-Straße (Nschönhs.) 122-11c
10827 Fritz-Reuter-Straße (Schbg.) 195-3a
10407 Fritz-Riedel-Straße 147-10d
10243 Fritz-Schiff-Weg 171-1d
10318 Fritz-Thurm-Weg 198-3a
14199 Fritz-Wildung-Straße 168-12d
12249 Frobenstraße 195-12c
12249 Frobenstraße (Lankw.) 231-2b
10783 Frobenstraße (Schbg.) 169-9d
13585 Frobenstraße (Spand.) 143-10a
12161 Fröaufstraße 195-5a
10405 Fröbelplatz 146-12b
10405 Fröbelstraße 146-12b
13595 Fröhnerstraße 167-7a
12627 Frohburger Straße 149-12b
13465 Frohnau 100-11d + 120-2a
13465 Frohnauer Brücke 120-2b
13467/13465 Frohnauer Straße 120-2c
10969 Fromet-und-Moses-Mendelssohn-Platz 170-8a
Fromet-und-Moses-Mendelssohn-Platz (1) 170-8a
13437 Frommpromenade 121-10d
12165 Fronhoferstraße 195-7b
12349 Froschkönig 232-3b
13088 Froschkönigweg 147-2a
12524 Froschsteg 234-6c
13089 Frostraße 147-1c
13158 Frühlingstraße 146-1c
13403 Frühlingsweg (Reindf.) 145-4b
13403 Frühlingsweg (Teg.) 144-6a
13125 Frundsbergstraße 123-5a
12527 Fuchsbau (Grün.) 199-10d
10318 Fuchsbau (Karlsh.) 172-11c
13407 Fuchsbauplatz 145-2d
12683 Fuchsbergeweg (Biesdf.) 173-7c
14089 Fuchsbergeweg (Klad.) 192-7d
12357 Fuchsienweg 198-10a
12279 Fuchsmühler Weg 231-6d
13465 Fuchsring 100-11c
13437 Fuchsschwanzweg 121-11c
13465 Fuchssteinerweg 120-2b
13629 Fuchsweg (Teg.) 144-7d
13405 Fuchsweg (Wedd.) 145-7c
12209 Fügener Weg 231-6a
14169 Fünf Morgen 194-8b
10961 Fürbringerstraße 170-8c
13469 Fürst-Bismarck-Straße 120-9b
13503 Fürstenauer Weg 119-8a
10435 Fürstenberger Straße 146-11d
– Fürstenbrunner Brücke 168-2c
14059/14050 Fürstenbrunner Weg 168-2c
13465 Fürstendamm 120-2b
14052 Fürstenplatz 168-4d
12207 Fürstenstraße (Lichtfde.) 231-4d
14163 Fürstenstraße (Zehldf.) 194-10c
12589 Fürstenwalder Allee 201-7b
12587/12589 Fürstenwalder Damm 199-6b
10243 Fürstenwalder Straße 170-3d
12589 Fürstenweg (Rahnsdf.) 201-9b
13589 Fürstenweg (Spand.) 143-7a
12309 Fürther Straße (Lichtrde.) 233-10a
10777 Fürther Straße (Wilmdf.) 169-8c
12309 Füssener Straße 233-10a
10777 Fuggerstraße 169-8d
12099 Fuhrmannstraße 196-5a
13587 Fuldaer Weg 143-5c
12043/12045 Fuldastraße 171-10c
12359 Fulhamer Allee 197-7b
12557 Funkelgang 199-12a
12107 Furkastraße 232-2b
14193 Furtwänglerstraße 168-11d
12589 Fußweg 475 201-8a
12459 Fuststraße 198-2a
12353 Futhzeile 233-1d
12555 Futranplatz (3) 199-8a

12247 **G**abainstraße 195-12b
13505 Gabelweihstraße 143-2b
13507 Gabrielenstraße 120-10d
10963 Gabriele-Tergit-Promenade 170-7a
10245 Gabriel-Max-Straße 171-5a
12619 Gadebuscher Straße 173-2c
14195 Gadebuscher Weg (Dahl.) 194-6a
12619 Gadebuscher Weg (Kaulsd.) (4) 173-2c
13086 Gäblerstraße 147-4d + 4a
14163 Gänseblümchenweg 229-3c
13507 Gänsewerder 144-1d
13593 Gärtnereiring 166-5a
10245 Gärtnerstraße (Friedhn.) 171-5c
13055 Gärtnerstraße (Hschönhs.) 148-7a
12207 Gärtnerstraße (Lichtfde., Lankw.) 195-11a
12524 Gärtnerweg (Altgl.) 234-6d
13503 Gärtnerweg (Heilgs.) 119-11b
12103 Gäßnerweg 196-4d
12307 Gätzschmannpfad 232-8c
13187 Gaillardstraße 146-5a
13587 Gaismannshofer Weg 143-7b
12109 Gajusstraße 196-9c
13597 Galenstraße 167-1a
13187 Galenusstraße 146-3a
12435 Galileistraße 171-12c
14089 Gallandiweg 192-7d
10589 Gallesteig 168-3b
12109 Gallipoliweg 196-8d
12307 Galluner Straße 232-12c
12249 Gallwitzallee 195-12c + 231-3a
10587 Galvanistraße 169-4a
13503 Gambiner Weg 119-6a
13409 Gamsbartweg 145-3c
13439 Gandenitzer Weg 121-9c
12043 Ganghoferstraße (Nkln.) 171-10d
12163 Ganghoferstraße (Stegl.) 195-4a
12353 Gansbergsteig 197-12c
14089 Ganzhornweg 192-7c
13189 Garbátyplatz 146-5b
12683 Garbenpfad 173-1c
12203 Gardeschützenweg 194-12b
14059 Gardes-du-Corps-Straße 168-6a
13158 Garibaldistraße 121-12c
13587 Garmischer Weg 143-5d
10178 Garnisonkirchplatz (37-F3)
13599 Gartenfelder Brücke 143-12b
13599 Gartenfelder Straße 143-12c
13355 Gartenplatz 146-10b
12526 Gartenstadtweg 235-5a
12524/12526 Gartenstadtweg 235-2c
12683 Gartenstraße (Biesdf.) 173-4a
13129 Gartenstraße (Blankbg.) 123-7d
12526 Gartenstraße (Bohnsdf.) 235-5a
13127 Gartenstraße (Fr. Buchhz.) 122-9a
12557 Gartenstraße (Köp.) 199-8a
13088 Gartenstraße (Weißs.) 147-8b
14169 Gartenstraße (Zehldf.) 230-2a
10787 Gartenufer 169-5c
13629 Gartenweg (Straße 208) 144-10a
14195 Garystraße 194-8d
12683 Garzauer Straße 149-10d
12683 Garziner Platz 173-7a
10318 Gasag 172-12c
13159 Gascognerweg 122-8b
10717 Gasteiner Straße 169-10d
14089 Gatow 166-12d + 193-1a
13595/14089 Gatower Straße 166-9d
13125 Gatterweg 123-6d
12349 Gaudacher Straße 232-6b
12353 Gaudigweg 197-11d
10437 Gaudystraße 146-8d
10589 Gaußstraße 169-1a
12459 Gaußstraße (Oberschönwde.) 198-6a
14089 Gautinger Weg 192-7b
13465 Gawanstraße 120-1d
12277 Gebertstraße 232-4b
– Gebhardtplatz 167-6b
13088 Gebrüder-Grimm-Weg 147-2c
12526 Gebrüder-Hirt-Straße 234-9b
14089 Gebrüder-Wright-Straße 192-4a
14195 Gebweilerstraße 194-11b
13409 Gedonstraße 145-6b
12355 Geflügelsteig 233-6b
13581 Gehlberger Straße 166-3d
– Gehrenseepark 124-12d
13053 Gehrenseestraße 148-7b
12526 Gehrenweg 235-8a
13088 Gehringstraße 147-5a
12555 Gehsener Straße 199-2a
10961 Geibelstraße (Kreuzbg.) 170-8d
12205 Geibelstraße (Lichtfde.) 194-12a
12305 Geibelstraße (Lichtrde.) 232-5d
13465 Geierpfad 100-9c
12559 Geinsheimer Weg 236-3b
10777 Geisbergstraße 169-8d + 8c
14197 Geisenheimer Straße 195-1d
12105 Geiserichstraße 196-7a
12357 Geißbartweg 198-10a
13591 Geißblattpfad 142-10d
12685 Geißenweide 149-10a
13627 Geißlerpfad 144-11d
13627 Geitelsteig 144-11d
12627 Geithainer Straße 150-10a
12209 Geitnerweg 231-5a
14195 Gelfertstraße 194-8b
12203 Gélieustraße 195-7d
12489 Gellertstraße (Adlhf.) 198-9d
13127 Gellertstraße (Fr. Buchhz.) 122-9b
13597 Gellertweg 167-1d
12555 Gelnitzstraße 199-5b
13583 Gelsenkircher Straße 142-12c
13053 Gembitzer Straße 148-7a
– Gemeindepark Lankwitz 195-12c
– Gemeindewäldchen Zehlendorf 194-10d
12489 Gemeinschaftsstraße 198-9d
13503 Gemsenpfad 119-9a
13189 Gemündener Straße 146-3c
10117 Gendarmenmarkt 170-5a
13403 General-Barby-Straße 145-4a
– General-Ganeval-Brücke 144-9c
12101 General-Pape-Straße 196-1a
13403/13405 General-Woyna-Straße 145-4a
10829 Genestraße 196-1c
13595 Genfenbergstraße 167-4d
13407 Genfer Straße 145-5b
12205 Genfer Weg 230-3b
13158 Genossenschaftssteg 145-3b
12489 Genossenschaftsstraße 198-9b
13059 Genossenschaftsweg 148-1b
12555 Genovevastraße 199-2b
14165 Genshagener Straße (5) 230-1c
10315 Gensinder Straße 172-5b
10315 Gensinger Straße 172-2d
13055 Genslerstraße 148-10a
13353 Genter Straße 145-8d
10785 Genthiner Straße 169-9b
13125 Georg-Benjamin-Straße 123-3b
10409 Georg-Blank-Straße 146-9d
10785 Georg-C.-Marshall-Brücke 170-7a
14089 George-Caylay-Straße 192-4b
10629 George-Grosz-Platz 169-7c
10249 Georgenkirchstraße 170-3b
13129 Georgenstraße (Blankbg.) 123-11a
12209 Georgenstraße (Lichtfde.) 231-2d
10117 Georgenstraße (Mitte) 170-1d
– Georg-Hermann-Garten 195-2c
– Georgiiplatz 167-6c
12623 Georginenweg 173-9a
12681 Georg-Knorr-Platz 148-8d
12681 Georg-Knorr-Straße 148-8d
14055 Georg-Kolbe-Hain 168-7a
10369 Georg-Lehnig-Straße 171-2b
10317 Georg-Löwenstein-Straße 171-9d
13583 Georg-Ramin-Siedlung 143-10c
12489 Georg-Schendel-Straße 198-12a
13591 Georg-Schroeder-Straße 142-10b
14167 Georg-Steger-Weg 230-2d
10318 Georg-Stern-Straße 172-12c
13357 Georgstraße (Gesndbr.) 146-8a
12621 Georgstraße (Kaulsdf.) 173-5b
– Georg-von-Siemens-Park 195-9b
10711 Georg-Wilhelm-Straße 168-9c
12689 Geraer Ring 148-3d
12209/12249 Geraer Straße 231-2c
12683 Geraldstraße 173-10a
12683 Geraldweg 173-10a
12349 Geranie (2) 233-1a
12203 Geranienstraße 195-7b
12209 Gerberpfad 231-1d
12621 Gerdastraße 173-8a
10715 Gerdauer Straße 169-11c
12105 Gerdsmeyerweg 196-7a
13053 Gerhard-Schulz-Straße 148-7b
14165 Gerhardsdorfer Straße (7) 230-1c
10557 Gerhardtstraße 169-3c
12355 Gerhard-Winkler-Weg 234-1d
10719 Gerhart-Hauptmann-Anlage 169-8c
12623 Gerhart-Hauptmann-Straße 173-8d
13347 Gerichtstraße 145-12b
10557 Gerickesteg 169-3c
14129 Gerkrathstraße 229-2a
12043 Gerlachsheimer Weg (1) 197-1b
13505 Gerlindeweg 143-2d
12353/12349 Gerlinger Straße 233-4a
12524 Germanenplatz 235-1a
12524 Germanenstraße (Altgl.) 234-3b
13156 Germanenstraße (Nschönhs.) 145-3b
12099 Germaniagarten 196-6a
12347 Germaniapromenade 197-4a
12099 Germaniastraße 196-5a
– Germelmannbrücke 196-7b
13439 Germendorfer Straße 121-11b
13583 Germersheimer Platz 143-10c
13583 Germersheimer Weg 142-12d
10365 Gernotstraße 172-4a
12487 Gernotweg 197-9d
13129 Gernroder Straße 123-10b
12247 Gernsheimer Straße 195-9c
14197 Gerolsteiner Straße 195-1d
12524 Gerosteig 234-6a
12205 Gersauer Weg 195-10c
12105 Gersdorfstraße 196-7a
14089 Gerstäckerweg 192-10b
12683 Gerstenweg 173-1c
12305 Gerstnerweg 232-12a
12559 Gersweileraue 237-1a
12559 Gersweilerstraße 237-1a
Gertraudenbrücke (37-F5)
10178 Gertraudenstraße 170-5b
14165 Gertraudstraße 230-1d
12355 Gertrud-Dorka-Weg (4) 234-5c
10117 Gertrud-Kolmar-Straße 170-4b
13467 Gertrudstraße (Hermsdf.) 121-1c
13053 Gertrudstraße (Hschönhs.) 147-9a
10629 Gervinusstraße 168-9d
13053 Gerzlower Straße 148-4c
10117 Geschwister-Scholl-Straße 170-2c
13409 Gesellschaftstraße 145-6d
12305 Gessepfad 232-6a
10829 Geßlerstraße 169-12d
13355 Gesundbrunnen 146-10b
10437 Gethsemanestraße 146-9c
13469 Getreideweg (4) 121-5d
10317 Geusenstraße 171-6c
13125 Gewanneweg 123-2d
13507 Gewerbegebiet „Am Borsigturm“ 144-2a
13127 Gewerbegebiet Pankow-Nord 102-12c + 122-3a
13597 Gewerbehof 167-2c
12555 Gewerbezentrum Manfred von Ardenne 199-1a
12043 Geygerstraße 171-10d
13351 Ghanastraße 145-7b
12359 Gielower Straße 197-8c
12623 Gielsdorfer Straße 173-6a
10585 Gierkeplatz 168-6b
10585 Gierkezeile 168-6b
13088 Giersstraße 147-6c
10629 Giesebrechtstraße 169-7a
10713 Gieselerstraße 169-10b
12207 Giesensdorfer Straße 231-1b
12621/12623 Giesestraße 173-3c
12587 Gilgenburger Pfad 199-6b
12587 Gilgenburger Straße 199-6b
14163 Gilgestraße 229-3b
14193 Gillweg 168-12a
14165 Gimpelsteig 230-1d
12487 Ginkgoweg 198-10b
14165 Ginsterheide 229-6b
12349 Ginsterring 197-10a
13627 Ginsterweg (Charlbg.) 145-10c
12623 Ginsterweg (Mahlsdf.) 150-10b
12623 GiP Gewerbepark 174-4a
10119 Gipsstraße 170-2a
12357 Girlitzweg 197-12a
13467 Gisbertasteig 121-1c
12355 Gisbertzweg 234-4b
10317 Giselastraße 171-6d
10317 Gisèle-Freund-Hain (10) 171-9d
10365 Giselhersteig (4) 172-1d
10969 Gitschiner Straße 170-8c
13583 Glacisweg 167-1a
12683 Gladauer Weg 172-6d
12559 Gladiolenstraße 199-9a
13599 Gladiolenweg (Haselh.) 143-9c
13581 Gladiolenweg (Spand.) 166-3c
12107 Glärnischweg 232-2b
12679 Glambecker Ring 149-4d
13476/13465 Glambecker Weg 120-2d
12205 Glandzeile 230-3b
12437 Glanzstraße 198-1c
12205 Glarner Straße 231-1a
13127 Glasapfelweg 123-4c
12555 Glasberger Straße 199-2a
10245 Glasbläserallee 171-8d
10365 Glaschkestraße 171-3d
12305 Glaserweg 232-5b
13349 Glasgower Straße 145-8a
12355 Glashütter Weg 234-2b
13503 Glaskrautstraße 119-8b
12051 Glasower Straße 197-4a
10439 Glaßbrennerstraße 146-9a
10247 Glatzer Straße 171-5b
12209 Glauberstraße 231-2c
12627 Glauchauer Straße 149-12c
10781/10823 Gleditschstraße 169-9c
10437/13355 Gleimstraße 146-8c
13555 Gleimtunnel 146-8c
12683 Gleiwitzer Straße 173-7a
10318 Gleyeweg 172-10d
14109 Glienicker Brücke 227-5d
12526 Glienicker Straße (Bohnsdf.) 235-4c
13467 Glienicker Straße (Hermsdf.) 120-6d
12557 Glienicker Straße (Köp.) 199-7d
14109 Glienicker Straße (Wanns.) 228-7b
12489 Glienicker Weg 199-10a
13589 Gliensteig 142-9b
12349 Glimmerweg 232-3c
12524 Glindower Weg 234-6c
13599 Glindowseestraße 143-8b
10117 Glinkastraße 170-4b
12357 Glockenblumenweg 197-12a + 198-10c
14163 Glockenstraße 194-10c
– Glockenturmbrücke 167-5d
14053/14055 Glockenturmstraße 167-8b
13627 Gloedenpfad 144-12d
13585 Glöwener Straße 143-7c
10999 Glogauer Straße 171-7c
12555 Gloriastraße 199-4d
12559 Glottertaler Straße 201-10c
12247 Gluckweg 195-11d
13357 Glücksburger Straße 146-7b
13589 Glühwürmchenweg 142-8c
10961 Gneisenaustraße 170-11a
14193 Gneiststraße (Grwld.) 168-11c
10437 Gneiststraße (Prenz. Bg.) 146-8d
13088 Gnomenplatz 147-2d
12355 Gockelweg 234-4c
12527 Godbersenstraße 236-11a
10318 Godesberger Straße 172-11b
13627 Goebelplatz 144-11d
13627/13629 Goebelstraße 144-10d
10783 Goebenstraße (Schbg.) 169-9d
12167 Goebenstraße (Stegl.) 195-8a
13055 Goeckestraße 147-12b

10437 Göhrener Straße 146-12a
12107 Göllweg 232-2d
13627 Goerdelerdamm 168-3a
– Goerdelerdammbrücke 145-10d
13627 Goerdelersteg 144-12d
– Görlitzer Park 171-7c
10997 Görlitzer Straße 171-7a
10997/10999 Görlitzer Ufer 171-7d
12161 Görresstraße 195-2c
13187 Görschstraße 146-5a
12555 Görsdorfer Straße 199-2a
12207/14167 Goerzallee 230-5d
13437 Göschenplatz 121-10b
13437 Göschenstraße 121-10b
14089 Gößweinsteiner Gang 192-7d
13595 Götelstraße 167-4d
– Goethepark (Charlbg.) 168-6d
– Goethepark (Wedd.) 145-8c
12526 Goethestraße (Bohnsdf.) 235-6c
10623/10625 Goethestraße (Charlbg.) 169-4d + 4c
12207 Goethestraße (Lichtfde.) 231-1b
12305 Goethestraße (Lichtrde.) 232-5d
12459 Goethestraße (Oberschönwde.) 198-2c
10409/13086 Goethestraße (Weißs.) 147-7a
13158 Goethestraße (Wilhr.) 121-12c
14163 Goethestraße (Zehldf.) 193-12d
13127 Goetheweg 122-5d
12169 Göttinger Straße 195-6c
13467 Götzestraße 120-9b
12623 Götzkeweg 150-11d
12051 Götzstraße 196-5a
12627 Gohliser Straße 150-7c
12351 Goldammerstraße 197-12c
12249 Goldaper Straße 231-2b
13599 Goldbeckweg 143-12a
12349 Goldesel 232-3b
14195 Goldfinkweg 194-5b
12359 Goldhähnchenweg 197-8d
13589 Goldkäferweg 142-8c
12357 Goldlackweg 197-12d
12247 Goldmühler Weg 195-12b
12357 Goldrautenweg 198-10c
12623 Goldregenstraße 173-9a
12307 Goldschmidtweg 232-8a
12524 Goldsternweg 199-10c
14109 Golfweg 228-4d
13465 Gollanczstraße 100-11c + 11a + 120-2a
12689 Golliner Straße 149-1d
13585 Golmer Straße 143-10a
10965 Golßener Straße 170-11d
12307 Goltzstraße (Lichtrde.) 232-12a
10781 Goltzstraße (Schbg.) 169-12a
13587 Goltzstraße (Spand.) 143-8a
12623 Golzower Straße 173-12d
12437 Gondeker Straße 198-1c
10178 Gontardstraße 170-2d
12101 Gontermannstraße 196-1a
13599 Gorgasring 143-12c
13507/13509/13437 Gorkistraße 120-11d
10119 Gormannstraße 170-2b
12559 Gosener Damm 236-3d
12559 Gosener Landstraße 237-1c
10589 Goslarer Platz 169-1c
10589 Goslarer Ufer 169-1a
14195 Goßlerstraße 194-9c
12161 Goßlerstraße (Friedn.) 195-5a
10777 Gossowstraße 169-9c
13359 Gotenburger Straße 146-4c
10829 Gotenstraße 169-12d
12524 Gotenstraße (Altgl.) 234-3d
10829 Gotenstraße (Schbg.) 195-3b
13595 Gotenweg 166-9d
14050/14052 Gotha-Allee 168-4a
12629 Gothaer Straße (Helldf.) 149-8d
10823 Gothaer Straße (Schgb.) 169-12a
10439 Gotlandstraße 146-8b
10365 Gotlindestraße 171-3d + 172-1c
14089 Gottfried-Arnold-Weg 192-4d
14050 Gottfried-Keller-Straße 168-5d
12489 Gottfried-Leibniz-Straße 198-12a
13053 Gottfriedstraße 148-4d
14193 Gottfried-von-Cramm-Weg 168-10d
13407/13403 Gotthardstraße 145-5b + 4d
12099 Gottlieb-Dunkel-Brücke 196-6c
12099 Gottlieb-Dunkel-Straße 196-5d
13359 Gottschalkstraße 146-4b
13357 Gottschedstraße 145-9d
– Gotzkowskybrücke 169-1d
10555 Gotzkowskystraße 169-2c
13088 Gounodstraße 147-7d
13086 Goyastraße 147-7a
12247 Graacher Straße (Lankw.) 195-12a
13088 Graacher Straße (Weißs.) 147-5d
13051 Graaler Weg 147-6a
13156 Grabbeallee 146-2c
12683 Grabensprung 172-6b + 173-7a
12526 Grabenstraße (Bohnsdf.) 235-5b
12209 Grabenstraße (Lichtfde.) 231-2a
13158 Grabenweg 122-7d
12169 Grabertstraße 195-9a
12435 Grabowstraße 171-10b
12347/12099 Gradestraße 196-9a
– Gradestraßebrücke 196-9b
12205 Gräfenberger Weg 194-12c
12249 Gräfentaler Straße 231-2d
10967 Graefestraße 170-12a
13581 Grässeweg 166-3c
13595 Graetschelsteig 167-4c
12589 Grätzwalder Straße 201-8a
10318 Grafenauer Weg 172-9c
13587 Grafenwalder Weg 143-7d
12623 Graffplatz 150-11c
13403 Graf-Haeseler-Straße 145-4a
10777 Grainauer Straße 169-8c
13465 Gralsburgsteig 100-11c + 120-2a
13465 Gralsritterweg 120-1b
13629 Grammestraße 168-1b
13409 Granatenstraße 146-4a
13465 Graneweg 120-1c
13158 Granitweg (Nschönhs.) 122-8c
13189 Granitzstraße 146-5b
10435 Granseer Straße 146-11c
12349 Graphitweg 232-3c
12589 Grasehorstweg 201-8b
12351 Grasmückenweg 197-12a
14109 Grassoweg 228-6a
12527 Grauammerpfad 199-10d
12621 Graubündener Straße 173-8a
10243 Graudenzer Straße 171-4b
13355 Graunstraße 146-8c
12349 Grauwackeweg 232-3c
12167 Gravelottestraße 195-8c
12685 Gravensteiner Steg 148-12b
13127 Gravensteinstraße 122-6d
12157 Grazer Damm 195-3c
12157 Grazer Platz 195-6a
13435 Grebenhainer Weg 121-7d
14089 Gredinger Straße 192-7b
13349 Greenwicher Straße 145-5c
13507 Greenwichpromenade 120-10d
14195 Gregor-Mendel-Straße 195-4a
10318 Gregoroviusweg 172-8d
12355 Greifenberger Straße 234-4b
10437 Greifenhagener Brücke 146-9c
10437 Greifenhagener Straße 146-9c
12623 Greifenweg 174-1b
12487 Greifstraße 198-5c
12623 Greifswalder Straße (Mahlsdf.) 150-10a
10405/10409 Greifswalder Straße (Prenzl. Bg.) 170-3b
12107 Greinerstraße 196-10c
12279 Greizer Straße (Marfde.) 231-6a
12689 Greizer Straße (Marz.) 148-3d
10409 Grellstraße 146-9d
13597 Grenadierstraße 167-2c
12487 Grenzallee (Johsth.) 198-7a
12057 Grenzallee (Nkln.) 197-2c
– Grenzalleebrücke 197-2c
12589 Grenzbergeweg 201-9c
12165 Grenzburgstraße 195-7b
13053 Grenzgrabenstraße 148-8c
14165 Grenzpfad 230-1b
12353 Grenzstraße (1) 233-2c
13355 Grenzstraße (Gesndbr.) 146-10a
12623 Grenzstraße (Mahlsdf.) 173-8d
13158 Grenzweg 122-8c
12347 Grenzweg (Britz) 196-9b
10589 Grenzweg (Charlbg.) 169-1a
12357 Grenzweg (Fr. Buchhz.) 122-5d
12487 Grenzweg (Johsth.) 198-7a
12307 Grenzweg (Lichtrde.) 232-8c
12109 Grenzweg (Mardf.) 196-9a
12349 Grenzweg (Mardf.) 232-6b
12459 Grenzweg (Oberschönwde.) 198-1b
12589 Grenzweg (Rahnsdf.) 201-11b
13158 Grenzweg (Rosnth.) 122-10a
13437 Grenzweg (Wilhr.) 121-11c
– Grenzwegbrücke 201-8d
13189 Greta-Garbo-Straße 146-6c
12057 Gretelstraße 197-3c
14055 Grethe-Weiser-Weg 167-9d
12277 Greulichstraße 232-1c
13059 Grevesmühlener Straße 148-1d
12103 Greveweg 196-4c
10435 Griebenowstraße 146-11d
12623 Griebenweg 150-11d
14109 Griebnitzsee-Promenade 228-8c
12459 Griechische Allee 198-2c
– Griechischer Park 198-2c
14193 Griegstraße 194-2a
12305 Griembergweg 232-6c
14193 Grieser Platz 168-12a
– Griesingerpark 173-1b
13589 Griesingerstraße 142-8a
14089 Grillensteig 167-10a
13405 Grillenweg (Mitte) 145-7c
12587 Grillenweg (Trept.) 199-6b
12277 Grillostraße 232-4b
12163 Grillparzerstraße 195-4a
12439 Grimaustraße 198-5d
13503 Grimbartsteig 119-9c
14089 Grimmelshausenstraße 192-7d
12107 Grimmingweg 232-2d
10967 Grimmstraße (Kreuzbg.) 170-9c
12305 Grimmstraße (Lichtrde.) 232-8b
12349 Grimmweg 196-12c
13595 Grimnitzseeweg 167-4d
10318 Grimnitzstraße (Karlsh.) 172-11a
13595 Grimnitzstraße (Spand.) 167-4d
13089 Grimselweg 147-1d
13407 Grindelwaldweg 145-5d
12163 Gritznerstraße 195-4d
13585 Groenerstraße 143-10d
12679 Grohsteig 149-7a
13125 Grollstraße 103-12b
10623 Grolmanstraße 169-7b
12207 Gronauer Weg 231-4c
13347 Groninger Straße 145-9a
13357 Gropiusstraße (Gesndbr.) 146-7a
13053 Gropiusstraße (Hschöhns.) 147-9c
13125 Groscurthstraße 103-12d
– Großbeerenbrücke 170-7d
10963/10965 Großbeerenstraße (Kreuzbg.) 170-10b
12209 Großbeerenstraße (Lichtfde.) 231-5a
12107 Großbeerenstraße (Mardo) 196-10d
12487 Groß-Berliner Damm 198-5c
12353 Großcreutzweg 233-2a
10115 Große Hamburger Straße 170-2a
13587 Große Kienhorst Bogen 142-1c
13055 Große-Leege-Straße 147-12b
12355 Großenhainer Weg 233-3d
10178 Große Präsidentenstraße (37-F2)
13595 Große Promenade 167-7a
10557 Große Querallee 169-6d
10178 Großer Jüdenhof (1) (37-G3)
12527 Großer Rohrwall 236-5a
13599 Großer Spreering 167-3b
14193 Großer Stern (Grwld.) 193-6b
10557 Großer Stern (Tiergt.) 169-5b
13587 Großer Wall 143-8b
10787 Großer Weg 169-5c
13086 Große Seestraße 147-4d
10577 Große Sternallee 169-6a
14089 Groß-Glienicke 191-6d
14089 Groß-Glienicker Weg 192-2c
10827/10829 Großgörschenstraße 169-12b
13403 Großkopfstraße 145-4b
12623 Großmannstraße 173-6d
12459 Großstraße 198-2d
12355 Groß-Ziethener Chaussee 233-6b
12309 Groß-Ziethener Straße 232-9c
– Großziethen Gartenstadt 233-5a
12526 Grottewitzstraße 235-5a
12559 Grottewitzwanderweg 236-6c
12621 Grottkauer Straße 149-12c
13593 Gruberzeile 166-6c
12527 Grünau 199-10d + 235-2a
12557 Grünauer Brücke 199-11a
12524 Grünauer Straße (Altgl.) 234-3b
12526 Grünauer Straße (Bohnsdf.) 235-6c
12557 Grünauer Straße (Köp.) 199-8a
12527 Grünauer Weg 236-10b
12526/12524 Grünbergallee 234-6d
10243/10245 Grünberger Straße 171-4b
12526 Gründerstraße 235-2c
12683 Grüne Aue 173-4d
- Grüne Brücke 119-9b
13589 Grünefelder Straße 142-9b
12589 Grünelinder Straße 201-9c
14089 Grüner Wall 192-4d
12347 Grüner Weg (Britz) 196-9b
12359/12351 Grüner Weg (Britz, Buck.) 197-11a
13599 Grüner Weg (Haselh.) 143-12d
12349 Grüner Weg (Mardf.) 196-12c
14109 Grüner Weg (Wanns.) 228-5d
12557 Grüne Trift am Walde 199-9c
12557 Grüne Trift (Köp.) 199-8b
13059 Grüne Trift (Wartbg.) 148-2b
12526 Grünfinkenweg 235-5b
12587 Grünfließer Gang 199-6a
12589 Grünheider Weg 201-8a
13581 Grünhofer Weg 167-1c
13129 Grünkardinalweg (Blankenbg.) 122-12d
13437 Grünlandweg 120-12d
12359/12351 Grünlingweg 197-8c
13409 Grünrockweg 145-3c
13469 Grünspechtweg 121-6c
12559 Grünstadter Weg 236-2d
12349 Grünsteinweg 232-3a
12555 Grünstraße 199-8a
Grünstraßenbrücke (37-G5)
13357/13359 Grüntaler Straße 146-7d
12107 Grüntenstraße 196-12a + 11b
13599 Grützmacherweg 143-11b
14163 Grumbacher Weg 194-7c
13156 Grumbkowstraße 122-12a
12679 Grumsiner Straße 149-4d
13125 Grundackerweg 123-5d
10179 Grunerstraße 170-5b
10823/10825 Grunewaldstraße (Schbg.) 169-11b + 12a
13597 Grunewaldstraße (Spand.) 167-1b
12165 Grunewaldstraße (Stegl.) 195-4c
12623 Grunowstraße (Mahlsdf.) 173-9b
13187 Grunowstraße (Pank.) 146-5b
13507 Grußdorfstraße 120-11d
10245 Gryphiusstraße 171-5d
10243 Gubener Straße 171-4b
10409 Gubitzstraße 146-9d
10365 Gudrunstraße 172-4a
12487 Gudrunweg 197-9d
10439 Gudvanger Straße 146-9b
12555 Güldenauer Weg 199-2d
12437 Güldenhofer Ufer 198-1c
13156 Güllweg 146-2a
12681 Gülser Weg 172-2b
12619/12621 Gülzower Straße 173-2c
13086 Günter-Litfin-Straße 147-4a
10318 Güntherstraße 172-11c
10717 Güntzelstraße 169-11a + 10b
10587 Guerickestraße 169-4a
14129 Guernicaplatz 229-3a
10247 Gürtelstraße (Friedn.) 171-6c
13088/10409 Gürtelstraße (Prenzl. Bg., Weißs.) 147-7d
12355 Gürtlerweg 234-1a
12621 Güstrower Straße 149-12c
14165 Gütergotzer Straße 230-1c
13583 Gütersloher Weg 142-12a
14167 Gütlingstraße 230-3a
12589 Güttlander Straße 201-9a
13503 Güttlandring 119-5b
13435 Guhlener Zeile 121-8c
13351 Guineastraße 145-8c
13591 Gummiweg 166-1d
10318 Gundelfinger Straße 172-11b
14129 Guntersblumer Weg 229-2b
12524 Guntherstraße (Altgl.) 234-5b
10365 Guntherstraße (Lichtbg.) 172-4a
12487 Guntherweg 197-9d
12683 Guntramstraße 173-10c
13159 Gurkensteig 122-1a
12169 Gurlittstraße 195-9a
13465 Gurnemanzpfad 100-10d
13086 Gustav-Adolf-Straße 146-9b
10178 Gustav-Böß-Straße (37-G3)
13405 Gustave-Courbet-Straße 144-9d
14193 Gustav-Freytag-Straße (Grwld.) 194-1b
10827 Gustav-Freytag-Straße (Schbg.) 195-3a
14089 Gustav-Haestskau-Straße 166-12d
14109 Gustav-Hartmann-Platz 229-4a
Gustav-Heinemann-Brücke (36-B3)
10317 Gustav-Holzmann-Straße 171-9d
12489 Gustav-Kirchhoff-Straße 198-12a
14167 Gustav-Krone-Straße 230-5d
12163 Gustav-Mahler-Platz 195-4c
13355 Gustav-Meyer-Allee 146-10b
14195 Gustav-Meyer-Straße 194-6d
10829 Gustav-Müller-Platz 169-12d
10829 Gustav-Müller-Straße 195-3b
14197 Gustav Rickelt-Weg 195-4a
12623 Gustavstraße 174-4c
10369 Gustav-Zahnke-Straße 171-2a
12524 Gustelstraße 234-3c
13469 Gutachstraße 121-7a
14163 Gut Düppel 229-3b
10587 Gutenbergstraße (Charlbg.) 169-4b
12621 Gutenbergstraße (Kaulsdf.) 173-2c
12557 Gutenbergstraße (Köp.) 199-8a
13129 Gutenfelsstraße 123-7a
14089 Gut Groß Glienicke West 191-3d
12623 Guthmann Platz 150-10d
12359 Gutschmidtstraße 197-7d
13465 Gutshofstraße 100-12c
12163 Gutsmuthsstraße 195-4b
14053 Gutsmuthsweg 167-6b
– Gutspark Britz 197-7b
– Gutspark Falkenberg 148-3a
– Gutspark Marienfelde 232-4b
– Gutspark Neukladow 192-9a
14089 Gutsstraße 192-4a
10827 Gutzkowstraße 195-3a
14165 Gutzmannstraße 230-1d
13127 Guyotstraße 122-8b

13589 **H**aackzeile 142-12a
14129 Haagstraße 229-2a
13088 Haakonweg 147-2c
13589 Haardtweg 142-12a
12359 Haarlemer Straße 197-5c
13591 Haarmannweg 142-11d
10245 Haasestraße 171-5c
14195 Habelschwerdter Allee 194-9c
12099 Haberechtstraße 196-6b
10779 Haberlandstraße 169-11b
13591 Haberlandweg 166-2d
10713 Habermannplatz 169-10d
13627 Habermannzeile 144-12c
10115 Habersaathstraße 170-1a
12057 Haberstraße 197-5b
12683 Habichtshorst 173-7b
12526 Habichtstraße (Bohnsdf.) 235-5d
13505 Habichtstraße (Konrdsh.) 143-2b
13629 Habichtweg 144-7d
10781 Habsburgerstraße 169-9c
12621 Habsheimer Straße 173-7b
13591 Hackbuschstraße 166-2a
12489 Hackenbergstraße 198-9d
12161/12163 Hackerstraße 195-5a
10178 Hackescher Markt (37-F2)
14089 Hackländerweg 192-7d
10365 Hadburgpfad (5) 172-1d
13503 Hademarscher Weg 119-8a
12163 Haderslebener Straße 195-4c
13187 Hadlichstraße 146-5b
12683 Hadubrandstraße 173-10c
12683 Hadubrandweg 173-10c
13125 Haduweg 123-3c
12487 Haeckelstraße 198-7d
13627 Haeftenzeile 144-11d
12159 Hähnelstraße 195-2b
12555 Hämmerlingstraße 199-1d
10557 Händelallee 169-5b
12203 Händelplatz 195-7d
12623 Händelstraße 174-1d
12685 Hänflingsteig 148-12a
12057/12437 Hänselstraße 197-3c
14050 Haeselerstraße (Charlbg.) 168-5d
12307 Haeselerstraße (Lichtrde.) 232-12a
12349 Haewererweg 233-1c
14089 Hafeldweg 192-2c
10963 Hafenplatz 170-7a
12357 Hafenstraße 198-11c
12683 Hafersteig 173-1c
13465 Haflingerpfad (1) 100-11a
12685 Hagebuttenhecke 148-12a
12359 Hagebuttenweg 197-9c
12487 Hagedornstraße 198-5c
10965 Hagelberger Straße 170-10b
10435 Hagenauer Straße 146-12a
13059 Hagenower Ring 148-1a
14193 Hagenplatz 194-2a
14193 Hagenstraße (Grunew.) 194-2b + 2a
13125 Hagenstraße (Karow) 123-5d
10365 Hagenstraße (Lichtbg.) 172-4a
13593 Hahnebergweg 166-5a
13591 Hahnenfußpfad 142-10d
12587 Hahns Mühle 200-4c
13465 Hainbuchenstraße 120-1a
14089 Hainbuchenweg 166-12b
13589 Hainleiteweg 142-12b
12439 Hainstraße 198-5b
13587 Hakenfelder Straße 143-7a
13469 Halalistraße 120-9b
12247/12249 Halbauer Weg 196-10c
13125 Halbe-Hufen-Weg 123-2d
10711 Halberstädter Straße 168-12a
13627 Halemweg 144-11d
10711/14055 Halenseestraße 168-8d
– Halenseestraßenbrücke 168-8d
12305 Halker Zeile 232-5b
13189 Hallandstraße 146-6c
12437 Hallberger Zeile 197-6b
10587 Hallerstraße 169-1d
10963 Hallesche Straße 170-7b
10963 Hallesches Ufer 170-7d
10963 Hallesche-Tor Brücke 170-8c
12559 Hallgarter Steig 236-3d
13437 Hallichpromenade 121-10b
13599 Halligweg 143-9b
14050 Halmstraße 168-5c
13629 Halskesteig 144-10d
12167 Halskestraße 195-9c
12683 Haltoner Straße 173-4c
14089 Haltrichweg 192-7a
12621 Hamannweg 173-3a
13465 Hambacher Weg 120-3c
13086 Hamburger Platz 147-4c
12623 Hamburger Straße (Mahlsdf.) 150-10d
12589 Hamburger Straße (Rahnsdf.) 201-2d
13591 Hamburger Straße (Staak.) 142-10a
14167 Hamerlingweg 230-2d
14055 Hammarskjöldplatz 168-8a
14199 Hammersteinstraße 194-3c
14167 Hammerstraße 230-2d
14167 Hampsteadstraße 230-2a
12623/12621 Hamsterstraße 173-5b
14197 Hanauer Straße 195-1a
12489 Handjerystraße (Adlhf.) 199-7c
12159/12161 Handjerystraße (Friedn.) 195-2a + 5a
12589 Hangelsberger Gang 201-5d
13465 Hangweg 120-1c
12277 Hanielweg 231-3d
10117 Hannah-Arendt-Straße (36-C5)
10587 Hannah-Karminski-Straße 169-5a
12683 Hannaweg 149-10c
– Hannemannbrücke 195-8d
12347 Hannemannstraße 197-4d
12359 Hanne Nüte 197-8a
13357 Hanne-Sobek-Platz (2) 146-7d
10115 Hannoversche Straße 170-1a
– Hanns-Braun-Platz 167-6b
14053 Hanns-Braun-Straße 167-6c
12621 Hannsdorfer Straße 173-3c
10409 Hanns-Eisler-Straße 147-10b + 7c
12309 Hanowsteig 232-9d
– Hansabrücke 169-5a
10557 Hansaplatz (35-G1)
13409 Hansastraße (Gesndbr.) 145-6d
13088/13051/13053 Hansastraße (Weißs., Hschöhns.) 147-8d
10555 Hansa-Ufer 169-5a
13595 Hansaweg 167-7a
– Hans-Baluschek-Park 195-3d
14165 Hans-Böhm-Zeile 230-4b
10557 Hanseatenweg 169-5b
12683 Hans-Fallada-Straße 149-10d
13127 Hans-Jürgen-Straße 122-12c
10407 Hans-Otto-Straße 147-10c
13587 Hans-Poelzig-Straße 143-8b
10825 Hans-Rosenthal-Platz 195-2b
12487 Hans-Sachs-Straße (Johsth.) 198-7a
12205 Hans-Sachs-Straße (Lichtfde.) 194-12b
12053 Hans-Schiftan-Straße 171-10c
12489 Hans-Schmidt-Straße 198-12a
13351 Hans-Schomburgk-Promenade 145-10b
13127 Hans-Schumacher-Straße 122-2d
12169 Hanstedter Weg 195-9a
12435 Hans-Thoma-Straße 171-11b
10785 Hans-von-Bülow-Straße (2) (36-C5)
12487 Hanuschkestraße 198-8c
12305 Happestraße 232-9a
12685 Harbertssteg 148-12a
14055 Harbigstraße 168-7d
13581 Harburger Weg 166-2b
13189 Hardangerstraße 146-6d
10623/10787 Hardenbergplatz 169-5c
10623 Hardenbergstraße 169-4d
13509 Harderstraße 120-11d
14055 Hardyweg 167-9b
13127 Harfenweg 122-12a
12105 Harkortstraße 195-6d
10589 Harlingeroder Weg 169-1c
14199 Harlinger Straße 194-3d
14195 Harnackstraße (Dahl.) 194-8d
10365 Harnackstraße (Lichtbg.) 171-6b
12555 Harnischweg 199-4d
13629 Harriesstraße 144-10b
12524 Harrosteig 234-6a
– Harry-Bresslau-Park 195-4b
13053 Harry-Glaß-Straße 148-7b
12353 Harry-Liedtke-Pfad 233-3b
14167 Harry-S.-Truman-Allee 230-3c
14089 Harsdörferweg 192-7d
12587 Hartlebenstraße 200-5a
12207 Hartmannstraße 195-11c
14163 Hartmannsweilerweg 194-10a
13129 Hartmutstraße 123-7c
12439 Hartriegelstraße 198-5d
13591 Hartwichzeile 166-2b
13129 Harzburger Straße (Blankbg.) 123-7d
13187 Harzburger Straße (Pank.) 146-3c
12059/12435 Harzer Straße 171-10b
13187 Harzgeroder Straße 146-3c
13599 Haselhorster Damm 143-12a
13629 Haselhorster Weg 144-10a
13503 Haselhuhnweg 119-9c
12349 Haselnußweg 196-12d
12347 Haselsteig 196-9d
12353 Hasenhegerweg 233-1b
10967 Hasenheide 170-12a
12685 Hasenholzer Allee 149-7d
12527 Hasenlauf 199-10d
13585 Hasenmark 143-10d
14193 Hasensprung (Grwld.) 168-11c
10318 Hasensprung (Karlsh.) 172-12d
– Hasensprungbrücke 168-11c
12487 Hasensteg 198-7a
13589 Hasenweg (Spand.) 142-5d
13593 Hasenweg (Spand.) 166-6b
13405 Hasenweg (Teg.) 145-7c
12209 Hasselfelder Weg 231-2c
13505 Hasselwerder 144-1b
12439 Hasselwerderstraße 198-5c
13187 Hasseroder Straße 146-3c
13189 Haßfurter Weg 146-3d
13409 Haßlingerweg 145-6d
12524 Hassoweg 234-6b
13465 Hattenheimer Straße (Frohn.) 120-2b
12099 Hattenheimer Straße (Tphf.) 196-6b
13507 Hattinger Weg 144-5a
12681 Hatzenporter Weg 172-2d
13509 Hatzfeldtallee 120-11d

10585 Haubachstraße 168-6b
13088 Hauffallee 147-2a
10317 Hauffstraße 171-6c
12107 Hauffweg 232-3b
12349 Hauffweg (Britz) 196-12d
13127 Hauffweg (Fr. Buchhz.) 122-5d
13159 Hauptstraße 122-1d
13159 Hauptstraße (Blankfde.) 102-10b
13127 Hauptstraße (Fr. Buchhz.) 122-6d
13055 Hauptstraße (Hschönhs.) 148-7a
10317 Hauptstraße (Lichtbg.) 171-8b
12109 Hauptstraße (Mardf.) 196-8b
13089 Hauptstraße (Pank.) 147-1a
13158 Hauptstraße (Rosnth., Wilhelmsr.) 121-12d
10827/12159 Hauptstraße (Schbg., Friedn.) 169-12c + 12d + 195-3a + 2d
13591 Hauptstraße (Staak.) 166-1d
12683 Hauptweg (Biesdf.) 173-7c
12359 Hauptweg (Britz) 197-9a
10589 Hauptweg (Charlbg.) 168-3b
13627 Hauptweg (Charlbg.) 145-10c
14050 Hauptweg (Charlbg.) 168-2c
13129 Hauptweg (Fr. Buchhz.) 122-12d
13503 Hauptweg (Heilgs.) 119-8d
13089 Hauptweg (Heindf.) 146-3d
13125 Hauptweg (Karow) 123-4b
12587 Hauptweg (KGA Erpetal) 199-3d
13089 Hauptweg (Kol. Familiengärten) 147-1a
13627 Hauptweg (Mitte) 144-12b
12359 Hauptweg (Nkln./Kol. Friedensgtn.) 197-8b
12349 Hauptweg (Nkln./Kol. Friedland III) (1) 196-12c
13156 Hauptweg (Nschönhs.) 146-1b + 1a
13089 Hauptweg (Pank.) 146-6b
13437 Hauptweg (Reindf.) 121-11c
13158 Hauptweg (Rosnth.) 122-7c
13629 Hauptweg (Siemst.) 168-1a
13581 Hauptweg (Spand.) 166-3d
13589 Hauptweg (Spand.) 142-8b
13593 Hauptweg (Spand.) 166-6d
13597 Hauptweg (Spand.) 167-2c
12629 Hauptweg (Teg.) 144-8d
13437 Hauptweg (Witten.) 120-12b
10249 Hausburgstraße 171-1b
12487 Haushoferstraße 198-7b
13589 Hauskavelweg 142-11a
13409 Hausotterplatz 146-4a
13409 Hausotterstraße 145-6a
12107 Hausstockweg 196-11d
13057 Hausvaterweg 148-3c
10117 Hausvogteiplatz 170-5a
10559 Havelberger Straße 169-2b
14193/14055/13597 Havelchaussee 167-5b
13587 Havelkaiser-Platz 143-8b
12629 Havelländer Ring 149-8d
14089 Havelmatensteig 192-6b
13509 Havelmüllerweg 120-12a
13587 Havelschanze 143-8c
13595 Havelschlenke 167-8a
13597 Havelstraße 143-10d
14193 Havelweg 167-10d
12689 Havemannstraße 149-1a
12249 Havensteinstraße 195-12c
12359 Havermannstraße 197-8a
12489 Havestadtplatz 198-12c
12683 Haydnstraße (Biesdf.) 172-6b
12167/12203 Haydnstraße (Stegl., Lichtfde.) 195-7d
12249 Haynauer Straße 196-10c
13127 Hebammensteig (1) 123-7a
10585 Hebbelstraße 168-6d
13403 Hechelstraße 145-4c
14195 Hechtgraben 194-6d
12589 Hechtstraße 201-7d
13055 Heckelberger Ring 148-7a
12527 Heckenweg 236-10a
13627 Heckerdamm 144-11c + 145-10c
10997 Heckmannufer 171-7d
10963/10969 Hedemannstraße 170-7b
12487 Hederichweg 198-7c
10829 Hedwig-Dohm-Straße 195-3b
10117 Hedwigskirchgasse (37-E4)
12159 Hedwigstraße (Friedn., Schnbg.) 195-2d
13467 Hedwigstraße (Hermsdf.) 121-4b
13053 Hedwigstraße (Hschönhs.) 147-9b
13585 Hedwigstraße (Spand.) 143-10b
13086 Hedwigstraße (Weißs.) 147-7b
10243 Hedwig-Wachenheim-Straße 171-4d
13156/13158 Heegermühler Weg 121-12d
13465 Heerruferweg 120-1a
13593/13595/14052/14055 Heerstraße (Charlbg., Staak., Spand.) 166-1c
12621 Heerstraße (Kaulsdf.) 173-7b
– Heerstraßenbrücke 168-7b
12683 Heesestraße (Biesdf.) 173-7a
12169 Heesestraße (Stegl.) 195-8a
13629 Hefnersteig 168-2a
14163 Hegauer Weg 230-1c
10117 Hegelplatz (37-E3)
– Hegemeisterbrücke 201-4b
10318 Hegemeisterweg (Karlsh.) 172-10d
12589 Hegemeisterweg (Rahnsdf.) 201-4b
13357 Heidebrinker Straße 146-7d
12683 Heidefalterweg 173-4c
– Heidekampbrücke 197-6a
12437 Heidekampweg 197-3a
13159 Heidekrautbahnring 121-3b
12683 Heidekrautweg (7) 173-5c
12555 Heidekrugstraße 199-3c
12353 Heideläuferweg 233-1b
12589 Heidelandstraße 201-8a
12526 Heidelbeerweg (6) 235-5a
14197 Heidelberger Platz 195-1a
12059/12435 Heidelberger Straße 171-7d
12437 Heidemühler Weg 198-1c
12627 Heidenauer Straße 149-12a
10365 Heidenelkenweg (2) 171-3d
10249 Heidenfeldstraße 171-1b
13467 Heidenheimer Straße 120-6c
10178 Heidereutergasse (37-F3)
13597 Heidereuterstraße 167-2c
13467 Heidestraße (Hermsdf.) 120-9a
12623 Heidestraße (Mahlsdf.) 173-12b
10557 Heidestraße (Moab.) 145-12c
14109 Heidestraße (Wanns.) 228-6a
13585 Heidetor 143-10d
12487 Heideweg 197-9b
10779 Heilbronner Straße (Schbg.) 169-11b
10711 Heilbronner Straße (Wilmdf.) 169-9c
10178 Heiligegeistgasse (37-F3)
10178 Heiligegeistkirchplatz (37-F3)
10318 Heiligenberger Straße 172-11d
14199 Heiligendammer Straße 194-3c
13503 Heiligensee 119-8a
13503 Heiligenseestraße 119-8a
13055 Heiligenstadter Straße 148-10a
13437 Heiligental 145-2a
13629 Heilmannring 144-12c + 11d
14055 Heilsberger Allee 167-9b
14165 Heimat 230-2c
13129 Heimburgstraße 123-7c
13589 Heimchenweg 142-8d
13089 Heimdallstraße 146-3d
13125 Heimfriedstraße 123-5b
12559 Heimgartenstraße 199-9a
12209 Heimkehlenstraße 231-2c
12349 Heimsbrunner Straße 233-1a
12163 Heimstättenweg 195-4d
10965 Heimstraße 170-11a
13089 Heinersdorf 147-4a
13129 Heinersdorfer Straße (Blankenbg.) 123-10c
12209 Heinersdorfer Straße (Lichtfde.) 231-5a
13086 Heinersdorfer Straße (Weißs.) 146-9b
13127 Heineweg (Fr. Buchhz.) 122-5b
13597 Heineweg (Spand.) 167-1d
13627 Heinickeweg 144-11d
12305 Heinitzweg 232-5b
14129 Heinrich-Albertz-Platz 193-12c
13156 Heinrich-Böll-Straße 122-11a
10319 Heinrich-Dathe-Platz 172-8a
12621 Heinrich-Grüber-Platz 173-2d
12621/12619 Heinrich-Grüber-Straße 173-2d
10179 Heinrich-Heine-Platz 170-6c
10179 Heinrich-Heine-Straße 170-9a
– Heinrich-Laehr-Park 230-5b
– Heinrich-Lassen-Park 169-12c
13156 Heinrich-Mann-Platz 146-1d
13156 Heinrich-Mann-Straße 146-1d
12487 Heinrich-Mirbach-Straße (1) 198-7d
10999 Heinrichplatz 170-9b
10405 Heinrich-Roller-Straße 146-12c
12057 Heinrich-Schlusnus-Straße 197-6a
12167 Heinrich-Seidel-Straße 195-9c
14195 Heinrich-Stahl-Weg 194-6a
10317 Heinrichstraße (Lichtbg., Friedrfde.) 172-4c
12207 Heinrichstraße (Lichtfde.) 231-1d
10557 Heinrich-von-Gagern-Straße 170-4a
– Heinrich-von-Kleist-Park 169-12b
– Heinrich-Zille-Park 170-2a
10557 Heinrich-Zille-Siedlung 169-3a
14050 Heinrich-Zille-Weg 168-4b
13467 Heinsestraße 120-6a
12099 Heinweg 196-5b
10409 Heinz-Bartsch-Straße 147-10d
13439 Heinz-Brandt-Straße 121-11d
13589 Heinzelmännchenweg (2) 142-5d
13347 Heinz-Galinski-Straße 145-9b
– Heinz-Graffunder-Park 172-3a
10407 Heinz-Kapelle-Straße 147-10c
13189 Heinz-Knobloch-Platz 146-5d
10587 Heisenbergstraße 169-1d
12559 Heisterbachstraße 236-3b
12209 Heiterwanger Weg 231-5b
10711 Hektorstraße 168-9d
12489 Helbigstraße 198-9d
13055 Heldburger Straße 148-10b
12355 Helene-Jung-Platz 234-5a
12355 Helene-Nathan-Weg (5) 234-5c
10245 Helenenhof 171-5d
10243 Helen-Ernst-Straße 171-4d
12205 Helene-von-Mülinen-Weg 230-3b
12355 Helene-Weber-Straße 234-5c
12681 Helene-Weigel-Platz 148-12c
12355 Helene-Wessel-Straße (3) 234-5c
13053 Helga-Haase-Straße 148-7b
13505 Helgaweg 143-2d
13088 Helgiweg 147-2c
10557 Helgoländer Ufer 169-3c
14199 Helgolandstraße 194-3d
12685 Heliosstraße 149-10a
14089 Hellebergeplatz 192-6b
14089 Hellebergeweg 192-6b
12627 Hellersdorfer Promenade 149-9a
12627 Hellersdorfer Straße 149-11b
12621/12619/12627 Hellersdorfer Straße 149-11d
13057 Hellersdorfer Weg 148-3c
14089 Hellmuth-Hirth-Zeile 192-4b
14195 Hellriegelstraße 194-6b
10245 Helmerdingstraße 171-5d
10437 Helmholtzplatz 146-12a
10587 Helmholtzstraße (Charlbg.) 169-4b
12459 Helmholtzstraße (Oberschönwde.) 198-1d
13051 Helminestraße 123-12d
13503 Helmkrautstraße 119-5d
10717 Helmstedter Straße 169-11a
10827 Helmstraße 169-12b
13591 Helmut-Käutner-Weg 166-2d
10243 Helsingforser Platz 171-4d
10243 Helsingforser Straße 171-4d
13465 Helweg 120-1c
13503 Hemmingstedter Weg 119-8c
14052 Hempelsteig 167-3c
14109 Hempstücken 228-8a
12305 Hendonstraße 232-12a
10367 Hendrichplatz 171-3c
12209 Henleinweg 231-4b
12355 Hennensteig 233-6b
12679 Hennickendorfer Weg 149-7b
13503 Hennigsdorfer Straße 119-8a
12524 Henningweg 235-1d
12627 Henny-Porten-Straße 149-9c
13437 Henricistraße 145-2a
13583 Henri-Dunant-Platz 142-12b
- Henriette-Herz-Park (36-B5)
10178 Henriette-Herz-Platz (37-F2)
10711 Henriettenplatz 168-9c
13127 Henrionweg 122-8b
13593 Hensoldtweg 166-5d
10318 Hentigstraße 172-11b
13125 Hentzeweg 123-6b
14163 Heppenheimer Weg 194-7c
14057 Herbartstraße 168-8b
14167 Herbergerweg 230-2a
13088 Herbert-Baum-Straße 147-8a
13086 Herbert-Bayer-Straße 147-4c
– Herbert-Krause-Park 197-3c
10623 Herbert-Lewin-Platz (35-F2)
14193 Herbertstraße (Grwld.) 168-11b
10827 Herbertstraße (Schbg.) 169-12d
10369 Herbert-Tschäpe-Straße 147-11c
10785 Herbert-von-Karajan-Straße 169-6d
13435 Herbsteiner Straße 121-8c
13409 Herbststraße 145-3d
10625 Herderstraße (Charlbg.) 169-4c
12623 Herderstraße (Mahlsdf.) 173-12a
12163 Herderstraße (Stegl.) 195-4b
12623 Heribaldstraße 174-4c
10367 Heringer Straße 171-3c
12619 Heringsdorfer Straße 173-2c
12435 Herkomerstraße 171-11b
– Herkulesbrücke 169-9a
10785 Herkulesufer 169-9a
10249/10247 Hermann-Blankenstein-Straße 171-2a
– Hermannbrücke 197-1c
12489 Hermann-Dorner-Allee 198-11b
12165 Hermann-Ehlers-Platz 195-4d
- Hermann-Ganswindt-Brücke 195-3b
– Hermann-Gladenbeck-Brücke 198-10b
13158 Hermann-Günther-Straße (3) 121-12d
13156 Hermann-Hesse-Straße 146-1c
– Hermann-Maass-Brücke 145-11c
13403 Hermann-Piper-Straße 121-10d
10967 Hermannplatz 170-12b
13589 Hermann-Schmidt-Weg 142-12a
12279 Hermannstädter Weg 231-9b
10243 Hermann-Stöhr-Platz 171-4a
12049/12051 Hermannstraße (Nkln.) 170-12d
14109 Hermannstraße (Wanns.) 228-3c
14163 Hermannstraße (Zehldf.) 193-9d
12309 Hermann-Wundrich-Platz 232-9d
12623 Hermelinweg 150-10c
12277 Hermeroder Weg 232-7a
12167 Hermesweg 195-8d
12307 Hermione-von-Preuschen-Platz 232-11b
13467 Hermsdorf 120-5c
13467 Hermsdorfer Damm 120-8c
12627 Hermsdorfer Straße (Helldf.) 149-12b
13437 Hermsdorfer Straße (Witten.) 121-10a
12487 Herrenhausstraße 198-7b
12049 Herrfurthplatz 196-3b
12049 Herrfurthstraße 196-3b
12163 Herrfurthstraße (Stegl.) 195-4d
13127 Herrgottsapfelweg 123-4c
13469 Herrnholzweg 121-5c
12043 Herrnhuter Weg 197-1b
14089 Hersbrucker Weg 192-7b
13507 Herscheider Weg 144-2c
10589 Herschelstraße 168-3d
– Hertabrücke 197-1c
13053 Hertastraße (Hschönhs.) 147-9b
12051 Hertastraße (Nkln.) 197-4a
14169 Hertastraße (Zehldf.) 194-11a
13597 Hertefeldstraße 143-11c
12161 Hertelstraße 195-4b
Hertha-Block-Promenade 170-10c
13156 Herthaplatz 122-11d
14193 Herthastraße (Grwld.) 168-11d
13189 Herthastraße (Pank.) 146-9b
12621 Hertwigswalder Steig 173-2d
10787 Hertzallee 169-5c
12059 Hertzbergplatz 171-11c
12055 Hertzbergstraße 197-1b
13158 Hertzstraße 121-12c
12524 Herulerstraße 235-1a
13595 Herulerweg 167-7a
12207 Herwarthstraße (Lichtfde.) 195-10d
14109 Herwarthstraße (Wanns.) 228-6a
12487 Herweghstraße (Johsth.) 198-7d
12623 Herweghstraße (Mahlsdf.) 173-12a
13129 Herwigstraße 123-7c
10365 Herzbergstraße 172-1a
10367/10365 Herzbergstraße 171-3a
12357 Herzblattweg 234-1b
12589 Herzfelder Steig 201-8b
14052 Hessenallee 168-4d
12101 Hessenring 196-1a
10115 Hessische Straße 170-1a
13581 Hettnerweg 166-3c
12487 Heubergerweg 198-7b
14059 Heubnerweg 168-3c
13359 Heubuder Straße 146-4d
12623 Heuetsteig 173-6c
12107 Heukuppenweg 196-11d
12107 Heusingerstraße 196-10d
12589 Heuweg (Rahnsdf.) 201-2b
– Heuweg (Wanns.) 228-2a
13595 Hevellerweg 167-7c
10825 Hewaldstraße 169-11d
14199/14195 Heydenstraße 194-2d
10823 Heylstraße 195-2b
13187 Heynstraße 146-5a
13089 Hibiskusweg 147-4b
10437 Hiddenseer Straße 146-12b
13189 Hiddenseestraße 146-5b
13158 Hielscherstraße 121-12c
13509 Hieronymusweg 120-11b
12307 Hilbertstraße 232-11b
13507 Hilchenbacher Weg 144-2d
12207/12209/12279/12249 Hildburghauser Straße 231-1d
10785 Hildebrandstraße 169-6d
14193 Hilde-Ephraim-Straße 168-11a
10243 Hildegard-Jadamowitz-Straße 171-4a
10829 Hildegard-Knef-Platz 195-3b
10317 Hildegard-Marcusson-Straße (8) 171-9d
10715 Hildegardstraße 195-1b
13089 Hildestraße 147-1c
13467 Hillmannstraße 120-6c
14163 Hilssteig 194-7a
12355 Hiltrud-Dudek-Weg 234-5c
12683 Hiltrudstraße 149-10c
12349 Himbeere 196-12d
14129 Himbeersteig 229-3c
12359 Himbeerweg (Nkln./Kol. Am Wiesenweg) 197-9a
12359 Himbeerweg (Nkln./Kol. Britzer Wiesen) 197-9c
14163 Himmelsteig 194-7c
– Hinckeldeybrücke 144-9d
- Hindemithplatz (34-C4)
12203 Hindenburgdamm 195-7d + 10d
14053 Hindenburgplatz 167-6b
10117 Hinter dem Gießhaus (37-E3)
12587 Hinter dem Kurpark 200-4a
10117 Hinter dem Zeughaus (37-E3)
13589 Hinter den Gärten 142-11a
13407 Hinter der Dorfaue 145-2d
12559 Hinter der Düne 201-10a
10117 Hinter der Katholischen Kirche 170-5a
12685 Hinter der Mühle 149-7c
12683 Hinter der Post (1) 172-6b
12347 Hippelstraße 197-4d
10785 Hiroshima-Steg 169-6c
10785 Hiroshimastraße 169-6c
10317 Hirschberger Straße 171-6c
12679 Hirschfelder Weg 149-7b
12587/12555 Hirschgartenstraße 199-6a
14163 Hirschhorner Weg 193-9d
13589 Hirschkäferweg 142-8c
12623 Hirschpfad 173-11a
12587 Hirschsprung 199-6a
12559 Hirseländerweg 201-10a + 236-3b
12683 Hirseweg 173-1a
12621 Hirsinger Straße 173-7b
12527 Hirtenfließ 236-10a
12557 Hirtengarten 199-12c
10178 Hirtenstraße 170-2b
12587 Hirteplatz 199-6c
12555 Hirtestraße 199-2d
12621 Hirtschulstraße 173-3c
12351 Hirtsieferzeile 197-12c
12249 Hirzbacher Weg 231-3c
12107 Hirzerweg 196-11a + 232-2a
14195 Hittorfstraße 194-9c
10785 Hitzigallee 169-9b
12623 Hobeckweg 150-11d
– Hobrechtbrücke 170-9d
13125 Hobrechtsfelder Chaussee 103-8d + 11c
12043/12047 Hobrechtstraße 170-9d
14167 Hochbaumstraße 230-2b
12207 Hochbergplatz 231-1b
12207 Hochbergweg 231-1b
12107 Hochfeilerweg 196-11d
12107 Hochgallweg 196-11a
13589 Hochhausweg 142-11a
13469 Hochjagdstraße 120-9d
12107 Hochkalterweg 196-11d
10829 Hochkirchstraße 170-10a
12349 Hochkönigweg 196-12a
12589 Hochlandstraße 201-8d
10709 Hochmeisterplatz 168-9d
14169 Hochsitzweg 194-7d
12349 Hochspannungsweg (Britz) 232-3b
12351 Hochspannungsweg (Buck.) 197-10d
12359 Hochspannungsweg (Rudow) 197-12a
13347 Hochstädter Straße 145-9d
13357 Hochstraße (Gesndbr.) 146-10a
12209 Hochstraße (Lichtfde.) 231-1d
12349 Hochthronweg 196-12a
12349 Hochtristenweg 196-12a
14089 Hochwaldsteig 192-6b
10318 Hochwaldstraße 172-12c
12623 Hochwieser Straße 174-7a
14169 Hochwildpfad 194-7b
14165 Hocksteinweg 230-5c
10249 Höchste Straße 170-3b
13089 Hödurstraße 147-1c
12107 Hoeftweg 196-11a
12526 Höhensteig 235-5a
13595 Höhenweg (Spand.) 167-7c
14193 Höhmannstraße 194-2a
12101 Höhndorfstraße 170-10c
14050 Hölderlinstraße 168-5c
13469 Höllentalweg 121-7b
12351 Höltermannsteig 197-11d
10367 Hoenerweg 171-3c
10318 Hönower Straße (Karlsh.) 172-8d
12623 Hönower Straße (Mahlsdf.) 173-3d
10319 Hönower Weg 172-7c
10318 Hönower Wiesenweg 172-10b
13469 Höpfertsteig 121-5d
12101 Hoeppnerstraße 196-1d + 1a
12555 Hoernlestraße 199-2c
12623 Hörselbergstraße 173-3d
12353 Hörsingsteig 233-2b
13125 Hörstenweg 103-12a
12307 Hoeschweg 232-8c
12487 Hoevelstraße 198-7b
13627 Hofackerzeile 144-12c
14165 Hoffbauerpfad 230-4b
12489 Hoffmannstraße (Adlhf.) 199-7c
10713 Hoffmann-von-Fallersleben-Platz 169-10c
13055 Hofheimer Straße 148-10b
13465 Hofjägerallee (Frohn.) 120-2b
10785 Hofjägerallee (Tiergt.) 169-6a
12355 Hofjagdweg 234-2a
13125 Hofzeichendamm 123-6a
12353 Hogenestweg 233-2a
14195 Hohe Ähren 194-6c
12589 Hohe Brücke 201-12a
13467 Hohefeldstraße 120-3c
12589 Hohenberger Steig 201-5d
12589 Hohenbinder Steig 201-8a
12437 Hohenbirker Weg 198-1c
12249 Hohenbornweg 232-1a
10829 Hohenfriedbergstraße 169-12d
14089 Hohengatow 192-3c
13053 Hohengraper Weg 148-4c
13465 Hohenheimer Straße 120-2b
12555 Hohenkircher Allee 199-1b
13591 Hohenloher Weg (1) 142-10a
12679 Hohensaatener Straße 149-7b
10369 Hohenschönhauser Straße (Lichtbg.) 147-11c
13057 Hohenschönhauser Straße (Marz., Falkbg., Wartbg.) 148-5d
13055 Hohenschönhauser Tor 147-11b
10315 Hohenschönhauser Weg (Friedrfde.) 172-5a
13051 Hohenschönhauser Weg (Weißs., Malch.) 147-3c
12621 Hohenseeweg 173-5d
10967 Hohenstaufenplatz 170-9d
10781/10779 Hohenstaufenstraße 169-11b
14055 Hohensteinallee 168-7a
14197 Hohensteiner Straße 195-1d
14163 Hohentwielsteig 230-1a
12689 Hohenwalder Straße 149-1b
10713/10717/14199 Hohenzollerndamm 169-10c + 194-2d
– Hohenzollerndammbrücke 168-12d
14129 Hohenzollernplatz (Nklsee.) 229-1b
10717 Hohenzollernplatz (Wilmdf.) 169-10b
13585 Hohenzollernring 143-7d + 10a
13467 Hohenzollernstraße (Hermsdf.) 120-6a
12307 Hohenzollernstraße (Lichtrde.) 232-11b
14109 Hohenzollernstraße (Wanns.) 228-5b
14163 Hohenzollernstraße (Zehldf.) 230-1b
10713 Hoher Bogen 169-10c
13597 Hoher Steinweg 143-10d
10318 Hoher Wallgraben 172-11c
12359 Hoher Weg (Nkln./Kol. Edelweiß) 197-9a
12587 Hoher Weg (Trept.) 199-6c
13158 Hohler-Stein-Weg 122-8c
13629 Hohlweg 144-8d
14199 Hohmannstraße 194-3d
14129 Hoiruper Straße 193-11c
12621 Holbeinstraße (Kaulsdf.) 173-7b
12205/12203 Holbeinstraße (Lichterfde.) 195-10a
12247 Holenbrunner Weg 195-12b
12107/12277 Hollabergweg 232-2c
13407 Holländerstraße 145-5c
14169 Holländische Mühle 194-11b
12489 Hollstraße 198-9d
10557 Holsteiner Ufer 169-2d
12163/12161 Holsteinische Straße (Stegl., Friedn.) 195-5c
10717 Holsteinische Straße (Wilmdf.) 169-10d
14163 Holstweg 229-3b
10245 Holteistraße 171-5d
12207 Holtheimer Weg 231-4c
14057 Holtzendorffstraße 168-9a
12359 Holunderweg (Britz) 197-8d
13587 Holunderweg (Spand.) 143-4d
13507 Holwedestraße 120-10d
13509 Holzhauser Straße 144-3c
13086 Holzkircher Straße 147-4c
12099 Holzmannplatz (1) 196-6b
12099 Holzmannstraße 196-6b
10179/10243 Holzmarktstraße 170-6b + 6a
12347 Holzmindener Straße 197-4c
13359/13409 Holzstraße 146-4c
14169 Holzungsweg 194-7b
13403 Holzweidepfad 145-2c
14197 Homburger Straße 195-1c
12309 Homburgstraße 232-9b
13156 Homeyerstraße 146-1d
12161 Homuthstraße 195-1d
10318 Honnefer Straße 172-12a
12621 Honsfelder Straße 173-7b
12357 Hopfenweg 197-12d
12555 Hoppendorfer Straße 199-1b
13581 Hoppenrader Weg 166-3b
13409 Hoppestraße 146-4a
13465 Horandweg 120-1b
12109 Horazweg 196-9c
13469 Horber Straße 121-7a
12559 Horchheimer Weg 236-3d
12559 Hornbacher Weg 236-3a
12349 Hornblendeweg 232-3c
12685 Hornetweg 148-12b
12524 Hornkleepfad 234-2b
12681 Hornoer Ring 148-8b
12621 Hornsteiner Weg 173-5b
10963 Hornstraße 170-7d
12623 Hornungweg 173-9a
12353 Horst-Caspar-Steig 233-3b

400 Berlin

13127 Horster Weg 122-8d
12157 Horst-Kohl-Straße 195-5d
12527 Horst-Künze-Weg 235-3c
12307 Horstwalder Straße 232-12c
14059 Horstweg 168-6c
12349 Hortensie (3) 233-1a
12203 Hortensienplatz 195-7c
12203 Hortensienstraße 195-7c
13127 Hortensienweg (Fr. Buchhz.) 122-12b
13581 Hortensienweg (Kol. Grünland-berg) 166-6a
13581 Hortensienweg (Kol. L.-Hein) 166-3c
13437 Hortensienweg (Witten.) 120-12a
10318 Horterweg 172-8d
12589 Hortwinkeler Weg 201-8a
12621 Hosemannstraße (Kaulsdf.) 173-3c
10409 Hosemannstraße (Prenzl. Bg.) 147-7c
13585 Hospitalstraße 143-10b
12277 Hossauerweg 232-2c
14089 Hottengrundweg 192-7c
12627 Hoyerswerdaer Straße 150-7c
12277 Hranitzkystraße 232-1a
14193 Hubertusbader Straße 194-2b
– Hubertusbrücke 228-8d
13125 Hubertusdamm 123-5a
10365 Hubertusstraße 172-1c
13589 Hubertusstraße 143-7a
10365 Hubertusstraße (Lichtbg.) 172-4a
12589 Hubertusstraße (Rahnsdf.) 201-12a
13589 Hubertusstraße (Spand.) 142-9a
12163 Hubertusstraße (Stegl.) 195-5c
13469 Hubertusstraße (Waidml.) 120-9b
13465 Hubertusweg 100-8d
13599 Huberweg 143-9c
10247 Hübnerstraße 171-2c
12349 Hüfner Weg 197-10c
13585 Hügelschanze 143-10a
10319 Hülsenplatz 172-5d
13589 Hümmlingweg 142-9c
12247 Hünefeldzeile 195-9d
12169 Hünensteig 195-8b
14195 Hüninger Straße 194-11b
– Hueppeplatz 167-6a
12359 Hüsung 197-7b
12526 Hüttendorfer Weg 235-4b
12059 Hüttenroder Weg 171-10b
14195/14193 Hüttenweg 193-6b + 194-4a
13627 Hüttigpfad 145-10b + 10a
10407 Hufelandstraße 146-12d
12526 Hufenweg 235-4c
13127 Hugenottenplatz 122-8b
13587 Hugo-Cassirer-Straße 143-8b + 8d
12619 Hugo-Distler-Straße 173-3a
12353 Hugo-Heimann-Straße 233-2b
12487 Hugo-Junkers-Straße 198-11a
– Hugo-Preuß-Brücke 170-1c
14109 Hugo-Vogel-Straße 228-3c
12557 Hugo-Wolf-Steig 235-3a
12623 Hultschiner Damm 173-6b + 12c
10439 Humannplatz 146-9c
13403 Humannstraße 145-1c
13507 Humboldtmühle 120-11c
13357 Humboldtsteg 146-7d
14193 Humboldtstraße (Grwld.) 168-12c
12305 Humboldtstraße (Lichtrde.) 232-5d
13407/13403 Humboldtstraße (Reindf.) 145-5a + 4b
12623 Hummelstraße 174-1c
12247 Humperdinckstraße 195-11d
13599 Hunckemüllerweg 143-12b
14199 Hundekehlestraße 194-3c
13156 Hundingstraße 146-1a
12526 Hundsfelder Straße 235-5c
12107 Hundsteinweg 196-11d + 11c
13086 Hunsrückstraße 147-4d
14167 Huntestraße 230-5b
10319 Huronseestraße 172-7a
10435 Husemannstraße 146-12c
13355 Hussitenstraße 146-10a
12489 Husstraße 198-9d
12683 Husumer Straße 173-7a
13465 Huttenstraße (Frohn.) 100-11d
10553 Huttenstraße (Moab.) 169-1a
13407 Huttwiler Weg 145-3c
12203 Hyazinthenstraße 195-7c

12351 **I**bisweg 197-8d
10439 Ibsenstraße 146-8a
10587 Iburger Ufer 169-4a
13156 Idastraße 122-11d
10115 Ida-von-Arnim-Straße 146-10c
10963 Ida-Wolff-Platz 170-7b
13159 Ideallee 122-5b
12043 Ideal-Passage 171-10c
14163 Idsteiner Straße 230-1a
13089 Idunastraße 146-3b
12107 Ifenpfad 232-2d
12623 Ifflandstraße (Mahlsdf.) 173-12b
10179 Ifflandstraße (Mitte) 170-6b
12357 Igelkolbensteig 197-12b
12557 Igelsteig 199-12c
13629 Igelweg (Siemst.) 143-12b
13351 Igelweg (Wedd.) 145-7c
12623 Iglauer Straße 174-4c
14195 Ihnestraße 194-11b
– Ihnestraßenbrücke 194-8d
14089 Ikaruspfad (2) 192-4b
13435 Ilbeshäuser Weg 121-7d
12349 Ilgenweg 197-7c
13509 Illerzeile 120-11d
12307 Illigstraße 232-11a
12161 Illstraße 195-5a
12109 Illzacher Weg 196-8c
14193 Ilmenauer Straße 194-3a
10589 Ilsenburger Straße 169-1c
13129 Ilsenburgstraße 123-7c
12053 Ilsenhof 197-1c
14129 Ilsensteinweg 193-12c
10557 Ilse-Schaeffer-Straße (1) (36-A2)
10318 Ilsestraße (Karlsh., Lichtbg.) 172-11a
12051/12053 Ilsestraße (Nkln.) 197-1a
14195 Iltisstraße 194-6c
12629 Iltisweg 144-7d
13465 Im Amseltal 100-11c
12349 Im Amtmannsgarten 233-1b
12621 Im Augarten 173-3a
12355 Im Bauernbusch 234-2a
13509 Im Brachfeldwinkel 120-9c
12109 Imbrosweg 196-9c + 8d
12351/12353 Imbuschweg 197-11d
14089 Imchen 192-8d
14089 Imchenallee 192-11a
14089 Imchenplatz 192-8d
14089 Im Dohl 192-7a
14195 Im Dol 194-5d
12309 Im Domstift 232-12b
12305 Im Eck 232-2d
13629 Im Eichengrund 144-10b
13503 Im Erpelgrund 119-8d
14089 Im Eulengrund 192-6b
13465 Im Fischgrund 120-2d
12167 Im Gartenheim (1) 195-8d
14195 Im Gehege 194-6c
14169 Im Gestell 194-7d
13591 Im Grund 166-4c
12589 Im Haselwinkel 201-12a
14089 Im Havelblick 166-12d
13629 Im Heidewinkel 144-10b
12307 Imhoffweg 232-8a
14055 Im Hornisgrund 168-10b
13403 Im Hufenschlag 145-1a
14195 Im Jagen 194-5d
12527 Imkerweg (Schmöckw.) 236-12a
14163 Im Kieferngrund 194-7d
14163 Im Kinderland 194-7c
12107 Im Lesachtal 232-3a
10405 Immanuelkirchstraße 146-12c
12169 Immenweg 195-9a
13591 Immergrünsteig 142-10d
14129 Im Mittelbusch 229-2c
12623 Immortellenweg 173-9b
14167 Im Mühlenfelde 230-2a
13503 Im Rehgrund 119-9a
13469 Im Riedgrund 121-5a
13403 Im Rodeland 145-1c
12347 Im Rosengrund 196-9d
13599 Im Saatwinkel 143-9b
14167 Im Schönower Park 230-2a
14195 Im Schwarzen Grund 194-9a
13589 Im Spektefeld 142-11a
13469 Im Vogtland 121-5b
13503 Im Waldwinkel 120-7a
13469 Im Wiesenbusch 121-4b
14195 Im Winkel (Dahl.) 194-6d
12589 Im Winkel (Rahnsdf.) 201-12a
13437 Im Wolfsgartenfeld 121-10d
12349 In den Gärten 232-3b
13437 In den Kaveln 120-12d
12247 In den Leonorengärten 195-8d
10117 In den Ministergärten 170-4a
12247 In den neuen Gärten 195-12b
13505 In den Schifferbergen 119-11c
14195 In der Halde 194-6c
13088/13053 Indira-Gandhi-Straße 147-8b
13349 Indische Straße 145-9a
13089 Indrastraße 146-3d
12277 Industriegebiet Marienfelde 232-4d
12099 Industriestraße 196-5d
12205 Ines-Bolla-Pfad (6) 231-1a
10785 Inge-Beisheim-Platz (36-C5)
10557 Ingeborg-Drewitz-Allee 169-3d
13089 Ingeborgstraße 147-1a
13591 Ingelfinger Weg 142-10a
10318 Ingelheimer Straße 172-11b
12683 Ingeweg 149-10c
12621 Ingolstädter Straße 149-12d
12105 Ingostraße 196-7a
12587 Ingrid-Goltzsche-Schwarz-Straße 200-4a
12249 Ingridpfad 195-11d
13125 Ingwäonenweg 123-6d
– Innovationspark Wuhlheide 199-1a
10827 Innsbrucker Platz 195-2b
10825 Innsbrucker Straße 169-11d
12045 Innstraße 171-10d
13509 Innungsstraße 144-3d
12559 Insel am Bauersee 201-10b
Inselbrücke (37-G4)
12435 Insel der Jugend 171-12a
13189 Insel-Rügen-Weg (1) 146-6a
10179 Inselstraße (Mitte) 170-6a
14129 Inselstraße (Nklsee.) 192-12b
12589 Inselstraße (Rahnsdf.) 201-12c
14055 Insterburgallee 168-4c
13407 Interessentenweg 145-2b
12277 Intzestraße 232-4b
- Invalidenpark (36-B1)
13465 Invalidensiedlung 100-8c
10115/10557 Invalidenstraße 169-3d
13347 Iranische Straße 145-9b
10317 Irenenstraße 172-4a
13089 Irisring 147-4b
13581 Irisweg 166-6a
12683 Irmastraße 173-10c
12683 Irmfriedstraße 149-10d
14169 Irmgardstraße 194-11a
12053 Isarstraße 171-10c
13503 Isegrimsteig 119-9c
13088 Isegrimweg 147-2a
12621 Iselbergplatz 149-12c
12621 Iselbergstraße 149-11d
12524 Iselersteig (5) 198-12c
13591 Isenburger Steig 166-1b
13591 Isenburger Weg 142-10d
14169 Iseweinerweg 194-11a
13583 Iserlohner Straße 142-12a
12435 Isingstraße 171-7d
10439 Isländische Straße 146-8a
12159 Isoldestraße (Friedn.) 195-2a
14109 Isoldestraße (Nklsee.) 229-4b
14163 Ithweg 194-7c
13587 Iznikstraße (3) 143-8b

10405 **J**ablonskistraße 146-12b
12527 Jackyallee 272-6a
10969 Jacobikirchstraße 170-8b
13509 Jacobsenweg 144-3a
13086 Jacobsohnstraße 146-9b
– Jacques-Offenbach-Platz 173-3d
13595 Jaczostraße 166-9b
13581 Jadeweg 167-1c
14089 Jägerallee 192-4c
14195 Jägerhof 227-6a
12205 Jägerndorfer Zeile 194-12c
13465 Jägersteig 100-8d
14165 Jägersteig 229-6b
10117 Jägerstraße (37-F4)
12526 Jägerstraße (Bohnsdf.) 235-8b
12621 Jägerstraße (Kaulsdf.) 173-7d
12555 Jägerstraße (Köp.) 199-8a
12209 Jägerstraße (Lichtfde.) 231-2a
10117 Jägerstraße (Mitte) 170-4b
13595 Jägerstraße (Spand.) 167-4d
13503 Jägerweg (Heilgs.) 119-9a
13351 Jägerweg (Wedd.) 145-7c
14163 Jaehnstraße 194-10a
13591 Jänickendorfer Weg 142-10c
14167 Jänickestraße 230-2d
12627 Jänschwalder Straße 150-10a
14055 Jafféstraße 168-8c
14193 Jagdschloß Grunewald 194-4b
13467 Jagowstraße (Hermsdf.) 120-9a
10555 Jagowstraße (Moab.) 169-2c + 5a
13585 Jagowstraße (Spand.) 143-10b
– Jahnplatz 167-6b
12526 Jahnstraße (Bohnsdf.) 235-5d
12347 Jahnstraße (Britz) 197-4b
13467 Jahnstraße (Hermsdf.) 120-6d
10967 Jahnstraße (Kreuzbg.) 170-12b
12623 Jahnstraße (Mahlsdf.) 173-9d
13627 Jakob-Kaiser-Platz 168-3a
14089 James-Cook-Straße 192-6c
12489 James-Franck-Straße 198-11b
10249 James-Hobrecht-Straße 171-2d
- James-Simon-Park (37-F3)
12043 Jan-Hus-Weg 197-1b
13629 Janischweg 144-10b
12555 Janitzkystraße 199-2d
Jannowitzbrücke (37-H4)
12679 Jan-Petersen-Straße 149-7a
12045 Jansastraße 171-10a
13437 Jansenstraße 145-1b
12627 Janusz-Korczak-Straße 149-9c
14055 Japanischer Garten 168-8b
14052 Jasminweg (Charlbg.) 167-3d
12349 Jasminweg (Nkln.) 197-10c
13355 Jasmunder Straße 146-10b
12587 Jastrower Weg 199-6a
13437 Jathoweg 121-10d
13127 Jean-Calas-Weg 122-6a
12355 Jeanette-Wolff-Straße 234-5c
13469 Jean-Jaurès-Straße 121-7a
10623 Jeanne-Mammen-Bogen (35-E4)
12305 Jean-Paul-Weg 232-5d
10623 Jebensstraße 169-8a
– Jelena-Santic-Friedenspark 149-11b
12627 Jenaer Straße (Helldf.) 149-12d
10717 Jenaer Straße (Wilmdf.) 169-11a
12209 Jenbacher Weg 231-5d
13583 Jenneweg 143-10c
13189 Jenny-Lind-Straße 146-6c
12627 Jerichower Straße 149-9c
10117 Jerusalemer Straße 170-5a
14053 Jesse-Owens-Allee 167-9a
10247 Jessnerstraße 171-5b
12169/12157 Jeverstraße 195-5d
13053 Joachim-Böhmer-Straße 148-4d
10711 Joachim-Friedrich-Straße 168-12b
12353 Joachim-Gottschalk-Weg 233-3b
10557 Joachim-Karnatz-Allee 169-6a
12683 Joachim-Ringelnatz-Straße 149-10d
10719 Joachimsthaler Platz 169-8a
13055 Joachimsthaler Straße 148-10a
10623/10719 Joachimsthaler Straße 169-8c
12526 Joachimstraße (Bohnsdf.) 235-5a
12555 Joachimstraße (Köp.) 199-5c
10119 Joachimstraße (Mitte) 170-2a
14129 Joachimstraße (Zehldf.) 229-3a
12163 Joachim-Tiburtius-Brücke 195-5c
12163 Jochemplatz 195-5c
– Jochen-Klepper-Park 195-9a
14129 Jochen-Klepper-Weg 229-2a
12359 Jochen-Nüßler-Straße 197-8a
13086 Joe-May-Platz 147-5c
13505 Jörsstraße 143-5b
13088 Jötunsteig 147-2d
10318 Johanna-Hofer-Straße 172-12c
14193 Johannaplatz 168-11b
12205 Johanna-Spyri-Weg 230-3b
12167 Johanna-Stegen-Straße 195-8c
13581 Johannastraße 166-3d
12439 Johanna-Tesch-Straße 198-6d
– Johann-Baptist-Gradl-Park 231-5a
12627 Johannes-Bobrowski-Straße 149-12b
10318 Johannes-Fest-Platz (7) 172-11b
13086 Johannes-Itten-Straße (2) 147-4c
12205 Johanneskirchplatz 194-12d
14109 Johannes-Niemeyer-Weg 228-11c
12487 Johannes-Sasse-Ring 198-10b
14165 Johannesstraße 230-2c
12526 Johannes-Tobei-Straße 235-4b
12487 Johannes-Werner-Straße 198-7d
10318 Johannes-Zoschke-Straße 172-8d
14089 Johann-Ewald-Weg 192-7a
10709 Johann-Georg-Straße 168-9d
12489 Johann-Hittorf-Straße 198-11b
12349 Johannisbeere 196-12d
12359 Johannisbeerweg (Nkln.) 197-9c
14197 Johannisberger Straße 195-4a
14055 Johannisburger Allee 167-9b
10117 Johannisstraße 170-1d
12487 Johannisthal 198-8c
12437/12487/12359/12351 Johannisthaler Chaussee 197-11d
– Johannisthaler Park 198-8a
10961 Johanniterstraße 170-8c
12559 Johann-Jacob-Baeyer-Straße 236-3a
13057 Johann-Jacob-Engel-Straße 148-3b
14089 Johann-Landefeldt-Straße 192-4a
10711 Johann-Sigismund-Straße 168-9c
14167 John-F.-Kennedy-Allee 230-3c
10825 John-F.-Kennedy-Platz 169-11d
10557 John-Foster-Dulles-Allee 169-6a
12619 John-Heartfield-Straße 149-11b
12305 John-Locke-Straße 232-9c
10407 John-Schehr-Straße 147-10a
10365 John-Sieg-Straße 171-6a
10245 Jollenseglerstraße 171-8d
10551 Jonasstraße (Moab.) 169-2d
12053 Jonasstraße (Nkln.) 197-1c
12685 Jonathanweg 148-12b
12435 Jordanstraße (Alt-Tr.) 171-7d
13595 Jordanstraße (Spand.) 167-4c
13053 Josef-Höhn-Straße 148-4d
12587 Josef-Nawrocki-Straße 200-4d
10365 Josef-Orlopp-Straße 172-1a
10367/10365 Josef-Orlopp-Straße 171-3a
10557 Joseph-Haydn-Straße (35-G2)
14193 Joseph-Joachim-Platz 194-2b
12057 Joseph-Schmidt-Straße 197-3c
10785 Joseph-von-Eichendorff-Gasse (36-B6)
12489 Jostweg (Adlhf.) 199-7d
13465 Jostweg (Frohn.) 100-12c
12351 Juchaczweg 197-11b
12557 Judisgasse 199-8a
10369 Judith-Auer-Straße 147-11d
10178 Jüdenstraße (Mitte) 170-2d (37-G4)
13597 Jüdenstraße (Spand.) 167-1b
13357 Jülicher Straße 146-7d
14089 Jürgen-Schramm-Straße 166-12d
10965 Jüterboger Straße 170-11a
12589 Jugenddorf Müggelsee 200-6d
13629 Jugendplatz 144-11c
13629 Jugendweg 144-10d
14163 Jugenheimer Weg 194-7c
14089 Jules-Verne-Straße 192-4c
13407 Julierstraße 145-5b
10115 Julie-Wolfthorn-Straße 146-10d
12587 Julius-Hart-Straße 200-5a
10829 Julius-Leber-Brücke 169-12d
13405 Julius-Leber-Kaserne 145-7a
13057 Julius-Meyen-Straße (1) 148-3b
10709 Julius-Morgenroth-Platz 169-10a
14129 Julius-Posener-Platz 229-2c
12051 Juliusstraße 197-4a
13437 Julius-Weigandt-Weg 120-12b
13129 Jungbornstraße 123-7d
Jungfernbrücke (37-F4)
10589 Jungfernheide 169-1a
13629 Jungfernheideweg 144-11a
12351 Jungfernmühle 197-12a
12524 Jungfernsteg 234-3a
13629 Jungfernsteig (1) 144-10d
12207 Jungfernstieg 231-2a
10247 Jungstraße 171-5b
13589 Junikäferweg 142-8c
10318 Junker-Jörg-Straße 172-11b
13467 Junostraße 121-4c
12057 Jupiterstraße (Nkln.) 197-3c
13405 Jupiterstraße (Reindf.) 145-4c
12621 Jurek-Becker-Straße 173-8a
12489 Justus-von-Liebig-Straße 198-12d
13053 Jutta-Langenau-Straße 148-7b
14169 Juttastraße 194-8c

13158 **K**abelitzweg 121-12b
12347 Kabelpfuhlweg 196-9d
12526 Kablower Weg 235-2d
12205 Kadettenweg 194-12b
10243 Kadiner Straße 171-4b
14109 Kälberwerder 192-11c
10827 Kärntener Straße 195-3a
14109 Kätchenweg 228-11b
12353 Käthe-Dorsch-Ring 197-12d
12355 Käthe-Frankenthal-Weg 234-4d
13591 Käthe-Heinemann-Weg (1) 166-2c
10407 Käthe-Niederkirchner-Straße 146-12d
14089 Käthe-Paulus-Zeile (4) 192-4d
13053 Ktheplatz 147-9b
13467 Käthestraße (Hermsdf.) 121-4a
13053 Käthestraße (Hschönhs.) 147-9b
14195 Käuzchensteig 194-5b
14089 Kafkastraße 192-10b
12589 Kageler Weg 201-6c
10713 Kahlstraße 195-1a
12621 Kainzstraße 173-3b
12277 Kaiserallee 232-1c
14057 Kaiserdamm 168-6c + 8a
– Kaiserdammbrücke 168-5d
12161 Kaisereiche 195-2c
10585 Kaiser-Friedrich-Straße 168-6b
10553/10589 Kaiserin-Augusta-Allee 169-1c
– Kaiserin-Augusta-Brücke 169-1c
12099/12103 Kaiserin-Augusta-Straße 196-4c
12101 Kaiserkorso 170-10d
12685 Kaiserkronenweg 148-12a
12307 Kaiserplatz 232-12c
12209 Kaiserstraße (Lichtfde.) 231-5a
12105 Kaiserstraße (Mardf.) 196-7d
13589 Kaiserstraße (Spand.) 143-7a
14109 Kaiserstraße (Wanns.) 228-6a
14129 Kaiserstuhlstraße 193-11d
14195 Kaiserswerther Straße 194-9c
14195 Kaiser-Wilhelm-Platz (Dahl.) 194-6b
10827 Kaiser-Wilhelm-Platz (Schbg.) 169-12d
12247 Kaiser-Wilhelm-Straße 195-11d
10777 Kalckreuthstraße 169-9c
12349 Kalif Storch 232-3b
10713 Kalischer Straße 169-10c
12589 Kalkbergeweg 201-8b
12524 Kalker Straße 235-4a
10713 Kalkhorster Straße 169-10c
10117 Kalkscheunenstraße (37-E2)
12587 Kalkseestraße 200-5c
12349 Kalksteinweg 232-3b + 3a
12559 Kallbacher Straße 200-12d
12355 Kálmánweg 234-2d
12357 Kalmusweg 234-1a
10589 Kalowswerder 168-3b
13127 Kalvinistenweg 122-9c
12305 Kambergstraße 232-6d
13409 Kamekestraße 146-1c
13507 Kamener Weg 144-5a
12249 Kamenzer Damm 195-12d
12249 Kameradenweg 195-12c
13351 Kameruner Straße 145-8d
12203 Kamillenstraße 194-9b
13127 Kamisardenplatz 122-6b
13597 Kammerstraße 167-2a
13465 Kammgasse 120-2c
10589 Kamminer Straße 168-3d
13627 Kampweg (Charlbg.) 145-10c
13509 Kampweg (Teg.) 120-9c
13599 Kanalstraße (Haselh.) 143-12b
12589 Kanalstraße (Rahnsdf.) 201-12d
12357 Kanalstraße (Rudow) 198-10b
13599 Kanalweg (Haselh.) 143-9a
13509 Kanalweg (Witten.) 120-12d
13583 Kandeler Weg 142-12d
13089 Kandertaler Weg 147-1d
12559 Kaniswall 238-1c
12055 Kanner Straße 197-1b
13127 Kantapfelweg (Pank.) 123-4c
13627 Kantinenweg 145-10a
10623/10625/10627 Kantstraße 169-7a + 7b
10623/10625/10627/10629 Kantstraße (Charlbg.) 168-9b
12169 Kantstraße (Stegl.) 195-5d
12527 Kanutenweg 235-3c
Kanzlerbrücke (36-A3)
- Kanzlergarten (36-A3)
12101 Kanzlerweg 196-1b
10439 Kanzowstraße 146-9d
12355 Kapaunenstraße 234-4c
13629 Kapellensteig 144-10d
13159 Kapellenweg (Blankfde.) 122-5a
13595 Kapellenweg (Spand.) 167-7a
10117 Kapelle-Ufer 170-1c
12357 Kappenstraße 234-1a
13405 Kapweg 145-4d
13125 Karestraße 123-2d
10625 Karl-August-Platz 169-7a
10318 Karl-Egon-Straße 172-11a
12347 Karl-Elsasser-Straße 197-4c
12169 Karl-Fischer-Weg 195-9b
12587 Karl-Frank-Straße 200-4b
10785/10787 Karl-Heinrich-Ulrichs-Straße 169-9a
14163 Karl-Hofer-Straße 193-12d
12687 Karl-Holtz-Straße 149-4c
12435 Karl-Kunger-Straße 171-7d
10369 Karl-Lade-Straße 147-11d
10178 Karl-Liebknecht-Straße 170-2d
10178/10243 Karl-Marx-Allee 170-3c
12043 Karl-Marx-Platz 197-1b
12043/12055/12057 Karl-Marx-Straße 171-10c + 197-1b
12487 Karl-Otto-Reinsch-Straße 198-12a
10117 Karlplatz (36-C3)
12205 Karlplatz 194-12b
12587 Karl-Pokern-Straße 200-4d
14193 Karlsbader Straße 194-2b
14089 Karlsbergallee 192-6b
12621 Karlsburger Weg 173-7d
14169 Karl-Schmidt-Rottluff-Weg 194-11b
10781 Karl-Schrader-Straße 169-12a
12049 Karlsgartenstraße 170-12d
12623 Karlshafener Straße 173-3b
13127 Karlshöhe 122-6a
10318 Karlshorst 172-12a
10317 Karlshorster Straße (Lichtbg.) (1) 171-9a
12439 Karlshorster Straße (Nschönwde.) 198-4b
12623 Karlsruher Straße (Mahlsdf.) 173-9c
10711 Karlsruher Straße (Wilhelmsdf.) 168-9c
13189 Karlstadter Straße 146-3c
12167 Karl-Stieler-Straße 195-8b
12526 Karlstraße (Bohnsdf.) 235-5b
12621 Karlstraße (Kaulsdf.) 173-5b
12557 Karlstraße (Köp.) 199-8d
12307 Karlstraße (Lichtrde.) 232-11d
12623 Karlstraße (Mahlsdf.) 174-4c
– Karl-Theodor-Schmitz-Brücke 232-1b
10369 Karl-Vesper-Straße 147-11c
10317 Karl-Wilker-Straße (9) 171-9d
12487 Karl-Ziegler-Straße 198-11b
13465 Karmeliterweg 120-1d
13593 Karolinenhöhe 166-8b
12527 Karolinenhof 236-7b
12527 Karolinenhofweg 236-8a
13507 Karolinenstraße (Teg.) 120-11a
14165 Karolinenstraße (Zehldf.) 230-1d
14052 Karolingerplatz 168-8a
13125 Karow 123-6c
13125 Karower Chaussee 103-12d + 123-3c
13129 Karower Damm 123-8c
13125 Karower Straße (Buch) 103-12d
13156 Karower Straße (Nschönhs.) 122-12c
13125 Karow Nord 123-2d

12435 Karpfenteichstraße 171-11d
12353 Karsenzeile 197-11d
13159 Kartoffelsteig 122-1a
12587 Karutzseeweg 200-5c
12203/12205 Karwendelstraße 195-10c
13503 Karwitzer Pfad 119-6a
13597 Kasernenweg 167-2c
13465 Kasinoweg 120-2d
10317 Kaskelstraße 171-6c
12524 Kasperstraße 234-3c
13158 Kastanienallee 122-10a
13129 Kastanienallee (Blankbg.) 123-7d
14050/14052 Kastanienallee (Charlbg.) 168-5c
12587 Kastanienallee (Friedhg.) 200-4b
12627 Kastanienallee (Helldf.) 149-9a
12623 Kastanienallee (Mahlsdf.) 173-12c
10435/10119 Kastanienallee (Prenzl. Bg., Mitte) 146-11d
13158 Kastanienallee (Rosnth.) 121-12b
10557 Kastanienallee (Tiergt.) 169-6a
12209 Kastanienstraße 231-2a
14199 Kastanienweg (Schmargdf.) 194-3b
13587 Kastanienweg (Spand.) 143-4b
12489 Katharina-Boll-Dornberger-Straße 198-9c
10787 Katharina-Heinroth-Ufer 169-5d
10557 Katharina-Paulus-Straße (36-A2)
10711 Katharinenstraße (Wilmdf.) 168-9c
14169 Katharinenstraße (Zehldf.) 194-11a
13359 Kattegatstraße 146-4b
12524 Kattenstraße 234-3d
14129 Katteweg 229-5a
13593 Kattfußstraße 166-9b
13125 Kattowitzer Straße 123-5c
12489 Kattunsteig 198-9b
10965 Katzbachstraße 170-10d
12555 Katzengraben 199-5d
– Katzengrabensteg 199-5d
13465 Katzensteg (1) 120-2b
10829 Katzlerstraße 170-10a
13158 Katzsteinweg 122-7d
14089 Katzwanger Steig 192-7b
10713 Kaubstraße 169-10c
12247 Kaulbachstraße (Lankw.) 195-11c
12623 Kaulbachstraße (Mahlsdf.) 174-1b
12621 Kaulsdorf 173-5d
12621 Kaulsdorfer Gärten 173-7b
12621/12555 Kaulsdorfer Straße 173-10d
12621 Kaulsdorf-Süd 173-10b
12557 Kaumanns Gasse 199-8a
14163 Kaunstraße 193-12d
12157 Kauschstraße 195-6a
13187 Kavalierstraße 146-2d
12249 Keffenbrinkweg 196-10c
14195 Kehler Weg 194-8d
13509 Kehrwieder 120-12a
10178 Keibelstraße 170-3a
13503 Keilerstraße 119-9b
12307 Keithstraße (Lichtrde.) 232-12c
10787 Keithstraße (Schbg., Tiergt.) 169-8b
12489 Kekuléstraße 198-12c
13088 Kelberger Weg 147-6a
12059 Kelbraer Straße 171-11c
12589 Kelchsecke 201-7c
12169 Kelchstraße 195-9b
10777 Kelheimer Straße 169-8d
13437 Kellenzeile 121-11a
12167 Kellerstraße 195-9a
13589 Kellerwaldweg 142-12a
12524 Keltensteig 235-1a
13595 Keltererweg 166-9b
12689 Kemberger Straße 149-4b
13583 Kemmannweg 167-1a
10785 Kemperplatz 170-4c
10589 Keplerstraße (Charlbg.) 168-3d
12459 Keplerstraße (Oberschönwde.) 198-6a
12357 Kerbelweg 198-10c
13125 Kerkowstraße 123-5c
12357 Kernbeißerweg 197-12a
13125 Kernerstraße 123-4d
10317 Kernhofer Straße 171-6c
13591 Kerrweg 166-2d
12353 Kerschensteinerweg 197-11d
13581 Kerstenweg 167-1d
14163 Kesperhof 229-3c
10829 Kesselsdorfstraße 170-10c
12307 Kesselstraße 232-12a
12349 Kestenzeile 233-1c
12623 Kethelitzweg 173-6d
12683 Ketschendorfer Weg 148-12d
13509 Kettelerpfad 120-8d
12305 Kettinger Straße 232-8b
13589 Ketziner Weg 142-9b
12349 Keuperweg 232-3c
13353 Kiautschoustraße 145-12a
12685 Kiebitzgrund 148-9d
13129 Kiebitzweg 123-10c
10318 Kiefernallee 172-12c
14055 Kiefernweg (Charlbg.) 168-10b
13629 Kiefernweg (Siemst.) 144-10a
13351 Kiefernweg (Wedd.) 145-7c
13503 Kiefheider Weg 119-6c
– Kiefholzbrücke 198-4a
12435/12057/12435/12437 Kiefholzstraße 198-1c
12435/12057/12435/12437 Kiefholzstraße 171-7d
12357 Kiefwiesensteig (1) 198-11c
12059 Kiehlufer 171-10b
12437 Kiehnwerderallee 172-10a
12555 Kiekebuschstraße 199-5b
12623 Kiekemaler Straße 173-12c
10367 Kielblockstraße 171-3c
– Kieler Brücke 145-12d
12623 Kieler Straße 174-1b
12623 Kieler Straße (Mahlsdf.) 150-10d
10115 Kieler Straße (Mitte) 145-12d
12163 Kieler Straße (Stegl.) 195-5c
10783 Kielganstraße 169-9c
12359 Kielingerstraße 197-8b
12557 Kienapplweg 199-9d
12685 Kienbergstraße 149-10a
12347 Kienheideweg 197-5c
– Kienhorstpark 145-2c
13403 Kienhorststraße 145-1c
12053/12049 Kienitzer Straße 196-3b
12277 Kiepertplatz 232-1b
12277 Kiepertstraße 232-1c
12524 Kiesbergplatz 234-2b
13469 Kieselbronner Weg 121-8a
13158 Kieselweg 122-8c
12209 Kiesstraße 231-2b
10318 Kiesweg (Karlsh.) 172-12d
13627 Kiesweg (Wedd.) 145-10b
12557 Kietz 199-8a
– Kietzbrücke 199-8a
12555 Kietzer Straße 199-8a
12557 Kietzer Vorstadt 199-8a
10365 Kietzer Weg 171-6c
12459 Kilianistraße 198-2c
14167 Kilstetter Straße 194-11d
12249 Kindelbergweg 231-3c
13599 Kindelsweg (9) 143-9c
14089 Kindlebenstraße 192-7d
12555 Kinzerallee 199-5a
10247 Kinzigstraße 171-5b
14055 Kiplingweg 167-9a
12307 Kirchbachstraße (Lichtrde.) 232-12a
10783 Kirchbachstraße (Schbg.) 169-9d
14129 Kirchblick 193-12c
13597 Kirchgasse (38-B2)
12043 Kirchgasse (Nkln.) 171-10d
13507 Kirchgasse (Teg.) 120-11c
12309 Kirchhainer Damm 232-12b
12055/12051 Kirchhofstraße (Nkln.) 197-1d
13585 Kirchhofstraße (Spand.) 143-10b
12209 Kirchmeisterweg 231-2c
13627 Kirchnerpfad 144-12c
13591 Kirchplatz (Staak.) 142-11c
12526 Kirchsteig 235-2c
13129 Kirchstraße (Blankbg.) 123-11a
12555 Kirchstraße (Köp.) 199-5c
12277 Kirchstraße (Marfde.) 232-1d
10557 Kirchstraße (Moab.) 169-2d
12589 Kirchstraße (Rahnsdf.) 201-9a
13158 Kirchstraße (Rosnth.) 122-10b
14199 Kirchstraße (Schmargdf.) 194-3d
14163 Kirchstraße (Zehldf.) 194-10d
14129 Kirchweg (Nklsee.) 229-2a
– Kirchweg (Wanns.) 228-4b
12347 Kirschallee 196-9b + 9d
12349 Kirsche 196-12d
14050 Kirschenallee 168-4d
12524 Kirschenbaumstraße (1) 234-3d
12347 Kirschenweg (Nkln.) (5) 196-9b
13629 Kirschenweg (Siemst.) 144-8d
13629 Kirschenweg (Teg.) 144-10a
12353 Kirschnerweg 197-11d
12524 Kirschweg (Altgl.) 234-6c
12349 Kirschweg (Britz) 197-10a
12359 Kirschweg (Nkln./Kol. Am Wiesenweg) (2) 197-9c
12359 Kirschweg (Nkln./Kol. Britzer Wiesen) 197-8d
12559 Kirsteinstraße 236-3b
13589 Kisselnallee 142-12b
13189 Kissingenplatz 146-6a
13189 Kissingenstraße 146-6a
14199 Kissinger Platz 194-3b
14199 Kissinger Straße (Schmargdf.) 194-3a
12157 Kissinger Straße (Stegl.) 195-5b
12277 Kitzingstraße 196-10d
14089 Kladow 191-12b + 192-7a
14089 Kladower Damm 192-6c + 8c
Kläre-Bloch-Platz (34-A2)
13597 Klärwerkstraße 167-3c
12559 Klafterzeile 201-10c
13129 Klagenfurter Straße 123-8d
13407 Klamannstraße 145-2c
12689 Klandorfer Straße 149-1a
13127 Klarapfelweg 123-4c
12683 Klara-Schabbel-Straße 172-9b
13053 Klarastraße (Hschönhs.) 147-9b
12459 Klarastraße (Oberschönwde.) 198-5b
10553 Klarenbachstraße 169-1c
12629 Klausdorfer Straße 149-8b
12307 Klausdorfer Weg 232-12a
12279 Klausenburger Pfad 231-6d
14059 Klausenerplatz 168-6a
12107 Klausenpaß 196-11d
14050 Klaus-Groth-Straße 168-5c
13467 Klaushager Weg 120-5b
13627 Klausingring 144-12c
10589 Klaustaler Straße (Charlbg.) 169-1c
13187 Klaustaler Straße (Pank.) 146-3a
12623 Kleeackerweg 174-1a
12524 Kleeblattstraße 235-1c
12357 Kleestraße 198-10c + 234-1a
12359 Kleiberweg 197-9c
14169 Kleinaustraße 194-11c
10963 Kleinbeerenstraße 170-7b
14089 Klein Breitehorn 193-4a
10178 Kleine Alexanderstraße (37-G2)
10243 Kleine Andreasstraße 170-6b
10119 Kleine Auguststraße (37-F1)
13357 Kleine Behmstraße (1) 146-7d
13503 Kleine Brüderstraße (3) 119-7d
– Kleine Eiswerderbrücke 143-11b
13599 Kleine Eiswerderstraße 143-11b
10178 Kleine Gertraudenstraße (4) (37-F5)
10115/10117 Kleine Hamburger Straße 170-2a
12557 Kleine Hege (4) 199-8a
13156 Kleine Homeyerstraße 146-1d
12045 Kleine Innstraße 171-10d
10117 Kleine Jägerstraße (1) (37-F4)
10117 Kleine Kurstraße (37-F5)
12526 Kleine Lindenstraße 235-7b
10243 Kleine Markusstraße 170-6b
13585 Kleine Mittelstraße 143-10b
10965 Kleine Parkstraße 170-10b
10178 Kleine Präsidentenstraße (37-F2)
12524 Kleiner Mohnweg (1) 235-4a
12349 Kleiner Muck 232-3b
10119 Kleine Rosenthaler Straße 170-2b
13589 Kleiner Querweg 142-8c
12527 Kleiner Rohrwall 236-5d
12527 Kleiner Seddinwall 237-8a
10557 Kleiner Stern (Tiergt.) 169-6a
14169 Kleiner Stern (Zehldf.) 194-4a
- Kleiner Tiergarten 169-2d
13587 Kleiner Wall 143-8d
12526 Kleine Spechtstraße 235-7b
12526 Kleine Waldstraße 235-7b
12101 Kleineweg 196-1b
12559 Kleingartenstraße 199-9b
– Kleinhaussiedlung (Hermsdf.) 148-4c
– Kleinhaussiedlung (Hschönhs.) 121-1c
14165 Kleinmachnower Weg 230-4d
13587 Kleinreuther Weg 143-7b
12555 Kleinschewskystraße 199-2a
13158 Kleinsteinweg 122-7d
12555 Klein-Venedig 199-5d
12355 Klein-Ziethener-Weg 233-6d
10787 Kleiststraße 169-8b
14163 Kleiststraße (Zehldf.) 193-12b
13127 Kleistweg 122-5d
13409/13158 Klemkestraße 145-3c
12351 Klempnergasse 197-11c
13407 Klenzepfad 145-5a
12557 Klepschweg 199-8d
12524 Klettenberger Straße 235-4a
12357 Klettenweg 198-10d
12526 Kletterrosenweg 235-4b
12681 Klettwitzer Straße 148-5d
13357 Klever Straße 146-7b
14193 Klindworthsteig 194-2a
10785 Klingelhöferstraße 169-6c
12555 Klingenburger Straße 199-1b
13587 Klingenhofer Steig 143-7b
12627 Klingenthaler Straße 149-12a
12435 Klingerstraße 171-11d
12203 Klingsorplatz 195-7d
12167 Klingsorstraße 195-8c
12167/12203 Klingsorstraße 195-10b
13585 Klinkeplatz 143-7d
13509 Klinnerweg 120-12c
14165 Klistostraße 230-1d
13403 Klixstraße (Reindf.) 144-6b
10823 Klixstraße (Schbg.) 169-12a
10965 Kloedenstraße 170-11a
13597 Klönnerweg 167-1d
13469 Klötzesteig 121-5d
12623 Klopstockstraße (Mahlsdf.) 173-11b
10557 Klopstockstraße (Tiergt., Hansav.) 169-5a
14163/14129 Klopstockstraße (Zehldf.) 193-12a
13591 Klosterbuschweg 166-2b
13581 Klosterfelde 166-3d
13509 Klosterfelder Weg 120-12c
13467 Klosterheider Weg 120-5b
10179 Klosterstraße (Mitte) 170-3c
13581 Klosterstraße (Spand.) 167-1d
13595 Klosterweg 167-4c
12309 Kloster-Zinna-Straße 232-6d
13156 Klothildestraße 122-11d
10785 Kluckstraße 169-9b
12249 Klüberstraße 196-10c
12681 Klüsserather Weg 172-3c
13059 Klützer Straße 148-1d
12587 Klutstraße 200-4b
10405/10435 Knaackstraße 146-12a
13465 Knappenpfad 120-2d
13407 Knauerstraße 145-2a
12157 Knausplatz 195-5b
14193 Knausstraße (Grwld.) 194-2b
12157 Knausstraße (Stegl.) 195-5b
13467 Kneippstraße 120-5b
14109 Kneippweg 228-9a
– Knesebeckbrücke 230-8a
10623/10719 Knesebeckstraße (Charlbg.) 169-7d
12205 Knesebeckstraße (Lichtfde.) 194-9d
14167 Knesebeckstraße (Zehldf.) 230-2a
12157 Kniephofstraße 195-5c
13465 Kniggeweg 100-8a + 11c
10407 Kniprodestraße 147-10c
– Knobelsdorffbrücke 168-5d
14050/14059 Knobelsdorffstraße 168-6c
14059/14050 Knobelsdorffstraße 168-5d
13591 Knöterichpfad 142-10d
12355 Knollstraße 234-4d
10245 Knorrpromenade 171-5d
12524 Knospengrund 235-4a
13589 Knüllweg 142-12a
14109 Koblanckstraße 228-3c
10715 Koblenzer Straße 195-1b
14052 Koburgallee 168-4a
10825 Koburger Straße 195-3a
12627 Kochelseestraße 235-2a
13587 Kochemer Weg 143-5c
10249 Kochhannstraße 171-1b
10969 Kochstraße (Kreuzbg.) 170-4d
12105 Kochstraße (Mardf.) 196-7d
13156 Köberlesteig 146-2c
10785 Köbisstraße 169-6c
13403 Kögelstraße 145-4b
13591 Köhlbrandweg 166-2b
12205 Köhlerstraße 194-12d
– Köllnische Brücke 199-4d
12557 Köllnischer Platz 199-8a
12439 Köllnische Straße 198-5d
12557 Köllnische Vorstadt 199-7d
12353 Kölner Damm 197-11c + 233-2a
12689 Kölpiner Straße 149-1d
13599 Kölpinseeweg (12) 143-9a
– Koeltzepark 143-10b
12349 König Drosselbart 232-3a
14059 Königin-Elisabeth-Straße 168-5b
14195 Königin-Luise-Platz 195-4c
14195 Königin-Luise-Straße 194-5d + 195-4c
14193 Koenigsallee 194-4a
– Koenigsalleebrücke 168-11c
13465 Königsbacher Zeile 100-11d
12207 Königsberger Straße 231-1b
12437/12487 Königsheideweg 197-6c
13439 Königshorster Straße 121-8d
12621 Königshütter Weg 173-5c
13088 Königskinderweg 147-2a
14193 Königsmarckstraße 194-2d
13595 Königsplatz 167-7a
12527 Königsseestraße 199-11d
13129 Königsteinstraße (Blankenbg.) 123-4d
12309 Königsteinstraße (Lichtrde.) 232-9b
12105 Königstraße (Mardf.) 196-7d
13589 Königstraße (Spand.) 143-7c
14109 Königstraße (Wanns.) 227-6c
14163 Königstraße (Zehldf.) 230-1a
12107 Königstuhlweg 196-11d
13053 Königswalder Straße 147-6d
14193 Königsweg (Grwld.) 193-6b
13595 Königsweg (Spand.) 167-7a
13507 Königsweg (Teg.) 120-11d
14163/14129/14109 Königsweg (Wanns., Nklsee., Zehldf.) 228-11a
10318 Königswinterstraße 172-11b
12555 Köpenick 199-2d
10318 Köpenicker Allee (Karlshorst) 172-8d
10317 Köpenicker Chaussee 172-7c
12437 Köpenicker Landstraße 197-3b + 198-1a
12435/12437 Köpenicker Landstraße 171-12c
10997 Köpenicker Straße 171-4c
12524 Köpenicker Straße (Altgl.) 234-3b
12683 Köpenicker Straße (Biesdf., Köp.) 173-4a
12487 Köpenicker Straße (Johsth.) 198-8c
10179/10997 Köpenicker Straße (Mitte, Kreuzbg.) 170-6a
12355 Köpenicker Straße (Rudow) 234-1b
12557 Köpenzeile 199-9c
10315 Köpitzer Straße 172-5a
13159 Köppchenseeweg 122-1a
– Körnerpark 197-1a
– Körnerplatz (Charlbg.) 167-6b
13127 Körnerplatz (Fr. Buchhz.) 122-5b
12623 Körnerplatz (Mahlsdf.) 173-11b
12157 Körnerstraße 195-5c
13156 Körnerstraße (Nschönhs.) 122-11b
13585 Körnerstraße (Spand.) 143-11a
12169/12157 Körnerstraße (Stegl.) 195-5c
10785 Körnerstraße (Tiergt.) 169-9b
13127 Körnerweg 122-5b
10967 Körtestraße 170-12a
12107 Körtingstraße 196-10d
14199 Kösener Straße 194-3c
13357 Kösliner Straße 145-9d
14165 Kösterstraße 230-1c
– Köthener Brücke 170-7a
10963 Köthener Straße (Kreuzbg.) 170-7a
12689 Köthener Straße (Marz.) 148-3d
12623 Kötteritzweg 150-11d
13629 Köttgenstraße 144-10b
10318 Kötztinger Straße 172-9c
13158 Kohlbornsteinweg 122-7d
10999 Kohlfurter Straße 170-9c
14109 Kohlhasenbrücker Straße 228-5d
12623 Kohlisstraße 173-11b
12351 Kohlmeisenweg 197-12a
10587 Kohlrauschstraße 169-4b
12683 Kohlweißlingstraße 173-4d
13583 Kohstallweg 142-12c
12627 Kokoschkaplatz (8) 149-9c
12627 Kokoschkastraße (7) 149-9c
14199 Kolberger Platz 194-3a
13357 Kolberger Straße (Gesndbr.) 146-10a
12623 Kolberger Straße (Mahlsdf.) 150-11c
12351 Kolibriweg 197-11a
13597 Kolk 143-11c
12351 Kolkrabenweg 197-8d
14059 Kollatzstraße 168-5b
12109 Kollostraße 196-8c
10435 Kollwitzplatz 146-12c
10405/10435 Kollwitzstraße 146-12c
10405 Kolmarer Straße 146-12c
12629 Kolonie Storchennest 149-8d
13357/13359 Koloniestraße (Gesndbr.) 146-7a
12209 Koloniestraße (Lichtfde.) 231-5a
13583 Kolonieweg (Spand.) 142-12d
13597 Kolonieweg (Spand.) 167-2c
– Kolonnenbrücke 170-10c
10827/10829 Kolonnenstraße 169-12d
12589 Kolpiner Weg 201-8b
13409 Kolpingplatz 145-3c
10969 Kommandantenstraße (Kreuzbg., Mitte) 170-5d
12205 Kommandantenstraße (Lichtfde.) 194-12d
– Komturbrücke 196-5d
12099 Komturstraße 196-5d
13351 Kongostraße 145-8d
10245 Konitzer Straße 171-5c
13595 Konkordiastraße 167-4a
10557 Konrad-Adenauer-Straße (36-B3)
12105 Konradinstraße 196-7b
13505 Konradshöhe 119-11d + 143-2d
13505 Konradshöher Straße 143-3a
13055 Konrad-Wolf-Straße 147-11b + 148-7c
10707/10709 Konstanzer Straße 169-10a + 10c
13465 Konzer Platz 100-11d
13158/13407 Kopenhagener Straße 145-3c
10437 Kopenhagener Straße (Prenzl. Bg.) 146-8d
10243/10245 Kopernikusstraße (Friedhn.) 171-4b
12205 Kopernikusstraße (Lichtfde.) 195-10c
12053 Kopfstraße 197-1a
10965 Kopischstraße 170-11a
12347 Koppelweg (Britz) 196-9c
13465 Koppelweg (Frohn.) 120-2b
10115 Koppenplatz 170-2a
10243 Koppenstraße 171-4a
12355 Korbmacherweg (2) 234-1c
12623 Korianderweg 173-9a
12524 Korkedamm 198-12c
12359 Korlinweg 197-8c
12351 Kormoranweg 197-11b
13127 Kornapfelweg (Fr. Buchhz.) 123-7a
14109 Kornaue 228-5b
12357 Kornblumenring 198-10c + 234-1b
14050 Kornblumenweg 168-1c
13587 Kornburger Weg 143-7d
12683 Kornmandelweg 149-10c
12205 Kornmesserstraße 231-1a
12357 Kornradenstraße 234-1a
13469 Kornweg (3) 121-5d
10437 Korsörer Straße 146-8c
12487 Koschatweg 198-7c
12619 Koserower Straße 173-2c
14195 Koserstraße 194-6d
12109 Kosleckweg 196-8d
13437 Kossätenstraße 145-1b
– Kottbusser Brücke 170-9d
10967/12047 Kottbusser Damm 170-9d
10999 Kottbusser Straße 170-9a
12169 Kottesteig 195-9a
12459 Kottmeierstraße 198-2d
12305 Kraatzweg 232-6a
10629 Kracauerplatz 168-9c
10245 Krachtstraße 171-8d
13125 Krähenfußzeile 123-3c
12527 Krähenhorst (Grün.) 236-10b
12527 Krähenhorst (Schmöckw.) 199-10d
10318 Krähenwinkel (1) 172-12c
13589 Krämerweg 142-9a
13589 Kraepelinweg 142-8c
10315 Kraetkestraße (Friedrfde.) 172-4d
12621/12619 Kraetkestraße (Kaulsdf.) 173-3a
12207 Krahmersteg 195-10b
12207 Krahmerstraße 195-10b
14199 Krampasplatz 194-3c
– Krampenburg 236-9a
12559 Krampenburger Weg 236-3d
14089 Krampnitzer Weg 191-9d
14163 Kramstaweg 229-3b
13439 Krangener Weg 121-12a
12526 Kranichstraße 235-5d
12209 Kranoldplatz (Lichtfde.) 231-2a
12051 Kranoldplatz (Nkln.) 197-1d
12621 Kranoldstraße (Kaulsdf.) 173-2d
12051 Kranoldstraße (Nkln.) 197-1c
13503 Krantorweg 119-5b
14055 Kranzallee 167-9a
14199 Kranzer Straße 194-3a
10245 Kratzbruch 171-9d
10117 Krausenstraße 170-5c
10115 Krausnickstraße 170-2c
- Krausrückpark (37-E2)
10243 Krautstraße 170-6b
12359 Krautweg 197-9c
12057 Krebsgang 197-2d
10555 Krefelder Straße 169-2d
12349 Kreideweg 232-3a
12161 Kreisauer Straße 195-1b
10435 Kremmener Straße 146-11a
14109 Kremnitzufer 228-11b
12621 Kreppfuhlweg 149-12d
12623 Kressenweg 173-9c
13591 Kretzerzeile 166-5b
12203 Kreutzerweg 195-10b
10247 Kreutzigerstraße 171-5a
14089 Kreutzwaldstraße 192-7c
10961 Kreuzberg 170-8c
10965 Kreuzbergstraße 170-10a
13125 Kreuzburger Straße 123-5c
13156 Kreuzgraben 122-11c
14197 Kreuznacher Straße 195-4a
13465 Kreuzritterstraße 120-2d
12683 Kreuzschnabelstraße 173-4c
13158 Kreuzstraße 145-3b
10117 Kreuzstraße (Mitte) (37-F5)
13187 Kreuzstraße (Pank.) 146-5a
13507 Kreuztaler Weg 144-2d
14089 Krielower Platz 193-4a
14089 Krielower Weg 193-1c
10365 Kriemhildstraße 172-1d
– Krienicke Park 143-11b
13585 Krienickesteig 143-11a
12527 Krimnitzer Weg 236-8b
12359 Krischanweg 197-8c
13059 Kröpeliner Straße 148-1d
12524 Krötengasse 234-6c
12681 Kröver Straße 172-2b
14089 Krohnweg 192-8d
12349 Krokus (1) 233-1a
12357 Krokusstraße 234-1a
12359 Krokusweg 197-9d
12309 Kronacher Straße 233-10a
14193 Kronberger Straße 194-2d
12309 Kronbergstraße 232-9b
12489 Kroneckerstraße 198-12a
10117 Kronenstraße 170-4d
Kronprinzenbrücke (36-B3)
10711 Kronprinzendamm 168-8d
13589 Kronprinzenstraße 142-9b
14109/14129 Kronprinzessinnenweg 229-4a
12279 Kronstadter Weg 231-6c
13125 Krontaler Straße 123-4d

402 Berlin

12309/12305 Krontalstraße 232-6d
13629 Kroppenstedtweg 144-10b
10245 Krossener Straße 171-5a
14129 Krottnaurerstraße 193-11c
13581 Krowelstraße 167-1d
12107 Kruckenbergstraße 196-11c
12307 Krügerstraße (Lichtrde.) 232-11d
10439 Krügerstraße (Prenzl. Bg.) 146-9b
12435 Krüllsstraße 171-7d
12527 Krugauer Steig 236-5c
12589 Kruggasse 201-7d
13127 Krugpfuhl 122-6c
13129 Krugstege 123-10b
13581 Krumme Gärten 167-1c
12685 Krummenseer Straße 149-7d
13627 Krummer Weg 145-10a
13627 Krummerweg 145-10c
12526 Krumme Straße (Bohnsdf.) 235-5c
10585/10627 Krumme Straße (Charlbg.) 169-4c + 7a
12203 Krumme Straße (Lichtfde.) 195-10b
13089 Krumme Straße (Pank.) 147-1a
10317 Krummhübler Straße 171-6c
13503 Krumminer Weg 119-5c
13507 Krumpuhler Weg 144-2c
10557/10559 Kruppstraße 169-3a
12305 Krusauer Straße 232-5b
12279 Kruseweg 231-6a
12099 Krysiakweg 196-5b
10367 Kubornstraße 171-3d
10587 Kucharskistraße 169-1d
13156 Kuckhoffstraße 146-1a
12349 Kuckuck 196-12d
12589 Kuckuckssteig 201-8d
14089 Kuckuckstraße 192-4a
13129 Kuckucksweg (Blankenbg.) 123-10a
14195 Kuckucksweg (Dahl.) 194-9a
12347 Kuckucksweg (Nkln.) (8) 196-9b
13158 Kuckucksweg (Rosnth.) 122-7a
14193 Kudowastraße 168-12c
12355 Kückenweg 234-4c
13595 Küfersteig 167-7a
14055 Kühler Weg 168-10b
13409 Kühleweinstraße 145-6b
13051 Kühlungsborner Straße 147-3d
13409 Kühnemannstraße 146-4a
13055 Küllstedter Straße 148-10b
12169 Külzer Straße 195-5c
12349 Künheimer Weg 232-3c
12355 Künnekeweg 234-2d
14089 Künstlerweg 192-2c
13591 Künzelsauer Weg 142-10a
13159 Kürbissteig 122-1a
12681 Kürenzer Straße 172-2d
12557 Kürißweg 199-8d
10409 Küselstraße 146-9d
13599 Küsterstraße 143-12b
12589 Küsterwiesen 201-7d
12305 Küstriner Platz 232-6d
13055 Küstriner Straße (Hschönhs.) 147-12a
12305 Küstriner Straße (Lichtrde.) 232-6b
12105 Küterstraße 196-7d
10825 Kufsteiner Straße 195-2b
10439 Kuglerstraße 146-9a
12165 Kuhligkshofstraße (2) 195-7b
12623 Kuhnaustraße 174-4a
13595 Kuhnertstraße 167-4d
12559 Kuhwall 200-10a
13581 Kujampelweg 166-3d
13587 Kulbeweg 143-8a
10777 Kulmbacher Straße 169-8c
10783 Kulmer Straße 169-12b
12683 Kulmseestraße 172-3d
12619 Kummerower Ring 149-11c
12159 Kundrystraße 195-2c
13057 Kundtanger 148-3b
12459 Kunheimstraße 198-1d
12524 Kunibertstraße 234-6b
12105 Kunigundenstraße 196-4d
13347 Kunkelstraße 146-10a
14057 Kuno-Fischer-Platz 168-9a
14057 Kuno-Fischer-Straße 168-9a
14193 Kunz-Buntschuh-Straße 168-12a
14165 Kunzendorfstraße 230-1b
10367 Kunzeweg 171-3d
10715 Kuppenheimer Straße 195-2b
10707/10709/10711/10719 Kurfürstendamm 168-12a
10707/10709/10711/10719 Kurfürstendamm 169-7c + 7b
13467 Kurfürstenstraße (Hermsdf.) 120-8b
12249 Kurfürstenstraße (Lankw.) 231-2b
12105 Kurfürstenstraße (Mardf.) 196-7c
10785/10787 Kurfürstenstraße (Tiergt., Schbg.) 169-8b
10785/10787 Kurfürstenstraße (Tiergt., Schbg.) 169-9a + 9d
14109 Kurfürstenweg 228-9c
13467 Kurhausstraße 120-2d

14055 Kurländer Allee 168-7d
10783 Kurmärkische Straße 169-9d
– Kurpark Friedrichshagen 200-1d
14089 Kurpromenade 192-7a
10117 Kurstraße (Mitte] 170-5a
14129 Kurstraße (Nklsee.) 229-3a
13585 Kurstraße (Spand.) 143-10b
10249 Kurt-Exner-Straße 171-2a
10823 Kurt-Hiller-Platz 169-12b
14089 Kurt-Marzahn-Straße 166-12d
12099 Kurt-Pfennig-Platz 196-2c
12103 Kurt-Pfennig-Platz 196-4b
13405 Kurt-Schumacher-Damm 144-12c
13405 Kurt-Schumacher-Platz 145-4d
12627 Kurt-Weill-Gasse (2) 149-9c
12627 Kurt-Weill-Platz (1) 149-9c
13503 Kurzebracker Weg 119-5c
13125 Kurze-Enden-Weg 123-2d
12587 Kurzer Steig 199-6b
12359 Kurzer Weg (Nkln.) 197-8b
13627 Kurzer Weg (Spand.) 145-10a
10315 Kurze Straße (Friedrfde.) 172-5a
13467 Kurze Straße (Hermsdf.) 120-6a
13189 Kurze Straße (Pank.) 146-9a
12589 Kurze Straße (Rahnsdf.) 201-12b
13158 Kurze Straße (Rosnth.) 121-12c
13585 Kurze Straße (Spand.) 143-10b
12167 Kurze Straße (Stegl.) 195-8a
10781 Kyffhäuserstraße 169-12a
13051 Kyllburger Weg 147-6b + 148-4a
12203 Kyllmannstraße (Lichtfde.) 195-10a
14109 Kyllmannstraße (Wanns.) 228-6a
10245/10317 Kynaststraße (Friedh., Lichtbg.) 171-8b
12629 Kyritzer Straße 149-8c
14165 Kyritzer Weg 229-3d

13503 Labeser Weg 119-6a
13357 Laböer Straße 146-7b
10967 Lachmannstraße (1) 170-9d
12589 Lachsfang 201-8a
12355 Lachshuhnweg 233-6b
13505 Lachtaubenweg 119-11d
12167 Lacknerstraße 195-9c
13509 Ladeburger Weg 120-12c
14195 Ladenbergstraße 194-9c
14169 Ladenstraße 194-7d
14165 Ladiusstraße 230-5c
14167 Laehr'scher Jagdweg 230-5b
14167/14165 Laehrstraße 230-5a
14052 Länderallee 168-7b
14055 Lärchenweg (Charlbg.) 168-8c
13629 Lärchenweg (Siemst.) 144-10a
13127 La Famille-Straße 122-9c
13599 Lagerweg 143-12c
12589 Lagunenweg 201-12a
12527 Lahmertstraße 199-11c
10318 Lahnsteiner Straße 172-11b
12055 Lahnstraße 197-1d
13469 Lahrer Pfad 121-7b
12437 Lakegrund 198-1a
12355 Lakenfelderweg 234-4a
10589 Lambertstraße 168-3b
12621 Lammersdorfer Weg 173-7b
13158 Lampertssteinweg 122-8c
13409 Lampesteig 145-3c
13127 Landapfelweg (Fr. Buchhz.) 123-7a
14197 Landauer Straße 195-1d
14199 Landecker Straße 168-12d
13435 Landenhäuser Weg 121-7d
12487 Landfliegerstraße 198-8a
12557 Landgartenweg 199-12a
10787 Landgrafenstraße 169-9a
10717 Landhausstraße 169-11a
12589 Landjägerallee 201-9b
– Landjägerbrücke 199-8b
12555 Landjägerstraße 199-8b
14195 Landoltweg 194-9c
12353 Landreiterweg 233-2a
12621 Landréstraße 173-3c
10249/365/369/369/407/12679/681/13055 Landsberger Allee 148-10a + 171-1a
10249/365/369/369/407/12679/681/13055 Landsberger Allee 171-1b
12305 Landsberger Straße (Lichtrde.) 232-6b
12623 Landsberger Straße (Mahlsdf.) 174-4a
12349 Landschöppenpfad (1) 233-1b
12309 Landshuter Straße (Lichtrde.) 233-10a
10779 Landshuter Straße (Schbg.) 169-11b
14089 Landstadt Gatow 192-4d
12623 Landvogtstraße 174-4a
12207 Landweg 231-5c
– Lange Brücke 199-8a
13437 Lange Enden 121-10a
13503 Langenauer Weg 119-5d
12623 Langenbeckplatz 174-7a
10249 Langenbeckstraße (Friedhn.) 171-1b

12623 Langenbeckstraße (Mahlsdf.) 173-9b
12249 Langensalzaer Straße 231-2d
– Langenscheidtbrücke 169-12b
10827 Langenscheidtstraße 169-12b
12169 Langensteiner Weg 195-9b
12555 Langerhansstraße 199-5a
13599 Langer-See-Straße (1) 143-8b
12683 Langer Weg (Marz.) 173-7c
12359 Langer Weg (Nkln.) 197-8b
10243 Lange Straße (Friedhn.) 170-6b
12209 Lange Straße (Lichtfde.) 231-2c
12109 Lange Straße (Mardf.) 196-8b
14109 Lange Stücken 228-5d
12589 Langewahler Weg 201-8b
12589 Langfuhrer Allee 201-8b
12555 Langhansstraße 146-9b
12681 Langhoffstraße 148-12c
12247 Langkofelweg 195-12c
14052 Langobardenallee 168-8a
13465 Langohrzeile 120-3c
12355 Langschanweg 234-4c
13125 Lanker Straße 123-5d
13595 Lankestrand 167-7b
12247 Lankwitz 195-12b
– Lankwitzer Brücke 196-10a
12209 Lankwitzer Straße (Lichtfde., Lankw.) 231-2a
12107 Lankwitzer Straße (Mardf.) 196-10a
14195 Lansstraße 194-9a
13125 Lanzelotstraße 123-3c
14089 Lanzendorfer Weg 192-10a
12683 Lappiner Platz 172-3d
12683 Lappiner Straße 172-3d
13127 La-Rochelle-Straße 122-9c
10243 Lasdehner Straße 171-4b
13158 Lasensteinweg 122-7d
13585 Lasiuszeile (1) 143-10b
10245 Laskerstraße 171-8b
12621 Lassallestraße (Kaulsdf.) 173-8a
12589 Lassallestraße (Rahnsdf.) 201-9a
12621 Lassaner Straße 173-5d
14193 Lassenstraße 168-11c
12689 Lattichweg 148-3d
14197 Laubacher Straße 195-1b
14197 Laubenheimer Straße 195-1d
12107 Lauberhornweg 196-12c
12045 Laubestraße 171-10d
12527 Laubnitzer Pfad 235-2d
12351 Laubsängerweg 197-8d
12683 Lauchhammerstraße 172-9b
12355 Lauchstädter Weg 233-3d
13189 Laudaer Straße 146-6a
12157 Lauenburger Platz 195-5d
12157 Lauenburger Straße 195-5b
12157/12169 Lauenburger Straße 195-8b
12459 Laufener Straße 198-5b
12683 Lauinger Straße 173-4a
12555 Laurenzstraße (1) 199-8a
13465 Laurinsteig 100-10d + 120-1b
12205 Lausanner Straße 230-3b
10997 Lausitzer Platz 171-7a
10999 Lausitzer Straße 170-9d
13129 Lautentaler Straße 123-7d
13189 Lauterbachstraße 146-6a
12347 Lauterberger Straße 197-4a
12159 Lauterstraße 195-2d
12107 Lauxweg 196-10b
12623 Lavendelweg 173-9a
13581 Lazarusstraße 166-3c
12679/12687 Lea-Grundig-Straße 149-7a
12524 Leberblumenweg 199-10c
10829 Leberstraße 195-3b
13127 Le Bonheur-Straße 122-9c
10243 Lebuser Straße 171-1c
12209 Lechtaler Weg 231-6a
12623 Ledebourstraße 173-9b
14165 Leester Weg 229-3d
12161 Lefèvrestraße 195-4b
12355 Leghornweg 234-4a
10179/10969 Legiendamm 170-9a
13086 Lehderstraße 146-9b
10245 Lehmbruckstraße 171-8a
12524 Lehmfeldsteig 234-3a
12524 Lehmusstraße 234-6b
13158 Lehmweg 122-8a
10318 Lehndorffstraße 172-11c
– Lehnepark 196-4b
12621 Lehnestraße 173-3c
12487 Lehnfeldsteig 198-11d
10709 Lehniner Platz 168-9d
12623 Lehnitzplatz 173-12b
12623 Lehnitzstraße 173-12d
10557 Lehrter Straße 145-12c + 169-3b
12435 Leiblstraße 171-11b
10625/10629 Leibnizstraße 169-4c + 7c
14195 Leichhardtstraße 194-8c
12359 Leidener Straße 197-5c
12049 Leinestraße 196-3b
10117 Leipziger Platz 170-4c
10117 Leipziger Straße 170-4d
12627 Leisniger Straße 150-10c
14050 Leistikowstraße 168-5c

13086 Lemgoer Straße 147-5c
12623 Lemkestraße 150-10d + 174-1a + 1c
12305 Lenaustraße (Lichtrde.) 232-5b
12047 Lenaustraße (Nkln.) 170-12b
10245 Lenbachstraße (Friedhn.) 171-5d
12621 Lenbachstraße (Kaulsdf.) 173-7b
12623 Lenbachstraße (Mahlsdf.) 174-1a
12157 Lenbachstraße (Stegl.) 195-5b
13407 Lengeder Straße 145-2b
10785 Lennéstraße 170-4c
13629 Lenther Steig 144-10d
14195 Lentzeallee 194-6b
12353 Lenzelpfad 233-3a
14165/14167 Leo-Baeck-Straße 230-2c
14193 Leo-Blech-Platz 194-2a
13125 Leobschützer Straße 123-5a
14089 Leonardo-da-Vinci-Straße 192-4a
12349 Leonberger Ring 233-1a
13156 Leonhard-Frank-Straße 146-4b
14057 Leonhardtstraße 168-9b
12101 Leonhardyweg 196-1b
10717 Leon-Jessel-Platz 169-10b
12247 Leonorenstraße 195-8d
12307 Leopoldplatz (Lichtrde.) 232-12c
13347 Leopoldplatz (Wedd.) 145-9c
12621 Leopoldstraße (Kaulsdf.) 173-5b
10317 Leopoldstraße (Lichtbg.) 171-6d
12057 Leo-Slezak-Straße 197-3c
13127 Le Pavillon-Straße 122-9a
12163 Lepsiusstraße 195-4b
12163/12165 Lepsiusstraße 195-4d + 7b
12249 Lerbacher Weg 231-3a
14089 Lerchenstraße 192-4a
13129 Lerchenweg (Blankbg.) 123-10c
13599 Lerchenweg (Haselh.) 143-9a
12109 Lerchenweg (Mardf.) 196-8a
12589 Lerchenweg (Rahnsdf.) 201-11b
13589 Lerchenweg (Spand.) 142-5d
13629 Lerchenweg (Teg.) 144-7d
13351 Lerchenweg (Wedd.) 145-7c
12209 Lermooser Weg 231-5b
14059 Lerschpfad 168-5b
12526 Leschnitzer Straße 235-5c
13503 Lesewitzer Steig 119-5d
10557 Lesser-Ury-Weg 169-3b
– Lessingbrücke 169-2d
12053 Lessinghöhe 197-1a
12305 Lessingplatz 232-5d
12526 Lessingstraße (Bohnsdf.) 235-6c
10555 Lessingstraße (Hansav.) 169-5b
12305 Lessingstraße (Lichtrde.) 232-5d
12623 Lessingstraße (Mahlsdf.) 173-11b
13158 Lessingstraße (Pank.) 121-12c
12169 Lessingstraße (Stegl.) 195-5d
13507 Letmather Weg 144-5a
13509 Letschiner Weg 120-12c
12355 Lettberger Straße 234-2a
13409 Letteallee 145-6d
13409 Letteplatz 145-6d
13627 Letterhausweg 168-2b
10437 Lettestraße 146-9c
12559 Lettweilerstraße 201-10c
13503 Letzkauer Steig 119-5c
13593 Leubnitzer Weg 166-6a
14165 Leuchtenburgstraße 230-2c
13055 Leuenberger Straße 148-7a
13509 Leuenberger Zeile 144-3a
12681 Leunaer Straße 148-6b
13627 Leuningerpfad 144-12d
10999 Leuschnerdamm 170-9a
10829 Leuthener Platz 169-12d
10829 Leuthener Straße 169-12d
13591 Leuthingerweg 142-11d
12623 Levensauer Straße 173-9d
10555 Levetzowstraße 169-2c
12357 Levkoienweg 198-10c
10439 Lewaldstraße 146-9a
10629 Lewishamstraße 168-9b
12435 Lexisstraße 171-10b
12167/12165 Leydenallee 195-8a
12053 Leykestraße 197-1a
12161 Liane-Berkowitz-Platz 195-1d
12524 Lianenweg 234-3b
10245 Libauer Straße 171-5c
12527 Libboldallee 235-2d
14089 Libellensteig 166-12b
14129 Libellenstraße 229-1d
12047 Liberdastraße 171-7c
– Libertypark 149-8d
13088 Lichtelfensteg 147-2c
13055 Lichtenauer Straße 148-7c
– Lichtenberger Brücke 172-4a
10178/10243/10179 Lichtenberger Straße 170-6b
12627 Lichtenhainer Straße 149-9d
12305 Lichtenrade 232-8b
12305/12309 Lichtenrader Damm 232-6a
12049 Lichtenrader Straße 170-12d
10787 Lichtensteinallee 169-5d
Lichtenstein-Brücke (35-G3)
12207 Lichterfelde 231-1c
12279/12209 Lichterfelder Ring 231-5c

14167 Lichterfelder Weg 230-6b
13465 Lichtungsweg 120-1c
13587 Lichtwarkweg 143-5a
13507 Lichtweg 144-5a
12167 Liebenowzeile 195-9c
12687 Liebensteiner Straße 148-6b
14195 Liebensteinstraße 194-9b
13125 Liebenstraße 123-5c
13055 Liebenwalder Straße (Hschönhs.) 148-10a
13347 Liebenwalder Straße (Wedd.) 145-9a
13088 Liebermannstraße 147-5c
13127 Liebermannweg 122-5b
13439 Lieberoser Straße 121-11a
10245 Liebesinsel 171-9d
13509 Liebfrauenweg 120-8d
10247 Liebigstraße 171-2c
- Liebknechtbrücke (37-F3)
12587 Liebstadter Gang 199-6b
13503 Liebstöckelweg 119-6c
10999 Liegnitzer Straße 171-7c
13403 Lienemannstraße 145-1c
12557 Lienhardweg 199-11d
12107 Lienzer Pfad (1) 232-3a
10318 Liepnitzstraße 172-11c
13469 Lierbacher Weg 121-4d
13507 Liesborner Weg 144-2c
12355 Lieselotte-Berger-Platz 234-5c
12355 Lieselotte-Berger-Straße 234-4d
12524 Lieselstraße 234-3c
10115/13355/13347 Liesenstraße 146-10c
13503 Liessauer Pfad 119-5d
10789/10719/10707 Lietzenburger Straße 169-8c + 7d
– Lietzenseebrücke 168-9a
– Lietzenseepark 168-9a
14057 Lietzenseeufer 168-9a
12437 Ligusterweg 197-6c
12627 Lil-Dagover-Gasse (3) 149-9c
12349 Lilie 233-1a
12167 Liliencronstraße 195-8b
12347 Lilieneck 196-9d
13158 Liliensteinweg 122-7d
12203 Lilienstraße 195-7c
– Lilienthalpark 231-5b
10965 Lilienthalstraße 170-11d
12359 Lilienweg (Britz) 197-9c
10589 Lilienweg (Charlbg.) 169-1a
13599 Lilienweg (Haselh.) 143-9a + 12d
13629 Lilienweg (Teg.) 144-8d
13437 Lilienweg (Waidml.) 120-12b
13437 Lilienweg (Wilhdf.) 121-11d
10405 Lilli-Henoch-Straße 147-10a
13599 Lilly-Palmer-Promenade 143-11b
12619 Lily-Braun-Straße 173-2b
14163 Limastraße 193-12b
13353 Limburger Straße 145-11b
12203 Limonenstraße 194-9b
10317 Lina-Morgenstern-Straße (4) 171-9b
10315 Lincolnstraße 172-4d
13407 Lindauer Allee 145-2c + 2d + 1d
10781 Lindauer Straße 169-9c
13599 Lindenallee 143-9b
13129 Lindenallee (Blankbg.) 123-10a
14050 Lindenallee (Charlbg.) 168-5c
12587 Lindenallee (Friedhg.) 200-4b
13088 Lindenallee (Weißs.) 147-8a
13156 Lindenberger Straße (Nschönhs.) 122-12c
13059 Lindenberger Straße (Wartbg.) 148-1b
13129 Lindenberger Weg 123-8d
13129 Lindenberger Weg (Blankbg.) 123-8c
13125 Lindenberger Weg (Buch) 103-12d + 124-1a
12526 Lindenblütenstraße (3) 235-5a
14163 Lindenfelser Weg 193-9d
10409 Lindenhoekweg 146-9d
12555 Lindenhof (Köp.) 199-2d
12683 Lindenschwärmerweg 173-4c
- Lindensteg (38-A3)
12589 Lindenstraße 201-12b
12683 Lindenstraße (Biesdf.) 173-4c
12526 Lindenstraße (Bohndf.) 235-8a
12621 Lindenstraße (Kaulsdf.) 173-10b
12555 Lindenstraße (Köp.) 199-4b
10969 Lindenstraße (Kreuzbg.) 170-8a
12207 Lindenstraße (Lichtfde.) 231-4a
12527 Lindenstraße (Schmöckw.) 236-11b
12559 Lindenstraße (Siedl. Schönhorst) 201-11d
14109 Lindenstraße (Wanns.) 228-2d
14163 Lindenthaler Allee 229-3b
13597 Lindenufer 167-1b
13053 Lindenweg (Hschönhs.) 147-9d
12347 Lindenweg (Nkln.) (7) 196-9b
14199 Lindenweg (Schmargdf.) 194-3b
13587 Lindenweg (Spand.) 143-4b
13351 Lindenweg (Wedd.) 145-7c
12623 Linderhofstraße 173-3b
12527 Linderoder Weg 235-3c

12349 Lindholzweg 233-1c
12487 Lindhorstweg 198-7c
13347 Lindower Straße 145-12b
13507 Lindwerder 144-1c
14193 Lindwerder 193-4b
13088 Lindwurmweg 147-2d
10115/10119/10178 Linienstraße 170-2a
12359 Liningstraße 197-8a
10785 Linkstraße 170-7a
12305 Lintruper Straße 232-5b
13589 Linumer Straße 143-7c
12619 Lion-Feuchtwanger-Straße 173-2a
12619 Lion-Feuchtwanger-Weg (1) 173-2a
12203 Lipaer Straße 195-7d
13465 Lippizanerweg 100-11a
14199 Lippspringer Weg 194-3d
12207 Lippstädter Straße 231-4a
12351 Lipschitzallee 197-12c
12351/12353 Lipschitzallee 233-2b
12353 Lipschitzplatz 233-2b
10318 Lisbeth-Stern-Straße 172-12c
10407 Liselotte-Herrmann-Straße 147-10c
10589 Lise-Meitner-Straße 168-3d
14129/14163 Lissabonallee 229-3a
12683 Lissaer Straße 172-9b
13435 Lißberger Zeile 121-8a
10318 Lisztstraße (Karlsh.) 172-11a
12623 Lisztstraße (Mahlsdf.) 174-1d
13127 Lisztweg 122-5b
10178 Litfaß-Platz (37-F3)
10179 Littenstraße 170-3c
13349 Liverpooler Straße 145-8a
12109 Liviusstraße 196-8d
10715 Livländische Straße 195-2a
14163 Lloyd-G.-Wells-Straße 229-3c
13503 Lobber Steig 119-5b
10969 Lobeckstraße 170-8b
12683 Lobelienweg (4) 173-4d
12557 Lobitzweg 199-8d
12355 Lockenhuhnweg 234-4a
12587 Löbauer Weg 200-4a
14165 Loebellstraße 230-1c
13503 Löblauer Pfad 119-5b
12587 Löcknitzstraße 200-5c
12681 Loefer Weg 172-2d
12355 Löheweg 233-3c
14195 Löhleinstraße 194-8d
14089 Lönnrotweg 192-8a
13125 Lönsstraße 123-5a
10367 Loeperplatz 171-3a
12305 Löptener Straße 232-12a
13467 Loerkesteig 120-2d
12247 Lörracher Straße 195-9d
13055 Lössauer Straße 148-7c
12355 Lößnitzer Weg 233-3d
12683 Lötschbergstraße 172-6d
14055 Lötzener Allee 168-7d
10315 Löwenberger Straße 172-4b
12307 Löwenbrucher Weg 232-11d
14169 Löwenburgweg (2) 194-8a
12101 Loewenhardtdamm 170-10c
13591 Löwenmaulsteig 142-10d
13591 Löwenstammstraße 142-10b
12353 Löwensteinring 197-11d
12357 Löwenzahnweg 198-10c
10249 Löwestraße (Friedhn.) 171-1d
12623 Löwestraße (Mahlsdf.) 174-1d
12557 Logauweg 235-3a
12623 Lohengrinstraße (Kaulsdf., Mahlsdf.) (1) 173-3c
14109 Lohengrinstraße (Nklsee.) 229-1d
13189 Lohmestraße 146-6a
10587 Lohmeyerstraße 168-6b
– Lohmühlenbrücke 171-10b
12059 Lohmühlenplatz 171-10b
12435 Lohmühlenstraße 171-10b
12489 Lohnauer Steig 199-7a
14169 Lohrbergweg (1) 194-8a
13591 Lohrer Pfad 142-10c
13089 Lokistraße 147-1c
12487 Lokiweg 198-7a
13349 Londoner Straße 145-8a
14197 Lorcher Straße 195-1c
10318 Loreleystraße 172-12c
13158 Lorenzsteinweg 122-7d
12209 Lorenzstraße 231-2b
12099 Lorenzweg 196-5c
13159 Lorranineweg 122-8b
12307 Lortzingplatz 232-11d
13355 Lortzingstraße (Gesndbr.) 146-11a
12307 Lortzingstraße (Lichtrde.) 232-11d
12623 Lortzingstraße (Mahlsdf.) 174-4b
10789 Los-Angeles-Platz 169-8a
10587 Loschmidtstraße 169-4a
13593 Loschwitzer Weg 166-5b
13125 Lossebergplatz 123-6a
12557 Lossowweg 199-11b
12157 Lothar-Bucher-Straße 195-5c
13053 Lotharstraße 148-4d

Berlin 403

13467 Lotosweg 121-4c
10829 Lotte-Laserstein-Straße 195-3d
10623 Lotte-Lenya-Bogen 169-8a
10119 Lottumstraße 146-11d
12205 Lotzestraße 194-12c
12487 Louis-Blériot-Straße 198-8b
13359 Louise-Schroeder-Platz 145-9b
13591 Louise-Schroeder-Siedlung 166-2a
12627 Louis-Lewin-Straße 150-7c
12359 Lowise-Reuter-Ring 197-8a
13503 Lubminer Pfad 119-5a
12619 Lubminer Straße 173-2a
12619 Lubminer Weg (3) 173-2c
13158 Luchssteinweg 122-7d
14195 Luchsweg 194-5b
13591 Luchweg 142-10b
14199 Luciusstraße 194-2d
10969 Luckauer Straße 170-9a
12629 Luckenwalder Straße (Helldf.) 149-8a
10963 Luckenwalder Straße (Kreuzbg.) 170-7a
12279 Luckeweg 231-6b
13465 Ludolfingerplatz 120-2a
13465 Ludolfingerweg 120-1b
14197 Ludwig-Barnay-Platz 195-4b
12203 Ludwig-Beck-Platz 195-10b
10785 Ludwig-Beck-Straße (36-B6)
12489 Ludwig-Boltzmann-Straße 198-11d
14089 Ludwig-Dürr-Straße 192-4a
Ludwig-Erhard-Ufer (36-B3)
– Ludwig-Hoffmann-Brücke 145-10d
10719 Ludwigkirchplatz 169-7d
10719 Ludwigkirchstraße 169-7d
12437 Ludwig-Klapp-Straße 197-3d
– Ludwig-Lesser-Park 100-11c
10243 Ludwig-Pick-Straße (1) 171-1d
12526 Ludwig-Prandtl-Straße 234-9b
13127 Ludwig-Quidde-Straße 123-7c
12679/12687 Ludwig-Renn-Straße 148-9b
12435 Ludwig-Richter-Straße 171-12c
12247 Ludwigsburger Weg 195-9d
12629 Ludwigsfelder Straße (Helldf.) 149-8a
14165 Ludwigsfelder Straße (Zehldf.) 230-1c
12559 Ludwigshöheweg 236-3c
12619 Ludwigsluster Straße 173-2b + 2c
12621 Ludwig-Turek-Straße 173-3b
13469 Lübars 121-5b
13469 Lübarser Aue 121-9a
13435 Lübarser Straße 121-7d
13159 Lübarser Weg 121-3d
12527 Lübbenauer Weg 236-8a
10997 Lübbener Straße 171-7a
12623 Lübecker Straße (Mahlsdf.) 150-10b
10559 Lübecker Straße (Moab.) 169-2b
13407 Lübener Weg 145-5a
12623 Lübzer Straße 174-1a
14129 Lückhoffstraße 229-2a
10317 Lückstraße 171-9b + 172-7a
12249 Lüdeckestraße 195-12d
13599 Lüdenscheider Weg 143-12a
13351 Lüderitzstraße 145-8a
12555 Lüdersstraße 199-5c
14089 Lüdickeweg 192-10b
13583 Lüdinghauser Weg 142-12a
10587 Lüdtgeweg 169-4a
10557 Lüneburger Straße 169-3c
13599 Lünette 143-12a
10319 Lüttichauweg 172-5d
13353 Lütticher Straße 145-8d
14195 Lützelsteiner Weg 194-11b
10711 Lützenstraße 168-9c
10785 Lützowplatz 169-9a
12307 Lützowstraße (Lichtrde.) 232-12b
10785 Lützowstraße (Tiergt.) 169-9b + 9a
10785/10787 Lützowufer 169-9a
12681 Lütztalweg 172-2d
13591 Luftschifferweg 142-11c
12103 Luise-Henriette-Straße 196-4b
12555 Luisenhain 199-8a
10785 Luiseninsel 169-6d
– Luisenkirchhof III 168-2c
10585 Luisenplatz 168-6b (34-A1)
12557 Luisenstraße (Köp.) 199-8a
13505 Luisenstraße (Konrdsh.) 143-5b
12209 Luisenstraße (Lankw., Lichtfde.) 231-2b
10117 Luisenstraße (Mitte) 170-1c + 1a
13407 Luisenweg (Reindf.) 145-2d
13595 Luisenweg (Spand.) 167-7b
12683/12681 Luise-Zietz-Straße 172-3d
10781/10777 Luitpoldstraße 169-8d
12203 Lukas-Cranach-Straße 195-10b
13053 Lukasstraße 148-5c
12527 Lummenweg 199-11c
13189 Lunder Straße 146-6c
12357 Lupinenweg 234-1b
14165 Lupsteiner Weg 230-4d
10178 Lustgarten 170-2c
– Lutherbrücke 169-6a
13585 Lutherplatz 143-10b
12305 Lutherstraße (Lichtrde.) 232-9a
12623 Lutherstraße (Mahlsdf.) 173-9b
13156 Lutherstraße (Nschönhs.) 122-10d
12589 Lutherstraße (Rahnsdf.) 201-12b
13585 Lutherstraße (Spand.) 143-10b
12167 Lutherstraße (Stegl.) 195-8a
12524 Lutizenstraße 235-1c
13581 Lutoner Straße 166-6a
12524 Lutz-Schmidt-Straße 234-5b
13353 Luxemburger Straße 145-11b
12205 Luzerner Straße 230-3d + 231-1c
12619 Luzinstraße 149-11c
10437 Lychener Straße 146-12a
14055 Lyckallee 167-9b
14193 Lynarstraße (Grwld.) 168-11b
13585 Lynarstraße (Spand.) 143-10b
13353 Lynarstraße (Wedd.) 145-12a
12627 Lyonel-Feininger-Straße (9) 149-9c

13435 **M**aarer Straße 121-11a
10777 Maaßenstraße 169-9c
14052 Machandelweg 167-3d
14109 Machnower Straße (Wanns.) 228-11b
14165 Machnower Straße (Zehldf.) 230-4b
12105 Machonstraße 196-7b
12355 Mackebenweg 234-2d
12347 Mackenroder Weg 197-4b
– Mäckeritzbrücke 144-8c
13629 Mäckeritzstraße 144-11c
12621 Mädewalder Weg 173-2d
12359 Mährlein Weg 197-9a
12357 Männertreuweg (Rudow) 198-10a
12099 Männertreuweg (Tphf.) 196-5b
13088 Märchenweg 147-2a
12249 Maerckerweg (2) 231-3b
12681/12679/12687/12689 Märkische Allee 148-12c
10179 Märkischer Platz 170-6a
12681 Märkische Spitze 172-3a
10179 Märkisches Ufer 170-5b
12307 Maffeistraße 232-8c
10179 Magazinstraße 170-3c
12055 Magdalenenkirchhof 197-1b
10365 Magdalenenstraße 171-6b
10785 Magdeburger Platz 169-9b
12205 Maggy-Breittmayer-Pfad (7) 231-1a
12103 Magirusstraße 196-4a
13593/13591 Magistratsweg 166-2b
12489 Magnusstraße 198-12a
- Magra-Meusel-Platz 193-12d
13088 Mahlerstraße 147-7d
12557 Mahlower Straße (Köp.) 199-7d
12049 Mahlower Straße (Nkln.) 170-12d
12623 Mahlsdorf 173-6b
12555 Mahlsdorfer Straße (Köp.) 199-5b
12623 Mahlsdorfer Weg 150-11d
13595 Mahnkopfweg 167-4d
12437 Mahonienweg 197-9b
10787 Maienstraße 169-9a
13599 Maienwerder 143-9a
13599 Maienwerderweg 143-9b
12349 Maiglöckchen 232-3b
10407 Maiglöckchenstraße 147-11c
13088 Maiglöckchenweg (1) 147-2c
14055 Maikäferpfad 168-7d
13589 Maikäferweg 142-8a
12161 Mainauer Straße 195-2a
10247 Mainzer Straße (Friedhn.) 171-5a
12053 Mainzer Straße (Nkln.) 170-12d
10715 Mainzer Straße (Wilmdf.) 195-1b
12623 Maipfad 173-6c
12683 Maisweg 173-1c
13156 Majakowskiring 146-2c
12359 Malchiner Straße 197-8c
13051 Malchow 123-12c + 147-3a
13088 Malchower Aue 147-2b
13051/13088 Malchower Chaussee 147-5b
13089 Malchower Straße 147-1c
13053 Malchower Weg (Hschönhs.) 148-4a
14109 Malergarten 228-11c
12351 Malersteig 197-11c
13125 Malmedyer Straße 103-9c
10439 Malmöer Straße 146-8a
13347 Malplaquetstraße 145-9a
13593 Malschweg 166-9a
12247/12249/12277 Malteserstraße 195-12d
12203 Malvenstraße 194-9b
12524 Malvenweg 235-4a
12526 Mandelblütenweg (1) 235-2c
10409 Mandelstraße 147-7c
12555 Mandrellaplatz 199-5b
13053 Manetstraße 147-9a
12101 Manfred-von-Richthofen-Straße 196-1b
12047 Manitiusstraße 171-7c
12685 Manksweg 148-9d
14089 Mannhardtweg 192-7c
12623 Mannheimer Straße (Mahlsdf.) 173-8d
10713 Mannheimer Straße (Wilmdf.) 169-10c
12277 Manntzstraße 232-1c
10713/10709 Mansfelder Straße 168-12b
10783 Mansteinstraße 169-12b
10997/10999 Manteuffelstraße (Kreuzbg.) 170-9d
12203 Manteuffelstraße (Lichtfde.) 195-10a
12103 Manteuffelstraße (Tphf.) 196-4d
14052 Marathonallee 168-4d
12683 Maratstraße 148-12d + 172-3d
14197 Marbacher Straße 195-4b
10789 Marburger Straße 169-8a
12249 Marchandstraße 231-3d
Marchbrücke (35-E1)
14053 Marchhof 167-6d
10243 Marchlewskistraße 171-4b
10587 Marchstraße 169-4b
12681 Marchwitzastraße 172-3a
12107 Marconistraße 196-10b
14089 Marco-Polo-Straße 192-6c
12623 Marderweg (Mahlsdf.) 150-10d
13629 Marderweg (Siemst.) 144-7d
13351 Marderweg (Wedd.) 145-7c
12055 Mareschstraße 197-2a
13593 Mareyzeile 166-6c
10587 Margarete-Kühn-Straße (35-E1)
13127 Margaretenaue 122-12b
13051 Margaretenhöhe 123-12d
14193 Margaretenstraße (Grwld.) 168-11b
10317 Margaretenstraße (Lichtbg.) 172-4a
12203 Margaretenstraße (Lichtde.) 194-9d
12623 Margaretenstraße (Mahlsdf.) 173-6d
10407 Margarete-Sommer-Straße 147-10c
10117 Margarete-Steffin-Straße (36-B2)
10407 Margarete-Walter-Straße 147-10a
14089 Marga-von-Etzdorf-Straße 192-4b
13595 Margeritenweg (Spand.) 167-7a
13351 Margeritenweg (Wedd.) 145-7c
– Marggraffbrücke 198-1c
12357 Margueritenring 198-10d + 10c
12109 Marguer Weg 196-9a
10961 Marheinekeplatz 170-11a
13407 Mariabrunner Weg 145-5b
– Maria-Jankowski-Park 199-5c
10318 Maria-Matray-Straße 172-12c
10243 Mariane-von-Rantzau-Straße 171-4c
12355 Marianne-Hapig-Weg (6) 234-5c
– Mariannenbrücke 201-8d
10997 Mariannenplatz 170-9b
12589 Mariannensteig 201-8d
10997/10999 Mariannenstraße (Kreuzbg.) 170-9d
12209 Mariannenstraße (Lichtfde.) 231-2d
12527 Mariannenstraße (Schmöckw.) 236-11b
10315 Marie-Curie-Allee 172-7a
10625 Marie-Elisabeth-Lüders-Straße 169-4d
13057 Marie-Elisabeth-von-Humboldt-Straße 148-3b
13053 Marie-Luise-Straße 147-9b
14199 Marienbader Straße 194-3c
14055 Marienburger Allee 168-7d
10405 Marienburger Straße 146-12c
12109 Mariendorf 196-8a
12107 Mariendorfer Damm 232-2b
12099/12109/12107 Mariendorfer Damm 196-8a
12051 Mariendorfer Weg 196-6b
12277/12279 Marienfelder Allee 231-9b
12279 Marienfelder Allee (Mardf.) 232-4a
12349 Marienfelder Chaussee 232-3c
12309 Marienfelder Straße 232-9c
12557 Marienhain 199-11b
12105 Marienhöher Weg 196-7a
12557 Marienhütter Weg 199-8d
12207 Marienplatz 195-11c
13127 Marienstraße (Fr. Buchhz.) 122-9c
12207 Marienstraße (Lichtfde.) 231-2a
10117 Marienstraße (Mitte) 170-1d
12459 Marienstraße (Oberschönwde.) 198-5b
12437 Marientaler Straße (Baumsch.) 198-1c
12359 Marientaler Straße (Britz) 197-5c
12587 Marienwerderweg (Friedhg.) 199-6b
13587 Marienwerderweg (Spand.) 143-5c
13509 Marie-Schlei-Platz 120-9a
12205 Marie-Vögtlin-Weg 231-1a
14129 Marinesteig 193-11c
10117 Marion-Gräfin-Dönhoff-Platz (37-F5)
12163 Markelstraße 195-4b
13439 Markendorfer Straße 121-11a
13053 Markfriedstraße 148-8a
10711 Markgraf-Albrecht-Straße 168-9d
10245 Markgrafendamm 171-8b
13465 Markgrafenstraße (Frohn.) 120-2b
10117/10969 Markgrafenstraße (Kreuzbg., Mitte) 170-5a
12623 Markgrafenstraße (Mahlsdf.) 173-3b
12105 Markgrafenstraße (Mardf.) 196-7b
14163 Markgrafenstraße (Zehldf.) 194-10d
14195 Markircher Weg 194-11b
14197 Markobrunner Straße 195-1d
12524 Markomannenstraße 235-1c
10318 Marksburgstraße 172-8c
13407 Markscheiderstraße 145-3a
12555 Markstädter Straße 173-11c
13409 Markstraße 145-6d
12627 Markt (Helldf.) 149-9c
13597 Markt (Spand.) 167-1b
12489 Marktplatz (Adlhf.) 198-9d
12359 Marktplatz (Britz) 197-11a
12109 Marktplatz (Mardf.) 196-8c
12279 Marktplatz (Marienfelde) 231-6d
13437 Marktplatz (Wittenau) 121-11c
10317 Marktstraße (Lichtbg.) 171-6c
13597 Marktstraße (Spand.) 167-1b
12627 Mark-Twain-Straße 149-12b
12524 Markulfweg 234-6a
12167 Markusplatz 195-9c
13088 Markus-Reich-Platz 147-8c
10785 Marlene-Dietrich-Platz 170-4c
13505 Marlenestraße 143-2d
12109 Marmaraweg 196-8d
13158 Marmorweg (Rosnth.) 122-8c
14089 Marquardter Weg 192-6b
– Marschallbrücke 170-1d
13585 Marschallstraße 143-10b
12203 Marschnerstraße 195-7d
14169 Marshallstraße 194-8c
13405 Marsstraße 145-4c
12681 Martha-Arendsee-Straße 148-12a
13127 Martha-Fontane-Straße 122-6a
14055 Martha-Jacob-Platz 168-7b
10435 Marthashof 146-11b
13467 Marthastraße (Hermsdf.) 121-4a
12205 Marthastraße (Lichtfde.) 195-10c
13156 Marthastraße (Nschönhs.) 122-11c
13158 Marthastraße (Pank.) 121-12d
13597 Martin-Albertz-Weg 167-1b
14163 Martin-Buber-Straße 230-1b
14109 Martin-Heydert-Straße 228-5c
12435 Martin-Hoffmann Straße 171-8c
12353 Martin-Luther-King-Weg 197-11d
10777/10779/10825 Martin-Luther-Straße 169-11b + 8d + 195-3a
13467 Martin-Luther-Straße (Hermsdf.) 120-8b
12359 Martin-Mährlein-Weg 197-9a
13357 Martin-Opitz-Straße 145-9b
12627 Martin-Riesenburger-Straße 149-12b
13503 Martin-Rudloff-Weg (3) 119-9b
12167 Martinstraße 195-8a
12359 Martin-Wagner-Ring 197-7d
12277 Martiusweg 232-2c
13589 Marwitzer Straße 142-9b
– Marzahner Brücke 148-9c
10315/12681 Marzahner Chaussee 172-5a
12679 Marzahner Promenade 148-9c
13053 Marzahner Straße 148-8a
13509 Marzahnstraße 120-12c
Mascha-Kaléko-Park 149-12b
14089 Mascha-Kaléko-Straße 192-8d
– Maselakepark 143-8c
13587 Maselakeweg 143-8a
– Massantebrücke 198-10a
12349 Massiner Weg 197-7c
12357 Maßliebweg 197-12d
12163 Maßmannstraße 195-4b
14089 Massolleweg 192-11a
10315 Massower Straße 172-4d
14057 Masurenallee 168-8a
13189 Masurenstraße 146-5d
13587 Masurenweg 143-5a
13053/13051 Matenzeile 148-4b
13125 Matestraße 123-6a
10551 Mathilde-Jacob-Platz (1) 169-2a
12459 Mathildenstraße 198-5b
12355 Mathilde-Vaerting-Weg (7) 234-5c
10245 Matkowskystraße 171-5d
13503 Mattenbuder Pfad 119-5c
14163/14129 Matterhornstraße 229-2a
10249 Matternstraße 171-1d
13465 Mattersburger Weg 120-2c
10829 Matthäifriedhofsweg 195-3d
10785 Matthäikirchplatz 169-6d
12355 Matthäusweg 233-3a
12435 Matthesstraße 171-11a
10249 Matthiasstraße 171-1a
13127 Matthieustraße 122-8b
– Mauerpark 146-8c
10117 Mauerstraße 170-4d
13597 Mauerstraße (Spand.) 167-1b
13627 Mauerweg (Charlbg.) 145-10c
13593 Mauerweg (Spand.) 166-6d
13593 Maulbeerallee 166-5b
12359 Maulbeerweg (Britz) 197-8b
12247 Maulbronner Ufer 195-9d
12351 Maurerweg 197-10b
13158 Maurice-Ravel-Straße 122-10a
10365 Mauritiuskirchstraße 171-6a
13437 Mauschbacher Steig 121-7d
12277 Mauserstraße 232-2c
13467 Max-Beckmann-Platz 120-6c
10119 Max-Beer-Straße 170-2b
12489 Max-Born-Straße 198-12a
10369 Max-Brunnow-Straße 171-2a
13125 Max-Burghardt-Straße 123-3a
10589 Max-Dohrn-Straße 168-3a
10713 Maxdorfer Steig 169-10c
14195 Max-Eyth-Straße 194-2d
10249 Max-Fettling-Platz 171-1a
12687 Max-Herrmann-Straße 149-4c
12619 Maxie-Wander-Straße 149-11d
12279 Maximilian-Kaller-Straße 231-3d
14089 Maximilian-Kolbe-Straße 166-11b
13465 Maximiliankorso 120-2a + 1d
10317 Maximilianstraße (Lichtbg.) 172-4c
13187 Maximilianstraße (Pank.) 146-5c
13347 Max-Josef-Metzger-Platz 145-12b
13189 Max-Koska-Straße 146-9b
14109 Max-Liebermann-Straße 228-2d
13189 Max-Lingner-Straße 146-6a
12353 Max-Pallenberg-Pfad 233-3b
12489 Max-Planck-Straße 198-12c
13086 Max-Steinke-Straße 147-7b
13347 Maxstraße 145-9d
13355 Max-Urich-Straße 146-10b
10997 May-Ayim-Ufer 171-7b
12047/12045 Maybachufer 170-9d
13088 Mayener Weg 147-6a
12557 Mayschweg 199-8d
13127 Mazetstraße 122-8b
14167 McNair-Promenade 230-2d
12623 Mechthildstraße 173-12c
10713/14197 Mecklenburgische Straße 195-1c
13629 Mecklenburgweg 144-8c
10317 Medaillonplatz 171-9b
13507 Medebacher Weg 120-11c
12681 Meeraner Straße 148-11c
14057/14050 Meerscheidtstraße 168-5d
12487 Megedestraße 198-7b
10243 Mehlbeerenweg (1) 170-6b
12524 Mehldornpfad 234-3a
10715 Mehlitzstraße 169-11c
13469 Mehlweg 121-5d
– Mehringbrücke 170-8c
10961/10965 Mehringdamm 170-10b
13465 Mehringer straße 100-11d
10969 Mehringplatz 170-8a
12687 Mehrower Allee 148-6d
13435 Mehrower Zeile 121-8c
10719 Meierottostraße 169-8c
10719 Meinekestraße 169-8c
14052 Meiningenallee 168-4b
10823 Meininger Straße 169-12c
12524 Meinolfstraße 234-6b
12277 Meisdorfer Pfad 231-9b
12349 Meise 196-12d
12559 Meisenheimer Straße 237-1c
14195 Meisenstraße 194-8b
13583 Meisenweg (Spand.) 142-12c
13437 Meisenweg (Witten.) 121-11c
12355 Meißner Weg 233-3b
13503 Meistergasse (2) 119-7d
13595 Melanchthonplatz 167-4a
12623 Melanchthonstraße 150-10c
13467 Melanchthonstraße (Hermsdf.) 120-5d
12247 Melanchthonstraße (Lankw.) 195-12c
12623 Melanchthonstraße (Mahlsdf.) 173-3d
10557 Melanchthonstraße (Moab.) 169-3c
13595 Melanchthonstraße (Spand.) 167-4a
12357 Meldenweg 234-1a
13503 Meldorfer Steig 119-8d
12357 Melissenweg 197-9d
12526 Melitta-Schiller-Straße 234-9b
14167 Melker Straße 230-2d
12305/12307 Mellener Straße 232-12a
10319 Mellenseestraße 172-7d
13403 Meller Bogen 145-1c
10711 Melli-Beese-Anlage (4) 168-12a
12487 Melli-Beese-Straße 198-11a
13591 Melonensteig 142-10d
14089 Melsunger Straße 166-12c
10178 Memhardstraße 170-2b
12203 Memlingstraße 195-10a
12169/12157 Menckenstraße 195-5c
– Mendelssohn-Bartholdy-Park 170-7a
10405 Mendelssohnstraße 170-3a
13187 Mendelstraße 146-3a
12435 Mengerzeile 171-10b
12459 Mentelinstraße 198-1d
– Mentzelpark 199-5c
12557/12555 Mentzelstraße (Köp.) 199-5b
14193 Menzelstraße (Grwld.) 194-2a
12623 Menzelstraße (Mahlsdf.) 174-1c
12157 Menzelstraße (Schbg.) 195-5b
13127 Menzelweg 122-5d
14165 Menzer Weg 229-3d
10825 Meraner Straße 169-11d
12207 Mercatorweg 231-4b
13469 Mergelweg 121-5c
12057 Mergenthalerring 171-11d
12247 Mergentheimerstraße 195-9d
13587 Merianweg 143-4b
12526 Merkurstraße (Bohnsdf.) 235-5d
13405 Merkurstraße (Reindf.) 145-4d
12681 Merler Weg 172-2b
13465 Merlinweg (Frohn.) 120-1a
12277 Merlinweg (Marfde.) 232-7a
12489 Merlitzstraße 198-12b
14052 Merowingerweg 168-8a
12689 Merseburger Straße (Marz.) 148-3d
10823 Merseburger Straße (Schbg.) 169-12a
13587 Mertensstraße 143-5c
13583 Merziger Straße 142-12d
13507 Mescheder Weg 144-5b
14057/14055 Messedamm 168-8c
– Messedammbrücke 168-8c
– Messegelände 168-8a
– Messelpark 194-2d
14195 Messelstraße 194-2d
12277 Meßmerstraße 232-1d
13593 Messterweg 166-5d
10317 Metastraße 172-4c
13405 Meteorstraße 145-4c
13627 Meterweg 145-10a
10965 Methfesselstraße 170-10d
10825 Mettestraße 195-2b
12526 Mettkauer Weg 235-5c
12683 Mettlacher Straße 149-10b
13353 Mettmannplatz 145-12c
13595 Metzer Platz 167-4b
10405 Metzer Straße (Prenzl. Bg.) 146-12c
13595 Metzer Straße (Spand.) 167-4a
12099 Metzplatz 196-5c
13053 Meusebachstraße 148-7a
13125 Mewesstraße 103-9d
14163 Mexikoplatz 193-12d
13593 Meydenbauerweg 166-6c
13088 Meyerbeerstraße 147-7d
10439 Meyerheimstraße 146-9d
10629 Meyerinckplatz (34-C5)
13591 Meyerweg 142-11d
12057 Michael-Bohnen-Ring 197-3c
– Michaelbrücke 170-6b
12439 Michael-Brückner-Straße 198-5c
10179 Michaelkirchplatz 170-6c
10179 Michaelkirchstraße 170-6d
10409 Michelangelostraße 147-7d
13435 Michelbacher Zeile 121-8a
12349 Michel-Klinitz-Weg 233-1c
13503 Michelstadter Weg 143-7b
12629 Michendorfer Straße (Helldf.) 149-8a
14165 Michendorfer Straße (Zehldf.) 230-1c
10319 Michiganseestraße 172-7a
13409 Mickestraße 145-6d
13089 Midgardstraße 123-10c
12621 Mieltschiner Straße 173-8a
10589 Mierendorffplatz 168-3d
10589 Mierendorffstraße 168-3d
12527 Miersdorfer Straße 236-8c
12055 Mierstraße 197-2c
12307 Miethepfad 232-8a
13505 Milanstraße 143-3c
10437 Milastraße 146-8d
10243 Mildred-Harnack-Straße 171-4d
14169 Milinowskistraße 194-10b
12555 Militscher Weg 199-7b
12355 Millöckerweg 234-2d
14195 Milowstraße 195-4a
13189 Miltenberger Weg 146-3c
14055 Miltonweg 167-9d
13089 Mimestraße 147-1c
12357 Mimosenweg (Rudow) 198-11c
12099 Mimosenweg (Tphf.) 196-5b

404 Berlin

10589 Mindener Straße 168-3d
13465 Minheimer Straße 120-2a
12359 Miningstraße 197-8a
12557 Minkwitzweg 199-12a
10557 Minna-Cauer-Straße (36-B2)
12355 Minorkaweg 233-6b
12683 Minsker Straße 173-4a
12357 Minzeweg 197-9d + 198-10a
14199/14195 Miquelstraße 194-2d
12524 Mirabellenweg 234-6d
13509 Miraustraße 120-12c
13086 Mirbachplatz 147-7b
12623 Mirower Straße 199-3b
14199 Misdroyer Straße 194-3c
12359 Mispelweg 197-9c
12357 Mistelweg 198-10d
13409 Mittelbruchzeile 145-6b
12559 Mittelbrunner Steig 236-3d
12055 Mittelbuschweg 197-2c
12555 Mittelheide 199-2d
13158 Mittelsteg 145-3b
13129 Mittelstraße (Blankbg.) 123-10b
13089 Mittelstraße (Heindf.) 147-1a
13055 Mittelstraße (Hschönhs.) 147-12a
12109 Mittelstraße (Mardf.) 196-8b
10117 Mittelstraße (Mitte) 170-4b
13158 Mittelstraße (Rosnth.) 122-11a
13585 Mittelstraße (Spand.) 143-10b
12165/12167 Mittelstraße (Stegl.) 195-8a
14163 Mittelstraße (Zehldf.) 194-10d
13158 Mittelweg 122-8c + 7d
12524 Mittelweg (Altgl.) 234-6b
10589 Mittelweg (Charlbg.) 168-3b
13503 Mittelweg (Heilgs.) 119-11b
12487 Mittelweg (Johsth.) 198-7a
12347 Mittelweg (Kol. Sorgenfrei) 196-9b
12053 Mittelweg (Nkln.) 197-1a
12359 Mittelweg (Nkln./Kol. Am Wiesenweg) 197-9c
13158 Mittelweg (Rosnth.) 122-8d
13629 Mittelweg (Siemst.) 144-10b + 10a
13593 Mittelweg (Spand.) 166-6d
13509 Mittelweg (Witten.) 120-12d
12629 Mittenwalder Straße (Helldf.) 149-8b
10961 Mittenwalder Straße (Kreuzbg.) 170-11a
13587 Mittenwalder Weg 143-5d
12627 Mittweidaer Straße 149-12b
– Moabiter Brücke 169-2d
– Modersohnbrücke 171-5c
10245 Modersohnstraße 171-8a
– Möckernbrücke 170-7d
10963/10965 Möckernstraße 170-10b
13587 Mögeldorfer Weg 143-7b
10367 Möllendorffstraße 171-3a
12587 Möllenseestraße 200-5c
13597 Möllentordamm 143-11c
14167 Möllerpfad 230-3a
13127 Möllersfelde 122-2d
13158 Möllersfelder Straße 121-12b
13159 Möllersfelder Weg 122-1d
12557 Möllhausenufer 235-3a
13158 Mönchmühler Straße 122-7a
13127 Mönchsapfelweg (Fr. Buchhz.) 123-7a
12589 Mönchsheimer Straße 201-8a
13597 Mönchstraße 167-1b
13357 Mönkeberger Straße 146-7b
14169 Mörchinger Straße 194-11d
12437 Mörikestraße 197-3d
– Mörschbrücke 168-3a
13125 Möserstraße 123-2d
13591 Möthlower Straße 142-10b
12683 Möwenweg 173-5c
12683 Möwenweg (Biesdf.) 173-5c
12351 Möwenweg (Buck.) 197-8d
13595 Möwenweg (Nkln.) 167-7a
13589 Möwenweg (Spand.) 142-5d
13351 Mohasistraße 145-4d
12526 Mohnblütenweg 235-5a
12101 Mohnickesteig 196-1d
12357 Mohnweg 198-10c
12524 Mohnweg (Altgl.) 234-6b
12357 Mohnweg (Rudow) 197-12d
12683 Mohrenfalterweg 173-4c
10117 Mohrenstraße 170-4d
12347 Mohriner Allee 196-12a
14055 Mohrunger Allee 168-7a
12489 Moissistraße 199-10a
12524 Molchstraße 234-6c
10319 Moldaustraße 172-7b
10179 Molkenmarkt 170-5b
12353 Mollnerweg 233-2c + 1d
10178/10249/10405 Mollstraße 170-3a
14059 Mollwitz-Straße 168-5b
14195 Molsheimer Straße 194-11b
– Moltkebrücke 169-3d
12203 Moltkestraße 195-7c
10629 Mommsenstraße 168-9b + 169-7a
12203 Mommsenstraße (Lichtfde.) 194-12b
– Monbijoubrücke (37-E3)
– Monbijoupark 170-2c
10178 Monbijouplatz 170-2c
10117 Monbijoustraße 170-2c
12349 Mondsteinpfad 232-3b
10317 Monimboplatz 172-4a
12109 Monopolstraße 196-8a
12105 Monschauer Weg 196-7b
13407 Montanstraße 145-2b
– Monumentenbrücke 170-10a
10829/10965 Monumentenstraße 169-12b
– Moorlaker Gestell 228-2d
14109 Moorlakeweg 227-6b
13509 Moorweg 120-8d
13159 Moorwiesenring 121-3b
12435 Moosdorfstraße 171-11b
12347 Moosrosenstraße 197-7b
12439 Moosstraße 198-5d
13509 Moränenweg 120-9c
12207 Morgensternstraße 231-1b
– Moritzbrücke (38-A2)
10969 Moritzplatz 170-9a
12489 Moritz-Seeler-Straße 198-12b
10969 Moritzstraße (Kreuzbg.) 170-8b
13597 Moritzstraße (Spand.) 143-10d
12109 Morsbronner Weg 196-8a
13509 Morschacher Weg 147-1d
10587 Morsestraße 169-1d
12053 Morusstraße 171-10c
12621 Mosbacher Straße 173-5c
12159 Moselstraße 195-2d
12437 Mosischstraße 197-3d
12527 Moßkopfring 272-6c
13629/13599 Motardstraße 168-1a
13503 Mottlaupfad 119-5c
12277 Motzener Straße 232-4d
10777/10779 Motzstraße 169-8d + 11a
12355 Mozartring 234-2d
12683 Mozartstraße (Biesdf.) 172-6b
12555 Mozartstraße (Köp.) 199-1d
12247 Mozartstraße (Lankw.) 195-11b
12307 Mozartstraße (Lichtrde.) 232-12c
12623 Mozartstraße (Mahlsd.) 174-4a
13158 Mozartstraße (Pank.) 121-12d
13407 Mudrackzeile 145-6a
12249 Mudrastraße 195-12d
12557 Müggelbergallee 235-3a
12557 Müggelbergplatz 235-3a
12589 Müggeleck 201-7a
12559 Müggelheim 236-3c
12557/12559 Müggelheimer Damm 199-9a + 200-10a
12557 Müggelheimer Straße 199-8a
12559 Müggelhort 201-7c
12559 Müggellandstraße 236-3a
– Müggelpark 200-4d
12559 Müggelschlößchenweg 199-9a
12587 Müggelseedamm 199-6d
12589 Müggelspreeweg 201-9c
10247 Müggelstraße 171-5b
12589 Müggelwerder 201-7c
12589 Müggelwerderweg 201-7b
12487 Mühlbergstraße 198-7d
13591 Mühlenbachring 166-1b
12679 Mühlenbecker Weg 148-9b
12559 Mühlenberg 236-3d
10178 Mühlendamm 170-5b
– Mühlendammbrücke 170-5b
13591 Mühlendorfstraße (1) 166-1d
13467 Mühlenfeldstraße 120-8b
13129 Mühlenstraße (Blankbg.) 123-11a
13127 Mühlenstraße (Fr. Buchhz.) 122-6c
10243 Mühlenstraße (Friedhn.) 171-4c
12249 Mühlenstraße (Lankw.) 195-12c
13187 Mühlenstraße (Pank.) 146-5a
14167 Mühlenstraße (Zehldf.) 230-2a
13627 Mühlenweg (Charlbg.) 145-10a
13089 Mühlenweg (Pank.) 146-6b
12589 Mühlenweg (Rahnsdf.) 201-7b
13505 Mühlenweg (Reindf.) 119-11b
13469 Mühlsteinweg (2) 121-5d
12555 Mühltaler Straße 173-10d
12587 Mühlweg 200-4a
10249 Mühsamstraße 171-1d
10405 Mülhauser Straße 146-12c
10967 Müllenhoffstraße 170-9c
10623 Müller-Breslau-Straße 169-5c
12557 Müllerecke 199-8c
13158 Müllersteinweg 122-7d
12207 Müllerstraße (Lichtfde.) 231-4a
12623 Müllerstraße (Mahlsdf.) 173-9b
13585 Müllerstraße (Spand.) 143-10d
13353/13349 Müllerstraße (Wedd., Gesndbr.) 145-5c
12587 Müllroser Straße 200-2c
13503 Mümmelmannweg 119-9a
10243 Müncheberger Straße 171-4a
13125 Münchehagenstraße 123-6a
13465 Münchener Straße (Frohn.) 120-1b
12309 Münchener Straße (Lichtrde.) 232-12b
10777/10779/10825 Münchener Straße (Schbg.) 169-11b
14129 Münchowstraße 229-1b
12559 Münchweilersteig 236-6b
12524 Müngersdorfer Straße 235-4a
– Münsinger Park 167-1a
13597 Münsingerstraße 143-10d
12621/12623 Münsterberger Weg 173-2c
10317 Münsterlandplatz 172-4c
10317 Münsterlandstraße 171-6d
10709 Münstersche Straße 169-10a
12621 Münsterwalder Straße 173-10b
10178 Münzstraße 170-2b
10318 Müritzstraße 172-11a
14167 Mürwiker Straße 230-2b
10119 Mulackstraße 170-2b
12524 Mundolfstraße 234-6a
12169 Munsterdamm 195-9a
14053 Murellenschlucht 167-5d
14052 Murellenweg 167-6b
12623 Murmeltierweg 174-1b
12205 Murtener Straße 230-3b
12681 Murtzaner Ring 148-12a
14195 Musäusstraße 194-9a
12349 Muschelkalkweg 232-3c
14163 Museumsdorf Düppel 229-3d
13589 Musikerweg 142-5d
10997 Muskauer Straße 170-9b
13088 Muspelsteig 147-2c
– Mussehlbrücke 196-6c
12101 Mussehlstraße 170-10d
13465 Mustangweg 100-11a
12163 Muthesiusstraße 195-4d
14129 Mutter-Mochow-Weg 229-3a
12107 Muttlerweg 196-12c
13088 Mutziger Straße 147-8a
12627 Mylauer Weg 149-12a
12587 Myliusgarten 200-4b
13509 Myrtenweg 120-12a
12621 Myslowitzer Straße 173-2d + 5b

13469 **N**ach der Höhe 121-7a
10779 Nachodstraße 169-8c
13088 Nachtalbenweg 147-2c
12629 Nachtigallenweg 144-7d
13129 Nachtigallsteg 123-10a
13351 Nachtigalplatz 145-8a
12099 Nackenheimer Weg 196-6b
12355 Nackthalsweg 234-4a
13125 Nadrauer Straße 104-10a
12045 Naglerstraße 171-7b
13469 Nagolder Pfad 121-7a
12309 Nahariyastraße 233-7c
13125 Nahestraße 123-5c
12277 Nahmitzer Damm 232-4a
14089 Nailaer Weg 192-7b
12459 Nalepastraße 198-1d + 1b
13507 Namslaustraße 144-2c
12047 Nansenstraße 171-10a
13127 Nantesstraße 122-9c + 8b
12355 Narkauer Weg 234-5a
12349 Narzisse 232-3b
13591 Narzissenpfad 142-10d
12524 Narzissenweg (Altgl.) 235-4a
13503 Narzissenweg (Heilgs.) 119-11b
13581 Narzissenweg (Staak.) 166-6a
13351 Narzissenweg (Wedd.) 145-7c
10717 Nassauische Straße 169-11a
13509 Nassenheider Weg 120-12c
13629 Natalissteig 144-11c
– Nathanbrücke 228-8d
– Natur-Park Schöneberger Südgelände 195-6b
13583/13581 Nauener Straße 166-3b
10409 Naugarder Straße 147-7c
14197 Nauheimer Straße 195-1a
10829 Naumannstraße 169-12d
12627 Naumburger Ring 149-9d
12057 Naumburger Straße 197-1d
10997/10999 Naunynstraße 170-9a
13347 Nazarethkirchstraße 145-9c
12305 Neanderstraße 232-5d
12107 Nebelhornweg 196-12a
12623 Nebelsteig 173-6c
14195 Nebinger Straße 194-11b
12053 Neckarstraße 171-10c
12247 Neckarsulmer Straße 195-9d
10711 Neditzer Straße 168-12a
13507 Neheimer Straße 144-1d
14059 Nehringstraße 168-6a
14055 Neidenburger Allee 168-7b
12051 Neißestraße 196-3d
12109 Nelkenallee 196-9a
13127 Nelkenapfelweg 123-7a
12203 Nelkenstraße 195-7b
12524 Nelkenweg (Altgl.) 234-6b
13599 Nelkenweg (Haselh.) 143-12d
13503 Nelkenweg (Heilgs.) 119-11b
13627 Nelkenweg (Kol. Zukunft) 145-10c
12347 Nelkenweg (Nkln.) 196-9d
12359 Nelkenweg (Nkln./Kol. Ideal III) 197-9c
12347 Nelkenweg (Nkln./Kol. Roseneck) 196-9b
13629 Nelkenweg (Siemst.) 144-8d
13581 Nelkenweg (Spand.) 166-3c
13629 Nelkenweg (Teg.) 144-10a + 168-1a
13437 Nelkenweg (Waidml.) 120-12b
13351 Nelkenweg (Wedd.) 145-7c
– Nelly-Sachs-Park 170-7c
12627 Nelly-Sachs-Straße 149-9c
12621 Neltestraße 198-9c
13591 Nennhauser Damm 166-1c
14163 Nentershäuser Platz (1) 230-2a
12621 Nentwigstraße 173-3c
12526 Neptunstraße (Bohnsdf.) 235-5d
13409 Neptunstraße (Reindf.) 145-6d
12559 Neptunsweg 199-8b
12057 Nernstweg 197-2b
13125 Nerthusweg 123-3c
12307 Nespersteig 232-8a
13158 Nesselweg 122-7c
10711/10709 Nestorstraße 168-12b
13583 Netphener Weg 142-12d
13347 Nettelbeckplatz 145-12b
13125 Nettestraße 123-8a
12051 Netzestraße 196-3d
13059 Neubrandenburger Straße 148-1d
13465 Neubrücker Straße 120-1a
12203 Neuchateller Straße 195-7c
12623 Neudammer Straße 173-9b
12355 Neudecker Weg 234-1d
10245 Neue Bahnhofstraße 171-5d
13585 Neue Bergstraße 143-10b
10179 Neue Blumenstraße 170-3d
– Neue Brücke (38-B1)
14059 Neue Christstraße 168-6a
– Neue Fahlenbergbrücke 237-2d
12169 Neue Filandastraße 195-8a
12619 Neue Grottkauer Straße 149-11d
10179 Neue Grünstraße 170-5d
12305 Neue Heimat 232-9a
13347 Neue Hochstraße 146-10a
10179 Neue Jakobstraße 170-6c
10179 Neue Jüdenstraße (37-G4)
14057 Neue Kantstraße 168-8b
14109 Neue Kreisstraße 228-11a
12435/12437 Neue Krugallee 171-12b
10827 Neue Kulmer Straße (2) 169-12b
13587 Neuenahrer Weg 143-5a
10969 Neuenburger Straße 170-8a
13585 Neuendorfer Straße 143-10d
12623 Neuenhagener Straße 173-6b
10178 Neue Promenade 170-2c
10319 Neuer Feldweg (1) 172-7d
10179 Neue Roßstraße 170-5b
14129 Neuer Schildhornweg 167-12d
13158 Neuer Steg 145-3b
12587 Neuer Weg (Köp., Friedhg.) 199-6c
12349 Neuer Weg (Nkln.) 196-12c
13593 Neuer Weg (Spand.) 166-6b
10178 Neue Schönhauser Straße 170-2b
13187 Neue Schönholzer Straße 146-5a
– Neue Späthbrücke 197-5d
12437 Neue Späthstraße 197-5d
12359/21437 Neue Späthstraße 197-5d
10827 Neue Steinmetzstraße (1) 169-12b
13581 Neue Straße (Staak.) 166-2b
12103 Neue Straße (Tphf.) 196-4b
14163 Neue Straße (Zehldf.) 194-10d
10533 Neues Ufer 169-1a
10243 Neue Weberstraße 170-3d
10249 Neue Welt 171-2b
12557 Neue Wiesen 199-12b
13503 Neufährer Steig 119-5c
12685 Neufahrwasserweg 148-9d
14059 Neufertstraße 168-6a
13583 Neuhausweg 167-1a
12559 Neuhelgoländer Weg 201-10b
12559 Neuhelgoland 201-10b
12355 Neuhofer Straße 234-4b
13057 Neu-Hohenschönhausen 147-3c + 148-4b
13089 Neukirchstraße 146-3d
14089 Neukladower Allee 192-8b
12059 Neukölln 171-10d
12357/12355 Neuköllner Straße 197-12d
12057 Neuköllnische Allee 197-2c
12057 Neuköllnische Brücke 197-2c
13437 Neuland 120-12a
13127 Neuland Buchholz (Fr. Buchhz.) 122-6a
13509 Neulandweg 120-9c
13088 Neumagener Straße 147-5b
10178 Neumannsgasse (37-F4)
13189 Neumannstraße 146-6c + 6a
12349 Neumarkplan 197-7c
13585 Neumeisterstraße 143-10b
13591 Neunkircher Steig 166-1a
12629 Neuruppiner Straße (Helldf.) 149-8d
14165 Neuruppiner Straße (Zehldf.) 229-6b
13125 Neustädter Straße 123-4b
10117 Neustädtische Kirchstraße 170-1d
13055 Neustrelitzer Straße 147-12b + 148-10a
13503 Neuwarper Pfad 119-5b
12053 Neuwedeller Straße (1) 197-1a
14167 Neuwerker Weg 230-2d
10318 Neuwieder Straße 172-9c
13053 Neuzeller Weg 148-4a
12489 Newtonstraße 198-8d
10365 Nibelungenring (1) 172-1d
13465 Nibelungenstraße (Frohn.) 100-11c
14109 Nibelungenstraße (Nklsee., Wanns.) 229-4a
12524 Nibelungenweg 234-6a
12589 Nickelswalder Straße 201-9c
14129 Nickisch-Rosenegk-Straße 229-2b
12247 Nicolaistraße 195-8d
13591 Nidecksteig 142-10c
12205 Nidwaldener Zeile (2) 231-1a
12557 Niebergallstraße 235-3a
12487 Nieberstraße 198-8a
13503 Niebüller Weg 119-8d
10629 Niebuhrstraße 169-7a
13158 Niederauer Weg (1) 122-10a
10247 Niederbarnimstraße 171-5a
13589 Niederheideweg 142-5d
10117/10963 Niederkirchnerstraße 170-4d
10117 Niederlagstraße 170-5a
13587 Niederneuendorfer Allee 143-1b
12355 Niederschlemaer Weg 234-2b
13156 Niederschönhausen 122-11d
13158 Niederstraße 121-12d
10117 Niederwallstraße 170-5a
12159 Niedstraße 195-2c
13053 Niehofer Straße 148-7a
10245 Niemannstraße 171-5c
12689 Niemegker Straße 149-1c
12055 Niemetzstraße 197-2a
14089 Niendorfweg 192-8c
13051 Nienhagener Straße 147-3d
14167 Nienkemperstraße 230-2d
14089 Nieplitzsteig 192-7c
14165 Nieritzweg 230-4b
14193 Niersteiner Straße 168-11a
13403 Nietheweg 145-1a
13088 Niflheimweg 147-2c
14193 Nikischstraße 194-2a
14163/14129 Niklasstraße 229-3a
10178 Nikolaikirchplatz (37-G4)
10178 Nikolaiviertel 170-5b
14129 Nikolassee 193-11c + 229-4a
14109 Nikolassteig 229-1d
12279 Nikolaus-Bares-Weg 231-6b
12355 Nikolaus-Ehlen-Weg 234-4b
13627 Nikolaus-Groß-Weg 168-2b
10717 Nikolsburger Platz 169-11a
10717 Nikolsburger Straße 169-11a
14109 Nikolskoe 228-4a
14109 Nikolskoer Weg 228-4a
13051 Nilessiedlung 147-3c
13469 Nimrodstraße 120-9d
12489 Nipkowstraße 199-7c
12524 Nippeser Straße 234-6b
13127 Nisbléstraße 122-8d
10585 Nithackstraße 168-6b
12683 Nitzwalder Straße 173-10d
12459 Nixenstraße 199-4a
12527 Nixenwall 237-5c
12559 Nixenweg 199-8b
12057 Nobelstraße 197-5b
10317 Nöldnerplatz 171-6d
10317 Nöldnerstraße 171-9a
– Nördliche Seestraßenbrücke 145-11a
13127 Noéweg 122-8b
12051 Nogatstraße 197-1c
10777 Nollendorfplatz 169-9c
10783/10777 Nollendorfstraße 169-9c
13627 Nonnendamm 168-2b
13599/13629 Nonnendammallee 143-12d + 144-10c
12621 Norastraße 173-8a
13053 Norbertstraße 148-5c
13187/13359 Nordbahnstraße (Gesndbr., Pank.) 146-4b
13409 Nordbahnstraße (Reindf.) 145-3d
13503 Norddorfer Pfad 119-8d
13158 Nordend 122-10b
13156 Nordendstraße 122-10c
13581 Nordenhamer Straße 167-1c
14199 Norderneyer Straße 194-3d
– Nordhafenbrücke 145-12d
10589 Nordhauser Straße 168-3d
12621 Nordheimer Straße 173-10b
13507 Nordhellesteig 144-2c
13125 Nordische Straße 123-8b
10439 Nordkapstraße 146-8b
14055 Nordkurve 168-8d
13405 Nordlichtstraße 145-4c
13349 Nordlichtweg 145-5c
12157 Nordmannzeile 195-3c
– Nordpark 234-5a
12683 Nordpromenade 172-3d
12681 Nordring 148-3c
10825 Nordsternstraße 169-11d
13353/13351 Nordufer 145-10b
13593 Nordweg 166-6d
12559 Norheimer Straße 236-3b
13159 Normandieweg (2) 122-8a
12524 Normannenplatz 234-3b
12524 Normannenstraße (Altgl.) 234-3b
10367/10365 Normannenstraße (Lichtbg.) 171-3d
14129 Normannenstraße (Nklsee.) 229-1b
13088 Nornenweg 147-2c
12305 Norstedter Weg 232-5b
12489 North-Willys-Straße 198-11d
10439 Norwegerstraße 146-8a
12627 Nossener Straße 149-12c
10961/10965 Nostitzstraße 170-11a
14089 Nottepfad 192-7c
10115 Novalisstraße 170-1b
10777 Nürnberger Platz 169-8c
10777/10787/10789 Nürnberger Straße (Charlbg., Schbg., Wilmdf.) 169-8c
12309 Nürnberger Straße (Lichtrde.) 232-12b
13088 Nüßlerstraße 147-5a
12277 Nunsdorfer Ring 232-4d
12527 Nuscheweg 236-8d
14050 Nußbaumallee 168-4b
13505 Nußhäherstraße 143-2d
12307 Nuthestraße 232-8b
– Nymphenbrücke 229-1d
10823 Nymphenburger Straße 169-11d
14109 Nymphenufer 229-1d

10243 **O**2-Platz 171-4d
10963 Obentrautstraße 170-7d
– Oberbaumbrücke 171-7b
10997 Oberbaumstraße 171-7b
13591 Oberdorfer Steig 166-1a
– Obere Freiarchenbrücke 171-8a
– Oberfeldpark 172-6b
12683 Oberfeldstraße 149-10c + 172-6b
14193 Oberhaardter Weg 194-1b
13581 Oberhardtweg 167-1c
13583 Oberhauser Straße 142-12a
12209 Oberhofer Platz 231-2a
12209 Oberhofer Weg 231-2a
13587 Oberjägerweg 142-2d
12099 Oberlandgarten 196-6a
12099 Oberlandstraße 196-6a + 5b
12165 Oberlinstraße 195-7b
13597 Obermeierweg 167-2a
13189 Obernburger Weg 146-6a
13129 Oberonstraße 123-7b
– Oberseepark 147-9b
13053 Oberseeplatz 147-9a
13053 Oberseestraße 147-9c
12439/12489/12555/12557 Oberspreestraße 198-6c
13086 Obersteiner Weg 147-4b
10117 Oberwallstraße 170-5a
10117 Oberwasserstraße (37-F4)
12687 Oberweißbacher Straße 149-4d
13127 Oboensteig (2) 122-12a
13593 Obstallee 166-6a
12205 Obwaldener Zeile (3) 231-1a
10407 Ochtumweg 147-11a
12161 Odenwaldstraße 195-4b
10435 Oderberger Straße 146-11b
10407/10369 Oderbruchstraße 147-11c
12559 Odernheimer Straße 201-10c
10247 Oderstraße (Friedhn.) 171-5b
12051/12049 Oderstraße (Nkln.) 196-3b
– Oderstraßebrücke 196-3d
13467 Odilostraße 120-6a
10318 Odinstraße 172-8c
12169 Oehlertplatz 195-9a
12169 Oehlertring 195-9a
13591 Öhringer Weg 142-10a
13507 Oelder Weg 144-2d
12627 Oelsnitzer Straße 149-12a
14163 Oertzenweg 229-3b
13469 Öschelbronner Weg 121-5c
12683 Öseler Straße 172-3b
13509 Oeserstraße 120-11d
12555 Oettingstraße 199-5a
13187 Ötztaler Straße 146-5d
14199 Oeynhauser Straße 194-3d
13349 Ofener Straße 145-8b
14197 Offenbacher Straße 195-1b
13467 Oggenhauser Straße 120-6c
10999 Ohlauer Straße 171-7c
10179 Ohmstraße (Mitte) 170-6c
13629 Ohmstraße (Siemst.) 168-2a
12619 Ohserring 173-3a
13127 Okarinastraße 122-12a
12049 Okerstraße 196-3b
13129 Okertalstraße 123-11b
13467 Olafstraße 120-6b + 3c
13403 Olbendorfer Weg 145-1a
13437 Olbrichweg 145-2a
14052 Oldenburgallee 168-4b
10551 Oldenburger Straße 169-2c
13591 Oldesloer Weg 166-2a
10407 Oleanderstraße 147-11c

Berlin 405

10407 Olga-Benario-Prestes-Straße 147-10a
13599 Olga-Tschechowa-Straße 143-11b
10707 Olivaer Platz 169-7c
13403 Ollenhauerstraße 145-4d
10787 Olof-Palme-Platz 169-8b
12107 Ophererweg 196-12a
13465 Olwenstraße 120-1d
– Olympiastadion 167-6d
– Olympische Brücke 168-4c
14053 Olympischer Platz 167-6d
14052 Olympische Straße 168-4c
12435/12059 Onckenstraße 171-10b
12359 Onkel-Bräsig-Straße 197-7b
12359 Onkel-Herse-Straße 197-8a
14169 Onkel-Tom-Straße 194-4c
– Onkel-Tom-Straßen-Brücke 194-7d
10319 Ontarioseestraße 172-8a
12524 Ontarioweg 234-6d
12107 Opelweg 196-10d
12163 Opitzstraße 195-4a
10997 Oppelner Straße 171-7a
13465 Oppenheimer Weg 120-3a
12679 Oppermannstraße 149-7a
13591 Orangensteig 142-10d
13599 Orangenweg 143-9c
13465 Oranienburger Chaussee 100-11b
12305 Oranienburger Straße (Lichtrde.) 232-6b
10117/10178 Oranienburger Straße (Mitte) 170-1b
13437 Oranienburger Straße (Witten.) 121-7d
13585 Oranienburger Tor (38-B1)
10115 Oranienburger Tor (Mitte) 170-1b
13469 Oraniendamm 121-4c
– Oraniendammbrücke 120-6d
10999 Oranienplatz 170-9a
10969/10997/10999 Oranienstraße 170-9a + 5c
13053 Orankestrand 147-9a
13053 Orankestraße 147-9c
13053 Orankeweg 147-8b
14193 Orber Straße 168-12d
12357 Orchideenweg 197-9d + 198-10a
12099 Ordensmeisterstraße 196-5c
13593 Orelzeile (4) 166-6c
12435 Orionstraße 171-12c
12249 Orlamünder Weg 231-3d
12167 Orleansstraße 195-8d
14055 Ortelsburger Allee 168-7a
13357 Orthstraße 146-7c
12207 Ortlerweg 231-1c
10365 Ortliebstraße 172-1c
13088 Ortnitstraße 147-2c
12359 Ortolanweg 197-8d
12524 Ortolfstraße 234-6c
12159 Ortrudstraße 195-2c
13465 Ortwinstraße 120-2a
12487 Orwinweg 197-9d
13088 Osasteig 147-2c
12209 Oscar-Lange-Platz 231-2c
12627 Oschatzer Ring 149-9d
12207 Osdorfer Straße 231-1d
13509 Osianderweg 120-9c
10318 Oskarstraße 172-11c
13347 Osloer Straße 145-9b
10589 Osnabrücker Straße 168-3d
13589 Osningweg 142-9d
12045 Ossastraße 171-10a
13156 Ossietzkyplatz 146-2a
13187 Ossietzkystraße 146-2a
13088 Ostaraweg 147-2c
12355 Ostburger Weg 234-4b
13353 Ostender Straße 145-11b
12557 Ostendorfstraße 199-12c
12623 Osterpfad 173-6c
13503 Osterwicker Steig 119-8b
14167 Osteweg 230-3c
12349 Ostheimer Straße 232-3c
14129 Osthofener Weg 229-2d
– Ostpreußenbrücke 168-8b
12207 Ostpreußendamm 195-10d + 231-4a
13629 Ostpreußenweg 144-8c
12489 Ostritzer Straße 199-4c
10409 Ostseeplatz 147-7c
10409 Ostseestraße 146-9b
12487 Oststraße (Johsth.) 198-7b
13405 Oststraße (Reindf.) 145-4d
12487 Ostweg (Baumsch.) 198-7a
12349 Ostweg (Britz) 197-10a
13627 Ostweg (Charlbg.) 145-10c
12347 Ostweg (Nkln.) 196-9b
10557 Oswald-Schumann-Platz 169-5b
13053 Oswaldstraße 148-5c
13467 Oswinsteig 120-3c
13351 Otawistraße 145-8a
13089 Othellostraße 146-6b
13507/13403 Otisstraße 144-6a
13599 Otternbuchtstraße 168-1a
13465 Otternweg 120-2d
12524 Otterstraße 234-6c
12355 Ottilie-Baader-Platz 234-5c
13505 Ottilienweg 143-6a
14163 Ottmachauer Steig 194-7c
14195 Otto-Appel-Straße 194-6d
13088 Otto-Brahm-Straße 147-8c
10178/10405/10249 Otto-Braun-Straße 170-3c
10587 Otto-Dibelius-Straße (35-F1)
10557 Otto-Dix-Straße 169-3c
14109 Otto-Erich-Straße 228-5c
12489 Otto-Franke-Straße 199-10a
10585 Otto-Grüneberg-Weg 168-6b
14195 Otto-Hahn-Platz 194-9d
12105 Ottokarstraße 196-4d
12459 Otto-Krüger-Zeile 198-1d
10623 Otto-Ludwig-Straße (35-E4)
12555 Ottomar-Geschke-Straße 199-7b
10369 Otto-Marquardt-Straße 147-11d
12683 Otto-Nagel-Straße 148-12d + 172-3d
10249 Otto-Ostrowski-Straße 171-2a
10555 Ottoplatz 169-2c
14050 Otto-Reutter-Weg 168-4b
12681 Otto-Rosenberg-Platz (1) 148-9a
12681 Otto-Rosenberg-Straße 148-6c
10319 Otto-Schmirgal-Straße 172-8a
10555 Ottostraße 169-2c
10587 Otto-Suhr-Allee 169-4a
10969 Otto-Suhr-Siedlung 170-5d
10557 Otto-von-Bismarck-Allee 170-1c
14195 Otto-von-Simson-Straße 194-9a
14089 Otto-von-Wollank-Straße 192-7a
12347 Ottoweg 196-9b
12351 Otto-Wels-Ring 197-11a
12159 Otzenstraße 195-2b
13347 Oudenarder Straße 145-9a
12157 Overbeckstraße 195-6c
13349 Oxforder Straße 145-5d
12621 Oybinweg 173-7d

13589 **P**aarener Straße 142-9d
12559 Pablo-Neruda-Straße 199-8b
13057 Pablo-Picasso-Straße 148-1d
14195 Pacelliallee 194-6c
13595 Paddlerweg 167-7b
10709 Paderborner Straße 169-7c
14167 Pächtersteig 230-2b
12307 Paetschstraße 232-11d
12359 Pätzer Straße 197-4d
13581 Päwesiner Weg 166-3d
10243 Palisadenstraße 170-3d
10781 Pallasstraße 169-9c
10245 Palmkernzeile 171-9c
14129 Palmzeile 229-2b
13125 Pankgrafenstraße 123-4b
13125 Pankgrafenstraße (Karow) 123-4a
13187 Pankgrafenstraße (Pank.) 146-2d
13189 Pankow 146-5b
13409 Pankower Allee 145-6d
13127/13156 Pankower Straße 122-12c
13127 Pankstraße (Fr. Buchhz.) 122-12b
13357 Pankstraße (Gesndbr.) 145-9d
12043/12047 Pannierstraße 171-10a
13403 Pannwitzstraße 145-1c
10178 Panoramastraße (37-G3)
12277 Pansfelder Weg 231-9b
13587 Papenberger Weg 143-2c
13053 Papendickstraße 148-7a
13409 Papierstraße 146-4a
12307 Paplitzer Straße 232-12c
12347 Pappelallee (Nkln.) 196-9b
10437 Pappelallee (Prenzl. Bg.) 146-12a
14193 Pappelplatz (Grwld.) 168-10d
10115 Pappelplatz (Mitte) 146-11c
13587 Pappelweg 143-4d
12249 Papprittstraße 231-3d
13158 Papststeinweg 122-8c
13187 Paracelsusstraße 146-3a
12101 Paradestraße 196-1b
13127 Paradiesapfelweg (Fr. Buchhz.) 123-7a
12526 Paradiesstraße 235-4b
12209 Parallelstraße (Lichtfde., Lankw.) 231-2c
14129 Parallelstraße (Nklsee.) (1) 229-1d
12526 Parchauer Weg 235-8c
12359 Parchimer Allee 197-7b
12619 Parchimer Straße 173-2c
12526 Parchwitzer Straße 235-4d
14109 Pardemannstraße 228-5c
10713 Paretzer Straße 195-1b
14163 Parforceheide 229-3c
14193 Parforceweg 193-3a
10117 Pariser Platz 170-4a
12623 Pariser Straße (Mahlsdf.) 173-12a
10719/10707 Pariser Straße (Wilmdf.) 169-7d
– Park am Buschkrug 197-5c
10367 Parkaue 171-3c
12685 Parkerweg 148-12b
– Park Ruhwald 168-1d
12349 Parksiedlung Spruch 232-3a
12527 Parksteig 235-2b
13467 Parkstraße 121-1c
13129 Parkstraße (Blankbg.) 123-10b
13127 Parkstraße (Fr. Buchhz.) 122-9b
13357 Parkstraße (Gesndbr.) 146-8a
13467 Parkstraße (Hermsdf.) 120-3d
12623 Parkstraße (Mahlsdf.) 173-8d
12459 Parkstraße (Oberschönwde.) 198-6a
13187 Parkstraße (Pank.) 146-2c
13585 Parkstraße (Spand.) 143-11a
12103 Parkstraße (Tphf.) 196-4b
13086 Parkstraße (Weißs.) 147-7b
12435 Parkweg (Alt-Tr.) 171-8d
12683 Parkweg (Biesdf.) 172-6b
14050 Parkweg (Charlbg.) 168-1d
12623 Parlerstraße 173-9b
14089 Parnemannweg 192-8c
10179 Parochialstraße 170-5b
12555 Parrisiusstraße 199-5a
12459 Parsevalstraße 198-2c
12679 Parsteiner Ring 149-5c
10587 Pascalstraße 169-1d
13088 Pasedagplatz 147-5c
14169 Pasewaldtstraße 194-11c
13189 Pasewalker Straße (Pank.) 146-3b
13347 Pasewalker Straße (Wedd.) 145-9d
12309 Pasinger Straße 232-12d
12309 Passauer Straße (Lichtrde.) 233-10a
10789 Passauer Straße (Schbg.) 169-8d
14055 Passenheimer Brücke 167-9a
14055/14053 Passenheimer Straße 167-6c
13057 Passower Straße 148-5b
12359 Paster-Behrens-Straße 197-8c
10407 Pasteurstraße 146-12d
13156 Pastor-Niemöller-Platz 146-2a
14195 Patschkauer Weg 194-9b
10317 Paula-Fürst-Straße (6) 171-9d
13585 Paula-Hirschfeld-Steig (3) 143-11a
10179 Paula-Thiede-Ufer 170-6d
12679 Paul-Dessau-Straße 148-9b
– Paul-Ernst-Park 193-12a
13156 Paul-Francke-Straße 146-2c
13589 Paul-Gerhardt-Ring 142-11b
10315 Paul-Gesche-Straße 172-4b
10409 Paul-Grasse-Straße 147-7a
12165 Paul-Henckels-Platz 195-4c
10407 Paul-Heyse-Straße 147-10d
12683 Paulinenauer Straße 173-4c
12205 Paulinenstraße 194-12d
10249 Pauline-Staegemann-Straße 170-3a
10367/10369 Paul-Junius-Straße 171-3a
13053 Paul-Koenig-Straße 148-4c
14129 Paul-Krause-Straße 229-1b
12627 Paul-Levi-Platz 150-10a
10999 Paul-Lincke-Ufer 170-9d
10557 Paul-Löbe-Allee 169-3d
– Paul-Mebes-Park 194-10c + 230-1a
13086 Paul-Oestreich-Straße 147-4d
– Paul-Poser-Platz 120-2c
12589 Paul-Rahn-Weg 201-7d
10439 Paul-Robeson-Straße 146-8a
10709 Paulsborner Brücke 168-12b
10709/14193 Paulsborner Straße 168-12c
12105 Paul-Schmidt-Straße 196-4c
12247 Paul-Schneider-Straße 195-12c
12203 Paul-Schwarz-Promenade 195-10b
12685 Paul-Schwenk-Straße 148-12a
12163 Paulsenstraße 195-4c
13599/13629 Paulsternstraße 143-12b
10557 Paulstraße 169-6a
12623 Paul-Wegener-Straße 173-9d
10367 Paul-Zobel-Straße 171-3a
13589 Pausiner Straße 143-7c
12309 Pechsteinstraße 232-12b
14195 Pechüler Pfad 194-6a
12524 Peenestraße 234-3c
14165 Peetziger Weg (3) 229-3d
12587 Peetzseestraße 200-5c
12524 Pegasuseck 234-6a
14089 Pegnitzring 192-7b
12527 Peitzer Weg 236-5c
13353 Pekinger Platz 145-12a
12685 Pekrunstraße 148-9c
12559 Pelzlakeweg 237-1a
12621 Penkuner Weg 173-5d
10779 Penzberger Straße 169-11b
13089 Perchtastraße 147-1a
12159 Perelsplatz 195-2a
– Pergamonsteg (37-E3)
– Perleberger Brücke 145-12c
10559 Perleberger Straße 169-2b
13051/13088 Perler Straße 147-6c
12355 Perlhuhnweg 234-4a
12526 Perlpilzstraße 235-7b
14167 Persantestraße 230-5b
10245 Persiusstraße 171-8a
12209 Pertisauer Weg 231-6a
13585 Perwenitzer Weg 143-10a
12161 Peschkestraße 195-5a
12205 Pestalozziplatz 194-12c
10625/10627 Pestalozzistraße (Charlbg.) 168-9b
12557 Pestalozzistraße (Köp.) 199-7d
12623 Pestalozzistraße (Mahlsdf.) 173-6b
13187 Pestalozzistraße (Pank.) 146-2c
12057 Peter-Anders-Straße 197-3c
12619 Peter-Edel-Straße 149-11d
12557 Peter-Gast-Weg 235-3a
12587 Peter-Hille-Straße 200-4d
12619 Peter-Huchel-Straße 149-11d
14195 Peter-Lenné-Straße 194-6d
13351 Petersallee 145-8a
13127 Petersapfelweg 123-7a
10249 Petersburger Platz 171-1d
10249/10247 Petersburger Straße 171-1b
13583 Petersenweg 143-10c
12589 Petershagener Weg 201-8a
12101 Peter-Strasser-Weg 196-1b
12157 Peter-Vischer-Straße 195-5b
12627 Peter-Weiss-Gasse 149-9c
12627 Peter-Weiss-Platz (6) 149-9c
13127 Petitweg 122-8b
12307 Petkusser Straße 232-12c
Petriplatz (37-F4)
12355 Petrusweg 233-3c
10247 Pettenkoferstraße 171-2d
12357 Petunienweg 197-9d + 198-10a
13583 Petzoldtweg 167-1a
14109 Petzower Straße 228-5b
12279 Pfabener Weg 231-6d
13465 Pfadfinderweg 120-1d
13593 Pfälzische Straße 166-6d
14089 Pfändnerweg 192-7c
13127 Pfaffenapfelweg (Pank.) 123-7a
13158 Pfaffensteinweg 122-8c
13403 Pfahlerstraße 145-1d
10719/10717 Pfalzburger Straße 169-7d + 10b
12623 Pfalzgrafenweg 174-1c
12559 Pfalz-Zweibrücker Weg 236-3a
13125 Pfannschmidtstraße 123-2d
12487 Pfarrer-Goosmann-Straße 198-12a
12355 Pfarrer-Heß-Weg 234-2a
13127 Pfarrer-Hurtienne-Platz 122-6d
13189 Pfarrer-Jungklaus-Straße 146-6c
13156 Pfarrer-Lenzel-Straße 122-10d
12307 Pfarrer-Lütkehaus-Platz 232-11b
13591 Pfarrer-Theile-Straße 166-5a
12349 Pfarrer-Vogelsang-Weg (2) 233-1a
12349 Pfarrer-Wenke-Weg 233-4a
12623 Pfarrhufenweg 174-1b
14165 Pfarrlandstraße 230-5a
12355 Pfarrsiedlung 234-2a
10317 Pfarrstraße 171-6c
12524 Pfarrwöhrde 198-12c
14109 Pfaueninselchaussee 228-1c
12355 Pfauenkehre 234-4c
14129 Pfeddersheimer Weg 229-2c
13589 Pfefferweg 142-9c
12587 Pfeiffergasse 200-4d
13156 Pfeilstraße 146-1d
13403 Pfifferlingweg 145-2c
12489 Pfingstberggasse (1) 198-9d
12683 Pfingstrosenweg (2) 173-4d
12623 Pfingstweg 173-6c
13127 Pfirsichallee 122-6a
12524 Pfirsichweg (Altgl.) 234-6b
12555 Pfirsichweg (Baumgarteninsel) 199-5c
14089 Pfirsichweg (Gatow) (1) 166-12d
12359 Pfirsichweg (Nkln./Kol. Am Wiesenweg) 197-9a
12359 Pfirsichweg (Nkln./Kol. Britzer Wiesen) 197-8d
13629 Pfirsichweg (Siemst.) 144-10a
12689 Pflanzergasse 148-3b
12555 Pflanzgartenplatz 199-2a
12555 Pflanzgartenstraße 199-2b
13127 Pflaumenallee 122-5b
13591 Pflaumenpfad 142-10d
12359 Pflaumenweg (Nkln.) 197-9c
13629 Pflaumenweg (Reinickdf.) 144-8d
12205 Pfleidererstraße 194-12d
12047/12045 Pflügerstraße 170-12b
10115 Pflugstraße 146-10c
13469 Pforzheimer Straße 121-4c
10997 Pfuelstraße 171-7b
14109 Philipp-Franck-Weg 228-5d
13591 Philipp-Gerlach-Weg 166-1d
14059 Philippistraße 168-6c
12559 Philipp-Jacob-Rauch-Straße 236-3a
10115 Philippstraße (36-C2)
10365 Philosophenweg 171-3d
12623 Phloxstraße 173-9a
13437 Phloxweg 120-12a
13591 Phöbener Steig 142-10c
13127 Picardieweg 122-8b
13595 Pichelsdorfer Straße 167-4d
13187 Pichelswerderstraße (Pank.) 146-5a
13597 Pichelswerderstraße (Spand.) 167-2c
12555 Piepertswinkel 199-1b
10409 Pieskower Weg 147-10a
13088 Piesporter Platz 147-5b
13088 Piesporter Straße 147-2d
12487 Pietschkerstraße 198-5c
13591 Pietschweg 166-5b
12107 Pilatusweg 196-11d
13465 Pilgersdorfer Weg 120-1d
12623 Pilgramer Straße 173-12d + 174-4c
10243 Pillauer Straße 171-4d
14055 Pillkaller Allee 168-7a
13593 Pillnitzer Weg 166-5b
12487 Pilotenstraße 198-8a
12623 Pilsener Straße 173-9d
14167 Pinnauweg 230-2d
13581 Pinneberger Weg 166-2b
12347 Pintschallee 197-4d
10249 Pintschstraße 171-1b
13585 Pionierinsel 143-8d
13583/13589 Pionierstraße 142-8d
13583 Pirmasenser Straße (1) 142-12b
12355 Pirnaer Straße 233-3d
12683 Pirolstraße (Biesdf.) 172-9b
10318 Pirolstraße (Karlsh.) 172-9a
13403 Pirolweg 144-3d
13465 Pirschweg 120-1d
13086 Pistoriusplatz 147-7b
13086 Pistoriusstraße 146-6d
12526 Pitschener Straße 235-5c
13088 Pittiplatschweg 147-2c
13469 Place Molière 121-7c
12437 Plänterwald 171-12d + 197-3a
10117 Planckstraße 170-1d
12057 Planetenstraße 197-2d
12621 Planitzstraße 173-5b
13597 Plantage 167-1b
12169 Plantagenstraße (Stegl.) 195-8a
13347 Plantagenstraße (Wedd.) 145-9d
10967 Planufer 170-9c
14165 Plaßstraße 230-5a
14050 Platanenallee 168-4d
13156 Platanenstraße 146-1a
12437 Platanenweg 171-12d
13503 Platenhofer Weg 119-8b
13595 Plathweg 167-4d
12527 Platz 764 236-8b
12527 Platz 768 236-5d
12527 Platz 776 236-5d
12527 Platz 777 236-8b
12459 Platz am Kaisersteg 198-5b
10405 Platz am Königstor 170-3b
12435 Platz am Spreetunnel 171-12a
14199 Platz am Wilden Eber 194-3c
10318 Platz an der Eiche 172-12d
10115 Platz vor dem Neuen Tor 170-1a
13089 Platz A (Heindf.) 147-1a
13125 Platz A (Karow) 123-5b
14199 Platz C (Schmargdf.) 194-3d
13086 Platz C (Weißs.) 147-4c
12489 Platz der Befreiung (2) 198-12b
12101 Platz der Luftbrücke 170-11c
Platz der Märzrevolution (37-E3)
10557 Platz der Republik 170-4a
14167 Platz der US-Berlin-Brigade 230-3c
10249 Platz der Vereinten Nationen 170-3b
10557 Platz des 18. März 170-4a
12555 Platz des 23. April 199-5c
14167 Platz des 4. Juli 230-3c
12589 Platz des 8. Mai 201-2a
10439 Platz des 9. November1989 146-8a
10117 Platz des Volksaufstandes von 1953 (2) (36-D5)
13589 Platz E (Spand.) 142-9a
13086 Platz E (Weißs.) 147-4d
12357 Platz F 197-12b
12059 Platz S (Nkln.) 171-11a
14199 Platz S (Schmargdf.) 194-2d
13055/13053 Plauener Straße 148-10a
13599 Plauer-See-Straße 143-8d
12109 Plautusstraße 196-9c
10997 Plaza San Rafael del Sur 171-7b
12557 Plehmpfad 199-9c
12435 Plesser Straße 171-11a
13507 Plettenberger Pfad 144-2c
14089 Plievierstraße 193-1a
14193 Plöner Straße 194-3a
12459 Plönzeile 198-2d
10365 Plonzstraße 171-3d
14163 Plüschowstraße 194-10b
12589 Plutoweg 201-8a
14195 Podbielskiallee 194-6a
12103 Podewilsstraße 196-4b
12685 Pöhlbergstraße 149-7c
13158 Pöhligsteinweg 122-7d
12681 Poelchaustraße 148-12a
12621 Pölitzer Straße 173-6a
13125 Pölnitzweg 103-9c
12157 Pöppelmannstraße 195-3c
12209 Pößnecker Straße 231-2d
12435 Poetensteig (Pläntw.) 171-12b
13595 Poetensteig (Spand.) 167-7b
12459 Poggendorffweg 172-10d
13599 Pohleseestraße 143-8d
12557 Pohlestraße 199-8b
12107 Pohligstraße 196-10d
10785 Pohlstraße 169-9b
13088 Polcher Weg 147-6a
12307 Poleigrund 232-8a
12351 Polierweg 197-10b
12526 Polkwitzer Straße 235-4d
12683 Pollnower Weg 173-4d
13507 Polsumer Pfad 144-4b
12589 Polteweg 201-6b
13503 Polziner Weg 119-6a
14052 Pommernallee 168-8a
13629 Pommernweg (2) 144-8c
10707 Pommersche Straße 169-10a
13465 Ponyweg 100-11a
13627/13629 Popitzweg 144-11c
12107 Popperstraße 196-10d
12107 Porschestraße 196-10d
13583 Portaer Straße 142-12a
14089 Porthaneweg 192-8a
12524 Porzer Straße 234-6d
13127 Posaunenweg (3) 122-12b
12157 Poschingerstraße 195-5b
14163 Poßweg 194-10a
13589 Posthausweg 142-11b
12355 Postsiedlung 233-6b
10178 Poststraße 170-5b
14163/14129/14109 Potsdamer Chaussee (Nklsee., Zehldf.) 229-4b
13593/14089 Potsdamer Chaussee (Spand.) 192-1c
10783/10785 Potsdamer Platz 170-4c
10785 Potsdamer Platz Arkaden (36-B6)
10785 Potsdamer Straße 170-4c
12205 Potsdamer Straße (Lichtfde.) 194-12b
12305 Potsdamer Straße (Lichtrde.) 232-6c
10785/10783 Potsdamer Straße (Mitte) 169-12b
14163 Potsdamer Straße (Zehldf.) 194-10c
14089 Pottensteiner Weg 192-7c
13187 Pradelstraße 146-5a
10779 Prager Platz 169-11a
10779 Prager Straße 169-11a
12203 Prausestraße 194-12b
12277 Prechtlstraße 232-1d
13585 Predigergarten (2) 143-10b
12157 Prellerweg 195-6c
12681 Premnitzer Straße 148-6a
13059 Prendener Straße 148-2c
13509 Prendener Zeile 120-12c
10405/10409 Prenzlauer Allee 170-3a
10405 Prenzlauer Berg 170-3a
10409 Prenzlauer Berg 147-10a
13086/13089 Prenzlauer Promenade 146-6b
10178 Prenzlauer Tor 170-3a
13051 Prerower Platz 148-4a
12279 Preßburger Pfad 231-6d
12167 Presselstraße 195-8d
12527 Pretschener Weg 236-8b
12207 Prettauer Pfad 231-1c
13086 Preunelstraße 147-4c
14052 Preußenallee 168-7b
– Preußenpark 169-10a
12524 Preußenstraße 235-1a
10409 Preußstraße 146-9d
12249 Preysingstraße 231-3b
12526 Prieborner Straße 235-8a
12357/12355 Prierosser Straße 234-1a
13187 Prießnitzstraße 146-3a
13129 Priestersteg 123-7d
10829 Priesterweg 195-3d
12347 Priesterweg (Britz) 197-4b
10829 Priesterweg (Friedn., Schbg.) 195-6d
12683 Prignitzstraße 148-12d + 172-3d
12357 Primelweg (Rudow) 197-12d
13581 Primelweg (Spand.) 166-6a
13629 Primelweg (Teg.) 144-8d
13437 Primelweg (Witten.) 120-12b
13437 Primusweg 121-11c
13589 Prinz-Adalbert-Weg 143-7a
13589 Prinz-Eitel-Weg 143-7a
13357/13359 Prinzenallee 146-7a
13127 Prinzenapfelweg 123-4c
10117 Prinzengasse (6) (37-F4)
10969 Prinzenstraße (Kreuzbg.) 170-8d
12207 Prinzenstraße (Lichtfde.) 231-2a
12105 Prinzenstraße (Mardf.) 196-7d
10969 Prinzessinnenstraße (Kreuzbg.) 170-9a
12307 Prinzessinnenstraße (Lichtrde.) 232-11b
13587 Prinzeßweg 142-2d
13347 Prinz-Eugen-Straße 145-9d
14053 Prinz-Friedrich-Karl-Weg 167-6a

14129 Prinz-Friedrich-Leopold-Straße 229-1b
10827 Prinz-Georg-Straße 169-12c
14167 Prinz-Handjery-Straße 230-2a
12307 Prinz-Heinrich-Straße 232-11b
10715/10717 Prinzregentenstraße 169-11c + 11a
– Prinzregent-Ludwig-Brücke 195-8d
14165 Priorter Weg (1) 229-3d
13581 Prisdorfer Straße 166-3a
14169 Pritchardstraße 194-8a
12557 Pritstabelstraße 199-11b
12685 Pritzhagener Weg 149-7d
10559 Pritzwalker Straße 169-3a
14089 Privatstraße 192-4a
13053 Privatstraße 1 148-4a
13053 Privatstraße 2 148-4a
13053 Privatstraße 3 148-4a
13053 Privatstraße 4 148-4c
13053 Privatstraße 5 148-4c
13053 Privatstraße 6 148-4c
13053 Privatstraße 7 148-4c
13053 Privatstraße 8 148-4c
13053 Privatstraße 9 148-4c
13053 Privatstraße 10 148-4c
13053 Privatstraße 12 148-4a
13086 Privatstraße 13 147-4c
13086 Privatstraße 14 147-4c
12249 Privatweg 196-10c
14089 Pröhleweg 192-10b
12277 Proellstraße 232-1d
12685 Prötzeler Ring 149-7b
12207 Promenade (Lichtfde.) 195-10d + 231-4a
12247 Promenade (Stegl.) 195-9c
13403 Promenade (Teg.) 144-6b
12207 Promenadenstraße 195-11c
12589 Promenadenweg (Rahnsdf.) 202-10a
13629 Promenadenweg (Siemst.) 144-10a
13509 Promenadenweg (Witten.) 120-12d
10178 Propststraße (37-G4)
14169 Propst-Süßmilch-Weg 194-11c
10247 Proskauer Straße 171-5a
13159 Provenceweg 122-8b
13409/13158 Provinzstraße 146-4c
12105/12109 Prühßstraße 196-7d
13088 Puccinistraße 147-7d
12555 Puchanstraße 199-5c
13403 Puchertweg 145-1a
12435 Puderstraße 171-11b
14195 Pücklerstraße (Dahl., Grwld., Schmargdf.) 194-5b
10997 Pücklerstraße (Kreuzbg.) 171-7a
12589 Püttbergeweg 201-7b
12683 Püttlinger Straße 173-4a
10249 Pufendorfstraße 171-1c
13593 Pulfrichzeile (3) 166-6c
14059 Pulsstraße 168-2d
13599 Pulvermühlenweg 143-11b
12435 Puschkinallee 171-8d + 8c
13355 Putbusser Straße 146-7d
12355 Putenweg 234-4c
– Putlitzbrücke 145-11d
10551 Putlitzstraße 145-11d
10969 Puttkamerstraße 170-7b
– Pyramidenbrücke 199-4b
12681 Pyramidenring 148-11c
14199 Pyrmonter Weg 194-3d

13403 **Q**uäkerstraße 144-3d
14129 Quantzstraße 229-2c
12589 Quappenzeile 201-7b
12526 Quaritzer Straße 235-4d
12349 Quarzweg 232-3a
14089 Quastenhornweg 192-11a
14163 Quastheide 229-3c
10589 Quedlinburger Straße (Charlbg.) 169-1c
12627 Quedlinburger Straße (Helldf.) 149-9c
14050 Quellenweg 168-1d
13627 Quellweg (Charlbg.) 145-10a
13629 Quellweg (Siemst.) 168-2a
14129 Quendelsteig 229-3c
13599 Quenzseeweg (19) 143-8b
14163 Quermatenweg 193-12b
14163 Querstraße 194-10d
13597 Querweg (Spand.) 167-2c
13591 Querweg (Staak.) 166-4d
13158/13439/13469 Quickborner Straße 121-5d
13158 Quirlweg 122-8c
13591 Quittensteig 142-10d
12555 Quittenweg (5) (Baumgarteninsel) 199-5c
12359 Quittenweg (Nkln.) 197-8b
12524 Quittenweg (Trept.) 234-6d
10559/10551 Quitzowstraße 145-11d

12305 **R**aabestraße (Lichtrde.) 232-5d
10405 Raabestraße (Prenzl. Bg.) 146-12c
13505 Rabenhorststraße 143-2b
12689 Rabensteinerstraße 149-1d
13505 Rabenstraße 143-2b
12527 Rabindranath-Tagore-Straße 235-3c
12305 Rackebüller Weg 232-5b
13053 Rackwitzer Straße 148-4c
12527 Radduscher Weg 236-8a
12355 Radeberger Weg 234-1c
12681 Radebeuler Straße 148-11d
13589 Radelandstraße 142-5c
12305 Rademeierweg 232-6b
12437 Radenzer Straße 197-6b
12355 Radewiesenweg 234-2a
12489 Radickestraße 198-12b
12489 Radieschenpfad 148-3d
14163 Radolfzeller Weg 230-1b
14165 Radtkestraße 230-1d
12355 Raduhner Straße 234-4b
13593 Räcknitzer Steig 166-6a
12683 Rägeliner Straße 172-9b
12107 Rätikonweg 232-2a
13509 Räuschstraße 144-3a
13407 Ragazer Straße 145-6a
14055 Ragniter Allee 167-9b
12527 Ragower Weg 236-8a
10557 Rahel-Hirsch-Straße (36-B2)
10969 Rahel-Varnhagen-Promenade 170-8a
12621 Rahnestraße 173-3c
12589 Rahnsdorf 201-8c
12587 Rahnsdorfer Straße (Friedhg.) 200-4d
12623 Rahnsdorfer Straße (Mahlsdf.) 173-6d + 174-4c
12527 Rainweg 236-10b
13505 Rallenweg 119-11a
12359 Rambowstraße 197-8a
13355 Ramlerstraße 146-7d
14165 Ramsteinweg 230-5c
12524 Randolfstraße 234-3d
13503 Randower Weg 119-6a
13057 Randowstraße 148-4b
13627 Randsteg 145-10c
12621 Randweg 149-12d
12307 Rangsdorfer Straße 232-11d
10789 Rankestraße 169-8c
12357 Ranunkelweg 198-10c
12679 Raoul-Wallenberg-Straße 148-9b
13465 Rappenweg (2) 100-11c
14169 Rappoltsweilerstraße 194-11a
13629 Rapsstraße 144-10b
12305 Rapstedter Weg 232-5c
12683 Rapsweg 173-1a
12683 Rapsweißlingstraße 173-4c
12349 Rapunzel 232-3a
12524 Rapunzelstraße 234-3a
13409 Raschdorffstraße 145-6a
12623 Rastatter Straße 173-9c
– Rathausbrücke 170-1c
– Rathauspark Wittenau 121-10c
13437 Rathauspromenade 121-10d
10367 Rathausstraße (Lichtbg.) 171-3c
12105 Rathausstraße (Mardf.) 196-7b
10178 Rathausstraße (Mitte) 170-5b
10711 Rathenauplatz 168-11b
12459 Rathenaustraße 198-5b
12627 Rathener Straße 149-12b
10559 Rathenower Straße 169-3a
12305 Rathenower Straße (Lichtrde.) 232-6b
10559 Rathenower Straße (Moab.) 145-11d
10999 Ratiborstraße 171-7c
14050 Ratzeburger Allee (1) 168-4d
12107 Raucheckweg 232-2b
13587 Rauchstraße (Haken.) 143-8a
12623 Rauchstraße (Mahlsdf.) 173-12d
10787 Rauchstraße (Tiergt.) 169-5d
12587 Rauener Weg 200-4c
13158 Rauensteinweg 122-8c
13465 Rauentaler Straße 100-12c
14197 Rauenthaler Straße 195-4b
13437 Rauhbankzeile 121-11c
13505 Rauhfußgasse 143-3a
12683 Rauhkopfweg 173-4c
12559 Raumbacher Straße 201-10c
10437 Raumerstraße 146-9c
14055 Rauschener Allee 168-7a
13158 Rauschensteinweg 122-8c
13503 Rausendorffweg (4) 119-9b
14055 Raußendorffplatz 168-7b
12555 Rautendeleinweg 199-2b
13503 Rautensteig 119-6c
14163 Rauweilersteig (1) 194-10a
13507 Rauxeler Weg 144-5a
13347 Ravenéstraße 145-12b
10709 Ravensberger Straße 169-10a
12587 Ravensteiner Promenade 200-1a
12623 Ravensteinstraße 173-12d
14163 Ravenweg 229-3b
12207 Réaumurstraße 231-4d
12524 Rebenweg 234-6d
13593 Rebenweg (Span.) 166-8b
12685 Rebhuhnweg 148-9d
13591 Reckeweg 142-11d + 11c
13583 Recklinghauser Weg 142-12c
13593 Reclamweg 166-6b
12487 Redwitzgang 198-7b
12621 Reetzer Weg 173-5c
13597 Reformationsplatz (38-B2)
12527 Regattastraße 199-11c + 235-2b
10318 Regener Straße 172-9c + 12a
12309 Regensburger Straße (Lichtrde.) 232-12b
10777 Regensburger Straße (Wilmdf., Schbg.) 169-8c
13503 Regenwalder Weg 119-6a
14193 Regerstraße 194-2a
- Regierungsviertel (36-B3)
12247 Reginenweg 195-12a
13409 Reginhardstraße 145-3d
12105 Reglinstraße 195-6d
12307 Rehagener Platz 232-12a
12305/12307 Rehagener Straße 232-12c
12247 Rehauer Pfad 195-12b
12559 Rehborner Straße 201-10c
14165 Rehbrücker Weg 230-1c
12527 Rehfeldtstraße 236-5c
14195 Rehkitzsteig 194-2d
14129 Rehsprung 229-2c + 2a
13629 Rehweg 144-7d
14129 Rehwiese 229-2c
10829 Reichartstraße 195-3d
13055 Reichenberger Straße (Hschönhs.) 147-9d
10999 Reichenberger Straße (Kreuzbg.) 170-9a
14199 Reichenhaller Straße 194-3a
14195 Reichensteiner Weg 194-9b
12305 Reichnerweg 232-6a
10785 Reichpietschufer 169-6c
14109 Reichsbahnstraße 229-4a
14195 Reichshofer Straße 194-8d
14052 Reichsstraße 168-4a
10117/10557 Reichstagufer 170-1c
12559 Reichweilerweg 236-3d
13627 Reichweindamm 144-12d + 12c
14129 Reifträgerweg 193-11d
13503 Reiherallee 119-12a
14169 Reiherbeize 194-7d
12526 Reihersteg 235-8b
13595 Reiherstraße 167-7a
13505 Reiherwerder (Halbinsel) 144-1a
12681 Reiler Straße 172-2d
13503 Reimerswalder Steig 119-5d
13593 Reimerweg 166-5c
12205 Reinacher Zeile (1) 231-1a
12459 Reinbeckstraße 198-5b
13088 Reinecke-Fuchs-Weg 147-1b
14193 Reinerzstraße 168-12c
10365 Reinhardsbrunner Straße 148-10c
12103 Reinhardtplatz 196-4b
10117 Reinhardtstraße (Mitte) 170-1c
12103 Reinhardtstraße (Tphf.) 196-4b
12051 Reinholdstraße 197-1d
13407 Reinickendorf 145-5a
13347 Reinickendorfer Straße 145-9b
13403 Reinickes Hof 145-1d
12353 Reinowzeile 233-2c
12277 Reinstedter Weg 231-9b
12623 Reintrautweg 174-4c
12107 Reißeckstraße 196-11a
12621 Reißigerstraße 149-12d + 173-3b
13629 Reisstraße 144-11c
13591 Rellstabweg 166-5b
12623 Rembrandtstraße (Mahlsdf.) 174-1c
12157 Rembrandtstraße (Schbg.) 195-5b
13583 Remscheider Straße 142-12c
13465 Remstaler Straße 100-12c
12249 Renatenweg 195-12c
12103 Renate-Privatstraße 196-4d
13509 Rendsburger Brücke 144-3a
14165 Rendtorffstraße 230-5c
12159 Renée-Sintenis-Platz 195-2c
12524 Renettenweg 234-6b
13086 Rennbahnstraße 147-4b
12309 Rennsteig 232-9b
12353 Renschweg 233-2a
13509 Reppener Zeile 144-3a
13159 Reppfuhlring 122-1c
13051 Reriker Straße 147-3d
12359 Resedaweg (Nkln./Ideal III) 197-9c
12347 Resedaweg (Nkln./Kol. Guter Wille) (6) 196-9b
12347 Resedaweg (Nkln./Kol. Roseneck) 197-7a
12203 Resedenstraße 195-7d
13409 Residenzstraße 145-6d + 3c
12209 Resselsteig 231-5a
12435 Rethelstraße 171-11b
13187 Rettigweg 146-5a
13189 Retzbacher Weg 146-3c
12161 Retzdorffpromenade 195-4b
12249 Retzowstraße 231-3a
10553 Reuchlinstraße 169-1d
12105 Reulestraße 196-7d
14050 Reußallee 168-4b
13587 Reußstraße 143-7b
14193 Reuterpfad 194-2b
12047 Reuterplatz 171-10a
12043/12047/12053 Reuterstraße (Nkln.) 171-10a
13403 Reuterstraße (Reindf.) 145-4d
13597 Reuterweg 167-1d
12247 Reutlinger Straße 195-9d
10243/10245 Revaler Straße 171-4d
14193 Revierförsterei Eichkamp 168-10d
12559 Revierförsterei Müggelheim 236-3d
12589 Revierförsterei Müggelsee 201-4c
12589 Revierförsterei Rahnsdorf 201-4b
14193 Revierförsterei Saubucht 167-11a
14089 Rex-Waite-Straße 192-4a
12167 Rezonvillestraße 195-8c
12357 Rhabarberweg 198-10d
13158 Rhapsodieweg 122-10c
12589 Rhedaer Weg 201-9c
14199 Rheinbabenallee 194-2d
13129 Rheinfelsstraße 123-7b
12161 Rheingaustraße 195-4b
10318 Rheingoldstraße 172-12a + 11b
10318 Rheinpfalzallee 172-8d
13599 Rheinsberger-See-Weg (16) 143-9c
10115/10435 Rheinsberger Straße 146-11c
10318 Rheinsteinstraße 172-11b
12159/12161 Rheinstraße 195-5a
13599 Rhenaniastraße 143-8d
10318 Rhenser Weg 172-12a
10437 Rhinower Straße 146-8d
10315/12681/13053 Rhinstraße (Friedrfde., Marz., Hschönhs.) 148-7b
12307 Rhinstraße (Lichtrde.) 232-8b
12355 Rhodeländerweg 234-4a
10365 Rhododendronweg 171-3d
13129 Rhönstraße 123-7d
14163 Rhumeweg 193-12c
– Rialtobrücke 201-12a
12589 Rialtoring 201-11b
10318 Riastraße 172-11a
10315 Ribbecker Straße 172-4d
13409 Ribbeweg 145-6b
14165 Ribeckweg 230-5a
13051 Ribnitzer Straße 147-3d + 148-1c
13051 Ricardastraße 123-12d
14089 Richard-Byrd-Straße 192-4b
10247 Richard-Ermisch-Straße 171-2c
12589 Richard-Hilliges-Weg 201-7d
12589 Richard-Hörnke-Weg 201-7d
13581 Richard-Lehmann-Weg 166-3a
13591 Richard-Münch-Straße 166-5a
12055 Richardplatz 197-1b
10249 Richard-Sorge-Straße 171-1b
12043/12055 Richardstraße 171-10d
14193 Richard-Strauss-Straße 194-2a
12277 Richard-Tauber-Damm 232-2d
10587 Richard-Wagner-Platz 168-6b
10585 Richard-Wagner-Straße 169-4c
12489 Richard-Willstätter-Straße 198-12d
12103 Richnowstraße 196-4b
12524/12526 Richterstraße (Grün.) 235-2c
12105 Richterstraße (Mardf.) 196-8c
13503 Rickenweg 119-9a
12623/12621 Ridbacher Straße 149-12c
12557 Riebekeweg 199-9c
14165 Riebener Weg 230-1c
13627 Riedemannweg 145-10a
12524 Riedgrasweg 199-10c
12305 Riedingerstraße 232-12a
12307 Rieflerstraße 232-8d
12105 Riegerzeile 196-7d
14057 Riehlstraße 168-8b
10961 Riemannstraße 170-11a
14169 Riemeisterstraße 194-7b
– Riemeisterstraßenbrücke 194-7d
12157 Riemenschneiderweg 195-3c
13507 Riemerstraße 120-10d
13599 Riensbergstraße 143-12b
10318 Rienzistraße 172-8c
13629 Rieppelstraße 144-10b
12627 Riesaer Straße 149-9c
12347 Riesestraße 197-4d
12527 Rießerseestraße 235-2b
10409 Rietzestraße 147-7c
10247 Rigaer Straße 171-2c
12277 Rigistraße 232-4b
14167 Rilkepfad 230-2d
10318 Rinchnacher Weg 172-9c
12347 Ringallee (Britz) 197-7a
12051 Ringbahnstraße (Nkln.) 197-1d
12099/12103 Ringbahnstraße (Tphf.) 196-1d
10711 Ringbahnstraße (Wilmdf.) 168-9c
12526 Ringelblumenweg 235-5a
12305 Ringelnatzstraße 232-9a
14165 Ringelsteinweg 230-5c
12679 Ringenwalder Straße 149-4d
12353 Ringslebenstraße 233-2c + 1d
13467 Ringstraße (Hermsdf.) 120-8b
12621 Ringstraße (Kaulsdf.) 173-5a
12203/12205 Ringstraße (Lichtfde.) 194-12c
12105 Ringstraße (Mardf.) 196-7c
12526 Ringweg 235-4c
12437 Rinkartstraße 197-3d
12559 Rinntaler Steig 236-6b
14193 Rintelner Straße 168-12a
14195 Ripleystraße 194-8d
13158 Rispenweg 122-10a
12526 Rita-Maiburg-Straße 235-7a
14089 Ritterfelddamm 192-1c
14165 Ritterhufen 230-5a
13409 Ritterlandweg 145-6d
12349 Rittersporn 233-1a
13437 Rittersporrnweg (Reindf.) 121-11d
12357 Rittersporrnweg (Rudow) 234-2a
13158 Rittersteinweg 122-8c
10969 Ritterstraße (Kreuzbg.) 170-8a
12207 Ritterstraße (Lichtfde.) 195-11c
13597 Ritterstraße (Spand.) 143-10d
12487 Rixdorfer Straße (Johsth.) 198-4b
12109 Rixdorfer Straße (Mardf.) 196-8d
10115 Robert-Koch-Platz 170-1a
12621 Robert-Koch-Straße 173-3a
12169 Robert-Lück-Straße 195-8a
13125 Robert-Rössle-Straße 123-3b
13405 Robert-Schuman-Brücke 144-9b
10318 Robert-Siewert-Straße 172-8d
14195 Robert-Stolz-Anlage 194-2d
10315 Robert-Uhring-Straße 172-4d
14163 Robert-von-Ostertag-Straße 230-1a
14167 Robert-W.-Kempner-Straße 194-12c
13467 Robinienweg 120-6d
12355 Rochlitzer Weg 234-1c
10245 Rochowstraße 171-8a
10178 Rochstraße 170-2d
13583 Rockenhausener Straße 143-10c
12249 Rodacher Weg 231-3c
13465 Rodelbahnpfad 120-3c
12437 Rodelbergweg 198-1c
12559 Rodenbacher Gang 236-3d
10439 Rodenbergstraße 146-9a
12524 Rodenkirchener Straße 234-6b
13593 Rodensteinstraße 166-6c
13053 Roderichplatz 148-5c
12559 Rodestraße 201-10c
12623 Röbeler Weg 174-4c
13125 Röbellweg 103-12a
12105 Röblingstraße 195-6d
13599 Röddelinseeweg (4) 143-8b
10365 Roedeliusplatz 171-3d
13595 Roedeliusweg 167-4c
10318 Rödelstraße 172-11c
14109 Roedenbecksteig 228-7a
13407/13437 Roedernallee 121-11a + 145-2a
13467 Roedernstraße (Hermsdf.) 120-3d
13053 Roedernstraße (Hschönhs.) 147-9c
12623 Roedernstraße (Mahlsdf.) 173-8d
12459 Roedernstraße (Oberschönwde.) 198-2c
13159 Röhrichtweg 122-1c
13125 Röländer Straße 123-2d
13086/13088 Roelckestraße 147-7a
10318 Römerweg 172-8d
12161 Roennebergstraße 195-5a
14057 Rönnestraße 168-9a
– Röntgenbrücke 169-4a
10587 Röntgenstraße 169-4a
13125 Röntgentaler Weg 103-12c
12165 Rösnerstraße (2) 195-7a
14129 Rötheweg 193-12a
12107 Röthspitzenweg 196-11d
14089 Röttenbacher Weg 192-10a
13053 Röttkenring 148-4b
12621 Rogauer Weg 173-5c
12683 Roggensteig 173-1a
14057/14059 Rognitzstraße 168-5d
12099 Rohdestraße 196-5b
14195 Rohlfsstraße 194-6b
12307 Rohrbachstraße 232-11d
12099 Rohrbeckstraße 196-6b
13509 Rohrbrunner Straße 120-12a
13629 Rohrdamm 144-10b
– Rohrdammbrücke 168-1d
12359 Rohrdommelweg 197-9c
10318 Rohrlake (3) 172-12c
12351 Rohrlegerweg 233-1b
14089 Rohrsängersteig 192-8d
12527 Rohrwallallee 236-5c
12557 Rohrwallinsel (Insel) 199-11a
13505 Rohrweihstraße 143-2b
10318 Rolandseck 172-8d
13156 Rolandstraße (Nschönhs.) 146-2b
10179 Rolandufer 170-6a (37-G4)
13158 Rollberg 122-8c
12053 Rollbergstraße 196-3b
14089 Rollenhagenweg 192-7c
12487 Rollettplatz 198-7c
12487 Rollettweg 198-7b
13089 Romain-Rolland-Straße 146-3b
13407 Romanshorner Weg 145-5b
12555 Rombiner Weg 199-1d
14165 Rombsweg 230-1d
14052 Rominter Allee 167-3d
14053 Rominter Allee 168-4a
– Rominter-Allee-Brücke 168-4a
13599 Romy-Schneider-Straße 143-11b
14163 Rondellstraße 194-10c
14109 Ronnebypromenade (1) 229-4a
12203 Roonstraße (Lichtfde.) 195-7c
13585 Roonstraße (Spand.) 143-10d
14163 Roonstraße (Zehldf.) 193-12d
13407 Rorschacher Zeile 145-3c
10178 Rosa-Luxemburg-Platz 170-3a
- Rosa-Luxemburg-Steg 169-5d
10178 Rosa-Luxemburg-Straße 170-2b
13465 Rosamundeweg 100-8b
13585 Rosa-Reinglass-Steig (4) 143-11a
12623 Rosa-Valetti-Straße 173-9b
10629 Roscherstraße 168-9d
12623 Roseggerstraße (Mahlsdf.) 173-12a
12043/12059 Roseggerstraße (Nkln.) 171-10d
14129 Rosemeyerweg 229-1b
12109 Rosenallee 196-9a
12347 Rosenallee (Nkln.) 196-9d
13465 Rosenanger 120-3c
13127 Rosenapfelweg (Pank.) 123-4c
12689 Rosenbecker Straße 149-1b
14193 Roseneck (Grwld.) 194-2b
13629 Roseneck (Siemst.) 144-10a
10315 Rosenfelder Ring 172-4b
10317/10315 Rosenfelder Straße 172-4b
– Rosengarten (Alt.-Tr.) 171-8d
– Rosengarten (Britz) 196-12d
12621 Rosenhagener Straße 173-5d
10781/10779 Rosenheimer Straße 169-11b
13503 Rosenorter Steig 119-5d
13465 Rosenplüterweg 100-12c
13599 Rosenpromenade 143-9a
12349 Rosenrot 232-3a
12526 Rosenrotweg (4) 235-4b
14193 Rosensteinweg 168-11b
12107 Rosenstraße (1) (Mardo) 196-11c
12555 Rosenstraße (Köp.) (2) 199-8a
10178 Rosenstraße (Mitte) 170-2d
13158 Rosenthal 121-9d
13156 Rosenthaler Grenzweg 122-11b
10119 Rosenthaler Platz 170-2a
13127 Rosenthaler Straße (Fr. Buchhz.) 122-9d
10119/10178 Rosenthaler Straße (Mitte) 170-2d
13127 Rosenthaler Weg 122-8a
13437 Rosentreterpfad 121-10a
13437 Rosentreterpromenade 121-10a
12526 Rosenweg (Bohnsdf.) 235-4c
13437 Rosenweg (Borsigw.) 120-12b
12347 Rosenweg (Britz) 197-7a
10589 Rosenweg (Charlbg.) 169-1a
13627 Rosenweg (Charlbg.) 145-10c
13127 Rosenweg (Fr. Buchhz.) 123-4c
13599 Rosenweg (Haselh.) 143-9c + 12d
13503 Rosenweg (Heilgs.) 119-8d
12557 Rosenweg (Köp.) 199-8c
13627 Rosenweg (Kol. Juliusruh) 145-10c
13088 Rosenweg (Malch.) 147-2c
12347 Rosenweg (Nkln.) 196-9b
12359 Rosenweg (Nkln./Kol. Hasenhm.) 197-9a
12359 Rosenweg (Nkln./Kol. Ideal III) 197-9c
12589 Rosenweg (Rahnsdf.) 201-8c
13158 Rosenweg (Rosnth.) 121-9d
14199 Rosenweg (Schmargdf.) 194-3d
13629 Rosenweg (Siemst.) 144-8d + 168-1a
13581 Rosenweg (Spand.) 167-1c
13597 Rosenweg (Spand.) 167-2c
13581 Rosenweg (Staak.) 166-3c
13403 Rosenweg (Teg.) 144-6b
13437 Rosenweg (Witten.) 121-11c
13509 Rosenweg (Witten.) 120-12c
12524 Rosestraße 235-1c
10117 Rosmarinstraße (36-D4)
10829 Roßbachstraße 169-12d
13088 Rossinistraße 147-7d
14053 Rossitter Platz 168-4a
14053 Rossitter Weg 168-4c
13158 Rosskastanienhof 121-12b
12683 Roßlauer Straße 173-1c
10318 Roßmäßlerstraße 172-9a
Roßstraßenbrücke (37-G5)
12627 Roßweiner Ring 150-10c
13059 Rostocker Straße (Hschönhs.) 148-1c

10553 Rostocker Straße (Moab.) 169-1b
13467 Roswithastraße 120-6a
13403 Rotbuchenweg 145-1a
12623 Rotdornallee 173-12a
12161 Rotdornstraße 195-2c
12205 Rotdornweg 230-3b
13503 Rote Chaussee 119-6b + 120-4a
12247 Rotenfelser Weg 195-9c
12305 Rotenkruger Weg 232-5b
12103 Rothariweg 196-4c
13089 Rothenbachstraße 146-3d
14089 Rothenbücherweg 167-10a
13587 Rothenburger Weg 143-5c
12163/12165 Rothenburgstraße 195-7b
14165 Rotherstieg 230-1d
10245 Rotherstraße 171-4d
12555 Rotkäppchenstraße 199-2d
13088 Rotkäppchenweg (Malch.) 147-2a
– Rotkäppchenweg (Wanns.) 228-2d
13053 Rotkamp 148-4b
13129 Rotkehlchenweg (Blankbg.) 123-10a
12351 Rotkehlchenweg (Buck.) 197-8c
12589 Rotkehlchenweg (Rahnsdf.) 201-8d
13589 Rotkehlchenweg (Spand.) (1) 142-5d
12107 Rotkopfweg 196-12a
12683 Rotraudstraße 149-10c
12353 Rotraut-Richter-Platz 233-3b
13437 Rotschwänzchenweg 121-11c
12351 Rotschwanzweg 197-8c
13158 Rotsteinweg 122-7d
14055 Rottannenweg 168-10b
12247 Rottweiler Straße 195-9d
13503 Rotwildpfad 119-8d
13156 Rousseauweg 122-11c
13591 Rowanweg 166-2b
12623 Rubensstraße (Mahlsdf.) 174-1d
12159/12157 Rubensstraße (Schbg.) 195-6a + 2b
12524 Ruben-Wolf-Straße 234-6b
14195 Rudeloffweg 194-9c
13129 Rudelsburgstraße 123-10a
13595 Rudererweg 167-7b
10407 Rudi-Arndt-Straße 171-1b
10969 Rudi-Dutschke-Straße 170-5c
14195 Rudi-Dutschke-Weg 194-9a
13086 Rudolf-Baschant-Straße (3) 147-4c
12249 Rudolf-Beyendorff-Ring 231-3a
13156 Rudolf-Ditzen-Weg 146-2c
12685 Rudolf-Filter-Weg (1) 149-7c
10318 Rudolf-Grosse-Straße 172-9c
12679 Rudolf-Leonhard-Straße 149-4c
13156 Rudolf-Majut-Straße 122-11c
14197 Rudolf-Mosse-Platz 195-1c
14197 Rudolf-Mosse-Straße 195-1c
12305 Rudolf-Pechel-Straße 232-5d
10245 Rudolfplatz 171-5c
10367 Rudolf-Reusch-Straße 171-3c
12459 Rudolf-Rühl-Allee 199-1a
10407 Rudolf-Schwarz-Straße 147-10a
10369 Rudolf-Seiffert-Straße 171-2b
13089 Rudolf-Spitzley-Straße 147-4a
10245 Rudolfstraße 171-4d
12621 Rudolf-Virchow-Straße 173-3a
10785 Rudolf-von-Gneist-Gasse (36-B6)
– Rudolf-Wilde-Park 169-11d
– Rudolf-Wissell-Brücke 168-2d
– Rudolf-Wissell-Siedlung 166-5b
10713 Rudolstädter Straße 168-12d + 169-10c
12355 Rudow 197-12b + 198-10d + 234-1b
12489 Rudower Chaussee 198-11d
12355 Rudower Straße 234-7c
12524 Rudower Straße (Altgl.) 198-11d
12351 Rudower Straße (Buck.) 197-8d
12557 Rudower Straße (Köp.) 199-7b
12439 Rudower Straße (Nschönwde.) 198-5d
12355 Rudow-Süd 234-4d
13405 Rue Ambroise Paré 144-9b
12053/12051 Rübelandstraße 197-1b
12359 Rübenweg 197-9c
12524 Rübezahlallee 234-3a
12057 Rübezahlstraße 197-3c
13088 Rübezahlweg 147-2a
13125 Rübländerstraße 123-5a
13405 Rue Charles Calmette 144-9b
10119 Rückerstraße 170-2b
12163 Rückertstraße 195-4c
10627 Rückertstraße (Charlbg.) 168-6d
10243 Rüdersdorfer Straße 171-4a
14197 Rüdesheimer Platz 195-1d
13465 Rüdesheimer Straße (Frohn.) 120-2b
14197 Rüdesheimer Straße (Wilmdf.) 195-4a
13053 Rüdickenstraße 148-4a
13469 Rue Diderot (2) 121-7c
13129 Rüdigerstraße (Blankbg.) 123-7c
10365 Rüdigerstraße (Lichtbg.) 171-3d
13509 Rüdnitzer Zeile 120-12c
13405 Rue Dominique Larrey 144-9b
13405 Rue Doret 144-6a
13405 Rue du Capitaine Jean Maridor 144-6a
13405 Rue du Commandant Jean Tulasne (1) 144-6c
13405 Rue du Docteur Roux 144-9b
13355 Rügener Straße 146-7d
12621 Rügenwalder Weg 173-2c
13469 Rue Georges Vallerey 121-7c
13405 Rue Henri Guillaumet 144-6a
12209 Rühmkorffstraße 231-2d
13405 Rue Hyacinthe Vincent 144-9b
13405 Rue Joseph le Brix 144-6c
13437 Rue Lamartine (1) 121-7c
13405 Rue Marin la Meslée 144-6a
13469 Rue Montesquieu 121-7c
13405 Rue Nungesser et Coli 144-6a
13469 Rue Racine 121-7c
14050 Rüsternallee (Charlbg.) 168-4d
12623 Rüsternallee (Mahlsdf.) 173-12b
Rüsternallee (Tiergt.) (36-A4)
12205 Rütliplatz 230-3b
12045 Rütlistraße (Nkln.) 171-10a
13407 Rütlistraße (Reindf.) 145-6c
12349 Rufacher Weg 233-1a
12165 Rugestraße 195-7b
13347 Ruheplatzstraße 145-9d
14199 Ruhlaer Straße 194-3c
14053 Ruhleben 167-3c
13597 Ruhlebener Straße 167-2d + 2c (38-A3)
10963 Ruhlsdorfer Straße (Kreuzbg.) 170-7d
12623 Ruhlsdorfer Straße (Mahlsdf.) 173-12c
10709 Ruhrstraße 169-10a
14050 Ruhwaldweg 168-1c
12101 Rumeyplan 196-1b
10318/12439 Rummelsburger Landstraße 172-10b
10243 Rummelsburger Platz 171-4c
10319/10315 Rummelsburger Straße (Friedrfde., Lichtbg.) 172-7a
12459 Rummelsburger Straße (Oberschönwde.) 198-1b
10365 Rumoldstraße (2) 172-1d
12489 Rumplerzeile 198-12a
13503 Rundhofer Pfad 119-8a
13467 Rundlingsteig 121-4c
13403 Rundpfuhlweg 145-2c
12683 Rundweg 172-6c
14089 Runebergweg 192-8d
13088 Runenzeile 147-2c
10179 Rungestraße 170-6a
– Rungiusbrücke 197-4b
12347 Rungiusstraße 197-4b
13127 Rupertweg 122-6c
13503 Ruppiner Chaussee 119-5b
15399 Ruppiner-See-Straße 143-9c
10115/13355 Ruppiner Straße 146-11a
10317 Rupprechtstraße 171-6d
10367/10365 Ruschestraße 171-3b
13587 Rustweg 143-5a
13125 Rutenzeile (1) 123-3c
– Ruth-Andreas-Friedrich-Park 195-7a
12489 Rutherfordstraße 198-12c
12205 Ruthnerweg 230-3d
13599 Ruth-Stephan-Straße 143-11b
12247/12249 Ruthstraße 195-11d
10367 Rutnikstraße 171-3c
12681 Ruwersteig 172-2b
13125 Rybniker Straße 123-5c
10405 Rykestraße 146-12c

12099 **S**aalburgstraße 196-6c
12209 Saaleckplatz 231-5a
13088 Saaler Bogen 147-6a
12055 Saalestraße 197-1d
13403 Saalmannsteig 145-1d
13403 Saalmannstraße 145-1d
12307 Saalower Straße 232-12c
10405 Saarbrücker Straße 146-12c
12247 Saarburger Straße 195-12a
14195 Saargemünder Straße 194-8d
12589 Saarower Weg 201-8b
12161 Saarstraße 195-5a
13599 Saatwinkel 143-9b
13627 Saatwinkler Damm 145-10a
13627/13629/13599 Saatwinkler Damm 143-12a
13599 Saatwinkler Steg 143-9a
13053 Sabinensteig 147-9b
10829 Sachsendamm 195-3a
12099 Sachsenhauser Straße 196-5d
12524 Sachsenstraße (Altgl.) 235-1c
13156 Sachsenstraße (Nschönhs.) 146-1a
12157 Sachsenwaldstraße 195-5b
14165 Sachtlebenstraße 230-4b
14050 Sackgasse (Charlbg.) 168-2c
13595 Sackgasse (Spand.) 167-7a
10318 Sadowastraße (Karlsh.) 172-11c
12623 Sadowastraße (Kaulsdf.) 173-11a
10707/10713 Sächsische Straße 169-7d + 10b
13125 Sägebockweg 123-6c
12107/12277 Säntisstraße 232-4b
10317 Saganer Straße 171-9b
13503 Sagemühler Steig 119-6a
13435 Sagritzer Weg 121-8c
14089 Saint-Exupéry-Straße 192-4b
14089 Sakrower Kirchweg 192-10c
14089 Sakrower Landstraße 192-10c
12685 Salanderweg 148-12b
12357 Salbeiweg 198-10d
13583 Salchendorfer Weg 142-12b
14059 Saldernstraße 168-6c
14163 Salemer Steig 194-7c
12524 Salierstraße 234-3d
13439 Sallgaster Straße 121-11a
12349 Salmbacher Straße 232-3d
12053 Saltykowstraße 197-1b
12587 Salvador-Allende-Brücke 199-6c
12559/12555 Salvador-Allende-Straße 199-9c
12559 Salvador-Allende-Viertel I 199-9a
12559 Salvador-Allende-Viertel II 199-9a
14163/14129 Salzachstraße 193-12c
14193 Salzbrunner Straße 168-12c
10825 Salzburger Straße 169-11d
13599 Salzhof 143-8d
10319 Salzmannstraße 172-7a
10587 Salzufer 169-4b
12209 Salzunger Pfad 231-2c
13587 Salzunger Weg 143-5c
10559 Salzwedeler Straße 145-11d
10247 Samariterplatz 171-2d
10247 Samariterstraße 171-5b
13351 Sambesistraße 145-8c
12277 Sameiskystraße 232-4b
13189 Samländische Straße 146-5d
13353 Samoastraße 145-12a
12526 Sandbacher Platz 235-8b
12526 Sandbacher Weg 235-8a
13125 Sandbergstraße 123-5a
12439 Sanddornstraße 198-6c
12047 Sanderstraße 170-9d
13509 Sandgrasweg 120-12a
13503 Sandhauser Brücke 119-10b
13505 Sandhauser Straße 119-10b
13595 Sandheideweg 167-7a
12209 Sandhofweg 231-5d
13055 Sandinostraße 147-12a
10557 Sandkrugbrücke (36-B2)
14165 Sandmeyerplatz 230-1d
12526 Sandowitzer Platz 235-5c
12557 Sandschurrepfad 199-9c
12349 Sandsteinweg 232-3c
13593 Sandstraße 166-6c
13627 Sandweg 145-10c
10589 Sandweg (Charlbg.) 169-1a
13627 Sandweg (Charlbg.) 145-10a
13597 Sandweg (Spand.) 167-2c
13589 Sandwiesenweg 142-8b
10318 Sangeallee 172-11a
14109 Sangebuchtweg 228-5d
13437 Sangestraße 120-12d
13407 St.-Galler-Straße 145-2d
12053 St.-Michael-Kirchhof I 197-1a
10178 St.-Wolfgang-Straße (37-F3)
13351 Sansibarstraße 145-8c
14053 Sarkauer Allee 167-9a
13089 Sarner Weg 147-1d
12209 Sarntaler Weg 231-5b
12159 Sarrazinstraße 195-2c
12053 Sasarsteig 170-12d
14199 Saßnitzer Straße 194-3c
13127 Saßnitzweg 122-12a
12355 Sattlerstraße 234-1a
13405 Saturnstraße 145-4c
14165 Satzkorner Weg (4) 229-3d
14109 Sauerbruchstraße 228-5b
12357 Sauerdornweg 198-10a
13127 Saupeweg 122-9c
12526 Sausenberger Straße 235-4d
10623 Savignyplatz 169-7b
13159 Savoyenweg 122-8a
14109 Scabellstraße 229-1a
12524 Schachtelhalmweg 199-10c
12683 Schackelsterstraße 172-9b
10117 Schadowstraße 170-4b
13089 Schächentaler Weg 147-1d
14165 Schädestraße 230-2a
13129 Schäferstege 123-10b
13125 Schäfersteig 103-11c
13585 Schäferstraße (Spand.) 143-8c
14109 Schäferstraße (Wanns.) 228-5c
12279 Schäßburger Weg 231-6d
12099 Schätzelbergstraße 196-8b
12099 Schaffhausener Straße 196-6a
13125 Schalauer Straße 104-10a
13055 Schalkauer Straße 148-10b
12167 Schalloppstraße 195-8c
14089 Schallweg 192-8c
14089 Schambachweg 192-7c
12045 Schandauer Straße 171-10b
10719 Schaperstraße 169-8c
12527 Schappachstraße 236-8a
12107 Schareckstraße 196-12a
13595 Scharfe Lanke 167-7c
13505 Scharfenberger Straße 143-6c
13129 Scharfensteinstraße 123-7a
14169 Scharfestraße 194-10d
13599 Scharmützelseeweg (13) 143-9a
12621 Scharnauer Straße 173-10b
12307 Scharnhorststraße (Lichtrde.) 232-12d
10115 Scharnhorststraße (Mitte) 170-1a
12587 Scharnweberstraße (Friedhg.) 200-4d
10247 Scharnweberstraße (Friedhn.) 171-5b
13053 Scharnweberstraße (Hschönhs.) 147-9d
12459 Scharnweberstraße (Oberschönwde.) 198-6a
13405 Scharnweberstraße (Reindf., Wedd.) 144-6b
13086 Scharnweberstraße (Weißs.) 147-7a
10785 Scharounstraße 169-6d
10178 Scharrenstraße (37-F5)
12247 Scharzhofberger Straße 195-12a
12524 Schattenweg 234-6b
14089 Schauensteiner Weg 191-9d
13503 Schauflerpfad 119-12a
14052 Schaumburgallee 168-4a
12209 Scheelestraße 231-5a
12305 Scheerbartweg 232-5c
10367 Scheffelstraße 171-2d
12249 Schefferweg (1) 231-3b
12685 Scheibenbergstraße 148-12b
12437 Scheiblerstraße 198-1c
12277 Scheideggweg 232-4b
10557 Scheidemannstraße 170-4a
10589 Scheinerweg 168-3b
13469 Schellbronner Weg 121-8a
14199 Schellendorffstraße 194-3c
– Schenckendorffplatz 167-6b
10119 Schendelgasse (37-G1)
10965 Schenkendorfstraße 170-11a
10318 Schenkestraße 172-11c
10439 Scherenbergstraße 146-9c
13347 Schererstraße 145-9d
13355 Scheringstraße 146-10a
12589 Schettkatstraße 201-9a
12359 Scheveninger Straße 197-5c
12307 Schichauweg 232-7d
10179 Schicklerstraße (37-H4)
13507 Schickstraße 120-10d
12099 Schiefertonweg 122-8c
12349 Schieferweg 232-3a
13158 Schienenweg 122-7c
10409 Schieritzstraße 147-7c
12051 Schierker Platz 197-1c
12051 Schierker Straße 197-1c
13581 Schiffahrtsufer 167-1d
10117 Schiffbauerdamm (36-C3)
14193 Schildhorn (Halbinsel) 167-10b
12163 Schildhornstraße 195-4b
14193 Schildhornweg 167-11c
13159 Schildower Straße (Blankfde.) 122-1a
13467 Schildower Straße (Hermsdf.) 121-4a
13469 Schildower Weg 121-6a
12527 Schilfsängersteig 199-10d
12589 Schilfwall (Insel) 201-7d
12683 Schillerfalterstraße 173-4d
13407 Schillerhof 145-6c
– Schillerpark 145-8b
12161 Schillerplatz 195-1d
12049 Schillerpromenade (Nkln.) 170-12d
12459 Schillerpromenade (Oberschönwde.) 198-2c
13407 Schillerring 145-5b
12526 Schillerstraße (Bohnsdf.) 235-6c
10625/10627 Schillerstraße (Charlbg.) 168-6d
12207 Schillerstraße (Lichtfde.) 231-1b
12305 Schillerstraße (Lichtrde.) 232-5b
13156 Schillerstraße (Nschönhs.) 122-11a
13158 Schillerstraße (Pank.) 121-12c
14163 Schillerstraße (Zehldf.) 193-12b
13627 Schillerweg (Charlbg.) 145-10c
13127 Schillerweg (Fr. Buchhz.) 122-5d
13597 Schillerweg (Spand.) 167-1d
– Schillingbrücke 170-6d
10179 Schillingstraße (Mitte) 170-6a (37-H3)
13403 Schillingstraße (Reindf.) 145-4a
13127 Schillingweg 122-5b
13159 Schillingweg 122-5c
10785 Schillstraße 169-9a
– Schinderbrücke 199-5a
12105 Schindler-Platz 196-7d
10117 Schinkelplatz (37-F4)
14193 Schinkelstraße 168-11b
12047 Schinkestraße 170-9d
12526 Schirmpilzstraße 235-7d
12359/12351 Schirmvogelweg 197-12a
12524 Schirnerstraße 235-1c
12355 Schirpitzer Weg 234-2a
14055/14053 Schirwindter Allee 167-9a
14055 Schirwindter Brücke 167-9a
10439 Schivelbeiner Straße 146-8b
12627 Schkeuditzer Straße 150-7c
12681 Schkopauer Ring 148-6a
14193 Schlängelpfad 193-6c
14197 Schlangenbader Straße 195-4a
12347 Schlangenweg 197-7c
14163 Schlawer Straße 194-7c
12355 Schleffiner Straße 234-1d
10115 Schlegelstraße 170-1b
14129 Schlehdornsteig 229-3c
12349 Schlehdornweg 232-3b
13587 Schlehenweg 143-4d
10247 Schleidenplatz 171-2d
12589 Schleiengang 201-8c
10961 Schleiermacherstraße 170-11b
14193 Schleinitzstraße 168-11d
12621 Schleipfuhlweg 149-12d
13055 Schleizer Straße 148-10a
10587 Schlesingerstraße 169-1d
10997 Schlesische Brücke 171-7b
12435 Schlesischer Busch 171-8c
10997 Schlesische Straße 171-7b
10555 Schleswiger Ufer 169-5a
14169 Schlettstadter Straße 194-11a
Schleusenbrücke (37-F4)
10623 Schleuseninsel 169-5c
10997 Schleusenufer 171-8a
12687 Schleusinger Straße 149-4a
10317 Schlichtallee 171-9b
12526 Schlichtingsheimer Weg 235-5d
14129 Schlickweg 193-12a
10437 Schliemannstraße 146-12a
13507 Schlieperstraße 144-2a
12349 Schlierbacher Weg 232-3c
12527 Schlierseestraße 199-11d
13435 Schlitzer Straße 121-7d
12683 Schlochauer Straße 172-6c
13156 Schloßallee 146-3a
Schlossbrücke (37-F4)
– Schloßbrücke (Charlottenburg) 168-3d
14059 Schloß Charlottenburg 168-6a
12351 Schlosserweg 197-10b
– Schloßgarten Charlottenburg 168-3c
14109 Schloss Glienicke 227-6c
12557 Schlossinsel (Insel) 199-8a
10557 Schlosspark Bellevue 169-6a
– Schloßpark Biesdorf 173-1c
– Schloßpark Buch 103-12b
– Schloßpark Lichterfelde 195-10b
– Schloßpark Pankow 146-2b
– Schlosspark Tegel 120-10b
13507 Schloßplatz (Hermsdf.) 120-6d
12557 Schloßplatz (Köp.) 199-8a
10178 Schlossplatz (Mitte) 170-5a
14059 Schloßstraße (Charlbg.) 168-6a
13467 Schloßstraße (Hermsdf.) 120-6a
12163/12165 Schloßstraße (Stegl., Lichtfde.) 195-7b
13507 Schloßstraße (Teg.) 120-11c
13469 Schluchseestraße 121-7b
13503 Schlütersteg (1) 119-7d
10625/10629/10707 Schlüterstraße 169-7d + 7b
12623 Schlüterstraße (Mahlsdf.) 173-12d
12559 Schmale Gasse 199-9b
12057 Schmalenbachstraße 197-2d
12587 Schmaler Weg 200-1c
12359 Schmaler Weg (Nkln./Kol. Am Wiesenweg) 197-9a
12587 Schmaler Weg (Trept.) 200-4b
12555 Schmale Straße 199-2c
14199 Schmargendorf 194-3a
- Schmargendorfer Brücke 195-2d
– Schmargendorfer Brücke 195-1a
12159 Schmargendorfer Straße 195-2c
14169 Schmarjestraße 194-10b
12555 Schmausstraße 199-3c
12683 Schmellwitzer Weg 172-6a
13125 Schmetstorpweg (1) 103-12b
12559 Schmetterlingshorst 236-1c
14055 Schmetterlingsplatz 168-10d
10179 Schmidstraße 170-6c
13581 Schmidt-Knobelsdorf-Straße 166-6b
12165 Schmidt-Ott-Straße 195-4c
12621 Schmidtstraße 173-2d
13125 Schmiedebankplatz 123-6a
10318 Schmiedeberger Weg (1) 172-11a
10965 Schmiedehof 170-10b
13437 Schmiedepfad 121-11a
12353 Schmiedigenpfad 233-3a
12161 Schmiljanstraße 195-2c
13437 Schmitzweg 145-2a
12527 Schmöckwitzer Brücke 236-12a
12527 Schmöckwitzer Damm 272-6c
12527 Schmöckwitzwerdersteg 237-11a
12527 Schmöckwitzwerder Süd 237-11c
13086 Schmohlstraße 147-4c
12435 Schmollerplatz 171-10b
12435 Schmollerstraße 171-10b
14165 Schmückertstraße 230-1c
12159 Schnackenburgstraße 195-2c
13088 Schnatterinchenweg 147-2c
12489 Schneckenburger Straße (3) 198-9d
12357 Schneeballenweg 197-12b
12627/12619 Schneeberger Straße 149-12a
12247 Schneebergstraße 195-12b
13503 Schneegansweg 119-9c
12349 Schneeglöckchen 232-3b
10407 Schneeglöckchenstraße 147-11c
13089 Schneehornpfad 147-1d
12355 Schneehuhnweg 234-4a
12249 Schneekoppenweg 196-10c
12349 Schneewittchen 232-3a
12524 Schneewittchenstraße (Altgl.) 234-3a
12555 Schneewittchenstraße (Köp.) 199-2d
14109 Schneewittchenweg (Wanns.) 228-4d
12439 Schnellerstraße 198-1d + 5d
13587 Schnepfenreuther Weg 143-7d
13627 Schneppenhorstweg 144-11d
12209 Schöffenstraße 231-2c
– Schoelerpark 169-11c
13503 Schöllkrautstraße 119-6c
12685 Schönagelstraße 149-7a
13587 Schönauer Weg (1) 143-5d
13503 Schönbaumer Weg 119-8a
12355 Schönbergweg 234-2d
12589 Schönblicker Straße 201-9c
12627 Schönburger Straße 149-9d
12103 Schönburgstraße 196-4b
10829 Schöneberg 169-12d
– Schöneberger Brücke 170-7a
10963 Schöneberger Straße (Kreuzbg.) 170-7a
12163 Schöneberger Straße (Stegl.) 195-5a
12103 Schöneberger Straße (Tphf.) 196-1c
10785 Schöneberger Ufer 169-9b + 170-7a
12555 Schönecker Weg 199-2a
12524 Schönefelder Chaussee 234-5d
12355 Schönefelder Straße 234-1d
12587 Schöneicher Landstraße 200-2c
12587 Schöneicher Straße (Friedhg.) 200-4b
13055 Schöneicher Straße (Hschönhs.) 147-9d
13125 Schönerlinder Chaussee 103-7c
13127 Schönerlinder Straße (Fr. Buchhz.) 122-3b
12557 Schönerlinder Straße (Köp.) 199-7b
13125 Schönerlinder Weg 123-2d
12627 Schönewalder Straße 150-10a
12055 Schöneweider Straße 197-1b
13465 Schönfließer Straße (Frohn.) 100-11c
10439 Schönfließer Straße (Prenzl. Bg.) 146-8b
10119/10435 Schönhauser Allee 146-11d
13127 Schönhauser Straße (Fr. Buchhz.) 122-12a
13158 Schönhauser Straße (Rosnth.) 122-7c
12157/12169 Schönhauser Straße (Stegl.) 195-5d
10119 Schönhauser Tor 170-2b
12621 Schönherrstraße 149-12c
13158 Schönholz 146-1c
13156 Schönholzer Heide 146-1a
10119 Schönholzer Straße (Mitte) 146-11a
13187 Schönholzer Straße (Pank.) 146-2c
13158 Schönholzer Weg 121-12b
12559 Schönhorster Straße 201-10b
13349 Schöningstraße 145-8b
10967 Schönleinstraße 170-12b
– Schönower Park 230-2a
14165 Schönower Straße 230-2a
13357 Schönstedtstraße (Gesndbr.) 146-7c
12043 Schönstedtstraße (Nkln.) 171-10c
13086 Schönstraße 147-7b
12437 Schöntaler Weg 197-3d
13587 Schönwalder Allee 118-11d + 142-2b
13347 Schönwalder Straße (Gesndbr.) 145-12b
13585 Schönwalder Straße (Spand.) 143-7d
12207 Schöppinger Straße 231-4c
13509 Schollenhof 120-9c
13509 Schollenweg 120-9c
14055 Scholzplatz 167-9a
12277 Schomburgstraße 232-1d
13469 Schonacher Straße 121-4c

408 Berlin

10439/13189 Schonensche Straße 146-9a
12623 Schongauerstraße 174-2a
12589 Schonungsweg 201-8a
14129 Schopenhauerstraße 229-2a
14165 Schopfheimer Straße 230-1c
12689 Schorfheidestraße (Marz., Helldf.) 149-1d
13439 Schorfheidestraße (Witten.) 121-11d
14195 Schorlemerallee 194-6b
12305 Schottburger Straße 232-6c
14167 Schottmüllerstraße 230-3a
10365 Schottstraße 171-3d
12437 Schraderstraße 197-6b
13125 Schräger Weg 123-5c
12685 Schragenfeldstraße 149-7c
13467 Schramberger Straße 120-6c
13158 Schrammsteinweg 122-7d
10715 Schrammstraße 195-1b
12559 Schrebergasse 199-9b
14167 Schreberstraße 194-11d
13088 Schreberweg (3) 147-2c
13156 Schreckenbachstraße 122-11a
13089 Schreckhornweg 147-1b
10317 Schreiberhauer Straße 171-6c
12101 Schreiberring 170-10d
10247 Schreinerstraße 171-2c
12355 Schriftsetzerweg 234-1a
12355 Schrimmer Weg 234-5a
12623 Schrobsdorffstraße 173-12b
14165 Schrockstraße 230-1b
12683 Schrodaer Straße 172-6d
10115 Schröderstraße 170-2a
13509 Schubartstraße 144-3a
12555 Schubertstraße (Köp.) 199-1d
12205 Schubertstraße (Lichtfde.) 194-12a
12623 Schubertstraße (Mahlsdf.) 174-4a
14109 Schuchardtweg 228-5b
13629 Schuckertdamm 144-10d
13629 Schuckertplatz 144-11a
12055 Schudomastraße 197-1b
13585 Schülerbergstraße 143-7d
12247 Schünemannweg 195-9c
13597 Schürstraße 167-2a
12555 Schüßlerplatz 199-8a
12209 Schütte-Lanz-Straße 231-5a
14169 Schützallee 194-10b
12524 Schützenstraße (Altgl.) 234-6d
13127 Schützenstraße (Fr. Buchhz.) 122-6c
12105 Schützenstraße (Mardf.) 196-7d
10117 Schützenstraße (Mitte) 170-5c
13156 Schützenstraße (Nschönhs.) 146-1c
13585 Schützenstraße (Spand.) 143-11a
12165 Schützenstraße (Stegl.) 195-7b
– Schulenburgbrücke 167-4b
12101 Schulenburgring 170-10d
13403 Schulenburgstraße (Reindf.) 145-1d
13597 Schulenburgstraße (Spand.) 167-5a
12683 Schulgasse 173-7c
12683 Schulstraße (Biesdf.) 172-6b
12247 Schulstraße (Lankw.) 195-12a
13187 Schulstraße (Pank.) 146-5b
13591 Schulstraße (Staak.) 166-1c
13507 Schulstraße (Teg.) 120-11c
14109 Schulstraße (Wanns.) 228-5d
13347 Schulstraße (Wedd., Gesndbr.) 145-9d
10243 Schulweg (Friedhn.) 171-1c
10178 Schulweg (Mitte) 170-3d
13629 Schulweg (Teg.) 144-7d
10365 Schulze-Boysen-Straße 171-6c
10179 Schulze-Delitzsch-Platz 170-6a
12347 Schulzenaue 196-9b
13503 Schulzendorf 119-9d
13467 Schulzendorfer Straße 120-8b
12526 Schulzendorfer Straße (Bohnsdf.) 235-5b
13347 Schulzendorfer Straße (Gesndbr.) 145-12b
13503 Schulzendorfer Straße (Heilgs.) 119-8a
13467 Schulzendorfer Straße (Hermsdf.) 120-7a
13503 Schulzendorfer Weg 120-7c
13583 Schulzenstraße 142-12d
13187 Schulzestraße 146-4b
13627 Schulzeweg 145-10a
12099 Schulzweg 196-5b
10117 Schumannstraße 170-1c
12309 Schumpeterstraße 232-9a
- Schustehruspark (34-B2)
10585 Schustehrusstraße 168-6a
12683 Schwabenallee 173-10a
12683 Schwabenplatz 173-7c
14089 Schwabinger Weg 192-7d
13503 Schwabstedter Weg 119-8c
13409 Schwabstraße 145-6b
10781 Schwäbische Straße 169-12a
12161 Schwalbacher Straße 195-1d
12305 Schwalbachstraße 232-6d
12685 Schwalbenflug 148-12b
12347 Schwalbennest (3) 196-9b
13129 Schwalbensteg 123-10c
12524 Schwalbenweg (Altgl.) 234-6d
12109 Schwalbenweg (Mardf.) 196-8a
13627 Schwambzeile 144-12d
13125 Schwanebecker Chaussee 104-10a
13627 Schwanenfeldstraße 145-10c
12589 Schwanenweg 201-11b
– Schwanenwerder 192-12b
– Schwanenwerder Bücke 192-12b
14129 Schwanenwerderweg 193-10a
12099 Schwanheimer Straße 196-6b
13589 Schwanter Weg 142-9b
10115 Schwartzkopffstraße 146-10c
13409 Schwartzstraße 146-4a
12055 Schwarzastraße 197-2a
10711 Schwarzbacher Brücke 168-12a
10711 Schwarzbacher Straße (3) 168-12a
12623 Schwarzbärenweg 174-1b
12687 Schwarzburger Straße 149-4a
12205 Schwarzdornweg 230-3b
13088 Schwarzelfenweg 147-2c
12681 Schwarze-Pumpe-Weg 148-8b
12527 Schwarzer Weg 272-3c
10589 Schwarzer Weg (Charlbg.) 169-1a
12487 Schwarzer Weg (Johsth.) 198-7a
10115 Schwarzer Weg (Mitte) 170-1a
14193 Schwarzer Weg (Nklsee.) 193-7b
12459 Schwarzer Weg (Oberschönwde.) 198-1b
12559 Schwarzer Weg (Oberschönwde.) 237-5a
12527 Schwarzer Weg (Schmöckw.) 236-12b
13507 Schwarzer Weg (Siedl. Waldidyll) 144-5b
13597 Schwarzer Weg (Spand.) 167-5a
13505 Schwarzer Weg (Teg.) 143-6a
10965 Schwarzer Weg (Wilmdf.) 170-12d
12627 Schwarzheider Straße 150-10a
13465 Schwarzkittelweg 100-12a
12107 Schwarzkogelweg 196-11d
12524 Schwarzkoppenstraße 234-6b
10319 Schwarzmeerstraße 172-4d
12489 Schwarzschildstraße 198-11d
13505 Schwarzspechtweg 143-2c
13129 Schwarzwaldstraße 123-7d
12689 Schwarzwurzelstraße 148-3d
12207 Schwatlostraße 231-4a
12305 Schwebelstraße 232-6c
13591 Schwebelweg 166-3c
12277 Schwechtenstraße 232-5a
13357/13359 Schwedenstraße 146-7a
14193 Schwedlerstraße 168-11c
10437 Schwedter Steg 146-8a
12305 Schwedter Straße (Lichtrde.) 232-6c
10119/10435 Schwedter Straße (Prenzl. Bg., Mitte) 146-8c
10709 Schweidnitzer Straße 168-12b
13627 Schweiggerweg 144-11d
14195 Schweinfurthstraße 194-6b
14169 Schweitzerstraße 194-10b
– Schweizerhofpark 230-2c
13127 Schweizer Tal 122-5d
12207 Schwelmer Straße 231-4c
14195 Schwendenerstraße 194-9c
13587 Schwendyweg 143-7b
13059 Schweriner Ring 148-1b
10783 Schwerinstraße 169-9c
13599 Schwerter Weg 143-12b
12357 Schwertlilienweg 197-9d
10965 Schwiebusser Straße 170-11c
13629 Schwiegersteig 144-11c
13599 Schwielowseestraße (2) 143-8b
13595 Schwimmerweg 167-7b
12435 Schwindstraße 171-11d
13349 Schwyzer Straße 145-8b
14055 Scottweg 167-9a
12524 Sebaldweg 235-1d
10179/10969 Sebastianstraße 170-5d
12627 Sebnitzer Straße 149-9d
12355 Sebnitzer Weg 234-1c
13581 Sedanstraße (Spand.) 167-1d
12167 Sedanstraße (Stegl.) 195-8c
10315 Seddiner Straße 172-5a
12559 Seddiner Weg 201-10c
12527 Seddinhütte 237-10a
12527 Seddinpromenade 236-12b
12527 Seddinwall 237-7b
12355 Seeadlerweg 234-4c
13467 Seebadstraße (Hermsdf.) 121-4c
12621 Seebadstraße (Kaulsdf., Mahlsdf.) 173-11a
14089 Seebadstraße (Klad.) 192-4c
13409 Seebeckstraße 146-1c
13467 Seeblickstraße 120-3d
13581 Seeburger Straße 166-6b
13581 Seeburger Weg 166-6b
13581 Seecktstraße 167-1c
13053 Seefelder Straße 148-7a
13597/13583 Seegefelder Straße 142-12c (38-A3)
13591 Seegefelder Weg 142-10a
13158 Seegerstraße 121-12d
13057 Seehausener Straße 148-5a
10115 Seehof 231-7a
14167 Seehofstraße 230-2a
14169/14167 Seehofstraße 194-11c
13589 Seejungfernweg 142-8d
14089 Seekorso 192-4c
12105 Seelbuschring 196-7a
12555 Seelenbinderstraße 199-5a
– Seelgrabenpark 148-3d
14059 Seelingstraße 168-6c
10439 Seelower Straße 146-8b
– Seepark 172-11c
14089 Seepromenade 193-4a
12347 Seerosensteig 196-9d
10709/10711 Seesener Straße 168-12b
13467 Seestraße (Hermsdf.) 121-4c
12623 Seestraße (Mahlsdf.) 173-12a
12589 Seestraße (Rahnsdf.) 201-7a
13353/13347 Seestraße (Wedd., Moab., Charlbg.) 145-10d
14109 Seeuferstraße 229-1d
13158 Seeweg (Rosnth.) 122-7b
13599 Seeweg (Teg.) 143-9a
12099 Seeweg (Tphf.) 196-6c
13086 Seeweg (Weißs.) 147-8b
12683 Segelfalterweg 173-4d
12487 Segelfliegerdamm 198-8c
12557 Segewaldweg 199-8c
10969 Segitzdamm 170-9c
14109 Seglerweg 228-3c
14165 Seibtweg 230-1c
12357 Seidelbastweg 197-9d + 198-10a
13403 Seidelstraße 144-6a
13405/13507 Seidelstraße 144-3c
– Seidelstraßenbrücke 144-6a
12489 Seidenbaustraße 198-9d
13086 Seidenberger Straße 147-4c
12589 Seidenbienenweg 201-9c
12355 Seidenhuhnweg 234-4a
10318 Seifertweg 172-8b
12355 Seilerweg 234-1a
12107 Selbhornweg 196-11d
14089 Selbitzer Straße 192-7c
12049 Selchower Straße 170-12d
12489 Selchowstraße (Adlhf.) 199-7c
14199 Selchowstraße (Schmargdf.) 194-3c
12169 Selerweg 195-8b
12355 Selgenauer Weg 234-1b
12051/12053 Selkestraße 197-1a
12687 Sella-Hasse-Straße 148-6d
– Sellerbrücke 145-12d
13353 Sellerstraße 145-12d
– Sellheimbrücke 123-8a
13189 Sellinstraße 146-6a
13189 Selma-Lagerlöf-Straße 146-6a
14163 Selmaplatz 194-10a
13507 Selmer Pfad 144-4b
12305 Seltersstraße 232-6d
12169 Sembritzkistraße 195-9a
13089 Semiramisstraße 146-6b
13409 Semkensteig 145-6d
12555 Semliner Straße 199-2a
13593 Semmelländerweg 166-5d
13507 Semmelweg 144-4c
12524 Semmelweißstaße. 234-3b
12524 Semmelweisstraße 198-11d
13403 Semmerweg 145-4b
12524 Semnonenweg (Altgl.) 235-1c
13505 Semnonenweg (Spand.) 167-7c
12159 Semperstraße 195-2d
13407 Sendener Weg 144-4b
10405 Senefelderplatz 146-12c
10437 Senefelderstraße 146-12a
13351 Senegalstraße 145-11c
13435 Senftenberger Ring 121-8b
12627 Senftenberger Straße 149-8d
13465 Senheimer Straße 120-2b
12103 Sennockstraße 196-1d
14055 Sensburger Allee 168-4c
12683 Sensenpfad 173-1c
12159 Sentastraße 195-2a
12621 Senziger Straße 173-2c
13435 Senziger Zeile 121-8c
13591 Senzker Straße 142-12c
13627 Separationsweg 145-10c
13507 Seppenrader Weg 144-4b
13407 Septimerstraße 145-5c
10625 Sesenheimer Straße 169-4c
10709 Sesselmannweg (1) 168-12b
14089 Setheweg 192-10b
10245 Seumestraße 171-5c
12351 Severingstraße 197-11c
10319 Sewanstraße 172-8c + 7a
10117 Seydelstraße 170-5d
12307 Seydlitzplatz 232-12c
12247/12249 Seydlitzstraße (Lankw.) 195-11d
12307 Seydlitzstraße (Lichtrde.) 232-12d
10557 Seydlitzstraße (Moab.) 169-3c
14109 Seylerstraße 228-6a
10585 Shakespeareplatz 169-4c
14055 Shawweg 167-9b
14089 Sibeliusweg 192-8d
12247 Sibyllenstraße 195-12c
13159 Sichelsteig 122-1a
– Sickingenbrücke 169-1a
10553 Sickingenplatz 169-1a
10553 Sickingenstraße 169-1a
13088 Sieben-Raben-Weg 147-2a
12524 Sieboldstraße 234-6b
12526 Siebweg 235-4d
13403 Siedelmeisterweg 145-1c
12527 Siedlers Eck 236-10b
13581 Siedlerweg 166-3c
12355 Siedlung Am Bahnhof Rudow 234-1c
12355 Siedlung an der Bahnhofstraße 234-1c
12355 Siedlung an der Schönefelder Chaussee 234-4b
12355 Siedlung an der Waßmannsdorfer Chaussee 234-4b
12524 Siedlung Altglienicker Grund 234-6a
12524 Siedlung Altglienicker Höhe 234-3c
12524 Siedlung Boba II 234-3a
12107 Siedlung Daheim (Mardf.) 232-2b
12359 Siedlung Deutsche Scholle 197-8b
14055 Siedlung Eichkamp 168-10b
12524 Siedlung Eigenheim 234-6c
13159 Siedlung Elisabethaue 122-5c
12623 Siedlung Elsengrund 173-6c
12524 Siedlung Falkenhöhe 234-6b
12527 Siedlung Grünau-Ost 235-3c
12524 Siedlung Grüneck 234-3c
14089 Siedlung Habichtswald 192-1d
14089 Siedlung Havelblick 166-12d
12487 Siedlung Johannesthal 198-10b
12559 Siedlung Kämmereiheide 199-9b
12623 Siedlung Kiekemal 173-12d
12105 Siedlung Marienhöhe 196-7a
12349 Siedlung Marienwerder 232-3b
13159 Siedlung Martha-Aue 122-5a
12524 Siedlung Meier 234-3a
13437 Siedlung Neue Heimat 121-10a
12549 Siedlung Neue Heimstatt 232-3c
12349 Siedlung Neue Scholle 232-3b
13591 Siedlung Neu-Jerusalem 165-6b + 166-4a
12524 Siedlung Rehpfuhl 234-6a
13407 Siedlung Roedernau 121-11d
12524 Siedlung Sachsenburg 235-1c
12559 Siedlung Schönhorst 201-11b
12527 Siedlung Spreetal 199-10c
12349 Siedlung Spruch 232-3a
13125 Siedlungsring 123-3d
13125 Siedlungsstraße 103-12d
13591 Siedlungsweg 166-4d
13059 Siedlung Wartenberg 124-11a
12524 Siedlung Wegedorn 234-6b
13593 Siedlung Weinbergshöhe 166-5d
12489 Siedlung Weiß 198-12c
12489 Siedlung Wendenheide 199-7a
12359 Siedlung zum Berggeist 197-8b
12559 Siefersheimer Straße 236-3b
14197 Siegburger Straße 195-1b
13583 Siegener Straße 142-12d
12101 Siegertweg 196-1d
12059 Siegfried-Aufhäuser-Platz (2) 197-2a
13158 Siegfried-Baruch-Weg 145-3b
13125 Siegfried-Baruch-Weg (1) 123-5c
12557 Siegfried-Berger-Straße 199-11b
10365 Siegfriedstraße 148-10a
10365 Siegfriedstraße (Lichtbg.) 172-4a
12623 Siegfriedstraße (Mahlsdf.) 173-3d
12051 Siegfriedstraße (Nkln.) 196-3d
13156 Siegfriedstraße (Nschönhs.) 122-11d + 146-2b
12159 Sieglindestraße 195-2a
12683 Siegmarstraße 149-10d
10555 Siegmunds Hof 169-5a
13125 Siegstraße 123-5c
12309 Siekeweg 233-7c
12527 Sielower Weg 236-8b
– Siemensbrücke 195-8d
13627/13629 Siemensdamm 144-11c
13629 Siemenssiedlung 144-7c
13599 Siemenssiedlung Am Hohen-zollernkanal IV 143-9b
10589 Siemenssteg 169-4a
12247 Siemensstraße (Lichtfde., Lankw., Stegl.) 195-11a
10551 Siemensstraße (Moab.) 169-2a
12459 Siemensstraße (Oberschönwde.) 198-1d
13595 Siemenswerderweg 167-8c
14165 Siepesteig 230-4b
– Sieversbrücke 195-9d
12359 Sieversufer 197-5a
13465 Sigismundkorso 120-1d
10785 Sigismundstraße 169-6d
10713 Sigmaringer Straße 169-10b
13587 Sigmund-Bergmann-Straße 143-8a
10407 Sigridstraße 147-11a
13051 Sigrunstraße 123-12d
13089 Sigurdstraße 147-1a
12489 Silberberger Straße 198-9d
12357 Silberdistelweg 198-10a
12439 Silbergrasweg 198-9b
13503 Silberhammerweg 119-5b
12349 Silberschilling 196-12c
12051 Silbersteinstraße 196-6b
10365 Silberweidenweg 171-3d
14052 Silingenweg 168-7b
13467 Silvesterweg 120-3c
10247 Silvio-Meier-Straße 171-5b
12209 Silzer Weg 231-5d
13409 Simmelstraße 145-6b
13127 Simmelweg 122-5d
13055 Simon-Bolivar-Straße 147-12a
10245 Simon-Dach-Straße 171-5c
13599 Simonring 143-12d
10245 Simplonstraße 171-5c
12305 Simpsonweg 232-8b
12623 Simrockplatz 173-3b
10557 Simsonweg 170-4a
13629 Singdrosselsteig 144-8c
14163 Singener Weg 230-1a
10179/10243 Singerstraße 170-3c
12059 Sinsheimer Weg 171-11a
10318 Sinziger Straße 172-11b
12524 Siriusstraße (Altgl.) 234-5d
12057 Siriusstraße (Nkln.) 197-2d
12205 Sittener Zeile 231-1a
13437 Sittestraße 145-2a
12687 Sitzendorfer Straße 149-4b
13125 Siverstorpstraße 123-6a
10965 Sixtusgarten 170-10b
10999/10997 Skalitzer Straße 170-9a
10317 Skandinavische Straße 172-4a
12309 Skarbinastraße 233-7c
14052 Skirenweg 168-7b
13156 Skladanowskystraße 146-1b
12109 Skutaristraße 196-8d
12621 Slabystraße (Kaulsdf.) 173-3a
12459 Slabystraße (Oberschönwde.) 198-6a
14163 Slatdorpweg 193-12c
13089 Sleipnerplatz 147-1c
13089 Sleipnerstraße 146-3b
12557 Slevogtweg 235-3a
13088 Smetanastraße 147-8a
12109 Smyrnaer Weg 196-8d
12559 Sobernheimer Straße 236-3c
14197 Sodener Straße 195-1c
12309 Sodenstraße 233-7a
10409 Sodtkestraße 146-9d
12355 Söderblomweg 233-3c
12203 Söhtstraße 195-10c
13465 Söllerpfad 100-11c
10589 Sömmeringstraße 168-3d
12207 Soester Straße 231-4a
12169 Sohnreystraße 195-9a
14055 Soldauer Allee 168-7b
14055 Soldauer Platz 168-7b
13359 Soldiner Straße (Gesndbr.) 146-4c
12305 Soldiner Straße (Lichtrde.) 232-6b
13403 Solferinostraße 145-4b
10555 Solinger Straße 169-5a
13589 Sollingzeile 142-9c
12353 Sollmannweg 233-3a
13055 Sollstedter Straße 148-10b
10961 Solmsstraße 170-11a
13088 Solonplatz 147-8a
13467 Solquellstraße 120-3d + 121-4a
13509 Soltauer Straße 144-3a
13509 Sommerfelder Straße 144-3a
14109 Sommerfieldring 228-5c
– Sommergarten 168-8a
13409 Sommerstraße 145-3d
13627 Sommerweg 145-10a
13158 Sonatenweg 122-10a
13357 Sonderburger Straße 146-8a
12249/12209 Sondershauser Straße 231-6a
12209 Sonneberger Weg 231-2c
12489 Sonnenallee (Johsth.) 198-9a
12045/12047/12057/12059/12437 Sonnenallee (Nkln.) 170-12b + 197-3c + 2a
13159 Sonnenblumensteig 122-1a
– Sonnenbrücke 197-2b
10437 Sonnenburger Straße 146-8d
14055 Sonnenhof 168-10b
12619 Sonnenkieker 149-11c
12277 Sonnenscheinpfad 232-1a
13503 Sonnenwalder Weg 119-6a
12557 Sonnenweg 199-8c
10245 Sonntagstraße 171-5d
13086 Soonwaldstraße 147-5c
14050/14057 Soorstraße 168-5d
14057/14059 Sophie-Charlotten-Straße (Charlbg.) 168-2d
14057/14059 Sophie-Charlotten-Straße (Charlbg.) 168-6a
14059 Sophie-Charlotte-Platz 168-6d
14169 Sophie-Charlotte-Straße (Zehldf.) 194-10b
10317 Sophienstraße (Lichtbg., Friedrfde.) 172-4c
12203 Sophienstraße (Lichtfde.) 195-10a
10178 Sophienstraße (Mitte) 170-2a
13599 Sophienwerder 167-2b
13597 Sophienwerderweg 167-2b
12205 Sophie-Taeuber-Arp-Weg 230-3b
10997 Sorauer Straße 171-7a
12524 Sorbenstraße 235-1c
13581 Sotzmannstraße 166-6b
13437 Spachtelweg 121-11c
12437 Späthsfelder Weg 197-9b
12437 Späthstraße 197-6c
12437 Späthstraße (Baumsch.) 197-6c
12359 Späthstraße (Britz) 197-5c
– Späthstraßenbrücke 197-8b
13597 Spandau 143-11a + 167-2a
13581 Spandauer Burgwall 167-1d
14050/14052/14059 Spandauer Damm 168-5b + 1c
14059 Spandauer-Damm-Brücke 168-5b
13599 Spandauer Havelpromenade 143-8d
13587 Spandauer-See-Brücke 143-8d
10178 Spandauer Straße (Mitte) 170-2d
13591/13581 Spandauer Straße (Staak.) 166-1b
Spandauer Vorstadt (37-E2)
13357 Spanheimstraße 146-7b
14129 Spanische Allee 229-1b
14129 Spanische-Allee-Brücke 229-1b
12359 Spargelweg 197-9c
14089 Sparnecker Weg 192-4d
13353 Sparrplatz 145-12a
13353 Sparrstraße 145-12a
12683 Spatenweg 173-1c
10318 Spatzensteig 172-11c
13599 Spatzenweg 143-9a
12349 Specht 196-12d
12526 Spechtstraße (Bohnsdf.) 235-8a
14195 Spechtstraße (Dahl.) 194-5d
13505 Spechtstraße (Konrdsh.) 143-2b
10318 Spechtweg 172-12b
– Spektebrücke 142-11d
13583 Spekteweg 142-12d + 12c
10557 Spenerstraße 169-3c
– Spennrathbrücke 145-10d
12526 Sperberstraße (Bohnsdf.) 235-5d
13505 Sperberstraße (Konrdsh.) 143-2a
13629 Sperberweg 144-7d
12277 Sperenberger Straße 232-4d
10178 Sperlingsgasse (37-F4)
12347 Sperlingsgasse (Nkln.) (1) 196-9b
13595 Sperlingsgasse (Spand.) 167-7a
12437 Sperlingsweg 197-6c
14197 Spessartstraße 195-1d
10779 Speyerer Straße 169-11b
10777 Spichernstraße 169-8c
14057 Spiegelweg (2) 168-8b
13189 Spiekermannstraße 146-9a
12555 Spielergasse 199-8b
10585 Spielhagenstraße 168-6d
13591 Spieroweg 166-2d
13503 Spießergasse 119-9b
13437 Spießweg 121-10b
14195 Spilstraße 195-4a
12689 Spinatweg 149-1a
12205 Spindelmühler Weg 194-12c
12555 Spindlersfeld 199-4d
12555 Spindlersfelder Straße 199-4a
12557 Spindlersfelder Straße 199-7b
12555 Spinnpfad 199-4d
13125 Spinolastraße 123-5c
12163 Spinozastraße 195-4a
12307 Spirdingseestraße 232-12c
10317 Spittastraße 171-6c
10117 Spittelmarkt 170-5d
12557 Spitzerstraße 199-8a
10589 Spitzer Weg 169-1a
12685 Spitzmühler Straße 149-7b
12623 Spitzwegstraße 174-7c
10319 Splanemannstraße 172-8c
12107 Splügenweg 196-11d
14193 Spohrstraße 194-2a
12159 Sponholzstraße 195-2d
12527 Sportallee 235-2d
12487 Sportfliegerstraße 198-8a
– Sportforum-Brücke 168-4a
14053 Sportforumstraße 167-6b
12527 Sportpromenade 235-3d + 236-4b
- Spreebogenpark (36-B3)
12587 Spreepromenade 199-6c
12459 Spreeschlossstraße 198-1b
12587 Spreestraße (Friedhg.) 200-4c
12555 Spreestraße (Köp.) 199-5c
12439 Spreestraße (Nschönwde.) 198-5a

12559 Spreestraße (Siedl. Schönhorst) 201-11d
14050 Spreetalallee 168-4b
– Spreetunnel 200-4d
10178 Spreeufer (37-G4)
10999 Spreewaldplatz 171-7a
10557 Spreeweg 169-6a
12627 Spremberger Straße (Helldf.) 149-11b
12047 Spremberger Straße (Nkln.) 170-9d
13595 Sprengelstraße (Spand.) 167-4a
13353 Sprengelstraße (Wedd.) 145-12a
12487 Springbornstraße 198-7c
12589 Springeberger Weg 201-4d
13591 Springerzeile 166-2d
– Springpfuhlpark 148-12c
13469 Sprintsteig 121-5a
12524 Sprossengrund 235-4a
12351 Sprosserweg 197-12a
14169 Sprungschanzenweg 194-7b
14165 Sputendorfer Straße (6) 230-1c
10435/10405 Sredzkistraße 146-12a
13591 Staaken 166-2c
13591 Staakener Feldstraße (2) 166-1b
13583/13581 Staakener Straße 166-2b
13597 Stabholzgarten 167-1b (38-A3)
12683 Stachelbartweg 173-4c
12349 Stachelbeere 196-12d
12359 Stachelbeerweg (Nkln.) 197-9c
12683 Stader Straße 172-9b
13629 Stadionweg 144-10a
13127 Stadtgärten 122-9a
10317 Stadthausstraße (2) 171-6c
13585 Stadtheidestraße 143-7d
12279 Stadtilmer Weg 231-6a
– Stadtpark Lichtenberg 171-3c
– Stadtpark Steglitz 195-8b
12683 Stadtrandsiedlung (Biesdf.) 149-10a
13159 Stadtrandsiedlung Blankenfelde 122-1a
13125 Stadtrandsiedlung Karow 123-3c
13088 Stadtrandsiedlung Malchow 147-2d
13589 Stadtrandstraße 142-11a
13465 Staehleweg 100-8c
13509 Staffelder Weg 120-12a
10439 Stahlheimer Straße 146-9c
14109 Stahnsdorfer Damm 229-4a
12557 Stahnweg 199-11b
10969 Stallschreiberstraße 170-5d
10585 Stallstraße 168-6a
14055 Stallupöner Allee 167-9c
12679 Stangeweg 149-7a
12209 Stanzer Zeile 231-5b
12349 Star 196-12d
10437 Stargarder Straße 146-9c
13587 Stargarder Weg 143-5c
13407 Stargardtstraße 145-6a
14163 Starkenburger Straße 194-7c
10781 Starnberger Straße 169-12a
14195 Starstraße 194-5d
13599 Starweg 143-9c
12487 Staudenweg (Johsth.) 198-4d
14089 Staudenweg (Klad.) 192-4c
12559 Staudernheimer Straße 237-1a
10785 Stauffenbergstraße 169-9b
10439 Stavangerstraße 146-5d + 8b
12359 Stavenhagener Straße 197-7b
12683 Stawesdamm 173-4a
12524 Stechapfelweg 235-1a
12349 Stechhansche Mühle 197-10c
10318 Stechlinstraße 172-11c
13156 Stechowstraße 122-11d
10407 Stedingerweg 147-10b
13359 Steegerstraße 146-4b
10407 Steengravenweg 147-11a
10365 Stefan-Heym-Platz 171-6a
12459 Steffelbauerstraße 198-6a
12621 Steffenshagener Straße 173-5b + 5d
12277 Stegerwaldstraße 232-1c
13057 Stegeweg (Falkbg.) 148-2d
13407 Stegeweg (Reindf.) 145-3c
12169 Steglitzer Damm 195-8b
14163 Steglitz-Zehlendorf 193-9c
14057 Steifensandstraße 168-9a
13589 Steigerwaldstraße 142-12b
13509 Steilpfad 120-9c
10825 Steinacher Straße 169-11d
13505 Steinadlerpfad 143-2a
12205 Steinäckerstraße 194-12c
13125 Steinauer Straße 123-5d
12489 Steinbachstraße 198-9d
– Steinbergpark 120-9c
12527 Steinbindeweg 235-3c
12057 Steinbockstraße 197-2b
12559 Steinbrechgang 200-12d
12589 Steinfurther Weg 201-4d
12209 Steinheilpfad 231-5b
12109 Steinhellenweg 196-8b
12589 Steinhöfeler Weg 201-8a
13505 Steinkauzgasse 143-3a
13435 Steinkirchener Straße 121-11a
13593 Steinmeisterweg 166-9a
12207 Steinmetzstraße (Lichtfde.) 231-4a
12307 Steinmetzstraße (Lichtrde.) 232-12c
10783 Steinmetzstraße (Schbg.) 169-12b
10623 Steinplatz (Charlbg.) 169-4d
12587 Steinplatz (Friedhg.) 200-5a
14197 Steinrückweg 195-4a
12307 Steinstraße (Lichtrde.) 232-8d
10119 Steinstraße (Mitte) 170-2b
12169 Steinstraße (Stegl.) 195-8b
14109 Steinstraße (Wanns.) 228-10d
12351 Steinträgerweg 197-10d
13627 Steinweg (Kol. Saatwinkler Damm) 145-10a
14050 Steinweg (Ruhwald) 168-4b
13055 Stellerweg 147-11b
12555 Stellingdamm 199-5b
12489 Stelling-Janitzky-Brücke 199-10c
12351 Stellmacherweg 197-10d
12359 Stelzenweg 197-9a
12627 Stendaler Straße (Helldf.) 149-9a
10559 Stendaler Straße (Moab.) 169-2b
14052 Stendelweg 167-6b
12621 Stepenitzer Weg 173-6a
12629 Stephan-Born-Straße 149-8b
12209 Stephaniweg 231-1d
10559 Stephanplatz 145-11d
10559 Stephanstraße (Moab.) 169-2b
12167 Stephanstraße (Stegl.) 195-9c
13127 Stephanusring 122-9a
12685 Sterckmannweg 148-9d
13507 Sterkrader Straße 144-2d
12587 Sternallee 199-6a
12526 Sternblütenweg (2) 235-5a
12439/12487 Sterndamm 198-7d
13629 Sternfelder Straße 168-1b
12357 Sternliebweg 198-10a
13359 Sternstraße 146-4b
12349 Sterntaler 232-3a
12555 Sterntalerstraße 199-2b
10825 Sterzinger Straße 169-11d
13357 Stettiner Straße (Gesndbr.) 146-7b
12623 Stettiner Straße (Mahlsdf.) 150-11a
14050 Steubenplatz 168-4b
14169 Stewardstraße 194-8a
13597 Stichstraße 167-2d
13627 Stichweg 144-11c
13627 Stieffring 145-10a
12349 Stiefmütterchen (4) 233-1a
13591 Stieglakeweg 166-2c
12351 Stieglitzweg (Buck.) 197-11b
13629 Stieglitzweg (Teg.) 144-7d
12489 Stienitzseestraße (Adlhf.) 199-7c
12587 Stienitzseestraße (Friedhg.) 200-5c
12159 Stierstraße 195-2d
13187 Stiftsweg 146-2d
13509 Stillachzeile 120-11d
12587 Stillerzeile 199-6b
13156 Stille Straße 146-2a
14109 Stimmingstraße 228-5c
12167 Stindestraße 195-8d
12169 Stirnerstraße 195-8b
13359 Stockholmer Straße 146-7a
13507 Stockumer Straße 144-2d
12203 Stockweg 195-10b
13599 Stöckelstraße 143-12d
14109 Stölpchenweg 228-8a
12587 Störitzseestraße 200-5a
14167 Störstraße 230-6a
– Stößenseebrücke 167-8a
13505 Stößerstraße 143-2a
12621 Stöwestraße 173-2d
12103 Stolbergstraße 196-4b
12627 Stollberger Straße 149-12a
13503 Stolpmünder Weg 119-5b
13599 Stolpseeweg (14) 143-9a
10318 Stolzenfelsstraße 172-11b
12679 Stolzenhagener Straße 148-9b
13465 Stolzingstraße 120-1b
14089 Storchenstraße 192-4a
12351 Storchenweg 197-11b
10369 Storkower Bogen 171-2b
10369 Storkower Straße 171-2a
10409/10407/10369/10367 Storkower Straße 147-10a
10711 Storkwinkel 168-12a
12437 Stormstraße (Baumsch.) 198-1c
14050 Stormstraße (Charlbg.) 168-5c
10245 Stralauer Allee 171-7b
10243 Stralauer Platz 171-4c
10179 Stralauer Straße 170-6a
13355 Stralsunder Straße (Gesnbr.) 146-10b
12623 Stralsunder Straße (Mahlsdf.) 174-1b
13595 Strandpromenade 167-7a
12559 Strandschloßweg 199-9c
10405 Straßburger Straße (Prenzl. Bg.) 170-3a
13581 Straßburger Straße (Spand.) 167-1d
10318 Straße 1 (Karlsh.) 172-12d
13059 Straße 1 (Wartbg.) 124-11a
13089 Straße 2 (Heindf.) 147-1a
10318 Straße 2 (Karlsh.) 172-12d
13059 Straße 2 (Wartbg.) 124-11a
12357 Straße 3a (Rudow) 198-10a
13089 Straße 3 (Heindf.) 147-1a
10318 Straße 3 (Karlsh.) 172-12c
13059 Straße 3 (Wartbg.) 124-11c
13125 Straße 4 (Buch) 104-10b
13089 Straße 4 (Heindf.) 147-1a
10318 Straße 4 (Karlsh.) 172-12c
13589 Straße 4 (Spand.) 143-7a
12437 Straße 4 (Trept.) 197-6c
13059 Straße 4 (Wartbg.) 124-11c
13125 Straße 5 (Buch) 104-7c
13089 Straße 5 (Heindf.) 147-1a
10318 Straße 5 (Karlsh.) 172-12c
13059 Straße 5 (Wartbg.) 124-11c
13125 Straße 6 (Buch) 104-10a
13059 Straße 6 (Wartbg.) 124-11d
12437 Straße 7 (Baumsch.) 197-6c
13129 Straße 7 (Blankbg.) 123-7c
13125 Straße 7 (Buch) 104-10a
12105 Straße 7 (Mardf.) 196-8c
13059 Straße 7 (Wartbg.) 124-11b
13059 Straße 8 (Wartbg.) 124-11b
12309 Straße 9 (Lichtrde.) 232-9b
13059 Straße 9 (Wartbg.) 124-11b
13059 Straße 10 (Wartbg.) 124-10d
12437 Straße 11 (Baumsch.) 197-6c
13059 Straße 11 (Wartbg.) 124-10d
12057 Straße 12 (Nkln.) 197-2c
13509 Straße 12 (Witten.) 120-12c
12589 Straße 13a (Rahnsdf.) 201-7d
10365 Straße 15 (Lichtbg.) 171-3b
13465 Straße 16 (Frohn.) 100-9a
13089 Straße 16 (Heindf.) 147-4a
12437 Straße 17 (Johsth.) 197-5b
10829 Straße 17 (Schbg.) 195-3d
13127 Straße 18a (Fr. Buchhz.) 122-9c
13129 Straße 18 (Blankbg.) 123-7c
13089 Straße 18 (Heindf.) 147-4a
13156 Straße 18 (Nschönhs.) 122-11b
12355 Straße 18s (Rudow) 198-11d
12437 Straße 19 (Baumsch.) 197-5d
13089 Straße 19 (Heindf.) 147-4a
12621 Straße 19 (Kaulsdf.) 173-10d
12437 Straße 20 (Johsth.) 197-5d
12437 Straße 21 (Johsth.) 197-6c
13509 Straße 22 (Teg.) 144-3c
13129 Straße 24 (Blankbg.) 123-11a
14109 Straße 24 (Wanns.) 228-5b
13465 Straße 25 (Frohn.) 100-9c
13129 Straße 26 (Blankbg.) 123-8c
12359 Straße 26 (Nkln.) 197-8b
13129 Straße 27 (Blankbg.) 123-8c
13129 Straße 28 (Blankbg.) 123-8d
13127 Straße 28 (Fr. Buchhz.) 122-9c
13127 Straße 30 (Fr. Buchhz.) 122-9c
13089 Straße 30 (Heindf.) 147-1c
13129 Straße 31 (Blankbg.) 123-8d
13089 Straße 31 (Heindf.) 147-1a
12589 Straße 31 (Müggelhm.) 201-7d
13129 Straße 33 (Blankbg.) 123-8d
12589 Straße 33 (Müggelhm.) 201-7d
13158 Straße 33 (Nschönhs.) 145-3b
13125 Straße 34 (Karow) 123-5d
13125 Straße 36 (Karow) 123-8a
12559 Straße 36 (Mügghm.) 201-11a
12559 Straße 37 (Mügghm.) 201-11a
13125 Straße 38 (Karow) 123-8a
12559 Straße 38 (Mügghm.) 201-11a
13129 Straße 39 (Blankbg.) 123-11b
13125 Straße 39 (Karow) 123-8a
13156 Straße 39 (Nschönhs.) 122-12c
13129 Straße 40 (Blankbg.) 123-11b
13125 Straße 40 (Karow) 123-8a
12309 Straße 40 (Lichtrde.) 232-9d
13125 Straße 41 (Karow) 123-5d
12559 Straße 41 (Mügghm.) 201-11a
13156 Straße 41 (Nschönhs.) 122-12c
13129 Straße 42 (Blankbg.) 123-11a
13127 Straße 42 (Fr. Buchhz.) 122-12b
13089 Straße 42 (Heindf.) 147-1d
13125 Straße 42 (Karow) 123-5d
13125 Straße 43 (Karow) 123-8b
12349 Straße 44 (Buck.) 233-1c
13127 Straße 44 (Fr. Buchhz.) 122-12b
13125 Straße 44 (Karow) 123-8b
13129 Straße 45 (Blankenbg.) 123-11a
13089 Straße 45 (Heindf.) 147-4a
13125 Straße 45 (Karow) 123-8b
13129 Straße 46 (Blankbg.) 123-11a
13089 Straße 46 (Heindf.) 147-4a
13125 Straße 46 (Karow) 123-8a
13129 Straße 47 (Blankbg.) 123-7c
13125 Straße 47 (Karow) 123-8d
13125 Straße 48 (Karow) 123-8b
12623 Straße 48 (Mahlsdf.) 174-4c
13158 Straße 48 (Rosnth.) 122-7d
13089 Straße 49 (Heindf.) 146-6b
13125 Straße 49 (Karow) 123-8b
13158 Straße 49 (Rosnth.) 122-8c
13125 Straße 50 (Karow) 123-8b
13158 Straße 50 (Rosnth.) 122-8c
13125 Straße 51 (Karow) 123-8b
13158 Straße 52a (Nschönhs.) 122-11a
13158 Straße 52b (Nschönhs.) 122-11b
13125 Straße 52 (Karow) 123-5d
13509 Straße 52 (Reindf.) 120-9c
13089 Straße 54 (Heindf.) 147-4a
13127 Straße 55 (Fr. Buchhz.) 123-7c
13129 Straße 56 (Blankbg.) 123-8c
13089 Straße 56 (Heindf.) 147-4a
13125 Straße 58 (Karow) 123-9a
13127 Straße 59 (Fr. Buchhz.) 122-12b
13125 Straße 59 (Karow) 123-6c
13125 Straße 60 (Karow) 123-6c
13158 Straße 60 (Rosnth.) 122-7c
13125 Straße 62 123-6d
13125 Straße 62 (Karow) 123-6c
13125 Straße 63 (Karow) 123-9b
13125 Straße 64 (Karow) 123-9b
13125 Straße 66 (Karow) 123-9a
13125 Straße 67 (Karow) 123-9a
13125 Straße 69 (Karow) 123-6c
13627 Straße 70 (Charlbg.) 144-12b
13125 Straße 70 (Karow) 123-6c
13125 Straße 71 (Karow) 123-6c
13127 Straße 72 (Fr. Buchhz.) 123-7a
13125 Straße 72 (Karow) 123-6c
13127 Straße 73 (Fr. Buchhz.) 122-9b
13125 Straße 73 (Karow) 123-6c
13127 Straße 74 (Fr. Buchhz.) 123-4c
13125 Straße 74 (Karow) 123-6a
13127 Straße 76a (Fr. Buchhz.) 123-4c
13127 Straße 76 (Fr. Buchhz.) 122-6d
13127 Straße 77a 123-4c
13127 Straße 77 (Fr. Buchhz.) 122-6d
10367 Straße 77 (Lichtbg.) 171-3c
13158 Straße 78 (Nschönhs.) 145-3b
13158 Straße 79 (Nschönhs.) 145-3b
13125 Straße 84 (Karow) 123-5d
13125 Straße 85 (Karow) 123-4b
13125 Straße 86 (Karow) 123-4d
13129 Straße 87 (Blankbg.) 123-7a
13158 Straße 87 (Rosnth.) 122-10c
13127 Straße 89 (Fr. Buchhz.) 122-6d
13158 Straße 90 (Rosnth.) 122-10c
12526 Straße 94 (Bohnsdf.) 235-2c
13125 Straße 94 (Karow) 123-5a
12349 Straße 96 (Buck.) 232-3d
13156 Straße 97 (Nschönhs.) 122-10d
12349 Straße 99 (Buck.) 232-3d
13125 Straße 100 (Karow) 123-4d
13125 Straße 101 (Karow) 123-4d
13156 Straße 101 (Nschönhs.) 122-10d
13127 Straße 103 (Fr. Buchhz.) 122-6b
13156 Straße 103 (Nschönhs.) 122-11d
10369 Straße 106 (Weißs.) 147-11b
13055 Straße 109 (Hschönhs.) 148-7d
13158 Straße 113 (Nschönhs.) 122-8c
13465 Straße 114a (Frohn.) 120-3c
12621 Straße 122 (Kaulsdf.) 149-12d
13127 Straße 123 (Fr. Buchhz.) 122-5b
13127 Straße 124 (Fr. Buchhz.) 122-5d
13158 Straße 126 (Rosnth.) 121-9b
13158 Straße 127 (Rosnth.) 121-9b
13158 Straße 128 (Rosnth.) 121-12b
13158 Straße 129 (Rosnth.) 121-12b
13158 Straße 132 (Nschönhs.) 122-10b
13055 Straße 133 (Hschönhs.) 148-7d
14089 Straße 133 (Klad.) 192-7c
13055 Straße 134 (Hschönhs.) 148-7d
14089 Straße 136 (Klad.) 192-7b
13158 Straße 140 (Rosnth.) 122-7c
13158 Straße 141 (Rosnth.) 122-7c
13053 Straße 142 148-4c
13053 Straße 142 (Hschönhs.) 148-4c
13158 Straße 142 (Rosnth.) 122-7c
13127 Straße 145 (Fr. Buchhz.) 122-8b
13158 Straße 146 (Rosnth.) 122-10a
13127 Straße 147 (Fr. Buchhz.) 122-9a
13158 Straße 147 (Rosnth.) 122-10a
12355 Straße 148 (Rudow) 234-4d
12469 Straße 148 (Waidml.) 121-7a
13053 Straße 150 (Hschönhs.) 148-7d
13158 Straße 151 (Rosnth.) 122-10a
13158 Straße 152 (Rosnth.) 122-7c
14089 Straße 153 (Klad.) 192-7c
13053 Straße 155 (Hschönhs.) 148-7d
13053 Straße 156 (Hschönhs.) 148-7d
13053 Straße 158 (Hschönhs.) 148-7d
13127 Straße 160 (Fr. Buchhz.) 122-9d
13127 Straße 163 (Fr. Buchhz.) 123-7a
13127 Straße 164 (Fr. Buchhz.) 123-7a
13127 Straße 165 (Fr. Buchhz.) 123-7a
13127 Straße 166 123-7a
13127 Straße 166 (Fr. Buchhz.) 122-9b
13127 Straße 167 (Fr. Buchhz.) 123-7a
13469 Straße 167 (Waidml.) 121-7b
13127 Straße 171 (Fr. Buchhz.) 122-6d
12349 Straße 174 (Britz) 197-10a
13127 Straße 175 (Fr. Buchhz.) 122-6d
14089 Straße 178 (Klad.) 192-8b
13127 Straße 179 (Fr. Buchhz.) 122-6b
12355 Straße 179 (Rudow) 234-4b
13127 Straße 180 (Fr. Buchhz.) 122-6a
12355 Straße 180 (Rudow) 234-4b
12355 Straße 181 (Rudow) 234-4d
13127 Straße 182 122-12a
12355 Straße 182 (Rudow) 234-4d
12355 Straße 183 (Rudow) 234-4d
12355 Straße 184 (Rudow) 234-4d
13309 Straße 184 (Witten.) 120-12a
12355 Straße 186 (Rudow) 234-4d
13469 Straße 187 (Lübars) 121-5c
13469 Straße 188 (Lübars) 121-8a
12355 Straße 188 (Rudow) 233-3d
13469 Straße 189 (Lübars) 121-8b
13127 Straße 199 (Fr. Buchhz.) 122-12c
12355 Straße 199 (Rudow) 233-6b
13469 Straße 199 (Waidml.) 121-7a
13156 Straße 201 (Nschönhs.) 146-1d
12487 Straße 206 (Priesterweg) (Johsth.) (1) 198-7c
13086 Straße 206 (Weißs.) 147-4d
12487 Straße 207 (Grüne Aue) (Johsth.) 198-10a
13086 Straße 210 (Weißs.) 147-4b
12355 Straße 223 (Rudow) 233-6b
12355 Straße 224 (Rudow) 233-3d
12355 Straße 225 (Rudow) 233-6b
12355 Straße 228 (Rudow) 233-6b
12109 Straße 229 (Mardf.) 196-9c
12355 Straße 229 (Rudow) 233-3c
12557 Straße 230 (Köp.) 199-8d
12355 Straße 230 (Rudow) 233-3d
12355 Straße 231 (Rudow) 233-3c
12355 Straße 232 (Rudow) 233-3c
12349 Straße 245 (Britz) 196-9d
13086 Straße 245 (Weißs.) 147-4b
13086 Straße 246 (Weißs.) 147-4d
13088 Straße 248 (Weißs.) 147-6a
13088 Straße 249 (Weißs.) 147-6d
13088 Straße 250 (Weißs.) 147-6d
13088 Straße 251 (Weißs.) 147-6d
14089 Straße 254 (Gatow) 192-3b
14089 Straße 264 (Gatow) 192-3b
14089 Straße 265 (Gatow) 166-11b
14089 Straße 269 (Gatow) 166-11c
13593 Straße 270 (Spand.) 166-9c
13591 Straße 331 (Staak.) 166-2b
13591 Straße 339 (Staak.) 142-10c
13591 Straße 354 (Staak.) 166-2b
13581 Straße 356 (Staak.) 166-2b
13581 Straße 357 (Staak.) 166-2b
13503 Straße 366 (Heilgs.) 119-7d
13503 Straße 367 (Heilgs.) 119-7d
13503 Straße 368 (Heilgs.) 119-7d
13591 Straße 387 (Staak.) 166-1c
13591 Straße 388 (Staak.) 166-4a
13591 Straße 389 (Staak.) 166-4a
13591 Straße 393 (Staak.) 142-11d
13503 Straße 414 (Heilgs.) 119-6a
12279 Straße 427 (Mardf.) 232-4a
12277 Straße 432 (Mardf.) 232-2d
12277 Straße 433 (Mardf.) 232-5b
12277 Straße 435 (Mardf.) 232-4b
13405 Straße 442 (Reindf.) 145-4d
13405 Straße 443 (Reindf.) 145-4d
12349 Straße 455 (Buck.) 232-3b
13405 Straße 455 (Reindf.) 145-4d
13405 Straße 462 (Reindf.) 145-4d
12279 Straße 478 (Marfde.) 232-4c
12349 Straße 482 232-3d
12107 Straße 483 (Marfde.) 196-12a
12355 Straße 487 (Rudow) 234-1c
13469 Straße 494 (Lüb.) 121-6d
12589 Straße 545 (Rahnsdf.) 201-8c
12589 Straße 549 201-8c
12589 Straße 564 201-8c
12589 Straße 567a (Rahnsdf.) 201-7d
12589 Straße 567 (Rahnsdf.) 201-7d
12589 Straße 573 (Rahnsdf.) 201-8c
12589 Straße 574 (Rahnsdf.) 201-8c
12355 Straße 574 (Rudow) 234-2c
12355 Straße 577 (Rudow) 234-4b
13589 Straße 598 (Spand.) 142-11b
13589 Straße 600 (Spand.) 142-11a
12355 Straße 604 (Rudow) 234-4b
12559 Straße 606a (Mügghm.) 236-2d
12347 Straße 614 (Britz) 197-4d
12055 Straße 615 (Nkln.) 197-2a
12347 Straße 616 (Britz) 196-9d
12355 Straße 618 (Rudow) 234-4a
12559 Straße 670a (Mügghm.) 201-10c
12559 Straße 691 (Mügghm.) 237-1c
12527 Straße 901 (Grün.) 235-3c
12527 Straße 902 (Grün.) 235-3c
12526 Straße 994 (Mühlenweg) (Bohnsdf.) 235-4c
12526 Straße 995 (Feldweg) (Bohnsdf.) 235-4c
12487 Straße am Flugplatz 198-8c
10318 Straße am Heizhaus 172-12a
13629 Straße am Schaltwerk 144-10c
14193 Straße am Schildhorn 167-10d
10715 Straße am Schoelerpark 169-10d
12555 Straße am Wald 199-1a
12555 Straße im Walde 173-11d
13158 Straße vor Schönholz 146-1a
13088 Straße A (Malch.) 147-2a
13629 Straße A (Teg.) 144-8c
12099 Straße A (Tphf.) 196-5b
13088 Straße B (Malch.) 147-2a
13629 Straße B (Teg.) (1) 144-8c
12099 Straße B (Tphf.) 196-5b
12487 Straße C (Johsth.) 198-11c
13088 Straße C (Malch.) 147-2a
13629 Straße C (Teg.) 144-7d
13088 Straße D (Malch.) 147-2a
12527 Straße D (Schmöckw.) 272-5b
13629 Straße D (Teg.) 144-7d
10243 Straße der Pariser Kommune 171-4c
10557/10623/10785 Straße des 17. Juni 169-5c + 4d
12555 Straße E (Köp.) 199-1a
13088 Straße E (Malch.) 147-2a
13629 Straße E (Teg.) 144-7d
12555 Straße F (Köp.) 199-1b
13088 Straße F (Malch.) 147-2a
12527 Straße F (Schmöckw.) 272-6a
13629 Straße F (Teg.) 144-7d
13088 Straße G (Malch.) 147-2a
13629 Straße G (Teg.) 144-7d
13088 Straße H (Malch.) 147-2b
13629 Straße H (Teg.) 144-7d
13088 Straße I (Malch.) 147-2b
13629 Straße J (Teg.) 144-7d
13088 Straße K (Malch.) 147-2b
13629 Straße K (Teg.) 144-7d
13088 Straße L (Malch.) 147-2b
13629 Straße L (Teg.) 144-7c
13088 Straße M (Malch.) 147-2b
13629 Straße M (Teg.) 144-7c
13088 Straße N (Malch.) 147-2b
13629 Straße N (Teg.) 144-7c
10159 Straße nach Arkenberge 102-11d + 122-3a
12589 Straße nach Fichtenau 201-4d
13629 Straße O (Teg.) 144-7c
13629 Straße P (Teg.) 144-7c
13629 Straße Q (Teg.) 144-7c
13629 Straße R (Teg.) 143-9b
13629 Straße S (Teg.) 143-9d
13629 Straße T (Teg.) 143-9d
13629 Straße U (Teg.) 143-9d
13629 Straße V (Teg.) 143-9d
13629 Straße W (Teg.) 143-9d
13629 Straße X (Teg.) 143-9d
13629 Straße Y (Teg.) 143-9d
13629 Straße Z (Teg.) 143-9b
12459 Straße zum FEZ 198-6b
14109 Straße Zum Löwen 228-3c
12559 Straße zum Müggelhort 200-12c
12559 Straße zum Müggelturm 200-10c
12559 Straße zum Teufelssee 200-10d
12559 Straße zur Krampenburg 236-6a
10249 Straßmannstraße 171-1d
12683 Straubinger Straße 173-7a
13439 Straupitzer Steig 121-8d
10243 Strausberger Platz (Friedhn.) 170-3d
13055 Strausberger Platz (Hschönhs.) 147-12b
10243 Strausberger Straße (Friedhn.) 170-3d
13055 Strausberger Straße (Hschönhs.) 147-9d
13599 Strausseeweg (11) 143-9a
13127 Straußplatz 122-5b
12307 Straußstraße (Lichtrde.) 232-11d
12623 Straußstraße (Mahlsdf.) 174-4a
13127 Straußweg 122-5d
13158 Strawinskystraße 121-12d
13125 Streckfußstraße 123-4d
12621 Strehlener Straße 173-5c
13587 Streitstraße 143-7d
12527 Streitwall 238-1c
10115/13355 Strelitzer Straße 146-11a
12105 Strelitzstraße 196-7b
10117/10963 Stresemannstraße 170-4c
13597 Stresow 167-1d
– Stresowpark (38-B3)
13597 Stresowplatz 167-1b
13597 Stresowstraße 167-2a
13086 Streustraße 146-9b
12621 Striegauer Straße 173-8a
12527 Striesower Weg 236-8a
12621 Strindbergstraße 149-12c
13593 Stritteweg 166-9b
13125 Strömannstraße 123-6c
12524 Strohblumenweg 235-1a
12526 Stromstraße (Bohnsdf.) 235-5d
10551/10555 Stromstraße (Moab.) 169-2d
13627 Strünckweg 144-12c
10589 Struvesteig 168-3b
10437 Stubbenkammerstraße 146-12b
13509 Stubbichtweg 120-12a
– Stubenrauchbrücke (Oberschönwde.) 198-4b
– Stubenrauchbrücke (Tphf.) 196-7b
12161 Stubenrauchstraße (Friedn.) 195-2c
12203 Stubenrauchstraße (Lichtfde.) 195-10a
12357/12487 Stubenrauchstraße (Rud., Johsth.) 198-10c
14167 Stubenrauchstraße (Zehldf.) 230-2a

13189 Stubnitzstraße 146-6a
12435 Stuckstraße 171-11b
14129 Studentendorf 229-2b
10779 Stübbenstraße 169-11b
10318 Stühlinger Straße 172-11c
10787 Stülerstraße 169-6c
14059 Stülpnagelstraße 168-5d
14055 Stuhmer Allee 168-7a
12353 Stuthirtenweg 233-1d
14109 Stutterichstraße 228-5d
10627 Stuttgarter Platz 168-9b
12059 Stuttgarter Straße 171-10d
10829 Suadicanistraße (2) 196-1c
14057 Suarezstraße 168-9a
12167 Suchlandstraße 195-8a
13125 Sudauer Straße 104-10a
12621/12623 Sudermannstraße 173-3a
13129 Suderoder Straße (Blankenbg.) 123-11a
12347 Suderoder Straße (Britz) 197-4a
13591 Südekumzeile 166-2c
12169 Südendstraße 195-5c
10407 Süderbrokweg 147-11a
13503 Süderholmer Steig 119-8c
– Südliche Seestraßenbrücke 145-10d
12487/12437 Südostallee 197-6b
- Südostalleebrücke 197-6b
– Südpark (Rudow) 234-5c
– Südpark (Spand.) 167-4c
12349 Südring 197-10c
10961 Südstern 170-11b
14053 Südtorweg 167-6d
13593 Südweg 166-6d
12161/14197 Südwestkorso 195-1d + 4a
10409 Sültstraße 146-9d
12059 Sülzhayner Straße 171-10b
14163 Süntelsteig 194-7a
13053 Suermondtstraße 147-9b
12489 Süßer Grund 199-7c
12524 Suevenstraße 235-1c
12629 Suhler Straße 149-8c
14199 Sulzaer Straße 194-3c
13591 Sulzbacher Steig 142-10c
12107 Sulzbergweg 196-11b
13129 Sulzer Straße 123-7b
13088 Sulzfelder Straße 147-8b
12623 Summter Straße 174-10c
14169 Sundgauer Brücke 194-11d
14169/14167 Sundgauer Straße 194-8c
13591 Sundhauser Gang 142-10c
12105 Suttnerstraße 195-6d
13127 Suzetteweg 122-9c
14163 Sven-Hedin-Platz 194-10a
14163 Sven-Hedin-Straße 193-12d
13351 Swakopmunder Straße 145-7b
13125 Swantewitstraße 123-3c
14055 Swiftweg 167-9b
13355 Swinemünder Brücke 146-7d
10435/13355 Swinemünder Straße 146-8c
10629 Sybelstraße 168-9d + 169-7a
13353 Sylter Straße (Wedd.) 145-11a
14199 Sylter Straße (Wilmdf.) 194-3d
12279 Symeonstraße 231-3d
10407 Syringenplatz 147-11c
10407 Syringenweg 147-11c
13349 Syrische Straße 145-9a

12459 **T**abbertstraße 198-1d
10997 Taborstraße 171-7d
12109 Tacitusstraße 196-9c
14163 Täubchenstraße 193-12b
14195 Takustraße 194-9b
12359 Talberger Straße 197-8c
13437 Taldorfer Weg 121-10d
13509 Talsandweg 120-12a
13189 Talstraße 146-9b + 6d
13591 Talweg 166-4a
10243 Tamara-Danz-Straße 171-4d
12249 Tambacher Straße 231-3d
13053 Tamseler Straße 148-4c
13351 Tangastraße 145-8c
12627 Tangermünder Straße 149-9a
13583 Tangermünder Weg 143-10a
12105 Tankredstraße 196-4c
14055 Tannenbergallee 168-7a
13505 Tannenhäherstraße 143-2b
13465 Tannenstraße 120-2a
13599 Tannenweg (Haselh.) 143-9c
13629 Tannenweg (Siemst.) 144-10a
13587 Tannenweg (Spand.) 143-4b
10318 Tannhäuserstraße 172-7d
14055 Tapiauer Allee 167-9b
13125 Tarnowitzer Straße 123-5d
10365 Tasdorfer Straße 171-6c
13086 Tassostraße 147-7b
10117 Taubenstraße (Mitte) 170-4b
13129 Taubenweg (Blankfde.) 123-10c
13629 Taubenweg (Siemst.) 168-1a
14193 Taubertstraße 194-2a
12524 Taubnesselweg 199-10c
12527 Tauchersteig 199-11c
10789 Tauentzienstraße 169-8a
12107 Tauernallee 232-2b
13158 Taufsteinweg 122-10b
12161 Taunusstraße (Friedn.) 195-1d
14193 Taunusstraße (Grwld.) 194-2b
12309 Taunusstraße (Lichtrde.) 232-6d
10589 Tauroggener Straße 168-3d
12249 Tautenburger Straße 231-3d
12623 Taxusweg 150-10d
14195 Taylorstraße 194-8a
– Techowbrücke 196-7a
13437 Techowpromenade 121-10d
14109 Teerofenweg 228-8b
– Tegeler Brücke 143-9d
– Tegeler Hafenbrücke 120-10d
13467 Tegeler Straße (Hermsdf.) 120-6d
13353 Tegeler Straße (Wedd.) 145-12a
10589 Tegeler Weg (Charlbg.) 168-3a
13505 Tegelort 143-6a
13505 Tegelorter Ufer 143-6c
13469 Tegernauer Zeile 121-7b
12527 Tegernseestraße 235-2a
10439 Tegnerstraße 146-8b
13125 Teichbergstraße 123-3c
13627 Teichgräberzeile 144-12c
12526 Teichhuhnsteig 235-8b
12524 Teichrohrplatz 234-3a
12524 Teichrohrweg 234-3a
12347 Teichrosenpfad 196-9d
12623 Teichsängerweg (2) 174-1b
13407 Teichstraße 145-5b
12109 Teikeweg 196-8c
12099 Teilestraße 196-5d
10318 Teisnacher Straße 172-9d
12105 Tejastraße 196-7c
13599 Telegrafenweg 143-11d
12621 Telemannweg 149-12c
14129 Tellheimstraße 229-5a
12045 Tellstraße 171-10a
12167 Telramundweg 195-8c
– Teltower Brücke 167-2c
14169/14167 Teltower Damm 230-2a
13597 Teltower Straße (Spand.) 167-2d
14109 Teltower Straße (Steinst.) 228-10d
14055 Teltower Weg 167-12c
– Teltowkanalbrücke 198-12c
12247 Teltowkanalstraße 195-11a
14089 Temmeweg 192-10b
10961 Tempelherrenstraße 170-8d
12101/12099 Tempelhofer Damm 196-8a + 5a
10961/10963 Tempelhofer Ufer 170-7a
12099/12347 Tempelhofer Weg (Britz, Tphf.) 196-6d
10829 Tempelhofer Weg (Schbg.) 195-3a
12099 Tempelhof-Schöneberg 196-5c
12099 Templerzeile 196-5c
13599 Templiner-See-Straße (5) 143-8d
10119 Templiner Straße 146-11d
12249 Tennstedter Straße 231-3c
14193 Teplitzer Straße 194-2b
14129 Terrassenstraße 193-12a
12623 Terwestenstraße 174-2a
12623 Terwestenstraße (3) 174-1b
13627 Terwielsteig 144-12d
13439 Teschendorfer Weg 121-12a
14163 Teschener Weg 194-7c
13437 Tessenowstraße 145-2a
13407 Tessiner Weg 145-6c
12619 Teterower Ring 173-2a
12359 Teterower Straße 197-8a
– Teubertbrücke 196-7c
– Teufelsbrücke 227-6a
14193 Teufelsseechaussee 167-12b
14055 Teufelsseestraße 168-7a
– Teupitzer Brücke 171-11c
– Teupitzer Park 149-8b
12627 Teupitzer Straße (Helldf.) 149-8b
12059 Teupitzer Straße (Nkln.) 171-11c
10119 Teutoburger Platz 146-11d
12524 Teutonenstraße (Altgl.) 234-3b
14129 Teutonenstraße (Nklsee.) 229-1d
14129 Tewsstraße 229-2b
10249 Thaerstraße 171-2c
13129 Thaler Straße 123-7d
12249 Thaliaweg 195-12c
14195 Thanner Pfad 194-12a
10717 Tharandter Straße 169-11a
14055 Tharauer Allee 167-8b
13595 Tharsanderweg 167-4d
12627 Thaters Privatweg 145-10a
13407 Thaterstraße 145-6a
14089 Thea-Rasche-Zeile (3) 192-4d
10318 Theatergasse (5) 172-11b
12627 Theaterplatz 149-9d
10785 Theaterufer (36-B6)
12205 Theklastraße 231-1a
12489 Thelenstraße 198-9d
13053 Themarer Straße 148-11a
13349 Themsestraße 145-5c
13053 Theobaldstraße 148-5c
12099 Theodor-Francke-Straße 196-5a
14052 Theodor-Heuss-Platz 168-8a
13355 Theodor-Heuss-Weg 146-10d
12526 Theodor-Körner-Straße 235-4b
12353 Theodor-Loos-Weg 233-3b
12623 Theodorstraße (Mahlsdf.) 174-4c
12099 Theodorstraße (Tphf.) 196-5c
- Theodor-Wolff-Park 170-8a
13599 Therese-Giehse-Straße 143-11b
13505 Theresenweg 143-6a
14195 Thielallee 194-12a
– Thielenbrücke 171-7c
– Thielpark 194-8b
14195 Thielplatz 194-9c
12059/12055 Thiemannstraße 197-2a
13086 Thiesstraße 147-4a
13437 Thiloweg 121-10c
10787 Thomas-Dehler-Straße 169-5d
12053 Thomashöhe 197-1a
10557 Thomasiusstraße 169-3c
10409 Thomas-Mann-Straße 147-7c
12489 Thomas-Müntzer-Straße 198-9d
12053 Thomasstraße 197-1a
12623 Thorner Straße 173-6a
12623 Thorwaldsenstraße (Mahlsdf.) 173-12d
12157 Thorwaldsenstraße (Stegl., Schbg.) 195-5b
10585 Thrasoltstraße 168-6d
14052 Thüringerallee 168-8a
12555 Thürnagelstraße 199-5b
14165 Thürstraße 230-1b
12437 Thujaweg 197-9b
13189 Thulestraße 146-9a
12205 Thuner Platz 230-3d
12205 Thuner Straße 230-3b
12681 Thurandtweg 172-2d
13503 Thurbrucher Steig 119-6a
13407 Thurgauer Straße 145-5b
13357 Thurneysserstraße 146-7a
10551 Thusnelda-Allee 169-2d
12101 Thuyring 196-1d
13407 Thyssenstraße 145-2a
12524 Tiburtiusstraße 234-6b
13125 Tichauer Straße 123-5c
10115 Tieckstraße 170-1b
13469 Tiefenbronner Weg 121-4c
13469 Tiefenseer Straße 121-9c
12621 Tieflandstraße 173-10b
– Tiefwerderbrücke 167-5a
13597 Tiefwerderweg 167-2c
13627 Tiergarten (2) 144-10c
12683 Tiergartenstraße (Biesdf.) 173-10c
10785 Tiergartenstraße (Tiergt.) 169-6c
– Tiergartentunnel 169-3d
10623 Tiergartenufer 169-5c
– Tierpark Berlin-Friedrichsfelde 172-5d
12309 Tietjenstraße 233-7c
12203 Tietzenweg 195-10a
13509 Tietzstraße 120-12c
12359 Tilburger Straße 197-5c
13509 Tile-Brügge-Weg 120-11d
10555 Tile-Wardenberg-Straße 169-5a
12277 Tilkeroder Weg 231-9b
14109 Tillmannsweg 229-1c
12355 Timmendorfer Weg 234-5a
13089 Tiniusstraße 146-3d
13127 Tiriotstraße 122-5d
13187 Tiroler Straße 146-5c
12279 Tirschenreuther Ring 231-6d + 6a
12351 Tischlerzeile 197-11c
13053 Titastraße 148-7a
13469 Titiseestraße 121-7b
12107 Titlisweg 232-2a
13509 Titusweg 120-8d
10965 Tivoliplatz 170-10b
12623 Tizianstraße 174-2a
13187 Toblacher Straße 146-5d
13469 Todtnauer Zeile 121-7b
12107 Tödiweg 232-2a
14199 Tölzer Straße 194-3b
12349/12309 Töpchiner Weg 232-9b
12351 Töpferweg 197-11c
13627 Toeplerstraße 144-11d
12137 Töpperweg 122-6d
13351 Togostraße 145-7b
12621 Tolkmittstraße 173-3b
12619 Tollensestraße (Helldf.) 173-2a
14167 Tollensestraße (Lichtfde.) 230-5b
13158 Tollerstraße 121-12d
12524 Tollkirschenweg 235-1a
12621 Tolstoistraße 173-3b
13127 Tomatenweg 122-6d
14169 Tom-Sawyer-Weg 194-8a
12559 Tongrubenweg 200-12d + 201-10a
14193 Toni-Lessler-Straße 194-2b
13469 Tonstichweg 121-4d
13158 Tonweg 122-8c
14089 Topeliusweg 192-8a
10437 Topsstraße 146-11b
10243 Torellstraße 171-4b
13353 Torfstraße 145-12a
13627 Torfweg 145-10a
12627 Torgauer Straße (Helldf.) 150-7a
10829 Torgauer Straße (Schbg.) 195-3a
12355 Torgelowweg 234-4b
13439 Tornower Weg 121-11b
10119/10115 Torstraße 170-1b
13591 Torweg 142-10c
12103 Totilastraße 196-4c
13405 Tourcoingstraße 144-9d
14193 Trabener Steg 168-8d
14193 Trabener Straße 168-11c
13587 Trabener Weg 143-5c
10318 Traberweg (Karlsh.) 172-11c
12249 Trachenbergring 232-1a
10409 Trachtenbrodtstraße 146-9d
12159 Traegerstraße 195-2b
12351 Tränkeweg 197-8d
14053 Trakehner Allee 167-6d + 168-4c
13503 Trampenauer Steig 119-8b
13439 Tramper Weg 121-12a
13351 Transvaalstraße 145-11a
12685 Trappenfelder Pfad 149-7d
12351 Trappenpfad 197-8d
13088 Trarbacher Straße 147-5d
10781 Traunsteiner Straße 169-11b
10318 Trautenauer Straße 172-11c
10717 Trautenaustraße 169-11a
13357 Travemünder Straße 146-7a
10247 Traveplatz 171-5b
10247 Travestraße 171-5b
10963 Trebbiner Straße 170-7c
13053 Treffurter Straße 148-11a
13469 Treiberpfad 120-9b
14169 Treibjagdweg 194-7b
10587 Treidelweg (Charlbg.) 169-1d
12163 Treitschkestraße 195-4b
10439/13189 Trelleborger Straße 146-6c
14057 Trendelenburgstraße 168-9a
13509 Trepliner Weg 144-3a
12527 Treppendorfer Weg 236-5c
– Treptower Brücke (Kreuzbg.) 171-7d
– Treptower Brücke (Nkln.) 171-11c
– Treptowers Parkwegbrücke 171-8c
12043/12435/12059 Treptower Straße 197-1b
12557 Treptow-Köpenick 199-10b
13129 Treseburger Straße (Blankbg.) 123-7d
10589 Treseburger Straße (Charlbg.) 168-3d
12347 Treseburger Ufer 197-4c
10318/12459 Treskowallee 198-2a
– Treskowbrücke 198-5a
13089 Treskowstraße (Heinsdf.) 146-6d
12623 Treskowstraße (Mahlsdf.) 173-3c
13156 Treskowstraße (Nschönhs.) 122-10d
12459 Treskowstraße (Oberschönwde.) 198-6a
13507 Treskowstraße (Teg.) 120-11c
13509 Trettachzeile 120-11d
10779 Treuchtlinger Straße 169-11b
13439 Treuenbrietzener Straße 121-9c
13437 Treutelstraße 145-1b
14197 Triberger Straße 195-1a
13187 Trienter Straße 146-5c
13088 Trierer Straße 147-5d
– Triestpark 194-9c
13127 Triftstraße 122-6d
13129 Triftstraße (Blankbg.) 123-7d
13127 Triftstraße (Fr. Buchhz.) 122-6d
13585 Triftstraße (Spand.) 143-11a
13353 Triftstraße (Wedd.) 145-12a
13509/13437 Triftstraße (Witten.) 121-10c
14089 Triftweg 192-3a
– Triglawbrücke 201-12d
12589 Triglawstraße 201-12d
12349 Trimbacher Straße 233-1c
13467 Triniusstraße (Hermsdf.) 120-3d
12459 Triniusstraße (Oberschönwde.) 198-2d
12249 Trippsteinstraße 231-3c
14109 Tristanstraße 229-4b
12437 Trojanstraße 198-1c
12357 Trollblumenweg 197-9d
13359 Tromsöer Straße 146-4c
13088 Tronjepfad 147-2d
12487 Tronjeweg 197-9b
12349 Tropfsteinweg 232-3a
12205 Troppauer Straße 194-12c
12487 Trützschlerstraße 198-8a
12687 Trusetaler Straße 149-4a
12059 Truseweg 171-10d
12355 Truthahnweg 234-4a
13156 Tschaikowskistraße 146-1d
12621 Tschudistraße 149-12c
13127 Tubaweg (1) 122-12a
13158 Tuchmacherweg 146-1a
10317 Tuchollaplatz 171-6c
10317 Tucholskystraße 170-2c
10715 Tübinger Straße 195-2a
13349 Türkenstraße 145-8b
14167 Türksteinweg 230-2c
10317 Türrschmidtstraße 171-6c
12277 Tullaweg 232-4b
12349 Tulpe 232-3b
12203 Tulpenstraße 195-7c
12524 Tulpenweg (Altgl.) 234-6b
10589 Tulpenweg (Charlbg.) 168-3b
13599 Tulpenweg (Haselh.) 143-9a + 12d
13503 Tulpenweg (Heilgs.) 119-11b
13088 Tulpenweg (Malch.) (2) 147-2c
12359 Tulpenweg (Nkln.) 197-9c
12589 Tulpenweg (Rahnsdf.) 201-8c
13158 Tulpenweg (Rosnth.) 122-7a
13629 Tulpenweg (Siemst.) 144-8d
13629 Tulpenweg (Teg.) 144-10a
13437 Tulpenweg (Witten.) 120-12b
10245 Tunnelstraße 171-9c
14053 Tunnelweg 167-9b
12353 Turfweg 233-2a
13347 Turiner Straße 145-9c
13505 Turmfalkenstraße 143-2d
10551/10559 Turmstraße 169-2d + 2a
12247 Tuttlinger Weg 195-9d
12309 Tutzinger Straße 233-10c
12209 Tuxer Steig 231-5b
12683 Tychyer Straße 173-4b

14052 **U**bierstraße 168-8a
12621 Uckermarkstraße 149-12c + 173-2b
12101 Udetzeile 196-1a
13591 Übergang 142-11d
10439 Ueckermünder Straße 146-8a
10318 Üderseestraße 172-11c
14089 Uetzer Steig 192-3d
14089 Uferpromenade (Klad.) 192-4c
– Uferpromenade (Wanns.) 228-1d
13357 Uferstraße 145-9d
13507 Uferweg 193-1c
10553 Ufnaustraße 169-1a
13351 Ugandastraße 145-8c
Uhlandpassage (35-E5)
10623/10715/10717/10719 Uhlandstraße (Charlbg., Wilmdf.) 169-10d + 7b
10623/10715/10717/10719 Uhlandstraße (Charlbg., Wilmdf.) 169-7d
12305 Uhlandstraße (Lichtrde.) 232-5b
12623 Uhlandstraße (Mahlsdf.) 173-12a
13156 Uhlandstraße (Nschönhs.) 122-10c
13158 Uhlandstraße (Rosnth., Wilhr.) 121-12c
14165 Uhldinger Straße 230-1c
12555 Uhlenhorst 173-11c + 199-2b
12555 Uhlenhorster Straße 199-3c
13125 Uhlenweg 103-9d
12355 Uhrmacherweg 233-3b
12351 Uhuweg 197-11b
12589 Ukeleipfad 201-8a
13088 Ullerplatz 147-2c
13088 Ullerweg 147-2c
12623 Ullrichplatz 173-12a
12623 Ullrichstraße 173-12b
12109/12105 Ullsteinstraße 196-7b
14050 Ulmenallee 168-4b
13467 Ulmenstraße (Hermsdf.) 120-6d
12621 Ulmenstraße (Kaulsdf., Mahlsdf.) 173-7d
13595 Ulmenstraße (Spand.) 167-4a
13435 Ulrichsteiner Weg 121-8c
12353 Ulrich-von-Hassell-Weg 233-3a
14109 Ulricistraße 228-5c
13581 Ulrikenstraße 166-3c
12059 Ulsterstraße 171-11c
14089 Umberto-Nobile-Straße 192-4a
14193 Umgehungschaussee 194-4b
12203 Undinestraße 195-7d
13349 Ungarnstraße 145-8d
13591 Ungewitterweg 142-10d
10551 Unionplatz 145-11c
10551 Unionstraße 169-2a
10117 Universitätsstraße 170-2c
13465 Unkeler Pfad 120-3c
13583 Unnaer Straße 142-12c
12055 Unstrutstraße 197-2a
10117 Unterbaumstraße 170-1c
12555 Unter den Birken 173-11d
12203/12205 Unter den Eichen 194-12a
10117 Unter den Linden 170-4b
12167 Unter den Rüstern 195-8d
12459 Unter der Kranbahn 198-5b
Untere Freiarchenbrücke (35-G2)
10318 Unterfeld 172-11d
12277 Untertürkheimer Straße 232-2a
10117 Unterwasserstraße (37-F4)
13189 Upsalaer Straße 146-6c
10319 Upstallweg (Friedrfde.) 172-8a
12105 Upstallweg (Mardf.) 196-11a
12524 Uranusstraße 234-5d
13405 Uranusweg 145-4c
13129 Urbacher Straße 123-7b
10961/10967 Urbanstraße (Kreuzbg.) 170-9c + 8d
14165 Urbanstraße (Zehldf.) 230-1d
14163 Urselweg 193-12d
10318 Ursula-Goetze-Straße 172-8d
12249 Ursulastraße 195-12c
12355 Ursulinenstraße 234-4d
13351 Usambarastraße 145-8a
13355 Usedomer Straße 146-10b
12524 Usedomstraße 234-3d
12621/12623 Uslarer Straße 149-12d
13465 Utestraße 100-8a
12043 Uthmannstraße 197-1b
13347 Utrechter Straße 145-9c

13505 **V**alentinswerder (Insel) 143-6c
10243 Valeska-Gert-Straße 171-4c
12681 Valwiger Straße 172-2d
14195 Van't-Hoff-Straße 194-8d
10785 Varian-Fry-Straße (36-C6)
10439 Varnhagenstraße 146-9a
12159 Varziner Platz 195-2a
12159/12161 Varziner Straße 195-1b
12349 Veilchen 233-1a
12203 Veilchenstraße 194-9d
13599 Veilchenweg (Haselh.) 143-12b
13599 Veilchenweg (Siemst.) 143-9a
13581 Veilchenweg (Spand.) 166-6a + 3c
13629 Veilchenweg (Teg.) 144-8d
13437 Veilchenweg (Witten.) 120-12b
13507 Veitstraße 144-2a
13467 Veltheimstraße 120-3d + 121-1c
12057 Venusplatz 197-2d
12524 Venusstraße (Altgl.) 234-6a
13405 Venusstraße (Reindf.) 145-4c
14193 Verbindungschaussee 168-10a
13593 Verbindungsweg 166-6b
13055 Verdener Gasse 147-12b
12623 Verdistraße 174-1d
13127 Verdiweg 122-5b
13158 Vereinssteg 146-1c
12487 Vereinsstraße 198-7d
14059 Vereinsweg (Charlbg.) 168-6c
12167 Vereinsweg (Stegl.) 195-8a
12349 Vergißmeinnicht (5) 233-1a
12526 Vergissmeinnichtweg (Bohnsdf.) (5) 235-5a
12099 Vergissmeinnichtweg (Tphf.) 196-5b
13503 Verlängerte Fährstraße 119-7d
12209 Verlängerte Georgenstraße 231-2d
12555 Verlängerte Hämmerlingstraße 199-1d
12555 Verlängerte Köpenicker Straße 199-1a
13409 Verlängerte Koloniestraße 146-4b
12555 Verlängerte Mozartstraße (1) 199-2c
13351 Verlängertes Nordufer 145-7c
14089 Verlängerte Uferpromenade 191-9d
10318 Verlängerte Waldowallee 172-12c
12524 Verlängerte Werderstraße 234-3b
14163 Veronikasteig 193-12d
13187 Vesaliusstraße 146-3a
14165 Vesterzeile 230-5c
10119 Veteranenstraße 146-11c
12527 Vetschauer Allee 236-5c
12679 Victor-Klemperer-Platz 148-9b
12527 Viebahnstraße 236-7d
10318 Viechtacher Straße 172-9c
10247 Viehtrift 171-2c
13127 Vienweg 122-6c
13125 Viereckweg 103-12b
12685 Vierlandenstraße 148-12b
14163 Viernheimer Weg 194-7c
12623 Vierradener Weg 173-12d
13583 Viersener Straße 142-12c
13407 Vierwaldstätter Weg 145-6c
13509 Vietzer Zeile 144-3a
10777 Viktoria-Luise-Platz 169-8d
– Viktoriapark (Fr. Buchhz.) 122-9b
– Viktoriapark (Kreuzbg.) 170-10b
– Viktoriapark (Stegl.) 195-4d
12203 Viktoriaplatz 194-12b
13127 Viktoriastraße (Fr. Buchhz.) 122-9b
12203 Viktoriastraße (Lichtfde.) 195-10a
12105 Viktoriastraße (Tphf.) 196-4d
13597 Viktoria-Ufer 167-1b
13129 Villacher Straße 123-8c
12489 Vimystraße 198-9d
13057 Vincent-van-Gogh-Straße 148-2c
13355 Vinetaplatz 146-11a
13189 Vinetastraße 146-5d
13051 Violastraße 123-12d
12167 Vionvillestraße 195-8c
10249 Virchowstraße 171-1a
13509 Virgiliusstraße 120-8d
12683 Völklinger Straße 149-10b
12489 Vogelbeerstraße 198-9b
13159 Vogelbeerweg 122-8b
12349 Vogel Greif 232-3b
14195 Vogelsang 194-5d
12589 Vogelsdorfer Steig 201-5d
13593 Vogelzeile 166-6c
13129 Vogesenstraße 123-7d
13593 Voigtländerzeile (2) 166-6c
10247 Voigtstraße 171-5b
10365 Volkerstraße 172-4b
12099 Volkmarstraße 196-8a
10319 Volkradstraße 172-7b
– Volkspark am Weinbergsweg 146-11c

Berlin 411

– Volkspark (Nschönhs.) 145-3b + 146-1a
– Volkspark (Weißs.) 147-6d
– Volkspark Humboldthain 146-7d
– Volkspark Klein-Glienicke 227-6a
– Volkspark Köpenick 199-8b
– Volkspark Lichtenrade 232-9d
– Volkspark Mariendorf 196-8c
– Volkspark Prenzlauer Berg 147-11a
10715 Volksparksteg 169-11c
– Volkspark Wittenau 121-10b
– Volkspark Wuhlheide 198-2b
12489 Volmerstraße 198-12a
10179 Voltairestraße 170-6a
13355 Voltastraße (Gesndbr.) 146-10b
12623 Voltastraße (Mahlsdf.) 173-9b
13629 Voltastraße (Siemst.) 168-2a
13403 Von-der-Gablentz-Straße 145-4d
10785 Von-der-Heydt-Straße 169-9a
– Von-der-Schulenburg-Park 197-3c
14129 Von-der-Trenck-Straße 229-5a
14195 Von-Laue-Straße 194-9c
14129 Von-Luck-Straße 229-2a
14195 Von-Wettstein-Straße 194-11b
14169 Vopeliuspfad 194-11c
12157 Vorarlberger Damm 195-3c + 2d
10823 Vorbergstraße 169-12a
10997 Vor dem Schlesischen Tor 171-7b
12683 Vorstadtweg 172-6c
12685 Voßbergstraße 195-2b
10117 Voßstraße 170-4c
10785 Voxstraße (36-B6)
10367 Vulkanstraße 147-12d + 171-3b

12205 **W**aadter Zeile (4) 231-1a
13595 Wachenheimer Weg 167-4d
12623 Wacholderheide 150-10d
14052 Wacholderweg (Charlbg.) 167-6b
13467 Wachsmuthstraße 120-6d
13507 Wachstraße 120-10b
13129 Wachtelsteg 123-10c
12526 Wachtelstraße (Bohnsdf.) 235-5d
14195 Wachtelstraße (Dahl.) 194-5d
13403 Wachtelweg (Reindf.) 144-3d
13158 Wachtelweg (Rosnth.) 122-7c
13599 Wachtelweg (Siemst.) 143-9a
13156/13127 Wackenbergstraße 122-11c
13403 Wackerweg 144-3d
10178 Wadzeckstraße 170-3a
12165 Waetzoldtstraße 195-7b
13089 Waffenschmiedstraße 146-6b
10715 Waghäuseler Straße 169-11c
12489 Wagner-Regeny-Straße 198-9c
13127 Wagnerweg 122-5b
13465 Wahnfriedstraße 120-2a
12487 Waiblinger-Weg 198-5c
13469 Waidmannslust 120-9d
13469/13507/3509 Waidmannsluster Damm 120-11a + 121-7a
10179 Waisenstraße 170-3c
10629 Waitzstraße (34-C4)
12527 Walchenseestraße 235-2a
14089 Waldallee 192-7a
12683 Waldbacher Weg 172-3d
– Waldbrücke 201-12a
12555 Waldburgweg 199-3c
13159 Waldeckkarree 121-3b
– Waldeckpark 170-5d
10179/10997/10999 Waldemarstraße (Kreuzbg.) 170-9a
13156 Waldemarstraße (Rosnth.) 122-11a
12621 Waldenburger Straße 173-8c
10551 Waldenserstraße 169-2a
13407 Walderseestraße 145-6c
12623 Waldesruher Straße 199-3b
10247 Waldeyerstraße 171-5b
13467 Waldfriedenstraße 120-8b
14129 Waldhauswinkel 229-2d
12627 Waldheimer Straße 149-12b
13469 Waldhornstraße 120-9d
14169 Waldhüterpfad 194-7d
13505 Waldkauzstraße 143-2b
12347 Waldkraiburger Straße 197-7a
13469 Waldläuferweg 121-5c
12247 Waldmannstraße 195-11d
14193 Waldmeisterstraße 194-2d
14167 Waldmüllerstraße 230-2d
12557 Waldnesselweg 199-9c
10318 Waldowallee 172-8d
– Waldowpark 173-6b
12459 Waldowplatz 198-6a
13053 Waldowstraße (Altschönhs.) 147-9b
12623 Waldowstraße (Mahlsdf.) 173-6b
13156 Waldowstraße (Nschönhs.) 122-11a
12459 Waldowstraße (Oberschönwde.) 198-6a
13403/13407 Waldowstraße (Reindf.) 145-5a
12555 Waldpromenade 173-11b
12355 Waldrandsiedlung 233-6b
14129 Waldrebensteig 229-3c
14129 Waldsängerpfad 193-11c
12279 Waldsassener Straße 231-6c
14089 Waldschluchtpfad 192-6b
12589 Waldschützpfad 201-7b
14055 Waldschulallee 168-7d
– Waldseebrücke 193-12b
– Waldseepark 120-3d
13467 Waldseeweg 120-6b
13469 Waldshuter Zeile 121-7b
10318 Waldsiedlung Wuhlheide 172-11c
13467 Waldspechtweg 120-8b
13158 Waldsteg 145-3b
12489 Waldstraße (Adlhf.) 199-7a
12526 Waldstraße (Bohnsdf.) 235-8c
12527 Waldstraße (Grün.) 199-11c
12487 Waldstraße (Johsth.) 198-8a
12621 Waldstraße (Kaulsdf.) 173-11a
10551 Waldstraße (Moab.) 169-2a
13156 Waldstraße (Nschönhs.) 122-10d
12589 Waldstraße (Rahnsdf.) 201-12a
13403 Waldstraße (Reindf.) 145-1c
13587 Waldstraße (Spand.) 143-5a
14163 Waldstraße (Zehldf.) 194-10c
12527 Waldvogelweg (1) 199-10d
13503 Waldweg (Heilgs.) 119-11b
12589 Waldweg (Rahnsdf.) 201-6c
13629 Waldweg (Siemst.) 144-10b
13589 Waldweg (Spand.) 142-5d
13156 Walhallastraße 146-1a
12347 Walkenrieder Straße 197-4a
10318 Walkürenstraße 172-8c
13587 Walldürner Weg 143-7b
10713 Wallenbergstraße 169-10c
12209 Wallendorfer Weg 231-2d
13435 Wallenroder Straße 121-8c
10318 Wallensteinstraße 172-7d
13407 Walliser Straße 145-3c
14193 Wallotstraße 168-11b
10179 Wallstraße 170-6a
12621 Wallstraße (Kaulsdf.) 173-2c
10179 Wallstraße (Mitte) 170-5d
13127 Walnußallee (Siemst.) 122-6a
12555 Walnußweg (Baumgarteninsel) 199-5c
12347 Walnußweg (Britz) 196-9c
12359 Walnußweg (Nkln.) 197-8b
13629 Walnußweg (Siemst.) 144-10a
13465 Walporzheimer Straße 120-3c
12683 Walsheimer Straße 173-4a
12683 Walslebener Platz 172-9b
12169 Walsroder Straße 195-8b
10629 Walter-Benjamin-Platz (34-D5)
12687 Walter-Felsenstein-Straße 148-6d
12353 Walter-Franck-Zeile 233-3a
10249 Walter-Friedländer-Straße 171-2a
13125 Walter-Friedrich-Straße 103-12c
14165 Walterhöferstraße 230-4b
12487 Walter-Huth-Straße 198-8c
12623 Walter-Leistikow-Weg 174-1b
12203 Walter-Linse-Straße 195-10c
12353 Walter-May-Weg 197-11d
– Walter-Röber-Brücke 145-9d
12355 Waltersdorfer Chaussee 234-1d
12526 Waltersdorfer Straße 235-8a
12249 Waltershauser Straße 231-3c
12051 Walterstraße 197-1d
14109 Waltharistraße 229-4b
12489 Walther-Nernst-Straße 198-12a
12161 Walther-Schreiber-Platz 195-5a
14169 Waltraudstraße 194-8c
– Waltraudstraßebbrücke 194-8c
12207 Waltroper Platz 231-1c
12207 Waltroper Weg 231-1c
13581 Walzelstraße 166-3c
10243 Wanda-Kallenbach-Straße (1) 171-4d
14052 Wandalenallee 168-7b
10318 Wandlitzstraße 172-11a
13591 Wandsbeker Weg 166-2b
13088 Wanensteig 147-2d
10711 Wangenheimsteg 168-12a
14193 Wangenheimstraße 168-12c
14199 Wangerooger Steig 194-3d
12107 Wankstraße 196-11b
14129 Wannseebadweg 192-12b
– Wannseebrücke 228-6b
13587 Wansdorfer Platz 143-7b
13587 Wansdorfer Steig 143-7d
12043 Wanzlikpfad (2) 197-1b
12621 Waplitzer Straße 173-5a
13595 Warägerweg 167-7c
10587 Warburgzeile 169-4a
12683 Warener Straße 173-1d
14193 Warmbrunner Straße 168-12c
12349 Warmensteinacher 233-1c
12349 Warmensteinacher Straße 233-1c
13503 Warnauer Pfad 119-5d
10713 Warneckstraße 169-10c
14199 Warnemünder Straße (Schmargdf.) 194-3c
13059 Warnemünder Straße (Wartbg.) 148-1a
14052 Warnenweg 168-7b
12305 Warnitzer Straße (Lichtrde.) 232-6c
13057 Warnitzer Straße (Wartbg.) 148-1d
12524 Warnowstraße 234-3a
– Warschauer Brücke 171-4d
10245 Warschauer Platz 171-7b
10243 Warschauer Straße 171-7b
10823 Wartburgplatz 169-12c
10823/10825 Wartburgstraße 169-11d
13059 Wartenberg 148-1b
13053 Wartenberger Straße 148-7b
13053 Wartenberger Straße 148-4b
13051 Wartenberger Weg 147-3a
10365 Wartenbergstraße 171-6c
10963 Wartenburgstraße 170-7d
12051 Warthеplatz 196-3d
12051 Warthestraße 196-3d
13057 Wartiner Straße 148-5b
14129 Wasgensteig 229-2b
14129 Wasgenstraße 193-11d
10557 Washingtonplatz 169-3d
10179 Wassergasse (37-H5)
13053 Wassergrundstraße 148-8c
14163 Wasserkäfersteig 193-9d
12489 Wassermannstraße 199-7a
– Wassernixenweg 228-2b
12527 Wassersportallee 235-2c
– Wasserstadtbrücke 143-8b
12459 Wasserstraße (Oberschönwde.) 198-6b
13597 Wasserstraße (Spand.) 167-2a
10999 Wassertorplatz 170-9a
10969 Wassertorstraße 170-8b
12359 Wasserweg (Nkln.) 197-9a
12435 Wasserweg (Trept.) 171-12b
13589 Wasserwerkstraße 142-11b
12355 Waßmannsdorfer Chausee 234-7a
12249 Wasunger Weg 231-6a
– Waterloobrücke 170-8d
10961 Waterloo-Ufer 170-8c
12683 Wateweg 173-10a
13355 Wattstraße (Gesndbr.) 146-10b
12459 Wattstraße (Oberschönwde.) 198-2c
13629 Wattstraße (Siemst.) 168-1b
12107 Watzmannweg 232-2b
13051 Waxweilerweg 147-6b
12307 Weberstraße (Lichtrde.) 232-11d
12623 Weberstraße (Mahlsdf.) 174-1b
10243 Weberwiese 171-4b
12205 Weddigenweg 194-12c + 195-10c
13351 Wedding 145-8d
13347 Weddingplatz 145-12b
13357 Weddingstraße 145-9d
10243 Wedekindstraße 171-4b
12247/12249 Wedellstraße 195-12d
12347 Wederstraße 197-4a
12489 Weerthstraße 198-12b
13507 Weg 1 (Kol. am Waldessaum) 144-6a
13629 Weg 1 (Kol. V.d.Toren Feld 3) 144-8c
12439 Weg 1 (Nkln.) 197-10a
13581 Weg 1 (Spand.) 167-1c
13591 Weg 1 (Staak.) 166-2a
13589 Weg 2 (Kol. Sandwiesen) 142-9a
13629 Weg 2 (Kol. V.d.Toren Feld 3) 144-7d
12057 Weg 2 (Nkln.) 197-2d
12349 Weg 2 (Nkln./Kol. Goldregen) 197-10a
13581 Weg 2 (Spand.) 167-1c
13591 Weg 2 (Staak.) 166-2b
13507 Weg 2 (Teg.) 144-6a
13351 Weg 2 (Wedd.) 145-8a
13507 Weg 3 (Kol. am Waldessaum) 144-6a
13589 Weg 3 (Kol. Sandwiesen) 142-9a
13629 Weg 3(Kol. V.d.Toren Feld 3) 144-7d
12349 Weg 3 (Nkln.) 197-10a
13581 Weg 3 (Spand.) (1) 167-1c
13591 Weg 3 (Staak.) 166-2b
13351 Weg 3 (Wedd.) 145-8a
13127 Weg 4 (Fr. Buchhz.) 122-9c
13507 Weg 4 (Kol. am Waldessaum) 144-6a
13589 Weg 4 (Kol. Sandwiesen) 142-9a
13629 Weg 4 (Kol. V.d.Toren Feld 3) 144-7d
12349 Weg 4 (Nkln.) 197-10a
13158 Weg 4 (Rosnth.) 122-10b
13581 Weg 4 (Spand.) 167-1c
13351 Weg 4 (Wedd.) 145-8a
13507 Weg 5 (Kol. am Waldessaum) 144-6a
12349 Weg 5 (Kol.Goldregen) 197-10a
13589 Weg 5 (Kol. Sandwiesen) 142-9a
13629 Weg 5 (Kol. V.d.Toren Feld 3) 144-7d
13581 Weg 5 (Spand.) 167-1c
12057 Weg 5 (Volksgärten) 197-2d
13351 Weg 5 (Wedd.) 145-8a
13158 Weg 6 122-10b
13589 Weg 6 (Kol. Sandwiesen) 142-8b
12349 Weg 6 (Nkln.) 197-10a
13581 Weg 6 (Spand.) 167-1c
13629 Weg 6 (Teg.) 144-7d
13351 Weg 6 (Wedd.) 145-8a
12349 Weg 7 (Nkln.) 197-10a
13351 Weg 7 (Wedd.) 145-8a
12349 Weg 8 (Nkln.) 197-10a
13351 Weg 8 (Wedd.) 145-8a
13127 Weg 9 (Fr. Buchhz.) 122-9c
12349 Weg 9 (Nkln.) 197-10a
13351 Weg 9 (Wedd.) 145-8a
12349 Weg 10 (Nkln.) 197-10a
13351 Weg 10 (Wedd.) 145-8a
13351 Weg 11 (Wedd.) 145-8a
13351 Weg 12 (Wedd.) 145-8a
13351 Weg 13 (Wedd.) 145-8a
13351 Weg 14 (Wedd.) 145-8a
13351 Weg 15 (Wedd.) 145-8a
13627 Weg I (Charlbg.) 145-10c
12359 Weg I (Nkln.) 197-8b
13627 Weg II (Charlbg.) 145-10c
12359 Weg II (Nkln.) 197-8b
12359 Weg III (Nkln.) 197-8b
12359 Weg IV (Nkln.) 197-8b
12359 Weg V (Nkln.) 197-8b
12359 Weg VI (Nkln.) 197-8b
12359 Weg VII (Nkln.) 197-8b
13159 Weg A (Blankfde.) 122-5a
12559 Weg A (Müggħm.) 236-3c
12057 Wegastraße 197-3c
13159 Weg B (Blankfde.) 122-5a
12559 Weg B (Müggħm.) 236-3c
12559 Weg C (Müggħm.) 236-3d
12559 Weg D (Müggħm.) 236-3d
12559 Weg E (Müggħm.) 236-3b
12524 Wegedornstraße 234-3a
10623 Wegelystraße 169-5a
13088 Wegenerstraße (Weißs.) 147-8b
10713 Wegenerstraße (Wilmdf.) 169-10b
12357 Wegerichstraße 198-10c
12559 Weg F (Müggħm.) 236-3d
12559 Weg G (Müggħm.) 236-3c
12559 Weg H (Müggħm.) 236-3d
12559 Weg J (Müggħm.) 236-3c
12559 Weg K (Müggħm.) (1) 236-3c
12559 Weg L (Müggħm.) 236-3c
12559 Weg M (Müggħm.) 236-3c
12559 Weg N (Müggħm.) 236-3c
12559 Weg O (Müggħm.) 236-3c
12559 Weg P (Müggħm.) 236-3d
12559 Weg Q (Müggħm.) 237-1c
12559 Weg R (Müggħm.) 237-1c
13127 Weg Rosenthaler 122-6c
12559 Weg S (Müggħm.) 237-1c
13587 Wegscheider Straße 143-7d
12559 Weg T (Müggħm.) 237-1c
12559 Weg U (Müggħm.) 237-1c
12587 Weg zur Quelle 199-6c
13088 Wehlener Straße 147-5d
12277 Wehnertstraße 232-4b
12589 Weichselmünder Weg 201-9c
12045 Weichselplatz 171-10a
10247 Weichselstraße (Friedhn.) 171-5b
12043/12045 Weichselstraße (Nkln.).) 171-10c
13507 Weidenauer Weg 144-5b
– Weidendammer Brücke 170-1d
12526 Weidenkätzchenweg 235-4b
12623 Weidenstraße 173-11b
12524 Weidenweg (Altgl.) 234-6d
13129 Weidenweg (Blankbg.) 123-10a
12349 Weidenweg (Britz) 196-12d
10249/10247 Weidenweg (Friedhn.) 171-1c
13503 Weidenweg (Heilgs.) 119-11b
10589 Weidenweg (Kol. Gerickes Hof) 169-1a
14050 Weidenweg (Ruhwald) 168-1d
13593 Weidenweg (Spand.) 166-6b
13591 Weideweg (Staak.) 166-4b
10318 Weideplan (2) 172-12c
12439 Weiderichplatz 198-6d
12439 Weiderichstraße 198-6d
12045/12059 Weigandufer 171-10b
14089 Weihenzeller Steig 192-7b
– Weiherbrücke 195-6d
12309 Weilburgstraße 232-9b
10625 Weimarer Straße 169-7a
10715 Weimarische Straße 195-2a
13127 Weinapfelweg 123-7a + 4c
12555 Weinbergstraße 199-5b
13407 Weinbrennerweg 145-2a
13595 Weingartenweg 167-7c
14199 Weinheimer Straße 194-3a
14089 Weinholdweg 192-7a
13595 Weinmeisterhöhe 166-9d
13595/13593 Weinmeisterhornweg 166-5a
10178 Weinmeisterstraße 170-2b
12359 Weinrebenweg 197-9c
10249 Weinstraße 170-3b
10249 Weisbachstraße 171-1b
12527 Weiselpfad 236-12a
12049 Weisestraße 170-12d
12459 Weiskopffstraße 198-6b
13465 Weislingenstraße 100-11d
13158 Weißdornallee 122-10b
12205 Weißdornweg 230-3b
13595 Weißenburger Straße 167-4a
12627 Weißenfelser Straße 149-9d
12683 Weißenhöher Straße 172-6a
13086 Weißensee (Pankow) 147-7b
– Weißenseer Park 147-8a
10367/10369/13053 Weißenseer Weg 147-11b
13581 Weißenstadter Ring 166-2d
12309 Weißenthurmstraße 232-9b
12107 Weißkugelweg 196-12c
12205 Weißwasserweg 194-12c
12349 Weitbrucher Straße 232-3c
14089 Weiter Blick 192-3b
10317 Weitlingstraße 172-7a
12623 Weitzgründer Straße 173-12a
12683 Weizenweg 173-1c
13465 Welfenallee 120-5a
10777 Welserstraße 169-8d
13057 Welsestraße 148-2c
12355 Welsumerpfad 233-6d
12277 Welterpfad 232-1c
– Weltlingerbrücke 144-12c
13435 Welzower Steig 121-8d + 8a
12099 Wenckebachstraße 196-5c
12351 Wendehalsweg 197-11b
12527 Wendel-Hipler-Weg 236-7d
12107 Wendelsteinweg 196-11a
12557 Wendenschloss 199-12d + 235-3a
– Wendenschloßbrücke 199-8b
12559/12557 Wendenschloßstraße 199-8b
12524 Wendenstraße 235-1c
13595 Wendenweg 166-9d
12157 Wendlandzeile 195-3c
13439 Wentowsteig 121-11b
12623 Werbellinstraße (Mahlsdf.) 173-8d
12053 Werbellinstraße (Nkln.) 196-3b
12099 Werbergstraße 196-5a
10829 Werdauer Weg 195-3a
– Werdauer-Weg-Brücke 195-3a
10117 Werdersche Rosenstraße (7) (37-E4)
10117 Werderscher Straße 170-5a
12524 Werderstraße (Altgl.) 234-3b
13587 Werderstraße (Spand.) 143-5c
12103/12105 Werderstraße (Tphf.) 196-4d
14163 Werderstraße (Zehldf.) 194-10c
13507 Werdohler Weg 144-5a
12305 Werfelstraße 232-8b
13409 Werftendensteig 145-6b
10557 Werftstraße 169-3c
14055 Werkstättenweg 168-11b
12355 Werkzeugmacherweg 234-1a
12587 Werlseestraße 200-5a
12353 Wermuthweg 233-2a
10967 Werner-Düttmann-Platz 170-12a
10407 Werner-Kube-Straße 147-10c
14193 Wernerstraße (Grwld.) 194-2b
12621/12619 Wernerstraße (Kaulsdf., Mahlsdf.) 173-3a
14109 Wernerstraße (Wanns.) 228-6a
14165 Werner-Sylten-Weg 230-5a
12101 Werner-Voß-Damm 196-1b + 1a
13629 Wernerwerkdamm 168-1b
13055 Werneuchener Straße 147-9d
13467 Wernickestraße 120-9b
10589 Wernigeroder Straße 169-1c
12621 Wernitzer Straße 173-8a
12527 Wernsdorfer Straße 236-12a
12249 Wernshauser Straße 231-6a
12059 Werrastraße 171-10d
14089 Wertheimweg 192-11a
13503 Weselburer Weg 119-11b
10318 Weseler Straße 172-11b
12359 Wesenberger Ring 197-10b
13439 Wesendorfer Straße 121-9c
10247 Weserstraße (Friedhn.) 171-5b
12045/12047/12059 Weserstraße (Nkln.) 170-12b
12279 Weskammstraße 231-6b
13589 Wespenweg 142-8c
10779 Westarpstraße 169-11b
14053 Westdamm 167-6c
14050 Westend 168-5c
14059 Westend 168-5b
14052 Westendallee 168-4a
12557 Westendstraße 199-7b
13189 Westerlandstraße 146-5d
13589 Westerwaldstraße 142-12b
10709/10711 Westfälische Straße 168-9c
12207 Westfalenring 231-4c
13353 Westhafenstraße 145-11d
14129 Westhofener Weg 229-2b
13507 Westiger Pfad 144-5a
12109 Westphalweg 196-8c
13629 Westpreußenweg 144-8c
12487 Weststraße (Johsth.) 198-7b
13405 Weststraße (Reindf.) 145-4c
12487 Westweg (Baumsch.) 197-9b
12347 Westweg (Britz) 196-9b
13509 Westweg (Witten.) 120-12d
12277 Wettelroder Weg 231-9b + 232-7a
13189 Wetterseestraße 146-6c
12683 Wettersternweg 173-4c
14197 Wetzlarer Straße 195-4b
12167 Weverpromenade 195-8c
13595 Weverstraße 167-4a
10825/10715 Wexstraße 195-2a
10178 Weydemeyerstraße 170-3c
10178 Weydingerstraße (37-G2)
12249 Weygerweg 231-3b
14195 Wichernstraße (Dahl.) 194-9d
13587 Wichernstraße (Spand.) 143-4d
10439 Wichertstraße 146-9c
10787 Wichmannstraße 169-8b
12349 Wichtelmänner 232-3b
12249 Wichurastraße 196-10c + 232-1a
13507 Wickeder Straße 144-2d
14109 Wickenhagenweg 228-6c
12623 Wickenweg (Mahlsdf.) 173-12a
13629 Wickenweg (Siemst.) 144-10a
13467 Wickhofstraße 120-6d
14089 Wickramstraße 192-7c
10551 Wiclefstraße 169-1b
12057 Widderstraße 197-3a
14163 Widenhof 229-3c
12524 Widosteig 234-3d
12589 Wiebelskircher Weg 201-9a
10553 Wiebestraße 169-1d
13051 Wiecker Straße 147-3d
12351 Wiedehopfweg 197-9c
12207 Wiedenbrücker Weg 231-1d
10625/10629/10707 Wielandstraße (Charlbg.) 169-7c
12623 Wielandstraße (Mahlsdf.) 173-11b
12159 Wielandstraße (Schbg.) 195-2d
10999 Wiener Brücke 171-7d
10999 Wiener Straße 170-9b
12209 Wienroder Pfad 231-2c
13627 Wiersichweg 144-12c
12279 Wiesauer Straße 231-6d
12559 Wiesbacher Weg 236-3d
14197/12161 Wiesbadener Straße (Friedn., Wilmdf.) 195-1c
12309 Wiesbadener Straße (Lichtrde.) 232-9b
12623 Wieselstraße 173-6a
13629 Wieselweg 144-7d
– Wiesenbrücke 146-10a
12681 Wiesenburger Weg 148-8d
13597 Wiesendamm 167-3d
– Wiesendammbrücke 168-1c
12101 Wiesenerstraße 196-1d
12347 Wiesengrund (Britz) 196-9b
12587 Wiesengrund (Friedhg.) 200-1c
13591 Wiesengrund (Staak.) 166-4b
10318 Wiesengrundstraße 172-12c
13158 Wiesenkräuterweg 122-7d
12587 Wiesenpromenade 199-6a
14129 Wiesenschlag 229-3c
12526 Wiesenstraße (Bohnsdf.) 235-8b
13357 Wiesenstraße (Gesndbr.) 146-7c
10318 Wiesenstraße (Karlsh.) 172-12d
12589 Wiesenstraße (Rahnsdf.) 201-7b
12559 Wiesenstraße (Siedl. Schönhorst) 201-11b
12557 Wiesenweg 199-7d
13599 Wiesenweg (Haselh.) 143-9c
12247 Wiesenweg (Lankw., Lichtfde.) 195-11a
10365 Wiesenweg (Lichtbg.) 171-6c
13629 Wiesenweg (Siemst.) 168-1a
13581 Wiesenweg (Spand.) 166-3c
13597 Wiesenweg (Spand.) 167-2c
13591 Wiesenweg (Staak.) 166-4b
13629 Wiesenweg (Teg.) 144-8c
13158 Wiesenwinkel 122-10a
13086 Wigandstaler Straße 147-4c
10555 Wikingerufer 169-2c
13158 Wilckeweg 122-10a
12307 Wildauer Straße 232-8d
14165 Wildbergweg 229-3d
– Wildenbruchbrücke 171-10b
12045 Wildenbruchplatz 171-10d
12623 Wildenbruchstraße (Mahlsdf.) 173-12c
12045/12435 Wildenbruchstraße (Nkln., Alt-Tr.) 171-10d
10318 Wildensteiner Straße 172-11c
14195 Wildentensteig 194-5b
13503 Wildganssteig 119-8b
12353 Wildhüterweg 233-2a
13465 Wildkanzelweg 100-12a
12353 Wildmeisterdamm 197-11d + 233-1b
14193 Wildpfad 194-2a
12623 Wildrosengehölz 150-10c
12683 Wildrosenweg (Biesdf.) 173-4a
12349 Wildrosenweg (Britz) 196-12d
13503 Wildschwansteig 119-9d
12107/12349 Wildspitzweg 196-12a
13089 Wildstrubelpfad 147-1c

13505 Wildtaubenweg 143-2d
13587 Wildunger Weg 143-5c
12623 Wilhelm-Blos-Straße 173-12c
13509 Wilhelm-Blume-Allee 120-11d
– Wilhelm-Borgmann-Brücke 197-4c
12043 Wilhelm-Busch-Straße 171-10d
14050 Wilhelm-Busch-Weg 168-4b
13437 Wilhelm-Gericke-Straße 121-11c
10365 Wilhelm-Guddorf-Straße 171-6a
13347 Wilhelm-Hasenclever-Platz 145-9a
12159 Wilhelm-Hauff-Straße 195-2d
12489 Wilhelm-Hoff-Straße 198-12a
12526 Wilhelmine-Duncker-Straße 235-5a
10179 Wilhelmine-Gemberg-Weg 170-6d
12459 Wilhelminenhofstraße 198-6a + 2c
13187/13359 Wilhelm-Kuhr-Straße 146-4b
12489 Wilhelm-Ostwald-Straße 198-12d
12107 Wilhelm-Pasewaldt-Straße 196-10b
12621 Wilhelmplatz (Kaulsdf.) 173-5b
14109 Wilhelmplatz (Wanns.) 228-5c
10713/10715 Wilhelmsaue 169-10d
12683 Wilhelmsbrücker Straße 172-6d
10551 Wilhelmshavener Straße (Moab.) 169-2b
13581 Wilhelmshavener Straße (Spand.) 167-1c
10965 Wilhelmshöhe 170-10b
12161 Wilhelmshöher Straße 195-1d
12621/12623 Wilhelmsmühlenweg 173-2d
12555 Wilhelm-Spindler-Brücke 199-4a
13158 Wilhelmsruh 121-11d
13435 Wilhelmsruher Damm 121-10b
13581 Wilhelmstadt 167-4a
10249 Wilhelm-Stolze-Straße 171-1b
10117/10963 Wilhelmstraße 170-4b + 4d
13467 Wilhelmstraße (Hermsdf.) 120-6a
13595/13593 Wilhelmstraße (Spand.) 166-9a
– Wilhelm-von-Siemens-Park 144-10b
12277 Wilhelm-von-Siemens-Straße 196-10d
13086 Wilhelm-Wagenfeld-Straße (1) 147-4c
13156 Wilhelm-Wolff-Straße 146-1b
13355 Wilhelm-Zermin-Weg 146-10d
13159 Wilkesiedlung 122-5a
13507 Wilkestraße 120-11c
12203 Willdenowstraße (Lichtfde.) 195-7a
13353 Willdenowstraße (Wedd.) 145-12b
14055 Willenberger Pfad 168-7b
12623 Willestraße 173-12c
14167 William-H.-Tunner-Straße 230-3c
10965 Willibald-Alexis-Straße 170-11a
12437 Willi-Sänger-Straße 171-12d
12489 Willi-Schwabe-Straße 198-12b
10827 Willmanndamm 169-12b
12355 Will-Meisel-Weg 234-2c
12057 Willstätterstraße 197-2d
10557 Willy-Brandt-Straße 169-3d
10707 Wilmersdorf 169-7c
10585/10627/10629 Wilmersdorfer Straße 168-6b
– Wilmersdorfer Tunnel 169-11c
10961 Wilmsstraße 170-8d
13465 Wilsbergzeile 120-1c
12169 Wilseder Straße 195-8b
14169/14163 Wilskistraße 194-7c
10559 Wilsnacker Straße 169-3c
13125 Wiltbergstraße 103-11b
13465 Wiltinger Straße 120-2b
13595 Wilzenweg 166-9d
12487 Winckelmannstraße 198-7b
12621 Windbergweg 173-3a
12357 Windenweg 197-12b
13403 Windhalmweg 145-1a
13351 Windhuker Straße 145-7b
13585 Windmühlenberg 143-10a
13469 Windmühlenweg (5) 121-5d
12347 Windröschenweg 196-9d
10627 Windscheidstraße 168-6d
13349 Windsorer Straße 145-5d
14165 Windsteiner Weg 230-4d
12621 Windthorststraße 173-5c
12527 Windwallstraße 236-9c
14169 Winfriedstraße 194-11a
12349 Wingerter Straße 232-3c
12487 Winkelmannplatz 198-8c
13407 Winkelriedstraße 145-6c
12623 Winklerstraße 173-11b
14193 Winkler Straße 168-11c
12681 Winninger Weg 172-3a
10405 Winsstraße 146-12d
10781 Winterfeldtplatz 169-9c
10781/10777 Winterfeldtstraße 169-9c + 8d
13591 Winterhuder Weg 166-2a
10587 Wintersteinstraße 168-6b
13409 Winterstraße 145-6b
13407 Winterthurstraße 145-5d
12559 Winterweg (Mügghm.) 237-1c
13403 Winterweg (Reindf.) 144-6b
12101 Wintgensstraße 196-1a
13593 Winzerstraße 166-9b
12055 Wipperstraße 197-1b
12277 Wippraer Weg 231-6d
13627 Wirmerzeile 144-12d
12555 Wirsitzer Weg 199-2a
10439/13189 Wisbyer Straße 146-9a
13089 Wischbergeweg 147-4b
12357 Wischmattenweg 198-11c
13503 Wisentweg 119-9b
12207 Wismarer Straße 231-1c
10245 Wismarplatz 171-5b
14089 Wisserweg 192-7c
12587 Wißlerstraße 199-6c
14193 Wissmannstraße (Grwld.) 168-11c
12049 Wissmannstraße (Nkln.) 170-12d
12103/12105 Wittekindstraße 196-4c
12309 Wittelsbacherstraße (Lichtrde.) 232-12b
10707 Wittelsbacherstraße (Wilmdf.) 169-10a
13437 Wittenau 121-10a
13435/13469 Wittenauer Straße 121-7d
12689 Wittenberger Straße 149-1c
10789 Wittenbergplatz (35-G4)
13509 Wittestraße 144-2b
13591 Wittfeldstraße 142-11d
13583 Wittgensteiner Weg 142-12d
13088 Wittlicher Straße 147-5d
12053 Wittmannsdorfer Straße 197-1b
10553 Wittstocker Straße 169-1b
13599 Wittweseeweg (8) 143-8d
13053 Witzenhauser Straße 148-10b
14057 Witzlebenplatz 168-6c
14057 Witzlebenstraße 168-9a
13599 Woblitzseeweg (17) 143-9c
12355 Wochenendsiedlung an der Rudower Höhe 234-2d
14089 Wochenendsiedlung Gatower Straße 235 167-10a
12347 Wochenendweg 196-9d
13127 Wodanstraße (Fr. Buchhz.) 122-9b
12623 Wodanstraße (Mahlsdf.) 173-3c
13156 Wodanstraße (Nschönhs., Rosnth.) 122-10c
12589 Wodanstraße (Rahnsdf.) 201-12d
10115 Wöhlertstraße 146-10c
13086 Woelckpromenade 147-7b
12101 Wölfertstraße 196-1a
10317 Wönnichstraße 172-7a
13158 Wördenweg 121-12b
12689 Wörlitzer Straße 149-1c
12359 Woermannkehre 197-5a
12043 Wörnitzweg 197-1b
13595 Wörther Platz 167-4b
10435/10405 Wörther Straße (Prenzl. Bg.) 146-12c
13595 Wörther Straße (Spand.) 167-4b
13156 Woglindestraße 146-1a
12526 Wohlauer Straße 235-8a
12437 Wohlgemuthstraße 197-3d
13589 Wolburgsweg 142-12a
13059 Woldegker Straße 148-1b
13469 Wolfacher Pfad 121-4c
12681 Wolfener Straße 148-6c
12203 Wolfensteindamm 195-7b
12101 Wolffring 170-10c
12487 Wolfgang-Harlan-Straße 198-11a
13125 Wolfgang-Heinz-Straße 123-3a
12589 Wolfgang-Steinitz-Straße 201-12a
12524 Wolfmarsteig 234-3d
12105 Wolframstraße 196-7a
12623 Wolfsberger Straße 173-9d
12109 Wolfsburger Weg 196-8b
12555 Wolfsgarten 199-2d
12555 Wolfsgartenstraße 199-2d
13187 Wolfshagener Straße 146-2d
13591 Wolfshorst 142-11d
12559 Wolfsteiner Weg 236-3c
13593 Wolgaster Straße 166-11a
14169 Wolkenburgweg (3) 194-8a
13129 Wolkensteinstraße 123-4d
13187/13359 Wollankstraße 146-4d
13053 Wollenberger Straße 148-7b
10435/13355 Wolliner Straße 146-11a
13583 Wolmirstedter Weg 143-10a
12589 Woltersdorfer Weg 201-7b
12209 Woltmannweg 231-5a
13599 Wolzenseeweg (6) 143-8d
13407 Wolziger Zeile 232-11d
14163 Wolzogenstraße 193-12d
12555 Wongrowitzer Steig 199-2a
13055 Worbiser Straße 148-10b
12207 Wormbacher Weg 231-4c
10789 Wormser Straße (35-H5)
12169 Worpsweder Straße 195-8b
14089 Wossidloweg 192-7c
13125 Wotanstraße (Karow) 123-5b
10365 Wotanstraße (Lichtbg.) 172-1c
12487 Wotanweg 197-9b
10997 Wrangelstraße (Kreuzbg.) 170-6d
12165 Wrangelstraße (Stegl.) 195-7b
14089 Wredeweg 192-7a
10243 Wriezener Karree 171-4a
13359 Wriezener Straße (Gesndbr.) 146-7b
13055 Wriezener Straße (Hschönhs.) 147-9d
12487 Wrightallee 198-8c
– Wröhmännerpark 143-11c
13585 Wröhmännerstraße 143-11c
14089 Wublitzweg 191-12b
10245 Wühlischplatz 171-5d
10245 Wühlischstraße 171-5a
12203 Wüllenweberweg 195-10d
12489 Wünschelburger Gang 199-7a
12307 Wünsdorfer Straße 232-8b
12527 Würmseestraße 235-2a
14052 Württembergallee 168-4d
10707 Württembergische Straße 169-10a
13187 Würtzstraße 146-3a
12309 Würzburger Straße (Lichtrde.) 233-10a
10789 Würzburger Straße (Wilmdf.) 169-8d
12101 Wüsthoffstraße 196-1a
12683 Wuhletal 173-4b
– Wuhletalbrücke 149-4a
12687 Wuhletalstraße 148-6b
12683 Wuhleweg 173-5c
12683 Wuhlgartenweg 173-1c
12459 Wuhlheide 199-1a
12165 Wulffstraße 195-7b
12105 Wulfila-Ufer 196-7a
10585 Wulfsheinstraße 168-6a
12683 Wulkower Straße 173-7a
10555 Wullenwebersteg 169-5a
10555 Wullenweberstraße 169-5a
13583 Wunderwaldstraße 142-12c
14059/14057 Wundtstraße 168-8b
12524 Wunnibaldstraße 234-6a
12247 Wunsiedeler Weg 195-12b
12587 Wupatzseestraße 200-5a
14167 Wupperstraße 230-5d
13158 Wurstmacherweg 121-12b
12627 Wurzener Straße 149-9d
12347 Wussowstraße 197-4d
– Wustrower Park 148-1c
13051 Wustrower Straße 148-1c
12169 Wuthenowstraße 195-5d
12353 Wutzkyallee 233-3b

10707 **X**antener Straße 169-7c

10557 **Y**itzhak-Rabin-Straße 170-4a
10965 Yorckstraße 170-7d + 10b + 10a
10437 Ystader Straße 146-8d

12359 **Z**aandamer Straße 197-5c
13469 Zabel-Krüger-Damm 121-7a
14169 Zehlener Straße 194-11a
10315 Zachertstraße 172-4c
12351 Zadekstraße 197-11d
10707 Zähringerstraße 169-7c
13089 Zampastraße 146-6b
12621 Zanderstraße 173-2d
12107 Zangenbergweg 232-2d
13437 Zangengasse 121-11a
13503 Zanower Weg 119-6a
12349 Zantochweg 197-7c
12559 Zasing 201-11a
12099 Zastrowstraße 196-5a
12527 Zaucher Weg 236-8b
12683 Zauchwitzer Straße 173-4c
12349 Zaunkönig 232-3b
12351 Zaunkönigweg (Buck.) 197-11a
13125 Zaunkönigweg (Karow) 123-4d
10585 Zauritzweg 169-4c
13359 Zechliner Straße (Gsndbr.) 146-4c
13055 Zechliner Straße (Hschönhs.) 147-12b
13158 Zechsteinweg (Rosnth.) 122-8c
12589 Zeesener Weg 201-8b
13591 Zeestower Weg 142-10a
10119 Zehdenicker Straße 146-11d
14165 Zehlendorf 230-2a
13469 Zehntwerderweg 121-4c
12277 Zehrensdorfer Straße 232-4b
12359 Zeile 1 (Britz) 197-8a
12359 Zeile 2 (Nkln.) 197-5c
12359 Zeile 3 (Nkln.) 197-5c
12359 Zeile 4 (Nkln.) 197-5c
12359 Zeile 5 (Nkln.) 197-5c
12359 Zeile 7 (Nkln.) 197-8b
12359 Zeile 8 (Britz) 197-8b
12359 Zeile 9 (Nkln.) (1) 197-5c
12359 Zeile 10 (Britz) 197-8b
12359 Zeile 11 (Nkln.) 197-8a
12359 Zeile 12 (Nkln.) 197-8b
12359 Zeile 13 (Britz) 197-8a
12359 Zeile 14 (Britz) 197-8b
12359 Zeile 15 (Nkln.) 197-8b
12359 Zeile 17 (Britz) 197-8b
12359 Zeile 18 (Britz) 197-8b
12359 Zeile 19 (Nkln.) 197-8b
12359 Zeile 20 (Britz) 197-8b
12359 Zeile 21 (Nkln.) 197-8b
12359 Zeile 22 (Nkln.) 197-8b
12359 Zeile 23 (Nkln.) 197-8b
12359 Zeile 24 (Nkln.) 197-8b
13189 Zeiler Weg 146-6a
13503 Zeisgendorfer Weg 119-5d
12209 Zeisigweg 231-2c
12305 Zeißpfad 232-6a
12055 Zeitzer Straße 197-1d
13187 Zellerfelder Straße 146-3a
12355 Zellerweg 234-2d
10247 Zellestraße 171-2c
13189 Zellinger Weg 146-6a
– Zelterplatz 169-6b
10439 Zelterstraße 146-9d
13465 Zeltinger Platz 120-2b
13465 Zeltinger Straße 100-11d + 120-2b
13503 Zempiner Steig 119-5a
13125 Zepernicker Straße 104-10a
13353 Zeppelinplatz 145-9c
12459 Zeppelinstraße (Oberschönwde.) 198-2c
13583 Zeppelinstraße (Spand.) 142-12d
12627 Zerbster Straße (Helldf.) 149-9a
12209 Zerbster Straße (Lichtfde., Lankw.) 231-2d
12527 Zerkwitzer Weg 236-8a
13407 Zermatter Straße 145-5b
13465 Zerndorfer Weg 100-11d
12279 Zernickstraße 231-6d
12621 Zernsdorfer Straße 173-5a
13599 Zernseestraße (3) 143-8b
13439 Zerpenschleuser Ring 121-9a
12307 Zescher Straße 232-12a
10997 Zeughofstraße 171-7a
12203 Zeunepromenade 195-4c
12165 Zeunepromenade (1) 195-7b
13127 Zeuschelstraße 122-5b
13599 Zeuthener-See-Weg (10) 143-8b
12527 Zeuthener Wall 272-2d
12527 Zeuthener Weg 272-6c
13469 Ziegeleiweg 121-4d
13581 Ziegelhof 167-1d
13129 Ziegelstraße 123-11b
13129 Ziegelstraße (Blankbg.) 123-11a
10117 Ziegelstraße (Mitte) 170-1d
13503 Ziegenorter Pfad 119-5b
13583 Ziegenweg 142-12c
12057 Ziegrastraße 197-2b
12355 Ziehrerweg 234-2d
13509 Ziekowstraße 120-11b
13467 Zieselweg 120-8b
Zietenplatz (36-D5)
10117 Zietenplatz (1) 170-4d
12249 Zietenstraße (Lankw.) 231-2b
10783 Zietenstraße (Schbg.) 169-9c
14055 Zikadenweg 168-10b
10317 Zillepromenade 171-9a
13187 Zillertalstraße 146-5c
10585 Zillestraße 168-6d + 169-4c
10115 Zilleweg 122-5d
13127 Zimbelstraße 122-12b + 12a
12351 Zimmererweg 197-10b
12683 Zimmermannstraße (Biesdf.) 173-7c
12163 Zimmermannstraße (Stegl.) 195-4d
12207 Zimmerstraße (Lichtfde.) 231-1d
10117 Zimmerstraße (Mitte) 170-4d
13595 Zimmerstraße (Spand.) 167-4a
13156 Zingergraben 122-10c
14089 Zingerleweg 192-7a
13051 Zingster Straße 148-1c
13357 Zingster Straße (Gesndbr.) 146-7d
13051 Zingster Straße (Malch.) 147-3d
12685 Zinndorfer Straße 149-7d
14163 Zinnowweg 194-10a
12355 Zinnwalder Steig 234-2a
12489 Zinsgutstraße 199-7c
14163 Zinsweilerweg 194-10a
10555 Zinzendorfstraße 169-2c
10119 Zionskirchplatz 146-11d
10119 Zionskirchstraße 146-11c
12623 Zipser Weg 174-7a
13158 Zirkelsteinweg 122-8c
13589 Zirpenweg 142-8d
13599 Zitadelle 143-11c
– Zitadellenbrücke 143-11c
13599 Zitadellenweg 143-11c
13127 Zitherstraße 122-12a
12683 Zitronenfalterweg 173-4d
12355 Zittauer Straße 233-3b + 234-1c
13403 Zobeltitzstraße 144-6b
10317 Zobtener Straße 171-9b
12623 Zochestraße 150-11b
13591 Zörgiebelweg 166-2a
10178 Zolastraße 170-2b
13156 Zollbrücker Straße (1) 122-10c
10787 Zoologischer Garten 169-5c
14199 Zoppoter Straße 194-6b
13127 Zoppoter Weg 122-9c
10315 Zornstraße 172-4d
10961 Zossener Brücke 170-8c
12629/12627 Zossener Straße (Helldf.) 149-8a
10961 Zossener Straße (Kreuzbg.) 170-11a
13158 Zschirnsteinweg 122-7d
12683 Zu den Faltern (5) 173-4d
13587 Zu den Fichtewiesen 143-5a
12527 Zu den Gosener Bergen 237-11b
12347 Zu den Kastanien 196-9d
13057 Zu den Krugwiesen (1) 148-5a
12559 Zu den Müggelheimer Wiesen 201-10b
12555 Zu den sieben Raben 199-2d
13467 Zühler Weg 120-5b
12679 Zühlsdorfer Straße 148-9a
10965 Züllichauer Straße 170-11d
12205 Züricher Straße 230-3b
13503 Zugdamer Steig 119-5c
13587 Zum Alten Strandbad 143-8c
12524 Zum Alten Windmühlenberg 234-3a
12353 Zum Biesenwerder 233-2b
12557 Zum Dahmeufer 199-11a
13587 Zum Erlengrund 143-5a
12683 Zum Forsthaus 173-1b
12489 Zum Großen Windkanal 198-12a
13051 Zum Hechtgraben 147-3d + 3b
14109 Zum Heckeshorn 228-3c
13125 Zum Kappgraben 123-6a
12559 Zum Kiesgrund 200-12d
12349 Zum Kleinen Pfuhl 233-1c
10247 Zum Langen Jammer 171-2d
12557 Zum Langen See 199-12c
12559 Zum Rehwinkel 201-10a
12527 Zum Seeblick 236-12a
12489 Zum Trudelturm (7) 198-12a
12555 Zum Wuhleblick 199-2c
10247 Zur Börse 171-2a
12559 Zur Bürgerheide 200-12d
12559 Zur Drachenwiese 201-10c
12559 Zur Fähre 201-10b
12524/12526 Zur Gartenstadt 235-5a
12555 Zur Güterbahn 199-6a
13595 Zur Haveldüne 166-9d
12489 Zur Holzoper 198-9b
10247 Zur Innung 171-2a
10247 Zur Marktflagge 171-2a
12557 Zur Nachtheide 199-11d
13055 Zur Plauener Straße 148-10b
10247 Zur Rinderauktionshalle 171-2a
13088 Zur Ringallee 147-5a
12524 Zur Rothen Laake (4) 198-11d
12679 Zur Schönagelstraße 149-7b
13503 Zur Sonnenhöhe 119-5b
12527 Zur Uferbahn 235-2d
10247 Zur Waage 171-2c
13583 Zweibrücker Straße 143-10c
13591 Zweiwinkelweg 166-2c
12357 Zwergasternweg 198-10a
13465 Zwergenweg 120-4b
12355 Zwerghuhnweg 233-6b
12349 Zwerg Nase 232-3b
13088 Zwerg-Nase-Weg 147-2a
12353/12355 Zwickauer Damm 233-3d
10318 Zwieseler Straße 172-12a
12055 Zwiestädter Straße 197-1b
12057 Zwillingestraße 197-2d
14163 Zwingenberger Weg 194-7c
10555 Zwinglistraße 169-1d
13591 Zwischen den Giebeln 166-2a

Berlin Kleingartenkolonien

13057 **7**50 Jahre Berlin 148-3a

12109 **A**bendrot 196-8b
13627 Abendruh (Charlbg.) 144-12b
14167 Abendruh (Lichtfde.) 230-3a
14193 Abstellbahnhof 194-1a
12527 Adlerhorst 199-10d
10315 Akazienwäldchen 172-5a
– Albrechtsche Erben 144-8c
12099 Albrechtshöhe 196-5d
12167 Albrechtstraße 195-9c
13627 Alpenrose 144-12b
12359 Alpental (Britz) 197-5d
12099 Alpental (Mardf.) 196-9a
13581 Alpenveilchen 166-3c
13156 Alte Baumschule 146-1b
– Alter Exerzierplatz 144-10a
12587 Alter Grund 200-4c
12439 Alter Schalter 198-4b
– Alte Sternwarte 171-11b
12157 Alte Ziegenweide 195-6b
12249 Alt Lankwitz 196-10c
13581 Altonaer Straße 167-1c
14197 Alt-Rheingau 195-1a
13158 Alt-Rosenthal 122-7c
12435 Alt-Ruhleben 171-11a
12057 Alt-Ruhleben I 171-11d
12057 Alt-Ruhleben II 197-2b
12157 Alt Schöneberg 195-3c
14165 Alt-Schönow 230-5c
12489 Am Adlergestell 198-9a
14167 Am Aegirbad 230-6b
13593 Amalienhof II 166-5d
13591 Am alten Bahndamm 142-11d
12487 Am alten Fenn 198-7b
10369 Am Alten Steuerhaus 171-2b
– Am Anger 122-10c
13051 Am Außenring 123-12d
12107 Am Bahndamm 196-7c
12555 Am Bahndamm (Köp.) 199-2c
12355 Am Bildhauerweg 234-1c
12347 Am Braunschweiger Ufer 197-4c
13509 Am Brocken 144-3d
12359 Am Buschkrug 197-8b
12277 Am Diedersdorfer Weg 232-7a
10318 Am E-Werk 172-10d
13587 Am Fährweg 143-5d
13127 Am Feldweg 122-6c
10713 Am Fenn I+II 169-10c
14195 Am Fichtenberg 195-7a
– Am Fließ 120-10d
10965 Am Flughafen 170-11d
12683 Am Forsthaus 149-10d
– Am Freibad 198-1b
12439 Am Freibad Oberspree 199-4c
12307 Am Freizeitpark 232-7a
12683 Am Fuchsberg 172-9d
13599 Am Grützmachergraben 167-3a
13581 Am Haarmannsberg 166-2b
13059 Am Hechtgraben 148-2b
12487 Am Hederichweg 198-7c
10713 Am Hohenzollerndamm 169-10c
13629 Am Hohenzollernkanal 143-9d
13591 Am Kiesteich 142-11c
13159 Am Koppelgraben 122-5b
12349 Am Marienfelder Weg 196-12b
12435 Am Mississippi 197-3a
13158 Am Nesselweg 122-7c
13437 Am Nordgraben 121-11c
12209 Am Pfarracker 231-2c
12589 Am Plutoweg 201-8c
13437 Am Rathaus 121-10c
12587 Am Reitweg 200-1b
– Am Rohrdamm 144-10a
13158 Am Rollberg 122-8c
13187 Am Schloßpark 146-2b
13503 Am See 119-8c
13509 Am Sportplatz 120-11b
– Am Steinberg 146-6d
12277 Amstelveen 231-6d
14167 Am Stichkanal 230-6c
13599 Am Tegeler See 143-9a
12359 Am Teltowkanal 197-5d
12349 Am Töpchiner Weg 232-3d
12109 Am Türkenpfuhl 196-9c
10407 Am Volkspark Prenzlauer Berg 147-11a
12209 Am Wäldchen 231-5c
– Am Waldessaum 144-6a
– Am Wanderweg 144-2d
– Am Wasserbunker 144-8c
12359 Am Wiesenweg 197-9c
13159 An den Teichen 102-10b
13125 An der Autobahn 123-5d
14055 An der Avus 168-11a
13129 An der Bahn 123-4d
13583 An der Bötzowbahn 142-12c
12557 An der Dahme 199-11b
13583 An der Kappe 142-12d
12355 An der Kleinbahn 234-4d
13581 An der Lazarusstraße 166-3d
13407 An der Nordbahn 121-11d
– An der Rennbahn 196-11c
12209 An der Rodelbahn 231-5c
12487 An der Südostallee 198-4b
10318 An der Trainierbahn 172-12a
12355 An der Waßmannsdorfer Chaussee 234-4a
13587 Anglerverein Einigkeit 143-5d
10365 Anschluß Röder 172-1b
12057 Antonsruh 171-11d
13159 Arkenberge 102-10d
13507 Ascheberg 144-5b
12347 Asterngrund 196-9c
12105 Attilastraße 195-9b
12681 Aufbau 172-2b
12681 Auf der Alm 172-2c
13599 Auf der Hallig 143-9a
10711 Ausstellung 168-8d

12203 **B**äketal 195-7d
12107 Barnet 196-12a
12359 Bartas Grund 197-8b
12437 Baumfreunde 197-6c
12555 Baumgarteninsel 199-5c
13587 Behelfsheimsiedlung 143-5c
12249 Bellingstraße 231-3a
10829 Bergfrieden (Schbg.) 195-3d
12099 Bergfrieden (Tphf.) 196-5b
13349 Berg und Tal 145-5c
– Beusselsche Erben 144-8c

Berlin Kleingartenkolonien 413

10315 Bielefeldt 172-2c
13627 Bienenheim 144-12b
12683 Biesdorf-Süd 172-6c
10318 Biesenhorst II 172-9d
14197 Binger Loch 195-1c
13595 Birkeneck 167-5c
13127 Birkengrund 122-3c
14050 Birkenwäldchen 168-5a
13627 Birkenweg 144-12b
12307 Birkholz 232-7a
14050 Bismarcksruh 168-2c
13129 Blankenburg 123-10c
12347 Blaschkotal 197-4d
14199 Blaupunkt 194-3b
13627 Bleibtreu I 168-2b
10318 Blockdamm 172-10b
14050 Blumenpflege-Bolivarallee 168-4b
12589 Blumeslake 201-8c
13595 Bocksfelde-Alt 167-7a
13595 Bocksfelde Neu 167-7a
12524 Bodenreform 199-10c
13439 Bornholm I 146-8a
13439 Bornholm II 146-5c
13509 Borsigaue 120-12c
12103 Borussia 196-1d
14050 Braunsfelde 168-1d
14089 Breitehorn 192-6d
12437 Britzer Allee 197-6c
12359 Britzer Wiesen 197-8b
12527 Brückeneck 199-10d
13581 Brunsbüttler Damm 166-3d
14055 Buchenweg 168-7d
13127 Buchholz 122-9c
13159 Buchholzer Straße 122-4b
12487 Buckersberg 198-7c
12349 Buckower Feldmark 233-4a
13469 Bürgersruh 121-6d
13125 Bullenwiese 123-2c
10715 Bundesallee 169-11c
12157 Burenland 195-6a
13597 Burgwallschanze 167-1d
12359 Buschkrug 197-5d
12359 Buschkrugtal 197-5c

12157 **C**anova 195-6a
12109 Charenton-le-Pont 196-12a
13469 Cyclop 121-7d

13158 **D**aheim 2 122-8d
14050 Dahlemer Wiese Nord 167-3d
14050 Dahlemer Wiese Süd 168-1c
– Dahlwitzer Heide 150-11d
10589 Dahmshof 168-3b
12683 Dauergarten 172-6d
13469 Deilinge 121-5a
13597 Dr.-Pfuhl-Theunerkauf 167-4d
12247 Dorfaue 195-12b
13409 Dreieck 145-3d
13089 Dreieck Nord 146-3b
13627 Drei Linden 145-10c
12435 Drosselgarten 197-3a
– Durlach 195-2a

12359 **E**delweiß (Britz) 197-9a
13127 Edelweiß (Pank.) 122-6a
13581 Egelpfuhlwiesen 166-6a
12489 Ehrliche Arbeit 199-10a
13597 Eichtal 167-3d
12437 Eigene Scholle 197-9a
10367 Eigenheim 171-3c
13089 Eigenheim an der Rothenbachstraße 146-3d
12437 Eigenheim I + II 197-9a
– Eigenland 144-8c
13407 Einheit 145-2c
– Einheit I 145-2c
13627 Einigkeit (Charlbg.) 144-12b
13627 Einigkeit (Johsth.) 197-9a
12247 Einigkeit (Lankw.) 195-9c
12105 Einigkeit (Mardf.) 196-7b
12359 Einigkeit (Nkln.) 197-5c
– Einigkeit (Rosnth.) 122-7d
12157 Einigkeit (Schbg.) 195-6c
13437 Einigkeit (Witten.) 121-7d
12435 Einsamkeit 197-3a
13127 Einsiedelring 122-12a
13359 Eintracht an der Panke 146-4c
13507 Eisenbahn (Teg.) 120-11a
12305 Eisenbahn-Landwirtschaft (Lichtrde.) 232-8b
12277 Eisenbahn-Landwirtschaft Säntisstraße 232-5a
13587 Elswerder 143-5d
12207 Erbkaveln 231-4a
13159 Erholung (Blankfde.) 122-5a
12167 Erholung (Lichtfde.) 195-7d
12277 Erholung (Marfde.) 232-4b
12621 Erholung (Marz.) 173-10b
13403 Erholung (Reindf.) 145-4b
12524 Erlengrund (Altgl.) 198-12d
13587 Erlengrund (Spand.) 143-2a
12167 Erlenstraße 195-7d
12107 Erntesegen 196-7c
12587 Erpetal 199-3d
13127 Ertragreich 122-9b
12105 Eschenallee 196-7a
12279 Eschwege 231-6d
12207 Eugen-Kleine-Brücke 231-1c
12355 Ewige Heimat 234-1c

13629 **F**abiansche Erben 144-8c
12524 Falkenbrunn I 235-1b
13059 Falkenhöhe 1932 e.V. 124-11d
13059 Falkenhöhe Nord e.V. 124-11d
13089 Familiengärten 147-1a
13187 Famos 146-5c
13439 Fechner 121-9d
13053 Feierabend (Lichtbg.) 148-4d
12109 Feierabend (Mardf.) 196-8b
12099 Feldblume 196-5a
13088 Feldmannsburg 147-6c
12359 Feldschlößchen 197-8b
12103 Feldschlößchen (Tphf.) 196-1c
12437 Felsenfest 197-9a
13089 Feuchter Winkel 146-3b
13587 Fichtewiese 143-1b
12589 Finkenheerd 201-8c
13125 Fleißiges Lieschen 123-3d
12351 Fliedergrund 197-9c
12355 Fliederhain 234-4a
13437 Flora 121-11d
10318 Florafreunde 172-12c
12437 Formosa 197-9a
12435 Fortuna 171-12c
12557 Fraternitas 199-11d
13409 Freie Scholle (Reindf.) 146-4a
13581 Freie Scholle (Spand.) 166-3c
– Freies Land 147-4a
12047 Freie Stunde 171-10a
12057 Freiheit 197-2b
14050 Freiland 168-1c
13437 Freizeit 121-11c
13349 Freudental 145-5d
13086 Frieden I 196-6c
12359 Friedensgarten 197-8b
– Friedenstal 197-2b
12103 Friede und Arbeit 196-5a
12349 Friedland I 196-12b
12349 Friedland II 196-12b
12349 Friedland III 196-12c
– Friedrich-Engels-Straße 122-10a
10315 Friedrichsfelde-Nord 172-1d
12681 Friedrichsfelde-Ost 172-2c
14199 Friedrichshall 194-3d
13089 Friedrichshöhe 146-6d
13627 Friedrichsweg 144-12b
12359 Frischauf (Britz) 197-8b
13627 Frischauf (Charlbg.) 144-12b
13589 Frischauf (Spand.) 142-9d
13627 Frischer Wind 144-12d
12109 Fröhliche Eintracht 196-8b
13159 Frohsinn 122-8b
12487 Frohsinn (Baumsch.) 197-9b
12157 Frohsinn (Schbg.) 195-3c
13088 Frohsinn (Weißs.) 147-6c
13469 Frohsinn I 121-4d
13469 Frohsinn II 121-8a
12165 Fronhoferstraße 195-7b
12051 Frühauf (Nkln.) 197-4a
13587 Frühauf (Spand.) 143-5d
13509 Frühauf (Witten.) 120-12d
10318 Frühauf II 172-8c
14050 Fürstenbrunn 168-1c

13593 **G**ärtnerallee 166-6a
13156 Gartenbau Nordend 122-11b
13591 Gartenbauverein Staaken 166-1b
– Gartenfreunde 144-6b + 3d
12587 Gartenfreunde Hirschgarten 199-6b
13158 Gartenfreunde Nordend 122-11b
– Gartenfreunde Siemensstadt 144-10a
10318 Gartenfreunde Wuhlheide 172-12d
13125 Gartengemeinschaft Buch 123-3d
13127 Gartenvörde 122-6a
13158 Gauert 121-12a
12105 Geiserich 196-7a
12057 Gemeindeland Britz 197-5a
12487 Gemütliches Heim 198-7a
13627 Gemütlichkeit 145-10c
12437 Gemütlichkeit III 197-6c
12057 Georgina 171-11d
12107 Gerdsmeyer 196-11c
10589 Gerickeshof 169-1a
12099 Germania 196-5a
14050 Gesundheitspflege 168-5a
13088 Gesundheitsquell 147-5a
12207 Giesensdorf 231-1c
12557 Glienicker Straße 199-7d
– Glück im Winkel 195-3d
12349 Goldregen 197-10a
14050 Golfplatz 168-1d
13129 Grabenwinkel 122-12d
13127 Gravenstein 123-7a
13127 Gravensteiner Aue 123-7a
12277 Grenzland 232-5b
13595 Grimnitzsee 167-4d
10407 Grönland 147-11a
12557 Grünauer Straße 199-8c
12557 Grünauer Straße 1920 199-11a
12527 Gründerstraße 235-2c
12459 Grüne Aue 198-1b
10315 Grüner Grund 172-4d
12353 Grüner Stern 233-2a
– Grünes Tal 195-3c
12437 Grüne Weide 197-3a
– Grüne Wiese 146-6d
13581 Grünlandberg 166-3c
13437 Grünlandtal 120-12d
12357 Grünstreifen (Rudow) 198-10d
14167 Grünstreifen (Zehldf.) 230-2b
14193 Grunewald 168-10a
13583 Gustavs Ruh 1 142-12c
13627 Gute Hoffnung (Charlbg.) 145-10c
10318 Gute Hoffnung (Karlsh.) 172-8c
12347 Guter Wille 196-9d

10589 **H**absburger Ufer 169-1c
10589 Habsburg-Gaußstraße 168-3b
13086 Hamburg 147-4c
12045 Hand in Hand 171-10a
12101 Hansakorso 196-1c
12359 Harmonie 197-8b
12437 Harmonie (Trept.) 197-6a
12059 Harztal 171-11a
13599 Haselbusch 143-9c
13581 Hasenheide 166-6b
12359 Hasenheim 197-9c
13597 Hauptbahnhof Spandau 167-2a
14089 Havelblick 166-12d
13599 Haveleck 143-8b
14089 Havelfreude 192-9b
13509 Havelmüller 120-12a
14089 Havelwiese 192-6d
13627 Heckerdamm 145-10c
13593 Heerstraße 166-6d
12487 Heide am Wasser 197-9d
13627 Heidefreiheit 144-12b
12435 Heidekampgrund 171-12c
13627 Heideschlößchen 145-10c
13627 Heimat 144-12d
12349 Heimaterde 196-12d
12437 Heimatscholle 197-9a
12169 Heimgarten 195-9a
13089 Heinersdorf 146-6b
12057 Heinrichsruh 197-2b
12207 Heinrichstraße 231-1d
12157 Heiterkeit 195-3c
12629 Hellersdorf 149-8d
12057 Helmutstal 171-11d
12487 Hermannsruh 198-7a
13627 Hinckeldey 144-12a
10318 Hochspannung 172-8c
13127 Hoffnung 122-12a
13599 Hoffnung Süd 143-12d
12437 Holderbusch 197-9a
12437 Holunderbusch 197-5d
13359 Holzweg 146-4c
14163 Hoppe 230-1a
12277 Hüfnergärten 232-4a
– Humboldt 122-10a
13507 Humboldt (Teg.) 120-11c
14193 Hundekehle 194-1b

12157 **I**deal 195-3d
12359 Ideal III 197-9c
13159 Idehorst 122-5b
14163 Idsteiner Straße 230-1a
12555 Im alten Wolfsgarten 199-3a
12437 Immergrün 197-9a
12683 Immergrün (Marz.) 172-9b
13509 Industriebahn 120-12a
12107 In Treue Fest 196-10b

14197 **J**ohannisberg 195-1c
13627 Juliusruh 145-10c
13627 Jungbrunnen 145-10a
13627 Jungfernheide 144-12a

12105 **K**aisergarten 196-7d
13351 Kamerun 145-8c
12157 Kaninchenfarm 195-6a
12524 Kanne 199-10c
13159 Kapellenweg 122-5a
12169 Karl-Fischer-Weg 195-9b
12167 Karl-Lange-Brücke Nord 195-9c
12247 Karl-Lange-Brücke Süd 195-9c
13127 Karlsgarten 122-5d
13627 Karlshofer Wiese 145-10a
13469 Karlsruh 121-6b
– Karlsruhe II 197-6a
13469 Karpfenteich 121-5d
13125 Kastanienhain 123-5a
12621 Kaulsdorfer Busch 173-8a
12623 Kaulsdorfer See 173-8d
12059 Kiehler Grund 171-11c
13595 Kietzer Feld 167-4c
13593 Kirchengelände (Spand.) 166-6c
13509 Kirchengelände (Teg.) 120-11b
13156 Kirschplantage 122-11a
13158 Kissingen (Rosnth.) 122-7c
14199 Kissingen (Schmargdf.) 194-3b
13587 Kleckersdorf 143-8c
12109 Kleeblatt 196-9a
13351 Klein-Afrika 145-8a
13589 Kleingartenpark Radeland 142-9a
12559 Klein Venedig II 199-8b
12557 Klondyke 199-7d
13627 Königsdamm 145-10a
12249 Königsgraben 231-3b
12555 Köpenick-Nord 199-2c
– Köppensche Erben 144-8c
13409 Kolonie der BVG 145-6b
12209 Kolonie Hildburghauser Straße 231-1d
12059 Kolonie NCR 197-2a
13597 Kraftwerk Unterspree 167-3d
12623 Kressenweg 173-9a
12435 Kreuztal 171-11d
13127 Krugpfuhl 122-5d
12435 Kuckucksheim I 197-3a
12437 Kuckucksheim II 197-5d
12589 Kuckucksnest 201-8c
13089 Kühler Grund (Heindf.) 147-1d
12059 Kühler Grund (Nkln.) 197-2a
13403 Kühler Grund (Witten.) 121-10c
12349 Kurt Pöthig 232-3b

12437 **L**akegrund 198-1a
10589 Lambertstraße 168-3b
13053 Land in Sonne 148-4d
12489 Lange Gurke 199-7d
10369 Langes Höhe 147-11b
12247 Lankwitz Hafen 195-9d
12249 Lankwitz-Stamm 231-3a
12249 Lankwitz-Tierheim 231-3a
12249 Lankwitz-Zieten 231-3a
14197 Laubacher Straße 195-1a
13581 Lazarusstraße 166-6b
13407 Lebensfreude (Reindf.) 121-11d
12099 Lebensfreude (Tphf.) 196-5b
13627 Lehmannshof 145-10a
12099 Lehmberg 196-9b
12437 Lerchenfeld 197-9a
12437 Lerchenhöhe 197-6c
12207 Lichterfelde 195-11d
– Lindenbaum 195-3d
13627 Lindenblüte 145-10b
– Lindenhain 195-3d
13127 Lindenhof 122-3a
12487 Lindental 197-9b
13627 Löwe I 145-10c
12059 Loraberg 171-11c
13581 Ludwig-Heim 166-3c
13353 Lüttich 145-11b
10711 Lützenstraße 168-9c
10829 Luisengärten 195-3d
13583 Lutter-Korth 142-12d

13088 **M**ärchenland 147-2a
10319 Märkische Aue 172-5c
12309 Märkische Heide 232-12d
12057 Märkische Schweiz 171-11d
12623 Mahlsdorf-Nordspitze 150-11a
12359 Maiblume 197-5d
14199 Mannheim 194-3b
13051 Margaretenhöhe-Nord 123-12b
13597 Margareteninsel 167-5a
13407 Mariabrunn 145-6a
12277 Marienfelder Scholle 231-6d
12109 Marienglück 196-9a
12437 Mariengrund 197-6b
12105 Marienhöhe 196-7a
– Mariental 2 197-6a
12359 Martha Baer 197-8b
13587 Maselake 143-5d
14197 Mecklenburgische Straße 195-1b
12524 Meisengrund 235-1a
12437 Meran 197-6c
13187 Möbius 146-2b
13127 Möllersfelde 122-5b
13127 Möllersfelder Weg 122-2c
13597 Morellental 167-5a
12109 Morgengrauen 196-8b
12099 Morgenrot 196-8b
12437 Morgensonne 197-9a
12347 Morgentau 197-4d
12621 Mosbacher Straße (Kaulsdf.) 173-5c
12589 Müggelfleck 201-7d
12559 Müggelheim I 236-3a
12559 Müggelheim II 236-3c
12559 Müggelspree 199-5d
12589 Müggelspreeufer 201-11a
12589 Müggelwerderweg 201-7b
10315 Mühlenberg (Friedrfde.) 172-5a
13469 Mühlenberg (Lüb.) 121-5d
12587 Mühlenfließ 199-5a
13053 Mühlengrund 148-4d
12589 Mühlenwiese 201-8c
13437 Müller 121-11d
10365 Müllersruh 172-1c

13629 **N**euer Exerzierplatz 144-10a
14059 Neuer Fürstenbrunner Weg 168-2d
12524 Neuer Garten I 198-12d
12524 Neuer Garten II 198-12d
13583 Neuer Wiesengrund 143-10c
10407 Neues Heim (Prenzl. Bg.) 147-11a
12355 Neues Heim (Rudow) 234-2b
12207 Neues Leben (Lichtfde.) 231-1c
13437 Neues Leben (Reindf.) 121-11d
12557 Neue Wiesen 199-12b
12157 Neue Zeit 195-6b
12435 Neu-Friedland 171-11a
12109 Neu-Helgoland 196-12a
12355 Neuhofer Straße 234-2c
13089 Neuhoffnungstal 146-6b
12057 Neuköllner Schweiz 171-11d
12057 Neuköllnische Wiesen 171-11d
12107 Neuland (Mardf.) 196-10d
13591 Neuland (Staak.) 142-11c
– Neuland I 144-8d
– Neuland II 144-8c
13158 Neuland Rosenthal 122-10a
13469 Neu-Lübars 121-9a
13051 Neu-Malchow 123-12c
12487 Neuseeland 198-7a
13589 Neu Sternfeld 142-8c
12439 Niederschöneweg 198-6d
13158 Nordend 122-8c
14199 Norderney 194-6b
13347 Nordkap 145-9b
13089 Nordland 147-1a
13158 Nordlicht 122-8d
13349 Nordpol II 145-5c
13587 Nordstern 143-5b

12437 **O**berdamm 197-9a
12621 Oberfeld 173-3a
– Oberspree (Oberschönwde.) 198-1b
12049 Odertal 196-3b
14199 Oeynhausen 194-3b
10589 Olbersstraße 168-3a
13627 Olympia 145-10c
13053 Oranke 147-8b
12357 Orchideenweg 197-12b
12209 Osdorf 231-5c
12347 Ostelbien II 196-9b
12207 Ostpreußendamm 231-1b
13158 Ostsee 122-9c

13359 **P**anke 146-4c
13187 Pankeglück 146-2b
13127 Pankegrund (Fr. Buchhz.) 123-7c
13359 Pankegrund (Gesndbr.) 146-4b
13125 Pankeniederung 123-4b
13127 Pankepark 123-7c
13127 Pankewiese I 123-7c
13127 Pankewiese II 123-7a
12101 Papestraße 170-10c
12101 Papestraße Bl. I 196-1a
12101 Papestraße Bl. II 196-1a
13127 Pappelgrund 122-6b
12359 Pappelheim 197-5c
10317 Paradies 171-9b
13187 Parkfriede 146-2b
– Parkheim 145-2c
14167 Parkkolonie Nord 230-3d
14167 Parkkolonie Süd 230-3d
13127 Parksiedlung 122-6d
12435 Parkstraße 171-12c
10587 Pascalstraße 169-1d
14193 Paulsborn-Kudowa 168-12c
13585 Paulsfelde 143-10c
13599 Paulstern 143-12d
12059 Petersbaude 171-11a
13627 Pfefferluch 144-12b
13627 Pfefferluchwiesen 144-12b
13627 Pferdemarkt 144-12d
13053 Pflanzerfreunde 147-8d
– Pflanzerheim 145-2c
12355 Platanenblick 234-4d
10318 Platz an der Eiche 172-12d
13587 Plötze 143-5b
13351 Plötzensee 145-10a
12524 Plumpengrund 235-1a
10589 Pretoria 169-1c

13405 **Q**uartier Napoleon 145-7c

12589 **R**ahnsdorf-Süd 201-8c
12435 Rathaus Treptow 171-12d
13469 Rathenow 121-6c
12169 Rauhe Berge 195-6c
13351 Rehberge 145-7b
12587 Reichsbahn 200-4b
12435 Reichsbahn Eintracht (Trept.) 171-11a
13088 Rennbahn 147-4b
12107 Reutlinger Straße 195-9d
10318 Rheinstein 172-12a
13599 Rhenania-Salzhof 143-9c
12105 Röblingstraße Nord 195-9b
12105 Röblingstraße Süd 195-9b
13437 Roedernallee 121-11c
13053 Roedernaue 147-9c
14057 Rönnestraße 168-8d
13599 Rohrbruchwiesen II 143-9c
12347 Roseneck (Britz) 196-9b
12157 Roseneck (Schbg.) 195-6c
12347 Rosenecke 197-7a
13125 Rosengarten (Karow) 123-2c
12681 Rosengarten (Marz.) 172-2d
12359 Rosenhain 197-5d
13158 Rosenthal-Nord 121-9d
13158 Rosenthal-Süd 121-12b
10589 Rosenweg 168-3b
14050 Roßtrappe 168-5a
12355 Rudower Höhe 234-2d
12355 Rudower Schweiz 234-2a
12524 Rudower Straße 198-11d
12059 Rübezahl 171-11c
13125 Rübländer Graben 123-2c
13127 Rügen 122-12a
14167 Rütli 230-3c
13597 Ruhleben 167-3d
14050 Ruhwald 168-1d

13599 **S**aatwinkel 143-9b
13627 Saatwinkler Damm 145-10a
14165 Sachtleben 230-4d
13599 Salzhof 143-9a
12157 Samoa 195-6a
13357 Sandkrug I 146-8a
13359 Sandkrug II 146-8a
13589 Sandwiesen 142-9a
12107 Sandwüste 196-10d
13359 St. Georg 145-9b
10317 Sanssouci 172-7a
12109 Schätzelberge 196-8b
13409 Scherbeneck 146-4a
13407 Schillerring 145-6c
14163 Schlachtensee Süd 229-6a
13597 Schlangengraben 167-2c
13437 Schlehbuschweg 121-10a
14059 Schleusenland 168-3a
13507 Schloß Tegel 120-11c
12057 Schmidtsruh 197-2b
13127 Schönerlinder Straße 122-6a
13409 Schönholz I 145-3d
12559 Schönhorst 201-11b
– Schönwald 122-7c
12247 Schünemannweg 195-9c
13187 Schüßler 146-2b
12589 Schulzendienstwiese 201-8c
12169 Schutzverband Steglitz 195-9a
13403 Schweinekopf 145-4b
14167 Schweizerland 230-3c
13503 Seebad 119-11a
10318 Seegelände 172-9a
10711 Seesener Straße 168-12a
13587 Segelclub Spandau 143-5d
12589 Siedlung im Walde 201-8d
13627 Siedlung Akazienhain 144-12b
12437 Siedlung X 197-6c
10365 Siegfriedslust 171-3d
12437 Silberlinde 197-6a
12051 Silberstraße 197-1c
13469 Sleintal 121-7b
12057 Sommerfreude 197-2d
13359 Sommerglück 146-4a
– Sommerheim 195-3c
13053 Sonnenblume 148-11a
13627 Sonnenheim 144-12b
12157 Sonnenland 195-6a
14167 Sonnenschein (Lichtfde.) 230-3a
13597 Sonnenschein (Spand.) 167-3c
– Sonnenschein (Weißs.) 147-9a
13593 Sonnental 166-9b
13127 Sonnental (Fr. Buchhz.) 122-6b
13349 Sonntagsfreude 145-5c
12359 Sonntagsfreude (Britz) 197-9c
14050 Sonntagsfrieden 168-4b
13599 Sophienwerder 167-2b
12347 Sorgenfrei (Britz) 196-9b
12681 Sorgenfrei (Marz.) 172-3a
12435 Sorgenfrei (Pläntw.) 171-11d
12437 Späthstraße 197-5d
12487 Späthswalde 198-7a
14050 Spandauer Berg 168-1c
14050 Spandauer Bock 168-1c
13587 Sportanglerverein Aale 143-5a
12559 Spreeaue 199-5d
14050 Spreeblick 168-1c
14050 Spreegrund 168-1d
13627 Spreeufer 168-2b
– Spreewald 195-3d
12559 Spreewiesen 201-11a
14050 Spreewiesen (Charlbg.) 168-2b
13629 Spreewiesen (Siemst.) 168-1a
13591 Staaken 166-2a
12057 Stadtbär 171-11d
10715 Stadtpark 1 169-11d
10318 Stallwiesen 172-11c
13359 Steegerstraße 146-4d
12247 Steglitzer Hafen 195-11a
12163 Steglitz-West 195-4b
13437 Steinberg 120-12b
12101 Steingrube 170-10c
12355 Steingrube-Weimarsruh 234-4d
12057 Steinreich 197-2d
13125 Steintal (Buch) 123-3d
13469 Steintal (Waidml.) 121-7b
13405 Steinwinkel 145-7d

13629 Sternfeld 168-1a
– Sternwarte 1911 171-11d
10589 Stichkanal 168-3b
10589 Stichkanal-Mulde 168-3b
10589 Stichkanal-Wickelshof 168-3b
12057 Stolz von Rixdorf 197-3a
13158 Straße vor Schönholz 146-1c
12437 Südpol (Johsth.) 197-6c
12057 Südpol (Nkln.) 197-3a
12099 Südring 196-5b
12105 Südufer 196-7c

13469 Talheim 121-6b
13503 Tegel-Forst 119-9b
14165 Teltowblick 230-5c
12437 Teltowkanal I 197-6b
12489 Teltowkanal III 199-10c
12101 Tempelhofer Berg 196-2c
12619 Teterower Ring 149-11c
12359 Therese Dähn 197-8b
14050 Tiefer Grund I 168-2c
14050 Tiefer Grund II 168-2c
13158 Tiefland (Rosnth.) 122-10a
13583 Tiefland (Spand.) 143-10c
13597 Tiefwerderbrücke 167-5a
13597 Tiefwerderwiesen 167-5c
13351 Togo 145-8a
12437 Treidelweg 197-9a
10627 Trendelenburgstraße 168-9a
12435 Treptows Ruh 171-12c
12347 Treseburg 197-4c
12057 Treue Seele 197-2b
13407 Trockendorf 145-2a

12105 Union 196-7b
12347 Unland I + II 197-7c
13597 Unterhavel 167-2c
12105 Unter Uns 196-7b

13587 Verein für Gesundheitspflege 143-5a
13353 Virchow 145-12a
13407 Vogelhain 145-2a
12437 Vogelsang I 197-3a
12437 Vogelsang II 197-3a
– Volksgärten 197-2d
12157 Vorarlberg 195-3c
13629 Vor den Toren Feld 1 144-8d
– Vor den Toren Feld 2 144-8c
13629 Vor den Toren Feld 3 144-7d
13629 Vor den Toren Feld 4 144-7d

– Wacholderheide 150-10d
13405 Waldblick 144-6b
13469 Waldesfrieden 121-8b
12437 Waldesgrund 197-6b
13589 Waldeslust 143-7a
13503 Waldessaum (Heilgs.) 119-8d
13589 Waldessaum (Spand.) 142-5c
12526 Waldfrieden (Bohnsdf.) 235-2c
13627 Waldfrieden (Charlbg.) 144-12b
13589 Waldfrieden (Spand.) 142-5d
12437 Waldfrieden I 197-6d
13589 Waldheim 142-8b
12439 Waldland 198-6d
14055 Waldschulallee 168-7d
14055 Waldschule 168-7d
12249 Waltershauser Straße 231-3b
13587 Wannseeaten 143-5a
12109 Wartburg 196-8d
12347 Wasserkante 196-6d
14050 Wasserturm (Charlbg.) 168-5a
10711 Wasserturm (Wilmdf.) 168-9c
12437 Wasserweg 197-9a
– Wasserwerk Rosenthal 122-10c
12487 Wegegrün 198-10b
13627 Weidenbaum 144-12b
12059 Weidental 171-11a
13593 Weinbergsweg 166-9b
13595 Weinmeistergrund 167-7c
13595 Weinmeisterhorn 167-7c
12247 Weinviertel 195-12a
12057 Weißer Stern 197-2b
10365 Weiße Taube 148-10c
12557 Wendenaue I 199-11d
12557 Wendenaue II 199-11d
12623 Werbellinbecken 173-8d
12059 Wesertal 171-10d
14050 Westend 168-4b
12623 Wickenweg 173-9c
10829 Wiedervereinigung 195-6b
14197 Wiesbaden 194-3d
13469 Wiesenblick 121-4b
13627 Wiesengrund (Charlottenburg) 144-12d
13359 Wiesengrund (Gesndbr.) 146-8a
12587 Wiesengrund (Köp.) 200-1a
12305 Wiesengrund (Lichtrde.) 232-9a
12157 Wiesengrund (Schbg.) 195-6b
13581 Wiesengrund (Spand.) 166-3b
13469 Wiesengrund I 121-8a
13469 Wiesengrund II 121-5c
13051 Wiesenhöhe 147-3a
12107 Wildspitz 196-12a
12105 Wild-West 196-10b
12355 Wilhelm Dähne 234-4b
12621 Wilhelmsmühlenweg 173-6a
12359 Wilhelmsruh 143-5d
– Wilhelmstrand 172-10c
13158 Windige Ecke 122-10b
12589 Wittigwiesen 201-7b
14050 Wochenend I 168-1c
14050 Wochenend II 168-1c
13587 Wohnsiedlung Hakenfelde 143-5c
12621 Wuhlesee 173-10d
12555 Wuhlewiesen 199-1b
14167 Wupper 230-5d

– Zingertal 146-1a
12355 Zittauer Straße 233-3d
12487 Zu den Eichen (Johsth.) 198-9c
13589 Zu den Eichen (Spand.) 143-7a
12347 Zufriedenheit (Britz) 197-7c
12057 Zufriedenheit (Nkln.) 171-11d
13627 Zukunft (Charlbg.) 144-12d
12207 Zukunft (Lichtfde.) 231-1a
12359 Zum Siedlerheim 197-5d
12359 Zur Elf 197-5d
– Zur freien Stunde 147-9a
12437 Zur Linde 197-3d
13125 Zur neuen Baumschule 123-3d
13435 Zur Pappel 121-8c
12057 Zur Rose 171-11d
12349 Zur Windmühle 197-10a

Bernau bei Berlin
PLZ 16321

Ahornallee 105-11b
Ahornstraße 105-8a
Ahornweg 87-8c
Ahrstraße 104-2b
Akazienstraße 105-7b
Akazienweg 87-7d
Albertshofer Chaussee 87-11b
Alberichstraße 105-2b
Alte Bernauer Landstraße 105-11b
Alte Brauerei (38-A2)
Alte Goethestraße 105-1b
Alte Lanker Straße 87-4c
Alte Lohmühlenstraße 87-10c
Alte Schönower Chaussee 86-12d
Alt Lobetal 69-10d
Am Ahornweg 106-4a
Am Amselhorst (1) 86-8d
Am Birkenweg 106-4b
Am Brüderberg (2) 87-1b
Am Dorfplatz (1) 87-1b
Am Falkensteg 86-8d
Am Finkenhain 86-8d
Am Fliederbusch 87-7b
Am Fuchsbau 86-8d
Am Hasensprung 86-8b
Am Henkerhaus (38-A2)
Am Hirschwechsel 86-8d
Am Kiefernweg 106-4b
Am Lanker Weg 104-2a
Am Lindenweg 106-4a
Am Mahlbusen 105-1c
Am Pankeborn 87-11a
Am Rehpfad 86-8d
Amselsteg 87-7d
Amurstraße 104-3c
Am Waldweg 106-4b
Am Wasserturm 87-7a
An den Schäferpfülen 87-7c
An der einsamen Kiefer 87-2a
An der Kirche 87-7b
An der Panke 104-5b
An der Plantage 87-7d
An der Schmiede 87-1b
An der Stadtmauer 105-1b
An der Tränke 105-1a
An der Viehtrift 105-1a
An der Waschspüle (38-B2)
An der Wildbahn 86-8d
Andromedastraße 105-2c
Anemonenstraße 87-10c
Anemonenweg 87-7b
Angarastraße 104-3d
Angergang 105-1b
Apfelallee 106-4a
Arthur-Stadthagen-Straße 105-4a
Asternstraße 104-3b
Asternweg 87-7b
August-Bebel-Straße 87-10d
Auguststraße 104-1d

Bachstraße 85-2d
Bärenwinkel 105-3c
Bahnhofsplatz 105-1b
Bahnhofstraße 105-2a
Baikalplatz 104-3c
Barbara-McClintock-Straße 87-9c
Basdorfer Straße 86-8c
Beethovenstraße 105-11b
Bergstraße 104-5b
Berliner Allee 104-1d
Berliner Straße 105-1b
Bernauer Allee 104-2a
Bernauer Straße (Birkholz) 105-10a
Bernauer Straße (Birkholzaue) 105-9c
Bernauer Straße (Ladeburg) 87-7b
Bethelweg 87-1b
Biesenthaler Weg 87-4d
Birkbuschstraße 104-1c
Birkenhöhe 105-7a
Birkensteg 87-7d
Birkenstraße 105-8a
Birkholz 104-12d
Birkholzaue 105-11a
Birkholzer Allee 125-1c
Birkholzer Dorfstraße 105-10c
Birkholzer Straße 125-1a
Blumberger Chaussee 105-1d
Blumberger Weg 105-5c
Blumenhag 86-12d + 104-3b
Bodelschwinghstraße 87-1b
Börnicker Dorfstraße 106-1c
Börnicker Landweg 105-7c
Bonhoefferweg 87-1b
Brahmsweg 85-2b
Brandenburgallee 85-2a
Brauerstraße (38-A2)
Breiter Wiesenweg 105-2a
Breite Straße (38-A2)
Breitscheidstraße 105-1b
Briesestraße 104-3c
Brüderstraße 87-10d
Brunhildstraße 105-2b
Buchenstraße 105-8a
Bürgermeisterstraße 87-10d
Büttenstraße 87-11a
Bugstraße 104-3c
Bussardweg 85-2b

Carl-Friedrich-Benz-Straße 86-12d
Carl-Zeiss-Straße 86-12d
Castorring 105-2c
Chausseestraße 106-4a
Christian-Heinrich-Juncker-Straße 87-10b

Dahlienweg 87-7b
Dankwartstraße 105-3a
Detlef-von-Liliencron-Straße 104-6d
Dohlensteg 86-8d
Donezstraße 104-3c
Dorfstraße 104-2a
Dorthea-Erxleben-Straße 87-9a
Dossestraße 104-3c + 2d
Drosselgasse 87-7d

Ebersprung 105-3a
Eberswalder Straße 87-11c
Edelweißstraße 86-12d
Eichelhäherweg 67-11c
Eichendorffstraße 104-6a
Eichenweg 86-8d
Elbestraße 104-3a
Elchwiese 105-3c
Elisenauer Weg 105-6d
Erftstraße 104-3a
Erich-Kästner-Straße 104-2d
Erikasteg 87-7b
Erikaweg 104-1b
Erlengrund 87-11a
Ernst-Moritz-Arndt-Straße 104-5b
Ernst-Thälmann-Straße 106-4a
Eschenstraße 105-7d
Etzelstraße 105-3a

Fafnirstraße 105-2a
Feldstraße 104-2a
Feldweg 87-10b
Fichtenweg 105-4d
Fichtestraße 87-10c
Finkenschlag 87-7c
Finowstraße 104-3c
Fischerstraße 104-1b
Fliederstraße 87-10c
Fontanestraße 104-2a
Franz-Mehring-Straße 86-8b
Freiheit 104-2a
Freiligrathstraße 104-6b
Friedenstaler Platz 104-3c
Friedenstraße 104-2a
Friedrich-Ebert-Ring 86-12d
Friedrich-Rückert-Straße 104-6a
Friedrich-Schiller-Straße 105-11d
Friedrichstraße 104-1d
Fritz-Heckert-Straße 86-8b
Fritz-Reuter-Straße 104-2b
Fröbelweg 104-1b

Gerhart-Hauptmann-Straße 104-2b
Gernotstraße 105-2b
Gewerbegebiet „Pappelallee" 86-12a
Gewerbepark Ladeburg 87-9a
Gieses Plan 87-11b
Ginsterring 104-1b
Goethestraße 104-1b
Gorinstraße 104-1d
Gorkistraße 87-11a
Gottfried-Ephraim-Lessing-Straße 104-6b
Gottlieb-Daimler-Straße 86-12d
Grenzstraße 104-4b
Grenzweg 87-10a
Grünstraße 87-10d
Gudrunstraße 105-3b
Guntherstraße 105-3a

Hagenstraße 105-3a
Hans-Sachs-Straße 104-2b
Hans-Wittwer-Straße 86-5c
Hasenheide 105-3b
Havelstraße 104-3c
Heidestraße 104-1b
Heideweg 105-3a
Heinersdorfer Straße 105-1a
Heinestraße 105-11d
Heinrich-Heine-Straße 86-11c
Heinrich-von-Kleist-Straße 104-2b
Helenau 106-10a
Helenenauer Weg 106-4c
Henzestraße 87-11a
Herculesstraße 105-2c
Hermann-Duncker-Straße 87-10d
Hermann-Löns-Straße 104-6d
Hesselweg 105-1d
Hildebrandtstraße 105-3a
Hohe Steinstraße 87-10d
Hopfenweg 87-10a
Hussitenstraße (38-B2)

Im Blumenhag 104-3b
Im Dohl 87-7d
Innstraße 104-3d
Isarstraße 104-3a

Jahnstraße 87-10d
Jenisseistraße 104-3c
Johann-Friedrich-August-Borsig-Straße 86-12d
Johann-Knief-Straße 105-4b
Johann-Strauß-Straße 85-2a
Julian-Marchlewski-Straße (1) 105-4b
Juliusstraße 104-1d

Kamastraße 104-3c
Kantstraße 104-1b
Karl-Liebknecht-Straße 105-4a
Karl-Marx-Straße 87-10c
Karlslust 86-12b
Karlstraße 104-1d
Kastanienweg 87-10b
Kavelgrenzweg 104-2c
Kavelweg 104-5a
Kiefernallee 67-11d
Kiefernweg 105-5c
Kirchgasse (38-A2)
Kirchplatz (38-A2)
Kirschbergweg 87-1b
Kirschgarten 87-10a
Kleine Straße 104-2c
Kleiststraße 104-6a
Klementstraße 105-1b
Klosterfelder Weg 86-9d
Konrad-Zuse-Straße 86-12d
Kornblumenstraße 104-3b
Krautstraße 104-2a
Kriemhildstraße 105-2b
Krokussteg 87-8a
Krokusstraße 104-3b
Kurallee 85-2b
Kurt-Tucholsky-Weg 104-2b

Ladeburger Chaussee 87-10d
Ladeburger Landweg 86-12a
Ladeburger Straße 87-10d
Ladeburger Weg 87-1b
Lärchenweg 105-5c
Lahnstraße 104-2b
Lanker Straße 86-8d
Lehnitzstraße 104-1d
Leinweg 87-10a
Lenastraße 104-3d
Leo-Jogiches-Ring (2) 105-4b
Lessingstraße 104-2c
Liekobsche Straße 86-12c
Liepnitz 67-11d
Liepnitzstraße 104-1d
Lilienstraße 105-1a
Lindenallee 105-12a
Lindenstraße 105-8a
Lindenweg 87-11a
Lise-Meitner-Straße 87-9c
Löhmer Weg 125-1a
Lohmühlenstraße 105-1b
Louis-Braille-Straße 105-1b
Ludwig-Uhland-Straße 104-1b
Lüdtkestraße 87-11a

Maasstraße 104-2b
Märkische Allee 67-11c + 85-2a
Mainstraße 104-2d
Malvenring 105-1a
Margueritenstraße 86-12d
Maria-Curie-Straße 87-9c
Maria-Goeppert-Majer-Straße 87-9c
Marsstraße 105-2a
Martha-Arendsee-Straße 105-1c
Maßliebchenstraße 105-1a
Mendelssohnstraße 85-2b
Merkurstraße 105-2a
Mittelstraße 104-4b
Mozartstraße 105-11b
Mühlenstraße 87-10c

Narzissensteg 87-8a
Nazarethweg 87-1b
Neißestraße 104-3a
Nelkensteg 87-7b
Nelkenstraße 105-1a
Neptunring 105-2a
Neubauernsiedlung (Börnicke) 106-1d
Neue Gärten 105-1d
Neue Liepnitzstraße 104-1d
Neuer Schulweg 87-10d
Neue Straße 105-1b
Newastraße 104-3c
Niederbarnimallee 85-2d
Nikolaus-Otto-Straße 86-12b
Nuthering 104-3c

Oderstraße 104-3a
Offenbachstraße 85-2b
Oranienburger Straße 87-10c
Orchideensteg (1) 87-8a
Orionstraße 105-2c
Otto-Schmidt-Straße 87-7b
Ottostraße 104-1d

Paetzhold-Straße 87-10b
Pankstraße 87-11c
Pappelallee 86-11b
Pappelsteg 87-10b
Pappelstraße 105-8a
Parkallee 67-11c
Parkstraße 87-10d
Parkweg 105-6b
Paul-Schwenk-Straße 105-4a
Paulsfelde 87-10a
Paul-Singer-Straße 105-4a
Peenestraße 104-3b
Pegasusstraße 105-2c
Pestalozzistraße 104-1b
Platz Champigny-Sur-Marne 87-10b
Plutostraße 105-2b
Polluxring 105-2d
Potsdamer Straße 86-12a
Praetoriusstraße 87-10d
Püttenstraße 86-8d
Puschkinstraße 87-10b

Quittenring 87-10a

Resedastraße 104-3b
Reuterstraße 104-6b
Rheingoldstraße 87-11d
Rhinstraße 104-3c
Richard-Wagner-Straße 105-11d
Ringstraße 86-12c
Robert-Stolz-Allee 85-2b
Robinienstraße 105-11d
Rolandstraße 105-3a
Rollberg 87-10b
Rollenhagenstraße 87-10b
Rosa-Luxemburg-Straße 105-4a
Rosensteg 87-7d
Roßstraße (38-B2)
Rotdornstraße 105-8a
Rudolf-Diesel-Straße 86-12b
Rüdigerstraße 105-3a
Rüdnitzer Chaussee 87-11c
Rüdnitzer Straße 87-7b
Rutenfeldring 87-10b

Sachtelebenstraße 87-10b
Sanddornweg 104-1b
Saturnring 105-2a
Scheffelstraße 104-6d
Schenkendorfstraße 104-6a
Schillerstraße 104-2a
Schlegelstraße 104-6d
Schlehenstraße 87-10a
Schmetzdorfer Straße 87-7a
Schönerlinder Straße 104-1d
Schönfelder Weg 105-2b
Schönower Chaussee 104-2b
Schubertstraße 85-2b
Schulstraße 104-2c
Schulweg 86-11b
Schumannweg 85-2b
Schwanebecker Chaussee 105-4c
Schwanebecker Straße 124-3b
Schwarzer Weg 105-1b
Seestraße 105-11d
Siegfriedstraße 87-11d
Sommerweg 87-7c
Sonnenallee 105-2d
Sonnenblumenring 87-8a
Sonnenblumenstraße 86-12d
Spreeallee 104-2d

Tannenweg 105-5c
Tempelfelder Weg 87-7b
Theodor-Fontane-Straße 104-6a
Theodor-Körner-Straße 104-6a
Tobias-Seiler-Straße 87-10b
Torfstraße 104-2a
Tuchmacherstraße 87-10d
Tulpensteg 87-8a
Tulpenstraße 86-12d
Turmstraße 104-2a

Uhlandstraße 104-6a
Ulmenring 87-11a
Uranusring 105-2a
Utestraße 105-3a

VEG-Siedlung 125-1a
Veilchensteg 87-7b
Veilchenstraße 86-12d
Venusbogen 105-2c
Vierrutenstraße 104-2d

Wacholderweg (Birkenhöhe) 105-5c
Waldstraße 104-2a
Wallstraße 87-10c
Walterstraße 104-1d
Wandlitzer Chaussee (Waldfrieden) 86-5c
Wandlitzer Chaussee (Waldsiedlung) 67-11d + 85-2b
Wandlitzstraße 104-1c
Warthestraße 104-3a
Weichselstraße 104-3a
Weidenweg 104-2c
Weinbergstraße 87-10c
Weißdornstraße 105-7b
Weißenseer Straße 105-1b
Welsestraße 104-3c
Werner-von-Siemens-Straße 86-12d
Werrastraße 104-2b
Weserstraße 104-3a
Wielandstraße 105-2b
Wiesenstraße 104-1b
Wiesenweg 69-10c
Wilhelmstraße 104-1d
Wilhelm-Weitling-Straße 105-4b
Winfriedstraße 105-3a
Wisentaue 105-3c
Wolchowstraße 104-3c
Wolgastraße 104-3c
Woltersdorf 86-3b
Wuhlestraße 104-2d

Zepernicker Chaussee 104-6a
Zepernicker Landweg 87-7d
Zepernicker Straße 104-1b
Zwischen den Gärten (3) 87-2a

Bestensee
PLZ 15741

Am Bahnhof 328-6c
Am Berge 328-11d
Am Depot 329-7c
Am Erlengrund 328-6b
Am Glunzbusch 328-6d + 329-4a
Am Haag 328-11d
Am Hang 329-10b
Am Hintersee 328-11d
Am Horst 328-11b
Am Moor 328-11b
Am Seeblick 328-11b
Amselweg 328-9a
Am Strand 329-7d
Am Wald 328-11b
An der Fenne 328-11b
An der Forst 328-11d
Anglerweg 328-9d

Bachstraße 328-6d
Badstraße 329-7d
Bahnstraße 328-11d
Bauernweg 328-5d
Beethovenstraße 329-4a
Bergweg 328-12a
Birkenallee 329-7d
Birkenhain 328-12a
Birkenweg 328-12a
Böcklinstraße 329-4a
Breite Straße 328-6c
Brückenweg 328-9c

Dorfaue 328-5d
Drosselweg 328-9b

Eichhornstraße 328-9a
Erlenweg 328-9d
Eulenweg 328-9a

Fasanenstraße 328-5d
Feldweg 329-7b
Fernstraße 329-8c + 4d
Fichtenweg 328-9d
Finkenweg 328-9a
Fontanestraße 328-9a
Franz-Künstler-Straße 328-2d
Franz-Mehring-Straße 328-6c

Freiligrathstraße 329-4c
Freudenthal 329-1c
Friedensstraße 329-10a
Friedenstraße 329-4a
Friedrich-Engels-Straße 328-5b

Gartenstraße 328-6b
Goethestraße 328-6c
Gräbendorfer Straße 329-7b
Groß Köriser Straße 329-10b
Grüner Weg 328-12a

Hainweg 328-12a
Hauptstraße 328-5c
Havixbecker Ring 328-9a
Heideweg 328-9d
Heinrich-Heine-Straße (3) 328-6c
Hermann-Löns-Straße 329-4a
Hörningweg 329-7c
Hudüpkenweg 329-10b

Im Felde 328-11d
Im Winkel 329-10a
Im Wustrocken 328-9a

Karl-Liebknecht-Straße 328-8c
Kiebitzweg (4) 328-9a
Kiefernweg 328-9d
Königs Wusterhausener Straße 328-5d
Köriser Straße 328-8b
Kranichweg 328-9b
Krumme Straße 328-6b
Kuckucksweg 328-9b
Kurzer Weg 329-8c
Kurze Straße 328-8b

Lerchenweg 328-9a
Liepe 328-12b
Liepestraße 329-10a
Liepeweg 328-9d
Lindenstraße 329-7c
Luchweg 328-9c

Maienweg 328-12a
Marienhof 328-4a
Marktplatz 328-6c
Meisenweg 328-9a
Menzelstraße 329-4a
Mittelstraße 328-6b
Mittelweg 328-9d
Mittenwalder Straße 328-8b
Motzener Straße 328-9a + 8c
Mozartstraße 329-4c
Mühlenberg 328-5b

Neubrücker Straße 329-7c
Neue Siedlung (1) 328-5b
Neue Straße 328-6a

Pätzer Dorfaue 329-7c
Pätzer Goethestraße 329-7d
Pätzer Kiefernweg 329-7d
Pätzer Mittelweg 329-7d
Pätzer Waldstraße 329-7d
Paul-Gerhardt-Straße 328-6c
Paul-Sievers-Straße 328-6b
Prieroser Straße 329-7c
Puschkinstraße 328-3c

Rathenaustraße 328-9a
Rebhuhnweg 328-9b
Reuterstraße 328-6c
Rosa-Luxemburg-Straße 328-8b
Rotdornweg 329-7d
Rudolf-Breitscheid-Straße 328-6c

Schanzenweg 328-12a
Schenkendorfer Weg 328-2d
Schillerstraße 328-6c
Schleifweg 328-2d
Schmaler Straße 328-6a
Schmiedeweg 328-5b
Schöneheiderweg 328-8d
Schubertstraße 329-4a
Schulweg 329-7d
Schwalbenweg (5) 328-9b
Seestraße 329-7c
Seeweg 328-9d
Siedlung A 328-5b
Siedlung B 328-5b
Siedlung C 328-5b
Siedlung D 328-2d
Siedlung E 328-5b
Sommerweg 328-8a
Sonnenweg 328-9d
Sonnenwinkel 328-6a
Sperlingsweg 328-9b
Spreewaldstraße 329-4a
Strandweg 328-9c

Thälmannstraße 328-9a + 11d
Triftweg 328-5c

Uferpromenade 328-9d
Unter den Eichen 328-7b

Wachholderweg 328-9d
Waldstraße 328-6c
Waldweg 328-9c
Weinbergweg 329-7c
Wielandstraße (2) 328-6d
Wiesenweg 328-9c
Wildweg 329-10b

Zeesener Straße 328-6c

Biesenthal
PLZ 16359

Adlerweg 70-7a
Ahornallee 70-4b
Akazienallee 69-2a
Alter Hellmühler Weg 69-5a
Alte Ziegelei 70-1c
Am Heideberg 69-6a
Am Markt 69-6a
Am Mittelsee 69-5b
Am Priestersteg 69-3d
Amselweg 70-7d
Am Winkel (2) 70-1c
Anemonenweg 69-9d
Anna-Seghers-Weg 69-1d
August-Bebel-Straße 69-6a

Bachstraße 70-4d
Bahnhofstraße 69-6b
Beethovenstraße 70-7b
Berliner Chaussee 69-6a
Berliner Straße 69-6a
Berthold-Brecht-Weg 69-5a
Birkenallee 70-4b
Bodo-Uhse-Weg 69-2c
Brahmsweg 70-5c
Breite Straße 69-5b
Buchenallee 70-4a

Dahlienweg 69-12b
Danewitzer Weg 70-7d + 7a
Dorfstraße 70-10b

Eberswalder Chaussee 70-4a
Eichendorffstraße 69-2c
Eiserbude 49-4b
Elsterweg 70-7d
Erich-Mühsam-Weg 69-4b
Erlengrund 70-4b

Ferienpark am Hellsee 69-7b
Fichtengrund 70-4b
Finkenweg 70-7d
Fischerstraße 69-3c
Fliederweg 69-12b
Fontanepromenade 69-2d
Friedrich-Wolf-Weg 69-2c
Fuchswinkel 70-4c

Gartenstraße 70-4a
Gewerbepark 70-4a
Grüner Plan 70-1c
Grüner Weg 69-3d
Grünstraße 69-6a
Grüntaler Weg 70-5c

Händelstraße 70-7b
Hans-Marchwitza-Weg 69-2c
Hardenbergstraße 70-4c
Hasenwinkel 70-4c
Hegeseeweg 69-6b
Heideweg 70-4c
Heimstättenstraße 70-4c
Heinrich-Mann-Weg 69-2c
Hellmühler Weg 69-4d
Hellwigstraße 70-5c

Karl-Marx-Straße 70-7b
Kiefernallee 70-4d
Kirchgasse 69-6a
Kirchhofsweg 69-6a
Kirschallee 69-6b
Kuckucksweg 70-7c
Kurze Straße (1) 69-6a

Langerönner Mühle 69-11b
Langerönner Weg 69-8d + 6c
Lanker Straße 69-5a
Lerchenweg 70-7c
Lessingstraße 69-2c
Lindenstraße 70-4a
Lisztweg 70-7b
Lorzingstraße 70-4d

Mausewinkel 70-7b
Meisenweg 70-7d
Melchower Feld 70-4a
Mozartstraße 70-4d

Nelkenweg 69-12b
Niephagenstraße 69-5a

Pappelallee 70-4b
Parkstraße 70-4c
Plottkeallee 70-4a
Prendener Straße 69-2c
Prendener Weg 69-1c
Priesterpfuhlsiedlung 88-2b
Puccinistraße 70-4d

Reiherweg 70-7b
Richard-Ruthe-Straße 70-4d
Rosenweg 69-12b
Rudolf-Breitscheid-Straße 70-4a
Rückergasse 69-6b
Rüdnitzer Straße 70-4c
Ruhlsdorfer Straße 69-2d

Schubertstraße 70-7b
Schützenstraße 69-6b + 3d
Schulstraße 69-6a
Schumannstraße 70-7b
Schwalbenweg 70-7d
Schwanenweg 70-7d
Seidenbeutelweg 69-5b
Sperberweg 70-7b
Stadtpark 70-4a
Steinstraße 70-4d
Sydower Feld 70-8a

Tannenweg 70-5c
Taubenweg 70-7c
Telemannstraße 70-7b
Trappenweg 70-7b
Tulpenweg 69-12b

Uhlandstraße 69-1b

Veilchenweg 69-9d
Vorwerk 50-10d

Wagnerstraße 70-4d
Waldstraße 70-5d
Waldwinkel 70-4c
Wehrmühle 69-3a
Wehrmühlenweg 69-3c
Willi-Bredel-Weg 69-2c

Zum Gerichtsberg 70-1c

Birkenwerder
PLZ 16547

Ahornallee 100-2a
Akazienweg 82-11c
Alter Krugsteig 100-1b
Am Alten Friedhof 82-10d
Am Briesewald 82-11c
Am Karpfenteich 81-12d
Am Mönchberg 82-10d
Am Mühlenfeld 81-12d + 99-3b
Am Nibelungenplatz 82-11c
Am Paradiesgarten 100-1a
Am Quast 100-2a
Amselweg 82-10b
Am Wacholderbusch 82-11d
Am Walde 82-11d
Am Waldfriedhof 82-10b
Am Werder 82-10d
An den Havelwiesen 81-12d
An der Autobahn 82-10a
An der Bahn 82-11c
August-Bebel-Platz 100-2a

Bachstelzenweg (4) 82-10b
Bayernstraße 82-10c
Bergallee 100-2a
Bergfelder Straße 100-2a
Birkensteig 100-2a
Birkenwerder Nord 82-7d
Birkenwerderstraße 100-1b
Blumenweg 82-10b
Brieseallee 100-2a
Briesesteig 100-1a
Burgstellenweg 82-10d
Bussardweg 82-10b

Clara-Zetkin-Straße 100-2a

Drosselweg 82-10b

Eichholzstraße 100-1a
Elsterweg (1) 82-10b
Erdebergerstraße 82-10c
Erich-Mühsam-Straße 100-2a
Erlenkamp 99-3b
Ethel-und-Julius-Rosenberg-Straße 100-2a

Falkenweg 82-10b
Falkenweg (6) 82-10b
Fasanenweg 82-10b
Fichteallee 82-11c
Finkenweg (2) 82-10b
Fischerwall 99-3b
Flandrische Straße 82-10d
Florastraße 82-10d
Förstersteig 100-2b
Fontaneweg 100-1a
Frankenstraße 82-10c
Friedensallee 82-11c
Friedrich-Engels-Allee 82-10d
Friesenhof (1) 82-10c
Friesenstraße 81-12d

Gartenallee 82-11c
Gartenstadt Briesetal (5) 82-10b
Geschwister-Scholl-Straße 82-11c
Gewerbegebiet Triftweg 82-10a
Grenzweg 82-7c
Gustav-Freytag-Straße 100-2a
Gut Lindenhof 82-10a

Haakestraße 82-10c
Halligenstraße 82-10c
Hans-Holbein-Straße 99-3d
Hasensprung 82-11d
Hauptstraße 82-7c + 100-2a
Havelstraße 99-3b + 100-1a
Hessenstraße 82-10c
Hirschfährte 82-11c
Hohen Neuendorfer Weg 100-1a
Hubertusstraße 100-2b
Humboldtallee 100-1a

Im Binnenfeld 100-2a
Im Fuchsbau 82-10a
Im Grund 82-10c
Im Vogelsang 100-2b
Im Winkel 100-2c
In der Niederheide 99-3d
Industriestraße 82-10a

Johann-von-Buch-Straße 81-12d

Karl-Marx-Straße 100-2a
Karlstraße 100-2a
Kehrwieder 100-2a
Kiefernweg 100-1c
Kleiststraße 100-2a
Knesebeckstraße 82-10c

Leistikowstraße 100-2a
Lindenallee 82-11c
Lindenhofsiedlung 82-7c
Ludwig-Richter-Straße 100-2a
Luisenstraße 100-2b

Margaretenstraße 100-1b
Martin-Luther-Straße 100-1c
Meisenweg (3) 82-10b
Menzelstraße 100-2a
Mönchseesteig 82-10d
Münsterstraße 82-10c

Nürnberger Straße 100-1a

Rathaussteig 100-1b
Reihersteg 99-3b
Richard-Wagner-Straße 82-11c
Rosa-Luxemburg-Straße 82-11c

Sacco-Vanzetti-Straße 82-10d
Sachsenstraße 82-10c
Sandseesteig 100-1b
Sandseestraße 100-1a
Saumweg 99-3d
Schützenstraße 100-2b
Schwäbische Straße 82-10c
Schwalbenring 82-10b
Siedlung Eintracht 82-10b
Sonnenschulweg (2) 82-10d
Sperlingweg 82-7d
Stolper Weg 100-1a
Straße am Krankenhaus 82-11d
Summter Straße 82-11c

Taubenweg 82-10b
Theodor-Storm-Straße 100-2a
Thüringer Straße 82-10b
Triftweg 82-10a

Unter den Ulmen 82-11c

Viktoriaallee 82-10d

Weidenweg 81-12d + 99-3b
Weimarer Straße 100-2a
Wendenplan 99-3b
Wensickendorfer Weg 82-10d
Westfalenstraße 82-10c
Windmühlenweg 100-1b
Winsstraße 82-10c

Zeisigweg 82-10b
Zum Waldfriedhof 82-10b

Blankenfelde-Mahlow

15831 Ahornhof (4) 268-3d
15827 Ahornstraße (Blankenfelde) 268-11b
15831 Ahornstraße (Mahlow) 269-4d
15831 Ahornweg 269-4c
15831 Akazienstraße 269-4a
15831 Akazienweg 268-6d
15827 Akeleistraße (Dahlewitz) 269-10c
15827 Albrecht-Dürer-Straße 304-3a
15827 Alpenstraße 269-7c
15831 Alt Glasow 269-8c
15827 Am Alten Schulsportplatz (1) 269-11c
15827 Am Anger (Blankenfelde) 268-8d
15831 Am Anger (Jühnsdorf) 304-5d
15831 Am Bahnhof (Mahlow) 268-6b
15827 Am Bahnhofsschlag 269-10c
15827 Am Bruch 268-12b
15827 Am Dachsbau 304-3a
15831 Am Graben 268-2a
15827 Am Hirschsprung 304-2b
15831 Am Kohlhof 304-5d
15831 Am Lückefeld 269-4b
15831 Am Sportplatz 268-6a
15827 Am Stechberg 268-12a
15827 Am Vogelherd 304-3a
15831 Am Weidendamm 305-3b
15827 An den Vier Ruten 268-12b
15827 An der Feldstraße 269-10a
15827 An der Gärtnerei 268-6d
15827 An der Gartenstraße 269-10d
15831 Anselm-Feuerbach-Straße 269-1c
15831 Arcostraße 268-2d
15831 Arnold-Böcklin-Straße 269-4a
15827 August-Bebel-Straße 268-12a

15827 Bahnhofsplatz 269-10c
15827 Bahnhofstraße (Dahlewitz) 268-12d
15831 Bartokstraße (4) 268-5d
15827 Bayrische-Wald-Straße 269-7a
15827 Bebelstraße 305-1b
15831 Beethovenstraße 268-5d
15831 Bergweg 268-6a
15827 Berliner Damm (Blankenfelde) 268-9c
15831 Berliner Damm (Mahlow) 268-6d
15831 Berliner Straße 268-3c
15831 Berliozstraße (6) 268-9a
15827 Bertolt-Brecht-Straße 269-10c
15831 Birkenhof (7) 268-3d
15831 Birkenstraße 269-4c
15827 Birkenstraße (Dahlewitz) 269-10a
15827 Birkenweg 268-12b
15831 Bizetstraße (1) 268-6a
15827 Blankenfelde 268-8d
15827 Blankenfelder Dorfstraße 268-12c
15831 Blankenfelder Straße 268-2d
15831 Blankenfelder Weg 269-7d
15831 Bodelschwinghstraße 268-3d
15831 Brahmsstraße 268-6a
15827 Brandenburger Platz 268-12b
15827 Breitscheidstraße 269-7a + 305-2a
15827 Breitscheidstraße (Dahlewitz) 269-10d
15827 Brentanoweg (1) 268-9b
15831 Brenzstraße 268-2a
15831 Buchenhof (3) 268-3d
15827 Buchenring 268-9c

15831 Carl-Orff-Straße 268-6c
15827 Carl-Spitzweg-Hof 268-12d
15831 Carl-Spitzweg-Straße 269-1c
15827 Carl-von-Ossietzky-Straße 268-9b
15831 Chopinring 268-9a
15827 Clara-Zetkin-Straße 305-1b

– Dahlewitzer Landstraße 269-11c
15831 Diedersdorfer Straße 268-5a
15827 Dietmar-Klemt-Straße (Dahlewitz) 269-10c
15827 Dietrich-Bonhoeffer-Straße 268-9c
15827 Distelweg 268-11d
15827 Donaustraße 269-7a
15831 Dorfstraße 269-12d
15827 Dorfstraße (Blankenfelde) 268-12a
15831 Dorfstraße (Groß Kienitz) 269-12c
15831 Dorfstraße (Jühnsdorf) 304-5d
15831 Dorfstraße (Mahlow) 268-2c
15827 Drosselsteig 268-12a
15831 Drosselweg 269-7b

15827 Ebereschenring 268-8d
15831 Ebereschenweg 268-6d
15827 Eibenweg 268-12a
15827 Eichendorffstraße (Blankenfelde) 268-9c
15831 Eichendorffstraße (Mahlow) 268-6a
15831 Eichenhof (1) 268-3d
15827 Eichenring 268-11b
15831 Eichenweg 268-6a
15831 Einsteinstraße 269-4d
15831 Eintrachtstraße 269-12c
15827 Elbestraße 269-7a
15827 Erich-Klausener-Straße 268-9b
15827 Erlenweg (6) 268-11b
15827 Ernst-Barlach-Straße 268-12d
15831 Ernst-Thälmann-Platz 268-6b
15831 Ernst-Thälmann-Straße 268-6b
15827 Eschenweg 305-5b
15827 Espenweg (8) 268-12a

15827 Falkenbeize 304-3a
15827 Fasanenweg 269-10a
15827 Feldstraße 268-12a
15827 Feldstraße (Dahlewitz) 269-10d
15831 Feldstraße (Groß Kienitz) 269-12d
15831 Feldstraße (Mahlow) 268-3c
15831 Ferrastraße 268-3c
15827 Feuerdornweg (2) 268-8d
15827 Fichtelgebirgsstraße 269-7c
15827 Fichtenweg (3) 268-11b
15831 Finkenweg 269-7b
15827 Fliederweg 268-3d
15831 Föhrenweg (Mahlow) 269-5c
15827 Fontanestraße 268-9d
15831 Frank-Wedekind-Weg (6) 269-4c
15827 Friedhofsweg 305-2a
15831 Friedrich-Nietzsche-Weg (5) 269-4c
15831 Fritz-Reuter-Straße 268-2b
15827 Fritz-Reuter-Weg 268-9c
15827 Fuchsberg 269-4b
15827 Fuchspaß 304-3a

15827 Gartenstraße (Dahlewitz) 269-10d
15831 Gartenstraße (Mahlow) 268-6d
15831 Gebrüder-Grimm-Weg (1) 268-6b
15831 Gerhart-Hauptmann-Straße 269-4c
15831 Gershwinstraße (5) 268-9a
15827 Gewerbegebiet Eschenweg 305-2c
15831 Glasower Damm 268-6b
15831 Glasower Weg 304-5d
15827 Goethestraße 268-9d
15827 Goethestraße (Dahlewitz) 305-1a
15831 Goethestraße (Mahlow) 269-4b
15827 Gorkistraße 305-1a
15831 Grenzweg 269-1c
15827 Griegstraße 268-12b
15827 Grimmelshausenstraße 268-9d
15827 Gutsbahntrasse 305-1b

15831 Habicher Straße 268-6a
15827 Händelstraße 268-9d
15831 Hans-Christian-Andersen-Weg (2) 268-6b
15827 Hans-Holbein-Straße 268-12c
15831 Hans-Olde-Straße 268-2b
15827 Hans-Sachs-Straße 268-9b
15831 Hans-Thoma-Straße 268-2b
15827 Hasensteig 304-3a
15827 Havelstraße 269-7a
15827 Haydnstraße 268-12b
15827 Hebbelweg 268-9b
15827 Heckenrosenstraße 269-7a
15831 Hegelstraße 269-4c
15827 Heidestraße 269-7c
15831 Heideweg 269-5a
15831 Heimstättenstraße 268-6b
15827 Heinestraße 305-1a
15827 Heinrich-Heine-Straße 268-9c
15831 Heinrich-Spoerl-Weg (4) 269-4c
15827 Heinrich-Zille-Straße 268-12d
15831 Herbert-Tschäpe-Straße 268-3d
15831 Herderstraße 269-1d
15831 Hermann-Gebauer-Straße 269-12d
15831 Herweghstraße 268-3d
15827 Hölderlinstraße 268-9d
15827 Holunderweg 268-11d
15831 Hubertusstraße 232-11d
15831 Humboldtstraße 269-7b

15831 Ibsenstraße 269-4c
15827 Im Gehölz 268-12b
15831 Immanuel-Kant-Straße 269-4a

15831 Jacob-Burckhardt-Straße 269-4d
15827 Jagdweg 305-2c
– Jean-Paul-Straße 269-1d
15831 Jonas-Lie-Straße 269-1d
15831 Joseph-Haydn-Straße 268-6c
15827 Jühnsdorfer Weg 304-3b

15827 Käthe-Kollwitz-Straße 268-12c
15831 Karl-Liebknecht-Platz 269-4a
15831 Karl-Liebknecht-Straße 268-6b
15827 Karl-Liebknecht-Straße (Blankenfelde) 268-12b
15831 Karl-Marx-Platz 268-6b
15827 Karl-Marx-Straße 269-10a
15827 Kastanienallee 305-2b
15831 Kastanienhof (10) 268-3d
15827 Kastanienstraße 268-9c
15827 Kastanienweg 305-2b

15831 Keplerstraße 268-3a
15827 Kiefernstraße 305-2c
15827 Kiefernweg 268-12b
15831 Kienitzberg 268-8d
15831 Kienitzer Straße 269-8a
15831 Kirschenhof (9) 268-3d
15827 Klabundring 268-9b
15831 Kleiststraße 268-6b
15827 Kornblumenstraße 268-11d
15831 Kreischaussee 269-5a
15827 Kurt-Schumacher-Straße 269-7a

15831 Ladestraße 268-3d
15831 Landstraße 269-12c
15831 Lankeweg 304-5d
15831 Leonard-Bernstein-Ring 268-5d
15827 Lerchenweg 268-12a
15831 Lerchenweg (Vogelsiedlung) (2) 269-7b
15831 Lesser-Ury-Weg 268-3a
15831 Lessingstraße 269-4b
15831 Lichtenrader Straße 268-3c
15831 Lilienthalstraße 269-7a
15831 Lindenhof (6) 268-3d
15831 Lindenring 268-6d
15827 Lindenstraße 268-8d
15831 Lindenstraße (Mahlow) 269-4c
15831 Löwenbrucher Weg 304-5c
15827 Löwenzahnweg (1) 268-11d
15831 Lovis-Corinth-Straße 268-2d
15831 Lucas-Cranach-Straße 268-12c
15827 Ludwig-Erhard-Ring 305-2c
15831 Ludwig-Uhland-Straße 269-2c
15831 Luisenstraße 268-6b

15827 Märkische Promenade 268-12a
15831 Mahlerstraße 268-9a
15831 Mahlow 268-5d
15831 Mahlower Straße 268-3c
15827 Mainstraße 269-4c
15831 Marienfelder Straße 268-2d
15831 Marillenhof (5) 268-3d
15831 Marktplatz 268-3d
15831 Martin-Luther-Weg (9) 269-4c
15827 Marxstraße 305-1b
15827 Matthias-Claudius-Ring 268-9b
15827 Matthias-Grünewald-Straße 268-12c
15827 Max-Griesbach-Straße 305-2a
15831 Maxim-Gorki-Straße 268-6b + 269-1a
15827 Max-Liebermann-Ring 268-12c
15831 Max-Liebermann-Straße 269-1c
15831 Max-Planck-Straße 268-2b
15827 Mehlbeerenring 268-9c
15831 Meisenweg 269-7a
15831 Mendelssohnstraße 268-6c
15831 Menzelstraße 268-2b
15827 Mittelstraße 305-2c
15827 Moorsteg 269-7c
15831 Moosweg 269-5c
15827 Moselstraße 268-9b
15831 Mozartstraße 268-6a
15827 Mozartweg 268-9d
15831 Mussorgskiweg (8) 268-9a

15827 Narzissenstraße 269-4c
15827 Nelkenstraße 269-4c
15831 Neue Straße 269-4b

15831 Offenbachstraße 268-6c
15831 Otto-Porath-Platz 269-12d

15827 Pappelallee 268-8d
15827 Parkstraße 269-10c
15827 Paul-Gerhardt-Straße 269-10a
15827 Paul-Klee-Straße 268-12c
15831 Paul-Krebs-Straße 269-2c
15831 Paulstraße 268-3b
15831 Pfarracker 269-7a
15831 Philipp-Melanchthon-Weg (7) 269-4c
15827 Pieter-Brueghel-Straße 268-12d
15827 Platanenweg 268-8d
15831 Platz der Freiheit 269-4a
15831 Platz der Jugend 269-4a
15827 Postdamer Damm 268-11b
15831 Poststraße 268-6b
15827 Preußstraße 269-10d
– Priesterweg 269-12a
15831 Puccinistraße 268-6c
15831 Puschkinstraße 269-4a

15831 Rädlerwald 269-7b
15827 Rainfarnweg (2) 268-11d
15831 Randweg 268-6d
15827 Rangsdorfer Weg 305-2a
15831 Rankestraße 269-4c
15831 Rathenaustraße 268-6b
15827 Rehwechsel 304-3b
15827 Rembrandtstraße 268-11d
15827 Rheinstraße 269-7a
15827 Rhönstraße 269-7c
15831 Richard-Wagner-Chaussee 268-6c
15831 Rimski-Korsakow-Straße (7) 268-9a
15831 Robinienweg 268-6d
15831 Rosenweg 268-3d
15831 Rossinistraße (2) 268-6a
15831 Rotberger Straße 269-12d + 270-10c
15827 Rotdornstraße 268-8d
15831 Rotdornweg 268-6d
15827 Roter Dudel 268-3b

15827 Sachsenwaldstraße 269-7c
15827 Sandweg 269-7c
15831 Schäferei 304-5d
15831 Schillerstraße 269-4b
15827 Schlehenweg 268-11d
15831 Schloßstraße 268-12a
15827 Schubertstraße 269-7c
15831 Schülerstraße 269-1a
15831 Schulstraße 269-4c
15831 Schumannstraße (3) 268-6a
15827 Schwarzwaldstraße 269-7a
15831 Selchower Straße 270-7d
15831 Selchower Weg 269-8a
15831 Siedlungsweg (1) 269-7b
15831 Sigrid-Undset-Straße (2) 269-4b
15831 Smetanaweg 268-9a
15831 Sophie-Mereau-Weg (3) 269-4a
15827 Speierlingweg 268-9c
15831 Spreestraße 269-4c
15831 Stefan-Zweig-Straße 268-3c
15827 Steigerwaldstraße 269-7a
15831 Steinstraße 269-4a
15831 Steinweg 268-3d
15827 Stormstraße 268-9d
15827 Straße 12 269-10d + 305-1b
15827 Straße 6 305-1b
15831 Straußpfad 268-6a
15827 Stubenrauchstraße 269-10c
15827 Stubenrauchstraße 305-1a

15827 Tannenweg (4) 268-11b
15831 Tarjei-Vesaas-Weg (1) 269-1d
15827 Taunusstraße 269-7a
15831 Teltower Straße 268-1d
15827 Teutoburger-Wald-Straße 269-7b
15827 Thälmannstraße 305-2a
15831 Thomas-Müntzer-Weg (8) 269-4c
15827 Thüringer-Wald-Straße 269-7c
15827 Tiliastraße (Dahlewitz) 269-10c
15831 Travenstraße 268-6b
15827 Trebbiner Damm 304-2b
15831 Trebbiner Straße 268-6b
15827 Triftstraße 268-11d
15831 Tschaikowskistraße 268-6c
15827 Tulpenstraße 269-7a
15831 Turmauen 269-7a
15831 Turmfalkenweg (3) 269-7a

15831 Ulmenhof (8) 268-3d
15827 Ulmenstraße (7) 268-12a

15831 Verdiweg 268-9a
15831 Virchowstraße 269-1c
15831 Vivaldiring 268-6c
15827 Vogelkischenring 268-8d

15827 Waldstraße 269-7c
15831 Waldweg 269-5c
15831 Weidendamm 305-3b + 306-1a
15831 Weidenhof (2) 268-3d
15827 Weidenweg (5) 268-12a
15827 Weißdornstraße (1) 268-8d
15827 Weserstraße 269-7a
– Wielandstraße 269-4b
15827 Wiesenstraße 269-10c
15827 Wiesenweg 268-12b
15827 Wildpfad 304-3a
15827 Wildrosenstraße 268-11d
15827 Wildwechsel 305-2c
15827 Wilhelm-Busch-Straße 268-12d
15827 Wilhelm-Grunwald-Straße 268-12a
15827 Wilhelm-Hauff-Straße 268-9b
15827 Wilhelm-Raabe-Straße 268-9d
15831 Wilhelmstraße 268-2b

15827 Zelterweg 268-9d
15831 Zeppelinstraße 268-2b
15831 Ziethener Straße 268-2a
15831 Ziethener Straße (Roter Dudel) 268-3b
15827 Zossener Damm 268-12a
15827 Zülowstraße 305-2b

Borkheide

PLZ 14822

Falkensteg 316-10c
Feldmark 316-10c

Haselhecke 316-10c

Karl-Marx-Straße 316-10c

Brandenburg an der Havel

14776 Abtstraße (38-B3)
14774 Adlerstraße 252-5b
14774 Ahornstraße 252-5b
14776 Akazienweg 254-8b
14776 Alfred-Messel-Platz 218-12d
14770 Altbensdorfer Straße 218-10a
14776 Alte Krakauer Straße 219-7d
– Alte Plauer Brücke 216-12d
14776 Alte Potsdamer Straße 219-10d
14776 Altes Dorf 255-2c
14776 Alte Weinberge 220-4b
14776 Alt Gollwitz 220-8c
14770 Altstädtische Fischerstraße (38-A2)
14770 Altstädtische Große Heidestraße (38-A1)
14770 Altstädtische Kleine Heidestraße (38-A1)
14770 Altstädtischer Kietz 219-10a
14770 Altstädtischer Markt (38-A1)
14770 Altstädtische Wassertorstraße 219-10a
14772 Am Alten Gutshof (1) 218-7c
14770 Am Anger 254-1d
14776 Am Breiten Bruch 254-6b
14776 Am Büttelhandfaßgraben 254-3c
14774 Am Charlottenhofer Weg 216-11d
14772 Am Chausseehaus 217-12a
14770 Am Feuerwerkslaboratorium 252-5c
14772 Am Fliegerhorst 217-8c
14770 Am Gallberg 218-8d
14770 Am Gleisdreieck 252-8b
14774 Am Gleisdreieck 252-6c
14772 Am Gördensee 217-6d
14772 Am Gördenwald 217-9b
14774 Am Görneweg 216-11d
14776 Am Güterbahnhof 255-1b
14774 Am Hafen 218-9d
14774 Am Hang 253-4c
14776 Am Hauptbahnhof 255-1a
14774 Am Havelgut 216-12d
14772 Am Heidekrug 217-12a
14770 Am Huck (38-A1)
14772 Am Industriegelände 218-9a
14776 Am Jakobsgraben 255-1a
14776 Am Kletschenberg 255-10a
14776 Am Klostergraben 219-10d
14770 Am Lokwerk 252-5d
14774 Am Margaretenhof 252-3b
14770 Am Marienberg 218-12b
14770 Am Mariengrund 218-12b
14770 Am Maschinenhaus 252-5d
14770 Am Mittelfeld 254-1d
14776 Am Mühlenberg 254-12b
14770 Am Neuendorfer Sand 218-10c
14774 Am Ochsenberg 216-11d
14776 Am Park (2) 255-2b
14774 Am Patendamm 216-12c
14770 Am Pfarrberg (1) 255-5b
14776 Am Piperfenn 255-6c
14776 Am Rehhagen 254-8a
14770 Am Rosenhag 218-12b
14770 Am Salzhof 218-12d
14774 Am Seeblick 252-2a
14774 Am Seegarten 252-3c
14774 Amselweg 252-5d
14772 Am Silokanal 218-8c
14776 Am Sonneneck 254-7b
14774 Am Südtor 252-5d
14776 Am Turnerheim 254-8a
14774 Am Wasserwerk 289-7b
14776 Am Weinberg 254-9d
14770 Am Windmühlenberg 254-1d
14776 Am Zingel 255-5b
– Am Zummel 217-9a
14776 An der Bundesstraße 1 219-12d
14770 An der Pulverfabrik 252-5d
14772 An der Regattastrecke 219-7a
14776 An der Stadtschleuse 218-12d
14770 Anglersteig (2) 216-12a
14770 Anhaltiner Ring 218-10d
14772 Anton-Saefkow-Allee 217-8d
14770 Arthur-Bergmann-Straße 218-11b
14770 Askanierstraße 218-12a
14772 Asternweg 218-7d
14772 Auenbogen 218-3c
14774 Auf dem Zolchberg 252-11d
14776 Augustastraße 219-10a
14770 August-Bebel-Straße 218-8d
14770 August-Sonntag-Straße 218-10a
14774 Ausbau 216-11b + 12a
14772 Azaleenweg 218-7c

14770 Badener Straße 218-10d
14776 Baebenrothufer (1) 254-3c
14770 Bäckerstraße 218-12b
14776 Bahnhofpassage (1) 255-1b
14774 Bahnhofstraße 252-6c
14774 Bahntechnikerring 252-6a
14770 Barnimstraße 218-9d
14776 Bauhofstraße 218-12d + 255-1a
14770 Bayernstraße 218-10b
14772 Beethovenstraße 218-8c
14770 Beetzseeufer 219-7c
14772 Begonienweg 218-7c
14776 Belziger Chaussee 255-2d
14770 Bergstraße 218-12b
14776 Berliner Straße (Gollwitz) 220-10b
14776 Berliner Straße (Neuschmerzke) 255-2b
14772 Berner Straße 218-8a
14776 Biesenländer Weg 255-2b
14776 Bindefeldstraße 254-12b
14776 Binnenfeld 254-8d
14770 Binsenkute 254-1d
14776 Birkenweg 254-5c
14770 Blosendorfer Straße 218-10c
14776 Blumenstraße 255-1a
14772 Bohnenländer Weg 218-4a
14774 Bornufer 216-12c
14772 Brahmsstraße 218-7b + 4d
14774 Brandenburger Allee 252-2d
14776 Brandenburger Straße 254-9b
14774 Bredowstraße 216-12a
14770 Bremer Straße 218-10d
14772 Brielower Aue 218-1d
– Brielower Brücke 219-7a
14772 Brielower Grenze 218-3c
14772 Brielower Landstraße 218-6a
14770 Brielower Straße 219-7c
14770 Briester Straße 218-10a
14774 Briester Weg 217-10c
14772 Brösestraße 218-5d
14772 Brucknerstraße 218-7b
14776 Brüderstraße (38-B3)
14772 Brüsseler Straße 218-8a
14776 Brunnenstraße 255-5b
14776 Buchenweg 254-8d
14774 Büdnerweg 252-9a
14776 Büttelstraße 219-10c
14776 Buhnenhaus 254-4a
14776 Burghof 219-10a
14776 Burgweg 219-10a
14776 Butzower Weg 219-7b

14770 Caasmannstraße 254-2c
14774 Carl-Ferdinand-Wiesike-Straße 252-2a
14770 Carl-Reichstein-Straße 218-10a
14770 Charlottenhof 216-4d
14774 Charlottenhofer Weg 216-11d
14774 Chausseestraße 252-1b
14772 Chemnitzer Weg (5) 219-7a
14772 Christinenstraße 218-5a
14770 Clara-Zetkin-Straße 218-12c

14772 Dahlienweg 218-7d
14770 Damaschkestraße 218-12c
14776 Der Temnitz 219-10c
14774 Der Werder 216-12a
14776 Deutsches Dorf 219-10d
14776 Domkietz (38-B1)
14776 Domlinden 219-10b
14776 Dorfstraße 254-9d
14770 Dosseweg 218-9d
14776 Drei Eichen 255-5c
14770 Dreifertstraße 218-11a
14770 Drosselweg 252-5b

14774 Ebereschenweg 252-5b
14776 Eibenweg 254-8d
14776 Eichamtstraße (38-B2)
14772 Eichendorffweg 217-9b
14776 Eichhorstweg 254-8d
– Eichspitzbrücke 254-9a
14772 Eichspitzweg 218-4d
14770 Einsteinstraße 218-10d
14772 Elisabethstraße 218-5a
14770 Emsterstraße 218-9d
14774 Erich-Baron-Straße 252-9b
14770 Erich-Knauf-Straße 218-9c
14776 Erlenweg 254-8b
14770 Ernst-Paul-Lehmann-Straße 218-10b
14776 Eulenbogen 254-8a

14772 Falkenbergswerder 217-12a
14774 Falkenstraße 252-5b
14776 Fasanenbogen 254-8c
14776 Feldstraße 254-6a
14772 Felsbergstraße 218-5c
14770 Ferdinand-Lassalle-Straße 218-12c
14776 Feuerwehrgasse 219-12b
14776 Fichtenweg 254-8a
14774 Finkenweg 252-5b
14770 Flämingstraße 218-9c
14772 Fliederweg 218-8c
14776 Flutstraße 255-1a
14772 Fohrder Landstraße 218-5d
14770 Fontanestraße 218-11b
14774 Forstweg 253-7a
14770 Fouquéstraße 218-12a
14770 Frankenstraße 218-10d
14776 Franz-Ziegler-Straße 254-3b
14772 Freiheitsweg 218-3c
14770 Freiherr-von-Thüngen-Straße 218-9d
14772 Freitaler Weg (1) 219-7a
14774 Friedhofstraße 252-9d
14770 Friedrich-Engels-Straße 218-11a
14770 Friedrich-Franz-Straße 218-11a
14772 Friedrich-Grasow-Straße 218-5c
14772 Friedrichshafener Straße 218-5b
14776 Friesenstraße 254-3b
14772 Fritze-Bollmann-Weg 218-3d
14770 Froschallee 252-9a
14776 Fuchsbruch 219-3a
– Fußgängerbrücke „Näthewinde" (38-B1)

14774 Gartenstraße 252-5b
14774 Gartenweg 216-12c
14770 Gebrüder-Silbermann-Straße 218-10a
14774 Genthiner Straße 252-3a
14772 Geranienweg 218-7b
14772 Gerberaweg 218-7c
14776 Gerbergasse (38-A2)
14770 Gerostraße 218-12b
14772 Gertraudenstraße 218-5a
14770 Gertrud-Piter-Platz 218-12a
14776 Geschwister-Scholl-Straße 219-10d
14772 Gladiolenweg 218-7d
14770 Gobbinstraße 218-11a
14776 Gödenstraße 254-3b
14772 Gördenallee 218-7a
– Gördenbrücke 218-8d
14776 Görisgräben 290-4a
14774 Görneweg 252-3a
14776 Goethestraße (38-A3)
14776 Göttiner Bahnhofstraße 254-9d
14776 Göttiner Landstraße 254-6d
14776 Göttiner Schulstraße 254-9d
14776 Göttiner Steig 254-9c
14776 Göttiner Straße 254-3d
14776 Gorrenberg 219-10c
– Gottfried-Krüger-Brücke (38-A2)
14770 Gottfried-Krüger-Straße 218-10b
14770 Gotthardtkirchplatz (38-A1)
14770 Gotthardtwinnkel (38-A1)
14776 Grabengasse 219-12b
14776 Grabenstraße 219-10c
14776 Grabower Weg 219-4d
14774 Gränert 253-10b
14774 Gränertstraße 252-9d
14774 Gränertweg 253-10c
14774 Grenzstraße 253-4c
14776 Grillendamm 219-10a
14774 Große Freiheit 216-11a
14776 Große Gartenstraße 219-10c
14774 Große Mühlenstraße 216-12a
14776 Große Münzenstraße (38-B2)
14776 Großmathenweg 255-3a
14776 Grüne Aue 254-3a
14776 Grüner Weg 254-4d
14776 Grüninger Landstraße 254-10b + 290-4c
14772 Gustav-Metz-Straße 218-5c
14770 Gustav-Nachtigal-Straße 218-11a
14776 Gutenbergstraße 218-12d
14770 GutsMuthsstraße 219-7c

14770 Hafenstraße 219-7a
14774 Hafenstraße 252-3c
14776 Hagelberger Straße 219-8c
14776 Hammerstraße 219-10a
14770 Handwerkerhof 218-11b
14770 Hannoversche Straße 218-10d
14770 Harlungerstraße 218-12a
14776 Hauptstraße 219-10a
14776 Hausmannstraße 255-1a
14770 Havelbogen (1) 216-12a
– Havelbrücke 254-3a
14776 Havelstraße 219-10c
14776 Havelufer 220-7a
14772 Haydnstraße 218-7b
14772 Heidelberger Straße 218-5a
14774 Heidestraße 253-7b
14776 Heinrich-Heine-Ufer 218-12d
14772 Henriettenstraße 218-5c
14770 Hessenweg 218-10d
14776 Hevellerstraße 219-10b
14770 Hochstraße 218-12a
14776 Hoher Steg 255-1b
– Homeyenbrücke 219-10a
14770 Huckstraße (38-A1)
14776 Hufenweg 255-2b

14776 Im Diek 220-8c
14776 Immenweg 254-4c
14774 Im Winkel 253-7a
14772 Industriegebiet „Görden" 218-7c
14774 Industriegebiet Kirchmöser Nord 252-6a
14772 Industriegebiet „Nord" 218-9b
14774 Industriegebiet „Plaue" 216-12a
– Industriegebiet „Schmerzke" 255-6c
14770 Industriegebiet „Silokanal Ost" 218-8d
– Industrie- und Gewerbegebiet „Hohenstücken" 218-5a
14770 Industrie- und Gewerbegebiet Kirchmöser Süd 252-5d
14770 Industrie- und Gewerbepark „Silokanal West" 218-10b

14776 Jacobstraße 255-1a
14776 Jahnstraße 254-3b
– Jahrtausendbrücke 219-10a
14772 Jasminweg 218-7d
14776 Jeseriger Weg 220-8b
14776 Johann-Carl-Sybel-Straße 255-1a
14772 Johannisburger Anger 218-7a
14770 Johanniskirchgasse (3) (38-A2)
14770 Johanniskirchplatz (2) (38-A2)
14772 Johann-Sebastian-Bach-Straße 218-7b
14772 Johann-Strauß-Straße 218-8a
14776 Jungfernsteig 219-10c

14772 Kaiserslauterner Straße 218-5a
14774 Kaltenhausen 217-7c
14774 Kaltenhausener Weg 217-7d
14772 Kaltenhausen Wasserwerk 217-8c
– Kanalbrücke 218-12d
14776 Kanalstraße 218-12d
14770 Kapellenstraße (38-A1)
14770 Karl-Kautsky-Straße 218-12c
14770 Karl-Liebknecht-Straße 218-12c
14770 Karl-Marx-Straße 218-11b
14770 Karl-Sachs-Straße 218-11c
14776 Kastanienweg 254-8b
14776 Katharinenkirchplatz (38-B2)
14776 Ketzürer Weg 219-4d
14774 Kiaustraße 252-2b
14776 Kiebitzsteig (1) 255-2b
14776 Kiefernweg 254-8a
14774 Kietzstraße 216-12d
14776 Kirchgasse 219-10c
14776 Kirchhofstraße 255-1a
14774 Kirchstraße 252-3a
14776 Kleine Gartenstraße 219-10c
14774 Kleine Mühlenstraße 216-12c
14776 Kleine Münzenstraße (38-B2)
14776 Klein Kreutzer Bergstraße 220-4a
14776 Klein Kreutzer Dorfstraße 220-4c
14776 Klein Kreutzer Eigenheime 219-6d
14776 Klein Kreutzer Havelstraße 220-4c
14776 Kleins Insel (38-B1)
14776 Kleiststraße 254-3b
14770 Klingenbergsiedlung 218-11d
14770 Klingenbergstraße 218-11d
14772 Klinikallee 217-9c
14770 Klosterstraße 218-12b
14774 Koenigsmarckstraße 252-3a
14772 Kolonie Feierabend 218-8a
14776 Kolonistenberg 219-12b
– Kolonistenweg 289-3b
14770 Kommunikation (38-A2)
14772 Kopenhagener Straße 218-8a
14776 Koppehlstraße 254-3d
14772 Kornblumenweg 218-7d
14776 Krahner Straße 254-9d + 255-7c
14776 Krakauer Landstraße 219-8c
14776 Krakauer Straße 219-10b
14776 Krakauer Weg 219-7d
14770 Kreyssigstraße 218-8d
14772 Krokusring 218-7c
14776 Küsterstraße 220-8c
– Kuhdamm 217-10b
– Kultur- und Erholungspark Marienberg 218-12a
14770 Kummerléstraße 218-11a
14776 Kurstraße 219-10c
14770 Kurt-Wabbel-Straße 219-7c
14774 Kurze Straße 253-4d

14776 Lärchenweg 254-8a
14774 Lankenweg 252-11b
14776 Lehmberg 255-3a
14774 Lewaldstraße 216-12c
14776 Libellenweg 254-4c
14772 Lilienweg 218-8c
14770 Lilli-Friesicke-Straße 218-9d
14776 Lindenstraße 219-10c
14776 Linienstraße 254-3b
14772 Lortzingstraße 218-7a
– Luckenberger Brücke 218-12d
14770 Luckenberger Straße 218-12d
14776 Lünower Weg 219-7b
14776 Luisenhof 219-8d
14772 Lupinenweg 218-7c

14776 Maerckerstraße 254-3c
14774 Magdeburger Heerstraße 289-4b
14776 Magdeburger Heerstraße 253-12c
14770 Magdeburger Landstraße 218-10a

14770 Magdeburger Straße 218-11b
14774 Mahlenziener Dorfstraße 289-7b
14774 Mahlenziener Straße 252-9d + 289-1d
14772 Mahlerstraße 218-7b
14772 Maiglöckchenweg 218-7c
14772 Malvenbogen 218-7c
14774 Margaretenhof 252-3b
14774 Margaretenstraße 217-10d
14772 Margueritenweg 218-7d
14770 Marienberg 218-12a
14774 Marktplatz 252-5b
14774 Marktstraße 252-5b
14772 Massowburg 219-7a
14772 Maulbeerweg 218-7a
14772 Max-Herm-Straße 218-4d
14772 Max-Josef-Metzger-Straße 217-8c
14772 Mendelssohnstraße 218-7a
14776 Meyerstraße 254-3c
14776 Mielitzweg 255-5b
14776 Mittelstraße 255-1a
14776 Mittelweg 254-8b
14776 Mötzower Landstraße 219-7b
14776 Mötzower Weg 219-6b
14776 Mötzower Weg I 219-7b
14776 Mötzower Weg II 219-7b
14776 Molkenmarkt 219-10c
14772 Mozartplatz 218-8a
14772 Mozartstraße 218-8a
14776 Mühlenbogen 255-5b
14776 Mühlendamm 219-10a
14776 Mühlengarben 218-12d
14770 Mühlentorstraße 219-10a
14776 Mühlenweg 220-8c
14774 Münchwerder 217-11c
14772 Münstersche Straße 218-5a
14772 Myrtenweg 218-7c

14772 Narzissenweg 218-7d
14772 Nelkenweg 218-7d
14776 Neue Mühle 289-3d + 290-1c
14770 Neuendorfer Straße 218-12c
14770 Neuendorfer Wiesenweg 254-1c
14776 Neue Weinberge 219-3d
14776 Neue Ziegelei 220-10a
14776 Neumanns Vorwerk 254-9c
14770 Neu Plaue 216-4d
14774 Neu-Plauer-Weg 216-12a
14776 Neustädtische Heidestraße 219-10c
14776 Neustädtischer Markt 219-10c
14776 Neustädtische Wassertorstraße 219-10b
14770 Nicolaiplatz 218-12b
14770 Nikolaus-von-Halem-Straße 218-9c
14774 Nordring 253-4c
14772 Nußlocher Weg (4) 219-7a

14772 Offenbachstraße 218-7b
14770 Oldenburger Straße 218-11c
14770 Oskar-Wiederholz-Straße (2) 218-10b
14776 Otto-Gartz-Straße 254-3b
14770 Otto-Metzenthin-Straße (3) 218-10b
14776 Otto-Sidow-Platz 254-3b
14776 Otto-Sidow-Straße 254-3a

14776 Packhofstraße 219-10a
14776 Pappelweg 254-8b
14770 Parduin (38-A1)
14772 Pariser Straße 218-8a
14774 Parkstraße 252-5b
14774 Patendamm 216-12c
14776 Paterdamm 255-9c + 12a
14776 Paterdammer Weg 255-7c
14770 Pater-Grimm-Straße 218-9c
– Paukrierbrücke 290-2a
– Paulibrücke (38-B3)
14776 Paulinerstraße 219-10c
14776 Paul-Kaiser-Reka-Platz 219-10c
14774 Paul-Röstel-Straße 252-9b
14776 Petersilienstraße (38-B2)
14776 Pfefferländer Weg 254-5c
14772 Pflegerdorf 218-7c
14776 Planeweg 254-5b
14776 Platanenweg 254-8a
14774 Platz der Einheit 252-6c
14774 Plauer Damm 252-2d
14774 Plauerhof 217-10d
14774 Plauerhof Siedlung 217-10a
14774 Plauer Landstraße 216-12d
14770 Plauer Straße 218-12b
14774 Postplatz 216-12c
14776 Potsdamer Landstraße 255-1b
14776 Potsdamer Straße 219-10d
14772 Prager Straße 218-8b
14770 Prignitzstraße 218-9d
14772 Primelweg 218-7c
14776 Prötzelweg 255-2b
– Puschkinpark 218-12d
14774 Puschkinstraße 252-2b

– Quenzbrücke 217-12b
14772 Quenzweg 217-12b

14774 Querstraße I 216-12c
14774 Querstraße II 216-12a

14774 Rathausstraße 252-9b
14772 Rathenower Landstraße 218-1d
14770 Rathenower Straße (38-A1)
14770 Ratsweg 254-1d
14776 Reckahner Straße 254-12b
14776 Reckahner Weg 290-2c
14772 Regettaring 219-7a
14776 Reimerstraße 254-3c
14772 Reuscherstraße 218-5c
14770 Rhinweg 218-9c
14772 Riesaer Weg 219-7a
14776 Rieselgut 253-12c
14776 Rietzer Straße 255-6a
14776 Rietzer Weg 255-2b
14770 Ritterstraße 218-12b
14770 Robert-Koch-Straße 218-12a
14776 Rochowstraße 254-3c
14772 Rosa-Luxemburg-Allee 218-8a
14776 Rosengasse 220-4a
14772 Rosenweg 218-8c
14772 Rotdornweg 218-8c
14770 Rudolf-Weber-Platz 218-10b
14772 Rüleckens Weg 219-4c
14776 Rüsternweg 254-8d
14770 Ruppinstraße 218-9c

14776 Saaringer Dorfstraße 220-2d
14776 Saaringer Weg 220-5c
14770 Sachsenstraße 218-11a
14776 Sandberg 255-3a
14776 Sandfurthweg 254-7b
14776 St.-Annen-Promenade 219-10c
14776 St.-Annen-Straße 219-10c
14776 St.-Pauli-Kirchplatz 219-10c
14776 St. Petri (3) 219-10b
14772 Schafdamm 218-1b
14774 Scheidtstraße 216-12c
14772 Schenkendorfweg 217-9d
14776 Scheppersteig 220-8c
14772 Schienenweg 219-7a
14770 Schifferring 219-7a
14776 Schillerstraße (38-A3)
14772 Schlangenpfad 218-1b
14772 Schleusenerstraße 218-5c
14774 Schleusenweg 252-2a
14776 Schlossallee 220-8c + 11a
– Schlosspark Plaue 252-3a
14774 Schloßstraße 252-3a
14776 Schmerzker Ring 255-5b
14776 Schmöllner Weg 254-4c
14772 Schneeglöckchenring 218-7c
14772 Schubertstraße 218-8a
14776 Schützenworth 255-1b
14774 Schulstraße 252-5d
14772 Schumannstraße 218-8a
14770 Schusterstraße (38-A1)
14772 Schwarzer Weg 218-7b
14770 Schwarzwaldring 218-10d
– Seegartenbrücke 252-3c
14774 Seestraße 252-5b
14776 Sieberstraße (38-B2)
14772 Siedlertrift 218-1b
14776 Siedlung 219-12b
14774 Siedlungsstraße 252-9a
14774 Signalstraße 252-6c
14770 Silostraße 219-7c
14776 Sommerweg 220-8c
14772 Sophienstraße 218-4d
14776 Spechtbogen 254-8a
– Specksteig 217-9a
14770 Spittastraße 218-10b
14770 Sprengelstraße 218-9c
14774 Starweg 252-5b
14776 Steinles Berg 255-1b
14776 Steinstraße 219-10c
- Steintorbrücke (38-A3)
14774 Strandweg 253-7a
14776 Straße zum Gut 220-4a
14776 Straße zum Wassersportheim 220-4b
14772 Stuttgarter Straße 218-6a
14774 Südring 253-7a

14776 Tannenweg 254-8a
14770 Thüringer Straße 218-10c
14772 Tieckower Weg 217-2d
14770 Tiedestraße 218-11a
14776 Tismarstraße 254-3b
14776 Torfbogen 255-5b
14776 Trauerberg 255-1a
14774 Trennweg 252-5b
14774 Triftstraße 216-11b
14770 Triglafweg 218-12a
14772 Tschaikowskistraße 218-7b
14772 Tschirchdamm 218-5c
14772 Tulpenweg 218-8c
14774 Turmstraße 253-4c

14774 Uferstraße 252-6c
14776 Ulmenweg 254-8b
14774 Unter den Platanen 252-6a
14772 Upstallstraße 218-8b

14772 Veilchenweg 218-7c
14770 Venise-Gosnat-Straße 218-12a
14770 Vereinsstraße 218-12c
14774 Viesener Straße 252-12b
14772 Vorwerkstraße 218-2a

14774 Waldstraße 216-11b
14772 Walldorfer Weg (3) 219-7a
14770 Wallpromenade 218-12b
14770 Wallstraße 218-12b
14770 Walter-Rathenau-Platz 218-12b
14772 Walther-Ausländer-Straße 218-5c
14772 Warschauer Straße 218-8b
– Wassertorpromenade (38-A1)
14770 Wasserwanderplatz 218-12d
14774 Wasserwerkstraße 216-12a
14770 Watstraße 219-7c
14772 Weberstraße 218-7a
14776 Weidensteig 254-8c
14770 Weinmeisterweg 218-9c
14776 Wendgräben 253-12c
14774 Wendseeufer 252-2b
14776 Werderstraße 255-1a
14770 Werner-Seelenbinder-Straße 218-9c
– Westhavellandbrücke 216-12d
14776 Weseramer Straße 219-8a
14772 Wiener Straße 218-8b
14776 Wiesenweg 218-12c
14774 Wilhelm-Gottschalk-Straße 252-9d
14770 Wilhelm-Meinicke-Straße 218-8c
14776 Wilhelmsdorf 254-7d
14776 Wilhelmsdorfer Landstraße 254-6a
14776 Wilhelmsdorfer Straße 254-3b
14770 Wilhelm-Weitling-Straße 218-12c
14772 Willibald-Alexis-Straße 218-5a
14770 Willi-Sänger-Straße 218-9c
14770 Windmühlenweg 254-4a
14776 Wittstocker Gäßchen 254-5d
14776 Wollenweberstraße 219-10c
14770 Wolrad-Kreusler-Straße 218-11c
14770 Woltersdorfer Straße 218-10a
14776 Wredowplatz 254-3b
14776 Wredowstraße 218-12d
14774 Wusterauer Anger 253-4c
14776 Wuster Ring 255-3a
14776 Wuster Straße 219-12c
14774 Wusterwitzer Straße 252-5c

14770 Zanderstraße 218-11b
14770 Zauchestraße 218-9c
14776 Ziesarer Landstraße 254-7b
14772 Zinnienweg 218-7c
14772 Zu den Eichen 218-7c
14776 Zu den Erdelöchern 219-12b
14774 Zu den Schinderfichten 216-11b
14776 Zum Alten Dorf 216-8b
14774 Zum Faulen Hund 216-12a
14776 Zum Gutshof 220-8a
14776 Zum Krugpark 254-7d
14772 Zum Quenzsee 217-12b
14770 Zur Drehscheibe 252-5d
14772 Zwickauer Weg (2) 219-7a

Breydin

PLZ 16230

Akazienweg 72-2c
Am Storchennest 72-5a

Beerbaumer Weg 72-5c

Dorfstraße 53-10a

Eberswalder Straße 53-10a

Falkenberger Weg 53-10a

Gersdorfer Straße 53-10c

Karlshof 72-3b
Kirchstraße 72-4b
Klobbicker Straße 73-1a
Kruger Damm 73-1a

Lindenstraße 72-5a

Melchower Weg 72-4b
Mittelmühle 72-4b
Mühlenweg 72-4b

Neue Mühle 72-2a

Waldweg 72-4b

Brieselang

PLZ 14656

Adolf-Diesel-Straße 139-5d
Adolf-Kolping-Weg 115-12c
Adolf-Stöcker-Straße 115-12c
Ahornweg 139-5d
Am Gutshof 138-3c
Am Hasenpaß 139-2d
Am Kanal 139-2d
Am Kienast 139-2d
Am Markt 139-6b
Am Nest 139-6a
Am Schlangenhorst 139-2d
Amselweg 139-3b
Am Vorholz 139-2d
Am Wald 140-1c
Am Winkel 139-3d
An der Falkenstraße 139-3b
Arndtstraße 139-6a
Asternweg 139-3b
Aufbaustraße 138-5b
August-Bebel-Straße 139-6b

Bachstraße 139-3a
Bahnhofstraße 138-3d
Bahnstraße 139-2d
Banaschstraße 115-12c
Barlachstraße 115-12c
Berliner Straße 138-6a
Birkenallee 139-3d
Blumensteg 139-3d
Bodelschwinghstraße 115-12c
Bredower Allee 139-2d
Bredower Straße 139-4d
Brentanoweg 139-2d
Brieselanger Straße 139-7b
Brieselanger Weg 140-4a

Carl-Friedrich-Benz-Straße 139-5b

Dahnstraße 139-6c
Dammstraße 138-3c
Diestelmeierstraße 115-12c
Drosselweg 139-3b

Elisabethstraße 115-12d
Elsterweg 139-3b
Erich-Kästner-Straße 139-6a
Erich-Klausner-Straße 139-3c
Erich-Mühsam-Straße 139-6b
Erlenweg 139-3d
Eulenweg 115-12c

Falkenhagener Luchweg 140-1a
Falkenseer Weg 140-4a
Falkenstraße 139-2b
Ferdinand-von-Zeppelin-Straße 139-5b
Feuerbachstraße 139-2b
Fichtestraße 139-2d
Finkenkruger Straße 140-4a
Fontanestraße 139-6a
Forsthaus Bredow 140-4c
Forstweg 139-3c
Franz-Mehring-Straße 139-6b
Freiligrathstraße 139-6c
Freytagstraße 139-6a
Friedrich-Engels-Straße 115-12d
Fröbelstraße 139-3a
Fuggerweg 139-3a

Gartenstraße 138-3c
Gartenweg 139-3c
Gewerbegebiet 139-6b
Gewerbering 138-9c
Glien 115-8c
Goethestraße 139-6a
Gottlieb-Daimler-Straße 139-5b
Grimmstraße 139-6c
Grüner Weg 138-6a
Gutenbergweg 139-3c

Händelstraße 139-3a
Hafenstraße 115-11d
Hans-Klakow-Straße 139-6b
Hans-Sachs-Straße 139-6c
Haslacher Straße (3) 139-6b
Hauffstraße 139-5b
Hauptmannstraße 139-6c
Havellandstraße 115-11c
Haydnstraße 139-3a
Hebbelstraße 139-6c
Hegelstraße 139-2b
Heideweg 140-4a
Heinrich-Heine-Straße 139-6b
Hermann-Hesse-Weg 139-2d
Hölderlinstraße 139-6c

Isaac-Newton-Straße 139-5b

Jahnstraße 139-2d
James-Watt-Straße 139-5b
J.-F.-Steege-Siedlung 115-12c
Joachim-Ringelnatz-Straße (5) 139-6c
Jochen-Weigert-Straße 115-12c

Kanalbrücke 139-2b
Kantstraße 139-2b
Karl-Marx-Straße 139-2b
Keplerweg 139-3a
Kirschenweg 138-9d + 139-7b
Kleiststraße 139-6a
Körnerstraße 139-6c
Kollwitzstraße 115-11d
Kopernikusweg 139-3a
Kurt-Tucholsky-Ring 139-6c

Lange Straße 139-3c
Leibnizstraße 115-12d
Lenaustraße 139-6a
Lerchenweg 139-3b
Lessingstraße 139-6a
Lichtenbergstraße 115-12b
Liebigstraße 115-12c
Lindenstraße 139-5d
Lisztstraße 139-3a

Märkische Straße 139-6a
Marie-Curie-Straße 139-5b
Marktplatz (4) 139-6b
Martin-Luther-Straße 115-12b
Maxim-Gorki-Straße 139-6b
Meisenweg 139-3b
Melanchthonstraße 139-3a
Mendelssohnstraße 139-3a
Milanweg 139-3b
Mörikestraße 139-6a
Morgensternstraße 139-6a
Mozartweg 139-3b
Mühlenweg 139-4d

Nachtigallenweg 139-3b
Nauener Chaussee 116-7c
Nauener Landweg 138-2d
Nauener Straße 138-3c
Neudörfferweg 139-3c
Neuer Weg 139-7b
Nikolaus-Kopernikus-Straße (1) 139-5b

Oranienburger Straße 138-3c
Otto-Braun-Straße 139-3c
Otto-Lilienthal-Straße 139-5b

Pappelallee 139-5d
Parkstraße 138-3c
Parkweg 139-3b
Paul-Mewes-Damm 139-2d
Paul-Singer-Straße 115-12d
Pausiner Weg 115-12b
Pestalozzistraße 140-1c
Pfarrer-Gehrmann-Straße 139-3a
Platz des Friedens 139-6b
Promenadenweg 139-2b

Querstraße 139-6b

Renzstraße 140-4a
Reuterstraße 139-6a
Richard-Wagner-Straße 115-12d
Rigips Straße 139-2a
Rilkestraße 139-6a
Ringstraße 138-3c
Rostocker Straße 139-8b
Rotdornallee 139-3d
Rotkehlchenstraße 139-3b

Schillerstraße 139-6a
Schnitterweg (1) 139-4d
Schopenhauerstraße 139-2d
Schulplatz 139-3d
Schwalbengasse (1) 139-3b
Schwarzer Weg 138-3c
Seilerweg 139-7b
Simmelweg 115-11d
Spatzenweg 139-3b
Sperlingsgasse (2) 139-3b
Stormstraße 139-5b
Sudermannstraße 139-6a
Südstraße 139-6b

Thälmannstraße 139-6b
Theodor-Adorno-Weg 139-3a
Thomas-Edison-Straße 139-5b
Thomas-Müntzer-Straße 139-3a
Tolstoistraße 139-6b
Tschaikowskistraße 139-3a

Uhlandstraße 139-6b
Ulmenweg 139-3d
Uthmannstraße 139-3a

Virchowstraße 115-12c
Vorholzstraße 139-6a

Weidenweg 139-2d
Werner-Klemke-Straße 115-12c
Werner-von-Siemens-Straße (2) 139-5b
Wernitzer Weg 139-7b
Wichernstraße 115-12c
Wielandstraße 139-6c
Wiesengrund 139-7b
Wiesenweg 115-12a
Wilhelm-Busch-Straße 139-6a
Wohn-und Gewerbepark Zeestow 139-5b
Wustermarker Straße 139-6d
Wustermarker Straße (Zeestow) 139-7b
WWZ-Havelland 115-11d

Zeestower Chaussee 139-6d + 6c
Zeestower Straße 139-4c
Zeestower Weg 138-3c
Zeisigweg 139-3b
Zetkinweg 140-4a
Zilleweg 115-11d

Briesen (Mark)

PLZ 15518

Am Kersdorfer See 282-5d
Am Spitzen Berg 246-12c
An der Bahn 246-12b
An der Kersdorfer Schleuse 282-8c

Bahnhofstraße 246-12d
Beeskower Straße 282-3b
Breites Gestell 282-8b
Bunterschütz 281-9a

Damaschkeweg 246-12c
Dorfstraße 284-8a
Dorismühle 282-8b

Falkenberger Straße 246-12b
Forsthaus an der Spree 282-7c
Frankfurter Straße 247-10a
Freiheitsloose 283-1d
Friedenstraße 284-8a

Hüttenstraße 247-10a

Karl-Marx-Straße 246-12b
Karolinenhof 246-7c
Kersdorfer Straße 282-2b
Kiefernweg 246-12d
Kirchhofstraße 246-12d

Lindenstraße 246-12d

Müllroser Landstraße 284-5c
Müllroser Straße 282-3b

Petershagener Straße 247-10a
Pillgramer Straße 284-5c
Privatstraße 246-12b

Schleusenweg 282-8b
Schwarzer Weg 284-5c
Seeweg 247-7d
Siedlerweg 284-5c

Vorwerk Briesen 247-11d

Waldschlößchen 246-12a
Weg am Teich 284-5c
Weg der Freundschaft 284-8a
Weg zum Forsthaus an der Spree 282-2b
Weg zur Erholung 282-8b
Wohngebiet „Hüttenstraße" 247-10a
Wohngebiet „Kersdorfer Straße" 246-12d

Britz

PLZ 16230

Am Heuweg (2) 46-2b
Am Stuck 46-3a

Bergstraße 46-3a

Choriner Straße 46-3a

Friedrichstraße 46-2b

Glück-Auf-Weg (1) 46-3a

Hans-Ammon-Straße 46-3a
Heegermühler Straße 46-2a

Karlstraße 46-2b
Kiefernweg 46-3a
Kurze Straße 46-2b

Oberberger Straße 46-3a
Oderberger Weg 46-3a

Ragöser Straße 46-3a
Ringstraße 46-3a

Schulstraße 46-2b
Seestraße 46-3a

Weberstraße 46-2b
Wiesenstraße 46-3a
Winkelmannstraße 46-3a

Buckow (Märkische Schweiz)

PLZ 15377

Am Markt 133-10b
Am Ratssee 133-11a
Am Roten Haus (3) 133-10b
Am Schloßpark 133-7d
Am Spitzen Berg 133-8c

Bahnhofstraße 133-10d
Berliner Straße 133-10c
Bertolt-Brecht-Straße 133-10a
Bollersdorfer Weg 132-11c
Buchenfried 132-12b
Buckowseepromenade 133-10a

Dorfstraße 132-11c
Dreieichen 133-12b

Erlenweg (2) 133-10b

Fischerberg 133-10c
Fischerkehle 133-10c
Fontaneweg 133-8c

Hauptstraße 133-10b
Heidepark 132-12d
Hopfenweg 133-7b

Königstraße 133-10b

Lindenstraße 133-8c + 11a
Lunapark 133-10a

Neue Promenade 133-10b

Panoramaweg 132-12d
Pritzhagener Mühle 133-9b

Ratswiesenweg (1) 133-10b
Reicheltsberg 133-10c
Ringstraße 133-7d

Schlosspark 133-7d
Schulstraße 133-10b

Wallstraße 133-10b
Weinbergsweg 133-7b
Werderstraße 133-10a
Wriezener Straße 133-7d

Chorin
PLZ 16230

Am Wasserweg (1) 47-1b

Köhlerei Weitlage 47-1d

Mönchsbrück 47-4d

Ragöser Mühlenweg 47-2a

Waldstraße 47-1d
Waldstraße (3) 47-1d

Zur Ragöse (2) 47-1b

Dallgow-Döberitz
PLZ 14624

Ahornstraße 140-11b
Akazienstraße 140-11b
Alemannenstraße 165-1a
Alte Dorfstraße 165-9d
Am Berg (2) 165-9d
Am Egelpuhl 164-3c
Am Graben 140-12d
Am Rain 166-7a
Am Reitplatz 165-1b
Amselweg 165-9d
Am Wasserturm 164-3a
An den Kiefern 166-7d
Arndtstraße 140-12b
Artilleriepark 164-3d + 165-1c
Ausbau 165-6b

Bahnhofstraße 164-3b
Birkenstraße 140-11b
Birkenweg 166-7c
Bleibtreustraße 140-12d
Blumenstraße 164-3b
Breite Straße 140-12d
Buchower Weg 164-7a

Charlottenstraße 141-10c
Chausseeweg 165-9b

Dallgower Chaussee 165-6d
Dallgower Straße 141-11c
Döberitzer Weg 165-1d
Dorfstraße 164-2b
Dragonerweg (5) 164-3b

Ebereschenstraße 140-11b
Eichendorffstraße 141-10c
Eichendorffweg 141-11c
Eichenstraße 140-11b
Eichenweg 166-7c
Elsbruchstraße 140-11d
Emil-von-Behring-Allee 164-3a
Engelsfelde 166-8c
Ernst-Ruska-Straße 164-3a

Fahrländer Weg 165-12a
Falkensteg 140-12d
Falkenweg 165-9c
Fasanenstraße 140-12d
Feldstraße 164-2a
Felgenweg 165-6d
Felix-Mendelssohn-Straße 140-12c
Feuchtwangerstraße 141-10c
Finkenhainer Straße 140-12c
Finkenkruger Straße 140-12d
Finkenweg 165-9c
Fliederweg 164-3b
Fontanestraße 141-10c
Franz-Liszt-Straße 140-12c
Franz-Schubert-Straße 140-12c

Gardeweg (6) 164-3b
Gartenstraße 164-3d
Gatower Weg 166-7a
Geibelstraße 140-12b
Germanenstraße 165-1c
Gewerbepark Döberitzer Heide 164-3d
Ginsterweg 164-3c
Goetheplatz (1) 141-10c
Gotenstraße 165-1a
Grenadierweg (9) 164-3d
Grimmstraße 141-10c
Gustav-Mahler-Straße 140-12c

Habichtweg 165-9c
Hadelnweg 164-6c
Hamburger Chaussee 164-3c
Haselnussweg 164-3a
Hauptstraße 164-2b
Havelpark 165-2c
Hebbelstraße 140-12b
Heideallee 164-3d
Heinrich-Heine-Platz (2) 141-10c
Herderstraße 140-12d
Holunderallee 164-3c
Humboldtstraße 141-10c
Husarenweg 164-3b

Jägerweg (8) 164-3d
Johannes-Brahms-Straße 140-12c
Johannesstraße 164-3c
Johann-Sebastian-Bach-Straße 165-1d

Kastanienstraße 165-1a
Kieler Straße 165-1d
Kleiststraße 140-12b
Körnerstraße 140-12d
Kurmarkstraße 164-3b

Lessingstraße 140-12d
Lindenplatz 164-3b
Lindenstraße 164-3b
Lindhorstplatz 141-10c
Ludwig-van-Beethoven-Platz (1) 140-12c
Luisenstraße 141-10c

Märkischer Platz 140-12d
Margaretenstraße 141-10c
Marie-Curie-Straße 164-3a
Markomannenstraße 165-1c
Maulbeerallee 164-3a
Maurice-Ravel-Straße 140-12c
Max-Born-Straße 164-3a
Max-von-Laue-Ring 164-3a
Meisenweg (1) 165-9d
Milanweg 165-9c
Mittelstraße 140-12d
Morgensternstraße (3) 141-10c
Mühlenstraße 164-2b
Mühlenweg 165-9b

Nauener Straße 140-12d
Neu Döberitz 164-2b
Neue Dorfstraße 165-9c

Otto-Hahn-Straße 164-3a

Pappelweg 166-7c
Parkstraße 165-1a
Pflaumenweg 164-2c
Potsdamer Chaussee 166-7c
Promenade 140-12d

Raabestraße 141-10c
Regimentweg (7) 164-3d
Reuterstraße 141-10c
Ring A (5) 141-10a
Ring B (6) 141-10c
Robinienallee 164-3c
Rohrbeck 164-2a
Rohrbecker Damm 140-11d
Rotdornweg (1) 164-3a
Rudolf-Virchow-Straße 164-3a

Sanddornweg 164-3d
Schillerstraße 141-10c
Schlehenweg (3) 164-3a
Schneeballweg 164-3a
Scholle 165-9a
Schülzweg 164-6d
Schulgasse 165-1d
Schwanengraben 140-12d
Schwarzer Weg (3) 166-7a
Seeburg 165-9b + 166-7a
Seeburger Chaussee 165-6d
Seegefelder Straße 165-1d
Seestraße 164-3b
Spandauer Sandweg 166-7a
Spandauer Straße 165-2c
Spatzenweg 165-9d
Sperlingshof 164-3d
Staakener Weg 166-7a
Steinschneiderstraße 164-3b
Steinweg 165-10b

Thomasstraße (4) 141-10c
Trapppenweg 165-9c
Triftstraße 140-11d

Ulanenweg (4) 164-3b

Wacholderweg 164-3d
Waldrandstraße 165-1c
Weißdornallee 164-3a
Werner-Heisenberg-Straße (2) 164-3a
Wiesenstraße 140-12d
Wilhelm-Ostwald-Straße 164-3a
Wilhelmstraße 164-3d
Wilmsstraße 140-12b + 164-3d

Diensdorf-Radlow
PLZ 15864

Am Wiesenweg 335-2d

Bergstraße 335-3a
Birkenweg 335-3a

Eichenweg 335-3a

Hauptstraße 335-5b
Herzberger Weg 335-3a

Kiefernweg 335-3a

Radlow Dorf 335-5b

Schulweg 335-2d

Uferweg 315-12a

Waldweg 335-3a

Eberswalde

16225 Ackerstraße 46-9c
16227 Ahornstraße 45-7c
16225 Akazienweg 46-8b
16225 Albert-Einstein-Straße 45-6d
16225 Alexander-von-Humboldt-Straße 46-8d
16227 Alfred-Dengler-Straße 46-11c
16225 Alfred-Möller-Straße 46-11d
16225 Alfred-Nobel-Straße 45-6d
16225 Alte Heegermühler Heerstraße 46-5d
16227 Altenhofer Straße 45-7d
16225 Alte Straße (4) 46-10b
16227 Am Alten Walzwerk 45-9d
16227 Am Bahnhof Eisenspalterei 45-9d
16227 Am Containerbahnhof 46-7d
16225 Am Eichwerder 47-7a
16227 Am Finowkanal 45-7d
16227 Am Flugplatz 44-12d + 45-10c
16227 Am Graben 45-4a
16225 Am Kanal 46-12a
16225 Am Kesselberg (3) 46-12c
16225 Am Krankenhaus 46-10d
16225 Am Markt (39-B2)
16225 Am Markt (5) 46-12a
16225 Am Paschenberg 46-12c
16225 Am Pfingstberg 46-12b
16227 Am Pfuhl 45-8c
16225 Am Rohrpfuhl 47-10c
16225 Am Sonnenhang 46-9c
16225 Am Stadion 46-11c
16227 Am Stadtpark 45-10b
16225 Am Tempelberg 47-10a
16227 Am Treidelsteig 45-8c
16227 Am Waldrand (3) 45-12d
16225 Am Wasserfall 52-1a
16227 Am Wasserturm 45-7b
16225 Am Wurzelberg 46-7b
16225 Am Zainhammer 52-1b
16225 An den Kummkehlen 47-7c
16227 An den Kusseln 45-12b
16225 An den Platanen 47-10c
16227 An der Barnimer Heide 45-12d
16225 An der Feldmark 45-12b
16225 An der Friedensbrücke (4) 46-12a
16230 An der Rüster 47-11d
16225 Angermünder Chaussee 46-6c
16225/16227 Angermünder Straße 45-8c
16225 Anhöhe Eisengießerei (2) 46-10b
16225 Anne-Frank-Straße 46-8b
16225 Asternweg 46-9a
16225 August-Bebel-Straße 46-11d

16227 Bahnhofstraße 45-10b
16227 Barnimer Straße (2) 45-12c
16227 Beeskower Straße 45-12c
16227 Beethovenstraße 45-4a
16225 Bergerstraße 46-11a
16225 Bergeshöh 46-9d
16227 Bergstraße 45-8c
16225 Bernauer Heerstraße 46-12c
16227 Biesenthaler Straße 45-10d
16225 Binnenhafen Eberswalde 46-4c
16225 Birkenweg 46-9a
16225 Blumenweg 46-12b
16225 Blumenwerderstraße 46-11a
16225 Boldtstraße 46-10a
16225 Bollwerkstraße 46-12a
16227 Brachlowstraße 45-10b
16227 Brandenburger Allee 45-11d
16227 Brauers Berg 45-7c
16225 Brautstraße 46-12a (39-B2)
16225 Breite Straße 46-12a
16225 Britzer Straße 46-7d
16227 Brückenstraße 45-11a
16225 Brunnenstraße 46-11d
16225 Brunoldstraße 46-10b
16225 Buchenweg 46-8b

16225 Carl-von-Linde-Straße 45-6d
16225 Carl-von-Ossietzky-Straße 46-11d
16227 Choriner Straße 45-12a
16225 Clara-Zetkin-Weg 46-8b
16225 Cöthener Straße 47-10d
16227 Coppistraße 45-9a
16227 Cottbuser Straße 45-12c

16225 Dahlienweg 46-9a
16225 Danckelmannstraße 46-12c
16225 Dannenberger Straße 47-10a
16230 Dannenberger Weg 53-3b
16225 Dr.-Gillwald-Höhe 46-9a
16225 Dr.-Zinn-Weg 46-6c
16227 Dorfstraße (Finow) 45-10b
16227 Drahthammer Schleuse 45-9d
16225 Drehnitzstraße 46-10a

16225 Ebersberger Straße 46-12d
16227 Eberswalder Straße 45-11b + 10a
– Eberswalder Wassertorbrücke 46-6a
16225 Ecksteinstraße 52-3a
16227 Eichendorffstraße 45-4a
16225 Eichwerderstraße 46-12a
16225 Eisenbahnstraße 46-11a
16225 Eisenhammerstraße (3) 46-10b
16225 Erich-Mühsam-Straße 46-11d
16225 Erich-Schuppan-Straße (6) 46-12a
16227 Erich-Steinfurth-Straße 45-7c
16227 Erich-Weinert-Straße 45-10b
16225 Ernst-Abbé-Straße 45-6d
16225 Eschenweg 46-9a

16225 Falkenberger Straße 47-10a
16225 Feldstraße 46-7d
16225 Feldweg 47-7d
16227 Fichtestraße 45-4a
16227 Finsterwalder Straße 45-12c
16227 Flämingstraße 45-11d
16227 Fliederallee 45-4a
16225 Fliederweg (1) 46-6c
16227 Fontanestraße 45-4a
– Forstbotanischer Garten 46-11c
16227 Forststraße 45-12b
16227 Frankfurter Allee 45-12c
16227 Franz-Brüning-Straße 45-10b
16225 Franz-Müller-Straße 46-12b
16225 Freienwalder Straße 46-12d
16225 Freudenberger Straße 47-10c
– Friedensbrücke 46-11b
16225 Friedhofstraße 46-12d
16225 Friedrich-Ebert-Straße 46-11b
16225 Friedrich-Engels-Straße 46-11a
16225 Fritz-Pehlmann-Straße 46-10a
16227 Fritz-Reuter-Straße 45-4c
16227 Fritz-Weineck-Straße 45-10b

16227 Gartenstraße 45-8c
16225 Gartenweg 47-10b
16225 Georg-Friedrich-Hegel-Straße 46-11b
16225 Georg-Herwegh-Straße (39-B3)
16225 Georg-Simon-Ohm-Straße 46-4c
16225 Georgstraße 46-9c
16225 Gerichtsstraße (39-A2)
16225 Gersdorfer Straße 47-10c
16225 Gertraudenstraße 46-12d
16225 Geschirr 51-6d
16225 Geschwister-Scholl-Straße (1) 46-12a
16225 Goethestraße 46-12a
16225 Goethetreppe 46-12c
16225 Grabowstraße 46-11a
16227 Grenzstraße 45-12b
16227 Grenzweg 47-7d
16225 Große Hufen 47-10a
16225 Grüner Weg 45-8c
16225 Grünstraße 46-12a
16227 Gubener Straße 45-12d
16227 Gustav-Hirsch-Platz 45-7c
16225 Gutenbergstraße 47-7c

16225 Hangweg 47-7c
16227 Hans-Marchwitza-Straße 45-11c
16225 Hardenbergstraße 46-12c
16225 Haus am Stadtsee 46-3d
16225 Hausberg 46-12a
16227 Havellandstraße 45-11d
16225 Heckelberger Straße 47-10c
16225 Heckenweg 47-10a
16227 Heegermühle 45-10a
16227 Heegermühler Schleuse 45-7d
16225 Heegermühler Straße 45-9d
16225 Heidestraße 46-10d
16227 Heideweg 45-8c
16225 Heimatstraße 46-7d
16225 Heinrich-Heine-Straße 46-12c
16225 Heinrich-Hertz-Straße 46-4b
16227 Heinrich-Mann-Straße 45-4a
16227 Heinrich-Rau-Straße 45-7c
16225 Helene-Lange-Straße 46-8b
16225 Hermann-Prochnow-Straße 47-7c
16225 Hindersinstraße (1) 46-10b
16225 Hinterstraße 53-3b
16225 Höhenweg 47-7d
16225 Hohenfinower Straße 47-10c

16227 Industriestraße 45-7c

16227 Jägerstraße 45-10a
16227 Jahnstraße 45-10d
16225 Jenny-Marx-Weg 46-8b
16227 John-Schehr-Straße 45-4a
16225 Jüdenstraße (39-B2)
16225 Justus-von-Liebig-Straße 46-4c

16225 Käthe-Kollwitz-Straße 46-8b
16227 Käthe-Niederkirchner Straße 45-7c
16225 Kahlenberg 47-5d
– Kanalbrücke 46-5c
16225 Kantstraße 46-11a
16225 Karl-Bach-Straße 46-12b
16225 Karl-Hahne-Weg (2) 46-12b
16225 Karl-Klay-Straße 46-10c
16225 Karl-Liebknecht-Straße 46-11a
16225 Karl-Marx-Platz (39-A2)
16227 Karl-Marx-Ring 45-10d
16225 Karl-Schindhelm-Weg (1) 46-12b
16230 Karlswerker Weg 53-3b
16227 Kastanienallee 45-10b
16225 Kastanienweg 46-9a
16225 Kiefernweg 46-9a
16225 Kienwerder (39-A2)
16225 Kirchstraße (39-B2)
16225 Kirchstraße (2) 46-12a
16227 Kleine Drehnitzstraße 45-12b
16225 Kleine Hufen 47-10a
16227 Kleines Berg 45-7d
16225 Klobbicker Damm 52-4d
16227 Kopernikusring 45-11b
16225 Kreuzstraße 46-12a
16225 Kruger Straße 47-10a
– Kupferhammer Schleuse 46-7d
16225 Kupferhammerweg 46-7d
16225 Kurt-Göhre-Straße 46-10c
16225 Kurze Straße 46-7d
16227 Kyritzer Straße 45-12c

16225 Lärchenweg 46-8b
16227 Lausitzer Straße 45-12c
16227 Lehmannshof 45-11a
16227 Lehnitzseestraße (1) 45-12c
16225 Leibnizstraße 46-8d
16225 Lessingstraße 46-11d
16227 Lichterfelder Straße 45-9d
16225 Lichterfelder Weg 46-8c
16225 Lieper Straße 47-10a
16227 Ligusterweg 45-4a
16227 Lindenstraße 45-7c
16225 Ludwig-Sandberg-Straße 46-11b
16227 Lübbenauer Straße 45-12d
16225 Luisenplatz 46-10b

16227 Mäckersee 45-4d
16227 Mäckerseebrücke 45-4d
16225 Magdalenenstraße (39-B2)
16225 Marie-Curie-Straße 45-6d
16225 Marienstraße 46-12a
16225 Marienwerder Straße 46-10a
16227 Marktstraße 45-10b
16225 Martinsweg 52-2c
16225 Mauerstraße 46-12a
16225 Max-Haftka-Straße 47-7c
16225 Max-Lull-Straße 47-10a
16225 Max-Planck-Straße 46-8d
16225 Mertensstraße 46-11c
16227 Messingwerksiedlung 45-7c
16225 Michaelisstraße (39-A2)
16227 Mozartstraße 45-10d
16225 Mückestraße 46-10a
16227 Mühlenstraße 45-7d

16225 Nagelstraße 46-12a
16225 Nauener Straße 45-12c
16225 Naumannstraße 46-7d
16225 Nelkenweg 46-6c
16227 Neuer Platz 45-10a
16225 Neue Steinstraße (8) 46-12a
16225 Neue Straße 46-8b
16227 Neuruppiner Straße 45-12a
16227 Neuwerkstraße 45-8c

16225 Oderberger Straße 46-9c
16227 Oderbruchstraße 45-12c
16225 Ostender Höhen 47-7d
16225 Ostpark 46-4d
16225 Oststraße 47-10a
16225 Otto-Hahn-Straße 45-6d
16225 Otto-Nuschke-Straße (5) 46-10d

16227 Pappelallee 45-10a
16225 Paul-Bollfraß-Straße 46-7d
16225 Paul-Radack-Straße (2) 46-12a
16225 Paul-Trenn-Straße 47-10a
16225 Paul-von-Nipkow-Straße (1) 45-6d
16225 Pfeilstraße 46-11d
16225 Philipp-Reis-Straße 45-6b
16227 Philipp-Semmelweis-Straße 45-7c
16227 Platz der Jugend 45-11a
16225 Poratzstraße 46-8b
16227 Poststraße 45-10b
16227 Potsdamer Allee 45-12a
16227 Prenzlauer Straße 45-12a
16227 Prignitzer Straße 45-11b
16225 Puschkinstraße 46-11b

16225 Querweg 47-7c

16225 Ragöser Schleuse 47-4c
16225 Rathauspassage (3) 46-12a
16227 Rathenower Straße 45-12c
16225 Ratzeburgstraße (39-B2)
16225 Raumerstraße 46-11d
16227 Rheinsberger Straße 45-12c
16225 Richterplatz (39-B2)
16227 Ringstraße 45-11a
16225 Robert-Koch-Straße 46-8d
16225 Rosa-Luxemburg-Straße 46-8b
16225 Rosenberg 46-6c
16225 Roseneck 46-9a
16225 Rosengrund 46-8b
16225 Rudolf-Breitscheid-Straße 46-11c
16225 Rudolf-Virchow-Straße 46-11b
16225 Ruhlaer Straße 46-11c

16225 Saarstraße 47-10c
16225 Salomon-Goldschmidt-Straße (39-B2)
16227 Scheeringerstraße 45-4a
16225 Schellengrund 46-12b
16225 Schicklerstraße 46-11b
16225 Schillerstraße 46-11d
16225 Schillertreppe 46-12c
16230 Schlehenweg 53-3a
16225 Schleusenstraße 46-12a (39-B1)
16227 Schmidtstraße 45-11a
16225 Schneidemühlenweg 46-8c
16225 Schneiderstraße 46-12c
16227 Schönholzer Straße 45-11a
16225 Schöpfurter Straße 46-10d
16227 Schorfheide Straße 45-12a
16225 Schubertstraße 52-3a
16227 Schulstraße 45-11a
16225 Schwärze 51-4a
16225 Schwappachweg 52-2a
16227 Schwedter Straße 45-12c
16225 Schweizer Straße (39-B2)
16227 Senftenberger Straße 45-12c
16227 Siedlerweg 45-10a
16227 Simonstraße 45-10d
16230 Sommerfelder Chaussee 47-10d
16230 Sommerfelder Siedlung 47-11c
16225 Sommerfelder Straße 47-10a
16225 Sonnenweg 46-8b
16225 Spechthausen 52-4a
16227 Spechthausener Straße 45-12b
16227 Spreewaldstraße 45-12d
16225 Stecherschleuser Weg (3) 47-10a
16225 Steinfurter Straße (2) 46-10b
16225 Steinstraße (1) 46-12a
16225 Steinstraße (7) 46-12a
16227 Straße des Friedens 45-8c
16227 Strausberger Straße 45-12c
16225 Struwenberger Straße (4) 47-10a

16225 Talweg 47-7c
– Technologie- und Gewerbepark Eberswalde 45-6b
16225 Templiner Straße 45-12a
16225 Teuberstraße 46-10a

16227 Thomas-Mann-Straße 45-10c
16225 Töpferstraße (39-B1)
16225 Tornower Dorfstraße 53-3a
16225 Tornower Straße 46-12b
16225 Tramper Chaussee 46-12d + 52-3b
16225 Treidelweg 46-11b + 47-7b
16225 Triftstraße 46-10c
16227 Tschaikowskistraße (5) 46-12b

16227 Uckermarkstraße 45-12a

16225 Waldesruh 46-9a
16225 Waldstraße 47-10c
16225 Waldweg 46-9a
16225 Walter-Kohn-Straße 46-10c
16225 Walter-Rathenau-Straße 46-11d
16225 Wassertorbrücke 46-6c
16227 Webers Ablage 45-7c
- Weidendamm (39-A2)
16225 Weinbergstraße 46-11b
16225 Weite Umgebung 46-8d
16225 Werbelliner Straße 46-7c
16225 Werner-Seelenbinder-Straße 46-11c
16225 Werner-von-Siemens-Straße 46-4d
16227 Westendweg 45-12b
16225 Wiebeckedamm 52-2c
16225 Wiedemannstraße 52-3a
16225 Wieseneck 46-8a
16225 Wiesenstraße 46-7d
16230 Wiesenweg 53-3b
16225 Wildparkstraße 46-10c
16225 Wilhelm-Conrad-Röntgen-Straße 46-4a
16225 Wilhelm-Matschke-Straße 46-10a
16225 Wilhelmstraße 46-11b
16227 Winkelstraße 45-8c
16227 Wittstocker Straße 45-11b
16227 Wolfswinkler Schleuse 45-9c
16227 Wolfswinkler Straße 45-8c
16225 Wurzelberg 46-7b

16230 Zickenberg 53-3c
16225 Ziegelstraße 46-7d
16227 Ziegelallee 45-7c
16225 Zimmerstraße 46-11b
16227 Zoostraße 51-3b
16227 Zu den Drehnitzwiesen 45-12b
16230 Zu den Tannen (1) 53-2b
16225 Zum Anger 47-10a
16227 Zum Grenzfließ 45-12d
16227 Zum Oder-Havel-Kanal 44-6b
16227 Zum Samithsee 45-10a
16227 Zum Schwärzesee 45-11b

Eichwalde
PLZ 15732

Am Graben 236-10d
Am Schillerplatz 236-11a
Am Stern 236-11c
August-Bebel-Allee 236-10b
August-Bebel-Platz 236-10d

Bahnhofstraße 236-10d
Bamberger Straße 236-11c
Beethovenstraße 236-11a
Bruno-H.-Bürgel-Allee 236-11a

Chopinstraße 236-11c

Dahmestraße 236-11d

Egonstraße 236-11b
Elisabethstraße 236-11b

Fontaneallee 236-10c
Friedenstraße 236-11c + 272-1b
Fritz-Reuter-Straße 236-11c

Gartenstraße 236-11c
Gerhart-Hauptmann-Allee 236-10a
Goethestraße 236-10d
Gosener Straße 236-10b
Grenzstraße 236-8c
Grünauer Straße 236-10b

Händelplatz 236-10b
Havelstraße 236-11d
Heinrich-Heine-Allee 236-10a
Heinrich-Zille-Straße 236-10c
Herderstraße 236-11c
Hermannstraße 236-11b
Humboldtstraße 236-10b

Ilse-Fischer-Weg 236-10b
Ilsestraße 236-11b

Johann-Sebastian-Bach-Straße 236-10d

Käthe-Kollwitz-Straße 236-10d
Koppelweg 236-10c
Kurze Straße 236-11d

Leistikowstraße 236-10c
Lessingstraße 236-11c
Lindenstraße 236-11d
Lotharstraße 236-11a

Maxim-Gorki-Straße 236-11b
Max-Liebermann-Straße 272-1b
Mozartstraße 236-10d

Oderstraße 236-11d

Paul-Merker-Straße 236-10b
Platz der Republik 236-11a
Puschkinallee 236-10d

Rheinstraße 236-11c

Sandstraße 236-11c
Schillerplatz 236-11a
Schillerstraße 236-11c
Schmöckwitzer Straße 236-10d
Schulzendorfer Straße 236-10c
Stadionstraße 272-1a
Steinstraße 236-11c
Stubenrauchstraße 236-10d

Triftstraße 236-10c
Tschaikowskystraße 236-11d

Uhlandallee 236-10b

Wagnerstraße 236-11a
Waldstraße 236-10c
Walther-Rathenau-Straße 236-10c
Wernerstraße 236-11d
Wilhelm-Busch-Straße 272-1b
Wusterhausener Straße 236-11c

Zeuthener Straße 236-11d

Erkner
PLZ 15537

Ahornallee 202-10c
Albert-Kiekebusch-Straße 238-5b
Albert-Kiekebusch-Weg 238-2a
Alte Hausstelle 238-5a
Alte Poststraße 202-11d
Am Dämeritzsee 202-10b
Am Erlenbusch 238-2a
Am Karutzsee 238-2c
Am Krönichen 202-11a
Am Kurpark 238-2b
Am Reiherhorst 202-8a
Am Rund 202-7b
Am Schützenwäldchen 238-1d
Amselweg 202-8c
Am Wachtelschlag 202-7b
Am Walde 202-11c
An der Autobahn 202-12a
Anglersteg 201-12d
Auguststraße 202-10d

Bahnhofsiedlung 202-7b
Bahnhofstraße 202-10b
Beethovenstraße 202-10b
Bergstraße 238-1b
Berliner Straße 202-7d
Beuststraße 202-11a
Börnestraße 202-10c
Bruno-Wille-Straße 238-1a
Buchenweg 238-2b
Buchhorster Straße 202-10c

Carl-Bechstein-Weg (2) 202-10b
Catholystraße 202-11c

Dämeritzstraße 202-10c
Drosselstieg 202-7b

Eichberggestell 202-7b
Eichelgarten 202-7b
Eichhörnchenweg 202-11c
Ernst-Thälmann-Straße 202-11a

Falkstraße (3) 202-11c
Fangschleusenstraße 202-11b
Fichtenauer Weg 202-7b
Fichtenweg 238-2b
Finkengasse 202-7b
Flakenseeweg 202-8c
Flakensteg 202-8c
Flakenstraße 202-8c
Försterweg 202-11c
Fontanestraße 202-10c
Forststraße 238-3a
Forststraße Waldhaus 238-3a
Freiligrathstraße 238-1a
Friedensplatz 202-10b
Friedrichstraße 202-10b
Fritz-Reuter-Straße 238-1a
Fröbelstraße 202-10b
Froschbrücke 202-12d
Froschbrückenweg 202-12c
Fuchssteig 202-8a
Fürstenwalder Straße 202-11c
Gartenstraße 202-11c
Georg-Weerth-Straße 238-1a
Gerhart-Hauptmann-Straße 202-11c
Gewerbegebiet zum Wasserwerk 202-7c
Gottesbrücker Weg 238-5d
Grabenstraße 238-1b
Grenzweg 202-7b
Grüner Weg 238-2b

Hafenstraße 202-10b
Heideläuferweg 238-6c
Heideweg 202-8a
Heinrich-Heine-Straße 202-11c
Herweghstraße 202-10c
Hessenwinkler Straße 202-10a
Hirschsprung 202-11c
Hohenbinder Straße 238-2b
Hohenbinder Weg 202-11c
Holzflößerweg (2) 238-6c
Hubertussteg 202-12c

Im Winkel 202-7d

Jägerbude 238-9a
Jägerstraße 202-11d
Jahnpromenade 202-8c
Jugendsteg 202-10c
Julius-Rütgers-Straße 202-8c

Karl-Tietz-Straße 202-11a
Kiefernsteg 238-2b
Kienkamp 202-7b
Kirchweg 202-11a
Kreuzsteg 202-10c
Kurpark 202-11c + 238-2a
Kurze Straße 202-11a

Ladestraße 202-7d
Lange Straße 202-11a
Leistikowsteg 202-12c
Leistikowweg 202-11b
Leo-Hendrik-Baekeland-Brücke 202-8c
Lessingstraße 238-1a
Lindwall 238-2c
Löcknitzstraße 202-11a

Mittelstraße 202-10d
Mühlenstraße 202-10c

Neu Buchhorst 238-1b
Neue Straße 202-11a
Neu Zittauer Straße 238-1d

Oberförstereiweg 202-11d

Parkstraße 238-2b
Pfälzer Straße 238-1b

Rathauspark 202-10b
Rosenweg 238-2c
Rudersteg 202-10c
Rudolf-Breitscheid-Straße 202-8c

Scharnweberstraße 202-11a
Schelkstraße 202-10c
Schiffbauerstraße 202-8c
Schönschornstein 238-4b
Seeblick 238-2b
Seestraße 202-10b
Semnonenring 202-7b
Siedlerweg 202-7b
Sonnenweg 238-5a
Sperlingsgasse (1) 202-7d
Spreeeck 202-10c
Spreestraße 202-10c
Strandschlossweg (1) 238-5d
Strindberggasse 202-7b

Tannenweg 238-2b
Theodor-Fontane-Weg 202-11b

Uferpromenade 202-10b
Uferstraße 202-10c
Unter den Birken 202-7b
Unter den Eichen 202-7b

Vogelsang 202-4d

Waldpromenade 202-8a
Waldstraße 238-2d
Walter-Sawall-Straße 202-10d
Walter-Smolka-Straße 202-11c
Wanderweg am Bretterschen Graben 202-10d
Wanderweg am Flakenfließ 202-8c
Weidenweg 238-2b
Werftstraße 202-10b
Wiesenstraße 202-10c
Winkelsteg (4) 202-10c
Wollankstraße 202-11a
Woltersdorfer Landstraße 202-8c
Wuhlhorst 238-1b
Wuhlhorster Straße 238-1b

Zum Busch 238-2b
Zum Freibad 202-10b
Zum Lindwall 238-2c
Zur Buhne 202-10c

Falkenberg
PLZ 16259

Ackermannshof 53-11d + 73-2b
Ahornstraße 53-12d
Am Bahnhof 54-3d
Am Friedhof 73-6a
Am See 54-10b
Am Teich 54-12d
Apfelallee 73-6c

Bahnhofstraße 54-6b
Birkenweg 55-10c
Bungalowsiedlung Am Gamensee 74-1b
Burgstraße 54-6b

Chausseestraße 55-10a
Cöthener Straße 54-6b
Cöthener Weg 54-9a

Dannenberg/Mark 54-12d
Dorfstraße (Dannenberg) 54-12d
Dorfstraße (Gersdorf) 53-12d + 73-3b

Eberswalder Straße 54-6b
Eichholzstraße 54-6a

Fliederweg 54-12d
Fontanestraße 55-4a
Freienwalder Straße 55-4a
Freienwalder Weg 55-10c
Friedhofsweg 54-3c

Gartenallee 55-4a
Gartenstraße (Neugersdorf) 54-10a

Hauptstraße 73-6a

Karl-Marx-Straße 54-6b
Karlsburg 54-6b

Landstraße 55-10c
Lindenstraße 54-6b

Mühlenplatz (1) 54-6b
Mühlenstraße 54-6b
Mühlenweg 54-6b

Neue Straße 73-6a

Pappelweg 73-6a
Paul-Fischer-Straße 55-4c

Tobbengrund 55-4d
Tramper Damm 73-3c
Triftstraße 73-6c

Uchtenhagen 55-4d
Unter den Eichen 53-12b + 54-10a

Weidenweg 73-3c

Zum See (1) 54-12d
Zum Sportplatz 73-6a
Zur Försterei 54-10a

Falkenhagen
PLZ 15306

Alter Bahnhof 211-2c
Am Gabelsee 211-5c
August-Bebel-Straße 211-2a

Bahnhofstraße 211-2c
Betonstraße 211-3c
Burgseeweg 211-2d

Ernst-Thälmann-Straße 211-2c

Friedrich-Engels-Straße 211-5a

Grüner Baum 210-9b

Helenenruh 211-6d

Jochenshof 210-6d

Karl-Liebknecht-Straße (1) 211-5a
Kietz 211-5a

Lietzener Straße 211-2c
Luisenhof 211-5d

Schlossberg 211-3c
Schulstraße (2) 211-5a
Straße der Republik 211-1b

Wilmersdorfer Straße 211-4d

Zum Seewerk 211-3c

Falkensee
PLZ 14612

Adlerstraße 141-7c
Adornostraße 142-7b
Ahornstraße 141-8d
Akazienhof 141-8d
Akazienstraße 141-8d
Alemannenstraße 141-7b
Allerstraße 140-3d
Alt Brieselang 116-7c
Alter Finkenkrug 140-3a
Alter Fischerweg 141-6d + 9a
Am Gutspark 141-8a
Am Poloplatz 140-8c
Am Schlaggraben 140-9a
Amselhainstraße 141-4c
Amselstraße 140-9d
Am Tiefen Grund 141-5c
Am Wildpark 140-6c
An der Lake 142-7c
An der Rehwiese 140-5b
Anschützstraße 141-10b
Arcostraße 141-10b
Arnstädter Straße 141-7a
Asternplatz 141-4d
Asternstraße 141-7b
Auerstraße 141-11b
Augsburger Straße 141-4b

Bachallee 142-4c
Bachstelzenstraße 140-9c
Bäckerweg 140-11b
Bahnhofstraße 141-8c
Bahnstraße 141-8c
Bandelowstraße 141-4d
Barkhausenstraße 141-7d
Beethovenallee 141-6a
Benzstraße 141-11a
Berchtesgadener Straße 141-5a
Bergstraße 141-5c
Berliner Straße 142-7a
Birkenstraße 141-8d
Bitterfelder Straße 141-8d
Blumenstraße 141-7b
Bochumer Straße 141-9c
Bodelschwinghstraße 142-7b
Böcklinstraße 140-9a + 8d
Bötzower Straße 141-5d
Bonner Straße 141-9c
Bornimer Straße 141-12b + 142-10a
Bozener Straße 141-1d
Brahmsallee 142-4a
Brandenburgstraße 140-8a
Bredower Straße 141-7a
Bredower Weg 140-7d
Bregenzer Straße 141-4b
Bremener Straße 140-8c
Brieselanger Weg 140-5d
Buchenstraße 141-9c
Bürgermeistergarten (1) 142-7d
Bussardstraße 140-9c

Calvinstraße 142-7d
Chemnitzer Straße 141-12a
Clara-Schumann-Allee (1) 142-4c
Clara-Zetkin-Straße 141-10b
Coburger Straße 141-7a
Comeniusstraße 142-7a

Dachsbau 140-5b
Dahmestraße 141-1c
Daimlerstraße 141-11a
Dallgower Straße 141-8c
Damwildsteig 140-5b
Darmstädter Straße 141-1d
Dieselstraße 141-10b
Diesterwegstraße 142-4d
Döberitzer Straße 141-10b
Dohlensteg 140-9d
Donaustraße 141-4a
Dresdener Straße 142-10b
Drosselstraße 140-9d
Dürerstraße 140-8c
Düsseldorfer Straße 141-9c
Duisburger Straße 141-9c
Dyrotzer Weg 140-8c
Dyrotzer Weg Ausbau 140-7d

Eberswalder Straße 141-5a
Edisonstraße 141-8d
Ehlersstraße 140-8b
Eichkätzchenallee 140-6a
Eichpark 142-4c
Einsteinstraße 142-7b
Elbeallee 140-6d
Elberfelder Straße 141-9c
Elsterplatz 141-12a
Elsterstraße 140-12a
Emdener Straße 140-7d
Emsstraße 141-4c
Enckestraße (1) 141-8b
Erfurter Straße 141-7c
Erlenstraße 141-8b
Ernst-Abbe-Straße 141-10b
Eschenstraße 141-8d
Essener Straße 141-12b
Eulenstraße 141-10a
Eutiner Straße 140-8c

Fahrländer Straße 141-9d
Falkenhagener Alpen 141-1d
Falkenhagener Anger 141-8b
Falkenhagener Straße 141-5c
Falkenhain 140-6d
Falkenkorso 140-6d
Falkenstraße 141-7c
Fasanenstraße 140-9d
Fehrbelliner Straße 141-5c
Feuerbachstraße 140-9a
Fichtestraße 142-7a
Finkenkruger 140-9b
Finkenkruger Straße 140-9c
Finkenweg 140-9d
Finowstraße 140-3d
Fischerstraße 141-11a
Fliederstraße 141-7b
Foersterstraße 142-4d
Fontaneallee 141-6d
Forstweg 140-5d
Frankenstraße 141-7a
Frankestraße 142-7a
Fraunhoferstraße 141-10d
Freiburger Straße 141-1c
Freienwalder Straße 141-2c
Freiligrathstraße 141-6c
Freimuthstraße 141-8b
Friedensaue 141-4c
Friedenstraße 141-5d
Friedrich-Engels-Allee 140-6b
Friedrich-Hahn-Straße 140-8c
Friedrich-Ludwig-Jahn-Straße 140-6b
Friesenstraße 141-7a
Fröbelstraße 142-4c
Fuchsbau 140-6a
Fuggerstraße 141-7b

Garteneck 141-8b
Gartenstadt Falkenhöh 142-7b
Gartenstraße 141-10a
Gaußstraße 141-11a
Geibelallee 141-6d
Gelsenkirchener Straße 141-9d
Germanenstraße 140-9b
Gertrud-Kolmar-Weg 140-8b
Geschichtspark 142-7c
Geschwister-Scholl-Straße 141-5c
Gewerbegebiet Nord 140-3d
Gewerbegebiet Süd 141-12a
Gladbacher Straße 141-9b
Glaserweg 140-11b
Glienicker Straße 141-12b + 142-7c
Glienicker-Straße 142-10a
Gluckallee 142-4a
Goetheallee 141-6a
Gotensteg 141-4c
Gothaer Straße 141-7a
Griegallee 142-4c
Grusonstraße 141-8c
Güntherstraße 141-8a
Gutenbergstraße 141-10b
Gutspark 141-8a

Habichtstraße 141-7d
Haeckelallee 142-7d
Händelallee 142-4c
Hallesche Straße 141-11b
Hamannstraße 141-7d
Hamburger Straße 142-7c
Hansaplatz 141-8a
Hansastraße 141-4d
Hans-Thoma-Straße 140-11a
Hasenwinkel 140-6b
Havelberger Straße 141-5a
Havelländer Weg 140-6b
Havelstraße 141-4c
Haydnallee 141-6b + 142-4c
Heckmannstraße 141-7d
Hegelallee 142-7d
Heidelberger Straße 141-1a
Heideweg 140-3a
Heikendamm 142-7b
Heineallee 141-6c
Heinkelstraße 141-7d
Heinrich-Zille-Straße 140-8a
Helmholtzstraße 141-10b
Henkelstraße 141-11a
Hennigsdorfer Straße 141-5d
Hentschelstraße 141-11a
Herbartstraße 142-4d
Herderallee 141-6c
Hertzstraße 141-10d
Hirschsprung 140-5b
Hohehorst 141-2b
Holbeinstraße 140-9a
Horkheimerstraße 142-7d
Humboldtallee 142-7c

Iltissteig 140-6a
Im Waldwinkel 140-8b
Im Wolfsgarten 140-6d

Innsbrucker Straße 141-4b
Innstraße 141-4a
Isarstraße 141-4a

Jaspersstraße 142-7d
Jean-Paul-Straße 142-4d
Johann-Strauß-Allee 142-4c
Junkerstraße 141-11c

Käthe-Kollwitz-Straße 140-8c
Käthe-Paulus-Straße 141-7d
Kantstraße 141-5d
Karl-Liebknecht-Straße 140-6d
Karl-Marx-Straße 140-8d
Kastanienallee 141-8d
Kaulbachstraße 140-8b
Keplerstraße 142-7a
Kiebitzsteig 141-7c
Kieler Straße 140-7d
Kirchstraße 141-8b
Koblenzer Straße 141-9a
Kochstraße 141-5c
Kölner Straße 141-9c
Königszelter Straße 142-7d
Kolonie am See 141-6a + 142-4a
Konstanzer Straße 141-1c
Koppstraße 141-5c
Korczakstraße 142-7a
Krefelder Straße 141-9d
Kremmener Straße 141-5d
Krügerstraße 141-7b
Krummer Luchweg 141-1d
Kuckuckswinkel 140-12b
Kufsteiner Straße 141-4b
Kulmbacher Straße 141-1d

Lahnstraße 141-4b
Leibnizstraße 142-7c
Leinestraße 141-4a
Leipziger Straße 141-8d
Leistikowstraße 140-8b
Lerchenstraße 141-10a
Lessingallee 141-6c
Lichtenbergstraße 142-7b
Liebenwalder Straße 141-5a
Lilienthalstraße 140-8a
Lindauer Straße 141-1c
Lisztallee 142-4c
Lönsweg 141-5d
Löwestraße 141-10b
Lortzingallee 141-6d
Luchweg 141-5c
Ludwig-Richter-Straße 140-8d
Ludwigshafener Straße 141-1a
Lübecker Straße 140-7d

Mainstraße 140-9b
Mainzer Straße 141-9c
Mannheimer Straße 141-1c
Mardersteig 140-6a
Markomannenstraße 141-4c
Martin-Luther-Straße 142-7b
Marwitzer Straße 141-5d
Maurerweg 140-11b
Max-Klinger-Straße 140-8b
Max-Liebermann-Straße 140-9c
Maybachstraße 141-10d
Meininger Straße 141-7d
Meisenstraße 140-9c
Meißener Straße 142-10b
Melanchthonstraße 142-4d
Melli-Beese-Straße 141-7d
Meraner Straße 141-1d
Milanstraße 141-7c
Möwenstraße 140-9d
Montessoristraße 142-7a
Morgensegen 141-4d
Morsestraße 141-10b
Moselstraße 141-4a
Mozartallee 141-6a
Mülheimer Straße 141-9c
Münchener Straße 141-1d
Muselowstraße 141-5c

Nachtigallstraße 140-12b
Nauener Chaussee 140-3a
Nauener Chaussee 140-3a
Nauener Straße 140-3d
Neckarstraße 141-4c
Neditzer Straße 142-10a
Neißestraße 141-4a
Neu-Seegefeld 141-10b
Neusser Straße 141-9d
Niederneuendorfer Weg 141-6a + 142-4a
Nobelstraße 142-7a
Nürnberger Straße 141-4b

Opelstraße 141-11b
Oskar-von-Miller-Straße 141-11c

Panzerstraße 142-7c
Parkstraße 140-9a
Paul-Simmel-Weg 140-9a
Pausiner Straße 141-5d
Pestalozzistraße 142-7d + 4d
Pfarrer-Voigt-Platz 140-8b

Platanenstraße 141-8d
Poetenweg 140-12a
Poststraße 141-7b
Potsdamer Straße 141-11a
Potterstraße 141-11b
Prenzlauer Straße 141-5a

Rabenweg 141-7c
Rathausplatz 141-8b
Rathenaustraße 140-6b
Ravenéstraße 141-8c
Regensburger Straße 141-1b
Reichenhaller Straße 141-2c
Reiherstraße 141-7c
Reinickestraße 141-5c
Rembrandtstraße 140-8b
Remscheider Straße 141-9c
Reuterallee 141-5d
Rheinsberger Straße 141-5a
Rheinstraße 140-6d
Riesaer Straße 142-7d
Ringpromenade 141-7b
Ringstraße 140-8b
Röntgenstraße 141-10b
Rohrbecker Weg 140-12a
Rosa-Luxemburg-Platz 141-1c
Roseneck 140-9a
Rosenstraße 141-7b
Rostocker Straße 140-7d
Rothenburger Straße 141-1d
Rotkehlchenstraße 140-9d
Rottweiler Straße 141-1d
Rudolf-Breitscheid-Straße 140-9a
Rückertallee 141-6c
Rüdesheimer Straße 141-9a
Rügener Straße 140-7d
Ruhrstraße 141-4b
Ruppiner Straße 141-5a

Saalestraße 140-3d
Sachsenstraße 141-4c
Sacrower Straße 142-10a
Salzburger Straße 141-2c
Scharenbergstraße 141-8c
Schillerallee 141-6c
Schillerplatz (1) 141-6c
Schlosserweg 140-12a
Schmiedeweg 140-11b
Schönwalder Straße 141-8b
Schopenhauerstraße 142-7a
Schubertallee 141-6b
Schusterweg 140-8d
Schwalbenstraße 141-10a
Schwartzkopffstraße 141-8c
Schwarzburger Straße 141-7c
Schwarzwildweg 140-2d
Seeburger Straße 141-12b
Seegefelder Straße 141-8b + 142-10a
Seepromenade 141-6a
Seesteg 1 141-6c
Seesteg 2 141-6c
Seesteg 3 141-6a
Siemensweg 141-11a
Slabystraße 141-11a
Solinger Straße 141-9c
Sonnenstraße 141-4d
Spandauer Platz 141-9b
Spandauer Straße 141-9a + 142-7d
Spechtstraße 140-9d
Sperberstraße 141-10a
Sperlingstraße 141-10a
Spitzwegstraße 140-9a
Spreestraße 141-4b
Staakener Heuweg 142-10b
Starnberger Straße 141-1d
Starstraße 141-10a
Steinmeisterstraße 140-8d
Stieglitzsteg 140-9d
Stieleiche 141-6d
Storchenstraße 140-9c
Stralsunder Straße 140-7d
Straße der Einheit 141-7d
Stuttgarter Straße 141-1c

Taubenstraße 140-9b
Tegeler Straße 141-5d
Telemannallee 142-4a
Templiner Straße 141-2c
Teutonenstraße 141-7a
Thierstraße 142-7b
Tischlerweg 140-12a
Trappenweg 140-9d
Tübinger Straße 141-1c
Turmfalkenstraße 140-12b

Uferpromenade 141-6b + 142-4c
Uhlandallee 141-6c
Ulmenstraße 141-8d

Veltener Straße 141-5d
Voltastraße 141-11c
Von-Suttner-Straße 142-7a

Wachtelfeld 140-9c
Wagnerallee 141-6b
Waldkauzstraße 141-7c

Waldstraße 140-8b
Wansdorfer Straße 141-5d
Wattstraße 141-11b
Weberallee 142-4c
Weimarer Straße 141-7a
Weingärtnerallee 141-6b
Wendensteg 140-9b
Wendtpromenade 140-6b
Werdener Straße 141-9d
Weseler Straße 141-8d
Weserstraße 141-4a
Wielandstraße 141-6c
Wieselpaß 140-5b
Wiesenstraße 140-9d
Wiesenweg 140-9a
Wilhelm-Busch-Straße 140-8d
Wismarer Straße 140-7d
Wolffstraße 141-11a
Würzburger Straße 141-1d
Wupperstraße 141-4d
Wuppertaler Straße 141-9c

Zaunkönigstraße 140-12a
Zeisigstraße 140-9d
Zeppelinstraße 140-8a
Zu den Luchgärten 141-8a
Zwinglistraße 142-7d

Frankfurt (Oder)

15234 Adonisröschenweg (4) 250-2d
15234 Ahornweg 250-6c
15234 Akazienweg 250-6c
15234 Albert-Fellert-Straße 250-9d
15234 Albert-Lortzing-Straße 250-9d
15236 Alexej-Leonow-Straße 286-3b
15234 Alte Gasse 251-4d
15230 Alte Nuhnenstraße 286-2c
15234 Am alten Bahndamm (6) 250-3d
15232 Am Arboretum 251-11c
15234 Am Berg 250-10c
15234 Am Ehrenmal 250-1d
15234 Am Erlengrund 250-5d
15232 Am Goltzhorn 287-1b
15236 Am Goltzhorn 287-1c
15230 Am Graben (3) 251-8a
15236 Am Großen Stern (12) 250-12d
15234 Am Güterbahnhof 250-7d
15234 Am Halbleiterwerk (3) 286-7d
15236 Am Hauptfriedhof 251-10c
15232 Am Hedwigsberg 251-10d
15234 Am Hohen Feld 287-1c
15236 Am Kleinen Stern 250-12b
15230 Am Kleistpark 251-7d
15234 Am Klingetal 251-7a
15236 Am Klinikum 286-7b
15234 Am Mühlenfließ 250-1c
15234 Am Musikheim 250-9d
15230 Am Park 251-11a
15234 Am Quell 250-10c
15236 Am Sandberg 287-11a
15234 Am Schlachthof 251-4b
15234 Am See 250-2d
15234 Amselweg 250-8b
15236 Am Spring 287-5a
15234 Amsterdamer Straße 286-1b
15236 Am Waldrand 286-8c
15236 Am Weiher 251-10a
15234 Am Wildpark 250-7a
15234 Am Winterhafen 251-4d
15236 Am Zwickel 287-2d
15236 An den Dachsbergen 286-12c
15234 An den Seefichten 250-8a
15236 An den Teichen 287-8d
15234 An den Weiden 250-3c
15230 An der Alten Universität 251-8a
15236 An der Autobahn 286-3c
15234 An der Brauerei 251-4a
15234 An der Plantage 285-11d
15230 An der Schönen Aussicht 287-2a
15232 An der Schwedenschanze 287-1b
15230 Annenstraße 251-7d
15234 Anton-von-Werner-Straße 250-7d
15236 Apfelweg 286-7c
15236 Apollostraße 250-12d
15234 Asternweg (1) 250-10c
15236 Astronautensteig 250-12c
15234 August-Bebel-Straße 250-8d
15232 Aurorahügel 251-10d

15230 Bachgasse 251-8c
15230 Badergasse (39-C1)
15230 Bahnhofsplatz 251-11a
15230 Bahnhofstraße 251-11a
15234 Bahnhofsweg 214-10d + 250-1d
15230 Bardelebenstraße 251-10b
– Baronsteig (39-A1)
15236 Bauernhilfe 286-7c
15234 Bauernplatz 285-6c
15234 Bauernweg 285-6c
15232 Baumgartenstraße 251-10d
15236 Baumschulenweg 250-12d
15230 Beckmannstraße 251-7b
15236 Beerenweg 251-10c

15234 Beeskower Straße 251-10a
15234 Beethovenstraße 250-9c
15234 Belgische Straße 286-4a
15236 Berberitzenweg 286-3a
15232 Berendsstraße 287-1b
15230 Bergstraße 251-7a
15234 Bergstraße (Booßen) 250-4a
15234 Berliner Chaussee 250-2c + 251-4a
15230 Berliner Straße 251-5c
15234 Berliner Straße (Booßen) 249-3d + 250-1c
15236 Bertha-von-Suttner-Straße 286-5c
15236 Biegener Straße 251-10c
15234 Biegener Weg 285-5c
15236 Bierweg 286-2c
15232 Birkenallee 251-10d
15234 Birnbaumsmühle 250-8d
15236 Birnenweg 286-10a
15230 Bischofstraße 251-8c
15232 Blankenfeldstraße (16) 287-1b
15234 Blumenthalstraße 250-9c
15234 Bodenreform 285-3d + 286-1a
15236 Böttnerstraße 287-1d
15234 Booßener Straße 250-10b
15234 Booßen Siedlung 214-10c
– Botanischer Garten 251-7a
15234 Bremer Straße 251-4c
15236 Bremsdorfer Straße 286-3c
15230 Briesener Straße 251-10b
15230 Brücktorstraße 251-8a
15234 Brüsseler Straße 286-1d
15230 Brunnenplatz (39-C2)
15236 Bruno-H.-Bürgel-Straße 250-12d
15230 Bruno-Peters-Berg 251-7b
15236 Buckower Straße 286-2b
15236 Burgwallstraße 287-11a
15236 Buschmühle 287-5d
15236 Buschmühlenweg 287-5b
15230/15236 Buschmühlenweg 251-11c
15234 Bussardweg (2) 250-3c

15234 Carl-Alexander-Brendel-Straße (2) 250-8a
15230 Carl-Philipp-Emanuel-Bach-Straße 251-8c
15230 Carthausplatz 251-11c
15232 Clara-Zetkin-Ring 251-11c
15230 Collegienstraße (39-C1)
15236 Conergy-Straße 286-2b
15232 Cottbuser Straße (39-A3)

15234 Dachsbau 250-9c
15236 Dachsweg 286-7d
15234 Damaschkeweg 250-12a
15232 Darjesstraße 287-1d
15232 Darwinstraße 251-10c
15230 Der Anger 251-11a
– Die Große Trift 249-5d
– Dörmerstraße 250-7b
15230 Dr.-Ernst-Ruge-Straße (10) 250-9a
15230 Dr.-Herrmann-Neumark-Straße (2) (39-C2)
15230 Dr.-Salvador-Allende-Höhe 251-8c
15236 Dorfplatz 286-7d
15234/15236 Dorfstraße 285-11d
15234 Dornenweg 250-6a
15232 Dresdener Platz 251-10b
15232 Dresdener Straße 251-10b
15236 Dubrower Weg (15) 286-3b

15234 Eberswalder Straße 250-2c
15234 Ebertusstraße 251-7d
– Eduardspring 249-8b
15236 Eibenweg (13) 286-2b
15234 Eichenallee 285-3b
– Eichentrift 249-11d + 285-2b
15234 Eichenweg 250-6c
15230 Eichwaldweg 251-11d
15236 Eisenhüttenstädter Chaussee 286-3b
15236 Eisenhüttenstädter Chaussee (Lossow) 287-11a
15234 Eisenwerk 250-6b
15230 Eldorado 287-2c
15236 Erdbeerweg 286-5a
15234 Ernst-Senckel-Weg 285-11d
15234 Ernst-Thälmann-Straße 251-7d
15234 Eschenweg 250-6c
15230 Europaplatz (39-D2)
– Europa-Universität Viadrina 251-8d

15230 Faberstraße (39-D2)
15234 Fasanenweg 250-3c
15230 Ferdinandstraße 251-11a
15236 Feuerdornstraße 286-2b
15232 Finkenheerder Straße 251-10b
15230 Finkensteig 251-4c
15234 Finnische Straße 286-1d
15230 Fischerstraße 251-11b
15234 Fließweg 250-1c

15236 Försterei Malchow 286-12d
15236 Förstereiweg 287-11a
15234 Fontanestraße 250-9b
15234 Forsthaus Eduardspring 249-8b
15236 Forsthaus Malchow 286-12b
15230 Forststraße 251-8c
15234 Forstweg 249-3d + 6a
15234 Frankfurter Straße-Bärenbruch 249-2a
15234 Frankfurter Tor 286-1c
15234 Frankfurter Weg 250-3c
15234 Franz-Liszt-Ring 250-9d
15230 Franz-Mehring-Straße 251-7d
15232 Friedenseck 251-10d
– Friedensturm 250-11d
15236 Friedhofsweg 285-11d
15234 Friedrich-Ebert-Straße 250-12a
15230 Friedrich-Hegel-Straße 251-7a
15232 Friedrich-Loeffler-Straße 251-11c
15230 Fritz-Lindemann-Ring (9) 250-9a
15232 Fröbelpromenade 287-1b
15236 Fruchtstraße 287-4a
15236 Fuchsbau 286-5b
15236 Fuchsweg 286-7d
15232 Fürstenberger Straße 251-10b
15234 Fürstenwalder Poststraße 249-9d + 250-7c
15234 Fürstenwalder Poststraße (5) 250-8a
15230 Fürstenwalder Straße 251-7c

15236 Galileistraße 250-12d
15230 Gartenstraße 251-11a
15234 Georg-Friedrich-Händel-Straße 250-9d
15236 Georg-Quincke-Straße 286-10b
15234 Georg-Richter-Straße 250-8b
15236 Georg-Simon-Ohm-Straße 286-7d
15236 Gerhard-Neumann-Straße 286-10b
15234 Gerhart-Hauptmann-Straße 250-9d
15230 Gertraudenplatz 251-11a
15234 Gewerbegebiet Seefichten 250-5c
15234 Glockrosenweg 250-2d
15234 Goepelberg 251-4d
15234 Goepelstraße 251-4a
15232 Görlitzer Straße 251-10b
15234 Goethestraße 250-9b
15230 Goldammerweg (4) 286-7d
15232 Gottfried-Benn-Straße 287-1d
15234 Greifswalder Weg 251-4c
15234 Gronenfelde 250-5b
15234 Gronenfelder Weg 250-2c
15232 Große Müllroser Straße 251-10b
15230 Große Oderstraße 251-8c
15230 Große Scharnstraße 251-8c
15234 Grubenstraße 250-5c
15230 Grüner Weg 251-7b
15230 Grünfinkenweg (5) 286-8c
15230 Gubener Straße 251-11a
15230/15232/15236 Güldendorfer Straße 287-2a
15236 Güldendorfer Weg 287-8c
15232 Gustav-Adolf-Straße 287-1b

15230 Hafenstraße 251-5c
15234 Hahnendornweg (5) 250-6c
15230 Halbe Stadt 251-8c
15234 Hamburger Straße 251-4c
15230 Hanewald (39-C1)
15234 Hansaplatz 251-7a
15234 Hansastraße 251-4c
15234 Harfenweg 250-9d
15236 Hasenwinkel 286-7d
15234 Hauptstraße 250-10a
15234 Heideweg 250-10c
15230 Heilbornring (1) 251-7c
15230 Heilbronner Straße 251-7d
15234 Heimchengrund 250-9c
15234 Heimkehrstraße 250-6c
15234 Heinrich-Heine-Straße 250-8a
15232 Heinrich-Hildebrand-Straße 251-10d
15234 Heinrich-Zille-Straße 250-8b
– Heißer Kohlhofweg 287-4a
15234 Hellweg 250-9c
15234 Herbert-Jensch-Straße 251-4b
15230 Hermann-Weingärtner-Weg 251-11b
15234 Herrmann-Boian-Straße 250-9d
15236 Hinter dem See 287-4b
15236 Hinter den Höfen 287-4b
15236 Hirschwinkel (1) 286-8c
15236 Hohenwalder Straße 286-3d
15236 Hohler Grund 287-5c
15236 Hohlweg 287-4b
15230 Holzmarkt 251-8d
15236 Hospitalmühle 287-4d
15236 Hospitalweg 287-4b
15234 Hugo-Mühle-Straße (4) 250-7d
15230 Humboldtstraße 251-7d
15234 Hummelweg 250-1c
15234 Huttenstraße 251-7d

15236 Igelweg 286-8c
15236 Ikarusstraße 250-12d
15234 Immenweg 250-9c
15236 Im Sande 251-10a
15236 Im Technologiepark 286-2d
15234 Im Winkel 251-10a

15236 Jägersteig (2) 286-8c
15232 Johann-Eichorn-Straße 251-10d
15236 Johannes-Kepler-Weg 250-12d
15236 John-Bardeen-Straße 286-10b
15234 Josef-Gesing-Straße 250-9b
15234 Joseph-Haydn-Straße 250-9d
15232 Jungclaussenweg 251-11c
15236 Jupiterweg (10) 250-12c
15236 Juri-Gagarin-Ring 250-12d

15236 Kämmereiweg 287-4a
15234 Käthe-Kollwitz-Straße 250-9b
15236 Kaisermühler Weg 286-11d
15230 Kantstraße 251-7a
15234 Karl-Kleindienst-Straße (3) 250-7b
15230 Karl-Liebknecht-Straße 251-7c
15230 Karl-Marx-Straße 251-8a
15230 Karl-Ritter-Platz 251-8a
15230 Karl-Sobkowski-Straße 251-7b
15234 Kastanienallee 250-10c
15236 Kehrwiederstraße 287-5a
15230 Kellenspring 251-11a
15234 Kieler Straße 251-7a + 4c
15234 Kießlingplatz 250-9d
15234 Kiesweg 286-1a
15230 Kietzer Gasse 251-8a
15234 Kietzer Weg 250-2a
15230 Kiliansberg 251-11a
15236 Kirchring 287-5a
15234 Kirchsteig 250-10a
15232 Klabundstraße 287-2a
15232 Kleine Müllroser Straße 251-11c
15230 Kleine Oderstraße 251-8c
15230 Kleine Scharrnstraße 251-8c
15234 Kleine Straße 250-4a
– Kleistpark 251-7d
15230 Kleiststraße 251-7d
15230 Klenksberg 251-11a
15234 Kliestower Straße 251-1c
15234 Kliestower Weg 251-4a
15230 Klingestraße 251-8a
15234 Klingetal 250-6c
15234 Knappenweg 250-4d
15236 Kometenring 250-12d
15232 Kommunardenweg 251-10d
15232 Konrad-Wachsmann-Straße 287-1b
15236 Konrad-Zuse-Straße 286-4d
15236 Kopernikusstraße 250-12c + 286-3b
15236 Kosmonautensteig 250-12d
15236 Kräuterweg 251-10c
15236 Krumme Straße 287-4c
– Küstriner Berg 286-9b
15232 Kuhaue 251-10d
15234 Kuhweg 251-1c
15234 Kurze Straße 285-6c

15236 Landhausweg 287-11a
15236 Langer Grund 250-12d
15234 Lebuser Chaussee 214-12a + 250-3d
15230 Lebuser Mauerstraße 251-8a
15234 Lebuser Straße 250-3c
15234 Lebuser Weg 250-2a + 2c
15230 Lehmgasse 251-11b
15236 Lehmweg 286-5a
15236 Leinengasse 287-5b
15232 Leipziger Platz 251-10b
15230/15232/15236/15230 Leipziger Straße 251-7d
– Lennépark 251-8a
15234 Lennéstraße 251-4d + 7b
15230 Leopoldufer 251-11b
15230 Lessingstraße 251-7c
15236 Lettische Straße 286-4a
15234 Libellenweg 250-1a
15234 Lichtenberger Straße 250-12a
– Lienaupark 251-7b
15230 Lienaustraße 251-7a
15236 Ligusterweg 286-3a
15234 Lillihof 250-7b
15234 Lindenplatz 250-10a
15230 Lindenstraße 251-11a
15236 Lindenstraße (Lossow) 287-11b
15236 Lindower Weg 286-10b
15236 Lise-Meitner-Straße 286-5a
15234 Litauische Straße 286-1b
15230 Logenstraße 251-8c
15236 Loorbeerweg 286-2b
15236 Lossower Förstereiweg 286-12b
15236 Lossower Straße 286-3b
15236 Luchsweg 286-7d
15232 Luckauer Straße 251-10d
15230 Ludwig-Feuerbach-Straße 251-7a
15232 Lübbener Straße 251-10b
15230 Luisenstraße 251-7a

15234 Magdeburger Straße 251-4c
15230 Magistratssteig 251-7b
15236 Mahonienweg (14) 286-2b
15236 Malchow 286-12c
15236 Marie-Curie-Straße 286-4d
15230 Marienstraße (39-B2)
15234 Markendorfer Straße 251-7c
15230 Marktplatz (39-C2)
15236 Marsweg (11) 250-12d
15232 Martin-Opitz-Straße 287-2a
15236 Maserphul 287-4a
15236 Maulbeerweg 286-2c
15234 Max-Hannemann-Straße (6) 250-9b
15234 Max-Heilmann-Straße 250-7b
15234 Maxim-Gorki-Straße 250-9c
15236 Merkurweg (9) 250-12c
15234 Messering 250-8d
15234 Methnerstraße 250-9b
15234 Meurerstraße 250-8c
15234 Milanweg 250-3c
15234 Mittelmühle 214-10d
15236 Mittelstraße 287-5a
15234 Mittelweg 215-10c + 251-1d + 1b
15232 Mixdorfer Straße 251-10b
15234 Moskauer Straße 251-7a
15234 Mozartstraße 250-8a
15230 Mühlengasse (1) 251-8a
15234 Mühlengrund 250-8d
15236 Mühlental 287-2c
15232 Mühlenweg 287-1b
15236 Müllerberg 287-2c
15236 Müllroser Chaussee 285-12d + 286-5c + 3c + 7d
15236 Müllroser Waldweg 286-10c

15234 Nelkenweg 250-10c
15236 Neubauernweg 286-5a
15234 Neue Straße 285-6b
15236 Nicolaus-August-Otto-Straße 286-4d
15236 Nikola-Tesla-Straße 286-10b
15234 Nordstraße 285-6c
15234 Nuhnen 286-2b
15234/15236 Nuhnenstraße 250-8d
15232 Nußweg 287-2a

15230 Oberkirchplatz (3) (39-C2)
15236 Obermühle 287-2c
15234 Oderhang 251-4d
15230 Oderpromenade 251-8a
15234 Odersteig 251-4d
15234 Oskar-Wegener-Straße 250-8b
15236 Otto-Hahn-Straße 286-10a
15234 Otto-Nagel-Straße 250-9a

15230 Pablo-Neruda-Block (39-B2)
15234 Pagramer Straße 250-10c
15236 Pappelweg 286-3a
15234 Parkweg 250-3c
15230 Paul-Feldner-Straße 251-8c
15234 Paulinenhof 250-9d
15236 Paul-Mann-Straße 285-12c
15234 Paul-Trautmann-Straße 250-9d
15236 Pawel-Beljajew-Straße 250-12d
15232 Peitzer Straße (39-B3)
15234 Perleberger Straße 251-4c
15234 Peterhof 213-12b
15234 Peter-Tschaikowski-Ring (8) 250-9d
15236 Pferdegasse 287-2c
15232 Pfingstberg 251-11c
15234 Pflaumenallee 250-10c
15234 Pflaumenweg 251-4d
15236 Pillgramer Straße 287-1a
15236 Platanenweg 250-6c
15232 Platz der Begegnung 287-2a
15236 Platz der Demokratie 251-10c
15230 Platz der Einheit 251-7d
15236 Platz der Einheit (Lossow) 287-11b
15230 Platz der Republik 251-8c
15230 Poetensteig 251-7b
15234 Polnische Straße 286-4a
15230 Posener Hof 251-11a
15234 Potsdamer Straße 251-10a
15234 Prager Straße 251-7a
15230 Priestergasse 251-8c
15234 Priestersteig 251-4d
– Promenadengasse (1) (39-C2)
15236 Puschkinstraße 251-10a

15234 Ragoser Mühle 250-3d
15234 Ragoser Talweg 250-3d
15234 Rathenaustraße 250-9a
15234 Rebhuhnweg 250-3c
15230 Regierungsstraße (39-C2)
15236 Rehwiese (1) 286-11d
15234 Richard-Wagner-Straße 250-9c
15234 Richtstraße 251-4d
15234 Riebestraße 250-8c
15236 Robert-Havemann-Straße 251-10c
15230 Rosa-Luxemburg-Straße 251-7d
15234 Rosengartner Straße 285-6c
15230 Rosengasse (4) (39-C1)
15234 Rostocker Straße 251-4d
15230 Rote Kapelle (39-B2)
15230 Rudolf-Breitscheid-Straße 251-7d
15230 Rudolf-Frantz-Straße 251-7a
15234 Rudolf-Grunemann-Straße (1) 250-7b

15236 Saarower Straße 286-3a
15232 Sabinusstraße 287-1b
15234 Sandfurt 250-3c
15236 Sandgrund 286-3a
15234 Sandstraße 285-6c
15236 Saturnweg 250-12c
15234 Sauerstraße 250-9c
15234 Schäferberg 250-1c
15234 Schalmeienweg 250-9c
15234 Schiefer Born 251-7c
15234 Schillerstraße 250-8a
15232 Schluchtweg 251-11c
15230 Schmalzgasse (39-C2)
15234 Schmetterlingsweg (3) 250-3c
15234 Schönfließer Weg 214-11d + 250-2b
15234 Schubertstraße 250-4d
15230 Schulstraße 251-8a
15234 Schulstraße (Booßen) 250-1c
15234 Schwarzer Weg 250-9a
15234 Seelower Kehre 251-4d
15236 Seestraße 287-4b
15234 Siedlerplatz 250-10a
15236 Siedlerweg 251-10c
15234 Siedlung 214-10c
15234 Sieversdorfer Straße 285-6a
15230 Słubicer Straße 251-8a
15236 Sonnenallee 250-12c
15234 Sonnenhang 250-3c
15234 Sonnensteig 251-7b
15230 Sophienstraße 251-7d
15232 Spartakusring 251-10d
15236 Sperlingswinkel 286-8c
15230 Spiekerstraße 251-11a
15234 Spitzkrugring 250-6d + 6b
15230 Spornmachergasse (39-C1)
15232 Spremberger Straße 251-11c
15236 Stachelbeerweg 286-5a
– Stadtbrücke 251-8b
15236 Stadtsteig 287-1d
15236 Stakerweg 251-10c
15236 Stechpalmenweg 286-3a
15230 Steingasse 251-11b
15234 Stendaler Straße 251-4c
15234 Stiller Weg 286-5a
15234 Stralsunder Straße 251-4c
15236 Südring 286-3b
15234 Südstraße 285-6a

15236 Talmühle 287-5c
– Tankenweg 287-11c
15236 Tannenweg 286-5c
– Technologiepark 286-2c
15234 Teichstraße 285-6c + 12c
– Thälmannbrücke 251-7d
15234 Thilestraße 251-7d
15236 Thomas-Alva-Edison-Straße 286-5c
15232 Thomasiusstraße 287-1b
15230 Thomas-Müntzer-Hof 251-7d
15236 Tobias-Magirus-Straße 286-10b
15230 Topfmarkt (2) 251-8a
15236 Traubenweg 251-10c
15234 Triftweg 251-1c
15234 Tulpenweg 250-10c
15232 Tunnelstraße 251-10b
15234 Turmstraße 285-6b

15230 Uferstraße 251-8d
15234 Ulmenweg 250-6c
15230 Universitätsplatz (39-C2)

15234 Vahrendorfer Weg 250-10c
15236 Valentina-Tereschkowa-Straße 250-12d
15236 Venusweg 250-12d
15236 Viehtrift 287-8d
15234 Vorwerk 285-5c
15234 Vorwerk Hexenberg 214-11c
15234 Vorwerk Lichtenberg 285-4d

15234 Waldhaus Rosengarten 249-9d
15234 Waldstraße 249-12b + 250-10a
15232 Wallensteinstraße 287-1b
15230 Walter-Korsing-Straße 251-11a
15234 Warschauer Straße 251-4c
15234 Weidenweg 250-10b
15236 Weinberge 287-5a + 5c
15236 Weinbergweg 251-10a
15236 Weißdornstraße 286-2b
15236 Wendischer Weg 250-3c
15234 Werbiger Weg 250-2a
15236 Werner-von-Siemens-Straße 286-10b
15230 Wieckestraße 251-7d (39-B1)
15234 Wieselspring 250-9c
15234 Wiesenweg 250-10a
15236 Wildbahn 286-7d
15230 Wildenbruchstraße 251-7c
15232 Willichstraße 287-1b
15232 Wimpinastraße 287-1b
15234 Windröschenweg (5) 250-2d
15234 Winkelweg 250-2d
15230 Winsestraße 251-10b
15236 Winzerring 251-10c
15234 Wismarer Straße 251-4c
15234 Witebsker Straße 251-7b
15234 Witzlebenstraße 250-9b
15236 Wladimir-Komarow-Eck 250-12c
15236 Wolfsweg 286-7d
15230 Wollenweberstraße 251-8c
15232 Wünschstraße 287-1b
15234 Wulkower Straße 214-10c + 250-1c
15234 Wulkower Weg 250-2b

15230 Zehmeplatz 251-8c
15234 Zeisigweg (1) 250-3c
15230 Ziegelstraße 251-8a
- Ziegenwerderbrücke (39-D2)
15234 Zschokkestraße (7) 250-9b
15234 Zum Bienenberg 250-1a
15234 Zum großen Stein 250-10a
15230 Zum Oderarm (39-D3)
15230 Zum Umspannwerk 250-8c

Fredersdorf-Vogelsdorf

PLZ 15370

Ackerstraße 152-4c
Adolf-Hoffmann-Straße 176-1d
Ahornstraße 152-7d
Akazienstraße 152-7c
Altlandsberger Chaussee 152-7a
Altlandsberger Weg 152-11a
Am Bahnhof 152-11a
Am Friedhof 175-6b
Am Grassee 176-1d
Am Krummen See 176-1d
Am Rathaus 152-10b
Am Schlosspark 176-1b
Amselstraße 152-7c
Am Sportplatz 152-10a
An der Seestraße 176-4b
Anton-Saefkow-Straße 152-7b
Arndtstraße 152-7d
Arthur-Hertz-Platz 176-2c

Bahnhofstraße 152-10b
Baumschulenstraße 152-7c
Beethovenstraße 152-4d
Beppo-Römer-Straße 176-4b
Birkeneck 176-2a
Birkenstraße 176-1b
Blumenstraße 176-1d
Böcklinstraße 151-6d
Bollensdorfer Allee 175-3b
Bonsaiweg 152-7d
Brahmsstraße 175-3b
Breite Straße 176-1d
Bruchmühler Straße 152-7a
Brückenstraße 152-10b
Brunhildstraße 175-3b
Buchenstraße 152-7d
Busentscher Weg 152-7d

Chamissostraße 176-1a
Clara-Zetkin-Straße 176-1d
Cranachstraße 151-9b

Dieselstraße 151-6b
Dietrichstraße 175-3d
Dorfstraße 175-6b
Dürerstraße 151-6d

Ebereschenstraße (Fredersdorf Süd) 152-7c
Eichendorffstraße 151-12d
Eisenbahnsiedlung 152-7d
Elbestraße 176-1d
Erich-Mühsam-Straße 176-4a
Ernst-Thälmann-Straße (Fredersdorf Süd) 176-1a

Feldstraße 151-12d
Feldweg 152-7c
Feuerbachstraße 151-6d
Fichtenstraße 152-4d
Fichtenweg 152-10b
Finkenstraße 152-7c
Fliederstraße 176-1b
Fließstraße 176-1a
Floraring Nord 152-10c
Floraring Süd 152-10c
Florastraße 152-10c
Flotowstraße 152-4c
Försterweg 176-1c
Frankfurter Chaussee 176-4a
Fredersdorfer Chaussee 151-6b
Fredersdorfer Straße 176-4a
Freiligrathstraße 175-3b
Friedrich-Ebert-Straße 176-1c
Friedrich-Engels-Straße 152-7b
Fröbelstraße 176-2c

Gärtnerstraße 152-11a
Gartenstraße 152-10c
Gewerbepark 176-1c
Giselherstraße 175-3b
Goethestraße 152-4c
Grenzstraße 176-2c
Grünerlinder Weg 176-4c
Grüner Weg 152-11a
Gunterstraße 175-3b
Gustav-Freytag-Straße 176-1a
Gutenbergstraße 152-4c

Halbe Straße (1) 175-3b
Hans-Sachs-Straße 175-3b
Havelstraße 176-2c
Haydnstraße 175-3b
H.-Behrens-Hangeler-Weg (2) 152-7a
Hebbelstraße 151-12d + 175-3b
Heckenstraße 176-1d
Heideweg 176-4b
Heinestraße 176-2d
Hermann-Löns-Straße 152-10c + 176-1a
Heuweg 152-8a
Holbeinstraße 151-6d
Holteistraße 175-3b

Industriestraße 176-5c
Ingelweg 176-4b
Inselstraße 176-1d

Jahnstraße 152-4d

Käthe-Kollwitz-Straße 151-6c
Kantstraße 152-7b
Karl-Liebknecht-Straße 176-1d
Karl-Marx-Straße 152-10d
Kiefernweg 152-10b
Kirchstraße 176-1a
Kirschblütenweg 152-7d
Knausstraße 151-6d
Kolonie Fredersdorf 175-6a
Kornblumenweg 152-10c
Krautstraße 176-1b
Kretzerstraße 151-12d + 175-3b
Kreuerstraße 152-10b
Kreuzstraße 152-10a
Krumme Straße 152-10c
Kurzestraße (Fredersdorf Süd) 152-10b

Landstraße 152-7c
Langestraße 152-10a
Lenbachstraße 151-9b
Lerchenstraße 152-7c
Lessingstraße 152-4d
Lilienthalstraße 151-6b
Lindenallee 152-10b
Lisztstraße 175-3b
Loosestraße 152-10b
Lortzingstraße 175-3b

Mainstraße 176-2c
Margarete-Näfe-Straße 152-7a
Marktplatz 152-7b
Marktstraße 152-7a
Martin-Luther-Straße 151-12d
Meisenweg 176-2a
Menzelstraße 151-9b + 152-7a
Mittelstraße (Vogelsdorf) 176-2c
Mozartstraße 152-5c

Neue Straße 152-10c
Nibelungenring 175-3b

Oderstraße 176-2c
Ottostraße 151-6d

Pappelweg (1) 176-1d
Parkstraße (Fredersdorf) 152-4d
Paul-Lincke-Straße 152-4d
Petershagener Straße 152-10d
Platanenstraße 152-10d
Pohlstraße 152-10b
Posentsche Straße 152-7a

Rembrandtstraße 152-7a
Reuterstraße 152-4d
Rheinstraße 176-1d
Richard-Jänsch-Straße 152-7a
Richard-Wagner-Straße 175-3b
Ringstraße 152-7d
Röntgenstraße 175-3b
Rosenweg 152-10c
Rosinstraße 152-10b
Rubensstraße 152-7a
Rudolf-Breitscheid-Straße (Vogelsdorf) 176-1d
Rüdersdorfer Straße 176-1b

Saalestraße 176-2d
Sanddornweg 176-1d
Schäfergarten 152-10c
Scheererstraße 152-10a
Schillerstraße (Fredersdorf Nord) 152-4d
Schöneicher Allee 175-6a
Schöneicher Weg 175-6c
Schubertstraße 175-3b
Schwarzer Weg 152-10b
Sebastian-Bach-Straße 152-4c
Seestraße 176-4b
Senefelder Straße 152-4c
Senitzstraße 176-1c
Siegfriedring 175-3b
Sommerweg 175-6a
Sperlingsgasse 152-7a
Spitzwegstraße 151-6d
Spreestraße 176-2a + 1d
Straße an der Bahn 152-10a

Tannenweg 152-10b
Tasdorfer Straße 176-2b
Taubenstraße 152-7c
Thomas-Mann-Straße 176-2a
Tieckstraße 152-10c
Triftweg 175-6b
Tulpengasse 152-10c

Uhlandstraße 176-2a
Ulmenstraße 152-10a

Veilcheneck 152-10c
Verbindungsweg 152-10a
Verdistraße 152-10b
Vogelbeerstraße 176-1b
Vogelsdorf 175-3c + 176-1c
Vogelsdorfer Straße 175-6a
Voigtstraße 152-10a

Waldstraße (Fredersdorf Süd) 152-10a
Waldweg 151-12d
Walter-Kollo-Straße 176-1a
Wankelstraße 151-6b + 152-4a
Weberstraße 175-3d
Weidenweg 152-10d
Weingartnerstraße 176-1c
Werderstraße 176-1c
Weserstraße 176-2c
Wiesengrund 152-8a
Wiesenweg 176-1b
Wilhelm-Busch-Straße 151-6d

Zeppelinstraße 151-6b
Zillestraße 151-6d

Fürstenwalde/Spree

PLZ 15517

Akazienweg 279-5b
Albert-Einstein-Straße 279-3d
Albert-Genz-Straße 279-2d
Albert-Kleeberg-Straße 243-12c
Alexisstraße 243-11c
Alte Hafenstraße 279-3a
Alte Langewahler Chaussee 279-3c
Alte Neuendorfer Straße 243-8c
Alte Petersdorfer Straße 279-2b
Alter Postweg 279-1b
Altstadt 243-8c
Altstadtbrücke 243-11a
Altstädter Platz (39-A2)
Am alten Sauerstoffwerk 243-7b
Am Bahndamm 279-3b
Am Bahnhof 243-8c
Am Berghang 243-5c
Am Goetheplatz (39-A2)
Am Heizwerk 243-7b
Am Markt (39-B3)
Am Niederlagetor (39-A3)
Ampferweg 242-9a
Am Rechenzentrum 243-12c
Am Schloßturm (3) (39-B3)
Amselweg 243-4a
Am Stadtpark 243-8c
Am Stern (39-A2)
Am Waldemarplatz 279-3a
Am Wasserturm 243-12c
An der Autobahn 279-5b
An der Bahn 243-7b
An der Köhlenbahn 279-2d
An der Kohlenbahn 279-2a
An der Oderbruchbahn 243-9a
An der Staatsreserve 243-7a
Artur-Becker-Straße 243-11b
Auf den Weinbergen 243-5a
August-Bebel-Straße 243-11d
Ausbau Ost 243-9a
Auto-Focus 279-2d

Bahnhofstraße 279-3c
Beerenweg 279-6d
Beerfelder Straße 207-10c
Beeskower Chaussee 279-3d
Beethovenstraße 243-8b
Bergstraße 243-8c
Berkenbrücker Chaussee 244-10d
Berliner Straße 243-11a
Bettina-von-Arnim-Straße 279-2a
Birkenweg 243-4c
Bischofstraße (39-B1)
Blumenstraße 243-11b
Borodinstraße 243-6c
Braunsdorfer Chaussee 242-11a
Breitenbachstraße (39-A3)
Breite Straße 279-2a
Briesener Straße (39-A1)
Brombeerweg 242-9a
Buchenweg 279-2a
Buchholzer Chaussee 243-6a
Buchholzer Straße 207-10c
Buckower Straße 243-8d
Buggenhagenstraße 243-8b
Buschgarten 243-9d + 244-7c

Carl-Maria-von-Weber-Straße 279-3d
Clara-Grunwald-Weg (8) 279-3c
Clausiusstraße (39-B1)
Clematisweg 242-9a

Daheim 243-9a
Distelweg 242-9a
Dr.-Cupei-Straße 243-7b
Dr.-Goltz-Straße 243-8a
Dr.-Semmelweis-Straße 279-2b
Dr.-Theodor-Neubauer-Straße 243-8a
Dr.-Wilhelm-Külz-Straße 243-7c
Domgasse (1) (39-B3)
Domplatz (39-B3)
Domstraße 243-11b
Drosselweg 243-4d

Ebereschenstraße 279-2b
Ehrenfried-Jopp-Straße 243-8c
Eisenbahnstraße 243-8c
Erich-Weinert-Straße 243-11c
Erikaweg 242-8b
Erlenweg 279-2c
Ernst-Grube-Straße 243-8a
Ernst-Laas-Straße 243-5d
Ernst-Thälmann-Straße 243-5c

Fabrikstraße 243-7b
Feldstraße 243-11a
Feldweg 279-6b
Fenchelweg 243-12c
Ferdinand-Bauer-Straße 279-2d
Fichtenwinkel 243-4d
Fichtestraße 243-5c
Fingerkrautweg 242-9c
Finkenweg 243-4d
Fischerstraße (39-A3)
Fliederweg 279-2b
Försterei Kleine Heide 241-3c
Frankfurter Straße 243-12a + 11a + 244-7c
Friedenstraße 279-6a
Friedhofstraße 243-10d
Friedrich-Ebert-Straße 243-12a
Friedrich-Engels-Straße 243-8c
Friedrich-Ludwig-Jahn-Ring 243-8a
Friedrich-Naumann-Platz 279-2b
Friesenstraße 243-5d
Fritz-Reuter-Straße 243-10d
Fuchskörnung 243-12a
Fürstenwalder Straße 207-10c + 243-1a

Gärtnerstraße 279-3a
Galileo-Galilei-Straße 243-9a
Gartenstraße 243-11a
Gellertstraße 279-2b
Georg-Büchner-Straße 279-1b
Georgi-Dobrowolski-Straße 243-8b
Gerhart-Hauptmann-Straße 243-10d
Gersdorffstraße 279-2b
Geschwister-Scholl-Straße 243-11b
Gewerbegebiet Langewahler Straße 243-11d
Gewerbegebiet Lindenstraße 243-12b
Gewerbegebiet Pintsch 243-7b
Gewerbegebiet Tränkeweg 243-12d
Gewerbeparkring 244-10a
Ginsterweg 242-9c
Goetheplatz 243-11a
Goethestraße 279-2b
Gottfried-Bürger-Straße 279-1b
Gottfried-Keller-Straße 243-10b
Grenzstraße 279-2c
Gröbenstraße 243-11b
Große Freizeit 243-5d
Grüner Grund 279-2c
Grünstraße 243-8d
Gutswiesenweg 279-6a

Hangelsberger Chaussee 243-7c
Hangelsberger Chaussee 242-8a
Hangelsberger Weg 206-12d
Hans-Sachs-Straße 243-10d
Hans-Thoma-Straße 243-10b
Hauffstraße 279-2a
Haydnstraße 243-8b
Hegelstraße 243-4d + 7c
Heidenelkenweg 242-9d
Heideweg 280-4c
Heinrich-Heine-Straße 243-12a
Heinrich-Mann-Straße 243-12a
Heinrich-Zille-Straße 243-11c

Henry Hall (11) 243-7d
Herderstraße 243-12a
Heugestell 241-6b
Heuweg 279-3a
Hölderlinstraße 243-8a
Holzstraße 243-8d

Industriestraße 244-10c
Inspektorgasse (2) (39-B3)
Irisweg 242-9b

Jänickendorfer Straße 207-10c
Jahnstraße 243-5c
James-Watt-Straße 243-12b
Johannes-Kepler-Straße 243-9a
Johannes-R.-Becher-Straße 243-10d
Johann-Sebastian-Bach-Straße 243-8d
Julian-Marchlewski-Straße 243-8b
Julius-Pintsch-Ring 243-7b
Juri-Gagarin-Straße 243-8b
Justus-Jonas-Straße 243-8b

Kabelwerkstraße 279-3a
Käthe-Kollwitz-Straße 243-9c
Kantstraße 243-5d
Karl-Cheret-Straße 243-8c
Karl-Liebknecht-Straße 243-8a
Karl-Marx-Straße 243-8c
Kastanienweg 279-2c
Kehrwiederstraße (5) (39-B3)
Kiefernweg 243-4d
Kienbaumer Weg 243-7a
Kiesweg 242-11d
Kirchhofstraße 243-8d
Kirchstraße 279-2b
Klaus-Groth-Straße 243-11c
Kleiststraße 279-2a
Königstell 241-3d
Körnerstraße 279-2a
Konstantin-E.-Ziolkowski-Ring 243-9a
Krausestraße 279-3a
Küstriner Straße 243-8d
Kunstpfeifergasse (4) (39-B3)
Kupferlake 243-9a
Kurt-Wendt-Straße 279-2b
Kurze Straße 279-2b

Lange Straße 279-2a
Langewahler Straße 243-11d
Lea-Grundig-Weg 243-10b
Lebuser Straße (39-B1)
Leistikowstraße 243-10b
Lenaustraße 243-11c
Lessingstraße 279-2b
Liliencronweg 243-10d
Lina-Radke-Weg 243-5c
Lindenstraße 243-12b + 11b + 244-10c
Lise-Meitner-Straße 279-3b
Lortzingstraße 279-3d
Lotichiusstraße 243-11c
Luchweg 242-12c
Lützowring 243-10a
Luise-Hensel-Straße 243-10d
Luisenstraße 243-11d

Magazinstraße (39-B3)
Magnus-Poser-Straße 243-8a
Mandelstraße 243-12a
Mannheimer Straße 243-8a
Martha-Ulfert-Weg 279-2d
Martin-Luther-Straße 243-8d
Meisenweg 243-4d
Melanchthonstraße (9) 243-8d
Mitschurinstraße 243-11d
Mittelstraße 243-8c
Molkenberg 207-11c
Molkenberger Straße 243-5a
Mozartstraße 243-8b
Mühlenbrücken 243-11d
Mühlenstraße 243-11b

Nachtigallenweg 243-4d
Neue Gartenstraße 243-8d
Neue Spreestraße 243-12c
Neue Straße 243-11d
Nikolas-Kopernikus-Straße 243-9a
Nikolaus-Otto-Straße 243-5d
Nordstraße 243-8a

Onkel-Toms-Hütte 242-6a
Ottmar-Geschke-Platz (39-A2)
Otto-Lilienthal-Straße 243-6c
Otto-Nuschke-Straße 243-8c
Otto-Ulinski-Straße 243-8a

Pankenkiete 242-6b
Pappelweg 279-2a
Parkallee 243-8c
Parkring 242-3b
Parkstraße 206-12d + 207-10c
Paul-Frost-Ring 279-2d
Petersdorfer Straße 279-2b
Pipergestell 242-8b
Platz der Republik (2) 279-3d
Platz der Solidarität (5) 279-3d
Platz des Gedenkens 279-3d
Poststraße 279-3a
Privatweg 243-4d
Puschkinplatz (6) 279-3d
Puschkinstraße 279-2a

Querstraße 243-11d

Rathausstraße 243-11a
Rathenaustraße 243-5c
Rauener Kirchweg 279-2d
Rauener Straße 243-11c
Rawitscher Straße 243-6c
Rebstockstraße 243-5c
Reifenwerkring 279-3b
Reifenwerkstraße 279-3b
Reinheimer Straße 243-11a
Reiterbahn (10) 243-11b
Richard-Soland-Ring 243-8a
Richard-Strauss-Straße 243-8a
Richard-Tauber-Straße 243-11c
Richard-Wagner-Straße 243-9c
Ring der Freundschaft 279-3d
Ringstraße 279-6a
Robert-Havemann-Straße (39-A2)
Robert-Koch-Straße 279-3d
Robinienweg 279-2a
Rosa-Luxemburg-Straße 279-2b
Rosenstraße 243-11c
Roteichenstraße 279-3c
Rotkehlchenweg 243-4d
Rudolf-Breitscheid-Straße 242-12b
Rudolf-Diesel-Straße 243-5d
Rückertstraße 279-2a

Saarower Chaussee 279-3c
Schäferweg 243-4d
Schellingstraße 243-4d
Schillerstraße 279-2b
Schlehenweg 279-2d
Schloßstraße 243-11b (39-B3)
Schluchtgestell 241-6d
Schubertstraße (39-A3)
Schulstraße (39-B2)
Schweinemarkt (39-A2)
Seelower Straße 243-8c
Seilerplatz (39-B1)
Seilerstraße 243-8c
Sembritzkistraße 243-11a
Siebweg 207-10a
Siedlerweg 243-6c
Smetanastraße (3) 279-3d
Splettstößerstraße (1) 279-3d
Spreebrücke 243-11c
Spreenhagener Straße 278-2b
Spreestraße 279-3a
Stadtgraben (39-B3)
Stadtpark 243-7d
Steinhöfeler Chaussee 243-6c
Steinweg 280-4a
Straße der Einheit 279-3d
Strausberger Straße 243-8a
Szymanowskistraße (4) 279-3d

Theodor-Storm-Straße 243-10d
Thomas-Edison-Straße 243-12d
Tieckstraße 243-11c
Töpferstraße 243-11b
Tränkeweg 279-3b
Trebuser Straße 243-4b
Treidelbrücke 243-11d
Trianonstraße (39-B2)
Triftstraße 243-5c
Tschaikowskistraße 243-8d
Tuchmacherstraße (39-A3)
Turmstraße 243-12a

Uferstraße 243-11b
Uhlandstraße 279-2a
Ulanenring 243-12a
Ulmenring 279-3c

Verdistraße 243-8a
Vogelsang 243-5c
Vogelweg 243-4c

Wacholderstraße 279-2b
Waldemarplatz 279-3a
Waldemarstraße 279-3a
Waldrandsiedlung 279-3d
Waldstraße 243-8d
Waldweg 242-12c
Wassergasse 243-11b (39-B3)
Weideweg 279-6d
Weinbergsgrund 243-4d
Werner-Seelenbinder-Straße 243-8a
Wielandstraße 243-11c
Wiesengrund 243-11a
Wiesenweg 207-10c
Wilhelm-Busch-Straße 243-11c
Wilhelm-Raabe-Straße 243-5c
Wilhelm-Röntgen-Straße 279-3d
Wilhelm-Stolze-Platz 279-3c
Wilhelmstraße 243-12a + 11b
Windmühlenstraße (39-B2)
Wladimir-Komarow-Straße 243-8b
Wladislaw-Wolkow-Straße 243-8b
Wobringstraße 243-8c
Wohnblöcke Kiesweg 278-2d
Wriezener Straße 243-8c

Ziegeleiweg 242-12d

Garzau-Garzin
PLZ 15345

Alte Heerstraße 155-7a
Alte Mühle 155-7a
Altes Forsthaus 155-4d
Am Gutshof 155-4d
Am Haussee 155-3c
Am Kirchanger 155-7b
Anitz 155-9a

Dorfstraße 155-6a

Gartensiedlung 155-7a
Garzauer Chaussee 155-4c
Gladowshöher Straße 155-4c

Rehfelder Straße 155-7a

Schloßweg 155-4d
Strausberger Straße 155-7a

Glienicke/Nordbahn
PLZ 16548

Adalbertstraße 121-1c
Ahornallee 101-10c
Albrechtstraße 121-1d
Alte Schildower Straße 121-1d + 1c
Am Eisbruch 121-2a
Am Erlengrund 121-1b
Am Feldrain 120-3b
Am Kiesgrund 120-3b
Am Kindelfließ 101-10d
Am Sandkrug 120-3c
August-Bebel-Straße 121-1d
Auguststraße 121-1c

Beethovenstraße 100-12d
Belforter Straße (2) 121-2b
Blick ins Tal 121-2a
Brandenburger Straße (1) 121-2a
Breitscheidstraße 100-12d + 101-10c
Bremer Straße 100-12d
Budapester Straße 101-10c
Burger Straße 100-12d
Bussardheck 121-2c

Charlottenstraße 121-1c
Clara-Zetkin-Straße 121-1a

Eichenallee 120-3b
Eichhornstraße 121-2c
Elisabethstraße 121-1b
Elsässer Straße 121-2a
Erich-Vehse-Weg 121-1b

Falkenweg 120-3d
Feldstraße 101-10c
Fichteplatz 121-2b
Fichtestraße 121-2a
Frankfurter Straße 121-2a
Franz-Schubert-Straße 100-12d
Friedensstraße 121-1a
Friedrich-Wegner-Platz 120-3b

Gartenplatz 120-3b
Gartenstraße 120-3d
Glück im Winkel 121-2b
Goebenstraße 120-3b
Goethestraße 101-10c
Grenzweg 121-2b
Großbeerenstraße 121-2a

Hamburger Straße 100-12d
Hannoversche Straße 121-2a
Hattwichstraße 100-12d
Hauptstraße 120-3d + 121-1c
Hausotterweg 120-3b
Hegelstraße 121-1a
Heidelberger Straße 121-1b
Heinrich-Heine-Straße 101-10c
Hermannstraße 120-3d
Hubertusallee 121-1d

Joachimstraße 121-1c
Jungbornstraße 121-1c

Karl-Liebknecht-Straße 121-2a + 1c
Karl-Marx-Straße 120-3d + 121-1c
Karlplatz 121-1d
Karlstraße 121-1d
Kieler Straße 101-10c
Kindelwaldpromenade 121-2a
Kindelwaldsiedlung 121-1b
Koebisstraße 120-3d
Kornblumenweg 121-1a

Leipziger Straße 100-12d
Leopoldstraße 121-1d
Lessingstraße 121-1c
Lindenstraße 120-3b
Lübecker Straße 100-12d
Luisenstraße 120-3b

Märkische Allee 101-10c
Märkische-Allee 121-1a
Magdeburger Straße 100-12d
Margaretenstraße 120-3d
Maxim-Gorki-Straße 121-1b
Metzer Straße 121-1a
Moskauer Straße 121-1c

Niederbarnimstraße
101-10c + 121-1a
Niederstraße 120-3d
Nohlstraße 120-3a

Odessaer Straße 121-1b
Oranienburger Chaussee 120-3a
Oskarstraße 121-1c
Ottostraße 120-3d

Pariser Straße 121-1a
Paul-Singer-Straße 121-2b
Pirschgang 121-1d
Platz am Glienicker Feld 120-3b
Potsdamer Straße 121-2a

Rödernstraße 100-12c
Rosa-Luxemburg-Straße 121-1c
Rosenstraße 100-12d

Salvador-Allende-Straße 121-2b
Sanddornweg 100-12d
Schillerstraße 121-1c
Schönfließer Straße 100-12d
Schulzenhöhe 121-2a
Schwedenstraße 121-2b
Sonnenblumenweg 101-10c
Sophienstraße 121-1b
Spandauer Straße 100-12d
Sportplatzweg 121-1a
Staerkstraße 100-12c + 120-3a
Stolper Straße 100-12d
Straßburger Straße 121-1a

Tschaikowskistraße 121-1c
Tulpenstraße 101-10d + 121-1a

Victoriastraße 121-1b

Waidmannsweg 121-1d
Waldstraße 121-1a
Weidenstraße 101-10c
Wiesenstraße 100-12d
Wiesenweg 121-2b + 2c

Yorckstraße 121-1d

Gosen-Neu Zittau
PLZ 15537

Aalweg 237-5d
Ablageweg 238-4d
Ahornweg 237-6a
Alter Fischerweg 238-4a
Am Kaniswall 237-6b
Am Müggelpark 237-6a
Am Spreebord 238-4d
Am Walde 238-8a
Am Wiesengarten 238-4d
Am Wurgel 238-5c
Am Zwiebusch 237-8a

Berliner Straße 238-4c
Birkenweg 238-7a
Bruchweg 237-5d

Domdeystraße 238-4d

Eichenweg 237-6c
Eichwalder Ausbau 237-8b
Eichwalder Straße 237-8b

Feldweg 238-4d
Fischersteig 237-8b
Fliederweg 237-6c
Forellenweg 237-8b
Forstweg 238-12a
Friedersdorfer Straße 238-8a

Gartenstraße 238-8b
Gersdorfstraße 238-7a
Geschwister-Scholl-Straße 238-7b
Gewerbegebiet Müggelpark 237-6a
Gosen 237-6d
Grüner Weg 237-5d

Heideweg 238-9d
Heuweg 238-4d

Jägerstraße 238-9a

Kappweg 237-6a
Karl-Liebknecht-Straße 238-4c
Karpfenweg 237-5d
Kiefernweg 238-9c
Köpenicker Straße 237-6a
Kurze Straße 238-7b

Lerchengasse 238-9c
Liesestraße 238-4c
Lindenweg 237-6c

Mittelstraße 238-8b
Mühlenberg 237-6d
Mühlenstraße 238-4d

Neu Zittau 238-7a

Peterstraße 238-4c
Plötzenweg 237-8b

Riedweg (1) 237-6c
Rosenweg 237-6c
Rotdornweg 237-6c
Rotfederweg 237-5d

Schleiweg 237-5d
Seestraße 237-6c
Spreebordstraße 238-4d
Spreestraße 238-8b
Stäbchener Weg 238-8a
Steinfurther Straße 238-9c
Storkower Straße 237-6c

Triftweg 237-8b
Tulpenweg 237-6c

Uferplatz 237-5d
Uferweg 237-5d

Waldstraße 238-8b
Walther-Rathenau-Straße 238-8a
Wernsdorfer Straße 238-7a

Zanderweg 237-5d

Großbeeren
PLZ 14979

Ahornstraße 267-1d
Akazienstraße 267-4b
Alte Bahnhofsstraße 267-7a
Altes Forsthaus 267-3a
Am alten Sportplatz (11) 267-4d
Am Bahnhof 266-9b
Am Golfplatz 266-8b
Am Grund 267-6a
Am Küsterteich (10) 267-4d
Am Plan 268-7d
Am Rathaus 267-4d
Am Schülerpuhl (6) 267-6a
Am Sportplatz 267-7b
Am Steinberg 268-7d
Am Wall 267-1b
Am Wiesengrund 267-7b
An den Buchen 267-1d
An den Weiden 267-1d
An den Wiesen 231-11c
August-Bebel-Straße 267-4c
Auguste-Krüger-Straße 267-4c

Bahnhofstraße 267-7a
Bahnhofstraße (Diedersdorf) 268-7d
Berliner Straße 267-4d
Birkenhainer Ring 231-10d
Birkenstraße 267-1d
Birkholzer Straße 232-10c + 268-7c
Blankenfelder Chaussee 268-7d
Breite Straße 267-4d
Brombeerweg (3) 267-4b
Buschweg 267-8b
Buschweg (Diedersdorf) 268-10b

Chausseestraße 268-7c

Dachsweg 267-6a
Diedersdorf 267-9c + 268-7d
Diedersdorfer Straße 267-6a
Die Gehren 267-1d
Die Lücke 267-5b
Dorfaue 267-4d
Dorfstraße (Diedersdorf) 268-7c
Dorfstraße (Kleinbeeren) 267-5b
Drosselweg (8) 267-2c

Ebereschenstraße 267-4b
Erlenstraße 267-1d
Ernst-Stargardt-Allee 266-12a + 9c
Ernst-Thälmann-Straße 267-4c

Fasanenstraße 267-1d
Feldstraße 267-1d
Feldstraße (Diedersdorf) 268-7d
Finkenweg 267-1d
Fliederweg (2) 267-4b
Frankfurter Straße 231-12a
Froschweg (5) 267-6a
Fuchsweg 267-6a

Gartenstraße 267-4b
Gartenstraße (Diedersdorf) 268-7c
Gartenweg 267-5b
General-von-Bülow-Allee 267-4d
Genshagener Straße 267-10b
Ginsterstraße 267-4b
Großbeerener Straße 267-5a

Habichtweg 267-1d
Hasenlauf (2) 267-6a
Hauptstraße 267-1b
Heinersdorf 231-11a
Heinersdorfer Straße 231-11a
Heuweg 267-4c
Hobrechtstraße 267-7a
Holunderweg 267-4b

Jägerstraße 267-1d
Jasminweg (4) 267-4b

Käuzchenweg (7) 267-1d
Kastanienstraße 267-4b
Kiebitzweg 267-1d
Kirchplatz 268-10a
Kleinbeeren 267-5a
Kleinbeerener Straße 267-4b
Kleingartenanlage Heidegrund 302-2a
Koppelweg 266-9a
Krumme Straße 267-4b

Lichtenrader Straße 267-6a
Lindenstraße 267-4b

Märkische Allee 267-1a
Mahlower Straße 231-11d + 267-2b
Mahlower Straße (Birkenhain) 231-10d
Mahlower Straße (Diedersdorf) 268-7d
Mahlower Weg 267-6a
Mahlower Weg (Birkenhain) 231-10b
Malvenweg 267-4b
Marderweg (1) 267-6a
Marienfelder Allee 267-2c
Milanweg 267-1d
Mittelstraße 267-4d
Mühlensteig (1) 268-7c
Mühlenstraße 267-4b

Neubeeren 266-8b
Neubeerener Straße 266-9a
Neue Bahnhofstraße 267-7a
Neue Osdorfer Straße 231-8d
Nußallee 267-5b

Osdorfer Ring 267-1b

Pappelweg 267-6a
Parkallee 267-2c
Poststraße 267-4d

Rebhuhnweg 267-1d
Rehblick (7) 267-6a
Ringstraße 267-4b
Rotdornweg (6) 267-4b
Ruhlsdorfer Straße 267-4d
Ruhlsdorfer Weg 231-10d

Schilfgasse (9) 267-1d
Schlehenweg (2) 268-7c
Schmiedeweg 266-9a
Schwarzer Weg 267-7a
Sperberweg 267-1d
Sputendorfer Straße 266-8d
Storchenstraße 267-1d
Straße nach Friederikenhof 231-12a
Straße nach Großbeeren 267-9a

Teichstraße 267-4d
Teltower Straße 267-4b
Theodor-Echtermeyer-Weg 267-7b
Trebbiner Straße 267-7b
Trebbiner Weg 267-7c

Ulmenstraße 267-4b

Vogelkirschenweg (5) 267-4b

Wacholderweg (1) 267-4a
Weidenweg 267-9d
Wieselfang (3) 267-6a
Wiesengrund 267-9d
Wiesenweg 267-7b
Wiesenweg (Kleinbeeren) 267-6a

Zu den Erlen 267-2c
Zu den Hitzfichten (3) 268-7d
Zum Fenn (4) 267-6a
Zum Heidefeld 267-7b
Zum Hundepfuhl 267-6a
Zum Kiesberg 267-1b
Zum Pferdehof 266-9a
Zum Ruhlsdorfer Feld 267-4d
Zum Windmühlenberg 267-4c
Zur Schmiede 267-6a

Groß Kreutz (Havel)
PLZ 14550

Ahornstraße 222-12c
Ahornweg 257-3c
Akazienweg 221-11a
Alte Dorfstraße 222-2a
Alte Gartenstraße 222-11d
Alte Lehniner Straße 222-11d
Alter Schmergower Weg 222-2b
Alte Schulstraße 222-11d
Am Bahnhof 222-11b
Am Eichenhain 222-11c
Am Frucht- und Frachthof 258-2c
Am Graben 258-6b
Am Grund (1) 223-7a
Am Gutshof 222-11b
Am Kanal 222-1a
Am Kiefernwald 221-11c
Am Kirchplatz (1) 222-2a
Am Kirschberg 257-2c
Am Kleinbahndamm 222-11a
Am Mühlenberg 221-12a
Am Park 222-2b
Am Scheunenplatz 222-11d
Am Sportplatz (2) 187-10c
Am Wald 222-1d
Am Wasserturm (2) 223-10c
Am Weinberg 222-9a
Am Yachthafen 222-1a
An der B1 222-12d
August-Bebel-Platz (2) 222-2a
Ausbau 221-12b + 222-10a
Außenring 221-11a + 10b

Bahnhofstraße 222-11b
Bergstraße 221-3d
Birkenstraße 222-12c
Birkenweg 258-5c
Blütenring 257-2c
Blumenweg 187-10c
Bochower Dorfstraße 258-6b
Bochower Straße 222-11d + 258-2b
Brandenburger Landstraße 221-10a
Brandenburger Straße 222-11c
Bruchstraße 257-1d
Bruchweg (1) 223-10c
Bungalowsiedlung Havelufer 221-1d

Chausseestraße 222-9c

Damsdorfer Straße (Bochow) 258-6c
Damsdorfer Straße (Jeserig) (1) 221-10b
Deetzer Chaussee 186-12d
Deetzer Siedlung 187-10c
Deetzer Weg 221-9c
Derwitzer Straße 258-6b
Die Holzmathen 221-11c
Dorfaue 222-11b
Dorfrandsiedlung 222-5a
Dorfstraße 187-10c

Eichelberg 222-2d
Eichenweg 221-11a
Erlenweg 221-8b

Farnweg 221-11c
Fischerstraße 186-10d
Fliederstraße 257-2c

Gartenstraße 257-2d
Gewerbegebiet „Eichenhain" 222-11c
Göhlsdorfer Straße 221-11a
Götzer Chausseestraße 221-12a
Götzer Dorfstraße 221-8b
Götzer Straße 222-1d
Große Bergstraße 222-2a
Groß Kreutz Ausbau 221-12b
Groß Kreutzer Straße 222-2c
Grüner Weg 221-10b

Havelstraße 221-5c
Havelufer 221-2c
Heiderosenweg 257-2c
Heidestraße 257-2c
Heuberg 187-10c
Holzmathenstraße 257-2b

In der Gasse 187-10c

Kastanienallee 257-2d
Kemnitzer Straße 223-7c
Ketziner Siedlung 187-11c
Kiefernweg 258-8a
Kienheide 221-9b
Kirschenallee 257-2d
Kleine Bergstraße 222-2a
Kleine Bruchstraße 257-2d
Kleine Lindenstraße 222-12c
Kleiner Birkenweg 257-2d
Kleiner Waldweg 221-11a
Klosterweg 258-6d
Knospenweg 257-2c
Konsumgasse 222-2a
Kurzer Weg 257-2d

Lakenweg 222-12c
Lehniner Chaussee 258-8a
Lehniner Siedlung (1) 222-11d
Lilienthalstraße 222-9a
Lindenstraße 221-8a

Mac-Möbel-Ring 221-11a
Meisenweg 223-10c
Mittelweg 221-10b
Möllendorfer Weg 258-6d
Mühlenstraße 222-12c

Neu-Bochower Straße 258-6a
Neue Chaussee 222-11c
Neuer Weg 221-9c
Neue Straße 222-12b

Obsthof Leue 222-5a

Phöbener Chaussee 187-11c
Plötziner Straße 258-6b
Potsdamer Landstraße 221-10b
Potsdamer Straße 222-11d

Ringstraße 221-12a
Rosenweg 222-12c
Rotdornweg 222-11d
Rubinienweg 221-8a

Sandbruch 222-1b
Schenkenberger Straße 257-2b
Schmergower Straße 222-2a
Schmergower Weg 222-9a
Schmiedebusch (2) 222-1b
Schmiedegasse 187-10c
Schmiedegasse (1) 187-10c
Schulstraße 221-10a
Schulweg 221-8b
Siedlerweg 222-9a
Stadtweg 258-5c
Steege 187-10a

Tannenweg 222-12c
Trechwitzer Straße 257-1d
Trechwitzer Straße (Jeserig) 221-10d
Triftstraße 222-11d
Triftweg 258-3d
Tulpenweg 222-12c

Unter den Linden 221-10b

Voigtsche Park 222-2b

Waldstraße 257-2c
Waldweg 221-5d
Weißbirkenweg 221-11a
Wiesenweg 222-2a
Wolfsberg 222-12a
Wustermarkstraße 257-2d

Ziegeleiweg 186-12d
Zu den Weiden 222-12c
Zum Bahnhof 221-12a
Zum Deetzer Knie (1) 222-1b
Zum Königsberg 222-2d
Zum Papenthal 221-9a
Zum Wachtelberg 221-9c
Zur Ziegelei 222-1b + 1a

Grünheide (Mark)
PLZ 15537

Ahornstraße 239-4d
Ahornweg 204-3b
Akazienweg 204-3b
Alt Buchhorster Straße 203-9a
Alte Poststraße 239-4b
Am Anger 241-5a
Am Baberowersee (5) 178-12c
Am Bauernsee 204-3b
Am Bergluch 203-10d
Am Dudel 178-12d
Am Elsengrund 204-2a
Am Elsensee 204-2a
Am Elsenstau 204-2b
Am Erlengrund 204-2b
Am Fasanenweg 204-4a
Am Fließ 204-2b
Am Graben (3) 204-3a
Am Höllengrund 205-3d
Am Kanal 202-12d
Am Kiessee 204-4d
Am Marktplatz (3) 203-8c
Am Mittelweg 204-1d
Am Priestersee 203-10a
Am Reiherhorst 203-9c
Am Rosenberg (Kagel) (1) 204-2a
Am Rosenberg (Spreeau) 239-11d
Am Rosengarten (2) 204-2a
Am Rund 204-2a
Am Schlangenluch 203-11b
Am Schlößchen 203-10a
Am Seeufer 204-4a
Amselweg 204-4a
Am Sonnenweg 204-2c
Am Spreeufer 241-5a
Am Tulpenweg 204-2a
Am Walde 240-4d
Am Waldeck 204-1d
Am Waldrand 203-8c
Am Wasser 204-2a
Am Wiesenweg 205-2b
Am Winkel 178-12d
An den Löcknitzwiesen 202-12b
An der alten Schule 203-11a
An der Fangschleuse 203-10a
An der Priesterwiesen (3) 241-4b
An der REHA-Klinik (4) 203-11a
An der Stege 178-12c
Anger 205-2b
Anglersiedlung 240-10a
Auf der Halbinsel (2) 204-3a

Bahnhofstraße 241-1c
Barbenweg 204-4a
Berliner Landstraße 241-1c
Birkenstraße 239-7b
Birkenweg 204-3b
Blumenweg (3) 178-11c
Brunnenstraße 241-1d
Bruno-H.-Bürgel-Straße 241-5b
Buchenweg 204-3d
Burgwallstraße 203-9a

Charlottenstraße 203-8d

Dahlienweg 239-11d
Dorfstraße (Freienbrink) 239-7a
Dorfstraße (Kienbaum) 205-2b
Dorfstraße (Mönchwinkel) 240-5b
Driftweg 204-3a
Drosselsteg 240-7c
Drosselweg 204-4a

Edelweißweg 239-11d
Egon-Erwin-Kisch-Straße 241-5b
Eichbrand 203-11a
Eichenallee 203-10a
Eichendorffstraße 241-5a
Eichenstraße 239-7b
Eichenweg 205-2b
Einsteinplatz 241-2c
Elsenschneise 204-2a
Erich-Weinert-Straße 204-1d
Erkner Straße 204-1d
Erlenstraße 203-10c
Erlenweg 240-7c
Ernst-Thälmann-Straße 203-10d

Falkenhorst (4) 204-2b
Fasanenstraße 240-7d
Fasanenweg 240-3c
Feldstraße 203-7d
Feldweg 203-9c
Fichtensteig 204-2b
Finkensteiner Weg 204-4a
Fliederweg 239-11d
Fließweg 204-2b
Fontanestraße 241-5a
Forsthaus Heidegarten 241-1b
Friedrich-Ebert-Straße 203-10c
Friedrich-Engels-Straße 203-7d
Fröschweilerstraße 241-5a
Fuchssteg 240-5b

Gaußstraße 241-5b
Gerhart-Hauptmann-Straße 204-3a
Gewerbegebiet Kagel-Nord 178-9d
Gottesbrück 203-10c
Gottesbrücke 203-10c
Gottesbrücker Weg 238-3b
Große Dorfstraße 240-5b
Große Gartenstraße 241-1c
Großer Feldweg 240-3c
Große Waldstraße 241-1d
Große Wallbrücke 203-11d
Große Wiesenstraße 241-4b
Grüner Weg 240-7d
Gutenbergstraße 241-2c

Handels- und Logistikzentrum Freienbrink 239-4c
Hangelsberger Straße 241-2c
Hangelsberger Weg (2) 203-8c
Hardenbergstraße 241-5a
Hauptstraße 241-1c
Heidekruger Weg 178-12a
Heidelandweg 204-4a
Heideweg 203-8c
Heideweg (Freienbrink) 239-4c
Herzfelder Weg (Fangschleuse) 203-7c
Herzfelder Weg (Kagel) 178-12a
Hubertusstraße 203-8b
Hüttenstraße 241-5a
Humboldtstraße 241-5a

Jägerweg 204-3a
Jänickendorfer Weg 179-12c

Kageler Weg 203-8c
Kageler Weg (Kienbaum) 179-11c
Karl-Marx-Straße 203-11a
Kiefernhain 204-2b
Kiefernstraße 239-4d
Kienbaumer Weg 203-8c
Kienbaumer Weg (Hangelsberg) 242-5b
Kienbaumer Weg (Kienbaum) 205-3a
Kiesweg 239-12b
Kleine Berliner Landstraße (2) 241-5b
Kleine Gartenstraße 240-7d
Kleine Spreestraße 240-10a
Kleine Waldstraße 240-7c
Kleinwaller Weg 204-3a
Königsgestell (Hangelsberg) 242-5b
Königsgestell (Mönchwinkel) 240-4d
Königsgestell (Spreeau) 239-12a
Körperstraße 203-10a
Kolonie Kienbaum 205-3c
Kopernikusstraße 241-5b
Kreuzweg 204-1d
Küstergestell 241-1d
Kurze Straße 203-8b

Lehnweg 205-3c + 2b
Lerchenweg 204-4a
Lichtenower Weg 178-12a
Liebenberg 179-11c
Lindenstraße (Freienbrink) 239-4c
Lindenstraße (Hangelsberg) 241-1d
Lindwallstraße 203-10a
Löcknitzstraße 202-12d
Löcknitztalweg 203-12c + 10d
Löcknitzweg 205-2b
Luisenstraße 203-9c

Maiglöckchenweg 240-6a
Mielenzstraße 203-10a
Mittelweg (Kolonie Kienbaum) 205-3d
Mittelweg (Mönchwinkel) 240-5d
Mönchwinkler Weg (1) 203-8c

Neue Dorfstraße 205-2d
Neue Eichenstraße 204-3d
Neue Erkner Straße 202-12b
Neue Feldstraße 240-5d
Neue Gartenstraße 241-4a
Neue Kiefernstraße 204-4a
Neue Kurze Straße 240-7c
Neue Rüdersdorfer Straße 203-10a
Neue Siedlung 178-12c
Neue Spreeauer Straße 240-7b
Neue Spreestraße 241-4a
Neue Waldstraße 240-5b
Neue Wiesenstraße 204-1d
Nordmarkplatz (1) 241-5b

Oberförstereiweg 202-12d

Pappelsteig 204-3b
Pawlowstraße 241-5b
Peetzseestraße 203-8b
Piepergestell 242-5b
Pirschweg 204-4a
Planckstraße 241-5a
Privatweg 241-4a
Puschkinstraße 179-11b

Rebhuhnweg 240-6a
Reihe 240-5d
Röntgenstraße 241-2c
Rosenberg 203-8b
Rosenweg (Spreewerder) 240-7d
Rosenweg (Wilhelmsaue) 239-11d
Rüdersdorfer Straße 204-1b
Rüdersdorfer Weg 203-7c

Schlangenluch 203-11b
Schlehenstraße 239-7a
Schmalenberg 239-3b
Schmiedegasse 178-12d
Schulstraße 178-12c
Schulzenweg 204-4d
Seeblick 205-1a
Seestraße 204-3a
Sesselmannstraße 241-5a
Siedlerweg 178-12c
Siedlung Erlengrund 204-1b
Siedlungsweg 205-3c
Sieverslaker Straße 239-11d
Sommerweg 205-2b
Sonnenweg 203-10a
Spreeau 239-12c
Spreeauer Straße (Mönchwinkel) 240-5b
Spreeauer Straße (Spreewerder) 240-7c
Spreeauer Weg 203-8c
Spreestraße 240-5d
Sprudel 203-9b
Steinergestell 241-3b
Steinstraße 241-5a
Steinweg 203-10a
Störitzsee 239-6d
Straße der Befreiung 241-1a
Straße zum Störitzsee 239-6b

Tannensteig 204-2a
Tannenweg 204-2a
Trebuser Heuweg 242-2a
Tulpenweg 240-3c

Uferstraße 241-4b
Unsal 241-5b

Veilchenweg 240-3c

Waldeck 203-8d
Waldpromenade 203-8d
Waldschneise 204-1d
Waldsiedlung 203-8c
Waldstraße 204-1d
Walther-Rathenau-Straße 203-11a
Weg zum See 204-3a
Weg zur Erholung 204-1c
Werlseestraße 203-10d
Wiesenstraße 202-12d
Wiesenweg (Hangelsberg) 241-4b
Wiesenweg (Spreewerder) 240-7b
Wilhelmsbrück 242-5b
Wulkower Weg 240-5b
Wurzelbergweg 203-8c

Havelsee
PLZ 14798

Am Mühlenberg 216-9b

Brake 216-6d
Briester Havelstraße 216-6d
Briester Vorwerk 217-4c

Dorfstraße 216-6d

Kaltenhausen 217-7c

Mühlenweg 216-6c

Parkstraße 216-6b

Schwarzer Weg 216-6b

Triftweg 216-6d

Ziegelei 216-3b

Heckelberg-Brunow
PLZ 16259

Beerbaumer Straße 72-9d
Brunower Straße 73-7d

Dorfplatz 73-12a

Eberswalder Straße 73-7d

Freudenberger Straße 73-11b

Gartenstraße 73-7d

Heckelberger Straße 73-11b

Krüger Straße 73-7b

Leuenberger Straße 73-12a

Mühlenstraße 73-7c

Steinbecker Straße 73-12a
Straße der Einheit 73-7b
Straße der Freundschaft 73-7c

Tiefenseer Siedlung 91-1a
Tramper Weg 73-9c
Tuchener Weg 73-7a

Wölsickendorfer Straße 73-12a

Heidesee
PLZ 15754

Ahornweg (Bindow-Süd) 310-11c
Ahornweg (Prieros) 331-7c
Akazienweg 331-10a
Alte Poststraße (Bindow) 310-5d
Alter Postweg 312-10a
Alte Schäferei (Friedersdorf) 311-7b
Alte Schäferei (Wolziger Kolonie) 311-9c
Alte Ziegelei 329-6a
Am Anger 331-2a
Am Badestrand 331-4a
Am Birkengrund 331-10b
Am Birkenweg 330-6d
Am Campingplatz (1) 331-2d
Am Dolgenhorst 330-4a
Am Fuchsbau 331-7d
Am Graben 331-1c
Am Gutshof 330-6b
Am Karpfenteich 331-5b
Am Kiefernweg 311-1d
Am Kindergarten (1) 330-1b
Am Langen See 331-4a
Am Mühlenweg 331-7c
Am Palagenberg 330-9d
Am Schmiedeluch 330-4c
Am Seekorso 330-6b
Amselstieg 310-11a
Amselweg 331-10b
Am Spitzberg 331-6a
Am Strandbad 330-1b
Am Strandcasino 331-2d
Am Waldhaus 331-10c
Am Waldrand 311-2c
Am Waldweg 331-1c
Am Wiesengrund 331-10a
Am Ziestsee 331-8c
An der Dabernack 331-5b
An der Dahme 330-6b
An der Dahmebrücke 330-9d
An der Dorfaue 330-6b
An der Dubrow 330-9c
An der Lucke 330-9d
An der Storkower Straße 311-4b
Anglerweg 331-4a
Annemarienweg 331-10b
Arnold-Breithor-Straße 330-9d

Bahnhofstraße 311-4c
Bergschäferei 311-7b
Bergstraße 331-5b
Berliner Straße 310-6a + 311-4a
Bestenseer Straße 329-6a
Bindower Allee 330-3d
Bindower Dorfstraße 310-8a
Bindower Straße 330-1b
Birkenaue 311-2c
Birkenhain 310-8c
Birkenweg 311-8d
Blossiner Hauptstraße 311-11c
Blossiner Lücke 311-11c
Blossiner Seeweg 311-11c
Blossiner Steig 310-8a
Blossiner Straße 330-6b
Blossiner Weg 311-9c
Brandenburger Straße 311-2c
Buschgartenweg 329-3c + 3a

Chausseestraße 274-12a
Cottbuser Ring 311-2c

Dahmestraße 330-9b
Dahme-Ufer 330-6b
Dahmewinkel 330-9d
Dannenreich 274-11d
Die Aue 310-11c
Dohnenstieg 310-11c
Dorfanger 329-6b
Dorfstraße (Dannenreich) 274-11c
Dorfstraße (Kolberg) 331-2c
Drosselweg 310-11b
Dubrow 329-12d
Dubrower Straße 329-6d
Dudel 310-3a

Eichenweg 274-12a
Ernst-Thälmann-Straße 330-2a
Erpelweg 311-9c

Fährweg 330-6b
Fährwinkel 330-6d
Fasanenallee 310-11a
Finkenstieg 310-11b
Finkenweg 331-10b
Fischerstieg 310-11b
Fontaneweg 331-10b
Forststraße 329-6a + 2d
Forstweg 330-6b
Frankfurter Straße (3) 311-1d
Frauensee 330-7a
Frauenseestraße 330-4c
Friedensstraße 331-5b
Friedrichshofer Weg 274-11d
Fürstenwalder Straße 311-1d

Gartenpromenade 310-5c
Gartenstraße 331-7c
Gartenweg (5) 311-2c
Geschwister-Scholl-Straße 310-11a
Göredorfer Weg 331-6c
Görsdorfer Straße 331-9d
Goslareck 310-8c
Gräbendorfer Allee 330-9a
Gräbendorfer Straße 330-1d
Grüne Trift 310-8a
Gussower Birkenweg 330-2b
Gussower Dorfstraße 330-1b
Gussower Feldweg 330-1b
Gussower Seekorso 331-4a
Gussower Straße 329-6d
Gutshof Gussow 330-1b

Hasensprung 310-8c
Hasenweg 274-11c
Hasenwinkel 330-6b
Hauptstraße 311-1c
Hirschsprung 310-11b
Hirtenwiese 331-1a

Kablower Straße 274-11c
Kablower Weg 310-5d
Kablower Weg 310-5c
Kablow-Ziegeleier-Straße 274-11c
Karl-Woitschach-Straße 329-6b
Kastanienallee 311-4a
Kiefernweg 331-11c
Kirchsteig 311-1c
Kirschenweg 311-2c
Klein Eichholzer Straße 331-9c + 332-10c
Klein Schauener Straße 311-12b
Köpenicker Ausbau 311-1b
Köpenicker Chaussee 311-1a
Köpenicker Schäferei 311-1a
Köpenicker Straße 311-1d
Körbiskruger Straße 329-6a
Kolberger Allee 331-7c
Kolberger Dorfstraße 331-1d
Kolberger Straße 331-1b
Kolberger Weg 331-9d
Kolonie Klein Eichholz 331-12a
Kolonie Ost 312-7c
Kopenhagener Straße (2) 311-2c
Krumme Straße 331-5b
Kurzer Weg 311-4d
Kurze Straße 331-5b

Lange Reihe 274-12c
Langer See 331-7a
Lange Stücke 330-4c
Lehnschulzenweg 310-5c
Leistikowweg (1) 331-10b
Lerchenweg 331-7c
Lindenstraße 311-1c
Lücke 312-10a

Märkischer Platz 311-1d
Margarethenstraße 310-11a
Meisenweg 331-10b
Mittelstraße 330-9d
Mittelweg 331-1c
Mühlendamm 331-10a
Mühlenweg 331-10a
Mühlenweg (3) 331-7d
Münchehofer Straße 331-10a

Nach Friedrichsbauhof 330-6d
Nachtigallensteg 331-5b
Neptunstraße 310-11c
Neuer Weg 311-4a
Neue Straße 331-12b
Nordkorso 310-11a
Nordweg 311-2c

Parkstraße 311-8d
Parkweg 330-6b
Pläns 332-10a
Platanenweg (1) 330-4c
Plattenweg 331-4d
Platz der Einheit 331-5a
Plüschkeweg 330-7b
Poststraße 330-9d
Postweg 330-9d
Potsdamer Straße (1) 311-1d
Prieros 330-12a
Prieroser Dorfaue 330-9d
Prieroser Dorfstraße 330-9d
Prieroser Straße (Gussow) 330-1d
Prieroser Straße (Kolberg) 331-5b
Priesterbrücke 310-5a

Rehfährte 331-4a
Ring 331-5b
Rudolf-Breitscheid-Straße 310-5c

Sandschäferei 311-1a
Sauberg 329-11d
Schliebenbusch 311-6d
Schliebenbuscher Weg 311-9b
Schulstraße 330-1b
Schulweg 329-6d
Schwarzer Weg 329-6a
Schwedenring 311-2c
Schweriner Straße (1) 332-10c
Seeblick 331-4a
Seekorso 331-10b
Seestraße 331-5b
Seeweg 311-8d
Senziger Straße 329-3b + 330-1b
Siedlung 310-6a
Siedlung Uhlenhorst 329-2c
Sonnenweg 311-9c
Sperlingsgasse (2) 331-10b
Spreenhagener Straße 311-9d
Spreestraße 311-1b
Stockholmer Straße (4) 311-2c
Storkower Allee 330-9d
Storkower Straße 331-2d
Straße am Bach 310-11c
Straße Nr. 1 311-2a
Straße Nr. 2 311-2b
Straße Nr. 3 311-2b
Straße Nr. 4 311-2b
Straße Nr. 5 311-2b
Straße Nr. 6 311-2b
Straße Nr. 7 (1) 275-11d
Straße Nr. 8 (2) 275-11d
Straße Nr. 10 311-2b
Straße Nr. 11 311-2b
Straße Nr. 12 311-2c
Streganzer Straße 331-10b
Südkorso 310-11a

Tannenweg 331-5b
Triftweg 330-4c

Uferweg 331-10b
Uhlenhorst 329-2c
Unter den Birken 331-5b
Unter den Eichen 331-6a
Unter den Fichten 331-5b
Urselweg 310-11a

Verlängerte Spreestraße 275-10c
Vogelsangweg 331-11a

Waldeck 311-11c
Waldfrieden 310-9b
Waldsiedlung (1) 275-10c
Waldstraße 329-2b + 330-6d
Waldweg 311-11c
Weg der Kläranlage 311-5a
Weg zur Mühle 311-1c
Weinberg 329-6a
Wenzlower Straße 275-10c
Wettenweg 311-4a
Wiesenblick 329-6a
Wiesenweg 330-6b
Wilhelmkorso 331-10b
Wilhelmstraße 311-4b
Wolziger Hauptstraße 311-9d
Wolziger Waldweg 312-10a
Wusterhausener Straße 329-2b

Ziegelstraße 330-9b
Zum Badestrand (Kolberg) 331-2d
Zum Badestrand (Prieros) 330-9d
Zum Bootshafen 331-2d
Zum Langen See 331-5a
Zum Ziestsee 331-8c
Zur Alten Försterei 330-12b

Hennigsdorf

PLZ 16761

Adolph-Kolping-Platz 99-10c
Ahornring 119-7a
Akazienweg 99-10c
Albert-Schweitzer-Straße 99-10d
Alsdorfer Straße 98-12b
Alte Fontanestraße 99-10c
Am Alten Strom 119-7b
Am Alten Walzwerk 99-10d
Am Bahndamm 119-1a
Am Dachsbau 98-12b
Am Eichenhain 118-6b
Am Gehölz 119-10a
Am Hasensprung 118-3b
Am Havelufer 119-2c
Am Hirschwechsel 98-12b
Am Neuen Kanal 119-7a
Am Oberjägerweg 119-7c
Am Papenberger Forst 119-10a
Ampèrestraße 119-1c
Am Rathaus 119-1b
Am Rathenaupark (6) 119-1d
Am Roseneck 119-7a
Amselweg 119-4a
Am Starwinkel (2) 119-2d
Am Waldrand 98-12d
Am Yachthafen 119-7a
An der Wildbahn 118-3b
Apfelallee 119-4c
Asternstraße 119-7a
Auf der Lichtung 119-10a
August-Bebel-Straße 99-10c
August-Burg-Straße 99-10d
August-Conrad-Straße 119-1b

Bahnhofstraße 119-7a
Bahnhofsweg 119-7c
Beethovenstraße 119-4a
Bergstraße 119-1a
Berliner Straße 99-10c + 119-1b
Birkenstraße 119-4a
Blankstahlweg 99-10a
Blumenstraße 99-10c
Bötzower Weg 118-3b
Bötzowstraße 119-1d
Bötzowstraße (8) 119-1b
Bombardier 119-1d
Brandenburgische Straße 118-3b
Buchenhain 119-4c

Choisy-le-Roi-Straße 98-9d
Clara-Schabbel-Straße 119-4a

Dahlienstraße 119-7a
Dorfstraße 119-7c
Drosselweg 119-2d

Edisonstraße 119-1c
Eduard-Maurer-Straße 99-10a
Eichenhain 119-1c
Eichhörnchenweg 119-2d
Einheit 119-2d
Erlenweg 119-4c
Erzbergerstraße 98-12b
Eschenallee 119-4c
Eulenhorst (1) 119-2d

Fabrikstraße 99-10b + 119-1b
Fährweg 119-7c
Falkenseer Straße 119-4a
Falkenstraße 119-1a
Fasanenstraße 118-3b
Fasanenweg 119-2d
Feldstraße 98-12d
Fichtenstraße 118-3b
Finkenstraße 119-4c
Fliederweg (Nieder Neuendorf) 119-4c
Fontanesiedlung 99-7c
Fontanestraße 99-10c + 119-1a
Forststraße 98-12d + 118-3b
Franz-Schubert-Straße 119-4a
Freiheit 119-2d
Friedhofstraße 119-1b
Friedrich-Engels-Straße 119-1a
Friedrich-Wolf-Straße 98-12b
Fritz-Reuter-Straße 118-3d
Fuchsweg 98-12b

Gartenstraße 99-10c
Gebrüder-Grimm-Straße 119-1c
Gertrudenhof 118-9c
Gewerbegebiet Nord 1 99-10b
Gewerbegebiet Nord 2 99-7c
Gewerbegebiet Nord 3 99-10a
Gewerbegebiet Nord 4 99-10d
Gewerbegebiet Süd 1 119-1d
Gewerbegebiet Süd 2 119-4b
Gewerbegebiet Süd 3 119-4b
Gewerbegebiet Süd 4 119-4c
Gewerbehof Nord 99-10b
Gothestraße 118-3d
Graureiherweg 119-4c

Hafenstraße 119-1b
Hainbuchenstraße 119-7a
Hamsterweg 98-12b
Hasensprung 119-2d
Hauptstraße 119-1b
Havelauenpark 119-1b
Havelpassage 119-1a
Havelplatz 119-1a
Heideweg 98-12d
Heimstättensiedlung 98-12d
Heinestraße 119-1a
Heinz-Uhlitzsch-Straße 99-10a
Hermann-Schumann-Straße 99-10b
Hertzstraße 119-1c
Hirschstraße 118-3b
Hirschwechsel 119-2d
Horst-Müller-Straße 119-1d
Hradeker Straße 98-12b
Humboldtstraße 119-1a

Igelweg 98-12d
Imkerweg 119-10a

Karl-Liebknecht-Straße 118-3d
Karl-Marx-Straße 119-1a
Keilerweg 119-7c
Kiefernstraße 118-3b
Kirchstraße 119-1b
Kleiststraße 119-1c
Klingenbergstraße 119-1c
Kokillenweg 99-10a
Kolonie Papenberge 119-10b
Kralupyer Straße 99-10a
Krumme Straße 99-10c
Kuckucksruf 119-2d

Lehrpfad 118-3b
Lessingstraße 118-3d
Lindenring 119-7a
Lindenstraße 119-7c
Ludwig-Lesser-Straße 119-1b

Marderweg 98-12d
Marwitzer Straße 98-12b
Meisensteg 119-2d
Mittelstraße 98-12d
Mozartstraße 119-4a
Müllersiedlung 119-10b

Nauener Straße 118-3b
Nelkenstraße 119-7a
Neubrück 119-2c
Neuendorfstraße 119-1d
Nieder Neuendorf 118-9a

Oberjägerweg 119-10a
Ohmstraße 119-1c

Pappelallee 119-4c
Parkstraße 118-3b
Paul-Jordan-Straße 119-1c
Paul-Schreier-Platz 118-3b
Paul-Schreier-Straße 119-1c
Peter-Behrens-Straße (9) 119-1d
Philipp-Pforr-Straße 119-4b
Postplatz 119-1a
Poststraße 119-1a
Posttunnel 119-1a

Rathausplatz 119-1b
Rathenaupark 119-1d
Rathenaustraße 119-1a
Rathenauviertel 119-1c
Rehlake 118-3b
Rehschneise 119-2d
Reinickendorfer Straße 98-9d
Rigaer Straße 99-10a
Ringpromenade 119-7a
Rosa-Luxemburg-Platz 98-12d
Rotkehlchenstraße 119-4c
Ruppiner Chaussee 119-2a
Ruppiner Straße 119-1b

Schillerstraße 118-3d
Schmelzersteg 99-10c
Schönwalder Straße 118-3d
Schreberweg 119-1c
Schulstraße 119-1b
Schulzesiedlung 119-10a
Schwalbenweg 119-4a
Schwarzdrosselweg 119-4a
Schwarzer Weg 99-11c
Schwarzer Weg (Nieder Neuendorf) 118-12a
Seilersiedlung 119-10b
Seilerstraße 99-10d
Spandauer Allee 119-4a
Spandauer Landstraße 119-7c
Stauffenbergstraße 119-1a
Stolpe-Süd 119-2d

Technopark 119-1d
Theodor-Körber-Weg 119-1c
Trappenallee 119-4c
Triftweg 118-9d
Tucholskystraße 118-3b + 119-4a

Uferpromenade 119-7c

Veltener Straße 99-10c
Voltastraße 119-1c

Waidmannsweg 118-3a
Waldmeisterstraße 119-10a
Waldpark 119-4a
Waldrandsiedlung 98-12d
Waldstraße 98-12d
Waldweg 119-4a
Walter-Kleinow-Ring 119-4d
Wattstraße 119-1c
Weidenweg 119-7c
Werder-Ziegelei 99-5d
Wieselstraße 98-12d
Wiesenweg 119-7c
Wohnanlage Havelpromenade 119-7a
Wolfgang-Küntscher-Straße 99-10a

Zeisigstraße 119-4c
Zum alten Forsthaus 118-6d
Zum Busbahnhof (7) 119-1b
Zur Baumschule 119-7a

Höhenland

PLZ 16259

Ausbau Freudenberg 91-5b
Ausbau Tiefensee 91-6a

Bahnhofstraße 92-4a
Brunower Straße (Leuenberg) 91-3d
Brunower Straße (Steinbeck) 74-10d + 92-1b
Brunower Weg 74-8b

Dannenberger Weg 74-9a
Dorfstraße (Steinbeck) 92-2c
Dorfstraße (Wollenberg) 74-9d

Finkenweg 74-9a

Gartenstraße 91-6b

Haselberger Straße 92-2d
Hauptstraße 74-8b

Knödelallee 92-1c
Kruger Weg 74-8b

Milchstraße 74-8d

Oberer Seeweg 91-6b

Seestraße 92-2d
Siedlungsweg 74-9a
Sonnenallee (Steinbeck) 92-2d
Sonnenallee (Wölsickendorf) 74-8d
Steinbecker Weg 74-8b
Sternebecker Weg 92-2d
Sternkrug 75-7a

Teichstraße (Leuenberg) 92-4a
Teichstraße (Wölsickendorf) 74-9a

Unterer Seeweg 91-6b

Wiesenweg 92-2c
Wollenberger Schmiede 74-9d

Hohenfinow

PLZ 16248

Am Anger 54-2c

Cöthener Straße 54-2c

Feldstraße 54-5a

Gersdorfer Straße 54-1d

Hauptstraße 54-1a + 2c

Karlswerker Weg 54-1b

Liebenstein 54-2b

Niederfinower Straße 54-2c

Weg Zum Liebenstein 54-2b

Zum Kienberg (1) 54-2c

Hohen Neuendorf

16540 Adolf-Damaschke-Platz 100-4d
16540 Adolf-Damaschke-Straße 100-4d
16540 Adolf-Hermann-Straße 100-7a
16540 Adolfstraße 100-8c
16562 Ahornallee 100-6d
16556 Ahornweg 82-7d
16540 Albert-Gottheiner-Straße 100-5c
16540 Albertstraße 100-5c
16556 Albrechtstraße 82-4c
16556 Alte Trift 82-7c
16540 Am Alsenplatz 100-4a
16562 Am Anstand 100-3a
16562 Am Blumberg 100-3d
16540 Am Bogen 100-8a
16562 Am Elseneck 100-3b
16562 Am Finkenherd 100-3c
16562 Am Frauenpfuhl 100-3c
16540 Am Golfplatz 99-9d
16540 Am Heidewinkel (8) 98-7c
16562 Am Langen Berg 100-6b
16556 Am Mühlenfeld 81-12b
16540 Am Rathaus 100-5a
16540 Am Reiterplatz 100-5a
16540 Am Spargelfeld 100-1d
16556 Am Stichkanal 81-12b
16540 Am Wald 99-6b
16562 An den Birken 100-3c
16540 An den Rotpfuhlen 100-5d
16556 An der Nordbahn 82-7b
16540 Andrestraße 100-4a
16540 Annemariestraße 100-5d
16540 Anton-Saefkow-Straße 100-2c
16556 Asternweg (1) 82-7a
16540 August-Bebel-Straße 100-4d
16562 August-Müller-Straße 100-6c

16540 Backofenweg 100-4b
16540 Bästleinstraße 100-4a
16556 Bahnhofstraße 82-7a
16540 Bahnstraße 100-5c
16562 Bahnstraße (Bergfelde) 100-6b
16562 Basdorfer Straße 100-3b
16540 Bellevuestraße 100-5a
16562 Berkowstraße 100-3d
16556 Berliner Chaussee 81-9b + 82-7c
16540 Berliner Straße 100-5c
16556 Berliner Straße (Borgsdorf) 82-7d
16540 Birkenwerderstraße 100-4b
16540 Birkenwerderstraße (Bergfelde) 100-2b
16556 Birkenwerderweg 81-9b + 82-4c
16562 Birkfeldstraße (4) 100-6b
16556 Blumenstraße 82-7d
16540 Bodelschwinghstraße 100-7b
16556 Bogengestell 82-4b
16556 Borgsdorfer Meile 82-7a
16540 Borgsdorfer Straße 100-1d
16562 Borgsdorfer Straße (Bergfelde) 100-3b
16556 Breitscheidstraße 82-4c + 7a
16540 Briesestraße 100-1c
16562 Brückenstraße 100-6b
16540 Bruno-Schönlank-Straße 100-1c
16540 Buchenweg 100-2c
16540 Burghardtstraße 100-7b
16556 Bussardstraße 82-7d
16556 Chausseestraße 81-9c
16540 Clara-Zetkin-Straße 100-5a
16562 Clara-Zetkin-Straße (Bergfelde) 100-9a
16556 Clara-Zetkin-Straße (Borgsdorf) 82-4c

16556 Dianaallee 82-7b
16540 Dorastraße 100-5b
16562 Dorfstraße (Bergfelde) 100-6b
16540 Dorfstraße (Bogsdorf) 81-12a
16540 Dorfstraße (Stolpe) 99-9d
16556 Dornbuschweg 82-7c
16562 Dorotheenstraße 100-6b

16540 Eberhard-König-Weg 99-6b
16540 Edithstraße 100-5b
16540 Eichenallee 100-4c
16540 Elfriedestraße 100-5d
16562 Elfriedestraße (Bergfelde) 101-4a
16540 Elsastraße 100-5a
16556 Elstergasse 82-7d
16562 Emil-Czekowski-Straße 100-6c
16540 Emile-Zola-Straße 100-4d
16540 Emmastraße 100-5a
16540 Erdmannstraße 100-1c
16540 Ernastraße 100-5b
16540 Ernst-Moritz-Arndt-Straße 99-6b
16540 Ernst-Schneller-Straße 100-4a
16540 Ernststraße 101-4b
16540 Ernst-Toller-Straße 100-4b

16556 Falkenstraße 82-7c
16562 Fasanenallee 101-4a
16556 Fasanenweg 82-4d
16540 Feldstraße 100-1d
16562 Feldweg 100-6a
16540 Ferdinand-Lassalle-Straße 100-4d
16556 Ferdinandstraße 82-7a
16556 Feuerdornweg 82-7a
16540 Feuerleinstraße 100-7b
16562 Fichtestraße 100-6d
16562 Finkenwerder Ring (3) 100-6b
16562 Flachslakestraße 100-3c
16556 Fliederweg 82-7a
16540 Florastraße 100-8a
16562 Florastraße (Bergfelde) 100-6d
16540 Florian-Geyer-Straße 99-6d + 100-4c
16556 Föhrenwinkel 82-7c
16540 Fontanestraße 99-3c
16562 Forstweg 100-3b
16540 Franzstraße 100-8a
16540 Freiligrathstraße 99-3d
16540 Friedensallee 82-7b
16540 Friedrich-Engels-Straße 100-4a
16540 Friedrich-Hebbel-Straße 99-6b
16540 Friedrich-Herder-Straße 99-6a
16540 Friedrich-Naumann-Straße 99-6b
16562 Friedrichsauer Ring 100-6b
16540 Friedrichstraße 100-5c
16562 Friedrichstraße (Bergfelde) 101-4a
16556 Friedrichstraße (Borgsdorf) 82-4c
16540 Fritz-Reuter-Straße 99-3c
16540 Frohnauer Straße 99-6d
16540 Frohnauer Weg 99-9d
16556 Fuchsallee 82-7b
16540 Fußgängerweg 100-5b

16556 Gartensteig 82-7d
16540 Gartenweg 100-8a
16562 Genzowstraße 100-9a
16556 Georgstraße 82-4c
16540 Gertraudenstraße 100-5a
16540 Gewerbestraße 100-8a
16556 Ginsterstieg 82-7d
16562 Glienicker Straße 100-9a
16562 Goethestraße (Bergfelde) 100-6c
16540 Goethestraße (Hohen Neuendorf) 99-3c
16540 Gottfried-Keller-Straße 99-6a
16556 Grenzweg 82-7c
16540 Grillparzerstraße 99-6b
16540 Großschifffahrtsweg (1) 99-3c
16562 Grünstraße 101-4b

16556 Habichtsweg 82-7b
16540 Hainweg 100-8a
16562 Hasensprung 100-3d
16540 Haubachstraße 100-1c
16556 Hauptstraße 81-9c
16556 Haveleck 81-9c
16556 Havelhausener Brücke 81-6c
16540 Havelstraße 99-6a
16540 Havelweg 99-6a
16556 Havelweg (Borgsdorf) 81-9c
16562 Heideplan 100-3a
16540 Heidestraße 99-6a
16540 Heidestraße (Stolpe) 99-9d
16556 Heideweg 82-7d
16540 Heiligenseer Straße 99-6d
16540 Heinersdorfer Straße 100-4c
16540 Heinrich-Heine-Straße 99-3c
16540 Heinrich-Lersch-Weg 99-3c

16556 Heinrichstraße 82-4c
16540 Heinrich-Zille-Straße 100-4d
16540 Helenenstraße 100-5a
16562 Helmut-Just-Straße 100-3d
16540 Hennigsdorfer Chaussee 99-12a
16540 Hennigsdorfer Straße 100-4a
16540 Henri-Barbusse-Straße 100-4c
16540 Hermann-Löns-Straße 99-3d
16562 Hermann-Löns-Straße (Bergfelde) 100-6b
16540 Hermann-Scheffler-Straße 100-4a
16540 Hermannstraße 100-2c
16556 Hermannstraße (Borgsdorf) 81-12b
16540 Hermsdorfer Straße 100-4a
16556 Hermsdorfer Weg 82-7c
16540 Herthastraße 100-5d
16562 Herthastraße (Bergfelde) 100-9a
16556 Hirschallee 82-7b
16540 Hochlandstraße 100-2c
16562 Hochwaldallee 100-9b
16562 Hohen Neuendorfer Straße 100-6c
16562 Hohen Neuendorfer Weg (Bergfelde) 100-6a
16556 Hohen Neuendorfer Weg (Borgsdorf) 82-7c
16540 Hohen Neuendorfer Weg (Stolpe) 99-9d
16540 Horststraße 100-1c
16556 Hubertusallee 82-4d
16540 Hubertusstraße 100-5c
16562 Hubertusstraße (Bergfelde) 100-6d
16540 Husemannstraße 100-1c

16540 Immanuel-Kant-Straße 99-6a
16562 Im Winkel 100-3c
16540 Inselplatz 100-8a
16540 Irmgardstraße 100-5b

16540 Jacob-Wins-Straße 100-4c
16556 Jägerallee 82-4d
16556 Jägergestell 82-1d
16540 Jägerstraße 100-4a + 4c
16540 Janow-Podlaski-Straße 100-4c
16556 Jasminweg 82-7a
16540 Johann-Gottlieb-Fichte-Straße 99-6a
16540 Jonny-Scheer-Platz 100-1c

16540 Käthe-Kollwitz-Straße 100-5a
16540 Käthestraße 100-2c
16556 Kanalstraße 81-9c
16562 Kantstraße 100-6a
16540 Karl-Liebknecht-Straße 100-7b
16540 Karl-Ludwig-Straße 100-8a
16540 Karl-Marx-Straße 100-4a
16556 Karl-Marx-Straße (Borgsdorf) 82-7c
16540 Karlstraße 100-5c
16562 Karlstraße (Bergfelde) 100-9b
16540 Kastanienallee 100-4c
16540 Kastanienweg 99-9d
16540 Kiefernallee 100-2c
16540 Kirchstraße 100-4d
16540 Kirschallee 100-7a
16540 Klarastraße 100-5d
16556 Kleine Feldstraße 81-9d
16556 Kleines Feld (1) 81-9d
16556 Krokusweg (2) 82-7d
16540 Kurt-Tucholsky-Straße 100-7b
16540 Kurze Straße 100-2c
16562 Kurze Straße (Bergfelde) 100-9a

16562 Ladewigstraße 101-4c
16540 Lärchenweg 100-5d
16562 Lehnitzstraße 100-3b
16540 Lehnitzstraße (Hohen Neuendorf) 101-1c
16540 Lessingstraße 99-6a
16562 Lessingstraße (Bergfelde) 100-6a
16540 Leuschnerstraße 100-1c
16556 Lilienweg 82-7c
16540 Lindaustraße 100-1c
16562 Lindenallee 100-9b
16556 Lindenstraße (Borgsdorf) 81-9c
16540 Lindenstraße (Stolpe) (1) 99-9d
16540 Luchweg 100-1c
16562 Luisensteig (2) 100-6b
16540 Luisenstraße 100-4d

16540 Margaretenstraße 100-5c
16556 Margeritenstraße 82-7a
16540 Maxim-Gorki-Straße 99-3d
16540 Mittelstraße 100-5a
16562 Mittelstraße (Bergfelde) 100-6b
16556 Mittelweg 81-9c
16562 Mühlenbecker Straße 101-4a
16556 Müllersteig 81-9d
16540 Müllheimer Straße 100-4c

16556 Nelkenstraße 82-7a
16540 Neue Dorfstraße 99-9d
16540 Niederbarnimer Straße (3) 100-4b
16556 Nimrodsteig 82-7b

16540 Oranienburger Straße 100-2a
16540 Osramplatz 100-7b
16540 Ottostraße 101-4a

16540 Pankower Straße 99-6b
16540 Parkstraße 100-8a
16540 Paulstraße 100-7b
16562 Paulstraße (Bergfelde) 100-6d
16540 Pechpfuhlweg 100-7c
16540 Peter-Rosegger-Weg 99-6b
16540 Platanenallee 100-4a
16556 Platanenweg 82-7d
16540 Poststraße 100-5c
16540 Puschkinallee 100-5a

16556 Quittenweg 82-7a

16540 Rasenweg 100-4c
16556 Reihersteg 82-7b
16540 Reinickendorfer Straße 100-4c
16540 Remanestraße 100-7b
16540 Richard-Wagner-Platz 99-6a
16540 Rosa-Luxemburg-Straße 100-7b
16556 Rosenstraße 82-7c
16540 Rosenthaler Straße 99-6b
16556 Rotdornweg 82-7a
16540 Rudolf-Breitscheid-Straße 100-1c
16540 Rüsternstraße 99-6a
16540 Ruhwaldstraße 100-5c

16556 Sanddornweg 82-7a
16562 Sandstraße 100-6d
16540 St.-Georg-Straße 100-4d
16540 Scharfschwerdtstraße 100-7b
16540 Schillerpromenade 99-6a
16562 Schillerstraße 100-6b
16556 Schlehdornweg 82-7a
16540 Schönfließer Straße 100-5c
16562 Schönfließer Straße (Bergfelde) 100-6b
16540 Schönhaarstraße 100-4a
16540 Schönholzer Straße 100-4a
16540 Schützenstraße 100-4a
16562 Schulstraße 100-6d
16556 Seepromenade 82-7b
16556 Seesteg 82-7c
16540 Seestraße 100-1d
16562 Seestraße (Bergfelde) 100-9a
16562 Siegelstraße 101-4b
16562 Sommerstraße 100-6a
16562 Sophiensteig (1) 100-6b
16540 Sperberstraße 82-7a
16540 Stolper Straße 100-8a + 7b
16562 Stolper Straße (Bergfelde) 100-9a
16556 Stolper Weg 81-9d
16540 Straße 13 100-4b
16540 Straße H 100-5a
16540 Summter Straße 100-1d
16562 Summter Straße (Bergfelde) 100-3c

16540 Tannenweg 100-2c
16540 Tegeler Weg 100-7c
16540 Teschstraße 100-4b
16540 Thälmannplatz 100-5c
16556 Thälmannstraße 81-9d
16540 Theodor-Storm-Straße 99-6a
16540 Triftstraße 100-4b
16562 Triftstraße (Bergfelde) 101-4a
16556 Tulpenweg 82-7a

16556 Ufersteig 82-7c
16540 Uhlandstraße 99-3d
16562 Uhlandstraße (Bergfelde) 100-6a
16556 Ulmenweg 82-7c
16540 Ulrich-von-Hutten-Straße 99-6b
16556 Unter den Eichen 82-7b

16556 Veilchenweg 82-7a
16556 Veltener Chaussee 81-11b
16540 Veltener Straße 99-6d
16556 Veltener Straße (Borgsdorf) 81-9d
16556 Venedig 81-9c

16556 Wacholdersteig 82-7d
16540 Wacholderweg 100-5d
16540 Waidmannsluster Straße 100-4a
16556 Waidmannsweg 82-7b
16540 Waldemarstraße 100-7b
16540 Waldstraße 100-5a
16562 Waldstraße (Bergfelde) 101-4a
16556 Waldstraße (Borgsdorf) 81-9c
16540 Waldstraße (Stolpe) 99-9b
16562 Wandlitzer Straße 100-3d
16540 Weidenweg 100-7c
16556 Weißes Haus 81-6b
16562 Wielandstraße 100-6b
16562 Wiesengrund 100-6b
16540 Wiesenstraße 100-1b
16556 Wiesenstraße (Borgsdorf) 81-9d
16562 Wiesenweg 100-6a
16540 Wildbergplatz 100-4b

16562 Wilhelm-Buchholz-Straße 100-3d
16540 Wilhelm-Külz-Straße 100-5c
16562 Wilhelmstraße 101-4a
16562 Winklerstraße 100-9a

16540 Zernsdorfer Weg 100-7a
16556 Zu den Birken 82-7d
16556 Zu den Koppeln 81-9d
16540 Zühlsdorfer Straße 100-2c
16562 Zühlsdorfer Straße (Bergfelde) 100-3d
16556 Zum Weißen Haus 81-6c
16562 Zwischen den Pfuhlen 100-3c

Hoppegarten
PLZ 15366

Ahornstraße 174-7c
Ahornweg 150-8c
Alte Berliner Straße 174-5c
Alter Feldweg 174-5a
Altlandsberger Chaussee 150-8a
Am Anger 174-9b
Am Barschsee 150-7d
Am Berge 150-10a
Am Fließ 150-11d + 174-2b
Am Grünzug 150-8c
Am Güterbahnhof 174-3b
Am Haussee 150-4d
Am Kleinbahnhof (1) 174-3b
Am Kornfeld 150-7d
Am Lärchengrund 150-7d
Am Reiherhorst 150-11a
Am Retsee 150-4d
Am Schleipfuhl 150-1c
Amselweg 150-8b
Am Sportplatz 174-3a
Am Vogelherd 174-10c
Am Wall 150-8b
Am Weiher 150-7d
An der alten Gärtnerei 150-8d
An der Feuerwehr 174-5a
An der Heide 150-7d
An der Herrenfurth 150-7b
An der Katholischen Kirche 150-12d
An der Trainierbahn 174-10c
An der Zoche 174-3a
Annatalstraße 174-2a
Arndtstraße 174-7c
Auf der Höhe 150-8c
Augsburger Straße 150-11b

Bahnhofstraße 174-3b
Bamberger Straße 150-11b
Barnimer Straße 174-2a
Bergstraße 174-3c
Berliner Straße (Hönow) 149-9b + 150-7a
Birkenplatz 150-11a
Birkenstein 150-11d + 174-3a
Birkensteiner Straße 174-3a
Birkenstraße 150-11a
Birkenweg 174-2b
Blumenstraße 174-9d
Bogenstraße 150-8c
Bollensdorfer Weg 174-6a
Brandenburgische Straße 150-8a
Bredowstraße 174-10c
Buchenstraße 174-7c

Carenaallee 174-2d
Clubstraße 174-3b

Dachsbau 150-8d
Dahlienstraße 150-10b
Dahlwitzer Landstraße 174-8d
Digitalstraße 174-5a
Dorfstraße 150-4b
Drosselgasse (7) 150-8d

Ebereschenweg 150-8c
Edenweg 174-2b
Eichenstraße 174-7c
Eicher Weg 149-6b
Einsiedlerweg 150-11d
Erikastraße 150-10a
Ernst-Wessel-Straße 174-2b
Erpestraße 200-1b
Erpeweg (2) 150-8c

Farmersteg 174-2b
Feldweg 174-9b
Fichtengrund 150-10b
Fichtestraße 174-10a
Finkensteg 150-11b
Flämingstraße 174-2a
Frankfurter Chaussee 174-6c
Freiburger Straße 150-11a
Friedhofstraße 174-7b
Friedrichshagener Chaussee 174-11a
Fuchsbau 150-8d

Gänseblümchenweg 150-8c
Gartenstraße 150-7d
Gartenweg 174-2b
Gewerbegebiet Dahlwitz-Hoppegarten 174-2c
Gewerbegebiet Nord 174-2d
Gewerbestraße 174-4b
Giebelweg 174-9b
Ginsterstraße 150-10b
Goetheallee 174-3b
Grenzweg 150-1c
Grüner Weg 150-4d

Hagebuttenweg (3) 150-8c
Handwerkerstraße 174-4b
Hauptstraße 174-9d
Havellandstraße 174-2a
Hegelstraße 174-10a
Heidemühle 174-10b
Heidemühler Weg 174-7d
Heinrich-Heine-Promenade 174-10c
Hildestraße 150-10a
Höhenweg 174-2d
Hönow 150-8a
Hönower Weg 174-2a
Hönow-Süd 150-8c
Hoppegartener Straße 150-7d
Humboldtstraße 174-10a

Iffezheimer Ring 174-3c
Iltisbau 150-8d
Im Busch 174-2b
Im Grund 174-2b
Industriestraße 174-1d

Jägergraben 150-8c
Jahnstraße 174-3a

Kalkseestraße 150-8c
Kantstraße 174-10c
Karlsruher Straße 150-11b
Karl-Weiss-Straße 174-2d
Kaulsdorfer Straße 150-10a
Kiebitzgrund 150-11a
Kiefernstraße 174-7d
Kirchblick 174-9b
Kirschallee 150-10b
Kleeweg 150-8c
Kleine Mittelstraße (Münchehofe) 174-9d
Kleiner Weg 174-2b
Kleiststraße 174-10a
Köpenicker Allee (Dahlwitz) 174-8a
Köpenicker Allee (Waldesruh) 174-10a
Köpenicker Straße 174-5d
Körnerstraße 174-10a
Koloniestraße 174-9d
Krummendammbrücke 174-8d
Krumme Straße 150-7c

Lausitzstraße 174-2a
Leibnizstraße 174-10b
Libellenstraße 150-11a
Lindenallee 174-3b + 2d
Lindenstraße 150-8c
Löcknitztalstraße 174-2a

Machnowstraße 174-2a
Märkische Straße 174-2a
Magazinstraße 174-5d
Mahlsdorfer Allee 174-7c
Mahlsdorfer Straße 150-10a
Marderstraße 150-8d
Margaretenstraße 150-7c
Mauergasse 174-1d
Mehrower Straße 150-1c
Meistergasse 174-1d
Mistelweg (4) 150-8c
Mitschurinweg 174-5c
Mittelmarkstraße 174-2a
Mittelstraße 174-2b
Mönchsheimer Weg 174-5d
Mühlenfließ 150-8c
Mühlenstraße 200-1a
Mühlenweg 150-4b
Mühlenwiesen 174-11a
Münchehofe 174-8d
Münchehofer Straße 174-9b
Münchehofer Weg 174-6c
Münchener Straße 150-8d

Neubauernweg 174-5b
Neue Mehrower Straße (1) 150-8a
Neuenhagener Chaussee 150-8a
Neuer Hönower Weg 174-5c
Neue Straße 174-9b
Nürnberger Straße 150-8d
Nußbaumweg 150-8c
Nuthetalstraße 174-2a

Obere Bergstraße 174-3c
Oderbruchstraße 174-2a

Pappelweg 174-9b
Parallelstraße 150-8a
Platanenstraße 150-8c
Poststraße 174-3b
Prignitzstraße 174-2a

Ravensteinmühle 174-10c
Rennbahnallee 174-6a
Robinienweg 174-7c
Roedernstraße 174-10c
Rosenheimer Straße 150-8d
Rosenstraße 150-7d
Rotdornstraße 150-8c
Rudolf-Breitscheid-Straße 174-5d
Ruppiner Straße 174-2a

Sanddornweg 150-8c
Scharnweberstraße 174-10c
Schlaubetalstraße 174-2a
Schlehenweg (8) 150-8c
Schopenhauer Straße 174-10a
Schorfheider Straße 174-2a
Schulplatz 174-9b
Schulstraße 150-8c
Schwarzer Weg 150-4d
Seestraße 150-4a
Sophienstraße 150-7c
Sperlingsweg (6) 150-8d
Spreewaldstraße 174-2a
Stichweg 174-10c
Stienitzstraße 150-8c
Stöbberstraße 150-8c
Straße des Friedens 174-2b
Stuttgarter Straße 150-11b

Technikerstraße 174-4b
Teichgraben 150-8c
Thälmannstraße 150-7d
Trainerweg 175-1a
Triftstraße 174-9d
Tübinger Straße 150-8d

Uckermarkstraße 174-2a
Ulmenstraße 150-8c

Veilchenweg (5) 150-8c
Verbindungsweg 150-8c
Virchowstraße 174-3b
Von-Canstein-Straße 174-5a

Waldesruh 174-10a
Waldpromenade 174-10a
Waldstraße 174-10a
Waltraudstraße 150-10a
Weidenweg 150-8c
Weißdornweg 150-8c
Wernergraben 150-8c
Wiesenstraße 174-2d
Wildwechsel 150-8d
Wirtschaftsweg 174-2b
Wöhrdetalstraße 150-4a
Wuhleweg (1) 150-8c

Zimmermannsgasse (1) 174-1d
Zochestraße 150-8d
Zur Buckstammhütung 174-3c

Jacobsdorf
PLZ 15236

Alte Briesener Straße 248-5a
Alte Frankfurter Straße 248-2c
Alte Petershagener Straße 248-2c
Am Bahndamm 284-1b
An den Priesterfichten 284-1c
An der Thomasaue 248-10c
Ausbau 1, 1a 248-3c
Ausbau 2, 3 248-6a
Ausbau 4 248-6b
Ausbau Autobahn 283-6b

Bahnhofsiedlung 284-1a
Bahnhofstraße 284-1c
Biegener Straße 284-3c
Briesener Straße 247-9b

Dorfstraße 248-10d

Expopark 284-1c

Feldstraße 248-10d
Fließweg 248-10d
Frankfurter Straße (Pillgram) 284-3b
Friedhofstraße 285-1a
Friedhofweg 247-9b
Fürstenwalder Poststraße 249-11c

Gärtnerweg 248-2c
Gartenstraße 248-2c
Gewerbegebiet „Expopark" 284-1c
Gewerbegebiet Jacobsdorf 247-8b

Hauptstraße 248-10b + 284-1b

Jacobsdorfer Straße (Pillgram) 284-3a

Kirchstraße 284-3d
Kurze Straße 248-4c
Lerchenweg 248-10d
Lichtenberger Weg (Pillgram) 285-1a
Lichtenberger Weg (Sieversdorf) 248-2d

Neue Straße 247-6d
Nussallee 248-2c

Petershagener Straße 248-7a
Pflaumenweg 284-3b
Pillgramer Straße 284-1b
Pillgramer Straße (Sieversdorf) 248-2c

Schulgasse (1) 248-10d
Schulstraße 284-3b
Sieversdorfer Straße 248-7a + 284-3a
Straße der Technik 248-2c

Teichstraße 248-7a
Thomasaue 284-1a

Weg am Bahndamm 248-12d
Weg zur Ruine 248-5b
Wohngebiet „Pflaumenweg" 284-3b
Wohngebiet „Thomasaue" 248-10c

Zum Bahnhof 284-3b
Zur Allee 248-7a
Zur Pflaumenallee 248-10c

Jüterbog
PLZ 14913

Alte Garnison 363-8b
Am Abtshof 364-7d
Am Bahnhof 363-8d
Am Buchenweg (11) 363-6d
Am Eichgrabenweg 363-9c
Am Frauentor 364-7c
Am Hang 364-4d
Am Heideland 363-6d
Am Holländer 364-4d
Am Kloster (1) 358-11c + 364-2a
Am Pulverhaus 364-4c
Am Reitstadion 364-4b
Am Sandgarten 358-11c
Am Schützenplatz 364-7b
Am Spring 363-9d
Am Wasserturm 364-4c
Am Wasserwerk (1) 363-9b
Am Weichhaus (7) 364-7d
Am Zinnaer Tor 364-7c
An den Anlagen 364-7a
An der Badeanstalt 363-9d
An der Tränke 363-12b
An der Wasche 364-7d
Asternweg 364-7b

Badergasse 364-7d
Bahnhofstraße 358-11c
Baruther Chaussee 364-11b
Baruther Straße 364-11a
Beethovenstraße 363-9a
Bergstraße 363-9a
Berliner Straße 364-2c
Bilkenrothweg 363-9a
Birkenweg 364-4c
Bischof-Wichmann-Straße 363-9b + 364-7a
Bleichhag 364-7c
Blumenweg 364-7b
Bochower Weg 363-12b
Brückenstraße 363-8b + 8a
Buchenweg 363-6d
Bülowstraße 363-8b + 8a
Bürgermühle 364-5d
Bullenwall 364-7b

Dahlienweg 364-4d
Dahmer Straße 364-11d
Dennewitzer Straße 363-12b
Dennewitzer Weg 363-12b
Dorfplatz 365-11d
Dorfstraße (Neuhof) 358-9d
Dorfstraße (Neumarkt) 364-8c
Dorfstraße (Werder) 364-6b

Eichenweg 363-6d
Erlenbusch (8) 363-9d
Ettmüllerstraße 364-7a

Franz-Liszt-Straße 363-9b
Friedensstraße 363-8b
Friedrich-Ebert-Straße 363-9d + 364-7c
Fröhdener Mühlenstraße 365-11d
Fröhdener Siedlung 365-11d
Fröhdener Straße 365-8d
Fuchsberge 363-9a + 364-4c

Gänseblümchenweg (1) 364-7b
Galgenberg 364-4c
Gartenstraße 364-7b
Gartenweg 363-8b
Geschwister-Scholl-Straße 364-7b
Gewerbering 364-4d
Goethestraße 364-7c

Große Kirchstraße 364-7c
Große Straße 364-7d
Grüna 358-10c
Grünaer Weg 364-4a
Grünstraße 364-7a

Hauptstraße (Neumarkt) 364-8c
Haydnstraße 363-9a
Heffterstraße 364-7a
Heilig-Geist-Platz 364-7c
Herzberger Straße 364-11a
Hinter der Mauer 364-7c
Hohlweg 364-4d
Hug 364-7c
Hutungsweg 364-7a

Im Grund 364-4b
In den Kaupen 364-7b

Jüterboger Straße (Grüna) 358-10c
Jüterboger Straße (Kloster Zinna) 364-2a

Kaltenhausener Straße 364-2a
Kapellenberg 363-6d
Kappan 363-8c
Kastanienweg 364-4c
Kiefernweg 363-6d
Kleine Kirchstraße (4) 364-7d
Kleingartenanlage Am Südhag 364-7c
Klostergasse (2) 364-7c
Klosterstraße 364-2a
König-Friedrich-Platz 364-2a
Kohlhasengasse 364-7c
Kreisbahnplatz 364-7a

Lazarettweg 363-8c
Lessingstraße 364-7a
Lilienweg 364-7b
Lindenstraße 363-8b
Lindenweg 364-7a
Luckenwalder Berg 364-4b
Luckenwalder Straße 364-7b
Luckenwalder Straße (Grüna) 358-10c

Markendorfer Dorfstraße 365-8d
Markendorfer Eichenwald (1) 365-9c
Markendorfer Gutshof 365-8d
Markendorfer Siedlung 365-9c
Markendorfer Waldsiedlung 365-8b
Markt 364-7c
Mendelsohnstraße 363-9a
Millionenbrücke 363-6c
Mittelstraße 364-7c
Mittelstraße (Kloster Zinna) 364-2a
Mönchenkirchplatz (3) 364-7c
Mönchenstraße 364-7c
Mozartstraße 363-9d
Mühlenstraße 364-4d
Mühlenstraße (Kloster Zinna) 364-2b

Nelkenweg 364-5c
Neue Fröhdener Straße 365-11d
Neue Siedlung 365-11d
Neues Lager 363-7a
Neuheim 363-3c
Neuheimer Weg 363-6d + 364-4c
Niedergörsdorfer Weg 363-12b
Nikolaikirchhof (10) 364-7d
Nikolaikirchplatz (9) 364-7d
Nordweg 364-4a

Oberhag 364-7d

Parkstraße 363-8b
Petersiliengasse (6) 364-7c
Planeberg 364-7d
Privatweg 364-11a
Promenade 364-7b

Richard-Wagner-Straße 363-9a
Rosenweg 364-4d
Rothes Meer 364-7d + 7c

Schillerstraße 364-7c
Schloßstraße 363-9d + 9a
Schmidtstraße (12) 363-8b
Schützenstraße 364-7b
Schulstraße 364-7d
Sebastian-Bach-Straße 363-9a
Seerosenweg 364-7b
Siedlungsstraße 363-9b
Siedlungsweg 364-2a
Speicherweg 363-7b
Stegeweg 364-8c
Sturtevantweg 363-5d
Südhag 364-7c
Südweg 364-7c

Tauentienstraße 363-6c + 8b
Teichstraße 363-9d
Töpfergasse (5) 364-7c
Treuenbrietzener Straße 363-4c
Triftstraße 364-7a
Tulpenweg 364-4d
Turmstraße 363-6d

Vorstadt Neumarkt 364-7d

Waldauer Weg 363-12b + 364-10a
Wallstraße 364-2a
Weg nach Neuhof 358-8d
Weinberge 363-9a + 364-7a
Werderscher Weg 364-4d
Weßlaustraße 363-8b
Wiesenstraße 363-9d
Wilhelm-Kempff-Weg 363-9a
Winzerhöhe 363-9a
Wursthof 364-7c

Ziegelei 363-11a
Ziegelstraße 364-7b
Zinnaer Straße 364-7c
Zinnaer Tor 364-7a
Zinnaer Vorstadt 364-7b
Zum Schießplatz 363-5d

Ketzin
PLZ 14669

Adolf-Diesterweg-Straße (6) 187-5d
Akeleiweg 187-4b
Albrechtstraße 187-5d
Alte Gärtnerei 161-4d
Am alten Wasserwerk 187-9a
Am Bahnhof 161-4a
Am Berg 186-3a
Am Deich 186-6b
Am Fährberg (7) 187-9c
Am Feldrain 161-4a
Am Markt 187-5d
Am Mühlenweg 187-5b
Am Schmähl 187-5d
Amselweg 187-9a
Am Stadtpark 187-9a
Am Trebelsee 186-5b
An den Bleichwiesen 161-4c
An den Streuwiesen (1) 188-3b
An der Brücke 187-4b
An der Fähre 187-9c
An der Havel 187-9c
An der Hörnerbrücke 188-7b
An der Mühle 187-9d
An der Sandschelle 161-9c
An der Sandscholle 188-3b
An der Schleuse 188-7b
An der Stege (1) 187-5d
Anneliesensteg (7) 187-4a
Apfelchaussee 188-1c
Asternweg (11) 187-4b
Auguststraße (5) 187-5d
Ausbau 162-12b

Badeweg 161-4d
Barschweg 187-1d
Baustraße 187-5c
Bergstraße 186-4d
Bergstraße (Zachow) 186-4d
Birkenweg (8) 187-4a
Blumenweg (6) 187-9a
Brandenburger Chaussee 186-6a
Brandenburger Weg 160-9b
Bruchweg 187-2c
Brunnenstraße 187-9a

Dahlienweg 187-4b
Dorfstelle Knoblauch 161-12b
Dorfstraße 186-5c

Elsterweg 187-9c
Entenweg 187-1d
Erlenweg 187-1c
Ernst-Thälmann-Straße 160-6d
Eschenweg 187-4a
Etziner Dorfstraße 161-8d

Falkenrehder Chaussee 187-5b
Feldstraße 187-5d
Fernewerder Weg 187-1c
Fischerstraße 187-5d
Fliederweg 161-4a
Forellenweg (1) 187-2c
Friedhofsweg 187-5d
Friedrich-Ludwig-Jahn-Weg 187-8b
Friedrichstraße 187-5d

Gartengasse 187-5b
Gartenstraße 161-4a
Gartenweg 162-12c
Gladiolenweg 187-4b
Grabenstraße (2) 187-5d
Grüner Weg 187-6c
Gutenpaarener Dorfstraße 186-4d
Gutenpaarener Havelweg 186-4d

Hainbuchenweg 161-4c
Hauptstraße 161-4a
Havelpromenade 187-5d
Havelstraße 187-4a
Havelweg 187-4a
Hechtweg 187-1d
Heerstraße 161-4c

Im Winkel (9) 187-4a

Johannesbeersiedlung 187-9a
Johann-Peter-Süßmilch-Stege 161-8d

Karl-Liebknecht-Straße (3) 187-5d
Karpfenweg 187-1d
Ketziner Bergstraße 187-9a
Ketziner Fliederweg (15) 187-4b
Ketziner Straße 188-3a
Kirchstraße (4) 187-5d
Kirschweg 161-7c
Klein-Venedig 187-4b
Klinkerdamm 186-4b
Knoblaucher Chaussee 161-12d + 187-3b + 188-1a
Knoblaucher Landweg 161-9a
Knoblaucher Straße 188-4c
Knoblaucher Weg 162-12c
Königsweg 188-4c
Kombinat 188-2b
Krokusweg 187-4b
Kurze Straße 187-9a

Lerchenweg 187-9c
Lietzenweg (5) 187-1d
Lilienweg 187-4b
Lindenweg 162-10d

Möwenweg (3) 187-1d

Nauener Chaussee 187-5b
Nauener Landweg 161-4a
Nauener Straße 187-5b
Nelkenweg (12) 187-4b
Neuer Weg 188-7a

Pappelhain 187-4a
Pappelhain (6) 187-4a
Paretzer Weg 188-1b
Paretz-Hofer-Straße 188-7a
Parkring 188-7a
Pferdewerderweg 186-6a
Plantagenstraße 187-5d
Plötzenweg 187-1d
Potsdamer Allee 162-12c + 188-3b
Potsdamer Straße 187-5d

Rallenweg (2) 187-1d
Rathausstraße 187-5d
Reiherweg 187-1d
Rosenweg (14) 187-4b
Rotkehlchenweg 187-9a
Rudolf-Breitscheid-Straße 187-5d

Schleiweg 187-1d
Schmiedetrift 161-4c
Schulstraße 161-4c
Schumacherstraße 187-4a
Schwanenweg 187-1d
Schwarzer Landweg 160-3d
Schwarzer Weg 187-1b
Seeblickweg 187-1d
Seerosenweg (10) 187-4b
Siedlung 161-9a
Sonnenweg 188-3a
Steinstraße 187-9b
Stolp 188-5a
Straße der Jugend 162-12c
Straße zur Siedlung 161-9a

Tannenweg 161-4c
Taucherweg (4) 187-1d
Theodor-Fontane-Straße 187-9a
Tremmener Landstraße 186-6a
Tremmener Landweg 161-9a
Tulpenweg 187-4b

Uetzer Weg 188-3b
Uferstraße 187-4a
Uferweg 187-9a
Ukeleiweg 187-1d
Ulmenallee 187-4a
Upstallweg 187-2d

Veilchenweg (13) 187-4b
Vor Ketzin 161-11b

Wachower Landstraße 160-6d
Wachower Weg 186-5a
Weidenweg 187-4a
Werderdammstraße 188-7a
Werdersche Straße 187-9a
Wickenweg (16) 187-4b
Wiesenweg 187-5b
Wilhelmstraße 187-5d

Zachower Ausbau 186-3c
Zachower Feldstraße 186-5b
Zachower Havelweg 186-5b
Zachower Straße 161-7a
Zanderweg 187-2a
Zaunkönigweg 187-9a
Zum Sportplatz 162-12c

Kleinmachnow
PLZ 14532

Adam-Kuckhoff-Platz 229-6a
Adolf-Grimme-Ring 229-9a
Ahornhof (4) 229-8d
Albert-Einstein-Ring 229-7b
Allee am Forsthaus 229-9c
Am Bannwald 229-6c
Am Bienenhaus 229-9a
Ameisengasse 229-8d
Am Fenn 229-6d
Am Fuchsbau 229-6c
Am Hochwald 229-8d
Am Kiebitzberg 230-7a
Am Kirchfeld 229-9a
Am Pferdegatter (9) 229-8c
Am Rund 230-4a
Am Wall 229-8c
Am Weinberg 229-9d
An der Koppel 229-8c
An der Schneise 229-6d
An der Stammbahn 229-5c
Arnold-Schönberg-Ring 229-9a
Auf der Breite 229-6d
Auf der Drift 229-9b
Auf der Reutte 229-6b
August-Bebel-Platz 229-9a

Bachweg 229-5c
Bäkehang 229-7c
Bäkemühle 229-12a
Bärlappsenke 229-8c
Beethovenweg 229-5d
Birkenhof (3) 229-8c
Birkenschlag 229-6b
Blachfeld 229-6d
Brahmsweg 229-5c
Brodberg 229-6a
Brunnenweg 230-7a

Clara-Zetkin-Straße 230-4c

Drachensteig 229-9a
Dreilinden 228-9d
Dreilindener Weg 229-7d
Driftkamp 229-9b

Eichenweg 230-4c
Eichhörnchenweg 229-8c
Elsternstieg 229-6b
Erlenweg 230-7a
Ernst-Thälmann-Straße 229-5d
Euro-Thyssen-Park 229-7b

Fahrenheitstraße 229-7d
Feldfichten 229-5d
Fichtenhof (8) 229-8d
Föhrenwald 230-4a
Förster-Funke-Allee 229-9a
Fontanestraße 229-9b
Franzosenfichten 229-6a
Friedensbrücke 229-9d
Friedrich-Kayssler-Straße (2) 229-9a

Gerhart-Eisler-Straße 230-7a
Geschwister-Scholl-Allee 229-9b
Ginsterheide 229-6b
Goethestraße 229-9a
Gradnauerstraße 230-4a
Grasweg 229-8a
Graue Weiden 229-6c
Grüne Gasse 229-5d

Haberfeld 229-5d
Haeckelstraße 230-4c
Hakeburg 229-9c
Hasenfurche 229-6d
Hasenkamp 229-9a
Heidefeld 229-8c
Heidereiterweg 229-5d
Heidereiterweg (1) 229-8b
Heideweg 230-4a
Heinrich-Heine-Straße 229-9a
Heinrich-Hertz-Straße 229-7b
Heinrich-Mann-Straße 230-4c
Hermann-von-Helmholtz-Straße 229-7b
Hinter dem Roggen 229-9a
Hirschwechsel 229-6d
Hohe Kiefer 229-8d
Hohes Holz 229-9b
Hufeisen 229-8c

Igelpfad 229-8c
Iltisfang 229-9b
Im Dickicht 229-6a
Im Hagen 229-6d
Im Kamp 229-9b
Im Tal 229-9d
Im Walde 229-5d

Jägerhorn 229-9b
Jägerstieg 229-6b
Johannistisch 229-5b

Käthe-Kollwitz-Straße 230-7a
Kanalweg 230-7a
Kapuzinerweg 230-4c
Karl-Marx-Straße 229-6c
Kastanienhof (5) 229-8c
Kiefernhof (2) 229-8c
Kiefernweg 230-7a
Klausenerstraße 230-4c
Kleine Eichen 229-6c
Kleine Wende 229-9b
Krümme 229-9a
Krumme Gehren 229-5d
Kuckuckswald 229-6a
Kurze Reihe (1) 229-9b
Kurzer Weg 230-7a

Langendreesch 229-6b
Lange Reihe 229-9a
Leite 229-8d
Lepckestraße 230-7a
Lerchenschlag 229-5d
Lessingstraße 229-8b
Lindenbahn 229-7a
Lindenhof (7) 229-8c
Lortzingweg 229-5d
Lupinenschlag 229-5d

Machaweg 230-4c
Machnower Busch 229-6b
Machnower Schleuse 229-8d
Märkische Heide 229-8a
Marktplatz 229-9a
Maxie-Wander-Straße 229-9a
Max-Planck-Allee 229-7b
Max-Reimann-Straße 230-7a
Medonstraße 230-4c
Meiereifeld 229-6d
Meisenbusch 229-6a
Mittebruch 229-9b
Mozartweg 229-5d

Neubauernsiedlung 229-5c

Oberberg 229-8d
Offenbachweg 229-5d

Pilzwald 229-6a
Platanenhof (6) 229-8c
Promenadenweg 229-8c
Puschkinplatz 230-4c

Rehwinkel 228-9d
Reiterweg 229-8c
Richard-Strauss-Weg 229-5c
Ring am Feld 229-9a
Ringweg 230-7a
Robinienhof (1) 229-8c
Rodelberg 229-8b
Römerbrücke 228-9d
Rosenhag 229-6a
Roßberg 229-8b
Rudolf-Breitscheid-Straße 229-5c

Schillerstraße 229-8d
Schlehdornweg 230-4a
Schleusenweg 229-5c
Schmiedegasse 229-8c
Schubertweg 229-5c
Schwarzer Weg 229-9d
Seeberg 229-8b
Seemannsheimweg 230-4c
Seematen 229-6a
Sonnenhag 229-6b
Sperberfeld 229-5d
Stahnsdorfer Damm 229-8a
Steinweg 229-5d
Stolper Weg 229-7d
Straße der Jugend 229-9b

Tannengrund 229-7a
Teerofendamm 229-9d
Thomas-Müntzer-Damm 230-7a
Tiefer Grund 229-6c
Tschaikowskiweg 229-5d
Tucholskyhöhe 230-7a

Uhlenhorst 229-6b
Unterberg 229-8d

Wacholderweg 230-4c
Waldwinkel 229-8a
Wattstraße 229-8a
Weg ins Feld 229-9a
Weidenbusch 230-4a
Wendemarken 229-5d
Werner-Seelenbinder-Straße 229-8b
Wiesenrain 229-9a
Wilhelm-Külz-Weg 230-7a
Winzerweg 229-9d
Wolfswerder 229-6b

Zehlendorfer Damm 229-12b
Zum Kiefernwald 229-8c
Zum Mooskissen 229-8d
Zum Wetterhäuschen 229-9a
Zur Remise 229-8a

Kloster Lehnin
PLZ 14797

Ackerstraße 293-11a
Ahornweg 293-9d
Akazienhof 293-7d
Akazienweg 291-7b
Alte Bäckerstraße 293-11a
Alte Berliner Straße 294-2a
Alte Bliesendorfer Straße 259-7c
Alte Dorfstraße 293-11a
Alte Göhlsdorfer Straße 293-3d
Alte Heerstraße 256-7d
Alte Lehniner Straße 294-12a
Alte Lindenstraße 258-10b
Alte Michelsdorfer Straße 293-9b
Alte Schulstraße 258-7c
Altes Dorf 256-10d
Am Bahnhof 294-7a
Am Burgwall 293-2b
Am Chausseehaus (1) 258-11c
Am Dorfanger 291-7b
Am Einstich (1) 257-11c + 293-2a
Am Fischersberg 294-4d
Am Flachen Hahn 293-3b
Am Görnsee 292-2d
Am Gohlitzsee 294-10d
Am Hang 258-7b
Am Hasenkamp 294-8a
Am Kessel 294-7a
Am Klostersee 294-4d
Am Klostersteig 258-12b
Am Massivhauspark 292-3d
Am Mühlenberg 292-3c
Am See 257-11c + 293-2a
Amselweg 293-2a
Am Sportplatz 291-7a
Am Waldrand 294-11d
An den Rabstücken 292-1b
An der A2 293-2d
An der Alten Ziegelei 294-7a
An der Aue 294-12c
An der Feuerwehr (1) 293-11a
An der Reiherheide 294-4c
An der Zeistritz 258-12b
Ausbau 293-3d

Bäckerstraße 292-1b
Bahnhofsallee 291-7c
Bahnhofstraße 294-7a
Beelitzer Straße 294-5c
Beethovenstraße 294-7c
Belziger Chaussee 293-12a + 9d
Belziger Straße 294-7c
Bergstraße 258-7a
Berliner Straße 258-10b
Birkenweg 293-10a
Bliesendorfer Straße 294-12a
Bochower Plan 258-4b
Brandenburger Straße 293-8c
Brücker Straße 294-12a

Cammerscher Weg 292-1b
Chausseestraße 293-11c

Damsdorfer Chaussee 294-4d
Damsdorfer Hauptstraße 258-7c
Damsdorfer Straße 258-9d
Deichstraße 294-5c
Derwitzer Straße 259-7c
Doberow 293-6c
Dorfanger 292-3c
Dorflage 256-10c
Dorfstraße 293-3c
Drosselweg 293-2a

Eichelhof 293-3d
Emstaler Hauptstraße 294-12a
Emstaler Landstraße 294-7b
Emstaler Straße 294-8b
Emstaler Weg 259-7c

Feldstraße (Rietz) 256-7b
Fichtenhang 293-9d
Finkenweg 293-2b
Friedensstraße 294-7c
Friedensweg 291-7d
Friedhofsweg 294-11b
Fuchsbau 293-9d

Gartenstraße 293-1c
Gartenweg 293-3c
Gewerbegebiet Rietzer Berg 255-6d
Göhlsdorfer Straße (Damsdorf) 258-8c
Görnseestraße 292-3c
Goethestraße 294-7b
Göttiner Landstraße 290-6b
Göttiner Straße (Rietz) 256-7b
Gohlitzhof 294-10d
Gohlitzstraße 294-7c
Golzower Straße 291-7d
Golzower Weg 293-1c
Grabenstraße 257-9c
Grebser Feldstraße 292-6a

Grebser Straße 292-1b
Großheide 294-10c
Grüner Weg 293-9d

Hasenkampstraße 294-4d
Heckenweg 293-9d
Heidehaus 294-1c
Heidehof 294-4a
Hirsebergstraße 294-7c
Hohes Steinfeld 295-10a
Hohlweg 293-9d + 294-7c

Im Gang 259-7c
Im Wiesengrund 292-2d
Im Winkel 293-3d

Kaltenhausen 293-6d
Kiefernweg 258-10d
Kietzstraße 293-11a
Kirchsteig 294-7a
Kirchstraße 259-7c
Kirschallee 293-11a
Kirschenallee 293-10b
Kleine Gartenstraße 290-6b
Kleine Gasse 294-12a
Klostergrund 294-4c
Klosterkirchplatz 294-7a
Klostertrift 293-1b
Konsumgasse (1) 293-1b
Krahner Hauptstraße 291-7d
Krahner Straße 291-4a
Krausestraße 294-7c
Kurfürstenstraße 294-7b
Kurze Straße 293-11a

Lehniner Allee 258-12b
Lehniner Chaussee 293-1c
Lehniner Straße 258-11c
Lerchenweg 293-2a
Lerchenwinkel (1) 293-9b
Lindenallee 293-9d
Lindenstraße 294-7c
Lindenweg 291-7b

Markgrafenplatz 294-7b
Marktplatz 294-7b
Meisenweg 293-2a
Meßdunker Straße 290-6b
Michelsdorfer Landstraße 292-6a
Michelsdorfer Straße 293-6a
Mittelstraße 259-7c
Mittelweg 293-3c
Möllendorfer Weg 258-9d
Mühlenberg 293-6c + 294-7a
Mühlendamm 293-1b + 294-4d
Mühlensteig 259-7c
Mühlenstraße 258-7c

Nachtigallweg 257-12c
Nelkenweg 293-3c
Netzener Dorfstraße 293-1a
Netzener Straße 292-3c
Neue Bliesendorfer Straße 259-7d
Neue Bochower Straße 258-7d
Neuer Weg 256-8a
Neue Straße 292-1a
Neuhäuserstraße 294-4d
Neusiedlerstraße 257-8b

Pappelallee 293-9d
Pernitzer Straße 292-1b
Plantagesweg 258-5c
Plötziner Straße 259-7c
Potsdamer Straße 294-5c
Prützker Straße 256-7d
Puschkinstraße 294-7c

Rädeler Straße 293-11b
Reckahner Dorfstraße 290-6b
Reckahner Straße 291-7b
Resauer Weg 259-7c
Rietzer Damm 256-10d
Rietzer Dorfstraße 256-8a
Robinienweg 293-9b
Rosenweg 293-3c

Schenkenberger Straße 257-9c
Schlichtingstraße 294-4d
Schloss Reckahn 290-6a
Schmiedestraße 257-9c
Schulstraße 293-1b
Seeblick 293-3d
Seestraße 293-1b
Siedlung 294-7a
Siedlungsstraße 291-1c
Siedlungsweg 293-10a
Sperlingsweg 293-2a
Stadtweg 258-9d
Straße zum Kombinat 293-1a

Tornower Straße 293-11a
Trechwitzer Straße 258-7c
Triftstraße 259-7c
Tulpenweg 293-3c

Von-Knobelsdorff-Straße 257-9c

Waldstraße 292-1b
Waldweg 291-4a
Weg zum Friedhof 292-6b
Weg zum Reitplatz 292-1b
Weinbergweg 293-6d
Werkstraße 292-1b
Wiesenweg 294-7a
Wildacker 293-9b
Wohnpark Havelland 258-8c
Wohrenweg 259-7d

Zum Bahnhof 290-6b
Zum Fenn 258-10b
Zum Fließgraben 294-8b
Zum Lerchenberg 256-7b
Zum Mühlenberg 293-11b
Zum Sportplatz 258-10b
Zum Tiefen Eck 257-11d
Zum Traumsee 293-12b + 294-7c
Zum Trechwitzer Berg 257-8d + 293-3a
Zum Wald 293-1d
Zur Festwiese 292-1b
Zur Vogelwarte 257-11a

Königs Wusterhausen

15712 Ahornallee 309-6c
15711 Ahornstraße 308-9a
15711 Ahornweg (Neue Mühle) 309-4a
15713 Ahornweg (Ziegenhals) 273-1b
15712 Akazienallee (Senzig) 309-6d
15711 Akazienweg 308-4d
15713 Alte Dorfstraße 237-11d
15711 Alte Försterei 308-8b
15711 Alte Hauptstraße 308-11b
15711 Alte Plantage 308-5b
15712 Alte Trift 309-2b
15711 Am Aalfang (40-B2)
15711 Am Amtsgarten 308-5c
15711 Am Anger 308-4a
15712 Am Anger (Senzig) 309-6d
15711 Am Bahndamm 329-1a
15712 Am Bahndamm (Kablow) 310-1c
15713 Am Bahnhof 308-3d
15711 Am Denkmalplatz 307-6d
15711 Am Erlengrund 308-8b
15711 Am Feld 309-10c
15711 Am Feldrain (3) 308-11d
15712 Am Fließ 309-6d
15711 Am Flutgraben 307-6b
15713 Am Fuchsberg 308-3d
15712 Am Graben 273-12d
15713 Am Gräbchen 237-11d
15713 Am Großen Zug 273-4a
15711 Am Güterbahnhof 308-8b
15711 Am Gut (Zeesen) 308-12a
15711 Am Hang 308-4b
15713 Am Kanal 237-12a
15711 Am Kiefernhain 309-4b
15711 Am Krebssee 308-8b
15712 Am Krüpelsee 309-6b
15711 Am Krummensee 308-11c
15712 Am Lankensee 273-12d
15713 Am Luch (Niederlehme) 272-12d
15711 Am Luch (Zeesen) 308-8b
15713 Am Möllenberg 309-1a
15711 Am Nordhafen 308-2d
15711 Am Nottefließ 308-4d
15711 Am Nottekanal 308-5c
15711 Am Park 309-4a
15711 Am Pennigsberg 308-4a
15713 Am Sandberg 273-1b
15712 Am Schiedeholz 309-6c
15711 Am Schlosspark 308-12a
15712 Am Schmulangsberg 309-2b
15712 Amselgrund 309-6c
15712 Amselgrund (Zernsdorf) 309-2d
15713 Amselhain (9) 273-1c
15711 Amselsteg (Zeesen) 328-3b
15711 Amselweg 308-4d
15712 Amselweg (Kablow) 310-1c
15713 Amselweg (Niederlehme) (1) 308-3b
15711 Am Steinberg 308-10d + 328-1b + 2a
15712 Am Stujangsberg 309-2c
15711 Am Teich 309-4a
15711 Am Tiergarten (Zeesen) 308-9a
15711 Am Todnitzsee 328-3d
15711 Am Wald 309-10d
15711 Am Waldrand 328-2a
15711 Am Wasserwerk 308-6c
15711 Am Weinberg 308-4a
15713 Am Werder 237-11d
15712 Am Wiesengrund 309-6c
15711 Am Wiesenrain 308-2d
15711 Am Wiesenrain (Zeesen) 308-9c
15711 Am Windmühlenberg 308-4b
15712 Am Wukrosch 309-4d
15711 An der Aue 328-2b
15712 An der Bahn 309-5b
15712 An der Chaussee 309-5d
15711 An der Eisenbahn 308-5b
15713 An der Fähre (1) 272-12c
15711 An der Forst 308-6c
15711 An der Koppel 307-6b
15712 An der Lanke 309-3a
15711 An der Obstwiese 308-11d
15713 Anglerweg 308-3c
15711 Apfelweg 308-5b
15711 Apfelweg (2) 308-11d
15712 Asternsteg (3) 309-3a
15711 Asternstraße 308-11b
15713 Asternweg (4) 273-2a
15713 August-Bebel-Ring 309-1c
15713 August-Bebel-Straße (Wernsdorf) 237-12c
15711 August-Bebel-Straße (Zeesen) 308-10d

15713 Bachstelzenweg 273-1b
15711 Bachstraße 308-4a
15712 Badeweg 273-12c
15711 Bahnhofstraße 308-5b
15712 Bahnhofsweg 309-5b
15713 Barbenweg 273-1d
15713 Barschweg 273-1d
15712 Bebelstraße 309-7a
15713 Bergring 309-1c
15711 Bergstraße 308-4a
15713 Bergstraße (Niederlehme) 308-3d
15712 Bergstraße (Waldesruh) 309-7c
15711 Bergweg (Zeesen) 308-11d
– Berliner Ring 308-3a
15711 Berliner Straße 308-4a
15711 Berliner Weg 307-6a
15711 Bertolt-Brecht-Straße 308-5c
15711 Bettina-von-Arnim-Straße 308-7b
15712 Bindowbrück 310-8a
15711 Bindower Straße 329-1a
15712 Bindower Weg 310-4a
15711 Birkenallee (Neue Mühle) 309-4a
15712 Birkenallee (Senzig) 309-6c
15712 Birkensteg 309-3c
15713 Birkenstraße (Niederlehme) 273-4a
15711 Birkenweg 308-4b
15712 Birkenweg (Kablow-Ziegelei) 273-12b
15713 Birkenweg (Ziegenhals) 273-1b
15712 Blackbergstell 310-1c
15711 Blumenstraße 308-11c
15711 Brandenburgische Straße (1) 329-1a
15711 Brückenstraße 308-5b
15712 Brunhildstraße 309-7a
15713 Buchfinkenweg (2) 273-2a
15711 Bürgerswalder Straße (Zeesen) 308-12d + 328-3a
15712 Buersweg 309-2c

15711 Carl-Kindler-Straße 308-7b
15711 Chausseestraße (Deutsch Wusterhausen) 307-6c
15712 Chausseestraße (Senzig) 309-7a
15711 Clara-Schumann-Straße 308-4a
15712 Clara-Zetkin-Straße (1) 309-4d
15711 Cottbuser Straße 308-5d
15713 Crossinstraße 273-1c

15712 Dahliensteg (2) 309-3a
15711 Dahlienstraße 308-11d
15713 Dahlienweg 273-2a
15713 Dahmestraße 308-6b
15712 Dannenreicher Straße (Kablow) 310-4a
15712 Dannenreicher Weg (Kablow-Ziegelei) 273-12b
15712 Dietrichstraße 273-11d
15713 Dorfanger (Niederlehme) 272-12d
15712 Dorfaue (Kablow) 310-4c
15711 Dorfaue (Zeesen) 308-12a
15713 Dorfstraße 237-11b
15711 Dorfstraße (Diepensee) 307-6b
15712 Dorfstraße (Kablow-Ziegelei) 273-12b
15711 Dostweg 308-4d
15711 Dostweg (Zeesen) 328-3b
15712 Drosselgrund 309-2b
15713 Drosselweg (Neue Mühle) 308-6b
15712 Drosselweg (Waldesruh) 309-7c
15713 Drosselweg (Ziegenhals) 273-1c
15711 Dubrower Straße 308-7d

15712 Eckhardstraße 309-2b
15711 Eibenweg 308-11c
15711 Eichenallee 308-5d
15711 Eichenweg 308-4a
15712 Eichenweg (Zernsdorf) 309-2c
15712 Einsiedelweg 309-3c
15711 Eisenbahnstraße 308-8b
15712 Elfensteg 309-6d
15711 Erich-Kästner-Straße 308-5c + 328-3a
15711 Erich-Weinert-Straße 308-8a
15713 Erich-Weinert-Straße (Niederlehme) 308-3d
15711 Erlenweg (Neue Mühle) 309-4a
15713 Erlenweg (Ziegenhals) 273-1b
15712 Erwin-Hahs-Straße 309-5a
15711 Eschenweg 308-9c

15712 Fährweg 309-4b
15713 Falkenweg 273-2a
15711 Fanggraben 328-3d
15713 Fasanenring 308-3c
15711 Fasanenweg 308-6b + 9a
15713 Fasanenweg 273-1c
15712 Feldstraße 309-2d
15712 Feldweg 310-1c
15711 Fichtenweg (7) 328-2a
15711 Fichtestraße 308-5d
15712 Finkengrund 309-2b
15712 Finkenstraße 309-7c
15712 Fischerweg 310-4a
15711 Fliederstraße 308-11b
15711 Fliederweg 308-5b
15712 Fliederweg (Senzig) 309-6c
15713 Fliederweg (Ziegenhals) 273-2a
15711 Florastraße 308-11d
15712 Flurweg 273-11d
15711 Föhrenweg (6) 328-2a
15712 Fontaneallee (2) 309-6d
15711 Fontaneplatz 308-8a
15711 Fontanestraße 308-5c
15712 Fontanestraße (Kablow) 309-6b
15713 Forellenweg (6) 273-1d
15712 Forstallee (2) 273-12c
15712 Friedensaue 309-6a
15713 Friedenstraße (Niederlehme) 272-9b
15712 Friedenstraße (Senzig) 309-6d
15712 Friedersdorfer Straße 273-12d
15713 Friedhofstraße 237-11d
15712 Friedhofsweg 309-7b
15713 Friedrich-Ebert-Straße 308-6b
15711 Friedrich-Engels-Straße 308-5d
15713 Friedrich-Engels-Straße (Niederlehme) 272-9b
15712 Friedrich-Engels-Straße (Zernsdorf) 309-6a
15712 Friesenstraße 309-3a
15713 Fürstenwalder Straße 309-4a
15711 Fürstenwalder Weg 309-1c
15711 Funkerberg 308-2c

15711 Gartenstraße 309-4b
15711 Gartenweg 308-5a
15713 Gartenweg (Niederlehme) 308-3a
15711 Gerhart-Hauptmann-Straße 308-8a
15711 Gerichtsstraße 308-5b
15711 Gertrudenstraße 309-4a
15711 Goethestraße 308-5c
15713 Goethestraße (Niederlehme) 308-3d
15712 Goethestraße (Senzig) 309-4d
15711 Goldregenstraße 308-11c
15713 Gräbchen 237-11c + 273-2a
15712 Gräbendorfer Straße 308-9b
15711 Grenzweg 308-4b
15711 Grünauer Forst 308-7d
15711 Grüner Weg 308-6c
15712 Grüner Weg (Senzig) 309-7b
15711 Grünewaldstraße 308-7d
15711 Grünfinkenweg 308-4d
15711 Grünfinkenweg (Körbiskrug) 309-10c
15711 Grünstraße 308-11b
15712 Gudrunstraße 309-7a
15712 Gunterstraße 309-2b
15712 Gussower Straße 309-7b
15712 Gutsstraße 273-12d

15713 Haasestraße 237-12c
15711 Händelstraße 308-4a
15713 Hänflingweg 273-1b
15711 Hafenstraße 308-6a
15713 Hafenweg 273-1b
15712 Hagenstraße 309-2b
15711 Hangweg 328-2b
15712 Hasenheide 310-4a
15712 Hasensprung (1) 309-6d
15711 Hauptstraße (Diepensee) 307-6b
15713 Hechtweg 273-1d
15711 Hegemeisterring 308-4d
15713 Heidegrund 309-1c
15712 Heidestraße 309-5d
15712 Heideweg (Kablow) 310-1a
15711 Heideweg (Neue Mühle) 309-4a
15712 Heideweg (Zernsdorf) 309-2b
15711 Heinrich-Heine-Straße 308-8a
15712 Heinrich-Heine-Straße (Kablow) 309-6b
15713 Heinrich-Heine-Straße (Niederlehme) 308-6b
15711 Heinrich-von-Kleist-Straße 308-7b
15711 Heinrich-Zille-Straße 309-10c
15711 Herderstraße 308-8a
15712 Herderstraße (Senzig) 309-4d
15711 Hermann-Voigt-Straße 308-4d
15712 Hinterkietz 309-3c
15712 Hochstraße 309-2d
15711 Hoherlehmer Straße 307-3d + 6d

15711 Im Eck 328-2b
15711 Im Eck (Neue Mühle) (2) 309-4a
15712 Im Gehölz 309-5d
15711 Im Gewerbepark 308-8d
15711 Im Gewerbepark II 308-8d
15713 Im Winkel (Wernsdorf) 237-11d
15713 In den Höfestücken 272-12c
– Industriegebiet Niederlehme 273-10c
15712 Iris-Hahs-Hoffstetter-Straße 309-5a

15712 Jägersteig 309-9a
15711 Jahnstraße 308-5d
15712 Jahnstraße (Zernsdorf) 309-2b
15711 Johannes-R.-Becher-Straße 308-8a
15713 Jovestraße 237-11d

15712 Kablower Chaussee 309-3c
15712 Kablower Straße 273-12d
15713 Kablower Weg 237-11d
15711 Käthe-Kollwitz-Straße 308-8a
15711 Kamerun 329-1a
15711 Kameruner Straße 329-1a
15711 Karl-Liebknecht-Straße 308-8b
15711 Karl-Marx-Straße 308-5d
15713 Karl-Marx-Straße (Niederlehme) 272-12d + 308-3b
15712 Karl-Marx-Straße (Zernsdorf) 309-4b
15712 Karlsweg 309-2d
15712 Kastanienweg (1) 310-4a
15713 Kiefernstraße 308-6b
15711 Kiefernweg 308-5b
15712 Kiefernweg (Kablow-Ziegelei) 273-12b
15713 Kiefernweg (Ziegenhals) 273-1b
15711 Kirchplatz 308-5a
15711 Kirchsteig 308-5b
15713 Kirchsteig (Ziegenhals) 237-11d
15713 Kirchstraße 272-12d
15712 Knorrsweg 309-5b
15711 Köpenicker Straße 308-5b
15712 Körbiskruger Straße 309-7c
15711 Kornblumenweg (4) 308-11d
15711 Kranichweg 308-9c
15712 Kriemhildstraße 309-7a
15711 Krimnickallee 309-4a
15711 Kronenhof 308-8b
15712 Krüpelweg 309-5b
15711 Krumme Straße 328-3c
15711 Kuckucksweg 308-12c
15711 Küchenmeisterallee 309-4a
– Kurpark 309-2b
15711 Kurze Straße 328-3a

15711 Lärchenweg 328-2a
15712 Landhausstraße 309-4b
15712 Lankensteg (6) 309-3c
15713 Lerchenweg 273-1c
15712 Lessingstraße 309-4d
15712 Libellenweg 309-5d
15713 Liebknechtstraße 272-9b
15711 Lilienstraße 308-11b
15713 Lindenstraße (Niederlehme) 308-6b
15712 Lindenstraße (Senzig) 309-4d
15711 Lindenstraße (Zeesen) 308-9a
15711 Lindenweg (Neue Mühle) 309-4a
15712 Lindenweg (Zernsdorf) 309-2d
15711 Luchblick 308-9c
15712 Luchstraße 308-9b + 309-7c
15711 Luckenwalder Straße 308-7d
15711 Lübbener Straße 329-1a

15711 Märkischer Platz 329-1a
15711 Märkische Zeile 308-7b
15711 Margeritenweg (1) 308-11d
15713 Mauerstraße 308-3d
15711 Maxim-Gorki-Straße 308-5d
15711 Max-Werner-Str 308-5b
15713 Meisenring (2) 308-3b
15713 Meisenweg 273-2a
15713 Mittelstraße (Niederlehme) 308-3d
15711 Mittelstraße (Zeesen) 308-11c
15712 Mittelstraße (Zernsdorf) 309-2c
15711 Mittelweg 308-4b
15713 Möwenweg 273-1c
15711 Mohnblumenweg (5) 308-11d
15712 Mühlenweg 309-6b

15712 Nelkensteg (4) 309-3a
15713 Nelkenweg 273-2a
15712 Neptunstraße 309-6c
15713 Neu Zittauer Straße 237-12a
15713 Niederlehme 272-12c
15713 Niederlehmer Chaussee 237-11d + 273-2a
15712 Niederlehmer Straße (Zernsdorf) 309-2d
15713 Niederlehmer Straße (Ziegenhals) 273-4a
15711 Nielsenstraße 308-4a
15712 Nixenweg 309-6d
15711 Nordstraße (Zeesen) 328-2a
15712 Nordstraße (Zernsdorf) 273-11d

15713 Pappelallee (Niederlehme) 308-3d
15712 Pappelallee (Siedlung Waldesruh) 308-9d
15711 Pappelweg (Neue Mühle) 309-4a
15713 Pappelweg (Ziegenhals) (3) 273-2a
15712 Parkallee 309-2d
15712 Parkpromenade 309-4d
15711 Parkstraße 309-10c
15713 Paul-Malzahn-Straße 308-6b
15712 Pflaumenallee 309-2c
15712 Pirolweg 309-7c
15711 Pirschgang 308-4c
15712 Platanenallee 309-3c
15713 Plötzenweg (7) 273-1d
15712 Poseidonstraße 309-6c
15711 Potsdamer Ring 308-5a
15711 Potsdamer Straße 308-4b
15711 Puschkinallee 328-2a

15713 Rathenaustraße 308-6b
15712 Rehgrund (1) 273-12c
15713 Rehstraße 308-3d
15712 Ringstraße (Senzig) 309-4d
15711 Ringstraße (Zeesen) 308-11c
15713 Robert-Guthmann-Straße 309-1a
15712 Robinienweg 309-3a
15711 Rosa-Luxemburg-Straße 308-7b
15712 Rosensteg (1) 309-3c
15711 Rosenstraße 308-11d
15711 Rosenweg (Neue Mühle) 309-4a
15713 Rosenweg (Ziegenhals) 273-2a
15712 Rosseggerstraße 309-5d
15711 Rotberger Straße 307-6b
15712 Rotdornstraße (Siedlung Waldesruh) 308-9d
15711 Rotdornstraße (Zeesen) 308-9c
15713 Rotschwänzchenweg (1) 273-1b
15712 Rütgerstraße 309-5a

15711 Saarstraße 308-9c
15711 Scheederstraße 308-4d
15711 Schenkendorfer Flur 308-7b
15711 Schenkenlandstraße 308-7d
15711 Schillerstraße 308-5c
15712 Schillerstraße (Senzig) 309-4d
15712 Schillingstraße 309-3c + 3a
15713 Schleiweg (8) 273-1d
15713 Schleusenidyll 237-12a
15711 Schloßplatz 308-5a
15711 Schloßstraße 308-5a
15711 Schorfheider Straße 308-7d
15711 Schütte-Lanz-Straße 308-8b
15711 Schulstraße (Zeesen) 308-9c
15713 Schulstraße (Ziegenhals) 273-4c
15711 Schulweg 308-5a
15711 Schwarzer Weg (1) 308-5a
15713 Schwarzer Weg (Ziegenhals) 273-1c
15711 Seeblick 308-9c
15712 Seeblickstraße 309-5b
15711 Seeidyll 329-1a
15712 Seekorso 309-2b
15713 Seepromenade 273-2a
15712 Seesteg 310-4c
15711 Seestraße 308-12a
15711 Seestraße (Neue Mühle) 309-4b
15713 Seestraße (Niederlehme) 272-6d
15712 Segelfliegerdamm 309-2c
15712 Seglersteg 309-5a
15711 Senziger Straße 329-1a
15712 Senziger Weg 309-4b
15711 Siedlerweg 308-6c
15713 Siedlung Modderberg 273-2a
15712 Siegfriedstraße 309-3a
15711 Siemensstraße 308-4a
15713 Skabyer Straße 237-12c
15713 Sonnenweg 273-1d
15712 Sonnenweg (Senzig) 309-6d
15711 Sonnenweg (Zeesen) 308-11d
15713 Sonnenweg (Ziegenhals) 273-1b
– Sportpark (40-A1)
15713 Spreenhagener Straße 272-12b
15711 Spreewaldallee 308-7b
15711 Spreewaldstraße 328-3a + 329-1a
15713 Steinfurter Straße 237-12a
15711 Storkower Straße 308-5b
15713 Storkower Weg 237-11d
15713 Storkower Weg (Niederlehme) 272-12d
15713 Strandpromenade 273-1b
15712 Strandweg (Zernsdorf) 309-5b
15712 Straße A 309-1d
15713 Straße der AWG 308-3a
15711 Strohmathen 308-4c

15712 Talstraße 309-10a
15711 Tannenweg 328-2a
15711 Teupitzer Straße 329-1a
15711 Tiergartenstraße (Neue Mühle) 308-6d

15713 Triftstraße (Niederlehme) 272-12d
15712 Triftstraße (Zernsdorf) 309-6a
15711 Triftweg 307-6d
15712 Triftweg 309-6b

15712 **U**ckley 274-7d
15711 Uferpromenade 308-6b
15712 Uferpromenade (Zernsdorf) 309-3a
15713 Uferpromenade (Ziegenhals) 273-1b
15712 Uferstraße 309-3a
15712 Uferstraße (Senzig) 309-6c
15711 Uferstraße (Zeesen) 308-9d
15713 Uferweg 273-4a
15712 Ukleisteg (5) 309-3c
15711 Ulmenstraße 308-9c
15711 Ulmenweg 308-4b
15712 Undinestraße 309-5a
15712 Unter den Eichen (Senzig) 309-6d
15711 Unter den Eichen (Zeesen) 308-9c
15712 Unter den Kiefern 309-5d

15712 **V**orderkietz 309-6a

15712 **W**acholderweg 309-5d
15712 Wachtelweg (3) 309-6d
15712 Waldallee 309-2c
15713 Waldeck 273-2b
15712 Waldsiedlung (Kablow-Ziegelei) 273-12d
15713 Waldsiedlung (Wernsdorf) 237-12c
15711 Waldstraße 308-11c
15712 Waldstraße (Senzig) 309-6c
15711 Weg am Krankenhaus 308-5b
15713 Weg am See 273-1d
15711 Weg am Tonsee 329-1a
15713 Weg zum See 273-2a
15711 Weidendamm 308-12a
15712 Weidengrund 309-2d
15711 Weidenufer 308-5b (40-A2)
15711 Weihersteg 309-4a
15712 Wendenstraße 309-7c
15713 Werftstraße (Niederlehme) 308-3b
15712 Werftstraße (Senzig) 309-4d
15713 Wernsdorf 237-12c
15712 Wernsdorfer Straße (Kablow-Ziegelei) 273-12b
15713 Wernsdorfer Straße (Niederlehme) 272-12b
15712 Wiesendamm 308-9d
15713 Wiesenring 272-12d
15711 Wiesenstraße 308-5c
15711 Wiesenweg 308-12a
15712 Wildpfad 309-6c
15711 Wilhelm-Busch-Straße 329-1a
15712 Wilhelm-Külz-Straße 308-6b
15713 Wilhelmshöhe 308-3b
15711 Wüstemarker Straße 308-7d
15712 Wustroweg 309-5a

15712 **Z**anderweg (5) 273-1d
15712 Zernsdorfer Straße (Kablow) 309-3d
15711 Zernsdorfer Straße (Neue Mühle) 308-6b
15713 Zernsdorfer Straße (Niederlehme) 308-3b
15713 Ziegeleier Straße (Kablow) 309-3d
15712 Ziegeleier Straße (Kablow-Ziegelei) 273-12d
15711 Zossener Straße 329-1a
15712 Zum Bahnhof 309-5b
15712 Zum Bahnhof (Kablow) 310-1c
15713 Zum Großen Zug 273-4a
15712 Zum langen Berg (Zernsdorf) 309-2d
15711 Zum Priestergraben 308-5d
15712 Zur alten Werft 309-4d
15712 Zur alten Werft (Zernsdorf) 309-5b
15712 Zur Heide 309-1d
15713 Zyklamenweg 273-2a

Kremmen
PLZ 16766

Ahornweg 78-3c
Alte Dorfstraße 77-6d
Alte Hamburger Poststraße 77-7d
Alte Kietzstraße 60-10a
Alte Poststraße 77-7a
Alte Wallstraße 77-5d
Alte Ziegelei (1) 60-10d
Amalienfelder Weg 78-1a
Am Bahnhof 77-7a
Am Eichenhain 77-4c
Am Elsholz 77-3a
Am Fließ 60-10b

Am Gutshof (1) 77-7a
Am Hörstegraben 60-8c
Am Kanal 60-8a
Am Kietz 76-6d
Am Laubenweg 60-7a
Am Markt 60-10a
Am Mühlenweg 76-6d
Am Rhinluch 76-3c
Am Schloßpark (1) 77-8b
Am Speicher 77-5d
Am Steinberg 77-5d
An der Mühle 60-10d
An der Trabrennbahn (3) 77-8b
An der Windrose (2) 77-8b

Baustraße 60-10a
Behrensbrück 62-4d
Bergstraße 77-5d
Berliner Chaussee 60-10d + 78-2a
Berliner Chaussee (Amalienfelde) 78-2d
Berliner Straße 60-10b
Binningsweg 60-7d
Birkenweg 60-7a
Burgweg 60-10a

Charlottenau 77-2d

Dammstraße 60-10a
Dehmelweg 60-7d
Döringsbrück 61-4b
Döringsbrücker Weg 61-3a
Dorotheenhof 77-1b

Eichenweg 78-2d
Erlenweg 61-1a

Flatower Straße 77-5c
Friedhofsweg 60-1b
Frohe Zukunft 77-5d

Gartenstraße 60-10a
Gartenweg 77-4a
Germendorfer Straße 62-4d
Gewerbegebiet „Am Elsholz" 59-12c
Grabenstraße 60-10a
Groß Ziethener Straße 77-5d
Groß-Ziethener Weg 78-1a
Groß-Ziethener-Weg 60-10d

Hadamm 78-4c
Hauptstraße 76-6d + 77-4c
Heideweg 77-7a
Hohenbrucher Dorfstraße (Johannistal) 61-1b

Im Luch 59-12d
Im Park 60-7c

Kiefernweg 78-2d
Kirchplatz 60-10a
Kirchstraße 60-10a
Klein-Ziethener Weg 78-2d
Knödels Hof 58-3a
Kremmener Straße 60-1b
Kremmener Weg 78-4c
Kuh-Damm 77-6d
Kuhhorster Straße 76-6d
Kurzer Damm 60-10a

Lerchenweg 60-10b
Lindenbaum 78-4c
Lindenstraße 77-7a
Linumer Straße 77-5d
Linumhorster Straße 58-4b
Luchweg 59-9d

Mittelstraße 61-1a
Mittelweg 78-2a
Moldenhauer Hof 61-3c
Moorhof 58-6d
Moorhofweg 58-6d
Mühlenring 76-9b
Mühlenstraße 60-10a

Nauener Chaussee 77-5d
Nauener Straße 59-12c + 77-3a
Neue Kietzstraße 60-10a
Neuer Weg 77-6b
Neuruppiner Straße 77-1b
Nordweg 78-2d
Nußbaumweg 77-3a

Oranienburger Weg 60-11c

Postweg 60-1a

Raniesstraße 60-10a
Ruppiner Chaussee 60-7c
Ruppiner Straße 60-10a

Sauwerder Trift 59-12c
Scheunenweg 60-10c
Schlossdamm 60-10c
Schulenburggestell 62-2a
Schulweg 60-7d

Schwanter Straße 78-4c
Schwedengasse 60-10a
Siedlung am Luchweg 59-9b
Sittelskanal 60-7c
Staffelder Dorfstraße 77-5d
Staffelder Lindenweg 77-5c
Staffelder Straße 77-5d
Staffelder Triftweg 77-5a
Stege 60-1a
Storchenweg 60-7d
Straße der Einheit 60-10a
Straße des Friedens 76-6b
Südweg 78-3c

Thomas-Münzer-Weg 60-10d
Tietzower Straße 76-9b

Verlorenort 61-4c
Verlorenorter Weg 61-4c + 1b

Waldstraße 60-8a
Weidenweg 78-2d
Wiesenring 60-7d
Wiesenweg 60-7b
Wolfsgasse 60-10b
Wolfslaker Weg 77-5d

Ziegeleiweg 60-10d + 78-1b
Zum Seeweg 60-7c
Zur Waage 59-12c

Langewahl
PLZ 15518

Am Luch 280-4d

Bussardweg 280-4b

Chausseestraße 280-4a

Diestelweg 280-4b

Kleeweg 280-4d

Langes Gestell 280-2c

Neu Golmer Straße 280-4c

Petersdorfer Weg 280-4c

Schulstraße 280-4b
Streitberger Siedlung 281-1c
Streitberger Straße 280-4d

Weidenweg 280-4b
Wiesengrund 280-4b
Winkelmannstraße 280-4d

Lebus
PLZ 15326

Am Elisenberg 214-3c
Am Fließ 213-3d
Am Gutshof 213-9d
Apfelweg (2) 214-3d

Bauernweg 213-9b
Bischofsplatz 215-1a
Breite Straße 215-1a
Bruckmühle 214-9b

Dorfstraße 214-9a

Elisenberg 214-6a

Fontaneeck 214-3d
Fontanestraße 214-3b
Frankfurter Straße 214-6a

Gartenstraße 215-1a
Goethestraße 214-3c
Günter-Eich-Straße 215-1a

Hintergasse 215-1a
Hohlweg 214-3b

Johann-Sebastian-Bach-Straße 214-3a

Kietzer Berg 215-1c
Kietzer Chaussee 214-3b
Kietzer Straße 215-1c
Kirschallee 214-3d + 215-1c
Kirschallee Gewerbepark 214-6b

Lebuser Straße 213-3d
Lindenstraße 214-3b

Mandelweg (3) 214-3d
Mühlenstraße 214-3d

Nußweg (4) 214-3d

Oderstraße 215-1a

Pflaumenweg (1) 214-3d
Poetensteig 215-1a
Postberg 215-1a

Robert-Koch-Straße 214-2d

Schillerweg 214-3a
Schlehenweg 214-3d
Schloßberg 215-1a
Schönfließer Dorfstraße 213-6b + 214-4a
Schönfließer Straße 214-2d
Schulstraße 215-1a
Seelower Straße 214-2b
Straße der Freiheit 214-3b
Straße der Freundschaft 214-3b

Waldweg 213-3d
Wallnussweg 213-3d
Wasserturm 215-1a
Wiesenweg 213-3d
Wilhelmshof 214-8d
Wilhelmshofer Straße 214-7a
Wulkower Dorfstraße 213-9d

Zum Oderhang 214-3d
Zur Schmiedegasse 214-3d

Leegebruch
PLZ 16767

Am Anger 80-6a
Am Backofenberg 80-6b
Am Birkenberg 80-3c
Am Hauptgraben 80-6c
Am Kleeschlag 80-3d
Am Luch 80-6c
Am Roggenfeld 80-3c
Am Schlangenberg 80-9b
Am Wall 80-9b
Am Wasserwerk 80-6c
An der Aue 80-6b
An der Muhre 80-3d
An der Schlenken 80-3d

Bärenklauer Weg 80-3c
Birkenallee 80-3c
Birkenhof 80-6b
Blumenstraße 80-9b

Dorfaue 80-6d
Dorfstraße 80-6d

Eichenallee 80-6c
Eichenhain 80-6c
Eichenhof 80-6c
Ernst-Thälmann-Straße 80-9b

Fohlenweg 80-6d
Fohlenwiede 80-6d
Fontanestraße 80-9b
Fritzen's Hut 80-9b

Gartenstraße 80-9b
Geschwister-Scholl-Straße 80-6c
Grünstraße 80-9d

Hauptstraße 80-9b
Havelhausener Straße 80-6d
Hufeisenweg 80-6d

Karl-Marx-Straße 80-3c
Kirchhofstraße 80-9b
Kornweg 80-6a
Kurze Straße 80-6b

Lindenstraße 80-6b

Maxim-Gorki-Straße 80-9a
Mittelweg 80-3c
Moorgrabenstraße 80-9d

Nordweg 80-3c

Oranienburger Weg 80-6b
Ostweg 80-6b

Parkstraße 80-6b

Remontehof 80-6d + 81-4a
Ringstraße 80-6b
Robert-Koch-Platz 80-6c
Rosenstraße 80-9b
Rudolf-Breitscheid-Straße 80-9b

Sandweg 80-6d
Schulweg 80-6b
Straße der Jungen Pioniere 80-6d

Velteraer Straße 80-9d

Wasserstraße 80-9d
Weidenweg 80-9d
Wiesenstraße 80-6b
Wiesenweg 80-3c

Luckenwalde
PLZ 14943

Ackerstraße 353-11b
Ahornallee 352-6d
Akazienallee 352-6d
Alex-Sailer-Straße 353-10d
Am Anger 353-11d
Am Burgwall 353-8d
Am Eckbusch 353-12a
Am Eiserhorstweg 353-11d
Am Färberweg 353-11d
Am Frankenförder Weg 352-9b
Am Herrenhaus (40-A2)
Am Honigberg 353-9c
Am Königsgraben 353-12c
Am Neuen Damm 353-11d
Am Nutheflieẞ (40-A3)
Am Nuthepark 353-8c
Amselweg 353-12c
Am Sonnenberg 359-4b
Am Waldfriedhof 352-6d
Am Wall 353-11d
Am Weichpfuhl 353-4d
An den Eichelstücken 353-4d
An den Giebeln 353-10b
An der Ziegeleien 352-12a
An der Krähenheide 353-9c
An der Stiege 353-10b
An der Wildbahn 352-12d
Anhaltstraße 353-10a
Arndtstraße 353-4c
Auf dem Sande 353-10b
August-Bebel-Platz (3) 353-11b
Auguststraße 353-10a

Bahnhofsplatz 353-7d
Bahnhofstraße 353-7d
Baruther Straße 353-8d
Baruther Tor 353-9c
Beelitzer Straße 353-8c
Beelitzer Tor 353-7b
Bergstraße 353-10b
Berkenbrücker Chaussee 352-6b
Berliner Platz (3) 353-7d
Berliner Straße 353-8a
Biotechnologiepark 352-9a
Birkenhain 359-5a
Birkenstraße 352-6d
Birkenweg 353-8c
Brahmbuschstraße (40-B3)
Brandenburger Straße 352-9b
Brandweg 352-6a
Breite Straße 353-11a
Buchenweg 352-6d
Buchsbaumweg (5) 352-9b
Buchtstraße 353-8a
Burg 353-8d (40-B2)
Bussestraße 353-7d

Carl-Drinkwitz-Straße 353-11b
Carlstraße 353-11a
Chausseestraße 359-4b

Dämmchenweg 359-1a
Dahmer Straße 353-8c
Dammstraße 353-11b
Dessauer Straße 353-7d
Distelweg 353-7a
Dr.-Georg-Schaeffler-Straße 353-10d
Dorfstraße 352-8a
Dornenweg 353-7c
Drosselweg 353-12a

Eichenstraße 352-6c
Elsthal 353-11c
Elsthaler Straße 353-11d
Erbkabelweg 353-12c
Erlengraben 359-5a
Erlenweg (2) 352-9b
Eschenweg 352-9a

Färberweg 353-11d
Feldstraße 353-8b
Felgentreuer Straße 352-6b
Feuerdornweg 353-7a
Fichtestraße 353-7a
Finkenstraße 353-12a
Flämingstraße 353-12c
Fliederweg 353-7c
Fontanestraße 353-7d
Forsthaus Klosterheide 359-1c
Forsthaus Lindhorst 354-7a
Forsthaus Rauhbusch 354-2a
Forststraße 353-10b
Frankenfelder Chaussee 352-5c
Frankenfelder Straße 353-7c
Frankenhof 352-3c
Frankenstraße 353-7d
Franz-Schubert-Straße 353-10a
Friesenstraße 353-7a
Fritz-Haber-Straße 352-9d
Frohe Zukunft 353-4d

Gärten am Röthegraben 353-11a

Gärten an der Pferdebucht 353-11a
Gärten-Im Bürgergehege 353-11d
Galmer Straße 353-7b
Gartenstraße 353-11a
Geraer Straße 353-8a + 7b
Gewerbegebiet Frankenfelder Chaussee 352-9a
Ginsterweg 353-7a
Goethestraße 353-7d
Gottower Chaussee 353-9d
Gottower Straße 353-9c + 11b
Grabenstraße 353-8c
Große Weinbergstraße 353-11a
Grüner Weg 352-12a
Grünstraße 353-11a
Grundweg 353-10b

Haag 353-11a
Hainbuchenweg 352-9b
Hauptstraße 353-5a
Heidestraße 353-10b
Heideweg 353-7a
Heinrichsweg 353-8d
Heinrich-Zille-Straße 353-7d
Hermann-Henschel-Weg (4) 353-7a
Hinter der Bahn (2) 353-7a
Holzstraße 353-7d
Hüfnerweg 353-6c

Im Biotechnologiepark 352-9a
Im Grund 353-10c
Im Hohen Winkel 353-4c
In den Plänen 358-3b
In der Klosterheide 358-3b
Industriestraße 353-10c

Jänickendorfer Straße 353-11b
Jasminweg 353-7a
Jüterboger Straße 353-10d
Jüterboger Tor 353-10d

Käthe-Kollwitz-Straße 353-7d
Karl-Marx-Straße (2) 353-11b
Kastanienweg (4) 352-9b
Kesselstraße 353-12a
Kesselweg 353-12a
Kiefernstraße 352-6b
Kiefernweg 359-5a
Kieswweg 352-6c
Kirchhofsweg 353-8d
Kirchsteig 359-5a
Kirchstraße 353-11a
Kleiner Haag 353-11a
Kleines Feld 353-11d
Kleine Weinbergstraße 353-11a
Kleiststraße 353-8a
Kolonistengärten 353-10c
Kossäthenweg 353-12c
Kurze Straße 353-10b

Lehmhufenweg 352-12a
Lerchenweg 353-11b
Ligusterweg (1) 353-7a
Lindenallee 353-7c
Lindenberg 359-1d
Lindenstraße 353-8b
Louis-Pasteur-Straße 352-9b
Luckenwalder Straße 359-4b
Ludwig-Jahn-Straße 353-4c
Lückegärten 353-11a

Marienburger Straße 353-5d
Markgrafendorfer Weg 359-5c
Markt 353-8c
Martin-Luther-Straße 353-7b
Mauerstraße 353-10b
Mehlsdorfer Straße 352-6d
Meisterweg 353-11c
Mittelbusch 353-5c
Mittelbuschstraße 353-8a
Mittelfeldweg 353-5c
Mittelstraße 353-7d
Mönchenstraße 353-5d
Mozartstraße 353-10b
Mühlenstraße 353-8d
Mühlenweg 353-11a
Müllerweg 353-11d

Neue Baruther Straße 353-8d
Neue Beelitzer Straße 353-7b
Neue Bussestraße 353-7d
Neue Parkstraße 353-11b
Neuhofer Weg 359-4d
Nordstraße 353-5c

Parkstraße 353-11a
Pestalozzistraße 353-7d
Petrikirchplatz 353-7d
Petrikirchstraße 353-7d
Poststraße 353-7d
Potsdamer Straße 353-5c
Puschkinstraße 353-8c

Rauhes Luch 358-3b
Riedstraße 353-7b
Robinienweg (3) 352-9b

Rosa-Luxemburg-Straße 353-11b
Rothestraße 353-10d
Rudolf-Breitscheid-Straße 353-10c
Ruhlsdorfer Chaussee 353-5c

Saarstraße 353-5c
Salzufler Allee 353-8d
Sanddornweg 353-7a
Schieferling 353-10b
Schillerstraße 353-7d
Schlehenweg 353-7c
Schmalrückenweg 353-4d
Schönhannchenweg 353-10b
Schützenstraße 353-5d + 8b
Schwalbenweg 353-12a
Schwindsuchtbrücke 353-10a
Spandauer Straße 353-7b
Steinstraße 353-10b
Stiftstraße 353-10b
Storchenweg 353-12c
Straße des Friedens 353-4c

Taubenweg 353-12a
Teichwiesenweg 353-10d
Tempelhofer Weg 353-8a
Theatergasse (40-B2)
Theaterstraße 353-8d
Trebbiner Straße 353-8c
Treuenbrietzener Tor 358-3b
Triftstraße 353-8a
Tuchmacherweg 353-11d
Tuchschererweg 353-8c

Ulmenweg (1) 352-9b
Umspannwerk 359-1b
Unter den Eichen 359-5a
Upstallweg 353-9c

Volltuchweg 353-8c

Waldstraße 352-12d
Walkmühle 353-6b
Weberweg 353-8c
Weichpfuhlstraße 353-7b
Weinberge 352-9d + 353-7c
Weststraße 353-7b
Wiesengrund 359-5a
Wiesenstraße 353-11b
Wilhelm-Liebknecht-Straße 353-11b
Woltersdorfer Kirchsteig 353-8d
Woltersdorfer Straße 353-5c

Zahnaer Straße 353-7d
Zapfholzweg 352-9b + 8b
Ziegelstraße 353-7d
Zinnaer Straße 353-11a
Zum Freibad 353-11a
Zum Stalag-Friedhof 352-9c
Zum Wasserwerk 359-5a
Zur Schäferei 353-9b

Ludwigsfelde
PLZ 14974

Adam-Kuckhoff-Straße 302-8c
Adolf-Rohbach-Straße 302-2c
Ahornhof (1) 301-10d
Ahornstraße 302-8b
Ahornweg 301-5b
Ahrensdorfer Weg 301-10c
Akazienweg 302-8d
Albert-Schweitzer-Straße 302-5a
Albert-Tanneur-Straße 302-8b
Alfred-Kühne-Straße 302-6d
Alte-Ladestraße (4) 302-9b
Alte Landstraße 302-8d
Alte Poststraße 302-9c
Alte Potsdamer Straße 301-5a
Alte Straße 323-1a
Alt-Löwenbruch 303-8c
Alt- Wietstock 323-2a
Am Ahrensdorfer Bahnhof (1) 301-5b
Amalienweg 301-6d
Am Alten Krug 302-9c
Am Bach 301-5b
Am Bahnhof 302-9a
Am Bauerndamm 303-5b
Am Berg 322-3b
Am Birkengrund 302-6a
Am Fischerkietz 320-3b
Am Kietz 324-1a
Am Schafstall (1) 303-2c
Am Schiaßer See 320-6c
Am Schloss 303-5a
Am Schniederluch (8) 301-10d
Am See 301-10d
Amselsteig 302-8c
Amselweg 324-1a
Am Siethener See 301-11c
Am Sportplatz 301-5b
Am Wald 303-2c
Am Weiher 301-5b
An den Fuchsbergen (6) 302-8c
An den Kiefern 302-9a
An den Kopfweiden 301-5b
An der Feuerwache 301-5b
An der Koppel 301-5a
Andersen-Nexö-Straße 302-8b
Andreasweg 302-4a
Anton-Saefkow-Ring 302-5a
Arthur-Ladwig-Straße 302-8d
Asternweg 302-8d
Auf dem Mühlenberg 320-6a
Augustastraße 302-4a
August-Bebel-Straße 302-4d
August-Thyssen-Straße 266-12c

Bahnstraße 302-8d
Baruther Straße (3) 302-9c
Berliner Weg 301-12c
Birkengasse 301-12a
Birkenhain 324-1a
Birkenhof (7) 301-10d
Birkenweg 302-8c
Blankenfelder Straße
304-10d + 324-1b
Blaumeisenweg (3) 301-5b
Blütenweg 302-8d
Blumenweg (4) 302-8a
Brandenburgische Straße 302-4d
Brandenburg Park Nord 303-1c
Brandenburg Park Süd 303-4a
Bruno-Taut-Straße 302-8a
Buchenhain 324-1a
Buchenweg 301-5b

Carl-Benz-Straße 302-2d
Clara-Zetkin-Straße 302-4d
Cottbuser Weg 302-9c

Dachsweg 302-5c
Dahmeweg 302-4a
Damsdorfer Heide 302-5a
Dr.-Ernst-Zimmermann-Straße 302-2c
Donaustraße 302-4d
Dorfaue 324-1a
Drosselgang 301-6d
Drosselweg (7) 302-8c

Ebereschenallee 301-12d
Eichengrund 303-10a
Eichenhain 324-1a
Eichenweg 301-5b
Elbestraße 302-4c
Emsstraße 302-4d
Erich-Klausener-Straße 302-8b
Erich-Weinert-Straße 302-5c
Erlenhain 324-1a
Erlenhof (6) 301-10d
Ernst-Schneller-Straße 302-5c
Ernst-Thälmann-Straße 302-8b
Eschenallee 302-8b
Eschenhof (2) 301-10d
Eschenweg 301-5b
Etkar-André-Straße 302-5c

Fasanenstraße 302-8c
Feldweg 301-12d
Fichtestraße 302-5d
Finkenschlag 301-6d
Finkenweg 324-1a
Fischersteig 302-4a
Fliederweg 302-8c
Friedrich-Engels-Straße 302-4d
Fritz-Heckert-Straße 302-8c
Fuchsweg 302-5c
Fuldastraße 302-4b

Gaggenauer Straße 302-12a
Gartenstraße 302-8d
Gasse 322-3b
Genshagener Dorfstraße 303-2c
Genshagener Straße 302-9c
Geschwister-Scholl-Straße 302-8a
Gimpelweg 301-6d
Goethestraße 302-8b
Gottlieb-Daimler-Straße 302-2d
Gottlieb-Daimler-Straße 266-12c
Graf-von-Zeppelin-Straße 302-2c
Gröbener Allee 301-10a + 10c
Gröbener Dorfstraße 301-10c
Gröbener Heide 302-1c
Gröbener Straße 301-5d
Großbeerener Landstraße 302-1c
Großbeerener Straße 301-5b
Groß Schulzendorfer Straße 323-2c
Grüner Weg 303-2c
Grüner Winkel 301-12a

Hanns-Maaßen-Straße 302-5a
Harro-Schulze-Boysen-Straße 302-8c
Hasenbergweg 324-1b
Hauptstraße 301-5b
Havelweg 302-4a
Heideweg (5) 302-8c
Heinrich-Heine-Platz 302-8b
Heinrich-Zille-Straße 302-8c
Helenestraße 302-4a
Hirschweg 302-5c
Holunderweg 302-8c
Horststraße 302-9d

Iltisweg 302-5c
Im Bogen 302-8c
Im Winkel 302-9a
Industriepark Ost 302-2d
Industriepark West 302-2c
Isarstraße 302-4b

Jägerstraße 302-5d
Jagdweg 302-5c
Jahnstraße 302-5d
Jasminweg (1) 302-8a
Joliot-Curie-Platz 302-6c
Jütchendorfer Chaussee 301-11c
Jüterboger Straße 302-9c

Käthe-Kollwitz-Straße 302-11b
Karl-Liebknecht-Straße 302-8a
Karl-Marx-Platz 302-5d
Kastanienallee 302-12d
Kastanienhof (3) 301-10d
Kastanienweg 303-4a
Kerzendorfer Straße 322-3b
Kiefernweg 302-8c
Kirschallee 301-12d
Kleibergasse 301-6d
Kleine Potsdamer Straße 301-10c

Lerchenweg 301-5b
Lilienweg 302-8d
Lindenallee 301-5a
Lindenhain 324-1a
Lindenstraße 321-1c
Lindenweg 303-5a
Lise-Meitner-Straße 302-4d
Löwenbrucher Eck 303-8b
Löwenbrucher Ring 302-9b
Löwenbrucher Straße 303-5c
Luckenwalder Straße 302-12a
Ludwigsallee 302-4c
Ludwigsfelder Chaussee 301-12c
Ludwigsfelder Damm 302-6c
Ludwigsfelder Straße 303-4a
Luisenstraße 302-4a

Märkersteig 302-9a
Märkische Straße 302-5c
Märkisch-Wilmersdorfer Weg 323-5a
Margeritenweg 302-8a
Maxim-Gorki-Straße 302-8b
Meisenweg 302-8c
Mietgendorfer Ring 321-7a
Morgenweg 304-10c
Moritzweg 301-6d
Moselstraße 302-4d
Mühlenweg 322-3b

Neckarstraße 302-4c
Neue Allee 322-3b
Nikolaus-Otto-Straße 302-2d
Notteweg 302-4a
Nußallee 303-5a
Nuthedamm 302-9c

Oderstraße 302-4c
Ostverbinder 302-5d
Otto-Lilienthal-Straße 302-2c

Paderborner Ring 302-12a
Parkallee 303-1c
Parkstraße 302-9a
Pflasterweg 303-1d
Platanenweg 303-4b
Potsdamer Chaussee 301-9c
Potsdamer Landstraße 301-5b
Potsdamer Straße 301-6b
Prenzlauer Straße 302-9c
PreußenPark 302-9a
PreußenPark Süd 302-9c
Priestersteig 301-10d
Prof.-Brunolf-Baade-Straße 302-2c

Rathausstraße 302-8b
Rathenower Weg 302-9c
Rehstraße 302-8c
Rheinfeldener Allee 302-12a
Rheinstraße 302-4a
Ringstraße 302-8b
Robert-Bosch-Straße 302-2b
Robert-Koch-Straße 302-5a
Robert-Uhrig-Ring 302-8c
Robinienweg 301-12c
Rosa-Luxemburg-Straße 302-8a
Rosenweg 302-8a
Rotdornweg (3) 302-8a
Rotkehlchenweg 301-5b
Rudolf-Breitscheid-Straße 302-8d
Rudolf-Diesel-Straße 302-2b
Rüsternweg 301-5a
Ruhrstraße 302-4b

Salvador-Allende-Straße 302-7b
Sandberg 303-2c
Sandbirkenweg (2) 301-5a
Schlossereiweg 301-12c
Schulstraße 302-8b
Seeblick 301-12a
Seestraße 303-4b
Seestückeweg (1) 301-12a
Siebkenweg 324-1b
Siedlerweg 302-1c
Siethener Dorfstraße 301-12c
Siethener Straße 302-10b
Siethener Weg 322-3b
Soldpfuhlweg (1) 323-3b
Spechtshöhe 301-6d
Sperberweg 301-6d
Spitzahornweg 303-5a
Sputendorfer Weg 302-1c
Starhorstweg 324-1a
Steinebergstraße 303-1d
Straße der Jugend 302-8b
Struveweg 302-1c

Taubenstraße 302-8c
Teltower Weg 303-1a
Teltowkehre 302-9d
Templiner Weg (2) 302-9c
Theaterstraße 302-8b
Theodor-Fontane-Straße 302-8b
Thyrower Weg 302-11a
Toni-Stemmler-Straße 302-5c
Trebbiner Allee 322-3b
Trebbiner Chaussee 301-12c
Trebbiner Landstraße 301-5b
Trebbiner Straße 324-1c
Treidelweg 302-4c
Tulpenstraße 302-8b

Ulmenhof (4) 301-10d
Ulmenweg 303-1c
Unter den Eichen 303-4a
Uppstallweg 301-10c

Wacholderweg (2) 302-8a
Waldblick 303-1d
Waldkauzweg 301-6d
Waldstraße 302-8c
Walther-Rathenau-Platz 302-8a
Walther-Rathenau-Straße 302-8a
Weidenhof (5) 301-10d
Weinbergsweg 302-9c + 303-7c
Werbener Weg 323-2c
Werrastraße 302-4b
Weserstraße 302-4a
Westverbinder 302-8a
Wieselweg 302-5c
Wiesenstraße 323-2a
Wietstocker Dorfstraße 323-2c
Wietstocker Weg 323-1a
Wilhelm-Busch-Straße 302-8c
Wilhelm-Maybach-Straße 302-2d
Wilhelmstraße 302-4c
Winkel 323-2c

Zeisigwinkel 301-6d
Ziegelfichtenweg 301-12a
Zossener Landstraße 302-9c
Zossener Straße 324-1b
Zum Industriepark 302-2d
Zum Röthenpfuhl 302-9b
Zum Storchenhorst 303-1d
Zum Wiesenberg 301-12a
Zur Ahrensdorfer Heide 302-4a
Zur Hagelschonung (1) 302-9b
Zur Waldwiese 303-1d

Madlitz-Wilmersdorf
PLZ 15518

Arensdorfer Weg 210-11b

Birkenweg 247-1c
Briesener Straße 210-12a
Buschhaus 246-8d

Demnitzer Weg 246-1c
Dorfstraße 246-4c

Emilienhof 246-4c

Falkenberger Straße 246-2a
Falkenberger Weg 246-3d
Falkenhagener Straße 247-1a
Frankfurter Straße 210-11b
Friedhofstraße 247-1c

Kirchhofstraße 210-12b
Kirchweg 247-1c

Lindenstraße 246-3d

Mühlenstraße 247-1a

Neu Madlitzer Straße 246-8a

Schlosspark 247-1a

Vorwerk Madlitz 211-10b

Waldhof 210-12d
Wilmersdorfer Straße 246-2b

Märkische Höhe
PLZ 15377

Buckower Straße 133-3a

Julianenhof 133-3d
Lindenweg 133-3b

Marienwerder
PLZ 16348

Ahornweg 48-3c
Akazienweg 43-10a
Alte Dorfstraße 48-6d
Alter Basdorfer Weg 48-5b
Am Bootshafen 43-7c
Am Finowkanal 42-10b
Am Kastanienhof 42-10b
Am Oder-Havel-Kanal 43-7d
Am Schützenplatz 43-7c
Am Wald 48-5b
Am Waldrand 48-6d
Am Wassertor 43-7d
Am Wiesengrund 49-4c
An den Feldern 43-7c
An den Kuten 42-10b
An der alten Eiche 48-2d
An der Feldmark 43-7d
Anglerweg 48-3c

Bahnhofstraße 42-10b
Biesenthaler Chaussee 48-3c
Biesenthaler Straße 43-10b
Birkensteig 42-11a
Birkenweg 43-10b

Dorfstraße 48-2d

Eberswalder Straße 43-10a
Eibenweg 43-8c
Eichenweg 43-11a
Eichenweg (5) 42-10b
Eiserbuder Waldweg 48-6b
Eiserbuder Weg 48-3c

Feldweg 42-11a
Feriendorf „Dorado" 48-3c

Gartensteig 48-5b
Gartenweg 43-10b
Grabenweg 43-10b
Grafenbrück 43-11b
Grafenbrücker Mühle 43-11d
Grafenbrücker Weg 43-11a
Grafenbrückschleuse 43-11b

Hasenwinkel 48-2d
Heideweg 43-7d
Holundergasse 42-10b

Im Luch 48-9b
Insel 42-12c

Kanalstraße 43-10a
Kieferngasse (3) 42-10b
Kiefernsteig 42-11a
Kiefernweg 43-11a
Kirchacker 48-2d
Kirchsteig (2) 48-6d
Klandorfer Straße 43-7c
Kleiner Steig 48-6d
Klosterfelder Straße 48-5a
Kranichweg 48-2d
Kurzer Weg 42-10b

Lärchenweg 43-11a

Marienwerder Ring 43-7d
Mühlenweg 48-2c

Pappelring 43-7c
Pechteich 43-8a
Pilzweg 48-3c
Prendener Straße 48-2d
Prendener Weg 48-6d
Privatweg 43-7d

Rosalienstraße 48-9b
Rotkelchensteig 48-2d
Ruhlsdorfer Schleuse 42-11d
Ruhlsdorfer Straße 48-6b

Schilfweg 48-3c
Schleuse Leesenbrück 43-10c
Schmiedeweg 43-10a
Seesteig 43-10d
Siedlerweg 43-10a
Sophiensteig (1) 48-6d
Spatzenweg 48-2d
Steinfurter Straße 43-10b

Tannenweg 43-10a + 48-6d
Tannenweg (Ruhlsdorf) 48-3c
Taubenweg 48-2d

Uferweg 48-2d

Waldweg 43-7d
Waldweg (Ruhlsdorf) 48-3c
Weg nach Marienweg 49-4a
Weidengasse (2) 42-10b
Werftstraße 43-7d
Wiesensteig 43-10c
Wiesenweg 42-10b

Zerpenschleuser Chaussee 48-2d
Zerpenschleuser Straße 42-12b
Zu den Sandenden 48-3c
Zum Auwinkel 42-11c
Zum Bernsteinsee (1) 48-2d
Zum Fließ 48-6d
Zum Mittelprendener 48-9b
Zum Pfarrgarten 48-2d
Zum Zeltplatz 48-6b
Zur Eiserlake 48-6d
Zur Leesenbrücker Schleuse 43-10c
Zur Rehwiese 42-10b
Zur Werft 43-7d

Melchow
PLZ 16230

Ahornstraße 71-1a
Akazienstraße 70-3b
Alte Dorfstraße 70-3b
Am Hügel 70-3b
Am Ring 51-10c + 70-3b
An den Birken 50-12d

Bergweg 51-10c

Eberswalder Straße 70-3a

Finowstraße 50-12d
Fischergrund 50-12d

Gartenstraße 50-12d

Lindenstraße 50-12d

Schönholzer Dorfstraße 51-12c
Schönholzer Straße 70-3b

Michendorf
PLZ 14552

Ahornallee 298-8a
Ahornweg 299-1d
Akazienallee 298-8b
Akazienweg 298-11d
Alte Poststraße 319-2a
Altes Schloss 299-5d
Am Alten Vorwerk 299-4d
Am Anger 319-5b
Am Ansitz 298-12c
Am Bauernteich 319-9c
Am Berg 299-10b
Am Birkenwäldchen 299-4c
Am Dieck 298-9a
Am Dornbusch 298-12c
Ameisenweg 298-12d
Am Feldgraben 299-4c
Am Feldrain 299-5a
Am Fichtenberg 299-2c
Am Galgenberg 299-2d
Am Gut 299-5d
Am Hang 299-6a
Am Herthasee 298-6d
Am Hirschsprung 299-3a
Am Julienhof 299-1d
Am Kiefernberg 299-11d
Am Krugberg 319-2c
Am Mühlenberg (1) 319-6a
Am Plan 299-4c
Am Reitstall 299-4c
Amselweg (Wilhelmshorst) 299-1a
Am Spiegelberg 318-3a
Am Sportplatz 298-6d
Am Upstall 298-8b
Am Waldrand 299-1c
Am Weinberg 319-9c
Am Winkel 298-6c
Am Wolkenberg 298-6d
An den Bergen 263-10d
An den Caputher Gärten 298-6b
An den Lauben 299-2a
An den Sieben Rufen 299-11c
An der Aue 299-1c
An der Bahn (Langerwisch) 299-6a
An der Bahn (Wilhelmshorst) 299-1d
An der Kirche 298-9a
An der Mühle 299-6a
An der Trift 299-1d
An der Umgehungsbahn 299-1c

Bahnstraße 298-9a
Beelitzer Straße 299-7c
Beelitzer Straße (Stücken) 319-8d
Beelitzer Weg 299-7b

Bergholzer Straße 299-5b
Berglehne 299-1b
Bergstraße 298-9b
Birkenallee 298-5d
Birkenwäldchen 299-2a
Birkenweg (Lehnmarke) 318-3b
Birkenweg (Wilhelmshorst) 299-1b
Breite 320-10d
Brunnenplatz 299-2c
Brunnenweg 299-2c
Buschweg 263-11d
Bussardsteig 298-12c

Caputher Chaussee 298-3c
Caputher Straße 299-4b
Caputher Weg 298-6b
Caputher Weg (Wilhelmshorst) 299-1c

Dachsstraße 298-12c
Dahlienweg 298-6b
Damhirschstraße 298-6a
Dehlinger Weg 299-11c
Dianastraße 298-6a
Dr.-Albert-Schweitzer-Straße 299-1d
Dorfblick 299-11c
Dorfstraße (Stücken) 319-9c
Dorfstraße (Wildenbruch) 319-2a
Drosselsteig 318-3a
Drosselweg 298-5d
Dürerstraße 299-2c

Ebereschenallee 298-8b
Ebereschenweg 299-1d
Eichenallee 298-8b
Eichenweg 299-1b
Eiskellerweg 299-5c
Elsterstraße 298-12b + 9c
Entensteig 318-3b
Erlenallee 298-8b
Eulenkamp 263-10c

Falkenweg 298-6c
Feldstraße 298-8d
Feldweg 299-11a
Fercher Weg 298-12c
Feuerbachstraße 299-2c
Fichtenallee 299-2b
Finkenweg 298-6c
Fliederhang 299-2c
Flottsteller Straße 298-5d
Föhrenhang 299-1b
Forstweg 299-1a
Fresdorfer Bergstraße 319-2d
Fresdorfer Feldstraße 319-6a
Fuchsweg 318-3a

Gartenstraße 299-11a
Ginsterberg 299-1d
Goetheplatz 299-1a
Grenzstraße 299-10b
Grüner Weg 263-10c

Habichtweg 298-8b
Hasenpfad 299-3c
Hasensprung 299-1b
Hasenweg 298-6c
Hauptstraße 299-10b
Heidekrautstraße 298-12a
Heidereuterweg 299-1b
Heidestraße 299-11a
Heideweg 263-10c
Hubertusstraße 298-6a
Hubertusweg 299-1a
Hügelweg 299-1c

Igelweg 298-6c
Igelweg (Lehnmarke) 298-12a
Iltisweg 298-6c
Im Gehege 299-2b
Im Sande 299-7b
Im Winkel 299-10b
In der Lehnmarke 318-3a
Irisgrund 299-1d

Jägerstraße 298-6b

Kähnsdorfer Straße 319-5b
Käuzchensteig 318-3a
Karl-Marx-Straße 298-12a
Kastanienallee 298-5d
Kiebitzweg 298-6c
Kiefernallee 298-8a
Kiefernring 298-11b
Kiefernweg 263-10c
Kirchblick 299-11c
Kirchweg 299-1b
Kirschallee 299-8a
Kirschsteig 299-10b
Kleine Gasse 319-5b
Kornblumenweg 298-12c
Krumme Straße 299-7c
Kuckucksweg 298-12c
Kunersdorfer Straße 319-1b

Langerwischer Feldstraße 299-4d
Langerwischer Straße 298-6d
Langerwischer Weg (Lehnmarke) 298-12a
Langerwischer Weg (Wilhelmshorst) 299-3c
Leipziger Chaussee 298-12c
Lenbachstraße 299-2c
Lerchenweg 298-6c
Lienewitz 297-9b
Lienewitzseeallee 298-8a
Lilienweg 298-3c
Lindenallee 298-8a
Luchweg 299-6a
Luckenwalder Straße 298-9a
Luckenwalder Straße (Fresdorf) 319-5b
Luckenwalder Straße (Wildenbruch) 299-10a

Malvenhang (3) 299-2c
Margaritenweg 298-12c
Marienallee 299-5c
Meisenweg 298-6c
Menzelstraße 299-2c
Michendorfer Chaussee 298-6b
Michendorfer Forstweg 298-3c
Michendorfer Gartenstraße 298-6c
Michendorfer Heideweg 298-5d
Michendorfer Platz 299-1d
Michendorfer Weg 299-1c
Mittelstraße 299-7c
Mühlenstraße 299-5c
Mühlenweg 319-2a

Nelkenweg 298-6b
Neu-Langerwisch 299-4d
Nußbaumweg 318-3b

Orionstraße 298-6a

Palmweg 299-4b
Paltrock-Windmühle 299-5b
Parkstraße 298-6a
Peter-Huchel-Chaussee 263-10c + 299-1a
Poststraße 298-9a
Potsdamer Allee 299-8c
Potsdamer Straße 298-9c
Priesterweg 299-4c

Querstraße 319-11b

Ravensbergweg 299-1b
Rehsteig 318-3a
Reiherweg 318-3a
Rembrandtstraße 299-2c
Rennsteig 299-2a
Robinienallee 298-5d
Rosengut 299-8b
Rosenweg (Wilhelmshorst) 299-1d
Rotdornallee 298-8a
Rotdornweg 299-1c
Rotkehlchensteig 318-3a
Rubensstraße 299-2c
Rüsternallee 298-8a

Saarmunder Stichweg (2) 298-9b
Saarmunder Straße 298-9a
Saarmunder Weg 299-11c
Schanzenweg 299-7b
Schmerberger Allee 298-8c
Schmerberger Straße 298-8b
Schulstraße 298-9a
Schwalbenweg 298-6c
Schwanensteig 318-3b
Schwarzer Weg 299-5d
Seddiner Straße 319-8d
Siedlerstraße 298-9d
Starstraße 318-3a
Stichweg 298-6a
Stieglitzweg 298-5d
Straße des Friedens 299-4c

Tannenhof 299-3a
Teltower Straße 298-6d
Teufelshorn 299-2b
Theaterweg 298-9c
Tremsdorfer Feld 299-5d
Tremsdorfer Straße 319-6a
Tremsdorfer Weg 319-2b
Triftweg 319-6a
Tulpenweg 298-6b

Ulmenallee (1) 298-5d

Vogelsang 298-11d
Vogelweide 299-1a

Waldheimstraße 299-10a
Waldstraße 298-6a
Weißdornallee 298-8a
Wieselweg 298-6c
Wiesenweg 319-2a
Wildenbrucher Straße 299-8a

Zauchwitzer Straße 319-11b
Zum Kreuzpfuhl 299-4d
Zum Weiher 298-12c
Zum Weinberg 299-4b
Zur Lehnmarke 298-12c
Zur Nachthütung 299-6a

Mittenwalde
PLZ 15749

Abzweigung 327-2d
Ackerrain 327-12c
Ahornhof 307-7c
Ahornring 307-7a
Ahornweg 327-8b
Akazienallee 307-7a
Akazienweg 327-5b
Alte Mittenwalder Straße 328-1b
Am Bruch 308-10a
Am Busch 327-8b
Am Dorfweiher 306-2d
Am Feldrain 343-9d
Am Grünen Weg 307-9c
Am Hang (12) 327-1d
Am Heukenberg 343-3d
Am Kanal 326-6d
Am Mühlenberg 327-1d
Am Ostbahnhof 327-1d
Am Ostbahnhof (13) 327-1d
Am Plan 327-9c
Am Pritzelgraben (1) 308-7d
Am Pulverturm (6) 327-1a
Am Rohr 327-12d
Am Scheunenviertel 327-1d
Am Schützenplatz 327-1c
Am Schulgarten (2) 306-2d
Am See 308-10d
Am Sportplatz (1) 307-7b
Am Tonsee 327-12d
Am Wäldchen (11) 327-1d
Am Wald 326-5c
Am Waldschlösschen 306-12c
Am Weinberg 328-1b
Am Wiesenrain 343-12b
An den Eichen (4) 306-2d
An den Eiskuten 308-10a
An den Erlen 327-12d
An den Wiesen 308-10d
An der Eisenbahn (1) 343-9b
An der Feuerwehr 327-1d
An der Heide 327-12a
Anemonenweg 327-2d
Angerweg 307-10c
Ausbau 325-6b

Backgarten 327-5c
Badergasse 327-1a
Bahndamm 327-9a
Bahnhofstraße 343-9c
Baruther Straße 343-12c
Baruther Vorstadt 327-1a
Bauernreihe 307-9d
Bergweg 326-5c
Berliner Chaussee 307-10c
Berliner Vorstadt 327-1a
Bestenseer Chaussee 327-5b
Bestenseer Straße 343-3d
Birkenring 307-7a
Birkenweg 327-5d
Boddinsfelder Eck (1) 306-2d
Brusendorfer Straße 306-2b
Burgstraße 327-1a

Chausseestraße 306-12d

Dahmestraße 327-2d
Dorfaue 326-5c
Dorfplatz 327-5d
Dorfstraße 307-7c
Dreimeterweg (2) 327-12d
Drosselweg 343-9d
Dünenweg 327-12d

Eichenallee 307-7b
Eichenring 307-7a
Eichenstich (2) 327-5d
Eichenweg 307-12d
Elsterweg 343-9d
Erikaweg (16) 327-2d

Fasanenweg 343-9d
Feldstraße 326-5d
Fliederweg 327-5b
Forsthaus 308-7d
Freiherr-von-Loeben-Straße 307-12b + 308-7c

Galluner Chaussee 327-1d
Galluner Müllerhaus 327-4b
Galluner Straße 328-1b
Gartenstraße 307-7c
Gartenweg 327-1b
Gemeindeweg 326-5c
Gewerbegebiet Mittenwalde-Hechtstücke 327-2d
Gewerbegebiet West 307-8a
Gewerbepark Mittenwalde/ Schenkendorf-Schäferfeld 327-3b
Gewerbestraße 327-3b
Grüner Weg 343-9c
Grüne Trift 327-1a
Gustav-Hensel-Straße 308-10d
Gutshof 306-2d

Hafenallee 327-12d
Handwerker- und Gewerbehof Ragow 307-8a
Haselnußweg (14) 327-2d
Hauptstraße 308-10d
Hausgrabenberg (4) 327-1a
Havellandstraße (9) 327-2a
Heideweg 327-5b
Hinter der Mauer 327-1a
Hohe Birke 327-12d
Hohes Holz 327-1a
Hohe Tannen 327-8b
Holunderweg (15) 327-2d
Holzstraße 327-1a

Im Grund 328-1b
Im Mühlengrund 307-7b
Im Ring 326-5c
In den Hecken 327-12d
In der Muna 343-11d

Jüdenstraße (3) 327-1a

Kallinchener Chaussee 343-6d
Kallinchener Straße 327-8a
Karl-Marx-Straße 343-3d
Karl-Metten-Ring 307-8a
Kastanienallee 307-7b
Kastanienhof (2) 307-7a
Kastanienweg 327-1b
Katharinenstraße 327-1a
Kiefernring 343-12b
Kiefernsteg 327-12d
Kiefernwaldstraße 308-10c
Kiefernweg (1) 327-12a
Kirchsteig 327-5d
Kirchstraße 343-3d
Kirchweg (3) 306-2d
Kleine Potsdamer Straße 307-7b
Kleiner Berg 328-10c
Kleiner Ring 307-7c
Köpenicker Straße 307-7a
Kossätenweg 307-7b
Kranichweg 306-12d
Krummenseer Dorfstraße 328-1b
Krummenseer Straße 308-10a
Krummenseer Weg 327-5d
Küstergasse 307-7b
Kutschergasse 327-1a

Lerchenweg 343-9d
Lindenallee 327-12b
Lindenhof (3) 307-7c
Lindenring 307-7c + 7a
Lindenstraße 308-10d
Loickstraße 327-1a

Machnower Straße 326-4b
Märchenwiese 327-12a
Märkischer Weg (1) 327-1a
Märkische Straße 343-12b
Mauerstraße 327-1a
Millingsweg 326-3b
Mittelstraße 328-1b
Mittelweg 343-9d
Mittenwalder Allee 326-5c
Mittenwalder Aue (5) 327-1c
Mittenwalder Chaussee 327-5d
Mittenwalder Straße 327-12b
Mittenwalder Weg 307-10b
Motzener Straße 327-5d
Mühlenfließweg 327-1c
Mühlenweg 343-12a
Müllerweg 307-10c

Neue Kastanienallee 307-7a
Neuer Weg 307-10c
Nuthestraße 327-2d

Oderlandstraße (10) 327-2a
Otto-Grotewohl-Straße 306-2d
Otto-Nuschke-Straße 306-2d

Papenbergweg 307-7b
Pappelallee 327-5d
Paul-Gerhardt-Straße 327-1a
Pittchenmühle 307-10a
Platanenhof (4) 307-7a
Platanenring 307-7a
Potsdamer Straße 307-7a

Ragower Straße 306-6a
Rathausstraße 327-1d
Reiherweg 306-12d
Ringallee 327-5d
Rohrlake 306-12d + 326-3b
Rotdornallee 343-9b
Rudolf-Mosse-Weg 308-7c
Ruppin Straße 327-2c

Salzmarkt 327-1a
St. Moritz-Kirchstraße 327-1a
Schäfereiplatz 327-1a
Schenkendorfer Chaussee 327-2d
Scheunenviertel 327-1c
Scheunenweg 307-10c
Schmiedeweg 306-2d
Schützenstraße 327-1a
Schulgarten (1) 327-5d
Schulstraße 307-10c
Schwarzer Weg 326-4d
Seebadallee 327-12d
Siedlerpfad 327-12a
Siedlung 327-5d
Siedlungsweg 308-10a
Sonnenallee 343-9d
Sonnenweg 327-12c
Spreelandstraße (8) 327-2a
Stadthausplatz (2) 327-1a
Stadths. 327-1a
Storkower Straße 327-5d
Straße am Klärwerk 308-10a
Straße der Einheit 306-2d

Telzer Brücke 326-8a
Telzer Höhe 326-5c
Telzer Plan 326-9a
Telzer Siedlung 326-5c
Thomas-Müntzer-Straße 306-2d
Töpchiner Straße 343-6d
Tonberg 327-1a
Trappenweg 306-12d
Turudenweg 307-7d

Uferpromenade 308-10d
Urlauberdorf 327-12a

Vogelsang 327-1a

Waldecker Straße 343-12d
Waldring 308-7d
Waldstraße 343-9b
Waldweg 327-8b
Weg zum Mühlenfieß 327-1a
Weg zum Plan 326-8a
Weg zum Schützenplatz (7) 327-1c
Weg zum Urlauberdorf 327-12a
Weißdornallee 343-9b
Wiesensteg 327-12c
Wiesenweg 326-3b
Wilhelm-Pieck-Straße 306-5c
Wohngebiet Am Weinberg 327-5d
Wohngebiet Fontanepark 327-2a
Wohngebiet Livingstone 327-2c
Wohngebiet Waldpark Telz 326-5c
Wünsdorfer Straße 343-12c
Wüstemarker Weg 307-4c

Yorckstraße 327-1a

Zeppelinring 307-12d
Ziegelweg 343-9c
Zossener Chaussee 326-3d
Zossener Straße 326-8a
Zossener Weg 343-8d
Zu den Scheunen 307-7d
Zülowstraße 327-2d
Zum Hang 326-5c
Zum Mühlenberg 343-12b
Zum Schützenplatz 343-12b
Zum Stegepfuhl 307-7d

Mühlenbecker Land

16515 Ackerstraße 84-1a
16567 Ahornallee 102-7c
16552 Ahornstraße (Schildow) 121-3c
16515 Ahornstraße (Zühlsdorf) 84-1c
16567 Akazienallee 102-7c
16552 Akazienstraße (Schildow) 121-3c
16515 Akazienstraße (Zühlsdorf) 84-4a
16567 Alte Schildower Straße 101-6d
16567 Alte Ziegelei 102-4a
16515 Am alten Sportplatz 83-6b
16567 Am Anger 101-7b
16567 Am Arkenberg 102-7d
16515 Am Bahnhof 84-1b
16552 Am Berg 121-3b
16515 Am Fenn 83-6c
16567 Am Fließ 102-7c
16567 Am Fuchsberg 101-3c
16567 Am Hasensprung 102-4c
16567 Am Jägerhof 101-3d
16552 Am Kienluchgraben 101-12d
16552 Am Lärchensteig 121-3a
16515 Am Lubowsee 65-12d
16552 Am Pfaffenwald (1) 121-3a
16515 Am Rahmersee 66-10c
16515 Am Schießstand 84-1a
16515 Am Schmiedeberg 83-3b
16552 Amselweg (Schildow) 101-11d
16567 Amselweg (Summt) 83-11d
16567 Am Spitzsee (1) 101-7b
16567 Am Steinberg 101-6d
16567 Am Teich 101-8c
16552 Am Uhlenhorst 101-11d
16567 Am den Teichen 102-4a
16515 An der Ackerstraße 84-1c
16515 An der Bramo 84-4b
16567 An der Liebenwalder Straße 101-3d
16552 An der Quelle 102-10a
16515 Angerweg 84-1b
16567 Annastraße 101-9a

16552 Bachstraße 101-9d
16515 Badstraße 65-12d
16567 Bäckersteig 101-6b
16567 Bahnhofstraße (Mühlenbeck) 101-6d
16552 Bahnhofstraße (Schildow) 101-11b
16515 Bahnhofstraße (Zühlsdorf) 84-1a
16515 Basdorfer Straße 83-3d
16552 Beethovenstraße 101-12b
16552 Behrensstraße 101-12c
16567 Bergahornweg (13) 101-10a
16567 Bergfelder Chaussee 101-4c
16567 Bergfelder Straße 101-6a
16567 Bergkirschenweg (8) 100-12d
16567 Bergstraße 101-3a
16567 Berliner Straße 101-9b
16567 Bieselheide Weg 100-9b
16567 Birkenallee 102-7c
16552 Birkensteig (3) 121-3a
16552 Birkenstraße 121-3c
16567 Birkenwerder Straße 101-6c
16515 Birkenwerder Straße (Zühlsdorf) 83-5b
16567 Blankenfelder Straße 102-7a
16515 Blumenaue 84-1c
16567 Blumenstraße 83-11d
16552 Breite Straße 121-3b
16515 Brentanostraße 83-6a
16552 Brombeerweg 101-12a
16515 Brückenstraße 84-1c
16552 Brunoldstraße 102-10a
16567 Buchenberg 83-11b
16552 Buchenhof (2) 121-3a
16515 Buchenstraße 84-4b
16567 Buchhorster Straße 102-4c
16515 Bullenwinkel 83-3b

16515 Chamissostraße 83-6a
16552 Charlottenstraße 101-9c

16567 Dammsmühler Straße 83-12c
16515 Dammsmühler Weg 84-4a
16552 Dianastraße 101-9c
16567 Dorfstraße (Schönfließ) 101-7b
16515 Dorfstraße (Zühlsdorf) 83-3d

16552 Ebereschenstraße 121-3a
16567 Ebereschenweg (1) 100-12b
16515 Eichenstraße 83-3c
16515 Eintrachtstraße 66-10c
16567 Elchstraße 101-2b
16552 Elisabethstraße (Schildow) 101-11b
16515 Elisabethstraße (Zühlsdorf) 84-1c
16552 Elsenstraße 121-3c
16552 Elstersteg 101-12c
16515 Erikaweg 83-3c
16567 Eschenallee 102-7c

16552 Falkenstraße 101-11d
16515 F.-B.-Freytag-Straße (1) 83-6a
16567 Feldahornstraße 101-10a
16567 Feldheimer Straße 101-6a
16567 Feldscheunenweg 83-11d
16515 Feldstraße 84-2a
16567 Feldweg 101-7d
16515 Fichtenstraße 84-1b
16567 Fischerweg 83-12d + 101-3a
16515 Fliederstraße 84-1b
16552 Florastraße (Schildow) 101-12a
16515 Florastraße (Zühlsdorf) 84-2a
16567 Föhrenweg 101-3c
16567 Försterstraße 101-3d
16515 Försterweg 83-3c
16567 Forsthaus Bieselheide 100-9c
16567 Forststraße 83-11d
16552 Franz-Schmidt-Straße 121-3a
16552 Freyastraße 101-12a
16515 Friedensstraße 66-10c
16515 Friedrichstraße 84-1d
16552 Fritz-Reuter-Straße 101-9d
16515 Fuchsgasse 84-1b
16552 Fuchssteg 101-12c

16567 Gartenstraße (Mönchmühle) 102-7c
16552 Gartenstraße (Schildow) 101-9c
16515 Gartenstraße (Zühlsdorf) 66-10c
16567 Glienicker Chaussee 101-10c
16552 Glienicker Straße 101-12c
16552 Goethestraße (Schildow) 102-10a
16515 Goethestraße (Zühlsdorf) 83-6c
16567 Goldregenweg (5) 100-12b
16515 Grenzstraße 84-1b
16567 Großstückenfeld 101-9a

16515 Grüner Weg 83-6b
16567 Gut Kranichberg 101-5b

16567 Hainbuchenweg (10) 100-12d
16567 Hauptstraße (Mühlenbeck) 101-6d
16552 Hauptstraße (Schildow) 101-12d
16515 Havellandstraße 83-3c
16552 Haydnstraße 101-12b
16515 Heideweg 84-4a
16552 Heinrich-Heine-Straße 102-10a
16515 Herderstraße 83-6a
16567 Hermann-Gruneberg-Straße 101-6d
16515 Hermannstraße 84-2a
16552 Hermsdorfer Straße 121-2c
16567 Hohen Neuendorfer Straße 101-7a
16515 Holunderstraße 84-1b
16567 Holunderweg (6) 100-12b
16567 Hubertusstraße 101-3a

16567 Im Park 101-7d
16552 In den Klötzen 101-12b
16552 In den Laaken 101-9c
16552 In den Ruthen 101-12b

16567 Jägerstraße 83-12c

16552 Karl-Liebknecht-Straße 101-12c
16515 Karl-Schmidt-Straße 83-6b
16567 Karlstraße 101-9a
16567 Kastanienallee 102-7a
16552 Kastanienstraße 121-3a
16552 Katharinenstraße 101-11b
16567 Katzensteg 101-3a
16567 Kieferngrund 83-11d
16515 Kiefernstraße 84-1c
16567 Kindelweg 101-10b
16567 Kirschweg 101-6a
16567 Klarastraße 101-9a
16552 Kleiststraße 102-10a
16515 Klopstockstraße 83-6a
16552 Körnerstraße 102-10a
16552 Kolonnenweg 121-3c
16567 Kornblumenstraße 101-6d
16552 Krumme Straße (Schildow) 121-3a
16515 Krumme Straße (Zühlsdorf) 84-4a
16515 Kulturstraße 84-4a
16552 Kurze Straße (Schildow) 121-2c
16515 Kurze Straße (Zühlsdorf) 84-1c

16515 Langestraße 84-1a
16552 Lessingstraße 102-7c
16567 Liebenwalder Straße 83-12a
16567 Lindenallee 102-7c
16552 Lindeneck 101-11b
16552 Lindenstraße 121-3a

16552 Magdalenenstraße 121-3a
16552 Margaretenstraße 101-9c
16552 Marienstraße 101-9c
16515 Maxstraße 66-10c + 83-3b
16567 Mehlbeerweg (2) 100-12b
16552 Meyerbeerstraße 102-10a
16567 Mittelallee 102-7c
16552 Mittelstraße (Schildow) 101-12a
16515 Mittelstraße (Zühlsdorf) 84-4a
16567 Mönchmühle 102-7c
16567 Mönchmühlenallee 102-7c
16552 Mönchmühlenstraße 101-12d + 102-10a
16515 Moritzstraße 83-3b + 84-1a
16552 Mozartstraße 101-12b
16552 Mühlenbecker Straße 101-9d
– Mühlenring 101-9b
16515 Mühlenstraße 83-3a
16567 Mühlenweg 101-8a

16515 Neue Bahnhofstraße 84-1b
16515 Neue Straße 84-4b
16567 Nordufer 83-12a

16515 Oranienburger Straße 83-3c
16552 Orchideenweg 101-9d
16515 Ottostraße 84-2a

16515 Pappelallee 66-10c
16567 Parkstraße 102-7c
16552 Paul-Richter-Straße 101-9d
16567 Pfaffenhutweg (3) 100-12b
16567 Platanenallee 102-7c
16552 Platanenhof 121-3a
16515 Poststraße 84-1b
16515 Puttlitzstraße 84-2a

16552 Rehwinkel (Schildow) 101-12c
16567 Rehwinkel (Summt) 83-11b
16567 Reitweg 101-7d
16552 Richard-Wagner-Straße 101-12b
16567 Ringstraße (Mühlenbeck) 101-3c
16552 Ringstraße (Schildow) 121-3a
16552 Rosa-Luxemburg-Straße 101-12c
16515 Roseggerstraße 83-6a
16567 Roßkastanienweg (4) 100-12b
16567 Rotbuchenweg (11) 100-12b
16567 Rotdornallee 102-7d
16515 Rotdornstraße 84-1a
16552 Rotdornweg 121-3a

16515 Sandweg 84-1a
16567 Schildower Chaussee 101-8c
16552 Schillerstraße (Schildow) 101-12b
16515 Schillerstraße (Zühlsdorf) 83-5d
16567 Schmachtenhagener Straße 101-3c
16552 Schmalfußstraße 121-3b
16567 Schönerlinder Chaussee 102-4c
16567 Schönfließer Straße (Mühlenbeck) 101-9a
16552 Schönfließer Straße (Schildow) 101-8d
16552 Schubertstraße 101-9d
16567 Schulweg 101-7d
16567 Schwanenring 83-12c
16567 Schwarzer Weg (1) 83-12c
16515 Seefeldstraße 66-10c
16567 Seepromenade 83-12c
16567 Seering 101-3a
16552 Sophienstraße 101-9c
16567 Spitzahornweg (14) 101-10a
16515 Steinpfuhlstraße 84-4a
16567 Stieleichenstraße 100-12b
16567 Summter Weg 101-4d

16567 Tonstichweg 101-6d
16567 Traubeneichenstraße 101-10a
16567 Traubenkirschenweg (7) 100-12d
16567 Triftweg (Mühlenbeck) 101-3c
16552 Triftweg (Schildow) 101-12c
16552 Tschaikowskistraße 101-12b

16515 Uhlandstraße 83-5d

16567 Veilchenweg 101-6d
16552 Viktoriastraße 101-11b
16567 Vogelkirschenweg (9) 100-12d
16515 Voigtstraße 84-1b

16567 Walbruchweg 101-3c
16567 Waldblick 83-11b
16567 Waldstraße (Summt) 83-12d
16515 Waldstraße (Zühlsdorf) 84-4a
16515 Waldweg 83-3a
16567 Walterstraße 101-9a
16515 Wandlitzer Chaussee 66-10d + 84-1a
16515 Wegenerstraße 84-4a
16567 Weidensteg (2) 101-3a
16567 Weidenweg (12) 101-10a
16515 Weideweg 84-1c
16552 Weißdornweg 121-3a
16567 Wiesengrund 101-3c
16567 Wiesenstraße (Mönchmühle) 102-7c
16552 Wiesenstraße (Schildow) 121-2c
16567 Wildanger 101-3d
16567 Woltersdorfer Straße 101-6d

16567 Zehnrutenweg 101-6b
16567 Ziegeleiweg 101-6b
16567 Zu den Kaveln 101-6d
16515 Zu den Wiesen 66-10c
16515 Zühlsdorfer Mühle 83-3a
16515 Zum Grabenschlucht 83-3c
16515 Zum Strandbad 66-10b
16552 Zum Wiesengrund 121-2d
16515 Zur Försterei 83-3a
16515 Zur Gärtnerei 66-10c

Müncheberg

PLZ 15374

Ahornring 157-12b
Alexanderplatz 158-11c
Alte Seestraße 134-10d
Alte Seestraße 158-1b
Am Bahnhof 157-9a
Am Bruch 181-3c
Am Diebsgraben 158-10a
Am Dorfteich 135-7c
Am Flugplatz 181-5b
Am Friedhof 135-7d
Am Fuchsbau 180-7c
Am Gewerbering 158-11b
Am Gutshof 159-9d
Am Kirchberg 158-11c
Am Kleinbahnhof 158-11c
Am Maxsee 180-5c
Am Rohrpfuhl 158-10d
Am Sandberg 180-5a
Am Schlosspark 159-12a
Am See 158-3d
Am Weiher 157-6d
An der Aue 158-3d
An der B1 159-12a
An der Bahn 159-2d
An der Ostbahn 159-1c

Bahnhofstraße 158-6b
Behlendorfer Weg 182-2b
Berghof 158-8d
Bergmannstraße 158-11d
Bergstraße 158-10c
Berliner Chaussee 181-2a
Berliner Straße 180-5a
Bienenwerder 181-4a
Birkenweg 181-3c
Brigittenhof 158-4d
Buchenweg 157-12b
Buckower Straße 134-10d
Bungalowsiedlung 158-1b

Dahmsdorfer Straße 157-9b
Dorfstraße 159-9d

Eberswalder Straße 158-10b
Eberswalder Straße (Schlagenthin) 157-9a
Eggersdorfer Waldstraße 181-5b
Eggersdorfer Weg 182-2a
Eichendorfer Mühle 134-5c
Eisenbahnweg 157-9a
Elchweg 180-7a
Erlengrund 180-5b
Ernst-Thälmann-Straße 158-11c
Erwin-Baur-Straße 158-10a
Eschenweg 158-10c

Feldstraße 157-12b
Florastraße 157-12d
Frankfurter Chaussee 182-2b
Französische Straße 158-11c
Friedenshof 135-7c
Friedländer Straße 135-7c
Fürstenwalder Chaussee 181-3b
Fürstenwalder Chaussee (Eggersdorf) 181-5b
Fürstenwalder Straße 182-2a

Gartenstraße 157-12b
Gölsdorfer Straße 181-9b
Goethestraße 158-10b
Grube 159-11a
Grünstraße 158-10c

Hasenweg 180-7c
Hauptstraße 181-6d
Haus Albertus 158-11c
Heidekrug 179-8b
Heimstraße 157-12d
Hermersdorfer Hauptstraße 134-9d
Hermersdorfer Straße 158-3a
Hinterstraße 158-11c
Hirtengasse 158-11c
Hochstraße 158-10d
Hohenwestedter Straße 158-10c
Hügelweg 157-6b

Jahnsfelder Weg 158-3d

Kantstraße 158-10b
Kleiststraße 158-10b
Kommunikationsweg 158-10d
Kurzer Weg 158-3d

Lessingstraße 158-10b
Lindenhof 182-6a
Lindenweg 158-10a

Marienfeld 158-11d
Marktplatz 158-11c
Marxwalder Weg 135-7d
Max-Schmeling-Straße 180-5b
Mühlenweg 159-2d
Müncheberger Loose 182-6a
Müncheberger Straße 181-9b
Müncheberger Weg 159-5d
Münchehofer Straße 157-6d
Münchehofer Weg 158-11c

Neubodengrün 181-1c

Obersdorfer Weg 159-9c

Parkweg 159-6a
Pestalozzistraße 158-10b
Platz der Jugend 159-6a
Poststraße 158-11c
Promenade 158-11d

Rathausstraße (1) 158-11c
Rehweg 179-9d
Ringstraße 157-12d + 181-3b
Rohrstraße 158-10b
Rosenstraße 157-12b
Rosenthaler Straße 159-3c
Rudolf-Braas-Straße 180-5b
Rudolf-Breitscheid-Straße 158-10a

Scharrnstraße (2) 158-11c
Schlossplatz 159-9d
Schmiedestraße 159-9c
Schwarzer Weg 158-10a
Seelower Straße 158-12d
Seepromenade 134-10d
Seestraße 157-12b
Seitenstraße 181-9b
Siedlerweg 157-9a
Siedlungsweg 180-5c
Steinstraße 158-10d
Straße der Freundschaft 135-7c
Straße der Jugend 134-11c

Tempelberger Weg 182-2b
Trebnitzer Bahnhofstraße 159-2d
Trebnitzer Dorfstraße 159-5b
Trebnitzer Hauptstraße 159-5b
Trebnitzer Straße 159-12b
Trebnitzer Weg 158-12c

Waldstraße 157-12d
Wasserstraße 158-11c
Wiesenweg 180-5c
Wilhelm-Maass-Weg 180-7c
Witnicaer Straße 158-10c
Wollweberstraße 158-11c
Woriner Weg 159-6a
Wulkower Chaussee 159-3c

Zalf 158-7c
Zum Birkenwäldchen 158-6a
Zum Stadtweg 180-5b

Nauen

PLZ 14641

1. Eierhorstweg 114-7b
2.Eierhorstweg 114-4d

Ahornweg 114-10b
Akazienweg 114-10b
Alfred-Nobel-Straße 138-1a
Allee zu den Mühlenstücken 137-3a
Alte Flatower Straße 76-12a
Alter Postweg 160-1d
Alte Schulstraße 137-6c
Am Anger 160-2d
Am Bahndamm 113-9d
Am Bahnhof 136-4c
Am Bahnwinkel 113-9d
Am Berg 160-4c
Am Birkenhain 160-4c
Am Bogen 114-7d
Am Brandhof 160-4a
Am Dorfanger 76-11b
Am Dorfteich 160-4c
Am Flügelgraben 114-10b
Am Fuchsbau 94-11a
Am Geberschfeld 94-6b
Am Graben 94-11a
Am Gutshaus 94-10b
Am Gutshof 112-8c
Am Gutspark 137-6d
Am Kanal 113-5a
Am Kiezberg 112-8b
Am Kindergarten 94-6a
Am Kuhdamm 113-11a
Am Mahlbusen 113-11d
Am Mühlenweg 113-12c
Am Mühlenwinkel 113-12c
Am Reihenhaus 76-11b
Am Ritterfeld 137-3b
Am Rohrbruch 137-6d
Am Schlangenhorst 114-7c
Am Speicherbecken 138-4d
Am Sportplatz (Kienberg) 94-10b
Am Taubenhorst 113-9c
Am Wald (Börnicke) 94-3c
Am Weinberg 114-4d
Am Wiesengrund 94-11a
An den Kiezgärten 112-8b
An den Rohrwiesen 113-9c
An der Bleichwiese 113-12b
An der Lehmbahn 94-3c
An der Schule 160-2d
An der Wiese 160-1c
An der Winkelheide 94-2b
Asternstraße 137-3b
Ausbau Wernitzer Weg 137-9b

Baderstraße 113-12b
Bäkerweg 113-11d
Bahndammweg 137-9b
Bahnhof (Hanffabrik) 112-2d
Bahnhofstraße (Berge) 112-8b
Bahnhofstraße (Wachow) 160-4c
Bahnstraße 160-5b
Bardeystraße 113-12a
Bauernfeldallee 137-3a
Bauernweg 94-6b
Behnitzer Weg 112-11a
Bergstraße 113-12b
Berliner Straße 113-12d
Bernitzower Weg 113-10a
Birkenweg 114-10b
Börnicker Straße 76-12c
Brandenburger Allee 160-7a
Brandenburger Chaussee 137-1b
Brandenburger Straße 137-2b
Bredower Weg 113-12d
Bredower Weg (Markee) 137-6b
Brieselanger Straße 114-5c
Büdnerweg 94-6b
Bürgerpark 114-7c

Dammstraße 113-12b
Danziger Straße 114-10c
Dechtower Damm 114-1d
Deichmannstraße 114-10c
Dr.-Kron-Weg 113-11d
Dorfschulzenweg 137-6d
Dorfstraße (Kienberg) 94-10b

Ebereschenhofer Straße 94-5b
Ebereschenweg 114-11a
Eichenweg 114-11a
Eichhorstweg 113-6d + 114-4c
Eigenheimsiedlung 137-6d
Ernst-Hader-Weg 113-11d
Ernst-Thälmann-Straße 160-4c

Falkenweg 114-4b
Fasanenweg 114-4b
Feldstraße 113-12d
Feldweg 112-8d
Fliederweg 137-3b
Florastraße 113-12d
Fontaneweg 113-12a
Friedrich-Engels-Straße 160-4c
Friedrich-List-Straße 113-12a

Gartenstraße 113-12d
Gebhard-Eckler-Straße (1) 113-12b
Gewerbegebiet Nauen Ost 138-1b
Goethestraße 113-12d
Goetheweg 113-12a
Gohlitzer Dorfstraße 160-1d
Gohlitzer Straße 136-8d
Graf-Arco-Straße 114-7c
Groß Behnitzer Straße 136-8b
Grünefelder Straße 94-6a
Grüne Oase 138-2d
Gutenpaarener Straße 160-4c

Hainbuchenweg 113-12c
Hamburger Allee 112-8d
Hamburger Chaussee 113-10a
Hamburger Straße 113-11a
Hauplanweg 94-3c
Hauptstraße (Wachow) 160-2d
Havelweg 113-12c
Heinrich-Heine-Straße 113-12c
Hermann-Freiherr-Weg 113-12c
Hertefelder Straße 113-9d
Hohe Brücke 114-7c
Holzmarktstraße 113-12b

Im Winkel 160-4c
In den Röthen 94-6a

Jüdenstraße 113-12d
Jugendhof 112-11a

Kanzler's Grund 94-6b
Karl-Bernau-Ring 114-10c
Karl-Liebknecht-Straße 113-12c
Karl-Thon-Platz 114-10c
Kastanienweg 114-10b
Ketziner Straße 137-3b
Kiebitzweg 114-4b
Kiefernweg 94-6b
Kirchgasse 113-12b
Kirchstraße 113-12d
Kleeßenhof 160-4c
Kleinbahnring 113-12b
Klein Tietzow 76-11b
Kossätenweg (1) 94-6b
Kreuztaler Straße 114-10c
Küstergärten 76-11d

Landhaus Börnicke 94-6d
Landweg 94-6c
Lange Gasse 114-10a
Lazarettstraße (6) 113-12d
Leninstraße 160-4c
Lessingweg 113-11b
Lindemannsgasse (3) 113-12d
Lindenallee 160-4c
Lindengasse (4) 113-12d
Lindenplatz 113-12d
Lindenstraße 113-12d
Linumer Straße 76-8d
Luchweg 113-7c
Ludwig-Jahn-Straße 114-7c

Märkischer Ring 113-11d
Märkische Straße 94-6a
Markauer Hauptstraße 137-9b
Markeer Straße 136-8b
Marktstraße 113-12d
Martin-Luther-Platz (5) 113-12d
Marx-Engels-Straße 138-1a
Mauerstraße 113-12d
Milanweg 160-4c
Mitteldorf 94-6a
Mittelstraße 113-12d
Mittelweg 137-2a
Mittenfeld 94-6b
Mühlenberg 138-7a
Mühlenbergweg 112-8d
Mühlenweg 94-6c
Müllersteig (2) 94-6b

Nauener Ausbau 94-9a
Nauener Chaussee 94-6c
Nauener Straße (Wachow) 160-1d
Nelkenweg 137-3b
Neuer Weg 137-9b
Neue Straße 113-12d
Neugarten 137-12a
Neuhof 137-7b
Neuhofer Landweg 137-6c
Niebeder Weg 136-8d
Niederhofer Weg 138-7a

Oranienburger Straße 113-12b
Otto-Heese-Straße 113-12b

Pappelweg 160-2d
Parkpromenade 137-3a
Parkstraße 113-12a
Parkweg 94-11a
Paul-Jerchel-Straße 113-12d
Poetensteig 113-12d
Poststraße (Börnicke) 94-8b

Quermathener Weg 136-7b

Raiffeisenstraße 138-1a
Rathausplatz 113-12d
Ringweg 137-6d
Ritterstraße 113-12d
Robert-Bosch-Straße 138-1a
Rosenweg 137-3b
Rotdornweg 114-10b

St.-Georgen-Straße 113-12b
Scheunenweg 113-12d
Schillerstraße 113-11b
Schopenhauerring 113-11b
Schützenstraße 113-11d
Schulstraße (Wachow) 160-4a
Schwanebecker Weg 137-2c
Schwarzdornweg 114-10b
Semmelweg 113-10b
Siedlerstraße 112-3a
Siedlung 112-5d
Siemensring 138-1a
Spandauer Straße 113-12b
Spechtweg 114-4b
Spreeweg 113-12c
Stadtpark 113-12a
Staffelder Straße 94-6a
Steege 113-10a
Stolpshof 114-6b
Storchenweg 113-7d
Straße der Neubauten 137-6d
Straße des Friedens 114-10c
Stürzebeinweg 113-11d

Theodor-Kerkow-Allee 113-12c
Tietzower Straße 94-3c
Torgasse 113-12b
Trappenweg 114-1d
Tremmener Straße 160-1d
Tremmener Weg 160-4a
Tucholskyweg 113-11b

Ulmenweg 114-10b
Utershorst 113-5c
Utershorster Weg 114-7c

Vehlefanzer Weg 94-6b
Veilchenweg (7) 113-12d
Von-Baußen-Allee 113-11d

Wächtersteig (3) 94-6a
Waldemardamm 114-10c
Waldemarstraße 114-10a
Waldweg 160-1c
Wallgasse 113-12d
Wallstraße (2) 113-12b
Willy-Räde-Weg 113-12c

Ziegelstraße 113-12c
Zu den Luchbergen 114-10c
Zu den Petersbergen 94-6c
Zu den Priestergärten 76-11b
Zu den Schuhmacherwiesen 114-11a
Zum Alten Mühlenweg 137-3a
Zum Apfelweg 136-7a
Zum Friedhof (Wachow) 160-4c
Zum Güterbahnhof 114-10a
Zum Kirchberg 112-8d
Zum Schmiedeweg 136-7c
Zum See 160-4a
Zum Seefeld 160-4a
Zum Speicher 136-7a
Zum Stützpunkt 160-4c
Zum Wasserturm 113-12b
Zur Feldmark 112-8d

Neuenhagen bei Berlin
PLZ 15366

Ahornstraße 150-12d
Akazienstraße 150-12c
Albersweiler Straße 151-10b
Altenauer Straße 175-2b
Altlandsberger Chaussee 151-7d
Am Alten Feldweg 151-8c
Am Alten Gestüt 175-1c
Am Friedensplatz 151-10c
Am Friedhof 151-10a
Am Holländer 175-4b
Am Krankenhaus 151-10a
Am Osthang 150-12d
Am Rathaus 151-10a
Amselsteg 150-12b
Amsterdamer Straße 175-2c
Am Umspannwerk 151-7b
Am Viertelsring 150-12a
Am Vogelsang 151-10c
Am Wall 151-11b
Am Wiesenberg 151-11a
An der Glashütte 151-8c
Andernacher Straße 151-11c
An der Trainierbahn 150-12b
Anklamer Straße 175-2b
Annenstraße 151-10d
Anzengruberstraße 175-2c
Apoldaer Straße 175-4b
Arthur-von-Weinberg-Platz (5) 151-10a

Bergstraße 150-12b
Berliner Straße 175-1c
Birkenstraße 150-12c
Bischofsheimer Straße 151-10b
Blankenburger Straße 151-11d
Bollensdorfer Eck 175-2a
Braunschweiger Straße 175-3a
Buchenstraße 175-1c
Buschweg 175-1c
Buschwinkel 175-1c

Carl-Schmäcke-Straße 151-10a
Chamissoweg 175-2a

Dahlwitzer Straße 150-12d
Damerower Straße 175-2b
Darßstraße 175-2d
Demminer Straße 175-2d
Dianastraße 150-12d
Dorfstraße 175-2a

Ebereschenallee 150-12a
Edelweißstraße 175-2c
Ehrenfelsstraße 151-11c
Eisenacher Straße 175-4b
Eisenbahnstraße 151-10d
Elisenhofer Weg 151-11b
Elisenhofstraße 175-2b
Elsenweg 175-1b
Entrichstraße 150-12b
Erfurter Straße 175-1d
Erich-Weinert-Weg 151-10a
Ernst-Thälmann-Straße 151-10d

Falladaring 151-10b
Fasanenweg 175-2d
Fichtestraße 151-11c
Finkensteg 175-2c
Fliederstraße 175-2c
Florastraße 150-12d
Fontanestraße 151-10c
Frankenhausener Straße 175-2b
Frankfurter Chaussee 175-4a
Fredersdorfer Straße 175-2b
Freiligrathstraße 175-2a
Freytagstraße 175-1d
Friedensplatz 151-10c
Friedenstraße 150-12a + 12c
Friesenweg 175-2a

Ganghoferstraße 151-10c
Gartenstraße 151-10d
Geibelstraße 175-1b
Geraer Straße 175-4b
Germersheimer Straße 151-11a
Gernroder Straße 175-2b
Goethestraße 175-2a
Goetheweg 151-10d
Gothaer Straße 175-1d
Graditzer Damm 150-12c
Graf-Spreti-Straße 150-12b
Greifswalder Straße 175-3c
Grillenweg 150-12b
Grüne Aue 150-12c
Grüner Bogen 150-12c
Grünstraße 175-1a
Gruscheweg 151-7d
Güstrower Straße 175-3c + 3a

Harzburger Straße 175-2b
Hasensprung 175-2d
Hauptmannstraße 175-1d
Hauptstraße 151-10a
Hebbelstraße 175-1d
Heideweg 175-1b
Heimgartenstraße 151-10c
Hellpfühlepark 150-12d
Helmstedter Straße 175-2b
Hermann-Löns-Straße 175-1c
Hildesheimer Straße 151-11d
Höhenweg 150-12b
Hönower Chaussee 150-9c + 151-10a
Höppnerweg 151-11d
Hohe Allee 150-12a
Hoppegartener Straße 175-1a
Horstweg 150-12d
Hubertusstraße 151-11a
Humboldtstraße 175-2c

Ilmenauer Straße 175-4b
Ilsenburger Straße 151-11d
Im Grund 150-12b
Immenweg 150-12a

Jahnstraße 151-11c
Jenaer Straße 175-1d
Johanna-Solf-Straße (1) 151-10b

Kantstraße 175-2d
Karl-Breitinger-Straße 174-3b
Karl-Liebknecht-Straße 175-1a
Kastanienstraße 150-12c
Kiefernallee 175-1c
Kinzigsteg 151-10d
Kleine Straße 175-1d
Kleiststraße 175-1b
Koblenzer Straße 151-10b
Koburger Straße 175-4b
Königswinterstraße 151-11c
Körnerstraße 175-1d
Kurze Straße 175-1d

Lahnsteiner Straße 151-10d
Landhausstraße 151-10c
Langenbeckstraße 150-12d
Lange Straße 175-1a
Lauterberger Straße 151-11d
Lerchenaue 175-2c
Lessingstraße 175-2a
Liebermannweg 175-2a
Lindenstraße 150-12d + 9c

Mainzer Straße 151-10b
Malchiner Straße 175-2b
Mannheimer Straße 151-10b
Marienheide 151-12c
Marienstraße 151-10c
Meinigener Straße 175-4b
Mittelstraße 151-11c
Müllerstraße 175-2b

Neuenhagener Trainierbahn 150-9c
Niederheidenstraße 175-1a
Niersteiner Straße 151-10d
Nikolaus-Kalff-Weg 151-7d
Nordring 151-11d

Oberlandstraße 150-12a + 12c
Oppenheimer Straße 151-10b
Osteroder Straße 175-2b
Ostring 175-2d
Otto-Schmidt-Ring (2) 151-10a

Parchimer Straße 175-3a
Parkstraße 150-12b
Pestalozzistraße 151-10c
Platanenallee 150-12a
Platz der Republik 151-10d
Prof.-Zeller-Straße 151-10d
Puschkinweg 175-2b

Raabestraße 175-1d
Rathausstraße 151-10c
Reiherhorst 175-2c
Reuterstraße 175-1a
Roseggerstraße 151-10c
Rosenaue 175-2c
Rosmarinstraße 151-11a
Roßtrappe 175-2b
Rostocker Straße 175-3a
Rotterdamer Straße 175-2c
Rudolf-Breitscheid-Allee
150-12d + 151-10c
Rückertstraße 175-1b
Rüdesheimer Straße 151-10b
Rügenstraße 175-3a

Saalecker Straße 175-4b
St.-Georgs-Weg 151-10c
Schäferplatz 175-2b
Scheffelstraße 151-10c
Schillerstraße 175-2a
Schlenderhanstraße (1) 150-12b
Schmidtstraße 151-11c
Schöneicher Straße 175-2c
Schulstraße 151-10d
Schwarzburger Straße 175-4b
Schweriner Straße 175-3a
Sonnenweg 175-1a
Sperlingsgasse 175-2b
Speyerstraße 151-10b
Stolberger Straße 151-11d
Stormstraße 175-2a
Stralsunder Straße 175-2b
Straße 1 151-10a
Strelitzstraße 175-3c
Südring 175-2c

Teichstraße 150-12d

Uhlandweg 175-2a
Unter den Ulmen 150-12c
Usedomstraße 175-2b

Virchowstraße 150-12d
Vogelsdorfer Straße 175-2b

Waldfließstraße 175-1b
Waldfriedstraße (4) 151-10a
Waldstraße 151-11c
Walter-Genz-Straße (3) 151-10a
Wartburgstraße 175-4b
Weimarer Straße 175-1d
Wernigeroder Straße 151-11d
Westring 175-1b
Wielandstraße 175-1b
Wiesengrund 151-8b
Wiesenstraße 175-1a
Wiesenweg 175-1a
Winzersteg 151-10b
Wismarer Straße 175-2b
Wolterstraße 151-10d
Wormser Straße 151-10b

Ziegelstraße 151-11c
Zum Erlenbruch 151-8a
Zum Mühlenfließ 151-8c

Neuhardenberg
PLZ 15320

Am Windmühlenberg 135-3c

Birkenweg 135-3a

Ernst-Thälmann-Straße 135-3a

Friedhofsweg 135-9a
Friedrich-Engels-Straße 135-3a

Hauptstraße 135-9c
Hermann-Matern-Straße 135-3a
Hermersdorferstraße 135-8b

Karl-Marx-Allee 135-3b + 3a

Mühlenweg 135-3a

Neudorf 135-3d

Oderbruchstraße 135-3a

Rosenthaler Weg 135-6b

Schinkelplatz 135-3b
Schlosspark 135-3d
Seelower Weg 135-9b
Seestraße 135-9a

Trebnitzer Straße 135-9c

Waldfrieden 135-3a

Niedergörsdorf
PLZ 14913

Ahornweg 362-6a
Akazienweg 362-6a
Am Bahnhof 362-2d
Am Bahnhof (6) 362-2d
Am Sportplatz 362-6b

Barbara Weg 362-6c
Bebelweg (4) 362-3c
Birkenweg 362-5b
Breitscheidstraße 362-3c

Denkmalsberg 362-12c
Dennewitzer Straße 362-11d
Dorfstraße 362-11d

Eichenweg 362-5d

Feldweg 362-6d
Flämingstraße 362-6c
Flugplatzweg 362-8b
Friedrich-Ebert-Platz (5) 362-3c
Friedrich-Engels-Straße 362-3c

Gartenstraße (Altes Lager) 362-6b
Georg-Büchner-Ring (3) 362-6a

Haselnussweg 362-5d
Heidestraße 362-6c
Heinrich-von-Kleist-Straße (2) 362-6a
Hohlweg 362-6a

Jüterboger Weg 362-11d

Kastanienallee 362-6a
Kiefernweg 362-5b

Lessingweg 362-3c

Malterhausener Weg 362-11d
Mühlenweg 362-11d

Niedergörsdorfer Allee 362-6c

Roteichenallee 362-6c

Theodor-Körner-Straße (1) 362-6a
Treuenbrietzener Straße 362-2d

Waldstraße 362-6c
Waldweg 362-5d

Zum Vorwerk 362-8b

Nuthetal
PLZ 14558

Alexisstraße 300-1a
Alice-Bloch-Straße 263-12d
Alleestraße 300-4b
Alte Feldstraße 300-5a
Am Ausblick 263-9d
Am Bahnhof 263-9b
Am Buchhorst 263-9b
Am Buschberg 263-12a
Am Gersthof 264-10c
Am Kiefernwald 264-7c
Am kurzen End 263-12d
Am Lagerplatz 320-1d
Am Luchgraben 263-12b
Am Markt 300-5a
Am Nuthetal 264-10a
Am Rehgraben 263-12b
Am Sportplatz 300-6d
Am Stichgraben (3) 263-12d
Am Torfgraben 300-1d
Am Wiesengrund 264-10c
An der Bahn 300-1d
Andersenweg 263-12d
An der Waldkolonie 300-4d
An der Wiese 300-4b
Anna-Seghers-Straße 264-10a
Arthur-Scheunert-Allee 263-9b
Auf der Reihe 320-1d

Bachstraße 263-9b
Beelitzer Straße 300-5c
Beethovenstraße 263-9b
Begasstraße 264-7c
Bergblick 263-12b
Bergholz-Rehbrücke 264-7c
Bergstraße 300-4b
Biberweg (1) 263-9d
Birkenhügel 263-9b
Brinkmann-Platz 263-12b
Brombeerweg 300-5c
Bussardsteig 263-12b

Drewitzer Straße 300-3b

Ebereschenweg 300-3b
Eichenweg 263-12a
Eichhörnchenweg 264-10a
Eosanderstraße 299-3b
Erlenweg 300-5c
Eschenweg 263-12b

Fahlhorster Dorfstraße 300-6d
Fahlhorster Weg (3) 263-9d
Falkensteig 263-12b
Feldstraße 263-9d
Feldweg 320-1d
Finkenweg 263-9b
Fliederweg (1) 300-3b
Forstweg 264-10c
Fresdorfer Weg 320-1d
Friedenstraße 264-10a
Fuchsweg 263-9d

Gartenweg 300-5c
Gerhart-Hauptmann-Straße 264-10a
Gleimstraße 300-1a
Gottfried-Keller-Straße 300-1a

Haydnstraße 263-9b
Heideweg 264-7c
Heinrich-Zille-Straße 264-7c
Hermann-Löns-Straße 300-1a

Im Bärwinkel 263-12b
Im Bergfeld 264-10c
Im Wiesengrund 301-1a
In den Gehren 264-10a
Jean-Paul-Straße 264-10a
John-Leifs-Platz (3) 264-10a

Käthe-Kollwitz-Straße 264-7c
Königsbrücke 264-7d
Kohlmeisenweg 263-9b
Kolonie 300-4d
Kreuzstraße 300-5a
Krumlingsbrücke 300-2d

Lärchenring 263-12a
Langerwischer Weg 299-3a
Laubenweg 300-1d
Leibnitzstraße 300-1a
Leibnizstraße 263-12d
Lenbachstraße 264-7c
Lindhorst 263-9d
Liselotte-Herrmann-Straße 264-10a
Lotte-Werkmeister-Platz (4) 264-10a

Matthias-Claudius-Straße 264-10c
Matthias-Claudius-Straße 300-1a
Milanring 263-12b
Mittelgasse 263-12d
Mörikestraße 263-12d
Mozartweg 263-9b
Mühle 301-1c
Mühlenstraße 300-5a

Neue Straße 300-9b
Nudow Ausbau 300-2b
Nudower Dorfstraße 300-3d
Nudower Grund 263-9d
Nuthestraße 300-5c
Nutheweg 300-2c

Papenwiese 300-5c
Pappelweg 300-3b
Philippsthaler Dorfstraße
264-11d + 300-2b
Philippsthaler Weg 263-12b
Potsdamer Straße 300-4b

Ravensbergstraße 263-12c
Rehsprung 263-9d
Reiherweg 264-10a
Richard-Kuckuck-Straße 264-7c
Rotdornweg 263-12b

Saarmunder Weg 263-9d
Schanzenweg 300-5c
Schilfweg 300-5c
Schinkelstraße 264-7c
Schlüterstraße 263-12d + 299-3b
Schubertstraße 263-9b
Schumannstraße 263-9b
Siedlerstraße 300-9b
Sperberweg 263-9b
Sportplatz 320-1d
Stöckerbrücke 300-2c
Stöckerhaus 300-2d
Stückener Straße 320-1d

Thomas-Mann-Straße 264-7c
Torfbrücke 300-4b
Tremsdorfer Dorfstraße 320-1d
Tremsdorfer Weg 263-9d

Ulmensteig 263-12a
Unter den Linden 300-3b

Verdistraße 263-9d

Waldkolonie 300-4d
Walther-Rathenau-Straße 263-9b
Weerthstraße 263-12b
Weidengrund 263-12b
Weinbergstraße 300-4d
Wieselsteig (2) 263-9d
Wilhelm-Busch-Straße 263-12d

Zum Elsbruch 300-5c
Zum Mittelbusch 300-5c
Zum Priesterberg 263-9d
Zum Sportplatz 264-10c
Zum Springbruch 263-9d
Zur Mühle 301-1a

Nuthe-Urstromtal
PLZ 14947

Alte Gottower Straße 353-3d
Alte Hauptstraße 360-2c
Alte Potsdamer Straße 345-10d
Alte Schule 361-4d
Am Berg 344-8d
Am Dorfanger 361-4d
Am Dorfplatz (1) 354-9b
Am Dorfring 355-12d
Am Hammerfließ 354-9d
Am Herrenteich 344-12c
Am Mühlenberg (2) 344-4b
Am Park 354-2c
Am Schwemmegraben (1) 344-1d
Am Sportplatz 345-10d
Am Steinberg (1) 337-10b
Am Wasserwerk 354-4a
Am Wiesengrund 345-11c
An den Duhlen 345-10c
An den Eichen (1) 361-6d
An den Gärten 354-2b
An den Seewiesen 361-6d
An der Kirche 345-9a
Anhaltstraße 353-3c

Bahnhofstraße 353-3c
Bahnstraße 355-12b
Baumschulenweg 360-1a
Bergstraße 345-11c
Berkenbrücker Dorfstraße 344-11a
Berkenbrücker Straße 344-4b
Berkenbrücker Weg 345-10d
Berliner Chaussee 353-3d
Berliner Straße 360-2c
Bleiche 353-6b

Charlottenfelder Straße 360-5d
Charlottenstraße 353-3c

Damm 355-7c
Dammwiese 353-3d
Darre 353-6b
Dorfaue (2) 337-10b
Dorfplatz 355-4a
Dorfstraße 355-7a

Eichelkamm 360-4b
Eichenallee 361-4d
Eichenweg 353-3c
Erdbeerstraße 360-5b

Feldrain 360-1d
Feldstraße 353-3c
Feldweg 344-1d
Fernneuendorfer Straße 355-4a
Flughorst 360-5b
Forsthaus Birkhorst 346-10c
Forsthaus Holbeck West 360-6d
Forsthaus Märtensmühle 345-2c
Forsthaus Teerofen 359-3b
Forstweg 344-1d
Frankenfelder Straße 353-1b
Friedhofsweg 354-9b

Gartenstraße 345-10d
Gehegeweg 344-4b
Gottower Straße 355-9c
Gottower Weg 360-5a
Grünstraße 353-6b

Hammerweg 355-12b
Heidchenweg 361-4d
Heidestraße 354-4a
Heideweg 345-11c
Hennickendorfer Hauptstraße 344-4b
Hennickendorfer Straße 344-8c
Hoher Winkel 353-2d
Horstweg 345-9a
Hugweg 353-3d

Im Bogen 345-9a
Interessentenweg (1) 345-10d

Jägerweg 360-6d
Jänickendorfer Straße 355-12c

Kastanienweg 361-6d
Kiefernweg 354-9b
Kirchhofstraße 353-6b
Kirchplatz 353-2a
Kirchsteig 353-2b
Kirschallee (1) 344-11b
Küsterweg 345-9a
Kummersdorfer Straße 355-12b
Kummersdorfer Weg 354-2b

Ließener Straße 361-9b
Lindenallee 345-2c
Lindenstraße 355-4a
Löwendorfer Straße 337-10b
Luckenwalder Chaussee 344-4a
Luckenwalder Straße 360-1d
Lüdersdorfer Straße 355-4a
Luisenstraße 353-2d

Marienstraße (1) 353-3c
Merzdofer Weg 361-9b
Mittelweg 345-11c
Moldenhütten 354-7d

Neue Straße 354-1c
Neuhofer Straße 355-12b

Oberförsterei 353-6b

Pappelweg 355-12a
Potsdamer Straße 353-3a

Rudi-Dutschke-Platz (1) 355-12b
Ruhlsdorfer Straße 353-3c
Ruhlsdorfer Weg 344-11b

Sandstraße 361-6d
Scharfenbrücker Straße 354-2a
Schlanenweg 353-1b
Schlenzer Straße 360-5c
Schönefelder Chaussee 361-6d
Schönefelder Straße 355-12a
Schönhagener Straße 344-4b
Schönhagener Weg 337-7c
Schulstraße 353-6b
Seeweg 361-5c
Sophienstraße 353-2d
Stangenhagener Straße 344-1d
Straße nach Luckenwalde 344-11b

Trebbiner Chaussee 345-11c
Triftstraße 345-11c

Unterhammer 354-6c

Wiesenmoorstraße 344-4b
Wiesenstraße 360-1d

Zum Ausbau 355-4b
Zum Bahnhof 360-2c
Zum Bürgerbusch 353-6a
Zum Buschgraben 344-11b
Zum Eiserbach (2) 353-6b
Zum Forsthaus 355-7a
Zum Friedhof 361-5c
Zum Holländer 360-2c
Zum Rauhen Luch 345-5a
Zum Stammfeld 354-9b
Zum Unterhammer 354-6c
Zum Wasserwerk 359-3b
Zum Wiesengrund (3) 337-10b
Zur Brache 344-4a
Zur Kaserne 344-4b
Zur Siedlung 353-6a

Oberbarnim

15345 Ahornstraße 131-4b
15345 Am Dorfanger 131-4d
15377 Am Dorfteich 132-9b
15377 Am Feld 132-9b
15377 Am Fließ 133-7a
15345 Am Stöhr 131-4d
15377 Am Tornowsee 133-9a
15345 Am Wald 131-4a
15377 Am Wiesenhang 133-7a
15377 Am Wirtschaftshof 132-6c
15377 An der Hecke 132-9b
15377 An der Weißen Taube 132-9b
15377 Ausbau 132-2c

15377 Bollersdorfer Höhe 133-7a
15377 Buckower Weg 132-6d

15377 Dorfstraße 132-2b

15377 Eberswalder Chaussee 132-2a
15377 Egon-Erwin-Kisch-Weg 132-9b

15377 Hauptstraße 132-9a
15345 Hohensteiner Weg 131-4d
15345 Holunderstraße 131-4d
15377 Hopfenweg 133-9a + 8c

15345 Kähnsdorfer Weg 131-5a
15345 Kirschweg 131-4b

15345 Lindenallee 131-4d
15377 Lindenstraße 133-6a

15377 Mittelstraße 132-2c
15377 Müncheberger Chaussee 132-2c

15377 Panoramaweg 132-9c
15377 Poetensteig 133-7b

15377 Reichenberger Chaussee 133-4c
15377 Ringstraße 132-2c
15345 Ruhlsdorfer Weg 131-4d

15377 Schermützelsee 132-9d
15377 Siedlung Schermützelsee 132-9d
15345 Straße des Friedens 131-4d + 4a
15345 Straße zum Sportplatz 131-4c

15345 Zum Gutshof 131-4d

Oberkrämer
PLZ 16727

Ahornweg 78-3b
Alte Dorfstraße 80-7a
Alte Hamburger Poststraße 96-2c + 97-7d
Alter Lindenweg 98-7b
Amalienfelder Weg 78-3d
Am Anger 79-7b
Am Bahnhof 79-4b
Am Birkenwäldchen 79-2c
Am Brennereigraben 97-3a
Am Dorfplatz 78-8d
Am Eichenring 79-11d
Ameisenbärweg 80-7a
Am Eisgraben 80-7d
Am Feldrain 80-7c
Am Gartenweg 79-9b + 80-7a
Am Gesundbrunnen 79-5d
Am Hörstegraben 79-1a
Am Kiefernwäldchen 98-7d
Am Kienluch 79-6c
Am Krämerwald 78-11c
Am Mühlenstein 79-8c
Am Pappelweg 78-11a
Am Priesterfeld 78-8d
Am Priesterpfuhl 79-4b
Am Rehgraben 78-8b
Am Schwalbennest (3) 98-7b
Am Schwalbenzug (2) 98-7a
Amselsteig 79-5d
Amselweg 78-3d
Am Siebgraben 98-5a
Am Sportplatz 79-8b
Am Steinberg 79-2c
Am Walde 78-12c
Am Wasserturm 79-4c
Am Wiesengrund 78-9d
An den Birken 98-10b
An den Koppeln 79-5c
An den Weiden 79-5c
An der Feldstraße 79-1d

Bärenklauer Damm 79-11d
Bärenklauer Straße 79-8a
Bärenklauer Weg 98-1a
Bahnhofstraße 79-4a
Bahnstraße 98-10d
Bahnweg 79-12b
Bergstraße 98-7a
Berliner Straße 98-4b
Birkenweg 79-1d
Börnicker Weg 78-11a
Bötzower Straße 98-4a
Bötzow-West 117-3b
Braunbärweg 80-7c
Breite Straße 97-6b + 98-4a
Buchenweg 78-3b
Burgwall 79-7b

Chausseestraße 98-5c

Distelweg 78-6d
Dr.-Rüdiger-Weber-Straße 97-3a
Dorfaue 97-12d
Dorfstraße 79-4a
Drosselschlag 97-3a
Drosselweg 80-7a

Eibenweg 79-1a
Eichelberge 97-6d
Eichenweg 78-3b
Eichstädter Chaussee 79-8c
Eichstädter Weg 79-12d
Eisbärweg 80-7b
Elsterweg 78-3d
Eschenweg 79-1a

Fasanenhain 97-3a
Feldrain 98-5a
Feldstraße 98-10a
Feldweg 78-8d
Fennstraße 98-7c
Fichtenweg 79-1a
Finkenstraße 79-12c
Finkenweg 78-3d
Fliederbogen 98-10b
Friedhofstraße 98-7c

Gärtnereiweg 78-12a
Gartenstraße 98-10c
Gartenweg 78-9c
Gemeinschaftsweg 79-2a
Germendorfer Weg 79-2c
Gewerbegebiet Perwenitzer Chaussee 78-9d
Gewerbestraße 97-2b
Glienallee 97-6d
Grenzstraße 79-1a
Grizzlybärweg 80-7c
Grüneck 98-7b
Grüner Weg (3) 97-2b
Grünstraße 97-3a
Gustav-Büchsenschutz-Weg 97-2a

Hasensprung 78-8d
Hauptstraße 78-9b
Haus im Wind 98-1a
Hedwig-Bollhagen-Straße 98-4d
Hennigsdorfer Straße 98-6a + 7d
Hirtengrund 79-8a
Hirtenweg 79-8a
Hohenbrucher Chaussee 61-11c
Holundersteg 98-7d

Kastaniensteig 78-3d
Kastanienweg 78-8d
Kirschallee 78-8d
Kirschenallee 80-10a
Klippschwalbenweg (7) 98-7d
Koalabärweg 80-7c
Koppehof 79-8b
Koppelweg 79-8a
Krämerphuhl 96-1d
Kragenbärweg 80-7c
Kranichweg 80-7a
Kremmener Chaussee 78-3d
Kremmener Weg 78-8d
Kuckswinkel 78-3d
Kurzer Weg 79-9b

Lämmerweide 79-8a
Lärchenweg (1) 79-1a
Leegebrucher Chaussee 80-7b
Lerchenweg 79-12c
Lindenallee 79-4d
Lindenstraße 98-4b
Lindenweg 79-1c
Luchstraße 98-10b

Marwitzer Straße 98-10a
Marwitzer Trift 98-5c
Marwitzer Weg 80-10a
Mehlschwalbenweg (1) 98-7a
Meisenweg (1) 80-7a
Mittelstraße 98-10c
Mittelweg 78-9b
Mühlenstraße 98-10a
Mühlenweg 78-6c

Nachtschwalbenweg (4) 98-7b
Neue Luchstraße 98-7d
Neuer Lindenweg 98-7a
Neue Trift 97-3d + 98-1c

Oberkrämer Försterei 96-3b
Oranienburger Weg 79-8a
Oststraße 98-7a

Pandabärweg 80-7d
Pappelweg 78-6b
Perwenitzer Chaussee 78-11b
Perwenitzer Weg 97-2b
Poststraße 98-10a
Priesterweg 98-4b
Pumpenweg 79-9b

Rauchschwalbenweg 98-7a
Remontehof 80-7a
Remonteweg 80-7a
Ritterstraße 98-4a
Rötelschwalbenweg (5) 98-7d
Roseneck 98-10b
Rosenweg (2) 79-11d

Sandweg 80-7a
Sauerholzweg 98-8c
Schäferweg 79-8a
Schilfweg 78-6d
Schlossplatz 79-4a
Schlossweg 79-4a
Schmiedeweg 98-4c
Schönwalder Straße 98-10a + 118-1d
Schwalbenring 98-7a
Schwalbenweg (2) 80-7a
Schwarzbärweg 80-7c
Schwarzer Weg 98-7c
Seeweg 98-4c
Sommerswalde 79-2a
Sommerswalder Chaussee 79-2c
Sonnenwinkel 98-7d
Sperlingssteig (4) 97-3a
Steinweg 78-8d
Storchenweg 80-7a

Taubengasse 97-2b
Teerofenweg 98-10a
Tonbahn 98-5a
Tonberg 98-1b
Triftstraße 98-5c
Triftweg 98-5a

Uferschwalbenweg (6) 98-7d

Vehlefanzer Straße 79-9b + 80-7a
Veltener Straße 98-10a
Veltener Weg 79-8c
Verbindungsweg 79-11d
Viehtrift 98-5c
Vogelsang 79-6c

Wacholderweg 79-1a
Wansdorfer Chaussee 97-12c
Waschbärweg 80-7c
Wasserwerk 98-8d
Weidenweg 78-3d
Wendemark 80-10a
Wendemarker Weg 80-7c
Werkstraße 97-12c
Wiesenweg 79-8a
Wilhelmstraße 98-5a
Wirus 80-5c
Wohnanlage am See 79-4c
Wolfslaker Straße 78-11b

Zehnruthen 97-6d
Ziegeleistraße 97-3a
Ziegeleiweg 78-8d
Ziegenkruger Weg 97-6b
Zu den Birken 79-9b
Zu den Eichen 80-7a
Zu den Erlen 79-9b
Zu den Pappeln 80-7c
Zu den Pfuhlen 80-7a
Zu den Wiesen 78-8d
Zum Alten Amtshaus 79-7d
Zum Heidegarten 97-2b
Zum Park (1) 79-11d
Zum Schäfergarten 79-8a
Zum Uppstallpfuhl 97-2b
Zur Obstwiese 78-3d
Zypressenweg (2) 79-1a

Oranienburg
PLZ 16515

Ablage 63-12d
Aderluch 63-9a
Adlerweg 81-3b
Adolf-Damaschke-Straße 63-8a
Adolf-Dechert-Straße 63-11b
Adolf-Mertens-Straße 63-8a
Agnetenstraße 64-10a
Ahornsteig 62-11c
Ahornweg 65-9d
Albert-Buchmann-Straße 63-11b
Albertshof 62-12b
Allee an den Birken 66-7d
Allerstraße 81-3a
Alte Dorfstraße 65-3a
Alter Kiefernweg 64-10a
Amalienhof 63-10c
Am alten Bahnhof 62-11a
Am Alten Hafen 63-12d
Am Anger 62-11c
Am Bahndamm 62-12c
Am Biotop 63-6b
Am Dorfanger 64-6d
Am Feldrain 65-8c
Am Flöhnberg 63-6a
Am Forst 83-2b
Am Gleis 63-6b
Am Hag 81-3d
Am Havelbogen 63-8a
Am Heidering 63-6d
Am Kanal 81-1b
Am Keil 62-12d
Am Klinkerhafen 64-4c
Am Park 63-5c
Am Postberg 63-12d
Am Ring 65-7a
Amselgasse 63-5a
Amselgrund 64-5d
Amselstraße 65-3b
Amselweg 81-3d
Am Wald 63-9a
Am Waldgang 64-10a
Am Wiesengrund 62-11d
Am Wiesenweg 66-7d
Am Wolfsbusch 63-11c
Am Zwergberg 64-6c
An den Dünen 63-6a
An den Eichen 63-10a
An den Kiefern 65-7d
An den Russenfichten 63-5d
An den Waldseen 62-10d
An der Bahn 63-6c
An der Försterei 63-12d
An der Havel 63-5d
An der Heide 63-5a
An der Landstraße 62-12b
An der Lehnitzschleuse 64-4c
An der Starstraße 62-6c
An der Trift 63-8a
An der Zugbrücke 63-8a
André-Bergeron-Straße 63-9c
André-Pican-Straße 63-12c
Angerwiese 63-9a
Anglersiedlung 81-6b
Anklamer Straße 63-9c
Annagarten 62-9b
Annahofer Straße 80-3b
Apfelallee 63-8a
Apoldaer Straße 81-2d
Arnstädter Straße 81-2c
Arthur-Becker-Straße 63-11c
Asternweg 63-8c
Auenstraße (1) 63-9d
Augustastraße 63-10b
August-Bebel-Platz 64-10c
August-Bebel-Straße 63-3a
Augustin-Sandtner-Straße 63-11d
August-Wilhelm-Steg (4) 63-8c
Ausbau Rickbyhl 66-1a
Ausbau Siedlung 65-1d

Bachstelzenstraße 62-8b
Bachstelzenwiese 81-3b
Bachstraße 63-9d
Badeweg 63-12d
Badstraße 81-6a
Bäkeweg 64-6c
Bärenklauer Weg 80-3d
Bagnoletstraße 81-2b
Bahnhofsplatz 63-12a
Bahnhofstraße 63-3a
Baltzerweg 62-12d
Bauernmarktchaussee 64-6b
Baumschulenweg 63-12d
Beethovenstraße 81-5d
Behringstraße 81-3a
Bergstraße 64-5d
Berliner Straße 63-11a
Berliner Weg 64-9b + 65-11b
Bernauer Straße 63-11b
Bernöwer Straße 64-3c
Bettina-von-Arnim-Straße 64-6c
Beuthnerweg 63-7d
Billrothstraße 81-2b
Birkenallee 81-4d
Birkenchaussee 65-10b
Birkengrund 66-7b
Birkenpilzweg 64-9d
Birkenwäldchen 62-11c
Birkenweg 62-12d
Birkenwerderweg 81-3b
Bisamweg 63-8a
Blankenburger Straße 81-5b
Blumenweg 63-8c
Blutgasse (1) (40-B2)
Boberstraße 81-3c
Bodestraße 81-3c
Bötzower Platz (40-A2)
Bötzower Stadtgraben 63-11a
Bötzower Weg 63-7c
Bonner Straße 63-9d
Brahmsstraße 81-5b
Breite Straße 63-11a
Breitscheid-Straße 64-10a
Briesestraße 83-2b
Brieseweg (2) 81-3b
Brucknerstraße 81-5d
Brüderstraße 65-7c
Buchenallee 63-5c
Bussardweg 81-3b

Carl-Gustav-Hempel-Straße 63-6c
Chausseestraße 63-8b
Chopinstraße 81-5d
Clara-Zetkin-Straße 63-5a
Cranachstraße 81-6a

Dachsstraße 81-6b
Dachsweg 62-10d
Dahmestraße 81-3c
Dianastraße 63-12d
Dimitroffstraße 63-6c
Dr.-Heinrich-Byk-Straße 63-12a
Dr.-Kurt-Scharf-Straße 63-5d
Dr.-Kurt-Schumacher-Straße 63-11c
Donaustraße 81-2b
Drosselgasse 63-5a
Drosselstraße 62-6c
Drosselweg 81-3d
Dürerpromenade 81-6a
Dulonstraße 63-7b

Eberswalder Straße 63-8d
Egerstraße 81-3c
Eichenallee 63-5c
Eichendorffstraße 63-10b
Eichendorffweg 63-10d
Eichensiedlung 63-10b
Eichenweg 64-10a
Eichkatzweg 63-5a
Eisenacher Straße 81-5a
Eisvogelstraße 62-6c
Elbestraße 81-2d
Elisabethstraße 63-11a
Elsenweg 62-6d
Elsterweg 63-4d
Emil-Polesky-Straße 63-11d
Emsstraße 81-3a
Erfurter Straße 81-2c
Eric-Collins-Straße 63-5c
Erich-Mühsam-Straße 63-11d
Erich-Schmidt-Straße 63-9a
Erich-Weinert-Straße 64-6c
Erikaweg 65-10b
Erlensteig 62-11d
Ernst-Schneller-Straße 63-9d
Ernst-Thälmann-Platz (Friedrichsthal) 63-3b
Ernst-Thälmann-Platz (Schmachtenhagen) 64-6d
Ernst-Thälmann-Straße 63-3b
Erzbergerstraße 63-11c
Eschenweg 63-5c

Falkenbergstraße 64-10c
Falkenstraße 63-4b
Falkenweg 81-3d
Fasanenstraße 63-5a
Feldstraße 63-5c
Feuerbachstraße 81-6a
Fichtengrunder Weg 63-3c
Fichtensteg 63-5d
Fichtenweg 62-12d
Finkensteg 81-3d
Finkensteig 62-11c
Finkenweg 66-1a
Finkstraße 62-6c
Fischerstraße 63-11b
Fischerweg 63-11b
Fliedersteg 81-2d
Fliederweg 63-8a
Florastraße 63-12d
Flotowstraße 81-5b
Flugpionierstraße 81-1d
Försterstraße 63-8a
Försterweg 63-5a
Forstring 81-3d
Forststraße 64-6c
Forstweg 63-9a
Freiburger Straße 63-9c
Freienhagener Weg 63-5b
Freienwalder Straße 63-8d
Freiheitsplatz 81-3c
Freilandweg 63-10c
Frieda-Glücksmann-Straße 64-10c
Friedensstraße 63-10d
Friedenthaler Brücke 63-4d
Friedenthaler Weg 63-10b
Friedrich-Ebert-Straße 63-9a
Friedrich-Engels-Straße 81-2a
Friedrichrodaer Straße 81-2c
Friedrich-Siewert-Straße 63-5c
Friedrichsthaler Chaussee 63-3b
Friedrichsthaler Feldweg 64-2a + 65-2b
Friedrichsthaler Straße 63-6c
Friedrichstraße 63-5b
Friedrich-Wolf-Straße 63-12d
Fuchsstraße 81-6b

Gärtnerweg 65-9d
Gartenstraße 63-11a
Gartenweg 63-10b
Gebrüder-Grütter-Straße 64-10a
Geraer Straße 81-2d
Geranienstraße 65-7d
Germendorfer Allee 62-12d
Germendorfer Brücke 63-10b
Germendorfer Dorfstraße 62-11c
Geschkestraße 63-7b
Gewerbegebiet Lehnitzschleuse 64-7b
Gewerbepark Nord 63-6a
Gewerbe- und Industriepark „Alter Flugplatz" 81-4d
Glashütter Weg 63-3c
Gluckstraße 81-5d
Goethestraße 63-10a
Gorkistraße 64-5d
Gothaer Straße 81-2c
Grabenweg 63-7d
Grabowseeweg 64-5b
Grätzer Straße 64-9b
Grätzer Weg 65-7a
Grätzstraße 63-5c
Granseer Straße 63-5a
Greifswalder Straße 63-9c
Grenzstraße 65-8c
Griegstraße 81-5b
Grottenweg 63-10b
Grüner Weg 81-3d
Grünewaldstraße 81-6a
Grünstraße 64-6c

Habichtweg 63-4b
Händelstraße (3) 81-6c
Haller Straße 63-11d
Hallimaschweg 64-9d
Hammer Straße 81-2a
Hannah-Arendt-Straße 63-6c
Hans-Grade-Straße 81-4b
Hans-Loch-Straße 63-12d
Hans-von-Dohnanyi-Straße 63-9c
Hauptstraße 65-8d
Hauptweg 63-7d
Haveleck 63-5d
Havelhausener Brücke 81-6c
Havelkorso 81-3b
Havelstraße 63-11a
Havelufer 81-3d
Haydnstraße 81-5b
Heidelberger Platz 63-9c
Heidelberger Straße 63-9c
Heideluchstraße 65-11b
Heidesteig 62-11d
Heidestraße 63-8d
Heideweg 65-9d
Heinrich-Böll-Straße 64-5d
Heinrich-Grüber-Platz 63-9d
Heinrich-Heine-Allee 64-10c
Hermann-Löns-Straße 63-5c
Hildburghausener Straße 81-2b
Hilde-Coppi-Weg 81-3b
Hinter dem Schloßpark 63-7d
Hirschallee 63-5a
Hirtenweg 63-9a
Hohenbrucher Straße 62-11a

434 Oranienburg · Panketal

Holbeinstraße 81-6a
Hubertusstraße 63-9c
Humbertstraße 64-6c
Humperdinckstraße 81-6c

Idenstraße 63-5d
Igelpfad (4) 62-10d
Illerstraße 81-2b
Iltisweg 62-10d
Im Schmachtenhagener Felde 65-4c
Im Wensickendorfer Felde 65-8b
Im Zehlendorfer Felde 65-2d
Innsbrucker Straße 63-11d
Innstraße 81-2b
Inselstraße 62-11d
Inselweg 81-3b
Isarstraße 81-2b
Iserstraße 81-3c

Jägerstraße 63-4b
Jenaer Straße 81-2c
Johann-Strauß-Straße 81-5b
Johann-Wolfgang-von-Goethe-Straße 64-5d
Joliot-Curie-Straße 81-3a
Julius-Leber-Straße 63-11c

Kahlaer Straße (4) 81-2a
Kanalstraße 63-11a
Karl-Marx-Platz 81-3d
Karl-Marx-Straße 64-1a
Karlstraße 63-5d
Karl-Wilmann-Straße 64-1a
Kastanienallee 66-7b
Kastaniensteig 62-11d
Kastanienweg 63-9a
Kiebitzweg 81-3d
Kiefernstraße 62-11d
Kiefernweg 63-9c
Kienweg 65-9d
Kirschallee 63-8a
Kitzbüheler Straße 63-11d
Klagenfurter Straße 63-11d
Klagenfurther Straße 63-11d
Kleiner Weg 65-10b
Kleine Straße 81-3b
Kleiststraße 63-10a
Kleistweg 63-10c
Knausstraße (1) 81-6a
Koblenzer Straße 63-9d
Kölner Straße 63-9d
Körnerweg 63-10c
Kösener Straße 81-2b
Kolonie Berg 63-5a
Koloniestraße 63-8b
Koppelweg 62-11a
Kormoranweg 81-3b
Krebststraße 63-11b
Kreckeweg 62-12d
Kremmener Allee 62-10d
Kremmener Straße 63-10b
Kuckuckstraße 62-9a
Kuckucksweg 65-10b
Kufsteiner Straße 63-11d
Kuhbrücke 62-6a
Kuhbrückenweg 63-7a
Kurfürstenstraße 63-3a
Kurzer Weg 81-3b
Kurze Straße 63-8b

Ladestraße zum Güterbahnhof 63-9c
Lärchenweg 62-10d
Lahnstraße 81-3a
Leharstraße 81-5b
Lehnitzer Straße 65-10b
Lehnitzschleuse 64-7b
Lehnitzstraße 63-12c + 11b
Lerchensteg 64-6c
Lerchenstraße 62-8b
Lerchenweg 81-3b
Lessingallee 63-3a
Lessingstraße 63-10c
Leuschweg 62-12d
Liebenwalder Straße 65-3b
Liebesinsel 63-9d
Liebigstraße 63-8d
Lilienweg 63-8c
Lindenallee 63-3b
Lindenring 63-11b
Lindensteig 62-11d
Lindenstraße 63-12a
Lindenweg 65-9d
Lippestraße 81-3c
Lisztstraße 81-6a
Lönsweg 63-10c
Lortzingstraße 81-6a
Louise-Henriette-Steg 63-11b
Lubowseeweg 65-12a
Luchgartenweg 64-1a
Luchsweg 62-10b
Luchweg 64-1a
Ludwigshafener Straße 63-9d
Luisenhof 63-10a
Luisenstraße 63-10b
Luisenweg 63-8c

Magnus-Hirschfeld-Straße 64-10a
Maiglöckchenweg (1) 63-8a
Mainstraße 81-3a
Mainzer Straße 63-9d
Malzer Chaussee 63-3b
Malzer Weg 64-3c
Mannheimer Straße 63-12a
Marderweg 62-10d
Margeritenweg (2) 63-8a
Maronenweg 64-9c
Martin-Luther-Straße 63-11a
Mathias-Thesen-Straße 63-9c
Meininger Straße (1) 81-2a
Meisensteg 81-3b
Meisensteig 62-11c
Meisenstraße 62-8b
Meisenweg 64-6c
Melanchthonstraße 63-11c
Melniker Straße 81-2b
Memelstraße 81-3a
Mendelssohnstraße 81-5b
Menzelstraße (2) 81-6a
Mierendorffstraße 63-7b
Millöckerweg 81-5d
Mittelstraße 63-11b
Mittelweg 62-12b
Mörikeweg 63-10c
Morchelweg 64-9d
Moselstraße 81-3a
Mozartstraße 81-6a
Mühlenfeld 63-8d
Mühlensteig 62-11c
Mühlenweg 64-5d
Mühlhausener Straße (2) 81-2a
Muldestraße 81-3c

Nachtigallstraße 62-9a
Nahestraße 81-3a
Narzissenweg (3) 63-8a
Nassenheider Weg 63-3a
Nauener Straße 81-2b
Naumburger Straße 81-2d
Nehringstraße 63-11b
Neißestraße 81-3c
Nelkensteig (1) 62-11c
Nelkenweg 63-8c
Neptunstraße 63-12d
Nerzweg 62-11c
Netzestraße 81-3c
Neuer Weg 63-10c
Neukirchener Straße (1) 63-12c + 81-3a
Neuruppiner Straße 63-8d
Niemöllerstraße 63-7b
Nordweg 62-12d
Nutriaweg 63-8a

Oberhofer Straße 81-2c
Oberkrämerweg 62-11c
Oderstraße 81-3c
Oelschlägerstraße 63-8a
Ohrastraße 81-3c
Okerstraße 81-3c
Oleanderweg 63-5c
Olof-Palme-Straße 63-9a
Orafolstraße 63-6d
Oraniaweg 63-7d
Oranienburger Chaussee 64-9a
Oranienburger Straße 64-5b
Oranienburger Weg 63-6c
Oranienhof 62-9a
Orlamünder Straße (5) 81-2a
Ostweg 63-10a
Otto-Lilienthal-Straße 81-1b

Pankeweg 81-3a
Parkweg 63-8c
Pasewalker Straße 63-9c
Pasteurstraße 81-2b
Paul-Gerhardt-Straße 63-11a
Pawlowstraße 81-3a
Petscheltweg 62-12d + 63-10c + 81-1a
Pfifferlingsweg 64-9c
Pfingstrosenweg (2) 62-11c
Pflaumenallee 63-8a
Platanenweg 66-7d
Pleißestraße 81-3c
Poststraße 63-3a
Prenzlauer Straße 63-9c

Quedlinburger Straße 81-2d

Regerstraße 81-5a
Rehmater Weg 66-1a
Reicheltstraße 63-5a
Rewestraße 81-1d
Rheinstraße 81-3a
Rhinweg 81-3c
Rhododendronweg 62-11c
Richard-Becker-Straße 63-12d
Richard-Wagner-Straße 81-5d
Ringelnatzstraße 63-7b
Ringstraße 62-11c
Robert-Koch-Straße 81-2b
Robinienweg 62-10d
Röntgenstraße 81-3a
Rosa-Luxemburg-Straße 64-1a

Roseggerweg 63-10d
Rosengasse 65-3b
Rosenweg 63-8d
Rosselstraße 81-3c
Rotkehlchenweg 62-9a
Rudolf-Breitscheid-Straße (Sachsenhausen) 63-9a
Rudolf-Grosse-Straße 63-11b
Rudolstädter Straße (3) 81-2a
Rüdesheimer Straße 63-9d
Ruhrstraße 81-3a
Rungestraße 63-8d

Saalestraße 81-6a
Saalfelder Straße 81-2d + 5b
Saarbrückener Straße 63-12c
Saarlandstraße 81-5b
Saarstraße 81-3a
Sachsenhausener Straße 63-8d
Sanddornstraße 65-7d
Sandhausener Weg 63-9a
Sandstraße 65-3d
Sandweg 66-7d
Sauerbruchstraße 81-2b
Sawallstraße 63-7b
Schäferenweg 65-2d
Schäferweg 63-9a
Scharrenstraße 65-3c
Schierker Straße 81-5b
Schillerstraße 63-10a
Schillerweg 64-6c
Schlegelweg 63-10d
Schlosspark 63-10b
Schlossplatz 63-11a
Schmachtenhagener Dorfstraße 64-6d
Schmachtenhagener Straße 65-2c
Schmalkaldener Straße 81-2a
Schreberweg 63-8c
Schubertstraße 81-5b
Schützenstraße 63-5a
Schulstraße 63-11b
Schumannstraße 81-5b
Schwalbenstraße 62-9a
Schwanenweg 81-6b
Schwarzburger Straße 81-2c
Schwarzer Weg 64-5b
Sebastian-Bach-Promenade 81-5a
Seepromenade 64-10a
Seestraße 66-7d
Selkestraße 81-3c
Semmelweisstraße 81-3a
Siegstraße 81-2d
Simonsweg 62-12b
Sophie-Scholl-Straße 63-9a
Spechtweg 81-3d
Sperlingsweg 81-3d
Speyerer Straße 63-12a
Spitzwegstraße 81-6a
Spreestraße 81-3c
Stadtbrücke 63-10b
Starstraße 62-6c
Stegeweg 64-6d
Steinpilzweg 64-9c
Stieglitzstraße 62-8b
Stoeckerstraße 63-7b
Stolzenhagener Chaussee 66-1a
Stolzenhagener Weg 65-9d
Stralsunder Straße 63-11b
Straßburger Straße 63-12a
Straße am Globus 62-12c
Straße der Einheit 63-9a
Straße der Nationen 63-9a
Straße zum Schloßpark 63-11a
Straße zum Wald 64-1a
Strelitzer Straße 63-8d
Stresemannstraße 63-5d
Struveweg 62-12d
Südweg 62-12d
Suhler Straße 81-2d
Summter Chaussee 65-12c

Tannengrund 63-5d
Teerofener Weg 62-3b
Teufelsseer Straße 65-11b
Thälmannstraße 63-12d
Thaerstraße 63-10a
Thalestraße 81-5b
Theodor-Neubauer-Straße 81-2a
Thomas-Müntzer-Straße 63-12d
Thomastraße 81-6a
Tiergartensiedlung 62-6d
Tiergartenstraße 62-6d
Tiergartenweg 62-6b
Tongrubenweg 65-3a
Treidelweg 81-3a
Triftstraße 63-2d
Triftweg 65-6d
Tulpensteig (3) 62-11c
Tulpenweg 63-8a

Uferpromenade 63-12b
Uferring 63-5b
Uferstraße 63-10b
Uferweg 63-10b
Uhlandstraße 63-10a
Ulmensteig 62-11d

Unter den Eichen 62-10d
Uppstallweg 64-3d
Urbanstraße 63-5a

Veilchenweg 63-8a
Veltener Brücke 81-5a
Veltener Straße 62-11c + 80-2c
Victoria-Straße 63-3b
Villacher Straße 63-11d
Virchowstraße 81-2b
Vischerstraße 81-6a
Vogelbeerweg 62-12d
Vogelweide 62-9a
Volkmarweg 62-12d
von-Thünen-Straße (4) 63-10b
Vughter Straße 63-11c

Wacholderweg 63-6c
Wachtelstraße 62-9a
Waldallee 62-11a
Waldgrund 66-7d
Waldringstraße 65-10b
Waldstraße 63-8d
Waldweg 63-5a
Wallburgstraße 63-8a
Walther-Bothe-Straße 63-11d
Walther-Rathenau-Straße 63-6c
Wandlitzer Chaussee 65-9d
Warthestraße 81-3c
Waschbärenring (4) 63-8a
Wasserweg 63-12d
Weberstraße 81-5b
Weg an den Wiesen 63-7c
Weg zur Biberfarm 63-5c
Weg zur Mühle 83-2b
Weichselstraße 81-2b
Weidensteig 62-11d
Weimarer Straße 81-2c
Weißenfelser Straße 81-2c
Weistritzstraße 81-6a
Wensickendorfer Chaussee 64-6d
Wensickendorfer Straße 65-3b
Wernigeroder Straße 81-5a
Werrastraße 81-2d
Weserstraße 81-3c
Westweg 62-12d
Wiesbadener Straße 63-12b
Wiesengrund 63-8b
Wiesenstraße 65-10b
Wiesenweg 62-11c
Wilhelm-Groß-Straße 63-10a
Wilhelm-Liebknecht-Straße 63-6c
Wilhelmsthal 81-5c
Wilhelmstraße 63-3a
Willy-Brandt-Straße 63-11b
Wörthstraße 63-12b
Wolfsweg 63-7d
Wormser Straße 63-9d
Wupperstraße 81-2d

Zehlendorfer Chaussee 65-9c
Zeisigstraße 62-8b
Zellerstraße 63-11d
Ziegelweg 62-11c
Zühlsdorfer Straße 65-12a + 83-3a
Zum Bahndamm 64-6b
Zum Bahnhof 63-5d
Zur Dorfstraße 65-3b
Zur Schnellen Havel 63-3c

Panketal

PLZ 16341

Ahornallee 104-7a
Ahornweg 124-1c
Akazienallee 104-7a
Akazienstraße 104-9c
Albrechtsgelände 104-12b
Alemannenstraße 104-10b
Alpenberge 104-10b
Altmarkweg (2) 104-5d
Altonaer Straße 104-8d
Alt Zepernick 104-8b
Am Amtshaus 104-5c
Am Anger 104-8b
Am Berg 104-9c
Am Heidehaus 104-4b
An den Dorfstellen 104-7a
Andreas-Hofer-Straße 104-11a
Appenzeller Straße 104-11a

Bachstraße 104-6c
Bad Ischler Weg (5) 104-11c
Bahnhofstraße 104-7a
Baseler Straße 104-8b
Bebelstraße 104-7b
Beethovenstraße 104-6c
Begasstraße 104-4d
Bergwaldstraße 104-9c
Bernauer Chaussee 104-12c
Bernauer Straße 104-5d
Birkenallee 104-7a
Birkenweg 125-1c
Birkholzer Allee 125-4c
Birkholzer Chaussee 124-2b

Birkholzer Straße 104-8b
Birkholzer Weg 104-12b
Blankenburger Straße 104-9c
Blumberger Weg 124-3d
Blumenstraße 104-9d
Bochumer Straße 104-8d
Bodenseestraße 104-10d
Bodestraße 104-8b
Börnicker Weg 104-12b
Bozener Straße 104-8c
Brahmsstraße 104-8b
Braunlager Straße 104-9a
Bregenzer Weg (4) 104-11c
Bremer Straße 104-8d
Brennerstraße 104-8b
Brixener Straße 104-8d
Brixener Straße (5) 104-8b
Brückenstraße 104-7c
Brunnenplatz 104-8d
Buchenallee 104-7a
Buchenweg (2) 124-1c
Bucher Chaussee 104-10d + 124-2a
Bucher Straße 104-7d
Burgunder Straße 104-11a

Charlottenstraße 104-7b
Clausthaler Straße 104-8b

Dachsteiner Weg (2) 104-11c
Dahmestraße 104-5d
Dompromenade 104-5c
Donaustraße 104-11a
Dorfstraße (Schwanebeck) 124-2d
Dossestraße 104-5b
Dürerstraße 104-4b

Edelweißstraße 104-7d
Eichenallee 104-7a
Eichendorffstraße 124-1a
Eichenring 124-1a
Einsteinstraße 124-1b
Eisenbahnstraße 104-5c
Elbestraße 104-5c
Elbingeroder Straße 104-9a
Elisabethstraße 104-7b
Emdener Straße 104-9c
Engadinstraße 104-8a
Eosanderstraße 104-4b
Erlenweg (4) 124-1c
Ernst-Thälmann-Straße 104-10b
Ernst-Toller-Straße 124-1a
Eschenallee 104-7a

Feldstraße 104-8d
Feldweg 124-3d
Fichtestraße 104-9c
Flensburger Straße 104-8d
Flotowstraße 104-8b
Fontanestraße 104-7b
Friedenstraße 104-7b
Friedrichshof 104-12a
Fritz-Reuter-Straße 124-1b
Fröbelstraße 104-4d

Ganghoferstraße 104-4d
Gartenstraße 104-9c
Gemeindeplatz 104-7b
Genfer Platz 104-10b
Genfer Straße 104-10b
Gernroder Straße 104-8b
Gletscherstraße 104-11a
Gluckstraße 104-9a
Goethepark 104-7c
Goethestraße 124-1a
Gontardstraße 104-4b
Goslarer Straße 104-9c
Grazer Straße 104-11c
Großglocknerweg (3) 104-11c
Grünewaldstraße 104-4b

Händelstraße 104-5d
Hamburger Straße 104-8d
Hartfilplatz 124-1c
Harzgeroder Straße 104-9b
Hasseroder Straße 104-9d
Hauptstraße 104-12a
Havelstraße 104-5d
Haydnstraße 104-6c
Haydnweg 104-6c
Heidestraße 104-9c
Heideweg 125-4a
Heinestraße 104-7c
Heinrich-Heine-Straße 104-9d
Helmholtzstraße 104-7c
Hobrechtsfelder Chaussee 103-3c
Hobrechtsfelder Dorfstraße 103-6c
Hobrechtsweg 104-4c
Hochstraße 104-8c
Hohen Tauerner Weg (1) 104-11c
Holbeinstraße 104-4b
Hufelandstraße 104-7b
Humboldtstraße 124-1b
Humboldtweg 104-7b

Ilsenburger Straße 104-8b
Innsbrucker Straße 104-11c

Inntaler Straße 104-8a
Iselbergstraße 104-8b

Jägerstraße 104-9c
Johannesstraße 104-9c
Johannesweg 104-9c

Kärntner Straße 104-11c
Karl-Marx-Straße 104-4d
Karower Straße 124-1c
Kastanienallee 104-7a
Kastanienweg (5) 124-1c
Kieler Straße 104-9c
Kiesstraße 104-9c
Kirschenallee 124-1b
Kirschweg 125-1c
Kitzbühler Straße 104-11c
Klagenfurter Weg (7) 104-11c
Kleiststraße 124-1a
Knobelsdorffstraße 104-4b
Kolpingstraße 104-12a
Kornblumenweg 104-12b
Kreutzerstraße 104-6c
Küßnachter Straße 104-8c
Kufsteiner Weg 124-2a
Kurze Straße 104-8d

Lahnstraße 104-5d
Langhanstraße 104-4d
Lassallestraße 104-4d
Lechtaler Straße 104-8b
Liebermannstraße 104-4b
Linckestraße 104-6c
Lindenallee 104-7a
Lindenberger Straße 124-1b
Lindenberger Weg 124-1a
Lindenstraße 104-9d
Linzer Straße 104-11c
Lisztstraße 104-6c
Loecknitzstraße 104-5d
Loewestraße 104-9a
Lortzingstraße 104-6a
Ludwig-Hoffmann-Straße 104-4b
Lübecker Straße 104-11b
Lüneburger Straße 104-8d
Lutherstraße 104-5a
Luzerner Straße 104-8b

Mainstraße 104-5d
Max-Lenk-Straße 104-7c
Mendelssohnstraße (4) 104-5d
Menzelstraße 104-4d
Meraner Straße 104-8c
Mittelweg 124-3d
Möserstraße 104-5c
Mohnblumenweg 104-12b
Mommsenstraße 104-7b
Moselstraße 104-5d
Mozartstraße 104-6c
Mühlenbergring 104-8d
Mühlenstraße 104-8d
Mühlenweg 124-2b

Neckarstraße 104-5c
Neissestraße 104-5d
Neu Buch 124-1b
Neue Kärntner Straße 104-11c
Neue Schwanebecker Straße 104-8b
Nuthestraße 104-5d

Oberländer Straße 104-10b
Oderbruchweg (3) 104-5b
Oderstraße 104-5d
Ötztaler Straße 104-8a
Ohmstraße 124-1b
Osteroder Straße 104-8b

Parkstraße 104-10d
Passeier Straße 104-8c
Pitztaler Straße 104-8a
Planestraße 104-5b
Platanenallee 104-7a
Platanenweg 104-9c
Poststraße 104-5c
Priesterweg 104-5a

Randowstraße 104-5d
Rathenaustraße 124-1c
Regerstraße 104-6a
Reuterstraße 104-5c
Rheinstraße 104-10b
Rhinstraße 104-5d
Richard-Wagner-Straße 104-6c
Rigistraße 104-10d
Robert-Koch-Straße 104-4d
Röntgental 104-4c
Rosa-Luxemburg-Straße 124-1b
Rotdornweg (3) 124-1c
Rubinienstraße 104-9c
Rudolf-Breitscheid-Straße 104-10d
Rügener Straße 104-9c
Rütlistraße 104-10b

Saalestraße 104-5b
Salzburger Straße 104-11c
Schadowstraße 104-4b

Schierker Straße 104-9c
Schillerstraße 104-7c
Schinkelstraße 104-4d
Schlaubestraße 104-5d
Schlüterstraße 104-4b
Schönerlinder Straße 104-7a
Schönower Straße 104-4b
Schubertstraße 104-6a
Schumannstraße 104-9a
Schwanebeck 104-12c + 124-3a
Schwanebecker Chaussee 104-9d
Schwanebecker Straße 104-8b
Schwarzwälder Straße 104-11a
Schweizer Straße 104-7d
Silcherstraße 104-6c
Solothurnstraße 104-7b
Sonnenscheinstraße 104-12a
Spreestraße 104-5d
Steenerbuschstraße 104-7d
Stefan-Heym-Straße 124-1b
Steiermärker Straße 104-8c
Steinstraße 104-5c
Straße der Jugend 104-8a
Straußstraße 104-9a

Talstraße 104-9d
Thalestraße 104-9a
Thuner Straße 104-11a
Treseburger Straße 104-9b
Triftstraße 104-7d

Ueckerstraße (1) 104-5b
Uhlandstraße 124-1b
Uhlandweg 104-7b
Ulmenallee 104-7b
Ulmenweg 124-1c
Unterwaldenstraße 104-7b
Uristraße 104-7d

Verbindungsweg 124-1a
Vierwaldstätter Straße 104-10d
Villacher Weg (6) 104-11c
Virchowstraße 104-4c
Voltastraße 124-1b

Waldstraße 104-11b
Weberstraße 104-6c
Weichselstraße 104-5d
Weidenweg (1) 124-1c
Welsestraße 104-5d
Wernigeroder Straße 104-8b
Wiener Straße 104-11c
Wiesenstraße 104-7d
Wiesenweg (Gehrenberge) 104-12b
Wiesenweg (Zepernick) 104-5c
Wilhelm-Liebknecht-Straße 104-4d
Wilhelm-Tell-Straße 104-11a
Wilhelm-Tell-Weg 104-8c
Winklerstraße 104-7c
Winterthurstraße 104-8a
Wohnpark Mühlberg 104-8b
Wolfgang-Amadeus-Mozart-Straße 124-1b

Zellerfelder Straße 104-9b
Zelterstraße 104-5d
Zepernick 104-8a
Zepernicker Straße 104-8d
Zillertaler Straße 104-10b
Züricher Straße 104-8a

Petershagen/ Eggersdorf

15370 **A**dolfstraße 152-12a
15345 Ahornallee (Eggersdorf Nord) 153-4b
15370 Ahornallee (Petershagen Süd) 176-3b
15345 Akazienstraße 153-1d
15370 Albertstraße 152-12a
15345 Albin-Körbis-Ring 153-8a
15370 Alexander-Giertz-Straße 152-11b
15345 Altlandsberger Chaussee 153-1d
15345 Am Fuchsbau 153-7c
15345 Am Kieferngrund 153-8a
15345 Am Markt 153-7b
15345 Am Pfuhl 152-6d
15370 An der Forst 176-3b
15370 Andreas-Hofer-Straße 152-8c
15370 Annenstraße 152-11c
15370 Auguststraße 152-12d

15370 **B**achstraße 152-12c
15370 Badstraße 152-8c
15345 Bahnhofstraße (Eggersdorf Dorf) 153-7b
15370 Bahnhofstraße (Petershagen Dorf) 152-11a
15345 Barnimstraße 153-7d
15370 Beethovenstraße 152-11d
15370 Bellevuestraße 152-12c
15345 Bermannstraße 152-9d
15370 Birkenallee 152-12b
15370 Birkeneck 176-2a
15345 Birkenstraße 153-4b
15345 Bötzseestraße 153-2c
15370 Bruchmühler Straße 152-8b + 11a
15370 Brunnerstraße 152-12a

15345 **C**atholystraße 153-4b
15370 Charlottenstraße 152-11d
15370 Clara-Zetkin-Straße 152-12a

15370 **D**r.-Manasse-Straße 152-12c
15370 Donaustraße 152-9c
15370 Dorfstraße 152-11a
15370 Dorotheenstraße 176-2b

15370 **E**bereschenstraße 152-11b
15345 Edvard-Grieg-Weg (2) 153-10a
15370 Eggersdorfer Chaussee 152-6c
15370 Eggersdorfer Straße 152-11b
15345 Eggersdorfer Weg 153-5d
15345 Eichenallee 153-4d
15370 Elbestraße 152-8d
15345 Erlensteg 153-7b
15345 Ernst-Thälmann-Straße 153-7b
15345 Eschenallee 153-4d

15370 **F**asanenstraße 152-8b
15345 Feldstraße 153-7b
15345 Ferdinand-Dam-Straße 153-1d
15345 Fichtenstraße 153-5c
15370 Fichtestraße 152-8b
15345 Fließstraße 153-4d
15370 Florastraße 152-11b + 176-2b
15345 Fontaneweg 153-5a
15370 Franz-Lahde-Straße 152-6c
15370 Fredersdorfer Straße 152-11a
15370 Friedhofstraße 176-2a
15345 Friedrichstraße 152-9d

15345 **G**artenstraße (Eggersdorf Dorf) 153-7b
15370 Gartenstraße (Petershagen Nord) 152-8d
15345 Georgstraße 152-9d
15370 Gerdastraße 152-10d
15345 Goethestraße (Eggersdorf Süd) 152-12b
15370 Goethestraße (Petershagen Nord) 152-9a
15370 Gravenhainstraße 152-12a
15345 Grazer Straße 153-5a
15345 Grenzstraße (Eggersdorf Nord) 153-2c
15370 Grenzstraße (Petershagen Nord) 152-6c
15345 Günther-Allee 153-7c
15345 Gürtelstraße 176-3a
15370 Gutenbergstraße 152-9d

15345 **H**ändelweg 153-10a
15370 Hardenbergstraße 152-8d
15345 Haselaustraße 153-7b
15345 Hasenweg 153-7a
15370 Hauffstraße 152-8b
15370 Havelstraße 152-8d
15345 Heidestraße 153-5c
15370 Heinestraße 152-8b
15370 Helvetiastraße 152-12d
15370 Herderstraße 152-9a
15345 Hermann-Löns-Straße 153-5c
15370 Hermannstraße 152-12a
15370 Hermann-Woyak-Straße 152-11d
15345 Hinter der Rennbahn 153-5c
15370 Hölderlinstraße 152-6c
15345 Hohenfließ 153-1d
15370 Hubertusallee 152-12d

15370 **I**dastraße 176-2a
15345 Igelweg 153-7a
15370 Ilsenstraße 152-11c

15345 **J**ägerstraße 153-5c
15370 Jahnstraße 152-8b
15370 Johannesstraße (Petershagen Nord) 152-12a
15345 Johannesstraße (Pohrtsche Siedlung) 152-9d

15370 **K**äthe-Kollwitz-Ring 152-11b
15345 Karl-Liebknecht-Straße (Eggersdorf Dorf) 153-7b
15370 Karl-Liebknecht-Straße (Petershagen Nord) 152-8d
15345 Karl-Marx-Straße 153-7b
15370 Karl-Münz-Straße 152-8c
15370 Karlstraße 152-12a
15345 Kastanienallee 153-7b
15345 Kiefernstraße 153-5c
15370 Kleiststraße 152-8d
15370 Klopstockstraße 152-6c
15345 Körnerstraße (Eggersdorf Süd) 152-12b
15370 Körnerstraße (Petershagen Nord) 152-9a
15370 Körperstraße 152-11d + 176-2b
15345 Kurze Straße 153-2c
15345 **L**akgrabenweg 152-9d
15345 Landhausstraße 153-7b
15345 Landsberger Straße 152-6d
15370 Lenaustraße 152-6c
15345 Lessingstraße (Eggersdorf Süd) 153-7c
15370 Lessingstraße (Petershagen Nord) 152-9a
15345 Lindenallee 153-4d
15370 Lindenstraße 152-11a
15370 Linzer Straße 153-5a
15370 Lucasstraße 152-8d
15345 Ludwigstraße 152-9d
15370 Luisenstraße 176-1b
15345 Luisenweg 152-9d

15370 **M**ainstraße 152-9c
15370 Margaretenstraße 152-10d
15370 Marie-Curie-Weg 152-12a
15370 Marienstraße 176-2a
15370 Mierwerder Weg 152-11c
15345 Mittelstraße (Eggersdorf Nord) 153-4d
15370 Mittelstraße (Petershagen Dorf) 152-11a
15345 Mittelweg 152-12b
15345 Mozartstraße (Eggersdorf Süd) 153-7c
15370 Mozartstraße (Petershagen Süd) 176-2b
15345 Mühlenstraße 153-7a
15370 Müllerstraße 152-12c

15370 **N**eckarstraße 152-9c
15370 Netzestraße 152-9c
15345 Neue Straße 153-7d

15370 **O**derstraße 152-11b + 8d

15345 **P**appelstraße 153-4b
15370 Paradiesstraße 152-12c
15345 Petershagener Chaussee 152-9d
15370 Petershagen Süd 176-2a
15345 Plantanenallee 153-4d
15345 Pohrtsche Siedlung 152-9b
15345 Pohrtstraße 152-9d + 153-7c
15345 Postbruchweg 153-5a
15370 Poststraße 152-12b

15370 **R**athausstraße 152-11b
15345 Rehwinkel 153-7a
15370 Reuterstraße 152-8b
15370 Rheinstraße 152-9c
15370 Richardstraße 152-12b
15370 Rohrwiesenweg 176-2a
15345 Rosa-Luxemburg-Straße 153-4d
15370 Roseggerstraße 152-5d
15345 Rosenstraße (Eggersdorf Nord) 153-4d
15370 Rosenstraße (Petershagen Dorf) 152-11b
15345 Rotdornstraße 153-4d
15370 Rückertstraße 152-8b

15370 **S**aalestraße 152-9c
15345 Schenkendorfstraße (Eggersdorf Süd) 152-9d
15370 Schenkendorfstraße (Petershagen Nord) 152-8b
15345 Schillerstraße (Eggersdorf) 152-9d
15370 Schillerstraße (Petershagen Nord) 152-9a
15345 Seemannstraße 152-9d
15345 Seestraße 176-3a
15370 Simrockstraße 152-9a
15370 Sonnenstraße 152-12d
15370 Sophienstraße 176-2a
15370 Spreestraße 152-11b
15370 Stienitzallee 176-3a
15345 Stiller Grund 153-5a
15370 Stormstraße 152-9a
15345 Strausberger Straße 153-5c

15345 **T**asdorfer Straße (Eggersdorf Süd) 153-10a
15370 Tasdorfer Straße (Petershagen Süd) 152-11c
15370 Teutonenstraße 152-12a
15370 Thälmannstraße 152-11d + 176-2b
15370 Triftstraße 152-12a
15345 Triftweg 153-7a

15370 **U**hlandstraße 152-9a
15345 Ulmenallee 153-4b
15370 Unionstraße 152-11d

15345 **V**erdiweg 153-10a
15345 Viktoriastraße 153-4d
15345 Vivaldiweg 153-10a

15345 **W**agnerstraße (Eggersdorf Süd) 152-9d
15370 Wagnerstraße (Petershagen Süd) 152-11d
15370 Waldfriedenstraße 152-8d
15345 Waldstraße (Eggersdorf Dorf) 153-7b
15370 Waldstraße (Petershagen Süd) 152-12c
15370 Warthestraße 152-9c
15370 Wasserstraße 152-12c
15345 Weidenweg 153-4d
15370 Weserstraße 152-8d
15370 Wielandstraße 152-9a
15345 Wiener Straße 153-5b
15370 Wiesenstraße 176-2b
15370 Wildenbruchstraße 152-6c
15370 Wilhelm-Abel-Weg (1) 152-11b
15370 Wilhelm-Busch-Straße 152-9b
15370 Wilhelm-Pieck-Straße 152-11c
15345 Wilhelmstraße 153-7a
15370 Wilhelm-Tell-Straße 152-8a

Potsdam

14469 **A**alsteig (4) 189-11b
14473 Adolf-Schmidt-Straße 263-1b
14469 Affengang (41-D2)
14482 Ahornstraße 264-1a
14476 Ahornweg 191-6c
14473 Albert-Einstein-Straße 227-10d
14482 Albert-Wilkening-Straße 228-10c
14469 Alexander-Klein-Straße 226-6c
14482 Alfred-Hirschmeier-Straße 228-10d
14482 Allee nach Glienicke 227-12a
14471 Allee nach Sanssouci 226-12b
14469 Alleestraße 227-7a
14480 Alt Drewitz 264-4d
14476 Alter Krug 189-8d
14467 Alter Markt (41-C3)
14473 Alter Torfweg 263-8b
14473 Alter Tornow 262-3b
14476 Alter Weinberg 191-6b
14469 Altes Rad 225-9d
14482 Althoffstraße 227-12d
14482 Alt Nowawes 227-11b
14476 Am Alten Bahnhof 189-12a
14473 Am Alten Friedhof 263-2a
14467 Am Alten Markt 227-10b
14469 Am alten Mörtelwerk 226-7c
14476 Am Anger 191-6c
14482 Am Babelsberger Park 227-11a
14467 Am Bahnhof (Golm) 225-9c
14469 Am Bahnhof (Grube) 225-3c
14467 Am Bassin 227-7c
14469 Am Blinker 189-11a
14482 Am Böttcherberg 227-9b
14473 Am Brunnen 263-2c
14478 Am Buchhorst 264-7a
14478 Am Bürohochhaus 264-4c
14469 Am Drachenberg 226-8c (41-B1)
14467 Am Durchstich 226-3b
14469 Am Eichenhain 225-9d
14476 Am Eichholz 188-9a
14467 Am Fenn 263-6b
14476 Am Fenn (Groß Glienicke) 191-6c
14478 Am Fenn (Stadtrandsiedlung) 263-6b
14476 Am Föhrenhang 190-12b
14469 Am Försteracker 263-5b
14480 Am Friedhof (Drewitz) 264-8a
14476 Am Friedhof (Fahrland) 190-4d
14476 Am Friedrichspark 189-5a
14476 Am Garten 189-8d
14480 Am Gehölz 228-10d
14469 Am Golfplatz 226-3a
14476 Am großen Flachspfuhl 163-12d
14469 Am Großen Herzberg 226-7a
14476 Am Großen Horn 226-3b
14469 Am Grünen Gitter 226-12b
14469 Am Grünen Weg 226-7d
14469 Am Hämphorn 227-3b
14469 Am Hang 227-4a
14473 Am Havelblick 263-1b
14469 Am Heineberg 225-6b
14467 Am Hinzenberg 227-10c
14480 Am Hirtengraben 264-4d
14467 Am Jägertor (41-B1)
14469 Am Jägertor 226-9d
14467 Am Kanal 227-10b
14476 Am Kanal (Marquardt) 189-11a
14476 Am Kirchberg 190-11b
14469 Am Kirchblick 226-10a
14482 Am Klubhaus (Babelsberg) 228-10c
14469 Am Klubhaus (Schlänitzsee) (2) 189-11b
14469 Am Konsumplatz (1) 189-11b
14476 Am Krampnitzsee 190-12b
14469 Am Krongut 226-8b
14469 Am Küssel 225-2d
14469 Am Langen Berg 226-7c
14476 Am Lehnitzsee 190-12d
14471 Am Luftschiffhafen 262-5a
14467 Am Lustgartenwall 227-10c
14469 Am Meedehorn 227-3c
14480 Am Mittelbusch 264-1d
14467 Am Moosfenn 263-6c
14476 Am Mühlenberg 225-8b
14469 Am Neuen Garten 227-7b
14467 Am Neuen Markt (41-C3)
14469 Am Neuen Palais 226-11a
14478 Am Nuthetal 263-3c
14469 Am Obelisk (41-A2)
14476 Am Park 191-6b
14476 Am Parkplatz (Marquardt) 189-11b
14476 Am Parkplatz (Paaren) (1) 189-1c
14469 Am Pfingstberg 227-4c
14478 Am Plantagenhaus 263-5b
14469 Am Raubfang 226-5d
14469 Am Reiherbusch 227-4a
14469 Am Sandberg 226-7c
14476 Am Schlahn 191-8b
14478 Am Schlangenfenn 263-9a
14476 Am Schloßpark 189-8c
14469 Am Schragen 227-7a
14476 Am Seeblick 191-9b
14476 Amselweg 189-4d
14480 Am Silbergraben 264-8a
14476 Am Spitzen Berg 190-4b
14482 Am Sportplatz 228-10c
14478 Am Springbruch 263-9a
14478 Am Stadtrand 263-6d
14480 Am Stern 264-2a
14476 Am Stich 189-2c
14476 Am Stinthorn 190-12b
14469 Am Tempelberg 226-7c
14469 Amtsstraße 226-5d
14469 Amundsenstraße 226-8a
14476 Am Upstall 190-4b
14476 Am Urnenfeld 225-12a
14469 Am Vogelherd 226-3d
14476 Am Wald (Krampnitz) 191-7c
14476 Am Wald (Marquardt) 189-8a
14478 Am Wald (Siedlung Eigenheim) 263-2d
14476 Am Waldfrieden 191-9c
14482 Am Waldrand 227-6d
14476 Am Weinberg (Fahrland) 190-8a
14476 Am Weinberg (Golm) 225-8d
14469 Am Weißen See 226-3a
14469 Am Wiesenrain 189-11b
14476 Am Wiesenrand 190-12d
14469 Am Wildpark 226-11c
14469 Am Windmühlenberg 226-4c
14476 Am Zernsee 225-10d
14476 An den Eisbergstücken 190-5d
14476 An den Gärten (2) 227-7a
14476 An den Leddigen 190-4b
14482 An den Windmühlen 263-3b
14482 An der alten Brauerei 227-11b
14476 An der alten Kreisstraße 189-5c
14478 An der Alten Zauche 263-6a
14476 An der Bahn 225-9c
– An der Bauernheide 163-11b
14478 An der Brauerei 264-7a
14469 An der Einsiedelei (3) 226-9d
14473 An der Fährwiese 262-3b
14476 An der Jubelitz 190-4c
14476 An der Kaserne 190-8b
14476 An der Kirche 191-6c
14476 An der Mole 190-11d
14478 An der Nuthe (3) 263-6b
14476 An der Obstplantage 189-12a
14469 An der Orangerie 226-9c
14480 An der Parforceheide 228-11c
14471 An der Pirschheide 262-5a
14469 An der Roten Kaserne (15) 227-4a
14482 An der Sandscholle 228-10c
14476 An der Sporthalle 191-6c
14482 An der Sternwarte 227-9c
14476 An der Trift 190-5d
14469 An der Vogelwiese 226-4b
14473 An der Vorderkappe 263-1a
14476 An der Windmühle 190-4c
14476 An der Wublitz (2) 189-4d
14469 Angermannstraße 227-4a
14476 Anglerkolonie 190-12c
14467 Anglerkolonieweg 190-12c
14482 Anhaltstraße 227-12d
14469 Annemarie-Wolf-Platz 226-6d
14480 Anni-von-Gottberg-Straße 264-5c
14469 Apfelweg 226-6c
14480 Asta-Nielsen-Straße 264-5b
14471 Auf dem Kiewitt 226-12d
14482 August-Bebel-Straße 228-10d + 264-1b
14482 August-Bier-Straße 228-10a
14469 August-Bonnes-Straße 226-9b
14469 Ausbau 189-11c

14473 **B**abelsberger Straße 227-10d
14482 Baberowweg 263-3a
14480 Babrader Straße 264-1d
14476 Badestellenweg (3) 191-10a
14467 Bäckerstraße 227-10a
14471 Bahnhofsplatz 227-10d
14480 Bahnhofstraße 264-1b
14482 Baldurstraße 227-12b
14469 Bartholomäus-Neumann-Straße 226-9b
14476 Bassewitzstraße (1) 190-12b
14467 Bassinplatz 227-7d
14476 Bauernweg 163-12a
14469 Baumhaselring 226-7a
14469 Baumschulenweg 226-7c
14480 Bebraer Straße 264-4b
14480 Beethovenstraße 264-1b
14482 Beetzweg 263-3b
14467/14469 Behlertstraße 227-7c
14482 Behringstraße 227-12b
14480 Bellavitestraße 264-5c
14482 Bendastraße 227-12c
14467 Benkertstraße 227-7d
14482 Benzstraße 227-12c
14473 Bergholzer Straße (1) 227-11c
14471 Bergmeierei 261-6d
14476 Bergstraße (Groß Glienicke) 191-6c
14476 Bergstraße (Neu Fahrland) 190-9d
14476 Bergstraße (Satzkorn) 189-9a
14482 Bergweg 227-9d
14467 Berliner Straße 227-8c
14478 Bernhard-Kellermann-Straße 263-6a
14467 Bertha-von-Suttner-Straße 227-7d
14469 Bertinistraße 227-1d
14469 Bertiniweg 227-1d
14478 Bertolt-Brecht-Straße 263-6c
14480 Bettina-von-Arnim-Straße (3) 264-5c
14469 Beyerstraße 227-7a
14478 Biberkiez 263-6b
14482 Biberweg 263-3b
– Billy-Wilder-Platz 228-10d
14478 Binsenhof 263-3c
14471 Birkenallee 262-1b
– Birkenhügel 226-7c
14469 Birkenstraße 227-7b
14476 Birkenweg 191-6c
14469 Birnenweg (Bornstedt) 226-6a
14476 Birnenweg (Neu Fahrland) 190-12c
14476 Birnenweg (Satzkorn) 189-6d
14478 Bisamkietz 263-3d
14478 Bisamkiez 263-6b
– Blumengarten (41-C3)
14469 Blumenstraße 226-8b
14482 Blumenweg (Babelsberg) 227-12d
14476 Blumenweg (Marquardt) 189-8d
14467 Böcklinstraße 227-5c
14469 Bornim 225-6b + 226-4a
14476 Bornimer Chaussee 225-8b
14469 Bornstedter Straße 226-9a
- Botanischer Garten (41-B1)
14480 Brahmsweg 264-1b
14467 Brandenburger Straße 227-10a
– Brandenburger Tor 226-12b
14476 Braumannweg 191-9d
14469 Breiter Weg 226-4b
14467 Breite Straße 226-12b
14469 Brentanoweg 226-9d
14469 Brombeersteig (11) 226-7c
14467 Bruchweg 163-12b
– Brücke des Friedens 226-3b
14482 Bruno-H.-Bürgel-Straße 227-12b
14469 Bruno-Taut-Straße (18) 227-4a
14467 Buchenweg 190-12c
14480 Büringstraße 264-5c
14476 Bullenwinkel 191-8a
14467 Burgstraße 227-10b
14469 Bussardweg (2) 226-5d

14467 **C**aputher Heuweg 263-7a
14478 Caputher Heuweg (Waldstadt) 263-9a
14469 Carl-Christian-Horvath-Straße 226-9b
14471 Carl-von-Ossietzky-Straße 226-12a
14469 Charles-Tellier-Platz 226-9a
14471 Charlottenhof 226-11d
14467 Charlottenstraße 227-10a
14480 Chopinstraße 264-2c
14476 Christophorusweg 191-9a
14480 Clara-Schumann-Straße 264-8a
14471 Clara-Zetkin-Straße 226-12a
14482 Concordiaweg 227-12a
14480 Conrad-Veidt-Straße 264-5d

14473 **D**aheim (Kleingartenkolonie) 263-2b
14482 Daimlerstraße 227-11d
14478 Damaschkeweg 263-2d
14469 David-Gilly-Straße 226-9a
14469 Dennis-Gabor-Straße 226-9a
– Dianapark 228-10d
14482 Dianastraße 228-10d
14482 Dieselstraße 227-12c
14476 Döberitzer Straße 190-4d
14476 Döberitzer Weg 190-1d
14476 Dohlenweg 191-9a
14476 Dr.-Kurt-Fischer-Straße 191-6b
14482 Domstraße 228-10a
14482 Donarstraße 227-9c

14476 Dorfstraße (Groß Glienicke) 191-6d
14469 Dorfstraße (Grube) 225-4b
14476 Dorfstraße (Kartzow) 189-3a
14476 Dorfstraße (Paaren) 189-1c
14476 Dorfstraße (Satzkorn) 189-6b
14476 Dorfstraße (Uetz) 189-4c
14480 Dorothea-Schneider-Straße 264-5c
14467 Dortustraße 227-10c
14476 Drei Mohren 190-11b
14473 Drevesstraße 263-2a
14478 Drewitzer Straße 263-6a
14476 Driftweg 189-8d
14476 Drosselweg (1) 189-5c
14467 Dürerstraße 227-8a

14476 Ebereschenweg (Groß Glienicke) (4) 191-6c
14469 Ebereschenweg (Schlänitzsee) 189-11b
14467 Ebräerstraße 227-10a
14469 Ecksteinweg 226-7c
14473 Edisonallee 227-11d
14478 Eduard-Claudius-Straße 263-6a
14469 Eduard-Engel-Straße 227-7a
14480 Eduard-von-Winterstein-Straße (9) 264-5a
14469 Ehrenpfortenbergstraße 225-9d
14469 Eichelkamp 226-3c
14469 Eichenallee 226-8c
14476 Eichenallee (Satzkorn) 189-6c
14469 Eichenring 226-7a
14482 Eichenweg (Babelsberg) 227-12d
14476 Eichenweg (Golm) 225-9c
14469 Einsiedelei 226-9d
14469 Eisenhartstraße 227-7c
14480 Eleonore-Prochaska-Straße 264-5c
14467 Eltesterstraße (2) 227-11a
14482 Emil-Jannings-Straße 264-1a
14471 Entenfängerweg 261-3b
- Entenfang 261-3a
14469 Erich-Arendt-Straße 227-4a
14480 Erich-Engel-Weg 264-5b
14469 Erich-Mendelsohn-Allee 226-9a
14480 Erich-Pommer-Straße 264-5a
14480 Erich-Weinert-Straße 263-6c
14478 Erlenhof 263-3c
14480 Ernst-Lubitsch-Weg 264-5b
14476 Ernst-Thälmann-Straße 191-9a
14469 Erwin-Barth-Straße 226-6c
14476 Eschenweg 189-8d
14482 Espengrund 228-10a
14469 Esplanade 227-4c
14480 Eulenkamp 264-2c

14469 Fährstraße 227-3c
14476 Fährweg 189-4d
14476 Fahrländer Chaussee (Kartzow) 163-12c
14476 Fahrländer Chaussee (Marquardt) 189-9c
14469 Fahrländer Damm 226-2b
14476 Fahrländer Straße (Fahrland) 190-9c
14476 Fahrländer Straße (Marquardt) 189-8d
14476 Fahrländer Weg 189-9c
14476 Fahrland 190-8a
14478 Falkenhorst 263-3a
14471 Falknerstraße 225-12a
14469 Fasanenring 226-4b
14476 Fasanenweg 189-7b
14476 Fehlowweg 190-4d
14471 Feldweg 226-11d
14469 Feldweg (Schlänitzsee) 189-11d
14476 Ferbitzer Weg 190-1a
14469 Festungsweg (41-A1)
14471 Feuerbachstraße 226-12a
14480 Fichtenallee 264-1d
14471 Fichtestraße 226-12c
14482 Filchnerstraße 227-12b
- Filmpark Babelsberg 264-1a
14473 Finkenweg 263-1a
14476 Finkenweg (Marquardt) 189-4d
14469 Fintelmannstraße 226-6b
14469 Fischersteig (5) 189-11b
14476 Fischerweg 190-7d
14469 Fliederweg 226-6c
14469 Florastraße 226-5c
14480 Flotowstraße 264-2a
14482 Försterweg 228-10d
14482 Fontanestraße (Babelsberg) 228-10a
14476 Fontanestraße (Neu Fahrland) 190-11d
14469 Forellensprung (11) 189-11d
14476 Forstallee 191-9c
14471 Forststraße 226-11c
14482 Franz-Mehring-Straße 228-10c
14467 Französische Straße 227-10b
14476 Freiheitsstraße 191-6a
14482 Freiligrathstraße 228-10a
14482 Freyaplatz 227-9d
14473 Friedhofsgasse 263-2a
14476 Friedhofsweg 189-3a
14467/14469 Friedrich-Ebert-Straße 227-7c
14473/14482 Friedrich-Engels-Straße 227-10d
14476 Friedrich-Günther-Platz 191-9a
14482 Friedrich-Holländer-Straße 228-10c
14469 Friedrich-Klausing-Straße (17) 227-4a
14469 Friedrich-Kunert-Weg (8) 226-6b
14473 Friedrich-List-Straße 227-11c
14480 Friedrich-W.-Murnau-Straße 264-5b
14478 Friedrich-Wolf-Straße 263-6c
14482 Friesenstraße 227-12c
14469 Fritze-Bollmann-Steig (12) 189-11d
14469 Fritz-Encke-Straße 226-6b
14480 Fritz-Lang-Straße 264-5b
14469 Fritz-von-der-Lancken-Straße (16) 227-4a
14482 Fritz-Zubeil-Straße 263-3b
14480 Fuldaer Straße 264-1d
14482 Fultonstraße 227-12c

14476 Gärtner-Schmidt-Straße (2) 190-12b
14480 Gagarinstraße 264-1d
14480 Galileistraße 264-2c
14476 Ganghoferstraße 190-12b
14482 Garnstraße 227-11b
14482 Gartenstraße (Babelsberg) 263-3b
14476 Gartenstraße (Fahrland) 190-4d
14480 Gaußstraße 264-2d
14476 Geiselbergstraße 225-8d
14476 Gellertstraße 190-9c
14469 Georg-Hermann-Allee 226-9b
14482 Georg-W.-Pabst-Straße 228-10c
14480 Gerlachstraße 264-5a
14469 Gersthofweg 226-4b
14469 Gertrud-Feiertag-Straße 227-7a
14480 Gertrud-Kolmar-Straße 264-8a
14471 Geschwister-Scholl-Straße 226-11c
14478 Ginsterweg 263-6c
14476 Gladiolenweg 189-6a
14482 Glasmeisterstraße 227-11d
- Glienicker Brücke 227-5d
14467 Glienicker Horn 227-8b
14476 Glienicker Weg 189-3b
14482 Glienicker Winkel 227-9c
14480 Gluckstraße 264-2a
14469 Glumestraße 227-4d
14482 Goetheplatz 227-12b
14482 Goethestraße 227-12b
14476 Golmer Chaussee 225-6c
14476 Golmer Damm 225-11c
14476 Golmer Fichten 225-9b
14471 Gontardstraße 262-2a
14469 Grabenstraße 226-8b
14476 Grabenweg 189-12a
14469 Graf-von-Schwerin-Straße 227-4a
14469 Gregor-Mendel-Straße 226-9d
14469 Grenzallee 226-2d
14482 Grenzstraße 227-12a
14478 Grenzweg 263-6b
14482 Griebnitzstraße 227-9b
14471 Grillparzerstraße 226-12d
14469 Gröbenstraße 225-6a
14482/14480 Großbeerenstraße 227-12c
14467 Große Fischerstraße 227-11a
14482 Großer Umfahrweg 227-11b
14469 Großes Horn 227-1a
14469 Große Weinmeisterstraße 227-7b + 4d
14476 Groß Glienicke 191-8a
14480 Grotrianstraße 264-1c
14469 Grüner Weg (Bornim) 226-5a
14476 Grüner Weg (Groß Glienicke) 191-6a
14480 Grüner Weg (Parforceheide) 228-11b
14482 Grüner Weg (Park Babelsberg) 227-9c
14482 Grünstraße 264-1a
14480 Günther-Simon-Straße 264-5b
14480 Guido-Seeber-Weg 264-5a
14469 Gustav-Meyer-Straße (12) 226-6b
14467 Gutenbergstraße 226-12b
14469 Gutsstraße 226-4b

14478 Habichthorst 263-3c
14469 Habichtweg 226-8b
14476 Habichtweg (Golm) 225-9b
14469 Haeberlinweg 226-8b
14471 Haeckelstraße 226-11d
14476 Hainbuchenweg (3) 191-6c
14469 Hainholzstraße 226-3a
14478 Handelshof 263-9b
14469 Hannes-Meyer-Straße 226-6d
14476 Hannoversche Straße 190-9d
14480 Hans-Albers-Straße 264-5b
14480 Hans-Grade-Ring 264-1d
14473 Hans-Marchwitza-Ring 227-11a
14471 Hans-Sachs-Straße 226-12a
14467 Hans-Thoma-Straße 227-7d
14476 Haseleck 189-8d
14469 Haselnussring 226-5a
14476 Haseloffweg 188-9b
14478 Hasensprung 263-5b
14476 Hasensteg 190-5a
- Hauptallee 226-11b
14476 Hauptstraße 189-8b
14469 Hauptweg 189-11b
14473 Havelstraße 227-11a
14467/14469 Hebbelstraße 227-7d
14476 Hechtsprung 191-6c
14469 Heckenstraße 226-4a
14467 Hegelallee 226-9d
14478 Hegemeisterstraße 263-5b
14471 Hegemeisterweg 262-1b
14478 Heidereiterweg 263-2d
14482 Heideweg 227-12d
14467 Heilig-Geist-Straße 227-11a
14478 Heimrode 263-5b
14482 Heiner-Carow-Straße 228-10d
14482 Heinestraße 227-12b
14482 Heinrich-George-Straße 264-1a
14476 Heinrich-Heine-Weg 190-12d
14473/14478 Heinrich-Mann-Allee 227-10d
14482 Heinrich-von-Kleist-Straße 263-3a
14469 Heinrich-Zeininger-Straße 226-6b
14476 Heinz-Sielmann-Ring 192-1c
14469 Heisenbergstraße (6) 226-6c
14469 Helene-Lange-Straße 227-7c
14476 Helmholtzstraße 227-8c
14476 Helmut-Just-Straße 191-6b
14467 Henning-von-Tresckow-Straße 227-10a
14482 Herderstraße 228-10a
14467 Hermann-Elflein-Straße 227-10a
14469 Hermann-Göritz-Straße (5) 226-6d
14469 Hermann-Kasack-Straße 226-6d
14476 Hermann-Krome-Weg (2) 191-6c
14482 Hermann-Maaß-Straße 227-9d
14469 Hermann-Mächtig-Straße 226-6b
14469 Hermann-Mattern-Promenade 226-6c
14478 Hermann-Muthesius-Straße 263-2d
14469 Hermann-Struve-Straße 226-5a
14469 Herta-Hammerbacher-Straße (3) 226-6c
14482 Herthastraße 227-12b
14480 Hertha-Thiele-Weg 264-5b
14469 Herzbergstraße 226-7a
14469 Hessestraße 227-4c
14467 Hiller-Brandtsche Häuser 226-12d
14476 Hölderlinplatz (1) 190-4d
14467 Hoffbauerstraße 227-10c
14482 Hoher Weg 227-9c
- Holländischer Garten 226-9d
14467 Holländisches Viertel 227-7d
14467 Holzmarktstraße 227-10b
- Hopfengarten (41-A1)
14469 Horst-Bienek-Straße 226-6d
- Horstbrücke 263-3a
14482/14478 Horstweg 263-2d
14480 Hubertusdamm 264-1b
14469 Hügelweg 226-4b
14469 Hugstraße 226-4a
- Humboldtbrücke 227-8c
14473 Humboldtring 227-11c

14476 Im Apfelgarten 190-12b
14471 Im Bogen 262-2a
14467 Im Französischen Quartier 227-10b
14476 Im Hirschen 191-9a
14471 Immenseestraße 262-2a
14476 Im Park 189-8d
14480 Im Schäferfeld 264-1d
14471 Im Wildpark 262-4a
14476 Im Winkel 189-3a
14480 In der Aue 264-1b
14476 In der Feldmark 225-9a
14476 In der Heide 225-9b
14478 Industriegebiet Potsdam Süd 264-4c
- Inselbrücke 227-10b
14478 Inselhof 263-3c
14476 Interessentenweg 191-6a
14476 Isoldestraße 191-9a

14469 Jägerallee 227-7c
14476 Jägerhof 191-12a
14482 Jägersteig 228-10d
14467 Jägerstraße 227-7c
14476 Jägerstraße (Golm) (4) 225-12a
- Jägertor 227-7c
14480 Jagdhausstraße 264-2b
14482 Jahnstraße 227-12c
14469 Jakob-von-Gundling-Straße 226-9b
14469 Jochen-Klepper-Straße 226-6d
14482 Joe-May-Straße 228-10d
14469 Johan-Bouman-Platz 226-9a
14480 Johanna-Just-Straße 264-5c
14480 Johannes-Kepler-Platz 264-2c
14469 Johannes-Lepsius-Straße 227-7a
14478 Johannes-R.-Becher-Straße 263-6a
14469 Johann-Goercke-Allee 226-9d
14469 Johann-Kunkel-Weg 226-5a
14482 Johannsenstraße 227-11d
14482 Johann-Strauß-Platz 227-9d
14467 Joliot-Curie-Straße 227-10b
14482 Joseph-von-Sternberg-Straße 228-10c
14478 Julius-Posener-Straße 263-2d
14482 Jutestraße 227-11b

14478 Käthe-Kollwitz-Straße 263-6a
14469 Käthestraße (3) 189-11b
14476 Käuzchenweg (Golm) 225-9b
14478 Käuzchenweg (Stadtrandsiedlung) 263-6b
14476 Kaffeeweg 226-8c
14469 Kahlenbergstraße 226-7c
14469 Kaiser-Friedrich-Straße 226-7d
14480 Kamblystraße (5) 264-5c
14476 Kanalweg 188-8d
14471 Kantstraße 226-11d
14469 Karen-Jeppe-Straße 227-7a
14473 Karl-Foerster-Straße 227-11a
14482 Karl-Gruhl-Straße 227-12a
14469 Karl-Krieger-Straße 226-6c
14482 Karl-Liebknecht-Straße 227-12c
14476 Karl-Liebknecht-Straße (Golm) 225-9c
14482 Karl-Marx-Straße 227-9b
14480 Karoline-Schulze-Straße (2) 264-5c
14471 Kastanienallee 226-12c
14476 Kastanienweg (1) 189-6a
14480 Katharinastraße 264-1d
14469 Katharinenholzstraße 226-8b
14480 Kellerstraße 264-2a
14467 Ketziner Straße 190-8b
14478 Kiefernring 263-6c
14467 Kiefernweg 190-12b
14476 Kienhorststraße 190-8a
14469 Kiepenheuerallee 226-6d
14476 Kietzerstraße 190-4d
14467 Kiezstraße 227-10a
14476 Kirchplatz 189-8d
14480 Kirchstraße 264-5c
14476 Kirchweg 189-1c
14476 Kirschallee 226-9a
14469 Kirschenstieg (4) 226-7a
14476 Kirschweg 189-1a
14469 Klabautermann (10) 189-11d
14469 Kladower Straße 227-3c
14482 Kleewall 263-3b
14476 Kleiberweg 225-9b
14467 Kleine Fischerstraße (1) 227-11a
14467 Kleine Gasse (1) (41-B2)
14469 Kleine Weinmeisterstraße 227-7a
14476 Kleingartenweg 189-8d
14482 Klopstockstraße 227-12b
14471 Knobelsdorffstraße 262-2b
14476 Königsweg 190-4a
14482 Körnerweg 227-12b
14480 Kohlhasenbrücker Straße 264-2d
14480 Kolonie Am Beerenbusch 226-5b
14469 Kolonie Eintracht 226-5b
14469 Konrad-Wachsmann-Straße 226-6c
14480 Konrad-Wolf-Allee 264-5c
14482 Konsumhof 263-3b
14482 Kopernikusstraße 227-12c
14476 Koppelweg 189-6d
14476 Kossätenweg 225-8d
14473 Kottmeierstraße 263-2d
14476 Krampnitz 190-9c
14469 Krampnitzer Straße 227-2b
14476 Krampnitzer Weg 191-9d
14482 Kreuzstraße 227-12a
14469 Krimlindenallee (41-B1)
14469 Kronprinzenweg (41-B1)
14469 Krumme Straße 226-7c
14478 Kuckucksruf 263-6a
14473 Küsselstraße 262-3b
14476 Kuhfort 225-12d
14476 Kuhforter Damm 225-12b
- Kuhtor (41-C2)
14473 Kunersdorfer Straße 263-2c
14467 Kurfürstenstraße 227-7d
14469 Kurt-von-Plattenberg-Straße 226-9b
14473 Kurze Straße 263-2a
14469 Kutscherweg 226-9b

14476 Landhausstraße 191-9d
14476 Landstraße 189-7a
- Lange Brücke 227-10d
14473 Langerwischer Weg 263-7b
14469 Langhansstraße 227-4d
14482 Lankestraße 227-9b
14480 Laplacering 264-2c
14469 Laubenweg 225-2c
14476 Leddigenweg 190-4b
14467 Leiblstraße 227-7d
14480 Leibnizring 264-2c
14473 Leipziger Straße 263-1a
14469 Leistikowstraße 227-4d
14473 Leiterstraße 263-1c
14469 Lendelallee 226-8b
14469 Lennéstraße (41-C2)
14471/14469 Lennéstraße 226-12a
14469 Lerchensteig 226-2b
14482 Lessingstraße 227-12b
14467 Lichtungsweg 190-11b
14478 Liefelds Grund 263-9a
14482 Lilian-Harvey-Straße 228-10c
14480 Lilienthalstraße 264-1d
14469 Lindenallee (Bornim) 226-2d
14469 Lindenallee (Eiche) 225-12b
14469 Lindenavenue 226-11a
- Lindengestell 263-7a
14469 Lindengrund 225-12b
14467 Lindenstraße 227-10a
14476 Lindenstraße (Satzkorn) 189-6a
- Lindstedter Chaussee 226-4d
14469 Lindstedter Straße 225-9d
- Lindstedter Tor 226-8c
- Lindstedter Weg 226-8c
14478 Lisdorf 263-6b
14480 Lise-Meitner-Straße 264-5c
14480 Lortzingstraße 264-1b
14473 Lotte-Pulewka-Straße 227-11a
14482 Louis-Nathan-Allee 227-9a
14469 Ludwig-Boltzmann-Straße 226-6c
14469 Ludwig-Lesser-Straße (11) 226-6b
14467 Ludwig-Richter-Straße 227-8a
14467 Luisenplatz 226-12b
14482 Lutherplatz 227-11d
14482 Lutherstraße 227-12a
14469 Luzernstraße (13) 226-6b

14476 Märkerring 190-5c
14476 Märkische Straße 190-9c
14478 Magnus-Zeller-Platz 263-3c
14480 Maimi-von-Mirbach-Straße 264-5c
14467 Mangerstraße 227-7d
14480 Margarete-Buber-Neumann-Straße (1) 264-5c
14480 Marie-Hannemann-Straße 264-8a
14480 Marie-Juchacz-Straße 264-8a
14469 Marktplatz (6) 226-7a
14482 Marlene-Dietrich-Allee 228-10c
- Marlygarten 226-12b
14476 Maronenweg 189-3b
14476 Marquardt 189-8a
14469 Marquardter Chaussee 189-12a + 225-3b
14469 Marquardter Damm 189-11b
14476 Marquardter Straße (Fahrland) 190-7b
14469 Marquardter Straße (Marquardt) 189-12a
14476 Marquardter Straße Ausbau (2) 190-7b
14476 Martinsweg 190-12b
14469 Mauerstraße 226-9d
14469 Maulbeerallee 226-8d
14480 Max-Born-Straße 264-2c
14469 Max-Eyth-Allee 226-1d
14480 Maxie-Wander-Straße 264-5c
14473 Max-Planck-Straße 227-10d
14473 Max-Volmer-Straße 227-11c
14469 Max-Wundel-Straße (9) 226-6b
14471 Maybachstraße 226-11d
14469 Mehlbeerenweg (9) 226-7a
14476 Meisenweg (Golm) 225-9b
14476 Meisenweg (Marquardt) 189-4d
14478 Meisenweg (Stadtrandsiedlung) 263-6b
14471 Meistersingerstraße 226-12a
14469 Melchior-Bauer-Straße 226-6c
14480 Mendelssohn-Bartholdy-Straße 264-2a
14467 Menzelstraße 227-5d
14482 Merkurstraße 264-1b
14473 Michendorfer Chaussee 262-9b
14469 Mies-van-der-Rohe-Straße 226-9a
14478 Milanhorst 263-3c
14476 Milanring 190-5d
14480 Mildred-Harnack-Straße 264-5c
14469 Mitschurinstraße 226-4a
14482 Mitteldamm 263-3d
14467 Mittelstraße 227-7c
14467 Mittelweg 189-3a
14471 Mittelweg (P-West) 226-12c
14478 Möbelhof 264-4c
14482 Mövenstraße 227-9a
14478 Moosglöckchenweg 263-9a
14469 Moritz-von-Egidy-Straße (1) 226-9b
14480 Mozartstraße 264-1b
14469 Mühlenbergweg 226-9d
14469 Mühlendamm 225-7a
14476 Mühlenring 190-5c
14482 Mühlenstraße 227-11b
14482 Mühlentor 227-11b
14467 Mühlenweg 227-8a
14476 Mühlenweg (Paaren) 189-1c
14482 Müllerstraße 227-12a
14480 Munthestraße (4) 264-5c

14471 Nansenstraße 226-12a
14467 Nattwerder Weg 225-4b
- Nauener Tor 227-7c
14469 Nedlitz 226-3a
14469 Nedlitzer Holz 227-4a
- Nedlitzer Nordbrücke 190-12d
14469 Nedlitzer Straße 227-1a
14469 Nelkenweg 227-4a
14480 Nelly-Sachs-Straße 264-5c
14469 Neptun (7) 189-11b
14469 Neue Dorfstraße 225-5a
14469 Neue Kirschallee 226-6c
14482 Neuendorfer Anger 227-11d
14480 Neuendorfer Straße 264-5c
14469 Neues Palais 226-11a
14482 Neue Straße 227-11b
14476 Neu Fahrland 190-12a
14469 Neugrube 225-2d
14476 Neuhainholz 190-11d
14482 Neumann-Straße 227-12d
14480 Newtonstraße 264-2c
14476 Nibelungenstraße 191-9c
14476 Nicolaus-Lehnau-Straße 190-9d
14480 Niels-Bohr-Ring 264-2c
14469 Nietnerstraße (10) 226-6b
14467 Nikolskoer Weg 227-6d
- Nordischer Garten (41-C1)
- Nordischer Garten 226-9c
14480 Nuthedamm 264-4c
- Nuthepark 227-11a
14478 Nuthestraße 227-11a
14478 Nuthe-Wanderweg 263-3a
14473 Nuthewinkel 263-2b

14467 Obere Planitz 227-10c
14476 Obstweg 190-1a
- Ökonomieweg 226-11a
14469 Ökonomieweg (Nauener Vorstadt) 227-7b
14469 Opolestraße (14) 226-6b
- Orangerie 226-8d
14482 Orenstein & Koppel Straße 264-1a
14469 Orville-Wright-Straße 226-6c
14480 Oskar-Meßter-Straße 264-5a
14478 Otterkiez 263-6b
14482 Otterweg 263-3b
14482 Otto-Erich-Straße 228-10a
14480 Otto-Hahn-Ring 264-2c
14480 Otto-Haseloff-Straße 264-2d
14467 Otto-Nagel-Straße 227-8c

14473 Paetowstraße 263-1c
14469 Pannenbergstraße 226-4b
14469 Pappelallee 226-9a
14476 Pappelallee (Fahrland) 190-7d
14478 Pappelhof 263-3c
14476 Pappelweg 189-6d
- Paradiesgarten (41-C1)
14480 Parallelweg 264-1d
- Parkbrücke 227-9a
- Park Charlottenhof 226-11b
- Park Sanssouci 226-8d
14469 Parkstraße 226-9d
14476 Parkweg (2) 189-8d
14476 Parzivalstraße 191-9a
14482 Pasteurstraße 227-12a
14480 Patrizierweg 264-2a
14469 Paul-Engelhard-Straße 226-6c
14482 Paul-Neumann-Straße 227-12d
14480 Paul-Wegener-Straße 264-5b
14469 Persiusstraße 227-4d
14482 Pestalozzistraße 227-12d
14469 Peter-Behrens-Straße 226-9b
14469 Peter-Huchel-Straße 227-4a
- Peter-Kühne-Siedlung 226-11c
14469 Petri Dank (9) 189-11b
14469 Petri Heil (8) 189-11b
14476 Pflaumenweg 189-1c
14480 Pierre-de-Gayette-Straße 264-5c
14480 Pietschkerstraße 264-1d
14476 Pilzweg (Groß Glienicke) 191-9c
14476 Pilzweg (Kratzow) 189-3a
14476 Pirolweg 225-9b
14482 Plantagenplatz 227-12b
14482 Plantagenstraße 227-12b
14476 Plantagenweg 190-9c
14476 Plattenweg 189-8d
14467 Platz der Einheit 227-10a
14469 Pomonaring 226-5c
14469 Poseidon (6) 189-11b
14467 Posthofstraße 227-10b
14476 Potsdamer Chaussee (Fahrland) 191-7a

14476 Potsdamer Chaussee (Große Glienicke) 191-5d
14469 Potsdamer Straße 226-5d + 4b
14476 Potsdamer Straße (Paaren) 189-1c
14482 Prager Straße 263-3b
14476 Priesterstraße 190-5c
14480 Priesterweg 264-5c
14482 Prof.-Dr.-Helmert-Straße 228-10b
14469 Puschkinallee 227-7a

14480 **R**atsweg (Babelsberg) 264-2a
14476 Ratsweg (Marquardt) (1) 189-8d
14478 Ravensberggestell 263-8a
14478 Ravensbergweg 263-5b
14476 Rehsprung 191-9c
14476 Rehweg 190-12d
14476 Reiherbergstraße 225-8d
14469 Reiherweg 226-9a
14469 Reinhold-Schneider-Straße 226-6d
14469 Reitbahnstraße 226-9b
14469 Reiterweg 227-7a
14467 Rembrandtstraße 227-5d
– Remisenpark 226-3d
14482 Reuterstraße 227-12b
14469 Ribbeckstraße 226-9c
14476 Ribbeckweg 191-6c
14480 Ricarda-Huch-Straße 264-5c
14469 Richard-Schäfer-Straße 227-7a
14476 Richard-Wagner-Straße 191-9a
14476 Rieterhof 189-4c
14476 Ringstraße (Neu Fahrland) 189-6b
14476 Ringstraße (Satzkorn) 190-11d
14476 Ritterstraße 225-8d
14480 Robert-Baberske-Straße 264-5a
14482 Robert-Koch-Straße 228-10a
14480 Röhrenstraße 264-2a
14482 Rosa-Luxemburg-Straße 227-9d
14471 Roseggerstraße 226-11d
14469 Rosenstieg (10) 225-9b
14482 Rosenstraße 227-12d
14469 Rosenweg (Nauener Vorstadt) 227-4a
14476 Rosenweg (Satzkorn) 189-6a
14478 Rosenweg (Schlaatz) (2) 263-6b
14469 Rosenweg (Schlänitzsee) 189-11b
14469 Roßkastanienstraße 226-7a
14482 Rotdornweg (Babelsberg) 227-12d
14476 Rotdornweg (Groß Glienicke) (5) 191-6c
14482 Rote-Kreuz-Straße 228-10d
14476 Rotkehlchenweg 191-7c
14467 Rubensstraße 227-8a
14482 Rudolf-Breitscheid-Straße 227-11d
14482 Rudolf-Moos-Straße 263-3a
14469 Rückertstraße 226-4b
14469 Ruinenbergstraße 226-9d
14471 Runder Weg 262-1b
14476 Rundweg 189-4c
14476 Rundweg am Siegbund 190-7c
14469 Russische Kolonie 227-7a
14469 Russische Kolonie Alexandrowka 227-7a

14478 **S**aarmunder Straße 263-6a
14476 Sacrower Allee 191-9a
14469 Sacrow nach Straße 227-2c
14476 St.-Anna-Straße 191-9a
14469 Sattlerstraße 226-9b
14476 Satzkorn 189-6c
14476 Satzkorner Weg 189-5c
– Satzkorner Weg (Paaren) 189-1d
14482 Sauerbruchstraße 227-12b
– Saugartengestell 263-7a
14480 Schadowstraße (6) 264-5c
14480 Schäferweg 264-1d
14482 Scheffelstraße 227-12b
14467 Schiffbauergasse 227-8c
14478 Schilfhof 263-3c
14471 Schillerplatz 226-12c
14471 Schillerstraße 226-12c
14480 Schinkelstraße (7) 264-8a
14473 Schlaatzstraße 227-11c
14473 Schlaatzweg 227-11c
14469 Schlänitzseer Weg 225-2c
14469 Schlegelstraße 226-9d
14469 Schlehenstieg (3) 226-7a
14482 Schloss Babelsberg 227-8b
14469 Schloss Cecilienhof 227-5c
– Schlosspark Sacrow 227-2d
14469 Schloss Sanssouci 226-9c
14467 Schloßstraße 227-10c
14476 Schloßweg 189-6d
14471 Schlüterstraße 262-2a
14473 Schmerberg Gestell 263-4a
14469 Schmidt's Hof 225-2c
14469 Schmiedegasse 226-9b
14469 Schneiderweg 226-2c
14467/14471 Schopenhauerstraße 226-9d
14482 Schornsteinfegergasse 227-12c
14469 Schräger Weg 226-4b
14480 Schubertstraße 264-1b
14469 Schulplatz 226-9a
14480 Schulsteig 264-2c
14482 Schulstraße 227-12c
14476 Schulstraße (Marquardt) 189-8d
14476 Schusterweg 189-8d
14476 Schwalbenhof (1) 225-8d
14476 Schwalbenweg 190-12c
14467 Schwanenallee 227-5c
– Schwanenbrücke 227-5c
14469 Schwarzer Weg (Grube) 225-5a
14476 Schwarzer Weg (Marquardt) 189-9a
14476 Schwarzer Weg (Paaren) 189-1c
14480 Schwarzschildstraße 264-2c
14467 Schwertfegerstraße (41-C3)
14476 Seeburger Chaussee 191-3d
14476 Seepromenade 191-9b
14467 Seestraße (Berliner Vorstadt) 227-8a
14476 Seestraße (Marquardt) 189-8d
14473 Sellostraße 226-12b
14482 Semmelweisstraße 227-12a
14476 Siedlung 188-9b
14471 Siedlung Sonnenland 262-2c
14469 Siedlungsweg (Eiche) (12) 225-9d
14476 Siedlungsweg (Fahrland) 190-7c
14467 Siefertstraße 227-10a
14478 Siegwald-Sprotter-Straße 226-8b
14482 Siemensstraße 227-12c
14480 Slatan-Dudow-Straße 264-5a
14471 Sonnenlandstraße 262-2d
14478 Sonnentaustraße 263-6c
14476 Sonnenweg 190-12c
14476 Spechtweg 225-9b
14478 Sperberhorst 263-3a
14476 Sperberweg 225-9b
14476 Spielstraße 189-8d
14482 Spindelstraße 227-12a
14476 Spitzbergweg 190-5a
14482 Spitzweggasse 227-9d
14467 Spornstraße 227-10a
14476 Sprengselbergweg 190-1b
14471 Stadtheide 262-2d
14480 Stadtplatz Kirchsteigfeld 264-5c
14482 Stahnsdorfer Straße 227-12d
14469 Staudenweg 226-5c
14469 Stechlinweg 226-9b
14469 Steife Brise 189-11a
14482/14480 Steinstraße 228-11c + 264-2b
14469 Steinwerderdamm 225-4d
14482 Stephensonstraße 227-12c
14480 Sternstraße (Babelsberg) 264-2d
14480 Sternstraße (Drewitz) 264-4d
14471 Stiftstraße 226-12d
14476 Stinthorn 191-10a
14476 Storchenhof (2) 225-8d
14471 Stormstraße 262-2b
14469 Strandweg (Nedlitz) 226-3a
14469 Strandweg (Schlänitzsee) 189-11a
14476 Straße des Friedens 189-6a
14469 Straße nach Sacrow 227-1a
14476 Straße zum Bahnhof 189-6a
14482 Stubenrauchstraße 228-11a
14480 Stülerstraße (8) 264-8a

14476 **T**alweg 189-9d
14482 Tannenstraße 227-9b
14482 Tannenweg 227-6d
14480 Teerofengestell 228-12c
14478 Teltower Damm 263-2d
14473 Templiner Straße 262-3d
14469 Teufelsgraben 226-8a
14469 Thaerstraße 226-5d
14469 Theaterweg (41-B2)
14469 Theodor-Echtermeyer-Straße 226-6b
14476 Theodor-Fontane-Straße (1) 191-6c
14482 Theodor-Hoppe-Weg 227-12c
14476 Thomas-Müntzer-Straße 225-9c
14469 Thujaweg 226-7c
14469 Tieckstraße 226-9d
14478 Tiroler Damm 263-6a
14467 Tizianstraße 227-5c
14473 Tornowstraße 262-3b
14480 Trebbiner Straße 264-4d
14476 Triftweg (Fahrland) 190-8a
14476 Triftweg (Groß Glienicke) 191-6d
14476 Tristanstraße 191-9a
14480 Tschaikowskiweg 228-10d
14476 Tschudistraße 190-12d
14482 Tuchmacherstraße 227-12a
14467 Türkstraße 227-11a
14476 Tulpenweg (Satzkorn) 189-6b
14478 Tulpenweg (Schlaatz) (1) 263-6b
14476 Turmfalkenweg 225-9b
14480 Turmstraße 264-1d
14482 Turnstraße 227-12a

14471 **U**ferweg (Potsdam-West) 262-2b
14473 Uferweg (Templiner Vorstadt) 262-3b
14482 Uhlandstraße 227-12b
14469 Ulanenweg (4) 227-7c
14482 Ulmenstraße 264-1c
14476 Ulrich-Steinhauer-Straße 191-6a
14473 Ulrich-von-Hutten-Straße 263-1a
14471 Ungerstraße 262-2c
14467 Unter den Eichen 263-6a
14467 Untere Planitz 226-12d

14478 **V**erkehrshof 264-7a
14469 Verlängerte Amtsstraße 226-5b
14469 Viereckremise 227-4a
14482 Virchowstraße 228-7c
14469 Vogelbeerenweg (2) 226-7a
14478 Vogelsang 263-5b
14469 Vogelweide 227-1c
14469 Voltaireweg 226-9d
14482 Voltastraße 227-12c
14469 Von-Klitzing-Straße (7) 226-6c

14469 **W**acholdersteig (5) 226-7a
14480 Wagnerstraße 264-1b
14480 Waldhornweg 264-2d
14482 Waldmüllerstraße 227-9a
– Waldpark 227-4c
14476 Waldsiedlung 192-1a
14478/14473 Waldstraße 263-2d
14476 Waldweg 191-6c
14467 Wall am Kiez 227-10a
14469 Walnussring 226-4d
14469 Walter-Funcke-Straße (4) 226-6c
14482 Walter-Klausch-Straße 263-3a
14478 Wanderweg 263-3d
14482 Wannseestraße 227-9b
14482 Wasserstraße 227-9b
14482 Wattstraße 227-12c
14482 Weberplatz 227-12a
14482 Weberstraße 190-4d
14476 Weg am Fahrländer See 190-8d
14467 Weg am Krampnitzsee 191-10a
14469 Weg nach Bornim 226-7d
14476 Weg zum Krampnitzsee (4) 191-10a
14482 Weidendamm 263-3b
14467 Weidenhof 263-3c
14469 Weinbergstraße 226-9d
– Weinbergterrassen 226-9c
14476 Weinmeisterstraße 225-11b
14469 Weinmeisterweg 227-3a
14469 Weißdornweg 226-7a
14469 Wendensteig 191-9c
14471 Werderscher Damm 225-12d + 226-10c
14471 Werderscher Weg 226-11c
14471 Wendersteig 226-10c
14469 Werner-Nerlich-Bogen 226-5a
14467 Werner-Seelenbinder-Straße 227-10a
14482 Wetzlarer Straße 264-1c
14482 Wichgrafstraße 227-12c
14469 Wickenweg 227-4a
14471 Wielandstraße 226-12c
14478 Wieselkiez 263-3d
14478 Wiesenhof 263-3c
14473 Wiesenstraße 227-11c
14476 Wiesenweg 189-4b
14478 Wiesenweg (4) 263-6b
14476 Wildapfelweg 225-9d
14469 Wildbirnenweg 226-7c
14480 Wildeberstraße 264-2c
14469 Wildkirschenweg (1) 226-7a
14482 Wilhelm-Leuschner-Straße 227-9a
14467 Wilhelm-Staab-Straße 227-10a
14480 Willi-Schiller-Weg 264-5b
14480 Willy-A.-Kleinau-Weg 264-5a
14469 Windmühlenweg 226-4a
14469 Windspiel 189-11a
14476 Winkelhof (3) 225-8d
- Wissenschaftspark „Albert Einstein“ 263-1d
14476 Wohngebiet Am Stinthorn II 190-12b
14476 Wohngebiet „Eisbergstücke“ 190-5d
14476 Wohnpark „Königsweg“ 190-5a
14480 Wolfgang-Staudte-Straße 264-5d
14482 Wollestraße 227-11b
14469 Wublitzstraße 225-1d
14473 Wurzelweg 263-5c

14467 **Y**orckstraße 227-10a

14482 **Z**arah-Leander-Straße 228-10c
14471 Zeppelinstraße 226-12b
14471 Zimmerplatz 226-12b
14471 Zimmerstraße 226-12b
14480 Ziolkowskistraße 264-2c
14476 Zu den drei Mohren 190-11b
14471 Zum Bahnhof Pirschheide 262-5a
14467 Zum Ferbitzer Werder 163-12d
14476 Zum Großen Herzberg 225-9b
14478 Zum Heizwerk 263-6d
14478 Zum Jagenstein 263-6a
14478 Zum Kahleberg 263-5d
14480 Zum Kirchsteigfeld 264-4b
14469 Zum Kurzen Feld 226-5d
14469 Zum Lausebusch 226-5d
14469 Zum Reiherstand (1) 226-5d
14480 Zum Teich 264-5c
14478 Zum Teufelssee 263-9a
14476 Zum Weißen See 190-12c
14469 Zum Weizenhof 226-4b
14469 Zum Windmühlenberg 225-6b
14476 Zur Fasanerie 189-9c
– Zur Historischen Mühle 226-9c
14478 Zur Nuthe 263-6b

Prötzel
PLZ 15345

Am Bahnhof 93-9c
Am Grünen Weg 111-6c
Am Mühlenberg 93-12a
An der Försterei 93-8d
An der Weißen Brücke 111-5d
Apfelallee 93-9b

Biesower Straße 111-2c
Bungalowsiedlung 1 110-5c
Bungalowsiedlung 2 110-5d

Hauptstraße (Sternebeck) 93-12a
Heidekrug 109-5d

Kähnsdorfer Weg 111-8b
Kiefernweg 93-9c

Leuenberg 110-4a
Lindenallee 93-6c

Mögliner Weg 93-12a

Prädikower Straße 111-6c

Schulweg 111-8b
Seestraße 93-6d
Seeweg 111-8b
Siedlungsweg 111-6c
Sternebecker Dorfstraße 93-9c
Sternebecker Straße 111-6c
Strausberger Straße 111-8d

Wriezener Straße 111-6c

Zum Gutshof 93-9c

Rangsdorf
PLZ 15834

Adlerweg 305-11b
Ahlbecker Allee 305-7c
Ahornstraße 305-4d
Ahornweg 325-3b
Akazienhain 305-11b
Akazienweg 305-11b
Alemannenallee 305-5d
Alte Jühnsdorfer Straße 305-7a
Am Bahnhof 305-8a
Am Dorfanger 306-4b
Am Heideberg 306-10c
Am Mühlenberg 305-12b
Am Nußbaum 305-9c
Am Panorama 305-8d
Am Schustergraben 305-12d
Am See 305-7a
Am Seekanal 305-8c
Amselweg 305-11a
Am Sonnenstrand 305-11b
Am Spitzberg 305-6c
Am Stadtweg 305-8a
Am Strand 305-7c
Am Tannenforst 305-11d
Am Theresenhof 305-6c
An den Vogelauen 305-12d
An den Weiden 305-12a
An der Fasanerie 305-8d
An der Reiherbeize 305-8d
An der Warte 305-11b
Anemonenstraße 305-5c

Bad Doberaner Straße 305-10b
Bansiner Allee 305-10a
Bergstraße 305-11b
Berliner Chaussee 305-6c
Berliner Straße 325-6a
Binzer Allee 305-7d
Birkenallee 305-7c
Birkenweg 305-9a
Buchenweg 325-3b

Cimbernring 305-8b
Clara-Zetkin-Straße 305-7a
Clematisring 305-5c

Dabendorfer Weg 325-5b
Dorfstraße 305-12d + 325-3b
Drosselweg 305-11a

Eichendorffweg 305-9a
Eichenweg 325-3b
Elsterweg 305-8a
Erlengasse 326-1a
Erlenweg 305-11d
Eschenweg (4) 325-3b

Falkenflur 305-8a
Fardellaweg 305-12d
Fenneweg 306-11d
Fichtestraße 305-7b
Finkenweg 305-11a
Fischerweg 305-7a
Fliederweg 305-8a
Fontaneplatz 305-7b
Fontaneweg 305-7b
Frankenallee 305-5d
Freiherr-von-Schlabrendorff-Weg (6) 306-10c
Friedensallee 305-7a
Fritz-Reuter-Gasse 305-9a
Fritz-Reuter-Straße 305-9a
Frühlingsstraße 305-4d

Gartenstraße (Groß Machnow) 305-12d
Gartenweg 305-7a
Georg-Hansen-Straße 305-7b
Gerhart-Hauptmann-Straße 305-9a
Gewerbegebiet Theresenhof 305-9b
Goethestraße 305-4d
Grenzweg 305-11a
Groß Kienitzer Weg 306-1d
Großmachnower Allee 305-8a
Großmachnower Straße 305-8c

Heinegasse 305-9c
Heinestraße 305-9c
Heringsdorfer Allee 305-7c
Herweghring 305-9c
Hochstraße 306-4a
Hochwaldpromenade 305-6c
Holländerweg 305-12b

Im Fleck 325-3b + 326-1a
Im Zeisignest 305-11b

Jasminweg 305-11a
Jühnsdorfer Straße 305-7a
Jütenweg 305-5c

Kiefernweg 305-9c
Kienitzer Dorfstraße 306-4a
Kienitzer Straße 305-8a
Kienitzer Weg 305-12b
Kirchstraße 305-12d
Kirchweg (2) 305-7a
Kleine Seestraße 305-9a
Kleine Strandallee 305-9a
Klein Kienitzer Straße 305-6c
Kranichweg (2) 305-12d
Krumminer Straße 305-10b
Kurparkallee 305-7d
Kurparkring 305-7d
Kurze Straße 305-12d

Ladestraße 305-8a
Langobardenstraße 305-5d
Lerchenring 305-11a
Lerchenweg 305-11a
Lindenallee 305-7a
Luchwiesenweg 325-6a

Machnower Seestraße 305-11a
Meinhardtsweg 305-12a
Milanweg (3) 305-12d
Mittenwalder Straße 305-12b + 306-11c + 10c
Mühlenweg 305-7b

Nibelungenallee 305-11a
Normannenallee 305-8b
Nymphenseeweg 305-6c + 9a

Ostgotenallee 305-5d

Pappelweg 325-3b
Parkstraße 306-4a
Paul-Gerhardt-Straße 305-12d
Platz der Deutschen Einheit 305-7b
Pramsdorfer Straße 305-12c
Pramsdorfer Weg 305-8a
Puschkinstraße 305-7b

Ragower Weg 306-10a
Rangsdorfer Ring 305-7d
Reihersteg 305-8c
Reiherweg (1) 305-12d
Rheingoldallee 305-11b
Ringelnatzweg 305-7b
Rosenaue 305-8c

Sachsenkorso 305-8d
Sassnitzer Straße (1) 305-10b
Schäferweg 306-10c
Seebadallee 305-7a
Seepromenade 305-7c
Selliner Straße 305-10b
Siedlung 306-4a
Spechtweg 305-8c
Spessartweg 305-7b
Stadtwinkel 305-5c
Stauffenbergallee 305-10b + 10a
Stralsunder Allee 305-7d
Straße der Einheit 325-3b

Tannenweg 305-7b
Teutonenring 305-8d
Thomas-Müntzer-Weg 305-8a

Unter den Eichen 305-4d
Unter den Eschen 305-4d
Usedomer Straße 305-7d

Wacholderstraße 305-5c
Waldhöhe 305-7b
Walther-Rathenau-Straße 305-7d
Weidenweg 305-12a
Weinbergweg 305-4d
Westgotenallee 305-5d
Wiesengrund 305-11b
Wikingerallee 305-5d
Wildgässchen 305-11b
Winterfeldallee 305-8d
Winterfeldgasse 305-8d
Wohngebiet „Fleck“ 326-1a
Wohngebiet „Vogelauen“ 306-10c
Wolgaster Straße 305-10b

Zabelsbergpromenade 305-9c
Zeisigweg 305-8c
Zinnowitzer Weg 305-7c
Zülowpromenade 305-8b

Rauen
PLZ 15518

Ahornweg 279-1b
Akazienweg 279-1b
Alter Mühlenweg 278-6d
Alter Postweg 278-3b
Am Bernichenberg 278-3d
An der Heide 279-5a

Baumschulenweg 279-4a
Bergschlößchenweg 279-1b
Bergstraße 278-6d
Birkenweg 279-1b
Braunsdorfer Straße 278-6b

Chausseestraße 278-9a

Eichenweg 279-2c
Eschenweg 279-2c

Feldstraße 278-6d

Gartenstraße 279-4c
Grauer Esel 242-12d + 278-3b
Grenzstraße 279-1b
Grüner Weg 279-1d

Heidehof 278-6c

Karlshöhe 243-10c + 279-1a
Kastanienweg 279-1d
Ketschendorfer Straße 279-4a
Kurzer Weg 279-1b

Lärchenweg 279-1b
Lindenweg 279-1b
Luchweg 278-6d

Marienweg 278-2b
Markgrafpieskеr Straße 278-6c
Mühlenstraße 278-6c

Pappelweg 279-1d
Plantagenweg 279-1a

Rauener Chaussee 279-4a
Rauen Försterei 278-6c

Saarower Straße 278-9b
Schulstraße 278-6d + 279-4c
Siedlerhöhe 279-1d
Siedlerweg 279-1d

Waldweg 279-2c
Wiesenweg 278-6c
Wolfsschluchtweg 279-1b

Ziegeleistraße 278-3d
Zum großen Stein (1) 278-6d

Rehfelde
PLZ 15345

Ahornallee 154-8d
Akazienweg 179-1a
Am Buschweg 155-10a
Am Erlengrund 154-9a
Am Fuchsberg 154-9c

Am Grenzgraben 154-9b
Am kleinen Felde 155-10a
Am Stellwerk 154-9c
Am Weiher 154-9b
Annemariestraße 154-9a
August-Bebel-Straße 154-6d
Außenweg 179-1a

Bahnhofstraße 154-9d
Bahnstraße 154-8d
Birkenstraße 154-7b
Blumenstraße 154-8b
Blumenweg 154-9a
Bögerweg 154-9b
Buchenweg 154-5b
Bullenwinkelweg 154-7d
Buschweg 154-12b

Carl-Legien-Straße 154-5c
Clara-Zetkin-Straße 154-5c

Dachsweg 154-9a
Dorfstraße 154-11d
Dorfstraße (Rehfelde-Dorf) 178-2b
Dorfstraße (Werder) 155-10a

Eichbaumstraße 154-7d
Eisenbahnstraße 154-7d
Eislerstraße 154-8b
Elsholzstraße 154-9b
Ernst-Haube-Straße 154-5d
Ernst-Thälmann-Straße 154-8c

Fichtenhag 154-7b
Fliederweg 179-1a
Friedrich-Engels-Straße 154-9d
Fuchsbergring 154-9a
Fuchsbergstraße 154-9a

Gartenstraße 154-8b
Garzauer Weg 155-10b
Gewerbestraße 154-9d
Goethestraße 154-5d + 8b

Hasenweg 154-9a
Heimstraße 154-11d
Heinrich-Heine-Ring 154-8d
Herzfelder Weg 178-2c
Hinterstraße 178-3d

Im Winkel 154-6c + 9a

Karl-Liebknecht-Straße 154-5c
Karlstraße 154-5a
Kiefernweg 154-5b
Kleingärten Am Feld 154-6d
Kleingärten Am Graben 154-6c
Kleingärten Herrenhorst 154-5d
Klosterdorfer Weg 154-8d
Kurze Straße 154-6c

Lagerstraße 178-2b
Lessingstraße 154-8d
Lichtenower Straße 178-6d
Lichtenower Weg 178-2b
Liebenberger Weg 179-4a
Lindenstraße 154-9b

Marienbergstraße 154-8c
Mitschurinstraße 154-8c
Mittelweg (Rehfelde Siedlung) 154-9a

Parkstraße 154-8d
Poststraße 154-6d + 6a
Puschkinstraße 154-9b

Quellweg 154-6c

Rehfelder Chaussee 154-11b
Rosa-Luxemburg-Straße 154-8c
Rudolf-Breitscheid-Straße 154-11d

Schillerstraße 154-8b
Schlagweg 154-4d
Schulstraße 154-6c
Siedlerstraße 179-1a
Sophienfelde 155-12d
Stephanstraße 154-5c
Straße 29 154-5a
Straße 32 154-5d
Strausberger Straße 154-4d
Strausberger Weg 155-10a

Waldpromenade 154-5a
Waldstraße 154-9a
Wolfstraße 154-6c

Zinndorfer Chaussee 155-10a
Zinndorfer Straße 178-6b
Zinndorfer Weg 178-2b

Reichenwalde

15581 Alter Kiesweg 314-1d
15526 Am Berge 314-2d
15526 Am Dorfanger 334-5b
15526 Am Feld 314-8d
15526 Am Forst 314-2d
15581 Am Forstland 314-1d
15526 Am Graben 314-8d
15581 Am Kleinen See 314-2c
15526 Am See 334-2c
15526 Am Waldrand 334-2d

15526 Bussardstraße 314-9c

15526 Dahmsdorfer Straße 314-8d
15526 Dorfaue 314-8d
15581 Dorfplatz 314-2c
15526 Dorfstraße 334-5b
15526 Drosselweg 314-9c

15526 Finkenweg 314-9c
15581 Fürstenwalder Straße 313-6d + 314-4c

15581 Großer Seeweg (1) 314-2a

15526 Habichtstraße 314-9c
15526 Habichtweg 314-9d
15581 Hauptstraße 314-4a

15526 Kiefernstraße 314-3c
15526 Kolpiner Straße 314-8b

15581 Lebbiner Straße 314-1d
15526 Lerchenweg 314-9d
15581 Luchweg 314-2a

15526 Marienhöher Weg 314-3c
15526 Mühlenweg 314-9c

15526 Neuer Weg 314-5b
15526 Neu Reichenwalder Straße 314-8b

15581 Reichenwalder Chaussee 314-2c
15526 Reichenwalder Straße 334-2d

15526 Saarower Straße 314-8d
15581 Saarower Weg 314-2c
15526 Schwalbenweg 314-9d
15526 Silberberger Straße 314-9c
15526 Silberberger Weg 334-2d
15526 Storkower Straße 314-8d
15526 Storkower Weg 334-2c

15581 Thomas-Müntzer-Straße 314-2a

15526 Waldstraße 314-2d
15581 Wanderweg 314-2c
15526 Wendisch Rietzer Straße 334-5b

Rietz-Neuendorf
PLZ 15848

Ahornweg 280-11b
Alt Golmer Chaussee 280-11b
Annenhofer Weg 280-11d

Buschweg (2) 280-11b

Dorfstraße 280-11b
Drosselweg 280-12a

Friedhofsweg 280-11b

Gewerbegebiet 280-11a

Kastanienweg (1) 280-11b
Kerngestell 280-6d
Kirschweg 280-11b

Langes Gestell 280-6c
Lindenweg 280-11b
Linzmühle 280-9d

Meisenweg (3) 280-12a

Neue Straße 280-11b
Neugolmer Straße 280-11b

Parkstraße 280-11b

Radlower Straße 335-9b
Rotkehlchenweg 280-12a

Storkower Straße 335-9d

Roskow
PLZ 14778

Am alten Bahnhof 185-8a
Am Anger 185-8b
Am Erdeloch 185-8a
Am Sportplatz 184-12d

Bahnhofstraße 184-12b
Beetzseeufer 184-4c
Birnenallee 185-9a
Brandenburger Straße 185-4d
Brandstelle 185-8b

Damaschkeweg 185-8b
Dorfstraße 185-8a
Dorfstraße (Lünow) 184-5b

Ernst-Thälmann-Straße 184-12a

Gartenstraße 185-8b
Glienerberger Weg 185-8c
Gutenpaarener Chaussee (1) 185-9a
Gutshof 184-4d

Hauptstraße 184-12a

Kanalweg 185-8d
Karl-Marx-Straße 184-12b
Katharinenbrücke 219-2a

Lünower Dorfstraße 184-5b

Päwesiner Chaussee 185-4d

Roskower Weg 184-5b

Schwarzer Weg 185-8d

Unter den Linden 185-8b

Weseramer Weg 184-5b

Ziegelei 184-12d
Ziegeleiweg 184-6a

Rüdersdorf bei Berlin

15378 Ahornstraße 178-7a
15378 Akazienweg 177-3c
15378 Albrecht-Thaer 177-3d
15562 Altenaer Straße 177-10d
15562 Altlandsberger Straße 176-6c
15562 Am Bahnhof 176-8b
15562 Am Friedhof 176-8d
15378 Am Fuchsbau 177-3b
15378 Am Heidefeld 177-9b
15562 Am Kanal 176-11b
15378 Am Kolk 177-9b
15562 Am Krienhafen 176-9a
15378 Am Robinienhain 177-2d
15562 Am Sandberg 176-11d
15378 Am Sandberg (Hennickendorf) 177-3c
15378 Amselstraße 178-7c
15378 Am Sportplatz 177-9d
15562 Am Stienitzsee 176-6d
15562 Am Stolp 176-11d
15562 Am Wieseneck 176-12b
15378 Am Wiesengrund 178-7c
15562 An den Stienitzseequellen 177-1d
15562 An den Windmühlen 177-10b
15378 August-Bebel-Straße (Hennickendorf) 177-3b

15378 Bahnhofstraße 177-3a
15562 Berghof 176-11c
15562 Berghofer Weg 176-11c
15562 Berghof Weiche 176-10b
15562 Bergmannsglück 176-11d
15562 Bergstraße 176-12d
15378 Bergstraße (Hennickendorf) 177-2d
15562 Berliner Straße 176-6c
15378 Berliner Straße (Hennickendorf) 177-4c
15562 Berliner Straße (Tasdorf) 176-5d
15378 Birkenstraße 178-4c
15562 Brückenstraße 176-12d
15378 Buchenstraße 178-7a

15378 Chausseestraße 178-7a
15562 Clara-Schumann-Weg 176-6c

15562 Dahmestraße 176-2d
15562 Dr.-Wilhelm-Külz-Straße 176-12a
15345 Dorfstraße 178-5d

15378 Ebereschenweg 177-9b
15562 Eggersdorfer Straße 176-6c
15378 Eichenstraße 178-4c
15378 Elsenseeweg 204-1a
15378 Erikaweg 177-9d
15562 Ernst-Thälmann-Straße 176-8d
15378 Ernst-Thälmann-Straße (Hennickendorf) 177-3c
15562 Essigstraße 177-10c

15378 Feldstraße (Hennickendorf) 177-3b
15562 Feldstraße (Tasdorf) 176-6c
15562 Feuerbachstraße 176-11c
15378 Fischerweg 177-2d
15345 Fließweg 178-8b
15562 Fontanestraße 176-10d
15562 Frankfurter Chaussee 176-6d
15562 Franz-Künstler-Siedlung 177-10c
15562 Friedenstraße 177-10d
15562 Friedrich-Engels-Ring 176-12d
15378 Friedrichstraße 177-3a + 6a

15378 Gärtnerweg 177-9b
15378 Gartenstadt 177-3b
15562 Gartenstraße 176-12b
15378 Gartenstraße (Herzfelde) 177-9b
15378 Gewerbe- und Industriegebiet Herzfelde 178-4c
15562 Goethestraße 176-11c
15378 Grüne Aue 177-6c
15562 Grünheider Weg 203-1b
15562 Gutenbergstraße 176-9b

15378 Hans-Schröer-Straße (Herzfelde) 178-7a
15562 Hans-Schröer-Straße (Hortwinkel) 203-1d
15562 Hans-Striegelski-Straße 176-12a
15378 Hauptstraße 177-8b
15562 Heinitzstraße 176-11b
15562 Heinrich-Heine-Straße 176-11c
15562 Heinrich-Zille-Straße 176-10d
15562 Hemmoor-Ring 177-10b
15378 Hennickendorf 177-3c
15345 Hennickendorfer Weg 178-5c
15562 Hermannstraße 176-12d
15562 Herzfelder Straße 177-10b
15378 Herzfelder Straße (Hennickendorf) 177-3c
15378 Herzfelder Weg (Hennickendorf) 177-3c
15345 Herzfelder Weg (Lichtenow) 178-8b
15562 Hohe Straße 176-12b
15562 Hortwinkel 203-1a

15562 Käthe-Kollwitz-Straße 176-11c
15345 Kageler Straße 178-9c
15345 Kageler Weg 178-9a
15562 Kalkberger Platz 176-11b
15562 Karl-Liebknecht-Straße 177-10d
15378 Karl-Liebknecht-Straße (Hennickendorf) 178-1a
15562 Karlstraße 176-12c
15378 Kastanienweg 178-7a
15378 Kirchplatz 177-3a
15562 Kirchsteig Am 176-8d
15378 Kirschenstraße 177-6d
15562 Klein-Schönbecker-Straße 176-8b
15378 Klosterdorfer Straße 177-3b
15562 Kreuzstraße 176-8d
15562 Kumpelsteg 176-11b
15562 Kurt-Seidel-Platz 176-11b
15562 Kurze Straße 176-6c

15562 Landhof 176-11b
15378 Lerchenweg 178-7c
15562 Lessingstraße 176-10d
15378 Lichtenower Weg 177-3a
15378 Lindenstraße 177-9a
15378 Lindenweg 177-2d

15562 Maienbergstraße 176-11b
15562 Marie-Curie-Weg 176-6c
15562 Marienstraße 176-12b
15562 Meesterwinkel 177-10d
15378 Mittelstraße 177-3b
15378 Mittelweg 177-9c
15378 Möllenstraße 177-9b
15562 Mühlenstraße 176-11b
15562 Mühlenstraße (Hennickendorf) 177-3a

15562 Nebenstraße 176-12b
15378 Neuburger Ring 177-2d
15562 Neue 176-8c
15562 Neue Straße 176-12c
15562 Neue Vogelsdorfer Straße 176-8c

15562 Otto-Nuschke-Straße 176-12c

15378 Pappelhain 177-6a
15562 Petershagener Straße 176-5b
15562 Pierrefitter Straße 177-10c
15562 Priesterweg 176-8c
15562 Puschkinstraße 176-11d

15378 Rehfelder Straße 177-3b
15378 Rehfelder Weg (Herzfelde) 178-7a
15345 Rehfelder Weg (Lichtenow) 178-5d
15562 Richard-Meyer-Platz 176-8d
15378 Ringstraße 177-2d
15378 Rosa-Luxemburg-Platz 177-3a
15562 Rudolf-Breitscheid-Straße 176-12d
15378 Rüdersdorfer Straße 177-8d
15562 Schäferei 176-3c
15562 Schillerstraße 176-11c
15562 Schloßweg 177-10d
15562 Schöneicher Landstraße 176-10c
15562 Schulstraße 176-12c
15562 Schulzenhöhe 176-8c
15562 Schulzenhöher Weg 176-8b
15562 Schwarzer Weg (1) 177-7b
15562 Seebad 202-2d
15378 Seepromenade 177-3b
15562 Seestraße 176-11d
15378 Seestraße (Hennickendorf) 177-3a
15378 Siedlerstraße (Hennickendorf) 177-3b
15345 Siedlerstraße (Lichtenow) 178-5d
15378 Siedlerweg 177-8a
15378 Stienitzstraße 177-3a
15562 Stienitzstraße 153-12c
15562 Straße der Jugend 176-11b
15378 Straße des Friedens 177-3b + 3d
15378 Strausberger Straße 177-6a
15378 Strausberger Straße (Hennickendorf) 177-3a
15562 Strausberger Straße (Tasdorf) 176-6d

15562 Tasdorf Süd 176-5d
15562 Torrellplatz 176-11b

15378 Ulmenstraße 178-4c

15562 Vogelsdorfer Straße 176-8d + 8a

15378 Wacholderweg 177-9d
15378 Wachtelberg 177-3a
15345 Waldblick 178-9c
15562 Waldstraße 202-5b
15345 Waldweg 178-9a
15378 Weidenweg 177-9d
15378 Werkstraße 177-8b
15562 Wiesenstraße 176-8d
15562 Willi-Müller-Straße 176-8d
15378 Wohngebiet Albrecht Thaer 177-3d
15378 Wohngebiet Herzfelder Weg 177-3c
15562 Woltersdorfer Straße 202-3b

15378 Ziegelstraße 177-9a
15345 Zum Bruch 178-9a
15378 Zum Seeblick 177-3b
15562 Zum Torfgraben 176-8c

Rüdnitz
PLZ 16321

Ackerweg 87-3c
Alte Heerstraße 88-4a
Am Sportplatz 87-2a
Am Waldrand 88-4a

Bahnhofstraße 87-3a
Barnimstraße 87-3b
Bergstraße 88-4a
Bernauer Straße 87-6a
Birkenweg 87-3d
Bürgermeisterstraße (3) 87-3d

Danewitzer Straße 87-3a
Danrowgasse 87-3d
Dorfstraße 87-2b

Elsternweg 87-3b

Feldweg 87-3b

Gartenweg 88-8a

Hans-Schiebel-Platz (2) 87-3d
Hauptweg 87-3b
Hellmühler Weg 87-2b

Kirschweg 88-1a

Landweg 87-3d
Langerönner Weg 87-3a
Lindenstraße 87-3b

Mittelstraße 88-8a
Mittelweg 87-3d

Neurüdnitzer Weg 87-3d

Pappelallee 88-8c
Parkstraße 88-8a
Paul-Brandt-Straße (1) 87-3b

Ritterstraße 87-3d
Rüsterstraße 88-7b

Schulstraße 88-8a
Sechsrutenweg 88-1a
Waldweg 87-2b
Wiesensteig 87-3b
Wilhelm-Guse-Straße 87-3d
Willesweg 88-1c

Schönefeld
PLZ 12529

Ahornstraße 233-12a
Ahornweg 233-7b
Albert-Kiekebusch-Straße 269-3a
Albrechtweg 233-4d
Aldebaran-Straße 234-7d
Alfred-Döblin-Allee 234-7b
Alte Schönfelder Straße 270-1a
Alte Selchower Straße 269-6b
Altglienicker Chaussee 234-5d
Alt Großziethen 233-8a
Alt Kleinziethen 233-11c
Alt Schönefeld 234-8a
Am Airport 269-3b
Am alten Bahndamm 233-5c
Am Amtsgarten 271-4d
Am Bauernweg 270-9a
Am Busch 234-12d + 270-9a
Am Dorfanger 234-8c
Am Dorfrand 233-5d
Am Feldrain 235-12a
Am Flutgraben 269-3b
Am Friedhof (2) 269-3a
Am Fuchsberg 233-10d
Am Graben 233-12c
Am Grüngürtel 233-5c
Am Hochwald 235-12b
Am Kornfeld 271-1d
Am Langen Grund 233-7b
Am Lindengarten 233-8a
Am Mostpfuhl 271-1d
Am Pechpfuhl 271-2a
Am Rondell 271-1b
Am Schulzenpfuhl 233-5a
Am Seegraben 234-8b
Amselweg 233-2c
Am Teich 234-12d + 270-9c
Am Vogelsberg (1) 269-3a
Am Waldesrand 235-9c
Am Wassergarten 233-11a
Am Weinberg 270-8b
An den Eichen 233-5d
An den Gehren 234-7d
An der Feldmark 233-5d
An der Koppel 235-9c
An der Plantage 271-1d
Angerstraße 234-8c
Antaresstraße 234-7d
Apfelweg 235-11b + 11c
Attilastraße 233-4b
August-Bebel-Straße 233-4b
August-Heinrich-Euler-Straße 270-2b

Bayangol-Park 234-7b
Berliner Chaussee 234-12d
Berliner Straße 271-1b
Birkenweg 234-12d + 270-9c
Birnenweg 233-12c
Bohnsdorfer Chaussee 234-9a
Bohnsdorfer Weg 235-10b
Brunhildstraße (2) 233-4b
Brunolf-Baade-Straße 270-2b
Buchenweg 270-9c
Burgunderstraße 233-4d

Chausseestraße 270-8c

Dahlienweg 233-2d
Dahmestraße 234-5c
Dankwartstraße 233-4b
Diepenseer Straße 271-1d
Dolgenweg 234-5c
Dorfstraße 269-3a
Drosselweg 233-2c

Ebereschenweg 235-10a + 270-9a
Efeuring 233-5c
Elly-Beinhorn-Ring 270-2b
Elstersteg 235-7d
Erikaweg 233-2d
Erlenweg 233-4d
Ernst-Thälmann-Platz 233-4b
Ernst-Thälmann-Straße 233-4b
Etzelring 233-4d

Farbgrafik Straße 270-4c
Fasanenpromenade 234-9a
Finkenweg 233-2c
Fontanestraße 233-5a
Friedenstraße 234-5d
Friedensweg 233-7b
Friedhofsweg 233-8a
Friedrich-Ebert-Straße 233-2c
Fuchsgasse 235-10b

Galluner Weg 234-5c
Gartenstraße 234-5d
Gelbsandweg 270-4a

Georg-Wulf-Straße 270-2b
Gernotweg (1) 233-4b
Gewerbepark Schönefeld 234-7c
Gieselherring (4) 233-4d
Glasower Allee 233-11c
Glasower Straße 269-6d
Glasower Weg 269-3a
Goethestraße 233-5a
Grenzstraße 233-2c
Großziethen 233-8a
Großziethener Weg 234-7a
Grünauer Straße 235-11c + 271-1b
Grüner Weg 270-1a
Gutshof 269-6b

Hans-Grade-Allee 234-8c
Havelweg 234-5c
Helga-Hahnemann-Straße 233-5a
Hirschsprung 235-10b
Hubertusring 270-9a
Hubertusstraße 233-2c
Hugo-Eckener-Allee 270-3c
Hugo-Junkers-Ring 270-2d

Im Wiesengrund 235-9c

Jägerstraße 234-9a
Jägerweg (Gartenstadt Großziethen) 233-2c
Jägerweg (Waltersdorf) 235-12c
Jahnstraße 233-2c
Johannasteg 235-7d

Kann-Straße 233-11a
Karl-Liebknecht-Straße 233-2c
Karl-Marx-Straße 233-1d
Karl-Rohrbeck-Straße 233-5a
Karlshof 271-7c
Karlshofer Weg 270-9a
Kiekebusch 271-7a
Kiekebuscher Dorfstraße 271-4c
Kirchhaimer Damm 269-1a
Kirchstraße 234-8c
Kleistring 233-5a
Königs Wusterhausener Straße 271-1d
Köpenicker Landstraße 271-4d
Kornblumenweg 233-4b
Krokusweg 233-4b
Kühnscher Weg 271-1d
Kurzer Weg 234-8c

Landstraße 233-11a
Lerchenweg 233-2c
Lessingring 233-5a
Lichtenrader Chaussee 233-7b
Lilienthal-Park 271-2a
Lilienthalstraße 271-1b
Lilienweg 233-2c
Lindenstraße 233-5a
Löcknitzweg 234-5d
Luchtrift 233-8b
Luchweg 269-6b
Ludwig-Bölkow-Straße 270-4a

Mahlower Weg 233-11a
Margarete-von-Etzdorf-Straße 270-2d
Meisenweg 234-5d
Melli-Beese-Ring 270-2b
Mercedes Straße 234-8a
Mirastraße 234-7d
Mittelstraße 234-8c
Mittelweg 235-12a
Mittenwalder Straße 269-6b
Mizastraße 234-7d
Mühlenstraße 270-8b
Mühlenweg 233-12c

Neuchateller Weg 235-7d
Nibelungenstraße 233-4d
Notteweg 234-5d

Parkstraße 234-9a
Platanenstraße 234-9a
Platz der Einheit 270-8b

Querweg 233-5c

Rathausgasse (1) 234-8c
Rehtränke 235-7d
Ringstraße 271-2a
Rosa-Luxemburg-Weg 233-6a
Rosenweg 233-4b
Rotberg 270-8b
Rotberger Dorfstraße 270-8b
Rotberger Straße 270-4a
Rotberger Weg 270-9d
Rotdornweg 233-2d
Rudolf-Breitscheid-Straße 233-2c
Rudower Allee 233-8b
Rudower Chaussee 234-4d

Samariterweg 233-8a
Schillerstraße 233-2c
Schmiedeweg 270-8b
Schönefelder Allee 270-3a
Schönefelder Weg 233-9a

Schützenstraße 234-9a
Schulstraße 271-1d
Schulzendorfer Straße 271-1d
Schwalbenweg 234-9a
Schwarzer Weg 233-7b
Schwarzer Weg (Siedlung Hubertus) 235-7d
Schwarzer Weg (Siedlung Waltersdorf) 235-9a
Seegraben 234-9a
Seeweg 234-6c
Selchow 269-6a
Selchower Chaussee 269-3a
Selchower Grund 233-7c
Sevirstraße 234-7d
Siedlung 271-4c
Siedlung Kienberg 234-12d
Siegfriedstraße (3) 233-4d
Straße am Klärwerk 233-12a
Straße nach Karlshof 271-7b

Telefunkenweg 233-5d
Theodor-Fontane-Allee 234-7b
Thiekesiedlung 234-5d
Thomas-Dachter-Allee 234-7d
Tollkrug 270-8c
Tulpenweg 233-2d

Uhlandstraße 233-5a
Ulmenring 270-9a
Umgehungsstraße 234-8c

Volksgutstraße 234-12d + 270-9c
Vorwerk 235-11d

Waldstraße 234-9a
Waltersdorfer Allee 270-3b
Waltersdorfer Chaussee 234-5d
Walter-Simon-Straße 233-1d
Waßmanndorfer Grund 269-3b
Waßmannsdorf 233-12c + 269-2b
Waßmannsdorfer Allee 269-3a
Waßmannsdorfer Chaussee 234-10b
Weg am Maierpfuhl 269-6b
Weg am Reitstall 269-5b
Wehrmathen 234-5d
Weidenweg 235-12a
Werlweg 234-5d
Willy-Brandt-Platz 270-2d
Wolgang-von-Gronau-Allee 270-4a

Zeppelinstraße 271-2a
Zum Flutgraben 271-2a
Zum Herthateich 233-11a
Zum Spatzenhaus (1) 234-5d
Zur alten Feuerwache 234-8c

Schöneiche bei Berlin
PLZ 15566

Adlerstraße 175-12d
Ahornstraße 175-10c
Akazienstraße 175-10d
Altlandsberger Straße 175-9d
Am Erlengrund 201-2c
Am Goethepark 175-10d
Am Märchenwald 175-10b
Am Pelsland 201-2d
Am Rosengarten 201-3a
Amselhain 175-12d
Am Weidensee 175-7d
Am Zehnbuschgraben 175-8b
An der Reihe 175-7d
Anemonenweg 201-3a
Apfelweg 175-7a
Arndtstraße 175-12c
August-Bebel-Straße 201-2a
August-Borsig-Ring 175-5c

Babickstraße 175-11a
Beeskower Straße 175-12c
Bergstraße 201-3c
Berliner Straße 175-11a
Birkenweg 175-10d
Bismarckstraße 201-2c
Blumenring 201-3b
Brandenburgische Straße 175-11c
Bremer Straße 175-12c
Bunzelweg 175-10d
Butterblumenweg (1) 201-3a

Clara-Zetkin-Straße 201-2a

Dachsgang 201-3b
Dahlwitzer Straße 175-8b
Damesweg 175-11c
Dappstraße 175-11c
Distelweg 201-3a
Dorfaue 175-11a
Dorfstraße 175-10b
Dresdener Straße 175-11d

Ebereschenstraße 175-10c
Efeuweg 201-3a
Eggersdorfer Straße 175-8d

Ehrenpreisweg 201-3a
Eichenstraße 175-10d

Falkenhorst 175-12d
Feld Hohes 175-12a
Fichtestraße 175-11b
Fingerhutweg 201-3c
Fließstraße 201-2a
Fontanestraße 175-8d
Frankfurter Chaussee 175-5a
Fredersdorfer Straße 175-8b
Fredersdorfer Weg 175-7d
Friedensaue 175-11a
Friedenstraße 175-10c
Friedrich-Ebert-Straße 175-10c
Friedrichshagener Straße 175-10c
Friesenstraße 201-3b
Fritz-Reuter-Straße 175-10c
Fürstenwalder Weg 175-12c

Geschwister-Scholl-Straße 201-2c + 2a
Giesesteig 175-11d
Glockenblumenweg 201-3c
Goethepark 175-10d
Goethestraße 175-10d
Grabeinstraße 175-11d
Grenzstraße 201-3c
Grüner Weg 175-12c

Hamburger Straße 201-2c
Hannestraße 175-11c
Hasensprung 175-10c
Heckenrosenweg 201-3c
Heide in den Bergen 201-3b
Heideweg 201-3a
Heinestraße 175-12c
Heinrich-Mann-Straße 175-10c
Heinz-Oberfeld-Straße 175-11c
Hennickendorfer Straße 175-8d
Herderstraße 175-8d
Herzfelder Straße 175-8d
Heuweg 175-11c
Hirschgang 201-3b
Höhenweg 201-3a
Höltzstraße 175-11b
Hönower Straße 175-8b
Hubertusstraße 175-10d
Huhnstraße 175-11c

Im Fuchsbau 201-3b
Irisweg 201-3b

Jägerstraße 175-12d

Käthe-Kollwitz-Straße 201-2c
Kalkberger Straße 175-11d
Kantstraße 175-8c
Karl-Liebknecht-Straße 201-2c
Karl-Marx-Straße 201-2a
Kastanienallee 175-7a
Kastanienstraße 175-10d
Kieferndamm 201-2b
Kirchstraße 175-11a
Kirschenstraße 201-1a
Kleiner Spreewaldpark 175-10d
Kleinschönebeck 175-8a
Klopstockstraße 175-11b
Kölner Straße 201-3b
Körnerstraße 175-12c
Krokusweg 201-3b
Krummenseestraße 175-10c
Kurze Straße 201-2c

Landhof 175-8d
Leibnitzstraße 175-11b
Leipziger Straße 175-12c
Lessingstraße 175-8d
Liebesteig 175-11d
Lindenstraße 201-1a
Ludwig-Jahn-Straße 175-10d
Lübecker Straße 201-2a

Miethkestraße 175-11a
Mommsenstraße 175-12a
Mozartstraße 175-10c
Mühlenweg 175-10d
Münchehofer Straße 175-7c
Münchener Straße 201-2b

Neuenhagener Chaussee 175-7d
Neuenhagener Straße 175-8b
Neue-Watenstädter-Straße 175-12c
Niederbarnimer Ring 175-8b

Otto-Lilienthal-Straße 175-8a
Otto-Schröder-Straße 175-10d

Parkstraße 201-1b
Paul-Singer-Straße 175-12c
Pestalozzistraße 175-11b
Petershagener Straße 175-9c
Pilzsteg 201-3c
Pirschweg 175-10c
Platanenstraße 175-10d
Poststraße 201-2a
Potsdamer Straße 201-2b

Prager Straße 175-12c
Puhlmannsteig 175-11d
Puschkinstraße 175-10d
Pyramidenplatz 175-10b

Rahnsdorfer Straße 175-10b
Raisdorfer Straße 201-2a
Rathenaustraße 175-10b
Rehfelder Straße 175-9a
Roloffstraße 175-11b
Rosa-Luxemburg-Straße 201-2c
Rudolf-Breitscheid-Straße 201-2c
Rüdersdorfer Straße 175-11d

Schillerpark 201-1b
Schillerstraße 175-11b
Schloßpark 175-8c
Schöneicher Straße 175-11a
Seestraße 201-2c
Skulpturenpark 175-7d
Stargasse 176-10c
Stauffenbergstraße 201-2a
Stegeweg 175-8c
Steinstraße 201-3a
Stockholmer Straße 175-11d
Storkower Straße 175-12c
Strausberger Straße 175-9d

Tasdorfer Straße 175-8b
Triftweg 175-10c

Uhlandstraße 175-8d
Ulmer Straße 175-11d
Unterlaufstraße 175-11b

Veilchenweg 201-3b
Vogelsang 176-10c
Vogelsdorfer Straße 175-8c

Waldstraße 201-1a
Walter-Dehmel-Straße 175-11c
Warschauer Straße 175-11d
Watenstädter Straße 201-2b
Weisheimer Straße 175-11d
Werner-Seelenbinder-Straße 175-10b
Werner-von-Siemens-Straße 175-8a
Widdersteig 201-3b
Wielandstraße 175-11b
Wildkanzelweg 175-10c
Wilhelm-Raabe-Straße 175-8d
Wittstockstraße 175-12c
Wollgrasweg 201-3d
Woltersdorfer Straße 175-11d

Schönwalde-Glien
PLZ 14621

Ackerstraße 117-9b
Ahornallee 118-10c
Ahornweg 97-11c
Akazienallee 118-10c
Alemannenweg 117-9d
Alte Gartenstraße 117-9b
Alte Hamburger Poststraße 96-6d
Alter Wansdorfer Weg 117-11c
Am alten Bahndamm 95-12d
Am Anger 116-2c
Am Bahnhof 117-6b
Am Eichholz 96-10c
Am Forsthaus 94-11b
Am Friedhof (2) 95-11d
Am Gut 117-6d
Am Kindergarten 95-7a
Am Krämerwald 116-3c
Am Rosengarten 117-1c
Am Sandbogen 95-7b
Amselsteig 118-10a
Am Silberberg (2) 118-4d
Am Spring 95-5c
Am Stägehaus (1) 95-11c
Am Südhang 117-12a
Am Triftberg 96-10c
Am Wald 95-4d
Am Waldrand 117-9b
Am Wiesengrund 95-7b
An den Bauernhärsten (5) 118-4d
An den Wöhrden (3) 118-4b
An der Eichheide 116-2c
An der Feuerwache 95-12b
Apfelrondell (1) 95-7b

Bäckerstege 95-11d
Bäckerweg 95-4d
Bahndamm 116-2d
Bahnstraße 117-1b
Beethovenstraße 118-10c
Berliner Allee 118-10d + 10a
Berliner Winkel 117-2a
Bernauer Straße 117-12a + 12c
Birkenallee 118-10d
Birkenweg (Pausin) (1) 116-3c
Birnenrondell (2) 95-7b
Bötzower Landstraße 118-4c
Bötzower Straße 117-6d
Borussenweg 117-12a

Brandenburgische Straße 117-11d
Brieselanger Straße 116-2c + 4d
Buchenallee 118-10c
Burgunderweg 117-12b
Bussardsteig 118-10b

Chausseestraße (Paren im Glien) 95-11d
Chausseestraße (Pausin) 116-2a
Cheruskerweg 117-9d
Cimbernring 117-12a

Damsbrücker Straße 117-11d
Dorfstraße 117-9b
Drosselsteig 118-10a
Duettchens Höh' 96-10a

Eichenallee 118-10c
Eichenweg (2) 116-3c
Eichholzweg 116-2a
Eichstädter Weg 116-2d
Erlenallee 118-10d
Eschenallee 118-10d

Falkenseer Straße 117-11d
Falkensteig 118-10b
Fasanensteig 118-10b
Fehrbelliner Straße 117-9d + 118-10a
Fichtenweg 97-11c
Finkensteig 118-10a
Fliegerhorststraße (4) 118-4d
Fliegersiedlung 117-6d
Fontanestraße 117-12c
Frankenweg 117-12b
Friesenweg 118-10a

Gartenstraße 95-11d
Gartenweg 116-2d
Germanenweg 117-12a
Gewerbegebiet „Am Rosengarten" 117-4a
Gimpelsteig 118-10a
Goethestraße 117-12d
Gotenweg 117-12b
Grabenweg 117-2a
Grimnitzstraße (1) 118-4d
Großer Ring 118-10d + 10c
Grünefelder Dorfstraße 95-4c

Habichtsteig 118-10b
Hänflingsteig 118-10b
Hauptstraße 95-11c
Havelländische Straße 117-11d
Hebbelstraße 117-12d
Heinestraße 117-12d
Heisenwinkel 116-3c

Ikarusweg 118-4c
Im Glien 96-10c

Judenweg 96-10a

Kastanienallee 118-10c
Keltenweg 117-12a
Kiebitzsteig 118-10b
Kiefernallee 118-10b
Kiefernweg (Wansdorf) 97-11d
Kienberger Straße (Grünefeld) 95-7a
Kienberger Weg (Paaren im Glien) 95-11a
Kirschallee 95-11a
Kirschweg 117-1b
Kleibersteig 118-10b
Kleiststraße 117-12d
Krugweg 116-2c
Kurmärkische Straße 117-11d
Kurt-Tucholsky-Straße 117-12b

Lärchenallee 118-10d
Langobardenweg 118-10a
Lilienthalweg (1) 118-4c
Lindenallee 118-10c
Lorenz-Jakob-Straße 117-9b

Märkische Straße 96-10c
Meisensteig 118-10b
Mittelweg 117-1b
Mozartstraße 117-12d
Mühlenweg (Grünfeld) 95-5c
Mühlenweg (Pausin) 116-2d
Mühlenweg (Perwenitz) 95-9d

Nachtigallensteig 118-10a
Nauener Straße 117-11d
Neubaugebiet „In den Hufen" 97-11c + 117-2a
Neuer Weg 95-11d
Nordmärkische Straße 142-1a
Normannenweg 117-11b

Obotritenweg 117-12b

Paarener Straße 95-8a
Pappelallee 118-10c
Pausiner Straße 117-11b
Pausiner Weg 117-1c
Perwenitzer Dorfstraße 95-12d

Perwenitzer Straße 117-11d
Perwenitzer Weg 95-11d

Reckinweg 96-10c
Richard-Dehmel-Straße 118-10a
Richard-Wagner-Straße 117-12d
Robinienallee 97-11c
Rotdornallee (1) 97-11c
Rotkehlchensteig 118-11a
Rüsternallee 118-10c

Sachsenweg 118-10a
Schillerstraße 117-12d
Schmiedeweg (Paaren im Glien) 95-12c
Schmiedeweg (Wansdorf) 117-2a
Schönwalde-Dorf 117-8b
Schönwalde-Siedlung 117-11a + 118-7c
Schulallee 118-10a
Schulwinkel 117-1b
Schwalbensteig 118-10b
Schwarzer Weg 117-1d
Sebastian-Bach-Straße 118-10c
Siedlungsgasse 116-2c
Spandauer Feld 116-2d
Staffelder Weg 95-5c
Steinerne Brücke 118-11c
Stieglitzsteig 118-10b
Stolpshofer Weg 115-2a
Strandallee 117-12c
Straße der Jugend 117-12b + 11d

Tannenallee 118-10d
Thüringer Weg 117-12a
Tietzower Weg 95-4d
Turmstraße 96-10c

Ulmenallee 118-10d
Unter den Linden 141-3b

Veltener Straße 117-12a

Wacholderallee 118-10a
Wachtelsteig 118-10b
Waldkauzsteig 118-11a
Waldpromenade 117-12c
Waldstraße 116-2b
Wansdorf 97-10d + 117-1b
Wansdorfer Dorfstraße 117-1c
Wansdorfer Weg 117-11c
Wansdorfer Weg (Pausin) 116-2d
Westfalendamm 115-10d
Wiesenweg 117-9b
Willibald-Alexis-Straße 117-12c

Zaunkönigsteig 118-11a
Zeisigsteig 118-10b
Zeppelinweg 118-4c
Ziethener Weg 95-5c
Zum Leegefeld 95-7b
Zur Kiesgrube 95-4b

Schorfheide
PLZ 16244

Ahornstraße 44-11b
Alte Mühle 44-8c
Am Bahnhof 42-1d
Am Graben (2) 45-5b
Am Heideufer 44-8b
Am Kleinen Buckowsee 44-2c
Am Sportplatz 44-11b
Am Treidelsteig 44-8d
Am Üdersee 44-2c
An der Schleuse 43-5a
Anna-Karbe-Weg (4) 45-5b

Bachstraße 45-5c
Bauernstraße 44-8b
Beethovenstraße 45-5c
Bei den Buchen 44-8d
Biesenthaler Straße 44-11a
Birkenweg 44-8c
Britzer Straße 45-2d
Brückenstraße 44-9a

Carl-Zeiss-Straße 45-6c

Dachsweg 43-9b
Dorfstraße 42-2d

Eberswalder Straße 45-2d
Erzberger Platz 44-8c

Feldstraße 45-5b
Fichtenweg 44-7c
Finowfurter Ring 44-8d
Fliederweg 45-5d
Flößerstraße 44-8d
Fuchsberg 44-7a

Galgenberg 45-5d
Gartenstraße 45-6c
Gartenweg 44-8a
Gerlachhof 44-11a
Gutshof 45-2d

Händelstraße 45-5c
Hauptstraße 44-8a
Haydnstraße 45-5c
Hirtenweg 43-9d
Hubertusmühle 43-12b + 44-10a
Hubertusweg 44-10a
Hufenweg 44-7b

Im Schulzenplan 44-8c
In den Sandstücken 44-7b

Joachimsthaler Chaussee 45-2a

Kanalstraße 44-9a
Karl-Liebknecht-Straße 44-7c
Kastanienallee 44-7d
Kiefernneck 45-5d
Kiefernweg 44-8c
Kirschenallee 45-2c
Klandorfer Bergstraße 42-2d
Konrad-Zuse-Straße 45-6c
Koppelweg 45-2d
Kurzer Weg 45-5b

Langer Grund 43-9b
Lehnschulzenstraße 44-8a
Lichterfelder Weidenweg 45-5d
Lichterfelder Straße 44-8a
Lichterfelder Waldstraße 45-5b
Luckenwaldstraße 44-5c

Magistrale 44-8d
Marienwerderstraße 44-7b
Marienwerderweg 42-2d
Marktplatz 44-8d
Maulbeerweg 44-11a
Melchower Ring 44-11a
Melchower Straße 44-11a
Messingwerkstraße 45-5a
Mittelstraße 45-6c
Moospfuhl 43-3c
Mozartstraße 45-5c
Mühlenweg 44-11a
Museumsstraße 44-11c

Oderberger Straße 45-2c

Pappelweg 44-9a
Parkstraße 44-8b
Paul-von-Nipkow-Straße 45-6c
Pehlmann-Ring (1) 45-5b

Querweg 44-11a

Rehwinkel 43-9d
Rosenweg (3) 45-5b

Sägebarthstraße 44-8d
Schäferweg 45-2d
Schloßgutsiedlung 44-8d
Schöpfurter Ring 44-11b
Spechthausener Straße 44-11b
Steinfurter Allee 45-1d
Steinfurter Ring 44-8b
Steinfurter Straße 45-2c

Triftstraße 44-7b

Üdersee 44-4b
Üdersee Besters Fließ 43-9b
Üdersee Nord 43-3d
Üdersee Süd 44-4d

Wagnerstraße 45-5c
Waldstraße 44-11
Walzwerkstraße 44-8a
Wassertorbrücke 45-6c
Weidenweg 44-9b
Werbelliner Straße 44-8a
Westpark 45-6c
Wiesenstraße 45-5b
Wiesenweg 44-8c

Zum Jugendheim 44-11b
Zum Krugacker 44-7b

Schulzendorf
PLZ 15732

Ahornstraße 235-12b
Akazienweg 235-12d
Albrecht-Dürer-Straße 271-3c
Am Abhang 235-12d
Am Grabensprung 235-12d
Am Kirschweg 271-3d
Am Luch 236-10c
Am Zeuthener Winkel 272-1a
An der Aue 272-1a
An der Koppel 236-10c
Auf der Höhe 235-12d
August-Bebel-Straße 271-3b

Bergstraße 272-7a
Bergweg 271-5d
Birkenweg 271-3b

Brandenburger Straße 271-6b
Braunschweiger Straße 271-6b
Bremer Straße 271-6d
Brückenstraße 272-4c
Buchenallee 235-12b

Chemnitzer Straße 271-6d
Clara-Zetkin-Straße 271-3c
Coburger Straße 271-6b

Dahlewitzer Chaussee 271-9b
Dohlenstieg 236-10c + 272-1a
Dorfstraße 271-2c
Dresdener Straße 271-6a

Egelsteg 271-3b
Eichenallee 235-12b
Erfurter Straße 271-6d
Erlenweg 235-12d
Ernst-Thälmann-Straße 271-2d
Eschenweg 235-12c

Fasanenstieg 272-1a
Fennweg 271-5a
Finkenweg 235-12d
Fließsteig 236-10c
Fontanestraße 271-3d
Forstweg 271-2d
Freiheitweg 271-5d
Freiligrathstraße 271-3c
Fritz-Reuter-Straße 272-1c
Fürstenberger Straße 271-6c

Gartenstraße 272-1a
Gerstenweg 271-6c
Getreidegasse (4) 271-6c
Goethestraße 271-3d
Grenzweg 271-2c
Grüne Trift 236-10c

Hafergasse (2) 271-6c
Hamburger Straße 271-9b
Hans-Sachs-Straße 272-1a
Hebbelstraße 271-3b
Heinrich-Heine-Straße 271-3c
Heinrich-Zille-Straße 271-3d
Helgolandplatz 271-6d
Helgolandstraße 271-6c
Henningsdorfer Straße 271-9b
Herweghstraße 271-6b
Hirsesteig (1) 271-6c
Humboldtring 271-3d

Illgenstraße 271-3a
Im Gehölz 235-12b

Jägerweg 271-3a
Jahnstraße 235-12c

Käthe-Kollwitz-Straße 272-1c
Kantstraße 272-1a
Karl-Liebknecht-Straße 235-12b
Karl-Marx-Straße 271-2d
Kastanienweg 235-12c
Kiefernweg 235-12b
Kieler Straße 271-6c
Kleiststraße 271-3b
Kölner Straße 271-6a
Kornblumenweg 271-6a

Leipziger Platz 271-6b
Leipziger Straße 271-6c
Lessingstraße 271-3d
Lilienweg 271-3b
Lindenstraße 235-12d
Luisenstraße 271-9b

Max-John-Straße 271-6a
Miersdorfer Straße 271-2d
Mittenwalder Weg 271-2c
Mittenweider Weg 271-5b
Mohnblumenweg 271-6c
Münchener 271-6b
Münchener Straße 271-6d

Neuschulzendorf 271-5a

Otto-Krien-Platz 271-6d
Otto-Krien-Straße 271-6d

Paarmannstraße 235-12d
Pfarrgelände 271-9b
Pirschgang 271-5d
Puschkinstraße 235-12d

Richard-Israel-Straße 271-3b
Richard-Wagner-Straße 271-3b
Riesaer Straße 271-6d
Rosa-Luxemburg-Straße 271-6b + 272-1c

Saarlandplatz 272-1a
Salzgitterstraße 271-6b
Schäferweg 271-6d
Schilfweg 271-3b
Schillerstraße 271-3b
Schloßplatz 271-9b

Schloßstraße 271-9b
Schwarzer Weg 271-2d
Siedlung Eichberg 235-12c + 271-3a
Sophienstraße 271-9b
Spartakusstraße 235-12d

Uhlandring 271-3c
Ulmenweg 235-12d

Volkspark 272-1a

Waldstraße 235-12c
Waltersdorfer Chaussee 271-2c
Walther-Rathenau-Straße 271-3c
Weidenweg 271-5d
Weimarer Straße 271-6d
Weizengasse (3) 271-6c
Wiesenweg 235-12d
Wilhelm-Busch-Straße 271-3d
Wilhelm-Raabe-Straße 271-3b

Zum Mühlenschlag 271-6a

Schwielowsee
PLZ 14548

Akazienweg (1) 262-11a
Alex-von-Monno-Weg 297-7c
Alfred-Pfitzner-Weg 297-7b
Alte Dorfstelle 297-10a
Alte Ladestraße (3) 262-7c
Am Anger 261-2d
Am Bahnhof (Caputh) 262-10a
Am Bahnhof (Ferch) 297-9c
Am Brückenpark 261-9a
Am Caputher See 262-10d
Am Feldgraben 261-9b
Am Gaisberg 262-7a
Am Gewerbepark 296-2b
Am Grashorn 261-8b
Am Hang 262-10d
Am Heideberg 297-7c
Am Klefernwald 297-7a
Am kleinen Wentorf 261-12b
Am Krähenberg 262-10c
Am Luch 297-3c
Am Markt 261-2a
Am Mühlenberg 261-8b
Am Panoramaweg 297-3b
Am Pappelfort 261-6c
Am Petzinsee 261-12b + 262-7c
Am Rehwinkel 262-7a
Am Seeufer 297-1d
Amselsteig 261-12b
Amselweg 261-2a
Am Sonnenhang 297-3b
Am Steineberg 262-11a
Am Teich 261-2d
Am Torfstich 262-11a
Am Ufer 261-1b
Am Waldrand 262-11b
Am Wasser 261-5b
Am Wasserwerk 261-2d
Am Wildgatter 261-6c
An den Eichen (2) 297-8a
An der Apfelplantage (1) 297-4a
An der Kirche 261-2b
An der Nerzfarm (2) 297-4a
An der Pischheide 262-7b
Arthur-Borghard-Weg 297-7d
Asternweg 262-10b
Auf dem Berge 261-9a
Auf dem Franzensberg 261-9c
August-Scheffler-Straße 261-9b
Auguststraße 262-10a

Baumgartenbrück 261-9c + 8b
Baumgartenbrücke 261-8d
Beelitzer Straße 297-7b
Bergholzer Straße 262-11a
Bergstraße 262-10c
Birkenweg 261-2a
Borker Weg 297-10b
Burgstraße 297-7b
Bussardweg 261-6d

Caputher Chaussee 261-9b
Chausseestraße 261-9b

Daniel-Schönemann-Straße (2) 261-9b
Dorfstraße 297-7b
Drosselweg 262-7a

Einsteinstraße 262-11a
Elsternsteig 261-12b
Erich-Schultz-Weg 297-7c
Eugen-Bracht-Weg 297-4c
E.-W.-Mertens-Weg 297-7c

Fasanenweg 298-1a
Feldstraße 262-10c
Fercher Bergstraße 297-8a
Fercher Heideweg 297-8a
Fercher Straße 297-4c
Fercher Waldstraße 297-7a

Ferdinand-von-Schill-Straße 261-9b
Fichtenweg 261-2a
Finkensteig 262-10a
Finkenweg 261-9d
Fliederweg (4) 262-10c
Flottstelle 297-5c
Försterweg 262-11a
Fontanepark 297-4c
Fontanering 261-9a
Forstsiedlung 261-9d
Friedrich-Ebert-Straße 262-10c
Fuchsweg 261-2a

Gartenstraße 262-10c
Geltower Chausseestraße 261-9b
Gertrud-Feiertag-Weg 262-10d
Geschwister-Scholl-Straße 261-12b
Glindower Weg 297-5a
Großer Querweg 261-2b
Grüner Weg 296-9b
Grüner Weg 297-5a
Gustav-Winkler-Straße 262-11c

Habichtsteig 261-6c
Hans-Wacker-Weg 297-7c
Hasensprung 297-3c
Hauffsteige 261-8b
Havelpromenade 261-2a
Havelstraße 262-10b
Hegemeisterweg 261-6d
Heideweg 262-11a + 297-7a
Hirschweg 261-2b
Hohe Eichen 296-6d
Hoher Weg 261-2b

Im Gewerbepark 262-11c

Jägersteig 297-6a
Jungfernweg 262-11c

Kammeroder Weg 296-6a
Karl-Göbel-Weg 297-7c
Karl-Hagemeister-Weg 297-7b
Karl-Schuch-Weg (1) 297-7b
Kastanienallee 262-10c + 297-3b
Kiefernsteig 261-12b
Kiefernweg 297-6a
Klaistower Straße 296-5a
Konrad-Wachsmann-Straße 262-11a
Krughof 262-10b
Kuckucksweg 262-7a
Kurze Straße 262-10c
Kurzweg 297-7b

Lerchenweg 262-10a
Lienewitzweg 297-8a
Lindenstraße 262-10b
Liselotte-Herrmann-Straße 261-9a

Magnus-Zeller-Ring 262-10c
Max-Planck-Straße 262-11a
Max-von-Laue-Straße 262-11a
Meiereistraße 261-6d
Möwenweg (2) 262-10a
Moosweg 261-9a
Mühlengrund 297-7a

Nachtigallenweg (1) 262-10a
Neue Scheune 297-4c

Obstweg 261-9a
Otto-von-Kameke-Weg 297-7b

Petzinstraße 261-9b
Potsdamer Platz 297-7a
Potsdamer Straße 262-11a

Reiherhorst 261-6d
Ringstraße 262-10c
Rohrweg 297-3d
Rosenstraße 262-11a
Roter Damm 296-6d
Rudolf-Oehlschläger-Straße (1) 261-9b

Schäfereistraße 261-9b
Schmerberg 297-9c
Schmerberger Weg 297-3d
Schulstraße 262-10b
Schulweg 261-2a
Schumannstraße 262-11a
Schwanenweg 261-12d
Schwarzer Weg 297-7b
Schweizer Straße 225-11c
Schwielowseestraße 297-3c
Seddiner Weg 297-10b
Seesteig 225-10d
Seestraße 262-10d
Seeweg 297-7b + 4b
Siedlerstraße 261-9a
Siedlungsweg 262-11a
Sonnenhang 297-7c
Spitzbubenweg 298-1a
Straße der Einheit 262-10a
Straße der Jugend 262-10a

Tagorestraße 262-11a

Tannenweg 261-2a
Taubensteig 262-10c
Terrassenweg 297-8a
Tonio-Bödicker-Straße 261-9b

Uferpromenade (Caputh) 261-12d
Uferpromenade (Geltow) 261-5d
Uhuweg 298-1a

Vogelweg 262-7a

Waidmannpromenade 261-2a
Waldrandweg 262-7a
Waldstraße 262-11a
Weberstraße 262-10c
Weinbergstraße 262-10c
Weißdornweg (1) 261-2a
Wendeplatz 297-3b
Wentorfbrücke 261-9d
Wentorfinsel 262-10a
Wentorfstraße 297-7a
Werderscher Damm 261-2d
Wiesensteig 297-4c
Wiesenweg 262-7a
Wietkiekenweg 297-8a
Wildparkstraße 261-6d
Wilhelmshöhe 261-8b
Wohnpark Havelseen 262-10c

Ziegelscheune 262-10b
Ziegelstraße 262-10b
Zum alten Landrat (3) 297-4a
Zum Birkengrund 261-2a
Zum Strandbad 261-12d
Zur Badestelle 262-10d
Zur Bergmeierei 261-6d
Zur Roten Brücke 297-3c

Seddiner See
PLZ 14554

Am Apfelweg (2) 298-10d
Am Bahnhof 298-10c
Am Birnenweg (3) 298-10d
Am Fenn 318-5a
Am Fuchsbau 298-11c + 318-2a
Am Hügel 318-6d
Am Kirschweg 318-2a
Am Lindenweg 318-1b
Am Milchberg 318-5a
Am Mirabellenweg 318-1b
Am Mühlenberg 318-5b
Am Quittenweg (4) 298-10d
Am Sanddornweg 318-2a
Am Seehügel 318-6c
Am Waldessaum 318-5a
Am Waldrand 318-5d
An der Trift 318-6a

Bahnhofstraße 318-2c
Beelitzer Straße 318-5b
Bergstraße 318-5c
Birkenweg 318-2a
Blumesiedlung 318-5d
Breitenbachplatz 318-1a

Dr.-Albert-Schweitzer-Straße 318-1a
Dr. Stapff-Straße 318-1a
Dorfstraße 319-4a

Ebereschenring 298-11c
Eichenweg 318-2c
Erikaweg 318-6c
Ernst-Kamieth-Platz 318-1b

Feldstraße 318-5d
Fenn 318-5a
Fennweg 318-5a
Fischergasse 318-6a
Friedhofgasse 318-1a
Friedhofstraße 318-5b
Friedhofsweg 319-4a

Gartenstraße 318-5d
Gewerbestraße 298-11d

Hans-Beimler-Straße 298-10d
Hauptstraße 318-5a

Im Winkel 318-1b

Kähnsdorfer Straße 318-8b
Kähnsdorfer Weg 318-5d
Karl-Marx-Straße 318-1a
Kiefernwald 318-4d
Kiefernweg 318-1c
Kirchplatz 318-5b
Kornblumenweg 318-5b
Kornstraße 318-5b
Krumme Straße 318-8b
Kunersdorfer Straße 298-10d + 318-1b

Ladestraße 298-10d
Lärchenweg 318-1b
Leipziger Straße 318-5c

Pappelallee 318-2a

Rauher Berg 319-4b
Rottstockweg 318-6b
Rüdigerweg 318-6c

Schlunkendorfer Straße 318-5b
Schmiedestraße 318-1a
Schuppesiedlung 318-5c + 4d
Schwarzer Weg 318-1b
Seddiner Straße 318-6a
Seeweg 318-2d
Stückener Straße 318-5b

Thielenstraße 298-10c
Trift 318-5d

Waldeck 318-6d
Waldesruh 318-9a
Waldstraße 318-1b
Waldweg 318-6d
Weg zum Wasserturm 317-3b
Weinbergstraße 318-5a
Wiesenweg 318-5d

Zum Sportplatz (1) 298-10d

Słubice (PL)
PLZ 69100-69103

1 Maja 251-8b

Akademicka 251-5d
Aleja Młodzieży Polskiej 251-8b
Aleja Niepodległości 251-6c

Batorego 251-6c
Bohaterów Warszawy 251-5d
Bolesława Chrobrego 251-5d
Bolesława Krzywoustego 251-6c
Bratkowa (6) 251-5b

Chopina 251-5d

Dąbrówki (3) 251-8b
Daszyńskiego 251-8b
Daszyńskiego (4) 251-8b
Drzymały 251-5b

Folwarczna 251-9a

Grybowa 251-3a

Jastrzębia 251-3a
Jedności Robotniczej 251-8b

Kanałowa 251-6c
Kazimierza 251-6c
Kazimierza Jagiellończyka (7) 251-5b
Kilińskiego 251-9a
Kochanowskiego 251-9a
Konopnickiej 251-9a
Konstytucji 3 Maja 251-6c
Konwaliowa (4) 251-5b
Kopernika 251-8b
Kościuszki 251-9a + 8b
Królowej Jadwigi 251-6c
Krótka 251-9a
Krucza 251-6a
Kupiecka 251-9d
Kwiatowa 251-5b

Liliowa (3) 251-5b
Lisia 251-6a

Makowa 251-5b
Mickiewicza 251-8b
Mieszka I 251-5b
Mirosawskiego (5) 251-8b

Nadodrzańska 251-5d
Narutowicza 251-5d
Nocznickiego 251-6c
Nowy Lubusz 215-3a

Ogrodowa 251-5b
Osiedle Krasińskiego 215-11c
Os.Sowiańskie 251-8b

Paderewskiego 251-9a
PGR „Białe" 215-11d + 251-2b
Piłsudskiego 251-5d
Piska 251-5b
Plac Bohaterów 251-5d
Plac Frankfurcki (7) 251-8b
Plac Przyjaźni 251-8b
Plac Przyjaźni (2) 251-8b
Plac Sybiraków 251-5b
Plac Wolności 251-5d
Pławidło 215-3d
Podchorążych 251-5b
Poniatowskiego 251-6c
Powstańców Wielkopolskich 251-12b
Prosta Klonowa 251-2d

Reja 251-8b
Różana (1) 251-5b
Rysia 251-5b
Rzepińska 251-6c

Sadowa 251-5b
Seelowska (1) 251-8b
Sienkiewicza 251-9a
Słowackiego 251-8b
Sobieskiego (1) 251-6c
Sokoła 251-6a
Sowia 251-3c
Sportowa 251-9b
Staszica 251-6a
Strzelecka 251-6c
Szamarzewskiego 251-8a
Szczecińska (2) 251-5b

Tulipanowa (5) 251-5b

Wałowa 251-5c
Wandy 251-9a
Wawrzyniaka 251-8b
Wielkiego 251-6c
Wilcza 251-5b
Witosa 251-6a
Władysława Jagełły 251-6c
Władysława Łokietka 251-6c
Wodna 251-9a
Wojska Polskiego 251-8b
Wrocawska (6) 251-9a

Żeromskiego 251-8b
Żurawia 251-3c
Zwirki i Wigury 251-6c
Zygmunta I Starego (2) 251-6c

Spreenhagen
PLZ 15528

Ahornweg 276-5a
Alte Dorfstraße 276-5b
Alte Fürstenwalder Straße 277-4a
Alte Poststraße 275-5b
Alt Hartmannsdorfer Straße 276-4a
Alt Kolplin 314-2a
Altonaer Straße 277-9a
Am Birkenweg (3) 275-3c
Am Denkmal (1) 275-3c
Am Feldweg 275-3d
Am Hasensprung 275-5b
Am Kanal 275-5a
Am Lebbiner See 313-8b
Am Luch 275-3d
Am Winkel 276-9b
An der Spree 275-3b
Artur-Becker-Ring 276-2c
Auf der Halbinsel 241-11c

Birkenweg 276-2c
Birkholzweg 275-3c
Brandgestell 278-4b
Briesenluch 277-9d
Briesenluch Försterei 278-10a
Buchte 240-6c

Chausseestraße 275-3d

Dohnenstieg 275-5b
Dorfstraße 241-12a
Drosselweg (2) 275-5b

Feldweg 276-5a
Fichtenwall 277-7a
Försterei Dickdamm 276-12b
Friedersdorfer Straße 275-5a
Friedersdorfer Weg 276-4b
Friedhofstraße 276-5a
Fürstenwalder Straße 276-6a

Göllmitz 241-12d
Große Tränke 242-7d

Hafersteig 277-8b
Hartmannsdorfer Chaussee 276-1c
Hauptstraße 276-2c
Hirschsprung 275-5a
Hirsegarten 276-5d + 5b

Industrie- und Gewerbegebiet Mühlenberg 277-9a
Industrie- und Gewerbegebiet Winkel 276-9a

Kanalstraße 275-6a
Kanalweg 276-1d
Kerring 276-8b
Kirchengestell 240-12a
Kirchhofen 240-11c
Kirchhofener Straße 276-2c
Kirchplatz 277-9a
Kreuzgestell 278-1c
Kribbe Lake Försterei 240-12a
Küchengestell 241-5c
Kummerallee 277-8b

Langendamm 277-5b
Langendamm (Braunsdorf) 277-3c
Langendamm Försterei 277-3b
Lange Straße 277-8b
Latzwall 276-1a
Lebbiner Straße (Lebbin) 313-3c
Lebbiner Straße (Markgrafpieske) 277-9c
Lindenallee 275-3c
Lindenring 276-5a
Luisenhof 241-11d

Markgrafenstraße 277-6c
Markgrafpieskes Straße 241-12c
Mittelstraße 275-5a

Neue Kanalstraße 276-2c
Neues Gestell 241-8b
Neu Hartmannsdorfer Straße 276-1a
Neu Waltersdorf 277-11a

Pankentheerhütte 278-1c

Rauener Straße 277-9b
Röthen 240-10c
Rotkehlchenweg 275-2d

Schellhorstgestell 241-8d
Schlößchen 275-3a
Schulstraße 275-3c
Seestraße 275-5b
Siedlerstraße 277-8b
Siedlerweg 276-1d
Siedlung 276-5a
Skaby 276-7c
Spreenhagener Chaussee 277-8b
Spreenhagener Straße 275-3c
Stäbchen 239-10d + 275-2a
Storkower Straße 276-6a
Strommeisterei 275-6a

Triebsch 275-4d

Waldeck 313-2b
Waldweg 275-6a
Wallweg 276-1c
Wiesenweg 275-3b + 276-1c
Winkel 275-2d + 276-9a
Wulschener Straße 277-9a

Zum Kanal 241-12a

Stahnsdorf
PLZ 14532

Ahornsteg 229-11c
Ahornweg 265-11b
Ahrensdorfer Weg 265-11d
Akazienweg 229-11b
Akeleiweg (12) 265-3a
Albersstraße (14) 265-3d
Alte Feldmark 265-1b
Alte Potsdamer Landstraße 229-10b
Alte Trift 264-3b
Am Anger 265-1d
Am Birkenhügel 265-1b
Am Friedhof 265-5c
Am Gemeindezentrum 265-3a
Am Heideplatz 265-2a
Am Kiebitzfenn 265-1b
Am Kienwerder 265-1a
Am Pfarracker (1) 265-5a
Am Schloßpark 265-5c
Amselsteg 265-2a
Am Streuobsthang 229-12c
Am Upstall 229-12c
Am Walde 229-12c
Am Wall (18) 229-12c
Am Weiher 229-12c + 265-3a
Am Wiesengrund 265-1d
An den Seematen 265-5a
Annastraße 265-2b
Anni-Krauss-Straße 229-11a
Asternweg 229-12c
Augustastraße 265-2b
Ausbau 265-6b
Azaleenweg 265-3b

Bachstraße 229-11c
Bäkedamm 229-12a
Bäkepromenade 229-11b
Bahnhofstraße 229-10b
Beethovenstraße 229-11c
Begonienweg (11) 265-3b
Bergstraße 229-11c
Berliner Straße 265-5a
Birkensteg 229-11b
Birkenweg 265-11b
Brabantstraße 229-11d
Brahmsstraße 229-11d
Buchenweg 229-11b

Chopinstraße 229-11d
Crocusweg 229-12d

Dähnestraße 229-11d
Dahlienweg 265-3a
Distelfalterweg (19) 229-12c
Dorfstraße 265-11a
Drosselweg 265-2a

Eichenallee 265-12d
Eichenweg 229-11a
Elisabethstraße 265-2b
Elsestraße 265-3c
Elstersteg 265-2a
Enzianweg 265-3a
Erlenweg 229-11a
Ernst-Thälmann-Platz 265-12a
Eschenweg 229-11b

Falkenstraße 265-2a
Fasanenstraße 265-2a
Feiningerstraße 265-3b
Feldstraße 265-5a
Fichtensteg 229-11a
Fichtestraße 265-5b
Finkensteg 265-2b
Florastraße 265-3a
Florazeile 265-11b
Forstgarten 265-12b
Friedensallee 229-11d
Friedenstraße 264-3b
Friedrich-Naumann-Straße 229-11c
Friedrich-Weißler-Platz (1) 229-12a
Fuchsienweg (9) 265-3b

Gartenstraße 265-5a
Geranienweg 229-12c
Ginsterweg 265-3b
Gladiolenweg 265-3c
Glockenblumenweg (17) 265-3b
Glühwürmchenweg 229-12c
Grashüpferweg 229-12c
Großbeerenstraße 265-5a
Grüner Weg 229-12b
Güterfelder Damm 265-2d
Güterfelder Straße 265-8c
Gut 265-12d

Hamburger Straße 230-10c
Hasensprung 265-1b
Hedwigstraße 265-3a
Heidekamp 265-1d
Heideplatz 265-2a
Heidestraße 265-1b
Heinrich-Zille-Straße 229-10b
Hermann-Scheidemann-Straße 229-11d
Hermannstraße 230-10a
Hibiskusweg (7) 265-3b
Hildegardstraße 265-2b
Hortensienstraße 229-12c

Im Wiesengrund 229-12c
Ingestraße 265-3c
Irisweg 265-3a

Jägersteg 264-3b
John-Graudenz-Straße 229-11a

Kamelienweg (10) 265-3b
Kandinskyplatz (16) 265-3d
Karolinenstraße 229-12c
Kastanienweg 229-11b
Kiefernsteg 229-11b
Kiefernweg 266-10a
Kieler Straße 230-10c
Kienwerder 265-1c
Kirchplatz 265-5a
Kirchstraße 229-12a
Kleestraße 265-3d
Kleiststraße 230-10a
Kornblumenweg (8) 265-3b
Krughofstraße 229-12a
Kuhlmaystraße 229-11d
Kurze Birken 265-1d

Lärchenring 266-10a
Libellenweg 229-12c
Liefeldstraße 229-11d
Lilienweg 265-3a
Lindenallee 265-5c
Lindenstraße 229-12c
Luisenstraße 265-3a

Marcksstraße 265-3d
Marggraffshof 266-4c
Margueritenweg 265-3a
Marienkäferweg 229-12c
Marienstraße 265-3c
Markhofstraße 265-2b
Marthastraße 265-2b
Meisenweg 229-11c
Mohrenfalterweg 265-3a
Mozartsteg 229-11d
Mucheweg 265-3b
Mühlenfichten 265-5b
Mühlenstraße 229-12c
Mühlenweg 265-5b

Nachtfalterweg 229-12c
Nelkenweg (13) 265-3a
Neubauernsiedlung 230-10c
Nudower Straße 265-10d

Pappelweg 229-11a
Parkallee 229-11d
Parkweg 265-5c
Pfauenaugenweg (4) 229-12c
Pfingstrosenweg (6) 265-3b
Plantagenweg 265-11b
Poststraße 229-11b
Potsdamer Allee 265-1a
Potsdamer Damm 264-3c
Potsdamer Landstraße 265-10a
Potsdamer Straße 264-3c
Priesterweg 264-6b
Primelweg 265-3b
Puschkinstraße 229-12b

Quermathe 230-10c

Reihersteg 265-2b
Reiherweg 265-1a
Ringstraße 265-3a
Ritterfalterweg 265-3a
Rosenweg 229-12c
Rotdornweg 265-11b
Rotkehlchenweg 265-2a
Rudolf-Breitscheid-Platz 229-10d
Ruhlsdorfer Straße 229-12a
Ruhlsdorfer Weg 265-5b

Schenkendorfer Weg 266-1c
Schillerstraße 229-12b
Schlemmerweg (15) 265-3b
Schleusenweg 229-11b
Schmetterlingsring (1) 229-12c
Schneeglöckchenweg 265-3a
Schreyerstraße 265-3b
Schubertstraße 229-11d
Schulstraße 229-12a
Schulzenstraße 229-12a
Schwalbensteg 265-2b
Schwarzer Weg 265-5c
Seematenweg 265-2c
Seerosenweg 265-3b
Seestraße 265-5c
Segelfalterweg 265-3a
Separationsweg 229-12b
Siegfriedstraße 229-12b
Sonnenblumenweg 265-3a
Spechtstraße 265-2a
Sperberstraße 265-2b
Sportplatz 265-5c
Sputendorf 265-12a
Sputendorfer Landstraße 265-11b
Sputendorfer Straße 229-12c
Sputendorfer Weg 265-5a
Stahnsdorfer Damm 265-2d
Stahnsdorfer Weg 265-3c
Starstraße 265-2a
Stolper Weg 265-1c
Straße der Einheit 265-12a
Straße der Freundschaft 265-12b
Striewitzweg 229-12b

Tagfalterweg (2) 229-12c
Tannenweg 229-11a
Taubenweg 265-2b
Teerofenweg 229-11a
Tellstraße 229-12b
Teltower Weg 265-11b
Triftstraße 265-11a
Tschaikowskistraße 229-11c
Tulpenstraße 265-3a

Uferweg 229-7c
Ulmenweg 229-11b

Wacholderweg 229-11a
Wagnersteg 229-11d
Waldtrautstraße 265-1b
Wannseestraße 229-11b
Weinbergsenden (1) 266-2a
Weißlingweg (5) 229-12c
Wilhelm-Külz-Straße 229-12a
Wilhelm-Pieck-Straße 265-12a

Zeisigsteig 265-2a
Zikadenweg (20) 229-12c
Zitronenfalterweg (3) 229-12c

Steinhöfel
PLZ 15518

Ahornring 183-12a
Alte Dorfstraße 244-1a
Alte Poststraße 183-12c
Alter Postweg 207-3b
Am Anger 206-6d
Am Barschpfuhl 206-6d
Am Finkenberg 183-9b
Am Schlossweg 209-10c
Am Storchennest 244-1d
Am Teich 245-2d
Am Teufelsstein 183-12b
An der Schäferei 206-6b
Angerweg 208-7b
Arensdorfer Weg 209-10c
Ausbau Beerfelde 206-3b
Ausbau Jänickendorf 206-3a

Baathstraße 183-9a
Bahnhofstraße 208-12d
Bahnhofstraße (Arensdorf) 210-5c
Bahnhofstraße (Hasenfelde) 209-6a
Berkenbrücker Weg 208-12d
Buchholzer Straße 182-12c + 208-3a

Charlottenhofer Weg 208-9d
Clara-Grunwald-Weg 244-4b

Demnitzer Mühle 245-8b
Demnitzer Straße 209-10c
Dr.-Schubert-Straße 207-3b
Dorfstraße (Buchholz) 208-7b
Dorfstraße (Demnitz) 245-2d
Dorfstraße (Jänickendorf) 206-5d
Dorfstraße (Schönfelde) 181-10a
Dornröschenweg 207-3b

Eggersdorfer Straße 181-10a
Eichenallee 244-1a
Ernst-Thälmann-Straße 183-12a

Falkenhagener Straße 210-5a
Feldweg 206-5d
Frankfurter Chaussee 183-8d
Frankfurter Straße 210-4b
Fritzfelde 183-7d
Fürstenwalder Straße (Beerfelde) 207-4c
Fürstenwalder Straße (Buchholz) 208-7a
Fürstenwalder Straße (Hasenfelde) 209-5c

Gartenstraße 182-12d
Gartenweg 183-12b
Gemeindestraße 182-12a
Gölsdorfer Straße 182-12c
Gölsdorfer Weg 207-4a
Gutsweg 209-10c

Hangelsberger Weg 206-5d
Hans-Rosenthal-Straße 244-4b
Hasenfelder Straße 210-4c
Hasenfelder Weg 183-12c
Hasenwinkel 209-7b
Hauptstraße 183-12a
Heinersdorfer Mühle 209-2b
Heinersdorfer Straße 209-5b
Heuweg 245-1a
Hinterstraße 210-5a
Hoppegartener Straße 181-7c

Im Winkel 207-4c

Jänickendorfer Straße 206-6d
Jahnfelder Straße 183-9c

Kastanienallee 207-3b
Kastanienhof 210-5c
Kirchgasse 207-4c
Kirchweg 210-5a
Kleine Allee 245-2d
Kohlhaasweg 182-12d
Kräuterweg 244-1a
Krugweg 245-2d

Lietzener Weg 183-9d
Lindenplatz 207-3b
Lindenstraße 182-12d

Margaretenhof 244-2b
Marxdorfer Straße 210-5b
Müncheberger Straße (Heinersdorf) 183-11b
Müncheberger Straße (Tempelberg) 182-12d
Müncheberger Weg 183-5d

Nenmühler Weg 206-5b
Neue Mühle 180-10a
Neumühler Weg 181-10a

Parkstraße 209-6a

Regenmanteler Weg 210-5b

Sand 182-12d
Schäferweg 210-5a
Schinkelhof 183-9a
Schönfelder Straße 207-4c
Schönfelder Weg 206-5b
Schulstraße 182-12d
Schulweg 245-2d
Seestraße 183-9a
Siedlerweg 206-6d
Siedlung 244-1d
Siedlung Kienholzloos 244-4b
Siedlungsweg 245-2d
Steinhöfeler Chaussee 244-1b + 4a
Steinhöfeler Park 244-3b
Steinhöfeler Straße 208-7a
Straße der Freundschaft 209-10c
Straße der Jugend (Heinersdorf) 183-12a
Straße der Republik 183-12a

Trebuser Straße 206-5d
Triftweg 210-4d

Vorwerk 208-11b
Vorwerk Demnitz 209-11b
Vorwerk Hasenfelde 209-8d

Waldstraße (Hasenfelde) 209-2d
Waldstraße (Neuendorf im Sande) 244-4b
Wiesengasse 209-10a

Zum Gutshof 245-2d

Storkow (Mark)
PLZ 15859

Ahornweg 313-9c
Alte Dorfstraße 332-2d
Altstadt 313-11d
Alt Stahnsdorf 312-6c
Alt Stahnsdorf (2) 312-6a
Am Bahnhof 313-11c
Am Großengraben 312-6d
Am Großgraben 313-12c
Am Kanal 313-11b
Am Kutzingsee 332-4a
Am Lebbiner See 313-8b
Am Luch 313-9c
Am Markt 313-11d
Am Mühlenfließ 332-1c
Am Osterberg 332-11b
Am Park 312-12d
Am Schaplowsee 333-2b
Amselweg 333-3b
Am Vogelsang 333-2b
Am Wald 333-3a
Am Werder 313-12a
An der Bahn 333-2b
An der Gärtnerei (1) 332-12a
An Fasanerie 332-3b

Bahnhofsallee (2) 313-11c
Bahnhofstraße 312-8c
Beeskower Chaussee 333-2d
Berghof 312-9b
Berliner Straße 313-11c
Birkenallee 333-3b
Birkengrund 333-3d
Birkenhof 332-4b
Birkenweg 312-11b
Brandweg 332-3b
Bugker Chaussee 333-6b
Burgstraße 313-11d
Buscher Straße 332-9c
Buscher Weg 332-4a

Dorfmitte 333-4a
Dorfstraße (Wochowsee) 333-7a
Drosselsteg 312-11b
Drosselweg (Kummersdorf) 333-3b

Eichelhäherweg (Hubertushöhe) 334-4d
Eichendorffstraße 333-3a
Eichholzer Weg 332-11b
Elsterweg (Hubertushöhe) 334-4b
Ernst-Thälmann-Straße 313-11c

Fasanenweg 333-2b
Feldstraße 313-10d
Finkenweg 333-3b
Freiligrathstraße 333-3a
Friedensdorf 333-3a
Friedenssiedlung 313-12b
Friedrich-Engels-Straße 313-11d
Fritz-Reuter-Straße 333-3a
Fürstenwalder Straße 313-9c

Gartenweg 333-2b
Gerichtsstraße 333-2a
Gewerbestraße 313-8d
Görsdorfer Straße 332-2c
Görsdorfer Weg 332-8d
Goethestraße 333-2a
Grasnickstraße 313-11c
Groß Schauener Straße 333-1b
Grüner Weg 313-12a

Hans-Beimler-Straße 333-3c
Hauptstraße Philadelphia 312-12d
Heideweg 333-3a
Heinrich-Heine-Straße 313-11d
Hermann-Löns-Weg 333-3a
Herweghstraße 333-3a

Hinter den Höfen 313-11d
Hirschluch 314-7c

Kanalstraße 312-12d
Karl-Marx-Straße 333-3a
Karlsluster Straße 333-3b
Kiefernweg 333-3b
Kirchstraße 313-11d
Kirchweg 313-11d
Klein Schauener Straße (Görsdorf) 332-1c
Kleistweg 313-12c
Körnerstraße 333-2a
Kolberger Chaussee 332-2d
Kolberger Straße 331-6b
Kolonie Ausbau 331-6d
Kummersdorfer Hauptstraße 312-8c
Kummersdorfer Straße 313-8c
Kurmarkkaserne 333-6a
Kurt-Fischer-Straße 333-3c
Kurzer Weg 313-8d
Kurze Straße 312-5b

Lauge 313-9a
Lebbiner Straße 313-8d
Lebbiner Weg 313-9c
Lebuser Straße 313-10d
Lehngutweg 313-4c
Lerchenweg 333-3b
Lessingstraße 313-12c
Luchweg 312-12d
Lücke 312-5b

Marktplatz (1) 313-11d
Meisenweg 333-3b
Mittelweg 333-3a
Mühle 312-6c

Neu-Bostoner-Straße 313-8d

Pappelring 313-9c
Pappelweg 332-3b
Parkstraße 312-5d
Philadelphiaer Straße 333-1c

Querstraße 313-11b
Querweg 313-9c

Reichenwalder Straße 313-11b
Rieploser Hauptstraße 313-4c
Robert-Koch-Straße 334-4a
Rotkehlchenweg 333-3b

Sackgasse 333-3b
Schaplower Weg 333-1d
Schauener Straße (Kummersdorf) 312-8c
Scheunenviertel 313-11d
Schillerstraße 313-11c
Schloßstraße 313-11d
Schützenstraße 313-11b
Seepromenade 313-12c
Seestraße 313-11b
Seeweg 332-12a
Selchower Dorfstraße 332-9c
Siedlung Ost (Kummersdorf) 312-11a
Siedlungsweg 334-4a
Siedlung West 312-7d
Storchenweg 333-2b
Storkower Straße (Klein Schauen) 332-2d
Straße der Jugend 312-8c
Straße des Sports (1) 312-5d
Streganzer Weg 332-11b
Stuttgarter Weg 333-1b

Theodor-Fontane-Straße 313-12c
Theodor-Storm-Straße 333-3a

Uhlandstraße 313-12c

Vorheide 333-3c
Vorwerk Storkowsee 333-7b

Waldstraße 312-11b
Wallweg 313-11d
Wedemarker Straße 313-8d
Weidenweg 332-9c
Wiesenweg 332-12a
Wochowseer-Dorfstraße 333-7a
Wochowseer Weg 333-2d
Wolfswinkel 313-12b
Wolziger Straße 332-1c
Wolziger Weg (Görsdorf) 332-1a
Wolziger Weg (Philadelphia) 332-3b

Zum Kanal 312-11b
Zum Kutzingsee 332-4a
Zum Weinberg 332-1c
Zur Schleuse 312-8c

Strausberg
PLZ 15344

Ahornstraße 130-5a
Akazienstraße 130-5d
Albin-Körbis-Ring 153-8a
Alter Feldweg 130-8a
Alte Schlagmühle 153-6c
Altes Steuerhaus 130-12d
Alte Walkmühle 153-9c
Altlandsberger Chaussee 153-3c
Alt-Ruhlsdorf 131-12b
Am Adlerhorst 154-1b
Am Annafließ 130-10d
Am Annatal 153-6b
Am Biotop 130-8d
Am Burgwall 129-7d
Am Flugplatz 130-11a
Am Försterweg 153-8a
Am Fuchsbau 154-1a
Am Hasengrund 154-1a
Am Herrensee 153-6b
Am Hirschwechsel 154-1b
Am Igelpfuhl 154-1a
Am Kieferngrund 153-8a
Am Marienberg 153-3d
Am Mondsee 130-10b
Amselweg 129-9d
Am Sportpark 153-8b
Am Stadtwald 153-6b
Am Wäldchen 130-11c
Am Walde 153-2a
Am Waldessaum 130-5a
An den Ahorngärten (1) 130-8c
An der Schnellstraße 129-9d
An der Stadtmauer 130-7d (40-B2)
Artur-Becker-Straße 130-10b
August-Bebel-Straße 130-10a

Backsmannstraße 153-8b
Badstraße 130-7b
Bahnhofstraße 153-8c
Barnim-Kaserne 153-7d
Barnimstraße 153-8d
Beerenstraße 130-11a
Bergstraße 130-4d
Berliner Straße 130-10c + 153-3d
Birkenstraße 153-8b
Blockweg 153-2c
Böttnerstraße 155-1a
Bruno-Bürgel-Straße 153-3b
Buchenstraße 130-5a
Buchhorst 130-7d

Debnoer Straße 153-3d
Dorfstraße 131-11d
Drosselweg 129-9d

Eichenstraße 130-5a
Elisabethstraße 130-10a
Erich-Weinert-Straße 130-10c
Ernst-Menger-Straße 153-8b
Ernst-Thälmann-Straße 153-8d
Eschenstraße 130-5a
Espenweg 130-5d

Fasanenpark 154-2a
Fichteplatz 130-10a
Finkenweg 129-9a
Fischerkietz (40-A2)
Fischersteig 129-12c
Fliederweg 153-11b
Fließstraße 130-10c
Flugplatzstraße 130-8b
Flurstraße 130-8a
Fontanestraße 129-12d
Frankenthaler Straße 130-8c
Freiligrathstraße 154-1a
Friedensstraße 130-5a
Friedrich-Ebert- Straße 154-1a
Friedrich-Ebert-Straße 130-10c
Friedrich-Engels-Straße 153-6c
Fritz-Heckert-Straße 129-12d
Fritz-Reuter-Straße 130-7b

Gartenstraße 130-5a
Garzauer Chaussee 130-11a
Garzauer Straße 153-6a
Garziner Straße 131-11b
Garziner Weg 155-1a
Georg-Kurtze-Straße 130-7c
Gerhart-Hauptmann-Straße 129-12d
Gielsdorfer Chaussee 130-4b
Gielsdorfer Straße 130-4c
Gladowshöher Bergstraße 155-1c
Gladowshöher Fliederweg 155-1a
Gladowshöher Goethestraße 155-1a
Gladowshöher Grenzweg 155-1a
Gladowshöher Lessingstraße 155-1b
Gladowshöher Mittelstraße 155-1a
Gladowshöher Schillerweg 155-1b
Gladowshöher Wiesenweg 155-1d
Goethestraße 153-3d
Gorkistraße 154-1a
Grenzweg 130-10b
Große Straße 130-7c
Grüner Weg 130-4d
Grünstraße 130-7d
Grunower Weg 131-11b
Gustav-Kurtze-Promenade 153-8b

Hans-Beimler-Ring 130-10b
Hansmannweg 129-9d
Haselnußweg 130-5d
Hauptweg 153-5b + 2b
Hegermühlenstraße 130-10b + 154-1b
Heidehaus 129-9c
Heidestraße 130-4c
Heinrich-Dorrenbach-Straße 153-8a
Heinrich-Heine-Straße 153-3b
Heinrich-Rau-Straße 130-10b
Hennickendorfer Chaussee 153-11b
Herrenseeallee 153-3d
Hirschfelder Straße 130-4c
Hohensteiner Chaussee 130-7d
Hohensteiner Mühle 155-2b
Hohensteiner Pflaster 155-1d
Hopfenweg 130-7d
Hubertusallee 130-10c
Hufenweg 130-8c

Im Grund 153-11b

Jägerstraße 153-6b
Johanneshof 154-1b
Josef-Zettler-Ring 130-7d
Jungfernstraße (40-A2)

Käthe-Kollwitz-Straße 129-12d
Karl-Lehnert-Straße 130-10a
Karl-Liebknecht-Straße (40-A3)
Karl-Marx-Straße 153-9a
Kastanienallee 130-7d
Kavelweg 130-4c
Kelmstraße 130-10c
Kiefernweg 155-1a
Kirschallee 130-10b
Kleiner Rügendamm (40-B1)
Kleingartenanlage Am Wäldchen 130-10d
Kleingartenanlage Am Weiher 130-11c
Kleingartenanlage Annafließ 154-1b
Kleingartenanlage Erlengrund 130-5c
Kleingartenanlage Mühlengrund 130-10b
Kleingartenanlage Tanneneck 130-5c
Kleingartenanlage Wiesengrund 154-1b
Klosterdorfer Chaussee 130-8a
Klosterdorfer Straße 131-11b
Klosterdorfer Weg 155-1a
Klosterstraße 130-7c
Konradstraße 153-8b
Kopernikusstraße 130-10a
Krumme Straße 130-10c

Landhausstraße 153-8b
Lehmkuhlenring 130-8c
Leistikowweg 129-12d
Lessingstraße 154-1a
Lindenplatz (40-A2)
Lindenpromenade 153-8b
Luisenstraße 155-1b

Markt 130-7c
Max-Liebermann-Straße 153-3b
Max-Reichpietsch-Ring 153-8a
Mirabellenweg 130-5d
Mittelallee 130-10b
Mittelfeldring 130-8c
Mittelstraße 130-7b
Mühlenweg 130-7d
Müncheberger Straße 130-7c

Nelkenweg 153-2a
Neue Spitzmühle 129-8c
Nordstraße 130-7b

Otto-Grotewohl-Ring 130-11a
Otto-Langenbach-Ring 130-10b

Paddengasse (40-A2)
Pappelstraße 130-5a
Parkstraße 130-8a
Paul-Singer-Straße 153-8d
Peter-Göring-Straße 130-7b
Philipp-Müller-Straße 130-7d
Poetensteig 153-3b
Predigerstraße 130-7c
Prötzeler Chaussee 130-8a
Provinzialsiedlung 130-6d

Rehfelder Straße 130-10d
Rennbahnstraße 153-8b
Richardsdorfer Straße (1) 130-4c
Ringstraße 130-7b
Rosa-Luxemburg-Straße 153-6a
Rosenweg 153-2a
Roter Hof 130-5b
Rudolf-Breitscheid-Straße 153-6c
Rudolf-Egelhofer-Straße 153-8c
Ruhlsdorfer Straße 154-1b

Scharnhorststraße 153-8c
Schillerstraße 130-10c
Schlagmühlenstraße 153-6d
Schneidemühle 153-9a
Schulstraße 130-7d
Seeblick 130-7a
Seepromenade 129-9d
Seestraße 130-4d
Segelfliegerdamm 130-6a
Siedlerweg 155-1a
Spechtweg 154-1a
Spittelgasse (1) (40-A3)
Spitzmühle 129-7d
Spitzmühlenweg 129-8c
Stadtweg 153-2d
Straße des Friedens 153-11b
Strausseepromenade 129-12d + 130-10a

Tolstoistraße 154-1a
Tulpenweg 153-2a
Turmgestell 129-11a

Uhlandstraße 153-3b
Umgehungsstraße 130-4c + 153-3b

Violinengasse (40-A2)

Waldemarstraße 153-6c + 9a
Waldhausstraße 129-9d
Waldstraße 155-1b
Walkmühlenstraße 130-10a
Wallstraße 130-7c
Wegendorfer Straße 130-4c
Weinbergstraße 130-10a
Wendehammer 130-8c
Wesendahler Straße 130-4c
Wesendahler Weg 129-5c
Wiesengrund 153-2b
Wiesenweg 130-10d
Wildrosenweg 130-5d
Wilhelmshof 130-12d
Wilkendorfer Straße 130-4b
Wilkendorfer Weg 130-5b
Wirtschaftsweg 130-8c
Wriezener Straße 130-7b

Zum Erlenbruch 130-10c
Zum Göritzsee 153-2a
Zum Postbruch 153-3a
Zur Pflaumenplantage 130-5d

Sydower Fließ
PLZ 16230

Am Postweg 71-5c
Am Sägewerk 89-4b

Bernauer Damm 89-4d
Biesenthaler Straße 71-7c
Blumenweg 89-4b

Dorfstraße 71-8c

Gartenstraße 89-4b
Grüntaler Straße 89-4b

Karl-Marx-Straße 71-7b
Kastanienstraße 89-4b

Lindenstraße 89-4b

Margeritenstraße (1) 89-5a
Melchower Weg 71-7b
Mühlenbergweg 71-7c

Parkstraße 71-8a

Schönfelder Straße 89-4d
Schönholzer Straße 71-8a

Triftweg 89-4b

Teltow
PLZ 14513

Alberta-Straße (1) 230-11b
Albert-Wiebach-Straße 230-8d
Alfred-Delp-Straße (5) 230-9c
Alfred-Fritz-Straße 230-9c
Alma-Straße 230-8d
Alsterstraße (3) 230-7d
Alte Potsdamer Straße 230-8a
Alter Heinersdorfer Weg 231-10c
Alter Heinersdorfer Weg (Ruhlsdorf) 266-2b
Am Anger 230-9d
Am Busch 231-10a
Am Graben (2) 230-7d
Amselweg 230-9d
Am Sportplatz 266-2c
Am Teltowkanal 230-7c
An den Eichen 266-2a
An den Lindbergen 230-10b
An den Ritterhufen 266-1b
An den Weiden 266-2a
Anna-von-Noel-Weg 230-9c
Anne-Frank-Weg 230-12a
Anton-Saefkow-Straße 230-9c
Arndtstraße 230-6d
Asternstraße 230-11b
August-Bebel-Straße 230-7d

Badstraße 230-8a
Bäckerstraße 230-8a
Bäkegrund (2) 230-7c
Bäkestraße 230-7b
Bahnstraße 231-10c
Beethovenstraße 230-12a + 12c
Bergonienstraße 230-11d
Bergstraße 231-7c
Berliner Straße 230-8b
Bernhard-Lichtenberg-Straße 230-9c
Bertholdstraße 230-11b
Birkenweg 231-10a
Blumenstraße 230-9d
Boberstraße 230-7b
Bodestraße 230-7d
Brahmsstraße 230-12b + 231-10a
Breite Straße 230-8a
Breitscheidstraße 230-9a
Bremer Straße 230-10d
Brunhildstraße 231-7d
Bruno-H.-Bürgel-Straße 230-6c
Buchenweg 231-10a
Buschweg 230-11a + 10b

Calgary-Straße 230-8d
Carl-Maria-von-Weber-Straße 230-12b
Carl-Orff-Straße 230-12c
Chopinstraße 230-12b + 231-10c
Clemens-August-Graf-von-Galen-Straße (3) 230-9c
Conrad-Blenkle-Straße 230-9c

Dahlienstraße 230-11d
Dorfstraße 266-2b
Drosselweg 230-12b
Dürerstraße 230-12d

Edelweißstraße 230-11b
Edmonton-Platz 230-8d
Egerstraße 230-7d
Eichendorffstraße (6) 230-9a
Eichenweg 231-10a
Elsenweg 231-10b
Elsterstraße 230-7d
Emil-Fischer-Straße 231-4c
Enzianstraße 230-11d
Erich-Steinfurth-Straße 230-8d
Ernst-Schneller-Straße 230-11b
Ernst-Waldheim-Straße 230-8d

Feldstraße 230-9c
Fenerdornweg 230-11c
Fichtestraße 230-6d
Finkenstraße 230-12b
Fliederstraße 230-11d
Flotowstraße 230-12b
Fontanestraße 230-6d
Frieda-Kröger-Zeile 230-9c
Friedensstraße 230-7d
Friedrich-Buschmann-Ring 230-9c
Friedrich-Ebert-Straße 230-6d
Friedrich-Steinwachs-Weg 230-9c
Friggastraße 231-7c
Fritz-Reuter-Straße 230-6c

Ganghoferstraße (1) 230-9a
Gartenstraße 230-12b
Genshagener Straße 266-2d
Geranienstraße 230-11d
Gerhart-Hauptmann-Straße 231-4c
Gershwinstraße 230-12c
Geschwister-Scholl-Straße 230-9c
Gluckstraße 230-12b
Goethesteig 231-7a
Goethestraße 231-4c
Goldregenweg 230-11c
Gonfrevillestraße 230-8d
Gottfried-Keller-Straße 230-9a
Griegstraße 230-12b
Großbeerener Weg 230-12a
Großbeerenstraße 266-5c
Gudrunstraße 231-7b
Güterfelder Straße 266-1d
Gunterstraße 231-7d
Gustav-Freytag-Straße 230-9a
Gustl-Sandtner-Straße 230-12a

Händelstraße 230-12a
Hagenstraße 231-7d
Halifax-Platz 230-8d
Hamburger Platz 230-7d
Hannemannstraße 230-6d
Hardenbergstraße 231-10c
Hauffstraße 230-6d
Havelstraße 230-7d
Haydnstraße 230-12b
Heidestraße 230-12b
Heinersdorfer Weg 230-9a
Heinrich-Heine-Straße 230-6d
Heinrich-Schütz-Straße 230-12b
Heinrich-Zille-Straße 230-6d
Herderstraße 230-6d
Hoher Steinweg 230-8a
Hollandweg 230-8b + 8a
Holunderstraße 230-11c
Holunderweg 231-10a
Hortensienstraße 230-11d
Hugo-Wolf-Straße 230-12a
Humperdinckstraße 230-12d

Ida-Kellotat-Straße 230-8d
Iserstraße 230-7c

Jacobsonsteig 230-6c
Jahnstraße 230-8a
Johann-Strauß-Straße 230-12b
John-Schehr-Straße 230-12a

Käthe-Niederkirchner-Straße 230-12a
Kanada-Allee 230-8d
Kanalpromenade 230-7a
Kantstraße 230-9a
Karl-Liebknecht-Steig 230-6d
Karl-Liebknecht-Straße 230-6b
Karl-Müller-Straße 266-2c
Kastanienstraße 230-9c
Katzbachstraße 230-7b
Kiefernweg 230-11b
Kingston-Straße (4) 230-8d
Klaus-Groth-Straße 230-9a
Kleingartenkolonie Birkengrund 231-7c
Kleiststraße 230-9a
Krahnertsiedlung 266-2d
Kriemhildstraße 231-7b
Kuckucksweg 230-12b

Labrador-Straße 230-11b
Lankeweg (1) 230-7c
Leharstraße 230-12b
Leibnizstraße 230-6d
Lenaustraße 230-9b
Lerchenweg 230-9d
Lessingstraße 231-7a
Lichterfelder Allee 230-8b
Liebigplatz 230-7c
Liliencronstraße 230-9b
Lilienstraße 230-11d
Lindenstraße 230-8b
Liselotte-Herrmann-Straße 230-9c
Lisztstraße 230-12b
Lortzingstraße 230-12b
Lübecker Straße 230-10b
Luise-von-Werdeck-Straße 230-9c

Mahlower Straße 230-8d
Mainstraße 230-8c
Margeritenstraße 230-11d
Marienfelder Anger 230-9b
Marienfelder Anger (2) 230-9a
Martin-Niemöller-Straße 230-9c
Maxim-Gorki-Straße 230-6d + 231-4c
Max-Sabersky-Allee 230-6d + 6c
Meisenweg 231-10a
Moldaustraße 230-7d
Montreal-Platz 230-11b
Moselstraße (1) 230-7d
Mozartstraße 230-12d
Mühlenbergstraße 266-2a
Mühlengrund 266-2a

Neißestraße 230-7a
Nelkenstraße 230-11d
Neue Straße 230-8a
Nieplitzweg (3) 230-7a
Nuthestraße 230-7b

Oderstraße 230-7c
Ontario-Straße 230-11b
Osdorfer Straße 230-8b + 231-7a
Oskar-Pollner-Straße 230-12c
Ottawa-Straße 230-11b
Otto-Braune-Straße 230-6d
Otto-Lilienthal-Straße 230-12a

Parkstraße 231-10a
Paul-Gerhardt-Straße 230-6b
Paul-Lincke-Straße 230-12c
Paul-Schneider-Straße 230-12a
Paul-Singer-Straße 230-7d
Pestalozzistraße 231-10c
Potsdamer Straße 230-10a
Puschkinplatz (1) 230-8a

Québec-Straße 230-11b

Raabestraße 230-6d
Rammrathbrücke 230-7a
Regerstraße 230-12a
Resedastraße 230-11c
Rheinstraße 230-7c
Richard-Wagner-Straße 230-12a + 231-10a
Ringstraße 266-2a
Ritterstraße 230-8a
R.-Luxemburg-Steig (1) 230-6b
Robert-Koch-Straße 231-10c
Röthepfuhlweg 266-2a
Roseggerstraße 230-9a
Rostocker Straße 230-10d
Rotdornweg 230-11c
Rubensstraße 230-12c
Rudolf-Virchow-Straße 231-10c

Ruhlsdorfer Platz 230-8b
Ruhlsdorfer Straße 230-11c

Saalestraße 230-7d
Samatenweg 266-2c
Sandstraße 230-8a
Saskatoon-Straße (3) 230-8d
Schillersteig 230-9b
Schillerstraße 230-9b
Schlehenstraße 230-11c
Schönower Straße 230-8b
Schubertstraße 230-12b
Schumannstraße 231-10a
Sebastian-Bach-Straße 230-12a
Seepromenade 230-6c
Sengersiedlung 266-2c
Siedlerrain 230-9a
Siedlerweg 230-9c + 231-7a
Siegfriedstraße 231-7c
Sigridshorst 231-7c
Spreestraße 230-7d
Sputendorfer Straße 266-5a
Staedtlersiedlung 266-3b
Stahnsdorfer Straße 266-1b
Steinstraße 231-10c
Stormstraße 230-6d
Straße Osdorfer 230-9b
Stratford-Straße 230-8d
Striewitzweg 230-8a + 10b

Tannenweg 231-7c
Techno-Terrain Teltow 230-7b
Teltower Straße 266-2a
Theophil-Wurm-Straße (4) 230-9c
Toronto-Straße 230-11b
Trojanstraße 230-6d
Tulpenweg 231-10a

Uferweg 230-7d
Uhlandstraße 230-6d

Vancouver-Straße 230-8d
Veilchenstraße 230-11d
Verdistraße 230-12d
Victoria-Straße 230-11b

Waldstraße 230-9d + 231-10a
Waldweg 266-2c
Walter-Kollo-Straße 230-12c
Walther-Rathenau-Straße 230-8c
Warthestraße 230-7c
Webersiedlung 266-2c
Weg zum Saeggepfuhl 266-2a
Weinbergsweg (4) 230-8c
Weißdornweg 230-11c
Weserstraße 230-7d
Wielandstraße 230-9b
Wiesenstraße 230-9d + 231-7c
Wiesenweg 231-10a
Wilhelm-Busch-Straße 231-7a
Wilhelm-Külz-Straße 231-10c
Wilhelm-Leuschner-Straße 230-9c
Winnipeg-Straße (2) 230-11b
Wodanstraße 231-7c

Yukon Straße 230-8d

Zehlendorfer Straße 230-8b
Zehnruthenweg 231-7a
Zeppelinufer 230-8b
Zum Königsgraben (4) 230-7b

Trebbin

14959 Ahornhof 337-3b
14974 Ahornstraße 322-5c
14959 Ahrensdorfer Straße 337-5b
14959 Alte Dorfstraße 336-4c
14959 Alte Luckenwalder Straße 337-9b
14959 Alte Parkstraße 323-7d
14959 Altglau 321-10a
14959 Am Anger 321-9b
14959 Am Bahnhof 338-1d
14959 Am Blankensee 336-2b
14959 Am Bohldamm 338-4b
14959 Am Finkenberg 337-6a
14959 Am Friedhof 338-8a
14959 Am Glauer Hof 320-12b
14959 Am Grashof 336-6a
14959 Am Grössinsee 320-8d
14959 Am Güterbahnhof (3) 338-1d
14959 Am Heidepark 338-8c
14959 Am Kapellenberg 320-11b
14959 Am Kesselberg 320-12b
14959 Am Kulturhaus 338-1a
14959 Am Mühlengraben 337-3b
14959 Am Park 338-1c
14959 Am Priedel 337-1b
14959 Am Schweinegrund 337-1b
14959 Am See 321-9a
14959 Am Sportplatz 338-4b
14959 Am Spritzenhaus (1) 346-2a
14959 Am Umspannwerk 323-11c
14959 An den Eichen 338-3d
14959 An den Sümpfen 337-5b
14959 An der B101 338-1a
14974 An der Bahn 322-8b
14959 An der Christinendorfer Chaussee 338-5c
14959 An der Dorfaue 337-3a
14959 An der Lüdersdorfer Chaussee 338-9a
14959 An der Schäferei 321-6a
14959 An der Ziegelei 338-7a
14974 Annastraße (3) 322-9a
14959 Auf dem Felde 346-2a
14959 Auf dem Sande 336-6d

14959 Bahnhofstraße 338-1c
14974 Bahnhofstraße 322-8a
14959 Baruther Straße 338-1d
14959 Beelitzer Straße 337-3c
14959 Bergstraße 338-1c
14959 Berliner Straße 337-6b
14959 Berliner Tor 338-1c
14959 Beuthener Straße 321-10a
14959 Birkenhof 337-3b
14959 Birkenstraße 320-12b
14959 Birkenweg 338-1d
14959 Bismarckstraße 320-12b
14959 Blankenseer Allee 336-3c
14959 Blankenseer Chaussee 320-12b
14959 Blankenseer Dorfstraße 320-11a
14959 Blankenseer Straße 320-11b
14959 Blankenseer Weg 337-1b
14959 Breitenweg 337-3d
14974 Bundesstraße 101 322-7b
14974 Burggrafenstraße 322-8b

14959 Chausseestraße (Kliestow) 337-9b
14974 Christinendorfer Allee 339-1c
14974 Christinendorfer Weg 323-10a
14959 Clauertstraße 338-1c

14959 Denkmalplatz 337-3d
14959 Die Trift 337-3c
14959 Dorfaue (Löwendorf) 337-3a
14959 Dorfplatz 338-8c
14959 Druckereihäuser 338-1d

14959 Ebelshof 337-12b + 338-10a
14959 Ebelstraße 338-1c
14959 Eichenhof 337-3b
14974 Emanuel-Lasker-Straße 322-8a
14959 Erlengrund 323-7c
14959 Eschenhof 337-3b

14959 Feldstraße (Wiesenhagen) 338-11c
14959 Fischerhäuser 337-6b
14959 Fischerstraße 337-3d
14974 Fontanestraße 322-8b
14959 Forsthaus Alt Lenzburg 338-11c
14959 Friedhofsgasse 339-7c
14959 Friedhofsweg 321-6c
14959 Friedhofsweg (Wiesenhagen) 338-10d
14959 Friedrichshof 337-3d
14974 Fritz-Reuter-Straße 322-8b

14959 Gadsdorfer Weg 339-7d
14959 Gartenstraße 338-1c
14959 Gartenstraße (Wiesenhagen) 338-11c
14959 Gewerbegebiet Am Bohldamm 338-4b
14959 Gewerbegebiet Ebelstraße 338-1b
14959 Gewerbegebiet Zossener Straße 338-1d
14959 Glauer Bergstraße 321-10a
14959 Glauer Chaussee 321-10b
14959 Glauer Dorfstraße 321-10a
14959 Goethestraße 338-1c
14959 Gutshof 321-9b

14959 Hackgarten 337-6b
14959 Hänchenweg 337-3c
14959 Hans-Grade-Straße 336-6a
14959 Hauptstraße 338-11c
14974 Heinrich-Stoll-Straße 322-8a
14959 Hennickendorfer Weg 336-6c
14974 Hochwaldstraße 322-8b
14959 Höpfnerstraße 338-2d

14959 Im Rundling 339-7d
14959 Im Strumpf 339-4a
14959 Industriestraße 338-1d

14974 Jütchendorfer Weg 321-5a

14959 Kapellenbergstraße 320-12a
14974 Karl-Braun-Straße (2) 322-8a
14959 Kastanienallee 336-6c
14959 Kerzendorfer Weg 321-6a
14974 Kiefernstraße 323-7d
14959 Kiesweg 336-6b
14959 Kirchplatz (2) 337-6b
14959 Kirchring 323-7d
14959 Kirchsteig 337-3c
14959 Kirchstraße 339-4a
14959 Kleinbeuthener Dorfstraße 321-5d
14959 Kliestower Wiesenweg 337-6d
14959 Kolonieweg 337-2c
14959 Krietzenweg 346-1b
14959 Krügerstraße 338-1d
14959 Krügerweg 338-8c
14959 Kurzer Weg 336-6d
14974 Kurze Straße 322-8b

14974 Ladestraße 322-9a
14959 Landratsstraße 339-4a
14959 Laubenweg 321-10a
14959 Lindenhof 320-12a
14959 Lindenstraße 337-3d
14959 Löwendorfer Chaussee 337-3c
14959 Löwenstraße 337-3c
14959 Luchstraße 322-10d
14959 Luckenwalder Straße 337-6b
14959 Lüdersdorfer Dorfstraße 339-7c
14959 Lüdersdorfer Straße 338-8d

14959 Markt (1) 337-6b
14959 Maulbeerweg 320-11b
14959 Mietgendorfer Weg 320-11b
14959 Mittelweg 338-1d
14959 Mühlenberg 320-12c
14974 Mühlenstraße 322-8a
14959 Mühlenweg 336-4c

14959 Nelkenweg 338-4b
14959 Neue Bergstraße 336-4c
14959 Nöhringswinkel 338-4a
14974 Nunsdorfer Straße 323-7d
14959 Nuthestraße 337-3b

14959 Obere Mühlenstraße (1) 337-3b

14974 Panoramastraße 322-5d
14974 Pappelweg (Wilmersdorf) 323-7d
14959 Parkstraße 323-7b + 338-1c
14959 Parkstraße (Löwendorf) 337-3c
14959 Paulshöhe 338-5c
14959 Pfarrstraße 337-3d
14959 Pflaumenallee 337-3b
14959 Plantage 338-7a
14959 Platz der Jugend 338-11c + 346-2a
14974 Poetensteig 322-8b
14959 Priedel 337-1d
14959 Promenadenweg 338-4b
14959 Puschkinstraße 337-6b

14959 Röllerstraße 337-3d
14959 Ruhemannweg 320-11d

14959 Sahneweg 339-7c
14959 Scheunenweg (2) 337-3b
14959 Schiasser Chaussee 320-8d
14959 Schillerstraße 337-3c
14959 Schmiedegasse (1) 337-3c
14959 Schönblick 336-5d
14959 Schönhagener Landstraße 336-6c
14959 Schönhagener Straße 337-2b
14959 Schubertsweg 346-2c
14959 Schulweg 338-1c
14959 Schwimmbad 337-3d
14959 Seeblick 336-5b
14959 Seeblickstraße 336-5b
14959 Sportfeldstraße 338-4b
14959 Steinweg 337-5b

14974 Talstraße 322-8b
14974 Thyrower Straße 323-7a
14974 Thyrower Weg 321-9b
14959 Thyrower Wilhelmstraße 322-8b
14959 Trebbiner Allee 336-4c
14959 Trebbiner Straße (Klein Schulzendorf) 338-8c
14959 Trebbiner Straße (Kliestow) 337-9b
14959 Trebbiner Straße (Löwendorf) 337-3a
14959 Trebbiner Straße (Schönhagen) 336-6b
14959 Trebbiner Weg 320-12c
14959 Tyrower Dorfstraße 322-4d
14959 Tyrower Feldstraße 322-8b
14959 Tyrower Pappelweg 322-8b
14959 Tyrower Wiesengrund 322-9a

14974 Von-Achenbach-Straße 322-8b

14974 Waldsiedlung 322-5d
14959 Waldstraße 337-3c
14959 Wassermüllerstraße 337-3b
14974 Weg zum Waldfriedhof (1) 322-5c
14959 Weidenweg 320-11d
14959 Weinberg 338-1c
14959 Wiesengrund 337-3b
14959 Wiesenstraße 338-8d
14959 Wiesenweg 337-3c
14974 Wietstocker Weg 323-7a
14959 Wilhelm-Hensel-Straße 338-1c
14959 Wilhelmstraße 338-1d
14959 Wilhelmstraße (Löwendorf) 337-3c
14974 Wilmersdorfer Straße 322-9a
14959 Wohnbaugebiet „Am Mühlengraben" 337-3b
14959 Wüste Wiese 337-2b

14974 Zeppelinstraße 322-8b
14959 Zossener Straße 338-1d
14959 Zum Akazienweg 337-9b
14959 Zum Flugplatz 336-6b
14959 Zum Rodelberg 339-7d
14959 Zum Schloß 320-11b
14959 Zum Seechen 320-11a
14959 Zum Tiefen Weg 339-7d
14959 Zur Brände 339-1c
14959 Zur Friedenstadt 320-12b
14959 Zur Nieplitz 320-11b
14959 Zur Sahne 339-7c
14959 Zur Sonne 320-12b
14959 Zur Sonnenblume 338-4b

Treplin
PLZ 15236

Frankfurter Straße 212-12a

Hinterstraße 212-9c

Lindenstraße 212-12a

Mühlenweg 212-9c

Naglers Berg 212-12b

Petershagener Straße 212-12a

Schleepweg 212-9c
Siedlerweg 212-12a

Velten
PLZ 16727

Adlerstonberg 80-11a
Ahornstraße 98-3d
Amalienstraße 98-2a
Am Anger (5) 98-3a
Am Bernsteinsee 81-10b
Ameisenweg 99-7a
Am Fasanenhügel (4) 80-11c + 98-2a
Am Gleispark 98-2d
Am Hafen 98-3c
Am Heidekrug 98-3d
Am Jägerberg 99-4c
Am Kuschelhain 98-5a
Am Markt 98-2b
Am Sport 80-11b
Am Storchennest 98-2b
Am Tonberg 98-2a
An der Roten Villa 80-11d
Anglerweg 99-4c
Auguststraße 98-3c

Bärenklauer Weg 80-7d
Bahnstraße 98-2d
Beethovenweg 80-12c
Bergstraße 80-11d
Berliner Straße (Velten) 98-3c
Birkenstraße 99-7a
Bötzower Straße 98-2c
Borgdorferweg 81-10c
Breite Straße 98-3a
Buchenweg 98-3b
Bullenwinkel 98-3a
Business Park Velten 99-4d

Carolinenstraße 98-2a
Chopinweg 80-12c

Eibenweg 98-2b
Eichenring 98-3b
Eigenheimgasse (3) 80-11c
Elisabethstraße 98-2b
Emma-Ihrer-Straße 98-2d
Ernst-Thälmann-Straße 98-5b

Feierabendweg (1) 80-11c
Feldblumenweg (2) 80-11d
Feldstraße 98-2c
Fennstraße 99-1a
Fichtestraße 80-11d
Fliederweg 98-2d
Försterlake 99-1c
Franz-Josef-Schweitzer-Platz 98-2d

Gartenstraße 98-2c
Germendorfer Chaussee 80-11b
Germendorfer Straße 80-11b
Goethestraße 80-11d
Grand-Couronne-Straße 98-3c
Große Promenade 80-11d
Grünstraße 98-3c
Hafenstraße 98-3c
Hasenwinkel 98-2a
Havelring 99-4d
Hedwig-Koch-Becker-Straße 98-5b
Hedwigpromenade 98-2c
Heidekrug 99-1c
Heidering 98-3d
Heidestraße 98-2d
Helenenweg 98-2a
Henriettenring (1) 98-2a
Hermann-Aurel-Zieger-Straße 98-5b
Hohenschöppinger Straße 99-4c
Hopfenweg 98-2b

Industriestraße 98-3d

Jacob-Plohn-Straße 98-5b
Jahnstraße 80-11b
Johann-Ackermann-Straße 98-5b

Kanalstraße 98-3d
Kantor-Gericke-Straße 80-11d
Karl-Liebknecht-Straße 98-2b
Karlstraße 98-3c
Katersteig 98-3a
Kiefernring (1) 99-1a
Kochstraße 98-2b
Kreisbahnstraße 98-2d
Kremmener Straße 98-2a
Krumme Straße 98-3b
Kurze Straße 98-2a

Leegebrucher Weg 81-10c
Lindensiedlung 98-3d
Lindenstraße 98-3c
Luchstraße 98-3b
Luchwiesenweg 98-3a
Luisenstraße 98-2b

Magdalenenstraße (3) 98-2a
Marwitzer Trift 98-5d
Mittelstraße 98-2b
Mozartweg 80-11d
Mühlenstraße 98-2b
Müllerstraße 80-11b

Nauener Straße 98-2d

Oranienburger Straße 80-11d

Parkallee 99-7a
Parkweg 80-11c
Petersiliengasse 98-3a
Pinnower Chaussee 98-3d
Poststraße 98-2d

Ratgasse (6) 98-3a
Rathausstraße 98-2b
Richard-Blumenfeld-Straße 98-5b
Rosa-Luxemburg-Straße 98-5a
Rotdornweg 98-2c

Sandweg 98-2c
Schillerstraße 80-11b
Schubertweg 80-12c
Schulstraße 98-2b
Seydlitzstraße 80-11a
Sophienstraße (2) 98-2a

Taubenstraße 98-3b
Theresienstraße 98-2a
Tobias-Christoph-Feilner-Straße 98-5b
Töpferweg 80-11c
Tonberg 98-2a
Tonberg Ausbau 98-2c

Uhlandstraße 80-11d

Verbindungsweg 98-2b
Viktoriastraße 98-2c

Wagnerstraße 80-11b
Waldstraße 98-3b
Weidenweg 80-12c
Weißdornweg 98-2c
Westrandsiedlung 98-2c
Wiesenweg 80-12c
Wilhelm-Pieck-Straße 98-2d
Wilhelmstraße 98-2b

Zeppelinstraße 80-11d
Ziegeleiweg 80-11b
Zum Kinderland 98-2d
Zum Seitenarm 98-3d
Zum Stichkanal 99-7b
Zur Erinerung 98-6d

Waldsieversdorf
PLZ 15377

Akazienweg 157-4a
Alte Berliner Straße 157-2c
Am Buchhorst 157-4b
Am Mühlenfließ 157-4a
Am Vogelsang 157-1d
An der Kleinbahn 157-2a

Bergstraße 157-1d
Breite Straße 157-1d
Buckower Weg 157-1d

Dahmsdorfer Straße 157-4b

Eberswalder Chaussee 157-4a

Ferienpark am Däbersee 157-2d
Friedensstraße 157-1d

Geschwister-Scholl-Straße 157-2c

Kiefernweg 157-4a
Kindermannstraße 157-4b

Margaretenstraße 157-4b
Mittelstraße 157-1d
Moorhof 156-9a

Sauerkirschenallee 157-1d
Schwarzer Weg 157-5a
Seestraße 157-5a
Straße zum Roten Luch 156-6b
Süßkirschenallee 157-1d

Waldstraße 157-1d
Weg zum Alten Sportplatz 157-2c
Weg zum Krummen Pfuhl 157-2c
Wilhelm-Pieck-Straße 157-4a

Wandlitz
PLZ 16348

Adamweg 67-1c
Ahornallee 67-7d
Ahornstraße (Basdorf) 84-9a
Ahornstraße (Schönwalde) 103-2a
Ahornweg 85-11c
Ahrendseer Weg 67-2a
Akazienallee 67-10a
Akazienhain 66-8b
Akazienstraße 84-6c
Alte Bahn 102-2d
Alte Heerstraße 102-8d
Alte Schule 102-2b
Am Amselsang 84-5d
Am Anger (1) 66-3c
Am Bärwinkel 102-6b
Am Bauernsee 48-11b
Am Brink 84-8b
Am Dorfanger 84-3c
Am Dorfgraben 84-3c
Am Drosselschlag 84-5d
Am Eichelkamp 102-3a
Am Elsluch 102-3a
Am Feld 102-6b
Am Friedhof 84-3c
Am Fuchsbau 84-8b
Am Gänseplan (1) 48-11a
Am Golfplatz 48-11d
Am Gorinsee 85-11c
Am Güterbahnhof 67-10a
Am Hagen 84-9a
Am Hasenberg 66-12a
Am Hirschsprung 67-8a
Am hohen Graben 84-5d
Am Kiewitt 66-6d
Am Liepnitzsee 67-9d + 68-7a
Am Markt 84-6c
Am Mittelprender See 48-8d
Am Moorbad 67-4c
Am Obersee 68-5d
Am Parkplatz 84-6c
Am Sandsommerwurz 48-11d
Am Schwalbenberg 67-7b
Am See 85-10d
Amselallee 67-4c
Amselgrund 66-6b
Am Steinberg 66-8b
Am Stromberg 48-11c
Am Töppersberg 67-7c
Am Triftende 66-9c
Am Vogelsang (1) 102-3a
Am Waldesrand 84-3d
Am Waldhang 68-9a
Am Waldrand 48-11d
Am Waldschlößchen 84-6d
Am Waldweg 48-11b
Am Weiher 84-12d
Am Wiesenrand 67-10c
Am Wiesenweg 102-9b
Am Wildgatter 66-6c
An den Eichen 68-9a
An den Hauswiesen 103-1b
An den Heidebergen 102-6b
An den Kiefern (3) 48-11d
An den Pfühlen 67-8a
An den Zaunruten 84-8b
An der Bahn 102-3a
An der Bogenheide 67-8a
An der Dachsbaude 84-3b

An der Gierwiese 66-6d
An der Kegelbahn (2) 67-7d
An der Kehlheide 67-10d
An der Sporthalle (1) 67-10b
An der Trift 66-6c
An der Wildbahn 84-6c
Anemonenstraße 67-10c
Anemonenweg 84-6d
Arendseer Straße 67-5c
Asterngrund 66-6b
Asternstraße 84-9b
Asternweg 67-10c
Auf der Heide 67-4c
August-Bebel-Straße 66-6d

Bacharachstraße 67-7b
Baggerberg (1) 68-6c
Bahnhofspassage 102-3a
Bahnhofsplatz 67-7b
Bahnpromenade 67-10c
Bahnstraße 84-6c
Basdorfer Hauptstraße 85-4a
Basdorfer Straße 66-8d
Basdorfer Weg 66-11b
Beim Findelstein 84-8b
Berliner Allee 103-7a
Berliner Chaussee 67-2c
Berliner Weg 66-12b
Bernauer Chaussee 67-10a
Bernauer Damm 102-3b
Bernauer Straße
68-6c + 85-11c + 103-1b
Bernauer Waldweg 85-1d
Bernauer Weg 67-2a + 85-1d
Bernhardweg 67-3a
Beusterstraße 67-2a
Biesenthaler Straße 68-6c
Biesenthaler Weg 48-11d
Binger Straße 67-4d
Birkenallee 67-10a
Birkenhain 102-2d
Birkensteg 66-6d
Birkenstraße 84-9a
Blumenstraße 84-6d
Bodestraße 66-4b
Bodeweg 67-4a
Bonner Straße 67-4d
Breitscheidstraße 67-7c
Brunhildestraße 67-10b
Brunhildeweg 66-8c
Buchenstraße 84-6c
Buchenweg 85-1a
Buchwiesenweg 67-7c
Büttners Ausbau 42-7b
Bungalowsiedlung
Am Mittelprendener See 48-8d

Dahlienstraße 67-10c
Dahlienweg 84-6c
Dammsmühle 84-11a
Dianaweg 66-11a
Dimitroffstraße 84-6c
Dohnenstieg 84-9a
Dorfstraße 66-5b
Dornröschenweg (1) 84-3d
Dossestraße 67-4b
Drosselgasse 66-6d
Drosselweg 67-8a

Eberswalder Weg 42-7a
Eichengrund 102-3a
Eichenhain (2) 68-9a
Eichenkamp 85-1a
Eichenstraße 84-9a
Elbestraße 67-4a
Elbetal 66-4d
Elstergasse 66-6d
Elstergasse (3) 102-2b
Elsterweg 67-5c
Erich-Weinert-Straße 84-6a
Erikastraße 84-9a
Erikaweg 67-10c
Erlenstraße 84-6c
Eschenweg 84-9a
Eugenstraße 66-10b
Evaweg 67-1c

Falkenkorso 67-4a
Fasanenweg 48-11a
Feldstraße 66-3a
Feldweg 68-5d
Fennstraße 67-2b
Fichtenstraße 84-9a
Fichtestraße 67-3a
Fingerhutsteig 84-6d
Finkengasse 66-6c
Finkenweg 67-8a
Fliederstraße 84-6c
Fliederweg 67-10c
Förstersteig 84-9a
Fontaneallee 67-4d
Fontanestraße 84-6a
Forstweg 103-1b
Friedensweg 102-3a
Friedhofsweg 102-3b
Friedrich-Engels-Straße 67-4c

Fuchsbau 66-6d
Fuchsbergweg 102-3a
Fuchsienstraße (1) 84-6c
Fuchskavelweg 67-7d

Gartengasse 66-6b
Gartenweg 85-4b
Gehweg an der Bahn 102-9c
Georges-Brassens-Platz 84-6c
Gewerbegebiet am Sandweg 84-9c
Gewerbestraße 84-11c
Ginstergrund 67-4d
Ginsterweg 85-4a
Gladiolenstraße 67-10c
Glockenblumenweg 67-10c
Goethestraße 84-6a
Grüne Aue 102-3b
Grüner Weg 103-7a
Gut Annenhof 66-12c + 84-3a

Hagenstraße 67-10b
Haselweg 67-5c
Hasenheide (1) 84-8b
Hasensprung 66-6a
Hauptstraße (Schönwalde) 102-3d
Havelstraße 67-4a
Haveltal 66-4d
Heerstraße 102-2d
Heidblöße 84-9a
Heidekrautweg 102-2b
Heidesteg 67-4b
Heideweg 102-3a
Heinrich-Heine-Ring 84-6b
Hellerstraße 48-11a
Hellmühler Weg 68-6d
Hevertsiedlung 67-2c
Hobrechtsfelder Straße 103-2a
Hobrechtsfelder Weg 103-7a
Holunderstraße 67-7b
Hortensienstraße 84-6c
Hubertusweg 66-10b

Igelallee 67-4a
Igelstraße 66-6a
Igelweg (2) 84-8b
Im Ausbau 42-8a
Im Grund 84-6c
Im Kessel 85-4a
Immenstraße 85-4a
Im Porst 84-6c
In der Wiesenaue 84-3d
Industriestraße 102-8d
Irisweg 67-10c
Isoldestraße 67-10b
Isoldeweg 66-8c

Jasminstraße 66-6b
Jasminweg 67-7b
Jünemann Platz 66-9d

Karl-Göbel-Straße 103-2a
Karl-Liebknecht-Straße 66-12b
Karl-Marx-Allee 42-10a
Karl-Marx-Platz 84-9a
Karl-Marx-Straße 67-4d
Karl-Schweitzer-Straße 102-2b
Kastanienallee 67-10a
Kastanienhain 67-2b
Kastanienstraße 84-9a
Kieferngasse 68-9a
Kieferngrund 66-6d
Kiefernheide 67-10a
Kiefernstraße 84-9a
Kiefernweg 102-2b
Kiesweg 84-9c
Kirchstraße 66-9d
Kirschallee 66-8d
Kleiststraße 84-6b
Klosterfelder Damm 48-10b
Klosterfelder Straße 66-3a
Koblenzer Straße 67-4d
Krokusweg 67-10c
Krumme Lanke 68-6a
Kuckucksweg 66-6a
Küsterfleck 68-6c + 9a
Kurzer Weg 85-4a
Kurze Straße 103-1b

Lärchenstraße 66-12d
Lärchenweg 84-6c
Landweg 102-3b
Lange Enden 84-6a
Langer Grund 67-7c
Lange Straße 85-1c
Lanker Allee 48-11d
Lanker Chaussee 66-3c
Lanker Dorfstraße 68-6c
Lanker Straße 84-3d
Lanker Weg 67-7d
Lavendelstraße 85-7a
Lehmannstraße 66-11a
Lehmweg 66-3a
Leineweberstraße 102-2d
Liebenwalder Ende 66-3a
Liebenwalder Weg 84-2c
Liepnitzweg 67-8c

Ligusterweg 67-5c
Lilienstraße 67-10c
Lindengrund 84-6a
Lindenstraße 102-3a
Lindenweg 67-8c
Lupinenweg 67-10c

Maiglöckchenstraße 84-9b
Malinenhof 66-3a
Maränenweg 67-7b
Margareteweg 84-3c
Memelstraße 67-4a
Moselstraße 67-4d
Mühlenbecker Chaussee 102-2b
Mühlenbecker Damm 84-8b
Mühlenbecker Straße 102-9b + 5c
Mühlengasse 48-11a
Muldestraße 66-8a

Narzissenweg 67-10c
Nelkengasse 66-6b
Nelkenstraße 84-6c
Nelkenweg 67-10c
Netzestraße 67-4a
Netzetal 66-4b
Neuer Weg 85-11c
Neue Straße 42-7a
Neumühler Straße 102-3a
Nibelungenstraße 67-10b
Niederwaldstraße 67-4d
Nikolai-Ostrowski-Straße 68-1c

Oderstraße 67-4b
Oderstraße (Siedlung West) 66-4d
Odertal 66-4d
Oranienburger Chaussee 66-8c
Oranienburger Straße 66-11b

Pappelweg 67-7d
Paradiesweg 67-1d
Parkaue 102-3c
Parkstraße 85-1c
Paul-Engel-Straße 103-2a
Petunienweg 67-10c
Philipp-Müller-Straße 66-9a
Pittweg 67-10a
Platanenstraße 67-10b
Platz der Freundschaft 68-1c
Prendener Allee 68-6a
Prendener Dorfstraße 48-11a
Prendener Weg 68-7b
Prenzlauer Allee 66-12d + 84-3b
Prenzlauer Chaussee 67-7b
Prenzlauer Straße 84-3c
Primelstraße 84-6c
Primelweg 67-10c
Puschkinstraße 42-7c
Puschkinweg 84-6a

Rautensteig 84-6d
Rehwiese 66-6c
Rehwinkel 66-12a
Rheinallee 67-4d
Richard-Wagner-Straße 67-10b
Rönnegestell 85-7d
Rosengarten 84-6d
Rosenstraße 84-6d
Rotkäppchenweg 84-3d
Rudolfstraße 67-3a
Rüdesheimer Straße 67-4d
Rüsternstraße 84-6c
Ruhlsdorfer Allee 48-11a
Ruhlsdorfer Straße 67-7b

Saalestraße 66-4b
Sandweg 84-8d
Saupfuhlweg 67-1a
Schillerstraße 84-6a
Schleusenstraße 42-7c
Schloßstraße 84-10b
Schmidtstraße 67-2b
Schneewittchenweg (2) 84-3d
Schnepfenstrich 84-8b
Schönerlinder Bahnhofstraße 102-8d
Schönerlinder Chaussee 102-6b
Schönerlinder Dorfstraße 102-9a
Schorfheidestraße 42-7c
Schulstraße (2) 48-11a
Schwarzer Weg 68-9a
Seebadkorso 67-4c
See-Carré 66-3c
Seegrund 48-11b
Seepromenade 66-8b
Seetrift 67-7d
Seeweg 48-11a
Siedlung Am Waldweg 48-12a
Siegfriedstraße 67-10b
Siegfriedweg 66-8c
Sieglindestraße 67-10b
Sieglindeweg 66-8c
Sonnenblumenstraße 67-10c
Sophienstädter Weg 48-11a
Spechtweg (2) 102-2b
Spreestraße 67-4a
Spreetal 66-4d
Steinweg 84-9d

Stellmacherweg (5) 102-2b
Stiegenweg 84-3c
Stolzenhagener Chaussee 67-4a
Straße am See 66-6a
Straße zum See 103-2a
Strehlerpromenade 48-11c
Summter Straße 84-8b

Talstraße 66-4b
Tannenstraße 84-6c
Tannenweg 66-8b
Tannhäuserstraße 67-10b
Teerofenweg 103-1b
Thälmannstraße 67-4a
Thujaweg 67-7b
Triftaue 85-4a
Triftweg 103-2a
Tristanstraße 67-10b
Tristanweg 66-8c
Tuchmacherweg (4) 102-2b
Tulpenstraße 84-9b
Tulpenweg 67-10c

Ützdorfer Straße 48-11c
Ützdorfer Weg 48-11c
Uferpromenade 67-4c
Uferstraße 66-9c
Uhlenflucht 84-9a
Uhlenhorst 66-6d
Ulmenstraße 67-8c
Uteweg 67-7d

Veilchenstraße 84-9b
Veilchenweg 67-10c

Wacholderstraße 67-5c
Wacholderweg 84-6c
Waldblick 103-2a
Waldesgrund 85-1d
Waldgasse 66-8c
Waldheimstraße 84-6c
Waldheimtrift 84-6b
Waldkorso 84-9c
Waldmeisterweg (Siedl. Stolzenfeld) 66-6a
Waldmeisterweg (Waldheim) (1) 85-4a
Waldpromenade 67-4c
Waldsiedlung 102-2b
Waldstraße 102-3c
Waldweg 48-11d
Waldwinkel 85-4a
Walkürenstraße 67-10b
Wandlitzer Straße 68-7b
Warthestraße 67-4a
Weg 2 103-7a
Weg 3 103-4c
Weg 4 102-6d
Weg 5 102-6d
Weg 6 102-6b
Weg 7 102-6b
Weg 14 102-9a
Weg 15 102-9a
Weg 16 102-9a
Weg 17 102-8b
Weg 18 102-8b
Weg am Wald 84-8b
Wegenerstraße 66-9c
Weichselstraße 67-4a
Weichseltal 66-4d
Weidengasse 84-9a
Weidenweg 102-3c
Wensickendorfer Chaussee 66-12a
Wensickendorfer Straße 66-4d
Wichmannstraße 67-2b
Wickenweg 84-6d
Wiesengasse 84-6a
Wiesenrain 42-7c
Wiesenstraße 102-3c
Wiesenweg 68-12b
Wördenweg 66-9d
Wollspinnerstraße 102-2d
Wurzelweg 84-6d

Zedernweg 84-6c
Zehlendorfer Chaussee 66-2a
Zeisigstraße 67-8a
Zerpenschleuser Chaussee 42-7a
Ziegelweg 84-9c
Zinnienweg 84-6d
Zu den Heubergen 102-6a
Zühlsdorfer Chaussee 66-11a
Zühlsdorfer Straße 84-5a
Zum Friedhof 103-7a
Zum hohen Graben (1) 102-9b
Zum Seechen 68-7a
Zum Wiesengrund 84-5a
Zum Zickenpuhl 66-2b
Zur Heide 85-4a
Zur Reitbahn (2) 102-9b
Zur Waldpromenade 66-8b

Wendisch Rietz
PLZ 15864

Ahornallee 334-9a
Am Berg 335-10a
Am Glubigsee 335-10c
Am Großen Glubigsee 334-12b
Am Hafen 334-9d
Am Kanal 334-9c
Am Kleinen Glubigsee 334-12b
Am Luch 334-6d
Am Scharmüt- zeleck 335-10a
Am Schilfhaus 334-9d
Am See 335-7d
Amselweg 335-10c
An den Kanalwiesen 334-9a
An der Eisenbahn 335-10d

Beeskower Chaussee
334-12b + 335-10a
Birkenweg 335-10c
Buchenweg 335-10d

Dahmsdorfer Straße 334-9a
Drosselweg 335-10d
Dubrower Weg 334-6c

Eschenallee 335-10d

Ferienhaussiedlung Hafendorf
334-9d
Forellenweg (1) 334-9d

Hauptstraße 334-9a
Husareninsel 335-10a

Im Wald 335-10b
In der Heide 335-11c

Jägersteig 335-10d

Kieferngrund 335-10c
Kleine Promenade 334-9c

Landstraße 335-10c
Luisenaue 334-9b

Neptunstraße 334-9c

Pappelallee 335-10d

Schafbrücke 334-9a
Schwarzer Weg 334-12a
Schwarzhorner Weg 334-9b
Seerosenweg 334-9d
Seestraße 334-9d
Sonnenwinkel 335-10d
Strandstraße 334-9d
Straße der Jugend 334-9b

Ulmenstraße 334-9b

Waldfrieden 335-8c
Waldidyll 334-9b
Waldstraße 335-10c
Waldweg 335-10c

Zanderweg (2) 334-9d

Werder (Havel)
PLZ 14542

Adolf-Kärger-Straße 261-4b
Albertstraße 260-7b
Alpenstraße 260-9c + 261-7c
Alte Dorfstraße 259-8c
Altenkirch-Weg 261-4a
Alte Straße 260-9a
Am Alten Weinberg 224-2b
Am Berliner Ring 223-11c
Am Erdeplatz 259-11a
Am Finkenberg 260-3c
Am Gänsehorn 224-6c
Am Glindower See 261-8c
Am Gutshof 261-4b
Am Havelbogen 261-1c
Am Hollerbusch (2) 224-3c
Am Jachthafen (1) 224-9c
Am Liliensteig 224-12a
Am Magnapark 259-3a
Am Markt 261-1d
Am Mühlenberg 261-4b
Am Nordhang 259-2a
Am Phöbener Bruch 223-6d
Am Phöbener Wachtelberg 224-4d
Am Plessower Eck 260-4a
Am Plessower See 260-6c
Am Plötzhorn 261-7a
Am Riegelberg 261-8a
Am Rüsterhorn 261-10d + 10a
Am Sacrow-Paretzer-Kanal 224-2b
Am Schützenpark 260-8b
Am Schwielowsee 261-11b
Am Seeblick 260-5c
Am Seeken 224-5b
Amselweg 260-3d
Am Stadtpark 260-6b
Am Strengfeld 261-7b + 7d
Am Torfgraben 260-9a
Am Wachtelberg 261-4c

Am Wald 224-4d
Am Waldrand 260-6b
Am Wasser 260-9d
Am Weinberg 261-4c
Am Zernsee 225-10c
An den Hainbuchen 224-12a
An den Havelauen 224-9c
An der Autobahn 259-2b + 260-4a
An der Chaussee 261-7a
An der Eiche 296-2b
An der Feuerwehr 224-4d
An der Föhse 261-1c
An der Gärtnerei (2) 261-7a
An der Havel 224-6d + 5b
An der Kirche 224-4b
An der Phöbener Chaussee 224-11b
An der Schafwäsche 225-1d
An der Wublitz 225-1d + 1c
An der Ziegelei 260-12b
Apfelallee 224-8d
Apfelweg 261-7b
Aprikosenweg 261-7b
Asternstraße 224-11d
Auf dem Mühlenberg 224-5b
Auf dem Strengfeld 261-7b + 7a
Auf dem Strengfeld (4) 261-7b
Ausbau 225-4a

Bachstraße 260-3d
Baderstraße 261-4b
Baumgartenbrücke 261-8d
Bergstraße 261-5a
Berliner Chaussee 261-8a
Berliner Ring 225-4a
Berliner Straße 260-6c
Bernhard-Kellermann-Straße 261-4b
Birkengrundweg 224-12c
Birkenhain (3) 224-3c
Birkenstraße 260-10b
Birkenweg 224-5c
Birnenweg 261-7b
Bliesendorfer Dorfstraße 295-3d
Bliesendorfer Straße 260-8d + 10c
Bliesendorfer Weg 259-8d
Blumenstraße 260-8c
Bochower Weg 259-8a
Brandenburger Chaussee 259-2b
Brandenburger Straße
260-6d + 261-4a
Brünhildestraße 224-11d
Bundschuhstraße 224-4c
Busendorfer Straße 295-3b

Carmenstraße 260-3d

Dahlienstraße 224-11d
Deiche 260-9c
Der Hügel 260-8d
Derwitzer Chaussee 223-10d
Derwitzer Dorfstraße 223-11c
Derwitzer Weg 223-11c + 259-2a
Derwitzer Winkel 223-11a
Dicke Eiche 224-11a
Dr.-Külz-Straße 260-9c
Dr.-Wolff-Straße 260-5d
Dorfplatz 224-2d
Drosselweg 260-3d

Eichenstraße 260-10b
Eichenweg (1) 260-6b
Eichholzberg 225-1b
Eichholzweg 189-10c + 225-1d
Eisenbahnstraße 261-1a
Eisenbahnstraße 261-1a
Eisenbahnweg 224-12d
Elisabethstraße 260-11c
Elsastraße 224-12d
Elsebruchweg 260-6b
Elsenstraße 260-10b
Emstaler Straße 295-3c
Erdebergweg 260-3d
Erlenring 224-5c
Ernst-Thälmann-Straße 259-3d
Eschenweg (3) 261-7a

Fährstraße 224-4b
Fasanenweg 224-3c
Feldrain 225-4a
Feldstraße 224-3c
Fercher Straße 261-8a + 297-1d
Ferienanlage Resort Schwielowsee
261-8d
Feriensiedlung Inselparadies 261-10b
Fichtengrund 260-6b
Fichtestraße 260-11d + 296-2b
Finkenweg 260-12a
Fischerstraße 261-1d
Fontanestraße 260-12c
Forellensteig 224-12b
Forstweg 260-12a
Friedensplatz 260-9a
Friedensstraße (5) 260-9a
Friedhofswinkel (1) 259-8d
Friedrich-Ebert-Straße 260-12a
Friedrichstraße 260-9c
Fuchsberg 224-8c

Galgenberg 225-4a
Gartenstraße 261-1a
Gertraudenstraße 260-3a
Glindower Chausseestraße 260-5c
Glindower Dorfstraße 260-9a
Glindower Gartenstraße 260-7d
Glindower Marienstraße 260-11b
Glindower Mühlenstraße 260-8b
Glindower Rosenstraße 260-7d
Glindower Seestraße 260-9d
Glindower Straße 295-3b
Glindower Weg 259-8b
Gluckstraße 260-3d
Göhlsdorfer Straße 259-1b
Goethestraße 260-10d
Göttin 188-11c
Göttiner Weg 188-11d
Gohlwerder 225-4a
Graf-Zeppelin-Straße 224-12a
Grelle 261-10d
Grenzstraße 260-7a
Großer Bruchweg 259-8a
Grüner Weg 261-7a

Hagebuttenstraße 261-7a
Hagenstraße 260-3a
Hamburger Ring 261-4a
Hans-Grade-Straße 224-12c
Hans-Sachs-Straße 260-3a
Hasselberg 224-2d
Hauptstraße (Phöben) 224-4d
Havelblick 224-6c
Havelobstallee 260-4d
Havelweg 224-8d
Heideplatz 260-11d
Heidestraße 260-12c
Heidestraße (Töplitz) 224-6a
Heinrich-Heine-Straße 260-12a
Heinrichstraße 260-11a
Hermannstraße 260-11b
Herthastraße 260-3d
Heuweg 260-9c
Himbeerweg (1) 261-7b
Hoffmannstraße 260-5d
Hoher Weg 260-3b + 261-1c
Holunderweg (1) 260-8b
Holzweg (Bliesendorf) 296-2a
Holzweg (Glindow) 260-7a

Immenstraße 260-8b
Im Weidengrund 224-12a
Im Wiesengrund 224-12a
Inselblick 261-1c
Isoldestraße 260-3a

Jägerstraße 260-12c
Jahnufer 260-9d + 9b

Kammeroder Straße 296-1a
Kammeroder Weg 259-8b
Kanalweg 224-3c
Karfunkelberg 260-4d
Karl-Förster-Straße 224-12c
Karl-Hagemeister-Straße 224-11d
Karl-Liebknecht-Straße 260-11a
Karl-Liebknecht-Straße 296-2a
Karlstraße 260-5c
Kastanienweg 261-1c
Kemnitzer Chaussee 224-11c
Kemnitzer Dorfstraße 223-9d
Kemnitzer Feldstraße 224-7c
Kemnitzer Heidestraße 224-8d
Kemnitzer Schmiedeweg 224-7c
Kemnitzer Straße 261-4a
Kemnitzer Waldstraße 224-7c
Kesselgrundstraße 260-3a
Kiefernweg 224-6d
Kietz 260-9b
Kirchstraße 261-4b
Kirschweg 224-3c
Klaistower Straße 260-11d
Kleiner Bruchweg 259-3c
Knupperweg 261-7a
Kölner Straße 261-4a
Kolonie Röske 224-9c
Kolonieistraße 260-12c
Kreuzdornweg 260-8b
Kreuzstraße 260-7d
Krielower Berg 223-7d
Krielower Straße 223-7d
Kuckucksweg 260-6b
Kugelweg 260-6d

Langer Grund 260-12a
Langer Weg 224-6c
Lange Straße 260-10a
Lange Straße (Bliesendorf) 296-1a
Lauge 223-11b
Leester Straße 224-6a
Lehniner Chaussee 259-6c
Lerchenweg 260-3d
Lietzes Weg 260-6d
Ligusterweg (1) 224-3c
Lilienthalstraße 223-7c
Lindenstraße 261-1d
Löcknitz 297-1d
Luise-Jahn-Straße 260-9a
Luisenstraße 224-12d

Mainzer Straße (1) 261-4a
Margarethenstraße 260-3c
Marienstraße 260-3d
Marienweg 261-1c
Marktplatz (6) 260-9a
Marktstraße 261-7b
Mathildeweg (1) 261-1c
Maulbeerweg 223-11c
Michaelisstraße (3) 261-4b
Mielestraße 224-9c
Mirabellenweg 261-7b
Mittelbruchweg 224-3c
Mittelsteig 224-6a
Mittelstraße 224-4b
Mittelweg 260-5c
Moosfennstraße 261-4a
Morgenstrücke 260-5a
Mozartstraße (2) 260-3d
Mühlenberg 295-3b
Mühlenbergstraße 224-2d
Mühlensteig 260-9c
Mühlenstraße 261-4b

Nelkenstraße 224-11d
Neue Dorfstraße 259-3d
Neue Straße 223-3d
Neu-Töplitzer Straße 224-2d

Obstzüchterstraße 261-7a
Oppenheimer Ring 261-4a
Ostweg 260-12a
Otto-Lilienthal-Straße 224-12a

Petzower Straße 296-2b
Pfarrgartenstraße 261-4b
Pfarrgartenweg 224-6a
Pfirsichweg 261-7b
Phöbener Bergstraße 224-4d
Phöbener Bergstraße (1) 224-4d
Phöbener Chaussee 224-8b
Phöbener Chausseestraße 224-5c
Phöbener Fähre 224-4b
Phöbener Havelweg 224-4b
Phöbener Seestraße 224-5c
Phöbener Straße 224-12d
Plantagenplatz 261-4a
Plantagenstraße 261-4a
Plantagenweg 224-6c
Plessower Ausbau 260-1a
Plessower Hauptstraße 260-4a
Plötziner Chaussee 259-8b
Plötziner Straße 260-8b + 7c
Plötziner Weg 259-5a + 295-3a
Poststraße 296-1b
Potsdamer Straße 261-4b
Puschkinstraße 260-9b

Quittenweg 261-7a

Rahdener Platz 260-9a
Resau 295-8d
Rohrkolbenweg 224-12b
Rosa-Luxemburg-Straße 260-12a
Rosenstraße 260-2b
Rosenweg 260-1c
Rotdornweg 224-3c
Rotkehlchenweg 260-6b

Samoastraße 260-12c
Sanddornweg 261-7b
Schelmsteig 296-1a
Scheunhornweg 261-4b
Schilfweg 224-12b
Schillerstraße 260-10c
Schlehenweg (2) 260-8b
Schlosspark 261-10d
Schloss Petzow 261-11c
Schmergower Straße 224-4a
Schmiedeweg 224-4c
Schönemannstraße 260-3b
Schubertstraße 261-4a
Schützengasse (4) 261-1d
Schützenplatz 260-8b
Schwalbenbergweg 260-3a
Schwarzer Berg 225-4a
Schwarzer Berg (Alt Töplitz) 224-9b
Schwarzer Weg 260-9a
Schwielowseestraße 261-12d
Seering 261-11a
Seerosenweg 224-12a
Seestraße 224-10a
Senator-Haacke-Straße 259-2b
Sentastraße 260-3a
Siegburger Straße (2) 261-4a
Siegfriedstraße 260-2b
Spatzenweg 260-3d
Springeweg 260-8d
Stadtrandsiedlung 224-11c
Starenweg 260-3d
Steinstraße 260-8b
Strengbrücke 261-8a

Togostraße 260-12c
Tonweg 261-10a
Torstraße 261-4b
Triftstraße 260-7c
Triftweg 225-1c
Turnplatz 260-9a

Uferpromenade 261-2c
Uferstraße 261-1d
Ulmenstraße 260-10b
Unter den Linden 261-4b

Wachtelwinkel 261-4c
Waldsängerweg 260-6b
Waldstraße (Alt Töplitz) 224-6a
Waldstraße (Elisabethhöhe) 260-11d
Weidenweg 260-9b
Weinbergstraße 224-2d
Weißdornweg (3) 260-8b
Weißweinweg 261-4d
Werderpark 261-7b
Werderwiesen 261-1d
Weserstraße 260-11a
Weststraße 260-10c
Wiesensteig 260-6c
Wildbahnstraße 260-12c
Wildrosenweg 224-6c
Wohngebiet „Am Schwalbenberg" 260-3c
Wohngebiet Havelauen 224-12b
Wublitzbrücke 225-7a

Zanderweg 224-12a
Zelterstraße 261-11c
Zernowweg 224-11d
Zernseeweg 224-6c
Ziemensstraße 260-11a
Zolchower Weg 260-1b
Zu den Havelwiesen 224-5c
Zu den Tongruben 296-3d + 297-1a
Zum Havelstrand 224-12a
Zum Humusplatz 224-9c
Zum Inselparadies 261-10d
Zum Lindentor 260-12d + 261-10d
Zum Seglerblick 224-12b
Zum Springesee 260-9c
Zum Strandbad (7) 260-9b
Zum Weinberg 260-2c
Zur alten Fähre 224-4b
Zur Badestelle 224-5b
Zur Elka-Werft 224-9c
Zur Hasenheide 261-10c
Zur Sandscholle 224-6a
Zur Uferaue 224-12a

Werneuchen
PLZ 16356

Adolf-Reichwein-Straße 91-10b
Ahornallee 107-11a
Ahornstraße 126-3a
Ahornweg 108-5a
Ahrensfelder Straße 107-8c
Akazienallee 108-9a
Akazienstraße 126-3a
Alte Bahnhofstraße 107-12a
Alte Beiersdorfer Straße 89-12a
Alte Hirschfelder Straße 107-9c
Altstadt 107-12a
Am Alten Friedhof (1) 107-9c
Am Bahnhof 107-9c
Am Küchenmeisterplatz 107-12d
Am Markt 107-12a
Am Rosenpark 108-10c
Am Schloß 107-11b
An der Welle (1) 126-3a
Anemonenstraße 108-10c
Antennen Weg 107-2c

Bahnhofsgasse 108-5b
Bahnhofssiedlung 91-10a
Bahnhofstraße 126-3a
Bebelstraße 107-12d
Beiersdorfer Chaussee 108-2b
Beiersdorfer Straße 107-9c
Beiersdorfer Weg 107-9c
Berliner Allee 107-11a
Berliner Straße 107-11a
Berliner Straße (Seefeld) 126-3a
Berliner Straße (Tiefensee) 91-10c
Bernauer Chaussee 106-11b
Bernauer Damm 89-11a
Bernauer Straße 107-8c
Bienengasse 108-9c
Birkenweg 126-3b
Blumberger Chaussee 126-2d
Blumberger Weg 126-6d
Breite Straße 107-11b
Breitscheidstraße 107-12d + 128-1a
Brombeerweg 107-9a
Brunnenstraße 107-8c
Buchenweg (3) 126-3a

Dammweg 127-7a
Dorfstraße 127-7a

Eberswalder Straße 91-7d
Eduard-Arnhold-Straße 108-9c
Eduard-Arnold-Straße 108-8b
Eichenallee 107-9a
Eichenstraße 126-3a
Engelsstraße 107-12d + 128-1a
Erlenweg 107-9b
Ernst-Thälmann-Straße 108-8b
Erzbergerstraße 127-3b
Eschenweg 107-9a

Floraweg 91-7d
Försterstraße 108-10c
Freienwalder Allee 108-2d
Freienwalder Chaussee 107-9d
Freienwalder Chaussee (Werneuchen Ost) 108-4d
Freienwalder Straße 107-12a
Freudenberger Weg 91-7d
Friedensstraße 107-8c
Friedhofsweg 91-10b
Friesenstraße 127-3b

Gartenstraße 108-9c
Gartenweg 108-5a
Gewerbegebiet Seefeld 126-2d
Gewerbeparkstraße 126-3a
Gewerbepark Werneuchen 107-11c
Ginsterweg 107-9a
Goethestraße 128-1a
Goldregenstraße 108-10c
Grüner Weg 91-7d
Grünstraße 107-8d

Hagebuttenweg 107-9a
Hauptstraße 89-11b
Heidekruger Weg 108-8b
Hindenbergstraße 107-8d
Hirschfelder Straße 108-5b
Hirschfelder Weg 108-5a

Im Grund 91-7d

Johann-de-Warnow-Straße 108-10a

Kaliebeweg 91-7d
Kastanienallee 107-9a
Kastanienstraße 126-2b
Kiefernweg 108-5a
Kirchstraße 107-11b
Kirschweg 108-5c
Klawitter Straße 108-10d
Kleeallee 108-10c
Köpenicker Straße 107-11b
Krummenseer Chaussee 126-3a
Krummenseer Weg 127-2b

Lamprechtstraße 107-9c
Landsberger Straße 107-12c
Ledebourstraße 107-12c
Lilienstraße 108-10c
Lindengasse 126-3a
Lindenstraße 107-8c
Löhmer Chaussee 106-12d
Löhmer Dorfstraße 106-11d

Marxstraße 107-12d
Mehringstraße (4) 107-12d
Mühlenstraße 107-9c
Müncheberger Straße 91-10d

Neue Straße 91-7d
Niederschlesische Straße 107-9a

Oststraße 107-11d

Parkstraße 107-12a
Parkstraße (Tiefensee) 91-7d
Parzellenweg 106-12d
Pastor-Schmidt-Straße (2) 107-9c
Platanenweg 107-9a
Pommernstraße 108-10c
Poststraße 107-9c

Rathenaustraße 107-12d
Reichweinstraße 108-10a
Ringstraße 126-9b
Ringweg 108-5a
Robinienstraße 108-10c
Rosenpark 108-10d
Rosenplatz 108-10d
Rosenring 108-10c
Rosenstraße 108-10c
Rosenweg 108-9c
Rotbuchenweg 107-9a
Rotdornweg 107-9c
Rüsternweg 107-9a

Sachsenstraße 108-10c
Sanddornstraße 108-10d
Schillerstraße 127-3b + 128-1a
Schmiedeweg 91-8c
Schönfelder Damm 108-5d
Schönfelder Dorfstraße 89-11b
Schönfelder Weg 108-4b
Schulstraße 107-11b
Seefelder Chaussee 127-4c
Seefelder Chaussee (Krummensee) 126-6b
Seefelder Chaussee (Seefeld) 106-12d
Seestraße 126-3a
Seeweg 91-10b
Siedlerweg 106-12a
Siedlungsstraße 107-5d
Stauffenbergstraße 107-12d
Steinau 127-5b
Sträßchen 107-11b
Stresemannstraße (3) 107-12d
Südstraße 107-11d

Thälmannstraße 107-12c + 128-1a
Thüringer Straße 107-12d
Tiefenseer Weg 107-6c
Trappenhöhe 106-12a

Uferpromenade 126-3a
Ulmenring 107-9c
Ulmenstraße 126-3a

Von-Arnim-Straße 108-10d

Wacholderweg 107-9a
Waldweg 108-5a
Weesower Chaussee 107-8b
Weesower Chaussee (Schönfeld) 89-11d
Weesower Dorfstraße 107-5c
Wegendorfer Straße 107-12a + 127-3b
Wegendorfer Weg 127-4c
Weidenweg 107-9a
Weißdornweg 107-8d
Werneuchener Chaussee 127-1a
Werneuchener Straße 108-8b
Wesendahler Straße 107-12a
Weststraße 107-11d
Wiesenweg (2) 126-3b
Willmersdorfer Chaussee 107-5c
Willmersdorfer Straße 107-8c
Willmersdorf Nr. 106-3c
Willmersdorf Straße 106-3d

Zetkinstraße 107-12d
Zum Haussee 127-7a

Wildau
PLZ 15745

Ahornring 272-8b
Akazienring 272-8b
Am Friedhof 272-10b
Am Kleingewerbegebiet 272-10c
Am Rosenbogen (1) 272-10b
Amselsteg 272-11a
Am Staatsforst 272-8a
Am Weiher 272-11a
Am Wildgarten 272-8c
Asternring 272-7d

Bachstelzengang 272-11a
Bahnhofstraße (1) 272-11d
Bergstraße 272-10d + 308-2b
Berliner Chaussee 308-1a
Birkenallee 272-8b
Blumenkorso 272-7d
Brahmsstraße 272-11c
Breite Straße 272-11b
Brückmannstraße 308-2a
Businesspark Berlin-Wildau 271-12d

Chausseestraße 272-10d

Dohlenstieg 272-8c
Dorfaue 272-10d

Eichenring 272-8c
Eichstraße 272-11d
Emil-Müller-Straße 308-2d

Falkenfang 272-8c
Fasanenhege 272-8d
Fichtestraße 272-11a + 308-2a
Finkenschlag 272-11a
Fliederweg 272-11a
Forsythienweg (2) 272-11a
Freiheitstraße 272-11a
Friedrich-Engels-Straße 272-11b
Fuchsbau 272-8c

Geschwister-Scholl-Straße 272-11a
Gewerbepark 271-12d
Goethebahn 272-10d
Grabowskistraße 272-11c
Grüne Schanze 272-11c

Hahnenbalz 272-11b
Hasenwinkel 272-8c
Heidekorso 272-8a
Heideweg 272-8d
Heinestraße 272-11c
Hirschsprung 272-11b
Hochsitz 272-8c
Hochwaldstraße 272-8b
Hoherlehme 272-10d
Holundersteg 272-8b
Hückelhovener Ring 272-11a

Im Röthegrund 272-11a

Jahnstraße 272-11c

Käthe-Kollwitz-Straße 272-11a
Kantstraße 272-11c
Karl-Marx-Straße 272-11d
Kastanienhof 272-10d
Kastanienring 272-8c
Kastanienstraße 272-11d
Kirchstraße 272-11c
Kochstraße 272-10d

Lessingstraße 272-10d
Ludwig-Witthöft-Straße 272-11d

Maiglöckchenweg (3) 272-7d
Marktplatz 272-11d
Maxim-Gorki-Straße 308-2a
Miersdorfer Straße 272-7d

Nelkenweg 272-10b
Neubauernstraße 272-10d
Neuer Weg 272-11a
Neue Ziegelei 308-3c + 2b
Nordpromenade 272-8a

Pirschgang 272-8c
Platanenring 272-8b
Puschkinallee 272-8c

Rehfährte 272-11b
Reiherhorst 272-8c
Richard-Sorge-Straße 308-2b
Röntgenstraße 272-10b
Rosenanger 272-10b

Sanddornweg 272-10b
Schertlingstraße 272-10d
Schillerallee 272-11c
Schluchtweg 272-11d
Schmiedestraße 272-11b
Schubertstraße 272-10d
Schwarzer Weg 272-11d + 308-2b
Sperberzug 272-8d
Springfeldallee 272-8c
Stolze-Schrey-Straße 272-11c
Straße der AWG 272-11a
Straße des Friedens 272-11c
Südpromenade 272-8a

Teichstraße 308-2a

Uhlandstraße 308-2a
Ulmenring 272-8d

Veilchenweg 272-7d

Wagnerstraße 272-11a
Weg an der Autobahn 308-2a
Weg nach Wüstemark 272-10a
Weidenring 272-8a
Westkorso 272-8a
Wiesenring 272-10b
Wildbahn 272-7d

Woltersdorf
PLZ 15569

Ackerwinkel 202-1b
Ahornallee 201-6b
Am Erlenbusch 202-2c
Am Forst 202-4b
Am Sportplatz 202-1b
Am Springeberg 202-8a
Am Steg 202-5a
Am Stolp 176-11d
Am Thälmannplatz 202-4b
Am Wäldchen 202-1c
Am Werk 202-4b
An den Birken 202-1a
An den Fuchsbergen 202-1c
An der Maiwiese 202-5d
An der Schleuse 202-5d
August-Bebel-Straße 202-4b

Baltzerstraße 202-1c
Barnimstraße 202-1c
Baumschulenstraße 202-4b
Beethovenstraße 202-2c
Berghofer Weg 202-2a
Bergstraße 202-5c
Berliner Platz 202-1c
Berliner Straße 201-3d
Birkenweg 202-4b
Blumenstraße 202-5a
Brahmsweg 202-2c
Brucknerstraße 202-2a
Brunnenstraße 202-5b
Buchhorster Straße 202-5d

Chamissostraße 201-3c
Dachsweg (6) 202-1a
Drosselsteg 202-2b

Ebereschenallee 201-3d
Edelweißstraße 201-3b
Eichbergstraße 202-4b
Eichendamm 201-6b
Elsnerstraße 201-1d
Elsternweg 202-4b
Erich-Siegert-Straße 202-1b
Ethel-und-Julius-Rosenberg-Straße 202-5a
Etkar-André-Straße 202-4a

Fährweg 202-2b
Fangschleusenstraße 202-5d
Fasanenstraße 202-1b
Feldmausweg (5) 202-1a
Fidusallee 202-4a
Finkensteg 202-1a
Flämingstraße 202-4a
Flakenstraße 202-5c
Försterweg 201-6b
Fontanestraße 201-3c
Friedensstraße 202-8b
Friedrich-Engels-Straße 202-1b
Friedrich-Starke-Straße 202-5c
Fuchssteig 202-1a

Gartenstraße 202-5a
Goethestraße 201-3c
Grenzstraße 176-11c
Grünstraße 202-4b

Hamsterweg 202-1a
Hannemannsteig (15) 202-8b
Hans-Knoch-Straße (13) 202-5a
Hasenwinkel 202-1a
Haydnstraße 202-2a
Heidelberger Straße 202-1d
Heidering 202-1a
Heinrich-Heine-Straße 201-3d
Hermann-Löns-Straße 201-3d
Herthastraße 202-4b
Hochlandstraße 202-1d
Hochstraße 202-2b

Igelweg (8) 202-1a
Im Knack 202-1b
Im Krähenwinkel 176-11c
Immenweg 202-4b
Im Winkel 202-2b
Interlakenstraße 202-2c

Kalkseestraße 202-2c
Kantstraße 201-3a
Karl-Holzfäller-Straße 202-1a
Karl-Liebknecht-Straße 202-1a
Karl-Marx-Straße 202-1a
Kiefernweg 201-3b
Kiesweg 202-2a
Köpenicker Straße 202-4a
Körnerstraße 201-3d
Kornwinkel 202-1b
Kurze Straße 202-1d

Lenzstraße 202-4a
Lerchenstraße 201-6b
Lessingstraße 201-3c
Lortzingstraße 202-2c

Märkische Straße 202-1c
Maienhöhe 201-6b
Meisensteg 202-2b
Memeler Straße 202-1b
Mittelstraße 202-4a
Moskauer Straße 202-1d
Mozartweg 202-2c
Müggelweg (2) 202-4a

Parkstraße 202-5a
Paul-Singer-Straße 202-1b
Poetensteg 201-3d
Polteweg 201-6b
Postsiedlung 202-1b
Puschkinallee 202-4a

Rahnsdorfer Straße 202-5c
Rapsweg (10) 202-1b
Rebhuhnweg (4) 202-1a
Rehwinkel 202-1a
Richard-Wagner-Straße 202-2a
Robert-Koch-Straße 201-6b
Rosa-Luxemburg-Straße 202-1b
Rudolf-Breitscheid-Straße 202-4b
Rüdersdorfer Straße 202-5a
Rütlistraße 202-1c

Saarstraße 202-1b
Sanddornweg (9) 202-1b
Sandweg 202-2a
Schillerstraße 201-3d
Schleusenstraße 202-5a
Schönebecker Weg 201-3b

Schubertstraße 202-2c
Schumannstraße 202-2a
Schwarzer Stubben 202-8b
Sebastian-Bach-Straße 202-2a
Seestraße 202-4b
Spreewälder Straße (1) 202-4a
Springberg 202-8a
Steinwinkel 202-1a
Stolper Weg 202-2a
Strandpromenade 202-5d
Straßburger Straße 202-2a

Thomas-Mann-Straße 202-1c

Viktor-Hoeth-Straße 202-2a
Vogelsdorfer Platz 202-1b
Vogelsdorfer Straße 202-1b

Wacholderweg (11) 202-1a
Waldpromenade 201-3c
Waldstraße 201-6b
Weberstraße 202-2c
Weinbergstraße 202-1d
Werderstraße 202-5c
Wiener Straße 202-1b
Wieselweg (7) 202-1a
Wiesenring 202-1a
Wilhelm-Tell-Platz 202-1d
Wilhelm-Tell-Straße 202-1d
Winzerstraße 202-1d
Woltersdorfer Landstraße 202-5d

Zoozmannsteig (14) 202-5d
Zu den Eichen (12) 201-3d
Zum Feld 202-1b

Wustermark
PLZ 14641

Ahornweg 163-3d
Akazienstraße 162-3b
Alte Dorfstraße 163-8c
Alter Spandauer Weg 163-2b
Am Berg 162-12b
Am Elsbusch 163-6c
Am Havelkanal 163-1b
Am Igelpfuhl 162-9d
Am Kanal 162-9d
Am Kirchweg 163-9a
Am Markauer Weg 138-11b
Am Markt 163-1a
Am Moorbruch 163-8b
Am Mühlenberg 162-9d
Am Obstgarten 163-9a
Am Pappelhain 138-8d
Amselgasse (5) 163-1a
Amselweg 162-3b
Am Sportplatz 163-3b
Am Stellberg 162-9d
Amsterdamer Straße (3) 164-1a
Am Umspannwerk 139-10a
Am Upstall 163-8b
Am Wald 139-9d
Am Weiler 138-11c
Am Weinberg 163-9a
Am Weinmeisterbruch 163-9a
Am Wiesengrund 138-8b
Am Ziegeleischlag 163-9a
An den Gühren 163-8b
An den Schraan 163-9a
An der Breiten Wiese 163-5d
An der Haarlake 163-8b
An der Kohlwalle 163-8b
An der Lämmerwiese 163-8b
An der Schule 163-1a
An der Worthe 163-8d
An der Ziegelei 138-12d
Antwerpener Straße 164-1a
Athener Straße 164-1c
August-Bebel-Straße 163-6c

Bachstraße 138-12d
Bahnhof Priort 163-8b
Bahnhofstraße 164-1a
Bahnhofstraße 138-12d
Berliner Allee 163-1b
Berliner Chaussee 163-2b
Berliner Straße 163-1a
Berta-Gieselbusch-Weg (2) 164-1a
Birkenstraße 163-1d
Birkenweg 162-9b
Brandenburger Straße 163-1a
Brandenburger Straße 163-7a
Breite Straße 163-3a
Bremer Ring 139-8d

Carl-von-Ossietzky-Straße 163-3b
Chaussee 163-8b

Demexallee 163-2b
Demex-Park 163-2b
Dorfanger 163-1a
Dorfstraße 138-11b
Dresdener Straße 139-8d
Drosselgasse (4) 163-1a

Drosselweg 162-3b
Duisburger Straße 139-11d
Dyrotzer Ring 163-2b
Dyrotzer Weg 139-9d
Dyrotzer Winkel 163-5d

Eduard-Scheve-Allee 163-3b
Eichenring 163-3d
Eichhornring 164-1a
Elfenring 164-1a
Elstal 164-1a
Ernst-Koch-Straße 163-3b
Ernst-Thälmann-Platz 163-3b
Ernst-Walter-Weg 163-3a
Eulenspiegelring 164-1b

Feenring 164-1b
Feldstraße 163-1b
Feldweg 163-3c
Ferbitzer Weg 163-3d
Finkenweg 162-3b + 163-1a
Freystraße (6) 164-1a
Friedensweg 162-3b
Friedhofstraße 163-3b
Friedrich-Rumpf-Straße 163-1a

Gartenstraße 163-3c
Gasse 163-1b
Geschwister-Scholl-Straße 162-3b
Ginsterweg 163-3c
Goethestraße 163-5d
G.-W.-Lehmann-Straße 164-1a

Hafenstraße 139-11a
Hamburger Straße 138-12d
Hansestraße 139-11b
Hardenbergstraße 164-1a
Hauptallee 162-3b
Hauptstraße 163-3d
Heideweg 163-3b
Herderweg 164-1a
Hermann-Stickelmann-Straße 163-3b
Heroldplatz 163-1a
Holunderweg (9) 163-3c
Hoppenrader Allee 162-3b
Humboldtweg 164-1a

J.-G.-Oncken-Straße 164-1a
Julius-Köbner-Straße (7) 164-1a

Karl-Liebknecht-Platz 163-3a
Karl-Marx-Straße 163-3b
Ketziner Straße 138-11a
Kiefernweg 163-3a
Kietzstraße 139-11d + 163-2a
Kirchstraße 163-1b
Kleingartenanlage Am Weinberg 163-6c
Knoblaucher Weg 162-3c
Koboldsteig (7) 164-1a
Kolonie Am Weinmeisterbruch 163-6c
Kuhdammweg 139-7d
Kurt-Nagel-Straße 139-8d
Kurzer Weg 163-8b

Ladestraße 139-10c
Leipziger Straße 139-11a
Lerchenweg 162-3b
Lindenstraße 163-3a
Löwen- und Adler-Kaserne 164-1c
Londoner Straße (4) 164-1c
Luchweg 139-12b
Lützow Straße 164-1b

Magdeburger Straße 139-8d
Markauer Weg 138-8d
Maulbeerallee 163-3a
Meisengasse (6) 163-1a
Meisenweg 162-3b
Mittelallee 162-3b
Mittelweg 139-9d
Mühlenweg 139-10c + 163-1a

Nauener Straße 163-2b
Neubauernweg 163-9a
Neue Bahnhofstraße 139-10c
Neue Chaussee 163-2b
Nickelstraße (1) 163-3b
Niederhofer Weg 138-8d

Pappelweg 139-12b
Pariser Straße (5) 164-1c
Parkstraße 163-7a
Plantagenstraße 162-3b
Potsdamer Allee 162-3d + 163-1a
Potsdamer Landstraße 162-9d
Potsdamer Straße 162-3d
Potsdamer Weg 163-9a
Priort 163-8b
Priorter Chaussee 163-2d
Priorter Dorfstraße 163-8c
Priorter Weg 163-7c
Puschkinstraße 163-3a

Radelandberg 164-1c

Rosa-Luxemburg-Allee 163-3c
Rosenweg 162-6b
Rostocker Straße 139-11a
Rotkehlchenweg 162-3b
Rudi-Nowak-Straße 163-3b
Rudolf-Breitscheid-Straße 162-3b

St. Louiser Straße 164-1c
Scharnhorststraße 164-1a
Schulstraße 163-3a
Schwalbenweg 162-3d
Sonnenallee 162-9b
Sophie-Scholl-Straße 163-3b
Sperlingsgasse 162-3b
Starengasse (3) 162-3b
Starenweg 162-3b
Steinstraße 164-1a
Stieglitzgasse (1) 162-3d
Stockholmer Straße 164-1a
Straße der Gemeinschaft 163-8b

Theodor-Fontane-Ring 163-3d
Tulpenweg 162-6b

Unter den Kiefern 163-3d
Upstallweg 163-1a

Weinbergsweg 163-9a
Wernitzer Weg 162-3c
Wiesenstraße 162-3b
Wiesenweg 162-3b
Wustermarker Straße 138-11b

Zaunkönigweg 162-3b
Zeestower Chaussee 139-10b
Zeestower Straße 139-10d
Zeisigweg (2) 162-3b
Zum Bootshafen 139-2d
Zum Fuchsberg 162-3c
Zum Hakenberg 164-1a
Zum Olympischen Dorf 164-1c
Zum Torfstich 163-1b
Zum Wasserwerk 164-1c
Zur Döberitzer Heide 163-6b
Zwergensteig 164-1a

Wusterwitz
PLZ 14789

Am See 252-11c
An den Teichen 252-4c
An der Eisenbahn 252-4d
August-Bebel-Straße 252-4c

Bahnhofstraße 252-4c

Ernst-Thälmann-Straße 252-7a

Gartenstraße 252-10b
Gollwitzer Weg 252-7a

Hauptstraße 252-10b
Hohlweg 252-11c

Kanalstraße 252-4a
Karl-Liebknecht-Straße 252-4c

Mahlenziener Straße 252-11c
Müggenbusch 252-7b
Mühlenstraße 252-10a
Mühlenweg 252-11c

Rosa-Luxemburg-Straße 252-4c
Rosenthaler Weg 252-7c
Rudolf-Breitscheid-Straße 252-4c

Schulstraße 252-4c
Seestraße 252-4d

Teichstraße 252-4c

Uferpromenade 252-10b

Viesener Weg 252-11c + 288-2a

Waldstraße 252-7a
Walther-Rathenau-Straße 252-4a
Warchauer Straße 252-10a

Zur Alten Eiche 252-7c

Zeschdorf
PLZ 15326

Ahornweg 213-2b
Alter Sportplatz 213-1d
Am Aalkasten 213-2b
Am Luisenberg 211-9c
Am Neuen Damm 213-1d
Am See (Petershagen) 212-8c

Berliner Straße 211-9c
Betonstraße 211-12b
Briesener Weg 211-12a

Döbberiner Weg 213-1d
Falkenhagener Weg 213-1d + 1c
Feldweg 213-1b
Fliederweg 213-2b

Gartenweg 213-2d

Hauptstraße 213-5a
Hinterstraße 211-12b

Lindenstraße 213-1d + 4b
Louisenberg 211-9d + 212-7c

Neue Siedlung 213-2b
Neuzeschdorf 213-6c
Neuzeschdorfer Weg 213-5b

Petersdorfer Straße 211-12d

Schnitterweg 211-12b
Schönfließer Straße 213-2d
Schwarzer Weg 213-4a
Seeberg 213-2c
Siedlerweg 211-12b
Siedlungstraße 211-12b

Wiesenweg 213-2d

Zeuthen
PLZ 15738

Adolph-Menzel-Ring 272-1b
Ahornallee 272-5c
Alte Poststraße 272-5a
Am Elsenbusch 272-4d
Am Falkenhorst 272-7c
Am Feld 272-7b
Am Fliederbusch 272-7c
Am Graben 236-10d
Am Gutshof 272-7b
Am Heideberg 272-4b
Am Kurpark 272-8c
Am Mühlenberg 272-7a
Am Postwinkel 272-5a
Am Pulverberg 272-7b
Am Seegarten 272-3a
Amselstraße 272-7c
Am Staatsforst 272-8a
Am Tonberg 272-7a
An der Korsopromenade 272-7b
An der Kurpromenade 272-7b
Augsburger Straße 236-11d

Bachstelzenweg 272-7c
Bahnstraße 272-5a
Bamberger Straße 272-2a
Bayreuther Straße 236-11c + 272-2a
Bayrischer Platz 272-2a
Birkenallee 272-4d
Birkenring 272-8a
Birkenstraße 272-7b
Brandenburger Straße 272-4b
Bremer Straße 272-4b
Buchenring 272-7b

Crossinstraße 272-9b

Dachauer Straße 272-2b
Dahlewitzer Chaussee 271-8b
Dahmestraße 272-5c
Dahmeweg 272-9a
Delmenhorster Straße 272-5a
Donaustraße 272-5c
Dorfaue 272-5b
Dorfstraße 272-7b

Ebereschenallee 272-5a
Ebereschenring 272-4d
Eichenallee 272-5a
Eichwalder Straße 272-4b
Elbestraße 272-5c
Emserstraße 272-5a
Engelbrechtstraße 272-5a
Erlenring 272-7b
Eschenring 272-8a

Fährstraße 272-9a
Fasanenstraße 272-4b
Flämingstraße 272-2b
Fontaneallee 272-5d
Fontaneplatz 272-5d
Forstallee 272-4d + 7a
Forstweg 272-4d
Friedensring 236-11d
Friesenstraße 272-7c

Goethestraße 272-5a
Grenzstraße 272-7a
Große Zeuthener Allee 272-8c

Hankelweg 272-7b
Haselnußallee 272-7d
Havellandstraße 272-2b

Havelstraße 272-5c
Heideberg 272-4a
Heinrich-Heine-Straße 272-2c
Heinrich-Zille-Straße 272-4b
Hoherlehmer Straße 272-7b

Im Heidewinkel 272-4a

Jägerallee 272-7a
Jasminweg 272-7c

Kastanienallee 272-5d
Kastaniering 272-8c
Kiefernring 272-4c
Kirschenallee 272-7d
Kurpark 272-7c
Kurparkring 272-7d
Kurt-Hoffmann-Straße 272-9a
Kurze Straße 272-4b

Lange Straße 272-4b
Lindenallee 272-5d
Lindenring 272-4c

Mainzer Straße 272-4d
Margarethenstraße (1) 272-7a
Maxim-Gorki-Straße 272-2c
Max-Liebermann-Straße 272-1b
Miersdorfer Chaussee 272-7b
Mittelpromenade 272-4c
Mittenwalder Straße 272-4a
Morellenweg 272-7d
Moselstraße 272-8a
Mozartstraße 272-5c
Müggelstraße 272-4b
Münchener Straße 272-2a

Narzissenallee 272-7c
Neckarstraße 272-4d
Niederlausitzstraße 272-2b
Niemöllerstraße 272-2c
Nordstraße 272-5a
Nürnberger Straße 272-2a

Oderstraße 272-5c
Oldenburger Straße 272-1d
Ostpromenade 272-7c
Otto-Dix-Ring 272-1b
Otto-Nagel-Allee 272-1b

Pappelring 272-8c
Parkstraße 272-4a
Platanenallee 272-5d
Potsdamer Straße 272-4b
Prignitzstraße 236-11d

Rathausplatz 272-5b
Regensburger Straße 272-2a
Rheinstraße 272-4b
Ringstraße 272-4b
Rosengang 272-7c
Rotbuchenring 272-7d
Rotdornring 272-8c
Rühlering 272-8a
Rüsternallee 272-5d
Ruppiner Straße 272-2b

Saarstraße 272-8a
Schillerstraße 272-2a
Schillerstraße (1) 272-1d
Schmöckwitzer Straße 272-4b
Schulstraße 272-2c
Schulzendorfer Straße 272-7a
Seestraße 272-5c
Siegertplatz 272-5b
Spreestraße 272-5c
Spreewaldstraße 236-11d
Starnberger Straße 272-2a
Stedinger Straße 272-5a
Strandweg 272-7d
Straße am Hochwald 272-7c
Straße am Höllengrund 272-7d
Straße der Freiheit 272-7b

Talstraße 272-1d
Teichstraße 272-4b
Teltower Straße 272-4b
Triftweg 272-2c

Uckermarkstraße 236-11d

Waldowstraße 272-5a
Waldpromenade 272-4a
Waldstraße 272-7a
Weichselstraße 272-4d
Weserstraße 272-8a
Westpromenade 272-7d
Wiesenstraße 272-1d
Wilhelm-Guthke-Straße 272-5a
Wilhelmshavener Straße 272-4b
Würzburger Straße 272-2a
Wüstemark 271-9c
Wüstemarker Weg 271-9b

Zossen
PLZ 15806

Adlershorst 350-7d
Adlershorster Weg 349-6b
Adlershorststraße 349-6b
Agnesstraße 342-10c
Ahornallee 350-7a
Ahornstraße 350-1a
Ahornweg 350-2a
Akazienweg (4) 350-5d
Alte Trebbiner Straße 325-7b
Altglienicker Ring 324-5d
Am Akazienweg 350-8a
Am Bahnhof (1) 341-2b
Am Bahnhof (Waldstadt) 350-1b
Am Bahnhof Dabendorf 325-8d
Am Baruther Tor 350-2c
Am Berg 351-10d
Am Bürgerhaus 350-1b
Am Busch 325-8b
Am Dammgarten 341-3a
Am Dorfplatz 351-10c
Am Eiskutenberg 350-1b
Am Feldweg 350-7b
Am Fließ (3) 350-8b
Am Grundfeld 324-5b
Am Kanal 341-2b
Am Karpfenteich 341-5a
Am Kastanienplatz 342-4c
Am Kiesberg 325-4d
Am Kietz 341-3b
Am Mühlenberg (1) 350-1c
Am Schäferberg 350-7b
Am Scheunenviertel 342-1a
Am See 349-5d
Amselpfad 351-10c
Amselsteg 325-8c
Amselweg 325-10d
Am Sportplatz (Glienick) 324-5b
Am Sportplatz (Horstfelde) 340-3c
Am Stadtpark 341-3a
Am Strandbad 343-2b
Am Tabaksland 341-3d
Amtmannfeldweg 325-10d
Am Wald 351-10c
An den Birken 342-7c
An den Eichen 342-4a
An den Gärten 342-10c
An den Linden 342-7a
An den Sandbergen 326-12b
An den Wiesen 350-7a
An den Wülzen 341-2b
 ... der Brotfabrik 342-10c
 ... der Dorfaue 326-12a
 ... der Dorfstraße 323-9b
 ... der Gerichtsstraße 342-1a
An der Hauptstraße 324-12d
An der Heide 325-5d
An der Wache 341-3a
Ausbau 327-11c
AWG 342-10c

Bahnhofstraße 341-2b
Bahnhofstraße (Wünsdorf) 350-1a
Bambusweg 342-10c
Baruther Straße 341-3a
Bergstraße (Kallinchen) 343-2b
Bergstraße (Neuhof) 350-4c
Berliner Allee 342-10b
Berliner Chaussee 325-6a
Berliner Straße 341-3a
Birkengrund 343-3c
Birkensteg 325-9a
Birkenstieg 350-5d
Birkenstraße 350-1a
Birkenweg 350-7a
Blumenweg 325-11c
Brandenburger Straße 325-8a
Brandenburgische Straße 350-1d
Breite 325-11d
Buckowbrücke 341-4b

Chausseestraße 350-1a
Clauertstraße 342-1a
Cottbusser Straße 350-1b

Dabendorfer Straße 324-9a
Dahlewitzer Straße 325-5d
Delbrücker Straße (4) 342-1a
Dorfaue 324-5d
Dorfaue (Dabendorf) 325-8c
Dorfstraße (Neuhof) 350-7b
Dorfstraße (Nunsdorf) 323-11d
Drosselgasse 325-10d
Drosselstieg (2) 342-7a
Drosselweg 325-8c

Ebereschenweg 350-4c
Eichenweg 343-3d
Eichhornstraße 342-1a
Elisabethstraße 325-5d
Erlenring 325-8d
Erlenweg 349-6b
Ernst-Hennecke-Ring 325-11c

Fasanenring 325-7d
Feldstraße 341-1a
Feldweg 324-5b
Feldweg (Neuhof) 350-7d
Feuerbachstraße 326-10c + 342-1a
Fichtenstraße 350-2a
Fischerstraße 341-3a
Förstereiweg 342-4a
Fontanestraße 342-4c
Forsthaus 350-7b
Friedenstraße 342-10c
Friedhofsweg 341-3b
Friedhofsweg (Horstfelde) 340-3b
Friedhofsweg (Nächst Neuendorf) 325-10d
Friedhofsweg (Schöneiche) 326-12c
Friedrich-Raue-Straße 342-7a
Friesenstraße 341-2b
Fritz-Domke-Straße 325-9c

Fritz-Jaeger-Allee 342-4c
Funkweg 324-8b

Gartenstraße 324-12d
Gerichtstraße 342-1a
Gerlachshof 342-4c
Gewebegebiet am Bahnhof 325-8d
Gewerbegebiet am Funkwerk 325-4b
Ginsterweg 342-7b
Glashüttenring 342-10d
Glienicker Straße (Dabendorf) 325-7b
Glienicker Straße (Nächst Neuendorf) 324-12b
Glienicker Weg 324-10d
Goethering 350-1b
Goethestraße (Dabendorf) 325-8b
Großstücken 325-11c
Großstückenweg 325-11c
Grüner Weg 341-6b
Grüne Trift 325-8a
Gutenbergstraße 342-7a
Gutstedtstraße 342-10d

Harzer Straße 325-5c
Hauptallee 350-1b
Hauptstraße (Kallinchen) 343-2b
Heidelerchenweg (1) 342-7a
Heidestraße 350-7b
Heideweg 324-12c
Hermann-Balzer-Straße 325-8d
Hermann-Bohnstedt-Straße 325-8d
Hildegardstraße 342-10c
Hinter den Gärten 324-5d
Holunderberg 350-1a
Hoppegarten 341-3b
Horstfelder Dorfstraße 341-1a
Horstfelder Straße 325-10c

Im Bogen 342-7a
Im Eichenhain 342-7b
Imkerweg 350-8b
Im Schilfgrund 342-10c
Im Wald 350-4c
Im Wiesengrund 351-10c
Im Winkel 343-3a

Jägerstraße 325-8a
Jasminweg 342-7b
Joachimstraße (3) 342-1a
Joachimstraße (Neuhof) 350-7a
Johann-Kunckel-Straße 350-1b
Johnepark 341-5b
Johneweg 341-2d
Jühnsdorfer Straße 324-5b

Kallinchener Straße 326-12d
Karpfenteich 341-5c
Kastanienallee 325-8b
Kastanienplatz 342-4c
Kastanienweg 349-3d
Kerne 342-4c
Kerne II 342-4c
Kieferngrund (1) 350-8b

Kiefernwäldchen 350-2a
Kiefernweg 350-4c
Kietzer Weg 325-11d
Kirchplatz (2) 341-3a
Kirchplatz (Wünsdorf) 350-1c
Kirchstraße 341-3a
Klausdorfer Chaussee 349-3c
Klausdorfer Straße 349-3d
Kleine Feldstraße 325-11c
Kleine Gartenstraße 324-5b
Kleiner Hack 341-3a
Kleine Waldstraße 324-12c
Kleinstückenweg 341-3b
Kliengasse 350-1a
Kornweihenweg 325-9c
Krähenfichten 325-4b
Kranichweg 325-10d
Kreuzweg 323-11d
Kuckucksweg 325-7d
Kurze Straße 350-1b

Lehmannstraße 342-1a
Lindenallee 350-4c
Lindenbrücker Chaussee 350-5d
Lindenbrücker Dorfstraße 350-9c
Lindenbrücker Straße 351-10c
Lindenbrücker Weg 350-5c
Lindenstraße (Schöneiche) 326-12c
Lönsstraße 325-8a
Lörracher Straße (1) 342-1a
Lohengrinstraße 325-5d
Louis-Günther-Straße 342-1a
Luchblick 326-10d
Luchweg 326-10c
Luckenwalder Straße 341-2d
Lückenwald 325-8a
Luisenstraße 341-12d + 342-10c

Machnower Chaussee 325-9c
Märkischer Weg 350-7a
Märkische Straße 325-4d
Mahlower Straße 325-5d
Marienau 325-11a
Marktplatz 341-3a
Marktstraße 341-3a
Martin-Luther-Straße 342-7c
Mellenseestraße (Wünsdorf) 341-12d
Menzelstraße 326-10c
Mittenwalder Straße 341-3a
Mochweg 350-1a
Moscheestraße 342-11c
Motzener Straße 343-3c
Mühlenlager 342-4a
Mühlenweg 350-1c

Nächst Neuendorfer Landstraße 325-10d
Neuhofer Weg 350-4d

Oertelufer 341-2b

Paderborner Straße 342-1a
Pappelallee 325-8b

Pappelweg 342-7c
Parkring 350-1b
Parkweg 350-7a
Pfählingstraße 325-9a
Planstraße 326-12d
Platanenweg 324-6c
Platz der Jugend 350-1b
Poststraße (Lindenbrück) 350-9c
Poststraße (Waldstadt) 342-10d
Prachtstraße 325-5d
Prierowseestraße 325-9c
Puschkinstraße 350-1a

Rahlingsweg 325-4d
Rampe 350-1d
Rangsdorfer Straße 325-8a
Reiherweg 325-9a
Rennbahnstraße 325-8a
Residenz „Am Scheunenviertel" 342-1a
Ringstraße 343-3c
Rosengassen (3) 341-3a

Saalower Straße 340-3d
Sachsenstraße 325-4d
Sapherscher Weg (Neuhof) 350-4c
Sapherscher Weg (Wünsdorf) 349-6d
Schienenweg 325-5d
Schillstraße 325-8d
Schliebenstraße 342-1a
Schlotthorst 350-5c
Schmachtenhagener Straße 325-4d
Schünower Chaussee 324-12d
Schünower Straße 324-12c
Schünower Weg 324-8b
Schützenstraße 325-7b
Schulstraße (Lindenbrück) 350-9c
Schulstraße (Wünsdorf) 349-3d
Schulweg 324-5d
Schulzendorfer Straße 324-5a
Schwarzer Weg (Kallinchen) 327-11c
Schwarzer Weg (Zossen) 342-4a
Schwarzkehlchenweg 342-7a
Schwerinallee 325-11a
Seefreiheit 350-7b
Seepromenade 350-4c
Seerosenstraße 342-10c
Seestraße 343-3c + 2b
Seeweg 350-8b
Siegfriedstraße 325-5d
Steinplatz 350-2c
Storchenweg 341-2a
Straße der Befreiung 326-10c
Straße der Jugend 341-3b
Straße des Friedens 325-11c
Straße zur Försterei 343-2a
Stubenrauchstraße 325-11d
Swisttaler Straße 342-1a

Tannenweg (2) 350-8b
Telzer Weg (Dabendorf) 325-6c
Telzer Weg (Schöneiche) 326-12a
Thomas-Müntzer-Straße 341-5d
Thüringer Straße 325-5c

Töpchiner Straße 343-2b
Töpchiner Weg 342-1a
Tomatensteg 351-10c
Torgowstraße 342-1a
Trappenweg 325-9a
Trebbiner Landstraße 323-9b
Trebbiner Straße 325-5d
Triftstraße 325-8a

Uferpromenade 350-8b
Uferweg 341-2d
Uhlenhorst 325-8b
Unter den Eichen 351-10d

Wachtelweg 325-9a
Wagnerstraße 325-5d
Waldesruh 342-10a
Waldschneise 350-1b
Waldweg 324-5b
Waldweg (Nächst Neuendorf) 324-12d
Waldweg (Wünsdorf) 349-3d
Waldweg (Zesch) 351-10b
Wasserstraße 341-2b
Weg nach Mellensee 324-10d
Weidenweg 325-6c
Weinberge 342-1a
Weinbergweg 324-5b
Werbener Straße 323-11b + 324-8b
Werbener Weg 324-10a
Werderscher Weg 324-5d
Westenholzer Straße (2) 342-1a
Westfalenstraße 325-4d
Wiesengrund 326-10c
Wiesengrund (Neuhof) 350-8a
Wiesenweg 351-10c
Wildgangssteg 325-7d
Winkelweg 350-2c
Wittlicher Straße 342-1a
Wohnaue Werben 323-9b
Wohnweg 350-7b
Wünsdorfer Platz 342-10d
Wünsdorfer Seestraße 350-1c
Wünsdorfer Weg 350-7b
Wulzenweg 325-10d + 341-2a

Yorckstraße 342-4c

Zehrensdorfer Straße 342-4c
Zeppelinstraße 342-7a
Zescher Straße 350-8d
Ziegeleiweg 324-10d
Zillebogen (1) 326-10c
Zossener Damm (Schöneiche) 326-11c
Zossener Straße (Glienick) 324-9a
Zossener Straße (Nunsdorf) 323-11b
Zossener Straße (Schünow) 324-10c
Zum Anglerheim 343-3a
Zum Friedhof 350-7b
Zum Königsgraben 325-7b
Zum Kumberg 324-6c
Zum Waldstadion 326-12c
Zum Wolziger See 350-5c
Zur Dorfstraße 324-10c

→2019   © 2014 MAIRDUMONT, D-73751 Ostfildern (12.)

Das Werk einschließlich aller seiner Teile ist urheberrechtlich geschützt. Jede urheberrechtswidrige Verwertung ist ohne Zustimmung des Verlages unzulässig und strafbar. Das gilt insbesondere für Vervielfältigungen, Übersetzungen, Nachahmungen, Mikroverfilmungen und die Einspeicherung und Verarbeitung in elektronischen Systemen.

This work including all parts underlies the Copyright Act. No part of this work may be reproduced or transmitted in any form or by any means, electronic or mechanical, including recording, or by any information storage and retrieval system now or hereafter invented, without permission in writing of the publisher.

Jede Auflage wird stets nach neuesten Unterlagen überarbeitet. Irrtümer können trotzdem nie ganz ausgeschlossen werden. Ihre Informationen nehmen wir jederzeit gern entgegen.

Sie erreichen uns über unsere Postanschrift:
MAIRDUMONT, D-73751 Ostfildern oder unter der E-Mail-Adresse:
korrekturhinweise@mairdumont.com

Anzeigenvermarktung:
MAIRDUMONT MEDIA, fon +49.711.4502.333, fax +49.711.4502.1012,
media@mairdumont.com, www.media.mairdumont.com

Titelbild: Potsdamer Platz, Sony Center (FAN/J. Rufenach)

Printed in Germany